पाश्चात्य दर्शन का समीक्षात्मक इतिहास

(A Critical History of Western Philosophy)

(यूनानी, मध्ययुगीन, आधुनिक और हेगेल दर्शन)

या॰ मसीह

एम॰ ए॰, डी॰ लिट्॰ (पटना)
पी-एच॰ डी॰ (एडिनबरा)

मोतीलाल बनारसीदास

दिल्ली, मुम्बई, चेन्नई, कोलकाता,
बंगलूरू, वाराणसी, पटना

छठा पुनर्मुद्रण: दिल्ली, 2016
छठा संशोधित संस्करण : 2009
पंचम संशोधित एवं परिवर्द्धित संस्करण : 1994

प्रथम चार संस्करण
"पाश्चात्य आधुनिक दर्शन की समीक्षात्मक व्याख्या"
के नाम से प्रकाशित

ISBN: 978-81-208-2470-6 (सजिल्द)
ISBN: 978-81-208-2471-3 (अजिल्द)

मोतीलाल बनारसीदास

41 यू.ए. बंगलो रोड, जवाहर नगर, दिल्ली 110 007
236 नाइंथ मेन, III ब्लॉक, जयनगर, बंगलूरू 560 011
8 महालक्ष्मी चैम्बर, 22, भुलाभाई देसाई रोड, मुम्बई 400 026
203 रायपेट्टा हाई रोड, मैलापोर, चेन्नई 600 004
8 कैमेक स्ट्रीट, कोलकाता 700 017
अशोक राजपथ, पटना 800 004
चौक, वाराणसी 221 001

आर.पी. जैन के द्वारा एन ए बी प्रिंटिंग यूनिट,
ए–44, नारायणा, फेज़–1, नई दिल्ली 110 028 में मुद्रित
एवं जे.पी. जैन द्वारा मोतीलाल बनारसीदास
41 यू.ए., बंगलो रोड, जवाहर नगर, दिल्ली–110 007, के लिए प्रकाशित

समर्पण

मेरे 'भैया' श्री इस्माइल मसीह ने ही मुझे दर्शन का प्रथम पाठ सिखाया था। असमय ही, केवल ३६ वर्ष की आयु में ३ मई, १९४५ ई० में आपका देहान्त हो गया। उस अधखिले फूल की सुरभि आज भी मेरी जीवन-यात्रा का पथनिर्देश कर रही है। अतः मैं यह पुस्तक उस पुनीत स्मृति में समर्पित करता हूँ।

–लेखक

दो शब्द

समसामयिक विचारधारा में 'दर्शन' (Philosophy) और 'तत्त्व-मीमांसा' (Metaphysics) के बीच भेद किया जाता है। 'दर्शन' के स्वरूप के विषय में कहा जाता है कि इसका सम्बन्ध वैज्ञानिक ज्ञान के 'स्पष्टीकरण' से है। यहाँ 'स्पष्टीकरण' से अर्थ लगाया जाता है कि विज्ञान का विषय 'भाषा' तथा भाषा-विषयक भाषा-चिन्हों के जोड़ने के नियमों में निहित है। इस मत के अनुसार प्रायः लोग गलत समझते हैं कि मन-निरपेक्ष है, अर्थात् मन से परे स्वतंत्र पदार्थों की निजी सत्ता है, जिन्हें वैज्ञानिक अपनी प्रयोगशाला में खोज निकालते हैं। भाषाबद्ध संवेदनाओं को ही वैज्ञानिक जानते हैं और इसलिए 'भाषा' तथा भाषा-विषयक प्रतीकों (Symbols) के जोड़ने के नियमों को हमें स्पष्ट करना चाहिए। इसलिए 'दर्शन' का सम्बन्ध भाषा-दर्शन (Linguistics) तथा न्यायदर्शन (Logistic) तक ही सीमित समझा जाता है। अब 'तत्त्व-मीमांसा' का विषय स्वतंत्र पदार्थों की निजी सत्ता से सम्बन्ध रखता है। परन्तु मन से परे, स्वतंत्र तथा स्वसत्तात्मक पदार्थों का अस्तित्व समस्याहीन है, अर्थात् यह ऐसी समस्या ही नहीं है, जिसके विषय में अर्थपूर्ण गवेषणा की जा सके। अतः, तत्त्व-मीमांसा दर्शन-विषय नहीं है। इसलिए कहा जाता है कि दर्शन का इतिहास 'दर्शन' से सम्बन्ध रखता है, न कि तत्त्व-मीमांसा से।

यदि समसामयिक 'तर्कनिष्ठ अनुभववाद' (Logical Empiricism) का कथन सत्य हो, तब 'दर्शन' का मुख्य काम भाषा-विश्लेषण कहा जायेगा। इस अर्थ में बर्कले ने वास्तव में 'जड़ पदार्थ' के अनस्तित्व की शिक्षा हमें नहीं दी है। उन्होंने केवल उस भाषा का विश्लेषण किया है, जिसे हम जड़ पदार्थ (Matter) कहते हैं। फिर ईश्वर, अमर आत्मा, इत्यादि भ्रान्तिपूर्ण समस्याएँ हैं, क्योंकि इनका वैज्ञानिक अध्ययन नहीं हो सकता है।

मैं समझता हूँ कि तर्कनिष्ठ अनुभववाद संकीर्ण क्षेत्र के सीमित समस्या का ही समाधान करता है और इसका सम्बन्ध हमारे जीवन की सम्पूर्ण अनुभूति से नहीं है। हम भारतीयों को इसकी जानकारी अवश्य करनी चाहिए; क्योंकि भाषा-दोष के कारण दार्शनिक विचारों में अनेक त्रुटियाँ चली आती हैं। परन्तु मैंने इस पुस्तक में भारतीय परम्परा का ही अनुशीलन किया है, जिसके अनुसार जीवन-तत्त्व नामक मोती 'गहरे पानी' में डुबकी मारने पर ही मिल सकता है। दार्शनिक ज्ञान, इस परम्परा के अनुसार, 'सूझ', 'पैठ', इत्यादि पर निर्भर करता है।

डॉ॰ सर्वपल्ली राधाकृष्णन् ने लिखा है :—

'...if we are careful we will notice that the great metaphysical systems which are worked out in a logical way are really points of view, darsanas as they are called in India. Visions of reality for which we discover reasons.'

(*Recovery of Faith*, p. 1[1])

मैंने इसी परम्परा को अपनाया है।

* * *

1. फिर देखें ***Philosophy of Sarvepalli Radhakrishnan*, p. 824; *An Idealist View of Life*, p. 152; *My Search After Truth*, p. 152**

पाठक स्वयं समझ लेंगे कि मैंने इस पुस्तक को सरल बनाने की कोशिश की है। ऊँची कक्षा के विद्यार्थियों के लिए यत्र-तत्र छोटे अक्षरों में समसामयिक देन का उल्लेख कर दिया है। काण्ट पाश्चात्य दार्शनिक में सबसे अधिक प्रभावशाली प्रतीत हुए हैं। इसलिए उनके 'दर्शन' को कुछ अधिक विस्तारपूर्वक लिखा गया है।

* * *

मैंने इस पुस्तक को लिखने में अनेक पुस्तकों तथा पत्र-पत्रिकाओं की सहायता ली है। श्री गुलाब राय, डाक्टर शशधर दत्त तथा डाक्टर 'देवराज' की पुस्तकों से मैंने अनेक पारिभाषिक शब्दों को प्राप्त किया है। तो भी शब्दों को बिना गढ़े काम नहीं चल सकता है। हिन्दी भाषा पर मेरा अधिकार नहीं है। मैंने अंग्रेजी के शब्दों को अनेक स्थलों पर ज्यों-का-त्यों छोड़ दिया है। यह बात विशेष रीति से काण्ट के दर्शन में देखने में आयेगी।

हिन्दी-विभाग के अध्यापक श्री हरिनन्दन चौधरी जी ने लॉक-बर्कले सम्बन्धी लिपि को जाँचकर भाषा-सुधार किया है, जिसके लिए मैं और पाठक उनके आभारी हैं। फिर भी भाषा त्रुटियों के लिए मैं ही उत्तरदायी हूँ।

—खबड़ा रोड

मुजफ्फरपुर

—या॰ मसीह

संशोधित तथा संवर्द्धित संस्करण के सम्बन्ध में

इस पुस्तक में दर्शन को वैचारिक कला माना गया है और इसी दृष्टिकोण से दार्शनिकों की देन का मूल्यांकन किया गया है। फिर पाश्चात्य दर्शन में विश्लेषात्मक और संश्लेषात्मक वाक्यों के बीच के भेद पर विशेष प्रकाश डाला गया है। काण्ट के दर्शन की समीक्षा को एकदम समसामयिक बना दिया गया है। पारिभाषिक शब्दों में भी हेर-फेर कर दिया गया है। यथासम्भव रचना-सुधार पर भी ध्यान दिया गया है।

मैं अनेक विश्वविद्यालयों और उनके प्राध्यापकों का भी कृतज्ञ हूँ, जिन्होंने इस पुस्तक को अपनाया है।

इस नवीन संस्करण में मुख्य दार्शनिकों के दर्शन का सारांश दे दिया गया है। फिर प्रश्नों के उत्तरों की रूपरेखा भी दे दी गयी है। आशा है कि अब यह पुस्तक विषय पाठ की दृष्टि से अधिक उपयोगी होगी।

जुलाई, 1983

–या॰ मसीह

नवीन संस्करण

इस संस्करण में यूनानी और मध्ययुगीन दर्शन को संशोधित एवं संवर्द्धित कर दिया गया है। फिर हेगेल के दर्शन को भी जोड़ दिया गया है। भाषा का भी सुधार किया गया है।

जनवरी, 1994

–या॰ मसीह

विषयानुक्रमणिका

अध्याय **पृ० सं०**

अध्याय **पृ० सं०**

❑

समीक्षात्मक पाश्चात्य दर्शन

[यूनानी, मध्ययुगीन, आधुनिक और, हेगेल दर्शन]

विषय-प्रवेश

'फिलॉसफी' तथा दर्शन की शाब्दिक व्याख्या

पाश्चात्य भाषा में जिसे 'फिलॉसफी' (Philosophy) कहते हैं, उसे हिन्दी में 'दर्शन' नाम से पुकारते हैं। इन दोनों शब्दों के इतिहास से प्राच्य और पाश्चात्य विचारकों के दृष्टिकोण पर अच्छा प्रकाश पड़ता है। इसलिए मैं यहाँ इनकी संक्षिप्त व्याख्या इस प्रकार करना अच्छा समझता हूँ। पाश्चात्य *'फिलॉसफी'* शब्द दो खंडों के योग से बना है अर्थात् Philos + sophia। 'Philos' से अर्थ होता है *प्रेम* का और 'Sophia' शब्द का अर्थ है *प्रज्ञा* या *बुद्धि*। इसलिए फिलॉसफी का शाब्दिक अर्थ है बुद्धि-प्रेम। अतः पाश्चात्य दार्शनिक बुद्धिमान या प्रज्ञावान व्यक्ति बनना चाहता है। पाश्चात्य दर्शन के इतिहास से यह बात झलक जाती है कि पाश्चात्य दार्शनिक ने ज्ञान के आधार पर ही विशेषतया बुद्धिमान् होना चाहा है। इसके विपरीत कुछ उदाहरण अवश्य मिलेंगे, जिनमें आचरण-शुद्धि तथा मनस् की परिशुद्धता के आधार पर परम सत्ता के साथ साक्षात्कार करने का भी आदर्श पाया जाता है। परन्तु यह आदर्श प्राच्य है, न कि पाश्चात्य। यदि कुछ पाश्चात्य विचारकों में प्राच्य आदर्श पाया जाय तो इससे सिद्ध हो जाता है कि प्राच्य और पाश्चात्य का अन्तर छिछला है और वास्तव में दर्शन के सभी पुजारियों को विश्व-प्रजातन्त्र का समकक्षी सदस्य समझना चाहिए। फिर भी यदि हम रहस्यवादी (Mystics) और समाधिवादी विचारकों को अपवाद समझ लें, तो हम कह सकते हैं कि पाश्चात्य दार्शनिक *'ज्ञान'* पर अधिक जोर देता है और अपने ज्ञान के अनुरूप वह अपने चरित्र का संचालन करना अनिवार्य नहीं समझता है। ठीक इसके विपरीत हम भारतीय *'दर्शन'* की परम्परा को देखते हैं।

परम सत्ता के साथ साक्षात्कार करने का ही दूसरा नाम 'दर्शन' है। जिस प्रकार अपनी आंखों से देखकर हमें विश्वास हो जाता है कि नदी, पहाड़, कुर्सी, मेज इत्यादि वास्तविक पदार्थ हैं, उसी प्रकार भारतीय परम्परा के अनुसार हमें परम सत्ता का साक्षात् ज्ञान हो सकता है। इस प्रकार साक्षात्कार के लिए योग, भक्ति तथा ज्ञान के मार्ग बताये गये हैं। परन्तु दार्शनिक ज्ञान वैज्ञानिक ज्ञान से बिल्कुल भिन्न कहा गया है। इसकी व्याख्या कुछ ही पृष्ठों के बाद मिलेगी। यहाँ पर इतना ही कहना पर्याप्त है कि वैज्ञानिक ज्ञान प्राप्त करने में हमें अपने आलोच्य विषय में परिवर्तन करना पड़ता है ताकि उसे हम अपनी इच्छा के अनुसार अपने वश में कर लें। जैसे विद्युत-सम्बन्धी प्रयोगों के आधार पर हम बिजली की शक्ति को अपनी इच्छा के अनुसार चक्की चलाने, प्रकाश फैलाने, पंखा चलाने इत्यादि कामों में ला सकते हैं। परन्तु प्राच्य दर्शन के अनुसार दार्शनिक ज्ञान जीवन-साधना है। ऐसे ज्ञान से स्वयं दार्शनिक में ही परिवर्तन हो जाता है। उसे दिव्यदृष्टि प्राप्त हो जाती है, जिसके द्वारा वह समस्त प्राणियों को अपनी समष्टि-दृष्टि के अंतर्गत देखता है। वह स्वयं बदल जाता है। इसलिए वेदान्त में कहा गया है कि 'ब्रह्मविद् ब्रह्मैव भवति'। इस प्रकार कहा गया है कि:—

लाली मेरे लाल की, जित देखौं तित लाल।
लाली देखन मैं गयी, मैं भी हो गयी लाल ।।

इसलिए भारतीय परम्परा के अनुसार दार्शनिक एक तपस्वी, खोजी तथा साधक होता है।

समसामयिक विचारधारा में प्राच्य दर्शन को धर्म-दर्शन माना जाता है और पाश्चात्य दर्शन को भाषा-सुधार तथा प्रत्ययों का स्पष्टीकरण कहा जाता है। प्रायः प्राच्य परम्परा से मेल खानेवाली पाश्चात्य तत्त्व-मीमांसा को लोग भाषा-रोग, शब्दजाल और भाषा के गड़बड़-घोटाले की संज्ञा देते

हैं। अब समसामयिक विचारधारा में कितना बल है और कितनी दूर तक हमें इसे मानना चाहिए, इत्यादि कुछ ऐसे मौलिक प्रश्न हैं, जिनकी तह में जाने का यहाँ काम नहीं है। हमें दर्शन के इतिहास को ध्यान में रखकर दर्शन की उपयुक्त व्याख्या करनी चाहिए। परन्तु इसके पहले दर्शन के सम्बन्ध में समसामयिक विचार को स्पष्ट कर देना उचित है।

दर्शन के सम्बन्ध में समसामयिक विचार

दर्शन के दो मुख्य अंग हैं

ज्ञान-मीमांसा (Epistemology) और तत्त्व-मीमांसा (Ontology)। समसामयिक परम्परा के अनुसार *'दर्शन'* शब्द को प्रायः ज्ञान मीमांसात्मक अर्थ में समझा जाता है और मेटाफिजिक्स (अतिभौतिकी) को तत्त्व-मीमांसा के अर्थ में प्रयुक्त किया जाता है। इसलिए समसामयिक विचारधारा के अनुसार दर्शन का लक्ष्य विचार का संचालन करनेवाले प्रत्ययों का सुधार करना है। प्रत्यय (Concept) भाषा के माध्यम से व्यक्त किया जाता है, इसलिए प्रत्ययात्मक सुधार का अर्थ लगाया गया है कि दर्शन भाषा का स्पष्टीकरण करे अर्थात् प्रत्येक स्थल पर परम तत्त्व, ईश्वर, आत्मा इत्यादि के अनुरूप अनुभूतियों का उल्लेख करे। फिर, साथ-ही-साथ बताये कि हम भाषा को किस प्रकार, किस नियम और किन-किन आधारों पर प्रयुक्त करें, जिससे पारस्परिक विचार विनिमय में गड़बड़ी न हो।

अब तत्त्व-मीमांसा का उद्देश्य है कि वह परम सत्ता की खोज करे और उसके सम्बन्ध में हमें ज्ञान दे। यहाँ 'ज्ञान' शब्द का अर्थ है 'वैज्ञानिक ज्ञान'। वैज्ञानिक ज्ञान प्राप्त करने में विधि, प्रयोग, तर्क इत्यादि अनेक बातें हैं। परन्तु उनकी एक मुख्य विशेषता है कि उसमें ऐन्द्रिय अनुभूति अथवा प्रयोग का स्थान अवश्य रहता है। इसकी सामग्रियाँ ऐसी होनी चाहिए, जिन्हें हम आँख, नाक, कान इत्यादि इन्द्रियों से जान सकते हैं। परन्तु यदि ईश्वर, परम सत्ता या आत्मा इत्यादि तत्त्व-मीमांसा के विषय को हम इस ऐन्द्रिय अनुभूति के आधार पर जाँचना चाहें तो हमें कहना पड़ेगा कि तत्त्व-मीमांसा की विषय-वस्तु ऐन्द्रिय नहीं है। अब यदि विज्ञान में प्रत्यक्ष अथवा इन्द्रियात्मक अनुभूति का रहना अनिवार्य हो तो हमें कहना पड़ेगा कि तत्त्व-मीमांसा विज्ञान नहीं है। अब चूँकि 'ज्ञान' से अर्थ विज्ञान का होता है और चूँकि तत्त्व-मीमांसा विज्ञान नहीं है, इसलिए समसामयिक विचार में तत्त्व-मीमांसा को ज्ञान-विहीन शास्त्र के नाम से पुकारा जाता है। फिर यदि तत्त्व-मीमांसा का यही उद्देश्य हो कि वह परम सत्ता का विज्ञान हो और इस प्रकार के विज्ञान होने की उसकी सम्भावना ही नहीं, तो इसे विफल प्रयास ही कहा जायेगा। इसलिए समसामयिक विचारधारा में तत्त्व-मीमांसा को अर्थहीन विफल प्रयास माना जाता है।

पर यदि हम तत्त्व-मीमांसा को छोड़ दें और ज्ञान-मीमांसात्मक दर्शन को ही दर्शन का शुद्ध रूप समझें तो क्या इस अर्थ में दर्शन से किसी प्रकार का ज्ञान प्राप्त हो सकता है? समसामयिक विचारधारा के अनुसार विज्ञान को छोड़कर कहीं भी ज्ञान नहीं प्राप्त किया जा सकता है। तो क्या तत्त्व-मीमांसा के समान दर्शन भी निरर्थक विफल प्रयास हैं? हाँ, यदि हम सोचें कि दर्शन में किसी भी प्रकार का ज्ञान नहीं प्राप्त किया जा सकता है, तो क्या दर्शन का अध्ययन-अध्यापन छोड़ दिया जाय? नहीं। दर्शन का एक मुख्य काम रह जाता है। किसी भी विज्ञान में भाषा को काम में लाया जाता है और इसी को उपकरण (Instrument) मानकर किसी भी क्षेत्र की घटनाओं का अध्ययन किया जाता है। परन्तु यद्यपि हम भाषा के द्वारा सभी घटनाओं की खोज करते, उनके सम्बन्ध में नियमों की स्थापना करते और उसके सम्बन्ध में विचार-विनिमय करते, तो हम विज्ञान में वैज्ञानिक रहकर भाषा पर विचार नहीं करते हैं। अब दर्शन का मुँख्य-उद्देश्य है कि वह भाषा पर ही विचार करे। इसी बात को हम दूसरे प्रकार से भी कह सकते हैं।

भाषा-विज्ञान और भाषा-दर्शन

विज्ञान अपने क्षेत्र-विशेष की घटनाओं पर विचार करता है, परन्तु दर्शन विचार पर विचार करता है। विज्ञानों के लिए भाषा और विचार गौण हैं और घटना-विशेष ही मुख्य हैं। परन्तु दर्शन के लिए भाषा ही मुख्य विषय है। अब चूँकि ज्ञान घटनाओं का होता है और इसका सम्बन्ध साक्षात् रीति से विज्ञान के साथ होता है, इसलिए कहा जा सकता है कि विद्वानों के द्वारा ज्ञान प्राप्त किया जाता है। फिर चूँकि दर्शन में घटनाओं का उल्लेख साक्षात् रीति से नहीं होता, इसलिए कहा जाता है कि दर्शन में ज्ञान नहीं होता है। यहाँ एक प्रश्न आपत्ति के रूप में उठाया जा सकता है। क्या भाषा-विज्ञान (Philology) विज्ञान नहीं है? सर्वप्रथम दर्शन भाषा-विज्ञान नहीं है; क्योंकि भाषा-विज्ञान का काम है कि वह बताये कि भाषा की उत्पत्ति कैसे हुई और प्रत्येक शब्द और भाषा के अन्यान्य तथ्यों का कैसे विकास हुआ और किस शब्द को किस अर्थ में प्रयुक्त किया जाता है, इत्यादि। भाषा-विज्ञान, विज्ञान है; क्योंकि इसके द्वारा भाषा-सम्बन्धी घटनाओं का साक्षात् रीति से अध्ययन किया जाता है। परन्तु, जब हम कहते हैं कि दर्शन का काम है कि भाषा या विचार पर विचार करे तो यहाँ इसका सही अर्थ होगा कि दर्शन भाषा-तर्कशास्त्र है। यह भाषा कोई हिन्दी, बँगला या जर्मन के समान भाषा-विशेष नहीं है। यह भाषा स्वयं सभी भाषाओं के प्रति विचार करने के लिए तैयार की जाती है। यह उस व्यापक और सर्वोपरि तल की भाषा है, जिसके नियमों के अनुसार किसी भी भाषा को काम में लाया जाता है। यहाँ पर भाषा-विशेष और भाषा-दर्शन के बीच अन्तर को एक-दो उदाहरणों के द्वारा स्पष्ट किया जा सकता है। जैसे-'सिंह सभी वन्यपशुओं का राजा है' और 'ईश्वर समस्त राजाओं का राजा है'। ये दोनों वाक्य व्याकरण के नियम के अनुसार एक ही प्रकार के वाक्य हैं, परन्तु भाषा-दर्शन के दृष्टिकोण से इनमें अन्तर है। सिंह हमारे प्रत्यक्ष अथवा निरीक्षण का विषय है, पर 'ईश्वर' हमारी ऐन्द्रिय अनुभूति का विषय नहीं है। इसलिए यदि हम 'सिंह वन्यपशुओं का राजा है' को वर्णनात्मक वाक्य कहें तो हम इसी प्रकार से 'ईश्वर समस्त राजाओं का राजा है' को वर्णनात्मक वाक्य कहें तो हम इसी प्रकार से 'ईश्वर समस्त राजाओं का राजा है' को वर्णनात्मक नहीं कह सकते हैं। इन दोनों वाक्यों को एक ही प्रकार समझ लेने से दर्शन और धर्म दर्शन में अनेक दोष आ गए हैं। इसी प्रकार यदि हम कहें कि 'गणित विद्यामन्दिर स्कूल में पुरस्कार-वितरण करेगा' तो यह हिन्दी व्याकरण के दृष्टिकोण से शुद्ध वाक्य कहा जायगा, परन्तु भाषा-दर्शन के दृष्टिकोण से इसे दोषपूर्ण वाक्य कहा जायगा। यदि हम 'पुरस्कार-वितरण' शब्दों को सही रीति से काम में लायें तो कोई व्यक्ति इस कार्य के उपयुक्त हो सकता है, परन्तु गणित नहीं। भाषा-दर्शन के दृष्टिकोण से सही वाक्य होगा : 'गणित विद्यामंदिर स्कूल में पढ़ाया जाता है' और इसी प्रकार से सही वाक्य कि 'शिक्षामंत्री विद्यामन्दिर स्कूल में पुरस्कार-वितरण करेंगे'। इसलिए दर्शन भाषा-दर्शन के रूप में भाषा-विज्ञान से भिन्न है। इसलिए भाषा-दर्शन के रूप में दर्शन-विज्ञान नहीं है और यदि यह विज्ञान न हो तो इससे ज्ञान भी नहीं प्राप्त किया जा सकता है। तो क्या दर्शन भी तत्त्व-मीमांसा के समान विफल प्रयास है? इसके उत्तर देने के लिए हमें *'ज्ञान'* प्रत्यय का थोड़ा विश्लेषण करना चाहिए।

दर्शन और ज्ञान

वैज्ञानिक ज्ञान में हमें किसी विषय की सूचना मिलती है, जो सत्य या असत्य ठहराई जा सकती है। प्रायः सत्यापन (verification) का काम ऐन्द्रिय अनुभूति के ही आधार पर किया जाता है। जैसे-यदि कोई कहे कि इस कमरे में एक काला कुत्ता है, तो इस कथन की पुष्टि या इसका मिथ्यापन आँख, हाथ, नाक इत्यादि के ही द्वारा ठहराया जा सकता है। परन्तु दर्शन में साक्षात् रीति से घटनाओं अथवा वस्तुओं से हमारा सम्पर्क नहीं होता है। इसलिए साक्षात् रीति से घटनाओं की हमें ऐसी सूचना नहीं मिलती है, जिसे सत्य या असत्य ठहराया जा सके। इसलिए दार्शनिक प्रकथनों के विषय में सत्यता या असत्यता का प्रश्न नहीं उठाया जा सकता।

यदि दर्शन को भाषा का तर्कशास्त्र या व्यापक माना जाय तो यह ठीक है कि इसमें सत्यता-असत्यता नहीं प्राप्त की जा सकती और इसलिए न तो वैज्ञानिक ज्ञान ही। पर क्या वैज्ञानिक ज्ञान में केवल ऐन्द्रिय प्रदत्त (data) या सामग्रियाँ ही पाई जाती हैं? कम-से-कम किसी भी विज्ञान में वाक्य-रचना के नियम, वाक्यों के रूपान्तर की विधियाँ, वाक्यों की संश्लेषण-विधियाँ इत्यादि पाई जाती हैं। इन नियमों और विधियों के आधार पर सामग्रियों का तो नहीं, पर इन सामग्रियों को व्यवस्थित कर इनके सम्बन्ध में ज्ञान प्राप्त किया जाता है। उसी प्रकार गणितीय भाषा और उनके नियम हैं। गणितीय भाषा का भी साक्षात् सम्बन्ध घटनाओं से नहीं होता, पर किसी भी आनुभविक विज्ञान में इसे काम में लाकर वैज्ञानिक नियम को परिशुद्ध (precise) भाषा में व्यक्त किया जा सकता है। इसलिए यद्यपि दर्शन में सामग्रियों का ज्ञान नहीं पाया जाता तथापि इसके द्वारा भाष-सुधार किया जा सकता है, ताकि इसके द्वारा विचार-विनिमय या विचारों का आदान-प्रदान बिना किसी गड़बड़ी, दोष या गड़बड़-घोटाले के हो। दर्शन का यह उद्देश्य भी कम महत्त्व नहीं रखता; क्योंकि यदि वास्तव में भाषा परिशुद्ध हो जाय तो विचारों का आदान-प्रदान ऐसा हो सकता है कि आपस का मतभेद बहुत दूर तक मिट जाय। शायद धर्म सम्बन्धी भेद विशेषतया कल्पना-रंजित भाषा उपमा, प्रतीक इत्यादि के व्यवहारों से हो गया है। यदि धर्म-भाषा को लोग समझने लगें और उस भाषा को परिशुद्ध कर पायें तो सम्भव है कि धर्म के नाम पर लगाये जाने वाले अनेक नारे फीके पड़ जायें और परस्परिक मेल में योगदान प्राप्त हो जाय।

तत्त्व-मीमांसा के सम्बन्ध में विचार

उपर्युक्त जो बातें दर्शन और तत्त्व-मीमांसा के सम्बन्ध में कही गयी हैं, वे समसामयिक अनुभववाद से सम्बन्ध रखती हैं। अब अनुभववाद समसामयिक विचारधारा में प्रमुख स्थान अवश्य रखता है, पर अस्तित्ववाद (existentialism) भी कम प्रभावशाली नहीं है। यदि अनुभववादी मत के अनुसार तत्त्व-मीमांसा अर्थहीन कही जा सकती है, तो अस्तित्ववाद के अनुसार तत्त्व-मीमांसा ही दर्शन का वास्तविक रूप है। मोटे तौर पर अस्तित्ववाद के अनुसार कहा जा सकता है कि प्रत्येक व्यक्ति स्वतंत्र है कि वह अपने व्यक्तित्व का सच्चा विकास स्वयं अपने कार्य-निर्णयों के आधार पर करे। जो व्यक्ति दूसरे की नकल करता, या बिना अपनी स्वतंत्र छान-बीन किये हुए आँख मूँद कर दूसरे के बताये मार्गों पर चलता है; वह औथेण्टिक,* जीवन्त व्यक्ति नहीं हो सकता है। इसलिए प्रत्येक व्यक्ति को अपने मूलरूप को जान कर स्वतंत्र रीति से उन्हीं निर्णयों को अपनाना चाहिए, जिनसे वह सद्रूपी या औथेण्टिक व्यक्ति बन जाय।

दर्शन का स्वरूप

अब अस्तित्ववादी भी परम्परागत तत्त्व-मीमांसा की सम्भावना को नहीं मानते हैं। वे व्यक्ति के अपने सही रूप को जानने और साकार करने को ही जीवन और दर्शन का एकमात्र उद्देश्य गिनते हैं। परन्तु साधारणतया उन लोगों का मत वैसा तत्त्व-मीमांसा विरोधी नहीं कहा जा सकता जैसा तर्कनिष्ठ अनुभववादियों का है। इस पुस्तक में दर्शन के उस स्वरूप को मान्यता दी गई है, जिसमें परम्परागत, अस्तित्ववादी तथा अनुभववादी मतों का समन्वय हो जाय। 'परम्परागत मत को ध्यान में रखकर समस्त अनुभूतियों को बुद्धि तथा मूल्यों के आधार पर समीकरण के प्रयास' को दर्शन माना गया है, अर्थात् दर्शन मानव-प्रयास माना गया है, जिसके द्वारा हमारी वैज्ञानिक, सांस्कृतिक, दैनिक, नैतिक इत्यादि सभी प्रक्रियाओं को हम एक सूत्र में बाँधकर उन्हें अपनी पकड़ में ले आयें। फिर यहाँ यह भी माना गया है कि अस्तित्ववादी मत के अनुसार दर्शन को उस प्रकार की उत्प्रेरणात्मक प्रक्रिया माना जाय, जिसके द्वारा आत्मविकास हो। इसलिए कहा

* प्रत्येक व्यक्ति का अपना मूल रूप होता है, जिसे अपने संस्कार के अनुसार साकार किया जाता है। इसलिए जो व्यक्ति अपने इस मूल रूप को पहचानकर उसके ही अनुसार इसे साकार करता है, उसे औथेण्टिक (Authentic) अथवा सच्चा प्राणी कहा जाता है।

गया है कि दर्शन *सम्पूर्ण विश्व या उसके प्रति सर्वपटी अनुभूतियों का वह बौद्धिक चित्रण है, जिसके द्वारा मानवों के अन्दर समस्त प्राणियों तथा जगत् के प्रति स्थायी अभिवृति ऐसी हो, जिससे व्यक्ति के अपने विकास में और समस्त प्राणियों के विकास में कल्याणकारी सहायता मिले।* यह मत विशेषतया पूर्वीय है और यहाँ इस पुस्तक में इसे विशेष स्थान दिया गया है। हाँ, अनुभववादियों के इस कथन को भी यहाँ माना गया है कि इस रूप में दर्शन न तो वैज्ञानिक है और न इसके प्रकथन तर्कशास्त्र तथा गणित के समान परिशुद्ध (precise) हो सकते हैं। परन्तु दर्शन को उपन्यास के समान कल्पना-रचना भी नहीं कहा गया है; क्योंकि विश्व-चित्रण में तर्कशास्त्र तथा विज्ञानों को आधार माना गया है। चूँकि अनुभववादी परम्परा में वैज्ञानिक भाषा को आदर्श भाषा माना गया है, इसलिए तर्कशास्त्र तथा विज्ञानों को दर्शन का आधार मान लेने पर अनुभववादी पक्ष को भी स्थान देने का प्रयास किया गया है। अन्तर इतना अवश्य है कि अनुभववादी यह नहीं मानते कि दर्शन का उद्देश्य आत्म-विकास है और इसलिए वे तर्कशास्त्र तथा विज्ञान-भाषा को ही मुख्य विषय मानते हैं। परन्तु इस पुस्तक में आत्म-विकास को उद्देश्य और विश्व-चित्रण को मुख्य विषय माना गया है। इसलिए यहाँ तर्कशास्त्र तथा विज्ञान को गौण लेकिन आवश्यक विषय माना गया है। इस पुस्तक में कहा गया है कि दर्शन का उद्देश्य व्यक्तियों में सभी वस्तुओं और प्राणियों के प्रति दिव्यदृष्टि उत्पन्न करना है अर्थात् उनमें एक ऐसी स्थायी अभिवृत्ति (attitude) हो जिसमे उनमें और समस्त मानवों में कल्याणकारी मूल्यों का चरितार्थ करने की उत्प्रेरणा हो सके। यह मत पूर्वीय दर्शन के स्वरूप के अनुसार है। यहाँ कहा जाता है कि इसमें परिशुद्ध प्रकथनों की भी आवश्यकता होती है और युक्तियों का भी पूरा स्थान है। पर अनुभववादी परिशुद्ध प्रकथनों को अनिवार्य समझते और भाषा-दर्शन को ही दर्शन की संज्ञा देते है, परन्तु यहाँ भाषा-दर्शन को दर्शन का साधन-मात्र माना गया है। इसलिए इस मत के अनुसार युक्तियों के आधार पर न तो तत्त्व-मीमांसा को, न ईश्वर इत्यादि के अस्तित्व को निर्विवाद रीति से सिद्ध किया जा सकता है। दर्शन में हम युक्तियों अथवा तर्क-वितर्क को उसी प्रकार काम में लाते हैं जिस प्रकार न्यायाधीश के सामने वकील अपने पक्ष में फैसला करवाने के लिए बहस करते हैं। अभियोग और सफाई के लिए दोनों पक्षों की ओर से घटनाओं का विवरण दिया जाता है और उसके आधार पर न्यायाधीश किसी पक्ष में फैसला देता है। उसी प्रकार विज्ञानो के निष्कर्षों तथा विधियों के आधार पर युक्तियों की सहायता से हम दार्शनिक रचना करते हैं, चाहे वे भौतिकवादी हों, प्रत्ययवादी हों या तटस्थवादी हों, इत्यादि। जिस प्रकार न्यायाधीश का फैसला कभी भी निर्विवाद तथा अनिवार्य नहीं कहा जा सकता, उसी प्रकार किसी भी दार्शनिक रचना को हम असंदिग्ध और प्रमाणित नहीं कह सकते हैं। परन्तु (1) यहाँ कहा जा रहा है कि बिना दर्शन के मानवों की गतिविधि संचालित नहीं हो सकती और सभी को चेतन या अचेतन रीति से दर्शन को अपनाना पड़ता है। (2) दूसरी बात यह है कि आत्म-विकास और सर्वोदय ऐसे मूल्य हैं, जिन्हें हम किसी तर्क से सिद्ध नहीं कर सकते कि इन्हें सबको स्वीकार करना चाहिए, पर इन्हें हम मानवों के स्वतंत्र निर्णय का परिणाम मानते हैं। इसलिए अन्तिम रीति से दर्शन मानवों की अपनी स्वतंत्र रचना है और यह उनके अन्तिम निर्णय का परिणाम है। इन सारी बातों को ध्यान में रखकर हम दर्शन की व्याख्या इस प्रकार कर सकते हैं:—

विश्व-दर्शन का स्वरूप—उपर्युक्त बातों के आधार पर दर्शन की व्याख्या इस प्रकार की जा सकती है*:—

अनवरत तथा प्रयत्नशील चिन्तन के आधार पर विश्व की समस्त अनुभूतियों की बौद्धिक व्याख्या तथा उनके मूल्यांकन (evaluation) के प्रयास को दर्शन कहा जा सकता है।

* "Philosophy is an unusually resolute and persistent attempt to understand and appraise our experience of the world as a whole."

1. सर्वप्रथम, दर्शन को चिन्तन कहा गया है, न कि ज्ञान या कल्पना। दर्शन को ज्ञान इसलिए नहीं कहा गया है कि 'ज्ञान' शब्द का अब प्रयोग वैज्ञानिक ज्ञान के लिए ही किया जाता है और दर्शन विज्ञान नहीं है। इसका कारण है कि विज्ञान का विशेष उद्देश्य है कि वह अपने क्षेत्र के विषय के सम्बन्ध में हमें सूचना दे, जिसे सत्य या असत्य कहा जा सके। इसके लिए वैज्ञानिक कसौटियाँ हैं, जिनके द्वारा किसी भी वैज्ञानिक निष्कर्ष की सत्यता जाँची जा सकती है। ठीक इसके विपरीत, दर्शन में वे बाते हैं, जिन्हें देखकर हम कह सकते हैं कि दर्शन विज्ञान नहीं है।

(क) दर्शन में हम समस्त अनुभूतियों अथवा समस्त विषयों के सम्बन्ध में प्रकथन करते हैं। हम न तो समस्त अनुभूतियों को एक साथ लेकर उनकी वैज्ञानिक जाँच कर सकते हैं और न उनको एक-एक करके प्राप्त कर सकते हैं। शायद ही कोई ऐसा विचारक हो सकता है, जो वनस्पतिशास्त्र, भौतिक विज्ञान, रसायन-विज्ञान, सौन्दर्य-शास्त्र, साहित्य इत्यादि सभी विषयों को एक-एक करके अधिकारी रूप में जान लें। चूँकि दर्शन के अन्तर्गत *समस्त अनुभूतियाँ* आ सकती हैं, इसलिए यह विज्ञान नहीं हो सकता है। विज्ञान किसी एक *सीमित क्षेत्रविशेष* का ही अध्ययन करता है।

(ख) दूसरी बात है कि दर्शन में हम अपनी अनुभूतियों का मूल्यांकन करते हैं और इसके लिए हमें आदर्श को अपना मापदंड बनाना पड़ता है। परन्तु आदर्शों की वर्णनात्मक व्याख्या नहीं हो सकती है। कोई साहित्यिक भी पूर्णतया इसकी व्याख्या नहीं कर सकता कि वह क्यों कालिदास की रचना को, न कि शेक्सपीयर की रचना को अधिक प्रिय समझता है। उसी प्रकार दार्शनिक भी यह अभ्युपगम (assumption) मानता है कि हमारी अनुभूतियाँ बोधगम्य हैं, अर्थात् वे हमारी समझ में आ सकती हैं और परम सत्ता विचार-शून्य तथा मनमानी नहीं है। पर इस अभ्युपगम को क्यों सत्य माना जाय या क्यों स्वीकार किया जाय? शायद इसकी कोई युक्तिपूर्ण व्याख्या नहीं हो सकती है। यहाँ दार्शनिकों को स्वतंत्रता है कि वे किसी भी मान्तया को अपनायें। इस प्रकार दर्शन में जैसी स्वतंत्रता है वैसी स्वतंत्रता विज्ञान में नहीं। इसलिए दर्शन को विज्ञान नहीं कहा जा सकता।

अधिकांश दार्शनिक अब इस बात को मानेंगे कि दर्शन को विज्ञान नहीं कहा जा सकता, चाहे पूर्वोक्त युक्तियाँ इस मत के समर्थन के लिए संतोषजनक कही जाय या नहीं। अब यदि मान भी लिया जाय कि दर्शन विज्ञान नहीं है तो भी हम इसे कोरी कल्पना की उपज नहीं मान सकते। प्रायः कल्पना और विचार दोनों को रचनात्मक प्रक्रिया समझा जाता है। दोनों में अन्तर यह है कि कल्पना में दबी और दमित (repressed) गाँठों (complexes) से, बिना वास्तविकता पर ध्यान दिये हुए अधूरी युक्तियों के आधार पर, रचना संचालित होती है। अब चूँकि एक व्यक्ति की दबी और दमित गाँठें अन्य व्यक्तियों की मानसिक गाँठों और आवश्यकताओं से भिन्न होती हैं, इसलिए काल्पनिक रचनाओं में अधिक छूट और आत्मनिष्ठता का पूरा अवसर आता है। इसके, विपरीत, विचार-रचना में वास्तविकता, परिशुद्ध युक्तियों तथा ज्ञानात्मक समस्याओं का हाथ रहता है। काल्पनिक रचना को आत्मनिष्ठ और विचार को अतिव्यक्तिक (objective) अथवा सार्वजनिक (public) कहा गया है। सार्वजनिकता और अतिव्यक्तिकता की मात्रा जितनी अधिक रहेगी उतनी ही वह रचना कम काल्पनिक कही जायगी। इसलिए इस बात को स्पष्ट करने के लिए कि दर्शन कोरी काल्पनिक रचना नहीं, हमें दिखाना पड़ेगा कि उसमें सार्वजनिकता, अतिव्यक्तिकता तथा समस्याओं पर भी ध्यान दिया जाता है। हाँ, दर्शन में कल्पना तथा मानसिक गाँठों और आवश्यकताओं की भी अवहेलना नहीं की जा सकती है। अतः निम्नलिखित कारणों से दार्शनिक रचना पूर्णतया आत्मनिष्ठ तथा कोरी कल्पना नहीं हो सकती है:—

(i) सर्वप्रथम, दार्शनिक समस्त मानव-अनुभूतियों का चिन्तन करता है ताकि वह इनकी गुत्थियों को सुलझा सके। अब चूँकि आधुनिक काल में मानव-अनुभूतियाँ विज्ञानों में स्पष्ट तथा निर्विवाद रूप में मौजूद हैं, इसलिए दार्शनिक अपने मसालों को विज्ञान से ही लेता है। चूँकि

विज्ञान किसी की मन-तरंग पर निर्भर नहीं रहता है, इसलिए विज्ञानों (अर्थात् वैज्ञानिक, विधि और निष्कर्ष) पर आधारित रहने के कारण दार्शनिक का चिन्तन सार्वजनिक (public) हुआ करता है।

(ii) द्वितीय, यह हो सकता है कि कोई दार्शनिक अपनी रुचि तथा विचारधारा के अनुकूल विज्ञानों की कुछ बातों को ले लें और अन्य महत्त्वपूर्ण बातों को छोड़ दें। शायद दार्शनिक की इस मनमानी को हम पूर्णतया कभी भी नहीं हटा सकते हैं। फिर भी, दार्शनिक की स्वतंत्रता दर्शन के ऐतिहासिक निष्कर्षों से नियन्त्रित हो जाया करती है। दर्शन का इतिहास पुराना है और इसके विकास में प्रमुख मनीषियों का हाथ है। अतः इसके विकास में अनेक मौलिक सिद्धान्तों (Fundamental Principles) की रचना हो चुकी है। इसलिए यदि आज कोई दार्शनिक चिन्तन करना चाहे तो उसे इन सब सिद्धान्तों पर पूरा ध्यान देना पड़ता है।

(iii) फिर दर्शन के इतिहास में कुछ विचारधाराएँ निर्मूल सिद्ध हो चुकी हैं, कम-से-कम आधुनिक दार्शनिक को इन विचारधाराओं को छोड़ना ही पड़ता है। जिस प्रकार कोई अपने संस्कार को नहीं छोड़ सकता, उसी प्रकार दार्शनिक दर्शन के इतिहास से अपना पिण्ड नहीं छुड़ा सकता है। अतः, दार्शनिक को अधिकार अवश्य है कि वह अपनी इच्छानुसार अनुभूतियों को चुने या छोड़े, किसी को कम और किसी को अधिक महत्त्व दे; पर उसकी यह स्वतंत्रता दर्शन के इतिहास से नियन्त्रित, मार्गीकृत तथा अनुशासित होती है। तृतीय, दर्शन चिन्तन है और चिन्तन के अपने सर्वव्यापी (universal), मन्तव्य (postulates) और सिद्धान्त हैं। ये ऐसे सिद्धान्त हैं कि प्रत्येक व्यक्ति ध्यानपूर्वक विचारने पर उन्हें स्पष्ट रूप से जान लेता है। चिन्तन के नियम सभी विचारशील व्यक्तियों में पाये जाते हैं और इसलिए किसी भी दार्शनिक को अपने चिन्तन में मनमानी करने का अवसर नहीं मिलता है; क्योंकि उसे इन सब नियमों का पालन करना पड़ता है।

अतः दार्शनिकों में कितना ही अधिक मतभेद क्यों न हो, दार्शनिक रचना को वैयक्तिक तथा आत्मनिष्ठ मन-तरङ्ग नहीं समझा जा सकता है।

2. फिर हम लोगों ने दर्शन को 'अनवरत चिन्तनशील प्रयास' कहा है। इसका कारण है कि दर्शन के तर्क और इसके निष्कर्ष कोशी नदी की धाराओं के समान बदलते रहते हैं। दर्शन अतिव्यक्तिक (objective) रहने पर भी मत-मतान्तरों का घर है। शायद हम यही कह सकते हैं कि दर्शन-इतिहास के पाठ से हम गलतियों को सुधारना, सीख लेते हैं, परन्तु हम किसी भी सिद्धान्त तथा स्थापित सत्यता को निश्चित रूप से नहीं अपना सकते हैं। अतः, दर्शन का अध्ययन हमारे अज्ञान को दूर करता है और असाक्षात् रूप से ही ज्ञान वृद्धि कर सकता है। इसका लाभ अभावात्मक है, न कि भावात्मक (positive)*। इसका कारण है कि दर्शन अनुभूतियों के प्रति चिन्तन है। पर मानव-अनुभूतियाँ एक रूप में नहीं पायी जाती हैं। प्राचीन काल में धर्म तथा ईश्वर सम्बन्धी अनुभूतियाँ एक रूप में नहीं पायी जाती हैं। प्राचीन काल में धर्म तथा ईश्वर सम्बन्धी अनुभूतियाँ महत्त्वपूर्ण थीं, परन्तु अब तो विज्ञान ही की तूती बोलती है। फिर यदि हम अपने देश और अन्तरराष्ट्रीय समस्याओं पर ध्यान दें तो अब समाज के आदर्श संगठन की ही चर्चा विशेष मालूम देती है। अतः, युगों की अपनी माँगों के अनुसार विचारकों को अनुभूतियाँ विभिन्न मालमू देती हैं और इसलिए दार्शनिक निष्कर्ष भी विभिन्न हुआ करते हैं। जो व्यक्ति दर्शन की इस विशेषता को नहीं समझते हैं, वे प्रायः कहते हैं कि दर्शन समय और बुद्धि का अपव्यय है; क्योंकि वे दर्शन की रचना को केवल हवाई किला मानते हैं। कुछ चतुरभाषी तो ऐसा

---

* "The gain from the study of philosophy is negative rather than positive. It helps us to remove our errors but helps us little in having positive knowledge. According to the Advaita Vedanta by emptying our mind of all empirical thoughts and feelings we can attain to the absolute Cit or consciousness."

भी कहते हैं कि दार्शनिक अँधेरे में उस काली टोपी को धर-पकड़ना चाहते हैं, जो वहाँ है ही नहीं। परन्तु दार्शनिक इन तिरस्कारपूर्ण छींटों से खिन्न नहीं होता है। वह जानता है कि उसकी रचना से मानव का रास्ता साफ होता है। मानव के अपने विकास में बल आता है, मानव का बौद्धिक क्षितिज बढ़ता जाता है। मानव-समाज एक यात्री-झुंड के समान है। केवल आँख मूँदकर चलने से लाभ नहीं होता है। यात्री-झुंड के नेता को प्रत्येक पग पर टोह लगानी पड़ती है, ताकि वह जाने कि वह कितनी दूर तक पहुँचा है, किस दिशा में जा रहा है, उसकी यात्रा में किस प्रकार की कठिनाइयाँ आ सकती हैं। उसी प्रकार मानव को अपने लक्ष्य की टोह लगानी पड़ती है और इस प्रकार दर्शन अपना महत्त्व रखता है। चूँकि रात अँधेरी है, रास्ता बीहड़ और गंतव्य दूर है, इसलिए हमें पग-पग फूँक-फूँक कर चलना है। दर्शन की खिल्ली उड़ाने वाले कहते हैं कि मानव आँखें मूँदकर ही चल सकता है और कहीं-न-कहीं, कभी-न-कभी उसे रास्ता मिल जायगा। दार्शनिकों का कहना है कि मानव को रास्ता तय करना अवश्य है, पर सावधानी से टोह लेकर चलने से मानव अनेक संकटों से अपने को बचा सकता है। चूँकि मानव को चलना ही है, चाहे आँख मूँदकर अटकल-पच्चू रीति से या सावधानीपूर्वक बुद्धि-विवेक से। पर वह हाथ-पर-हाथ धरकर या माथा टेककर बैठा नहीं रह सकता है। इसीलिए दार्शनिकों का कहना है कि प्रत्येक व्यक्ति का कोई-न-कोई दर्शन अवश्य होता है, चाहे वह दर्शन समकालीन ज्ञानों पर आधारित समालोचनात्मक दर्शन हो, या अबौद्धिक भित्ति पर आधारित हो, परन्तु दार्शनिक चिन्तन मानवों के लिए उतना ही स्वाभाविक है जितना सांस लेना या भोजन करना। इसलिए प्रत्येक व्यक्ति दार्शनिक है, चाहे वह आलोचनात्मक तथा जागरूक रीति से हो या रूढ़िग्रस्त समाज, जाति तथा टुकड़ियों से प्रभावित दर्शन को अपनाकर हो। अब यदि ऐसी बात हो तो दर्शन अनिवार्य है। अतः चतुरभाषी चाहे कितना ही अधिक उसके इस प्रयास की हँसी क्यों न उड़ायें, परन्तु दार्शनिक अपनी समस्या को महत्त्वपूर्ण समझता है और उसके समाधान में निरत रहता है।

3. अभी तक हम लोगो ने इसे दिखाने की कोशिश की है कि क्यों दार्शनिक युगों से अनवरत प्रयत्नशील रहता है और क्यों एक युग का दर्शन दूसरे युग, देश और समय में लागों के हृदय में नहीं चुभता है। प्रत्येक युग की अपनी विशेष समस्या होती है और उस युग के दार्शनिक को नये सिरे से समयानुकूल दर्शन की इमारत खड़ी करनी पड़ती है। हम यह भी जानते हैं कि वर्तमान काल में विज्ञान मानव-अनुभूनि का अमूल्य संग्रह है। यही कारण है कि जबसे विज्ञान की नींव जम गयी है तबसे दर्शन उससे बहुत प्रभावित हुआ है। कभी दर्शन विज्ञान के चमकते हुए *निष्कर्षों* से प्रभावित हुआ है, तो कभी *वैज्ञानिक-विधि* (method) से ही ओत-प्रोत हुआ है। परन्तु. विज्ञान का प्रभाव दर्शन के लिए हर समय कल्याणकारी नहीं रहता है। इसका कारण है कि विज्ञान सभी प्रकार की अनुभूतियों का अध्ययन नहीं करता है। वे ही अनुभूतियाँ जिन्हें हम गाणतिक (mathematical) साँचों में ढाल सकते हैं, विज्ञानों के अन्तर्गत आती हैं। विज्ञान इस प्रकार आंशिक है, परन्तु दर्शन समस्त अनुभूतियों के पूर्णत्व अथवा समग्रत्व (wholeness) को आश्रय देता है और इसलिए दर्शन का क्षेत्र अति विस्तृत है। इसलिए दर्शन की कसौटी अधिक पूर्ण और व्यापक है। यही कारण है कि दर्शन विज्ञान का समालोचनात्मक अध्ययन कर सकता है, परन्तु विज्ञान के निष्कर्ष और विधि से दर्शन के निष्कर्षों की माप नहीं हो सकती। जब दार्शनिक विज्ञानों की सफलता से चकाचौंध हो जाता है, तब प्रायः वह दर्शन को विज्ञान की कसौटी से जाँचने लगता है और ऐसा करने पर उसमें पूर्ण को अंश से मापने का दोष आ जाता है। वर्तमान दार्शनिकों में अनेक ऐसे विचारक हैं, जो इस दोष से मुक्त नहीं हैं। इस प्रकार के विचारक प्रायः दर्शन को भी एक प्रकार का विज्ञान ही समझते हैं। उनके अनुसार यदि दर्शन और विज्ञान में कोई अन्तर है तो केवल विषय-क्षेत्र का। विज्ञान का विषय विश्व के किसी विशेष-क्षेत्र तक सीमित रहता है जैसे वनस्पति-विज्ञान केवल वनस्पति का अध्ययन करता है जीव-शास्त्र (Biology) जीवों का अध्ययन करता है इत्यादि। परन्तु दर्शन का विषय मानव के सभी प्रकार की अनुभूतियाँ हैं। परन्तु विज्ञान की यदि यह विशेषता हो कि वह आंशिक

(partial) हो और दर्शन की यह विशेषता हो कि वह सम्पूर्ण हो तो दर्शन और विज्ञान में प्राकारिक (kind) अन्तर हो जाता है क्योंकि *'आंशिक'* निराक्षणीय हो सकता है और *'सम्पूर्ण विश्व'* निरीक्षणीय नहीं हो सकता है। केवल निरीक्षणीय को ही विज्ञान का विषय माना जा सकता है और इसलिए सम्पूर्ण विश्व को विषय बनाने वाले दर्शन को विज्ञान नहीं समझा जा सकता है।

अब यदि दर्शन विज्ञान न हो और फिर भी विज्ञान के निष्कर्षों और विधि से प्रभावित हो तो हम दर्शन के स्वरूप को विज्ञान के सम्बन्ध में किस प्रकार व्यक्त कर सकते हैं? शायद हम कह सकते हैं कि दर्शन विज्ञानों का विज्ञान है। कुछ अंशों में दर्शन का परिचय इस प्रकार दिया जा सकता है परन्तु इस वाक्य से यह नहीं समझना चाहिए कि दर्शन का अध्ययन कर लेने से कोई व्यक्ति सभी विज्ञानों का भी ज्ञाता हो जाता है। इस वाक्य से केवल हम यही समझ सकते हैं कि सभी विज्ञानों के आधार में कुछ सामान्य (common) मन्तव्य तथा सिद्धान्त है और दर्शन का काम इनका अध्ययन करना है। जो मन्तव्य और सिद्धान्त सभी विज्ञानों में सामान्य पाये जाते हैं, वे विज्ञानों का ढाँचा या रूप या आकार (form) कहलाते हैं और आकार या रूप विज्ञानों की विषय-वस्तु (content or matter) से भिन्न होता है। अतः, दर्शन का काम है कि विज्ञानों के रूप का पता लगाये और उसके स्वरूप का अध्ययन करे। प्रायः दर्शन की इस शाखा को तर्कशास्त्र (Logic) तथा भाषा-वस्तु सम्बन्धी शास्त्र (Semantics) कहते हैं और वर्तमान दर्शन में इसके तार्किक भाववाद (logical positivism), भाषा-विश्लेषणशास्त्र (linguistics) इत्यादि प्रमुख अंग हैं। चूँकि दर्शन विज्ञान के सामान्य रूप का अध्ययन करता है, इसलिए इसे विज्ञानों का विज्ञान कहा जा सकता है। परन्तु विज्ञानों की कथावस्तु (matter) को जानने का भार विज्ञान का है और उसके विषय में दर्शन कुछ नहीं बता सकता है।

उपर्युक्त व्याख्या से स्पष्ट है कि दर्शन विज्ञानों का विज्ञान कहा जा सकता है। परन्तु दर्शन को इस प्रकार समझने में भी कुछ दोष आ जाते है, जिनसे पाश्चात्य दार्शनिकों को बचाना कठिन है। इसका कारण है कि विज्ञान पूर्णतया वैचारिक या बौद्धिक (intellectual)* व्यायाम है और इसमें मानव-संवेगों (emotions) और मानव-लक्ष्यों की अवहेलना की जाती है। मान लीजिए कि हमें नक्षत्रों का वैज्ञानिक ज्ञान प्राप्त करना हो तो हम मानव-इच्छाओं, संवेगों और उसके आदर्श का तिरस्कार कर नक्षत्रों का अध्ययन करेंगे। अतः वर्तमानकालिक विज्ञान को अवैयक्तिककृत (depersonalised) ज्ञान कहते हैं: इसे समझने के लिए आदि-मानवों (primitive people) के ज्ञान से विज्ञान की तुलना की जा सकती है। आदि-व्यक्ति पेड़-पौधों, नदी-नालों इत्यादि में देवी-देवता तथा नर-तुल्य शक्ति समझता है। वह प्रकृति का मानवत्वारोपी तथा वैयक्तिककृत (personalised) ज्ञान प्राप्त करता है।

विज्ञानों का अवैयक्तिककरण (depersonalisation) जड़ पदार्थों को समझने के लिए ठीक है। पर, चूँकि वैज्ञानिक परम्परा अवैयक्तिककरण पर आधारित है, इसलिए या तो इसके अनुसार मानव भी जड़ रूप में समझे जाते हैं या मानव आदर्शों को महाभ्रम समझकर छोड दिया जाता है। परन्तु दर्शन का काम है कि वह मानव सम्बन्धी अनुभूतियों को उसी प्रकार अपने ध्यान में रखें, जिस प्रकार वह वैज्ञानिक स्थितियों पर ध्यान देता है। दर्शन के प्रजातन्त्र में सभी प्रकार की अनुभूतियाँ समान महत्त्व रखती हैं। यह बात दर्शन के लिए विचारणीय है, क्योंकि दर्शन तथा

---

* बुद्धि (reason) और विचार (thought या intellect) के बीच सूक्ष्म भेद है। बुद्धिवाद का अपना विशेष स्वरूप है जिसकी व्याख्या पीछे की जायेगी। उसी प्रकार विचार और संकल्प (will) के बीच के अन्तर को समझने के लिए विचारवाद (intellectualism) की अपनी व्याख्या है। मध्ययुगी दार्शनिकों में विचार और संकल्प का भेद विशेष महत्त्व रखता है परन्तु यह भेद आधुनिक तथा समसामयिक दर्शन में भी कम महत्त्व नहीं रखता है! प्रत्येक को विचारवादी (rationalist) कहा जा सकता है, परन्तु हर बुद्धिवादी को विचारवादी कहने में कठिनाई हो जाती है।

विज्ञान दोनों मानव की लक्ष्यपूर्ण तथा आदर्शपूर्ण प्रक्रियाएँ हैं और इसलिए किसी भी दर्शन में मानव-लक्ष्य और उसके आदर्श की अवहेलना नहीं होनी चाहिए।

उस परम्परा के अनुसार, जिसमें विज्ञान के विचारवाद को पूर्णतया अपनाया जाता है, दर्शन को वैचारिक (intellectual) ज्ञान-राशि समझा जाता है। इस परम्परा के अनुसार दर्शन को ध्येय हमारी समस्त अनुभूतियों को समझना या उनकी विचारशील व्याख्या करना है, परन्तु दर्शन की यह परम्परा अधूरी है। हमें अपने अनुभूतियों को समझना ही नहीं हैं, बल्कि हमें उनका मूल्यांकन भी करना है। मूल्यांकन करने के लिए हमें किसी कसौटी तथा मानदंड (standard) की आवश्यकता पड़ जाती है। दर्शन में अनुभूतियों का मूल्यांकन करने के लिए हमें आदर्शों (ideals) को मानदंड बनाना पड़ता है। ये परम आदर्श सत्यं, शिवं तथा सुन्दरम् के नाम से विख्यात है। उदाहरणार्थ, हमें अपने दर्शन में जानना होता है कि विश्व का निःश्रेयस् (Summum Bonum) क्या है और यदि विश्व का कोई निःश्रेयस् न हो तो क्या कोई मानव का भी निःश्रेयस् हो सकता है? इसी प्रकार का मूल्यांकन 'सत्य' और 'सुन्दर' के आदर्शों के आधार पर भी किया जाता है। *अतः दर्शन केवल मानव की समस्त अनुभूतियों की बौद्धिक व्याख्या ही नहीं है अपितु उसमें उनका मूल्यांकन भी किया जाता है।*

यदि दर्शन का मुख्य उद्देश्य अनुभूतियों का मूल्यांकन करना हो तो दर्शन का असली स्वरूप कलात्मक होगा न कि वैज्ञानिक। मान लीजिए कि हमें किसी चित्र की सुन्दरता जाँचनी हो तो हम उसकी सुन्दरता को किसी तराजू पर नहीं तौल सकते या किसी गज फुट से नहीं नाप सकते। उसकी सुन्दरता को जानने के लिए हमें अपनी कलात्मक दृष्टि की आवश्यकता पड़ जाती है। उसी प्रकार समस्त अनुभूतियों के मूल्यांकन में दार्शनिक को कलात्मक ढंग से देखना पड़ता है। *अतः 'दर्शन कला है' परन्तु यह वैचारिक कला या विश्व-कविता है।*

बौद्धिक या वैचारिक कला के रूप में दर्शन का महत्त्व

दर्शन को वैचारिक कविता कहा जाता है और इसलिए इसे साहित्यिकों की कविता से भिन्न समझना चाहिए। साहित्यिकों की कविता का सम्बन्ध प्रायः मानव-संवेगों (emotions) से रहता है इसलिए दोनों प्रकार की कविता के बीच के भेद को बताने के लिए कहा जाता है कि साहित्यिक कविता का स्थान हृदय है, परन्तु दर्शन-कविता का स्थान मस्तिष्क है। सुबोध होते हुए भी साहित्यिक और बौद्धिक कविता के बीच के भेद को हम इस रीति से व्यक्त नहीं कर सकते हैं। इसका कारण है कि *'हृदय'* और *'मस्तिष्क'* वैज्ञानिक दृष्टिकोण से संतोषजनक शब्द नहीं हैं और इसलिए उनके माध्यम से कोई संतोषजनक भेद नहीं बतलाया जा सकता है। परन्तु शायद इसका मौलिक कारण यह है कि साहित्य-दर्शन और विश्व-दर्शन में ही कोई मौलिक भेद नहीं है। अब जो भी भेद साहित्यिक कविता और वैचारिक कविता के बीच हो, हम कम-से-कम यहाँ वैचारिक कविता के स्वरूप को निम्नलिखित ढंग से बता सकते हैं:—

दर्शन कविता को वैचारिक इसलिए कहा गया है कि इसका उपादान (matter) विज्ञानों से लिया जाता है। फिर बहुत कुछ अंशों में दर्शनविधि वैज्ञानिक परम्परा से प्रभावित रहती है। अस्तु, इसके पारिभाषिक शब्द भी वैज्ञानिक पद्धति के समान परिशुद्ध (precise) रहा करते हैं। कम-से-कम समसामयिक दर्शन में भाषा-परिमार्जन पर बहुत अधिक जोर दिया जाता है। इसलिए दर्शन को अपने युग की वैज्ञानिक सत्यता के अनुकूल होना चाहिए और आद्यंत उसमें आत्म-विरोध का अभाव होना चाहिए। इन सब कारणों से हम दर्शन में बौद्धिक तथा वैचारिक आदर्श का पालन करते हैं। परन्तु साथ-ही-साथ इसमें कला का भी हाथ चला आता है। दार्शनिक विज्ञान के सभी निष्कर्षों का एक ही मूल्य नहीं लगता है। उसके लिए कुछ निष्कर्ष अन्य वैज्ञानिक सत्यता की अपेक्षा अधिक महत्त्व रखते हैं। जैसे *देकार्त* के लिए गणितीय स्पष्टता और परिशुद्धता (clearness and distinctness) विशेष महत्त्वपूर्ण थी और *अरस्तू, हेगेल* तथा *ह्वाइटहेड* के

लिए जीव (organism) का स्वरूप ही विशेष स्थान रखता है। फिर *बर्ग्सों* के लिए विकासवाद अपना विशेष महत्त्व रखता है। अब किसी भी वैज्ञानिक निष्कर्ष को महत्त्वपूर्ण समझना, बनाना और उसके आधार पर अपना दर्शन रचना कलात्मक प्रयास है। *अतः हम कह सकते हैं कि दर्शन वैचारिक कला है।*

यदि दर्शन कला हो तो दर्शन में मत-मतान्तर का रहना उसी प्रकार होगा, जिस प्रकार कला की रचनाओं में देखा जाता है। यदि दस कवि 'कोयल' या 'मेघ' के ऊपर रचना करें तो विषय के एक रहने पर भी दस प्रकार की कतिवाएँ होंगी। उसी प्रकार अनेक चित्रकारों ने आदर्श सुन्दर नारी का चित्र खींचा है परन्तु उनके चित्र उतने ही हैं जितने चित्रकार हैं। अब यदि धर्म, नीति, विश्व इत्यादि के विषय में वैचारिक कला करनी हो तो यहाँ भी विभिन्नता देखने में आयेगी। यही कारण है कि दर्शन में यदि उसी प्रकार की समरूपता खोजी जाय जिस प्रकार की समरूपता (uniformity) भौतिक विज्ञान (Physics), रसायन-शास्त्र (Chemistry) इत्यादि विज्ञानों में पायी जाती है तो यह अनुचित बात होगी। अतः दर्शन की विविधता इसका दोष नहीं है पर इसकी विशेषता है।

यदि हम कला के स्वरूप पर ध्यान दें तो स्पष्ट हो जायगा कि कला में किसी एक वस्तु-विशेष का निर्माण किया जाता है, जैसे-गोस्वामी तुलसीदास ने एक ग्रन्थविशेष की रचना की, जिसे हम 'रामचरित-मानस' कहते हैं या एप्स्टाइन ने नेहरू की मूर्ति बनायी जो एक वस्तु-विशेष है। परन्तु कला-वस्तु का महत्त्व सर्वव्यापी (universal) होता है। नेहरू की मूर्ति का महत्त्व मूर्तिकला (sculpture) के दृष्टिकोण से तभी होगा, जब उस मूर्ति से नेहरू के जीवन और उनके सम्पूर्ण चरित्र पर पूरा प्रकाश पड़ जाय। उसी प्रकार 'रामचरित-मानस' का महत्त्व इसी में है कि उससे मानव-धर्म और मानव-चरित्र चित्रण के शाश्वत अंगों पर प्रकाश पड़े। *अतः कला-वस्तु सर्वदा कोई एक या विशेष वस्तु होगी, परन्तु इसका महत्त्व और मूल्य सर्वव्यापी होता है।** इसलिए वास्तव में कलाकार अपनी कला में गागर में सागर भर देता है। इसमें विशेष और सामान्य (universal) का बेजोड़ मेल देखने में आता है। यदि दर्शन कला हो तो इसमें भी विशेष और सामान्य के सम्मिश्रण का सजीव उदाहरण मिलेगा।

चूँकि दर्शन मानव की समस्त अनुभूतियों से सम्बन्ध रखता है इसलिए इसके निष्कर्ष व्यापक होते हैं। परन्तु किसी भी प्रकार के दर्शन को घटना-विशेषों (particular events) के अनुकूल होना चाहिए। इसलिए दर्शन में विशेष और सामान्य का सम्मिश्रण रहना अनिवार्य है। पर हमें कला के रूप में दर्शन के विशेष और सामान्य के सम्मिश्रण पर प्रकाश डालना चाहिए।

दर्शन में हमें मानव की समस्त अनुभूतियों पर प्रकाश डालना चाहिए। यद्यपि कोई भी दार्शनिक एक ही जीवन और समय में गणितज्ञ, साहित्यिक, भौतिक-शास्त्र आदि नहीं हो सकता है, परन्तु समस्त अनुभूतियों के विषय में दार्शनिक को कम-अधिक जानना पड़ता है। ऐसी दशा में दर्शनिक का अपना कोई विशेष क्षेत्र होता है जिसकी उससे विशेष जानकारी होती है। प्रायः अपने इस क्षेत्र में उसे कोई सृजनात्मक प्रत्यय या धारणा (creative notion or concept) मिलती है और सृजनात्मक धारणा के आधार पर दार्शनिक समस्त अनुभूतियों की व्याख्या करता है, जैसे-न्यूटन ने सेब को नीचे गिरते देखा या वाट ने भाप से बरतन के ढक्कन को हिलते देखा या डार्विन ने पशु-पालकों में चयनात्मक (selective) प्रक्रिया देखी, इत्यादि; और इन सृजनात्मक धारणाओं के आधार पर इन वैज्ञानिकों ने अपनी रचनाएँ की हैं। उसी प्रकार दार्शनिक भी किसी एक क्षेत्र की कुछ प्रभावोत्पादक धारणाओं को ले लेता है और उनके आधार पर मानव की समस्त अनुभूतियों की व्याख्या और मूल्यांकन करता है। प्रायः उस धारण-विशेष को जिसके

---

* "A work of art is an individual or a particular entity but its significance is truly universal and so goes much beyond it."

आधार पर अन्य सभी अनुभूतियों की व्याख्या की जाती है रौढ़िक उपमा (root metaphor) कहते हैं। अब रौढ़िक उपमा जिसके आधार पर दर्शन की रचना होती है, दार्शनिक की सृजनात्मक प्रक्रिया पर निर्भर करती है और जब वह अपने किसी एक क्षेत्र विशेष में आसानी से रौढ़िक उपमा के आधार पर घटना-विशेषों की व्याख्या कर लेता है तब वह इसकी व्याख्या-क्षमता (explanatory capacity) को अन्य सभी क्षेत्रों में समान्यीकृत (generalised) कर देता है, अर्थात् सभी घटना-विशेषों की व्याख्या इसी उपमा के आधार पर करने लगता है। अतः किसी भी दर्शन में सृजनात्मक धारणा-विशेष का रहना अनिवार्य है और फिर इसे व्यापक रूप देने के लिए सामान्यीकरण भी नितान्त आवश्यक होता है। इसलिए वैचारिक कला के रूप में दर्शन में धारण-विशेष और सामान्यीकरण का अनूठा मेल देखते में आता है और इसलिए दर्शन को वास्तव में कला समझना चाहिए।

परन्तु यदि हम दर्शन को कला मान लें तो उसमें सत्यता-असत्यता का प्रश्न उसी प्रकार नहीं उठता जिस प्रकार किसी कविता के मूल्यांकन करने में सत्यता-असत्यता का विचार नहीं आता है। हम किसी कविता को अच्छी या असन्तोषजनक कहते हैं और उसी प्रकार से हम किसी के दर्शन को अच्छा, प्रभावशील, महत्त्वपूर्ण इत्यादि रीति से मूल्यांकित कर सकते हैं। महत्त्वपूर्ण दर्शन वही होगा, जिसमें उपमा की ऐसी क्षमता हो कि उसके आधार पर अधिक-से-अधिक क्षेत्रों की घटनाओं पर अधिक-से-अधिक प्रकाश पड़ जाय। प्रायः हम देखते हैं कि जिस क्षेत्र से सृजनात्मक धारणा विशेष को कुँजी बनाया जाता है, उस क्षेत्र पर धारणा-विशेष प्रकाश डालती है और अन्य क्षेत्र जितने प्राथमिक (primary) क्षेत्र से दूर होते हैं, इस उपमा से उन पर उतना ही कम प्रकाश पड़ता है। यहाँ हमें 'स्पष्ट करना' या 'प्रकाश डालना' की भी व्याख्या कर देनी चाहिए।

जेनरल स्मट्स (Smuts) ने *'Holism and Evolution'* नामक पुस्तक में दिखाया है कि अणु तथा जीवाणु से लेकर मानव की बौद्धिक प्रक्रियाओं तक में एक सामान्य तथा व्यापक प्रवृत्ति है, जिसके अनुसार सभी वस्तुओं में पूर्णत्व बनाने का प्रयास देखने में आता है। यदि छिपकली की दुम कट जाय तो अपने अंगों को पूर्ण करने के प्रयास-स्वरूप इसमें पुनः दुम निकल आती है। *ड्रिश (Driesch)* ने उसके पहले दिखलाया था कि जीवों के भ्रूण (embryo) में पूर्णत्व की प्रवृत्ति है। यदि भ्रूण-विकास में किसी अंग की क्षति हो जाय तो इसी पूर्ण-प्रवृत्ति (tendency to wholeness) के कारण उस क्षति की पूर्ति हो जाती है। जो बात भ्रूण-विज्ञान (Embryology) में देखी जाती है उसी पूर्णत्व के सिद्धान्त को *पीरों (Pieron)* ने मस्तिष्क (brain) की कार्यवाही में भी सिद्ध किया है। उन्होंने और तत्पश्चात् *लेश्ली (Lashley)* ने दिखाया है कि मस्तिष्क के क्षेत्र-सीमन (localisation) के साथ उसमें समक्रिया क्षमता (equipotentiality) भी है। परन्तु शायद पूर्णत्व अथवा समग्रत्व-प्रक्रिया के प्रति गेस्टाल्टवादियों के सिद्धान्त को इस समय विशेष महत्त्वपूर्ण समझा जायेगा। इस मनोविज्ञान-सम्प्रदाय ने प्रामाणिक प्रयोगों के आधार पर दिखलाया है कि मानव की दैहिक (Physiological) प्रक्रिया चेतन-प्रक्रिया तथा व्यक्तित्व-विकास में समग्रत्व (wholeness) का नियम देखने में आता है। फिर *युङ्ग (Jung)* ने अपने व्यक्तिकरण-प्रक्रिया (process of individuation) में सिद्ध किया है कि प्रत्येक मानव में चेतन और अचेतन के बीच सामंजस्य के आधार पर व्यक्ति का पूर्णत्व प्राप्त होता है। *अतः, उपर्युक्त अधिकारी विचारकों के मत से स्पष्ट हो जाता है कि पूर्णत्व प्रवृत्ति मानव की मौलिक प्रवृत्ति है और दार्शनिकों की प्रक्रिया, जिससे मानव की समस्त अनुभूतियों की व्याख्या की जाती है, इसी मौलिक पूर्णत्व-प्रवृत्ति का बौद्धिक विकास है। अब दार्शनिकों की पूर्णत्व-प्रवृत्ति तभी संतुष्ट समझी जायेगी, जब उसकी बौद्धिक खुजलाहट समाप्त हो जाय।* अतः दर्शन के दृष्टिकोण से अनुभूतियों का स्पष्टीकरण (explanation) तभी समझा जायगा जब दार्शनिक समाज की

बौद्धिक खुजलाहट समाप्त हो जाय। फिर दार्शनिक मूल्यांकन तभी संतोषजनक समझा जायेगा, जब दार्शनिक को समाज के रागों, संवेगों और उनके आदर्शों की संतुष्टि हो जाय।

अतः दर्शन वैचारिक कला है जिसमें दार्शनिक को बौद्धिक स्तर पर समाज के रागों, आदर्शों इत्यादि की संतुष्टि पूर्णत्व-प्रवृत्ति के अनुसार होती है।

दर्शन के इतिहास के अध्ययन की आवश्यकता

यदि दर्शन वैचारिक कला हो, तो प्रत्येक युग और देश के उपयुक्त इसकी रचना करनी पड़ती है, ताकि इसके आधार पर उस युग और देश के विभिन्न पक्षों पर प्रकाश पड़ सके और सामान्य रूप से लोगों की प्रक्रियाओं का मार्गीकरण हो सके। इसलिए यदि कोई इस समय के भारत में पुरातन दर्शन से ही काम लेना चाहे या पाश्चात्य पंडितों की गवेषणाओं के दर्शन को मुख्य विषय समझ ले, तो उसका दर्शन फीका होगा और वह समसामयिक भारतीयों को प्रेरणा नहीं दे सकेगा। अतः भारतीयों के लिए भारतीय दार्शनिक ही पर्याप्त दर्शन दे सकते हैं जो समयानुकूल हों। इसलिए मेरी समझ में न तो वैज्ञानिक भौतिकवाद (scientific materialism) ही, न शुद्ध शंकरवाद ही और न बौद्ध-दर्शन इस समय के लोगों को पूर्ण ग्राह्य हो सकता है। शायद समय के तकाजे के आधार पर गाँधीवाद तथा सर्वोदय-दर्शन भारतीयों के अधिक काम की चीज हो। पर, जो भी उपयुक्त समसामयिक दर्शन हो उसे इतिहास से पाठ सीखना होगा।

(क) पहली बात यह है कि मानव की समस्या एकाएक बदल नहीं जाती है। समस्या का पक्ष और पट बदलते हैं। इसलिए यह जानने के लिए कि मानव की चिरन्तन समस्याएँ क्या हैं हमें दर्शन के इतिहास के पन्नों को उलटना पड़ता है। हमें जानना पड़ता है कि समस्याओं की कितनी व्याख्याएँ हो चुकी हैं। कुछ व्याख्याएँ इतनी भ्रमात्मक हैं कि हम इस समय उनकी मदद नहीं ले सकते हैं। परन्तु कुछ व्याख्याएँ भी हैं, जिन्हें हम पर्याप्त समझते हैं और उन्हें समयानुकूल बनाने में केवल समसामयिक वेशभूषा की आवश्यकता है। इस प्रकार की व्याख्या को हम क्लासिक या उच्चकोटिक कहते हैं। *प्लेटो, काण्ट, शंकर, गौतम* इत्यादि क्लासिक दार्शनिक हैं और उनकी रचनाएँ सभी दार्शनिकों को जाननी चाहिए।

(ख) फिर दर्शन के इतिहास से स्पष्ट हो जाता है कि विचार की भी गतिदिशा है और हमें जानना पड़ता है कि दार्शनिक धारा किस ज्ञात या अज्ञात दिशा में जा रही है और इसे समझकर अपनी दर्शन-प्रक्रिया को उस गति-दिशा की ओर मोड़ना पड़ता है। शायद देवी-देवता, ईश्वर-सम्बन्धी विचार तथा वैयक्तिक साधना दर्शन की भावी मुख्य धाराओं में विशेष स्थान नहीं रखेगी और दार्शनिक को अपने विचार को सजीव बनाने के लिए उन्हें कम स्थान देना पड़ेगा या उनका रूप बदल देना पड़ेगा।

प्रायः लोग गति (action or movement) पर अधिक ध्यान देते हैं और मानव इतिहास में सिकन्दर महान, नेपोलियन, चंगेज खाँ इत्यादि विजेताओं की गति का विशेष उल्लेख किया करते हैं। परन्तु, वास्तव में इतिहास की गति विभिन्न धारणाओं की गति है। सिकन्दर ने देशों को विजित इसलिए किया कि यूनानी सभ्यता का प्रसार किया जाय और नेपोलियन की विजय-आकांक्षा में भी यही बात पाई जाती है। अतः इतिहास की गति विचारों का इतिहास है और इस दृष्टिकोण से दर्शन का इतिहास विशेष स्थान रखता है; क्योंकि इसमें उन विचारों का जीता-जागता इतिहास है जो मानव को उद्वेलित करते आये हैं। यही कारण है कि *एच० जी० वेल्स* ने अशोक को विश्व-सम्राटों में अग्रगण्य समझा है; क्योंकि उन्होंने विचार-पराक्रम के आधार पर विश्व-विजय की नींव डाली थी।

(ग) फिर प्रायः दर्शन के इतिहास के अध्ययन से कभी-कभी नूतन धारणाएँ निकल आती हैं जो विचारों में क्रांति उत्पन्न कर देती हैं। *हेगेल* की द्वंद्वात्मक विधि (dialectic method) की धारणा सुकराम की प्रश्नोत्तर-विधि में, *प्लेटो* की प्रेम-विकास की सीढ़ियों में तथा *काण्ट* के

अतिदर्शन* (transcendental) द्वन्द्व (dialectics) में अस्फुट रूप में पायी जाती है, परन्तु शायद दर्शन के इतिहास में मत-मातन्तर को सुलझाने के लिए ही हेगेल ने द्वन्द्वात्मक विधि को सफल समझा था। उसी प्रकार से समसामयिक (logical positivist) तकर्निष्ठ प्रत्यक्षवादी के दर्शन के मत-मतान्तर से उबकर तत्त्व-मीमांसा (metaphysics) के प्रति 'अर्थहीन' प्रयास का दोष मढ़ा है। अतः दार्शनिकों के लिए दर्शन का इतिहास विचारों की अमूल्य खान है जिससे उसे मूल्यवान मसाला मिलता है।

(घ) अंत में दर्शन के इतिहास से सिद्ध होता है कि मानव को ज्ञान-प्राप्ति की क्रिया उसकी रचनात्मक प्रक्रिया पर आधारित है। यह बात अब विज्ञान-विधि के अध्ययन से स्पष्ट हो जाती है कि मानव रचनात्मक ढाँचों (moulds or forms) की स्थापना करता है और जो कुछ भी उसकी ज्ञान प्रक्रिया के अन्दर आये, वह उसी प्रकार रूपान्तरित हो जाता है, जिस प्रकार खाद्य-पदार्थ पाचन प्रक्रिया से रूपान्तरित होकर मांस, मज्जा तथा रुधिर हो जाता है। इससे भी स्पष्ट हो जाता है कि सामान्य रूप से मानव ज्ञान तथा दर्शन को वैचारिक कला समझना ठीक है।

❑

---

* Transcendent शब्द दर्शन में कई अर्थों में पाया जाता है। परन्तु काण्ट ने इस शब्द को अनूठे अर्थ में व्यवहार किया है और इसका अनुवाद मेरी समझ में 'अतिदर्शन' से किया जा सकता है। इसकी पूरी व्याख्या काण्ट के दर्शन के प्रसंग में की जायगी।

भाग 1

यूनानी दर्शन का स्वरूप

विषय-प्रवेश

पाश्चात्य सभ्यता के दो सर्वस्वीकृत आधार माने जाते हैं, अर्थात् रूमी कानूनी व्यवस्था और यूनानी वैज्ञानिक विचारधारा। यहाँ यूनानी विचारधारा का ही उल्लेख किया जायेगा। भारतीय पाठकों के मन में एक जिज्ञासा हो सकती है—क्या भारतीय विचार का प्रभाव यूनानी दर्शन पर नहीं पड़ा?

ऐसी जिज्ञासा स्वाभाविक है, क्योंकि उपनिषदों की रचना सम्भवतः यूनानी विचारधारा के पूर्व हुई थी। भारतीय विचार में पुनर्जन्म (Transmigration, आवागमन) और शाकाहार के सिद्धान्त अति प्राचीन हैं और ये बातें *पाइथागोरस* (580-500 ई॰ पू॰) में पाई जाती हैं। आवागमन का विचार केवल पाइथागोरस में ही नहीं वरन् *एम्पेडोकुल्स* (495-435 ई॰ पू॰) और *प्लेटो* की रचनाओं में भी पाया जाता है (427-347 ई॰ पू॰)।

आवागमन और शाकाहार की शिक्षा लगभग छठी शताब्दी ई॰ पू॰ में *ऑर्फियस (Orpheus)* ने भी दी थी। इनके अनुसार भी मानव कर्मकाण्डों के द्वारा शुद्ध और पवित्र होकर स्वर्गिक वास का अधिकारी हो सकता है। आप प्रकाशना (श्रुति, revelation) को ही धर्म का प्राधिकारी (authority) समझते थे।

परन्तु इतिहासकारों का मत है कि प्राच्य विचारों का प्रभाव पाश्चात्य दर्शन पर सिकन्दर महान की विजय के पूर्व (321 ई॰ पू॰) नहीं पाया जाता है। हाँ बाद के पाश्चात्य गुह्यज्ञानवाद (gnosticism) तथा रहस्यवाद (mysticism) पर भारतीय विचार का प्रभाव सम्भव है।*

अतः प्रारम्भ में यूनानी दर्शन का उस भारतीय विचार से स्वतंत्र माना जा सकता है और आवागमन, शाकाहार का मत यूनानी दर्शन में स्वतंत्र विचार-विकास का उदाहरण हो सकता है। परन्तु सिकन्दर महान् के द्वारा भारत पर आक्रमण (321 ई. पू॰) के बाद भारतीय विचार का प्रभाव प्लोटिनस (सन् 204-270) और ईसाई धर्म पर भी पड़ा है। पर पूछा जा सकता है कि भारतीय छात्रों को यूनानी दर्शन के अध्ययन करने की क्या आवश्यकता है?

यूनानी दर्शन के अध्ययन करने की आवश्यकता

किसी भी प्रकार का दर्शन सम्पूर्ण विश्व की निधि होती है। किसी भी दर्शन का उत्स उसका देश, काल तथा पात्र आकस्मिक होता है। उस दर्शन की शिक्षा सभी मानवों की जिज्ञासा और पिपासा को शान्त करने में सहायक होती है। यही कारण है कि पाश्चात्य विचारक भारतीय दर्शन का अध्ययन करते हैं और भारतीय चिंतक भी पाश्चात्य दर्शन का अध्ययन करते हैं। परन्तु यूनानी दर्शन के अध्ययन का मूल कारण यह है कि यूनानी धारा ने ही सर्वप्रथम विज्ञान की धारा को प्रवाहित किया था। *थेलस, एम्पेडोकुल्स, डेमोक्रेटिस* इत्यादि ने विश्व की वैज्ञानिक खोज प्रारम्भ की और धर्म पर अधिक विचार नहीं किया। इस सन्दर्भ में *अरस्तू* के इस मत को प्रधानता दी जाती है जिसके अनुसार *अनुभूति तथ्यों* में नियम (फौर्म, प्रत्यय, ideas) पाए जाते हैं अन्यथा नहीं। तथ्यों पर आधारित विज्ञान आज सूर्य और चाँद को भी छू रहा है।

---

* "John Kennedy, *Buddhist Gnosticism, the System of Basilides*, Journal of Royal Asiatic Society 1902, p. 379, H. G. Rawlinson, Intercourse Betwen India and the Western World, p. 138

चूँकि वैज्ञानिक खोज आधुनिक सभ्यता का प्रतिबिंब है इसलिए भारतीयों को भी वैज्ञानिक धारा के उत्स से दिलचस्पी रखना चाहिए। यह बात नहीं है कि भारत में वैज्ञानिक धारा नहीं थी। पर मानना पड़ेगा कि राज्य स्तर पर वैज्ञानिक खोज को क्रमबद्ध नहीं किया गया था। अभी भी भारत में विज्ञान की धारा बहुत सीमित है और इसे गाँव और झोपड़ियों तक नहीं पहुँचाया गया है। अभी भी भारतीय राजनीति धर्म पर ही आधारित है न कि विज्ञान और सिद्धान्तों पर। इसकी तुलना में पाश्चात्य देश भारत से बहुत आगे हैं। पर क्या धर्म के स्तर पर भी यूनानी दर्शन से लाभ नहीं उठाया जा सकता है?

लेखक की दृष्टि में भारतीय धर्मदर्शन पाश्चात्य ईसाई धर्मदर्शन की अपेक्षा कहीं अधिक विकसित और व्यापक है, तो भी ईसाइयत को भी तिरस्कृत नहीं किया जा सकता है; क्योंकि यह भी अत्यधिक प्रचारित है। यह ईसाइयत *प्लेटो-अरस्तू, स्टोइकवाद* पर आधारित है। इसलिए *प्लेटो-अरस्तू* इत्यादि यूनानी विचारकों का अध्ययन करना चाहिए।

चूँकि समकालीन युग में पाश्चात्य विचार और सभ्यता विश्व में अपना प्रमुख स्थान रखते हैं इसलिए पाश्चात्य विज्ञान-धारा को समझना चाहिए जिसकी जड़ यूनानी है। इसलिए यूनानी दर्शन भारतीयों के लिए भी उपादेय हो सकता है।

यूनानी और भारतीय दर्शन का प्रारम्भ

यूनान में दर्शन का प्रारम्भ *थेलस* से हुआ जिनका काल 624-550 ई॰ पू॰ कहा जाता है। भारत में बुद्ध भगवान का समय 566-486 ई॰ पू॰ माना जाता है। यह भी निर्विवाद है कि बुद्ध भगवान ने अपनी दार्शनिक शिक्षा आराद कालाम से ली जिन्हें सांख्य विचारक समझा जाता है। अतः, सांख्य दर्शन का भी काल 700-600 ई॰ पू॰ मानना चाहिए। *अतः यह काल ऐसा था जिसमें मानव चिन्तन वाचाल हो उठा था।*

यूनानी दर्शन के प्रमुख लक्षण

(1) यूनानी विचार का प्रथम लक्षण है विचारों की स्वतंत्रता—*थेलस* के पूर्व (624-550 ई॰ पू॰) यूनानी दार्शनिक विचार का उल्लेख नहीं मिलता है पर होमर की रचनाओं से उस समय के धर्म-विचारों पर प्रकाश पड़ता है। *होमर* के अनुसार, देवता मानव-तुल्य होते थे केवल मानव की तुलना में ये अधिक शक्तिशाली और अमर माने जाते थे। इन देवताओं में नैतिक आचरण का अभाव दिखता है। जीउस इन देवताओं का अधिपति समझा जाता था पर वह भी नियति से नियन्त्रित माना जाता था। यही नियतिवाद विज्ञान-धारा में नियमबद्धता के रूप में बदल गया, पर विचार-स्वातंत्र्य के सन्दर्भ में यह अब भी विद्यमान् है।

जेनोफेन्स (*Xenophanes* 570-480 ई॰ पू) ने देवताओं की अनेकता को अस्वीकार कर केवल एक ईश्वर के अस्तित्व को स्वीकार किया। आपने आवागमन के मत को भी नहीं स्वीकार किया। हेराल्किट्स (525-475 ई॰ पू॰) प्रचलित देवताओं की पूजा के विरुद्ध थे और *डेमोक्रिट्स* (*Democritus* 460-360 ई॰ पू॰) ने बताया था कि प्राकृतिक आंतकों के भय खाने के कारण लोग देवताओं में विश्वास रखते हैं। फिर यूनानियों ने *अनैक्सागोरस* (*Anaxagoras* 500-428 ई॰ पू॰), *प्रोटागोरस* (480-410 ई॰ पू॰), *सुकरात* (469-399 ई॰ पू॰) तथा *अरस्तू* (384-322 ई॰ पू॰) को ईश्वर तथा धर्मनिन्दक ठहराया गया था। इसलिए कहा जा सकता है कि यूनानी विचारक अपने युग की धर्मधारा से मुक्त होकर स्वतंत्र चिंतक थे।

धर्मों की ओर से आँख मोड़ लेने पर दो मुख्य लाभ होते हैं। एक तो विचारक धर्म में निहित अनेक अन्धविश्वासों से बच जाते हैं और द्वितीय विचारकों की दृष्टि ऐहिकवादी (Secular) हो जाती है। धर्म से विमुख होने पर ऐहिकतावादी यूनानी विज्ञान की ओर झुक गया। यही कारण है यूनानी दर्शन को विज्ञानवादी कहा जाता है।

(2) यह तो सम्भव नहीं है कि यूनानी विचारक एकाएक समकालीन वैज्ञानिक विधि से अवगत हो जाता। समकालीन वैज्ञानिक विधि लगभग पाँच से छः सौ साल के अथक परिश्रम से

प्राप्त हुई है। पर यूनानी विधि को इसलिए वैज्ञानिक कहा गया है कि इन लोगों ने प्राकृतिक घटनाओं की व्याख्या को प्राकृतिक आधार पर स्पष्ट करने का प्रयास किया है। इस सन्दर्भ में *विज्ञान से अर्थ है स्वतंत्र ओर सचेतन रूप से बुद्धि के द्वारा विधिवत् तथा क्रमबद्ध ज्ञान प्राप्ति का प्रयास।*

यह भी स्पष्ट है कि मानव की दृष्टि सर्वप्रथम बाहर की ओर जाती है। इसलिए यूनानी वैज्ञानिक खोज भी बाह्य जगत् के सम्बन्ध में प्रारम्भित हुई। चूँकि जगत् विविध है इसलिए यूनानियों ने इसकी व्याख्या करने के लिए अपनी दृष्टि के अनुसार भिन्न-भिन्न तत्त्वों का उल्लेख किया है। *थेलस* ने जल के द्वारा *अनैक्सीमैण्डर* ने अनिश्चित एवं अस्पष्ट भौतिक मैटर के द्वारा *अनैक्सीमीनिज* ने हवा के द्वारा, *पाइथागोरस* ने संख्या (number) के द्वारा *इलियाटिक विचारकों* ने एक परम सत् (being, भाव) के द्वारा एम्पेडाकुल्स ने मिट्टी, जल, वायु तथा अग्नि, चार तत्त्वों (elements) के द्वारा तथा *डेमोक्रिट्स* ने *परमाणुओं* के द्वारा प्राकृतिक घटनाओं की व्याख्या का प्रयास किया है। यहाँ ध्यान योग्य बात यह है कि पारलौकिक सत्ताओं की अवहेलना करके प्रकृतिवादी (naturalist) व्याख्या प्रस्तुत की गई है। बाद में चलकर *सुकरात, प्लेटो* तथा *अरस्तू* ने संप्रत्यय, प्रत्यय, प्रत्यक्ष इत्यादि के द्वारा विचारों को परिपक्व किया है।

सुकरात-प्लेटो-अरस्तू की परम्परा में अरस्तू का ही दर्शन, विज्ञान को प्रस्थापित करने में सबसे अधिक प्रभावशाली हुआ है। *सुकरात* के अनुसार ज्ञान संप्रत्ययों (concepts) के द्वारा प्राप्त होता है। इससे भिन्न *प्लेटो* के अनुसार ज्ञान प्रत्ययों (ideas) के द्वारा प्राप्त होता है और ये प्रत्यय विश्व से परे और अतीत अपनी स्वतंत्र सत्ता रखते हैं। पर *अरस्तू* के अनुसार ज्ञान फौर्म (प्रत्यय, सामान्य, universal) के द्वारा अवश्य प्राप्त होते हैं पर ये सामान्य न तो मानव पर निर्भर करते हैं और न निरीक्षित (प्रेक्षित, perceived) घटनाओं को छोड़कर अन्यत्र पाए जाते हैं। अतः इस अरस्तूवादी परम्परा में *प्रेक्षण* पर ही बल देना चाहिए। इसे विज्ञान का मूल आधार आज भी स्वीकारा जाता है। फिर यूनानी चिन्तन के फलस्वरूप ही पाश्चात्य देशों में अंकगणित, विज्ञान तथा दर्शन पाश्चात्य देशों में पहुँचा। यह ठीक है कि ज्यामिति का प्रारम्भ मिश्र देश में और गणित का प्रारंम्भ बेबिलोन में हुआ था। पर इन देशों में ज्यामिति और अंकगणित को व्यवहार में ही सीमित रख दिया गया था और इन्हें स्वतंत्र चिन्तन का विषय नहीं बनाया गया। पर यूनानियों ने गणित और न्यायशास्त्र का चिन्तन किया और उनका विकास किया। *अरस्तू* के दर्शन में न्यायशास्त्र का विकास इतना पूर्ण हुआ था कि केवल अब बीसवीं शताब्दी में ही न्यायशास्त्र में नया अध्याय जोड़ा जा सका है।

यूनानी दर्शन का विभाजन

यूनानी दर्शन का काल600 ई० पू० से लेकर लगभग सन्400 तक बताया जाता है। इसके बाद मध्ययुग सन्400 से लेकर 1400-1500 बताया जाता है। इसके बाद आधुनिक दर्शन कहा जाता है।

यूनानी दर्शन को भी कई भागों में बाँटा जाता है:—

(क) प्रकृतिवादी दर्शन (*Naturalistic philosophy*)—जिसका समय 625 ई० पू० से लेकर 428 ई० पू० माना जाता है। इस युग में *थेलस, अनैक्सीमैंडर, अनैक्सीमिनिज, पाइथागोरस, जेनोफेन्स, पार्मीनाइड्स, हेराक्लिटस, एम्पेडोकुल्स तथा डेमोक्रिटस* माने जाते हैं।

(ख) मानव-केन्द्रित दर्शन—इस युग में सोफोस्टिों (कूतर्की, वितंडी Sophists) की गणना की जाती है। इसमें ज्ञान और नैतिकता का ही प्रश्न प्रमुख माना गया है। सोफिस्टों में प्रोटागोरस (480-410 ई० पू०), तथा गौर्जियस (483-375 ई० पू० Gorgias) प्रमुख हैं।

(ग) दर्शन-तंत्र का युग—इस युग में यूनानी चिन्तन अपनी चरम सीमा पर पहुँच गया था। इस युग में यूनानी विचार व्यवस्थित होकर उभर आता है। इस काल में सुकरात (469-299 ई० पू०), प्लेटो (427-348 ई० पू०) तथा अरस्तू (384-322 ई० पू०) गिने जाते हैं।

इन विचारकों के बाद सिनिक (उपेक्षावादी) ऐंटिस्थिनीज (341-270 ई० पू०), पाइरो (Pyrrho 365-275 ई० पू०) भी उल्लेखनीय दार्शनिक हैं।

❑

अध्याय 1

प्रकृतिवादी यूनानी दर्शन

थेलस (Thales 624-550 ई॰ पू॰)

यूनानियों ने ही पाश्चात्य जगत में विज्ञान-धारा को प्रवाहित किया है। यूनानियों ने सर्वप्रथम गणित का आविष्कार किया है। उन्होंने ही विज्ञान और दर्शन की नींव डाली है, गाथा के स्थान पर इतिहास-रचना की, इन्द्रियातीत धर्म-देवताओं से मुँह मोड़कर तथ्यों के आधार पर अपनी खोज जारी रखी।

थेलस मिश्र देश से ज्यामिति की परम्परा को लाया था। आप भी वैज्ञानिक माने जायेंगे। आप समुद्री जहाज की दूरी को समुद्र-तट से नापने की विधि जानते थे।

थेलस प्रथम यूनानी दार्शनिक समझे जाते हैं। इनकी समस्या थी—वह कौन ऐसा मूल तत्त्व है जिससे सभी वस्तुएँ उत्पन्न हुई हैं और जिसमें वे सभी विलीन हो जाती हैं? *थेलस* के अनुसार जल ही ऐसा मूल तत्त्व है जिससे सभी वस्तुएँ निकली हैं और जिसमें वे सब अन्त में समा जाती हैं। उन्होंने फिर यह भी कहा कि पृथ्वी एक डिस्क (disc*) है जो जल पर तैरती है। *थेलस* ने क्यों कहा कि जल ही मूलभूत तत्त्व है?

यह अटकल का विषय है। इस सन्दर्भ में *अरस्तू* का कहना है कि सभी प्रकार के आहार में जल का अंश रहता है और जलमय आहार के पचने पर शरीर में गर्मी आती है और फिर सभी प्राणी जल के द्वारा जीवित रहते हैं। यहाँ तक कि प्राणियों के बीज भी जलमय होते हैं। फिर जल में अपनी गतिशीलता भी पाई जाती है जिसके कारण जल विभिन्न आकार भी ग्रहण करता है। जल में अपनी तरलत्व तो है ही, पर गर्म करने पर यह वाष्पमय हो जाता है और ताप के बहुत कम होने पर यह ठोस तत्त्व (बर्फ के रूप में) भी ग्रहण कर लेता है। अतः, जल तरल, वाष्पमय और ठोस, तीनों प्रकार की वस्तुओं की व्याख्या करने में समर्थ हो सकता है।

थेलस द्वारा जल को परम तत्त्व मान लेने में कोई तात्त्विक विचार को विशेष गहराई नहीं प्रतीत होती है, तो भी इस सन्दर्भ में एक-दो बातें उल्लेखनीय हैं। सर्वप्रथम थेलस के द्वारा विश्व की तात्त्विक व्याख्या *प्रकृतिवादी* होने के कारण इसे वैज्ञानिक कहा जायेगा। न तो विश्व की व्याख्या में पारलौकिक शक्तियों का हाथ माना गया है और न इस व्याख्या में मानवत्वारोपण (Anthropomorphism) ही देखा जाता है। थेलस के इस प्रकृतिवादी व्याख्या की पहल का प्रभाव अन्य यूनानी विचारकों पर भी पड़ा है। इस मूल मन्त्र का अनुसरण कर *अनैक्सीमिनिज (Anaximenes)* ने विश्व की व्याख्या करने के लिए *हवा* को मूल तत्त्व कहा है और *एम्पेडोकुल्स (Empedocles)* ने जल, अग्नि, हवा और मिट्टी के चार तत्त्वों को मूल माना है।

थेलस के दर्शन में विस्तारपूर्वक जीव और मानव का उल्लेख नहीं किया गया है। पर *थेलस* चुम्बक में भी आत्मा के वास को स्वीकारते थे, इसलिए उनके अनुसार चुम्बक लोहे को अपनी ओर खीचता है। फिर *थेलस* की यह भी उक्ति थी कि सभी वस्तुओं में देवता भरे हुए हैं। इसलिए विडेलबैण्ड के अनुसार *थेलस* तथा अन्य भूतजीववादी (hylozoist) थे अर्थात् *थेलस* सभी चर और अचर में प्राणशक्ति के रहने को स्वीकारते थे।

---

* थाली के समान पतली चक्री।

अनैक्सीमैंडर (Anaximander 611-547 ई० पू०)

प्रारम्भिक विचारकों की तुलना में *अनैक्सीमैंडर* में ज्ञानपिपासा और जिज्ञासा अधिक दिखाई पड़ती है। इनकी खोज का विषय भी मूलतत्त्व को निर्धारित करना था। इनके अनुसार जल, अग्नि तथा पवन में से किसी को भी मूल तत्त्व नहीं स्वीकारा जा सकता है क्योंकि इन तत्त्वों के गुण परस्पर-विरोधी होते हैं। अग्नि में दाहकता और जल में आर्द्रता और पवन में शीतलता। यदि इन तत्त्वों में से किसी एक को मूल तत्त्व स्वीकारा जाय तो अन्य तत्त्वों में निहित गुणों की व्याख्या नहीं हो पाएगी।

फिर जल, अग्नि तथा पवन में अपने-अपने विशिष्ट गुण हैं और विशिष्ट गुण के आधार पर सामान्य की व्याख्या नहीं हो सकती है। केवल सामान्य से ही विशिष्ट (Particular) की व्याख्या हो सकती है पर इसका विलोम (विपरीत, Vice Versa) सत्य नहीं है। उदाहरणार्थ मिट्टी का पिंड खपड़े, सुराही, बर्तनों की अपेक्षा सामान्य है। मिट्टी से विभिन्न रंग तथा आकार के बर्तन बन सकते हैं। पर सुराही तथा खपड़े से अन्य बर्तन नहीं बन सकते हैं। यदि सुराही तथा खपड़ों को फिर उनके सामान्य रूप मिट्टी में परिणत कर दिया जाय तभी उनसे फिर बर्तन विशेष तैयार किए जा सकते हैं। अतः *अनैक्सीमैंडर* के अनुसार *परम द्रव्य अपरिमित, नित्य तथा अनिश्चित तथा अस्पष्ट तत्व* है जिससे सभी विविध और विभिन्न प्रकार की वस्तुएँ निकली हैं और अन्त में ये विशिष्ट वस्तुएँ उसी मूल तत्त्व में समा जाती हैं। यह परम द्रव्य सम्पूर्ण दिक् में व्याप्तता है।

अनैक्सीमैंडर ने केवल यही नहीं कहा कि मूल तत्त्व अपरिमित और अतिसामान्य है, पर इस एक द्रव्य से वस्तुओं के विकास की भी चर्चा की है। *अनैक्सीमैंडर* के अनुसार प्रारम्भ में मानव तथा अन्य जीव भी जल में ही रहते थे। जब जल धीरे-धीरे सूखने लगा और सूखी भूमि निकल आई, तब जलचर से थलचरों का पादुर्भाव हुआ। ऐसा तभी हो सका जब जलचरों के अंगों-प्रत्यंगों में सूखी भूमि के अनुरूप अनुकूलन (adaptation) प्रक्रिया हुई, जैसे-मीनपक्ष (fin) के स्थान पर पैर-हाथ इत्यादि का विकास हुआ। *अतः अनैक्सीमैंडर की जिज्ञासा में आधुनिक विकासवाद का बीजतत्त्व पाया जाता है।*

थेलस की तुलंना में अनैक्सीमैंडर का मूल तत्त्व अधिक युक्ति संगत है क्योंकि इसमें एक व्यापक सिद्धान्त भी चला आता है, अर्थात् सामान्य से विशेष की व्याख्या हो सकती है, न कि विशेष से सामान्य की। *General can explain the particular coming from it, but not vice versa.* *हेगेल* इत्यादि तत्त्व मीमांसकों ने इसी सिद्धान्त को अपनाया है। यह अनैक्सीमैंडर दर्शन की देन है।

अनैक्सीमिनिज (Anaximenes 588-424 ई० पू०)

अनैक्सीमिनिज भी थेलस के समान मिलेटस के निवासी थे। आपने विश्व की व्याख्या जल के स्थान पर *'पवन'* के द्वारा की है। पर *'पवन'* को बहुत अधिक सामान्य तत्त्व नहीं समझा जा सकता। तब *अनैक्सीमिनिज* ने क्यों *'पवन'* को मूल तत्त्व समझा?

यह भी अटकल का ही विषय है। सम्भवतः *अनैक्सीमिनिज* ने जीवन को स्पष्ट करने के लिए प्राण वायु को महत्त्वपूर्ण पाया होगा। इसलिए आपने *'वायु'* को ही जगत का मूल तत्त्व समझा होगा। आपके अनुसार *मानव की आत्मा वायु* है। फिर जिस प्रकार प्राण वायु समस्त शरीर के अंगों-प्रत्यंगों को संचालित करती रहती है, उसी प्रकार वायु भी सम्पूर्ण ब्रह्माण्ड में व्याप्त रहती है। ऐसा प्रतीत होता है कि प्राणियों के समान ब्रह्माण्ड श्वास-निःश्वास लेता रहता है। *अतः, भूतजीववाद (hylozoism) की प्रतिध्वनि अनैक्सीमिनिज के चिन्तन में मिलती है।*

अनैक्सीमिनिज के अनुसार *वायु-तत्त्व अपरिमित है और यह सभी दिशाओं में व्याप्त रहता है और फिर गतिशील भी रहता है।* पर इस वायु-तत्त्व में दो विरोधी चालें देखने में आती हैं, अर्थात् घनीकरण (condensation) और क्षीणीकरण (rarefaction)। क्षीणीकरण के द्वारा वायु

सूक्ष्म बनकर अग्नि का रूप धारण कर लेती है और फिर यह अग्नि वायु के द्वारा ऊपर उठकर तारागण बन जाती है। फिर घनीकरण के द्वारा वायु मेघ बन जाती और घनीकरण के बढ़ते रहने पर क्रमशः वायु, जल तब जल के बाद पृथ्वी और फिर अन्त में पत्थर का रूप धारण कर लेती है। फिर *अनैक्सीमिनिज* यह भी मानते थे कि पृथ्वी एक चिपटा डिस्क (पतली थाली के समान) है जो वायु में तैरती रहती है।

यह ठीक है कि वायु अति सामान्य तत्त्व नहीं है पर इसके अन्दर घनीकरण और क्षीणीकरण की ऐसी प्रक्रियाएँ हैं जिनके द्वारा विश्व की सभी वस्तुओं की व्याख्या की जा सकती है। घनीकरण-क्षीणीकरण ऐसी प्रक्रियाएँ हैं जिनमें मात्रा तथा परिमाण के रहने को बताया जा सकता है। इससे एक महत्त्वपूर्ण वैज्ञानिक नियम की स्थापना की जा सकती है, अर्थात् *वस्तुओं के गुण की व्याख्या परिमाण के द्वारा की जा सकती है (Quantity can explain quality)*। यह अभी भी विज्ञान का मूल सूत्र है।

अपितु, घनीकरण और विरलीकरण (क्षीणीकरण, rarefaction) दोनों इन्द्रियानुभव से जाने जा सकते हैं। अतः, *अनैक्सीमिनिज* ने विश्व की व्याख्या करने के लिए अनुभववादिता नियमों की सहायता ली है और इस अनुभववादिता को पूर्णतया वैज्ञानिक समझा जायेगा।

थेलस, अनैक्सीमैंडर तथा *अनैक्सीमिनिज*, तीनों आयोनिक (Ionic) कहे जाते हैं। इन तीनों की विशेषताएँ यही है कि इन्होंने विश्व की व्याख्या प्राकृतिक सत्ताओं के आधार पर की है और विश्व की व्याख्या करने के लिए धार्मिक अन्धविश्वासों की मदद नहीं ली। इन लोगों ने मानवत्वारोपण (anthropomorphism) को भी प्रश्रय नहीं दिया है।

पाइथागोरस (Pythagoras सम्भवत: 580-500 ई॰ पू॰)

यूनानी *पाइथागोरस* ने मिश्र का भी भ्रमण किया था जहाँ से उन्होंने ज्यामिति का ज्ञान प्राप्त किया था। ऐसी भी किंवदन्ती है कि *पाइथागोरस* ने प्राच्य देशों का भी भ्रमण किया था। *पाइथागोरस* को और्फिक धर्म के सुधारकर के रूप में धर्मसंस्थापक भी माना जाता है और आपका यश धर्मसंघ को स्थापित करने के लिए विख्यात रहा है। इस पाइथागोरसीय संघ में भारतीय धर्मदर्शन परिलक्षित होता है।

धर्मदर्शन

पाइथागोरस के धर्म-दर्शन को और्फिवाद का संशोधित रूप समझा जाता है। *पाइथागोरस* पुनर्जन्म में विश्वास रखते थे। इनके अनुसार आत्मा अमर है। आप सांसारिक वस्तुओं को भ्रमपूर्ण समझते थे। इसलिए आपके अनुसार मानव को संसार से विरक्त होकर मोक्ष प्राप्त करना चाहिए। पर जब तक मुक्ति नहीं मिलती, तब तक मानव जन्म-मरण के चक्कर में पड़ा रहता है। मानव जन्म-जन्मान्तर के आवागमन में पशु-योनि में भी जन्म लेता है। यह आवागमन दुःखपूर्ण माना गया है। इसलिए मानव का धर्म है कि वह आवागमन के चक्कर से छुटकारा पा जाए। कैसे?

जन्म लेने का अभिप्राय है कि आत्मा देहधारी हो। पर देह आत्मा की जेल है। तब इस आवागमन के दैहिक जेल से कैसे छुटकारा प्राप्त किया जाए? *पाइथागोरस* के अनुसार केवल रहस्यात्मक ध्यानयोग के द्वारा मानव अपनी मुक्ति प्राप्त कर सकता है। यह ध्यान वास्तव में संवेगात्मक नहीं, वरन् बौद्धिक कहा जा सकता है। इसके अतिरिक्त *पाइथागोरस* में धार्मिक अनुष्ठानों और कर्मकाण्डों पर बल देकर संन्यासमूलक जीवन-यापन की सलाह दी गई है। फिर वैज्ञानिक खोज को तटस्थ भाव के साथ के परिश्रम पर भी बल दिया गया है और बताया गया है कि अन्त्यम सत्ताओं पर ध्यान टिकाए रहने पर आवागमन के चक्कर से मुक्ति प्राप्त हो सकती है। *अतः, वैज्ञानिक खोज और लगन को धार्मिक अनुष्ठान स्वीकारा गया है।*

पाइथागोरस और *बुद्ध भगवान्* (566-486 ई॰ पू॰) समकालीन प्रतीत होते हैं और बुद्ध भगवान ने भी चत्वारि आर्य सत्यानि की शिक्षा भारतीयों को दी थी।

नैतिक विचार

पाइथागोरस ने तपस्या को नैतिक जीवन का आधार माना है। आपने चरित्र की निर्मलता पर बल दिया है। शाकाहार और अहिंसा को आचार में सम्मिलित किया है। आपने यह भी कहा है कि देह आत्मा का बन्दीगृह है जिसे आगे चलकर *प्लोटिनस* ने भी अपनाया है। फिर *पाइथागोरस* ने आत्महत्या के द्वारा आवागमन से बचने के लिए निषिद्ध बताया है। यही बात *बुद्ध* भगवान् ने कही है क्योंकि आत्महत्या कर लेने पर आवागमन का दुःखमय चक्कर ज्यों का त्यों बना रहता है।

पाइथागोरसीय धर्म संघ के कुछ जीवन-नियम अन्ध-विश्वास के समान दिखते हैं। उदाहरणत:—

(1) फलियों को ना खाना

(2) गिरी हुई वस्तुओं को नहीं उठाना

(3) सफेद मुर्गे को नहीं छूना, इत्यादि।

इन सब धार्मिक अनुष्ठानों को आदि धर्म में प्रचलित टाबू (taboo) की संज्ञा दी जा सकती है।

पाइथागोरस और गणित

पाइथागोरस कोई एक शुद्ध दार्शनिक नहीं थे। आप एक रहस्यवादी धर्मगुरु भी थे। आपका एक मुख्य सूत्र था जो कुछ है वह संख्या ही है *(whatever exists, exists in number)*। जिस प्रकार *थेलस* ने जल के द्वारा विश्व की व्याख्या की थी उसी प्रकार पाइथागोरस ने विश्व की व्याख्या संख्या के आधार पर की है। यह कैसे?

विश्व में समानुपात (proportion), (order, व्यवस्था) और सामञ्जस्य (harmony) है और इनकी व्याख्या संख्या द्वारा स्पष्ट की जा सकती है। उदाहरण—कहा जाता है अमुक व्यक्ति का शरीर सुडौल है तो इसे स्पष्ट करने के लिए उस व्यक्ति के शारीरिक अंगों-प्रत्यंगों के बीच सांख्यिक अनुपात बताकर उसके सुडौलपन की व्याख्या की जा सकती है। इसी प्रकार किसी कॉलोनी में क्रम को स्पष्ट करने के लिए सड़कों, घरों की दूरी इत्यादि के क्रम को संख्या के आधार पर स्पष्ट किया जा सकता है। बताया जा सकता है कि मुख्य सड़क 20 फीट चौड़ी है, गलियाँ 12 फीट और घरों की आपसी दूरी 20 फीट है। फिर संगीत में निहित तालमेल को ताल, लय इत्यादि के द्वारा बताया जा सकता है। यही कारण है कि *पाइथागोरस* के लिए विश्व का मूल तत्त्व संख्या ही है।

पाइथागोरस का संख्या-चिंतन रहस्यवादी कहा जा सकता है। इनके अनुसार सभी संख्याएँ इकाई से निकली हैं क्योंकि सभी संख्याएँ इसी एक-इकाई में विभाज्य हो सकती हैं। फिर संख्याओं में फुट (odd) और जूस (even) होता है। *पाइथागोरस* ने जूस को असीमित माना है क्योंकि इसे अपरिमित रूप से विभाजित किया जा सकता है। फुट को आपने सीमित कहा है क्योंकि इसको विभाजित नहीं किया किया जा सकता।

फुट और जूस संख्याएँ परस्पर-विरोधी होती हैं और इसी प्रकार की जोड़ियों (द्वयों) में आपसी संघर्ष होता रहता है। इन द्वयों में संघर्ष का कारण फुट और जूस का ही संघर्ष रहता है। इस प्रकार की दस प्रमुख जोड़ियाँ पाई जाती हैं—(1) सीमित-असीमित, (2) फुट-जूस, (3) एक-अनेक, (4) दाहिना-बायाँ, (5) नर-मादा, (6) विश्राम-गति, (7) सीधा-टेढ़ा, (8) प्रकाश-अन्धकार, (9) अच्छा-बुरा, (10) वर्ग-आयताकार।

फिर पाइथागोरसियों ने मनमाने ढंग से संख्या के द्वारा वस्तुओं की व्याख्या की है। उदाहरण, एक संख्या बिन्दु है, दो है रेखा, तीन है समतल, चार है ठोस, पाँच है भौतिक गुण, छः है प्राणशक्ति (animation, सजीवतापन) तथा सात है बुद्धि, स्वास्थ्य, प्रेम और प्रज्ञा। इसी प्रकार *'न्याय'* को 4 (2×2) और 9 (3×3) कहा गया है क्योंकि यह एक बराबर संख्याओं के वर्गफल हैं।

जगत् के सन्दर्भ में भी *पाइथागोरस* का मत है कि केन्द्रीय अग्नि-पिण्ड है जिसके चारों ओर पृथ्वी, सूर्य, चाँद, पाँच-नक्षत्र और स्थावर तारों का आकाश घूमते रहते हैं। इस युग के लिए यह एक नयी बात थी क्योंकि यूनानी पृथ्वी को ही जगत् का केन्द्र समझते थे जिसके चारों ओर सूर्य-चाँद परिक्रमा करते हैं। *अरस्तू* ने *पाइथागोरस* के सिद्धान्त का खण्डन कर पृथ्वी-केन्द्रित जगत् को ही सही समझा था। बाद में कोपर्निकस ने सूर्य-केन्द्रित ब्रह्माण्ड को सिद्ध किया और बताया कि वास्तव में पृथ्वी ही अपने उपग्रह चाँद के साथ सूर्य के चारों ओर परिक्रमा करती है।

पाइथागोरस का महत्त्व

(1) *पाइथागोरस* एक विशेष धर्मसंघ के संस्थापक थे जिसमें कठोर आचरण पर बल दिया गया था। साथ-ही-साथ इस संघ में कला-कौशल, शारीरिक व्यायाम, संगीत, चिकित्सा तथा गणित पर बहुत ध्यान दिया जाता था। स्वयं *पाइथागोरस* के विषय में कहा जाता है कि आपने उस प्रमेय (theorem) की स्थापना की जिसके अनुसार समकोण त्रिभुज की दो भुजाओं का वर्गफल कर्णरिखा के वर्गफल के बराबर होते हैं। उदाहरण, अमुक समकोण Δ त्रिभुज की भुजाएँ 3 और 4 हों तो कर्णरिखा 5 होगी। इस प्रमेय के अनुसार $(3 \times 3) + (4 \times 4)$ का वर्गमूल होगा 25 अर्थात् 5×5। पर उल्लेखनीय है कि गणित के क्षेत्र में असम्मेय (incommensurable) की समस्या भी उत्पन्न हुई है। मान लिया जाय कि अमुक समकोण त्रिभुज की दोनों भुजाएँ 1 और 1 फुट हों तो इसका वर्गफल होगा $1^2 + 1^2 = 2$ अब '2' वर्गमूल क्या होगा? इसका वर्गमूल 2 नहीं होगा। यही कारण है कि प्लेटो ने ज्यामिति को अंकगणित से अलग करके रखा था। *जो भी हो गणित पर बल देने के कारण पाइथागोरस ने गणित के विकास में अपना महत्त्वपूर्ण योगदान दिया है।*

(2) *पाइथागोरस* का कहना है कि जो कुछ है वह संख्या है, इसका महत्त्व विज्ञान के लिए बहुत है। बिना गणितीय रूप में रखे हुए वैज्ञानिक नियमों के आधार पर निश्चित ज्ञान का होना और बिना उनके आधार पर ठीक-ठीक पूर्वकथन नहीं किया जा सकता है। फिर मनोविज्ञान, अर्थशास्त्र, इत्यादि सामाजिक विज्ञानों में भी इस समय बिना सांख्यिकी के काम नहीं चल सकता है। इसलिए आज भी कहा जाता है ***Whatever exists, exists in number.***

(3) कुछ *प्लेटो*-पंडितों का कहना है कि *प्लेटो* ने अपने अन्तिम काल में पाइथागोरस के संख्या-सिद्धान्त को काम में लाया है जिसके कारण प्लेटो के दर्शन में गिरावट आ गई है। इसके विपरीत *रसेल* का कहना है कि *पाइथागोरस* के संख्या-दर्शन के अपनाने पर ही प्लेटो का प्रत्यय-सिद्धान्त सम्भव हो सका है। पाइथागोरस की मुख्य देन ज्यामिति में हुई है जिसमें देखा जाता है कि परिभाषित बिन्दु, रेखा, त्रिभुज के *प्रत्यय वास्तविक* बिन्दु, रेखा और त्रिभुज में विशुद्ध रूप में नहीं पाये जाते हैं। उदाहरण रेखा की परिभाषा है कि जिसमें लम्बाई हो, पर जिसमें चौड़ाई न हो। परन्तु कोई भी रेखा जो स्लेट, कागज इत्यादि पर खींची जाती है वह कितनी ही बारीक क्यों न हो, उसमें कुछ न कुछ चौड़ाई अवश्य होगी। अतः प्रत्यक्ष और रेखा-प्रत्यय के बीच भेद देखा जाता है। इसलिए सम्भवतः *प्लेटो* ने प्रत्यय-सिद्धान्त स्वीकार अवश्य किया पर उन्होंने प्रत्ययों को प्रत्यक्षों से परे उनकी स्वतन्त्र सत्ता स्वीकारी है जिस प्रकार का भेद ज्यामिति की परिभाषित रेखा और प्रत्यक्ष रेखा के बीच पाया जाता है। *अतः, रसेल के अनुसार प्लेटो का प्रत्ययवाद, पाइथागोरस के गणित-विचार से सम्भवतः प्रभावित हुआ था।*

(4) यह भी निर्विवाद ही समझा जायगा कि *पाइथागोरस* ने सर्वप्रथम गणित को दर्शन के साथ जोड़ा था। इसे पाइथागोरसीय पहल से पाश्चात्य दर्शन में *प्लेटो*, *देकार्त*, *लाइबनित्स*, *काण्ट* तथा *रसेल* ने गणित को दर्शन में प्रमुख स्थान दिया है। गणितीय परिस्पष्टता को ध्यान में रखकर देकार्त ने सत्यता की कसौटी स्थापित की, *स्पिनोजा* ने ज्यामिति विधि को दार्शनिक विधि बनाया, लाइबनित्स ने अपने मोनडवाद (monadism) को गणित के अवकलन गणित (differential calculus) के आधार पर रखा है। *काण्ट* के गणितीय कथनों के विश्लेषण के आधार पर निर्णयों

(judgements) को विश्लेषणात्मक और संश्लेषणात्मक दो वर्गों में बाँटा है। फिर रसेल ने सर्वप्रथम गणित को प्रतीकात्मक तर्कशास्त्र में परिणत किया है। अतः *पाइथागोरस के द्वारा संख्या को विश्व कर मूल तत्त्व मान लेने पर दर्शन की प्रोन्नति में अद्भुत् योगदान मिला है।*

5. फिर हमें भूल नहीं जाना चाहिए कि संख्या को विश्व का मूल तत्त्व सिद्ध करने के लिए *पाइथागोरस* ने विश्व की क्रमबद्धता और व्यवस्था पर भी हमारा ध्यान खींचा है और विश्व की व्यवस्था को देखकर ईश्वरवादियों ने सब युग में उद्देश्य मूलक (teleological) युक्ति प्रस्तुत की है। *अतः, पाइथागोरस की देन धर्म, नीति और दर्शन में उल्लेखनीय समझी जायगी।*

एलियाई (Eleatic) दार्शनिक

एलियाई दार्शनिकों में तीन प्रमुख नाम हैं—*जेनोफेन्स, पार्मिनाइड्स* और *जेनों (Zeno)*। वास्तव में *जेनोफेन्स (Zenophanes)* धर्म-विचारक थे, न कि शुद्ध दार्शनिक। पर इनकी यह उक्ति कि *'सब अंत में एक'* है (सर्व इदमेक) एलियाई स्कूल का मूल मन्त्र है। *पार्मिनाइड्स (Parmenides)* ने जेनोफेन्स की इस एकवादी उक्ति को दार्शनिक रूप प्रदान किया है और जेनो ने इसे तर्कों के द्वारा सिद्ध करने का प्रयास किया है। *पार्मिनाइड्स* और *जेनों* की उक्ति है—*एक शुद्ध भाव ही परम सत् है (Being alone is real)*।

Being (शुद्ध भाव), real (सत्) और वास्तविक अथवा यथार्थ (actual)। *यथार्थ इन्द्रियाग्राह्य* वस्तुओं को कहते हैं जैसे-आम, केला इत्यादि। परम भाव (being) वह है जो यथार्थ वस्तुओं और अयथार्थ वस्तुओं, दोनों में सामान्य अमूर्त अवधारणा हो। जैसे मानव यथार्थ है और परियाँ काल्पनिक। परन्तु दोनों में भाव है। अतः भाव यथार्थ वस्तुओं की तुलना में अधिक सामान्य और अमूर्त (abstract) है। सत् में *'मूल्य-वाचकता'* का बोध होता है और इसे परम तत्त्व, परम सत्ता के अर्थ में प्रायः प्रयुक्त किया जाता है। इन तीनों पदों को ध्यान में रखकर एलियाई दर्शन की व्याख्या की जा सकती है।

जेनोफेन्स (Xenophanes ueieYeie 570-480 ई॰ पू॰)

एलिया (Elea) इटली का दक्षिणी भाग है और सम्भवतः जेनोफेन्स कभी भी एलिया-निवासी नहीं थे तो भी इनकी उक्ति कि *यह सब एक है* एलियाई *पार्मिनाइड्स* और *जेनो* का मुख्य सूत्र माना जाता है अर्थात् केवल *एक शुद्ध भाव ही परम सत् है (Being alone is real)*।

जेनोफेन्स धर्मविचारक थे और आप केवल एक ईश्वर के अस्तित्व को स्वीकारते थे। परन्तु इसके विपरीत यूनान में अनेकेश्वरवाद ही प्रचलित था। इसलिए एकेश्वरवादी होने के कारण *जेनोफेन्स* ने देवताओं की प्रचलित धारणा की कटु आलोचना की है। ये देवतागण मानव-तुल्य समझे जाते हैं। यह भी समझा जाता था कि देवता जन्म लेते हैं और सर्वत्र भ्रमण करते हैं। इस जन्म और भ्रमण करने की *जेनोफेन्स* ने आलोचना की है। भारत-निवासी *कबीर* ने भी देवताओं और अवतारों की आलोचना की है और कहा है:—

जो आए जाए सो माया।

फिर *जेनोफेन्स* ने देवताओं के अनैतिक व्यवहार की भी आलोचना की है। इनके अनुसार छल-कपट, व्यभिचार, चोरी तथा धोखा करनेवालों को देवता नहीं कहा जा सकता। यही कारण है *जेनोफेन्स* ने महाकवि होमर और हैसियोड की निन्दा की है क्योंकि उन्होंने देवताओं की चरित्रहीनता को प्रदर्शित किया है।

जेनोफेन्स ने बताया है कि सर्वश्रेष्ठ सत्ता केवल एक ही हो सकती है जो बिना किसी इन्द्रिय के सभी कुछ देखता और सुनता है। तुलसीदास के शब्दों में:—

'पद बिनु चलै सुनै बिनु काना, कर बिनु करम करै विधि नाना।'

फिर शवेताश्वतर उपनिषद् 3.17 के अनुसारः—

सर्वेन्द्रियगुणाभासं सर्वेंद्रियविवर्जितम्।

(अर्थात् सभी इन्द्रियों से रहित रहने पर भी जो इन्द्रियों के सभी विषयों को जानता है।)

जेनोफेन्स ने विश्व को ही ईश्वर माना है। शुद्ध रूप से इस मत को सर्वेश्वरवाद (pantheism) कहा जा सकता है। फिर *जेनोफेन्स* के अनुसार जगत् की उत्पत्ति जल और पृथ्वी से हुई है जिसमें जगत् फिर उन्हीं में विलीन हो जायगा। मानव भी पृथ्वी के साथ जल में विनष्ट हो जायँगे और फिर इनकी उत्पत्ति भी हो जायगी। अतः एक प्रकार का सृष्टि-चक्र चलता रहता है।

जेनोफेन्स के अनुसार सूर्य और तारागण स्थायी नहीं हैं। ये वाष्प (vapour) से उत्पन्न होते हैं। फिर सूर्य पृथ्वी के चारों ओर चक्कर नहीं काटता है पर वह प्रतिदिन अपने सीधे चलकर दूर में समाप्त हो जाता है और फिर समुद्र से उठे वाष्प से उत्पन्न होकर नूतन सूर्य उत्पन्न होता है। अब चूँकि सूर्य नित्य नहीं है, इसलिए इसे पूज्य मानना युक्ति-संगत नहीं है। फिर *जेनोफेन्स* पाइथागोरस के आवागमन के सिद्धान्त को नहीं मानते हैं।

बाद में चलकर विश्व रूपी ईश्वर का प्रत्यय एलियाई एक परम सत् की अवधारणा में परिणत हो गया।

पार्मिनाइड्स (Parmenides जन्म 514 ई॰ पू॰)

हेराक्लिट्स (*Heraclitus* 535-475 ई॰ पू॰) ने बताया था कि विश्व की सभी वस्तुएँ क्षणभंगुर हैं और विश्व की निरन्तर धारा में कोई भी वस्तु स्थिर नहीं रह पाती है। यहाँ तक कि कोई किसी नदी में दुबारा डुबकी नहीं ले सकता है, क्योंकि जलप्रवाह दो क्षणों तक भी एक नहीं रहता है और इसलिए कोई नदी भी दो क्षणों तक एक नहीं रहती है। इस क्षणभंगुरता के आधार पर यही निष्कर्ष निकल सकता है कि न कोई वस्तु स्थिर रहती है और न कोई उसका ज्ञान सम्भव हो सकता है। पर *पार्मिनाइड्स* संशयवादी नहीं थे। इनके लिए ज्ञान की सम्भावना से इनकार नहीं किया जा सकता है। इसलिए *पार्मिनाइड्स* के अनुसार परम सत् ही परम है जो एक, नित्य, कूटस्थ तथा अपरिवर्तनशील है और इसका ज्ञान सम्भव है चाहे क्षणभंगुर वस्तुओं का ज्ञान हो या नहीं। *पार्मिनाइड्स* ने नहीं, पर *जेनो* ने अपनी युक्तियों के आधार पर सिद्ध करने का प्रयास किया है कि घटनाप्रवाह और वस्तुओं की अनेकता *भ्रम* है और केवल एक परम भाव ही सत् (real) है। इसलिए कहा जा सकता है कि *पार्मिनाइड्स* का एक परम सत् के होने की बात केवल उनका अभ्युगम (Postulate, अभिधारणा) है। अपने विचार को *पार्मिनाइड्स* ने निम्नलिखित रूप से व्यक्त किया है।

पार्मिनाइड्स के अनुसार अभाव (non-being) वह है जिसका भाव और अस्तित्व न हो, और शुद्ध अनस्तित्व (non-existence) वह है जो किसी विचार की विषय-वस्तु (content) न हो। विचार की सम्भावना वही हो सकती है जो किसी न किसी रूप में भावात्मक हो। जो कुछ विचारा जा सकता है उसके अनुरूप कुछ-न-कुछ वस्तु अवश्य रहता है। इसलिए *पार्मिनाइड्स* के अनुसार *विचार और वस्तु में तालमेल अवश्य रहता है।*

आगे चलकर प्रत्ययवादियों ने, विशेषकर *हेगेल* ने, विचार और वस्तुओं के तादात्मय (identity) पर बल दिया है अर्थात् *हेगेल* के अनुसार जो विचार तर्कबुद्धिसंगत (rational) है वह सत् भी है और जो सत् है वह तर्कबुद्धिसंगत भी कहा जायेगा। अतः *पार्मिनाइड्स* ने विचार-वस्तु के बीच सन्निकटता को बताकर प्रत्ययवादी तत्त्ववाद की नींव डाली है। तब क्या *पार्मिनाइड्स* को प्रत्ययवादी कहा जायगा?

पार्मिनाइड्स ने प्रत्यय और वस्तुओं के बीच भेद नहीं किया है। इनके अनुसार विचार (प्रत्यय) भौतिक भी हो सकता है। इनके अनुसार *शुद्ध भाव भौतिक* भी है और कोई भी ऐसा देश (space) नहीं है जिसमें भाव नहीं व्याप्तता है। इसलिए *पार्मिनाइड्स* के अनुसार कोई भी

स्थान रिक्त (empty space) नहीं है। इसलिए रिक्त स्थान को ही अभाव (non-being, असत्) कहा जा सकता है। इस सूत्र से क्या निष्कर्ष स्थापित किया जा सकता है?

निष्कर्ष यही निकलता है कि *अनेकता* और *गति* भ्रम है। कैसे? *'अनेकता'* से यही समझा जाता है कि एक वस्तु और अन्य वस्तुओं के बीच दूरी है और यह दूरी रिक्त स्थान है। पर रिक्त स्थान को असत् अथवा अभाव कहा जाता है। अतः न तो वस्तुओं के बीच दूरी हो सकती है और न वस्तुओं की अनेकता ही सम्भव हो सकती है।

फिर गति (motion) से भी अभिप्राय होता है कि वस्तुओं के बीच दूरी अथवा रिक्त स्थान है और एक वस्तु रिक्त स्थान से होकर स्थान पर जाती है। पर रिक्त स्थान है ही नहीं। इसलिए वस्तुओं की गति सम्भव नहीं है।

पर यदि अनेकता और गति न हो तो इनके सम्बन्ध में भ्रम कैसे उत्पन्न हो सकता है? निःसन्देह अनेकता और गति इन्द्रियों के द्वारा जानी जा सकती है। इसलिए इन्द्रियों को भ्रामक समझना चाहिए और इन्द्रियजन्य ज्ञान को भी भ्रम समझना चाहिए। तब सत् का ज्ञान कैसे प्राप्त किया जायगा? विचार (thought) के द्वारा। अतः *पार्मिनाइड्स* के अनुसार इन्द्रियों के द्वारा केवल भ्रम और आभास (appearance) ही प्राप्त हो सकता है। इसकी तुलना में परम सत् शाश्वत्, नित्य और कालातीत होता है, क्योंकि इसमें भूत, भविष्य और वर्तमान का भेद नहीं होता। इसके विषय में यही कहा जा सकता है कि परम सत् सर्वकालीन वर्तमान (everlasting now) होता है। इसे केवल बुद्धि और विचार के द्वारा ही प्राप्त किया जा सकता है।

अब आभास और सत् का भेद प्रत्ययवाद में किया जाता है। फिर उसके अनुसार इन्द्रियाँ भ्रामक होती हैं और केवल विचार के द्वारा ही परम सत् प्राप्त होता है। तब क्या *पार्मिनाइड्स* प्रत्ययवादी (idealist) हैं?

पार्मिनाइड्स ने कुछ ऐसे तत्त्वों को अपने दर्शन में समावेश किया है जो प्रत्ययवाद के भी मुख्य तत्त्व हैं, जैसे विचार और सत् के बीच घनिष्ठ सम्बन्ध का मानना, फिर आभास और सत् (appearance and reality) का भेद करना इत्यादि। यहाँ एक अन्य बात भी उल्लेखनीय है। *पार्मिनाइड्स* के लिए शुद्ध भाव (being) को सत् समझना, केवल अभ्युणम (अभिधारण) ही कहा जायगा। पर इनके अनुयायी *जेनो* ने युक्तियों के आधार पर आभास और सत् का अन्तर निर्धारित किया है। जेनों ने व्याघात (contradiction) के सिद्धान्त का अनुसरण करते हुए कहा है कि *जो कुछ परस्पर-व्याघातक हो उसको आभास कहा जायगा और जो तर्कसंगत हो उसे ही सत् कहा जायगा। इसी बात को प्रत्ययवादी भी मानते हैं। जैसे हेगेल ने कहा है कि जो तर्कबुद्धिपरक (rational) हो वह सत् होगा और सत् (real) होगा वह तर्कबुद्धिपरक भी होगा।* इसी प्रकार *ब्रैडले* ने भी कहा है कि जो *आत्मव्याघातक हो वह आभास होगा क्योंकि परम सत् एक पूर्ण तर्कसंगत सामन्जस्यपूर्ण सत्ता है।*

पर आधुनिक दृष्टि से पार्मिनाइड्स के दर्शन में विचार और भौतिक पदार्थ के बीच विरोध नहीं माना गया है। इसके विपरीत प्रत्ययवाद में विचार और भौतिक पदार्थ में मौलिक विरोध है। *पार्मिनाइड्स* मानते हैं कि परम सत् और शुद्ध भाव (being) दिक् में व्याप्त है, सीमित है और मण्डलाकार है। केवल भौतिक पदार्थ को ही दिक् में सम्पूर्णतया व्याप्त और मण्डलाकार है। केवल भौतिक पदार्थ को ही दिक् में सम्पूर्णतया व्याप्त और मण्डलाकार का बताया जा सकता है। अतः ऐसा आभासित होता है कि *पार्मिनाइड्स* परम भावरूप को भौतिकरूप में चित्रित करने में नही हिचकते हैं। तो क्या *पार्मिनाइड्स* प्रत्ययवादी और भौतिकवादी एक साथ हो सकते हैं? नहीं ! ऐसा मानना वदतोव्याघात (contradiction in terms या, एक ही साथ में व्याघातक पदों को प्रयुक्त करना) कहा जायगा। तब इसका समाधान कैसे हो क्योंकि *पार्मिनाइड्स* में प्रत्ययवादी और भौतिकवादी बातें दिखाई देती हैं?

इसका उत्तर तो यही हो सकता है कि *पार्मिनाइड्स* के युग में भाषा की परिशुद्धता तो बहुत

अधिक नहीं हुई थी। उनके काल में विचार को भौतिक रूप से चित्रित करने में कोई आपत्ति नहीं दिखती थी। यही कारण है कि उन्होंने सत् को दिक् में पूर्णतया व्याप्त माना और अभाव को रिक्त। इसको ध्यान में रखा जाय तो यही कहा जा सकता है कि समसामयिक विचारधारा के अनुसार *पार्मिनाइड्स* के दर्शन में विचार और भाषा का सूक्ष्म भेद नहीं था और इसलिए आज के तात्त्विक भेद को ध्यान में रखकर *पार्मिनाइड्स* को न शुद्ध प्रत्ययवादी कहा जा सकता है और न भौतिकवादी। हाँ, उनके विचार में प्रत्ययवादीतत्त्व विशेष हैं और भौतिकवाद पक्ष भाषादोष के ही रूप में विद्यमान है।

पार्मिनाइड्स का महत्त्व

पूर्व सुकराती दर्शन अधिकतर तत्त्व-मीमांसात्मक हैं और इस दृष्टि से *पार्मिनाइड्स* का दर्शन भी तत्त्व-मीमांसात्मक ही है। परम तत्त्व की दृष्टि से परम तत्त्व एक, दो या अनेक माने गये हैं पर एकवाद (monism) को सबसे अधिक संतोषजनक स्वीकारा जाता है। इस दृष्टि से *पार्मिनाइड्स* की तत्त्व-मीमांसा एकवादी है।

अब एकवादी तत्त्व-मीमांसा भौतिकवादी भी हो सकती है और अध्यात्मवादी भी। *पार्मिनाइड्स* के चिन्तन में भौतिकवाद और अध्यात्मवाद का भेद स्पष्ट नहीं किया गया है, पर आपका दर्शन के मुख्य तत्त्व प्रत्ययवादी ही है, न कि भौतिकवादी।

पार्मिनाइड्स के दर्शन का प्रभाव भौतिकवादी परमाणुवाद पर पड़ा। जिस प्रकार से एक, नित्य परम सत् है, उसी प्रकार प्रत्येक परमाणु नित्य और शाश्वत सत्ता है। दोनों में भेद इस बात में है कि परमाणु अनेक हैं और ये सब गत्यात्मक हैं।

फिर *पार्मिनाइड्स* के एकवादी तत्त्व का प्रभाव *प्लेटो* के प्रत्ययवाद पर भी प्रतीत होता है। प्लेटो का प्रत्येक प्रत्यय (आइडिया) वैसा ही नित्य, शाश्वत और सत् है जैसा *पार्मिनाइड्स* एक परम सत् है। अन्तर है कि *प्लेटो* के प्रत्यय अनेक हैं और वे सब परम शुभ प्रत्यय के द्वारा एक सोपानक्रमिक व्यवस्था में बँधे हुए हैं।

फिर अनेक तत्त्व-मीमांसाओं में आभास और सत्, भ्रम-सत् का भेद देखा जाता है। यह भेद *पार्मिनाइड्स* के दर्शन में प्रमुख है। *ब्रैडले* तथा *वर्गसाँ* के दर्शन में भी आभास और सत् का भेद देखा जाता है। अतः *पार्मिनाइड्स* का दर्शन समकालीन दर्शन में अभी भी किसी न किसी रूप में विद्यमान है।

दार्शनिक विश्लेषण आधुनिकतम दार्शनिक चिन्तन है और उसमें भाषा-विश्लेषण पर बहुत बल दिया जाता है। अब पार्मिनाइड्स ऐसे विचारक हैं जिन्होंने भाषा पर बल दिया है। इनका कहना था कि जो कुछ भाषा में व्यक्त किया जाय उसमें कुछ न कुछ वास्तविकता अवश्य होगी। पर इसका विलोम सही नहीं है, अर्थात् यह नहीं कहा जा सकता है कि अवास्तविक वस्तु नहीं विचारी जा सकती है। उदाहरणार्थ हम परियों के विषय विचार सकते हैं यद्यपि इन्हें काल्पनिक विषय कहा जायगा। जो भी हो भाषा और वस्तुविचार एक महत्त्वपूर्ण विषय है जिसकी पूर्वछाया पार्मिनाइड्स के दर्शन में परिलक्षित होती है।

जेनो (*Zeno* लगभग 489-430 ई॰ पू॰)

जेनो पार्मिनाइड्स के अनुयायी थे और आपने *पार्मिनाइड्स* की तत्त्वमीमांसा को अपने तर्कों के द्वारा संपुष्ट किया है। *पार्मिनाइड्स* के अनुसार परम सत् एक, स्थित, नित्य, अपरिवर्तनशील है। इस परम भाव (being) में न कोई गति है और न अनेकता। इन दोनों नकारात्मक पक्षों को जेनो ने तर्कों के द्वारा प्रमाणित किया है।

अनेकता आत्मव्याघातक अवधारण है

प्लेटो-रचित *पार्मिनाइड्स* नामक पुस्तक में *सुकरात* ने *जेनो* से पूछा, 'क्या आप बताना चाहते हैं कि अनेकता भ्रम है?' *जेनो* ने प्रयुत्तर किया 'जी हाँ'। पर प्रत्येक व्यक्ति को अनेकता

सर्वत्र अनायास ही दिखाई देती है। तब यह कहना कि अनेकता भ्रम है और वास्तव में सत् केवल एक है, स्वीकारना बड़ा आश्चर्यजनक लगता है। पर जेनो ने अपने तर्कों के आधार पर स्पष्ट किया है कि अनेकता की अवधारणा आत्मविरोधी है (वदतो-व्याघातात्मक) (contradiction in terms)। कैसे?

यदि परम सत् एक न होकर अनेक हो तो इसे सीमित और असीमित, दोनों एक साथ मानना होगा जो परस्पर विरोधी बातें होंगी। यदि सत् में अनेक खंड हों तो यदि ये खंड वास्तविक हों तो अन्त में प्रत्येक खंड को अखंडनीय इकाई मानना पड़ेगा और अखंडनीय होने की हैसियत से यह सीमित समझा जायगा। इसलिए अन्त में परम सत् अखंडनीय सीमित इकाइयों के कारण सीमित कहा जायगा पर यदि इकाइयाँ अखंडनीय अपरिमित रूप से मानी जायेंगी तो अपरिमित खंडों के होने के कारण सत् को असीमित भी कहा जायगा। अतः अनेकता के स्वीकारने में सत् सीमित और असीमित दोनों हो जाता है, जो आत्मविरोधी अवधारणा है।

फिर सत् को अनेक मान लेने पर स्वीकारना होगा कि सत् अतिलघु है और फिर अति विशाल, अर्थात् वदतोव्याघात। 'अनेकता' से आपादित (implied) होता है कि इसमें अनेक इकाइयाँ हैं। अब यदि इकाई *अविभाज्य* हो जो इसमें विस्तार नहीं होगा, क्योंकि जहाँ विस्तार होगा वहाँ विभाजन भी सम्भव होगा। पर विस्ताररहित रहने पर इकाई को अतिलघु कहा जायगा। फिर विस्ताररहित इकाइयों के योगफल को भी विस्ताररहित मान लेने पर सत् को अतिलघु कहा जायगा। परन्तु यदि इकाई सर्वदा *विभाज्य* हो तो अन्त में प्रत्येक इकाई अनन्त तक विभाज्य कही जायगी। अतः सत् की अनेकता में अपरिमित रूप से *अंग* विभाज्य इकाइयाँ होंगी और तब इसे बृहदाकारी भी कहना पड़ेगा।

अतः, सत् को अनेक समझने पर इसे लघु और विशाल, दोनों मानना पड़ेगा जो आत्मविरोधी अवधारणा है।

अपितु यदि *पार्मिनाइड्स* की इस बात को नहीं स्वीकारा जाय कि परम सत् एक गोलाकार (sphere) है तो तब मान लेना पड़ेगा कि इस गोलाकार को ढकने के लिए दूसरा गोलाकार होगा और फिर इस दूसरे गोलाकार को ढकने के लिए तीसरे गोलाकार की आवश्यकता पड़ जायगी और इस रीति से *अनवस्था दोष* चला आएगा। अतः इस दोष से बचने के लिए स्वीकारना होगा कि परम सत् एक गोलाकार है।

गति वास्तव में इन्द्रियजनित भ्रम है

इस सन्दर्भ में *जेनो* ने तीन युक्तियाँ प्रस्तुत की हैं:—

(1) गति सम्भव हो ही नहीं सकता है। इसका कारण है कि गति वह है जिसमें कोई एक वस्तु एक स्थान से दूसरे स्थान पर चले। मान लिया जाय कि एक स्थान से दूसरे स्थान की दूरी क-ख है। प्रत्येक रेखा अपरिमित रूप से विभाज्य होती है और असंख्य खंडों में बाँटी जा सकती है।

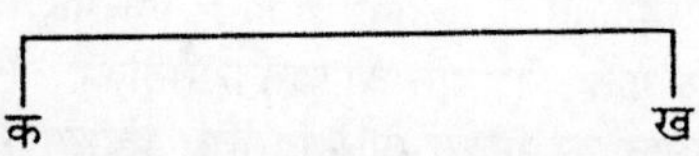

अब अपरिमित खंडों को पार करने में अपरिमित की आवश्यकता पड़ जाती है जो किसी भी सीमित वस्तु के लिए असम्भव बात है। अतः क-ख की दूरी को तय करना असम्भव बात है।

(2) इसी युक्ति को नाटकीय रीति से प्रस्तुत किया जा सकता है। मान लिया जाय कि प्रसिद्ध दौड़ाक अचिलिस और कछुए में दौड़ हो रही है। इस दौड़ में कछुए को आगे रखने का लाभ दिया गया है। पर क्या अचिलिस कभी भी कछुए से आगे बढ़ सकता है? जब अचिलिस दौड़कर कुछ दूर पहुँचेगा तब कछुआ भी आगे चला जायगा। अब कछुए और अचिलिस के बीच

की दूरी असंख्य खंडों में विभाज्य मानी जाती है। इस असंख्य खंडों को पार करने में अपरिमित काल की आवश्यकता हो जाती है। पर सीमित काल में जीने वाला अचिलिस अपरिमित काल तक जीवित नहीं रह सकता है। अतः अचिलिस की दौड़ असम्भव है।

(3) फिर कहा जाता है कि धनुष से छोड़ी गई तीर अति तीव्रगति से चलती है। पर क्या यह कहना तर्कसंगत हैं?

अब कोई भी वस्तु *एक ही क्षण में दो स्थानों* पर नहीं हो सकती है। इसलिए तीर भी किसी एक क्षण विशेष में किसी एक स्थान पर रहती है। पर किसी एक क्षण में किसी एक ही स्थान में रहने पर किसी वस्तु या तीर को स्थैतिक (static) कहा जायगा। इसलिए तीर भी विभिन्न क्षणों में किसी एक क्षण में किसी एक स्थान में रहकर स्थैतिक ही रहती है। अतः तीर क्षण प्रतिक्षण में एक ही स्थान में रहने पर स्थैतिक ही रहती है और इसकी गति भ्रममात्र है।

ठीक इसी प्रकार *एफ॰ एच॰ ब्रैडले* ने (1846-1924) और उससे बहुत पहले भारतीय विचारक *नागार्जुन* ने दिक्, काल, गति इत्यादि की अवधारणाओं को आत्म-व्याघात सिद्ध किया है।

समीक्षा

जेनो की समस्या अब आसानी से स्पष्ट की जा सकती है। जेनो ने विश्लेषात्मक अभिकथन को आनुभविक अथवा संश्लेषात्मक अभिकथनों से मिला दिया है पर विश्लेषात्मक और आनुभविक अभिकथनों में बड़ा अन्तर है। ज्यामितिक अभिकथन विश्लेषात्मक (analytic) होते हैं क्योंकि इनमें परिभाषित पदों (रेखा, त्रिभुज, इत्यादि) को उनके पूर्वनिर्धारित अर्थों में संगत रूप से व्यवहृत किया जाता है। विश्लेषात्मक अभिकथनों में अनिवार्यता अवश्य रहती है पर इनका सम्बन्ध यथार्थता के साथ नहीं रहता है। उदाहरण रेखा की परिभाषा के अनुरूप कोई भी वास्तविक (actual) रेखा ऐसी नहीं होती कि उसमें चौड़ाई न हो और न ऐसा कोई बिन्दु होता है जिसका कोई स्थान न हो।

अब जेनो के अनुसार रेखा *असख्य खंडों में विभाज्य* समझी जाती है। यह बात ज्यामितिक रेखा के सन्दर्भ में कही जा सकती है। पर कोई भी अनुभूतिजन्य रेखा असंख्य खंडों में नहीं विभाजित की जा सकती है। अब दौड़ या गति आनुभविक अवधारणा है और उसमें दूरी की न असंख्य खंडो की बात की जा सकती है और न काल को ही असीमित रूप से समझा जा सकता है।

फिर वास्तव में काल के क्षणों को भी एक-दूसरे से पृथक-पृथक नहीं किया जा सकता है। व्यावहारिक रूप से उनमें भेद किया जा सकता है। पर इन्हें एक-दूसरे से अलग नही किया जा सकता है *(Moments of time can be distinguished, but cannot be separated)*। अतः ज्यामिति और सामान्य रूप से *जेनो* ने विश्लेषात्मक अभिकथनों को आनुभविक के अन्तर को स्पष्ट न करने के कारण विचार-घपला (confusion) पैदा कर दिया है।

जेनो ने अनेकता और गति को आत्मव्याघातक बताकर दो प्रकार की तार्किक बातों को स्थापित किया है। एक व्याघात का नियम और द्वितीय, द्वंद्वात्मक विधि। *जेनो* ने बताया है कि आत्मव्याघातक अभिधारणा भ्रम मात्र है। पर ऐसा भी माना गया है कि किसी गम्भीर विषय पर परिचर्चा करने पर इसमें पक्ष और विपक्ष दोनों सम्भव हैं और शायद उनके बीच निर्णय करना कठिन होता है। *प्लेटो* की चर्चामूलक रचनाओं में न्याय, आत्मसंयम, सद्‌गुण इत्यादि ऐसी अवधारणायें हैं जिनकें सम्बन्ध में पक्ष और प्रतिपक्ष दोनों के बीच कोई निर्णय नहीं हो पाया है। तब क्या इन्हें भ्रम कहा जाय?

काण्ट के अनुसार जब पक्ष और प्रतिपक्ष दोनों अलग-अलग रीति से सिद्ध ठहरते हैं तो

इनसे यही स्पष्ट होता है कि मानव बुद्धि अपनी सीमा पर पहुँच गई है और इस स्थिति को उन्होंने विप्रतिषेध (antinomies) कहा है। विप्रतिषेधों में ज्ञान की सीमा परिलक्षित होती है।

हेगेल के अनुसार जब पक्ष और प्रतिपक्ष का विप्रतिषेध उत्पन्न हो जाता है तो इससे व्यक्त होता है कि पक्ष (thesis) अभिधारणा के एक अंश को और प्रतिपक्ष (antithesis) इसके दूसरे अंश को व्यक्त करता है। इन दोनों की आंशिक सत्यता को पूरा करने के लिए एक अधिक परिपूर्ण पक्ष की आवश्यकता होती है जिसे सम्पक्ष (synthesis) कहा जा सकता है।

अब *जेनो* के द्वारा अभिधारणाओं में पक्ष-प्रतिपक्ष के परस्पर विरोध से अन्त में *हेगेल* और मार्क्स के द्वंद्वात्मक विधि स्पष्ट हुई है। अतः *जेनो* का तर्काभास द्वंद्वात्मक विधि का पूर्वाभास कहा जा सकता है।

हेराक्लिटस (*Heraclitus, Heracleitus* 535-475 ई॰ पू॰)

हेराक्लिटस, पार्मिनाइड्स के समकालीन थे। पर इन दोनों का दर्शन एक-दूसरे का विरोधी दर्शन है। *पार्मिनाइड्स* के अनुसार केवल भाव (being) ही परम सत् है जो कूटस्थ, नित्य और अपरिवर्तनशील है। इसके विपरीत *हेराक्लिटस* का कथन है कि परम तत्त्व चलायमान, शुद्ध परिवर्तन और सम्भवन (संभूति becoming) है। *हेराक्लिटस* के अनुसार सभी वस्तुएँ क्षण-प्रतिक्षण बदलती रहती हैं और कोई भी ऐसी वस्तु नहीं है जो दो क्षण के लिए भी एक समान बनी रहे। नदी, पहाड़, सूर्य, चाँद सभी क्षण-प्रतिक्षण बदलते रहते हैं। कोई भी व्यक्ति किसी एक नदी में दो बार डुबकी नहीं मार सकता है क्योंकि व्यक्ति और नदी दोनों क्षण-प्रतिक्षण बदलते रहते हैं। व्यक्ति में असंख्य जीवाणु, श्वास-निःश्वास, रक्तचाप इत्यादि की गति निरन्तर मानव को क्षण-प्रतिक्षण बदलती रहती है। यही बात नदी के जल-प्रवाह के विषय में कही जाती है। *जेनोफेन्स* से प्रभावित होकर *हेराक्लिटस* का कहना है कि सूर्य भी समुद्र के वाष्प से प्रभावित होकर नित्य नूतन होता रहता है। अतः *हेराक्लिटस* का मुँख्य सूत्र है : *सभी वस्तुयें क्षणभंगुर और प्रवाहमय हैं (All is flux, all is change)*। कैसे और क्यों?

सभी वस्तुओं को घटना-प्रवाह मानने का *हेराक्लिटस* का सिद्धान्त है कि *वस्तुएँ विरोधी तत्त्वों का समन्वय (harmony of opposites)* कही जा सकती हैं। संघर्ष ही जीवन है और संघर्षहीन शांति की कल्पना करना अयुक्तिसंगत है। इसका कारण है कि *हेराक्लिटस* के अनुसार संघर्ष के समाप्त हो जाने पर सम्पूर्ण विश्व का अस्तित्व ही नहीं रहेगा। इनके अनुसार विश्व के केन्द्र में संघर्ष, कलह और विरोधी तत्त्वों के एक साथ सक्रिय रहने से ही जीवन-चक्र बना रहता है। हेराक्लिटस के सिद्धान्त का प्रभाव *बर्गसाँ* (1858-1941) तथा *फ्रायडवाद* में भी देखा जाता है।

बर्गसाँ ने कहा था कि परम तत्त्व प्राणशक्ति है जिसका स्वरूप ही है कि यह प्रवाहपूर्ण बनी रहे। फिर फ्रायड ने कहा है कि मानव की जीवन-क्रीड़ा प्रेम और घृणा के दो विरोधी मूल प्रवृत्तियों के द्वारा संचालित होती है।

अब *पार्मिनाइड्स* ने कहा कि परम तत्त्व भाव (being) है जो नित्य, कूटस्थ तथा अपरिवर्तनशील और एक है। इनके अनुसार अनेकता और गति भ्रम है। इसके विपरीत *हेराक्लिटस* का कहना है कि प्रवाह, संभवन (becoming) एकमात्र सत् है जो भाव और अभाव के विरोधी तत्त्वों का खेल है। जब तक भाव-अभाव के बीच संतुलन रहता है तब तक वस्तुएँ अपनी सत्ता में बनी रहती हैं। जब अभाव तत्त्व प्रबल हो जाता है तब वस्तुओं का अन्त हो जाता है।

बाद में चलकर *हेगेल* (1770) ने अपने दर्शन में भाव (being), अभाव (non-being) और सम्भवन (becoming) को अपनी त्रिपदी विधि का प्रथम चरण बताया है और सिद्ध किया है कि भाव से अभाव और फिर अभाव से भाव को निष्पादित किया जा सकता है। इस अभाव

से भाव और फिर अभाव से भाव की चाल से *सम्भवन* होता है। अतः हेगेल का त्रिपदी सिद्धान्त तकर्निष्ट कहा जाता है और इसके विपरीत *हेराक्लिटस* के सम्भवन-सम्बन्धी को *तात्त्विक* ही कहा जायगा।

हेराक्लिटस ने सम्भवन की अवधारणा को उसी प्रकार चित्रित किया है जिस प्रकार *पार्मिनाइड्स* ने शुद्ध भाव (being) को गोलाकार के रूप में मूर्त्त बनाया है। हेराक्लिटस ने अग्नि को ही अपने परम सत्, अर्थात् सम्भवन का प्रतीक माना है। अग्नि सतत् *जलायमान* रहती है। यह जलती रहती है और इसकी लपट कम-अधिक होती रहती है। *हेराक्लिटस* के अनुसार अग्नि विश्वव्यापी है और इसका घटना-चक्र क्रमबद्ध नियमों के द्वारा संचालित होता रहता है। अग्नि-चक्र ऊर्ध्वागामी (upward) और अधोगामी (downward), दो नियमों के अनुसार होता रहता है। ऊर्ध्वगामी चाल के क्रम में मिट्टी जलकर जल बन जाती है फिर जल वायु हो जाता है और फिर वायु अग्नि का रूप धारण कर लेती है। यही बात *अनैक्सीमैंडर* ने भी कही थी कि वायु के क्षीणीकरण के द्वारा वायु अग्नि का रूप धारण कर लेती है। फिर अधोगामी चक्र में अग्नि वायु बन जाती है फिर वायु जल में परिणम हो जाती है और अन्त में जल मिट्टी में बदल जाता है। अतः विश्व अग्नि से उत्पन्न होता है और अन्त में वह अग्नि में ही विलीन हो जाता है।

अग्नि मानव में भी है। जितना अधिक अग्नि का अंश मानव में रहेगा उतना अधिक वह बुद्धिपरक होगा। इसके प्रतिकूल जितना अन्धकार और भारीपन मानव में रहेगा उतना ही अधिक मृत्यु और अभाव (non-being) उसमें रहेगा। चूँकि अग्नि का यही स्वरूप ही है कि ईधन के बिना, अग्नि जल-जल कर शान्त हो जाती है। इसी प्रकार विश्व अग्नि को इन्द्रियों के द्वारा मानव को बराबर अग्नि प्राप्त करते रहना पड़ता है। मानव की आत्मा वास्तव में विश्व-अग्नि का ही एक अंश है। इसलिए जब व्यक्ति का सम्पर्क विश्व-अग्नि से टूट जाता है तब उसकी मृत्यु हो जाती है। निद्रावस्था को मृत्यु-तुल्य समझा जाता है क्योंकि निद्रावस्था में बाह्य इन्द्रियों की कार्यवाही बन्द हो जाती है और केवल श्वास द्वारा शरीर में अग्नि को प्राप्त किया जाता है। चूँकि निद्रावस्था में अग्नि की मात्रा कम हो जाती है इसलिए नींद में मानव बुद्धिहीन, संज्ञाहीन और केवल अपने में ही सिमट कर रह जाता है।

हेराक्लिटस और *पार्मिनाइड्स* के दर्शन परस्पर विरोधी देखे जाते हैं। *पार्मिनाइड्स* के अनुसार अनेकता और गति का भ्रम इन्द्रियों के द्वारा उत्पन्न होता है। इसके विपरीत *हेराक्लिट्स* का कहना है कि नदी-पहाड़, सूर्य-चाँद की स्थैतिकता का भ्रम इन्द्रियों के द्वारा उत्पन्न होता है। अतः, दोनों के बीच समानता यही है कि वे इन्द्रियों को भ्रम का कारण मानते हैं और दोनों स्वीकार करते हैं कि केवल बुद्धिपरकता (reason) से ही सच्चा ज्ञान प्राप्त हो सकता है।

हेराक्लिटस भी अपने युग के धर्म-व्यवहार के प्रति सशंकित थे। पर आपने देवताओं की निन्दा न करके धार्मिक बाह्याचार की आलोचना की है।

यदि सभी कुछ नित्य परिवर्तनशील हो तो क्या कोई स्थाई चीज बच नहीं जाती है? बुद्ध भगवान् ने भी कहा था 'सर्व क्षणिकं क्षणिकं', पर उन्होंने द्वादश के चक्र और निर्वाण-मार्ग को स्थायी समझा था। इसी प्रकार *हेराक्लिटस* ने भी अग्नि के ऊर्ध्वगामी और अधोगामी के नियमों को स्थायी माना है और फिर विश्व-अग्नि के क्रम को भी स्थायी व्यवस्था स्वीकारा है। पुनः, तत्त्वों के निरन्तर संघर्षों के मेल को भी विश्व-नियम माना है। इसलिए *हेराक्लिटस* के अनुसार विश्व के निरन्तर प्रवाह से भी प्राकृतिक समरूपता (uniformity of nature) का नियम स्थायी और नित्य रूप से रहता है। अब इस प्राकृतिक समरूपता के नियम को विज्ञान का मूल नियम समझा जाता है। अतः *हेराक्लिटस* को भी वैज्ञानिक ज्ञान के प्रचार-विस्तार के लिए सहयोगी ही समझा जायगा।

अब क्या प्राकृतिक समरूपता के अन्तर्गत उर्ध्वगामी-अधोगामी, विरोधी-तत्त्वों के परस्पर संघर्ष के नियम तथा विश्व-क्रम की नित्यता मानव के मन की उपज है या वास्तव में परम सत्

में निहित से शाश्वत नियम है? आत्मनिष्ठता (subjectivism) और वस्तुनिष्ठता (objectivism) का भेद बाद का है पर ऐसा आभासित होता है कि *हेराक्लिटस* के द्वारा नियम वस्तुनिष्ठ है न कि आत्मनिष्ठ। फिर क्या सम्भवन (becoming) और नियमों की नित्यता के बीच परस्पर-विरोध नहीं है?

जब विचारक आनुभविक जगत् की बात से ऊपर उठकर परम अतीत और सत् (reality) की बात करता है तब *काण्ट* ने बताया है कि विचारक विप्रतिषेध (antionomies) में पड़ जाता है। यही बात *हेराक्लिटस* के सन्दर्भ में देखी जाती है।

एम्पेडोकुल्स (*Empedocles* लगभग 495-435 ई० पू०)

विश्व की व्याख्या करने के लिए अपने-अपने समय में विभिन्न प्रकार के तत्त्वों को यूनानी विचारकों ने प्रस्तुत किया है। थेलस ने *जल* को, *अनैक्सीमिनिज* ने *वायु* को, *हेराक्लिटस* ने *अग्नि* को, *अनैक्सीमैंडर* ने *अनिश्चित द्रव्य* को, *पार्मिनाइड्स* ने *शुद्ध भाव* (being) को परम सत् (reality) समझा है। पर ये सब विचार विभिन्न हैं। इसके बीच सामञ्जस्य की आवश्यकता प्रतीत होने लगी थी और इसलिए इसके बीच समन्वय स्थापित करने के लिए *एम्पेडोकुल्स* ने एक *संकलनात्मक (electic)* दर्शन की स्थापना की है।

परम तत्त्व-सम्बन्धी मतों को सूत्रबद्ध करने के लिए *एम्पेडोकुल्स* ने चार परम तत्त्व के सिद्धान्त को प्रस्थापित किया है। ये चार तत्त्व हैं, जल, अग्नि, वायु और मिट्टी।* इन्हीं चार तत्त्वों के आधार पर *एम्पेडोकुल्स* ने विश्व की व्याख्या की है।

यह ठीक है कि तत्त्व के नित्य खण्डों की बात परमाणुवादियों ने की है, पर सम्भवतः *एम्पेडोकुल्स* ने भी चारों तत्त्वों के खण्डों को ही ध्यान में रखकर अपने तात्त्विक दर्शन को स्थापित किया होगा। *पार्मिनाइड्स* ने बताया था कि केवल एक शुद्ध भाव है जो स्थाई, नित्य और कालातीत है। *एम्पेडोकुल्स* के अनुसार भी परम तत्त्व स्थाई हैं पर यह एक नहीं है वरन् *चार* हैं। फिर हेराक्लिटस ने बताया था कि घटना-प्रवाह ही सत् है और स्थायित्व (स्थैतिकता) भ्रम है। *एम्पेडोकुल्स* के अनुसार *पार्मिनाइड्स* और *हेराक्लिटस* के विचार एकपक्षीय हैं। पूर्ण सत्यता यही है कि चार परम तत्त्व हैं जो स्थायी और नित्य हैं और इनके बीच *योग* और *विघटन* के फलस्वरूप ही सम्भवन (becoming, गति) होता है। अतः भाव और सम्भवन को मिलाकर एक मिश्रित सिद्धान्त को ही पूर्ण सत्यता समझना चाहिए।

एम्पेडोकुल्स के अनुसार प्रेम-घृणा, संग्रह-विग्रह, आकर्षण-प्रतिकर्षण की विरोधी धाराएँ पाई जाती हैं जिनके द्वारा सम्पूर्ण विश्व की व्याख्या की जा सकती है। प्रेम और घृणा (love and hate) की प्रक्रियाएँ मानसिक प्रतीत होती हैं पर *एम्पेडोकुल्स* इन्हें पूर्णतया *भौतिक* मानते हैं। 'प्रेम' वास्तव में तत्त्वों के बीच आकर्षण की प्रवृत्ति की ओर संकेत करता है और घृणा इन्हीं तत्त्वों के बिलगाव, विच्छेद और विघटन की ओर संकेत करता है। *हेराक्लिटस* ने भी बताया था कि विश्व में विरोधी धाराओं धाराएँ हैं जिनके द्वारा विश्व के प्रवाह की व्याख्या की जा सकती है। *ऐम्पेडोकुल्स* ने इन्हीं विरोधी धाराओं को संग्रह-विग्रह तथा प्रेम-घृणा के द्वारा व्यक्त किया है। फिर *अनैक्सीमिनिज* ने भी दो विरोधी धाराओं का उल्लेख किया है अर्थात् घनीकरण और क्षीणीकरण। इन्हीं दो विरोधी धाराओं को *एम्पेडोकुल्स* ने आकर्षण-प्रतिकर्षण (repulsion) का सिद्धान्त कहा है। अतः *ऐपेडोकुल्स* का चिंतन समन्वयात्मक कहा जा सकता है।

एम्पेडाकुल्स ने विश्व की सृष्टि और उनके शिक्षा को इसी आकर्षण (attraction) और प्रतिकर्षण के नियमों के आधार पर स्पष्ट किया है। जब चारों तत्त्व आपस में अन्तर्व्याप्त हो जाते

---

* यहाँ भी भारतीय विचार की प्रतिध्वनि मिलती है। भारतीय दर्शन में पंचतत्त्व का उल्लेख किया गया है और पाँचवाँ तत्त्व है आकाश (ether)।

हैं तब पूर्ण संतुलन बना रहता है और इसी स्थिति में जल, अग्नि, वायु और मिट्टी बराबर-बराबर मात्राओं में रहते हैं। इस प्रकार की अवस्था को शांत समझा जा सकता है। पर घृणाशक्ति (अथवा प्रतिकर्षण) ब्रह्ममण्डल के बाहर रहकर अवसर ढूँढ़ता रहता है कि संतुलित अवस्था में घुसकर तत्त्वों को छिन्न-भिन्न कर दे। जब इस घृणा का प्रवेश हो जाता है तब विश्व का विनाश हो जाता है। अब सृष्टि और विनाश का चक्कर निरन्तर लगा रहता है। वास्तव में देखा जाय तो विश्व की चार अवस्थाएँ बताई गई हैं, अर्थात्

(क) विश्व की वह अवस्था जिसमें सभी तत्त्व घुलमिल कर संतुलन बनाए रखते हैं।
(ख) फिर घृणा इस सन्तुलन में घुसकर मेल को विनष्ट कर देती है। इसी अवस्था में वस्तुविशेषों की रचनाएँ दिखाई देती हैं।
(ग) वह अवस्था जिसमें वस्तुविशेषों के बीच का भी संग्रह नष्ट हो जाता है और विश्व का पूर्ण विनाश हो जाता है और सभी तत्त्व एक-दूसरे से एकदम अलग हो जाते हैं।
(घ) अन्त में फिर वह संतुलन की अवस्था चली आती है जिसमें सभी तत्त्व एक दूसरे में अंतर्व्याप्त हो जाते हैं।

विशिष्ट वस्तुएँ न तो पूर्ण संतुलित अवस्था में और न सम्पूर्ण विनाश की अवस्था में सम्भव होती हैं। अतः वस्तुविशेष नित्य नहीं हैं और केवल चार तत्त्व ही नित्य कहे जा सकते हैं। *एम्पोडोकुल्स* के अनुसार सृष्टि की रचना में कोई उद्देश्य नहीं दिखता है। सृष्टि और विग्रह (छितराव, विकिरण) दोनों ही अवस्था में संयोग (चान्स, आकस्मिकता) और आवश्यकता (necessity) ही पाई जाती है। सृष्टि की उद्देश्यता को नहीं स्वीकारने से ऐसा ज्ञात होता है कि *एम्पेडोकुल्स* शुद्ध वैज्ञानिक थे जो धर्म-विचार के फेरे से मुक्त थे।

एम्पेडोकुल्स ने वायु की स्वतंत्र सत्ता को सिद्ध करने के लिए खाली गिलास को पानी में उलट दिया और इस उल्टे गिलास में पानी नहीं घुस पाया। क्यों? क्योंकि वायु भी जल के समान एक स्वतंत्र तत्त्व है।

खगोल-विज्ञान के सन्दर्भ में *एम्पेडोकुल्स* को ज्ञात था कि चन्द्रमा का प्रकाश सूर्य का ही परावर्तित (reflected) अथवा प्रतिबिम्बित प्रकाश है। सम्भवतः आपको इसका भी ज्ञान था कि सूर्य और पृथ्वी के बीच चाँद के आ जाने पर ग्रहण होता है।

एम्पेडोकुल्स के चिन्तन में, *अनैक्सीमैंडर* के समान विकासवाद की पूर्व छाया दिखती है। इनकी कल्पना की उड़ान के अनुसार हाथ, पैर, सिर इत्यादि अनेक अंग अलग-अलग दिखाई देते थे। संयोगवश इन अंगों में योग हो जाता था। वे ही जीव इस जीवन-संग्राम में अनुजीवित रह सके जिनके अंग-प्रत्यंग परिस्थिति योग्य सिद्ध हुए। इसमें डार्विन के जैविक विकास का एक क्षीण पूर्वाभास देखा जाता है।

एम्पेडोकुल्स का धर्मविचार और्फिक तथा पाइथागोरसीय धर्मों से प्रभावित था। आपके धर्म-विचार में पाप की क्षमा का भी प्रावधान था। आप आवागमन के मत को स्वीकार करते थे जिसे प्लेटो ने भी स्वीकारा है।

परमाणुवादी (*Atomists*)

विषय-प्रवेश

परमाणुवाद यूनानी दार्शनिक एवं वैज्ञानिक विचारधारा का एक प्रमुख अंग है। परमाणुवाद के प्रवर्तक *ल्यूकिपस* (*Leukippus*) माने जाते हैं। इनका उदय लगभग 440 ई॰ पू॰ में हुआ था। परन्तु ल्यूकिपस के शिष्य, *डेमोक्रिटस* (*Democritus*) ने इस परमाणुवाद को एक सुव्यवस्थित रूप दिया है। *डेमोक्रिटस* का काल 460-360 ई॰ पू॰ का है। परमाणुवादियों के लगभग समकालीन थे *अनैक्सागोरस* (*Anaxagoras*) जिनका समय था 500-428 ई॰ पू॰। फिर सोफिस्टों की

विचारधारा भी इसी काल को स्पर्श करती है। प्रसिद्ध *सोफिस्ट प्रोटागोरस* (*Protagoras*) 480-410 ई॰ पू॰ और *गौर्जियास* 483-375 ई॰ पू॰ भी इसी युग में हुए। यही कारण है कि परमाणुवाद में इन सब विचारकों के मत प्रतिध्वनित होते हैं।

एम्पेडोकुल्स ने जल, अग्नि, वायु और मिट्टी को ही परम तत्त्व माना है। परमाणुवादियों ने इन तत्त्वों को वैज्ञानिक रूप देकर इनके स्वरूप को स्पष्ट किया है। इस दृष्टि से *एम्पेडोकुल्स* के तत्त्ववाद को डेमोक्रिटस के परमाणुवाद का प्रथम चरण कहा जा सकता है।

फिर *हेराक्लिटस* ने बताया था कि सम्भवन (becoming) परम सत् है और वस्तुओं की स्थैतिकता इन्द्रियजन्य भ्रम है। इसके विपरीत *पार्मिनाइड्स* ने बताया है कि शुद्ध भाव (being) ही परम सत् है और गति ही इन्द्रियजनित भ्रम है। इन दोनों विरोधी मतों के बीच समन्वय के रूप में परमाणुवाद के अनुसार परमाणु ही भाव (being) के समान नित्य और कूटस्थ तत्त्व हैं और इन्हीं के आपसी सम्बन्ध के द्वारा विश्व की सभी घटनाओं की व्याख्या की जा सकती है। फिर *हेराक्लिटस* के मत को स्वीकारते हुए परमाणुवादी का कहना है कि परमाणु स्वतः *गतिशील* रहते हैं जो दिक् में भ्रमण करते रहते हैं। अतः *हेराक्लिटस* द्वारा प्रतिपादित सम्भवन-सिद्धान्त और *पार्मिनाइड्स* द्वारा स्थापित स्थैतिकता-सिद्धान्त, दोनों का समन्वय परमाणुवाद में हो जाता है।

फिर *पार्मिनाइड्स* का भाव एकत्ववादी सिद्धान्त है और इसके अनुसार अनेकता भ्रम है। परमाणुवादियों ने एकता और अनेकता, दोनों के बीच समन्वय किया है। परमाणु अनेक हैं पर प्रत्येक परमाणु अपने में एक नित्य और सर्वदा समरूप रहता है। फिर यह भी कहा जा सकता है कि *एम्पेडोकुल्स* ने चार तत्त्वों को परम् सत् माना है पर परमाणुवाद को इसी तत्त्वसिद्धान्त का विकसित रूप माना जायगा। कैसे?

(1) *एम्पेडोकुल्स* ने चार भौतिक द्रव्यों को स्वीकारा है पर आपने इनके स्वरूप पर कोई प्रकाश नहीं डाला है। पर परमाणुवादियों ने परमाणुओं के स्वरूप को स्पष्ट करते हुए कहा है कि परमाणु अनेक, भौतिक और सूक्ष्म द्रव्य हैं जिनमें अपना रूप, आकार और गतिशीलता भी है। बाद में *एपिक्यूरस* ने 'वजन' (weight) भी जोड़ दिया था। जिसे वैज्ञानिक दृष्टि से दोषपूर्ण योगदान कहा जायगा।

(2) दूसरी बात है कि चारों तत्त्वों के बीच गति उत्पन्न करने के लिए *एम्पेडोकुल्स* ने प्रेम और घृणा के मिथक की स्थापना की है। इसके विपरीत परमाणुवाद के अनुसार परमाणु स्वयं नित्य गतिशील रहते हैं और परमाणुओं को छोड़ अन्य कोई शक्ति नहीं है जो इन्हें गतिशील करे। अतः, *लाघव-न्याय* (Occam's razor) के अनुसार *एम्पेडोकुल्स* की तुलना में परमाणुवाद को अधिक वैज्ञानिक कहा जायगा।

(3) फिर भौतिकवाद के अनुसार गुण की व्याख्या परिमाण (quantity) के द्वारा की जाती है। अब *एम्पेडोकुल्स* के अनुसार आर्द्रता, शीतलता, इत्यादि परम तत्त्वों के गुण पहले से ही मान लिए गये हैं। इसलिए यहाँ गुणों की व्याख्या परिमाण द्वारा नहीं मानी गई है। इसके विपरीत परमाणुवाद के अनुसार परमाणुओं में लाल-पीले इत्यादि का अपना कोई गुण नहीं है। रूप, आकार, विस्तार इत्यादि ऐसे गुण परमाणुओं में हैं जिन्हें गणितीय प्रकथनों के द्वारा स्पष्ट किया जा सकता है। इस मापदण्ड के अनुसार परमाणुवाद को कहीं अधिक वैज्ञानिक माना जायगा।

परमाणु का स्वरूप

डेमोक्रिटस का कथन है कि यदि भौतिक द्रव्यों को अन्तिम रूप से विभाजित कर दिया जाय तब अन्त में जो अविभाज्य इकाई बच जाती है उसी को परमाणु कहा जाता है। परमाणु अनेक, असंख्य, अतीन्द्रिय तथा सूक्ष्म हैं और गुण की दृष्टि से सभी एक समान हैं। इनमें रूप और विस्तार (छोटे-बड़े का अंतर, अर्थात् size) और स्थान का अन्तर होता है। सम्भवतः परमाणु

स्वतः गतिशील होते हैं और इसी गतिशीलता के कारण कुछ परमाणु एक साथ जुट जाते हैं और इनके योग से विभिनि स्थितियाँ उत्पन्न होती हैं जो विभिन्न वस्तुओं के नाम से जानी जाती हैं। अतः वस्तुविशेषों के गुण का प्रादुर्भाव परमाणुओं की संख्या, उनके विस्तार और आकार पर निर्भर करता है। अतः विज्ञान के मानदण्ड के अनुरूप गुण की व्याख्या गणितीय रूप से बताई जाती है (Quantity explains quality)।

चूँकि *अरस्तू* ने *ल्यूकिपस* के परमाणुवाद को प्रथम मत गिना है और *डेमोक्रिटस* के मत को इसी परमाणुवाद को संशोधित तथा परिवर्द्धित रूप कहा है इसलिए अब *ल्यूकिपस* के परमाणुवाद की चर्चा की जायगी।

ल्यूकिपस (*Leukippus* लगभग 440 ई० पू०)

ल्यूकिपस की दीक्षा एलियाई विचारधारा में हुई थी। इसलिए आपके विचार पर एक सत्तावाद का प्रभाव पड़ा है। परन्तु एलियाटिज्म के विरुद्ध *ल्यूकिपस* ने दो अभिग्रहों* को स्वीकार किया है।

(1) रिक्त दिक् (empty space) भी सत् है।

(2) वस्तुओं की अनेकता और उनमें उनकी गत्यात्मकता भी है।

एम्पीडोकुल्स ने भिन्न-भिन्न अपने विशिष्ट गुणों के साथ चार परम तत्त्वों को स्वीकारा था और *अनैक्सागोरस* ने अनेक तत्त्वों के अस्तित्व को स्वीकारा था। इन विचारों के बीच समन्वय करने के लिए *ल्यूकिपस* ने अनेक परमाणुओं के मूल अस्तित्व को स्वीकारा है। फिर *ल्यूकिपस* ने मूल अस्तित्व को स्वीकारा है। फिर *ल्यूकिपस* ने मूल तत्त्वों की गुणात्मकता को नहीं स्वीकारा है। इनके अनुसार सभी परमाणुओं में केवल *परिमाण* का ही अन्तर है अर्थात् रूप, आकार का अन्तर। इनका प्रमुख सूत्र है कि गुण की *व्याख्या परिमाण के द्वारा की जा सकती है।* इसलिए गुणात्मकता की अवहेलना कर मूल तत्त्वों में केवल परिमाण का ही अन्तर मांना जा सकता है।

एलियाटिज्म की तुलना में *ल्यूकिपस* का यह मतभेद है कि एलियाटिज्म केवल एक परम सत् को नित्य और शाश्वत मानता है। इसकी अपेक्षा *ल्यूकिपस* अनेक परमाणुओं को सत् मानते हैं और प्रत्येक परमाणु उसी प्रकार नित्य और शाश्वत है जिस प्रकार एलियाटिज्म का एक परम सत् माना गया है। परमाणु को *ल्यूकिपस* ने ऐटम कहा है अर्थात् जिसे अन्य सूक्ष्म अशों में विभाजित नहीं किया जा सकता है। फिर *ल्यूकिपस* ने रिक्त दिक् की भी अवधारणा को स्वीकारा है ताकि रिक्त दिक् में परमाणुओं का विचरण सम्भव हो सके।

ल्यूकिपस के अनुसार प्रत्येक परमाणु स्वतः संचालित अनवरत (निरन्तर) रहता है और इसे किसी शक्ति की आवश्यकता नहीं होती है कि इसे संचालित किया जाय।

परमाणुओं के स्वतः निरन्तर गति के सन्दर्भ में *अरस्तू* को यह स्वीकृत नहीं था कि परमाणु स्वतः निरन्तर संचालित रह सकते हैं। पर यह पूर्णतया वैज्ञानक पूर्वमान्यता है जिसे *गैलिलियो* तथा *न्यूटन* ने स्वीकारा है।

वास्तव में देखा जाय तो *ल्यूकिपस* ने *एम्पेडोकुल्स* तथा *अनैवसागोरस* के विचारों को संगत बनाया है। *एम्पेडोकुल्स* के अनुसार मिथकात्मक प्रेम-घृणा की दो शक्तियाँ हैं जिनके द्वारा विश्व में गति उत्पन्न होती है। फिर *अनैक्सागोरस* के अनुसार अर्धमानसिक शक्ति नाउस है जो विश्व को गतिमान करती है। इनके विपरीत *ल्यूकिपस* परमाणुओं को ही स्वतः संचालित मानते हैं। फिर *अनैक्सागोरस* गति को *परियोजनात्मक* समझते थे। इसकी तुलना में *ल्यूकिपस* ने परमाणुओं की गति को यान्त्रिक बताया है जिसे वैज्ञानिक समझा जायगा। अपितु, *एम्पेडोकुल्स* तथा *अनैक्सागोरस*

---

* पहले से मान लेना। इसे assumption (पूर्वमान्यता) भी कहा जा सकता है।

दोनों ने अनिश्चित शक्तियों की मदद लेकर विश्व में गति को आरम्भित करने और उसे जारी रखने के लिए अपनी व्याख्या को प्रस्तुत किया है। इसके विपरीत *ल्यूकिपस* ने विश्व की गति को निरन्तर मानकर निश्चित रूप से इसे यांत्रिक बताया है।

पुनः *एम्पेडोकुल्स* के अनुसार विश्व एक समय में उत्पन्न होता है और बाद में इसका विनाश हो जाता है। सृष्टि-प्रलय का चक्र सर्वदा चलता रहता है। *हेराकिल्टस* के अनुसार विश्व का सृष्टि-संहार आवर्त्ती (सावधिक, periodic) हुआ करता है। इसके विपरीत *ल्यूकिपस* के अनुसार अब तक अनेक सृष्टियाँ हुई हैं और फिर उन सब का विलयन भी हो गया है।

हेराकिल्टस और *पार्मिनाइड्स* के बीच *ल्यूकिपस* ने एक प्रकार का समन्वय भी किया है। *हेराकिल्टस* के अनुसार विश्व की सभी वस्तुएँ चलायमान (**flux**, परिवर्तनशील) हैं। फिर *पार्मिनाइड्स* ने बताया है कि परिवर्तनशीलता भ्रम है और सत्ता एक है जो नित्य और शाश्वत है। *ल्यूकिपस* के अनुसार केवल परमाणु अनेक होते हुए भी सभी *नित्य* और *अविभाज्य* हैं। फिर *हेराकिल्टस* के समान *ल्यूकिपस* मानते हैं कि सभी परमाणु सतत गतिशील हैं और उनका आपसी संयोग-वियोग होता रहता है।

ल्यूकिपस के अनुसार परमाणु अनेक हैं। वे अविभाज्य, अदृश्य और असंख्य हैं। उनमें केवल आकार, रूप और परिमाण का अन्तर है। *ल्यूकिपस* ने परमाणुओं के बीच वजन (भार, **weight**) का अन्तर नहीं स्वीकारा है। ल्यूकिपस के अनुसार आकार तथा विस्तार के आधार पर भारी-हल्केपन की व्याख्या की जा सकती है। परमाणुओं के आपसी टकराव के कारण कुछ परमाणु एक-दूसरे में जुट कर संगठित हो जाते हैं और संघटित रचनाएँ बड़ी भी होती रहती है। पर जितनी ही बड़ी वस्तुओं के संगठन में घूर्णन (घूमना) के फलस्वरूप सूक्ष्म और अधिक गत्यात्मक परमाणु ऊपर चले आते हैं और भारी और स्थूल परमाणु संगठित रचना के केन्द्र में रह जाते हैं। परमाणुओं का आपसी टकराव और उनका संयोग-वियोग अपने आप होता रहता है।

ल्यूकिपस कट्टर यंत्रवादी थे और उनके लिए सभी घटनाएँ पूर्ण रूप से नियंत्रित रहती हैं।

''कोई भी घटना शून्य से नहीं होती। जो कुछ भी घटित होता है उसका कोई न कोई आधार और आवश्यकता रहती है।''

प्रत्यक्ष और विचारने की भी व्याख्या ल्यूकिपस ने परमाणुओं के स्वरूप और उनके यान्त्रिक टकराव के आधार पर की है। पर इसकी विस्तृत व्याख्या डेमोक्रिटस ने की है कि जिनके परमाणुवाद की व्याख्या अब की जायगी।

डेमोक्रिटस (लगभग 460-360)

डेमोक्रिटस, ल्यूकिपस के प्रतिभा-सम्पन्न अनुयायी थे जिन्होंने परमाणुवाद की व्याख्या सुव्यवस्थित रूप से प्रस्थापित की है। *डेमोक्रिटस* ने परमाणुवाद, शून्यता (अर्थात् रिक्त दिक्) और परमाणुओं की स्वतः संचालिता को स्वीकार किया है। इसी परमाणुवाद के आधार पर आप ने ज्ञान-मीमांसा, नीति तथा भौतिकवादी तत्त्व-मीमांसा को स्पष्ट किया है। फिर *डेमोक्रिटस* सर्वव्यापी, सर्वमान्य ज्ञान की सम्भवना को भी स्वीकार करते हैं। इसी प्रकार आप सर्वव्यापी नैतिक नियमों की संभावना भी मानते हैं।

ज्ञान-मीमांसा ज्ञान आत्मा के द्वारा सम्भव होता है पर आत्मा का क्या स्वरूप है? आत्मा भी परमाणुओं की संघटित व्यवस्था है। अब अनेक प्रकार के परमाणु हैं पर विशिष्ट परमाणुओं में अग्नि का सारतत्त्व रहता है। आत्मा विशेषकर अग्नि-रूपी परमाणुओं से रचित होती है और इसी अग्नि-रूपी आत्मा के द्वारा ज्ञान सम्भव होता है। अग्नि-परमाणु सम्पूर्ण जीव-जगत में पाए जाते हैं पर अपेक्षाकृत मानवजाति में इनकी संख्या बहुत अधिक होती है। आप की व्याख्या अनुभववादी है।

डेमोक्रिटस की ज्ञान-मीमांसा का मुख्य आधार यंत्रवाद तथा भौतिकवाद है। इनके अनुसार ज्ञान में दो तत्त्व हैं, अर्थात् प्रत्यक्ष और विचारना। दोनों में *प्राकारिक अन्तर* नहीं है। दोनों परमाणुओं के टकराव से उत्पन्न होते हैं। तो भी दोनों के बीच बहुत अधिक अन्तर है।

(1) प्रत्यक्ष के द्वारा चलायमान (सम्भवन, becoming) वस्तुओं का ज्ञान होता है पर विचार नित्य वस्तुओं का ज्ञान प्रस्तुत करता है।

(2) प्रत्यक्ष-द्वारा ज्ञान सापेक्ष तथा परिवर्तनशील होता है। एक को चीनी में घुली चाय फीकी और दूसरे को बहुत मीठी लगती है। इसी प्रकार स्वस्थ व्यक्ति को प्यास की स्थिति में जल अच्छा लगता है पर बुखार की दशा में वही पानी कड़ुवा लगता है। प्रत्यक्ष की अपेक्षा विचार के द्वारा प्राप्त ज्ञान सर्वव्यापी और वस्तुनिष्ठ होता है।

यदि प्रत्यक्ष को ही एकमात्र ज्ञान मान लिया जाय तो यह संशयवाद तथा शून्यवाद में परिणत हो जाता है और यही बातें सोफिस्टों के दर्शन में देखी जाती है। इसके विपरीत, *डेमोक्रिटस* ने विज्ञान को दृष्टि में रखकर, विचार-द्वारा प्राप्त ज्ञान को 'ज्ञान' की संज्ञा दी है। इस प्रकार डेमोक्रिटस ने विज्ञान की सम्भावना पर बल दिया है।

(3) तृतीय, प्रत्यक्ष के द्वारा रंग, स्वाद, गंध, इत्यादि का ज्ञान सम्भव होता है। इन्हें *गुणात्मक* कहा जाता है। गुणात्मक ज्ञान सापेक्ष और परिवर्तनशील होते हैं। इनकी तुलना में विचार-द्वारा परमाणुओं के रूप, आकार और स्थान का सर्वमान्य ज्ञान प्राप्त होता है। इस सन्दर्भ में परमाणुवादियों की मुख्य स्थापना है कि *गुणात्मक गुणों की व्याख्या* परिमाणमूलक ही हो सकती है। फिर गुणात्मक गुणों को गौण तथा परिमाणमूलक ही हो सकती है। फिर गुणात्मक गुणों को गौण तथा परिमाणमूलक रूप, आकार और विस्तार को प्राथमिक गुण कहा जा सकता है।

प्रत्यक्ष और विचारने की व्याख्या को डेमोक्रिटस ने बिम्बवाद (images, eidolas) के द्वारा प्रस्तुत किया है। इनके अनुसार वस्तुओं के बिम्ब चारों ओर छिटकते रहते हैं। ये बिम्ब इनके अनुकूल (attuned, अनुरूप) इन्द्रियों के द्वारा ग्रहण किए जाते हैं। फिर इन्द्रिय-अनुगृहीत बिम्ब का सीधा टकराव अग्नि रूपी परमाणुओं पर पड़ता है और तब वैचारिक ज्ञान उत्पन्न होता है। पर विचारने में प्रत्यक्ष की तुलना में विश्वसनीय ज्ञान प्राप्त होता है। इसका क्या कारण है?

(i) अग्निरूपी परमाणु सम्पूर्ण *शरीर* में बिखरे होते हैं। प्रत्यक्ष में इन्हीं शारीरिक परमाणुओं के द्वारा ज्ञान प्राप्त होता है। इसकी तुलना में आत्मा में निहित अग्निरूपी परमाणुओं के द्वारा वैचारिक ज्ञान प्राप्त होता है।

(ii) प्रत्यक्ष में *स्थूल* प्रतिमाओं के द्वारा ज्ञान उत्पन्न होता है पर इसकी अपेक्षा विचारने में सूक्ष्म परमाणुओं द्वारा ज्ञान प्राप्त होता है जिसका सीधा सम्बन्ध बिम्बों के साथ हो जाता है।

(iii) प्रत्यक्ष में परमाणुओं का टकराव प्रचण्ड और तीव्र होता है जिससे ज्ञान भी चंचल और धूमिल रहता है। इसकी अपेक्षा विचारने में अग्निरूपी परमाणुओं में टकराव कोमल और धीरे होता है। जिसके कारण ज्ञान विश्वसनीय रहता है।

अपनी ज्ञान-मीमांसा के आधार पर *डेमोक्रिटस* ने नैतिक नियमों की सर्वव्यापकता भी सिद्ध की है। पर *डेमोक्रिटस* ने यह नहीं बताया है कि प्रत्यक्ष और विचारने में किस प्रकार का सम्बन्ध है। क्या प्रत्यक्ष ज्ञान का प्रारम्भिक रूप है और विचारना इसका परिष्कृत रूप या विचारना बिना प्रत्यक्ष के सम्भव नहीं है या इन दोनों में सहयोग नहीं वरन् विरोध है?

अब प्रत्यक्ष और विचार का परमाणुवादियों द्वारा भेद *लाइबनिज* ने भी स्वीकारा है। इनके लिए ज्ञान प्रत्यक्ष से प्रारम्भित होकर बुद्धि द्वारा परिष्कृत होता है। *काण्ट* के अनुसार भी प्रत्यक्ष द्वारा ज्ञान असम्बद्ध और अस्पष्ट होता है और बुद्धि के द्वारा यह ज्ञान स्पष्ट और व्यविस्थत किया जाता है। फिर परमाणुवादियों द्वारा प्रतिपादित ज्ञान-मीमांसा पूर्णतया भौतिकवादी है क्योंकि इनके अनुसार मन, शरीर तथा विचारना सभी भौतिक है और विचारने को शारीरिक प्रक्रिया समझा जा

सकता है। परमाणुवादियों की इस मानसिक और विचार की व्याख्या समकालीन व्यवहारवाद (behaviourism) में देखी जाती है।

नैतिक दर्शन

डेमोक्रिटस ने आनन्द (happiness) पर बल दिया है। आनन्द वह स्थिति है जिसमें दुःख की अपेक्षा सुख (pleasure) की मात्रा अधिक पाई जाती है। इस रूप में ऐसा आभासित होता है कि *डेमोक्रिटस* वास्तव में सुखवादी थे। पर आप सुखवादी (hedonist) नहीं वरन् सुकराती धारात के पूर्व समर्थक थे।

(1) इनके अनुसार इन्द्रिय-संतुष्टि वास्तविक सुख नहीं है क्योंकि यह बाह्य वस्तुओं पर निर्भर करती है।

(2) फिर इन्द्रिय-सुख क्षणभंगुर होता है और प्रायः आगे चलकर यह सुख-दुःख का कारण हो जाता है।

(3) पुनः इन्द्रिय-सुख सापेक्ष होते हैं। उदाहरणार्थ युवजन का सुख बूढ़ों के लिए सम्भव नहीं है।

सुख की तुलना में आनन्द सर्वव्यापी होता है और सभी के लिए सर्वमान्य कहा जाता है। सुख का सन्दर्भ अनिश्चित बिम्बों के साथ होता है। इसके विपरीत आनन्द का सन्दर्भ स्पष्ट बिम्बों के साथ जुटा होता है। अपितु, सुख शारीरिक होता है पर आनन्द आत्मिक होता है।

अतः *डेमोक्रिट्स* ने सुख (pressure) और आनन्द (happiness) के बीच भेद किया है। सुख (pleasure, इन्द्रिय-संतुष्टि का भाव) में आत्मा के अग्नि-परमाणु पर तीव्र और प्रबल उत्तेजना होती है। इसकी तुलना में आनन्द आत्मा की वह अवस्था है जिसमें आत्मा का उत्तेजन कोमल और शांत रूप में होता है। इसलिए सुख की स्थिति में व्यक्ति को स्थितप्रज्ञ (calm) कहा जाता है। इसलिए *डेमोक्रिटस* के काम तथा भोग को नहीं वरन् उत्कृष्ट तथा भव्य जीवन के आदर्श को अपनाया है। आपने ज्ञान की प्राप्ति को और जीवन की आवश्यकताओं को कम करने पर बल दिया है। फिर *डेमोक्रिटस* ने आनन्द को व्यक्तिनिष्ठ (subjective) नहीं कहा है। यह मित्रों के आपसी सहभागिता पर और ज्ञान-लाभ से प्राप्त होता है। इसलिए आपने मित्रता और मित्र-समागम की सराहना की है और राजनीति से अलग रहने की सलाह दी है।

डेमोक्रिटस के अनुसार प्रसन्नचिन्ता को ही आनन्द की संज्ञा दी जा सकती है, न कि इन्द्रिय-संतुष्टि को। आनन्द की स्थिति में शरीर और आत्मा, दोनों को शांत रहना चाहिए। वास्तव में आनन्द में सुख-दुःख दोनों का समुचित ज्ञान प्राप्त किया जाता है। इसलिए सुकराती प्रज्ञा की पूर्वछाया के रूप में ज्ञान पर बल दिया गया है। आगे चलकर सुकरात ने बताया है कि सदाचार ज्ञान है। (Virtue is knowledge) डेमोक्रिटस की उक्ति है:—

''जो आत्मा की अच्छाई को चुन लेता है वह ईश्वरीय वस्तु का वरण करता है परन्तु जो शारीरिक शांति को प्राप्त करता है वह मानव श्रेयता को प्राप्त करता है।''

परमाणुवादियों के नैतिक दर्शन को बाद में चलकर *एपीक्यूरस* ने (341-270 ई॰ पू॰) अपनाया है।

भौतिकवादी तत्त्व-मीमांसा

भौतिकवादी तत्त्व-मीमांसा वह है जिसमें बताया जाता है कि भौतिक द्रव्य ही मूल-तत्त्व है जिसके द्वारा आत्मा, विचार, नैतिकता इत्यादि सभी अनुभूतियों की व्याख्या की जा सकती है। परमाणुवादियों के अनुसार विश्व की अन्तिम सत्ता भौतिक परमाणुओं की है। पशु तथा अन्य प्राणियों की आत्माएँ (soul) भी अग्नि-परमाणुओं से बनी हुई हैं। अन्तर यही है कि मानव आत्मा में अग्नि-परमाणुओं की संख्या अधिक है और अन्य प्राणियों में कम। यहाँ भी मानव की

आत्मा की *श्रेष्ठता* को अग्नि-परमाणुओं की *संख्या* के द्वारा स्पष्ट किया गया है। यहाँ तक कि प्रत्यक्ष और विचारने को भी यान्त्रिक प्रक्रियाओं के द्वारा स्पष्ट किया गया है। सभी जगह गुण को परिमाण के आधार पर स्पष्ट किया गया है।

जहाँ परमाणुओं का जुटाव घना होता है उसे जड़ समझा जाता है। फिर जब परमाणु सघन (dense) होते हैं तो वहाँ उस वस्तु को कड़ा कहा जाता है और जहाँ सघनता कम होती है वहाँ उस वस्तु को मुलायम कहा जाता है। दूसरे शब्दों में जब परमाणुओं के बीच दूरी या स्थान कम होता है तो उसे कड़ा कहते हैं जैसे लोहे के परमाणुओं के बीच। इसी प्रकार मुलायम वस्तुओं के परमाणुओं के बीच दूरी अधिक होती है जैसे आम या केले के परमाणुओं के बीच।

प्रत्यक्ष और विचार दोनों की उत्पत्ति को परमाणुओं के टकराव के आधार पर स्पष्ट किया गया है। प्रत्यक्ष में स्थूल परमाणुओं के बीच प्रचंड टकराव होता है और विचारने में सूक्ष्म अग्निरूपी परमाणुओं के बीच कोमल टकराव पाया जाता है। 'टकराव' से अर्थ होता है यांत्रिक गति का होना। अतः प्रत्यक्ष और विचारने दोनों को यांत्रिक नियमों के द्वारा स्पष्ट किया गया है। फिर हम यह भी देखते हैं कि परमाणुवाद के अनुसार गुण की व्याख्या परिमाणमूलक बताई जाती है।

सुख और आनन्द की भी व्याख्या शारीरिक और आत्मिक शांत भाव के द्वारा की गई है पर अन्त में शरीर और आत्मा, दोनों ही परमाणु-निर्मित बताए गये थे। आत्मा की अमरता को नकारा गया है क्योंकि परमाणु के संघटन से आत्मा होती है और परमाणुओं के विघटन से आत्मा का विनाश हो जाता है। अतः आत्मा भी शरीर की भाँति नश्वर ही है।

अतः भौतिक परमाणुवादी, यांत्रिकता के समर्थक, परिमाणमूलक व्याख्या के कर्णधार *ल्यूकिपस* तथा *डेमोक्रिटस* दोनों शुद्ध विज्ञान के पोषक थे।

अनैक्सागोरस (*Anaxagoras* 500-428 ई॰ पू॰)

अनैक्सागोरस आयोना के निवासी थे और आप ही ने एथेन्स को दर्शन का केन्द्र बनाया था। आपने विश्व की व्याख्या करने के लिए एक नये तत्त्व पर बल दिया है जिसे आपने नाउस (nous, बुद्धि) अथवा विचार-शक्ति की संज्ञा दी है। आप शुद्ध वैज्ञानिक थे और आपने धर्म और नीति के सन्दर्भ में कोई शिक्षा नहीं दी है। सम्भवतः आप को धर्म में आस्था नहीं थी। एथेन्स-निवासियों ने इन पर ईश्वरनिन्दा (blasphemy) और अनीश्वरवादिता का दोष लगाया था। इसका कारण था कि यूनानी लोग सूर्य और चाँद को देवता मानते थे। यहाँ तक कि *प्लेटो* और *अरस्तू* ने भी तारों को देवता माना है। पर *अनैक्सागोरस* का कहना था कि सूर्य लाल गर्म पत्थरों से और चन्द्रमा मिट्टी से बना हुआ है। अतः आपने देवताओं को निर्जीव पत्थर और मिट्टी बताकर उनके देवत्व को नकारा था। इसलिए एथेन्स-निवासियों का आरोप सही था कि *अनैक्सागोरस* अनीश्वरवादी और ईश्वर निन्दक थे।

फिर यह भी उल्लेखीय है कि *प्लेटो* ने फिद्रस नामक पुस्तक में बताया है कि *अनैक्सागोरस* ने वकृता के विकास पर यथाशक्ति ध्यान दिया था।

एम्पेडोकुल्स ने पृथ्वी, जल, अग्नि और वायु को परम तत्त्व माना है जिनके द्वारा विश्व की व्याख्या हो सकती है। इसकी अपेक्षा *अनैक्सागोरस* ने *अनेक* तत्त्वों को नित्य और शाश्वत माना है। इनके अनुसार सोना, चाँदी, मिट्टी, लोहा इत्यादि अनेक तत्त्व हैं जो अतिविभाज्य माने जा सकते हैं और सभी तत्त्व मिले-जुले, मिश्रित अवस्था में रहते हैं। सोना-चाँदी तथा किसी भी सूक्ष्म से सूक्ष्मतम द्रव्य में भी सभी तत्त्व एक साथ पाए जाते हैं। जिसे हम 'सोना' कहते हैं उसमें सोना-तत्त्व का बाहुल्य रहता है पर अन्य तत्त्व भी बहुत कम मात्राओं में पाए जाते हैं। इसलिए सोना-चाँदी तथा किसी भी तत्त्व का शुद्ध खण्ड (परमाणु) नहीं पाया जाता है। पर भौतिक तत्त्व की कभी भी सृष्टि नहीं हुई है और न उनका कभी विनाश हो सकता है।

अनैक्सागोरस के अनुसार विश्व शाश्वत है और आदि सृष्टि की कल्पना करना वृथा है। पर यदि विश्व का कोई आदि रूप मान लिया जाय तो इस अवस्था में यह कहना चाहिए कि आदि में सभी तत्त्व मिश्रित अवस्था में रहकर अव्यवस्थित थे। इस मिश्रित अव्यवस्था (chaos) में पृथक्करण (separation, विमिश्रण) की प्रक्रिया के द्वारा एक ही प्रकार के तत्त्वों का संग्रह होने लगा जिसे आज हम सोना, चाँदी, लोहा इत्यादि कहते हैं और फिर जिनसे विभिन्न वस्तुएँ बनती हैं। पर याद रखना चाहिए कि प्रत्येक वस्तु में सभी प्रकार के तत्त्व पाए जाते हैं।*

अनैक्सागोरस ने न तो शुद्ध भौतिक परमाणुओं को माना है और न एम्पेडोकुल्स के समान आपने शून्यता के अस्तित्व को स्वीकारा है। इनके अनुसार जिसे 'शून्य' कहा जाता है वहाँ वायु भी रहती है। यद्यपि *अनैक्सागोरस* परमाणुवादी नहीं थे, तो भी विमिश्रण के आधार पर मिश्रित तत्त्वों को विभाज्य माना है। अतः आपका मत परमाणुवाद के बहुत निकट कहा जायगा। पर क्या मिश्रण-विमिश्रण प्रक्रियाओं के द्वारा सम्पूर्ण विश्व की व्यवस्था और क्रम को स्पष्ट किया जा सकता है?

अनैक्सागोरस को ऐसा आभासित हुआ कि केवल यादृच्छिक (random) तथा निरुद्देश्यपूर्ण यान्त्रिक नियमों के आधार पर *विश्व की व्यवस्था, क्रम तथा आयोजन की व्याख्या नहीं हो सकती है।* इस विश्व में सौन्दर्य भी है। इसलिए ऐसा आभासित होता है कि विश्व की व्यवस्था बुद्धि का ही खेल है और इस विश्व-रचना में आयोजन भी है। यह व्यवस्था और आयोजन अपने आप नहीं हो सकता है। इसलिए *अनैक्सागोरस* के अनुसार इस विश्व के क्रिया-कलापों का संचालन बुद्धि (नाउस, nous) के द्वारा सम्पन्न होता है। अतः भौतिक तत्त्वों के अतिरिक्त विश्व में नाउस भी है जो आयोजनात्मक, आत्मसंचालित तथा अति सरत शक्ति है। चूँकि यह बुद्धि-सम्पन्न शक्ति आत्मसंचालित है इसलिए इस नाउस को संचालित करने के लिए किसी अन्य शक्ति की आवश्यकता नहीं होती, पर यह भौतिक तत्त्वों को चालित कर उनमें व्यवस्था उत्पन्न कर सकता है। इसलिए इसमें चित्तीय (consciousness) तथा प्राणशक्ति के गुण भी विद्यमान समझे जा सकते हैं। फिर उसमें तर्कबुद्धि (reason) और विचार भी हैं। तब क्या नाउस को अशरीरी (incorporeal) कहा जाय?

अन्य सभी भौतिक द्रव्य विभाज्य होते हैं पर नाउस नहीं क्योंकि यह सरलतम तत्त्व है। यह सभी प्राणियों में समरूप पाया जाता है। मानव और पशुओं में अन्तर यही है कि मानव के हाथ हैं जो पशुओं के नहीं हैं। अतः इसी शारीरिक हाथ के कारण मानव अपेक्षाकृत अधिक बुद्धिमान दिखता है।**

अनैक्सागोरस के दर्शन में नाउस की कल्पना एकदम अनूठी है। पर हमें याद रखना चाहिए कि इनके पूर्व *एम्पेडोकुल्स* ने प्रेम-घृणा (love-hate) के प्रत्यय की ओर निर्देश किया था। इन प्रेम-घृणा शक्तियों को अन्य सभी भौतिक तत्त्वों से भिन्न समझा गया था और इन्हीं शक्तियों के द्वारा अच्छे-बुरे के ज्ञान की बात कही गई थी। पर *एम्पेडोकुल्स* ने स्पष्ट नहीं किया था कि इन शक्तियों के द्वारा किस प्रकार विश्व-व्यवस्था स्पष्ट की जा सकती है। *अनैक्सागोरस* ने एक कदम बढ़कर कहा है कि नाउस तर्क-बुद्धि (reason) है जिसके द्वारा आयोजनात्मक कार्य सम्पन्न होता है।

नाउस को विश्व की सृष्टिकर्ता (creator) नहीं कहा जा सकता है क्योंकि सृष्टा वही है

---

* *भारतीय दर्शन (रामानुज) में पंचीकरण के अनुसार पाँच तत्त्व हैं और प्रत्येक वस्तु में पाँच तत्त्व विभिन्न मात्राओं में पाए जाते हैं, उदाहरणार्थ सीप में भी चाँदी-तत्त्व रहता है जिसके कारण सीप को चाँदी दिखने का भ्रम हो जाता है। इसी प्रकार सांख्य के सत्व, रजस् और तमस् ये तीनों गुण सभी अनुभूत वस्तुओं में विभिन्न मात्राओं में पाये जाते हैं।*

** बी॰ रसेल, हिस्ट्री वेस्टर्न फिलौसफी, 1946, पृ॰82।

जो उपादान की भी सृष्टि कर उसे व्यवस्थित करता है। पर *अनैक्सागोरस* के अनुसार भौतिक तत्त्व नित्य, शाश्वत, अनादि, अनुत्पन्न तथा अविनाशी हैं। नाउस उसमें व्यवस्था मात्र की रचना करता है। इसलिए नाउस को शिल्पकार अथवा शिल्पी (architect) कहा जा सकता है। इसलिए नाउस को *निमित्त कारण* कहा जा सकता है क्योंकि यह पूर्व स्थापित तत्त्वों को उनसे बाह्य शक्ति के आधार पर उनमें व्यवस्था उत्पन्न करता है। क्या नाउस को भौतिक कहा जायगा या आत्मिक?

देह और आत्मा, मन और शरीर का स्पष्ट भेद *देकार्त* (*Descartes* 1596-1650) के दर्शन के बाद हुआ। फिर *देकार्त* के दर्शन में भी यह भेद स्पष्ट नहीं दिखता है क्योंकि इनके अनुसार आत्मा को भी शरीर में शारीरिक पिनियल ग्रंथी की आवश्यकता पड़ जाती है ताकि आत्मा शरीर में वास करे। ऐसी अवस्था में *अनैक्सागोरस* को नाउस को स्पष्ट या अशरीरी या अभौतिक मानना कठिन है। यह ठीक है कि *अनैक्सागोरस* ने नाउस को अतिसूक्ष्म, अमिश्रित सरलतम तत्त्व कहा है। फिर यह भी कहा है कि नाउस प्राणियों के शरीर में वास करता है। पर केवल भौतिक तत्त्व को ही मिश्रित-अमिश्रित कहा जा सकता है और केवल भौतिक द्रव्य ही शरीर में वास कर सकता है। पर उसके साथ *अनैक्सागोरस* ने नाउस को सभी भौतिक तत्त्वों से भिन्न सरलतम कहकर इसे अशरीरी माना है। चूँकि *अनैक्सागोरस* की अशरीरी तत्त्व का स्पष्ट ज्ञान नहीं था, इसी से आपने नाउस को सूक्ष्मतम तत्त्व कहा है। अतः, कहा जा सकता है कि *अनैक्सागोरस* के दर्शन में अशरीरी और शरीरी का आद्यभेद प्रारम्भ हुआ था। पर क्या नाउस को व्यक्तित्वपूर्ण (personal) समझा जा सकता है।

व्यक्तित्वपूर्णता का विचार ईसाई धर्म के साथ उदय हुआ और यह *प्लेटो* तक में स्पष्ट नहीं है। *प्लेटो* ने ईश्वर-तुल्य शुभ के प्रत्यय (The idea of the Good) को काम में लाया है और *अरस्तू* ने ईश्वर-तुल्य प्रत्यय को आदि प्रवर्तक (First mover) कहा है। पर न तो शुभ के प्रत्यय को और न आदि प्रवर्तक को व्यक्तित्वपूर्ण कहा जा सकता है। इसलिए नाउस को व्यक्तित्वपूर्ण समझना काल क्रम-विपर्यय (anachronism) कहा जायगा, क्योंकि यह बहुत बाद की विचारधारा का विषय है न कि यूनानी दर्शन का।

अनैक्सागोरस के दर्शन में विज्ञान का विकास

अनैक्सागोरस के अनुसार मिश्रित अव्यवस्था (chaos) में नाउस गति उत्पन्न करता है और यह गति सम्पूर्ण विश्व में फैल जाती है। अब पृथक्करण (separation) प्रक्रिया के द्वारा समान तत्त्व एक स्थान पर संगृहीत होने लगते हैं और अन्त में सोना, चाँदी, लोहा इत्यादि द्रव्यों की उत्पत्ति होती है जिनसे अन्त में भिन्न-भिन्न प्रकार की वस्तुएँ रची जाती हैं। विश्व की अव्यवस्था में नाउस के द्वारा घूर्णत्व (rotation) प्रक्रिया संचालित होती है जिसके फलस्वरूप पृथ्वी इस अव्यवस्था के केन्द्र में आ जाती है। *अनैक्सागोरस* ने अन्य यूनानी विचारकों के समान पृथ्वी को चपटी (flat) माना है जो वायु में स्थिर रहती है। पर यूनानी चिन्तन के इतिहास में पहली बार *अनैक्सागोरस* ने बताया है कि खगोलीय (आकाशीय) सत्ताएँ पत्थरों से बनी है और चाँद सूर्य के प्रकाश को प्रतिबिम्बित करता है। फिर यह भी बताया है कि सूर्य और पृथ्वी के बीच चाँद के आ जाने पर सूर्य ग्रहण और सूर्य और चाँद के बीच पृथ्वी के आ जाने पर चन्द्र ग्रहण होता है।

अतः कहा गया जायगा कि *अनैक्सागोरस* ने यूनानी विज्ञान में प्रगति आई और उसे प्रोन्नत किया है।

अनैक्सागोरस की देन

(1) पहली बात यह है कि *अनैक्सागोरस* ने यूनानी विज्ञानधारा को जारी रखा और उसने प्रगति भी की है। इन्होंने विज्ञान के इतिहास में पहली बार चन्द्र और सूर्य ग्रहणों की सही-सही व्याख्या की है।

(2) *अनैक्सागोरस* के पूर्व सभी यूनानी दार्शनिकों ने विश्व की व्याख्या करने में भौतिक तत्त्वों की ही मदद ली थी और केवल यांत्रिक नियमों के महत्त्व पर बल दिया था। ठीक है कि *एम्पेडोकुल्स* ने प्रेम-घृणा के मनोवैज्ञानिक तत्त्वों की सहायता ली थी। पर आप की व्याख्या अधिक मिथकात्मक है न कि स्पष्ट और वैज्ञानिक। इसके विपरीत *अनैक्सागोरस* का नाउस-सिद्धान्त चिन्मय माना गया है। यह ठीक है कि नाउस की व्याख्या पूर्णतया अशीरी रूप में नहीं हो सकी है, क्योंकि इस युग तक दार्शनिक चिन्तन इतनी गहराई तक नहीं पहुँचा था। पर इसमें संदेह नहीं कि *प्लेटो* द्वारा प्रतिपादित 'शुभ का प्रत्यय' और *अरस्तू* द्वारा 'आदि प्रवर्तक' की अवधारणायें इसी 'नाउस' से प्रभावित हुई थीं। नाउस अर्ध-मानसिक शक्ति कही जा सकती है।

(3) पहली बार *अनैक्सागोरस* ने विश्व की व्यवस्था पर ध्यान दिया और विचारकों के ध्यान को विश्व की प्रयोजनमूलक (teleological) व्याख्या की ओर आकर्षित किया है। इसमें भी संदेह नहीं होना चाहिए कि *अरस्तू* का 'प्रयोजन कारण' (final cause) का सिद्धान्त इसी नाउस द्वारा की गई प्रयोजनमूलक व्याख्या से प्रभावित हुआ था।

(4) वैज्ञानिक दृष्टि के आधार पर केवल ऐन्द्रिय प्रदत्तों (data, सामग्री) को विशेष महत्त्व देना चाहिए। धर्म में *पारलौकिक सत्ता* की बात की जाती है जो वैज्ञानिक निरीक्षण का विषय नहीं हो सकता है। यही कारण है कि *अनैक्सागोरस* को निरीश्वरवादी और ईश्वर-निन्दक कहा गया है। पर सूर्य, चाँद तथा तारागणों को देवता मानना वैज्ञानिक परम्परा के विरुद्ध है। यही कारण है कि विज्ञानधारा को अनुमोदित करते हुए अनैक्सागोरस ने सूर्य, चाँद को देवता नहीं माना है।

(5) यह ठीक है कि *अनैक्सागोरस* ने नाउस को न तो व्यक्तित्वपूर्ण स्रष्टा ईश्वर माना है और न इसे विश्व में तथा वस्तुओं में अंतर्व्याप्त माना है। *अनैक्सागोरस* ने नाउस को विश्व की गतिविधियों का संचालक माना है। इसलिए *अरस्तू* के अनुसार विश्व की घटनाओं की व्याख्या करने में नाउस सिद्धान्त को कृत्रिम समाधान (deus ex machina) बताया है। यह ठीक है कि नाउस का स्वरूप पूर्णतया स्पष्ट नहीं है, पर प्रारम्भ में कोई भी क्रांतिकारी विचार कभी भी पूर्णतया स्पष्ट नहीं होता है। पर दार्शनिक धारा में वित्त तत्त्व को स्वीकारना तथा विश्व की व्यवस्था पर ध्यान खींचना, इस युग के लिए महत्त्वपूर्ण देन कही जायगी।

(6) यह ठीक है कि अनैक्सागोरस ने भौतिक तत्त्वों की अनेकता और नाउस को स्वीकार कर शरीरी-अशरीरी तत्त्वों के द्वैतवाद को जन्म दिया है। परन्तु जो कुछ *अनैक्सागोरस* ने बताया वह उनकी स्पष्ट अनुभूति पर निर्भर था। उन्होंने समस्या अवश्य रखी कि दार्शनिक विचार को अधिक सामंजस्यपूर्ण बनाया जाय। जो सही समस्या को प्रस्तुत करता है उसे भी दर्शन में मार्गदर्शक कहा जाता है। अतः *अनैक्सागोरस* भी दर्शन के एक मार्गदर्शक थे।

(7) फिर *अरस्तू* के अनुसार *अनैक्सागोरस* ने वक्तृता-कला पर बल दिया और इसी को अपनाकर *सोफिस्टों* के दार्शनिक चिंतन में एक महत्त्वपूर्ण चुनौती प्रस्तुत की है और जिसके फलस्वरूप ही *सुकरात, प्लेटो-अरस्तू* का महान् दार्शनिक-तंत्र का प्रादुर्भाव हुआ। इसलिए अब सोफिस्टों की भी चर्चा होनी चाहिए।

❑

अध्याय 2

मानव-केन्द्रित दर्शन

सोफिस्ट (*The Sophists*)

विषय-प्रवेश

सोफिस्ट यूनानी भाषा के सोफिया (sophia) शब्द से निकला है जिसका अर्थ होता है बुद्धिमान अथवा प्रज्ञावान् (ज्ञानी)। परन्तु बाद में चलकर सोफिस्ट का अर्थ हो गया चतुर, अर्थात् जिन्हें आदर की दृष्टि से नहीं देखा जाय। ऐसा क्यों? इसके दो कारण हैं। पहली बात थी कि यूनानी परम्परा के अनुसार ज्ञानी वे थे जो निःशुल्क शिक्षा देते थे और सोफिस्ट पैसे लेकर शिक्षा देते थे। फिर यह शिक्षा उन्हीं धनवानों को दी जाती थी जो आगे चलकर यूनानी कुलीन तंत्र (oligarchy) अथवा धनिकतंत्र (plutocracy) को कायम रखने में सहायक होते थे। द्वितीय, ये सोफिस्ट सच्चे दार्शनिक नहीं होते थे पर उल्लू सीधा करने के लिए ज्ञान और बुद्धि को अपना साधन बनाते थे। इसलिए वह सत्यता के खोजी नहीं होते थे। पर अपनी वाक्पटुता, वाक्-चातुरी के आधार पर अपने प्रतिद्वंद्वी को शब्द-जाल में फँसाते थे और उन्हें अस्त-व्यस्त कर अपनी बात मनवा लेते थे। इसलिए सोफिस्टों को वितंडी समझकर इन्हें वाग्जीली समझा जाता था। इसलिए ज्ञानी होते हुए भी सोफिस्टों को नीची दृष्टि से देखा जाता था। *अतः सोफिस्ट वे थे जो धन प्राप्ति के लिए धनवान शिष्यों की ताक में रहते थे और जो दिखलौआ ज्ञान के द्वारा लोगों से धन लूटते थे।* ऐसी बात रहने पर भी सोफिस्टों की क्यों आवश्यकता हुई?

पहली बात है कि न्यायिक जाँच करने के लिए विधिज्ञ (वकील, कानून जानने वाले) की बहाली नहीं होती थी और दोषी को अपने बचाव में स्वयं अपनी वकालत करनी पड़ती थी जिसे वह दूसरों से लिखाकर पेश कर सकता था या स्वयं ज्ञान प्राप्त कर अपनी वकालत कर सकता था। इसलिए विधिज्ञों की आवश्यकता हो गई थी। द्वितीय, यूनान देश में अनेक छोटे-बड़े राज्य थे जिनमें प्रजातंत्र था। इस प्रजातंत्र में वे ही निर्वाचित होकर शक्ति और धन प्राप्त कर सकते थे जिन्हें भाषा तथा वक्तृता पर अधिकार था। अतः सोफिस्टों की माँग हुई कि वे युवकों को ऐसी शिक्षा दे जिससे उन्हें प्रजातंत्र में शासक होने का अवसर प्राप्त हो। वाक्पटुता के लिए भी विविध प्रकार के ज्ञान की आवश्यकता होती थी और सोफिस्ट, युवकों से धन प्राप्त कर उन्हें आवश्यक विषयों का ज्ञान देते थे। *उदाहरणार्थ* प्रोटोगोरस व्यक्तिगत तथा सार्वजनिक जीवन के लिए शिक्षा देते थे, जार्जियास (Gorgias) राजनीति तथा वाक्पटुता का ज्ञान देते थे, हिपियास गणित और भौतिकी का अध्यापन करते थे।

प्रकृति-विचार से मानव-केन्द्रित विचार की ओर प्रगति

सोफिस्टों के प्रादुर्भाव से यूनानी विचारधारा में एक नया मोड़ आया। अभी तक यूनानी विचारक शुद्ध वैज्ञानिक होते थे और *प्रकृति* ही उनके विचार का मुख्य विषय होता था। उनकी गवेषणा को सृष्टि-मीमांसा(cosmology) कहा गया है। पर इस विश्व सम्बन्धी दर्शन के अन्त में अनैक्सागोरस ने एक नयी धुन की शुरुआत कर दी। इनके अनुसार भौतिक तत्त्वों के अतिरिक्त नाउस (nous) ही विश्व में सामंजस्य और क्रम उत्पन्न करता है। यद्यपि यह नाउस सभी प्राणियों में पाया जाता

है, पर यह नाउस उत्कृष्ट रूप से स्पष्टतम मानव में पाया जाता है। ऐसी स्थिति में मानव ही विचारकों का मुख्य विषय हो गया जो सोफिस्टों की धारा में प्रमुख हो गया था।

सोफिस्टों की विचारधारा को *मानव-केन्द्रित* कहा जा सकता है, पर इसे काण्ट और आधुनिक मानवतावाद (humanism) से भिन्न समझना चाहिए। मानव केन्द्रित विचारधारा वह है जिसमें मानव द्वारा प्राप्त ज्ञान, उसका आचार और उसके धर्म तथा उसकी राजनीति आदि विषयों पर विचार किया जाता है। इससे भिन्न मानवतावाद वह है जिसमें ऐहिक मानव ही दार्शनिक चिन्तन का एकमात्र विषय हो जाता है। मानवतावाद आधुनिक युग में प्रगतिशील विचारधारा है। इसकी तुलना में सोफिस्ट को रूढ़िवादी कहा गया है। उदाहरणार्थ प्रोटागोरस ने बताया है कि देवताओं के विषय में निश्चित रूप से नहीं कहा जा सकता है कि वे वास्तविक हैं या नहीं; और न यह कि उनका रूप रंग किस प्रकार का है। इसका कारण है कि यह विषय दुर्बोध्य है और मानव का जीवनकाल अतिसंक्षिप्त है। तो भी प्रोटागोरस ने सिखाया है कि देवताओं की पूजा करनी चाहिए। क्यों?

मुँख्य कारण था कि यूनानी गणतंत्र धनिकों का था वे रूढ़िवाद के समर्थक थे। इसलिए धनिकतंत्र के रूढ़िवाद को बनाये रखने के लिए ही प्रोटागोरस ने देवताओं के विषय संदेहवादी होते हुए भी उनकी पूजा का समर्थन किया था। पर देवताओं के प्रति संदेही होना यूनानी विचारधारा के अनुकूल ही था। जेनोफेन्स ने देवताओं को अस्वीकारा था, हेरोक्लिट्स ने भी प्रचलित देवताओं की पूजा के विरुद्ध आवाज उठाई थी तथा डेमोक्रिट्स ने बताया था कि धर्म की उत्पत्ति भय से होती है। इसका कारण था सृष्टि-मीमांसा में भी यूनानी विचारक वैज्ञानिक थे, अर्थात् इनके लिए प्रकृति की घटनाओं की व्याख्या करने के लिए प्राकृतिक कारणों की ही सहायता लेनी चाहिए। इसलिए यूनानी विचार प्रकृतिवादी था और पारलौकिक व्याख्या के विरुद्ध था। यही कारण है कि यूनानी विचारधारा देवताओं की पूजा के विरुद्ध थी, तो भी प्रोटागोरस ने सलाह दी थी कि लोगों को देवताओं की पूजा करनी चाहिए। उन्होंने इसे कहा कि धनिकतंत्र में धनिक शासक रूढ़िवादी थे और अपने विचारों को धनिकतंत्र में लोकप्रिय करने के लिए ही प्रोटागोरस ने देवताओं की पूजा की सलाह दी थी। सोफिस्ट सत्यता के खोजी तो थे नहीं। उनका उद्देश्य था कि धन लेकर युवकों को व्यवहार-कुशल बनाया जाय, उन्हें शासक वर्ग में स्थान दिलाया जाय। अतः सोफिस्ट स्वयं व्यवहार-कुशल थे और सत्यता के खोजी न बनाकर ये लोग नवयुवकों को व्यवहार-चतुर बनने की सलाह देते थे। *इसलिए सोफिस्टों को उपयोगितावादी (utilitarian) तथा व्यवहारिकतावादी (pragmatist) भी कहा गया है जिसके अनुसार वही सत्य है जिससे सफलता प्राप्त हो अथवा जिससे लक्ष्य की पूर्ति हो।*

प्रोटागोरस (*Protagoras* 480-410 ई॰ पू॰)

सोफिस्टों में प्रोटागोरस और गोर्जियास मुँख्य हैं और इनके विचारों की व्याख्या होनी चाहिए। *प्रोटागोरस* की प्रसिद्ध उक्ति है, *'मानव सभी बातों का मापदंड है, जो है वह वास्तविक है, और जो नहीं है वह वास्तविक नहीं है।' (Man is the measure of all things; of what is, what it is, of what is not, that is not.)*

इस सूत्र का विश्लेषण और उसकी व्याख्या करनी चाहिए। इस सन्दर्भ में 'मानव' शब्द की व्याख्या ही महत्त्वपूर्ण है। यह ठीक है कि मानव ही ज्ञान अर्जन करता है और मानव ही नीति, राजनीति, इत्यादि का सृजन करता है। पर क्या यह ज्ञान व्यष्टिनिष्ठ (individual), आत्मनिष्ठ (subjective) होता है या सार्वजनिक और सर्वव्यापी? मानव की अनुभूति में कुछ तत्त्व ऐसे होते हैं जिन्हें केवल भोगी ही उस तत्त्व को साक्षात् रीति से जान सकता है, जैसे कहा जाता है कि गुड़ की मिठास का साक्षात् स्वाद केवल गुड़ के खाने वाले को ही होता है। पर क्या यह स्वाद सर्वथा विषयनिष्ठ होता है?

पाश्चात्य विचारों में संवेदन (sensation) को विषयिनिष्ठ (subjective) समझा जाता था। पर 20वीं शताब्दी में *अलेक्जैण्डर, जी॰ ई॰ मूर, रसेल* प्रभृति दार्शनिकों ने बताया है कि संवेदन

में दो तल होते हैं, अर्थात् वह जो विषयों की अपनी निजी सामग्री होती है जिसे संवेदन करना (sensing) कहा जा सकता है। दूसरा तत्त्व वह है जो sensing अथवा संवेदन करने का विषय sensum (संवेदित प्रदत्त) कहा जा सकता है। उदाहरणार्थ यह कागज उजला है। इसकी संवेदना अनुभूति मुझे ही हो रही है पर अजला-तत्त्व वह है जो इस अनुभूति का सार्वजनिक विषय अथवा संवेदित प्रदत्त है। यह ठीक है कि कोई मेरे प्रत्यक्षीकरण की अनुभूति को साक्षात् रीति से नहीं जानता है पर अनुभूत उजले के संवेदित तत्त्व को अन्य व्यक्ति भी अनुभूत कर सकते हैं। अतः, *संवेदन-अनुभूति विषयिनिष्ठ* (subjective) है, पर अजले का संवेदित प्रदत्त सार्वजनिक तथा वस्तुनिष्ठ है। यही बात सभी प्रकार के ज्ञान, नीति और राजनीति के विषय बताई जा सकती है। तब क्या किसी भी मानव की ज्ञान-प्रक्रिया को व्यक्तिनिष्ठता (individualistic) तथा व्यक्तिनिष्ठ (subjective) कहा जा सकता है? क्या प्रत्येक मानव कोयाकोष्ठ में बंद प्राणी माना जा सकता है? या मानव को ऐसा माना जा सकता है कि उसमें आत्मनिष्ठता के साथ सर्वव्यापी बाह्यनिष्ठता (सब ओर अपने से बाहर खुलापन) भी है? यह ठीक है कि ज्ञान व्यष्टिनिष्ठ रहेगा क्योंकि बिना किसी न किसी व्यक्ति के ज्ञान सम्भव नहीं है। पर व्यष्ठिनिष्ठता के साथ ज्ञान में ऐसा एक व्यापक अंश रहता है जिसके कारण ज्ञान व्यापक, सर्वव्यापी होकर अनेक मानव उसको अपना सकते हैं और उसमें साझेदार हो सकते हैं। अतः मानव एक ओर विषयिनिष्ठ होता है तो वह दूसरी ओर सर्वव्यापी भी होता है। अतः होमो मेन्सुरा (homo mensura, मनुष्य एव प्रमाणम्) से क्या समझा जाय? कोयानिष्ठ* मानव या सर्वमुखी, सर्वादिशी व्यापक मानव? दोनों। बिना आत्मनिष्ठ अनुभूति के ज्ञान नहीं हो सकता, उदाहरण जन्म के अंधे को रंग का ज्ञान नहीं हो सकता। पर रंग के संवेदन की अनुभूति में भी सार्वजनिक तथा विश्वव्यापी सवेदित प्रदत्त भी रहती है। सवेदित (sense data) को सामान्य सामग्री समझा जा सकता है और यह सामान्य सामग्री को संप्रत्यय (concept) कहा जाता है। संप्रत्यय मानव अपनी तर्कबुद्धि (reason) के द्वारा प्राप्त करता है। अतः मानव संवेदनशील (sentient) और विवेकशील (rational, तर्कबुद्धिपरक) दोनों होता है। इसलिए मानव को केवल कोयानिष्ठ संवेदनशील समझना एकांगी मत कहा जायगा। तब इतनी भूमिका के साथ इस बात का निर्णय करना है कि क्या प्रोटागोरस का मानव (homo) व्यष्टिनिष्ठ है या विवेकशील या दोनों?

मानव न तो शुद्ध व्यष्टिनिष्ठ, कोया में बन्द जीव है और न कोरा बुद्धिपरक, विवेकशील प्राणी है। मानव संवेदनशील बौद्धिक प्राणी है। पर इसका ज्ञान पाश्चात्य दर्शन के बाद में हुआ। प्रोटागोरस के लिए मानव विशेषतया व्यष्टिमात्र है। *प्रत्येक व्यक्ति को जो उसे प्रत्यक्ष होता है वही उसके लिए सत्य है।* मानव एक-दूसरे से भिन्न-भिन्न हुआ करते हैं और एक ही वस्तु का प्रत्यक्ष भी उन्हें भिन्न-भिन्न होता है। प्यासे व्यक्ति को मरुस्थल का बालू जलाशय दिखता है और अन्य व्यक्ति को केवल बालू का ढेर। पिल्हा के रोगी को चमेली का फूल पीला दिखता है और अन्य व्यक्तियों को उजला। एक ही व्यक्ति को समय-समय पर एक ही चाँद भिन्न-भिन्न दिखता है। प्रसन्न रहने पर चाँदनी सुखमय और बिरही होने पर दुःखदायी प्रतीत होती है। एक ही सिक्का आँखों के नीचे गोल और आँख के तल पर देखने पर अंडाकार दिखाता है। तब क्या व्यष्टिनिष्ठ प्रत्यक्ष सत्य ज्ञान देता है?

प्रोटोगोरस मानते हैं कि ज्ञान सापेक्ष (relative) होता है और कहीं भी निरपेक्षतया सर्वव्यापी ज्ञान सम्भव नहीं है। अब यदि प्रत्यक्ष में परस्पर-व्याघात हो तो क्या ज्ञान को व्याघातपूर्ण मान लिया जायगा? प्रोटागोरस ने कहा कि बात ऐसी ही है। कहीं भी कोई भी प्रत्यक्ष सर्वव्यापी नहीं होता है। यदि ज्ञान को सर्वव्यापी और सर्वकालीन सत्य कहा जाय तो मानव को ज्ञान नहीं प्राप्त हो सकता है। जिसे वह 'ज्ञान' कहता है, वास्तव में वह अपना-अपना मत होता अथवा राय (opinion)। अब यदि प्रत्यक्ष भिन्न-भिन्न होते रहे और वे परस्पर-विरोधी हों तो क्या भ्रम (विपर्यय, illusion) और भ्रान्ति (delusion), और प्रत्यक्ष सभी एक-समान सत्य हों तो क्या कहीं भूल (दोष, error)

* अर्थात् रेशम के कीड़े के समान अपने ही कोष में सीमित होना।

की गुंजाइश नहीं है? प्रोटागोरस के लिए कहीं प्रत्यक्ष का दोष नहीं दिखता है क्योंकि उनके लिए मानव व्यष्टि है, कोया में बंद जीव है और उसका प्रत्यक्ष केवल उसी के लिए ही सत्य है और कहीं भी सर्वजनीन ज्ञान की सम्भावना नहीं हो सकती है। तब वास्तव में ज्ञान जो सर्वव्यापक, सर्वजनीन और सर्वसम्मत से प्राप्त हो सकता है, सम्भव हो सकता है? वास्तव में ज्ञान को प्रत्यक्षमात्र मान लेने पर संशयवाद(संदेहवाद, scepticism) का होना अनिवार्य कहा जाता है और सोफिस्ट विचार में संशयवाद का अंश बहुत अधिक है जिसे *प्लेटो-अरस्तू* के दर्शन के बाद में भी पाश्चात्य दर्शन में देखा जाता है। यहाँ तक ही *ह्यूम* (1711-76) में भी देखा होता है। वास्तव में यह संशयवाद केवल ज्ञान-मीमांसा पर ही आधारित नहीं है पर साथ ही प्रोटागोरस के द्वारा हेराक्लिटस्सीय तत्त्व-मीमांसा (ontology) के अपनाने पर भी आधृत कहा जायगा।

हेराक्लिट्स के अनुसार सभी वस्तुएँ वास्तव में प्रवाह मात्र (flux) हैं। कोई भी व्यक्ति एक नदी में दुबारा डुबकी नहीं लगा सकता है, क्योंकि नदी का जल-प्रवाह प्रतिक्षण बदलता रहता है। यही नहीं, व्यक्ति भी किन्हीं दो क्षणों में एक-समान नहीं रहता है। उसका रुधिर-संचालन प्रतिक्षण बदलता रहता है। जिसके कारण वह किन्हीं दो क्षणों में एक-समान नहीं रह सकता है। अब यदि प्रत्येक वस्तु प्रतिक्षण बदलती है तो किस वस्तु का ज्ञान हो सकता है। वास्तव में प्रत्येक वस्तु प्रतिक्षण में है और नहीं भी, क्योंकि वह एक ही क्षण में परिवर्तनशील कही जा सकती है अर्थात् कोई भी स्थायी वस्तु तो है ही नहीं, तो ज्ञान किस वस्तु का होगा?

प्रोटोगोरस के इस संशयवाद में बौद्ध-दर्शन का क्षणिकवाद परिलक्षित होता है और इसका समाधान रसेल के तर्कीय रचनावाद (logical constructism) में पाया जाता है। प्रोटागोरस का संशयवाद गोर्जियास के सोफिस्टवाद में भी देखा जाता है।

गोर्जियास (*Gorgias* 483-375 ई॰ पू॰)

गोर्जियास ने एक पुस्तक लिखी है जिसका शीर्षक है *'On Nature or the Non-existent'*, अर्थात् 'प्रकृति या अनस्तित्व'। इस पुस्तक में उन्होंने अपने दर्शन को निम्न तीन वाक्यों में सूत्रबद्ध किया है:—

(1) कोई भी वस्तु नहीं है, अर्थात् किसी को वास्तविक नहीं समझा जा सकता है।
(2) यदि कोई भी चीज है तो उसका ज्ञान नहीं प्राप्त किया जा सकता है।
(3) यदि किसी प्रकार का ज्ञान भी हो जाय तो इस ज्ञान को अन्य लोगों को संज्ञापित(संप्रेषित, communicated) नहीं किया जा सकता है।

(That nothing exists : that if anything exists, it cannot be known : that if it can be known, the knowledge of it cannot be communicated.)

अपने मत को स्पष्ट करने के लिए सम्भवतः गोर्जियास ने जेनो की युक्तियों को पेश किया होगा। जेनो ने बताया था कि अनेकता है और न कहीं किसी प्रकार की विशिष्टता है और न कहीं किसी प्रकार की गति ही सम्भव हो सकती है। पर यदि किसी भी वस्तु के अस्तित्व की बात कही जाय तो उस वस्तु में अपनी विशिष्टता होगी जो उस वस्तु को अन्य वस्तुओं से पृथक् करती है। उदाहरणार्थ 'यह गाय है'। अब गाय अन्य वस्तुओं से भिन्न रूप, आकार तथा अन्य गुणों के कारण 'गाय' कही जाती है और इन विशिष्ट गुणों के द्वारा गाय को निर्जीव तथा अन्य प्राणियों से पृथक् कर उसका बोध होता है। अतः, यदि गाय को अन्य जीवन और निर्जीव पदार्थों से भिन्न ठहराया जाता है तो स्पष्ट है कि गाय का मिलान अन्य वस्तुओं के साथ किया जाता है। फिर मिलान करने से बोध होता है कि वस्तुओं की अनेकता है। पर यदि मान लिया जाय कि न अनेकता है और न विशिष्टता तो मानना पड़ेगा कि किसी भी वस्तु का कहीं भी अस्तित्व नहीं है। इसलिए जेनो वस्तुविशेषों के अस्तित्व को स्वीकार न कर केवल एक परम सत् को मानते हैं। परन्तु प्रकृति को अनेक वस्तुओं का संग्रह कहा जाता है। अब यदि वस्तुओं की अनेकता ही नहीं हो तो उनकी संग्रहरूपी प्रकृति भी सम्भव नहीं मानी जायगी।

मान भी लिया जाय कि विशिष्ट वस्तुएँ हैं, तो उनका ज्ञान सम्भव नहीं है; क्योंकि ज्ञान से अभिप्राय होता है प्रत्यक्ष का और प्रत्यक्ष आत्मनिष्ठ तथा विषयनिष्ठ (subjective) ही होता है। उदाहरण-मेरे दाँत में दर्द है, तो दर्द की जानकारी दूसरों को कैसे बताई जाय?

'दहन पाया लबे गोया न पाया'

'गिरा बिनु, नैन, नैन बिनु बानी'।

दहन के बारे में आप बता सकते हैं पर दाँत की पीड़ा साक्षात् रूप से अन्य लोगों को सम्प्राषित नहीं की जा सकती है अर्थात् मेरी पीड़ा सुनकर दूसरों के दाँत में दर्द नहीं होने लगता है। अतः *गौर्जियास* के अनुसार प्रत्यक्ष दाँत की पीड़ा के समान अनुभूति का विषय है जो विषयनिष्ठ हो सकता है पर जो सर्वजनीन, सर्वव्यापक नहीं किया जा सकता है। पर ज्ञान जब तक सर्वव्यापी न हो तब तक उसे 'ज्ञान' की संज्ञा नहीं दी जा सकती है। *अतः, यदि वस्तुएँ हों भी तो भी उनका विषयिनिष्ठ संवेदन हो सकता है न कि उसका सच्चा ज्ञान।*

फिर यदि वस्तुओं का प्रत्यक्ष हो तो यह प्रत्यक्ष केवल व्यक्ति में ही सीमित रहता है और उसे उस रूप में अन्य व्यक्तियों को बोध नहीं कराया जा सकता है।

अन्त में गौर्जियास, जेनो के समान कहते हैं कि यदि कोई वस्तु हो तो उसकी उत्पत्ति या तो नित्य सत् (being) से होगी, या असत् (non-being) से। अब यदि केवल नित्य सत् हो तो वह उसी रूप में होगा और उससे या वह स्वयं अनित्य, निशिष्ट वस्तु के रूप में परिणत नहीं हो सकता है। इसलिए नित्य सत् से अनित्य वस्तुएँ नहीं हो सकती हैं। फिर असत् से कैसे कोई सत्तावान् वस्तु उत्पन्न हो सकती है।* अतः वस्तु न तो सत् से और न असत् से उत्पन्न हो सकती है। इसलिए अनुत्पन्न कोई भी वस्तु नहीं है इसलिए nothing exists. इसे शून्यवाद (nihilism) भी कहा जा सकता है।

नीति (*Morality*) तथा राजनैतिक नियमों की सापेक्षता का सिद्धान्त

यदि मान लिया जाय कि प्रत्येक व्यक्ति का प्रत्यक्ष उसके लिए सत्य है तो यह भी प्रोटोगोरस और गोर्जियास के शिक्षण के अनुसार बाद में सोफिस्टों ने अपना विचार व्यक्त किया कि नैतिक नियम भी सापेक्ष कहा जा सकता है। यदि राम सोचे कि उसके लिए घूस लेना उचित है तो उसके लिए घूस लेना उचित कहा जायगा। ठीक इसके विपरीत यदि कोई यह सोचे कि घूस लेना अनुचित है और ईमानदारी से काम करना उचित है तो उसके लिए ईमानदारी ही उचित है। नैतिकता की सापेक्षता इसलिए भी सोफिस्टों को ठीक जँची, क्योंकि उनके लिए नीति का आधार भाव(feeling) माना गया था। पर भाव क्षणभंगुर तथा विषयिनिष्ठ हुआ करता है। बहुतों को रसगुल्ला सुखद प्रतीत हो सकता है, पर अनेक ऐसे भी लोग हैं जो रसगुल्ले की अधिक मिठास को अच्छा नहीं समझते हैं। इसलिए यदि नीति का आधार भाव हो तो इसके आधार पर जिस किसी को जो आचार सही प्रतीत होगा वही उसके लिए उचित समझा जायगा। यूनानियों के ही लिए पाइथागोरस ने निरामिक्ष भोजन को उचित और सामिष भोजन को अनुचित समझा थ। इसके विपरीत अनेक यूनानी सामिष भोजन को उचित समझते थे। पर यदि सभी मान लें कि सच-झूठ, चोरी-सदाचार इत्यादि बराबर हैं तो न तो उचित-अनुचित का भेद सही हो सकता है और न किसी को दोषी या निर्दोषी कहा जा सकता है। फिर न किसी को किसी काम के लिए दंडित तथा पुरस्कृत किया ज़ा सकता है। अतः नीति को सापेक्ष तथा भाव पर आधृत विषयिनिष्ठ मान लेने पर समाज की व्यवस्था छिन्न-भिन्न हो जायगी और यही आक्षेप सुकरात ने सोफिस्टों के प्रति किया था।

जो बात नीति की संदर्भ में कही गई वह बात राजनीति और राज्य के कानून के विषय में भी सोफिस्ट स्वीकार करते थे। उनके लिए कानून-सम्बन्धी निष्कर्ष बहुत सरल था। यूनान में अनेक

* Ex nihilo nihil-fit (from nothing, nothing comes). छान्दोग्योपनिषद् 6.2.2 में भी खिा है कि असत् से सत् कैसे हो सकता है (कथममतः सज्जायेतेति)।

छोटे-बड़े राज्य थे और उसके कानून भी विभिन्न थे। इसलिए राज्यों में भिन्न-भिन्न कानूनों की दुहाई देकर सोफिस्ट स्पष्ट करते थे कि राज्य के कानून सापेक्ष हैं। फिर किसी एक राज्य में गणतांत्रिक व्यवस्था के रहने पर एक पार्टी सत्ता में आती थी और दूसरी पार्टी अपदस्थ हो जाती थी। इस पार्टी के आने-जाने के साथ कानून में भी हेर-फेर होता रहता था। इसलिए सोफिस्टों के अनुसार कानून सापेक्ष और परिवर्तनशील होते हैं। इन कानूनों की जड़ में मूलमंत्र है जिसकी लाठी उसकी भैंस (might is right)। कानून का आधार है धनवानों की संरक्षा और उनके हितों का प्रतिपालन करना। अब यदि कानूनों की पवित्रता तथा सर्वजनीन मान्यता नहीं मानी जाय तो राज्य कैसे स्थिर रह सकते हैं? इसलिए सोफिस्टों को राज्यों का भ्रष्टकर्ता भी बताकर उनकी आलोचना की जाती है।

धर्म के संदर्भ में यूनानी विज्ञान प्रारम्भ से ही धर्म-विरोधी हुआ था। *जेनोफेन्स* देवता-पूजन के विरुद्ध थे और यही बात *हेराक्लिट्स* के संदर्भ में कही जाती है। *डेमोक्रिटस* ने बतलाया था कि मानव प्रकृति के प्रकोपों से आतंकित होकर देव-पूजन करता है। चूँकि विज्ञान प्राकृतिक घटनाओं की व्याख्या दैवीशक्ति के द्वारा न करके प्राकृतिक कारणों की सहायता लेता है, इसलिए वैज्ञानिक यूनानी विचारकों का पारलौकिक देवताओं के प्रति विमुख होना युक्तिसंगत कहा जायगा। पर सोफिस्टों के अनुसार देवताओं की पूजा धनिक वर्ग का उद्देश्य है ताकि धर्म की आड़ में वे लोगों का शोषण कर पायें।*

सारांश

सोफिस्टों के अनुसार सत्य वही है जो किसी व्यक्तिविशेष को सत्य प्रतीत हो, अर्थात् सत्य विषयिनिष्ठ (subjective) और निजी (private) होता है। नीति वही है तो व्यक्तिविशेष को सुखद हो और अच्छा लगे। कानून वही है जो शासक वर्ग के हित में हो।

सोफिस्टों की विचारधारा का अन्तिम परिणाम ज्ञान के स्थान पर संशयवाद हुआ; सर्वव्यापक नैतिकता के स्थान पर कार्यसाधकता (expediency) को रखा गया और उचित-अनुचित के अन्तर को नष्ट कर दिया गया तथा राज्य के कानून की पवित्रता को नष्ट कर इसे शासक वर्ग की धोखा की टट्टी बताई गई। समाज और राज्य का आधर परिपाटी, परम्परा और धर्म होता है और सोफिस्टों ने इस आधार को खोखला कर दिया। अतः आवश्यक हो गया कि रचनात्मक विचारक सोफिस्टों की चुनौतियों का प्रत्युत्तर करें। सौभाग्यवश यूनान ने *सुकरात-प्लेटो-अरस्तू*को जन्म दिया जिन्होंने सोफिस्टों के कुतर्कों का निराकरण करके ज्ञान, नीति और कानून का ठोस आधार सर्वदा के लिए स्थापित किया है। पर क्या सोफिस्टों का विचार एक युगी था?

नहीं, किसी-न-किसी रूप में सोफिस्टों के विचार पाश्चात्य दर्शन में बराबर आते रहे हैं। आधुनिक ज्ञान-मीमांसा में भी प्रत्यक्ष को ज्ञानप्राप्ति में ज्येष्ठ साधन माना गया है। पर प्रत्यक्ष और ज्ञान का विश्लेषण कर सोफिस्टों के प्रत्यक्ष विषयक मत को परिष्कृत किया गया है। यह भी ठीक ही है कि 20वीं शताब्दी के प्रारम्भ में नव-वस्तुवाद में भ्रम को भी सत्य माना गया था और यही बात भारतीय पंजीकरण के सिद्धान्त में पाई जाती है जिसके अनुसार सभी वस्तुओं में अन्य सभी तत्त्व पाए जाते हैं। सीप-रजत भ्रम में चाँदी का भ्रम इसलिए होता है कि सीप में भी चाँदी का अंश होता है।

फिर नीति को सोफिस्टों ने भावपरक समझा था। यह ठीक है कि समसामयिक दार्शनिक नीति को अब पूर्णतया भावपरक नहीं कहेंगे, पर एक समय *स्टिवेन्सन* द्वारा सम्पादित नीति की व्याख्या संवेगपरकता (emotivism) के आधार पर अवश्य की गई थी।

पर जैसा कहा जा चुका है कि सोफिस्टों की सबसे बड़ी देन यही थी कि वे मानव-केन्द्रित विचारों को रचनात्मक रूप से चिन्तन करने के लिए दार्शनिक को उभाड़ें और दार्शनिक चिन्तन को अपनी गहराई और ऊँचाई तक पहुँचा दें।

❑

* बाद में चलकर इसी बात को मार्क्स ने दुहराया है। उनके अनुसार धर्म वह अफीम की गोली है जिसे धनी शोषित वर्ग को खिलाकर उनका शोषण करते हैं।

अध्याय 3

दर्शन तंत्र का युग

सुकरात* (Socrates 469-399 ई॰ पू॰)

विषय-प्रवेश

सुकरात का दर्शन भी सोफिस्टों के समान मानव-केन्द्रित था। आपने साफ बताया है कि आपकी अभिरुचि सृष्टि-मीमांसा (cosmology) के प्रति नहीं थी। फिर सोफिस्टों के समान आप भी युवकों को शिक्षा देते थे पर किसी से धन लेकर ज्ञान-दान नहीं करते थे। आपका द्वार सभी व्यक्तियों के लिए खुला रहता था। पर आप के जीवन-यापन और उद्देश्य सोफिस्टों की तुलना में बिल्कुल विपरीत था।

सोफिस्टों ने सर्वव्यापी ज्ञान को प्रत्यक्ष में सीमित रखकर नकारा; नीति की व्यापकता और सर्वजनीयता को विनष्ट कर दिया; राज्य-व्यवस्था के प्रति अराजकता को प्रश्रय दिया और धर्मो के प्रति अनास्था का पाठ सिखाया। *सुकरात* ने इसके विपरीत युवकों को प्रोत्साहित किया कि वे प्रज्ञावान् हों और सद्गुणी बनें। आप स्वयं धर्मपरायण थे और लोगों को देवताओं के प्रति श्रद्धा का पाठ सिखाया। आपने राज्य के कानून को आमरण स्वीकार किया और बताया कि शासकों को न्यायी, सद्गुणी और प्रज्ञवान् (बुद्धिमान्, wise) होना चाहिए। तो भी *बर्नार्ड शॉ* ने सच ही कहा है कि, *पुण्यात्मा प्राणी अभी इस भूतल पर मान्य नहीं होते हैं।* 70वें वर्ष के होने पर सुकरात के प्रति तीन अभियोग लगाए गएः—

(1) आप राष्ट्र में प्रचलित देवताओं को नकारते हैं।

(2) आप नये देवताओं को स्थापित करते हैं।

(3) आप युवकों को भरमाते हैं।

(1) ये तीनों अभियोग एकदम असत्य थे। *सुकरात* प्रचलित देवताओं की पूजा को स्वीकारते थे। पर यह बात सही थी कि वे किसी एक परम ईश्वर की भी दुहाई देते थे। उन्हें ऐसा प्रतीत होता था कि उन्हें ईश्वर की ओर से आदेश दिया गया था कि वे दार्शनिक सत्यता का प्रचार करें। इसलिए उन्होंने अपनी सफाई देते समय कहाः—

''एथेन्स निवासियों! मैं तुमसे प्रेम करता हूँ और तुम्हारा आदर करता हूँ। लेकिन आप लोगों की अपेक्षा ईश्वर की आज्ञा पालन करना चाहूँगा।''

(2) फिर सुकरात ने किसी नये देवता की स्थापना नहीं की पर उन्हें ऐसा प्रतीत होता था कि एक दैवी आत्मा (डीमन, Daemon) है जो उन्हें सभी स्थलों पर बताती रहती है कि उन्हें अमुक स्थिति में क्या करना चाहिए, अथवा क्या होने वाला है। प्रायः पाश्चात्य विचारक समझते हैं कि यह डीमन वास्तव में मानव विवेक (conscience) है जो सुकरात में वाचाल हो गया थ।

* सुकरात और प्लेटो के दर्शन का ज्ञान प्लेटो की पुस्तक *'Dialogues of Plato'* पर आधारित है। यहाँ E. Hamilton/H. Cairns द्वारा संपादित पुस्तक को काम में लाया गया है जिसे प्रिन्स्टन विश्वविद्यालय ने छापा है। 1971 की आकृति यहाँ काम में लाई गई है। प्रत्येक डाइलोग का प्रत्येक भारा नम्बर किया हुआ है।

इसके विपरीत *रसैल* का कहना है कि *सुकरात* मनोव्याधि से ग्रस्त थे और इसलिए वे बार-बार मिरगी रोग के कारण ध्यान (बेहोशी, समाधि, trance) में हो जाते थे और यही कारण है कि उन्हें डीमन की आवाज सुनाई पड़ती थी।* याद रखना चाहिये कि यदि सुकरात में यह मनोव्याधि थी तो यह दैविक थी। ऐसे विचारक नीतिवान, सच्चरित्र व्यक्ति को पागल नहीं कहा जा सकता है। यह डीमन सुकरात की अन्तरात्मा थी जो साकार होकर उन्हें आदिष्ट करती रहती थी।

अतः, *डीमन* कोई नया देवता नहीं था, पर धार्मिक आध्यात्मिकता का साकारा रूप था जिसे एथेन्स निवासी न समझकर किसी नये देवता की स्थापना करना समझने लगे थे।

(3) *सुकरात* ने युवकों को भरमाया नहीं, पर उन्हें सदाचार की ओर प्रोत्साहित किया। वे युवकों को राज्य-संचालन करने के उद्देश्य से सही सलाह भी देते थे। इनका कहना था कि शासक को ज्ञानवान्, न्यायप्रिय, सच्चरित्र तथा योग्य रहना चाहिए। पर इसके विपरीत उस समय राज्य-शासक अशिष्ट तथा दुराचारी होते थे। यही कारण था कि राज्य-शासकों ने सुकरात को अपने मार्ग का रोड़ा समझा और उसे मृत्यु-दंड दिया।

(4) पर यक बात सत्य थी कि ऊपर से और छिछली दृष्टि के अनुसार *सुकरात* को सोफिस्ट ही समझा जा सकता था, क्योंकि आप भी सभी का प्रशिक्षण वार्तालाप(conversation) के माध्यम से दिया करते थे और इससे ज्ञानी भी उलझन में पड़ जाते थे। इसलिए उन्हें भी कुतर्की होने और समझने का धोखा हो सकता था। अब सोफिस्ट राज्य में अपने विचारों के द्वारा अराजकता फैलाते थे और सुकरात को भी सोफिस्ट समझकर लोगों ने इन्हें दोषी समझकर प्राणदंड की सजा दी। पर क्या प्राणदंड से निर्भीक, धर्मात्मा मर सकता है?

आपने हँसते-हँसते हेमलौक जहर के प्याले को पी लिया, क्योंकि धार्मिक व्यक्ति मृत्यु से नहीं पर अपमान से डरता है (मरणान्न विभेति धार्मिकः)। आप भागकर मृत्युदंड से बच सकते थे। पर भगोड़ा होने के अपमान को सहने में असमर्थ थे। फिर राज्य के कानून को पवित्र समझ कर आप इसका आमरण पालन करना चाहते थे। जिस निर्भीकता के साथ आपने जीवन-यापन किया उसी निर्भीकता के साथ उन्होंने मृत्यु घड़ी का सामना किया। आपके अन्तिम शब्द थेः—

*''अब घड़ी आ गई है कि हम अपनी अलग राहों को पकड़ें, मैं मरने के लिए और आप जीने के लिए। दोनों में से कौन अधिक आनन्दमय भविष्य है, इसे ईश्वर को छोड़कर कोई नहीं जानता है।''***

सुकरात की समस्या

सुकरात की समस्या उनके पूर्ववर्ती तथा समकालीन सोफिस्टों के द्वारा उत्पन्न हुई थी। सोफिस्टों का विचार मानव-सम्बन्धी था और सुकरात की गवेषणा भी आंतरिक मानव में निहित थी। सुकरात उस देववाणी से प्रभावित थे जिसे डेल्फी के मन्दिर में लिखा गया था। 'मनुष्य ! तुम अपने को जानो' (Man know thyself)***। पर 'मनुष्य' क्या है? क्या 'मनुष्य' कहने से व्यक्तिविशेष का बोध होता है, या सर्वव्यापी सामान्य मनुष्यत्व को धारण करने वाले मनुष्य का? सोफिस्ट 'मनुष्य' से अर्थ लगाते थे मनुष्य विशेषों का, अर्थात् वे व्यक्तिविशेष जो एक-दूसरे से भिन्न-भिन्न होते हैं। पर *सुकरात* के लिए सामान्य (universal) मनुष्य को ही 'मनुष्य' की संज्ञा दी जा सकती

* ठीक इसी प्रकार श्री रामकृष्ण भी मनोव्याधि के कारण बार-बार समाधिस्थ हो जाते थे। पर यह ईश्वरीय लीला थी जिसके कारण उन्होंने हिन्दुत्व का नवजागरण किया। श्री रामकृष्ण को केवल माँ काली की आवाज ही नहीं, वरन् वे देवी का साक्षात् करते थे और उन्होंने स्वामी विवेकानन्द को देवी को दर्शाया था।

** "Now it is time that we were going, I to die and you to live, but which of us has the happier prospect is unknown to anyone but God."
—Apology

*** आश्चर्य की बात अवश्य है, पर यह उपनिषदों की भी वाणी है 'आत्मानं विद्धि'। प्लेटो ने लिखा है 'Self-knowledge is the proper study.'
—Phaedrus, 230 (a)

है। सामान्य मनुष्य का सारतत्त्व उसकी तर्कबुद्धि (रीजन) है और यह तर्कबुद्धि सभी मनुष्यों में एक-समान ही पाई जाती है। इसलिए सामान्य रूप से अभी मानव एक ही कहे जाते हैं। इसलिए जो बात तर्कबुद्धिपरक होगी वह सर्वव्यापी और सर्वमान्य होगी। चूँकि सोफिस्टों के लिए 'मनुष्य' से अर्थ व्यक्तिविशेषों का लिया जाता है, इसलिए वे उन्हीं सब तत्त्वों पर बल देते थे जो आत्मनिष्ठ तथा विषयनिष्ठ होते हैं। उनके लिए मानव ज्ञान मात्र प्रत्यक्ष है; मानव आचार भावपरक होता है। इसके विपरीत *सुकरात* के लिए ज्ञान प्रत्यक्ष नहीं; वरन् जाति विषयक सामान्य *संप्रत्यात्मक* (conceptual) होता है। इसी प्रकार आचार-नियम सर्वव्यापी होते हैं जो सभी मनुष्यों के लिए एक-समान होते हैं। इसलिए सुकरात को सोफिस्टों की *होमो मेन्सुरा* (मनुष्य एवं प्रमाण, अर्थात् प्रत्येक व्यक्ति विशेष अपना मानदंड है) की उक्ति भ्रमपूर्ण प्रतीत हुई। इसी प्रकार सोफिस्टों की यह उक्ति कि जो जिस व्यक्तिविशेष को अच्छा लगे, वही उसके लिए आचार-नियम है, *सुकरात* को भ्रामक लगी। *सुकरात* के लिए 'आत्मान' से अर्थ था 'मानव का नैतिक शुभत्व या अच्छाई'। पर शुभत्व क्या है, उसका ज्ञान सर्वप्रथम आवश्यक है। सुकरात के नैतिक शुभ *सद्‌गुण* (virtue) हैं और सद्‌गुण का ज्ञान ही सच्चा ज्ञान है। इसलिए *सुकरात* का कहना था कि *सद्‌गुण ज्ञान है* (*Virtue is knowledge*)। अतः प्रथम रूप में हमें जानना चाहिए कि ज्ञान का क्या स्वरूप है और तब हम जानेंगे कि सद्‌गुण का क्या स्वरूप है?

ज्ञान और नैतिक ज्ञान की समस्या

सुकरात के अनुसार ज्ञान का स्वरूप ही है कि वह सर्वव्यापी और सर्वमान्य हो। इस कसौटी के आधार पर यदि सोफिस्टों के इस मत को हम मान लें कि प्रत्यक्ष ही ज्ञान है तो *प्रोटागोरस* के मतानुसार सत्य-भ्रम का भेद भी सम्भव नहीं हो सकेगा। फिर *गोर्जियास* के अनुसार 'प्रत्यक्षेव ज्ञानं' संशयवाद तथा शून्यवाद में परिणत हो जायगा।

इसी प्रकार भाव-परक सोफिस्टों के नीति-विचार को स्वीकार कर लिया जाए तो जो जिस व्यक्ति को अच्छा लगे, वही उसके लिए नैतिक शुभ है जो अच्छाई-बुराई का भेद ही मिट जाएगा। दंड-पुरस्कार, निन्दा-स्तुति का विचार ही समाप्त हो जाएगा।

तब यदि ज्ञान प्रत्यक्ष न हो तो ज्ञान का क्या स्वरूप है? *सुकरात* के अनुसार *ज्ञान जातिविषयक भावना के द्वारा प्राप्त किया जाता है (Knowledge is through concept)*। अब संप्रत्यय किसको कहते हैं? किसी भी एक ही जाति के अंतर्गत अनेक व्यक्तिविशेष या वस्तुविशेष पाए जाते हैं। प्रत्येक व्यक्तिविशेष में दो प्रकार के गुण होते हैं। *एक प्रकार के गुण को आकस्मिक कहते हैं जो कुछ व्यक्तिविशेषों में होते हैं और कुछ में नहीं*। फिर कुछ गुण को व्यक्तिविशेषों का सारगुण (essence) कहा जाता है। सारगुण किसी एक जाति के अंतर्गत सभी व्यक्तिविशेषों में सामान्य रूप से पाया जाता है। सारगुण वह है जिसके बिना कोई व्यक्ति विशेष अपनी जाति के अन्दर नहीं गिना जा सकता है। उदाहरण, मानव का काला-गोरा होना, लम्बा-नाटा रहना, मंदकद्धि तथा मेधावी होना व्यक्तिविशेषों का आकस्मिक गुण होता है। इसकी तुलना में विवेकशीलता तथा पशुता मानव का सारगुण समझा जाता है। किसी एक ही जाति के अन्तर्गत अनेक *वस्तुविशेषों में निहित बुद्धि द्वारा अपकर्षित सामान्य सारगुण को संप्रत्यय कहा जाता है।*

सुकरात के अनुसार सोफिस्टों ने इन्द्रियजन्य प्रत्यक्ष पर बल दिया है जिसका सम्बन्ध शरीर के साथ है और मानव की स्थिति परिवर्तनशील तथा सापेक्ष होती है। यही कारण है कि सोफिस्ट ज्ञान के सर्वव्यापीपन तथा उसकी सर्वमान्यता को नहीं प्राप्त कर सके। पर *संप्रत्यय* वस्तुविशेषों के सारगुणों को बुद्धि के द्वारा अपकर्षित कर प्राप्त किया जाता है। अतः, संप्रत्यय बुद्धि के द्वारा प्राप्त होता है जो सभी मनुष्यों में एक समान होता है। इसलिए तर्कबुद्धि-परक सामान्य संप्रत्यय के द्वारा प्राप्त ज्ञान सर्वव्यापक और सर्वमान्य होता है।

अब प्रत्यक्ष और बुद्धि का भेद सोफिस्टों के पूर्व *पार्मिनाइड्स* (जेनो) तथा *हेराक्लिट्स* ने

बड़ी स्पष्टता के साथ किया था। *पार्मिनाइड्स* ने बताया था कि परम सत् नित्य, गतिविहीन तथा एक और कूटस्थ है। अनेकता तथा गति भ्रम है जो इन्द्रियों के द्वारा प्राप्त होते हैं। इसके विपरीत परम सत् (being) केवल बुद्धि के ही द्वारा प्राप्त होता है। ठीक इसके विपरीत *हेराक्लिट्स* ने बताया कि गति ही परम सत् है जो केवल बुद्धि-ग्राह्य होता है और नदी, पहाड़ इत्यादि का स्थायी गुण इन्द्रियों के द्वारा प्राप्त भ्रम है।

इस सन्दर्भ में कहा जा सकता है कि प्रत्यक्ष का सम्बन्ध परिवर्तनशील घटनाविशेषों के साथ संभवन (becoming) से रहता है। इसके विपरीत संप्रत्यय का संदर्भ परम सत् (being) होता है।

सुकरात की दर्शन-विधि

सुकरात का मुँख्य उद्देश्य था कि नैतिकता का ज्ञान प्राप्त किया जाय और उनकी यह भी धारणा थी कि यदि *नैतिक शुभ के ज्ञान* को प्राप्त कर ले तो उसका आचरण भी अवश्यमेव अच्छा होगा। इसलिए सुकरात के लिए नैतिक ज्ञान *शुभ के संप्रत्यय* को प्राप्त करने में पाया जाता है। शुभ का संप्रत्यय वह है जिसमें शुभ का सारगुण निहित रहता है। अब किसी भी संप्रत्यय की परिभाषा उसे कहा जाता है जिसमें संप्रत्यय में निहित सारगुण को स्पष्टतः बताया जाय। *चूँकि सुकरात नैतिक शुभ को संप्रत्यय के द्वारा जानना चाहते थे, इसलिए सुकराती दर्शन विधि को परिभाषा-मूलक (definitional) कहा गया है।*

चूँकि सुकरात की गवेषणा नीतिमूलक थी, इसलिए वे न्याय, सद्गुण, साहस, आत्मसंयम, इत्यादि अवधारणाओं का ज्ञान प्राप्त करना चाहते थे। अब इन नैतिक शुभ गुणों की खोज कैसे की जाय? आप उन सभी विद्वानों के साथ वार्तालाप कर इस नैतिक अवधारणा का ज्ञान प्राप्त करना चाहते थे। इसलिए आपकी दार्शनिक विधि को *वार्तालापी* भी कहा जाता है। आप इस विषय के विद्वानों से सावधानीपूर्वक सटीक प्रश्न किया करते थे। पर आपको कभी नैतिक अवधारणाओं का संतोषजनक उत्तर नहीं प्राप्त हुआ। इसलिए आपका कटाक्ष था कि जो विद्वान समझते हैं कि उन्हें ज्ञान है, वास्तव में उन्हें अपने विषयों का कोई ज्ञान नहीं होता है। इससे स्पष्ट होता है कि मैं अवश्य सबसे अधिक प्रज्ञावान हूँ इस अर्थ में मुझे अपने अज्ञान का ज्ञान है ओर सोफिस्टों को* अपने अज्ञान का कोई ज्ञान नहीं होता है।

चूँकि सुकरात ने अपनी दार्शनिक खोज को अपने अज्ञान से प्रारंभित किया, इसलिए आपकी खोज को *संशयमूलक* भी कहा जा सकता है। आगे चलकर *संत अगस्टिन* और *देकार्त* ने भी संशयमूलक विधि का अनुसरण किया था। फिर चूँकि सुकरात की वार्तालापी विधि में प्रश्न और उत्तर का प्रावधान है, इसलिए सुकराती विधि को द्वंद्ववादी विधि भी कहा जाता है।

द्वंद्वात्मक विधि वह है जिसमें अमुक विषय के संदर्भ में सावधानीपूर्वक प्रश्न और प्रत्युत्तर प्रस्तुत किया जाता है। प्रत्येक प्रत्युत्तर को थोड़े शब्दों में परिशुद्ध भाषा में बिन्दुगत होना चाहिए। प्रायः खोज के प्रारम्भ में चलती परिभाषा का प्रयोग किया जाता था, उदाहरण न्याय वह है जिसमें 'जिसकी लाठी उसकी भैंस' की कहावत चरितार्थ होती है। जब 'बल ही न्याय है' (Might is right) को असंतोषजनक सिद्ध कर दिया जाता है तो अन्य अधिक संतोषजनक परिभाषा की मदद ली जाती है। दूसरी परिभाषा जिसे द्वितीय प्राकल्पना की भी संज्ञा दी जाती है, उसे भी गलत ठहरा दिया जाता है, उदाहरणार्थ बहुमत को ही उचित और शुभ कहा जा सकता है। पर बार-बार अनेक विद्वानों से प्रश्न करते रहने पर सुकरात को कभी न्याय, सद्गुण, वीरता इत्यादि संप्रत्ययों की संतोषजनक परिभाषा नहीं प्राप्त हुई। *सुकरात* का निष्कर्ष यही था कि *जीवन का उद्देश्य यही है कि व्यक्ति शुभ की अनवरत खोज करता रहे। इसी खोज के फलस्वरूप ही मानव की आत्मा शुभत्व को प्राप्त करती है।*

---

* 'सोफिया' से 'प्रज्ञा' का अर्थ होता है और :'सोफिस्ट' से 'ज्ञानी होना' समझा जाता है।

अब इस प्रश्न-प्रत्युत्तर में बराबर पक्ष और प्रतिपक्ष देखा जाता है। संपक्ष यहाँ नहीं देखा गया है। पाश्चात्य दर्शन के इतिहास में ठीक इसी प्रकार की स्थिति *काण्ट* के अनुभवातीत द्वंद्ववाद (transcendental dialectic) में देखी जाती है। जैसे-पक्ष, विश्व की सृष्टि हुई है, प्रतिपक्ष, विश्व सनातन और नित्य है। फिर विश्व परमाणुओं का योग है पक्ष। इसका प्रतिपक्ष, विश्व परमाणुओं के द्वारा रचित नहीं है। आगे चलकर इस द्वंद्वात्मक विधि के आधार पर *हेगेल* का त्रिपदी विधि का विकास हुआ।

सुकरात की दर्शन-विधि को *उद्‌बोधन* तथा *धातृ विधि* (maieutic उद्‌बोधन, midwifery धातृविधि) की भी संज्ञा दी गई है। सुकरात और इनके प्रसिद्ध अनुयायी *प्लेटो* के अनुसार सभी ज्ञान मानव के अन्दर हैं। जिस प्रकार से धातृ (बच्चा जनाने वाली दाई) बच्चे को माँ के पेट से बाहर आने में मदद करती है, ठीक उसी प्रकार शिक्षक शिक्षार्थी की मस्तिष्क में सुषुप्त ज्ञान को उसके चेतन में लाने का प्रयास करता है। इस बात को स्पष्ट करने के लिए सुकरात ने एक अशिक्षित दास को सब के सामने बैठाकर धीरे-धीरे क्रमशः प्रश्न करने के फलस्वरूप ज्यामिति के इस प्रमेय को उस दास को सिखा दिया कि समकोण त्रिभुज की भुजाओं पर स्थित वर्गों का क्षेत्रफल कर्ण के वर्ग के क्षेत्रफल के बराबर होता है।

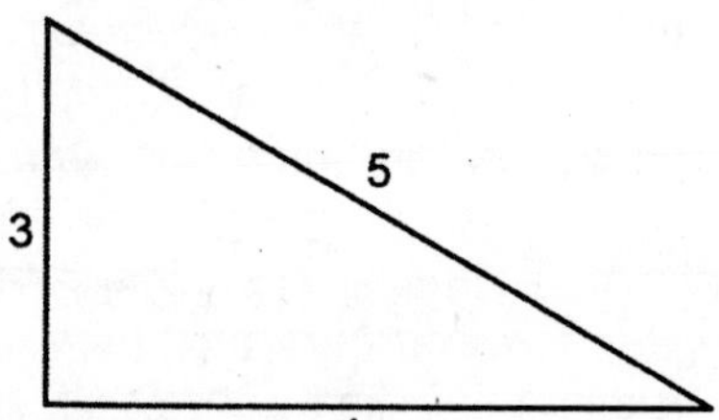

इस उदाहरण के द्वारा सुकरात ने बता दिया कि सद्‌गुण, पवित्रता, शुभत्व इत्यादि का संप्रत्यायक ज्ञान सभी व्यक्तियों में सुषुप्त रहता है। इस ज्ञान को उद्‌बोधित करने की मात्र आवश्यकता होती है।*

सुकरात की इस धातृविधि का महत्त्व *प्लेटो* के दर्शन में महत्त्वपूर्ण स्थान रखता है। फिर सुकरात की यह शिक्षा के सर्वव्यापक ज्ञान प्रत्येक मानव में सुषुप्तावस्था में रहता है 'जन्मजात प्रत्यय' के सिद्धान्त में परिणत लेकर बुद्धिवादियों में देखा जाता है।

फिर *अरस्तू* ने सुकराती विधि को परिभाषामूलक और आगमनात्मक कहा है। हम लोगों ने देखा है कि सुकरात की विधि परिभाषामूलक कही जा सकती है। पर किस अर्थ में सुकराती विधि को आगमनात्मक कहा जा सकता है?

प्रायः आगमन-विधि में निरीक्षण, प्राकल्पना का परीक्षण इत्यादि पाया जाता है। दूसरे शब्दों में *वस्तुविशेषों* में *निहित* सामान्यों को बुद्धि-द्वारा सारगुण के अपकर्षण (abstraction) के आधार पर स्थापित करने को आगमन की संज्ञा दी जा सकती है। पर क्या *सुकरात* समझते थे कि सामान्य वस्तुविशेषों में निहित रहते हैं? ऐसा *अरस्तू* अवश्य समझते थे पर यह सुकरात का सुझाव नहीं है। सुकरात *प्रत्यक्ष* और *सामान्य* में विरोध कर सम्बन्ध बताते हैं।** इसलिए सुकरात की विधि वस्तुविशेषों के प्रत्यक्ष पर आधारित नहीं कही जा सकती है। तब? तब यही कहा जा सकता है कि संप्रत्यायक ज्ञान की प्राप्ति में प्रत्यक्ष अनुबोधन (reminder) का काम कर सकते हैं। जैसा कहा जा चुका है कि सुकरात के अनुसार सर्वव्यापी शुभत्व का ज्ञान सभी व्यक्तियों में सुषुप्तावस्था में रहता है। इस सोए हुए ज्ञान को जागृत करने का काम प्रत्यक्ष अवश्य कर सकते हैं। इसलिए यदि सुकराती-विधि को आगमनमूलक कहा भी जाय तो यह आगमन बेकन, मिल तथा समकालीन विचारों का आगमन नहीं है। यह आगमन बोधिमूलक तथा उद्‌बोधनात्मक है जिसे विस्तारपूर्वक प्लेटो के दर्शन में देखा जाता है।

---

* अद्वैत वेदान्त के अनुसार भी 'जीवो ब्रह्मैव', परन्तु गुरु केवल व्यक्ति में इस शाश्वत को उसमें जगाने की दीक्षा देता है।

** सुकरात बताते हैं इन्द्रिय प्रत्यक्ष अनिश्चित ज्ञान देता है और संप्रत्यय वर्णविहीन, निराकार, स्पर्शातीत ज्ञान है जिसे केवल बुद्धि के द्वारा प्राप्त किया जाता है। —*Phaedrus* 247 (c)

सुकरात का कहना है कि परम सत् का ज्ञान केवल तर्कबुद्धि के द्वारा बिना किसी भी इन्द्रिय प्रत्यक्ष के आधार पर प्राप्त होता है। (देखें, *Phaedo* 65 c, 66a, 67a,c)

संप्रत्यय-प्राप्ति की सामान्य अथवा साधारण विधि

प्रचलित अर्थ में समझा जाता है कि किसी एक जाति के अंतर्गत विशिष्ट वस्तुओं के निरीक्षण के फलस्वरूप उनमें *निहित* सामान्य और सारगुणों को बुद्धि के द्वारा अपकर्षित करके संप्रत्यय (concept) प्राप्त किया जाता है।

(1) सर्वप्रथम, किसी एक जाति के अंतर्गत अनेक विशिष्ट वस्तुओं का निरीक्षण करना चाहिए।

(2) उन वस्तुविशेषों में पाए गए सामान्य और सारगुणों को बुद्धि वस्तुविशेष से निकाल लेती है (अपकर्षित करती है) और आकस्मिक विभिन्न गुणों को त्याग देती है। अतः, यह सारगुण वस्तुविशेषों में ही निहित रहते हैं।

(3) वस्तुविशेष प्रत्यक्ष से प्राप्त होते हैं पर जाति विषयक सामान्य, सारगुण की स्थापना बुद्धि (intellect) के द्वारा की जाती है।

जैसे गाय का संप्रत्यय प्राप्त करने के लिए कुछ गायों का निरीक्षण (प्रत्यक्ष) करना पड़ता है। गायें काली, सफेद, इत्यादि कई रंग की होती हैं। कोई एक रंग नहीं है जो सभी गायों में पाया जाता है। इसी प्रकार उनका रूप-रंग, डील-डौल भी सभी गायों में एक-समान नहीं पाया जाता है। इसलिए गायों के रूप-रंग, डील-डौल को उनका आकस्मिक गुण समझकर उन्हें त्याग दिया जाता है। केवल गोत्व अर्थात् गायपन को ही गाय का संप्रत्यय कहा जायगा जो सभी गायों में एक-समान उनके सारगुण के रूप में पाया जाता है।

अतः संप्रत्यय वह है जो विशिष्ट वस्तुओं में ही निहित उनका सामान्य गुण है। अब विशेषों के आधार पर सामान्य (universal) की स्थापना करने की विधि को अगमन-विधि (inductive method) कहते हैं। पर क्या सुकरात की इस संप्रत्यय-प्राप्ति की विधि को आगमनात्मक कहा जा सकता है? नहीं ! इसके कारण हैं कि सुकरात विशेषों और सामान्य में विरोध देखते हैं। फिर प्रत्यक्ष (इन्द्रिय-ज्ञान) और बुद्धि में भी प्राकारिक भेद मानते हैं।

(1) प्रत्यक्ष केवल *वस्तुविशेषों* (particulars) का ही हो सकता है। इसके विपरीत संप्रत्ययों का संदर्भ *सामान्य* (अथवा सामान्य लक्षणों) का ही हो सकता है।

(2) प्रत्यक्ष के द्वारा *सापेक्ष* और *विषयिनिष्ठ* ज्ञान होता है। इसके विपरीत संप्रत्यय द्वारा सर्वव्यापी और वस्तुनिष्ठ (objective) ज्ञान होता है।

(3) प्रत्यक्ष-ज्ञान बिना *इन्द्रियों* (sense organs) के सम्भव नहीं होता है। पर सम्प्रत्ययों के द्वारा बुद्धि (reason) ज्ञान प्राप्त करती है। बुद्धि वह मानव शक्ति है जो सभी मानवों में एक समान होती है। अतः प्रत्यक्षों के द्वारा इन्द्रिय-ग्राह्य ज्ञान होता है। पर सम्प्रत्ययात्मक ज्ञान (rational) अथवा तर्कबुद्धिपरक होता है।

जब प्रत्यक्ष वस्तुविशेष और सामान्य संप्रत्यय में *प्राकारिक* अन्तर है तो वस्तु-विशेषों में *सामान्य संप्रत्यय* नहीं रहते हैं। तब वस्तुविशेषों के निरीक्षण के द्वारा संप्रत्यय नहीं प्राप्त किए जा सकते हैं। तब सामान्य संप्रत्ययों को किस प्रकार प्राप्त किया जाता है? दिव्य-दृष्टि अथवा बोधि (illumination) के द्वारा।

वस्तुविशेष संकेत करते हैं जिसके द्वारा सामान्य प्राप्त किए जा सकते हैं। निरीक्षण करते-करते एकाएक सामान्य, बुद्धि के द्वारा पकड़ में चले आते हैं। बुद्ध भगवान माह और वर्षों तक ध्यान करते रहे तब अन्त में उन्हें एकाएक दुःख का कारण द्वादश-निदान तथा अष्टांगिक मार्ग के रूप में उमड़ पड़ा। अतः सुकरात के अनुसार *वस्तु-विशेषों में संप्रत्यय निहित नहीं है*, पर वस्तुविशेष संप्रत्ययों को बुद्धि में झलक उठने में सहायक होते हैं। इसी बात को *प्लेटो* ने सामान्यों

के स्वतंत्र अस्तित्ववाद में परिणत किया है और बतलाया है कि सामान्य (universal) अथवा प्रत्यय (idea) वस्तु-विशेष में नहीं पाए जाते हैं। पर वस्तुविशेष अपने अनुरूप सामान्य की *नकल* हैं, या वस्तु-विशेष अपने अनुरूप सामान्य में *अंश-ग्राही* होते है या वस्तुविशेष अपने अनुरूप सामान्य का *अनुस्मरण* कराते हैं। सुकरात के अनुसार सभी संप्रत्यय मानव में जन्मते समय ही पाए जाते हैं। ये सब सुषुप्तावस्था में पाए जाते हैं। निरीक्षित विशेषों के द्वारा वे उभाड़े जाते हैं। यह बात सुकरात की धातृ-विधि से एकदम स्पष्ट हो जाती है।

सुकरात का नीतिविचार तथा उनकी ज्ञान-मीमांसा

पहले ही कहा जा चुका है कि सुकरात का दर्शन मानव-केन्द्रित था। *सुकरात* ने इस बात पर बल दिया कि मानव उस डेल्फी देवता के मन्दिर में अभिलेख पर ध्यान दें जिसमें लिखा था 'मानव'! अपने को जानो' (Man ! know thyself, आत्मानं विद्धि)। आत्म-ज्ञान के बिना कोई भी नीतिवान् नहीं हो सकता है।* इसलिए इसमें सन्देह नहीं है कि सृष्टि-मीमांसा में आपकी अभिरुचि नहीं थी और यह भी उन्होंने कहा कि विश्वसम्बन्धी विचारों को प्रचलित ज्ञान के अनुसार मैं स्वीकार करता हूँ। इसलिए सुकरात की गवेषणा मानव के आचार, ज्ञान तथा सौन्दर्य-सम्बन्धी थी तो मानव की विश्व को अपनी देन है। इन खोजों में उनकी पिपासा सर्वप्रथम ज्ञान के स्वरूप ही के संदर्भ में थी क्योंकि उनके लिए नीति-ज्ञान प्रमुख था। पर इस संदर्भ में उनकी उक्ति थी कि सच्चा ज्ञान ही सद्गुण है और सद्गुण (virtue) ही ज्ञान है। अतः स्पष्ट है कि सुकरात का विचार मानव को जानने में केन्द्रित था और इस ज्ञान का परम लक्ष्य था कि मानव सदाचारी हो। इसलिए हमें समझना चाहिए कि सुकरात के अनुसार ज्ञान का क्या स्वरूप था।

ज्ञान का स्वरूप

सोफिस्टों ने बताया था कि सभी ज्ञान *सापेक्ष* हैं। जिसको जैसा प्रत्यक्ष हो उसके लिए वही सत्य है। फिर जिसे जो सुखद प्रतीत हो उसके लिए वही युक्ति-संगत आचार है। चूँकि सुख का भाव भिन्न-भिन्न होता है, इसलिए आचार को कोई सर्वमान्य *मानदंड* नहीं हो सकता है। इसके विपरीत सुकरात सिद्ध करना चाहते थे कि :—

(1) विज्ञान का ज्ञान सर्वव्यापी, बाह्यनिष्ठ अथवा वस्तुनिष्ठ (objective) होता है, न कि विषयिनिष्ठ (subjective)।

(2) आचार का आधार भाव (feeling) नहीं, वरन् ज्ञान है जो सर्वव्यापक और सर्वमान्य होता है। अब जो कुछ सुकरात ने ज्ञान की गवेषणा की उसे आपने मानदंड के संदर्भ तक ही सीमित रखा। इस संदर्भ में सुकरात की प्रसिद्ध उक्ति है : Knowledge is through concepts अर्थात् केवल संप्रत्ययों से ही ज्ञान प्राप्त किया जा सकता है। पर आपने इस सूत्र को नैतिक क्षेत्र में सीमित रखा, अर्थात् सुकरात की ज्ञान-मीमांसा उनके नीतिदर्शन के ही लिए की गई थी। इसलिए बताया जाता है कि सुकरात वास्तव में आचारशास्त्री ही थे(Socrates is essentially an ethical thinker) और आपने अपनी ज्ञान-मीमांसा को आचार की गुत्थियों को सुलझाने में अनुप्रयोग किया है। इसलिए सुकरात की ज्ञान-मीमांसा उनके आचार-दर्शन को समझने के लिए उपयोगी मानी जाएगी।

सुकरात की ज्ञान-मीमांसा के दो पक्ष हैं, अर्थात् सोफिस्ट के द्वारा बताई गई ज्ञान की व्याख्या का खण्डन और तब अपनी व्याख्या का स्पष्टीकरण। पहली बात है कि सोफिस्टों के अनुसार *प्रत्यक्ष ही ज्ञान* है अथवा ज्ञान ही प्रत्यक्ष (perception) है। फिर यह प्रत्यक्ष विषयिनिष्ठ (subjective)

---

* आत्मानं विद्धि उपनिषदों का भी मुख्य आदेश है और प्लेटो ने इसे चार्माइड्स, लाओज, फिद्रस, फिलेबस तथा प्रोटागोरस में इसे सुकरात से कहलवाया है। अतः इसे सुकराती शिक्षा समझना चाहिए। इसलिए सुकरात के लिए 'मानव ही अध्ययन का विषय है' और अपनी आत्मा का ज्ञान प्राप्त करना ही उचित अध्ययन का विषय है। Self-knowledge is the proper study.—*Phaedrus,* 230 (g)

होता है अर्थात् जिस व्यक्ति को जैसा प्रत्यक्ष होता है उसे उसका वैसा ही ज्ञान होता है। यह प्रत्यक्ष व्यक्तियों को भिन्न-भिन्न होता है और किसी अमुक व्यक्तिविशेष को भी विभिन्न स्थितियों और समय में भिन्न-भिन्न होता है। इसलिए ज्ञान सापेक्ष (relative) है न कि निरपेक्ष, विषयिनिष्ठ (subjective) है न कि वस्तुनिष्ठ (objective)। सोफिस्टों की विषयिनिष्ठ ज्ञान-मीमांसा अन्त में संशयवाद में परिणत हो गई।

सुकरात ने बताया कि ज्ञान वस्तुनिष्ठ है और विषयिनिष्ठ तथा सापेक्ष न होकर सर्वग्राह्य होता है। कैसे वस्तुनिष्ठ? जब किसी भी व्यक्ति को हरी पत्ती, हरी किताब, हरे वस्त्र का प्रत्यक्ष होता है तब क्या यह प्रत्यक्ष ज्ञाता के अपनी ही मानसिक प्रक्रिया का ज्ञान होता है? क्या प्रत्यक्ष में मानसिक प्रक्रिया के अतिरिक्त, इस प्रक्रिया के परे वस्तु का ज्ञान नहीं होता? क्या हरे के प्रत्यक्ष में हरी *पत्ती*, हरी *किताब* तथा हरे *वस्त्र* का ज्ञान नहीं होता? क्या पत्ती, किताब और वस्त्र की मानसिक प्रक्रिया से स्वतंत्र अपनी सत्ता नहीं होती? हरे के अथवा किसी रंगी वस्तु के प्रत्यक्ष में कोई वस्तु होती है जिसका हमें प्रत्यक्ष होता है। अतः किसी भी प्रत्यक्ष के होने में दो तत्त्व होते हैः—

(1) एक मानसिक प्रक्रिया जिसे संवेदन क्रिया(sensing) कहते हैं। और यह पक्ष विषयिनिष्ठ अथवा मननिष्ठ कहा जा सकता है। यह पक्ष स्वयं ज्ञाता के अन्तरतम केन्द्र में निहित होता है। जब सोफिस्टों ने प्रत्यक्ष को विषयिनिष्ठ (subjective अर्थात् विषयी, ज्ञाता में निहित) कहा, तो इनका अभिप्राय था यह कहना कि प्रत्यक्ष केवल मानसिक प्रक्रिया है संवेदनमात्र है जो विषयिनिष्ठ और व्यक्ति-सापेक्ष है। पर प्रत्यक्ष में दूसरा भी तत्त्व होता है।

(2) प्रत्यक्ष का दूसरा तत्त्व है वस्तुनिष्ठता अर्थात् वस्तुविशेषों की मानसिक-प्रक्रिया की बाह्यता का पक्ष। उदाहरणार्थ हरे के प्रत्यक्ष में हरी पत्ती, पुस्तक के प्रत्यक्षीकरण से स्वतंत्र तथा बाह्य होना। पत्ती और पुस्तक मानसिक तथ्य नहीं हैं। इनकी मन से परे और स्वतंत्र सत्ता है जो व्यक्ति अपनी मानसिक प्रक्रिया के द्वारा जानता है। अतः प्रत्यक्ष के द्वारा वस्तु-ज्ञान (object) होता है। प्रत्यक्ष का यह तत्त्व objective अर्थात् वस्तुनिष्ठ होता है।

अब सुकरात ने प्रत्यक्ष में अन्तर्निहित वस्तुज्ञान पर अर्थात् ज्ञान की वस्तुनिष्ठता पर बल दिया है। जब कोई कहता है कि यह आम की पत्ती हरी है तो अन्य कोई सुनने वाला, कहने वाले के मन में होती हुई प्रक्रिया को नहीं जानने की ओर प्रयास करता है। वह हरी आम की पत्ती की ओर आकृष्ट होता है। अतः प्रत्यक्ष में भी ज्ञान वस्तुनिष्ठ होता है।

यह ठीक है कि सुकरात ने 'प्रत्यक्ष' का विश्लेषण इतने स्पष्ट रूप से नहीं किया है, पर उन्होंने बताया कि ज्ञान वस्तुनिष्ठ (objective) होता है जिसे सभी व्यक्ति समान रूप से जान सकते हैं। इस वस्तुनिष्ठ ज्ञान को *सुकरात* ने संप्रत्यय (concept) कहा है। अब संप्रत्यय क्या है और यह किस प्रकार सोफिस्टों के 'प्रत्यक्ष' से भिन्न होता है?

प्रत्यक्ष और बुद्धि का भेद सोफिस्टों के पूर्व पार्मिनाइड्स (जेनो) तथा हेराक्लिट्स ने बड़ी स्पष्टता के साथ किया था। *पार्मिनाइड्स* ने बताया था कि परम सत् नित्य, गतिविहीन तथा एक और कूटस्थ है। अनेकता तथा गति भ्रम है। जो इन्द्रियों के द्वारा प्राप्त होते हैं। इसके विपरीत परम सत् (being) केवल बुद्धि के ही द्वारा प्राप्त होता है। ठीक इसके विपरीत *हेराक्लिट्स* ने बताया था कि गति ही परम सत् है जो केवल बुद्धि-ग्राह्य होता है और नदी, पहाड़ इत्यादि का स्थायी गुण इन्द्रियों के द्वारा प्राप्त भ्रम ही है।

अतः प्रत्यक्ष का इन्द्रिय-ज्ञान और बुद्धि (reason) का भेद पुराना है। इस भेद को सोफिस्टों ने अस्वीकारा था और बताया था कि प्रत्यक्ष ही ज्ञान है। पर ज्ञान को प्रत्यक्ष में ही सीमित रखने पर सोफिस्टों ने ज्ञान को सापेक्ष और विषयिनिष्ठ कर दिया और जिसका अन्तिम परिणाम संशयवाद (scepticism) हुआ। इसके विपरीत सुकरात ने बताया कि ज्ञान *सम्प्रत्यात्मक* होता है जिसका

सम्बन्ध वस्तुओं में निहित सामान्य गुणों से सम्बन्धित होता और जो मानव की उस शक्ति के द्वारा प्राप्त होता है जिसे तर्कबुद्धि (reason) कहते हैं। सामान्य गुण सभी एक प्रकार के वस्तु विषयों में निहित होकर व्यक्ति को बुद्धि (reason) के द्वारा प्राप्त होता है और बुद्धि भी सभी व्यक्तियों में एक समान होती है। अतः इन्द्रियों के द्वारा व्यक्ति भिन्न-भिन्न हो सकते हैं पर बुद्धिपरकता के कारण सब एक समान होते हैं। अतः *सम्प्रत्ययों* के द्वारा प्राप्त ज्ञान सामान्य और सर्वव्यापक होता है।

अतः सुकरात ने ज्ञान को सम्प्रत्यात्मक बता कर ज्ञान को सर्वव्यापक सिद्ध कर दिया है।

सुकरात का आचार-दर्शन

सुकरात की गवेषणा को नैतिक दर्शन समझा जायगा, क्योंकि उनके जीवन का उद्देश्य था कि प्रत्येक व्यक्ति अपने को समझे (आत्मानं विद्धि, Know Thyself)। फिर इस निजी आत्मा को वे नैतिक आत्मा समझते थे। इसी बात को ध्यान में रखकर सुकरात के नैतिक दर्शन को स्पष्ट किया जा सकता है।

(1) सर्वप्रथम, *सुकरात* के अनुसार सद्‌गुण (सदाचार, virtue) ज्ञान है और ज्ञान सम्प्रत्ययों के द्वारा प्राप्त होता है। (Virtue is knowledge, and knowledge is through concepts.)

फिर हम लोगों ने पहले ही देखा है कि सम्प्रत्यय सर्वव्यापी जाति-अवधारणा (प्रत्यय, idea) होती है। अतः सद्‌गुण, अच्छाई, नीति न तो सापेक्ष है, न भावपरक(emotive) और न विषयिनष्ठि (subjective)। जो एक व्यक्ति के लिए अच्छा होता है वह सभी व्यक्तियों के लिए एक-समान अच्छा होता है। यह ठीक है कि समाज में व्यवहार सम्बन्धी प्रथा चली आ रही है। सम्भवतः कुछ प्रथाएँ सही हों, पर प्रथागत व्यवहार को शुद्ध नैतिक नहीं कहा जायगा। वह नीति सर्वमान्य होगी जो सम्प्रत्ययों पर आधारित होगी और जिन सम्प्रत्ययों को बुद्धि के द्वारा जाना जायगा।

सुकरात के नैतिक दर्शन में उनकी एक मनोवैज्ञानिक धारणा बनी हुई थी। उनके अनुसार बुद्धि ही मानव-जीवन का संचालन करती है। इसलिए उनके अनुसार कोई जान ले कि शुभ (good, अच्छाई) क्या है तो अवश्य ही वह शुभ कर्म करेगा। इसलिए सुकरात न्याय, शुभ, आत्मसंयम, इत्यादि सद्‌गुणों के सारगुण तथा सच्चे स्वरूप को जानने में प्रत्यनशील रहे। इसी बुद्धिपरक मनोविज्ञान को नकारात्मक रूप से कहते थे कि मानव जानबूझ कर कोई बुरा काम नहीं करता है। इसलिए यदि virtue (सद्‌गुण) ज्ञान है तो अधर्म (दुराचार, दुर्गुण) अज्ञान है।

अरस्तू ने *सुकरात* के इस मनोवैज्ञानिक सिद्धान्त का खण्डन किया है कि जानबूझकर कोई बुराई नहीं करता है। साधारणतया अरस्तू की आपत्ति सत्य है। जुआरी, पियक्कड़ जानता है कि शराब का पीना बुरा है तो भी जानबूझकर वह बुरा काम करता है। पर क्या यह आपत्ति सही है?

साधारणतया यह मनोवैज्ञानिक सत्य है कि मानव भाव-संवेग-परक प्रेरकों के द्वारा संचालित होता है और अपनी कोरी बुद्धि के द्वारा अपना जीवन-यापन नहीं करता है। तो भी सामान्य रूप से मानव की बुद्धि मानव के भाव और संवेग से उत्पन्न प्रेरकों को नियन्त्रित रखती है। जितना मानव अपने प्रेरकों (चालक करनेवाली शक्तियों) को अपनी बुद्धि के आधीन रखेगा उतना ही मानव सच्चरित्र और प्रज्ञावान् होगा। इसलिए जनसाधारण के लिए यह बात सत्य नहीं कही जायगी कि वह जानबूझकर बुरा नहीं करता है। प्रलोभनों तथा उत्तेजनाओं की चपेट में आकर प्रायः मानव अपने नैतिक स्तर से गिर जाता है। पर आदर्श नीतिवान् गीता का स्थितप्रज्ञ, वेदान्त का जीवनमुक्त होता है जो केवल सच्चे ज्ञान से ही संचालित होता है। अतः सुकरात का 'ज्ञान' साधारण व्यावहारिक ज्ञान नहीं है। इनका नैतिक ज्ञान आत्मसंयम से उत्पन्न होता है और आत्मसंयम आत्मज्ञान (self-knowledge) से उत्पन्न होता है। इसलिए अपनी आत्मा को जानना की सच्चा नैतिक ज्ञान है।* बताया गया है कि सुकरात के इस ज्ञान को अर्न्तदृष्टि (insight) कहा जा सकता है *(W. Windelband)*। पर मानना पड़ेगा कि न तो सुकराती प्रत्ययों के द्वारा और न भाषाविश्लेषण के द्वारा आत्मा-तत्त्व को जाना जा सकता है। यह योग, ध्यान और हठयोग के ही द्वारा जाना जा सकता है।

पर यदि यह बात हो कि नैतिक शुभ आचरण आत्मज्ञान से होता है और दुराचार से अपनी आत्मा को हानि होती है। तो क्या दुराचारी अपनी सच्ची को जानकर दुराचारी हो सकता है? शंकर, कबीर और श्रीरामकृष्ण के अनुसार *सच्चे ज्ञान के हो जाने पर कोई दुराचारी नहीं हो सकता है और वही दुराचारी हो सकता है जिसे सच्चा आत्मज्ञान न हो।* इस दृष्टि से कहा जा सकता है कि जानबूझकर कोई बुराई (अर्थात् अपनी आत्मा का पतन) नहीं कर सकता है। दुराचार वास्तव में अपनी आत्मा के अज्ञान से उत्पन्न होता है।

(2) चूँकि सद्‌गुण ज्ञान है और ज्ञान सिखाया जा सकता है इसलिए सुकरात के अनुसार सद्‌गुण (virtue) सिखाया जा सकता है। (Virtue can be taught.) यह ठीक है कि सद्‌गुण की पढ़ाई गणित, भौतिकी के समान नहीं होती है। पर उदाहरणों, कहानियों तथा खेल-कूद इत्यादि के द्वारा बच्चों में न्यायप्रिय, दयालु, सच्चरित्र बनना सिखाया जाता है। सद्‌गुण के लिए सच्चरित्र का प्रशिक्षण दिया जाता है और यदि चरित्र का सच्चा संगठन हो जाता है तभी ऐसे व्यक्ति को नैतिक दृष्टि से 'अच्छा' कहा जा सकता है। पर सुकरात के अनुसार व्यक्ति को जानना चाहिए कि अच्छे का, न्याय का, आत्मसंयम का तथा व्यवहार कुशलता का क्या प्रत्यय है। सुकरात जीवन भर इन सद्‌गुणों की खोज करते रहे और इन्हें इन गुणों का भावात्मक रूप से कोई भी संतोषजनक उत्तर नहीं मिला। तो भी एक स्थल पर (चार्माइड्स में) यह बात आती है कि यदि कोई प्रज्ञा को जानेगा तो वह प्रज्ञावान हो जायगा। यह बात अद्वैत वेदान्त के समान हैं जहाँ कहा गया है ब्रह्मविद् ब्रह्मैव भवति (ब्रह्मज्ञानी स्वयं ब्रह्म हो जाता है)।

(3) नैतिक दर्शन के संदर्भ में सुकरात की एक तीसरी उक्ति भी है कि सद्‌गुण एक है (Virtue is one)। जब सुकरात शुभ, न्याय, आत्मसंयम, इत्यादि सद्‌गुणों की चर्चा करते हैं तो फिर कहना कि नैतिक सद्‌गुण एक है थोड़ा आश्चर्यजनक लगता है। पर उन्होंने प्रज्ञा को ज्ञान का ज्ञान कहा है, अर्थात् सभी सद्‌गुणों का ज्ञानस्रोत एक है जिसे प्रज्ञा (wisdom) की संज्ञा दी जा सकती है। पर अन्त में सुकरात का अन्तिम निष्कर्ष नहीं कहा जा सकता कि प्रज्ञा क्या है पर अन्त तक इसके जानने का प्रयास करते रहना चाहिए। ऐसा करने से सम्भवतः वह दुराचार से बच जायगा और दुराचार को सहन करने में समर्थ हो जायगा, क्योंकि दुराचार करने की अपेक्षा दुराचार को सहन करना बेहतर है।

प्लेटो ने *गोर्जियास* (50 d) नामक पुस्तक में बताया है कि सभी शारीरिक गुण, शारीरिक स्वास्थ्य के ऊपर निर्भर करते हैं। तब सद्‌गुण भी आत्मिक स्वास्थ्य पर निर्भर करते हैं चाहे वह शुभ हो या आत्मसंयम हो या प्रज्ञा। पर यह आत्मिक स्वास्थ्य कैसे प्राप्त होता है?

मानव आत्मा में भाव (temper मनोदशा), क्रियावृत्ति (disire, कामना) और बुद्धि की तीन शक्तियाँ पाई जाती हैं। अब भावावेश, संवेगात्मक, क्रियात्मकता, बुद्धि के द्वारा संचालित (नियंत्रित) होती हैं, तब उसे आत्मिक स्वास्थ्य कहा जाता है। अतः *सुकरात* के अनुसार केवल

---

* *सुकरात* के लिए आत्मसंयमी होना (to be temperate) और अपने को जानना (know oneself) एक ही है *(Phaedrus,* 230 a)। फिर यह भी कहा है कि प्रज्ञा (wisdom) और आत्मसंयम में is the science of a man's self *(Charmides)* पर औपनिषद् आत्मा का ज्ञान सम्प्रत्ययों के विश्लेषण से नहीं, वरन् श्रवण, मनन और निदिध्यासन से प्राप्त होता है। यह साधना का विषय है, न कि वैज्ञानिक ज्ञान का।

एक *आत्मिक स्वास्थ्य की प्राप्ति हो जाने पर* सभी प्रकार के सद्‌गुण प्राप्त होते हैं।* इसे विशेष रूप से अरस्तू ने स्पष्ट किया है।

(4) अन्त में, सुकरात के अनुसार सद्‌गुण के द्वारा व्यक्ति को आन्नद (happiness) प्राप्त होता है। यह ठीक है कि सुकरात के अनुसार सद्‌गुण (नैतिक धर्म, virtue) ज्ञान है और यह ज्ञान शुभ(अच्छाई) का है। यह शुभ क्या है? मानव का कल्याण(well-being) है। अतः सद्‌गुण वह है कि जिसे प्रज्ञावान शुभ समझकर करता है। अतः शुभ कार्य के करने के फलस्वरूप आनन्द (happiness) अवश्य प्राप्त होता है। पर शुभ क्या है? इसका प्रत्यय सुकरात के लिए कभी भी स्पष्ट नहीं हुआ। फिर यहाँ भी 'ज्ञान' के स्वरूप को स्पष्ट नहीं किया गया। यदि 'ज्ञान' से साधारण ज्ञान का अर्थ लगाया जाय तो इससे यह अर्थ लगाया जा सकता है कि शुभ वह है जैसा *प्रत्येक व्यक्ति अपने लिए शुभ समझता है।* ऐसी स्थिति में शुभ सुखवाद(hedonism) में परिणत हो जायगा जैसा सायरेनैसीज्म (cyrenaicism) में देखा गया है। पर यदि 'ज्ञान' से 'प्रज्ञा' का अर्थ लगाया तो प्रज्ञावान् वह व्यक्ति है जो अपनी निजी आत्मा को जानता है और जिसकी सूझ सर्वव्यापी होती है। ऐसे प्रज्ञावान् व्यक्ति के शुभ-कार्य करने का परिणाम आनन्द और सम्पूर्ण आत्मा की पूर्णता की ओर होगा। ऐसा सिद्धान्त अरस्तू के नीति-विचार में देखा जाता है और इसे आत्मपूर्णतावाद (Eduaemonism) कहा जाता है।

सुकरात का महत्त्व

सुकरात ने स्वयं कुछ लिखा नहीं पर वार्तालापात्मक आधार पर युवकों का प्रशिक्षण किया और यूनानियों में नई चेतना भरी। इन्होंने दो क्षेत्रों में यूनानी विचारों को मोड़ा। एक था *विज्ञान-प्राप्ति* का मार्ग और दूसरा था *नीति-दर्शन*।

पर तत्काल सुकरात को परम प्रातिभ विचारक प्लेटो ने सुकराती ज्ञान-मीमांसा को तत्त्व-मीमांसा में परिणत कर दिया और उन्होंने प्रत्यय (ideas) को ही परम तत्त्व समझा, जो धारा *स्पिनोजा*, *बर्कले* से होकर *हेगेल* (1770-1831) के प्रत्ययवाद में पूर्णतया विकसित हो गई।

सुकरात का मुँख्य उद्देश्य था कि मानव को सदाचारी जीव बनाया जाय और इस उद्देश्य-पूर्ति के लिए आपने नीति-दर्शन की स्थापना की। नीति-चिन्तन में आपका कथन था कि सद्‌गुण शुभ का ज्ञान है। पर यह शुभ क्या है? इस शुभ का क्या स्वरूप है? इस सन्दर्भ में यही और इतना ही कहा जा सकता था कि शुभ वह है जो व्यक्ति के लिए *लाभप्रद* है। पर सुख (pleasure) और आनन्द (happiness), ये दो प्रकार के मानव के जीवन के लिए लाभप्रद समझे गये हैं। सुख इन्द्रियजन्य लाभ है और सुखवादियों ने (hedonists) सुकरात के शुभ को सुखवाद में परणित कर दिया जिनमें सायरेनैसीज्म (cyrenaicism) और एपिक्यूअरिज्म (Epicureanism) की दो शाखाएँ निकलीं और बाद में *मिल* का उपयोगितावाद और *सिज्विक* का तर्कबुद्धिपरक सुखवाद हुआ। पर तत्काल अरस्तू ने शुभ को आनन्द के रूप में लिया और उनके लिए शुभ वह है जो मानव की पूर्ण आत्मा को संतोष प्रदान करे। इसलिए यूडीमनिज्म (Eudaemonism) की स्थापना हुई जो प्रत्ययवादी नीति-दर्शन हुआ जिसे अरस्तू ने बताया था।

अतः सुकराती चिन्तन पाश्चात्य दर्शन में एक अपूर्व क्रांति लाया। उनका जीवन-चरित्र भी तत्कालिक रूप में सिनिसिज्म (eynicism) के रूप में उमड़ पाया जिसे संसार-विमुखता और तपस्या का दर्शन कहा जा सकता है।

प्लेटो (Plato 428-427-347 ई॰ पू॰)

विषय-प्रवेश

सुकरात आजीवन खोज करते रहे कि वे न्याय, आत्मसंयम, व्यवहार-कुशलता, शुभत्व के संप्रत्यय अर्थात् इन सद्‌गुणों की परिभाषा प्राप्त कर लें और जीवन के अन्त तक उन्हें इन सद्‌गुणों

* John Burnet, *Greek Philosophy*, pp.144-145.

का सारतत्त्व तथा इनकी परिभाषा नहीं प्राप्त हुई। तो क्या यह बात सत्य नहीं थी कि सुकरात अपने काल के सबसे अधिक प्रज्ञावान् अथवा ज्ञानी थे? आप वास्तव में ज्ञानी थे क्योंकि दार्शनिक ज्ञान का स्वरूप भावात्मक नहीं है। यह ज्ञान खोजन में है, दार्शनिक समुद्र में सतत डुबकी लगाने में ही है। सत्य का खोजी ही वास्तव में दार्शनिक ज्ञानी होता है।

प्लेटो सुकरात के साथ सुकरात के अन्तिम आठ साल तक रहे। पारस को छूकर लोहा भी सोना हो जाता है। दार्शनिक ज्ञानी के साथ रहने पर खोजी भी दार्शनिक हो जाता है। यही बात प्लेटो के जीवन से सिद्ध होती है।

प्लेटो सुकरात की मृत्यु के बाद संसार-भ्रमण करने के लिए निकले ताकि उन्हें दर्शन-तत्त्व का सच्चा मोती मिल जाय। सर्वप्रथम आप मेगारा पहुँचे जहाँ यूक्लिड के साथ उनकी भेंट हुई। यूक्लिड ने पार्मिनाइड्स के विचारों के साथ सुकराती खोज को जोड़ा था। स्वयं प्लेटो की दीक्षा क्रैटिलस के द्वारा की गई थी और क्रैटिलस हेराक्लिटस के अनुयायी थे। मेगारा से सिसिली, इटली गये जहाँ उन्होंने पाइथागोरसीय चिन्तन प्राप्त किया। अतः प्लेटो के दर्शन में पार्मिनाइड्स के स्थायी परम तत्त्व(being) का, हेराक्लिटस के संभवन(becoming) का तथा पाइथागोरस के धर्मचिंतन और गणित का प्रभाव है। पर सुकरात के द्वारा प्रतिपादित सद्गुणों की चर्चा उन्हें सर्वदा याद दिलाती थी कि दर्शन का मुख्य उद्देश्य है कि मानवधर्मी, सद्गुणी अथवा सदाचारी बनें। यही कारण है कि *प्लेटो* का दर्शन धर्मरंजित है। प्लेटो के प्रत्यय (ideas) उसी प्रकार कूटस्थ और नित्य हैं जिस प्रकार पार्मिनाइड्स का परम तत्त्व था। हेराक्लिट्स जिस प्रकार वस्तुओं को परिवर्तनशील समझते थे, उसी प्रकार प्लेटो भी प्रत्यक्ष से प्राप्त वस्तुओं को असत् समझते थे। फिर प्लेटो का प्रत्यय उसी प्रकार पारलौकिक सत्ता है जिस प्रकार पाइथागोरस में धर्म-तत्त्व को पारलौकिक माना गया है।

अतः, प्लेटो ने अपने पूर्वकाल के सभी विचारों को ध्यान में रखकर एक विशाल और प्रभावशाली दार्शनिक अनुतंत्र (system) को स्थापित किया है। पार्मिनाइड्स ने सत् और आभास (reality and appearance) के बीच अन्तर किया था और एक परम तत्त्व को सत् तथा इसकी तुलना में अनेकता और गति को आभास माना था। ठी इसी प्रकार, पर इसके विपरीत हेराक्लिट्स ने गति और संभवन को सत् और नित्यता तथा स्थिरता को आभास कहा था। सत् तर्कबुद्धि(reason) के द्वारा तथा आभास संवेदन के द्वारा प्राप्त होता है। प्लेटो के दर्शन में भी सत् और आभास का भेद तीव्र रूप में किया गया है। केवल प्रत्यय ही परम सत् है और सांसारिक वस्तुएँ आभास मात्र हैं। फिर परम सत् जो प्रत्यय है केवल तर्कबुद्धि के द्वारा प्राप्त किए जा सकते हैं और प्रत्यक्ष के द्वारा विशिष्ट वस्तुओं का ज्ञान वास्तव में भ्रम ही है।

अतः, प्लेटो के दर्शन में उनके पूर्व के विचार उसकी तत्त्व-मीमांसा, ज्ञान-मीमांसा, नीति और धर्म सभी का क्रमबद्ध उनका एक सुव्यवस्थित अनुतंत्र हो गया है। फिर यह प्लेटोवादी दार्शनिक अनुतंत्र अभी भी पाश्चात्य चिन्तन की नींव बने हुए हैं।

प्लेटो के दर्शन में आत्म-विचार, आवागमन का सिद्धान्त, आत्मा की अमरता का सिद्धान्त, बंधन और मोक्ष-विचार, ऐसी बातें हैं जिनका साक्षात् सम्बन्ध भारतीय विचारों के साथ दिखाई देता है। इसलिए भारतीय विचारकों के लिए प्लेटो का दर्शन एक आनन्ददायक दर्शन हो सकता है। अतः, प्लेटो का दर्शन पाश्चात्य और भारतीय दोनों प्रकार के दार्शनिक चिन्तन के लिए महत्त्वपूर्ण है।

प्लेटो की ज्ञान-मीमांसा

(1) प्लेटो की ज्ञान-मीमांसा सुकराती संप्रत्यय-विचार का क्रमबद्ध विकास है। सुकरात के अनुसार संप्रत्यय वस्तुविशेषों के प्रत्यक्ष के फलस्वरूप प्रबोधित होते हैं? पर क्या संप्रत्यय *वस्तुविशेषों* में *निहित* रहते हैं? इस संदर्भ में सुकरात का कोई स्पष्ट मत नहीं है। फिर संप्रत्यय बुद्धि के द्वारा प्राप्त किए जाते हैं। पर क्या उन्हें मानव-बुद्धिमूलक कहा जा सकता है? संभवतः

सुकरात मानते थे कि मानव संप्रत्यय को अपनी बुद्धि के द्वारा प्राप्त करते हैं पर ये मनोवैज्ञानिक अथवा मानव मन पर निर्भर नहीं कहे जा सकते हैं। सुकरात की धातृ विधि तथा प्रबोधन-विधि से स्पष्ट होता है कि सुकरात संप्रत्यय को मानव मन में सुषुप्तावस्था में रहने को स्वीकार करते थे। प्लेटो ने सुकरात की संप्रत्यय-सम्बन्धी ज्ञान-मीमांसा को स्पष्ट किया है इसलिए *प्लेटो की ज्ञान-मीमांसा सुकराती ज्ञान-मीमांसा का परिस्पष्ट रूप है।* प्लेटो के अनुसार *संप्रत्यय के द्वारा प्रत्यय* (ideas) जाना जाता है जो वस्तुओं से परे और स्वतंत्र रूप से अपनी सत्ता रखता है। दूसरे शब्दों में प्लेटो के अनुसार *प्रत्यय विशिष्ट वस्तुओं* में नहीं पाया जाता है।

(2) दूसरी बात है कि प्लेटो के अनुसार प्रत्यय ही सच्चे ज्ञान (प्रज्ञा) का अन्तर्विषय है जो प्रत्यक्षों में नहीं पाया जाता है पर प्रत्यक्ष उसकी ओर संकेत (suggest) करते हैं और इसकी ओर निर्देश करते हैं। अतः, हम देखेंगे कि प्लेटो प्रत्यय और प्रत्यक्ष में ऐसी गहरी खाई खोद देते हैं कि उनके बीच तर्कनिष्ठ तथा न्यासंगत सम्बन्ध स्थापित करना कठिन हो जाता है।

(3) फिर प्लेटो के अनुसार मानव की आत्मा अमर है और इस जीवन के पूर्व और बाद दोनों ही रूप में रहती है। पूर्व जीवन में प्रत्येक आत्मा को शुद्ध प्रत्यय की दिव्यदृष्टि (vision) होती है। इस सांसारिक जीवन में विशिष्ट वस्तुओं के प्रत्यक्षों के द्वारा प्रत्ययों का अनुस्मरण (reminiscence) होता है। अन्त में, *प्रत्ययों का ज्ञान अन्तःप्रज्ञा* (intuition, अन्तर्बोध) के द्वारा होता है।

अतः, प्लेटो का प्रत्ययवाद शुद्ध ज्ञान-मीमांसा नहीं है। इसमें तत्त्व-मीमांसा भी है; क्योंकि प्रत्ययरूपी परम सत् को ही परम तत्त्व माना गया है। फिर असली ज्ञान को अनुस्मरण और अन्तरज्ञान पर आधारित किया गया है जिसे वैज्ञानिक ज्ञान नहीं बताया जा सकता है। फिर यह भी प्लेटो ने कहा है कि सच्चा प्रज्ञावान् वह व्यक्ति है जो प्रत्ययों की सत्ता पर ध्यान लगाए रहता है। यह ध्यान लगाना रहस्यवाद का रूप धारण कर लेता है। अतः, प्लेटो की ज्ञान-मीमांसा में धर्मरंजित रहस्यवाद चला आता है। फिर भूल नहीं जाना चाहिए कि प्लेटो की दार्शनिक गवेषणा का उद्देश्य ही था कि दार्शनिक चिन्तन के आधार पर मानव सदाचारी बनें। अद्वैतवाद के अनुसार भी ब्रह्मज्ञान का अहसास निदिध्यासन के द्वारा प्राप्त होता है। ब्रह्मज्ञानी ब्रह्म पर ध्यान करता हुआ स्वयं ब्रह्म हो जाता है। इसी प्रकार कीट भी भृङ्ग हो जाता है।

'भृङ्गी कीट रहै ल्यौ लांइ, ह्वै लै लीन भिङ्ग ह्वै जाइ।' (कबीर ग्रन्थावली, पद 393)

इसी बात को लेकर *विलियम जेम्स* ने बताया था कि अमुक प्रत्यय पर ध्यान लगाए रहने पर तदनुरूप प्रक्रिया भी हो जाती है। इसे प्रत्ययचालित (ideo-motor) सिद्धान्त कहा जाता है। यही बात प्लेटो भी कहना चाहते थे कि प्रत्ययों पर ध्यान करते-करते मानव प्रज्ञावान् तथा सदाचारी हो जाता है।

चूँकि बताया गया है कि सुकरात ने अपने को संप्रत्यय में ही सीमित रखकर शुद्ध ज्ञान-मीमांसा को ही प्रस्थापित किया। इसके विपरीत प्लेटो संप्रत्यय-सिद्धान्त से आगे बढ़कर तत्त्व-मीमांसा बन गये हैं। आपने संप्रत्यय से आगे बढ़कर प्रत्ययवाद (theory of idea) की स्थापना की है। तब संप्रत्यय और प्रत्यय के अन्तर को थोड़ा स्पष्ट कर लेना चाहिए।

अंग्रेजी का 'आइडिया' शब्द अब बहुत अधिक स्पष्ट हो गया है। यूनानी दर्शन में *प्लेटो* और अरस्तू ने आइडिया को रूप (आकार, form) के लिए व्यवहृत किया है। रूप-सिद्धान्त की स्पष्ट व्याख्या अरस्तू के दर्शन में की गई है जिसके अनुसार किसी भी वस्तु का रूप वह है जो उसके अन्तिम लक्ष्य की ओर उस वस्तु को संचालित करती है। यही भावना प्लेटो के प्रत्यय के विचार में निहित है। पर मध्ययुगी दर्शन के अनुसार जिसे आज भी स्वीकारा जाता है इस संप्रत्यय और प्रत्यय के संदर्भ में तीन प्रकार के सिद्धान्तों की चर्चा की जा सकती है, अर्थात् संप्रत्ययवाद (conceptualism) नाममात्रवाद (nominalism) और प्रत्ययसत्तावाद (idealism)।

सम्प्रत्ययवाद के अनुसार सम्प्रत्यय जाति-भावना है जो किसी एक प्रकार की विशिष्ट वस्तुओं

में देखी जाती है। उदाहरणार्थ गायपन सभी विशिष्ट काली, उजली, चितकबरी गायों में पाया जाता है, और यही बात वृक्षत्व, मनुष्यता, इत्यादि जातिभावना (class-concept) के विषय में कही जा सकती है। इसके अनुसार सदृश वस्तुओं में पाये जाने वाले सामान्य (universal) गुण को सम्प्रत्यय कहा है। सम्प्रत्यय विशिष्ट वस्तुओं (particulars) के अतिरिक्त अन्य कोई अपनी सत्ता नहीं रखते हैं। *हाँ, सम्प्रत्यय मानव मन की उपज है, पर विशिष्ट वस्तुएँ इसका आश्रय होती हैं।**

नाममात्रावाद (nominalism) के अनुसार सम्प्रत्यय नाम है, या शब्द-मात्र है जो किसी एक प्रकार की वस्तुओं की ओर निर्देश करता है। इसके अनुसार केवल विशिष्ट वस्तुओं की सत्ता** है और सम्प्रत्यय की अपनी कोई सत्ता नहीं है। इसी कार्य में आधुनिक तकर्निष्ठ प्रत्यक्षवाद (positivism) में सम्प्रत्यय-शब्द को काम में लाया जाता है।

प्रत्यय सत्तावाद

अंग्रेजी का शब्द idealism दो अर्थों को एक साथ मिलाकर प्रयुक्त किया जाता है जिससे अनेक दार्शनिक गड़बड़ियाँ आ गई हैं। Idealism का अर्थ है वही ब्रह्मवाद जिसमें आदर्श (ideal) को स्थान दिया जाता है। पर *प्लेटो* तथा *हेगेल* के दर्शन में idealism का अर्थ है वह वाद (theory) जिसमें प्रत्यय की अपनी निजी और स्वतंत्र सत्ता स्वीकारी जाती है। यहाँ स्पष्ट करना चाहिए कि प्लेटो ने क्यों प्रत्ययों की स्वतंत्र सत्ता स्वीकारी है।

इसमें संदेह नहीं कि *सुकरात* बताना चाहते थे कि यदि ज्ञान प्रत्यक्ष हो तो प्रत्यक्ष सापेक्ष और आत्मनिष्ठ होता है और फिर प्रत्यक्ष-वस्तु परिवर्तनशील होती है तो ऐसी दशा में प्रत्यक्ष-ज्ञान नहीं कहा जा सकता है। ज्ञान वह है जो सभी लागों के लिए सर्वमान्य, सर्वव्यापक और एक समान हो। इसलिए *ज्ञान प्रत्यक्ष* नहीं है। इसके विपरीत ज्ञान उस सामान्य और सर्वव्यापी सारतत्त्व का होता है जो *विशिष्ट वस्तुओं में सामान्य रूप से पाया जाता* है। इस सर्वव्यापी सामान्यों को संप्रत्यय के द्वारा जाना जाता है। उदाहरणार्थ, गायपन वह सर्वव्यापी सामान्य गुण है जो सभी गायविशेषों में विचार के द्वारा संप्रत्यय के रूप में जाना जाता है। विचार वस्तुविशेषों का मिलान कर उनमें पाये जाने वाले उन गुणों को ग्रहण कर लेता है जो एक प्रकार की वस्तुओं में पाया जाता है और उन लक्षणों को छोड़ देता है जिनमें वस्तुविशेषों में अन्तर दिखाई देता है। जैसे-गाय विशेषों के रंग, रूप, आकार, मोटे-दुबलेपन इत्यादि को छोड़ दिया जाता है क्योंकि ये सब गुण सभी गायों में सामान्य रूप से नहीं पाये जाते हैं। केवल *गायपन* को ही सम्प्रत्यय समझा जाता है क्योंकि गाय काली हो या उजली, मोटी हो या दुबली, पर उन सभी में गायपन अवश्य होता है। पर क्या गायपन का सम्प्रत्यय गायों में ही सीमित रहता है, या गायों को छोड़ कर इसकी अपनी स्वतंत्र सत्ता भी है? सुकरात ने यह अवश्य कहा कि ज्ञान सम्प्रत्ययों के ही आधार पर सच्चा ज्ञान हो सकता है क्योंकि सम्प्रत्यय सर्वव्यापी और सर्वमान्य सामान्य होता है।

तब *सुकरात* के अनुसार संप्रत्यय क्या वस्तुविशेषों में पाये जाते हैं? *सुकरात* के अनुसार वस्तुविशेषों और सर्वव्यापी सामान्यों में विरोध है। अतः, वस्तुविशेषों में *संप्रत्यय नहीं होते हैं।* तब संप्रत्यय कहाँ से आए? सुकरात कहेंगे कि सभी संप्रत्यय अन्त में मानव मन में ही सुषुप्तावस्था में पाए जाते हैं। पर अन्त में वे सभी मनुष्यों में सुषुप्तावस्था में कैसे और कहाँ से आए? उनकी

---

* A concept refers to a class of resembling particulars. Again, a concept means a universal essence pervading the particulars coming under it. (जैसे-गायपन सभी गायों में व्याप्त होकर किसी भी गाय के लिए प्रयुक्त किया जाता है।)

** Only particulars exist and a concept is only a general grammatical word with a view to describing them.

धातृविधि के आधार पर दो बातें स्पष्ट हैं:—

(1) सामान्य मानव मन में सुषुप्तावस्था में रहते हैं।

(2) फिर वस्तुविशेष का काम यही है कि वे सुषुप्तावस्था में पड़े सामान्यों को जागरित करें।

इन दोनों बातों को स्पष्ट करने के लिए *प्लेटो* ने प्रत्ययवाद की स्थापना की है। *प्लेटो* के अनुसार अनेक जन्मों में आवागमन के फलस्वरूप मानव मन में प्रत्यय सुषुप्तावस्था में रहते हैं और *सादृश्यता* के आधार पर प्रत्यक्ष वस्तुविशेष प्रत्ययों को संप्रत्यय के रूप में जागरित करते हैं। ऐसा कहने का क्या आधार है?

अब गायों को छोड़ कर गायपन के सम्प्रत्यय की अन्यत्र सत्ता स्वीकार करना स्पष्ट नहीं प्रतीत होता है। तब *प्लेटो* ने क्यों और कैसे प्रत्ययों की (अर्थात् सामान्यों universals) अपनी निजी स्वतंत्र सत्ता स्वीकारी है? *प्लेटो* गणित से बहुत प्रभावित थे और उन्होंने ज्यामिति के उदाहरणों पर विशेष ध्यान दिया है। ज्यामिति में बताया जाता है कि रेखा वह है जिसमें चौड़ाई न हो, पर लम्बाई हो। पर क्या ऐसी रेखा वास्तविकता में देखी जाती है? फिर बताया जाता है कि किसी एक त्रिभुज के तीनों समकोण मिलकर दो समकोण के बराबर होते हैं। पर किसी भी वास्तविक त्रिभुज के तीनों कोण मिलकर ठीक-ठीक दो समकोण के बराबर होते हैं। पर किसी भी वास्तविक त्रिभुज के तीनों कोण मिलकर ठीक-ठीक दो समकोण के बराबर नहीं होते हैं। तब जब रेखागणित के त्रिभुज, रेखा इत्यादि इन्द्रियग्राह्य प्रत्यक्ष की रेखा इत्यादि से मेल न खाएँ तो क्या ये प्रत्यय काल्पनिक हैं? ये रेखागणितीय प्रत्यय काल्पनिक भी नहीं हो सकते हैं, क्योंकि ये वास्तविक जगत् की वस्तुओं में लागू होते हैं।* तब प्रत्यय के विषय में क्या कहा जा सकता है? *प्लेटो* ने ऐसी स्थिति में प्रत्ययों की अपनी निजी स्वतंत्रता मानी है। *इसलिए प्लेटो के प्रत्ययवाद को प्रत्ययात्मक वास्तववाद (realism of ideas) भी कहा जाता है।*

प्लेटो के युग में और बीसवीं शताब्दी की विचारधाराओं में बड़ा अन्तर है। आधुनिक विचार में गणित परिभाषित शब्दों का न्यायसंगत खेल कहा जाता है। ज्यामितिक रेखा इत्यादि की अपनी स्वतंत्र सत्ता स्वीकारी जाती है। पर कागज, बोर्ड, इत्यादि पर खिंची रेखा, त्रिभुज इत्यादि को परिभाषित रेखा, त्रिभुज मानकर गणित के अनुकाल्पनिक प्रत्ययों को व्यवहार में प्रयुक्त किया जाता है।

प्लेटो के दर्शन में प्रत्ययों का स्थान उनके चिंतन का केन्द्र है, पर इसकी व्याख्या करने के लिए *प्लेटो* की ज्ञान-मीमांसा को दो भागों में बाँटा जाता है अर्थात् नकारात्मक पक्ष और स्वीकारात्मक पक्ष। नकारात्मक पक्ष में बताया जाता है कि *ज्ञान प्रत्यक्ष नहीं है* और स्वीकारात्मक पक्ष को *प्रत्यय-सिद्धान्त* (theory of ideas) कहा जाता है। अब पहले नकारात्मक पक्ष की व्याख्या की जाय।

ज्ञान-प्रत्यक्ष नहीं है *(Knowledge is not Perception)*

प्लेटो का नकारात्मक मत है कि ज्ञान प्रत्यक्ष नहीं है और आपका प्रत्यक्ष-सम्बन्धी विचार प्रोटागोरस का ही है जिसके खण्डन का विशेष उल्लेख *प्लेटो* ने *थीटेट्स (Theaetetus)* नामक पुस्तक में किया है। प्रोटागोरस तथा अन्य सोफिस्टों का मत है कि ज्ञान प्रत्यक्ष है। पहले ही कहा जा चुका है कि प्रत्यक्ष सापेक्ष(relative), विषयिनिष्ठ और ऐसे विषय का होता है जो परिवर्तनशील होते हैं। पर प्रत्यक्ष की तुलना में ज्ञान वह है जो सर्वव्यापी, सर्वमान्य और सभी व्यक्तियों के लिए एक समान सत्य होता है। फिर ज्ञान की विषयवस्तु भी नित्य और स्थायी होती है। सच्चा ज्ञान वस्तुनिष्ठ (objective) होता है। साधारणतया कहा जाता है कि अमुक टेबुल भूरा है और इस भूरे टेबुल के अनुरूप यदि वास्तव में वैसा ही भूरा टेबुल हो तो इस ज्ञान को वस्तुनिष्ठ कहा जायगा। दूसरे शब्दों में *ज्ञान किसी ज्ञाता को किसी ज्ञेय वस्तु का होता है।* सच्चा ज्ञान वह है जो सिद्धान्ततः सब ज्ञाताओं को एकरूप में हो और उस ज्ञेय वस्तु का हो जो ज्ञाताओं से परे और स्वतंत्र हो

* 'वास्तविक' इन्द्रियग्राह्य वस्तुओं की यथार्थता के लिए काम में लाया जाता है। अंग्रेजी में actual शब्दों को काम में लाया जाता है। पर real शब्द को सत् के लिए प्रयुक्त किया जाता है।

और जिसकी मनस् से परे अपनी निजी सत्ता हो।

(1) *प्रत्यक्ष सापेक्ष* होता है और किसी भी प्रत्यक्ष वस्तु सबको एकसमान नहीं प्रतीत होती है। उदाहरण यदि एक प्याले की चाय में एक चम्मच चीनी डाली जाय तो जो बहुत मीठी चाय पीता है उसे यह चाय फीकी लगेगी। पर जो सादी बिना चीनी की चाय पीता है उसे वह चाय मीठी प्रतीत होगी। पर *प्रोटागोरस* का मत है कि 'मनुष्य एवं प्रमाणम्' (**homo mensura, man is the measure of truth**) तब किस व्यक्ति की चाय के प्रत्यक्ष को सही माना जाय? इसलिए प्रत्यक्ष पर आधारित ज्ञान वास्तव में ज्ञान है नहीं, क्योंकि प्रत्यक्ष के द्वारा प्राप्त ज्ञान सर्वमान्य नहीं है।

(2) फिर यह सर्वविदित है कि दूर से मोटर गाड़ी धुँधली और छोटी दिखती है और नजदीक से यह गाड़ी स्पष्ट और बड़ी मालूम देती है। यही बात वायुयान के सम्बन्ध में पाई जाती है। तब स्पष्ट हो जाता है कि प्रत्यक्ष-द्वारा गाड़ी या वायुयान का ज्ञान परस्पर-विरोधी होता है। पर परस्पर-विरोधी ज्ञान को ज्ञान की संज्ञा नहीं दी जा सकती है। इसलिए ज्ञान प्रत्यक्ष नहीं है।

(3) फिर एक ही व्यक्ति को स्वस्थ और रोगी रहने पर किसी वस्तु का परस्पर-विरोधी प्रत्यक्ष होता है। जैसे-चमेली स्वस्थ रहने पर सफेद दिखती है, पर पीलिया रोग में वही चमेली पीली दिखती है। तब प्रत्यक्ष-द्वारा ज्ञान सर्वमान्य क्या होगा, प्रत्येक व्यक्ति को भी प्रत्यक्ष पर आधृत ज्ञान उसके लिए भी एकसमान और स्थिर नहीं होता है।

फिर ज्ञानी और पशु, दोनों को सम्भवतः एकसमान प्रत्यक्ष होता है तो क्या उनका ज्ञान समान होता है? एक साधारण व्यक्ति को रोगी रोगी दिखता है और डाक्टर को भी। पर क्या दोनों का ज्ञान समान होता है। यद्यपि दोनों का प्रत्यक्ष लगभग समान होता है? यदि ज्ञान प्रत्यक्ष होता तो अज्ञ और विशेषज्ञ का ज्ञान समान होता। पर यह स्पष्ट है कि विशेषज्ञ का ज्ञान सही होता है और जनसाधारण का नहीं, यद्यपि दोनों का प्रत्यक्ष समान होता है। अतः प्रत्यक्ष द्वारा प्राप्त ज्ञान वास्तव में ज्ञान नहीं कहा जा सकता है।

(4) मान लिया जाय कि देखना (प्रत्यक्ष) ही ज्ञान है और नहीं देखना ज्ञान नहीं है। तब यदि क जो किताब अभी देख रहा था उसे अपनी एक आँख बन्द करने के लिए कहा जाय तो उसको किताब का ज्ञान एक आँख से होगा और दूसरी आँख से नहीं। तब ऐसी स्थिति में किताब का ज्ञान है और नहीं भी कहा जायगा। क्या यह आत्म-व्याघातक कथन नहीं है? *क्या प्रत्यक्ष के आत्मव्याघातक ज्ञान को ज्ञान की संज्ञा दी जाय?*

(5) फिर यदि कोई व्यक्ति किताब को देखे और फिर अपनी आँखों को बन्द कर उसका स्मरण करे तो क्या उसके स्मरण करने को ज्ञान कहा जायगा या नहीं? पर स्मरण करने को भी 'ज्ञान' कहा जाता है। लेकिन स्मरण को 'प्रत्यक्ष' नहीं कहा जा सकता है।

(6) यदि *प्रोटागोरस* की यह बात मान ली जाय कि जिसको जैसा दिखता है वही उसका ज्ञान है तो यहाँ बहस करने की गुंजाइश नहीं रह जायगी। पागल के कथन में और ज्ञानी के कथन में कोई अन्तर ही नहीं दिखेगा और अंधेरे में सभी गायें एक समान ही दिखेंगी, और सच-झूठ का अन्तर ही मिट जायगा।

इसी प्रकार पशु और मानव के बीच का अन्तर भी समाप्त हो जायगा क्योंकि उनका प्रत्यक्ष एक समान होता है।

(7) फिर *प्रोटागोरस* का कहना है कि जो एक व्यक्ति को प्रतीत होता है वह उसके लिए सत्य है और जो दूसरे को जैसा प्रतीत होता है वह उसके लिए सत्य होता है।

(Any given thing is to me such as it appears to me, and is to you such as it appears to you.)

पर क्या जो स्वप्न में प्रतीत होता है उसे सत्य समझा जा सकता है या जो किसी पागल को प्रतीत होता है उसे सत्य समझा जा सकता है? अतः, स्पष्ट है कि जिसको जैसा प्रतीत होता है उसे सत्य नहीं कहा जा सकता है।

(8) यदि मान लिया जाय कि जो जिसको प्रतीत होता है वह उसके लिए सत्य हो तो मुझे प्रतीत होता है कि प्रोटागोरस का मत असत्य है। अतः *प्रोटागोरस* का मत सत्य (उसके लिए) और असत्य (मेरे लिए) एक साथ हुआ जो युक्तिसंगत नहीं कहा जा सकता है।

(9) फिर प्रत्यक्ष किसी *वस्तु* का किसी प्रत्यक्षकर्त्ता को होता है। पर वस्तु में क्षण-प्रतिक्षण परिवर्तन होता रहता है जैसा *हेराक्लिट्स* ने बताया है। तब क्या कोई भी वस्तु स्थाई रहती है? यदि कोई भी प्रत्यक्ष-वस्तु स्थाई न हो तो ज्ञान किस वस्तु का होगा? इसलिए प्रत्यक्ष ज्ञान नहीं हो सकता है।

(10) फिर प्रत्यक्ष-वस्तु ही आत्मविरोधी होती है। उदाहरणार्थ सुकरात एक बच्चे की तुलना में लम्बा होता है और अन्य लम्बे व्यक्ति की तुलना में नाटा कहा जायगा। अतः *सुकरात* जो एक प्रत्यक्ष-वस्तु है लम्बा-नाटा दोनों एकसाथ हों जाती है। तब यदि प्रत्यक्ष वस्तु ही आत्मविरोधी हो तो उसकी युक्तिसंगत ज्ञान ही किस प्रकार हो सकता है?

अतः निष्कर्ष निकलता है कि यदि ज्ञान प्रत्यक्ष हो तो ज्ञान में सत्यता-असत्यता, सत् और आभास, यथार्थ ज्ञान और भ्रम का भेद ही उठ जायगा। पर इन भेदों के बिना ज्ञान की कोई व्याख्या नहीं हो सकती है। इसलिए स्वीकारना होगा कि 'ज्ञान प्रत्यक्ष है' सभी दृष्टियों से अमान्य कहा जायगा।

क्या ज्ञान मत है (*Opinion*)

प्रोटागोरस ने बताया था 'मनुष्य एक प्रमाणम्'। इसलिए ज्ञान विभिन्न मनुष्यों का भिन्न-भिन्न मत होता है। पर क्या कहा जा सकता है कि ज्ञान मानव का अपना-अपना मत है?

प्रायः मत अटकल पर भी लागू हो सकता है। जैसे-कोई कहे कि सोन नदी में घड़ियाल रहता है। यदि कभी वास्तव में सोन नदी में घड़ियाल पकड़ा जाय, तो क्या इस अटकल पर आधारित मत को ज्ञान कहा जायगा? नहीं, क्योंकि यह सच भी हो सकता है और भ्रम भी। इसकी तुलना में ज्ञान स्थाई, सर्वमान्य और विश्वसनीय होता है। फिर मत अन्तःज्ञान (intution) पर भी आधृत होता है। प्रायः कहा जाता है कि स्त्रियों को पुरुषों के विषय में विश्वसनीय अन्तःप्रज्ञा होती है। पर क्या किसी भी स्त्री को विभिन्न पुरुषों के विषय विश्वसनीय अन्तःप्रज्ञा होती है। पर क्या किसी भी स्त्री को विभिन्न पुरुषों के विषय में विश्वसनीय मत हो सकता है? प्रायः देखा गया है कि स्त्रियों को भी प्रायः खलनायक (villian) के प्रति मैत्रीपूर्ण मत रहता है। विज्ञान की खोज में भी देखा गया है कि वैज्ञानिक को अपनी खोज के संदर्भ में सही मत हो सकता है। पर जब तक इस मत को प्रमाणित नहीं किया जाय तब तक इस मत को ज्ञान के रूप में नहीं स्वीकारा जा सकता है। उदाहरणार्थ भारतीय विचार में सैकड़ों वर्षों से मत था कि पेड़-पौधों में प्राण हैं। पर जब तक इस मत की जगदीश बोस ने वैज्ञानिक रीति से इसकी परीक्षा करके प्रमाणित न किया तब तक इसे मत ही समझा जाता था। पर जब इसे प्रयोगशाला में परीक्षित करके प्रमाणित किया गया तब इसे विश्वसनीय वैज्ञानिक ज्ञान माना जाने लगा। *अतः ज्ञान सर्वमान्य और तर्कबुद्धि-द्वारा प्रमाणित होता है। इसकी तुलना में मत भाव-संवेग तथा लोक-परम्परा पर आधारित होता है। अतः मत (opinion) को ज्ञान की संज्ञा नहीं दी जा सकती है।*

प्लेटो का प्रत्यय-सिद्धान्त

प्लेटो का प्रत्यय-सिद्धान्त *सुकरात* के संप्रत्यय सिद्धान्त का ही विकसित रूप है। *जौन बर्नेट,* जो अधिकारी लेखक हैं, उनका कहना है कि *सुकरात* के अनुसार उनका संप्रत्यय प्रबोधि (illumination) से प्राप्त मानना चाहिए, न कि आगमनात्मक जैसा आज समझा जाता है। *सुकरात* का प्रबोधिमूलक सिद्धान्त उनके धातृ-विधि से सिद्ध होता है। फिर *सुकरात* यह भी मानते थे कि संप्रत्यय कभी भी सुषुप्तावस्था में रहते हैं। अब यदि मान लिया जाय कि *प्लेटो* ने *सुकरात* के मत को समझकर उसे विकसित किया है तो यह तर्कसंगत समझा जायगा। पर संप्रत्यय प्राप्ति

को आगमनात्मक मान लेने पर गुरु-शिष्य में विरोध-सम्बन्ध हो जायगा जिसे तर्कसंगत, प्लेटो-संवाद की भूमि में, नहीं समझा जा सकता है। संप्रत्यय-प्राप्ति को प्रबोधिमूलक मानते हुए भी कहना पड़ेगा कि *प्लेटो* का प्रत्ययवाद सुकराती संप्रत्ययवाद से भिन्न है।

(1) सर्वप्रथम, सुकरात मानते हैं कि संप्रत्यय बुद्धि-द्वारा प्राप्त होते हैं।

(2) प्रत्यक्ष, संप्रत्यय का प्रबोधन मात्र करते हैं। पर *प्रत्यक्षों में संप्रत्यय निहित* नहीं कहे जा सकते हैं।

पर *सुकरात* ने संप्रत्ययों की मन से परे उनकी स्वतंत्र सत्ता के विषय मौन प्रतीत होते दिखाई देते हैं। *सुकरात* के मत को शुद्ध संप्रत्ययवाद भी नहीं कहा जा सकता है। सुकराती संप्रत्ययवाद की आधारभूमि में *प्लेटो* के प्रत्ययवाद को समझा जा सकता है और इसे सुकराती ज्ञान-मीमांसा का स्पष्ट रूप माना जा सकता है।

प्लेटो के मत के *प्रत्ययों का वास्तववाद* (realism of ideas) कहा जाता है। यहाँ प्रत्यय केवल संप्रत्यय नहीं है पर ये आदर्श (ideal) हैं। जैसे-मनुष्य का प्रत्यय राम, श्याम तथा यदु में नहीं सीमित होकर एक *आदर्श मनुष्य* की भावना में परिणत हो जाता है। इसी प्रकार गाय, घोड़े, टेबुल, कुर्सी, इत्यादि के आदर्श प्रत्यय होते हैं जो देश-काल से परे इन्द्रियग्राह्य नहीं होते हैं। जिस प्रकार से विशिष्ट गाय, घोड़े, इत्यादि को मानसिक नहीं माना जाता है पर कहा जाता है कि ये विशिष्ट पशु एवं वस्तुओं की मानव मन से परे उनकी बाह्य वस्तुनिष्ठ सत्ता है उसी प्रकार प्रत्ययों का भी संप्रत्ययों तथा विशिष्ट वस्तुओं से परे उनकी स्वतंत्र सत्ता *प्लेटो* ने स्वीकारी है। इसलिए *प्लेटो* के अनुसार प्रत्ययों की स्वतंत्र निजी सत्ता है। चूँकि प्रत्यय इन्द्रियग्राह्य नहीं होते और न दिक्-काल में होते हैं इसलिए इन्हें वास्तविक (factual) नहीं कहा जा सकता है।* विरोधाभास के रूप में कहा जा सकता है जो वास्तविक है वह सत् नहीं और जो सत् है वह वास्तविक नहीं। अद्वैत वेदान्त को भाषा में वास्तविक सत्ता परम सत् नहीं है। वह माया है। उसकी सत्ता व्यावहारिक है। पर इसके विपरीत पारलौकिक ब्रह्म ही परम सत् है। *प्लेटो* का प्रत्ययवाद भी बहुत कुछ अद्वैत वेदान्त के समान ही है। अब प्रश्न होता है कि *प्लेटो* ने क्यों प्रत्यय को अपनी निजी स्वतंत्र सत्ता स्वीकारा है? क्यों *सुकरात* के संप्रत्यय को प्रत्यय मानकर *प्लेटो* ने प्रत्ययों को परम तत्त्व मान लिया है?

संप्रत्यय और प्रत्यय

(1) सर्वप्रथम, प्लेटो के अनुसार व्यक्तियों को परिभाषित त्रिभुज, रेखा, बिन्दु इत्यादि का प्रत्यय है पर इनके अनुसार कोई भी वास्तविक, निरीक्षित तथा यथार्थ रेखा नहीं पाई जाती है। ऐसी कोई भी रेखा नहीं है जिसमें लम्बाई हो और चौड़ाई न हो। फिर ऐसा कोई भी वास्तविक त्रिभुज नहीं है जिसके तीनों समकोण मिलकर एकदम ठीक 180 अंश का हो। तब ऐसी रेखा, त्रिभुज कहाँ प्राप्त होंगे? ये प्रत्यय आदर्श रेखा, त्रिभुज, आदि के हैं जो भूतल पर नहीं देखे जाते हैं। तब कहाँ हो सकते हैं? प्लेटो ने कहा 'स्वर्ग में', जो केवल आलंकारिक अथवा लाक्षणिक भाषा है।

(2) दूसरी बात है कि प्लेटो के लिए ज्ञान के अनुरूप कोई अवश्य उसकी विषयवस्तु भी रहनी चाहिये। उदाहरणार्थ यदि कहा जाय कि उड़नखटोला पटना के गाँधी मैदान में है। यदि वास्तव में ऐसी वस्तु हो तो इसे सही ज्ञान कहा जायगा, अन्यथा भूल। इसलिए प्रत्यय के अनुरूप (corresponding) अवश्य ही सत्ता भी रहनी चाहिए। यदि पूछा जाय कि सुन्दरता क्या है। यदि किसी नारी को दिखाकर कहा जाय, *'यह सुन्दर नारी है'*। नारी सुन्दर हो सकती, पर बुढ़ापे में यह सुन्दर नहीं रह पाती है। इसी प्रकार लाल गुलाब या पीला गुलाब सुन्दर हो सकता है। पर

---

* टेबुल, कुर्सी, नदी-नाले, इत्यादि को वास्तविक (actual) कहा जाता है, क्योंकि ये दिक्-काल में रहकर इन्द्रियग्राह्य होते हैं। इसके विपरीत प्रत्यय को (real) सत् कहते हैं। इन्हें उपमामय तथा रूपकात्मक रूप से कहा जाता है कि ये संसार से परे स्वर्ग में पाये जाते हैं।

मुर्झा जाने पर इसको सुन्दर नहीं कहा जा सकता है। क्या सुन्दरता का प्रत्यय वह है जो नश्वर वस्तुओं का है? नश्वर वस्तुओं के ज्ञान को 'ज्ञान' की संज्ञा नहीं दी जा सकती है। इसके अतिरिक्त प्रश्न है, सुन्दरता क्या है?

यदि नारी, फूल, झरना, सुन्दर दृश्य को दिखाकर कहा जाय 'यह है सुन्दरता', जो उत्तर गलत होगा। नारी, फूल, इत्यादि *वस्तुविशेष* हैं और सौन्दर्य, *अमूर्त*, *सर्वव्यापी* और *सामान्य* है। इसलिए नारी, फूल, इत्यादि को सौन्दर्य नहीं कहा जा सकता है। तब प्रश्न उठता है, 'सौन्दर्य कहाँ है?'

यह वस्तुविशेषों को दिखाकर नहीं कहा जा सकता है कि अमुक वस्तु 'सौन्दर्य' है। तब कहाँ है? *प्लेटो* ने इस कठिनाई को दूर करने के लिए कहा कि सौन्दर्य अवश्य है, पर यह भूतल पर नहीं, इन्द्रियग्राह्य वस्तुओं में नहीं। प्रत्यय सब सत् हैं, पर संसार से परे और अतीत अलौकिक स्थान में हैं। जिसे 'स्वर्ग' की संज्ञा दी जा सकती है।

(3) *सुकरात* के अनुसार वस्तुविशेषों को प्रत्यक्ष करने के बाद ही उनका संप्रत्यय प्राप्त किया जाता है। इसके विपरीत *प्लेटो* का कहना है कि सामान्य प्रत्यय का ज्ञान वस्तु-विशेषों के प्रत्यक्ष करने के पूर्व ही हम में होता है और तब उनके आधार पर उन्हें मानदंड समझकर हम वस्तुओं को समझ पाते हैं। अतः *सुकरात* के लिए *प्रत्यक्ष करने के बाद* संप्रत्ययों का ज्ञान होता है, और *प्लेटो* के अनुसार सभी प्रकार के *प्रत्यक्षों के पूर्व* मानव में प्रत्यय (ideas) पाये जाते हैं।

(*So before we began to see and hear and use our other senses we must somewhere have acquired the knowledge that there is such a thing as absolute beauty, goodness, holiness. —Phaedo, Meno*)

फीडो के अनुसार जन्म के पूर्व और जन्मते समय से प्रत्यय मानव में पाये जाते हैं। वास्तव में देखा जाय तो प्रत्ययवाद (idealism) की यह मान्यता है कि निरपेक्ष सत् तार्किकतः नित्य, शाश्वत और सभी वस्तुओं के *पूर्व* परे और *पूर्ण* है और यह परम् सत् संसार और संसार की सभी वस्तुओं में क्रमशः प्रस्फुटित होता रहता है।

अब स्पष्ट हो गया होगा कि *प्लेटो* का प्रत्यय *सुकराती* संप्रत्यय नहीं है और प्रत्ययों का सच्चा ज्ञान पूर्व जन्म में हुई अनुभूतियों के *अनुस्मरण मात्र* (reminiscence) से होता है। इसलिए अब प्रत्ययों के लक्षणों पर भी ध्यान देना चाहिए।

प्रत्ययों के लक्षण (*Characteristics of Ideas*)

(1) प्रत्यक्ष द्रव्य (substance) है क्योंकि इसकी अपनी स्वनिर्भर और शाश्वत सत्ता है। 'द्रव्य' शब्द को प्लेटो ने काम में नहीं लाया है, (रिपब्लिक में) कहा है कि प्रत्येक स्वनिहित और स्वनिर्भर है (is in and of itself)। पर द्रव्य की परिभाषा है कि द्रव्य वह है जो अपने में ही पूर्ण है और जो अपनी सत्ता के लिए किन्हीं अन्य सत्ताओं पर निर्भर न हो। इस अर्थ में *प्लेटो* के अनुसार सभी प्रत्यय निरपेक्ष और अन्त्यन्तम तत्त्व हैं। (Absolute and ultimate realities)–(*Republic* 597 c; *Phaedo* 75 d)।

वास्तव में देखा जाय तो द्रव्य की परिभाषा के अनुसार केवल एक ही परम द्रव्य हो सकता है, जैसा *स्पिनोजा* ने अपने दर्शन में बताया है। *प्लेटो* ने अनेक प्रत्ययों की चर्चा अवश्य की है, पर अन्त में उन्होंने सभी प्रत्ययों को व्यवस्थित कर एक पैरिमिडी (pyramidal) अनुतंत्र में गूथ दिया है। इस अनुतांत्रिक एकवादी व्यवस्था की चर्चा बाद में की जायगी।

(2) प्रत्ययों को *सामान्य* और *सर्वव्यापी* कहा गया है। पर ये सर्वव्यापी संप्रत्यय नहीं हैं जो वस्तुविशेषों में पाये जाते हैं। प्रत्यय अपने अनुरूप वस्तुओं का एक पूर्ण आदर्श होता है। उदाहरणार्थ घोड़ों का प्रत्यय अपने में एक आदर्श घोड़ा है जिसके आलोक में अन्य सभी घोड़े विशेषों का ज्ञान होता है। वस्तुविषेश प्रत्यय में भागग्राही (participate) होते हैं। 'भागग्राही' से

अर्थ है कि जिस प्रकार कापी या नकल मूल वस्तु में कुछ बातों में भाग लेते हैं उसी प्रकार *वस्तुविशेष अपने अनुरूप आदर्श प्रत्यय की नकल करते हैं* (imitation)। जिस प्रकार कोई भी नकल मूलरूप नहीं हो सकते हैं, उसी प्रकार कोई भी अच्छे से अच्छा घोड़ा-प्रत्यय का स्थान नहीं ले सकता है। तो भी सभी वास्तविक, इन्द्रियग्राह्य घोड़े इस आदर्शरूप घोड़े-प्रत्यय का नकल करते हैं। इस अर्थ में प्रत्येक प्रत्यय को सभी घोड़ों में सामान्य और सर्वव्यापी समझा जा सकता है।

(3) प्रत्यय न तो इन्द्रियग्राह्य है और न संप्रत्यय ही हैं। इन्हें अभौतिक (immaterial) ही कहा जा सकता है। प्रत्यय न तो मानसिक (psychical) और न आध्यात्मिक ही कहा जा सकता है। इनका आभास संभवतः संप्रत्ययों के द्वारा हो सकता है और *प्लेटो* ने बताया है कि प्रत्ययों को शुद्ध विचार और शुद्ध बुद्धि के ही द्वारा जाना जा सकता है। फीडो में बताया गया है :—

Surely the soul can best reflect when it is free of all distractions such as hearing or sight or pain or pleasure... (Phaedo 65e-66a)

Again by intellect unaided by the sense of sight and other sense, through unadulterated thought.

प्लेटो ने प्रत्यय और प्रत्यक्ष के बीच अन्तर को स्पष्ट करते हुए कहा है कि प्रत्यक्ष को देखा जा (अर्थात् इन्द्रियग्राह्य) सकता है, पर प्रत्यय को नहीं। प्रत्यय पर विचार किया जा सकता है पर इसे देखा नहीं जा सकता है। रिपब्लिक में कहा है :—

One class of things we can see but not think, while the ideas can be thought but not seen. *(Republic,* 57 b VI)

इसलिए प्रत्यय वास्तविक वस्तुएँ नहीं हैं।

(4) प्रत्येक जातिविशेषों के अनुरूप केवल एक ही प्रत्यय होता है। जैसे-घोड़ा-प्रत्यय एक है यद्यपि इसके अन्तर्गत अनेक वास्तविक घोड़े गिने जाते हैं। यदि एक से अधिक घोड़ा-प्रत्यय होता तो वास्तविक घोड़े किसी एक के नकल होते? वास्तव में एक से अधिक प्रत्यय होते तो उनमें जो उनके बीच एक सामान्य (सर्वसामान्य) होता उसी एक को ही प्रत्यय मानकर तद्नुरूप वस्तुविशेष उसकी नकल करते। इसलिए किसी एक जातिविशेष के अनुरूप एक ही प्रत्यय होता है। रिपब्लिक और टिमियस दोनों में *प्लेटो* ने इस बात को लिखा है:—

"The deity framed one visible animal comprehending within itself all other animals of a kindred nature." (Tim., 30 d) यदि एक से अधिक जातिविशेष-विषयक प्रत्यय होते तो अन्त में एक ही सही प्रत्यय होता that really is in and of itself, and not the other two. (*Republic,* 597 c)

(5) प्रत्यय कूटस्थ (constant) नित्य अविनाशी और अपरिवर्तनशील होते हैं। चूँकि प्रत्यय परम तत्त्व हैं और परम तत्त्व नित्य और अविनाशी होता है, इसलिए प्रत्यय भी नित्य और अविनाशी होते हैं। पर इसके विपरीत प्रत्ययों पर आधारित इनके अनुरूप वास्तविक वस्तुविशेष परिवर्तनशील और नश्वर होते हैं। फीडो में बताया गया है–*Absolute reality is constant and invariable. Other concrete instances of a class corresponding to an absolute reality are just the opposite, never free from variation. (Phaedo,* 78 c, d)

प्रत्ययों को क्यों नित्य और अभौतिक कहा गया है? पहली बात है कि *सुकरात* ने सम्प्रत्ययों (concepts) को परिभाषा कहा था और कोई भी परिभाषा स्थिर और निर्धारित (fixed) हुआ करती है। अब सम्प्रत्यय की तुलना में प्रत्यय कहीं अधिक स्थिर होते हैं। वास्तव में प्रत्यय वैज्ञानिक नियम ही होते हैं। उदाहरणार्थ गुरुत्वाकर्षण का नियम पर विचार करें। यह गुरुत्वाकर्षण का नियम क्या न्यूटन के पूर्व नहीं था? यह नियम था और केवल इसका ज्ञान मानव को नहीं था। इससे स्पष्ट होता है कि प्राकृतिक नियम मानव मन पर आश्रित नहीं होते हैं। प्रत्यय सभी मानव मन और उसके

विचार से परे और अतीत होते हैं। इसलिए प्रत्यय सम्प्रत्ययों की तुलना में कहीं अधिक स्थायी और स्थिर होते हैं।

द्वितीय, यदि प्रत्यय प्राकृतिक नियमों के समान होते हैं जैसे आधुनिक प्लेटोवादी समझते हैं, तो वे सभी भौतिक वस्तुविशेषों से परे भी समझे जा सकते हैं। मान लिया जाय कि सूर्य-चाँद तथा भौतिक पदार्थ न हों तो क्या गुरुत्वाकर्षण का नियम लुप्त हो जायगा? नहीं, गुरुत्वाकर्षण का नियम रहेगा, चाहे भौतिक पदार्थ हों या नहीं। अतः प्रत्यय अभौतिक हैं क्योंकि भौतिक पदार्थों से परे हैं और फिर मानव मन से भी परे हैं। *अतः प्रत्यय अभौतिक, शाश्वत, नित्य और कूटस्थ हैं।*

(6) प्रत्यय सरल तथा निरवयव होते हैं क्योंकि जो सम्मिश्र (composite) होता है, उसके टुकड़े हो जाते हैं और वह विनष्ट हो जाता है।

(7) प्रत्यय दिक्-काल में नहीं है और वह इन्द्रियग्राह्य भी नहीं है तो भी *प्लेटो* इसके विपरीत कहते हैं कि प्रत्ययों का अस्तित्व (existence) है। पर उसी वस्तु को अस्तित्ववान कहा जाता है जो दिक्-काल में होकर इन्द्रियग्राह्य होता है। फीडो में प्लेटो का कथन है:—

"...I am assuming the existence of absolute beauty and goodness and magnitude and all the rest of them." (*Phaedo*, 75d; 100b)

पर उन्होंने इस बात को इसलिए बताया कि वे अंगग्राहिता को स्पष्ट करें। *प्लेटो* के अनुसार वस्तुविशेष प्रत्यय में अंगग्राही (participate) होते हैं और प्रत्यय भी उनमें वर्तमान रहता है। इस वर्तमान रहने को *प्लेटो* ने प्रत्यय को वस्तुविशेषों का 'कारण' कहा है।

पर *प्लेटो* की प्रसिद्ध उक्ति है कि प्रत्यय सत् है और यह इन्द्रियग्राह्य सत्ता नहीं है और इन्द्रियाग्राह्य जो है वह प्रत्यय नहीं है।

(8) उपरोक्त से यह भी निष्कर्ष निकलता है कि प्रत्यय वस्तुविशेषों का सार (essence) होता है, क्योंकि जितनी भी सुन्दर वस्तुएँ हैं वे सौन्दर्य-प्रत्यय में अंशग्राही होती हैं और सौन्दर्य-प्रत्यय भी उनके अनुरूप वस्तुविशेषों में पाये जाते हैं।

(9) फिर रिपब्लिक में *प्लेटो* बताते हैं कि प्रत्येक प्रत्यय अनूठा, अनुपम और केवल अपने में एक और अपने समान ही होता है (An idea is unique)।

(10) फिर *प्लेटो* के अनुसार कोई भी प्रत्यय दिक्-काल में नहीं है और न इन्द्रियाग्राह्य हो सकता है। इसका कारण है कि जो दिक और काल में होता है वह वस्तुविशेष (particulars) होता है। जैसे—यह अमुक पुस्तक इस टेबुल पर है और अभी है। पर प्रत्यय सामान्य और सर्वव्यापी होते हैं जो सभी देश और कालों से परे और स्वतंत्र होते हैं।

फिर वस्तुविशेष ही किसी काल विशेष में होते हैं पर प्रत्यय नित्य और अकालिक होते हैं।

(11) फिर हमें याद रखना चाहिए कि वस्तुविशेष *प्रत्यक्ष* के द्वारा जाने जाते हैं और सम्प्रत्यय *मिश्रित बुद्धि* (अर्थात् वह जिसका सम्बन्ध संवेदन के साथ भी होता है) के द्वारा जाना जाता है। इनकी तुलना में प्रत्यय पूर्वजन्म की अनुभूति के *अनुस्मरण* (recollection) द्वारा मापा जाता है और बिना संवेदन से उद्वेलित (उत्तेजित) होकर शुद्ध बुद्धि (intellect) तथा परिशुद्ध विचार के द्वारा प्रत्यय जाना जाता है। अन्त में हम देखेंगे कि प्रत्यय प्रज्ञावान व्यक्ति की दिव्यदृष्टि(vision) के ही द्वारा जाना जाता है।

(12) *अरस्तू* के अनुसार, *प्लेटो* ने अपने जीवन के अन्तिम समय में बताया था कि प्रत्यय संख्या हैं (Ideas are number)। इस मत को पाइथागोरसीय कहा जाता है और इसे रहस्यवाद से जोड़ा जाता है! याद होगा कि पाइथागोरस न्याय को वर्ग और अन्य विचारों को भी गणित के रूप में समझते थे। पर इससे प्रत्ययों पर कोई प्रकाश नहीं पड़ता है। पर प्लेटो के दर्शन में इससे कुछ लाभ अवश्य हुआ। पाइथागोरसीय रहस्यवाद में 'एक' संख्या को सर्वोच्च माना जाता था अन्य अंक क्रमशः कम सत् (real) समझे जाते थे।

"One was ascribed the highest absolute reality and other entities removed from the One in decreasing worth according to the distance from the One."

इस व्यवस्था के अनुसार भौतिक वस्तुओं का स्थान निम्नतम था। *प्लेटो* ने भी अपने दार्शनिक अनुतंत्र में शुभ के प्रत्यय (The idea of the Good) को पैरिमिडी क्रमबद्धता में सर्वोच्च स्थान दिया है और प्रत्यय से प्राप्त वस्तुओं को निम्नतम स्थान दिया है। इससे लाभ यह भी हुआ के *प्लेटो*के दर्शन में प्रत्यय अनेक हैं और उन्हें एक सुव्यवस्थित अनुतंत्र(system) में एक पैरिमिडीय व्यवस्था में रखा गया है। *प्लेटो* ने इस संदर्भ में यह भी बताया है कि एक और अनेक, दोनों *सापेक्ष* पद हैं और 'एक' को बिना *'अनेक'* के निरर्थक ही समझा जायगा। इसलिए प्लेटो ने सभी प्रत्ययों को एक ही अनुतंत्र में गूथ दिया है और यह उनके दर्शन की बहुत बड़ी देन है।

दूसरी बात है कि प्रत्यय को आधुनिक भाषा में वैज्ञानिक नियम के रूप में समझा गया है। फिर यह भी स्पष्ट है कि वैज्ञानिक नियम तभी स्पष्ट कहे जाते हैं जब इन्हें गणितीय सूत्रों में व्यक्त किया जाता है। ऐसी स्थिति में प्रत्ययों को संख्या कहने का अर्थ है कि प्रत्ययों को गणितीय सूत्रों में व्यक्त करना चाहिए। इस रूप में *प्लेटो* को आधुनिक वैज्ञानिक कहा जा सकता है।

द्वंद्वात्मकता (*Dialectic, अर्थात् प्रत्ययों का सम्बन्ध*)

सुकरात की विधि को द्वंद्वात्मक विधि की संज्ञा दी गई जहाँ इससे अभिप्राय होता है, 'बातचीत (संगोष्ठी) के आधार पर सत्य की खोज करना'। प्लेटो ने भी अपने दर्शन को सम्वादों (dialogues) में व्यक्त किया है और तब बातचीत के द्वारा प्रत्ययों के अर्थों का विश्लेषण किया और प्लेटो के दर्शन में सम्वाद से अर्थ है कि प्रत्ययों के आपसी और *प्रत्यक्षों के साथ उस सम्बन्ध* को जाना जाय जो बातचीत से स्पष्ट किया जा सकता है। इसलिए सम्वाद में प्रत्ययों के आपसी सम्बन्ध तथा प्रत्ययों के साथ प्रत्यक्षों के सम्बन्ध को स्थापित किया जाता है।

हेगेल के दर्शन में द्वन्द्वात्मक विधि विशेष रूप से देखने में आती हैं जहाँ उन्होंने पक्ष (thesis), प्रतिपक्ष (antithesis) और सम्पक्ष (synthesis) के त्रयात्मक विधि को दिखलाया है जिनके द्वारा प्रत्ययों के आपसी सम्बन्ध और उनके क्रमशः विकास को दिखाया जा सकता है।

प्लेटो ने पाइथगोरसीय विचारधारा के अनुसार प्रत्यय और प्रत्यक्ष में गहरा भेद बताया है। प्रत्यक्ष आत्मविरोधी, सापेक्ष, अनेक तथा प्रतिक्षण परिवर्तनशील होते हैं। इनकी तुलना में प्रत्यय नित्य, कूटस्थ सत्य और अपरिवर्तनशील होते हैं। इस मत में *पार्मिनाइड्स* और *हेराक्लिट्स* के विचारों का समन्वय देखा जाता है। प्रत्यक्ष प्रतिक्षण परिवर्तनशील रहने के कारण *हेराक्लिट्स* के संभवन (becoming) सिद्धान्त के अनुरूप सत्ताएँ हैं। इसके अप्रवर्तनशील समझा गया है। फिर सुकरात की छाप भी प्लेटो पर पूरी पड़ी है। हम देखते हैं कि *सुकरात* के अनुसार दार्शनिक चिंतन का परम उद्देश्य है कि मानव सद्गुणी (virtuous) बने और केवल सद्गुण के ज्ञान को प्राप्त कर लेने पर ही व्यक्ति सद्गुणी हो सकता है, क्योंकि सुकरात के अनुसार मानव जानबूझकर बुराई नहीं कर सकता है और वह केवल अपने ज्ञान से ही संचालित होता है। *प्लेटो* के दर्शन में भी सर्वोपरि ज्ञान शुभ का प्रत्यय है। इसी ज्ञान के हो जाने पर मानव शुभ संकल्पी और पुण्यात्मक हो सकता है।

अब यदि प्रत्यय और प्रत्यक्ष के आपसी सम्बन्ध पर देखा जाय तो प्लेटो के दर्शन में वे एक-दूसरे के विरोधी तत्त्व कहे जा सकते हैं। जिन्हें प्रत्यक्ष कहा गया है वे विश्व की वास्तविक वस्तुएँ हैं, जैसे-गाय-भैंस, नदी-नाले, पेड़-पौधे इत्यादि। तो क्या एकदम असत् (unreal) हैं? क्या इनका तिरस्कार किया जा सकता है? प्लेटो अद्वैतवादी (monist) नहीं हैं। आप विश्व की सभी वस्तुओं को भ्रम नहीं समझते हैं। तब इन वस्तुओं की किस प्रकार की सत्ता है?

प्लेटो की भाषा अलंकारिक है जिसके कारण आप गोल-मटोल भाषा में अपने विचारों को व्यक्त करते हैं। आपके अनुसार प्रत्यक्ष से प्राप्त अनेक काले, सफेद, छोटे, बड़े घोड़े देखे जाते हैं। पर ये वास्तविक घोड़े अन्त में परमपूर्ण आदर्श रूप, घोड़े-प्रत्यय के नक़ल मात्र हैं(imitation)।

इसी प्रकार फीडो (Phaedo) में *प्लेटो* ने बताया है कि प्रत्यक्ष-द्वारा विशिष्ट वस्तुएँ अपने अनुरूप आदर्श प्रत्यय की तुलना में उनके सदृश होती हैं और उनके *सन्निकट* पहुँचने का प्रयास करती हैं। फिर *प्लेटो* ने बताया है कि वस्तुविशेष प्रत्यय का अंशतः अंशग्राही (participate) होते हैं। पुनः *प्लेटो* के अनुसार ये वस्तुविशेष अपने अनुरूप प्रत्यय की झलक हैं जो प्रत्यय की याद दिलाती हैं। एक स्थल पर आप प्रत्ययों को प्रत्यक्षों का कारण भी कहते हैं। पर 'कारण' शब्द का अर्थ है वह आधार जिसकी ओर वस्तुविशेष आकर्षित हों।

(One thing that makes that object beautiful is the presence in it of absolute beauty.)

यह बात शुभ-प्रत्यय के संदर्भ में स्पष्ट हो जाती है जो सभी वस्तुओं का परम लक्ष्य है और जो सभी वस्तुओं को अपनी दिशा में आकर्षित करता है। इसी प्रकार के कारण को *अरस्तू* ने प्रयोजन-कारण (final cause) और आकार (form) कहा है और शुभ प्रत्यय के स्थान पर अचालिक चालक (unmoved mover) की अवधारणा स्थापित की है।

प्लेटो ने अपने कारण-सिद्धान्त के अनुसार प्रत्ययों को वस्तु विशेषों का अंतर्वर्ती (immanent अन्तर्यामी) और अतीत (transcendent), दोनों ही माना है। जब *प्लेटो* कहते हैं कि प्रत्येक प्रत्यय अपने अनुरूप विशेषों में रहकर उन्हें अपने समान करते हैं तो यहाँ विशेषों में प्रत्यय को उनका अन्तर्वर्ती आधार कहा जायगा। पर *प्लेटो* यह भी कहते हैं कि प्रत्यय प्रत्यक्षों से परे और अतीत रहते हैं तो प्रत्यय को प्रत्यक्षों का अतीत कारण कहा जायगा। इसी विचार के अनुसार पाश्चात्य ईसाई ईश्वर को विश्व का अन्तवर्ती और अतीत, दोनों प्रकार का आधार मानते हैं।

पर क्या *प्लेटो* प्रत्यय और प्रत्यक्ष के सम्बन्ध को स्पष्ट कर पाए हैं? *प्लेटो* प्रत्यय और प्रत्यक्ष के सम्बन्धं को इसलिए नहीं स्पष्ट कर पाए हैं क्योंकि आपने इनके बीच ऐसी खाई खोद दी है जिसे पाटना कठिन है। *प्लेटो* ने जो कुछ भी सम्बन्ध प्रत्यय-प्रत्यक्ष के बीच बताया है वह वास्तव में शुद्ध, स्पष्ट भाषा नहीं है। उदाहरणार्थ प्लेटो ने बताया है कि प्रत्यक्ष प्रत्यय में अंशभागी (participate) होते हैं। इस 'अंशभागिता' का क्या अर्थ होता है? क्या प्रत्यय में अंश हैं? यदि प्रत्यय में अंश हो तो प्रत्यय को निरवयव तथा सरल (simple) नहीं कहा जा सकता है। यदि प्रत्यय सम्पूर्णतया प्रत्यक्ष में हो तो एक प्रत्यक्ष और दूसरे प्रत्यक्ष में क्या अन्तर हो सकता है? फिर प्रत्यय और प्रत्यक्ष में भी कोई अन्तर नहीं रह पाएगा।

फिर *प्लेटो* ने बताया है कि प्रत्यक्ष प्रत्यय की नकल है और उसके सदृश है। पर प्रत्यक्ष और प्रत्यय में प्राकारिक अन्तर है। प्रत्यक्ष दिक्-काल में पाए जाते हैं और इन्द्रियग्राह्य होते हैं। इनकी तुलना में प्रत्यय न तो इन्द्रियग्राह्य होते और न दिक्-काल में ही होते हैं।

अपितु, प्लेटो के अनुसार प्रत्यक्षों के बीच सम्प्रत्यय बुद्धि के द्वारा प्राप्त होते हैं। पर *प्लेटो* ने यह भी बताया है कि संप्रत्ययों की प्राप्ति में मानव बुद्धि शुद्ध नहीं होती, क्योंकि यह बुद्धि इन्द्रियों से संलग्न होती है। इसकी तुलना में सभी प्रत्ययसम्बन्धी विचार सभी इन्द्रियों से मुक्त होकर काम करते हैं *(Unaided intellect, without taking account of any sense of sight or any other sense in his thinking)*। तब प्रत्ययों का ज्ञान अनुस्मरण तथा दिव्यदृष्टि (vision) के द्वारा होता है। अतः प्रत्ययों को प्रत्यक्षों की तुलना में एकदम उन्हें पृथक् और उनसे अतीत रखा गया, तब उनके बीच किस प्रकार सम्बन्ध स्थापित किया जा सकता है? यह बात अद्वैत में भी है और संसार को माया समझा गया है। जो भी *प्लेटो* ने प्रत्यय को श्रेष्ठ और प्रत्यक्ष को अपेक्षाकृत तुच्छ ठहराने के लिए प्रत्यय और प्रत्यक्षों के बीच सम्बन्ध स्थापित किया है। पर हमें यह भी देखना है कि *प्लेटो* ने किस प्रकार प्रत्ययों के बीच सम्बन्ध स्थापित किया है।

प्रत्ययों का अनुतंत्र

प्लेटो के प्रत्यय-सिद्धान्त में प्रत्यय अनेक हैं। जितने जाति-संप्रत्यय हैं उतने ही प्रत्यय भी

हैं। उदाहरणार्थ, घोड़ा-प्रत्यय, गाय-प्रत्यय इत्यादि। सर्वप्रथम, सुकरात ने सद्‌गुणों के संदर्भ में संप्रत्ययों की स्थापना प्रारंभ की थी। जैसे-न्याय, शुभ, सौन्दर्य आदि के संप्रत्यय। इसलिए *प्लेटो* ने भी न्याय, शुभत्व इत्यादि सद्‌गुणों के प्रत्ययों को प्रधानता दी है। उसके बाद प्राणी सम्बन्धी प्रत्ययों की चर्चा की जा सकती है। जैसे-गाय, भैंस, घोड़े इत्यादि। उनके गुणों के विषय भी प्रत्यय होते हैं, जैसे-रंग, शब्द, स्पर्श आदि। बनावटी वस्तुओं के संप्रत्ययों के संदर्भ में भी प्रत्यय होते हैं, जैसे-टेबुल, कुर्सी इत्यादि। यहाँ तक की गंदी वस्तुओं के अनुरूप भी प्रत्यय होते हैं, जैसे-मल, मूत्र इत्यादि। तब क्या प्रत्यय एक-दूसरे से अलग-अलग रहते हैं और इनमें किसी भी प्रकार का सम्बन्ध नहीं रहता है? क्या प्रत्यय भी परमाणुवादियों के परमाणु के समान अनेक हैं और उनमें कोई अपना सम्बन्ध नहीं है? *प्लेटो* के अनुसार प्रत्यय अनेक अवश्य हैं पर उनमें सोपानक्रमिक (hierarchy, सीढ़ी जिसमें नीचे के डग (डंडों) के सहारे ऊपर चढ़ा जाता है) व्यवस्था होती है। इस प्रकार की व्यवस्था को पिरैमिडी (pyramidical) कहा जाता है। प्रत्येक पिरैमिडी व्यवस्था की आधारभूमि में अनेक निम्नतर वस्तुएँ रहती हैं और जैसे-जैसे निम्नतर से उच्चतर वस्तुओं की ओर प्रगति होती जाती है वैसे-वैसे अधिक अमूर्त प्रत्यय देखने में आते हैं और अन्त में चोटी पर केवल सर्वव्यापक अति अमूर्त प्रत्यय एक ही रह जाता है। *प्लेटो* की पिरैमिडी व्यवस्था में शुभ का प्रत्यय चोटी पर रहता है।

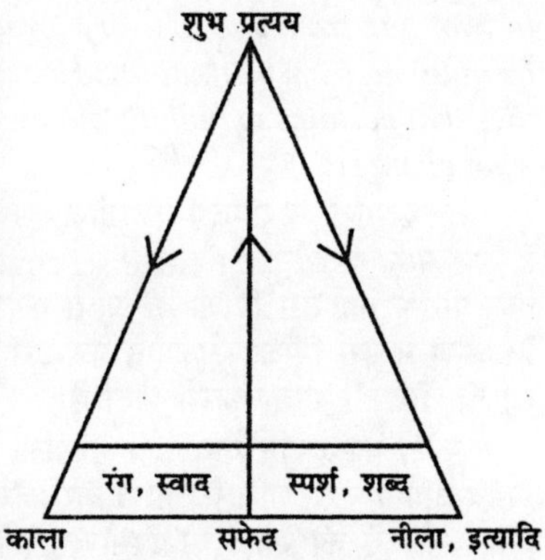

प्लेटो को इस पिरैमिडी व्यवस्था का ज्ञान कैसे हुआ? यह कहना कठिन है। पर उनके अनुसार एक और अनेक सापेक्ष हैं। एक बिना अनेक के सम्भव नहीं है और अनेक भी बिना एक में बंधी व्यवस्था को स्पष्ट नहीं किया जा सकता है। उदाहरणार्थ शरीर एक अनुक्रमिक व्यवस्था है और एक सम्पूर्ण शरीर में *अनेक अंग* होते हैं। इसलिए प्लेटों के लिए अनेक प्रत्यय भी एक *सोपानक्रमिक* व्यवस्था में गुथे रहते हैं।

प्लेटो को सोपानक्रमिक व्यवस्था का आभास संभवतः प्रत्ययों के वर्गीकरण (classification) की प्रक्रिया से प्राप्त हुआ होगा। वर्गीकरण की प्रक्रिया में नीचे से ऊपर प्रगति की जाती है, अर्थात् विशेष से सामान्य की ओर और सामान्यता की अमूर्तता के आधार पर कम *सामान्य* से अधिक और अन्त में अधिकतम सामान्य की ओर प्रगति की जाती है। जैसे-लाल, पीली, काली, सफेद, इत्यादि वस्तुओं में सामान्य गुण रंग हुआ। पर वस्तुएँ केवल रंगी हुई नहीं होतीं। उनमें रुखड़ा-चिकना का भी गुण होता है, खट्टा-मीठा-कड़ुवा का भी गुण होता है, मुलायम-कड़ा, इत्यादि का भी गुण होता है। अतः, इन सब गुणों के आधार पर रंग, स्पर्श, स्वाद, शब्द आदि गुण-सम्बन्धी उच्चतर प्रत्यय हुए। इस प्रकार से प्रगति करते रहने पर *प्लेटो* के प्रत्यय-सम्बन्धी पिरैमिडी क्रम में शुभ का प्रत्यय सर्वोच्च चोटी का प्रत्यय होता है।

हम देखते हैं कि *प्लेटो* की पिरैमिडी व्यवस्था में सामान्यता के उच्च-नीच के क्रम के अनुसार प्रत्यक्ष वस्तुओं के अध्ययन करने के फलस्वरूप ऊपर उठा जाता है और अन्त में शुभ के प्रत्यय तक पहुँचा जाता है। पर शुभ के प्रत्यय से नीचे कैसे उतरा जाय? आरोहण-प्रक्रिया का सिद्धान्त अमूर्तीकरण और सामान्यता का है। पर शुभ के प्रत्यय पर पहुँचकर अवतरण (उतरा) कैसे किया जाय? *प्लेटो* के अनुसार शुभ के प्रत्यय का अभाव प्रत्यक्ष वस्तुओं से लेकर उच्चतम चोटी के प्रत्ययों तक रहता है। वास्तव में शुभ के प्रत्यय का अभाव प्रत्यक्ष वस्तुओं से लेकर उच्चतम चोटी के प्रत्ययों तक रहता है। वास्तव में शुभ का प्रत्यय ही सभी प्रत्यक्षों और प्रत्ययों का संचालन करता है। अतः शुभ का प्रत्यय विश्व की सभी वस्तुओं, मानव विचार में अन्तर्निहित

सभी संम्प्रत्ययों और प्रत्ययों की अन्तर्वर्ती शक्ति (immanent) है। अतः सामान्यता की दृष्टि से शुभ का प्रत्यय सभी प्रत्यक्षों और प्रत्ययों से *अतीतज* (transcendent) है, पर संचालन की दृष्टि से शुभ का प्रत्यय सभी प्रत्यक्षों और प्रत्ययों में उनकी अन्तर्वर्ती अनुप्रमाणित करनेवाली शक्ति है। इस प्रकार शुभ के प्रत्यय के द्वारा *प्लेटो* ने प्रत्यक्षों और प्रत्ययों की अनेकता को सोपानक्रमिक पिरैमिडी व्यवस्था में अनुक्रमिक कर दिया है।

स्पष्ट रूप से *प्लेटो* ने पिरैमिडी व्यवस्था के सिद्धान्त को प्रस्तुत नहीं किया है। पर एक-अनेक के सम्बन्ध में यह स्पष्ट किया है कि अनेक को एक में व्यवस्थित करना चाहिए। इनके अनुसार *एक में अनेक है और अनेकता में भी एकत्व* है। फिर अपने पिरैमिडी-सिद्धान्त को *सिम्पोजियम* में सौन्दर्य के संदर्भ में इस पिरैमिडी व्यवस्था को चरितार्थ किया है। सौन्दर्य की खोज में शारीरिक सौन्दर्य से प्रारम्भ होकर क्रमशः सोपान के डगों से एक-एक को पार कर संस्था में सन्निहित सौन्दर्य से पार होकर विद्या-संस्था में पहुँचकर सामान्य शिक्षा को प्राप्तकर अन्त में उस स्थान को पहुँचा होता है जो कि स्वयं में ही शुद्ध सौन्दर्य होता है।

(Starting from individual beauties, the quest for the universal beauty must find him ever mounting the heavenly ladder, stepping from rung to rung...that is, from one to two, and from two to every lovely body ! From bodily beauty to the beauty of institutions, from institutions to learning, and from learning in general to the special love that pertains to nothing but the beautiful itself—until at last he comes to know what beauty is.) —Symposium, 211 c

दूसरे शब्दों में सौन्दर्य की खोज *व्यष्ठिनिष्ठ* अथवा विशिष्ट सुन्दर वस्तुओं से प्रारम्भित होती है तब *सामान्य सौन्दर्य* (universal concept of beauty) तक पहुँचती है। सामान्य सौन्दर्य से फिर प्रारम्भ कर उस शिक्षा को प्राप्त करना होता है जिसका *विषय* केवल सौन्दर्य के साथ होता है। अन्त में इस शिक्षा को प्राप्त कर उस स्थिति को पहुंचना पड़ता है जहाँ केवल शुद्ध सौन्दर्य का ही दीदार (साक्षात्कार) होता है।

प्लेटो का दर्शन केवल ज्ञानपिपासा को शान्त नहीं करता है। इसका मुँख्य उद्देश्य है कि मानव अपनी चरम गति को प्राप्त करे जिसमें मानव देवत्व को प्राप्त कर अमर हो जाता है। जिस प्रकार सौन्दर्य की खोज शुद्ध सौन्दर्य को प्राप्त करने में पूरी होती है उसी प्रकार सद्‌गुणों की जिज्ञासा सद्‌गुणी होने पर देवत्वप्राप्ति में पूरी होती है।

'When a seeker of beauty has reared this perfect virtue, he shall be called the friend of God, and if ever it is given to man to put on immortality, it shall be given to him.' (Symposium, 211c—212 a)

इसलिए प्लेटो के दर्शन का मुख्य उद्देश्य है कि मानव सद्‌गुणी हो और अपनी अमरता को प्राप्त करें।

येनाहं नामृता स्यां किमहं तेन कुर्याम्। *(बृहदारण्यक 2.4.3)*

इसलिए *प्लेटो* और उपनिषदों की शिक्षा का परम उद्देश्य एकदम एक था।* यह बात शुभ के प्रत्यय की व्याख्या करने में पाई जायगी।

शुभ प्रत्यय का स्वरूप

सुकरात ने शुभ संप्रत्यय के द्वारा सभी सद्‌गुणों को व्यवस्थित किया था। इसी प्रकार प्लेटो भी शुभ प्रत्यय के आधार पर सभी प्रत्ययों को क्रमबद्ध करते हैं। शुभ का प्रत्यय का वही स्थान

* W.T. Stace ने प्लेटो के दर्शन को सर्वप्रथम हेगेल के प्रत्ययवाद के रूप में देखा है और फिर इस दर्शन को मानसिक खुजलाहट के रूप में देखा है। यह भूल है। मैने इस भ्रान्ति को दूर करने के लिए मूल पाठ को उद्धृत किया है।

है जो सूर्य का दृश्य और दृष्टि के सन्दर्भ में स्थान है। सूर्य दृष्टि (vision, बीनाई, ज्योति) नहीं है और आँखों के द्वारा देखी गई वस्तुएँ अथवा वस्तु-विशेष भी नहीं हैं। पर सूर्य प्रकाश आँखों के द्वारा वस्तुओं को देखने में सहायक होता है और वस्तुओं को भी दीख पड़ने के लिए सहायक होता है। इसी प्रकार शुभ प्रत्यय के द्वारा ज्ञान और सत्यता को प्राप्त किया जाता है। पर याद रखना चाहिए कि शुभ प्रत्यय ज्ञान और सत्यता से उच्चतर भी है। फिर जिस प्रकार सूर्य सभी वस्तुओं के दिखाई पड़ने में सहायक ही नहीं, उनके पनपने और बढ़ने में भी सहायक होता है, उसी प्रकार शुभ का प्रत्यय सभी प्रत्ययों को स्पष्ट तथा बुद्धिगम्य होने में सहायक होता है। फिर शुभ का प्रत्यय न केवल प्रत्ययों का सारतत्त्व होता है परन्तु वह उनकी शक्तियों और सारतत्त्वों की अपेक्षा कहीं अधिक बढ़कर होता है। रिपब्लिक के छठे और सातवें अध्याय में *प्लेटो* ने अपने मत को इस प्रकार लिखा है :—

'This reality, then that gives their truth to the objects of knowledge and the power of knowing to the knower, you must say is the idea of good, and you must conceive it as being the cause of knowledge and of truth in so far as known. Yet fair as they both are, knowledge and truth in supposing it to be something fairer, still than these you will think rightly of it.' (*Republic* VI. 508e-509)

फिर,

'But at any rate, my dream as it appears to me is that in the region of the known the last thing to be seen and hardly seen is the idea of good, and that when seen it must needs point to the conclusion that this is indeed the cause for all things of all that is right and beautiful, giving birth in the visible world to light, and the author of light, and itself in the intelligible world being the authentic source of truth and reason, and that any one who is to act wisely in private or public must have caught sight of this.'— *Republic* 517c; By knowing good one knows what is useful and beneficial. (*Rep.* 505; 608e). संसार को सोना-चाँदी तथा सभी बहुमूल्य वस्तुओं की अपेक्षा शुभ सभी से श्रेष्ठ है(Laws, 717-728)। ठीक यही भावना कठोपनिषद् में है यथा :—

न वित्तेन तर्पणीयो मनुष्य : (अध्याय 1.1.27)

चूँकि शुभ का प्रत्यय सभी सच्चे ज्ञान और सत्यता का कारण और उनका अन्तिम श्रोत है, इसलिए वह सभी विषयों की अपेक्षा अधिक ज्ञातव्य है, सभी के संरक्षण और भलाई का आधार है और सभी प्रकार के धनों की अपेक्षा अधिक मूल्यवान है।

प्लेटो ने शुभ के प्रत्यय और ईश्वर के बीच घनिष्ठ सम्बन्ध स्थापित किया है। इसलिए ईश्वर-सम्बन्धी *प्लेटो* के विचार को भी स्पष्ट करना चाहिए। इस सन्दर्भ में यह ज्ञातव्य है कि *प्लेटो* ने शुभ के प्रत्यय को *विश्व* और प्रत्ययों को *कारण* कहा है, पर यह कारण अधिकतर *अरस्तू* के द्वारा प्रतिपादित प्रयोजन कारण (final cause) के अर्थ में प्रयुक्त किया गया है। शुभ का प्रत्यय इस अर्थ में कारण है कि सभी वस्तुएँ उसी से निकलती हैं और अन्तिम रूप में फिर उसी ओर प्रगति करती हैं।

ईश्वर-विचार

प्लेटो धर्मात्मा और ईश्वर-परायण दार्शनिक थे। ईश्वर-सेवा करने के अधिकारी पद को आप संसार में सब से बड़ा पद समझते थे (Laws, 715c)। फिर बताया है कि अच्छे व्यक्ति के लिए सब से अधिक शानदार, महत्त्वपूर्ण, शुभ और मानव आनन्द-प्राप्ति-हेतु ईश्वर-आराधना और उससे प्रार्थना करना है (Laws, 716 d)। ईश्वर नित्य और अपरिवर्तनशील हैं (*Republic*, 2.382 e)। बताया गया है कि ईश्वर सरलतम परम तत्त्व है और मनसा, वाचा, कर्मणा सत्य है और किसी

को वह स्वप्न तक में भी नहीं छलता है (*Republic*, 2, 382 e)। थीटेटस में कहा गया है कि ईश्वर में अधर्म की छाया तक भी नहीं है(176 a,b)। उसमें अशुभ का नाम तक नहीं है(*Republic*, 379 c)। ईश्वर सभी प्रकार के शुभ का श्रोतस्थान है और सबों का पोषक और आनन्ददाता है (*Epinomis*, 977 a)। *दूसरे शब्दों में प्लेटो का ईश्वर सम्पूर्णतया शुभ और नैतिक है।*

प्लेटो ने ईश्वर को सृष्टिकर्त्ता माना है (*Republic*, 10.597 d)। कहा गया है कि गर्त में से तथा चार-अग्नि, जल, पृथ्वी और पवन के आधार पर ईश्वर ने इस विश्व की व्यवस्था की है (*Timaeus*, 31 a, b; 53 b)। विश्व की रचना के साथ उसने काल की भी रचना की है(*Timaeus*, 37-39).* इस रूप में ईश्वर को शिल्पकार कहा जा सकता है, क्योंकि पूर्वस्थापित पदार्थ के आधार पर ईश्वर ने विश्व की व्यवस्था की है। परन्तु सच्चे अर्थ में सृष्टिकर्त्ता वही है जो स्वयं सामग्रियों को उत्पन्न कर उन्हें व्यवस्थित करता है।

जब ईश्वर स्वयं अपने में पूर्ण है और जिसमें किसी भी वस्तु की आकांक्षा नहीं होती तो उसने क्यों विश्व की रचना की है? प्लेटो के शब्द मार्मिक हैं। प्लेटो के अनुसार ईश्वर शुभ है और शुभ से अनुप्रेरित होकर उसने रचना की है कि सभी वस्तुएँ शुभ ही हों और इनमें किसी प्रकार की बुराई न हो (*Timeaus* 30 a)। फिर ऐसा भी प्रतीत होता है कि प्लेटो ने यह भी कहा है कि ईश्वर के शुभत्व में सहभागी होने के उद्देश्य से ईश्वर ने मानव की रचना की है। तब अशुभ क्यों?

प्लेटो ने कहा है कि विश्व को पूर्वस्थापित मैटर से रचा गया है और मैटर पूर्णतया शुभ के द्वारा शुभ नहीं किया जा सकता है। इसमें असत् का अंश रहेगा ही। द्वितीय, ईश्वर में किसी प्रकार की बुराई नहीं है। पर यह सत्य है कि बुराई कभी भी आमूल रूप से हटाई नहीं जा सकती है। यह इसीलिए है कि अच्छे व्यक्ति इस संसार से विरक्त होकर ईश्वरत्व को प्राप्त करें(*Theaetetus*, 176 a,b)। फिर यह भी ध्वनित होता है कि प्लेटो के अनुसार *मानव की अज्ञानता और उसका अन्यायपूर्ण आचरण ही अशुभ का कारण है* (*Republic*, 608–09)।

ईश्वर के अस्तित्व के प्रमाण

पूछा जा सकता है कि इस विश्व के रचयिता के अस्तित्व का क्या प्रमाण हो सकता है? क्या विश्व अपने आप आकस्मिक रीति से उत्पन्न नहीं हो सकता है?

> *That nature gives birth to them (trees and other living things) as a result of some spontaneous cause that generates without intelligence.* —*Sophist*, 265 c

फिर यदि विश्व अपने आप न हुआ हो, तो क्या वैज्ञानिक के समान यह नहीं कहा जा सकता है कि यान्त्रिक नियमों के अनुसार संसार की पूर्ण व्यवस्था प्राप्त हुई है? (*Laws* 966e) प्लेटो ने बुद्धिमान परमेश्वर के अस्तित्व का प्रमाण उपस्थापित किया है। सर्वप्रथम, प्लेटो ने उद्देश्यमूलक प्रमाण का उल्लेख किया है।

नक्षत्रों के अनुक्रमिक गति से सिद्ध होता है कि इस विश्व का कोई रचयिता है (That it is mind to which the heavens owe all their ordered array.) (*Laws*, 966 e. 967 c, d)। फिर पृथ्वी, सूर्य, नक्षत्र और सभी वस्तुओं की व्यवस्था देखी जाय। क्या सुचारु तथा आश्चर्यजनक रीति से सभी ऋतुओं की, माह और वर्षों के संचालन की व्यवस्था अपने आप की हुई है?

द्वितीय, प्लेटो ने एक प्रकार की विश्व-कारण-युक्ति भी प्रस्तुत की है। संसार की गति ऐसी है कि एक से दूसरे पदार्थ में गति उत्पन्न होती है। परन्तु पर निर्भर गति कभी भी समापत हो सकती है। इसलिए इसके आधार में स्वतः संचालक अस्तित्व अवश्य होगा जो सभी वस्तुओं को संचालित करता हुआ अपने में स्वतः संचालित बना रहे (*Phaedrus*, 245 c; फिर देखें, *Laws*, 849 b, c)।

* इसे संत अगास्टिन ने एक प्रमुख सिद्धान्त स्वीकारा है।

फिर एक प्रकार के सत्तामूलक प्रमाण की भी एक ध्वनि *प्लेटो* की रचना में मिलती है। वास्तव में अन्सेल्स का सत्तामूलक (ontological) युक्ति *प्लेटो* के प्रत्ययवाद पर आधृत है। परन्तु *प्लेटो* के अनुसार ईश्वर-प्रत्यय का ऐसा स्वरूप ही है कि इसे नित्य और अमरणशील समझा जायगा। —*Phaedo*, 106d, God at any rate can never cease to exist.

अपितु, *प्लेटो* ने एक प्रकार का प्रमाण दिया है जिसे लोक संप्रतिपत्ति (consensus gentium) के नाम से पुकारा जाता है। *प्लेटो* ने लिखा है कि समस्त मानवजाति, यूनानी और गैर-यूनानी देवताओं में विश्वास रखते हैं। (*Laws*, 886 a)

'Then, again, at rising and setting of sun and moon, they have heard and seen the universal prostrations and devotion of manking, Greeks and non-Greeks alike, in all the varied circumstances of evil fortune and good, with their implication that gods are no fictions, but the most certain of realities, and their being beyond the remotest shadow of a doubt."

—*Laws* 887 e

ईश्वर और शुभ-प्रत्यय

जब ईश्वर परम शुभ है और शुभ के छा जाने की अभिप्रेरणा से उसने विश्व की सृष्टि की है और फिर वह शुभ के प्रत्यय के समान नित्य और अविनाशी है। तब ईश्वर और शुभ के प्रत्यय के बीच किस प्रकार का सम्बन्ध हो सकता है?

(1) क्या ईश्वर ने शुभ के प्रत्यय की रचना की है? यह सम्भव नहीं है क्योंकि शुभ का प्रत्यय चोटी प्रत्यय है जो सम्पूर्ण प्रत्ययों को व्यवस्थित करता है और फिर प्रत्यय स्वयं अविनाशी और नित्य हैं। इसलिए प्रत्यय शाश्वत् हैं और इनकी सृष्टि का प्रश्न ही नहीं उठ सकता है।

(2) तो क्या शुभ के प्रत्यय से स्वयं ईश्वर की सृष्टि हुई है? यह भी सम्भव नहीं है, क्योंकि ईश्वर स्वयं अविनाशी और कूटस्थ नित्य है।

(3) तब क्या शुभ का प्रत्यय और ईश्वर दो समतुल्य परम सत्ताएँ हैं? पर हम लोगों ने देखा है कि प्रत्ययों की केवल एक ही क्रमबद्ध व्यवस्था है। इसलिए *प्लेटो* के दर्शन में द्वैतवाद सम्भव नहीं है।*

तब क्या प्लेटो ने लोकप्रियता को ध्यान में रखकर ईश्वर-विचार को प्रस्तुत किया है? अभी तक देखा गया है कि यूनानी दर्शन और धर्म के बीच अवश्य संघर्ष रहा है। *जेनोफेन्स* (570-480 ई॰ पू॰) ने देवतागणों को स्वीकार नहीं किया था, *हेराक्लिट्स* भी देवताओं की पूजा के विरुद्ध थे, *डेमोक्रिटस* (460-360 ई॰ पू॰) ने कहा था कि ईश्वर की कल्पना भय से उत्पन्न हुई है और सुकरात को भी धर्मभ्रष्टता के झूठे दोष के कारण उन्हें प्राणदण्ड दिया गया था। यही कारण है कि *प्लेटो* को धर्म के संरक्षण-हेतु ईश्वर की अवधारणा को स्थान देना पड़ा था। वास्तव में न्यायसंगत रीति से ईश्वर का कोई स्थान उनके प्रत्यय-सिद्धान्त में नहीं है। कोई भी प्रत्यय ऐसा नही है जो गति उत्पन्न करे। इसलिए ईश्वर-प्रत्यय यदि हो तो भी उसे सृष्टिकर्त्ता अथवा रचयिता नहीं कहा जा सकता है। फिर प्रत्यय परिभाषा तुल्य हैं तथा वैज्ञानिक नियम। इनमें व्यक्तित्व, इच्छा, संकल्प तथा अभिप्रेरणाओं का अभाव ही कहा जायगा। पर ईश्वर को व्यक्तित्वपूर्ण माना गया है जो प्लेटो के प्रत्यय-सिद्धान्त के प्रतिकूल है। अपितु, प्लेटो ने बताया है कि ईश्वर ही एक ऐसी परम शक्ति है जो एक को अनेक, और अनेक को एक करती है। साथ ही साथ विश्व

* आगे चलकर हम देखेंगे कि प्लेटो के दर्शन में प्रत्यय और मैटर का द्वैतवाद है, पर प्रत्ययों की एक व्यवस्था में द्वैत नहीं।

में क्रमबद्धता की ओर उँगली उठाकर उद्देश्य-मूलकप्रमाण की झलक *प्लेटो* ने उपस्थापित की है। पर आपके लिए ये सब प्रमाण तकर्निष्ठ नहीं हैं। ईश्वर को इसलिए स्वीकार करना चाहिए कि यूनानी और गैर-यूनानी सभी इसे मानते हैं और इससे राज्य और सभी का कल्याण होता है।

तब ईश्वर-प्रत्यय प्लेटो के लिए वह है जिसमें सभी सद्गुण साकार होते हैं और जिसे मान लेने पर व्यक्ति स्वयं ईश्वर-तुल्य सद्गुणी हो जाता है।

'So he who would be loved by such a being (God) must himself become such to the utmost of his might.'

—*Laws*, IV. 716 c

इसलिए *प्लेटो* का ईश्वर-विचार अद्वैतवादी और कबीरी है। अद्वैत के अनुसार ब्रह्मज्ञानी स्वयं ब्रह्म हो जाता है। इसी प्रकार कबीर का कथन है 'लाली देखन मैं गई, मैं भी हो गई लाल'। अतः *प्लेटो* के दर्शन में ईश्वरवाद परम्परागत धर्म में आस्था का परिणाम है। न्यायसंगत रूप में यदि प्रत्यय-सिद्धान्त सही हो तो ईश्वरवाद नहीं स्वीकारा जा सकता है और यदि ईश्वरवाद को उचित माना जाय तो प्रत्यय-सिद्धान्त सही नहीं होता है। *प्लेटो* ने स्वयं बताया है कि धर्म और विज्ञान में विरोध देखा जाता है। उन्होंने बताया है कि प्रायः कहा जाता है कि खगोल-विद्या तथा अन्य विज्ञानों के अध्ययन के फलस्वरूप व्यक्ति प्रायः धर्मनिन्दक हो जाता है। क्यों? क्योंकि विज्ञान में नियतिवाद तथा अनिवार्यता (अर्थात् यांत्रिक निश्चितता और बाध्यता) पाये जाते हैं पर धर्म में प्रयोजनवाद और अनिवार्यता तथा प्रयोजनवाद में विरोध देखा जाता है। लाओज में *प्लेटो* ने स्पष्ट लिखा है :—

'Tis the common belief that men who busy themselves with such themes are made infidels by their astronomy and its sister sciences, with their disclosure of a realm where events happen by stringent necessity, not by the purpose of a will bent on the achievement of good.'

—*Laws*, 967.

इसलिए क्या आश्चर्य की बात है कि *प्लेटो* के प्रत्यय-सिद्धान्त और ईश्वरवाद में संघर्ष देखा जाता है? परन्तु *प्लेटो* के दर्शन में ईश्वरवाद लोकप्रियता की दृष्टि से नहीं लिखा गया है। *प्लेटो* के दर्शन का मुख्य लक्ष्य ही था कि मानव दर्शन के द्वारा सद्गुणी बनें। यह बात *प्लेटो* के शुभ-प्रत्यय के सिद्धान्त में स्पष्ट की गई है। प्रत्यय-सिद्धान्त का चरम उद्देश्य यही था कि इस पर चिन्तन करने पर मानव ऊर्ध्वगामी होगा और अन्त में देवता-तुल्य इसी जीवन में अमरत्व को प्राप्त करेगा। ईश्वरवाद का भी यही लक्ष्य था कि मानव उदात्त, श्रेष्ठ और भव्य जीव बने जो कि ईश्वर की उपासना करने के फलस्वरूप हो सकता है और फिर अन्त में वह ईश्वर-तुल्य हो जाय।

'For the good man'–it is most galorius and good and profitable to happiness of life... be ever in communion with heaven through prayer and offerings and all manner of worship...'

—*Laws*, IV. 716 d

संभव है कि प्रत्यय-सिद्धान्त और ईश्वरवाद के बीच न्यायसंगत संबद्धता न हो, पर दोनों का लक्ष्य एक ही था कि मानव सद्गुणी हो, इसी जीवन में अमरता का पान करें और देव-तुल्य भव्य आत्माएँ हो जाय।

जीव और जगत-विचार

अभी तक ऐसा प्रतीत होता होगा कि *प्लेटो* का दर्शन केवल प्रत्यय-सिद्धान्त है। यह ठीक है कि *प्लेटो* का दर्शन प्रत्यय-प्रधान है पर *प्लेटो* ने वास्तविकता की अवहेलना न तो अपने दर्शन में की है और न नीति-विचार में। यह बात *प्लेटो* के जगत् और जीव-विचार में स्पष्ट झलकती है।

प्लेटो की ज्ञान-मीमांसा में प्रत्यक्ष, संप्रत्यय और प्रत्यक्ष के तीन बातों की चर्चा की गई है। प्रत्यक्ष वस्तुएँ परिवर्तनशील, सापेक्ष और विनाशमान् हैं। पर क्या ये सब भ्रममात्र है? नहीं। ये भी आंशिकतया सत्य हैं क्योंकि प्रत्यक्ष वस्तुओं में भी प्रत्यय का अंश है। *प्लेटो* ने बताया है कि

प्रत्यक्ष वस्तुविशेष प्रत्ययों में अंशभागी होती हैं अथवा ये प्रत्ययों की काफी या नकल (copies) हैं। इसलिए ये प्रत्यक्षविशेष अंशतः सत् हैं और फिर असत् (unreal) भी है। चूँकि सत् का अंश इनमें है, इसलिए ये आंशिकतः सत् हैं, पर ये क्यों असत् हैं और फिर असत् कहाँ से आया? प्लेटो का कहना है कि यह असत् मैटर अथवा भौतिक पदार्थ है। पर यह भौतिक पदार्थ क्या है? प्लेटो ने कहा कि यह असत् है जो निर्गुण है, निराकार और अरूप है। यह मैटर आधुनिक अर्थ में प्रयुक्त नहीं किया गया है क्योंकि अग्नि, वायु, जल और पृथ्वी की रचना, *प्लेटो* के अनुसार, विश्व-आत्मा ने मैटर से की है। तब यह मैटर न अग्नि है, न वायु है, न जल है और न पृथ्वी है। तब क्या इसमें कोई भी अपना गुण है? नहीं। केवल यही कहा जा सकता है कि यह न तो सूखा है, न गीला, न सुन्दर, न कुरूप। यह सभी गुणों से विहीन है। इस प्रकार की सत्ता को *हेगेल* ने शुद्ध अभाव (non-being) कहा है। क्या यह एकदम शून्य है? ऐसा आभासित होता है कि *प्लेटो* ने मैटर को शुद्ध अभाव नहीं कहा है और न इसे आकाश-पुष्प के समान पूर्णतया असत् कहा जा सकता है। यह है, पर इसका कोई रंग-रूप आकार नहीं है। इसकी उपमा मिट्टी के लोंदे से की जा सकती है। मिट्टी का लोंदा न बर्तन है, न सुराही, न खपड़ा, न कोई मूरत। पर इसे जैसा आकार दिया जायगा यह मिट्टी का लोंदा उसी प्रकार का सुराही, खपड़ा, मूरत इत्यादि हो जायगा। यही बात *प्लेटो* के (जड़-तत्त्व) मैटर के संदर्भ में कही जा सकती है। पर क्या मैटर स्वयं प्रत्ययों से नहीं उत्पन्न हो सकता है?

नहीं। क्योंकि प्रत्यय नित्य और अपरिवर्तनशील हैं और वे स्वयं मैटर का रूप नहीं धारण कर सकते हैं और न यांत्रिक रीति से गति उत्पन्न कर सकते हैं। वे परम लक्ष्य और मूल सत् हैं जिन्हें वस्तु विशेष नकल कर उनके समान बनना चाहते हैं। तो क्या प्लेटो का दर्शन द्वैतवादी है जिनमें प्रत्यय और मैटर दो आदि और मूल परम सत् हैं? ऐसा लगता है कि मैटर भी मूल सत् है चाहे इसे शुद्ध अभाव (non-being) ही क्यों न कहा जाय। बिना मैटर को स्वीकार किए हुए प्रत्यय वस्तुविशेषों की व्याख्या नहीं की जा सकती है। साथ ही साथ यदि मान भी लिया जाय कि मैटर का भी अस्तित्व है तो प्रश्न होता है कि मैटर क्यों विविध रंग-रूप और आकार को ग्रहण कर अनेक वस्तुओं में परिणत हो गया?

प्लेटो मानते हैं कि उनके समय में भी विचारक थे जो समझते थे कि मैटर (जड़-तत्त्व) अपने आप अपनी ही गति के कारण अनेक वस्तुओं में विभक्त हो गया है। सोफिस्ट में प्लेटो की उक्ति है :—

'That nature gives birth to them (all mortal animals and also all things that grow) as a result of some spontaneous cause that generates without intelligence.'

—*Sophist*, 265 c

पर *प्लेटो* के अनुसार प्राकृतिक छटा में इतनी सुन्दरता है कि इसे बिना सर्वशक्तिमान बुद्धि को माने हुए इस प्राकृतिक क्रमबद्धता को स्पष्ट नहीं किया जा सकता है। यही कारण है कि प्लेटो ने प्राकृतिक प्रत्यक्ष वस्तुविशेषों की व्याख्या करने के लिए ईश्वर के मिथक की रचना की है। ईश्वर का अस्तित्व न तो शुभ-प्रत्यय से और न मैटर के आधार पर स्पष्ट किया जा सकता है। यह प्लेटो का शुद्ध मिथक है। जब मानव बुद्धि काम नहीं कर सकती है तब मिथक की शरण ली जाती है और प्लेटो ने अपने दर्शन में अनेक मिथकों का प्रयोग किया है।

ईश्वर ही इस विश्व का स्रष्टा है जिसने इस विश्व को आयोजनपूर्ण बनाया है। वास्तव में *प्लेटो* ने ईश्वर को *शिल्पकार* कहा है क्योंकि उसने इस सृष्टि की रचना प्रत्ययों और मैटर के योग से की है। ईश्वर ही ने गुणविहीन मैटर पर प्रत्ययों की छाप डाली है और इसी से वस्तुविशेष प्रत्ययों की नकल कहे जा सकते हैं।

सर्वप्रथम, ईश्वर ने विश्व-आत्मा की सृष्टि की और विश्व-आत्मा (world soul) की संज्ञा प्रत्यय और मैटर के बीच अन्तर्वर्ती (intermediate) की है। इस विश्व-आत्मा ने मैटर से चार

मूल तत्त्वों की रचना की है, अर्थात् अग्नि, जल, मिट्टी और वायु। कुछ स्थलों पर ईथर (आकाश) की भी चर्चा की गई है। तब इनके द्वारा विश्व-आत्मा ने ग्रहों और तारों की भी रचना की। ये ग्रह और तारे वास्तव में देवता है और ये वृत्ताकार चक्कर में घूमते हैं। क्योंकि वृत्त ही सबसे पूर्ण आकार है। चूँकि ये ग्रह और तारे देवता हैं, इसलिए ये बुद्धि ही के द्वारा संचालित होते हैं। विश्व-आत्मा अभौतिक (incorporeal) है पर यह दिक् में आसीन कहा जाता है। प्लेटो ने इसलिए विश्व-आत्मा की कल्पना की क्योंकि उन्होंने विश्व में क्रमबद्धता देखी जो बिना बुद्धि के सम्भव नहीं हो सकती है। आत्मा ही सभी गति का संचालन करती है चाहे यह आत्मा मानव की हो या विश्व की। विश्व-आत्मा विश्व का संचालन उसी प्रकार करती है जिस प्रकार मानव की आत्मा उसके शरीर को संचालित करती है।* आत्मा की परिभाषा है कि यह वह सत्ता है जो स्वयं संचालित हो। ***The definition of the soul is what which set itself moving.***

इसलिए सभी गति के कारण को आत्मा की संज्ञा दी गई है। पर कहीं-कहीं प्लेटो ने मैटर में भी अन्धाधुन्ध तथा निरुद्देश्य गति आरोपित की है।

मानव आत्मा को भी ईश्वर ने विश्व-आत्मा से निकालकर बनाया है। मानव की आत्मा उसके शरीर पर शासन करती है और उसका शरीर अपनी आत्मा से शासित होता है। विश्व-आत्मा के समान मानव आत्मा भी प्रत्यय की दुनिया और इन्द्रियाग्राह्य प्रत्यक्ष वस्तुओं के बीच अन्तर्वर्ती सत्ता कही जा सकती है। पर मानना पड़ेगा कि मानव मनोदैहिक सत्ता है जिसमें मैटर और आत्मा का मिश्रण है। मानव की आत्मा अति सरलतम और निरवयव है और इसलिए अविभाज्य है। इसलिए अविनाशी है और अमर, पर उसका शरीर नश्वर है। मानव के उच्चतर और निम्नतर दो भाग हैं। उच्चतर भाग *बुद्धिपरक* (rational) है और यह भाग शरीर के मस्तिष्क में आसीन रहता है। निम्नतर भाग के भी उत्कृष्ट और निकृष्ट दो उपविभाग हैं। *उत्कृष्ट* उपविभाग का सम्बन्ध बुद्धिपरक उच्च्तर भाग के साथ अधिक सन्निकट और घनिष्ठ रहता है। उत्कृष्ट उपविभाग से संचालित रहने पर मानव साहस, वीरता तथा साहस के साथ काम करता है। इसके विपरीत *निकृष्ट* उपविभाग से प्रभावित रहने पर मानव शारीरिक वासनाओं की चपेट में पड़ जाता है। केवल मानव में ही आत्मा पाई जाती है और पशुओं में केवल उत्कृष्ट और निकृष्ट भाग ही पाए जाते हैं। मानव के मस्तिष्क में आत्मा का वास और उसके हृदय में उत्कृष्ट भावनाएँ और शरीर के निचले भाग में निकृष्ट प्रवृत्तियाँ रहती हैं।

प्लेटो के दर्शन में मानव आत्मा के संदर्भ में दो उल्लेखनीय बाते हैं, अर्थात् आत्मा का जन्म-जन्मान्तरों में आवागमन (transmigration) का सिद्धान्त और जन्म के पूर्व प्रत्यय-ज्ञान का अनुस्मरण (reminiscence, recollection) का सिद्धान्त। आवागमन और अनुस्मरण के सिद्धान्तों का सम्बन्ध आत्मा की अमरता के साथ लगा हुआ है। *प्लेटो* ने आत्मा की अमरता के पक्ष में कई प्रमाणों को प्रस्तुत किया हैः—

(1) आत्मा ही एक प्रकार की अस्तित्व है जो स्वतः संचालित होता है और अन्य सभी वस्तुओं को संचालित करता है। —*Phaedrus*, 245, cd. e; *Laws*, 894 c

जो वस्तु दूसरी वस्तुओं पर निर्भर रहे कि उसमें गति उनसे आए वह वस्तु नश्वर मानी जाएगी। पर वह अस्तित्व जो किसी अन्य वस्तुओं पर निर्भर न रहकर अपने आप में संचालित होता रहे वही वास्तव में शाश्वत और नित्य कहा जायगा। यह स्वतः संचालित अस्तित्व ही ऐसा है जो अपने आप संचालित होता है और अन्य सभी वस्तुओं को संचालित करता है। यह आत्म-संचालित अस्तित्व आत्मा है। चूँकि गति का अन्त कभी नहीं होता, इसलिए स्वतः संचालित आत्मा अमर कही जा सकती है।

"... 'that which moves itself' is precisely identifiable with soul, it must follow that soul is not born and does not die." —*Phaedrus*, 245c-246a

* देखें रामानुज का मत

फिर जहाँ दो अवस्थाएँ सापेक्ष हों तो एक के रहने पर दूसरी की भी अपेक्षा की जाती है। A pair of opposites में जीवन-मरण है। जहां जन्म होगा वहाँ मृत्यु भी और जहाँ मृत्यु वहाँ जन्म भी रहेगा। यही बात गीता में लिखी गई है :—

जातस्य कि ध्रुवो मृत्युध्रुवं जन्म मृत्स्य च। (अध्याय 2.27)

प्लेटो के कहने का अभिप्राय है कि सापेक्ष प्रत्यय बिना एक-दूसरे के सम्भव नहीं है। जन्म-मरण सापेक्ष हैं। अतः आत्मा का जन्म-मरण का चक्कर चलता रहता है। इससे स्पष्ट हो जाता है कि आत्मा अमर है। फीडो में प्लेटो की उक्ति (72 c, d) भी यही है।

'What they say is this that the soul of man is immortal. At one time it comes to an end...and at another is born again, but is never finally exterminated.'

—*Meno*, 81 b

फिर *प्लेटो* का कहना है कि जो वस्तु मिश्रित है केवल उसी वस्तु के टुकड़ों में विभाजन हो सकता है और इस विभाजन को उस वस्तु का विनाश कहा जा सकता है। परन्तु आत्मा सरल और निरवयव है। इसलिए आत्मा अमर है। क्यों समझा जाय कि आत्मा सरल और निरवयव है? इसलिए कि प्रत्येक प्रत्यय सरल और निरवयव हैं। और आत्मा प्रत्ययों से उच्चतर है। इसलिए आत्मा को भी सरल, अमर और अविनाशी समझना चाहिए (देखें *Phaedo, 78, 79*)। गीता में भी लिखा है :—

न जायते म्रियते वा कदाचिन्नायं भूत्वा भविता न भूयः ।
अजो नित्यः शाश्वतोऽयं पुराणो न हन्यते हन्यमाने शरीरे ॥ (2:20)

तीसरा प्रमाण है कि *प्लेटो* के अनुसार सभी प्रत्ययों का ज्ञान अनुस्मरण (recollection) मात्र है। इसका कारण है कि ज्यामिति में पूर्ण रेखा, त्रिभुज इत्यादि का प्रत्यय है, पर इन प्रत्ययों के अनुरूप कोई भी ऐसी रेखा नहीं पाई जाती जिसमें चौड़ाई न हो। फिर ऐसा कोई भी त्रिभुज नहीं है जिसके तीनों कोण ठीक-ठीक दो समकोण के बराबर होते हैं। अतः ये गणित और ज्यामिति के प्रत्यय आनुभविक निरीक्षण से नहीं प्राप्त हो सकते हैं। तब इन पूर्ण प्रत्ययों का पूर्ण ज्ञान मानव को कहाँ से आया? *प्लेटो* के अनुसार इसके पूर्व की मानव ने इस भूतल पर जन्म लिया उसे प्रत्ययों का पूरा ज्ञान था और जब वह देहधारी होकर जन्म लेता है तब प्रत्यक्षों के द्वारा उसे अपने पूर्व जन्म के प्रत्ययों के ज्ञान का संकेत मिलता है और उसे इस ज्ञान का अनुस्मरण मात्र होता है। इसके प्रमाण में *सुकरात* द्वारा एक अशिक्षित दास को क्रमशः कुशलता के साथ प्रश्न करने पर पाइथागोरियन प्रमेय का स्पष्ट ज्ञान हो गया था। अब यदि इस प्रकार के प्रत्ययों का ज्ञान अनुभव से प्राप्त न हो और फिर भी इसका ज्ञान हो तो इसकी व्याख्या कैसे की जा सकती है? (*Phaedo*, 76 a; *Meno*, 85,86)।

सत्य यही है कि सभी ज्ञान मानव के अन्दर सर्वदा विद्यमान रहते हैं। अनुभव अथवा प्रत्यक्षों के द्वारा हमें केवल इसका अनुस्मरण होता है। इस अनुस्मरण की वास्तविकता के आधार पर कहा जा सकता है कि आत्मा अमर है।

'And if the truth about reality is always in our soul, the soul must be immortal and one must take courage and try to discover–that is, to recollect–what one doesn't happen to know, or more correctly, remember, at the moment.' —*Meno*, 86 b

साथ ही साथ *प्लेटो* ने आत्मा की अमरता के साथ आवागमन का भी सिद्धान्त जोड़ दिया है। चूँकि आत्मा अमर है और अनेक जन्मों में वस्तुओं को देखती आई है और बहुत कुछ सीखती रही है, इसलिए आश्चर्य नहीं करना चाहिए कि जीव को सद्‌गुण तथा अन्य प्रत्ययों का ज्ञान अनुस्मृत होता है।

'Thus the soul, since it is immortal and has been born many times and has seen all things both here and in the other world, has learned everything that is. So we need not be surprised if it can recall the knowledge of virtue or anything else...'

—*Meno*, 81c

वास्तव में *प्लेटो* ने गणितीय ज्ञान को ही ज्ञान का सही आदर्श ज्ञान माना था और आधुनिक दर्शन में *देकार्त* और *लाइबनित्स* ने इस प्रकार के ज्ञान को जन्मजात माना और *काण्ट* ने इसे प्राग्नुभविक (a priori) कहा है। समसामयिक दर्शन में गणितीय प्रकथनों को विश्लेषात्मक (analytic) कहा जाता है।

एक प्रश्न पूछा जा सकता है, यदि असली ज्ञान अनुस्मरण मात्र है तो सभी मानव को सभी ज्ञान क्यों नहीं अनुस्मृत हो जाता है? *प्लेटो* के अनुसार, सर्वप्रथम मानव अपना आत्मसात् इतना अधिक मैटर तथा इन्द्रिय सुख के साथ कर लेता है कि वह ज्ञान के अनुस्मरण करने में असमर्थ हो जाता है। द्वितीय, केवल सही-सही अवसर के मिलने पर ही अनुस्मृति होती है। पर याद रखना चाहिए कि सच्चा ज्ञान-बोधि (enlightenment) और आत्म-जागरण है। *सुकरात* ने कहा था कि बच्चा तो माँ के गर्भ में रहता है। दाई का काम है कि बच्चे के पैदा होने में वह सहायक हो। इसी प्रकार सब ज्ञान व्यक्तियों में है। *सुकरात* का यही काम था कि वह उस ज्ञान की चेतना मानव में उत्पन्न कर दें। ज्ञान-प्राप्ति केवल उद्बोधन मात्र अथवा जागरण मात्र है। (Knowing is really recollecting.)

अतः *प्लेटो* के अनुसार मानव की आत्मा पूर्व जन्म में थी और मरणोत्तर भी रहेगी। इसका अन्तिम धाम स्वर्ग में है जहाँ यह प्रत्ययों पर ध्यान में मग्न होकर अमरता का पान करती है। मानव आत्मा जन्म-जन्मान्तरों में तब तक घूमती रहती है जब तक यह परिशुद्ध होकर अपने अन्तिम धाम को प्राप्त न कर ले।

प्लेटो के दर्शन को ईसाइयों ने बहुत अपनाया है। जिस प्रकार *प्लेटो* के दर्शन में ईश्वर, विश्वात्मा तथा जीवात्मा है ठीक उसी प्रकार ईश्वर, ईसा मसीह और जीवात्मा को स्वीकार किया गया है। जिस प्रकार विश्वात्मा संसार की सृष्ट करता है उसी प्रकार ईसा को भी सृष्टिकर्त्ता माना गया है (देखें, योहन 1.3; 17.5; इब्रानी 1.2; कुलुसियों की पत्नी 1.15-16; करिन्थ 8.6), जिस प्रकार मानव में, *प्लेटो* के अनुसार आत्मा को ईश्वर आरोपित करता है ठीक इसी प्रकार कहा जाता है कि ईश्वर ने मानव में अपनी आत्मा को डाल दिया है।

प्लेटो का नीतिशास्त्र

सुकरात ने बताया था कि Virtue is knowledge और यह कि सद्गुण को सिखाया जा सकता है क्योंकि सद्गुण ज्ञान है और ज्ञान लोगों को सिखाया जा सकता है। *प्लेटो* ने *सुकरात* के नीतिशास्त्र को अपने ध्यान में अवश्य रखा है और उसका विस्तार कर स्पष्ट किया है:—

(1) पहली बात है कि *सुकरात* के अनुसार सद्गुण को सिखाया जा सकता है। पर *प्लेटो* के अनुसार सद्गुण प्रत्ययात्मक है और प्रत्यय मानव के अन्दर उसके स्वरूप में ही सुषुप्त रहते हैं। अतः सद्गुणों के प्रत्ययों को उद्बोधन किया जा सकता है। इसी अर्थ में सद्गुण दिखाया जाता है।

(2) दूसरी बात है कि *सुकरात* के अनुसार सद्गुण को भाव (feeling) पर आधारित नहीं किया जा सकता है और न भाव पर आधारित सुख को आचार को निःश्रेयस्(summum bonum) माना जा सकता है। पर *प्लेटो* के अनुसार सुख (pleasure) के पीछे दौड़नेवाला व्यक्ति न केवल अज्ञानी है, वरन् वह बन्धन में पड़ा रहता है। सच्चा ज्ञान वह है जो मानव का हितकारी हो और उसे सम्पूर्णानन्द दे। इस प्रकार का ज्ञान ही वास्तव में सद्गुण है।

(3) सद्गुण का सच्चा ज्ञान वह है जो व्यक्ति को मोक्ष देता है और मोक्ष वह है जिसमें व्यक्ति संसारी दुःखों से मुक्त होकर अपनी आदिकालीन अवस्था को प्राप्त करता है।

अतः प्लेटो का नीतिशास्त्र धर्म का रूप ले लेता है और यह धर्म लक्ष्य लगभग सांख्य और जैन-दर्शन के समान ही है।

सुखवाद का खण्डन

जिस प्रकार *प्लेटो* की ज्ञान-मीमांसा का प्रारम्भ होता है इस खण्डन से कि ज्ञान प्रत्यक्ष नहीं है। उसी प्लेटो का आचार-दर्शन भी सोफिस्टों के नैतिक विचार के खण्डन से प्रारम्भ होता है। सोफिस्टों के अनुसार सुख (pleasure) ही जीवन का परम लक्ष्य है और नीति उसी को कहा जाता है जो प्रभुताशाली कमजोर वर्गों को मान्य बताते हैं, अर्थात् Might is right (जो अधिकारी वर्ग के पक्ष में हो वही उचित है)।

(1) सुख-दुःख मानसिक भाव है। परन्तु भाव का ऐसा स्वरूप है कि उसका अनुभव व्यष्टिनिष्ठ (subjective आत्मनिष्ठ) होता है। जैसे-गुड़ की मिठास का अनुभव केवल गुड़ खाने वाले को ही होता है। इसलिए यदि कहा जाय कि आचार का परमलक्ष्य सुखप्राप्ति है या दुःख का त्याग, तो यह ठीक नहीं जँचता है; क्योंकि अच्छा-बुरा वह है जो सर्वमान्य हो और आत्मनिष्ठ या व्यष्टिनिष्ठ न हो। इसलिए आचार सुख-प्राप्ति तथा दुःख के परिहार (avoidance त्याग) को नहीं कहा जा सकता है।

(2) फिर यदि आचार सुखप्राप्ति तथा दुःख परिहार हो तो इस प्रकार का आचार *सापेक्ष* हो जायगा। उदाहरण जो जवानी में सुखदायक होता है वह बुढ़ापे में नहीं। जो दूर से अच्छा लगता है वह नजदीक से नहीं। पर असली आचार *सर्वव्यापक* और *सर्वजनीन* रहना चाहिए। पर इसके विपरीत सुख-दुख कम-अधिक सुखमय या दुःखमय होता है जो मानव के स्वास्थ्य तथा अन्य स्थितियों पर निर्भर करता है।

(3) फिर यदि अच्छा वही है जो व्यक्ति विशेषों को अच्छा लगे और बुरा वही है जो उन्हें बुरा लगे तो अन्त में अच्छे-बुरे, उचित-अनुचित का भेद ही समाप्त हो जायगा। चोर कहेगा कि चोरी करना ही अच्छा है और कोतवाल कहेगा कि चोर को दंडित करना ही अच्छा है तब दोनों के बीच क्या मापदंड होगा। पर आचार का संदर्भ ही उचित-अनुचित के बीच भेद करना है जो सुखवाद निर्धारित नहीं कर सकता है।

(4) फिर सुखवाद के अनुसार उसी सुख को अपनाना चाहिए जिसमें दुःख की मात्रा कम हो, या जिसमें भविष्य में भी अधिक सुख तथा दुःख होने की बात रहे अथवा जहाँ सुख की तीव्रता-क्षीणता आँकी जा सके। मात्रा को निश्चित करना, तीव्रता-क्षीणता का अन्दाजा लगाना या भविष्य के सम्बन्ध में निर्णय करना ये सभी बुद्धि और ज्ञान पर निर्भर करते हैं। तो मानना पड़ेगा कि भाव के द्वारा सुख का निर्णय नहीं हो सकता है पर इसका निर्णय ज्ञान के द्वारा होता है। अतः, आचार सुख-दुःख के भाव पर नहीं, वरन् ज्ञान पर निर्भर करता है। अतः आचार ज्ञान है न कि भाव।

'...We two agreed that there was nothing more powerful than knowledge, but that wherever it is found it is always has the mastery over pleasure and everything else.'

—Protagoras

(5) फिर *प्लेटो* ने फीडो, रिपब्लिक तथा हिप्पियास में बताया है कि शुभ अपने आप में शुभ है और इसे किसी अन्य रूप में नहीं बताया जा सकता है। पर सुखवादी शुभ को सुख बताते हैं और इस प्रकार से वे शुभ को उस रूप में ढाल देते हैं जो शुभ है नहीं। सुख वास्तव में शुभ से बाह्य है। फीडो में बताया गया है कि शुभ निरपेक्ष मानदंड है जिसके द्वारा अन्य सभी शुभ को आँका जा सकता है पर स्वयं शुभ को जानने के लिए कोई अन्य विचार इसके मानदंड नहीं हो सकते हैं। बाद में चलकर मूर ने बीसवीं शताब्दी में बताया कि शुभ अपरिभाष्य है और इसे सुख में नहीं रूपान्तरित किया जा सकता है।

मान भी लिया जाय कि शुभ सुख नहीं है तो भी सबको जानना चाहिए कि अन्त में शुभ क्या है और इसका क्या स्वरूप है।

रूढ़िवाद आचार

यह ठीक है कि रूढ़िगत तथा प्रचलित आचार को हम आचार की संज्ञा देते हैं, जैसे-साहस, वीरता, आत्मसंयम इत्यादि। पर इन्हें सचमुच में सही और शुद्ध आचार नहीं समझना चाहिए। क्योंकि ये आचार संस्कार से प्राप्त किये जाते हैं और इन आचारों के लिए कोई तर्क नहीं दिया जाता है। पर बिना ज्ञान के रूढ़िगत आचार को सही आचार नहीं माना जाता है। यह तो मधुमक्खी और चीटियों का व्यवहार है जहाँ एक मक्खी दूसरी मक्खियों को देखकर काम करती है पर नहीं कह सकती कि वह क्यों ऐसा-वैसा व्यवहार कर रही है। रूढ़िगत नीति लोगों की नकल मात्र है। ज्ञान का होना और उस ज्ञान से सचेत होकर व्यवहार करने को ही आचार कहा जाता है। यह ठीक है कि रूढ़िगत रूप से साहसी काम को आचार संज्ञा दी जाती है। पर यदि होश खोकर जोश से काम किया जाय तो क्या इस विवेकशून्य साहसी कार्य को आचार कहा जायगा? क्या धर्म के नाम पर लोगों की देखा-देखी में हिंसा करना साहसी और नीतिवान् कार्य कहा जायगा? पर यदि बुद्धि और प्रज्ञा (wisdom) से काम लिया जाय तो साहसी कार्य, आत्मसंयम इत्यादि से व्यक्ति को आनन्द होगा और उसका कल्याण ही होगा। इसलिए कोई भी प्रचलित आचार यदि ज्ञान पर आधारित नहीं होता तो उसे 'आचार' की संज्ञा नहीं दी जा सकती है। ज्ञान का सन्दर्भ सही अच्छे कार्यों के साथ होता है और इसलिए कहा जा सकता है कि *सद्‌गुण ज्ञान* है। मीनो में प्लेटो की उक्ति इस प्रकार है :—

'...if there exists any good thing different from, and not associated with knowledge, will not necessarily be any form of knowledge. If on the other hand, knowledge embraces everything that is good, we shall be right to suspect that virtue is knowledge.'

इसका कारण है कि सही ज्ञान प्रत्येक की आत्मा की देन है जो तर्कबुद्धिपरक (rational) है। इसलिए जो आत्मिक बुद्धि के द्वारा संचालित हो उससे मानव का कल्याण और उससे प्रत्येक व्यक्ति को आनन्द ही प्राप्त होगा। यह ठीक है कि प्रचलित आचार में स्वास्थ्य, रूप और धन को शुभ कहा जाता है। पर बिना ज्ञान के इन सब का दुरुपयोग हो सकता है। इसके विपरीत जिस व्यक्ति में न्याय, ज्ञान और धर्म हो केवल उसी के लिए ये सब शुभ हैं अन्यथा नहीं। लाओज में *प्लेटो* की उक्ति है:—

'But what you and I maintain is that though all these endowments (is health, wealth, etc.) are great goods to men of justice and religion one and all of them, from health down, are great evils to the unjust.' —*Laws*, 661b

प्लेटो बार-बार कहते हैं कि शुद्ध आचार के द्वारा मानव को कल्याण और आनन्द प्राप्त होता है। तब क्या *आनन्द* और *सुख* में अन्तर है? हाँ। मानव के सभी संवेगों और प्रेरणाओं की सामञ्जस्यपूर्ण संतुष्टि को आनन्द कहा जाता है। आनन्द तभी होता हे जिसमें सम्पूर्ण जीवन को कल्याण प्राप्त होता है और सम्भवतः सम्पूर्ण जीवन में कष्ट क्यों न हो। फिर आनन्द में आत्मिक संतुष्टि का भी रहना आवश्यक बताया जाता है। इसके विपरीत इन्द्रियों की क्षणिक तुष्टि को सुख कहते हैं और सम्भवतः शारीरिक वासनाओं की संतुष्टि से आत्मिक संतुष्टि को ठेस लगे। अतः सुख में इन्द्रियों में आपसी संघर्ष हो सकता है और फिर शारीरिक और आत्मिक प्रेरणाओं में भी टकराव हो जाता है। पर 'आनन्द-प्राप्ति' में इन्द्रिय सुख की अवहेलना नहीं की जाती है। प्लेटो के अनुसार प्रचलित आचार को भी त्यागा नहीं जा सकता है क्योंकि इसके आधार पर ज्ञान का उदय हो सकता है और सही ज्ञान अथवा प्रज्ञा के उदय होने पर यह सच्चे आचार का रूप ले सकता है। फिर निर्दोष सुखों की भी अवहेलना नहीं की जा सकती। अतः, *प्लेटो* कठोरतावाद

(rigorism) के समर्थक नहीं हैं जिसमें इन्द्रिय-भोगों का त्याग किया जाता है। फिर आप सुखवाद के भी समर्थक नहीं हैं। आप के लिए सही आचार वही है जो शुभ के प्रत्यय (idea of the good) से संचालित हो। पर क्या शुभ के प्रत्यय का ज्ञान हो सकता है?

प्लेटो ने बताया है कि सद्गुण ज्ञान है और ज्ञान को लोगों को दिया जा सकता है। पर इसको जानने वाला शिक्षक कहाँ है? मीनों में प्लेटो की उक्ति है :—

'All I can say is that I have often looked to see if there are any, and in spite of all my efforts I cannot find them, though I have had plenty of fellow searchers...'

फिर कैटिलस में प्लेटो कहते हैं कि शुभ के प्रत्यय का ज्ञान दुर्लभ है। जब शुभ के प्रत्यय का ज्ञान प्राप्त करना कठिन है और न इसका कोई शिक्षक भी है तो क्यों और कैसे सद्गुण का ज्ञान कहा जाय?

पहली बात है कि प्रत्ययों का ज्ञान ही दुर्लभ है और शुभ का प्रत्यय सभी प्रत्ययों और सारभूत तत्त्वों से परे और अतीत है। हाँ, इसकी एक झलक मिल सकती है। तो भी अभ्यास और प्रयास जारी रहना चाहिए ताकि व्यक्ति अपना निःश्रेयस् प्राप्त कर ले। रिपब्लिक में प्लेटो के वचन मार्मिक हैं।

'Even so this organ of knowledge must be truned around from the world of becoming together with the entire soul,...until the soul is able to endure the contemplation of essence and the brightest region of being. And this, we say, is the good...'

—*Republic* VII. 518 c

तब इस प्रकार के ध्यान करते रहने पर क्या प्राप्त होगा?

प्लेटो ने स्पष्ट कहा है कि अज्ञानी देहधारी होकर बंधन में पड़े होते हैं और केवल सद्गुण-ज्ञानी अथवा शुभ-प्रत्यय के ध्यानी ही मोक्ष की परम गति को प्राप्त करते हैं। प्लेटोदर्शन के पाश्चात्य अभिसंधित्सु प्लेटो के इस संदेश को नहीं दिखाते हैं, पर प्लेटोका यह संदेश फीडो में स्पष्ट है :—

'...this soul secures immunity from its desires by following reason and abiding always in her company, and by contemplating the true and divine and unconjecturable, and drawing inspiration from it, because such a soul believes that this is the right way to live while life endures, and that after death it reaches a place which is kindred and similar to its own nature, and there is rid forever of human ills.' —*Phaedo* 84 a, b

क्या भारतीय चिंतन और प्लेटो के दर्शन के अन्तिम लक्ष्य में कोई अन्तर है? वही बंधन और वही मोक्ष। अन्तिम रूप में देखा जाय तो उच्चतम ज्ञान किसी वस्तुविषय का किसी सत्ता का नहीं, वरन् होना है अर्थात् ब्रह्मविद् ब्रह्मैव भवति।

ऐसा प्रतीत होता है कि प्लेटो का नीतिशास्त्र भी पिरैमिडी अनुतंत्र में व्यक्त किया जाता है जिसके आधार पर रूढ़िगत तथा प्रचलित नीति-व्यवहार तथा निर्दोष इन्द्रिय-सुख पाए जाते हैं। इन्हें समझने के लिए विज्ञानों तथा कला का अध्ययन करना पड़ता है। यहाँ विशिष्ट विज्ञानों के विशिष्ट नियमों को सामान्य से सामान्यतम नियमों की ओर प्रगति करनी पड़ती है। इसी प्रकार सुन्दर नारी तथा अन्य सुन्दर वस्तुविशेषों से प्रारम्भ कर सामान्य रूप से साकार सौन्दर्य की ओर प्रगति करनी पड़ती है। तब सौन्दर्य शास्त्र का अध्ययन करना पड़ता है और अन्त में सौन्दर्य प्रत्ययों का दीदार करना पड़ता है।

—*Symposium*, 211c-212

तृतीय चरण में उन प्रत्ययों को जानने का प्रयास किया जाता है जो इन्द्रिय वस्तुविशेषो में पाये जाते हैं और अन्त में शुद्ध प्रत्ययों पर ध्यान लगाना होता है। अन्त में ज्ञान-मीमांसा और धर्मदर्शन दोनों एक हो जाते हैं। जहाँ प्रत्ययों के एकत्व पर ध्यान करते-करते ध्यानी अमरत्व को प्राप्त कर देह-बंधन से मुक्त होकर अपने आदि रूप को प्राप्त कर लेता है।

जिन नीति की बातों को *प्लेटो* के व्यक्ति के संदर्भ में बताया है उसी को प्लेटो ने विशाल रूप में राज्य की व्यवस्था में प्रदर्शित किया है।

आदर्श राज्य का प्रत्यय (*Ideal Republic*)

रसेल ने *प्लेटो* के राज्य के प्रत्यय को कल्पना की उड़ान तथा अव्यावहारिक कहा है। यह भी ठीक है कि *प्लेटो* को अपने जीवन में दो बार राज्य चलाने का अवसर मिला था और दोनों बार उन्हें असफलता ही प्राप्त हुई। पर हमें याद रखना चाहिए कि शुद्ध प्रत्यय इस धरातल पर नहीं प्राप्त हो सकते हैं। प्लेटो के लिए आदर्श प्रत्यय उसी रूप में परम सत् (real) है जिस रूप में सौन्दर्य, न्याय इत्यादि के प्रत्यय हैं। आदर्श राज्य का प्रत्यय स्वर्गिक राज्य का प्रत्यय है।

प्लेटो के आदर्श राज्य में तीन प्रकार के नागरिकों की कल्पना की गई है अर्थात् कुलीन वर्ग, योद्धा वर्ग और श्रमिक वर्ग।* कुलीन वर्ग में प्रज्ञा और सद्‌गुण रहना चाहिए, योद्धाओं में साहस और वीरता, तथा श्रमिकों में अनुशासन और आत्मसंयम। तीनों वर्ग राज्य के संचालन करने के लिए अनिवार्य हैं। पर प्रज्ञा और सद्‌गुण शिक्षा से प्राप्त होता है और *प्लेटो* ने अपने आदर्श राज्य में शिक्षा को प्राथमिकता दी है। इसके कई अभिप्राय हो सकते हैं। सर्वप्रथम, *प्लेटो* के अनुसार सद्‌गुण ज्ञान है और ज्ञान देना शिक्षा का विषय है। पर प्लेटो के दर्शन में ज्ञान केवल बौद्धिक व्यायाम नहीं है। इसमें चरित्र और नीतिवान् होना भी सम्मिलित है। दूसरी बात है कि मानव इस संसार में विस्मृति तथा इन्द्रिय मोह की दशा में रहता है। इस विस्मृति और मोह को केवल ज्ञान के द्वारा आलोकिक किया जा सकता है। दूसरे शब्दों में मानव स्वभावतः *सुखवादी* होता है और उसे केवल शिक्षा के द्वारा *श्रेयवादी* बनाया जा सकता है।

योद्धा को भी सिखाना पड़ता है कि उसे भय नहीं खाना चाहिये, वरन् कठिन परिस्थितियों का समाना निर्भीकता के साथ करना चाहिये। इसी प्रकार श्रमिकों को आलसी नहीं होना चाहिये।

फिर शासन और श्रमिक वर्गों के बीच भेद योद्धाओं के बल पर ही किया जा सकता है। पर बल की अपेक्षा शिक्षा पर आधारित संस्कार के ही द्वारा तीनों वर्गों में सामंजस्य रखा जा सकता है। इसी सामंजस्य से *सामाजिक न्याय* का उद्‌भव होता है जो आदर्श राज्य का परम लक्ष्य है। पर अन्त में देखा जाय तो आदर्श राज्य की ऐसी व्यवस्था रहनी चाहिए जिसमें प्रत्येक नागरिक अपने स्वभाव और अपनी शिक्षा एवं प्राकृतिक क्षमताओं के अनुसार अपना-अपना विकास करे। गीता में लिखा है :—

स्वे स्वे कर्मण्यभिरतः संसिद्धिं लभते नरः। (अध्याय 18-45)

पर निश्चित बात है कि बना शिक्षा के नागरिक अपनी परम गति को नहीं प्राप्त कर सकते हैं और न आदर्श राज्य का प्रतिपालक कर सकते हैं। यही कारण है कि *प्लेटो* के आदर्श राज्य में शिक्षा को प्राथमिकता दी गई है और यह काम शासक वर्ग के लिए परमावश्यक बताया गया है। शिक्षा प्राप्त सुयोग्य नागरिक को *प्लेटो* ने 'दार्शनिक' कहा है। इसलिए उनकी प्रसिद्ध उक्ति है जब तक शासक दार्शनिक न हो और दार्शनिक शासक न हो तब तक आदर्श राज्य की स्थापना नहीं हो सकती है।

'Until philosophers are kings or the kings and princes of this world have the spirit and power of philosophy...cities will never have rest from their evils.'

—*Republic,* V. 473 d, e

---

* याद रखना चाहिए कि पारसी धर्म में तीन वर्गों की कल्पना की गई है जो बातें वेदों में भी पाई जाती हैं, अर्थात् पुजारी, योद्धा, श्रमिक (व्यापारी, कृषक, पशुपालक इत्यादि)। आर्यों ने भारत में आकर चौथे वर्ग शुद्र को वर्ण में (रंगभेद) जोड़ दिया है। प्लेटो के दर्शन में शासक, योद्धा और श्रमिक वर्ग हैं, अर्थात् कर्मणा है न कि जातियों के अनुसार विभाजन है, अर्थात् जन्मना।

शिक्षा का पाठ्यक्रम और नीति

आदर्श राज्य में शिक्षा शिशुकाल से ही प्रारम्भ की जाती है और इसका लक्ष्य है कि नागरिकों को शारीरिक, मानसिक और आध्यात्मिक (सद्‌गुण तथा धर्म सम्बन्धी) शिक्षा दी जाय। *प्लेटो* का आदर्श था कि स्वस्थ शरीर में ही सही बौद्धिक शक्ति का विकास हो सकता है। (Sound mind in a sound body.) *प्लेटो* के इस मत को आज भी ठीक समझा जाता है।

सम्भवतः संगीत (music), शारीरिक व्यायाम (gymnastics) और गणित ये तीनों विषय सभी नागरिकों की शिक्षा का अनिवार्य पाठ्यक्रम था। इसके बाद शासक वर्ग के लिए प्रत्ययों की शिक्षा का विशेष पाठ्यक्रम रखा गया है। 'संगीत' से कला का अर्थ समझना चाहिए अर्थात् वे सब विषय जिनसे सभ्य जीवन सम्भव हो। साहित्य का अध्ययन इसमें चला आता है। इस सन्दर्भ में हेसियोड और होमर के महाकाव्यों की पढ़ाई को निषिद्ध किया गया है क्योंकि इसमें बताया गया है कि देवताओं का आचरण पतित होता है। इसके विपरीत *प्लेटो* का कहना है कि ईश्वर केवल शुभ और उचित कार्य ही करता है। दूसरे शब्दों में उसी साहित्य को पाठ्यक्रम में रखना चाहिए जिससे नागरिक सच्चरित्र बनें। फिर विशेषकर योद्धाओं को शिक्षा देनी चाहिए कि वे मृत्यु से नहीं डरे। पर होमर ओर हेसियोड के महाकाव्यों में मृत्यु-भय की शिक्षा बताई गई है। परन्तु सत्य जीवन को प्रोत्साहित करने के लिए अच्छे गीतिकाव्यों की आवश्यकता पर बल दिया गया है।

साधारणतया शारीरिक व्यायाम सभी नागरिकों के लिए अनिवार्य कहा गया है पर मानव में योद्धाओं के लिए इसे परमावश्यक समझा गया है। *गणित* की भी शिक्षा इसलिए अनिवार्य कही गई है क्योंकि गणित के अध्ययन करने से भाषा की परिशुद्धता और विचारों में अनुशासन होता है। फिर गणित के अध्ययन करने पर प्रत्ययों की नित्यता का भी आभास मिलता है। हम लोगों ने प्रत्यय के सम्बन्ध में पाया है कि ज्यामिति में परिभाषित रेखा, त्रिभुज को नित्य कहा जायगा यद्यपि उनके अनुरूप आनुभविक रेखा त्रिभुज नहीं पाए जाते हैं। अतः गणित के अध्ययन से इन्द्रियाश्रित नश्वर वस्तुविशेषों, सम्प्रत्ययों और नित्य प्रत्ययों के ज्ञान स्पष्ट होने लगते हैं।

संगीत, व्यायाम तथा गणित की शिक्षा प्राप्त करते-करते लगभग 30 वर्ष की आयु हो जाती है। इसके बाद शासक वर्ग की विशिष्ट शिक्षा का विषय प्रत्यय-सिद्धान्त कहा जाता है। शासक वर्ग के लिए पाँच वर्षों तक प्रत्यय-ज्ञान की प्राप्ति के लिए आवश्यक माना गया है। जब इस प्रकार के शासक शिक्षित होता है तब उसे शासन के व्यावहारिक क्षेत्र के लिए उपयुक्त माना जाता है। यहाँ पन्द्रह वर्ष तक वह शासनकार्य में रत रहता है। पचास वर्ष की आयु हो जाने पर शासक को व्यावहारिक क्षेत्र से अवकाश प्राप्त करने के बाद उसे प्रत्ययों पर ध्यान रखने का अवसर मिलता है। तो भी बीच-बीच में थोड़े समय के लिए उसे शासन की बागडोर पकड़ने के लिए आना पड़ता है।

अतः, शासक को ऐसी शिक्षा दी जाती है कि वह ऐहिक और स्वर्गिक दोनों राज्यों के उपयुक्त हो सके। वास्तव में शासक को *राजर्षि* की संज्ञा दी जा सकती है।

सन्तान-निर्धारण और चयन

शासक वर्ग निर्धारित करेंगे कि उनके राज्य के लिए कितने शासकों, योद्धाओं और श्रमिकों की अनुपातततः संख्या होगी। कमजोर बच्चों को जन्मते समय विनष्ट करने की प्रथा को अच्छा बताया गया है। जो बच्चा जिस वर्ग के योग्य समझा जाता था उसे उस वर्ग के योग्य पाला-पोसा जाता था। यहाँ प्रत्येक वर्ग के लिए उपयुक्त भोजन, वस्त्र, व्यायाम का प्रावधान प्रतीत होता है। अतः वर्ग की शिक्षा दी गई है, न कि जातिभेद की। पर सम्भावना तो यही है कि अधिकांश शासक वर्ग के बच्चे शासक होने के लिए उपयुक्त होते हों। तो भी सिद्धान्तः शासक वर्ग जन्मना नहीं, पर कर्मणा माना गया है।

शिक्षा के द्वारा श्रमिक को श्रम करना और आत्मसंयम का पालन द्वितीय स्वभाव हो जाता है, योद्धा को साहसी और मृत्यु-घड़ी में निर्भीक होना उनका सहज गुण हो जाता है तथा शासक में ज्ञान, प्रज्ञा और बुद्धिपरक व्यवहार अनायास होने लगता है। जब श्रमिक, योद्धा तथा शासक वर्ग अपना-अपना काम करते रहें तो राज्य में न्याय (justice) का राज होता है। दूसरे शब्दों में तीनों वर्गों के सामंजस्यपूर्ण कार्य करने से न्याय और धर्म राज्य में सर्वथा पाया जायगा। *प्लेटो* ने आदर्श राज्य की व्यवस्था को साम्यवादी रूप में समझा है।

साम्यवादी व्यवस्था

प्लेटो के आदर्श राज्य में न व्यक्तिगत परिवार (family) और न व्यक्तिगत सम्पत्ति का ही प्रावधान है। समय-समय पर अल्पकालीन सामूहिक विवाह की व्यवस्था की जायगी जिसमें सभी शासक वर्ग की नारियाँ सभी शासक वर्ग के पुरुषों की स्त्रियाँ होंगी। सन्तान सभी पुरुषों और नारियों की कही जायेंगी। इनका लालन-पालन राज्य के बालकक्ष में किया जायगा।

द्वितीय, किसी भी वर्ग के किसी भी व्यक्ति की अपनी कोई निजी सम्पत्ति नहीं होगी। सभी वस्तुएँ सभी नागरिकों के लिए सामान्य उपभोग का साधन होंगी। स्त्री-पुरुष को समान शिक्षा और समान अधिकार रहेगा।

अतः, मानव के दो विशेष प्रलोभन माने जाते हैं, अर्थात् कामिनी और कञ्चन। *बुद्ध भगवान्* ने भी मठवासियों के लिए समतावाद की व्यवस्था रखी थी। एक कदम बढ़कर उन्होंने सन्यास की व्यवस्था सभी मठवासियों के लिए बनाई थी। इसके विपरीत *प्लेटो* ने सुख-सन्यास की शिक्षा नहीं दी थी।

आदर्श राज्य तो प्लेटो ने साम्यवादी ही समझा, पर इसकी व्यावहारिकता में सन्देह भी होने लगा था और उन्होंने बताया था कि राज्य व्यवस्था वास्तविक रूप में विभिन्न प्रकार की हो सकती है। सर्वप्रथम साम्यवादी व्यवस्था अर्थात् *कुलीनतंत्र* है जिसमें बुद्धि, ज्ञान और प्रज्ञा की प्रबलता पाई जाती है। यहाँ सम्पूर्ण राज्य के सर्वश्रेष्ठ शासक वर्ग का शासन होता है। यह बिगड़ कर सम्मानतंत्र (timocracy) का रूप धारण कर सकता है जिसके अनुशासित और सम्मानित व्यक्ति राज्य में शासन करते हैं। इन शासकों का उद्देश्य होता है सांसारिक शक्ति और प्रतिष्ठा को प्राप्त करना, न कि प्रज्ञा (wisdom) को। फिर ऐसा भी हो सकता है कि सम्मानतंत्र भी बिगड़ कर धनिकतंत्र (plutcracy) हो सकता है। इस धनिकतंत्र में धन के लालच की विशेष प्रवृति शासकों को संचालित करती है। धनिकतंत्र के रहने पर धनी और गरीब के बीच खाई गहरी और व्यापक हो जाती है जिसके कारण शोषित वर्गों में क्रान्ति मच सकती है और तब गणतंत्र का विकास हो जाता है। *प्लेटो* के अनुसार गणतंत्र में नियमों की अवहेलना की जाती है और व्यक्तियों में भी अनुशासनहीनता फैल जाती है। ऐसी स्थिति में सभी स्थलों में असन्तोष उत्पन्न होता है और कोई एक व्यक्ति विशेष नादिरशाही (tyranny) होने लगता है।

जहाँ तक वास्तविकता का क्षेत्र है *प्लेटो* के अनुसार संवैधानिक नियन्त्रण के साथ राज्यतंत्र श्रेष्ठ है। उसके बाद संवैधानिक नियन्त्रण के साथ कुलीनतंत्र को अच्छा कहा गया है। तब संविधानों के साथ प्रजातंत्र। नादिरशाही और जनसमूहतंत्र (mob rule) को निकृष्ट समझा गया है क्योंकि इनमें मनमानापन रहता है और संविधान का अभाव।

प्लेटो के दर्शन का मूल्यांकन और समीक्षा

प्लेटो का दर्शन शुद्ध दर्शन नहीं है। यह एक गद्य-काव्य है। *प्लेटो* ने अपनी रचनाओं में खुलकर दृष्टान्तों, रूपकों, उपमाओं और मिथकों का प्रयोग किया है। इसलिए प्रत्ययों के, शुभ के प्रत्यय, ईश्वर इत्यादि कुञ्जी शब्दों का परिशुद्ध अर्थ निर्धारित करना आसान नहीं है। पर निश्चित है कि *प्लेटो* के दर्शन को प्रत्ययात्मक (idealist) कहा जायगा। पर यह भी निश्चित है कि *प्लेटो*

का प्रत्ययवाद हेगेल के प्रत्ययवाद से भिन्न है। हेगेल के प्रत्यय को मृत कैटिगरों का तार्किक तंत्र कहा गया है। (A system of bloodless categories.) इसकी तुलना में प्लेटो के प्रत्ययों में अनुप्राणित करने की क्षमता है।

(1) हेगेल का प्रत्ययवाद सम्पूर्णतया बौद्धिक तंत्र है और उनकी मुख्य उक्ति है जो बुद्धिपरक है वही सत् है, और जो कुछ भी सत् है वह तर्कसंगत है। (Real is rational and the rational is real.) प्लेटो के लिए परम सत् का दीदार करना उनके दर्शन का परम लक्ष्य है। उनका दर्शन पूर्णतया बौद्धिक व्यायाम नहीं है क्योंकि एक प्रत्ययसिद्धान्ती वह है जो शुभ के प्रत्यय का दीदार कर, उस पर ध्यान लगाने के फलस्वरूप अमर हो जाता है। अतः होना, देवता बनना, न कि कोरा ज्ञानी होना उनके दर्शन का मूल लक्ष्य है। (*Knowing has been subordinated to becoming a thing of value.*)

(2) प्रत्यय भी सांसारिक वस्तुओं से एकदम अलग और उनसे अतीत नहीं है, पर इन्द्रियजन्य वस्तुओं को अपनी ओर खींचकर उन्हें अपने रूप में ढालते हैं और यह बात शुभ के प्रत्यय के सन्दर्भ में उल्लेखनीय है।

शुभ का प्रत्यय केवल प्रत्यय ही नहीं है, वरन् प्रत्ययों से भी अतीत है और उन्हें अच्छाई की ओर प्रेरित करता है। यह अन्य प्रत्ययों के समान सारभूत सत्ता नहीं है पर उनसे परे अतीत और सभी वास्तविकताओं की उत्पत्ति और वृद्धि का आधार है, यद्यपि इसमें कोई परिवर्तनशीलता नहीं है। (*It provides for the generation and growth and nurture though it is not itself generation.*)
—*Republic*, 509 b

इसी प्रकार आगे चलकर रिपब्लिक में कहा है कि यह सभी उचित, सुन्दर और ज्योति का आधार है :—

It is 'cause for all things of all that is right and beautiful, giving birth in the visible world to light, and the author of light and itself in the intelligible world being the authentic source of truth and reason...'
Republic, VII. 517 c

फिर फीडो में प्लेटो ने बताया है कि जीवात्मा शुभ के प्रत्यय पर ध्यान करते रहने के फलस्वरूप मरणोत्तर जीवन में सभी यातनाओं से मुक्त हो जाती है।

अतः, प्लेटो का प्रत्यय-सिद्धान्त का परम उद्देश्य है कि मानव सद्गुणी बनते हुए अपनी आदिम अमर दशा को प्राप्त करे। इसलिए प्लेटो का दर्शन भारतीय दर्शन के समान मोक्ष दर्शन है।

(3) हेगेल के प्रत्ययवाद में वस्तु और विचार में कोई अन्तर नहीं बताया गया है, क्योंकि आप वस्तुओं को विचारों (प्रत्ययों) का समूह बताते हैं। इसके विपरीत प्लेटो ने स्पष्ट कहा है कि जो इन्द्रियग्राह्य वस्तु है वह वास्तविक है पर यह सत् नहीं है; और जो सत् (real) है वह वास्तविक वस्तु नहीं है :—

'And the one class of things we can say can be seen but not thought, while the ideas can be thought but not seen.'
—*Republic*, VI. 507 b

हेगेल ने वस्तु और विचार में कैसे तादात्म्य स्थापित किया है? हेगेल के अनुसार प्रत्येक वस्तु विचार-समूह है। उदाहरणार्थ, टेबल किन विचारों का समूह है? इसमें काष्ठपन है, भूरापन है, भारीपन है, ठोसत्व है इत्यादि। पर भूरापन, भारीपन, ठोसत्व इत्यादि विचार हैं। इसलिए वस्तु भी विचार है। पर क्या इसे कोई स्वीकार करेगा? यही कारण है कि ब्रैडले ने कहा था कि हेगेल का प्रत्ययवाद शोणितविहीन कैटिगारियों का नृत्य मात्र है (अर्थात् कठपुतलियों का खेल है, Unearthly ballet of bloodless categories.) पर प्लेटो ने वस्तु और विचार में भेद किया है और कहा है कि सांसारिक वस्तुओं को उन्हें अनुप्राणित करने की शक्ति प्रत्ययों और शुभ के प्रत्यय से प्राप्त होती है।

प्लेटो और *हेगेल* के प्रत्ययवाद में इसलिए अन्तर किया गया है कि स्टेस ने ऐसा अन्तर नहीं किया है। चूँकि प्लेटो का दर्शन हेगेलवाद नहीं है, इसलिए उन्होंने प्लेटो के दर्शन को दोषपूर्ण कहा है। पर प्लेटो का प्रत्ययवाद हेगेल के प्रत्ययवाद से सर्वथा भिन्न है और उसका उद्देश्य ही मोक्षप्राप्ति है। पर इससे यह नहीं समझना चाहिए कि प्लेटो के प्रत्यय-सिद्धान्त में अपनी त्रुटियाँ नहीं हैं।

आभास और सत्

पार्मिनाइड्स और *जेनो* के अनुसार सत् एक स्थित सत्ता है और अनेकता तथा गतिशीलता भ्रम हैं। इसके विपरीत *हेराक्लिट्स* का कहना है कि गतिशीलता ही सत् है और किसी एक कूटस्थ सत्ता को सत् मानना असत्य है और भ्रम है। *प्लेटो* ने दोनों विचारकों के इस मत को समन्वयात्मक रूप में स्वीकारा है कि परम सत् केवल प्रत्यय ही है और इन्द्रियजन्य वस्तुएँ आभास मात्र हैं। फिर प्लेटो इस बात को भी अपने पूर्ववर्ती विचारकों के अनुसार मानते हैं कि जो कुछ भी आत्मव्याघातक अथवा परस्पर-विरोधी हो वह असत्य होगा। इस रूप में प्रत्यक्षवस्तुओं में परस्पर-विरोध पाया जाता है, इसलिए उन्हें सत् नहीं कहा जा सकता है। सत् वही है जो तर्कसंगत हो। हेगेल और विशेषकर *ब्रैडले* ने *प्लेटो* के सत् (reality) की कसौटी को अपनाया है। फिर प्लेटो ने स्वीकार किया है कि प्रत्यय तर्कबुद्धि अथवा उद्‌बोधन के द्वारा प्राप्त होता है। इसिलये वे सत् हैं। कम से कम बर्कले के प्रत्ययवादी दर्शन में भी स्वीकारा गया है कि प्रत्यक्ष वास्तव में नकल है और उनका आदिरूप (archetypes) ईश्वर के मन में विराजमान रहता है।

अतः *प्लेटो* का दर्शन पाश्चात्य इतिहास में प्रभावशाली अवश्य हुआ है पर क्या *आभास* के अस्तित्व का उन्होंने कोई कारण बताया है? क्यों संसार है? क्यों इन्द्रियजन्य वस्तुएँ आभास हैं?

प्रत्ययवाद और भौतिकवाद के बीच मौलिक अन्तर यह है कि प्रत्ययवाद के अनुसार मूल सत् ही मूल है और यह वस्तुविशेषों और सांसारिक घटनाओं की व्याख्या करता है। *प्लेटो* के अनुसार भी प्रत्यय तथा शुभ का प्रत्यय ही प्राथमिक सत् है और सांसारिक वस्तुएँ गौण और अप्राथमिक हैं। इसके विपरीत मार्क्सवादियों के अनुसार भौतिक जगत् मूल है और इसके द्वारा विचार का उद्‌भव होता है। पर देखा गया है कि प्रत्ययवाद और भौतिकवाद, दोनों एकांगी हैं; क्योंकि न तो प्रत्ययवाद जड़पदार्थ की व्याख्या कर पाता है और न जड़वाद अध्यात्म को स्पष्ट कर पाता है। इस रूप में *प्लेटो* का प्रत्ययवाद भी एकांगी ही समझा जायेगा। यह स्वयं प्लेटो के ही विचारों से स्पष्ट होता है।

प्लेटो ने प्रत्ययों के साथ जड़ (matter) को भी स्वीकारा है क्योंकि इसके बिना विश्व के वस्तुविशेषों की व्याख्या अन्यथा नहीं हो सकती है। तब क्या जड़ को भी स्वीकारना होगा? क्या *प्लेटो* का दर्शन अन्त में द्वैतवादी हो जाता है? *प्लेटो* द्वैतवादी होने से अपने को बचा नहीं सकते हैं। यह ठीक है कि *प्लेटो* ने मैटर को सभी गुणों से रिक्त कर इसे शून्य (non-being) और परम अभाव और असत् कहा है। पर 'असत्' पुकारने से यह असत् नहीं हो जाता है। अतः, निष्कर्ष स्पष्ट है।

प्लेटो केवल प्रत्ययों के आधार पर विश्व के वस्तुविशेषों की व्याख्या नहीं कर पाए हैं। उन्हें इनकी व्याख्या करने के लिए जड़तत्व को अपनाना पड़ा। ऐसी स्थिति में उनका प्रत्ययवादी एकत्ववाद द्वैतवाद में परिणत हो जाता है। द्वैतवाद से बचने के लिए उन्होंने जड़तत्त्व (matter) को शून्य की संज्ञा दी है। पर शून्य भी कुछ है नहीं तो जड़तत्त्व के द्वारा केवल प्रत्ययों से वस्तुविशिष्ठों की व्याख्या क्यों नहीं हो पाई है? इसलिए जड़तत्त्व को न उगलते चैन और न निगलते चैन।

ईश्वर और प्रत्यय

प्लेटो के दर्शन में प्रत्यय-सिद्धान्त और ईश्वरवाद के बीच विरोध प्रतीत होता है। ईश्वर को व्यक्तित्वपूर्ण समझा गया है क्योंकि ईश्वर ने इस सृष्टि की इसलिए रचना की है कि इसमें

शुभ का साम्राज्य हो। फिर ईश्वर ने जड़पदार्थ में रूप, आकार तथा व्यवस्था की स्थापना की है। अतः ईश्वर संकल्पमय है। इसलिए ईश्वर में विवेक, ज्ञान और उद्देश्यपूर्णता का भाव है जो केवल *व्यक्तित्वपूर्ण* सत्ता में ही रह सकता है। इसकी तुलना में शुभ का प्रत्यय *व्यक्तित्वरहित* है। अतः ईश्वरवाद और शुभ के प्रत्यय में विरोध है।

इसी प्रकार ईश्वर एक शिल्पकार माना गया है क्योंकि ईश्वर जड़ और प्रत्ययों की पूर्वस्थापित सामग्रियों के द्वारा विश्व की रचना करता है। पर शिल्पकार ईश्वर विश्व को अतीत माना जायेगा जिस प्रकार कुम्हार अपने ही द्वारा रचे गये पात्रों से बाह्य और अतीत माना जाता है। ईश्वर की तुलना में शुभ का प्रत्यय सभी प्रत्ययों और अनुभव-जन्य वस्तुओं में उनकी अन्तर्भूत शक्ति है जो सभी को अपनी ओर खींचती रहती है। सभी सुन्दर और अच्छी वस्तुओं का शुभ कारण है और उन्हें उनके आरोहण (ascent ऊर्ध्वगामी होना) ऊँचाई तक पहुँचने का स्रोत है (The authentic source of truth and reason) इसलिए शुभ का प्रत्यय अधिक अन्तर्वर्ती(immanent) है और चोटी प्रत्यय होने के कारण उनसे अतीत भी है।

अतः ईश्वरवाद और प्रत्यय-सिद्धान्त *प्लेटो* के दर्शन में संगत नहीं प्रतीत होते हैं।

बंधन और मोक्ष

प्लेटो मानते हैं कि आत्मा अमर है पर ऐहिक संसार में उसका सम्बन्ध देह के साथ होता है। देह जीव के दुःख और उसकी नश्वरता का कारण होता है। पर शरीर नाशवान है। उसकी आत्मा अविनाशी और अमर है।

दूसरी बात है कि जब तक मानव शरीरधारी होगा वह दुःख, इत्यादि के बंधन में पड़ेगा। इस देह और उसके दुःख का सम्बन्ध केवल इस जन्म में ही नहीं वरन् अनेक जन्मों में तब तक रहेगा जब तक जीव को मोक्ष न प्राप्त हो। शारीरिक वासना जब तक रहेगी, जबतक जीव आवागमन के चक्कर में घूमता रहेगा। जैसा कर्म होगा, वैसा ही आवागमन के चक्कर का देह प्राप्त होगा। जब व्यक्ति स्वार्थी, पिअक्कड़ और खाऊ बना रहेगा तब उसका जन्म गधे तथा अन्य प्रकार के अधम पशुओं में होगा (*Phaedo* 81 e, *Phaedrus* 248) ठीक गीता 2 :20, 22 के समान *प्लेटो* का कहना है कि आत्मा आवागमन के चक्कर में नयी देह धारण करती रहती है, पर आत्मा अमर है (गीता 2 :20)। *प्लेटो* की उक्ति है :—

'...we may admit that each soul wears out a number of bodies...the soul never stops replacing what is worn away...' —*Phaedo*, 87 d

अमर आत्मा क्यों और कैसे देहधारी हो गई, इस प्रश्न का उत्तर *प्लेटो* ने नहीं दिया है। पर बताया है कि आवागमन का चक्कर शारीरिक-वासना की चाहना (तृष्णा) के कारण जन्म-जन्मान्तर का चक्कर बना रहता है। अज्ञानता और इन्द्रिय सुख की लालसा के कारण ही आत्मा शरीर के बंधन में पड़ी रहती है।

'Because every pleasure or pain has a sort of rivet with which it fastens the soul to the body and pins it down...' —*Phaedo*, 83 d

तब मानव का मोक्ष कैसा होगा?

पहली बात है कि मानव को अपनी शारीरिक वासनाओं को छोड़कर अपना परिशोधन करना चाहिए(*Phaedo*, 79, 82 c, 82 d)। फिर सभी इन्द्रिय ज्ञान से विमुख होकर मुमुक्षु को शुभ प्रत्यय पर अपनी बुद्धि के द्वारा ध्यान करना चाहिए (*Phaedo*, 65e-66a)। शुद्ध बुद्धि द्वारा ज्ञान को *प्लेटो* ने दार्शनिक ज्ञान कहा है। इस दार्शनिक ज्ञान से निम्नलिखित बातें समझनी चाहिए :—

(1) यह ज्ञान तर्कबुद्धिपरक (rational) होता है जिसमें शरीर का कुछ भी योगदान नहीं होता है। (*Phaedo*, 82 c)

(2) व्यक्ति को मुमुक्षु होना चाहिए। (*Phaedo*, 83 b)

(3) शुभ-प्रत्यय पर ध्यान रखना चाहिए और इस पर प्लेटो ने बल दिया है।

बुद्धि के आधार पर सत्य और परम शुभ पर ध्यान करने पर जीव, मृत्यु के बाद अपनी आदिकालीन स्थिति को प्राप्त करता है।

Securing immunity from its desire by following reason, the soul after death reaches a placve where it gets rid forever of human ills.

फिर बताया है कि शुभ प्रत्यय पर (*Phaedo*, 84 b) ध्यान करने के फलस्वरूप आत्मा की गति उर्ध्वगामी हो जाती है (*Republic*, 517 c) और खोजी व्यक्ति आनंदद्वीप में पहुँच जाती है (*Republic*, 519 c)।

तर्कबुद्धिपरक ध्यान के अतिरिक्त, *प्लेटो*ने ईश्वर-कृपा को भी मोक्ष-मार्ग माना है। जब व्यक्ति अपना परिशोधन कर लेता है तब ईश्वर उसका उद्धार कर देता है। (*Phaedo*, 71 a)

अशुभ की व्याख्या

ईश्वरवाद के विरुद्ध में अशुभ के होने को समसामयिक विचारधारा में प्रधान माना गया है। *प्लेटो* के दर्शन के अनुसार ईश्वर शुभ है और उसने विश्व की रचना इसलिए की है कि विश्व में शुभ का ही साम्राज्य हो तो फिर सभी स्तरों पर *अशुभ क्यों?* प्लेटो ने इसके तीन कारण बताये हैं :—

(1) सर्वप्रथम, जड़ सत्ता है और इसे सम्पूर्णतया प्रत्ययों में परिणत नहीं किया जा सकता है। इसलिए जड़ तत्त्व के दुस्साध्य तथा दुर्दमनीय (intractable) होने के कारण विश्व में अपूर्णता और अशुभ का रहना अनिवार्य है।

(2) फिर *प्लेटो* ने बताया है कि मानव इन्द्रिय सुख के भुलावे में रहकर अपनी स्वतंत्रता का दुरुपयोग करते हैं और इसलिए वे अशुभ कार्य में फँस जाते हैं। इसलिए प्रश्न रह जाता है क्यों नहीं ईश्वर ने *सभी* मानव को *सभी* स्थितियों में इन्द्रिय-सुख के भुलावे से ऊपर उठने की शक्ति दी है? इस प्रश्न का प्रत्युत्तर अभी तक दर्शन में सम्भव नहीं हो पाया है।

(3) फिर लाओज में *प्लेटो* ने बताया है कि इस विश्व की रचना में कल्याणकारी और अशुभकारी, कम से कम दो प्रकार की आत्माओं को स्वीकारना होगा। इस अशुभकारी आत्मा को शैतान कहा जाता है। अतः अशुभ का कारण शैतान भी माना जा सकता है। सर्वप्रथम, शैतान की अवधारणा पारसीधर्म में (लगभग 8वीं शताब्दी ईसा से पूर्व) मानी गयी है। सम्भवतः प्लेटो ने शैतान की अवधारणा को पारसियों से (जोरास्त्र) प्राप्त किया जायगा। बाद में चलकर इसे ईसाई धर्म, यहूदी धर्म और इस्लाम धर्म में स्वीकार कर लिया गया है।

एक स्थल पर *प्लेटो* ने यह भी संकेत किया है कि सापेक्ष वस्तुओं का एक साथ रहना सर्वव्यापक नियम है। इसलिए यदि शुभ को होना है तब वहाँ अशुभ का भी रहना अनिवार्य है। इसलिए जहाँ शुभ होगा वहाँ अशुभ भी होगा।

'...soul is the cause of good and evil, fair and foul, right and wrong...in fact of all contraires, if we mean to assert it as the universal cause.' —*Laws*, 896 d, e

इस युक्ति का प्रभाव समकालीन धर्मदर्शन में भी प्रमुख हो गया है।

प्लेटो के दर्शन का महत्त्व

प्लेटो का प्रभाव पाश्चात्य विचारकों पर बहुत पड़ा है। कम से कम पाश्चात्य प्रत्ययवाद पर प्लेटो का प्रभाव भारी और गहरा है। यह भी कहा गया है कि पाश्चात्य प्रत्ययवाद वास्तव में प्लेटो के प्रत्ययवाद के सन्दर्भ में उसके फुटनोट मात्र हैं। इस सन्दर्भ में *जे॰ एच॰ मुरहेड* का *'दि प्लेटोनिक ट्रेडिशन इन ऐंग्लोसैक्सन फिलौसफी'* उल्लेखनीय है। धर्मदर्शन में *सन्त अगस्टिन* से लेकर सन्त *टामस* तक और आधुनिक काल में *डीन इंज* तथा *ईविन* के उद्बोधन सिद्धान्त में

प्रत्ययवाद का प्रभाव अमिट है। साक्षत् रूप से सन्त अगस्टिन ने बताया है कि प्रारम्भ से ईश्वर-प्रत्यय मानव के हृदय में लिखा है और शुद्ध जीवन के लिए इस सुषुप्त प्रत्यय को केवल स्पष्ट करना होता है। इसी प्रकार अन्सेल्म ने ईश्वर के प्रत्यय को मौलिक बताया है और इसी के आधार पर ईश्वर को परम सत् माना है।

कोई स्वीकार करे या नहीं, *प्लेटो* के ही प्रत्ययवाद पर *हेगेल* से लेकर *बर्कले* होते हुए *ब्रैडले, बोसांकेट, रोयस*, इत्यादि का आधुनिक प्रत्ययवाद आधृत है। हेगेल ने Real is rational and rational is real को अपनाकर स्पष्ट किया है कि प्रत्यय ही सत् है। उनकी दूसरी उक्ति है कि प्रत्ययों को डैने होते हैं और उन्हीं की उड़ान के फलस्वरूप विश्व का संचालन होता है।

यह ठीक है कि मार्क्स ने प्रत्ययवाद को स्वीकार नहीं किया है पर उन्होंने भी द्वन्द्वात्मक विधि को स्वीकार किया और प्रतिक्रिया के रूप में बताया है कि विकास प्रत्यय से होकर आधार (अथवा निम्नतर जड़वस्तुओं) की ओर नहीं, वरन् जड़ तत्त्व से ही प्रत्यय की उत्पत्ति होती है।* प्रतिक्रिया रूप ही में क्यों न हो, पर इसे प्रत्ययवाद से प्रभावित माना जायेगा।

फिर हमें भूल नहीं जाना चाहिए कि *प्लेटो* रहस्यवादी, मोक्ष-दार्शनिक थे। आपने अपने मोक्ष-दर्शन में आवागमन और ध्यान-योग के सिद्धान्तों का भी उल्लेख किया है। आपके रहस्यवादी मोक्षदर्शन को *प्लोटिनस* ने (204-270 A.D.) अपनाया था जिसका प्रभाव ईसाई रहस्यवादियों पर पड़ा है।

अतः प्लेटो का प्रभाव पाश्चात्य दर्शन पर इतना व्यापक है कि बिना प्लेटो के दर्शन के अध्ययन किए हुए पाश्चात्य विचार को समझना और उसका मूल्यांकन करना कठिन है। अरस्तू के दर्शन को भी समझने के लिए प्लेटोवाद को अपने ध्यान में रखना होगा।

अरस्तू (384-322 ई॰ पू॰)

अरस्तू का जन्म स्टैगिरस नामक एक यूनानी उपनिवेश में 384 ई॰ पू॰ में हुआ था और मृत्यु 322 ई॰ पू॰ में हुई। आप 20 वर्षों तक प्लेटो की शिक्षा-दीक्षा में रहे। आप विद्या-सागर थे और कोई भी ज्ञान का ऐसा क्षेत्र नहीं था जिसे आप ने अछूता रख छोड़ा है। यही कारण है कि *अरस्तू* को विश्वकोशीय प्रतिभा-सम्पन अपूर्व विद्वान कहा गया है। आपका निगमन तर्कशास्त्र सामान्य रूप से आज भी पूर्ण माना जाता है और आप को प्राणि-विज्ञान का जन्मदाता कहा जाता है। आप भाषाज्ञानी भी थे और आपने अनेक दार्शनिक और तकनीकी शब्दों को गढ़ा है। आप के रचनाकाल तीन हैं अर्थात्

(1) 367-347 ई॰ पू॰ जिसमें आप पर प्लेटो की शिक्षा का पूरा प्रभाव था। इस समय की रचनाओं में 'औन द सोल' (आत्मा) प्रमुख कहा जाता है।

(2) फिलिप राजा के कोर्ट में रहकर अपने *'औन फिलौसफी'* नामक पुस्तक लिखी जिसमें प्लेटो के प्रत्यय-सिद्धान्त की आलोचना बताई जाती है। सम्भवतः मेटाफिजिक्स और यूडिमियन एथिक्स का मूल भी इसी युग की रचना कही जाती है।

(3) आपने अपना विशिष्ट स्कूल लाइसियम में 335-323 ई॰ पू॰ स्थापित किया था। आप की आदत थी कि आप टहल-टहल कर सिखाते थे। इसलिए आप की पीठ को पैरिपैटेटिक भी पुकारा जाता है। इसी काल को प्रमुख कहा जाता है जिसमें आपने तर्कशास्त्र, मेटाफिजिक्स (तत्त्वमीमांसा), नेचुरल फिलौसफी (जिसमें जीव-विज्ञान के सन्दर्भ में आत्मा-विचार भी सम्मिलित है), मौरल ट्रिटीज 'जिसमें आपके नीतिशास्त्र के विचार हैं', और ईस्थेटिक (जिसमें कला सम्बन्धी विचार हैं), इत्यादि ग्रन्थों की रचना की है। प्रत्येक पुस्तक प्रमुख है। मैटाफिजिक्स का सन्दर्भ परम

---

* इनकी उक्ति है कि हेगेल अपने सिर के बल (प्रत्यय जो मस्तिष्क की उपज समझी जाती है) खड़े थे और मार्क्स ने उन्हें स्वाभाविक रूप से पैरों पर खड़ा कर दिया है। (Hegel was standing on his head, I have placed him on his feet.)

सत् है और इसमें ईश्वर-विचार बताया गया है। इस रचना में *अरस्तू* ने पूर्व के यूनानी विचारकों के दर्शन के इतिहास को लिखा है और इसमें *प्लेटो* के दर्शन का भी उल्लेख है। अतः यह दर्शन का सर्वप्रथम इतिहास है और इसे प्रामाणिक भी समझा जाता है।

प्लेटो और अरस्तू

अरस्तू लगभग 20 वर्षों तक *प्लेटो* के शिष्य रहे हैं। इसलिए *अरस्तू* का *प्लेटो* से प्रभावित होना स्वाभाविक ही है। दोनों प्रत्ययवादी विचारक हैं क्योंकि प्रत्ययवाद के कम-से-कम दो प्रमुख बिन्दु हैं:—

(1) सभी प्रक्रियायें उच्चतर से प्रभावित होकर निम्नतर वस्तुओं का संचालन करती हैं। *प्लेटो* के अनुसार शुभ का प्रत्यय ही सर्वोच्च है जिसमें सभी प्रक्रियायें संचालित होती हैं। *अरस्तू* के अनुसार विशुद्ध वास्तविकता (actus purus) सर्वोच्च परम सत् है जिसके आकर्षण से सम्पूर्ण विश्व उस ओर आकृष्ट होकर संचालित होता है।

(2) पुनः, उद्देश्य से ही सभी वस्तुएँ संचालित होती हैं और तार्किकतः उद्देश्य ही प्रथम संचालक होता है। *प्लेटो* और *अरस्तू* दोनों मानते हैं कि इस विश्व के संचालन को उद्देश्यपूर्ण स्वीकारना चाहिए।

प्रत्ययवाद में तीसरी बात भी जोड़ी जा सकती है कि अन्त में विचार, प्रत्यय, आकार (फौर्म) मुख्य तत्त्व हैं और मैटर अपेक्षतया गौण।

फिर *अरस्तू* और *प्लेटो* के बीच अन्तर रहते हुए भी स्वीकारना होगा कि नीतिशास्त्र के मौलिक तत्त्वों के बीच दोनों में समानता है।

(3) दोनों मानते हैं कि सुख (प्रेय, pleasure) नहीं, वरन् आनन्द (श्रेय) ही नीति का अन्तिम श्रेयस् और मानदंड है।

(4) फिर *प्लेटो* और *अरस्तू* दोनों मानते हैं कि नीति का असली क्षेत्र समाज अथवा राज्य है।

जब *प्लेटो* और *अरस्तू* दोनों में मौलिक समानता है तब दोनों के बीच भेद क्यों किया जाता है? पहली बात है कि दोनों में व्यक्तित्व और मानसिकता का भेद है। *प्लेटो* रहस्यवादी और हृदय से कवि हैं। इनकी रचनाओं में अनेक मिथक, कथा तथा रूप दिये गये हैं जिनके कारण इनके विचार में दार्शनिक स्पष्टता का अभाव है। *प्लेटो* की तुलना में *अरस्तू* विश्लेषणवादी, परिशुद्ध भाषी तथा भषाविद् भी हैं। आपकी दृष्टि वैज्ञानिक है और आपकी दार्शनिक भाषा परिशुद्ध है। फिर *प्लेटो* की दृष्टि गणित और पाइथागोरस के रहस्यवाद तथा धर्मदृष्टि से प्रभावित कही जायेगी। *प्लेटो* ने आवागमन, पूर्व जन्म की अनुस्मृति और आत्मा की अमरता, परिशोधन (purgatory), इत्यादि का विचार प्रस्तुत किया है। *अरस्तू* ने संदिग्ध रूप में अमरता-विचार को सम्भवतः अपनाया है पर आपने आवागमन, अनुस्मृति, इत्यादि को ठुकरा दिया है। सम्भवतः अतार्किक रूप से ही प्लेटो ने ईश्वर को व्यक्तित्वपूर्ण और सृष्टिकर्ता स्वीकारा है। इसके विपरीत अरस्तू ने ईश्वर-विचार को ईश्वरवादी नहीं रखा है। ईश्वर व्यक्तित्वरहित है। सभी संसार ईश्वर के प्रति प्रेम से उसी प्रकार संचालित होता है जिस प्रकार फतिंगा (पतंगा, moth) दीप पर अपेन को (उस ओर आकृष्ट हो) उस पर अर्पित कर देता है। लोग ईश्वर की पूजा क्यों न करें, अपनी प्रार्थनाओं को क्यों नहीं उसे अर्पित करें, पर *अरस्तू* के लिए, ईश्वर अपने ही में लीन रहता है। *स्पिनोजा* ने *अरस्तू* के मत को स्वीकारा है। *अरस्तू* और *स्पिनोजा* के अनुसार मानव का कर्त्तव्य है कि वह अपने को ईश्वर पर अर्पित करे, उसकी पूजा करे, पर ईश्वर से उसे किसी अनुग्रह की आशा अथवा प्रतीक्षा करना वृथा है। यही बात सांख्य और जैन तीर्थंकरों के सन्दर्भ में भी देखी जाती है।

(5) *अरस्तू* ज्ञान की खोज को स्वलक्ष्य समझते हैं। इसकी तुलना में *प्लेटो* का दर्शन धर्मदर्शन और मोक्षवादी है।

प्लेटो और *अरस्तू* के बीच भेद अवश्य है, पर दोनों के बीच समानता गहरी और मौलिक है। *अरस्तू* ने प्रत्यय के विचारों को परिशुद्ध भाषा में, *प्लेटो* के विचारों को परिष्कृत कर प्लेटोवादी दर्शन को प्रस्तुत किया है। पर आप दोनों का भेद भी है। *अरस्तू* का विचार प्राणिशास्त्र से प्रभावित रहने पर मूलतः जैविक अथवा अवयववादी (organismic) तथा विकासवादी है। इसकी तुलना में ज्यामिति से (स्पिनोजा के समान) प्रभावित रहने पर प्लेटोवाद स्थैतिक है। पर दोनों की विचारधारा प्रत्ययवादी है। फिर *अरस्तू* वैज्ञानिक थे और इन्होंने तथ्य, घटना विशेषों पर बहुत बल दिया है। इसकी तुलना में *प्लेटो* ने तथ्यों की अवहेलना की है। चूँकि दोनों उच्चकोटिक दार्शनिक हैं और चूँकि दोनों का दर्शन प्रत्ययवादी ही है इसलिए दोनों में समानता मौलिक है। भेद इसलिए विशेष दीख पड़ता है कि *अरस्तू* ने *प्लेटो* के प्रत्यय-सिद्धान्त की आलोचना की है और इस सन्दर्भ में उन्होंने दोनों के बीच के मतभेदों पर ही बल दिया है और दोनों के बीच मौलिक समानता को नहीं बताया है। इसलिए यह भ्रान्ति फैल गई है कि *प्लेटो* और *अरस्तू* में मौलिक भेद है।

अरस्तू की तत्त्वमीमांसा (*Metaphysics*)

अरस्तू ने भौतिक वस्तुओं के बाद दर्शन की रचना की। चूँकि दर्शन भौतिकी (physics) के बाद (meta) लिखा गया, इसलिए *अरस्तू* के दर्शन को मेटोफिजिक्स (metaphysics) की संज्ञा दी गई है। पर स्वयं *अरस्तू* ने *मेटाफिजिक्स* शब्द का प्रयोग नहीं किया है। पर जिसे 'मेटाफिजिक्स' कहा जाता है उसे अरस्तू ने दर्शन (फिलौसफी) की संज्ञा दी है। फिलौसफी में दो शब्द हैं फाइलों (philo–मित्र) और सोफिया (wisdom–प्रज्ञा)। इसलिए *अरस्तू* के लिए दर्शन का सम्बन्ध प्रज्ञा के साथ है न कि साधारण ज्ञान के साथ। फिर दर्शन का आलोच्य विषय है विश्व-सम्बन्धी *आदि कारण* (first cause) तथा सभी विज्ञानों में अन्तर्निहित अति *सामान्य सिद्धान्त*। अतः दर्शन का सन्दर्भ है परम सत् (भाव, being) का ज्ञान। इसकी तुलना में अन्य सभी विज्ञान-विशेषों को इसकी सामग्री समझी जायगी।

समसामयिक तत्त्वमीमांसा के आलोचक भूल जाते हैं कि तत्त्वमीमांसा का उद्देश्य वैज्ञानिक ज्ञान प्राप्त करना नहीं है, प्रत्युत ज्ञान-प्राप्ति।

अतः दार्शनिक *अरस्तू* का लक्ष्य था कि वे सम्पूर्ण विश्व की व्याख्या अति परम सिद्धान्त के आधार पर सम्पन्न करें। अपनी लक्ष्यपूर्त्ति के लिए अरस्तू ने कारण-सिद्धान्त को काम में लाया है। इनके अनुसार चार प्रकार के कारण हैं—उपादान कारण (material cause), निमित्त कारण (efficient cause), आकारिक कारण (formal cause) और प्रयोजन कारण (final cause)। *अरस्तू* ने यूनान दर्शन के इतिहास को ध्यान में रखकर बताया है कि प्रारम्भिक दार्शनिकों ने उपादान और निमित्त कारणों को ध्यान में रखा है, आकारिक कारण का उल्लेख पाइथागोरसीय और प्लेटोवादी दर्शन में किया गया है पर प्रयोजन कारण की व्याख्या प्लेटो तक ने स्पष्ट नहीं की। इन सभी की तुलना में अरस्तू ने कारण की अवधारणा को विस्तारपूर्वक स्पष्ट किया है।

अब *अरस्तू* ने *प्लेटो* के कारण-सिद्धान्त की ही नहीं, वरन् उनके प्रत्यय-सिद्धान्त की भी विस्तारपूर्वक आलोचना की है और उस आलोचना के आधार पर उन्होंने अपने दर्शन की रचना की है।

प्लेटो के प्रत्यय-सिद्धान्त की आलोचना*

विश्व में गतिशीलता, परिवर्तनशीलता तथा अनेकता पाई जाती है। दर्शन का लक्ष्य है कि इनकी व्याख्या इनकी एकता के आधार पर की जाय। यही कारण है कि *प्लेटो* ने प्रत्यय-सिद्धान्त के आधार पर विश्व में वस्तुओं की अनेकता और उनकी परिवर्तनशीलता की व्याख्या की है। उन्होंने एक ही प्रकार की वस्तुओं के बीच उनके सामान्य गुण के आधार पर प्रत्यय की स्थापना की है

* प्लेटो ने स्वयं **पार्मिनाइड्स** तथा **थीटेटस** में अपने प्रत्यय-सिद्धान्त के प्रति आपत्तियाँ उठाई हैं।

ताकि वस्तुओं की अनेकता की व्याख्या की जा सके। उदाहरण अनेक घोड़ों के निरीक्षण के फलस्वरूप उन्होंने घोड़ेपन के प्रत्यय (ideas) की स्थापना की है। घोड़ेपन का प्रत्यय तो एक है पर इसके द्वारा अनेक घोड़े इसके अन्दर आकर समाहत हो जाते हैं। इसी प्रकार गायपन के आधार पर अनेक गायों की, मनुष्यत्व के आधार पर अनेक मनुष्यों की व्याख्या की है। पर क्या इस प्रत्यय-सिद्धान्त के आधार वस्तुओं की अनेकता की व्याख्या हो सकी है?

(1) भिन्न-भिन्न प्रकार की वस्तुओं के अनुरूप *प्लेटो* ने बताया है कि जितने प्रकार की वस्तुएँ हैं उतने ही प्रकार के प्रत्यय भी हैं, पर प्रत्येक प्रकार के अनुरूप केवल एक ही प्रत्यय है। पर क्या अनेक प्रकार के अनुरूप प्रत्यय हो सकता है? क्या नकारात्मक, वैकल्यपद, इत्यादि के अनुरूप कोई प्रत्यय-सत्ता हो सकती है? स्पष्ट है कि अरस्तू अभाव के *अनुरूप भावरूप प्रत्यय* को परस्पर-विरोधी मानते हैं।

(2) फिर *अरस्तू* का प्रश्न है, 'व्याख्या करने' से क्या अर्थ लगाया जा सकता है? क्या यह कहने से घोड़ों की व्याख्या कही जा सकती है कि घोड़ों के अनुरूप घोड़ेपन का प्रत्यय है? नहीं। क्यों नहीं? क्योंकि सही व्याख्या वही होगी जब घोड़ों और घोड़ेपन के बीच तर्कनिष्ठ सम्बन्ध स्थापित कर दिया जाय। घोड़ेपन के प्रत्यय से घोड़ों के होने की स्पष्ट तार्किक क्रिया रहनी चाहिए। शायद प्लेटो को इसका आभास मालूम किया और उन्होंने बतलाया कि घोड़ों और घोड़ेपन में सादृश्य है और उनके बीच *भागग्रहिता* (participation) का सम्बन्ध है।

(3) पर पूछा जाय कि घोड़े, घोड़ेपन में किस प्रकार भागग्राही होते हैं? भागग्रहिता से क्या समझा जाय? इस सम्बन्ध से कुछ भी स्पष्ट नहीं होता है। नकल करना, भागग्राही होना, ये केवल काव्योक्ति (poetic imagination) है जिससे किसी प्रकार की व्याख्या नहीं हो सकती है।

(4) हमें याद रखना चाहिए कि *प्लेटो* ने स्वयं अपने प्रत्यय-सिद्धान्त के प्रति आपत्तियाँ पार्मिनाइड्सामक रचना में की थीं और उनका कोई समाधान नहीं बताया था। यह आपत्ति वस्तु और उनके अनुरूप सादृश्य पर आधारित आपत्ति भी थी जिसे *तृतीय पुरुष* (third man) का दोष भी बताया गया है। *अरस्तू* ने इसी दोष के सन्दर्भ में आपत्ति उठाई है।

प्लेटो ने बताया है कि वस्तु और उसके मनुष्यता के बीच सादृश्य है। इस सादृश्य को कैसे स्पष्ट किया जाय? मान लीजिये कि मनुष्य और मनुष्यता के बीच सादृश्य है तो इस सादृश्य को दिखाने के लिए दोनों के बीच उच्चतर मनुष्यत्व प्रत्यय की आवश्यकता पड़ेगी। फिर मनुष्यता और उच्चतर मनुष्यत्व के बीच सादृश्य दिखाने के लिए तृतीय मनुष्यत्व की कल्पना करनी पड़ेगी। इसमें यावदनन्तम् अथवा अनन्तक (ad infinitum) का दोष चला आता है।

(5) फिर केवल वस्तुओं और प्रत्ययों के बीच एकता स्थापित करनी चाहिए, पर प्रत्ययों के बीच भी एकता और व्यवस्था रहनी चाहिए। पर प्लेटो ने प्रत्ययों की अनेकता ही बताई गई है। जितने प्रकार के वस्तु-विशेषों के बीच सामान्य गुण हैं, उतने इन सामान्य गुणों के अनुरूप प्रत्यय हैं। अतः, प्रत्ययों के बीच वस्तु-विशेषों को अनेकता के समान प्रत्ययों की अनेकता को दुहरा दिया है। प्रत्ययों के बीच पिरैमिडी व्यवस्था का आभास *प्लेटो* के दर्शन में अवश्य मिलता है, पर उच्चतर और निम्नतर प्रत्ययों के बीच कोई व्यवस्था नहीं दिखाई गई है और न बताया गया है कि शुभ के प्रत्यय के साथ अन्य प्रत्ययों का क्या सम्बन्ध है।

(6) सुकरात ने वस्तुविशेषों के ज्ञान के सन्दर्भ में कहा था कि वस्तुविशेषों के प्रति उनके संप्रत्यय के आधार उनका ज्ञान प्राप्त किया जा सकता है। पर सुकराती संप्रत्यय मानव विचार पर निर्भर करते हैं। उनकी अपनी कोई स्वतंत्र सत्ता नहीं है। पर *प्लेटो* ने प्रत्यय को द्रव्य (substance) बताकर उनकी अपनी स्वतंत्र सत्ता स्वीकारी है। इस स्थल पर *अरस्तू* का कहना है कि प्रत्यय द्रव्य नहीं है। *अरस्तू* के अनुसार द्रव्य विशेष (particular) होता है न कि सामान्य (universal)

'Substance, in its strictest, first and chief sense, is that which is neither predicated of any subject, nor is in any, as an individal man or horse.'

फिर,

'A universal substance does not subsist.'

पर *प्लेटो* का प्रत्यय universal (सर्वव्यापी, सामान्य) होता है। इसलिए प्रत्यय द्रव्य नहीं हो सकता है।

(7) अपितु, *अरस्तू* का कहना है कि *प्लेटो* वस्तुविशेषों की इसलिए व्याख्या नहीं कर पाए हैं क्योंकि प्लेटो का प्रत्यय वस्तुविशेषों से बाह्य होता है। परन्तु प्रत्ययों का वस्तु-विशेषों के अन्दर रहना चाहिए ताकि वस्तुओं की व्याख्या हो सके। *अरस्तू* का मुख्य सिद्धान्त है कि फार्म (या प्रत्यय) केवल व्यष्टि (individual) ही में रहता है और व्यष्टि से परे इसकी अन्य कहीं भी अपनी स्वतंत्र सत्ता नहीं होती है।

(8) इसका मुँख्य कारण है कि वस्तुविशेषों में केवल अनेकता ही नहीं, वरन् परिवर्तनशीलता और गति भी है और गति की व्याख्या प्रत्ययों के आधार पर नहीं हो सकती है क्योंकि प्रत्यय *निष्क्रिय* है और निष्क्रिय प्रत्ययों से वस्तुविशेषों का संचालन अथवा उनमें गति नहीं उत्पन्न की जा सकती है। *अरस्तू* ने अपने दर्शन में एक प्रकार के विकास (evolution) के सिद्धान्त को स्पष्ट किया है और अफर प्रत्येक प्रकार के प्राणियों के परिवर्धन (development) और वृद्धि (growth) और परिस्फुटन (unfoldment) पर बल दिया है जिसे किसी भी यूनानी विचारक ने *अरस्तू* के पूर्व स्पष्ट नहीं किया था।

अतः, *अरस्तू* ने *प्लेटो* के प्रत्यय-सिद्धान्त की आलोचना के संदर्भ में अपने दर्शन की दो मुँख्य देनों की चर्चा की है, अर्थात्

(i) सामान्य केवल व्यष्टि में ही संभव है, जैसे घोड़ापन केवल घोड़ों में हो सकता है, न कि घोड़ापन घोड़ों के अतिरिक्त अन्यत्र कोई स्वतंत्र सत्ता हो सकती है।

(ii) कोई भी दार्शनिक व्याख्या वस्तुओं और प्राणियों की क्यों न हो उसमें विकास, परिवर्धन वृद्धि और परिस्फुटन की भी व्याख्या अवश्य करनी चाहिये, क्योंकि विश्व में गति और परिवर्तन सभी स्थलों पर देखा जाता है।

अरस्तू ने इन दोनों सिद्धान्तों को अपने कारण-विचार में स्पष्ट किया है। इसलिए अब कारण की अवधारणा को स्पष्ट किया जायेगा।

कारणता-सिद्धान्त

अरस्तू की कारणता की अवधारणा व्यापक एवं तत्त्वमीमांसात्मक है। आपने चार प्रकार के कारणों का उल्लेख किया है:—(1) उपादान कारण (material cause), (2) निमित्त कारण, (3) आकारिक कारण (formal cause), और (4) प्रयोजन कारण (final cause)। इन्हें स्पष्ट करने के लिए मानव रचना के विश्लेषण द्वारा स्पष्ट किया जा सकता है और इसी रचना को वैश्विक भी समझा गया है। उदादरणार्थ, कुम्हार, बढ़ई, घर निर्माण, इत्यादि के आधार पर इन कारणों को स्पष्ट किया जा सकता है। जैसे-बढ़ई किसी न किसी प्रकार की लकड़ी से कुर्सी बनाता है। लकड़ी को *उपादान कारण* कहा जा सकता है। फिर बढ़ई आरा, छेनी, बटाली इत्यादि औजार के द्वारा लकड़ी को काट-छाँट कर लकड़ी को परिवर्तित कर देता है। इसे निमित्त कारण कहा जाता है। *निमित्त कारण* परिवर्तन का मुख्य आधार होता है। इसका सम्बन्ध शक्ति अथवा ऊर्जा के साथ रहता है। (It is related to becoming), आकारिक कारण वस्तु का सार होता है जो उस वस्तु की परिभाषा के द्वारा व्यक्त किया जाता है। पर वस्तु के सारतत्त्व अथवा उसकी परिभाषा की प्लेटो ने प्रत्यय कहा है। अतः आकारिक कारण वास्तव में प्लेटो-द्वारा निर्दिष्ट प्रत्यय (idea) ही है। अन्त में प्रयोजन कारण है जिसके लिए कुर्सी बनाई जाती है। *प्रयोजन कारण* वह परमलक्ष्य है जिसकी ओर बढ़ई की सभी प्रक्रियायें संचालित होती हैं।

यदि *अरस्तू* के कारण की अवधारणा पर ध्यान दिया जाय तो स्पष्ट हो जायेगा कि यह

अवधारणा वैज्ञानिक कारण की अवधारणा से एकदम भिन्न है। पहली बात है कि ये चारों प्रकार के कारण एक साथ किसी भी निर्माण-कार्य में पाए जाते हैं। पर विज्ञान में कारण में पूर्व और अपर (बाद) का सम्बन्ध रहता है। पूर्ववर्ती घटना को कारण और बाद की घटना को कार्य कहा जाता है। पर अरस्तू के कारणता-सिद्धान्त में तार्किक विचार देखा जाता है। यहाँ कुर्सी का लक्ष्य भविष्य में रहता है, पर यह कुर्सी बनाने में प्रारम्भ से लेकर अन्त तक प्रभावशाली रहता है। इसलिए कारण *पूर्ववर्ती* घटना न रहकर *भविष्यवर्ती प्रयोजन*, उद्देश्य अथवा लक्ष्य ही सभी प्रक्रियाओं का संचालन करता है। देखा जाये तो चारों प्रकार के कारणों में से केवल निमित्त कारण को ही वैज्ञानिक कारण के अन्तर्गत गिना जा सकता है।

दूसरी बात है कि *अरस्तू* ने प्रयोजन (end) पर ही अधिक बल दिया है। जहाँ प्रयोजन पर अधिक बल दिया जाता है उसे उद्देश्य मूलक कारण कहा जाता है। इसकी तुलना में वैज्ञानिक कारण को वर्णनात्मक तथा यान्त्रिक (mechanical) कहा जाता है। चूँकि अरस्तू प्राणिशास्त्री थे और उन्होंने प्राणियों में सभी प्रक्रियाओं में उद्देश्य ही देखा इसलिए प्राणि-जगत् में प्रयोजन कारण पर बल दिया है। पर प्रयोजन कारण के अधीन यान्त्रिक कारण को लाया जा सकता है। अन्त में देखा जाय तो सम्पूर्ण विश्व का संचालन आद्यचालक (prime mover) की ओर प्रगति करता है। अतः अरस्तू और सम्भवतः प्लेटो के दर्शन में भी प्रयोजन कारण ही सर्वोपरि है। यह प्रत्ययवाद का मुख्य तत्त्व है कि उद्देश्य की पूर्त्ति काल के अन्त में होती है, पर तार्किकतः उद्देश्य प्रारम्भ से सभी प्रक्रियाओं का संचालन करता है। *(End in time comes at the end, but it is operative form the beginning.) अरस्तू* का यह प्रत्ययवादी सिद्धान्त उसके मैटर और फौर्म (उपादान और आकार) के विचार में स्पष्ट हो जायगा।

मैटर और फौर्म *(Matter and Form)*

अन्त में अरस्तू ने उपादान, निमित्त, आकारिक और प्रयोजन कारण को उपादान और प्रयोजन कारण में रूपान्तरित कर दिया है। सर्वप्रथम देखा जाय तो आकारिक और प्रयोजन कारण वास्तव में दोनों एक ही हैं। आकारिक किसी भी वस्तु का सार, उसका सम्प्रत्यय और प्रत्यय होता है। जिसे प्रयोजन कारण कहा जाता है वह वास्तव में idea या प्रत्यय को लक्ष्य रूप में साकार किया जाता है। उदाहरणार्थ कुर्सी का प्रत्यय बढ़ई के विचार में रहता है और उसका लक्ष्य रहता है कि वह इस कुर्सी के प्रत्यय को साकार कर ले। अतः, जब तक कुर्सी केवल विचार में थी, उसे वास्तविक, यथार्थ तथा तथ्य नहीं समझा जायेगा। जब यह लकड़ी में से काट-छाँट कर इसे साकार किया जाता है तभी कहा जाता है कि अमुक कुर्सी यहाँ (दिक्), अभी (इस काल में) यथार्थ कुर्सी है। इसलिए जब तक कुर्सी का रूप-रंग, आकार विचार में है तब तक इसे कुर्सी का आकारिक (formal) कारण कहा जायगा। जब यह विचार की दुनिया से साकार होकर दिक्काल में इन्द्रियजन्य वस्तु हो जाती है तब यह अन्तिम या प्रयोजन (लक्ष्य) कारण कही जाती है।

फिर निमित्त कारण का सम्बन्ध बनना, बनाना, होना (becoming) के साथ होता है। अब बढ़ई क्यों लकड़ी को काट-छाँट करता, उसे जोड़ता, इत्यादि है क्योंकि उसका साध्य या लक्ष्य है कि कुर्सी तैयार कर ले। अतः, कुर्सी को तैयार करना ही ऐसा कारण है जो बढ़ई को क्रियाशील करता है। पर कुर्सी को तैयार करना लक्ष्य है और लक्ष्य-पूर्ति को ही प्रयोजन कारण कहा जाता है। इसलिए कुर्सी के बनने अथवा होने की प्रक्रिया का अन्तिम कारण वास्तव में प्रयोजन (final) कारण होता है। *अतः, वास्तव में निमित्त, आकारिक और प्रयोजित कारण तीनों एक ही हुए और इस एक को अरस्तू ने फौर्म* कहा है।* अब उपादान को फौर्म में रूपान्तरित नहीं किया जा सका है। इसलिए अरस्तू विश्व के परम सत् (भाव-being) को मैटर और फौर्म के द्वारा स्पष्ट करते हैं, अर्थात् विश्व की अनेकता, वस्तुओं की गतिशीलता और उनमें पिरैमिडी व्यवस्था।

---

* फौर्म (form) से अभिप्राय है रूप, आकार, गुण। उदाहरणार्थ अमुक पुस्तक का आयताकार उसका फौर्म हुआ। फिर उसका भारी होना भी।

चूँकि 'उपादान' से सम्भवतः *अरस्तू* के विचार को समझाने में गलतफहमी हो सकती है, सो अरस्तू के द्वारा व्यवहृत शब्द मैटर और फौर्म को ही काम में लाना उपयुक्त प्रतीत होता है। प्रायः मैटर से समझा जाता है लकड़ी, मिट्टी, लोहा, इत्यादि। अब लकड़ी, लोहा इत्यादि को प्रचलित अर्थ में मैटर कहा जा सकता है। पर इसे *अरस्तू* के पारिभाषिक अर्थ में मैटर नहीं कहा जायगा। लोहा, लकड़ी, मिट्टी इत्यादि में भी अपने गुण हैं। गुण तो फौर्म हुआ। पर मैटर वह है जिसमें फौर्म न हो। पर क्या ऐसा मैटर हो सकता है जिसमें फौर्म न हो। हाँ, अरस्तू के विश्व की पिरैमिडी व्यवस्था में तल (base) पर फौर्म-विहीन मैटर होता है और चोटी पर मैटरविहीन फौर्म रहता है। पर फौर्मविहीन मैटर ही यथार्थ नहीं होता है। 'यथार्थ' से समझा जाता है इन्द्रियानुभूत हो, जो दिक्-काल में इन्द्रियों के द्वारा जाना जाय। इसलिए मैटर जो फौर्मविहीन रूप में समझा जाय तो उसका कोई अस्तित्व ही नहीं है। पर सभी वास्तविक अथवा यथार्थ वस्तुओं में मैटर और फौर्म का सम्मिश्रण रहता है। मैटर और फौर्म वास्तव में *सापेक्ष* (relative) हैं। उदाहरण कुर्सी के सन्दर्भ में काठ (wood) को मैटर कहा जायगा, पर स्वयं काठ, पेड़ की तुलना में मैटर कहा जायगा। इसी प्रकार कुर्सी को भी फर्नीचर (उपस्कर) के सन्दर्भ में मैटर ही कहा जायगा। वास्तविक, यथार्थ तथा इन्द्रियग्राह्य वस्तुओं में मैटर और फौर्म का सम्मिश्रण होता है। ये दोनों अवियोज्य हैं। विचार में ही इन दोनों के बीच भेद किया जा सकता है, पर यथार्थ में नहीं। (We can distinguish matter and form, but we cannot separate them.)

फौर्म ही वस्तुओं का अन्तिम लक्ष्य है और सम्पूर्ण विश्व का भी परम लक्ष्य है कि वे परम परिपूर्णता (actus purus) अथवा अन्तिम सिद्धता की ओर प्रगति करें। जड़ पदार्थ में भी लक्ष्य रहता है जैसे-कुर्सी का भी लक्ष्य है। पर जड़ वस्तुओं का लक्ष्य वस्तु से बाह्य होता है। इसकी तुलना में सभी प्राणियों का लक्ष्य उनके अन्दर होता है। इसका क्या अर्थ है कि जड़ वस्तुओं का फौर्म या लक्ष्य बाह्य होता है और प्राणियों का उनके अन्दर?

अरस्तू प्रथम प्राणि वैज्ञानिक थे और उन्होंने लगभग 500 उपजातियों का नामकरण और अध्ययन किया था। इन्होंने देखा कि अण्डे के सेने पर इस अण्डे में ऐसा परिवर्तन होने लगता है कि अन्त में इस अण्डे से उसी प्रकार (उपजाति species) का बच्चा पैदा हो जाता है जिस उपजाति की चिड़िया का वह अण्डा होता है। यहाँ अण्डे में ही एक उपजाति विशेष कि चिड़िया का फौर्म होता है जो इस सेये जाने वाले अण्डे में अन्दर रहकर उस अण्डे को रूपान्तरित उसे अमुक उपजाति विशेष की चिड़िया का रूप-रंग, आकार प्रदान करता है। इस अण्डे की कार्यवाही अण्डे से बाह्य नहीं होती, पर लक्ष्यपरक परिवर्तन स्वयं अण्डे में निहित शक्ति के द्वारा संचालित होता है। इसकी तुलना में अमुक कुर्सी का रूप-रंग और आकार इससे बाहर के लक्ष्य से निर्धारित होता है। बढ़ई किसी भी कुर्सी का रूप-रंग उसके अनुरूप लक्ष्य को ध्यान में रखकर उसमें आरोपित कर देता है। उदाहरणार्थ पढ़ई की कुर्सी का रूप-रंग, भोजन करने वाली कुर्सी के रूप-रंग से भिन्न होता है। अतः कुर्सी का क्या रूप-रंग, आकार होगा, यह कुर्सी से बाह्य रहकर *बढ़ई के द्वारा कुर्सी में बाहर से आरोपित* किया जाता है।

इसलिए कहा गया है कि जीव-जगत् के प्राणियों में उनके फौर्म अन्तर्वर्ती होते हैं और निर्जीव पदार्थों के फौर्म उनसे बाहर रहकर उनकी क्रियाओं का सञ्चालन करते हैं। यही नहीं, प्राणियों के अन्तर्वर्ती फौर्म की कार्यवाही के द्वारा, फौर्म के स्वरूप पर भी, जड़ जगत् की वस्तुओं की अपेक्षा अधिक स्पष्ट प्रकाश पड़ता है। जीव-जगत् के प्राणियों के फौर्म का कार्य है कि जीवों को दो प्रकार की व्यवस्था को बनाये रखें। पहली बात है कि जीव एक अनुतंत्र(system) अथवा अवश्व-अवयवी या अवयव-संस्थान है। इसमें सम्पूर्ण शरीर का स्वास्थ्य उसके अङ्गों की स्वस्थ कार्यवाही पर निर्भर करता है और फिर अवयवों की कार्यवाही भी सम्पूर्ण शरीर के द्वारा नियन्त्रित होती है। उदाहरणार्थ आँख, नाक, कान, पैर, हाथ, इत्यादि अवयवों की स्वस्थ कार्यवाही पर शरीर का स्वास्थ्य निर्भर करता है और फिर शरीर के स्वस्थ रहने पर ही पैर-हाथ, नाक-आँख, इत्यादि की कार्यवाही

सुचारु रूप से सम्पन्न होती है। शरीर के अस्वस्थ रहने पर शरीर के सभी अङ्गों की कार्यवाही में शिथिलता आ जाती है। उदाहरण रुधिर में चीनी की मात्रा अधिक हो जाने पर शरीर के सभी अंग शिथिल हो जाते हैं। इसी प्रकार शरीर के किसी अङ्ग में फोड़े के निकल जाने पर सम्पूर्ण शरीर को कष्ट होने लगता है। इतना ही नहीं।

शरीर के अनेक और विभिन्न अंग होते हैं। प्रत्येक अंग की कार्यवाही केवल स्वस्थ ही नहीं रहनी चाहिए पर इस स्वस्थ कार्यवाही का आपसी तालमेल भी रहना चाहिए। जैसे—भोजन को दाँतों से काटना, चबाना, थूक से सानकर उसे गले से अँतड़ियों में उतारना ही नहीं होता। इन विभिन्न अगों की स्वस्थ कार्यों के साथ-साथ अनेक पिण्डों का अन्तःस्राव भी उतनी ही मात्रा में रहना चाहिए जिनसे भोजन के पचाने में सहायता मिल सके। अतः सभी अवयवों की विभिन्न कार्यवाहियों में समाकलन (integration, एकीकरण) हो सके।

जब अरस्तू कहते हैं जीवों में फौर्म उनकी अन्तर्वर्ती शक्ति होती है, तो इनके अनुसार फौर्म वह *जीवों की अर्न्तवर्ती शक्ति है जो जीवों की अवयव-अवयवी (शरीर-संस्थान, organism) कार्य को संचालित तथा समाकलित रखती है।* इस रूप में फौर्म एकीकरण (एक करके रखना, unifying सूत्रीकरण करना) को कायम रखता है। फौर्म के द्वारा अवयवी (अर्थात् सभी अवयवों (अंग) की व्यवस्थित कार्यवाही और रचना) कार्य पर *अरस्तू* ने बहुत बल दिया है जिसके महत्त्व को भी दिखाया जायगा। पर इसके पूर्व फौर्म के सन्दर्भ में एक-दो अन्य बातों को भी स्पष्ट करना चाहिए।

पहले ही कहा जा चुका है कि *अरस्तू* के द्वारा 'मैटर' से अभिप्राय-जनसाधारण लोहे, लकड़ी, इत्यादि के प्रयोग से सर्वथा भिन्न है। फिर दे*कार्त,* इत्यादि दार्शनिकों ने मैटर और मन का द्वैत स्थापित किया है। 'मैटर' का *अरस्तू* ने इस रूप में भी प्रयोग नहीं किया है। जैसा कहा जा चुका है कि मैटर और फौर्म का सम्बन्ध *सापेक्ष* है। एक ही वस्तु एक अन्य वस्तु के सन्दर्भ में मैटर होती और दूसरी वस्तु के सन्दर्भ में फौर्म। फौर्म को प्रायः *सर्वव्यापी* और मैटर को विशेष (particular) कहा जाता है। 'विशेष' को विशिष्ट वस्तु नहीं समझना चाहिए। फौर्म और मैटर के योग से ही विशिष्ट वस्तु की यथार्थता होती है। *सर्वव्यापी फौर्म और विशेष के योग को विशिष्ट वस्तु यथार्थ होती* है और इस यथार्थ वस्तु को *अरस्तू व्यष्टि* (individual) की संज्ञा देते हैं। न तो फौर्म बिना किसी वस्तु विशेष (अथवा व्यष्टि) के कहीं वास्तविक कहे जा सकते हैं और न बिना फौर्म के विशेष भी यथार्थ होता है। *अरस्तू* के अनुसार *प्लेटो* के दर्शन का यह बड़ा दोष था कि उन्होंने फौर्म को जो सर्वव्यापी होता है उसे स्वर्ग में वास्तविक रूप में समझा था।

साधारणतया जिसे अरस्तू ने सर्वव्यापी फौर्म कहा है वह वस्तुओं का गुण होता है। जैसे—किसी एक यथार्थ वस्तु आम को ले लें। कच्चा आम हरा होता है, कड़ा होता है, खट्टा होता है इत्यादि। पर क्या केवल कच्चा आम ही हरा होता है? क्या घास, पेड़ की पत्तियाँ हरी नहीं होतीं? अतः कोई भी गुण जाति विशेषों में ही सामान्य रूप से पाया जाता है। फिर बिना गुण के कोई वस्तु विशेष नहीं पाया जाता है। यदि किसी भी वस्तु के विषय में कहा जाय कि यह न तो हरी-पीली है, न रुखड़ी-चिकनी है, न गरम-ठंडी है, इत्यादि तब यह वस्तु नहीं के बराबर समझी जायगी। इसे शून्य की संज्ञा दी जा सकती है जैसे—प्लेटो, हेगेल इत्यादि ने *गुणविहीन* वस्तु को समझा है। पर अरस्तू ने इसे *भावात्मक सम्भाव्यता* के अर्थ में समझा है।

अतः फौर्म किसी भी वस्तुविशेष (व्यष्टि) का सामान्य गुण तथा सर्वव्यापी गुण होता है और प्रत्येक वस्तु को उसके वस्तुपन में प्रत्येक जीव को उसके जीवपन में स्थिर किए रहता है। इस रूप में फौर्म वस्तुओं का अन्तर्निहित सारगुण है और कोई भी वस्तु अथवा प्राणी बिना फौर्म के सम्भव नहीं होता है। इस रूप में फौर्म जितना अधिक सत् (reality) है, उतना मैटर में सत् का अंश नहीं है। इस स्थिति में *अरस्तू* अपने फौर्म-मैटर के मूल-सिद्धान्त में *प्लेटो* के अनुयायी रह जाते हैं क्योंकि अरस्तू का फौर्म बहुत अंशों में idea (प्रत्यय) ही है जो मैटर की अपेक्षा अधिक

सत् है। इस बात की सत्यता *अरस्तू* की शक्यता(सम्भाव्यता, क्षमता, potentiality) और साकारता (actuality, साकारीकरण, वास्तविकता) के सिद्धान्त से स्पष्ट हो जाती है।

संभाव्यता और वास्तविकता ***(Potentiality and Actuality)***

मैटर सभी गुणों से रिक्त है, पर शून्य नहीं है। चूँकि मैटर में कोई रूप-रंग, स्वाद, आकार नहीं है, इसलिए इसमें किसी भी रूप और आकार को आरोपित किया जा सकता है। जैसे-समझने के लिए मिट्टी का लोंदा ले लें। मिट्टी का लोंदा बिल्कुल गुणविहीन नहीं है और अरस्तू के मैटर का यह शुद्ध उदाहरण नहीं है। किसी भी वास्तविक जड़ पदार्थ को असली रूप में मैटर नहीं समझा जा सकता है क्योंकि मैटर अपने शुद्ध गुणविहीन रूप में वास्तविक नहीं कहा जा सकता है। इसलिए मिट्टी का लोंदा एक निकटतम उदाहरण है। चूँकि मिट्टी के लोंदे में किसी भी प्रकार का रूप और आकार नहीं है, इसलिए इस मिट्टी से अनेक वस्तुओं की सम्भावना हो सकती है। मिट्टी के लोंदे से खपड़ा, सुराही, कढ़ाई इत्यादि कुछ भी बनाया जा सकता है क्योंकि मिट्टी के लोंदे में इन सब आकारीकृत वस्तुओं के होने की संभाव्यता (potentiality) रहती है। इस उदाहरण के अनुसार मिट्टी का लोंदा मैटर कहलाया और सुराही बर्तन का साँचा रूप(आकार, फौर्म) कहलायेगा। सुराही, बर्त्तन, खपड़ा साँचे में कसा हुआ मैटर है। अतः वास्तविक वस्तुओं को फौर्म-मंडित मैटर(formed matter) कहा जा सकता है। चूँकि फौर्मरहित मैटर में किसी भी फौर्म को ग्रहण करने की सम्भावना अथवा क्षमता(शक्येता) रहती है *इसलिए अरस्तू ने मैटर को 'सम्भाव्यता'(potentiality) कहा है।* फिर जब किसी एक निश्चित रूप में इस सम्भाव्यता को वास्तविक वस्तु का रूप फौर्म के द्वारा साँचे में ढाल दिया जाता है तब एक प्रकार की सम्भाव्यता साकार हो जाती है। अतः, फौर्म संभाव्यता को साकार करता है। इसलिए फौर्म सम्भवन (becoming) की व्याख्या करता है कि किस प्रकार एक वस्तु में अपना नियमित परिवर्तन होता है। उदाहरण किस प्रकार आम की गुठली आम का पौधा और वृक्ष हो जाती है। आम की गुठली में आम्र-वृक्ष होने की क्षमता रहती है और जब इसमें आम्रवृक्ष का फौर्म गुठली में अन्तर्निहित होकर उस गुठली में सक्रिय हो जाता है तब यह गुठली आम के पौधे और वृक्ष में वास्तविक हो जाती है। इसलिए संभाव्यता से साकारीकरण का संभवन फौर्म के द्वारा स्पष्ट किया गया है। जिसमें संभवन होता है वह है मैटर, और जो संभवित होकर वास्तविक रूप ले लेता है वह है व्यष्टि अथवा व्यष्टिपूर्ण वस्तु है। तब अरस्तू ने क्यों मैटर-फौर्म के स्थान पर संभाव्यता और वास्तविककरण (acuality) शब्दों को काम में लाया है?

इसका मुँख्य कारण है कि परिवर्तन, गति विकास विश्व में पाया जाता है और इसकी व्याख्या *अरस्तू* के पूर्व यूनानी दार्शनिकों ने या तो सत् (being, भाव) के आधार पर, या असत् (non-being अभाव) के आधार पर किया करते थे। पर सत् से केवल सत् उत्पन्न हो सकता है पर नित्य सत् से रूपान्तरित सत् की व्याख्या नहीं हो सकती है।* सत् से संभवन की व्याख्या नहीं हो पाई है जैसा पार्मिनाइड्स तथा जेनों के दर्शन में देखा जाता है। फिर असत् से किसी भी प्रकार की वास्तविक घटना की व्याख्या नहीं हो सकती है। इसकी तुलना में संभाव्यता से वास्तविकता अथवा वस्तुविशेषों के साकार होने के विषय में सोचा जा सकता है। इसलिए गुणों से विहीन मैटर शून्यवत् होकर असत् समझा जा सकता है और असत् से वास्तविक जगत् की व्याख्या नहीं हो सकती है। पर संभाव्य तो किसी भी रूप में वास्तविक हो सकता है। यही कारण है कि *अरस्तू* ने मैटर के स्थान पर संभाव्यता की अवधारणा को प्रयुक्त किया है।

मैटर संभाव्यता है जिसमें अनेक वस्तुओं में वास्तविक होने की शक्यता अथवा क्षमता रहती है और फौर्म वास्तवीकरण का सिद्धान्त होता है। फौर्म संभाव्यता को किसी न किसी वस्तु के रूप में संभाव्यता को साकार करता है। साकार संभाव्यता ही वास्तविक वस्तुविशेष कहलाता है।

---

* अर्थात् स्थैतिक सत् से गति की व्याख्या नहीं हो सकती और असत् से वास्तविकता की व्याख्या कैसे होगी। इसलिये सत् और असत् दोनों को छोड़ा गया है।

वास्तवीकरण का सिद्धान्त विश्व में परिवर्तन, गति और विकास का आधार होता है। परिवर्तन की व्याख्या या तो यान्त्रिक कारण(mechanical cause) के द्वारा हो सकती है या भविष्यमुखी प्रयोजन कारण (feleological cause) के द्वारा हो सकती है। यान्त्रिक कारण भूतलक्षी होता है और यह पीछे से कारण को ढकेल कर कार्य उत्पन्न करता है। जैसे जब घड़ी में चाभी दी जाती है तब घड़ी बाद में चलती रहती है। इसलिए यांत्रिकता में कारण को पूर्ववर्ती (antecedent) और कार्य को अनुवर्ती (consequent) घटना कहा जाता है। प्रयोजन कारण में लक्ष्य भविष्य में रहता, पर इसका कार्य अथवा प्रभाव वर्तमान घटनाओं के संचालन पर पड़ता है। जैसे—बरसात होने के पूर्व मैना अपना घोंसला तैयार करती है कि भविष्य में बच्चों के निकलने के पहले अण्डा देकर उन्हें से ले। फिर बरसाती कीड़ों को खिलाकर बच्चे बड़े होते हैं। अतः, बच्चे होने और उनके भोजन के भविष्य में हो जाने की सम्भावना से ही वर्तमान में चिड़िया घोंसला बनाती, अण्डा देकर उन्हें सेती है। इस प्रकार के भविष्यमुखी कारण को प्रयोजन कारण कहा जाता है अर्थात् परिवर्तन का लक्ष्य भविष्य में रहता है।

अरस्तू प्राणिवैज्ञानिक थे, इसलिए उन्होंने प्रयोजन कारण को ही प्रमुख माना है। अब सम्भाव्यता को वास्तविकता में परिणत करने का कारण फौर्म रहता है और फौर्म चिड़ियों के घोंसले के बनाने में या अण्डे को बच्चे में परिणत करने में उनमें निहित फौर्म को माना जाता है। अब अण्डे से बच्चा होने का फौर्म या लक्ष्य अण्डे में अन्तर्निहित रहता है और यही फौर्म अण्डे के अन्दर सभी परिवर्तनों का कारण होता है। अतः यह विश्व संभाव्यता से वास्तविक हुआ है पर यह कारण यान्त्रिक नहीं पर तर्कनिष्ठ है। इसलिए सभी परिवर्तन विकास भविष्यलक्षी होता है और उनका फौर्म प्रयोजन कारण होता है। *अरस्तू* के अनुसार सम्पूर्ण विश्व का विकास शक्यता से वास्तविकता की ओर होता है और इस विश्व का नाटक उसके भूत तथा प्रारम्भिक अध्याय अथवा कारण से नहीं, वरन् अन्तिम अध्याय में छिपे लक्ष्य के द्वारा स्पष्ट होता है। लक्ष्य विचार में रहता है जैसे बढ़ई के दिमाग में कुर्सी का विचार होता है और यही कुर्सी-विचार (लक्ष्य) बढ़ई की और काठ में किये गये सभी परिवर्तनों को संचालित करता है। अतः *प्लेटो* और *अरस्तू* के अनुसार इस विश्व का विकास सबसे ऊँची चोटी के विचार से संचालित होता है। यह है प्रत्ययवाद की मुख्य देन। यही कारण है कि *प्लेटो* और *अरस्तू* दोनों को प्रत्ययवादी कहा जाता है। इस चरम चोटी के फौर्म को *अरस्तू* ने 'ईश्वर' कहा है।

अरस्तू का ईश्वर-विचार

मैटर और फौर्म के योग से विश्व की सभी वस्तुएँ रची हुई हैं। इन वस्तुओं में नीची और ऊँची अवस्थाओं का भेद दिखाई देता है जिसे सोपान-क्रमिक (hierarchical पदानुक्रमिक) व्यवस्था कहा जाता है। अब किस जाति, उपजाति तथा वस्तुओं को ऊँचा, उच्चतर कहा जाय, और किसको नीचा कहा जाय? नीच-ऊँच की क्या कसौटी है? जिस वस्तु में अधिक मैटर, सम्भाव्यता हो और फौर्म की मात्रा कम हो उसे निम्न श्रेणी में रखा जायगा। इसकी तुलना में जिस वस्तु में कम मैटर और अधिक फौर्म अथवा वास्तविकता की मात्रा हो उसे अपेक्षाकृत उच्चतर श्रेणी (कोटि, order) में रखा जाएगा। इस वास्तविकता और सम्भाव्यता की दृष्टि से विश्व की सभी वस्तुओं को एक पिरैमिडी अनुक्रम में देखा जा सकता है। इस पिरैमिड के तल पर वे वस्तुएँ रहती हैं जिनमें मैटर की मात्रा अधिक और फौर्म का अंश कम रहता है। जैसे-जैसे वस्तुओं की श्रेणियाँ नीचे से ऊपर चोटी की ओर प्रगति करती है वैसे-वैसे फौर्म (वास्तविकता) की मात्रा अपेक्षाकृत अधिक होती जाती है और मैटर की मात्रा कम। सिद्धान्ततः उच्चतम चोटी में मैटरविहीन फौर्म रह जाता है और निम्नतम तल में फौर्मविहीन मैटर रह जाता है। मैटरविहीन उच्चतम फौर्म को ***अरस्तू* ने 'ईश्वर' की संज्ञा दी है। पर ईश्वर-विचार को स्पष्ट करने के पूर्व *अरस्तू*-द्वारा प्रतिपादित पिरैमिडी (सोपानक्रमिक) व्यवस्था पर ध्यान देना चाहिए।**

अरस्तू की सोपानक्रमिक व्यवस्था को विकास-क्रम की संज्ञा दी गई है। यह ठीक है कि आधुनिक विकास-सिद्धान्त में सोपानक्रमिक व्यवस्था देखी जाती है। पर *डार्विन*-द्वारा विकास में देखा जाता है कि निम्नतर श्रेणियों (उपजातियों) से उच्चतर जातियों का काल क्रम में विकास होता आया है। उदाहरणार्थ, बन्दरों की एक ऊँची जाति से मानव के उन्मज्जन (emergence) की बात बताई जाती है। बन्दर और मानव के बीच कड़ी-रूप में अर्द्धमानव का लोप हो गया है। इस रूप में *अरस्तू* और *डार्विन* के विकास-क्रम में बड़ा भेद है:—

(1) *अरस्तू* कालगत विकास को नहीं स्वीकारते हैं वे सभी उपजातियों और जातियों को नित्य और शाश्वत समझते हैं। इसकी तुलना में जैविक विकास के सिद्धान्त में अनेक उपजातियाँ लुप्त हो गई हैं और अनेक उपजातियाँ लुप्त होती जाती हैं और सम्भावतः अन्य नवीन उपजातियाँ कालक्रम में उन्मज्जित हो सकती हैं। इसी बात को ध्यान में रखकर एक दूसरी बात भी कही जा सकती है।

(2) *अरस्तू* के अनुसार सभी उपजातियाँ और जातियाँ *नित्य* हैं इसलिए एक उपजाति से दूसरी अन्य जाति या उपजातियाँ नहीं उत्पन्न होती हैं। पर आधुनिक जैविक विकास के अनुसार एक उपजाति से अन्य उपजातियाँ उत्पन्न हो सकती हैं।

(3) स्वयं *डार्विन* ने जैविक विकास-क्रम को यान्त्रिक नियमों के द्वारा संचालित माना था। पर अरस्तू अपने विकास-क्रम को प्रयोजन कारण से प्रभावित होकर प्रयोजनात्मक मानते हैं।

(4) वास्तव में देखा जाय तो *अरस्तू* का विकास-क्रम *स्थैतिक* है और सभी श्रेणियों को यदि सोपानक्रमिक व्यवस्था में सजाया जाय तो ऐसा आभासित हो सकता है कि यह व्यवस्था विकास-क्रम की है। पर इस स्थैतिक जीव-श्रेणियों की व्यवस्था चित्रण की है न कि जैविक विकास की। जैविक विकास में काल का होना आवश्यक है और फिर जातियों-उपजातियों को नित्य और शाश्वत नहीं कहा जा सकता है।

अरस्तू के द्वारा विश्व की वस्तुओं को सोपानक्रमिक व्यवस्था में रखने पर ईश्वर को उच्चतम चोटी में पाया जाता है। मैटर-फौर्म की न्यूनाधिक मात्रा के आधार पर ऊँचे-नीचे की अवधारणा बनाई गई हैं। जिसमें जितनी अधिक मात्रा पाई जायगी, उसी के अनुसार सत्-असत् का भी निर्धारण किया जायगा। जिसमें जितनी अधिक फौर्म होगी और उसी अनुपात में जितनी मात्रा मैटर की कम होगी उसे अधिक सत् (real)* कहा जायगा। इसलिए उच्चतम चोटी में केवल फौर्म ही रहेगा और मैटर की सभी सम्भाव्यता साकार मानी जायगी। अतः यदि इस उच्चतम चोटी को ईश्वर कहा जाय तो इसमें कुछ भी ऐसी सम्भाव्यता नहीं कही जायगी जो ईश्वर में साकार नहीं कही जाय। इसलिए ईश्वर सम्पूर्णतया परिपूर्ण (perfect) कहा जायगा। इसी को परम सत् कहा जायगा और इसकी तुलना में सभी यथार्थ वस्तुओं को न्यूनाधिक मात्रा में असत् कहा जायगा।

चूँकि उच्चतर सभी निम्नतर तलों के मुख्य गुणों को अपने में समाविष्ट किये रहता है इसलिए ईश्वर में भी सभी वस्तुएँ साकार रहती हैं। उदाहरणार्थ मानव में पशुओं की संवेदनशीलता रहती है, पेड़-पौधे-कीड़े इत्यादि का प्राणित्य भी रहता है। उसी प्रकार ईश्वर में सभी गुण साकार होकर संरक्षित रहते हैं। अब ईश्वर सर्वोच्चतम फौर्म है और फौर्म में निमित्त, आकारिक (formal) और प्रयोजन कारण रहते हैं इसलिए ईश्वर को भी इन तीन कारण की दृष्टि से स्पष्ट किया जा सकता है। चूँकि ईश्वर को आकारिक कारण भी कहा जा सकता है इसलिए विश्व की सम्पूर्ण वस्तुओं का सारतत्त्व कहा जा सकता है। चूँकि किसी वस्तु का सारतत्त्व उसकी परिभाषा कही जायगी और

---

* अंग्रेजी का real शब्द अनिश्चित है। रीयल से अर्थ यहाँ है जो आभास मात्र न हो। जो शाश्वत और नित्य हो। फिर इसमें मानव मूल्यों से भारित होने की भी बात आती है, अर्थात् वह सत्ता जिसके लिये मानव जीता है।

परिभाषा को प्रत्यय और विचार तथा तर्कबुद्धि भी कहा जा सकता है। अतः, ईश्वर विश्व का हेतु और आधार (ground, reason) भी कहा जा सकता है। फिर ईश्वर को प्रयोजन कारण भी माना जा सकता है। इसलिए ईश्वर वह परम लक्ष्य है जिसकी ओर सभी नीची-ऊँची स्तरों की वस्तुएँ आकृष्ट होती और संचालित रहती हैं। पुनः, ईश्वर विश्व का निमित्त कारण भी है और निमित्त कारण की हैसियत से सभी प्रकार के परिवर्तन अथवा संभवन (becoming) का हेतु है। अतः ईश्वर को सम्पूर्ण विश्व का प्रेरक(mover) कहा गया है। इस 'प्रेरक' शब्द की भी व्याख्या रहनी चाहिए।

प्रेरक दो प्रकार के होते हैं अर्थात् यांत्रिक और लक्ष्यपरक। मोटर को प्रेरक कहा गया है क्योंकि मोटर यात्रियों को या अन्य पदार्थों को खींचती है। यह कालिक व्यवस्था है क्योंकि जब तक मोटर का इंजन नहीं चलेगा तब तक यात्रियों को खींचा नहीं जा सकेगा। इंजन का चलना पूर्ववर्ती हुआ और यात्रियों को खींचना बाद में हुआ। परन्तु ईश्वर को यान्त्रिक कारण नहीं समझा जा सकता है, क्योंकि यान्त्रिक कारण में अनवस्था (rogressus and infinitum) का दोष चला आता है। उदाहरणार्थ क का 'ख' यान्त्रिक कारण होता है ख का 'ग' कारण होता है और इस सिलसिले का कोई अन्त नहीं होता। यदि हम *आदिकारण* की भी कल्पना करें तो पूछा जायगा कि आदिकारण का भी कोई कारण क्यों नहीं होता, तो इसका कोई प्रत्युत्तर नहीं दिया जा सकता है। तब ईश्वर को किस रूप में प्रेरक (mover, प्रवर्त्तक) समझा जा सकता है।

स्पष्ट है कि यदि विश्व का प्रवर्त्तक अथवा संचालक हो तो उसके संदर्भ में यह नहीं कहा जा सकता है कि उसका फिर कौन संचालक है, क्योंकि यदि ईश्वर का भी कोई संचालक होगा तो फिर उस संचालक का भी कोई अन्य संचालक होगा। तब अन्त में फिर अनवस्था का दोष चला आएगा। इसलिए *अरस्तू* ने ईश्वर को अप्रवर्त्तित प्रवर्त्तक (unmoved mover) रूप में समझा है। अप्रवर्त्तित कारण इस रूप में है कि ईश्वर काल में नहीं है। ईश्वर विश्व का चरम लक्ष्य है जिस ओर सम्पूर्ण विश्व प्रगतिशील होता है। हम लोगों ने यह भी कहा है कि यह परम लक्ष्य नित्य और शाश्वत है और यह लक्ष्यवेधी कारण तार्किक आधार है और तार्किक आधार अकालिक होता है। इसलिए ईश्वर सम्पूर्ण विश्व को इस रूप में परिवर्तित करता है कि वह परम सत्(real) है, परम मूल्यों का साकारीकरण है और सभी वस्तुएँ, नीची-ऊँची, उसी ओर खिंची जाती हैं अथवा आकृष्ट होती है जिस प्रकार एक सुई चुम्बक लोहे की ओर आकृष्ट होती है। यहाँ चुम्बक में कोई गति नहीं होती, उसी प्रकार विश्व ईश्वर की ओर आकृष्ट होता है पर स्वयं ईश्वर में कोई परिवर्तन नहीं होता। ईश्वर में परिवर्तन होने का अर्थ है कि ईश्वर पूर्ण नहीं है और अपनी कमी को दूर करने के लिए उसके गति अथवा परिवर्तन की आवश्यकता होती है। पर ईश्वर में पूर्ण मैटर-साकार हो जाता है-सम्पूर्ण शक्यता, क्षमता और संभाव्यता वास्तविक हो जाती है इसलिए उसमें किसी प्रकार का परिवर्तन नहीं होता है। ऐसी स्थिति में ईश्वर सम्बन्धी अनेक प्रश्न उठते हैं।

क्या ईश्वर वास्तविक देश-काल में सत्ता है? नहीं। *ईश्वर परम सत् है पर वह कोई देश-काल में नहीं हो सकता है।*** चूँकि ईश्वर में कोई अंश नहीं, किसी प्रकार का आदि-अपर का सम्बन्ध नहीं, इसलिए वह न तो देश में है और न काल में। वह अपने में पूर्ण और नित्य है।

क्या ईश्वर अपने भक्तों की प्रार्थना को सुनता है? केवल व्यष्टिरूप में ईश्वर हो तो वह भक्तों की प्रार्थना सुन सकता है। पर ईश्वर में मैटर नहीं, इसलिए वह वास्तविक नहीं है। फिर प्रार्थना सुनना और उसका प्रत्युत्तर करना, ईश्वर में परिवर्तन माना जायगा। पर ईश्वर में किसी

---

* जिसे इन्द्रियग्राह्य वास्तविकता कहते हैं उसमें मैटर और फौर्म का योग होता है और उसे व्यष्टि कहा जाता है। पर ईश्वर में मैटर नहीं है। इसलिये वह व्यष्टि रूप में वास्तविक भी नहीं है।

** स्पिनोजा के समान भक्त अपने को ईश्वर पर उसी प्रकार न्योछावर कर देता है जिस प्रकार पतंगा अपने को दीपशिखा पर अर्पित कर देता है, पर वह दीप से कुछ प्राप्त करने की कोई आकांक्षा नहीं रखता है।

प्रकार का परिवर्तन नहीं हो सकता है, इसलिए ईश्वर भक्तों की प्रार्थना नहीं सुन सकता है। इसी से मिलता हुआ दूसरा प्रश्न है : क्या ईश्वर व्यक्तित्वपूर्ण है?

'व्यक्तित्व' में इच्छा, चाहना होती है। पर ईश्वर अपने में पूर्ण रहता है। इसलिए ईश्वर में इच्छा, चाहना नहीं होती है। फिर व्यक्तित्व 'देश-काल' में मैटर-फौर्म के योग से व्यष्टि होता है। पर ईश्वर में मैटर नहीं है। इसलिए ईश्वर में व्यक्तित्व नहीं आरोपित किया जा सकता है। तब क्या भक्तों का ईश्वर से प्रार्थना करना और उसमें अविचल आस्था रखना व्यर्थ है?

नहीं। ईश्वर वह परम सत् है मानवों का और सम्पूर्ण विश्व का चरम लक्ष्य है जिस ओर सभी वास्तविक सत्ताएँ प्रगतिशील रहती हैं, इसलिए उच्चतर मानव वे हैं जो ईश्वर से प्रभावित होकर उस ओर उसकी प्राप्ति की कामना रखते हैं। तब ईश्वर सभी के लिए उनका अतिप्रेम का पात्र है पर स्वयं ईश्वर किसी भी प्रेम का प्रत्युत्तर नहीं करता क्योंकि जैनियों के तीर्थकरों के समान ईश्वर अपनी पूर्णता में लीन रहता है।** तब ईश्वर किसमें लीन रहता है?

ईश्वर अपनी पूर्णता में सम्पूर्ण संभाव्यता के पूर्ण होने में लीन रहता है। *अरस्तू* ने ईश्वर को शुद्ध वास्तविकता (actus purus) अथवा विचार पर विचार *(thought of thought)* *कहा है। जैसा कहा जा चुका है* ***God is real, but does not exist. What exists is an individual, which is a mixture of form and matter. But God is without matter. Hence, He does no exist.***

ईश्वर परम सत् है पर इसमें मैटर नहीं। जहाँ मैटर नहीं वहाँ व्यष्टि अथवा वास्तविक सत्ता नहीं। चूँकि ईश्वर सम्पूर्णतया बाहर है क्योंकि ईश्वर इस जगत् का परम उद्देश्य है। और उच्चतर उद्देश्य निम्नतर उद्देश्यों की अपेक्षा उससे बाहर होता है। उदाहरणार्थ निर्जीव जड़ का उद्देश्य पशु जगत में स्पष्ट हो जाता है और प्राणि-जगत् का उद्देश्य मानव की चेतना और विचार में स्पष्ट हो जाता है। पर मानव अन्य प्राणियों की अपेक्षा उनसे बाह्य और अतीत रहता है। इसी प्रकार पशु, पौधों-वृक्षों के बाह्य और अतीत होते हैं। इसी प्रकार ईश्वर भी सम्पूर्ण विश्व के उद्देश्य की स्पष्टतम वास्तविकता है पर वह सम्पूर्ण विश्व से *अतीत* और *बाह्य* भी कहा जाता है।

चूँकि ईश्वर जगत् से बाह्य और अतीत है इसलिए वह जगत् के देश-काल से भी परे होता है, क्योंकि जगत् के साथ देश-काल है और जगत् से बाह्य रहने के कारण ईश्वर भी देश-काल में नहीं हो सकता है।

अतः ईश्वर में न व्यक्तित्व है इसलिए उसमें कोई इच्छा नहीं कोई चेतना किसी विषय की नहीं, न वह किसी भी भक्त की प्रार्थना सुनता है। वह विचार (प्रज्ञा) है, पर उसके विचार का विषय शुद्ध विचार ही होता है। इसलिए ईश्वर को विचार का विचार (thought of thought) भी कहा जाता है। अभी हम लोग देखेंगे कि ईश्वर को विश्व का 'कारण' भी नहीं कहा जा सकता है क्योंकि समसामयिक भाषा में कारण से अर्थ पूर्व और अपर का होता है। चूँकि ईश्वर में पूर्व-अपर, तथा काल नहीं होता, इसलिए ईश्वर को जगत् का कारण इसके वैज्ञानिक अर्थ में नहीं कहा जा सकता है।

जीव-जगत् विचार

अरस्तू के अनुसार सम्पूर्ण विश्व में सोपानक्रमिक व्यवस्था है। निम्नतम तल पर निराकार मैटर (formless matter) रहता है और उच्चतम चोटी पर ईश्वर रहता है जिसको फौर्म आव फौर्म कहा गया है अर्थात् मैटर-विहीन शुद्ध फौर्म कहा गया है। न तो मैटरलेस फौर्म यथार्थ ईश्वर है और न निराकार फौर्म-विहीन मैटर ही यथार्थ सत्ता समझा जा सकता है। परन्तु सम्पूर्ण विश्व का कोई एक चरम प्रयोजन है जिसे जानबूझकर चेतन रूप में इसमें नहीं आरोपित किया गया है। पर जिसे सम्पूर्ण विश्व अपनी व्यवस्था के अनुसार प्रतिबिम्बित अथवा परिलक्षित करता है। यह चरम प्रयोजन है शुद्ध फौर्म अथवा ईश्वरत्व को उस ओर आकृष्ट हो उस ओर प्रगति करना है।

सम्पूर्ण विश्व में जड़, पेड़-पौधे, पशु और मानव की सोपानिक व्यवस्था है। जड़ पशु, मानव में सभी में लक्ष्य है जिससे वे संचालित होते हैं। जड़ का लक्ष्य भी है, पर जो उससे *बाह्य* रहता है। जैसे-हवा-पानी, तथा अन्य पदार्थों का लक्ष्य है कि प्राणीजगत् को भोजन इत्यादि प्रदान कर उन्हें जीवित रखे।

प्राणियों का लक्ष्य उनके भीतर और बाहर दोनों रहता है। प्रत्येक प्राणी अपनी उपजाति के अनुसार संवेदनशील रहते, प्रजनन करते और अपने में स्वचालित प्रक्रियाओं के द्वारा बढ़ते और अपने अस्तित्व में कायम (स्थिर) रहते हैं। मानव अपने अस्तित्व में जड़ और प्राणियों के सभी सारतत्त्व को निहित करके उनसे उच्चतर अवस्था को प्राप्त करते हैं। मानव हवा, पानी तथा जड़ जगत् के अनेक रसायन-तत्त्वों को ग्रहण करके, पेड़-पौधे-पशुओं का भक्षण कर अपने को जीवित रखते हैं और फिर भोजन, प्रजनन, संवेदन, प्रत्यक्षीकरण के साथ उन सबको अपने-अपने ढंग से समाविष्ट कर इन सब में निहित नियमों को समझते-बूझते हैं और इन्हें अपने ज्ञान का विषय बनाते हैं। केवल मानव में सम्पूर्ण विश्व वाचाल हो उठता है। केवल वही सम्पूर्ण जगत् के लक्ष्य को जानकर विश्व-व्यवस्था को स्पष्ट कर देता है। अतः, जड़ का सुषुप्त लक्ष्य, पशु-जगत की फड़फाड़ाहट मानव के चिन्तन में स्पष्टतम गति को प्राप्त करता है। इसी से प्रत्ययवादियों ने बताया है कि जगत् को समझने के लिए मानव इसकी कुंजी है। अरस्तू ने सम्पूर्ण विश्व को दिक्-काल में स्थापित समझा है।

यह ठीक है कि सम्पूर्ण वस्तुओं और प्राणी-जगत् में परिवर्तन देश-काल में होता है पर दिक्-काल को जेनो के विरोधाभास से बचने के लिए अरस्तू ने एक उत्तम सुझाव दिया है। इनके अनुसार दिक्-काल अपरिमित रूप में विभाजित होने की संभाव्यता (potentiality) है पर वास्तविक रूप में ये अपरिमित अंशों में विभक्त नहीं किए जा सकते हैं। जब अनुभूत लम्बाई क से ख असंख्य अथवा अपरिमित खण्डों में नहीं बाँटी जा सकती है और काल को भी असंख्य खण्डों में नहीं बाँटा जा सकता है तब जेनो का विरोधाभास अपने आप काफूर हो जाता है।

अरस्तू ने सम्पूर्ण विश्व को उच्च-नीच के स्तरों में व्यवस्थित करके कहा है कि सबसे नीचे तल में जड़ पदार्थ है। इसमें निहित लक्ष्य यांत्रिक नियमों द्वारा पूरा होता है। जैसे-मोटर की चाल के द्वारा मानव अपना लक्ष्य सम्पन्न करता है। इसके बाद पेड़-पौधे की व्यवस्था आती है जिसमें आहार और प्रजनन की स्वचालित प्रक्रिया विशेष रीति से देखी जाती है। पशु-जगत् में पोषण, प्रजनन के साथ संवेदन (sensation) भी पाया जाता है। संवेदन में सुख-दुःख भाव देखी जाता है। इसलिए पशुओं में सुख-प्राप्ति तथा दुःख-त्याग की भावनाएँ भी देखी जाती हैं। केवल मानव में पोषण, प्रजनन, संवेदन के साथ विचार, तर्कबुद्धि (reason) भी पाई जाती है।

अतः यदि जड़, प्राणी-जगत् तथा मानव* पर ध्यान दिया जाय तो इन्हें सोपानक्रमिक व्यवस्था में निम्नतर-उच्चतर की श्रेणियों में देखा जा सकता है और फिर कहा जा सकता है कि विश्व में विकास (evolution) पाया जाता है। पर ये सब श्रेणियाँ *स्थैतिक* हैं जिस प्रकार कोलकाता के म्यूजियम में विकास को ध्यान में रखकर विभिन्न उपजातियों के अस्थि-पंजर को ऐसा सजाया गया है कि उन्हें देखकर जैविक विकास स्पष्ट हो जाता है। पर जैसे कहा जा चुका है कि *अरस्तू* का विकास कालक्रम में नहीं हुआ है। सभी जातियाँ-उपजातियाँ शाश्वत हैं, सम्पूर्ण विश्व भी अनादि, अनन्त और शाश्वत है जैसा जैनी भारतीय दर्शन में स्वीकारते हैं। पर जातियों-उपजातियों के बीच सोपानक्रमिक व्यवस्था को देखकर फौर्म के अंशों के अनुपात में इन जाति-उपजातियों को निम्नतर-उच्चतर कहा जा सकता है।

फौर्म से अभिप्राय है व्यवस्था। मैटर अपने में व्यवस्थित नहीं है और इसमें अनुक्रम का अभाव है। केवल फौर्म मैटर को व्यवस्थित करता है। जितना अधिक किसी भी जड़, प्राणी-जगत् इत्यादि

* अरस्तू ने प्लेटो के सामन नक्षत्रों, तारों को भी उच्चतर श्रेणियां कर देवी-देवता माना है जिसे यहाँ छोड़ दिया गया है।

में फौर्म होगा, उतनी अधिक उसमें व्यवस्था होगी, उतना ही अधिक जातियाँ अपने लक्ष्य की ओर स्वचालित होंगी। जड़ का अपना लक्ष्य अपने में न रहकर बाह्य होता है और यह केवल गुरुत्वाकर्षण से संचालित होता है। वनस्पति तथा पशु में अपना लक्ष्य भी होता है जिसके द्वारा अपने अन्दर की प्रेरणाओं के ही आधार पर किसी भी पशु का बच्चा गर्भ से लेकर मृत्युपर्यन्त तक स्वचालित होता है। मानव में मनुष्य-जीवन का लक्ष्य उसकी कला, विज्ञान तथा दर्शन में क्रमशः देखे जाते हैं।

मानव और उसकी अमरता

मानव में अन्तर्निहित फौर्म को *अरस्तू* ने 'आत्मा' (soul) की संज्ञा दी है जिसके कारण मानव के अन्दर सम्वेदन, प्रत्यक्षीकरण, बिम्ब (image) और पहिचानने (recognition) की प्रक्रियाएँ पाई जाती हैं। पहचानने के बाद मानव के अन्दर उसकी प्रक्रिया अर्थात् तर्कबुद्धि (reason) की शक्ति सक्रिय हो उठती है। इस तर्कबुद्धि के भी दो अंश होते हैं अर्थात् निष्क्रिय बुद्धि(passive reason) और सक्रिय बुद्धि (active reason)। निष्क्रिय बुद्धि का सम्बन्ध अनुभूत वस्तुओं से लगा हुआ होता है। इस सन्दर्भ में अनेक प्रकार के वैज्ञानिक ज्ञान की प्राप्ति-प्रक्रिया को निष्क्रिय बुद्धि का परिणाम माना जा सकता है। इसकी अपेक्षा सक्रिय बुद्धि को उच्चतर माना जाता है इसका सन्दर्भ सम्वेदन तथा इन्द्रियानुभूति के साथ नहीं होता। इसका सन्दर्भ गणित तथा दर्शन का ज्ञान होता है। इसकी चर्चा अभी तुरन्त की जायगी। पर स्पष्ट कर देना चाहिए कि आत्मा मानव के अन्दर उसका फौर्म है जो उसकी सभी प्रक्रियाओं की व्यवस्था के रूप में उनका सञ्चालन करता है। ऐसा कहने से अभिप्राय है कि चेतना मानव के सभी अंगों की सचेतन कार्यवाही (function) है। पर क्या देहपात के बाद आत्मा अनुजीवित रहती है?

क्या चलने-फिरने की क्रिया पैर के कट जाने के बाद संरक्षित होती है? क्या देखने की प्रक्रिया आँखों के समाप्त हो जाने के बाद होती है? यदि नहीं, तो देहपात के बाद उसकी प्रक्रिया के होने को कैसे स्वीकारा जा सकता है। इसलिए *अरस्तू* न तो आत्मा की अमरता स्वीकार करते हैं न जीव का आवागमन। पर क्या आत्मा की अमरता को पूर्णतया अस्वीकार करते हैं?

अरस्तू ने सक्रिय बुद्धि तथा मन (mind) को उच्चतम विचार-सत्ता माना है। इस निष्क्रिय बुद्धि (passive reason) तथा आत्मा की तुलना में मन की प्रक्रिया शाश्वत गणित तथा दर्शन के विचार के सन्दर्भ में ही सम्भव मानते हैं। मानव तथा प्राणीमात्र की व्यवस्था को स्थिर रखने के फौर्म को *अरस्तू* उनमें निहित शक्ति को आत्मा तथा एन्टेलिकी (entelechy) की संज्ञा देते हैं। यह आत्मा अथवा एन्टेलिकी प्राणियों की शारीरिक प्रक्रियाओं को व्यवस्थित करते हैं। पर आत्मा की तुलना में माइण्ड (मन) का सन्दर्भ शारीरिक प्रक्रियाओं के साथ नहीं रहता। इसका सम्बन्ध गणित तथा दर्शन के उच्चतम विचारों के साथ होता है। मन, आत्मा में निहित उसकी उच्चतम शक्ति है जो मृत्यु के उपरान्त परम सत् ईश्वर में लौट जाती है। पर क्या इसे अमरता का सिद्धान्त या शिक्षा कहा जाय?

नहीं, इसका कारण है कि आत्मा और उसकी निष्क्रिय बुद्धि का सन्दर्भ दैहिक प्रक्रियाओं के साथ रहता है और विशेषकर निष्क्रिय बुद्धि भी स्मृति-प्रक्रिया के साथ। पर स्मृति दैहिक तथा निष्क्रिय बुद्धि का परिणाम होता है। अतः मृत्यु के साथ सभी शारीरिक क्रियाओं के साथ स्मृति का भी विनाश होता जाता है। अब स्मृति-विनाश के साथ पहचानने और इस जीवन की समस्त अनुभूति का लोप हो जाता है। पर स्मृति व्यक्तित्व का आवश्यक तत्त्व होता है। इसलिए *अरस्तू* के अमरता सिद्धान्त के अनुसार व्यक्तित्व की अमरता का सन्देश नहीं है। यह ठीक है कि *अरस्तू* बताते हैं कि मानव की सक्रियता तर्कबुद्धि अथवा मन (mind) शाश्वत ईश्वर से आती है और मरने के बाद यह शाश्वत अंश फिर ईश्वर में लौट जाता है। यह भावना इस्लाम से ली गई है। अद्वैत वेदान्त के अनुसार भी मोक्ष-ज्ञान प्राप्त करने वाला साधन निर्गुण ब्रह्म में विलीन हो जाता है।

अरस्तू का नीतिशास्त्र

प्लेटो और *अरस्तू* में कुछ बातें समान हैं और अन्य कुछ बातें एकदम विभिन्न प्रतीत होती हैं। दोनों ने सुखवाद का खंडन और आनन्द (happiness) के निःश्रेयस् (summum bonum) को स्वीकार किया है। पर सुखवाद के खंडन में दोनों ने भिन्न-भिन्न कारणों को अपनाया है। *प्लेटो* का नीतिशास्त्र धर्म में समाप्त हो जाता है, क्योंकि अन्तिम रूप में शुभ के प्रत्यय पर ध्यान लगाते रहने पर मानव मोक्ष को प्राप्त होता है। इसके विपरीत *अरस्तू* के आचार-दर्शन का उच्चतम निःश्रेयस् वह स्थिति है जिसमें मानव ईश्वर के बौद्धिक प्रेम को प्राप्त करता है। इसी स्थिति में साधक गणित तथा दार्शनिक सत्यता पर ध्यान लगाता है। अतः, आचार की चरम सीमा बौद्धिक प्रक्रियाओं में लीन हो जाने पर प्राप्त होती है। अतः *अरस्तू* का आचार-दर्शन अन्त में ज्ञान का विषय हो जाता है। दूसरे शब्दों में अरस्तू का आचार-दर्शन भी एक प्रकार की धार्मिक स्थिति को प्राप्त करता है जो बाद में स्पिनोजा के दर्शन में स्पष्ट हुआ है।

अरस्तू का ईश्वर अपने शुद्ध विचार पर विचार करता है और इस रूप में ईश्वर समस्त विश्व का आकर्षण-केन्द्र होता है। सम्पूर्ण विश्व की व्यवस्था ही ऐसी है कि सभी वस्तुएँ और जीव ईश्वर के प्रति प्रेम से विह्वल हो उस ओर प्रगति करें। अन्त में उच्चतम आचार की स्थिति में उच्चतम विचार परसाधक का ध्यान टिक जाता है जिस स्थिति को ईश्वर की समीपता की स्थिति कही जायगी। इस स्थिति में साधक तो ईश्वर के प्रति प्रेम से विह्वल हो उठता है पर ईश्वर न किसी से प्रेम करता है और न इस प्रेम का प्रत्युत्तर कर सकता है। इसी को स्पिनोजा ने बौद्धिक प्रेम कहा है। इसे धार्मिक अनुभूति की पराकाष्ठा कहा गया है। इस रूप में अरस्तू का आचार भी धर्म में अन्त हो जाता है।

सुकरात और प्लेटो के आचार-विचार की आलोचना

सुकरात के अनुसार सच्चे ज्ञान के प्राप्त कर लेने पर तदनुसार सद्गुणी व्यवहार भी अवश्य होगा। *अरस्तू, सुकरात* के इस मत को स्वीकार नहीं करते हैं कि मानव केवल रीजन (तर्कबुद्धि) के द्वारा संचालित होता है। *सुकरात* का कहना है कि कोई जानबूझकर बुराई नहीं करता है। *अरस्तू* का कहना है कि पियक्कड़ जानता है कि नशीले द्रव्य का सेवन खराब है तो भी इस ज्ञान के रहने के बावजूद वह मद्यपान करता है। इसका कारण है कि मानव में बुद्धि अवश्य है पर इसके साथ-साथ उसमें सहज प्रवृत्ति और बुभुक्षा (appetite) भी है। मानव बहुधा भूख-प्यास, अपनी आदत से वशीभूत होकर, अपनी बुद्धि की सलाह के विरुद्ध काम करता है। चूँकि सुकरात मानव में निहित उसकी पाशविक वृत्तियों और वासनाओं की अवहेलना करते हैं। इसलिए वे आचार के आंशिक पक्ष पर ही बल देते हैं। यह ठीक है कि बुद्धि मानव में उसका सारतत्त्व है। पर बुद्धि फौर्म है और पाशविक वृत्तियाँ मैटर है। दोनों के योग से ही आचार सम्भव होता है। इसलिए *अरस्तू*, सुकरात के आचार-विचार को *आंशिक* समझकर ठुकरा देते हैं।

दूसरी बात है कि ज्ञान के अनुसार मानव व्यवहार करने पर *अनिवार्यतः विवश* हो जाता है। ऐसा मान लेने पर यह निष्कर्ष निकाला जा सकता है कि मानव में इच्छा-स्वातंत्र्य (freedom of will) नहीं है। इसके विपरीत *अरस्तू* इच्छा-स्वातन्त्र्य के पोषक हैं। इसलिए *अरस्तू* इस बात को स्वीकार नहीं करते हैं कि मानव अपने *ज्ञान से बाध्य होकर* कार्य सम्पन्न करता है।

अरस्तू प्लेटो के आचार-विचार को भी स्वीकार नहीं करते हैं, क्योंकि प्लेटो सुख का तिरस्कार करते हैं। अरस्तू स्वीकारते हैं कि सुखवाद (hedonism) सही सिद्धान्त नहीं है, पर सुख की अवहेलना नहीं की जा सकती है। सुख आचार में मैटर है और बुद्धि फौर्म। बुद्धि के द्वारा सहज प्रवृत्ति और बुभुक्षा के संचालन होने पर *आनन्द* प्राप्त होता है। इसलिए आचार में सुख को निःश्रेयस् नहीं स्वीकारा जाता है। आनन्द ही आयार का निःश्रेयस् है। पर आनन्द-प्राप्त में सुख परिणामतः प्राप्त हो जाता है। (*Pleasure is a necessary consequence of proper morality.*)

अरस्तू का आचार-विचार उनके दार्शनिक अनुतंत्र पर आधारित है। *अरस्तू* के अनुसार, पौधे, पशु और मानव को सोपानक्रमिक व्यवस्था में रखा जा सकता है। उच्चतर श्रेणी की सत्ता निम्नतर श्रेणियों के सारतत्त्व को अपने में समाविष्ट किए रहती है। इसलिए निम्न श्रेणिक सत्ताओं की बुभुक्षा और संवेदन भी मानव में समाहित रहते हैं। पर मानव का विशिष्ट सारतत्त्व है उसकी बुद्धि। दूसरे शब्दों में मानव में उसकी बुद्धि फौर्म है पर बुभुक्षा और संवेदन उसके आधार पर मैटर। फिर संवेदन की सन्तुष्टि से सुख प्राप्त होता है। चूँकि मानव में बुभुक्षा और संवेदन, दोनों उसकी बुद्धि के साथ पाए जाते हैं इसलिए सुख का सम्पूर्णतया त्याग मानव के स्वरूप के विरुद्ध गिना जायगा। इसलिए अरस्तू के लिए सुख का त्याग नहीं करना चाहिए, प्रत्युत रागात्मक वासनाओं की तुष्टि बुद्धि के नियन्त्रण में रहनी चाहिए। रागात्मक वासनाओं के बौद्धिक नियन्त्रण को ही आचार कहा जा सकता है। इसलिए आचारिक जीवन में सुख भी अनिवार्य परिणाम के रूप में रहता ही है। अतः, सुख आचार को निःश्रेया् नहीं, पर आचारवान् जीवन में किसी न किसी प्रकार अनिवार्य परिणाम के रूप में संरक्षित रहता है। इसलिए अरस्तू सुकरात की आंशिकता को अपने नैतिक सिद्धान्त में परिपूर्ण कर देते हैं।

जिस प्रकार *अरस्तू* सुख को नैतिक सिद्धान्त में समाविष्ट कर लेते हैं उसी प्रकार *अरस्तू* वाह्य अच्छाइयों को भी बुरा नहीं कहते हैं। उनके लिए धन, स्वास्थ्य, मैत्री इत्यादि भी नैतिक जीवन में सहायक अंग गिने जाते हैं। इसलिए *अरस्तू* के लिए आचारवान् जीवन ऐहिक जीवन का आवश्यक अंग है और प्लेटो के समान इसे केवल स्वर्गिक नहीं समझना चाहिए। इस संदर्भ में *अरस्तू* ने आचारित सद्‌गुणों को दो वर्गों में बाँटा है अर्थात् बौद्धिक (डाइनोएटिक, dianoetic) और नैतिक।

अरस्तू ने दो प्रकार की तर्कबुद्धि का उल्लेख किया है अर्थात् सक्रिय बुद्धि और निष्क्रिय बुद्धि। बौद्धिक सद्‌गुणी का सम्बन्ध विशेषतया सक्रिय बुद्धि के साथ रहता है पर निष्क्रिय बुद्धि का संबद्ध भाव, संवेग तथा रागात्मक वासनाओं के नियंत्रण के साथ होता है। *अरस्तू* के लिए नैतिक सद्‌गुण ही आचार के लिए अधिक महत्त्व रखते हैं। इसका कारण है कि आचार के जीवन में भाव-संवेग तथा रागात्मक वृत्तियाँ पल-पल पर पाई जाती हैं और मानव को उन्हें नियंत्रण में रखना पड़ता है। अरस्तू के अनुसार रागात्मक वासनाओं का दमन नहीं, वरन् उन पर *लगातार* और नित्य उनके नियंत्रण का अभ्यास करना पड़ता है और इसी लगातार वृत्तियों के नियन्त्रण *करने के अभ्यास* को नैतिकता की संज्ञा दी जाती है। जितनी बार, बिना अपवाद किए हुए मनुष्य अपनी बुभुक्षा और वासनाओं का बौद्धिक नियन्त्रण करेगा, उतना ही अधिक आसानी से बाद में भी वासनाओं पर नियंत्रण करना आसान हो जायगा। अतः नैतिकता के लिए वासनाओं पर नियंत्रण करने का अभ्यास बनाये रखना चाहिए।

इसलिए *अरस्तू* ने बताया है कि न तो वासनाओं की संतुष्टि को नैतिकता समझना चाहिए और न पाशविक वृत्तियों के उन्मूलन को नैतिकता कहना चाहिए। दोनों के मध्य मार्ग को ही सही नैतिक सद्‌गुण समझना चाहिए। इस मध्य मार्ग के सिद्धान्त में बुद्ध भगवान् के माध्यमिक मार्ग की झलक मिलती है। इस मध्य मार्ग के नैतिक सिद्धान्त को *अरस्तू* ने स्वर्ण मध्य (golden mean) का मार्ग बताया है, अर्थात् दो छोरों के बीच का सिद्धान्त। किसको स्वर्ण मध्य कहा जाय यह अभ्यास और परिस्थिति के प्रति अन्तर्सूझ से प्राप्त होता है। उदाहरण साहस, कायरता और दुःसाहस के बीच कहा जायगा। इसी प्रकार दान को नीचता और अपव्यय के बीच कहा जायगा; संयम, हृदयहीनता और संयमहीनता के बीच समझा जायगा।

बौद्धिक नैतिकता (dianoetic, Nichomachean ethics) का संदर्भ शुद्ध विचारों पर ध्यान करने में निहित बताया जाता है। जब व्यक्ति निस्पृही, तटस्थ भाव से वैज्ञानिक खोज में लगा रहता है तो वह ईश्वरी ध्यान के बहुत सन्निकट समझा जा सकता है। इस स्थिति में ईश्वर का संदर्भ अच्छाई-बुराई, शुभ-अशुभ के साथ नहीं होता, पर परम सत्यता की ओर ध्यानस्थ रहने को बताया जा सकता है। इस दशा में बौद्धिक नैतिकता का लक्ष्य शुभत्व नहीं वरन् सत् और सत्यता का निःश्रेयस् हो जाता है।

इस स्थल पर भी पाठक याद कर सकते हैं कि अद्वैत वेदान्त के अनुसार जीवनमुक्त अशुभ-शुभ के अन्तर से ऊपर उठ जाता है। यह भाव भी *अरस्तू* के बौद्धिक नैतिकता के संदर्भ में पाया जाता है। अतः *अरस्तू* के अनुसार नैतिकता में तीन बातें रहनी चाहिएः—

(i) व्यक्ति को जानना चाहिए कि वह क्या कर रहा है।

(ii) फिर किसी कार्य को करते समय उसे कुछ विकल्प में किसी को चुनने की पूर्ण स्वतंत्रता होनी चाहिए।

(iii) तीसरी बात है कि नैतिकता अच्छे चरित्र-संगठन का परिणाम होता है।

अतः परम्परागत अथवा रूढ़िगत अच्छे काम को नैतिकता की संज्ञा नहीं दी जा सकती है। फिर *अरस्तू*, सुकरात की इस बात को नहीं स्वीकार करते हैं कि व्यक्ति को शुभ कार्य का ज्ञान होने पर वह अच्छे कार्य के लिए बाध्य होता है। यदि कोई कार्य करने के लिए विवश हो जाय तो इसे अनैच्छिक कार्य कहा जायगा जो नैतिक नहीं कहा जा सकता है। उसी कार्य को अच्छा-बुरा कहा जायगा जहाँ स्वतंत्र इच्छा का स्थान रहता है। फिर संयोगवश किसी अच्छे कार्य को देखकर उस कार्य को नैतिक नहीं कहा जायगा, क्योंकि अरस्तू के अनुसार अच्छे विकल्प को चुनने की आदत होनी चाहिए जिसे अच्छे चरित्र का संगत व्यवहार कहा जा सकता है। फिर शुभ कार्य को दो अति छोरों के बीच के मध्य मार्ग के होने को कहा जायगा। इसे *अरस्तू* ने निम्नलिखित रूप में व्यक्त किया हैः—

Moral virtue is a habit or trained power of choice whose characteristic lies in observing the mean relative to the person concerned, and which is according to the judgement of the prudent man.

राज्य-सिद्धान्त

यह ठीक है कि नीति और राज्य-सिद्धान्त दोनों पृथक् विषय हैं, पर नीति का क्षेत्र सामाजिक कार्यवाही समझी जाती है। उदाहरण सच-झूठ का महत्त्व केवल समाज में सामाजिक के ही लिए होता है। शिक्षण-प्रशिक्षण के सद्‌गुण सामाजिक कार्य होते हैं। प्रायः नीति के दो भाग होते हैं, अर्थात् सामाजिक और व्यष्टिनिष्ठ आन्तरिकता। साहस, दान इत्यादि सामाजिक आचार हैं पर अपनी भावनाओं को नियंत्रण में रखना आन्तरिक आचार है। *अरस्तू* के नीतिशास्त्र का सन्दर्भ सामाजिक कार्यक्रम से जुटा हुआ है। प्रत्येक जीव किसी न किसी राज्य में रहता है और राज्य-शासन ही व्यक्ति की अच्छाई-बुराई को नियंत्रित और मूल्यांकित करता है। इसलिए राज्य-सिद्धान्त के द्वारा नीति का निर्णय किया जा सकता है।

अरस्तू का राज्य-सिद्धान्त यह स्वीकार नहीं करता है कि राज्य की उत्पत्ति व्यक्तियों के आपसी समझौते से हुई है। आप व्यक्तियों को राज्य की इकाई (unit) नहीं मानते हैं। *अरस्तू* के लिए परिवार ही राज्य की असली इकाई है। इसलिए आप *रूसो* के (social contract) सिद्धान्त को नहीं स्वीकारते हैं। फिर चूँकि *अरस्तू* परिवार को ही असली इकाई समझते हैं, इसलिए अरस्तू, *प्लेटो* के सामूहिक विवाह के विचार को नहीं स्वीकारते हैं। पारिवारिक व्यवस्था ही ऐसी स्वाभाविक व्यवस्था है जहाँ स्त्री-पुरुष-सन्तान इत्यादि के आपसी सहयोग से प्रत्येक व्यक्ति की आवश्यकताओं की पूर्ति होती है। फिर, *अरस्तू*, *प्लेटो* के सन्दर्भ में साम्यवादी सिद्धान्त को भी नहीं स्वीकारते हैं। पूँजी परिवार में निहित रहती है और इस पूँजी के अर्जन में परिवार का संरक्षण रहता है। अतः व्यक्तिगत पूँजी और परिवार को नहीं संरक्षित रहने पर, राज्य में अधिक बिलगाव और संघर्ष की सम्भावना बढ़ जायगी। परिवार के नहीं रहने से व्यक्ति में स्त्री और बच्चों के प्रति स्वाभाविक प्रेम कुंठित हो जायगा। इसी प्रकार पूँजी व्यक्ति के आनन्द में सहायक होती है।

The abolition of private property and the family will harm the state by increasing dissension and the destruction of natural feeling for wives and children.

राज्य और व्यक्ति में फौर्म और मैटर का सम्बन्ध है। फौर्म का काम है कि मैटर में व्यवस्था उत्पन्न करे। व्यक्ति में पाशविक वृत्तियाँ हैं जो उसे विभिन्न दिशाओं में खींचती रहती हैं। उनका नियंत्रण व्यक्ति के आनन्द के लिए आवश्यक होता है। पाशविक वृत्तियों का नियंत्रण केवल बुद्धि के द्वारा सम्भव होता है। बुद्धि के द्वारा वृत्तियों का संचालन शिक्षा पर निर्भर करता है और इस शिक्षा का भार राज्य का होता है। अतः, राज्य का कर्त्तव्य है कि वह व्यक्तियों को शिक्षित करे ताकि व्यक्ति राज्य का सुयोग्य नागरिक बने। इसमें ध्यान रखना चाहिए कि केवल अच्छा व्यक्ति ही अच्छा नागरिक हो सकता है और अच्छा नागरिक ही अच्छा व्यक्ति हो सकता है।

'Good men are good citizens, god citizens are good men in Aristotle's Utopia.

अरस्तू के अनुसार राज्य एक अवयव-अवयवी (organism) व्यवस्था है। व्यक्ति अथवा नागरिक इस अवयवी राज्य के आवश्यक अंग हैं, और राज्य भी अपने नागरिकों को उनके विकास के लिए व्यवस्था करता है। इसलिए राज्य के नाम पर नागरिकों का बलिदान नहीं किया जा सकता है। पर नागरिक का भी यही धर्म है कि वह राष्ट्र की सेवा करें।

अरस्तू ने तीन प्रकार के शासन और उनके विरोधी तंत्र का भी उल्लेख किया है। प्रथम, राजतंत्र है जिसमें सम्पूर्ण नागरिकों का हित ध्यान में रहता है। इसके विकृत रूप को नादिरशाही (tyranny) कहा जा सकता है। जब शासन कुछ ही अच्छे घराने के लोगों के हाथ में रहता है तो इसे कुलीन तंत्र (aristocracy) कहा जाता है। इसका विकृत रूप अल्पतंत्र (oligarchy) कहलाता है। जब शासन की डोर अनेक हाथों में रहती है और राज्य का संचालन संविधान के अनुसार होता है तब इसे संवैधानिक गणतंत्र कहा जाता है। इसके विकृत रूप को *अरस्तू* ने लोकतंत्र (democracy) कहा है। *अरस्तू* के अनुसार संवैधानिक राजतंत्र (monarchy) को श्रेष्ठ कहा है जो आजकल सम्भवतः स्वीकृत न हो।

अरस्तू के दर्शन की समीक्षा

प्लेटो और *अरस्तू*, दोनों प्रत्ययवादी हैं और दोनों में प्राकारिक अन्तर नहीं है तो भी *अरस्तू* के दर्शन को प्लेटोवाद का परिष्कृत रूप कहा जायगा, या यह भी कहा जा सकता है कि अरस्तूवाद, प्लेटोवाद का न्यायसंगत विकसित रूप है। सर्वप्रथम, प्रत्यय-सिद्धान्त पर ध्यान दिया जाय।

(1) प्लेटो ने अलंकृत भाषा में प्रत्यय की अपनी स्वतंत्र सत्ता माना है। कभी-कभी *टीमियस* में यह भी कहा है कि विश्व-रचयिता ने प्रत्ययों की सृष्टि की है। *अरस्तू* ने प्रत्यय के स्वरूप को स्पष्ट कर कहा है कि प्रत्यय की अपनी कोई स्वतंत्र सत्ता नहीं है। क्या उजलापन बिना उजली वस्तु के इन्द्रियग्राह्य हो सकता है? क्या घोड़ापन बिना घोड़ों के कहीं यथार्थ समझा जा सकता है? संभव है कि *प्लेटो* ने भी प्रत्ययों की बिना वस्तुओं की कोई सत्ता नहीं स्वीकार की हो। पर यहाँ स्पष्टता को आवश्यकता थी और अरस्तू ने स्पष्ट कहा है कि प्रत्यय व्यष्टिपरक वस्तुओं में साकार होता है और व्यष्टियों को छोड़कर प्रत्ययों की अपनी कोई स्वतंत्र सत्ता नहीं होती है।

यह ठीक है कि *अरस्तू* के दर्शन में फौर्म प्रत्यय का स्थान लेता है और प्रत्ययों की तुलना में फौर्म को प्रत्ययों का विकसित रूप माना जायगा। अब फौर्म भी मैटर की अपेक्षा अधिक महत्वपूर्ण है क्योंकि फौर्म के द्वारा मैटर की व्यवस्था होती है और फौर्म को ऊँचाई तक पहुँचाता है। पर चाहे फौर्म हो या प्रत्यय, दोनों विचार, परम लक्ष्य को सम्पूर्ण विश्व का आधार मानते हैं और इन्हें मैटर की अपेक्षा उच्चतर समझ कर विकास का कारण मानते हैं और सामान्यतः इसी को प्रत्ययवादी व्यवस्था कहा जाता है। अतः, प्लेटोवादी प्रत्ययवाद की अपेक्षा अरस्तूवाद अधिक संगत और विकसित प्रत्ययवाद कहा जायगा। इसका एक दूसरा भी कारण है।

(2) *अरस्तू* के दर्शन में पिरैमिडी अथवा सोपानक्रमिक व्यवस्था एकदम स्पष्ट है। निम्नतर स्तर उच्चस्तरीय वस्तुओं और प्राणियों का आधार होता है और फिर निम्नतर वास्तविकताओं का उनमें निहित लक्ष्य उच्चतर श्रेणियों में स्पष्ट होता जाता है। वृक्षों में निहित लक्ष्य, पशुओं में

अधिक स्पष्ट होता है और मानवों में यह लक्ष्य कहीं अधिक ज्ञान-मंडल में आकर स्पष्ट हो जाता है। वैज्ञानिक ज्ञान द्वारा वृक्ष, पशु और मानवों की भी व्यवसाी स्पष्ट की जाती है। *प्लेटो* के दर्शन में भी पिरैमिडी व्यवस्था है और शुभ का प्रत्यय चोटी प्रत्यय है। पर इसके द्वारा निम्नतर वस्तुओं की व्यवस्था स्पष्ट नहीं दिखती है। इसका मुख्य कारण है कि अरस्तू के दर्शन में नीचे से लेकर ऊँची वस्तुओं की व्यवस्था में विकास-क्रम स्पष्ट दिखता है। इसकी तुलना में *प्लेटो* की प्रत्ययवादी व्यवस्था में विकास-क्रम व्यवस्थित रूप में नहीं बताया गया है।

(3) *प्लेटो* की मुँख्य असफलता इसी में है कि उन्होंने तथ्यों, अनुभूत सामग्रियों की अवहेलना की है। पर *अरस्तू* के अनुसार तथ्यों (facts) के बिना अध्ययन किए हुए प्रत्ययों का ज्ञान सम्भव नहीं है। पर *अरस्तू* को अनुभववादी कहना गलत है, क्योंकि अनुभववाद के अनुसार तथ्य मुख्य हैं और इन्हीं के द्वारा नियमों या प्रत्ययों का मिथ्या सत्यापन तथा परीक्षण होता है। इसकी तुलना में अरस्तू के लिए फौर्म, प्रत्यय ही प्रमुख है और तथ्य गौण। *अरस्तू* के दर्शन का मुख्य लक्ष्य है कि प्रत्ययों की स्थापना हो और इसी लक्ष्य-पूर्त्ति के लिए तथ्यों की खोज की जाती है। तब तथ्यों पर बल देने के कारण अरस्तू वैज्ञानिक खोज के बहुत सन्निकट हो जाते हैं और यही कारण है कि अरस्तू प्राणीशास्त्र के जन्मदाता हो सके हैं। यही नहीं, *अरस्तू* ने विज्ञान में निहित अनुमान को अपने तर्कशास्त्र में स्पष्ट किया है ताकि इसके द्वारा वैज्ञानिक युक्तियों में दोषों से बचकर सच्चाई प्राप्त की जा सके। साथ ही साथ अपने विचारों को परिशुद्ध तथा यथातथ्य बनाने के लिए अरस्तू ने पारिभाषिक शब्दों की रचना की है।

(4) फिर *अरस्तू* के पूर्व 'गति' की बड़ी चर्चा की गई है पर इसकी व्याख्या अरस्तू ने संभाव्यतासाकारीकरण के द्वारा स्पष्ट कर दिया है।

(5) नीतिशास्त्र में प्रत्ययवादी समसामयिक विचारधारा में भी*अरस्तू* के मत को आत्मपूर्णतावाद (eudaemonism) के रूप में अपनाए हुए हैं।

(6) ईसाई धर्मदार्शनिक अभी भी प्लेटोवादी और अरस्तूवादी के दो रूप में विभक्त हैं। प्रसिद्ध संत टामस अक्वाइनस अरस्तूवादी हैं और अभी भी टासमवाद के रूप में अरस्तूवाद जीवित दर्शन है।

(7) *स्पिनोजा* का बौद्धिक प्रेम की शिक्षा वास्तव में संपूर्णतया अरस्तूवादी है और लाइबनित्स का मोनडवाद, अरस्तू के इन्टेलिकी (entelechy) सिद्धान्त से प्रभावित है और अरस्तूवाद *लाइबनित्स* के छन्द-सिद्धान्त में भी परिलक्षित होता है।

पर क्या *अरस्तू* द्वैतवाद से बच सकें हैं? अन्त में, *प्लेटो* के समान *अरस्तू* में फौर्म और मैटर का द्वैतवाद पाया जाता है। मैटर को आप पूर्णतया फौर्म में रूपान्तरित नहीं कर पाये हैं। यह ठीक है कि आपने द्रव्यमूलक पदार्थ के स्थान पर संभाव्यता (potentiality) का प्रयोग किया है। फिर भी प्रश्न उठता है : संभाव्यता किसकी और किसमें? ये प्रश्न ज्यों-के-त्यों बने रह जाते हैं जिनका कोई प्रत्युत्तर नहीं हो पाता है।

फिर *अरस्तू* के दर्शन का कुंजीपद है फौर्म और मैटर का सिद्धान्त। फौर्म प्रत्यय ही के साथ अन्य कुछ भी है, पर इसका सारतत्त्व सक्रियता के साथ प्रत्यय ही है। पर क्या आप फौर्म को किसी रूप में स्वतंत्र सत्ता, *प्लेटो* के समान नहीं मानते हैं? क्या *अरस्तू* ने फौर्म को मैटर की अपेक्षा अधिक सत् (real) नहीं कहा है? 'अधिक सत्' कहने से इसकी अपनी स्वतंत्र सत्ता का आभास मिल जाता है। 'अधिक सत्' कहने से प्रत्ययों की अपनी स्वतंत्र सत्ता का आभास इस कथन में भी दिखाई देता है। *प्लेटो* के प्रत्ययों के समान फौर्म भी मैटर को नियंत्रित करने की क्षमता रखते हैं और फिर इसको बौद्धिक-अन्तःप्रज्ञा (intuition) का विषय समझते हैं। तब क्या आप फौर्म की भी स्वतंत्र सत्ता नहीं मान लेते और फिर इसका व्यक्तित्वीकरण (hypostatize) नहीं करते हैं? जेलर ने इस बात को निम्नलिखित रूप में व्यक्त किया है।

"The final explanation of Aristotle's want of clearness on this subject is, however, to be found in the fact that he had only half emancipated himself...from Plato's tendency to hypostatize ideas.

*The 'Forms' had for him, as the 'Ideas' had for Plato, a metaphysical existence of their own, as conditioning all individual things...they are farthest removed from experience...and the object, in that sense, of an intellecutal intuition."**

जैसा जेलर ने लिखा है कि *अरस्तू* को तथ्यों पर जितना बल देना चाहिए था उतना उन्होंने बल नहीं दिया है। आपने तथ्यों के प्रत्यक्षीकरण पर इसलिए बल दिया है कि निरीक्षण के फलस्वरूप उनमें निहित प्रत्ययों का आभास मिले। इसलिए अरस्तू के द्वारा दार्शनिक खोज का अन्तिम विषय प्रत्यय ही है, न कि तथ्य।

फिर यह ठीक है कि *अरस्तू* ने अपनी तत्त्वमीमांसा में सोपानक्रमिक व्यवस्था अथवा पिरैमिडी क्रम रखा है और इस सोपान के अवलोकन के फलस्वरूप विश्व-विकास परिलक्षित होता है। पर जैविक विकास का सन्दर्भ उपजातियों का विकास है जिसमें कुछ उपजातियाँ कालक्रम में उन्मज्जित होती हैं। पर अरस्तू 'काल' को ही सत्य नहीं मानते हैं और फिर सभी जातियों और उपजातियों को नित्य और शाश्वत मानते हैं, इसलिए अरस्तू के दर्शन में आधुनिक विकास-सिद्धान्त का सर्वथा अभाव है।

यह ठीक है कि *अरस्तू* ने सम्पूर्ण विश्व में एक महान् प्रयोजन की व्यवस्था रखी है जो ईश्वर के स्वरूप में स्पष्टतम् दिखाई देती है। इस प्रयोजन-व्यवस्था के आधार पर मानव-जीवन का लक्ष्य परिलक्षित होता है जो मानव जीवन को अनुप्राणित करता है। पर क्या विज्ञान के लिए प्रयोजन-कारण विज्ञान के विकास के लिए समसामयिक विचारधारा के अनुकूल समझा जायगा? लगभग पचास वर्षों के पूर्व प्राणीशास्त्र तथा मनोविज्ञान में प्रयोजन कारण और यांत्रिक कारण की उपयोगिता का विवाद चलता था। पर अब प्रयोजन कारण को विज्ञान में लागू करने पर विज्ञान की प्रगति में बाधक समझा जायगा।

❑

* रसेल द्वारा *Western Philosophy* में पृ० 188-89 पर उद्धृत।

अध्याय 4

यूनानी दर्शन की लघु शाखाएँ

प्लेटो और *अरस्तू* के विचार पाश्चात्य जगत के लिए महत्त्वपूर्ण सिद्ध हुए हैं। इसके अतिरिक्त सिनिक, एपिक्यूरियन, स्टोइक और सन्देहवाद की भी शाखाएँ मध्ययुग में प्रभावशाली हुई हैं। इसलिए इनका भी उल्लेख करना चाहिए। फिर कम अंशों में आधुनिक और समकालीन दर्शन में भी इन शाखाओं की प्रतिध्वनियाँ पाई जाती हैं।

सोफिस्टों का कहना था कि मानव को प्रकृति के अनुसार जीवन-यापन करना चाहिए। पर इनके मानव प्रकृति से अभिप्राय था कि मानव अपने भाव और संवेग के अनुसार जीवन बिताये। *सुकरात* ने इसे नैतिक पतन का सन्देश समझा। *सुकरात* के अनुसार शुभ के ज्ञान के आधार पर आचार का संचालन करना चाहिए। पर आपने शुभ के स्वरूप पर कोई प्रकाश नहीं डाला। इसलिए *सुकरात* के बाद के विचारक *सिनिक* (उदासीनतावादी) तथा *सीरिनैकों* (सुखवादी) को अवसर मिल गया कि वे 'शुभ' के स्वरूप पर अपने-अपने मतों के अनुसार प्रकाश डालें।

सिनिक और सीरिनैकों ने *व्यक्तिगत* अथवा *व्यष्टिपरक आनन्द* (individual happiness) को ही शुभ (good) का असली स्वरूप समझा और यही कारण है उन्होंने सार्वजनिक जीवन की अवहेलना की है।

यह व्यष्टिपरक आनन्द ऐसा होना चाहिए कि वह सांसारिक घटनाओं से प्रभावित न रहे। (Independent of all possible events of the world.) प्रायः इच्छापूर्ति के फलस्वरूप आनन्द मिलता है। पर इच्छा की पूर्ति बाह्य घटना-चक्र पर निर्भर करती है जो व्यष्टि के नियंत्रण से बाहर होता है। इसलिए व्यष्टिपरक आनन्द की प्राप्ति के लिए चाहिए कि व्यक्ति अपनी चाहना को मारे। इसलिए सद्‌गुणी (virtuous) वह व्यक्ति है जो अपनी इच्छाओं को मारे और अपनी आवश्यकता को बहुत थोड़ी करे।

चाह गई चिन्ता मिटी, मनुवा बे-परवाह,
जिनको कछुं न चाहिए, वे शाहनशाह।

इसलिए अपनी इच्छाओं को मारना जीवन की आवश्यकताओं को न्यूनतम रखना ही नैतिक शुभ है। अब इस सिनिकवाद अर्थात् उदासीनतावाद की व्याख्या करनी चाहिए।

उपेक्षावाद (*Cynicism*) या उदासीनतावाद

पाइथागोरस और *प्लेटो* ने कभी-कभी संसार-विरक्ति का राग छेड़ा है। *प्लेटो* के अनुसार संसार की प्रत्यक्ष-वस्तुएँ आभास मात्र हैं और मानव को इनसे संतोष नहीं प्राप्त हो सकता है। वास्तविक तथा यथार्थ राज्य-स्थिति से भी *प्लेटो* संतुष्ट नहीं थे और उन्होंने एक आदर्श राज्य की कल्पना की जिसमें मानव शुभ संकल्पी और सद्‌गुणी हो सकता है। फिर *प्लेटो* के दर्शन में भी रहस्यवाद और मुक्ति का संदेश है। पर बाद के सिनिक विचारकों के लिए संसार अशुभ है और इसके प्रति उदासीन रहना ही मानव का चरम उद्देश्य रहना चाहिए।

ऐंटिस्थीनिज (*Antisthenes*) सिनिक शाखा के संस्थापक समझे जाते हैं। ***Antisthenes*** (444 ई॰ पू॰ 368 ई॰ पू॰) के साथ Diogenes (डायोजिनिस) भी उल्लेखनीय हैं। *ऐंटिस्थीनिज,*

सुकरात के शिष्य थे पर आप ने सुकरात के व्यावहारिक जीवन को उनकी शिक्षा का विषय माना। *ऐंटिस्थीनिज* ने देखा कि *सुकरात* अपने परिवार के प्रति, धन-दौलत तथा इन्द्रिय सुख के प्रति तटस्थ रहते थे। इसलिए *ऐंटिस्थीनिज* के लिए *सुकरात* की मुख्य शिक्षा थी कि मानवों को सद्‌गुणी होने के लिए उन्हें उपदिष्ट किया जाये। यह ठीक है कि सुकरात की तीन बातों को सिनिकों ने स्वीकारा, अर्थात्

(1) सद्‌गुण ज्ञान पर आधारित है।

(2) चूँकि ज्ञान शिक्षण का विषय है, इसलिए सद्‌गुण की भी शिक्षा दी जा सकती है।

(3) अन्त में, सद्‌गुण एक ही है।

पर *ऐंटिस्थीनिज* और *डायोजिनिस* के 'ज्ञान' के विषय में मौन साधे रहे और सद्‌गुण-विषयक दर्शन को ही एकमात्र सुकरात की शिक्षा का विषय माना और इस सन्दर्भ में भी उनके लिए *सुकरात* का जीवन ही उनकी शिक्षा का साकार रूप है। इसके अनुसार सच्चा सद्‌गुण संन्यास, तपस् है जिसमें पार्थिव, सुख, सम्पत्ति, जायदाद के प्रति उदासीनता बरती जाती है। इस रूप में सद्‌गुण ही जीवन का निःश्रेयस् सिनिकों ने चाहने, वासना और भावनाओं को दमन करने की सलाह दी है। बाह्य स्थितियों में तथा सांसारिक दुःख-सुख में स्थितप्रज्ञ रहना ही असली सद्‌गुण है। सुख-दुःख को एक-बराबर मानकर हर्ष-विषाद-बिखेर रहना सद्‌गुणी का लक्षण है।

सिनिकों का कहना कि प्रकृति के अनुसार जीवन-यापन करना चाहिए। इनके लिए राज्य-व्यवस्था, निजी जायदाद का स्वामित्व, विवाह तथा प्रचलित धर्म, ये सभी बनावटी व्यवस्थाएँ हैं। इसी प्रकार राजा होना, सांसारिक आदर-मान धन-दौलत ये सब भी वृथा हैं, इसलिए ज्ञान, विज्ञान, कला की रचनाएँ, इन सबके प्रति सद्‌गुणी को तटस्थ रहना चाहिए। एक रूप में इन्हें पूर्ण विरक्त भी नहीं समझना चाहिए क्योंकि अनायास भोग-वस्तु का ये सिनिक भोग करते थे, पर आप भोग के प्रति तटस्थ-भाव रखते थे, अर्थात् भोग में भी योग (तपस्) भाव रखते थे।

चूँकि सिनिक राज्य-व्यवस्था को प्रकृति-विरुद्ध समझते थे, इसलिए आप राष्ट्रीयता के विरुद्ध थे। सिनिक विश्व-सौहार्द्र तथा विश्व-नागरिकता के पोषक थे।

सिनिक त्यागभाव को अपनाते थे और डायोजिनिस फकीर के समान भिक्षा माँग कर अपना उदर भरते थे। अपने इच्छाओं को वश में रखना, इन्द्रिय-निग्रह तथा तटस्थता-भाव का पालन करना इनके लिए सद्‌गुणी होना था। आप आत्म-विजय को ही सर्वश्रेष्ठ समझते थे। बाह्य अच्छाइयों पर भरोसा नहीं रखा जा सकता है। सौभाग्य की देन भी अपने ऊपर निर्भर नहीं करती। केवल सद्‌गुण, सन्तोष, त्यागभाव ऐसी उपलब्धि है जो मानव के अधीन है और वह उन पर अपना भरोसा रख सकता है।

अतः, सिनिक त्याग, विरक्ति और अपनी वासनाओं पर विजय-प्राप्ति की शिक्षा देते थे। पर सभ्य जीवन की अवहेलना करने पर सिनिकों के प्रति लोगों को श्रद्धा नहीं थी। सिनिक के लिए सद्‌गुण ही जीवन का एकमात्र निःश्रेयस् था। सुख, सम्पत्ति, आदर-सम्मान के प्रति उदासीन रहना, त्याग-तपस् को अपनाना, वासनाविहीन रहना, अपनी इच्छाओं को मारना, इत्यादि इनकी शिक्षा थी। आप मध्यमार्गी नहीं थे। इनके लिए या तो व्यक्ति सद्‌गुणी तथा प्रज्ञावान् होता है या मूर्ख और बुरा।

सिरैन्सीज्म (*Cyrainicism*, सुखवादी)

अरिस्टिपस (*Aristippus*, 435-366 ई॰ पू॰) भी *सुकरात* के अनुयायी थे। *सुकरात* ने कहा था कि सद्‌गुण से व्यक्तियों को लाभ पहुँचता है। अब *अरिस्टिपस* के लिए सुख से बढ़कर अन्य क्या लाभ किसी भी व्यक्ति को हो सकता है। इसलिए *अरिस्टिपस* के लिए परम नैतिक शुभ व्यक्तिनिष्ठ, क्षणिक तथा शारीरिक सुख (pleasure) ही है। इनमें तीन बातें मुख्य हैं, एक यह कि सुख शारीरिक और वर्तमान क्षण में सम्बन्ध रखता है। दूसरा यह कि इसका सम्बन्ध भाव (feeling) से है और इसमें *सुकरात* की इस बात का अभाव है कि सद्‌गुण संप्रत्ययात्मक होता

है। तीसरी बात है कि सुख का सन्दर्भ आत्मनिष्ठ (subjective) ही होता है। क्योंकि सुख को आत्मनिष्ठ कहा गया?

यदि सुख से शारीरिक क्षणभंगुर सुख से अर्थ लगाया जाय तो सुख केवल भोक्ता में ही सीमित रहेगा। दूसरी बात है कि भाव विषयी में ही निही होता है। पर तीसरी बात है कि *अरिस्टिपस* संप्रत्ययों के अस्तित्व को स्वीकार ही नहीं करते हैं। इसलिए सामान्य नैतिक आदर्श को आप अस्वीकार करते हैं। *अरिस्टिपस* और *ऐंटिस्थरीजि* उन विचारकों में हैं जिन्होंने विचार के इतिहास में सर्वप्रथम सामान्य जातिविषयक संप्रत्ययों के अस्तित्व को नकारा है। इन्हें आदि नामवादी (nominalist) कहा जा सकता है। नामवाद के अनुसार सामान्य (universal) वास्तव में केवल नाम है जिसके अनुरूप कोई सर्वव्यापक तथा सामान्य गुण नहीं होता है। *अरिस्टिपस* ने इस सन्दर्भ में युक्तियाँ भी प्रस्तुत की हैं।

अरिस्टिपस के लिए वास्तव में कोई भी संवेदना (sensation) ऐसी नहीं होती है जो सभी व्यक्तियों के लिए एक-समान हो। उदाहरण लाल की संवेदना को ले लें। कौन कह सकता है कि लाल संवेदना राम, यदु और हरि को एक समान हो रही है? कोई राम या यदु की आँखों से तो देख सकता नहीं है, तब वह कैसे कहे कि लाल गुलाब की लाली सबको एक समान होती है?

फिर यदि घोड़े, गाय इत्यादि जातियों के सन्दर्भ में भी हम विचार करें तो इनके विषय में सभी व्यक्ति एक समान इनका चित्रण नहीं करते हैं। कोइ लाल घोड़े की, कोई सफेद घोड़े की, कोई ऊँचे कद्दावर घोड़े की और कोई छोटे लदुआ घोड़े की कल्पना करते हैं। तब कैसे कहा जाय कि घोड़े का संप्रत्यय अथवा जातिभावना एक समान तथा सभी में सामान्य है? तब इस नामवाद से क्या निष्कर्ष निकलता है?

यही कि प्रत्येक व्यक्ति केवल अपने ही सुख की अनुभूति कर सकता है और फिर यह अनुभूति उसी क्षण उसकी कही जायगी जिस क्षण में वह उसे अनुभूत करता है। यही कारण है कि *अरिस्टिपस* के अनुसार क्षण-क्षण में होने वाली शारीरिक सुख की अनुभूति को बेधड़क, अन्धाधुनी होकर भोग करना चाहिए। पर क्या बिना विचारे व्यक्ति क्षणिक सुख का भोग कर सकता है?

यह ठीक है कि शारीरिक सुख में विशेष बल और सजीवतापन है। पर ऐसा करने पर बहुधा शारीरिक सुख के फलस्वरूप मानव को बहुत अधिक दुःख को झेलना पड़ता है। यही कारण है अरिस्टिपस और उनके अनुयायियों को मानना पड़ा कि शारीरिक सुख की अपेक्षा बौद्धिक सुख कहीं अधिक दीर्घकालीन होता और इसका सन्तोष बना रहता है। यही कारण सिरिनैकों ने बताया कि बुद्धिमान वही व्यक्ति है जो सुख भाग करने पर अपने को कलंक से बचाए रहे वही वास्तव में बुद्धिमान होता है इसलिए बुद्धिमान् सुखवादी संयमी और विवेकशील होता है।

अब सिनिक और सिरिनैक दोनों ने सुकराती शिक्षा को आंशिक रूप में लिया, पर इनका झुकाव सोफिस्टों की शिक्षा से अधिक प्रभावित हुआ और दोनों ने सुकराती संप्रत्यय-सम्बन्धी देनों की अवहेलना की। दोनों ने वसुधैव कुटुम्बकं की शिक्षा दी, पर इस सन्दर्भ में उनके विचार का आधार भिन्न-भिन्न था। सिनिक किसी भी सभ्य जीवन के सुख से विरक्त होते थे। इसके विपरीत सिनिरैक सभ्य जीवन कला, सौन्दर्य आदि के उपभोग की सलाह देते थे। चूँकि किसी भी राज्य की सिनिक अवहेलना करते थे, इसलिए वे सर्व वसुधैव कुटुम्बकं को स्वीकार कर एक राज्य से दूसरे में जाकर भिक्षा माँगते थे और अपने को किसी एक राज्य का नागरिक नहीं समझते थे। इसकी तुलना में सिरिनैक सभी राज्यों में विलास की वस्तुओं का उपभोग करते थे। इसलिए भोग्यवस्तुओं के प्रति उपेक्षा के कारण सिनिक विश्व-नागरिकता की शिक्षा देते थे और सिरिनैक विश्व की सभी उपभोग्य वस्तुओं के उपभोग के लिए विश्व-नागरिकता का सन्देश दते थे। सिनिकों में सभी वस्तुओं के प्रति उपेक्षा थी। इसके विपरीत प्रबुद्ध स्वार्थभाव (enlightened self-interest) से प्रेरित होकर सिरिनैक सुखवादी किसी भी राज्य में रहकर उसकी उपभोग की वस्तु का भोग करना चाहते थे।

न तो सिनिक और न सिरिनैक अपने में पूर्ण थे, इसलिए बाद में सिनिकवाद, स्टोइकवाद (Stoicism) में और सिरिनैकवाद, एपीक्यूरिनिज्म (Epicureanism) में परिपूर्ण हो गया।

एपिक्यूरियनवाद (*Epicureanism*)

एपिक्यूरस (Epicurus) का समय 340-41 से 270-71 ई॰ पू॰ माना जाता है। सिरिनैकवाद के समान एपिक्यूरियनवाद को भी एक प्रकार का सुखवाद ही समझा जाता है पर आपका सुख की अवधारणा क्षणिकवादी तथा शारीरिक नहीं थीं। फिर एपिक्यूरस का सम्बन्ध *डेमोक्रिट्स* के साथ भी था क्योंकि *एपिक्यूरस* ने परमाणुवाद को स्वीकार किया था। पर डेमोक्रिट्स के समान एपिक्यूरस का सम्बन्ध विज्ञान, गणित तथा तर्कशास्त्र के साथ नहीं था।

एपिक्यूरस ने सिरिनैकों का सुखवाद अवश्य लिया, पर एपिक्यूरस का सुखवाद नकारात्मक था। अर्थात् इसमें शान्तचिंत्तता को अपनाया गया जिसमें दुःखों का अभाव रहता है। पर दुःख का मुख्य कारण है कि धर्म-भय और नियतिवाद necessitarianism, अवश्यतावाद। इसलिए दुःखविहीन होकर शान्तचित्त रहने के लिए *एपिक्यूरस* ने धर्म की भी आलोचना की है और *डेमोक्रिट्स* के परमाणुवादी अवश्यतावाद को भी छोड़ दिया है। दोनों प्रकार के भय से मुक्त होकर मानव अपने भाग्य का अपना ही विधाता हो सकता है और तब वह शान्तिचित्त हो सकता है।

धर्म की आलोचना

डेमोक्रिट्स ने माना था कि धर्म का उत्स मानव भय में छिपा रहता है। मानव सोचता है कि मरणोत्तर जीवन में व्यक्ति को अपने पापाचरण का दण्ड मिलेगा और इससे बचने के लिए मानव पूजापाठ करता रहता है। पर वास्तव में, *एपिक्यूरस* के अनुसार मरणोत्तर जीवन है ही नहीं। इसका कारण है कि मानव की आत्मा भी परमाणुओं से बनी होती है। मृत्यु-घड़ी में आत्मा परमाणुओं में विलीन हो जाती है और व्यक्ति का अस्तित्व ही समाप्त हो जाता है। इसलिए मरणोत्तर जीवन के भावी-भय की आशंका हो व्यर्थ है।

'जब तक हम जीवित हैं, तब मृत्यु नहीं, और जब मृत्यु हो जाती है, तब हम नहीं। फिर जब मृत्यु होती है तब सभी संवेदन का अन्त हो जाता है।' तब मृत्यु तथा मरणोत्तर जीवन का भय सब व्यर्थ।

फिर सांसारिक जीवन-चक्र प्राकृतिक कारणों से संचालित होते रहते हैं जिसमें किसी प्रकार के दैहिक शक्तियों का हाथ नहीं रहता है। तो देवताओं से ऐहिक जीवन में किसी प्रकार के भय की बात ही नहीं उठती। अतः, न इस जीवन में न पारलौकिक जीवन में दैविक प्रकोप और दैविक दण्ड-विधान की सम्भावना है।

तीसरी बात है कि *एपिक्यूरिस* देवताओं के अस्तित्व को अस्वीकार नहीं करते हैं। पर इनके अनुसार देवतागण अपने में मग्न रहते हैं। फिर वे सांसारिक व्यक्तियों के जीवन में क्यों हस्तक्षेप करें, क्योंकि उन्हें व्यक्तियों से कोई मतलब नहीं है।

पर परमाणुवाद से भी अवश्यकतावाद का भय रहता है। जब संसार-चक्र यान्त्रिक गति से चलता रहता है और जब मानव इसको बदल नहीं सकता है, तब तो जब धर्मभय से छुटकारा हो जाता है तो मानव अवश्यतावाद के दलदल में फँस जाता है। तब इस अवश्यतावाद से कैसे बचा जाये। पर क्या डेमोक्रिट्स का परमाणुवाद वास्तव में अवश्यतावाद है?

एपिक्यूरस का मानव-सम्बन्धी विचार भौतिकवादी है पर नियतत्ववाद (determinism) नहीं है। यह ठीक है कि मानव का जीवन परमाणुओं द्वारा संचालित होता है। पर *एपिक्यूरस* ने इस परमाणुवाद में दो उल्लेखनीय बातों का जोड़ा है। एक तो यह परमाणुओं में केवल आकार और परिमाण का भेद है पर इनमें भारपन का भी भेद है, अर्थात् कुछ परमाणु भारी और कुछ हल्के होते हैं। फिर भारी परमाणु तीव्रगति से शून्य आकाश में हल्के परमाणुओं की तुलना में

अधिक तेजी से गिरते हैं। पर ऐसी स्थिति में सभी परमाणु समानान्तर होकर गिरते रहेंगे और इनमें टकराव नहीं होगा और बिना टकराव के परमाणुओं के बीच संघटन-विघटन प्रक्रियायें नहीं होंगी और तब संसार में वस्तुओं का होना और विनाश भी नहीं होगा। इसलिए *एपिक्यूरस* ने यह माना कि परमाणु भी अपने पथ को छोड़कर दूसरे पथ में चले जाते हैं और तब उनमें टकराव हो जाता है। इस पथभ्रंशता (deviation) को एक प्रकार की स्वेच्छा मानना चाहिए। अतः, मानव परमाणुओं से रचित अवश्य होते हैं, पर उनमें इच्छा-स्वातन्त्र्य (free will) है।

इसलिए मानव धर्म-भय से और फिर अवश्यतावाद, दोनों से मुक्त होकर अपने भाग्य का विधाता अथवा निर्माता होता है। तब ऐसी स्थिति में ही *एपिक्यूरस का नैतिक सिद्धान्त* स्पष्ट किया जा सकता है।

नैतिक सिद्धान्त

एपिक्यूरस ने *अरिस्टिपस* के सुखवादी सिद्धान्त को स्वीकार किया है। *एपिक्यूरस* स्वीकारते हैं कि नीतिशास्त्र के अनुसार सुख-प्राप्ति ही आचार का परम उद्देश्य है। पर *अरिस्टिपस* के सुखवाद की तुलना में एपिक्यूरस के सिद्धान्त में तीन बातों में भेद है:—

(1) *एपिक्यूरस* के अनुसार प्रतिक्षण के सुख की अपेक्षा *दीर्घकालीन* सुख को प्राप्त करना चाहिए।

(2) फिर शारीरिक सुख की अपेक्षा मानसिक और आध्यात्मिक सुख-प्राप्ति श्रेष्ठ है।

(3) फिर *एपिक्यूरस*का मत *अरिस्टिपस* के भावात्मक सिद्धान्त की अपेक्षा अधिक नकारात्मक है, अर्थात् सुख-प्राप्ति की अपेक्षा दुःख-निवारण पर अधिक ध्यान देना चाहिए।

सुखवादी *एपिक्यूरस* के लिए सुख-प्राप्ति स्वलक्ष्य है और यही वास्तव में मानव की अन्तिम शुभ। फिर दुःख ही मानव का अशुभ है। अतः आचार मानव की वह प्रक्रिया है जिसमें सुख-लाभ होता है। सद्गुण इसी बात पर निर्भर करता है कि इससे सुख प्राप्त होता है। इस सन्दर्भ में *मिल* (1806-73) की उक्ति का अनुस्मरण किया जा सकता है। इसके अनुसार:—

सुख और दुःख मानव के दो सम्राट हैं जो मानव को सुख प्राप्ति और दुःख-त्याग की दिशा में विवश करते हैं।

फिर ब्रैडले के द्वारा सुखवाद की आलोचना भी उल्लेखनीय है। इनका कथन है,

यदि सुख-प्राप्ति ही आचार का परम लक्ष्य है तो इसे परम लक्ष्य नहीं कहना चाहिए, क्योंकि यह उसी को मिलता है जो उसकी अवहेलना करता है।

दूसरे शब्दों में हॉकी, फुटबाल का खिलाड़ी, जीत के सुख की ओर ध्यानस्थ न होकर खेल के समय केवल खेल के दाँव-पेंच पर ही ध्यान देता है, न कि जीत के सुख पर।

फिर *एपिक्यूरस* को प्रतीत हुआ कि बेधड़क, अन्धाधुन होकर यदि व्यक्ति अपने सुख को प्राप्त करने लगता है कि तो बाद में उसको अधिक दुःख होता और पछताना पड़ता है। इसलिए आवश्यक यही है कि मानव अपनी बुद्धि की सहायता लेकर दीर्घकालीन सुख को प्राप्त करने के लिए प्रयत्नशील हो। इसलिए *एपिक्यूरस* ने बौद्धिक सुख को शारीरिक सुख की अपेक्षा कहीं अधिक श्रेयस्कर समझा है। इसका कारण है कि शारीरिक सुख का अनुभव तभी तक होता है जब तक ये प्राप्त होते हैं, जैसे-भोजन इत्यादि का सुख भोग। पर इसकी तुलना में वास्तव मन ही सुख का भोग करता है क्योंकि शरीर भौतिक रहने के कारण चेतनविहीन होता है। फिर मन के द्वारा भूत-सुख की याद व्यक्ति को प्रसन्न बनाये रखती है। वास्तव में व्यक्ति को अपने को शान्तचित्त रखना चाहिए, क्योंकि इसी में उसे दीर्घकालीन सुख का आभास होता रहता है। फिर शान्तचित्त रहने से शारीरिक सुख की अपेक्षा बौद्धिक सुख व्यक्ति को प्रफुल्ल रखता है। शान्तचित्त रहने से शारीरिक कष्टों का वहन भी आसान हो जाता है।

वास्तव में व्यक्ति को दुःख-त्याग पर सुखप्राप्ति की अपेक्षा अधिक ध्यान देना चाहिए। मृत्यु-भय, आवश्यकता की दासता तथा देवताओं के भय से मुक्त होकर स्थितप्रज्ञ रहकर अपने को शान्त रखना चाहिए। व्यक्ति को चाहिए कि वह सभी प्रकार के दुःखों से अपने को मुक्त करे। इसलिए वह अपने जीवन की आवश्यकताओं को यथाशक्ति कम और सीमित रखे।

एपिक्यूरस ने मित्रता पर बहुत बल दिया है। इसका कारण है कि समाज में रहकर आत्मरक्षा के लिए व्यक्तियों को मित्रों की आवश्यकता पड़ जाती है। इस प्रसंग में उल्लेखनीय है कि एपिक्यूरस को अपने मित्रों के दानों की आवश्यकता पड़ जाती थी। पर इसके अतिरिक्त *एपिक्यूरस* मानते थे कि मित्रता स्वलक्ष्य बड़े भाग्य की बात है।

चूँकि *एपिक्यूरस* दुःखों के निवारण को विशेष स्थान देते थे और शान्तचित्तता का उपदेश देते थे, इसलिए उन्होंने पारिवारिक जीवन तथा काम सन्तुष्टि की सलाह नहीं दी है। आप स्वयं रोटी और पानी पीकर अपने जीवन का निर्वाह करते थे। आप की सलाह थी:—

कम खाओ ताकि पेट-पीड़ा न हो, बहुत थोड़ा मदिरा-पान करो ताकि दूसरे दिन तक खुमारी न रहे, तथा राजनीति में भाग न ले ताकि व्यक्ति को अधिक श्रम न करना पड़े। न धन और न मान-मर्यादा प्राप्त करने के लिए प्रत्यनशील रहना चाहिए। सुख-प्राप्ति की आशा छोड़कर दुःख निवारण की ओर ध्यानस्थ रहकर शान्तचित्त रहने के आनन्द को लूटना चाहिए।

आलोचना

एपिक्यूरस ने डेमोक्रिट्स के परमाणुवाद को अपनाया था। अब परमाणुओं को जड़ समझा जाता है। जड़ में चेतना और इच्छा नहीं होती। इसलिए परमाणुओं की प्रक्रियायें यान्त्रिक ही हो सकती हैं और इनमें स्वेच्छा का अभाव कहा जायेगा। पर *एपिक्यूरस* समझते हैं कि परमाणुओं में भी इच्छा-शक्ति है और वे अपनी इच्छानुसार अपने पथ से हटकर पथभ्रष्ट हो सकते हैं। फिर यदि मानव केवल परमाणुओं द्वारा ही रचित होते हैं तो उनमें भी इच्छाशक्ति और इच्छा-स्वातन्त्र्य नहीं हो सकता है। इसलिए शुद्ध भौतिकवाद में आवश्यकता होगी और इच्छा-स्वातन्त्र्य नहीं हो सकता है।

स्टोइकवाद (*Stoicism*)

विषय-प्रवेश

स्टोइकवाद के जन्मदाता *जेनो (Zeno)* गिने जाते हैं जिनका समय लगभग 340-265 ई॰ पू॰ माना जाता है। स्टोइकवाद में सिनिकवाद और हिराक्लिट्स के दर्शन का सम्मिश्रण देखा जाता है। सिनिकवाद के समान स्टोइकवाद में भी उपेक्षावाद माना जाता है और दोनों में नैतिक दर्शन ही विशेष है। फिर स्टोइकवाद में धर्मविचार है जिसमें व्यक्तिगत मुक्तिमार्ग का दर्शन बाद में चला आया।

जेनो के स्टोइकवाद में भौतिकी, न्यायदर्शन तथा नीतिवज्ञान तीनों हैं, पर नीति-विज्ञान ही इसका प्रधान दर्शन है। *जेनो (Zeno)* के अनुसार एक बगीचा है, नीतिशास्त्र इसकी चौहद्दी दीवार है, भौतिकी इसके पेड़-पौधे हैं और नीतिशास्त्र इसके फल हैं। इसका भौतिक वास्तव में तत्त्वमीमांसा है और इसके नीतिशास्त्र की चर्चा ज्ञानमीमांसा के सन्दर्भ में की जायेगी और अन्त में नीतिशास्त्र को स्पष्ट किया जायगा जिसका सम्बन्ध इसकी भौतिकी और ज्ञानमीमांसा, दोनों के साथ है।

तत्त्वमीमांसा

स्टोइकवाद भौतिकवाद है और इसके अनुसार कहीं भी कुछ अभौतिक (incorporeal, अशरीरी) नहीं है। *जेनो (Zeno)* के अनुसार विश्व एक है और इसका तत्त्व और आधार भी एक ही होना चाहिए। *प्लेटो* ने प्रत्यय को ही एकमात्र परम् सत् माना था, पर आपने मैटर को

भी स्वीकार करना पड़ा जिसके फलस्वरूप प्लेटोवाद में एकतत्त्ववाद के स्थान पर द्वैतवाद की स्थापना हो गई। पर परमतत्त्व एक ही होना चाहिए, क्योंकि देखा जाता है कि शरीर का प्रभाव मन पर पड़ता है और मन का प्रभाव शरीर पर पड़ता है। इससे स्पष्ट हो जाता है कि मन और शरीर, दोनों एक ही तत्त्व हैं, क्योंकि समान तत्त्व ही एक-दूसरे पर प्रभाव डाल सकते हैं। अब यदि प्रत्यय, मन, आत्मा के द्वारा विश्व का समाधान नहीं हो सकता है* तो मानना पड़ेगा की भौतिक पदार्थ तथा जड़ आत्मा के द्वारा विश्व की व्याख्या की जा सकती है। इसलिए एकवाद के आदर्श को स्वीकार करते हुए जेनो का कहना है कि मन और शरीर, ईश्वर और विश्व की आधारभूत सत्ता मैटर अथवा भौतिक है। ईश्वर भौतिक और ठोस है और मानव आत्मा भी। इस भौतिक सत् का क्या स्वरूप है?

जेनो (Zeno) के अनुसार परम भौतिक सत् अग्नि है जैसा *हेराक्लिट्स* ने कहा था। यह परम भौतिक सत् ईश्वर है और यह भौतिक ईश्वर इस विश्व का संचालन उसी प्रकार करता है जिस प्रकार मानव की आत्मा उसके शरीर का संचालन करती है। वास्तव में सम्पूर्ण विश्व ईश्वर की देह है जिसका वह संचालन करता है। मानव की आत्मा उस अग्नि-ईश्वर का एक अंश है जिससे वह निकली है और फिर उसी में समाविष्ट हो जाती है। जिस प्रकार मानव आत्मा उसके शरीर में व्याप्तती है उसी प्रकार अग्नि-ईश्वर सम्पूर्ण विश्व में व्याप्त रहता है। इस रूप में जेनो सर्वेश्वरवाद (pantheism) को स्वीकार करते हैं। ईश्वर ही इस विश्व की आत्मा है।

पर आश्चर्य की बात है कि *जेनो (Zeno)* के अनुसार यह भौतिक ईश्वर निरपेक्ष रीजन (तर्कबुद्धि) है। चूँकि ईश्वर बुद्धि है, इसलिए इस संसार की समस्त गतिविधियाँ बुद्धिपरक हैं। इससे दो बातें टपकती हैं:—

(1) चूँकि विश्व का संचालन बुद्धिपरक (rational) है, इसलिए इस बात से निष्कर्ष निकलता है कि विश्व की स्थापना के लिए न कोई उद्देश्य (purpose) है और यह इसी बात से स्प्रष्ट होता है कि विश्व में क्रम, सामंजस्य, सुन्दरता तथा अभिकल्प है।

(2) दूसरी बात है कि संसार में सभी जगह नियम का साम्राज्य है, अर्थात् विश्व की सभी प्रक्रियाएँ नियमबद्ध हैं। इस नियमबद्धता से अभिप्राय है कि मानव प्रक्रियाएँ भी नियमबद्ध हैं और उनकी प्रक्रियाएँ सम्पूर्णतया नियंत्रित रहती हैं। इसलिए स्टोइकवाद के अनुसार मानव में *इच्छा-स्वातंत्र्य* नहीं है। ऐसा मान लेने से नीतिशास्त्र में नैतिक आचरणों के अच्छे-बुरे के रूप में मूल्यांकित करने में कठिनाई आ जाती है। इसकी पूर्ण व्याख्या स्टोइकवादी नीतिशास्त्र में स्पष्ट की जायगी।

विश्व की सृष्टि और प्रलय होता ही रहता है। इस सृष्टि-चक्र में ईश्वर अपने अग्निमय द्रव्य को पवन में, तब जल में और अन्त में पृथ्वी (मिट्टी) के रूप में परिणत करता रहता है। और तब फिर इसका तिरोधान भी मिट्टी से जल में, जल पवन में और पवन अपने मूल रूप अग्नि में समा जाता है।

चूँकि मानव आत्मा भी अग्निरूप ईश्वर का एक अंश है और बुद्धिपरक है, इसलिए मानव भी बुद्धिपरक है। इससे भी ध्वनित होता है कि मानव की नैतिकता उसकी बुद्धिपरकता पर निर्भर करती है। इसकी भी पूर्ण व्याख्या स्टोइकवादी नैतिकता के संदर्भ में की जायगी। एक बात यह भी स्मरणीय है कि स्टोइकवाद के अनुसार प्रत्येक मानव की उत्पत्ति साक्षात् रीति से ईश्वर से नहीं होती है। सृष्टिकाल में प्रथम आदम ही साक्षात् रूप से ईश्वर से निकला है और अब सभी मानव प्रथम आदम के स्वरूप के अनुसार जन्म लेते हैं।**

---

* इसका प्रभाव ईश्वर-द्वारा मानव-सृष्टि के संदर्भ में स्पष्ट दिखता है जिसे ईसाई धर्म स्वीकारता है।

** जैसा प्लेटो के दर्शन में देखा जाता है।

स्टोइकवादी नीतिशास्त्र

स्टोकवादी नीतिशास्त्र के तीन मूल तत्त्व हैंः—

(1) ईश्वर भौतिक है और वह निरपेक्ष रीजन (तर्कपरक) है। ईश्वर और विश्व दोनों एक हैं। तर्कपरकता से अभिप्राय हुआ कि विश्व की सभी प्रक्रियाओं का संचालन नियमबद्ध है और इस नियमबद्धता में कहीं कोई अपवाद नहीं है।

(2) मानव ईश्वर का अंश है। इसलिए मानव का सारतत्त्व भी तर्कपरकता है। इसलिए मानव का सद्‌गुण इसी में है कि उसका आचार भी तर्कपरक हो।

(3) भाव और संवेग तर्कपरक नहीं हैं। उनमें संचालित मानव प्रक्रिया को अबौद्धिक अथवा बुद्धिविहीनता ही कहा जायगा।

अब तीसरे मूल तत्त्व के अनुसार मानव की नैतिकता इसी में है कि उसमें किसी प्रकार का भाव-संवेग न हो। पूर्ण उपेक्षा भाव में रहकर व्यक्ति को अपने नैतिक कर्त्तव्य का पालन करना चाहिए। इसलिए व्यक्ति को भाव-संवेगों का दमन करना चाहिए। यह बात बहुत कुछ काण्ट के नैतिक विज्ञान में भी पाई जाती है। परन्तु संवेगों का दमन करना अरस्तू ने नहीं कहा था। *अरस्तू* के अनुसार भाव-संवेगों को बुद्धि के द्वारा नियन्त्रित करना चाहिए। परन्तु *प्लेटो* और *अरस्तू* ने बताया था कि सद्‌गुण के द्वारा व्यक्ति को आनन्द मिलता है। यह बात स्टोइकवादी की भी है।

प्लेटो-अरस्तू के अनुसार तर्कपरकता के द्वारा भाव-संवेगों के नियंत्रण से आनन्द होता है। *एपिक्यूरस* ने सुख प्राप्ति और दुःख-त्याग का मार्ग बताया है। पर इन मतों के विरुद्ध स्टोइकवाद के अनुसार *भाव-संवेग का त्याग* करना चाहिए। मानसिक निस्तब्धता अथवा अविचलित रहना ही नैतिक गुण है। सामाजिक अथवा प्राकृतिक घटनाएँ कितनी ही प्रतिकूल क्यों न हों, पर सभी स्थितियों में शान्त और अविचलित न होना ही सच्चा नैतिक गुण है। यह कैसे सम्भव हो सकता है?

इस स्थल पर स्टोइकवाद की मान्यता है कि व्यक्ति को पूर्णतया सभी स्थितियों में भाव-विहीन रहना चाहिए। व्यक्ति को भाव, चाहना, संवेग को त्यागकर केवल अपनी बुद्धि के ही द्वारा संचालित होना चाहिए। व्यक्ति को अपने संकल्प(will, इच्छाशक्ति) पर निर्भर रहना चाहिए। जिससे केवल बुद्धि ही के द्वारा संचालित रहना चाहिए। संकल्प को बुद्धि के द्वारा संचालित रहने के लिए तप और सतत् प्रयास की आवश्यकता पड़ जाती है। दृढ़संकल्पी होने पर व्यक्ति हर्ष-विषाद-बिखेरे होकर पूर्ण उपेक्षाभाव से सभी स्थितियों में अविचल रहता है! यही है सच्चा आनन्द।

Strength of mind and a firm determination to remain unruffled in all cases of fortune and misfortune are the real moral achievements, and pertain to real happiness.

इसलिए स्टोइकवाद के अनुसार सद्‌गुण आनन्द है और आनन्द ही सद्‌गुण है। दोनों एक हैं क्योंकि भावविहीनता ही आनन्द और सद्‌गुण है।

दूसरी महत्त्वपूर्ण बात है कि स्टोइकवाद के अनुसार प्रकृति और मानव की सभी प्रक्रियाएँ नियमबद्ध हैं और पूर्व कारणों से नियन्त्रित रहती हैं। यदि व्यक्ति पूर्णतया पूर्व-कारणों से वशीभूत होकर अपने कार्यों को करने में विवश हो जाए, तो उसमें इच्छा-स्वातन्त्र्य का स्थान ही कहाँ रह जाता है। इस मत का महत्त्व स्पिनोजा के दर्शन में है और समकालीन नीति में *मैकी* (Mackie) और फ्लू (Flew) के इच्छा-स्वातन्त्र्य के विश्लेषण में यह मत चला आता है।

स्पिनोजा के अनुसार मानव की सभी प्रक्रियाएँ पूर्व कारणों से सर्वथा नियन्त्रित होती हैं। तब किसी व्यक्ति के किसी काम को क्यों बुरा-भला कहा जाए? *स्पिनोजा* के अनुसार व्यक्तियों की सभी प्रक्रियाएँ ईश्वर-द्वारा संचालित होती हैं। सभी प्रक्रियाएँ ईश्वर की लीला है। कहीं भी स्वतंत्र इच्छा का खेल मानव में नहीं है। तो भी व्यक्ति सभी प्रक्रियाओं को ईश्वर-प्रदत्त समझकर उन सब प्रक्रियाओं से सहमत रहकर ईश्वरीय प्रेम से उन्मत्त होकर आनन्द-विभोर हो सकता है। बस नीति यही है कि सभी प्रक्रियाओं के पूर्णतया ईश्वर-द्वारा नियन्त्रित रहने पर उनके प्रति व्यक्ति

अपनी सहमति (assent) दे या न दे। सहमति देने पर आनन्द और सद्‌गुण और सहमति न देने पर अशान्ति और दुर्गुण।

अब स्टोइक लोगों का मत है कि काम को अच्छा-बुरा नहीं कहा जा सकता है, क्योंकि नैतिकता संकल्प (will) पर निर्भर करती है। यही बात *काण्ट* ने कही है कि यदि संकल्प ठीक है तो कार्यफल क्यों ही नहीं कैसा हो उसे अच्छा ही कहा जायगा। स्टोइकवाद के अनुसार Virtue is a matter of will and not the deed.

सहमति-सिद्धान्त से जुटी हुई दूसरी बात है। क्या नियन्त्रित प्रक्रिया को स्वतंत्र कहा जा सकता है? *स्टोइकवाद (Cleanthes) क्लीनथेंस* और *(Chrysippus) क्रिसिपस* के अनुसार नियतत्त्ववाद (determinism) और इच्छा-स्वातन्त्र्य संगत हो सकता है। पूर्व-वियन्त्रण का विरोधी सिद्धान्त है संयोग (chance), न कि अन्य विकल्पों में से किसी एक की सम्भावना को चुन लेना, चाहे यह भूत अथवा भविष्य के विषय किसी व्यक्ति की क्रिया के सन्दर्भ में कहा जाय। उदाहरणार्थ, राम किसी भी एक युवती से ब्याह करना चाहता है। उसके सामने अनेक लड़कियों में से किसी एक को चुन लेना है। यदि राम, सीता के साथ विवाह रचता है, तो यह चुनाव का कारण भी अवश्य होगा, जैसे-रूप, धन, प्रभाव इत्यादि। इसलिए उसी काम करने को स्वतंत्र कहा जायगा। जहाँ दो या दो से अधिक विकल्पों की सम्भावना हो-जहाँ यह कहा जाय कि जो कुछ हो चुका है उसे अन्यथा होने की सम्भावना हो सकती थी। *(The act might have been different from what has been or will be.)*

इसके साथ-साथ यह भी कहा जा सकता है कि व्यक्ति के सभी काम नियंत्रित होते हैं, पर यह नियंत्रण आपातिक (contingently) रूप से होता है न कि निरपेक्षतया। उदाहरण कि अमुक कामों के अमुक परिणाम अवश्यमेव होते हैं पर व्यक्ति उन कामों को करने के लिए बाध्य नहीं कहा जा सकता है। किसी नैतिक कार्य के करने में दो प्रकार के कारण होते हैं, अर्थात् आसन्न कारण (proximate cause) और मुख्य (principal) कारण। जैसे-यदि सामने रखे पीपे को हम लुढ़का दें तो उसका लुढ़कना आवश्यकता के साथ गुरुत्वाकर्षण के नियम के अनुसार होगा, पर सम्भव है कि हम इसे न लुढ़कायें। अब लुढ़काने को मुख्य और लुढ़कने को आसन्न कारण कहा जायगा। इसी प्रकार इच्छात्मक प्रक्रिया का प्रेरणात्मक इसका आसन्न कारण होता है और फिर एक प्रेरणात्मक कारण को उसका मुख्य व्यक्ति की सहमति (assent) पर निर्भर करता है जिसका श्रोतस्थान मानव संकल्प कहा जा सकता है।

स्टोइकवादी नियंत्रण के साथ स्वतंत्र प्रक्रिया के सिद्धान्त समकालीन *मैकी*और *फ्लू*के दार्शनिक विश्लेषण के बहुत समीप ही हैं। चूँकि मानव का स्वरूप बुद्धिपरक है और इसलिए या तो व्यक्ति बुद्धि द्वारा अपना कार्य सम्पन्न करते हैं या अबौद्धिक रीति से। जो बुद्धि-द्वारा कार्य सम्पन्न करते हैं वे ही बुद्धिमान हैं और जो बुद्धि द्वारा अपना कार्य सम्पन्न नहीं करते हैं वे ही मूर्ख हैं, अनैतिक (या दुर्गुणी) हैं। इस रूप में संसार में या तो बुद्धिमान और सद्‌गुणी या मूर्ख ओर दुर्गुणी। इन दोनों में प्राकारिक भेद है और इनके बीच कोई अन्य वर्ग (मध्य वर्ग) नहीं है जैसा *सिनिक* भी मानते थे।

फिर चूँकि मानव ईश्वर का ही अंश है और ईश्वर समस्त विश्व में व्याप्त है। इसलिए विश्व ही ईश्वर है, और ईश्वर ही विश्व है। चूँकि ईश्वर बुद्धिपरक है, इसलिए विश्व भी बुद्धिपरक है। मानव को इसलिए प्रकृति के अनुरूप चलना चाहिए। क्योंकि राजनीति और सामाजिक व्यवस्था बनावटी हैं, इसलिए व्यक्ति को चाहिए कि वह इन व्यवस्थाओं के प्रलोभन में नहीं पड़े। फिर भाव-संवेग से विहीन होकर सद्‌गुणी व्यक्ति को विवाह, परिवार तथा सरकारी व्यवथाओं से दूर रहना चाहिए। फिर स्टाइकवादी सद्‌गुणी व्यक्ति किसी राजनैतिक और सामाजिक व्यवस्था से दूर रहता है, इसलिए वह विश्व-बन्धुत्व को स्वीकार करता है। इसके लिए वे मुक्तियाँ भी प्रस्तुत करते हैं।

सर्वप्रथम, विश्व एक ही है जो एक ही ईश्वर से निकलता है, एक ही नियम-व्यवस्था से संचालित होता है और एक ही अनुतंत्र में बँधा हुआ है। इसलिए सभी मानव इसी एक विश्व-व्यवस्था के सदस्य हैं। फिर मानव एक-दूसरे से आपातिक गुणों में एक-दूसरे से भिन्न हो सकते हैं, पर उनका सारतत्त्व एक ही है, अर्थात् बुद्धिपरकता(rationality)। इसलिए सभी मानव तात्त्विक रूप से एक ही बुद्धिपरक विश्वनगर के समान नागरिक हैं। इस बात को रूमी *स्टोइक एपिक्टेटस* (Epictetus) और *मार्कस औरेलियस*(Marcus Aurelius) ने विशेष रूप से बताया है, अर्थात् Man is a citizen of the world.

स्टोइकवादी ज्ञान-मीमांसा

स्टोइकवादी ज्ञान-मीमांसा अनुभववादी है और इसकी स्पष्ट प्रतिध्वनि लौक के अनुभववाद में परिलक्षित होती है। स्टोइकवाद के अनुसार जन्म के समय मानव मन एक सफेद पट या कागज के समान कोरा रहता है जिसके ऊपर बाह्य और आन्तरिक छापें चिन्हित होती रहती हैं। ये छापें स्मृति के द्वारा संरक्षित रहती हैं। इन स्मृति चित्रों को प्रतिमा (image) कहा जा सकता है। इन प्रतिमाओं को जानबूझकर इनके बीच मिलाकर, उनका मिश्रण कर तथा इनके बीच सहचार स्थापित कर सम्प्रत्ययों(concepts जाति-अवधारणा) की स्थापना होती है। इन्हीं प्रतिमाओं के आपसी खेल के फलस्वरूप सद्गुण, सत्यता, शुभ, अशुभ इत्यादि की अवधारणाएँ उत्पन्न होती हैं। परन्तु सचेतन रूप से न्यायशास्त्र के नियमों के अनुसार विचारने के फलस्वरूप ही ज्ञान की स्थापना की जाती है।

न्यायशास्त्र के वियोजक(disjunctive) और हेत्वाश्रित (Hypothetical) न्याय वाक्यों की स्थापना स्टाइेकवादियों ने की थी और इनके अनुसार इसी प्रकार के अनुमान के आधार पर सत्यता की स्थापना की जा सकती है।

स्टोइकवादियों के अनुसार विशेष वस्तुएँ ही यथार्थ हैं। सम्प्रत्यय(concepts) हैं जो प्रतिमाओं को मिलाने, उनके बीच मिलान करने के फलस्वरूप स्थापित किए जाते हैं, पर इनका अपना कोई स्वतंत्र अस्तित्व नहीं होता है। ये मानव विचार की ही उपज हैं।

अब देखा जाय तो संवेदन न सत्य है और न असत्य। ये केवल वास्तविक अनुभूतियाँ हैं। पर प्रतिमाओं की बात अलग है। प्रतिमाएँ विभ्रमात्मक(hallucinatory) और भ्रामक(illusory) हो सकती हैं। इन प्रतिमाओं से ऐसी वस्तु का आभास हो सकता है जो वास्तविक नहीं है या ये प्रमिमाएँ उन वस्तुओं की ओर इशारा कर सकती हैं जिनके अनुरूप कोई यथार्थ वस्तु न हो। परन्तु ज्ञान तभी होता है जब हम इन प्रतिमाओं के अनुरूप यथार्थ वस्तुओं को स्वीकार करने की सहमति (assent) दे दें। अतः, ज्ञानप्राप्ति तथा उसके सत्य-असत्य होने की बात मानव संकल्प (will) पर निर्भर करती हैं।

यदि प्रतिमाएँ स्पष्ट हों और संकल्प को उन्हें स्वीकार करने में मानव को बाध्य करें तो उसमें सत्यता हो सकती है। मानव इस दृढ़ विश्वास (convinction) के सिवा ज्ञान की सत्यता के लिए किसी अन्य कसौटी का सहारा नहीं ले सकता है। भ्रम अथवा असत्यता तभी होती है जब प्रतिमा धूमिल हों या मानव संकल्प स्वयं कमजोर हो या संघर्षपूर्ण परिस्थिति में पड़ जाय।* अपनी गवेषणा को स्थिर करने के लिए स्टोइकवादियों ने वियोगात्मक तथा हेत्वाश्रित न्यायवाक्यों की मदद लेना बतलाया है, अर्थात् 'यदि यह, तब वहः, पर यह नहीं, इसलिए वह', 'चाहे यह या वह; पर यह, इसलिए वह नहीं'। इनकी मदद से ज्ञान प्राप्त किया जा सकता है। यही कारण है कि स्टोइकवादियों के अनुसार बिना न्याशास्त्र के ज्ञान स्थापित नहीं किया जा सकता है। पर क्या न्याशास्त्र के आधार पर तर्कीय निश्चित(certainty) प्राप्त की जा सकती है? अन्तिम निर्णय स्टोइकवादियों का यही है कि ज्ञान केवल प्रायिक (probable प्रसंभाव्य) ही हो सकता है।

---

* देकार्त ने भी भ्रम की व्याख्या के लिए इस संकल्प-सम्बन्धी व्याख्या को अपनाया है।

स्टोकइवादी धर्म-विचार

इसमें सन्देह नहीं है कि सन्देहवादियों और एपिक्यूरिससवादियों के समान स्टोइक लोग धर्म के विरुद्ध नहीं थे, विश्व की बुद्धिपरकता में विश्वास, विधातीय प्रबन्ध में पक्का ईमान और इस बात पर भरोसा कि सब घटना-चक्र मानव कल्याण हेतु हैं, तथा शान्तचित्त ईश्वरीय बुद्धिपरकता में आत्मार्पण (resignation), इत्यादि ऐसी बातें हैं जिनसे स्टोइकवादियों का धर्मभाव टपकता है। वे प्रार्थना करने में तो विश्वास नहीं रखते थे, पर वे विश्व के सौन्दर्य, उसकी हितकारी व्यवस्था पर ध्यान करने के पक्ष में थे। इनके अनुसार विश्व-व्यवस्था पर ध्यान करने के फलस्वरूप सद्‌गुणों की प्राप्ति की आकांक्षा रखते थे। विश्व के सौन्दर्य तथा उसके आयोजन पर ध्यान करने के फलस्वरूप उनकी आशा थी कि उनका जीवन विश्व की बुद्धिपरकता के अनुरूप हो जायगा जो बुद्धिमान उनकी और सद्‌गुणियों का अन्तिम ध्येय था। स्टोकइवादी का दृढ़ विश्वास था कि ईश्वरीय बुद्धि द्वारा संचालित कोई भी विश्व-घटना ऐसी नहीं हो सकती है जो न्याय और विधातीय पालन के विरुद्ध हो। *Nothing can happen against law, justice and divine providence.* पर जब विश्व का घटना-चक्र बौद्धिक है और मानव कल्याण हेतु है, तब अशुभ क्यों?

अशुभ की व्याख्या

स्टोइकवादियों ने अशुभ की व्याख्या अतिपूर्ण रीति से की है। इन लोगों के लिए प्राकृतिक और शारीरिक अशुभ की कोई समस्या नहीं, क्योंकि सद्‌गुण का सम्बन्ध संकल्प से और व्यक्ति को पूर्णतया विरक्त होने का आदर्श कहा गया है। शारीरिक कष्ट और मृत्यु तक को पूर्ण उपेक्षा और भावविहीन रीति से देखने का आदेश है। इसलिए शारीरिक कष्ट एवं प्राकृतिक दुर्घटनाएँ भी अडिग सद्‌गुणी को विचलित नहीं कर सकती हैं। महामारी को भी स्टोकवादी अच्छा ही कहते थे क्योंकि इसके द्वारा जनबाढ़ रोका जाता है। स्टोकवादियों द्वारा अशुभ के पक्ष में अनेक युक्तियाँ प्रस्तुत की गई हैं:—

(1) सर्वप्रथम, शुभ और अशुभ एक-दूसरे के पूरक हैं और विश्व की पूर्णता को अभिलक्षित करते हैं। दिन और रात, जाड़ा और ग्रीष्मकाल, साहस और कायरता परस्पर पूरक और सापेक्ष हैं। क्या बिना खलनायक के नाटक परिपूर्ण हो सकता है? क्या बिना धब्बों के चन्द्रमा इतना सुन्दर दिख सकता है?

बाद में चलकर *लाइबनित्स* ने भी अशुभ की समस्या के समाधान करने में स्टोकवादी इस सुझाव को अपनाया है।

(2) फिर आपत्ति की जाती है कि यदि बुद्धिपरक ईश्वर की ही यह सम्पूर्ण व्यवस्था है तो ऐसा क्योंकि दुष्ट दीर्घायु होते हैं और अन्त तक संसारी आनन्द का लाभ उठाते हैं और अच्छे लोग जीवन भर दुःख ही भोगते हैं?

इस आपत्ति के प्रत्युत्तर में स्टोइकवादी का कहना है कि सद्‌गुणी को कभी भी किसी प्रकार का अशुभ नहीं हो सकता है। इसका कारण है कि अशुभ सुख-दुःख होता है जो भाव है। पर सद्‌गुणी भावविहीन होता है। उसके सुख-दुःख एक समान हैं, वह ऐसी चट्टान है जिस पर धूप, वर्षा और शीतलहर को कोई प्रभाव नहीं पड़ता। इसके विपरीत दुष्ट को भी पूरा आनन्द नहीं होता, क्योंकि थोड़े से दुर्भाग्यपूर्ण घटना से वे विचलित और क्लान्त होते रहते हैं। यहाँ प्रश्न संकल्प का है। सद्‌गुणी का संकल्प पाषाणवत होता है, पर दुष्टों का संकल्प पत्ते के समान प्रत्येक प्रकार की हवा से डोलता रहता है। यदि सद्‌गुणी किसी आपदा में आ जाय तो इसके लिए यह एक अवसर होता है कि वह अपने सद्‌गुण में खरा उतरे।

फिर सद्‌गुण और दुर्गुण मानव के संकल्प पर निर्भर करता है और शुभ और अशुभ का उत्तरदायी स्वयं व्यक्ति होता है, न कि ईश्वर। यह मानव पर निर्भर करता है कि मानव अपने संकल्प को भावविहीन बनाये या नहीं। अतः, स्टोइकवादी अशुभ की व्याख्या मानव के इच्छा-स्वातन्त्र्य

के आधार पर की गई है। पुनः, कुछ आवश्यकताएँ हैं जिन्हें ईश्वर भी दूर नहीं कर सकता है। स्टोइकवादियों ने नहीं, पर बाद के ईश्वरवादियों ने कहा है कि ईश्वर सर्वशक्तिमान रहते हुए भी तर्कशास्त्र के नियमों का नहीं उल्लंघन कर सकता है, अपने अस्तित्व को नहीं मिटा सकता है, इत्यादि।

जब स्टोइकवाद में *प्लेटो* का प्रभाव आने लगा तब उन लोगों ने कहा कि मैटर ऐसी सत्ता है कि ईश्वर भी उसे अपने वश में नहीं रख पाता है और इसी (intractable matter) के कारण विश्व में अशुभ होता है। मैटर ऐसा है कि इसे सर्वथा बुद्धिगम्य नहीं बनाया जा सकता है।

एपीक्यूरियनवाद और स्टोइकवाद के बीच तुलना

एपीक्यूरियन और स्टोइक, दोनों एक समान पारिभाषिक पदों को अपने दर्शन को काम में लाते हैं पर इन पारिभाषिक पदों की व्याख्या में बड़ा अन्तर पड़ जाता है।

(1) एपीक्यूरियन और स्टोइक, दोनों की तत्त्वमीमांसा को भौतिकवादी कहा जाता है। पर भौतिकवाद की व्याख्या भिन्न-भिन्न है। एपीक्यूरियन को इस विचार से भौतिकवादी कहा जाता है क्योंकि वे जड़वादी परमाणुओं को विश्व का अन्तिम तत्त्व मानते हैं। इसलिए एपीक्यूरियनों को भौतिकवादी कहा जाता है।

एपीक्यूरियन की तुलना में स्टोइकवादी का भौतिकवाद, प्लेटो और अरस्तू के दर्शन में द्वैतवाद की आलोचना के फलस्वरूप उनके अनुभववाद पर आधारित है। *प्लेटो* के दर्शन में प्रत्यय और आदि मैटर का द्वैतवाद है, और *अरस्तू* में मैटर-फौर्म का द्वैतवाद है। परन्तु न तो प्रत्ययों का और न फौर्म का इन्द्रियगत ज्ञान होता है। इसलिए प्रत्ययों और फौर्म, दोनों को अनुभवातीत मानकर ठुकराया जा सकता है। इसलिए अन्त में केवल मैटर की ही अन्तिम सत्ता स्वीकारी जा सकती है।

परन्तु न तो एपीक्यूरियन और न स्टोइकवादी संगत रूप से भौतिकवादी कहे जा सकते हैं। एपीक्यूरियनवालों के अनुसार परमाणुओं में स्वतः स्फूर्ति (spontaneity) है और इसी स्वतः स्फूर्त्त परमाणुओं के द्वारा मानव बनाए गए हैं। इसलिए मानव के अन्दर संकल्प-स्वतंत्रता को नहीं स्वीकारा जा सकता है। इसी प्रकार स्टोइकवादी भी असंगत रूप से मानते हैं कि परम सत्ता बुद्धिपरक (rational) है और भौतिक ईश्वर में बुद्धि, संकल्प, परोपकारिता तथा विश्वपालन कर्तृप्य (providential care), निर्वाहिता पाया जाता है। बुद्धि, संकल्प में चेतना का रहना आवश्यक है जो भौतिक द्रव्य में नहीं रह सकती है। अतः एपीक्यूरियनवादी तथा स्टोकइवादी, दोनों अपने-अपने रूप में असंगत भौतिकवादी हैं।

(2) फिर एपीक्यूरियनवादी और स्टोकइवादी, दोनों के दार्शनिक चिंतन को नीतिशास्त्र की संज्ञा दी जाती है और दोनों का अन्तिम नैतिक आदर्श निष्क्रियता-भाव (शांतिभाव) ही है। एपीक्यूरियन इसे ataraxia (एतैरेक्रिसया, शांतचित्तता) कहते हैं और स्टोइक इसको तपस्या (ascerticism संन्यास) कहते हैं। पर शांतचित्तता और तपस्या का अभिप्राय लगभग एक ही है पर इनकी व्याख्या एपीक्यूरियनवाद और स्टोइकवाद में भिन्न-भिन्न रूप से होती है।

एपीक्यूरियनवादी के अनुसार सुखप्राप्ति कठिन है। इसकी तुलना में दुःख-राहित्य आसान है। मानव को चाहिए कि दुःख-निरोध के लिए प्रयास करें। दुःख-निरोध से अर्थ होता है दुःख-राहित्य (avoidance of pain)। दुःख-राहित्य वह विश्राम की स्थिति होती है जिसमें सुखप्राप्ति के स्थान पर जीवन की आवश्यकताओं को बहुत कम कर लिया जाता है। इसलिए इनका अन्तिम लक्ष्य शान्तचित्तता है।

स्टोइकवादियों के अनुसार मनुष्य का सारगुण उसकी तर्कबुद्धि है। भावावेश, चाहना मानव से बाह्य सत्ताएँ हैं। मानव जीवन को तर्कबुद्धिपरक रहना चाहिए।, इसलिए उनको चाहिए कि बुद्धिपरकता से विरोध करनेवाले भावावेश (passion) का विनाश करें। इसी भावावेश के विनाश

करने का नाम है तपस्या अथवा संन्यास। चूँकि स्टोइक कर्त्तव्य-पालन करने को तर्कबुद्धिपरक मानते हैं, इसलिए उनके नीतिशास्त्र को कठोरवाद की संज्ञा दी जाती है।

अंत में, एपीक्यूरियनवादी और स्टोइकवादी, दोनों हर्ष-विषाद-विसेरेवाद को स्वीकारते हैं, पर उनकी व्याख्या एक-दूसरे से भिन्न-भिन्न होती है।

(3) एपीक्यूरियन और स्टोइक, दोनों का कहना है कि 'प्रकृति के अनुसार जीओ' (live according to nature)। पर 'प्रकृति के अनुसार' की व्याख्या दोनों में एक-दूसरे के एकदम भिन्न है। एपीक्यूरियन के अनुसार प्रकृति की सृष्टि ईश्वर ने नहीं की है। परमाणुओं के संघटन-विघटन से प्राकृतिक घटनाओं की व्याख्या की जा सकती है। फिर मानव को मरणोत्तर जीवन में अनैतिक कामों के लिए दंड का भय रहता है। सुखवादी एपीक्यूरियन का कहना है कि प्राणी तब तक जीता है जब तक उसमें परमाणुओं की व्यस्था रहती है। जब शरीर-परमाणुओं का आपसी विघटन हो जाता है तब अहंभाव के साथ शरीर का विनाश हो जाता है।

''जब तक हम जीवित हैं, तब तक मृत्यु नहीं, और जब मृत्यु हो जाती है तब 'हम' नहीं।'' इसलिए मृत्यु की चिंता करना ही व्यर्थ है। इसलिए एपीक्यूरियन के लिए 'प्रकृति का अनुसरण करो' का सूत्र ऐहिक जीवन के सुखवादी नीतिशास्त्रीय के सिद्धान्त से जुड़ी हुई है।

इसके विपरीत स्टोइकों का कहना है कि ईश्वर और विश्व दोनों एक ही हैं और दोनों तर्कबुद्धिपरक और रैश्नल हैं। मानव इसी तर्कबुद्धिपरक प्रकृति और ईश्वर का अंग है। इसलिए स्टोइकों के अनुसार मानव का सारगुण है उसकी तर्कबुद्धिपरकता। इसलिए 'प्रकृति के अनुसार जीवन-यापन' से अर्थ है कि व्यक्ति अपने आचरण को बुद्धिपरक करे और सुखवाद के विपरीत भावावेश को त्याग कर केवल बुद्धि से ही काम ले। अतः, स्टोइक कर्त्तव्यनिष्ठता के पोषक हैं।

(4) चूँकि एपीक्यूरियन स्वसुखवादी (egoistic hedonism) हैं। इसलिए वे समाज-हित तथा राजनीति के समर्थक नहीं हैं। चूँकि 'बुद्धि' सभी व्यक्तियों में उनका सारगुण है, इसलिए बुद्धिपरक स्टोइक नैतिक व्यवहार सर्वव्यापक होगा। चूँकि प्रकृति और समाज, दोनों विश्व-बुद्धि की देन है, इसलिए बुद्धिपरक व्यक्तियों का कर्तव्य हो जाता है वे समाज और राजनीति के प्रति, दोनों के हित का काम करें।

(5) फिर एपीक्यूरियन और स्टोइक, दोनों 'वसुधैव कुटुम्बकम' का उपदेश देते हैं, पर 'वसुधैव कुटुम्ब' (world-citizenship) का अर्थ दोनों में बड़ा भिन्न-भिन्न होता है। चूँकि एपीक्यूरियन किसी भी समाज और राज्य को अपना नहीं कहते हैं इसलिसे वे अपने को सभी प्रकार के समाज और सभी राज्यों को एक समान मानकर उन्हें अपना समझ लेते हैं। इसलिए 'विश्व-बंधुत्व' का अर्थ नकारात्मक है, अर्थात् वे *किसी समाज-विशेष तथा राज्य-विशेष को अपना नहीं समझते हैं।*

इसके विपरीत स्टोइक का कहना है कि समाज और राज्य-संगठन विश्व-बुद्धि की देन है। इसलिए तर्कबुद्धिपरक मानव का कर्त्तव्य है कि वे तर्कबुद्धिपरक राज्यों के प्रति अपने कर्त्तव्यों को निभाएँ। इस रूप में स्टोइकों के अनुसार तर्क बुद्धिपरक विश्व-व्यवस्था अथवा राज्य के, मानव सदस्य है। इसलिए स्टोइकों के लिए विश्व-नागरिकता का संदेश उनके दर्शन के अनुरूप संगत और भावात्मक है।

(6) दोनों एपीक्यूरियन और स्टोइक शिक्षा देते हैं कि मानवों को अपनी आवश्यकता को बहुत कम करके रहना चाहिए। पर इस 'आवश्यकता की अल्पता' (fewer wants) की भिन्न-भिन्न व्याख्या की जाती है।

एपीक्यूरियन के अनुसार सुख-प्राप्ति कठिन प्रयास है। सर्वप्रथम, प्रायः सुख-प्राप्ति के बाद दुःख-प्राप्ति हो जाती है। फिर सुख-प्राप्ति के प्रयास में कठिन परिश्रम करना पड़ता है। पर जीवन का निःश्रेयस् है 'शांति पूर्ण चित्तता'। इसलिए वैवाहिक जीवन में भी सुख की अपेक्षा दुःख ही

होता है। इसलिए एपीक्यूरियन सूखी रोटी के साथ शुद्ध जल पीकर जीवन-यापन का संदेश देते हैं।

स्टोइक भी 'आवश्यकता की अल्पता' को स्वीकारते हैं। केवल उनकी व्याख्या एपीक्यूयिन से भिन्न देखी जाती है। स्टोइक बुद्धिवादी होते हैं। उन्हें सुख-प्राप्ति का संदेश बुद्धिपरकता के विपरीत दिखता है। उनके लिए भावावेश, संवेग, क्षुधा इत्यादि मानव बुद्धि प्रेरणाएँ हैं। इसलिए बुद्धि के अनुसार जीवन-यापन करने वाले को भावावेश, क्षुधा इत्यादि से अपने को मुक्त रखना चाहिए। इसलिए जीवन-यापन के लिए अत्यन्त आवश्यकताओं को ही स्वीकारना चाहिए। धन, सामाजिक आदर इत्यादि परमानव का अधिकार नहीं है। इसलिए बुद्धिपरक मानव को धन, सामाजिक आदर से भी अपने को मुक्त करना चाहिए। इसलिए स्टोइक जीवन की चाहना को मान कर कठोर तपस्वी के जीवन को अपना चाहिए।

एपीक्यूरियन निष्क्रियता को और स्टोइक कर्म-संन्यास को अपनाते हैं। उनकी व्याख्या भिन्न-भिन्न होती है, पर अन्त नैतिक आदर्श जीवन का एक ही हो जाता है अर्थात् आवश्यकताओं की अल्पता।

संशयवादी (*Sceptics*)

संशयवाद या संदेहवाद वह दार्शनिक सिद्धान्त है जिसके अनुसार किसी प्रकार की ज्ञानप्राप्ति की सम्भावना नहीं है। यूनानी विचार में संशयवाद कोई नई बात नहीं थी। *गौर्जिया (Gorgia)* ने कहा था कि यदि कोई सत्ता भी हो तो इसे नहीं जाना जा सकता है। इसी प्रकार *प्रोटागोरस* की प्रसिद्ध उक्ति है कि मानव ही सब प्रकार के ज्ञान का मापदण्ड है जिसका अभिप्राय है कि कहीं भी सर्वव्यापक ज्ञानप्राप्ति की कोई कसौटी नहीं है। प्रत्येक व्यक्ति के लिए सत्यता का अपना-अपना मापदण्ड है। इसी प्रकार परम तत्त्व के सन्दर्भ में *हेराक्लिट्स* और *पार्मिनाइड्स* के परस्पर-विरोधी निष्कर्ष हैं। *हेराक्लिट्स* के अनुसार सभी वस्तुएँ परिवर्तनशील हैं और *पार्मिनाइड्स* के अनुसार अनेकता और गति भ्रम हैं, केवल एक अविचल परम भाव (सत् being) है। फिर *प्लेटो* की पुस्तक *'पार्मिनाइड्स'* में न्याय, अच्छाई इत्यादि की अवधारणा को स्पष्ट करने का प्रयास किया गया है, पर इन सब धारणाओं के सम्बन्ध में निष्कर्ष अनिश्चित ही देखा गया है। इसलिए संशयवादियों का निष्कर्ष है कि यदि कुछ सत्तायें यथार्थ हों भी, तो भी उनका ज्ञान मानव को नहीं हो सकता है।

सोफिस्ट, सिनिक, प्लेटो, डेमोक्रिट्स, हेराक्लिट्स तथा *एपिकूयरस* यूनानी विचारकों ने इन्द्रिय-ज्ञान को अविश्वसनीय माना है। स्वप्न, भ्रम, विभ्रम तथा जाग्रतावस्था में प्रत्यक्ष सब एक-समान स्पष्ट, प्रबल, उग्र तथा सत्य दिखते हैं। पर यह भी निर्विवाद है कि भ्रम, विभ्रम इत्यादि को ज्ञान का सच्चा और विश्वसनीय स्रोत नहीं स्वीकारा जा सकता है। फिर प्रत्यक्ष विभिन्न व्यक्तियों को विभिन्न दिखते हैं। अतः प्रत्यक्षों के द्वारा ज्ञान नहीं प्राप्त किया जा सकता है। फिर संशयवादियों ने दस युक्तियाँ प्रस्तुत करके बताया है कि ज्ञान सम्भव नहीं है:—

(1) सभी प्राणियों में भाव और प्रत्यक्ष एक-दूसरे की तुलना में विभिन्न होते हैं।

(2) मानव एक-दूसरे से शारीरिक और मानसिक बनावटों में विभिन्न होने के कारण उन्हें वस्तुएँ भी भिन्न-भिन्न दिखती हैं।

(3) विभिन्न इन्द्रियाँ वस्तुओं का भिन्न-भिन्न प्रकार का प्रत्यक्ष-ज्ञान प्रस्तुत करती हैं।

(4) प्रत्यक्षकाल में मानव के शारीरिक और बौद्धिक स्थितियों पर प्रत्यक्ष निर्भर करता है।

(5) वस्तुएँ विभिन्न दूरी और स्थानों से विभिन्न दिखती हैं।

(6) वस्तुओं का प्रत्यक्ष साक्षात् न होकर माध्यमों से होकर होता है।

(7) वस्तुएँ विभिन्न गुणों, परिमाण तथा गतियों में विभिन्न दिखती हैं।

(8) वस्तुएँ परिचित और अपरिचित रहने के कारण विभिन्न दिखती हैं।

(9) वस्तुओं का ज्ञान-वाक्य विधेय द्वारा व्यक्त किया जाता है। पर विधेय वस्तुओं के उस गुण का परिचय करता है जो एक वस्तु अन्य वस्तुओं के समान होती है। पर किसी भी अमुक वस्तु का अपना अनूठा गुण किसी भी विधेय के द्वारा नहीं व्यक्त किया जा सकता है। इस बात को ब्रैडले, बर्गसाँ ने स्पष्ट किया है।

(10) मानवों का मत और परम्पराएँ विभिन्न देशों में भिन्न-भिन्न होती हैं(जिन पर नैतिक नियम निर्भर करते हैं।)

अब **पाइरो** (*Pyrrho*, 365-275 ई॰ पू॰) जिन्हें पाश्चात्य संशयवाद का जन्मदाता स्वीकारा जाता है, उन्होंने बताया कि चिन्तकों को तीन प्रश्न पर विचार करना चाहिए, अर्थात्

(1) वस्तुओं का स्वरूप क्या है और वे किस प्रकार रचित की गई हैं?

(2) मानव उन वस्तुओं से किस प्रकार सम्बद्ध है?

(3) उन वस्तुओं के प्रति हमारी कैसी अभिवृत्ति (attitude, रवैया) होनी चाहिए?

उपर्युक्त संशयवादी दस उक्तियों के अनुसार हमें मानना पड़ेगा कि हमें वस्तुओं का सच्चा ज्ञान नहीं प्राप्त होता है। ज्ञान के अभाव में मानव का वस्तुओं के साथ न तो सही सम्बन्ध और न सही अभिवृत्ति की बात कही जा सकती है। अतः, व्यक्तियों को वस्तुएँ भिन्न-भिन्न दिखाई देती हैं और उन वस्तुओं के प्रति व्यक्तियों के मत (opinion) भी भिन्न-भिन्न होते हैं। अतः ज्ञान और निश्चितता कहीं नहीं प्राप्त हो सकती है। इसलिए वास्तव में वस्तुओं के प्रति हमारी अभिवृत्ति स्थगित (suspension of judgement) रहनी चाहिए।

जो बात ज्ञान के सम्बन्ध में कही जाती है वही संशयवादी निष्कर्ष नैतिकता के सन्दर्भ में बताई जा सकती है। नैतिकता का सम्बन्ध व्यक्तियों के अपने-अपने विभिन्न स्वार्थों से जुटे रहते हैं। न्याय और धर्म का सन्दर्भ लोगों के अपने संरक्षा-भाव के साथ लिपटा रहता है। यही कारण है कि नैतिक विचार विभिन्न देशों और जातियों में भिन्न-भिन्न होते हैं। फिर नैतिक नियमों का मुख्य आधार रूढ़ियाँ और परिपाटियाँ होती हैं। कहाँ सर्वव्यापक, सर्वमान्य नैतिकता पाई जाती है? कितनी ही जातियों ने भौतिक बल को ही नैतिकता का आधार बनाया है और इसी मत्स्य-न्याय के आधार पर अपना विकास किया है। इसलिए कोई भी नैतिकता का निरपेक्ष-आधार नहीं है।

फिर स्टोइक विचारक ईश्वर के अस्तित्व को स्वीकारते हैं और ईश्वर को बुद्धिपरक मानते हैं। कर्म से ईश्वर-विचार सर्वव्यापक नहीं है। फिर यह भी स्पष्ट नहीं है कि विश्व अभिकल्पात्मक (designed) है। यदि प्रकृति की ध्वंसात्मक प्रक्रियाओं पर दृष्टिपात किया जाय तो विश्व को आयोजनात्मक नहीं माना जा सकता है। फिर यदि मानव पर ध्यान दिया जाय जो क्या इतना दुःख, अज्ञानता और पाप ईश्वर की बुद्धिपरकता के अनुकूल समझा जा सकता है। देखा जाता है कि सद्गुणी दुःख भोगते हैं और दुष्ट सभी प्रकार के सुखों का भोग करते हैं। अतः, संसार में अशुभ की समस्या ऐसी है कि इसके कारण किसी बुद्धिपरक ईश्वर के अस्तित्व को नहीं स्वीकारा जा सकता है। जो कुछ भी प्रकृति के अन्दर नियम हैं, वे स्वयं प्रकृति के द्वारा रचे गये हैं।

फिर ईश्वर के अस्तित्व को स्वीकारने में अधार्मिकता और विरोधाभास चला आता है। यदि कहा जाय कि ईश्वर सम्पूर्ण विश्व का सर्वशक्तिमान् रचयिता है तो मानना पड़ेगा कि उसने विश्व में अशुभ की भी सृष्टि की है। फिर इस प्रकार से ईश्वर के प्रति अधार्मिकता से बचने के लिए कहा जाय कि ईश्वर सब घटनाओं का रचयिता नही है, तब ईश्वर सीमित कर दिया जाता है। अतः, यदि ईश्वर को सीमित या असीमित कहा जाय, तो दोनों स्थितियों में ईश्वर के प्रति अधार्मिकता का दोष चला आता है।

अतः, संशयवादियों का संशय ज्ञान, नैतिकता तथा ईश्वरवाद, सभी के प्रति अकाट्य रूप से हो जाता है। यहाँ एक बात स्टोइकवादी ज्ञान के सम्बन्ध में बताई जा सकती है। स्टोइकवाद

के अनुसार जब तक प्रतिमाओं के प्रति तार्किक रूप से सहमति नहीं दी जाय तब तक ज्ञान की प्राप्ति नहीं मानी जायगी। इसके विरोध में संशयवादियों का कहना है कि तार्किक युक्ति अनवस्था-दोष से ग्रस्त है। संशयवादी काल में केवल *अरस्तू* के न्याय-वाक्य ही को सही अनुमान माना जाता था। पर न्यायवाक्य के अनुसार साध्य आधारवाक्य (major premise) को सर्वव्यापक होना चाहिए। जैसे-राम, राम की मरणशीलता को सिद्ध करने के लिए 'सब मनुष्य' की मरणशीलता को आधार बनाया जाता है। पर मनुष्य की मरणशीलता को सिद्ध करने के 'सभी पशुओं' की मरणशीलता की मदद ली जायगी। पर अन्त में ऐसी स्थिति में हम पहुँच जायेंगे जहाँ साध्य निष्कर्ष को सिद्ध करने के लिए कोई अन्य अधिक व्यापक आधार वाक्य न हो। इसे अनवस्था दोष (regressus ad infinitum) कहा जाता है। अतः, न्यायशास्त्र की तर्क-विधि स्वयं दोषपूर्ण है, तब इसके आधार पर किसी प्रकार का ज्ञान कैसे प्राप्त किया जा सकता है?

इस स्थल पर स्वयं संशयवादियों के प्रति आपत्ति उठाई जाती है। यदि यह कहा जाय कि कहीं भी ज्ञान संभव नहीं है, तो क्या उस उक्ति को निरपेक्षता सत्य माना जा रहा है? अतः, संशयवादी ज्ञान के प्रति संशय उत्पन्न कर स्वयं संशयहीन ज्ञान की स्थापना कर संशयवाद का क्या खंडन नहीं कर रहे हैं?

संशयवादी का कहना है कि उनकी संशयवादी उक्ति केवल प्रायिक(probably, प्रसंभाव्य) है। उदाहरण संभवतः संशयवादी उक्ति का अस्तित्व केवल प्रसंभव्य है। प्रसंभाव्यता तीन प्रकार की होती है:—

(क) मात्र संभाव्यता (mere probability) जहाँ बिना पर्याप्त निरीक्षण और परीक्षण के आधार पर हम कहते हैं कि आषाढ़ में अच्छी वर्षा होती है।

(ख) निर्विवाद संभाव्यता(undisputed probability) जहाँ अनेक अनुभूतियों से पुष्ट होकर कहते हैं कि भादो में सबसे अधिक वर्षा होती है।

(ग) परीक्षित संभाव्यता जिसमें बार-बार कथन को सत्यापित करके स्थापित किया जाता है। इसमें वैज्ञानिक ज्ञान भी रखा जा सकता है।

अतः, प्रायिकता के आधार पर गतिविभ्रम (ataraxia जिसमें गति नहीं की जाय) की आवश्यकता नहीं है, अर्थात् निश्चित ज्ञान संभव नहीं है, केवल प्रायिक। ऐसी स्थिति में स्थगित रहना पड़ता है, पर गतिविहीन होना नहीं। समय आने पर परीक्षित प्रायिकता का आधार देश-काल में प्रचलित परम्परा के अनुसार निर्णय लिया जा सकता है।

प्लोटिनस (*Plotinus* 204-70 ई॰ पू॰)

प्लोटिनस अन्तिम मुँख्य यूनानी दार्शनिक है। *सिनिक, एपिक्यूरस, स्टोइक* इत्यादि ऐसे विचारक थे जिन्होंने विश्व के पक्ष में जानकारी की आवश्यकता पर बल दिया है। उनका उद्देश्य था कि प्रत्येक व्यक्ति अपने ही अन्तिम हित अथवा निःश्रेयस् की बात सोचे। पर बिना बाह्य जगत् के ज्ञान आत्मज्ञान भी घूमिल हो जाता है। बिना देश और समाज की उन्नति के व्यक्तिगत विकास भी संभव नहीं है। यही कारण है कि सिनिक, स्टोइकवादी के दर्शन ने अन्त में संशयवाद को जन्म दिया। पर संशयवाद मानव को अन्तिम सन्तोष नहीं प्रदान कर सकता है जब प्रत्यक्ष, संप्रत्यक्ष (concept) तथा प्रत्यय (ideas) के द्वारा संशयवादियों ने ज्ञान प्राप्ति का द्वार बन्द कर दिया तब मानव के लिए भाव (feeling) का एक बचा द्वार था जिसके द्वारा वह अपनी मुक्ति का मार्ग खोज सकता था। यह काम *प्लोटिनस* ने किया। उन्होंने धर्म में निहित रहस्यवाद(mysticism) के आधार पर मानव मुक्ति-मार्ग हमें दिखाया है।

प्लोटिनस रहस्यवादी मुक्ति-मार्ग को स्थापित करने में इसलिए भी सफल हुए कि उनके समय में राजनैतिक और आर्थिक व्यवस्था बिगड़ गई थी और बाह्य जगत् की ओर से कोई भी आशा की किरण व्यक्तियों को प्राप्त नहीं थी।

प्लोटिनस के धर्मदर्शन में प्राच्य मुक्तिमार्ग की ध्वनि परिलक्षित होती है। सर्वप्रथम *प्लोटिनस* के दर्शन में नवपाइथागोरसीय धर्मदर्शन का आधार था जिसमें आवागमन (reincarnation) की शिक्षा प्रमुख थी। फिर इस समय भारतीय विचारक और भिक्षु भी अलेक्जैण्ड्रिया (Alexandria) में मौजूद थे जो प्लोटिनस का शिक्षा-स्थान था। *प्लोटिनस* इस भारतीय धर्मदर्शन से भी प्रभावित प्रतीत होते हैं। यही कारण है कि भारतीय धर्मदर्शन की अधिक जानकारी करने के लिए आप रूसी सम्राट के साथ फारस भी गये थे, पर तृतीय गोर्डियन सम्राट की हत्या फारस में सन् 244 में कर दी गई। पर *प्लोटिनस* को संभवतः भारतीय साधकों से भेंट हुई और आप तब अपने स्वदेश लौट आये। आपके शिष्य पोर्फिरी (Porphyry) ने लिखा है कि *प्लोटिनस* अपने जीवन-काल में चार बार समाधि में गये थे जिस स्थिति में उन्हें परम सत् के साथ साक्षात्कार हुआ। इस स्थिति में जिस आनन्द का आपको अनुभव हुआ वह शब्दों के द्वारा व्यक्त नहीं किया जा सकता है। उस स्थिति में रहने पर उन्हें अनुभव हुआ कि शरीर आत्मा के लिए बेड़ी है और मानव की दासता का कारण है। ***(Plotinus blushed because he had a body.)***

अब किस प्रकार समाधि प्राप्त की जाय वह उनके मुक्तिमार्ग का मुँख्य विषय है। उनका ज्ञानमार्ग अथवा दर्शन इसी को स्पष्ट करने के लिए बताया गया है।

प्लेटो और *प्लोटिनस* के दर्शन के द्वारा ईसाई धर्मदर्शन बहुत प्रभावित हुआ था। संत अगस्टिन प्लेटोवादी ईसाई थे और ईसाइयत के प्रमुख विचारक। उन्होंने बताया है कि प्लेटोवाद शुद्ध दार्शनिक ज्योति है और प्लोटिनस के दर्शन में प्लेटो पुनर्जीवित हुए हैं। पर प्लोटिनस नवपाइथागोरसवाद, प्लेटो और अरस्तू के विचारों से प्रभावित हुए थे। आप प्लेटो-रचित फीडो के रहस्यवाद से ओतप्रोत थे। पर इसके अतिरिक्त प्लोटिनस प्लेटो के शुभ प्रत्यय (idea of the good) के उस उल्लेख से प्रभावित थे जिसमें इसे सूर्य के समान 'आप उजाला होय और सबको उजाला करें'। फिर *टिमियस (Timaeus)* में सृष्टिकर्ता ईश्वर की अवधारणा से भी प्रभावित थे जिसके अनुसार ईश्वर मैटर को प्रत्ययों के आधार पर प्रत्ययों की छापों में परिणत करता है। फिर आपने प्लेटो की आत्मा के पतन, उसके आवागमन, उसके बन्ध और मोक्ष इत्यादि की शिक्षा को भी अपनाया है।

इसी प्रकार *प्लोटिनस अरस्तू* से भी प्रभावित थे और अपने फौर्म-मैटर, सम्बन्ध, गुण, परिमाण, दिक्-काल तथा गति इत्यादि अरस्तूय पारिभाषित शब्दों को व्यवहृत किया है।

प्लोटिनस का त्रित्व *(Trinity)**

प्लोटिनस की धर्मतत्त्वमीमांसा में तीन तत्त्वों का उल्लेख किया जाता हैः—

(1) एक, (2) महान् तर्कबुद्धि और (3) विश्व-आत्मा। एक, परम सत् को प्लोटिनस ने ईश्वर, शुभ प्रत्यय, अतीत भाव (being) भी कहा है। इसमें संदेह नहीं कि यह एक, अद्वैत, अद्वितीय प्लोटिनस की तत्त्वमीमांसा का परम सत् है जिसे भारतीय चिंतन में पूर्ण ब्रह्म (न कि निर्गुण) की संज्ञा दी गई है। यह एक असृष्ट, अनिर्वचनीय, अविनाशी, अपरिवर्तनशील, गतिविहीन, विस्ताररहित और अविचल है। इसे विचारसार (essence) और अस्तित्व से परे कहा जा सकता है। इसे शिवं सुन्दरं तथा सत्यं से भी परे और अतीत बताया जाता है। इसलिए मन और शब्दों से परे बताया जाता है।

वाचो निर्वतन्ते अप्राप्य मनसा सह।

यह विचार के द्वारा नहीं जाना जा सकता है पर समाधि की ही स्थिति में अनुभूत होता है। समाधि की स्थिति में प्रत्यक्ष और बौद्धिक अवधारणायें समाप्त हो जाती हैं। इसमें अनेकता और खंडनीयता विलीन हो जाती है। जो बातें विचार बहुत दिनों के मनन करने के उपरान्त प्राप्त करता है वह समाधि में उद्देश्य-विधेय, ज्ञाता-ज्ञेय के एकत्व में अनुभूत साक्षात् रीति से हो जाता है।

* अंग्रेजी के trinity और triad में अन्तर किया जाता है। त्र्येक (पिता, पुत्र, पवित्रात्मा) परमेश्वर अलग-अलग तीन भी और फिर एक हैं। त्रयी (triad, ब्रह्मा, विष्णु, महेश) में तीनों अलग हैं, संभवतः एक के तीन पक्ष। प्लोटिनस से ईसाई त्र्येक ईश्वर की अवधारणा प्रभावित है।

पर यह एक परम सत् सर्जनात्मक शक्ति से भरपूर होकर अवतरित भी होता है। टिमियस में *प्लेटो* ने बताया है कि शुभ-प्रत्यय अपने स्वरूप से ही शुभ है और वह यही इच्छा रखता है कि सभी वस्तुएँ उसी के समान शुभ हों। प्लोटिनस परम सत् को स्रष्टा संज्ञा नहीं देते हैं। इनके अनुसार क्रमशः अन्य सत्ताओं का निस्सरण (emanation, निर्गमन) इस एक परम सत् से होता है। जिस प्रकार फूल की सुगन्ध फूल से और सूर्य का प्रकाश सूर्य से निस्सृत (निकलता) होता है, उसी प्रकार निस्सरण-प्रक्रिया के फलस्वरूप दूसरी परम सत्ता का अवतरण होता है।

इस दूसरी परम सत्ता को *नाउस (nous)* कहा गया है और इसे ईश्वरीय बुद्धि (Divine Intellect) तर्कबुद्धि (reason) तथा आत्मा (spirit अर्थात् चित्) के द्वारा स्पष्ट किया गया है। इस नाउस के रूप में उद्देश्य-विधेय का भेद होकर फिर अभेद्य परम सत् के एकत्व में विलीन हो जाने के रूप में आता है। यह बात ध्यान (contemplation) में देखी जाती है। ध्यान की अवस्था में विचार-द्वारा उत्पन्न उद्देश्य-विधेय का अन्त विलीन होकर एक अभिन्न स्थिति का रूप धारण कर लेता है। ध्यान में काल का पूर्वापर प्रवाह शाश्वत रूप में दिखने लगता है। यह वह स्थिति है जिसमें किसी अमुक वस्तु का भूत, वर्तमान और भविष्य एक साथ होकर कालातीत हो जाता है।*

परम सत् में अस्तित्व नहीं होता है पर नाउस में अस्तित्व पाया जाता है। नाउस में बुद्धिपरक विश्व की रचना रहती है जिसे *प्लेटो* ने प्रत्यय-व्यवस्था कहा है।

तृतीय सत्ता को विश्व-आत्मा (world-soul) कहा गया है। जिस प्रकार सर्जनात्मक शक्ति से भरकर परम सत् नाउस में छलक जाता है, उसी प्रकार नाउस भी अपनी सर्जनात्मक शक्ति से भरपूर होकर विश्व-आत्मा में छलक उठता है। जिस प्रकार ध्यान(contemplation) की अवस्था में उद्देश्य-विधेय फिर मिलकर एक हो जाते हैं उसी प्रकार जब संश्लेषात्मक विचार उद्देश्य-विधेय के भेद से जूझता हुआ दोनों को एक करने में लगा रहता है, तब उस स्थिति को विश्व-आत्मा की स्थिति कही जाती है। विश्व-आत्मा ही सभी वस्तुओं को निगमित करती है, सूर्य-चाँद-सितारे और विश्व की सभी चीजें। विश्व-आत्मा ईश्वरीय बुद्धि (नाउस) से निस्सृत (उद्भुत, निगमित, निकली) होती हैं, इसलिए यह द्विमुखी होती है। एक ओर अन्तःमुखी और दूसरी ओर बहिर्गामी। अन्तःमुखी पक्ष में विश्व-आत्मा नाउस में मिल जाना चाहती है और बर्हिमुखी रूप में विश्व-सर्जन के रूप में परम सत्, परम सत्ता नाउस तथा विश्व-आत्मा की निस्सरण शक्ति धीमी और शिथिल पड़ जाती है। यह शिथिलता विश्व-आत्मा की बहुर्मुखी सर्जनात्मक शक्ति में प्रतीत होती है। विश्व-सर्जन में विश्व-आत्मा का प्रकाश धीमा होते-होते अन्त में अन्धकार में समाप्त हो जाता है।

जहाँ तक परम सत् (एक, अद्वितीय), परम सत्ता (नाउस, Nous, Spirit, Divine Intellect) और विश्व-आत्मा का सम्बन्ध है, ये तीनों अकालिक, नित्य तथा सह-शाश्वत हैं। पर विश्व-आत्मा जब अपने ध्यान से मुड़कर बाह्यमुखी होता है, तब काल की रचना होती है। घटनाओं का अनुक्रम बँध जाता है। कुछ घटनाएँ पूर्व और फिर कुछ उनसे सम्बद्ध अपर (बाद में) होती रहती है। पर क्या घटनाओं का पूर्व और फिर कुछ उनसे सम्बद्ध दूसरे से बे-लगाव रहते हैं? ये कालिक घटना-प्रवाह सब एक में संश्लिष्ट (जुटी) रहती हैं। प्लेटो के अनुसार काल का अनुक्रम नित्यता की ही प्रतिमा है (moving image of the eternal)। ध्यान का उद्देश्य है कि अनुक्रमिक घटनाओं को, इनके भूत, वर्तमान और भविष्य को एक साथ दृष्टिगोचर करे।

जीवों अथवा व्यष्टिपरक आत्माओं का उद्भव

विश्व-आत्मा सम्पूर्ण संवेदनशील(sensitive) और प्राणियों का स्रोताधार है। ये अनेक रहते

---

* 'सर्वकालीन' जिसमें भूत, वर्तमान और भविष्य तीनों रहते हैं। सर्वकालीन में काल-प्रवाह को स्वीकारा जाता है। शाश्वत अथवा नित्य (eternal) वह है जिसमें काल-प्रवाह न हो, उदाहरण गणितीय सत्यता को नित्य समझा जाता है, न कि सर्वकालीन।

हुए भी एक हैं (one-in-many)। *प्लोटिनस* बार-बार एकत्व पर बल देते हैं क्योंकि सभी कुछ अन्त में एक परम् सत् से अद्भूत (निस्सृत, निर्गमित) हुए हैं और उससे अलग नहीं समझे जा सकते हैं। इस प्रकार व्यष्टिपरक आत्माएँ (individual souls) भी विश्व-आत्मा से उत्पन्न हुई हैं। ये अनेक और पृथक-पृथक् रहते हुए भी सभी पारस्परिक रूप से सम्बद्ध रहती है। जिस प्रकार किसी एक विज्ञान में नियम अनेक होते हैं, पर वे सब एक व्यवस्था में गुंथे रहते हैं, उसी प्रकार सभी विभिन्न आत्माएँ भी एक तंत्र में क्रमबद्ध होकर विश्व-आत्मा की एकता में संरक्षित रहते हैं। इन व्यष्टिपरक आत्माओं का क्या स्वरूप है?

प्लोटिनस के अनुसार आत्मा को भौतिक नहीं समझना चाहिए क्योंकि जड़ में चेतन संभव नहीं हो सकता है और आत्मा चेतनमय होती है। फिर *पाइथागोरसीय* दृष्टि से आत्मा शारीरिक प्रक्रियाओं के सामंजस्यपूर्ण व्यवस्था बताई गयी है।* इसे भी *प्लोटिनस* नहीं स्वीकारते हैं, क्योंकि अचेतन शारीरिक प्रक्रियाएँ अपने आप छन्द, मेल तथा सामंजस्यपूर्णता नहीं उत्पन्न कर सकती हैं। तब क्या *अरस्तू* के मत को स्वीकारा जाय जिसके अनुसार प्रत्येक शरीर में इंटेलिकी (entelechy) है जो शारीरिक प्रक्रियाओं का संचालन पर उन्हें क्रमबद्ध किये रहती है? नहीं, क्योंकि अशरीरी आत्मा शारीरिक प्रक्रियाओं को व्यवस्थित नहीं कर सकती है।

सच्चाई तो यही है कि आत्मा स्वचालित सर्जनात्मक शक्ति है और इसी सर्जनात्मक शक्ति के द्वारा निरन्तर क्रियाशील होती रहती है और इस रूप में इसी आत्मा से सभी संवेदनशील और प्राणमूलक प्रक्रियाएँ भी संचालित होती रहती हैं। ये आत्माएँ परम एक से निस्सृत होती हैं और फिर अन्त में उसी में विलीन हो जाती हैं। इस निस्सरण (emanation) में आत्माएँ देहधारी होती हैं। देह ही इन आत्माओं का बन्धन कहा जा सकता है। पर प्रश्न होता है कि जब परम एक शुद्ध ज्योति एकमात्र सत् है तो अंधकारमय देह तथा जड़ का प्रादुर्भाव कैसे हुआ?

परम एक, नाउस तथा विश्व-आत्मा तक परम एक की ज्योति लगभग बनी रहती है, पर विश्व-आत्मा की बाह्यमुखी की प्रक्रिया के आधार पर क्रमशः सृष्टिक्रम के अनुसार यह ज्योति धूमिल होती हुई अन्धकार में विलीन हो जाती है। इसी अन्धकारमय स्थिति को मैटर तथा जड़ कहा जा सकता है। यह अन्धकार ज्योति का अभाव है और इसे कोई स्वतंत्र सत्ता नहीं कहा जा सकता है। इसे तर्कशास्त्र में वैकल्य-पद (privative term) कहते हैं अर्थात् किसी अमुक गुण का तात्कालिक अभाव। जैसे ही प्रकाश होता है, वैसे ही अन्धकार समाप्त हो जाता है। इसलिए परम एक के प्रकाश के राहित्य (अभाव) को मैटर कहा जा सकता है। तब देह क्या है?

देह भी जड़ है और परम एक ही ज्योति के अभाव में उत्पन्न होती है। यह अन्धकारमय अवस्था है जिसमें भाव और संवेग का उद्भव होता है जिसके फलस्वरूप मृत्यु और संघर्ष, हार और निराशा तथा दुःख की स्थिति उत्पन्न होती है। फिर *प्लोटिनस* भी ठीक *रामानुज* के समान मानते हैं कि आत्मा का निःश्रेयस् है कि वह विश्व-आत्मा के विधान के अनुरूप जीवन-यापन करे, पर जब आत्मा इस विधान का विरोध करके मनमानी चाल से चलने लगती है तभी बन्धन होते हैं और इस बन्धन में रहकर असंख्य योनियों के चक्कर में घूमता रहता है। यहाँ भारतीय दर्शन का मत स्पष्ट प्रतिध्वनित होता है जिसे पाइथागोरस तथा प्लेटो के दर्शन में स्वीकारा गया है। इस बन्धन की गति को आत्मा कैसे पहुँच जाती है?

परम एक सत्त सर्जनात्मक होता है और इस स्वभाव से आत्मा-प्रेरित होकर नाउस और विश्व-आत्मा को अपने से निस्सृत करता है। विश्व-आत्मा से निस्सृत होकर आत्मा भी सर्वथा, निरन्तर सर्जनात्मक रहती है। इस रूप में आत्मा निरन्तर स्वभावेन स्वतंत्र रहती है और *सात्र* (Satre) के समान *प्लोटिनस* का भी कहना है कि आत्मा की स्वतंत्रता कभी भी उससे छीनी नहीं जा सकती है। स्वतंत्रता से अर्थ है आत्मनियंत्रण (self-determination) जिसे *पाइथागोरस* तथा *प्लेटो* के

* ऐसा ही समसामयिक है।

दर्शन में स्वीकारा गया है। अब यह जीव पर निर्भर करता है कि वह स्वतंत्र रूप से विश्व-आत्मा के विधान को स्वीकृत करे या उसका उल्लंघन। भाव तथा संवेग के चंगुल में आकर मानव आत्मा यदि विश्व-आत्मा के विधान को उल्लंघन करे तो यह आत्मा दुःख भोगती हुई आवागमन के चंगुल में आकर चक्कर काटती रहेगी। तब इस बन्ध से मुक्ति कैसे हो?

मोक्ष-सिद्धान्त

कोई भी आत्मा भाव-संवेग के द्वारा संचालित होकर कितने ही पतन के मार्ग में क्यों न फँस जाए इसमें ऐसी शक्ति वर्तमान रहती है जिसके कारण वह अपने बन्धन से हटकर अपनी मुक्ति-मार्ग का अनुसरण करे। यह बन्धन बड़ा कठिन होता है और अनेक आवागमन के चक्कर से होकर अन्त में व्यक्ति मुक्त होता है। यह मार्ग न केवल नैतिक होता, पर साथ ही साथ बौद्धिक भी होता है। यहाँ भी शंकर और बुद्ध भगवान् के मुक्तिमार्ग की झलक मिलती है जहाँ साधना और ज्ञान, दोनों को अपनाने पर ही मुक्ति संभव हो सकती है।

प्लोटिनस देह की अवहेलना नहीं करते हैं, पर वे नैतिक जीवन, उदारता, मैत्री भाव पर बल देते हैं। फिर भावसंवेग को नियंत्रण में रखने की सलाह देते हैं ताकि इनसे उच्चतर वस्तुओं पर ध्यान टिकाए रहने पर बाधएँ नहीं उठ खड़ी हों। फिर स्टोइकों के समान आपकी सलाह है कि सांसारिक लालसाओं से मुक्त होकर सांसारिक सभी घटना-चक्र के प्रति उदासीन रहकर उपेक्षा-भाव (हर्ष-विषाद बिखेरे) को ही प्राप्त करना चाहिए। ऐसा करने पर व्यक्ति मुक्तिमार्ग पर अग्रसर होता है।

साथ-ही-साथ साधक को दार्शनिक अनुशासन को भी अपनाना पड़ता है जिसका परम लक्ष्य है कि मानव दिक्-काल तथा संवेदनशील जगत् से ऊपर उठकर ईश्वरीय बुद्धि तक पहुँच जाय जहाँ से ही सभी घटना-चक्र निकलता है। संश्लेषात्मक ध्यान (synoptic) अथवा सर्वसमावेशी ध्यान की स्थिति में साधक अस्तित्व और ज्ञानात्मक प्रत्यत्र से ऊपर उठकर उस स्थिति को प्राप्त करता है जिसमें ज्ञाता-ज्ञेय, उद्देश्य-विधेय सभी मिलकर एक हो जाते हैं। यहाँ भी भारतीय ब्रह्मप्राप्ति का लयवाद प्रतिध्वनित होता है। यहाँ *प्लोटिनस प्लेटो* के सिम्पोजियम (symposium) में दिये गये सौन्दर्य-प्रेम के आरोहण-क्रम की याद दिलाते हैं। सर्वप्रथम शारीरिक सौन्दर्य पर ध्यान टिकाया जाता है, तब सौन्दर्य-प्रत्यय पर, तब सद्गुणियों पर, तब पवित्र आत्माओं की श्रेष्ठता पर। अतः, पार्थिव सौन्दर्य *प्लोटिनस* के लिए, परम सौन्दर्य का आभास और उसका उद्बोधक होता है। यहाँ ध्यान योग्य बात है कि *प्लोटिनस* नैतिकता की तुलना में सौन्दर्यानुभव (रसोपभोग, aesthetic enjoyment) पर अधिक बल देते हैं।

उपसंहार

प्लोटिनस का दर्शन ईसाइयत के लिए महत्त्वपूर्ण स्थान रखता है। इसलिए कहा गया है कि प्लोटिनस का दर्शन यूनानी विचारधारा का अन्त समझा जा सकता है और फिर इसे मध्ययुगी ईसाइयत का प्रारम्भ भी कहा जा सकता है।

❑

भाग 2

अध्याय 5

मध्ययुगी दर्शन

यूनानी दर्शन में भी धर्म का स्थान आता है पर यह धर्मपोषी नहीं कहा जा सकता है। बहुधा यूनानी विचारकों ने प्रचलित धर्मों की आलोचना की है और देवताओं के दुराचार की निन्दा भी की गई है। इसलिए यूनानी दर्शन में वैज्ञानिक विचारधारा प्रमुख है। इसमें स्वतंत्र तत्त्वमीमांसा और ज्ञानमीमांसा भी है और स्वतंत्र नैतिकता का भी स्थान है। इसकी तुलना में मध्ययुगी दर्शन *ईसाई धर्म दर्शन* कहा जाता है। ईसाई धर्म में इसका अंश यहूदी धर्म से विशेष प्राप्त किया गया है, पर इसका दर्शन यूनानी है। इस यूनानी दर्शन में *प्लेटो-अरस्तू* मुँख्य हैं, पर *स्टोइकवाद* का भी कम महत्त्व नहीं है। *प्लोटिनस* के विचार की अनेक बातें ईसाई धर्मदर्शन में आई हैं। इस प्लोटिनसवाद को नव्यप्लेटोवाद भी कहा गया है। मध्ययुगी दर्शन को धर्मदर्शन इसलिए कहा गया है कि इसमें यूनानी दर्शन को ईसाई धर्म की संरक्षा और उसे स्पष्ट करने के ही लिए काम में लाया गया है। यहाँ दर्शन स्वतंत्र नहीं, वरन् धर्म का दास कहा गया है। फेथ, न कि ज्ञानप्राप्ति इसका चरम लक्ष्य है। *Let knowledge grow from more to more. But let faith more and more in us well.*

दूसरे शब्दों में ज्ञान की वृद्धि इसलिए हो कि इसके द्वारा विश्वास संपुष्ट हो।

धर्मयुगी दर्शन को अन्धकार का युग भी कहा गया है क्योंकि इसमें स्वतंत्र विचार को कुचल दिया गया था। लगभग सन् 400 से 1400 तक मध्ययुगी दर्शन का काल समझा गया है।

धर्मयुगी दर्शन की अनेक बातें पेचीदा हैं और भारतीय पाठकों के लिए शिक्षाप्रद नहीं है। इसलिए दो-चार विचारकों का उल्लेख किया जायगा जिनका प्रभाव बहुत लम्बे समय तक पाश्चात्य विचारकों पर पड़ा है। इनमें से *सन्त अगस्टिन* अग्रगण्य हैं।

विषय-प्रवेश

संत अगस्टिन का ईसाई विश्वास-वचन एरियनी विश्वास-वचन (Arianism), ज्ञान-मीमांसा, संशय विधि, ज्ञान-मीमांसा में स्वतंत्र इच्छा की प्रधानता, ईश्वर-ज्ञान, ईश्वर का स्वरूप और उसके अस्तित्व का प्रमाण, ईश्वर और अशुभ की समस्या, मानव विचार, मानीवाद (मैनिकिज्म, manichaeism) सृष्टि-सिद्धान्त (Theory of creation)।

जॉन स्कौटस एरिजिना (*John Scotus Erigena* लगभग 810-877) एरिजिना और ईसाइयत, *रोशेलिनस* (1050-1122 के लगभग) और *अन्सेल्म* (*Anselm* 1035-1109) आस्था (फेथ) और तर्कबुद्धि, ईश्वर के अस्तित्व का सत्तामूलक प्रमाण (ontological), आलोचना। *पीटर अलेबार्ड* (लगभग 1077-1142)। *संत टामस अक्वीनस* (*St. Thomas Aquinas* 1227-1274), प्राकृतिक या प्रकृतिवादी धर्म-मीमांसा और श्रुतिपरक धर्म-मीमांसा, ईश्वर के अस्तित्व के सम्बन्ध में *संत टामस* के पाँच प्रमाण, *संत टामस* की ज्ञान-मीमांसा, *संत टामस* का सृष्टि-सिद्धान्त, अशुभ का विचार, मानव की अन्तिम गति और उसका अन्तिम आनन्द, आधुनिक दर्शन की ओर (transition to modern philosophy), *रौजर बेकन* (लगभग 1214-1294), *जौन डंस स्कोटस* (लगभग 1274-1308), संकल्प और बुद्धि (will and intellect), मध्ययुगी दर्शन की क्षीणता और विज्ञान पोषी आधुनिक दर्शन का प्रारम्भ।

संत अगस्टिन (*St. Aurelius Augustus 354-430*)

विषय-प्रवेश

संत अगस्टिन विशेषकर ईसाई धर्मदार्शनिक थे, पर आपने यूनानी दर्शन की मदद की है कि आप अपने ईसाइयत को स्पष्ट कर पाएँ। आप फेथ (ईमान, विश्वास) और चिंतन के बीच घनिष्ट सम्बन्ध मानते हैं। आपके अनुसार *'विश्वास खोजता है और बुद्धि प्राप्त करती है।'* 'फिर, हमें समझना चाहिए ताकि हमारा विश्वास पक्का हो, और विश्वास करना चाहिए ताकि हम धर्म की (गूढ़) बातों को समझ पाएँ।' *'Faith seeks, understanding finds.'*

'Understand that you may believe, believe in order that you may understand.'

अतः, *संत अगस्टिन* के अनुसार विश्वास और चिंतन में घनिष्ट सम्बन्ध है। 'विश्वास' से अभिप्राय है ईसाई धर्म-विश्वास और 'चिंतन' से अर्थ है दार्शनिक चिन्तन। इसलिए *संत अगस्टिन* का दर्शन धर्म के तत्त्वों के स्पष्टीकरण, उनके प्रति उठाई गई आपत्तियों के निराकरण में ही सीमित माना जायगा। यही कारण है कि दर्शन को धर्मदर्शन का दास कहा गया। *(Philosophy remains a handmaid to Christianity.)* यह बात केवल संत *अगस्टिन* में ही नहीं पाई जाती है, परन्तु सम्पूर्ण मध्ययुग (400-1400) में पाई जाती है। *संत अगस्टिन* को मध्ययुगी दर्शन का प्रमुख विचारक माना जाता है। उनके विचारों को मध्ययुगी दार्शनिकों ने प्रधानता दी है। आप विशेषकर प्लेटोवादी थे। पर आपने यूनानी दर्शन को इसलिए काम में लाया ताकि वे ईसाइयत को युक्तिसंगत कर सकें। पर जहाँ दार्शनिक विचार ईसाइयत के खिलाफ मालूम दिया तो आपने उसका बहिष्कार भी किया है।

हमें यह भी याद रखना चाहिए कि *सुकरात* का अनुसरण करते हुए *प्लेटो* ने धर्म और नीति को मानव का परम उद्देश्य मानकर कहा था कि सद्‌गुण का ज्ञान सच्चा ज्ञान है और *प्लेटो* ने कहा था कि शुभ-प्रत्यय पर ध्यान करके मानव अपना मोक्ष प्राप्त कर सकता है। अतः, शुभ-प्रत्यय का चिंतन करना दर्शन का मुख्य लक्ष्य समझा जा सकता है। इसलिए सुकराती-प्लेटोवादी दर्शन में धर्म की युक्तिपूर्ण उनके चिंतन का मुख्य उद्देश्य है। यही कारण है कि सुकराती-प्लेटोवादी-अरस्तूय परम्परा पर आधृत ईसाई चिंतन को यथासम्भव बुद्धिपरक बनाया गया है।

संत अगस्टिन का ईसाई विश्वासवचन

जब *संत अगस्टिन* ईसाई धर्म को युक्तिपूर्ण बनाना चाहते थे तब आपका क्या विश्वास-वचन (creed) था जिसे आप तर्कसंगत करना चाहते थे। यहाँ कुछ का उल्लेख किया जा सकता है।

(1) ईश्वर ने शून्य से विश्व की सृष्टि की है।

(2) ईश्वर त्र्येक है, अर्थात् ईश्वर पुत्र (ईसा) और पवित्र आत्मा, तीनों व्यक्तिपूर्ण हैं और फिर वे एक हैं (Three persons in one)। इसे trinity (त्रेयकत्व) कहा जाता है और इसे अभी तक तर्कसंगत नहीं किया जा सका है और तो भी इसे विश्वास का, न कि बुद्धि का विषय कहा जाता है।

(3) *संत अगस्टिन* मानते थे कि आद्य पाप है, (original sin) अर्थात् प्रथम व्यक्ति आदम निष्पाप था और स्वतंत्र था। पर जब उसने ईश्वर की आज्ञाओं का उल्लंघन किया, तब से वह पापी हो गया और समस्त मानवजाति भी पापी बन गई और सभी ने अपनी स्वतंत्रता खो दी। सभी व्यक्ति वासनाओं से अपने को छुड़ाने में असमर्थ हो गए और नियतत्त्ववाद (determinism) से संचालित माने जा सकते हैं। तब पापमोचन कैसे हो?

ईश्वर के अनुग्रह मात्र (grace of God) से व्यक्ति अपने पापों से मुक्त होकर फिर से

स्वतंत्र जीव हो सकता है। पर क्या व्यक्ति ही प्रयास से अपने को अपने आद्य पाप से मुक्त कर सकता है? नहीं। केवल ईश्वर के अनुग्रह से व्यक्ति अपने को मुक्त कर सकता है।* अनुग्रह-दान मुफ्त है और जिसको वह चाहता है वह उसको अपनी अनुग्रह-शक्ति से उसके पापों से वह उसे मुक्त करता है। यहाँ दो आपत्तियाँ सटीक हैं।

(1) जब व्यक्ति नियतत्त्ववाद से जकड़ा हुआ कठपुतली बन जाता है तो उसे क्यों अपने कर्मों का उत्तरदायी ठहराया जाये? जब आदमी ने पाप किया तो वह स्वयं नरक-कुण्ड का अधिकारी होता है, न कि उसकी सन्तान सम्पूर्ण मानव-जाति।

(2) फिर क्या ईश्वर का अनुग्रह मनमानापन नहीं हो जाता है?

संत अगस्टिन के अनुसार ईश्वर में पूर्ण संकल्प-स्वतंत्रता है। इसलिए ईश्वरीय अनुग्रह उसकी संकल्प-स्वतंत्रता का अहेतुक परिणाम है। इसलिए यह ईश्वर की इच्छा पर निर्भर करता है कि वह कुछ व्यक्तियों को चुन लेता है कि वे (क) चर्च के सदस्य बनकर, बपतिस्मा लें और स्वर्ग प्राप्त करने योग्य हो जाय। (ख) इसमें कोई मनमानापन नहीं है कि अन्य सभी, जो चुने हुए लोग (elect) नहीं हैं, उन्हें पापदंड मिले।

आद्य पाप और मनमाना अनुग्रह-दान ईसाइयों के लिए निराशावादी सिद्ध हुआ और इसके विरुद्ध दो मुख्य प्लेजियसी और एरियनी (Arianism) सिद्धान्त उपस्थित किए गए हैं। इसके पहले कि प्लेजियसी (Pelagian, Pleguis से शब्द निकला है) और एरियनी (Arianism, Arius से शब्द निकला है)

(3) विश्वास-वचन में इसे मानना चाहिए कि बाइबिल ईश्वर की प्रकाशन है। पर बाइबिली श्रुति-वचन के अर्थ को निरूपित करने का पूर्ण अधिकार केवल रोम कैथलिक चर्च को है।

(4) त्र्येक ईश्वर के सिद्धान्त को इसीलिए माना गया है ताकि ईसा को ईश्वर-तुल्य ईश्वर का पुत्र स्वीकारा जाय। फिर ईसा की क्रूशीय मृत्यु को विश्व का मुख्य तत्त्व माना जाय ताकि उसके क्रूशीय रुधिर से पाप का मोचन स्वीकारा जाय। अतः, *ईसा का अवतारणवाद तथा क्रूशीय मौत पर विश्वास,* त्र्येकत्व (trinity) का मुँख्य अंग कहा गया है।

एरियनी विश्वास वचन (*Arianism*)

एरियस का काल सन् 256-336 का है। आपने ईसा और ईश्वर के बीच एक सारतत्त्व (essence) नहीं माना है। इनके विश्वास वचन के निम्नलिखित तत्त्व हैं :—

(1) केवल एक और एक ही ईश्वर है जो नित्य और अपने में अकेला है।

(2) ईसा को रचकर, वह पिता कहलाने लगा। दूसरे शब्दों में ईसा सृष्ट हैं, न कि उसी एक ईश्वर से निकले हैं (not begotten but created)

(3) ईश्वर में अनेक शक्तियाँ हैं, पर उसमें अनेक व्यक्तिपूर्ण सत्ताएँ नहीं हैं। उसमें एक-दूसरे से स्वतंत्र द्रव्य हैं, अर्थात् प्रज्ञा, पुत्र और शब्द (wisdom, son and word)।

(4) पुत्र ईश्वर से स्वंतत्र और भिन्न, अपने स्वरूप में ईश्वर से पृथक द्रव्य हैं।

(5) वास्तव में, ईसा ईश्वर नहीं, पर ईश्वर का 'शब्द' या उसकी प्रज्ञा के रूप में ईसा को माना जा सकता है। पुत्र अर्थात् ईसा को ईश्वर का सापेक्ष ज्ञान है।

(6) विशेष रूप से सृष्ट होने के कारण ईसा को ईश्वर से पैदा हुआ कहा जा सकता है।

---

* रामानुज ने भी ईश्वर की अनुग्रह-शक्ति को माना है और इस मुक्ति-दान को अहेतुक भी कहा है (मुण्डक 3.2.3 तथा कठोपनिषद् 2.23 को रामानुज ने उद्धृत किया है)। पर रामानुज मानव-प्रयास को स्वीकार करते हैं ताकि सद्गुणों के आधार पर ईश्वरीय अनुग्रह के वे योग्य बन सकें।

पर ईसा का सार-गुण *ईश्वरीय गुण* के समान कहा जा सकता है, पर वह ईश्वर के प्रधीन (मातहत) सत्ता है।

(7) ईसा की देह वास्तविक थी और दुःख भी वास्तविक ही था।

(8) पवित्र आत्मा या तो ईसा तुल्य समझा जा सकता है या ईसा-द्वारा सृष्ट भी माना जा सकता है।

संत अगस्टिन ने एरियनिज्म को धर्म-निन्दा (heresy) माना है क्योंकि उसमें 'त्र्येक ईश्वर' के सिद्धान्त को स्वीकार नहीं किया गया है। इसी प्रकार *प्लेजियस** ने आद्य-पाप या मूल पाप, पूर्वस्थापित नियतिवाद तथा मोक्षदायक अनुग्रह-दान के सिद्धान्तों को नहीं स्वीकारा है। इसलिए *प्लेजियनिज्म* को संत *अगस्टिन* ने धर्म-निन्दा के अंतर्गत समझा है। *प्लेजियनिज्म* में ये मुँख्य तत्त्व हैंः—

(1) ईश्वर सर्वप्रथम न्यायी और परम शुभ है और उसकी सृष्टि भी शुभ है। मानव अपने स्वरूप से शुभ और निरपेक्षतया स्वतंत्र जीव है।

(2) मानव में तर्कबुद्धि और स्वतंत्र संकल्प शक्ति निरपेक्षतया पाई जाती है।

(3) चाहना बुरा नहीं, पर स्वतंत्र संकल्प के रहने पर चाहना में अति करने पर बुराई आ जाती है। विवाह करना पाप नहीं है।

(4) जन्मकाल में प्रत्येक व्यक्ति निर्दोष और स्वतंत्र जीव होता है।

(5) शारीरिक मृत्यु, पाप का दंड नहीं पर प्राकृतिक घटना कही जा सकती है। हाँ, आत्मिक मृत्यु पाप का परिणाम होता है जिस पाप के लिए प्रत्येक व्यक्ति स्वयं उत्तरदायी होता है।

(6) वंशागत पाप का सिद्धान्त अनर्गल है। पाप संकल्प-स्वातंत्र्य के दुरुपयोग से उत्पन्न होता है।

(7) ईश्वर-द्वारा अनुग्रह-दान उसके अहेतुक दान का परिणाम नहीं होता है। अनुग्रह-दान वास्तव में अपने दासों को दी गई सहायता समझा जा सकता है, या उनमें अच्छे हृदय के दान को कहा जा सकता है, या ऐसी बुद्धि के दान को माना जा सकता है जिसके द्वारा ईश्वर-विश्वासी को उचित-अनुचित का ज्ञान हो जाता है, जो ज्ञान पाप के द्वारा धूमिल हो जाता है। यह ऐसा ज्ञान हो जाता है जिसके द्वारा विश्वासी को पवित्रशास्त्र का ज्ञान होता, ईसा का आदर्श उमड़ पड़ता तथा चर्च की शिक्षा याद आ जाती है। ईसा की क्रूशीय मृत्यु को पापमोचक स्वीकार करने से नहीं, वरन् पवित्र जीवन-यापन से ही मोक्ष संभव है। उदाहरण प्लेटो, भगवान बुद्ध, और अन्य संतों के जीवन में देखा जाता है कि वे अपने प्रयास से ही मुक्त हुए।

(8) फिर ईश्वर का अनुग्रह व्यक्ति के अपने नैतिक प्रयासों पर निर्भर करता है। यह ईश्वर के न्यायपूर्णता के विरुद्ध होगा कि वह किसी भी पापी को बिना उसके द्वारा पाप के प्रायश्चित के, अनुग्रह-दान दे दें।

अब *एरियनिज्म* तथा *प्लेजियनिज्म* के आलोक में संत *अगस्टिन* के दर्शन को जाना जा सकता है।

ज्ञान-मीमांसा

संत अगस्टिन ईसाई विशप थे और उनकी ज्ञान-मीमांसा का चरम उद्देश्य था कि व्यक्ति को ऐसा ज्ञान प्राप्त हो जिसके द्वारा उसे ईश्वर की एक झलक मिल जाय, उसका दिव्य-दर्शन हो जाए ताकि उसको जीवन का सच्चा आनन्द प्राप्त हो। अतः, इनकी ज्ञान-मीमांसा में ईसाई विश्वास

* आप संत अगस्टिन के समकालीन थे।

का भी मिश्रण है। *संत अगस्टिन* त्र्येकत्व में पूर्ण आस्था रखते थे और आपके दर्शन में भी त्रित्ववाद देखा जाता है। आप की तत्त्व-मीमांसा में ज्ञान, विश्व और आत्मा के तीन तत्त्व हैं। प्रत्येक तत्त्व में त्रित्ववाद पाया जाता है।

(1) ज्ञान में तीन अंग हैं, अर्थात् संवेदन, आनुभविक ज्ञान और ईश्वरीय सारतत्त्व का ध्यान-ज्ञान।

(2) विश्वसम्बन्धी गवेषण के भी तीन भाग हैं, अर्थात् विश्व-सृष्टि, ईश्वर में निहित प्रत्यय और ईश्वर।

(3) आत्मा के विषय में तीन अंगों को स्थान दिया गया है, अर्थात् शुद्ध भाव (being), बुद्धि और संकल्प।

संत अगस्टिन की ज्ञान-मीमांसा अधिकतर प्लेटोवादी है। आपके अनुसार मानव में उसकी आत्मा ही प्रधान है और व्यक्ति की आत्मा शारीरिक इन्द्रियों को अपने काम में लाती है। आप यह भी मानते हैं कि सम्पूर्ण शरीर में आत्मा व्याप्त है पर वस्तुओं के संवेदन के अवसर पर मानव प्रक्रिया किसी एक इन्द्रियों के स्थल पर सघन हो जाती है जिससे उस वस्तु का संवेदन होता है। संवेदन में वाह्य वस्तु और इन्द्रिय का संयोग होता है। इसलिए वस्तु तथा इन्द्रिय में किसी भी दोष के रहने पर संवेदन में विकार हो सकता है। संत अगस्टिन स्वीकार करते हैं कि इन्द्रिय-ज्ञान में धोखा हो सकता है और फिर यह भी कि इन्द्रिय-ज्ञान सापेक्ष और व्यक्तिगत हो सकता है। इन सब खामियों के बावजूद संत साहेब का कहना है कि बिना संवेदन को प्रारंभ में स्वीकार किए हुए व्यक्ति ईश्वर के प्रतिज्ञान को नहीं पहुँच सकता है। फिर संसार में रहकर संसारी वस्तुओं के व्यावहारिक ज्ञान को प्राप्त करने के लिए हमें संवेदन की नितान्त आवश्यकता हो जाती है। पर व्यावहारिक ज्ञान हमें कैसे होता है?

संत अगस्टिन के अनुसार व्यावहारिक ज्ञान तभी होता है जब हम संवेदनों को प्लेटो द्वारा प्रदर्शित नित्य और अविनाशी प्रत्ययों से जोड़ दें।* फिर अन्त में हमें इन प्रत्ययों पर ध्यान लगाना चाहिए। ये प्रत्यय ईश्वर में ही निहित रहते हैं।** इसलिए प्रत्ययों पर ध्यान लगाने पर ईश्वर पर ध्यान लगाना अनिवार्य रूप से सम्भव हो जाता है। पर प्रत्यय केवल ईश्वर के मन में पाए जाते हैं। तब क्या प्रत्यय-ज्ञान के द्वारा हमें ईश्वर का ज्ञान नहीं होता है? इस प्रश्न का उत्तर देने के लिए हमें ज्ञान की कसौटी को जान लेना चाहिए।

संशय विधि

निश्चित ज्ञान प्राप्त करने के लिए अपने संशय-विधि (method of doubt) को अपनाया है, क्योंकि *अगस्टिन* चाहते थे कि उस सत्यता को प्राप्त किया जाय जिस पर संशय नहीं किया जाय।*** *अगस्टिन* का सुझाव है कि संशयवादी इसका इनकार कर सकता है कि संवेदन के अनुरूप कोई सत्ता हो सकती है, पर वह अपनी आन्तरिक संवेदना के अस्तित्व को नहीं अस्वीकार कर सकता है, जैसे भूख-प्यास, दाँत-पेट का दर्द, इत्यादि। तब इस संवेदन पर ध्यान दिया जाय कि उससे क्या-क्या बातें परिलक्षित होती हैं।

सबसे पहले तो यह स्पष्ट हो जाता है कि न केवल आन्तरिक संवेदन को स्वीकारा जाय और साथ-साथ यह भी कि *संशयी के संशय* को भी स्वीकारा जा सकता है। जैसे संशयी संशय करने

---

* यहाँ काण्ट की उक्ति याद आती है जहाँ उन्होंने कहा था संवेदन और कैटिगरी के संयोग से व्यावहारिक ज्ञान होता है (Sense and the categories of understanding.)

** यहाँ विचार प्लेटोवादी है। पर प्लेटो के दर्शन को व्यक्तिपूर्ण नहीं माना जाता है। पर ईसाई संत अगस्टिन में ईश्वर को व्यक्तित्वपूर्ण समझना उनके विश्वास-वचन के अंतर्गत चला जाता है।

*** यहाँ पाठकों को आधुनिक दर्शन के जन्मदाता दार्शनिक देकार्त (Descartes) की संशय-विधि के साथ अगस्टिन की संशय-विधि का मिलान बताया जा सकता है।

लगता है उसे अकाट्य रूप से यह भी स्पष्ट हो जाता है कि संशय करने के साथ संशयी का अस्तित्व भी ज्ञात हो जाता है, अर्थात् चेतन की निश्चितता। ***Since I doubt, I know that. I, the doubter am. There is the certainty of the conscious being.***

कितनी ही भूलें संशयी क्यों न करें, पर भूल करने वाले के अस्तित्व से इनकार नहीं किया जा सकता है।

अब 'संशयी' से अभिप्राय होता है कि संशयी जीवित प्राणी और जीवित प्राणी से स्पष्ट होता है कि वह वस्तुओं का प्रत्यक्ष करता है, बीते हुए प्रत्यक्ष को याद करता है, और उसे वस्तुओं का ज्ञान होता है। पर सबसे महत्त्वपूर्ण बात है कि उसमें स्वतंत्र संकल्प (इच्छा, will) है जिसकी चर्चा अभी की जाएगी।

फिर संशय करने से अभिप्राय होता है कि संशयी में *सत्यता की कसौटी* है जिसके द्वारा वह निश्चित करता है कि अमुक ज्ञान संशयात्मक है। *संत अगस्टिन* यह भी मानते हैं कि सत्यता की कसौटी से केवल इतना ही नहीं समझना चाहिए कि संशयी में तर्कनिष्ठ मानदंड है, पर यह भी कि संशयी में शुभ और सौन्दर्य के मानदंड की भी चेतना है।

वास्तव में सत्यता, शुभ तथा सौन्दर्य के मानदंड से अभिप्राय होता है कि ये शाश्वत प्रत्यय हैं जो ईश्वर के मन में निहित रहते हैं। अतः, संशयी में ईश्वरीय प्रत्यय का भी ज्ञान किसी न किसी मात्रा में अवश्य रहता है। तब क्या हम कह सकते हैं कि सत्यता, शुभ तथा सौन्दर्य के ज्ञान के आधार पर हमें ईश्वर का ज्ञान नहीं होता, क्योंकि अंत में प्रत्यय तो केवल ईश्वर के मन में निहित होते हैं? संत अगस्टिन बताते हैं कि प्रत्यय-ज्ञान के आधार पर ईश्वर का ज्ञान मानव में होता है। पर यह ज्ञान पूर्ण नहीं हो पाता है। मानव केवल इतना ही जान सकता है कि ईश्वर है, पर यह नहीं कि वह क्या है। *Man knows that God is, but not what He is.*

अर्थात् मानव को ईश्वर के गुणों की जानकारी नहीं होती है। इस प्रकार के ज्ञान को अज्ञेयवाद कहा जाता है। संत टामस ने भी साम्यानुमान-सिद्धान्त में इस अज्ञेयवाद को स्वीकारा है। पर क्या व्यक्ति इस अज्ञेयवाद में ही फँसा रहेगा? नहीं। आत्मशोधन तथा ईश्वर के अनुग्रह के फलस्वरूप, कुछ व्यक्ति ईश्वर के चुने हुए लोगों में गिने जाते हैं। ऐसे चुने हुए लोगों को ईश्वर बोधि (illumination, दिव्य ज्योति) प्रदान करता है कि वे ईश्वर के ज्ञान में प्रगति करें। तो भी इन चुने हुए लोगों को भी इस जन्म में ईश्वर और प्रत्ययों का पूरा ज्ञान केवल मरणोत्तर जीवन में ही प्राप्त हो सकता है।

अगस्टिन के दर्शन के दो पक्ष हैं, ज्ञान-मीमांसा और धर्म-मीमांसा। अभी हम देखेंगे कि *साधारण ज्ञान की प्राप्ति में संत अगस्टिन मानव संकल्प-स्वातंत्र्य को स्वीकारते हैं और अपनी धर्म-मीमांसा में आप मानव की इच्छा-स्वतंत्रता को नहीं स्वीकारते हैं।*

ज्ञान-मीमांसा में स्वतंत्र इच्छा की प्रधानता

साधारण ज्ञान के प्रथम चरण को संवेदन की संज्ञा दी जाती है और ऐसा समझा जाता है कि बाह्य वस्तुओं की छाप रहने से ही व्यक्ति को संवेदन हो जाता है। पर *संत अगस्टिन* का कहना है कि बिना ध्यान के संवेदना संभव नहीं होती है। यदि कोई व्यक्ति बाजार से गुजरता है तो उसे अनेक वस्तुओं की छाप पड़ती रहती है। पर क्या वह सभी वस्तुओं के संवेदन से अवगत होता है? नहीं। कोई भी व्यक्ति विशेष उसी वस्तु का संवेदन प्राप्त करता है जिसमें उसकी अभिरुचि होती है। यदि वह व्यक्ति कलम की खोज में हो तो वह उसी दुकान को देखेगा जिसमें कलम बिकने की संभावना हो। पर अभिरुचि (interest) वह है जो हमारे ध्यान को वस्तु के प्रति खींचती है। फिर ध्यान हमारे संकल्प (will) से संचालित होता है। अतः, बिना संकल्प के मात्र संवेदन भी संभव नहीं होता है।

याद करने, बीती वस्तु को पहिचानने में संकल्प की प्रक्रिया और भी अधिक तेज हो जाती है। बौद्धिक निर्णय करने तथा युक्तियों में संकल्प का स्थान एकदम प्रबल हो उठता है। पर निर्णय

स्थापित करने तथा युक्तियों के संचालन करने में प्रत्ययों (कोटि, category) की आवश्यकता पड़ जाती है। अतः, साधारण ज्ञान प्राप्ति की प्रक्रिया में *संत अगस्टिन* का मत अभी भी किसी न किसी रूप में स्वीकारा जा सकता है और अभी भी कहा जा सकता है कि ज्ञान-प्रक्रिया के संचालन में संकल्प का रहना आवश्यक है। इतना ही भर अन्तर है कि जिसे संत अगस्टिन ने संकल्प कहा है उसे अब मन का क्रियात्मक (conative) पक्ष कहा जाता है। पर *संत अगास्टिन* की ज्ञान-मीमांसा में ईश्वर-ज्ञान का भी पक्ष प्रबल हो जाता है और यहाँ *संत अगस्टिन* की ज्ञान-मीमांसा और धर्म-मीमांसा में विरोध चला जाता है। *ज्ञानमीमांसा* में मानव की *स्वतंत्र इच्छा* को स्वीकारा जाता है और उसके पक्ष पर बल दिया जाता है। इसके विपरीत ईश्वर-ज्ञान को प्राप्त करने में मानव के संकल्प-स्वतंत्रता को नकारा जाता है और मानव को 'कठ पुतली' समझा जाता है।

ईश्वर-ज्ञान

जब कहा जाता है कि गणित, दर्शन, विज्ञान आदि के ज्ञान में *प्रत्यय* (ideas) की आवश्यकता हो जाती है तो इतनी दूर तक कोई कठिनाई नहीं होती है क्योंकि वास्तव में *संत अगस्टिन* के लिए 'प्रत्यय' से कोटि (category) का अर्थ होता है। पर *संत अगस्टिन* 'प्रत्यय' से प्लेटोवादी 'प्रत्यय' का भी अर्थ समझते हैं क्योंकि इनका कहना है कि प्रत्ययों के प्रयोग करने पर प्रतीत होता है कि साधारण वस्तुएँ अपने अनुरूप प्रत्ययों की नकल मात्र हैं। उदाहरण लाल घोड़ा, सफेद घोड़ा, अरबी घोड़ा इत्यादि घोड़े प्रत्यय की कापी मात्र हैं और वे कभी भी आदर्श घोड़े या सामान्य घोड़े का स्थान नहीं ग्रहण कर सकते हैं। पर प्रत्यय तो वास्तव में *ईश्वर के मन में वस्तुओं का आदर्श रूप* हैं। इसलिए प्रत्ययों के ज्ञान से ईश्वर-ज्ञान के होने की बात कही जा सकती है। पर संत अगस्टिन ऐसा नहीं मानते हैं। उसका कारण?

पहले ही कहा जा चुका है कि *संत अगस्टिन* कहते हैं कि मानव इतना ही भर जान सकता है कि *ईश्वर है, न कि वह क्या* है। इसका कारण है कि बिना स्वतंत्र संकल्प के ज्ञान संभव नहीं है। फिर अंत में सभी ज्ञान ईश्वर के निर्बाध स्वतंत्र पर निर्भर करता है। ईश्वर के स्वतंत्र संकल्प की तुलना में मानव संकल्प एकदम निष्क्रिय (passive) रहता है। मानव संकल्प ईश्वरीय संकल्प के ही द्वारा नियंत्रित होता है। यह भी जानना है कि 'ईश्वर है, न कि वह क्या है', वह ईश्वरीय अनुग्रह पर निर्भर करता है। संकल्प की स्वतंत्रता के स्थान पर मानव संकल्प की निष्क्रियता का मत *संत अगस्टिन* की ईश्वर-मीमांसा से निकलता है।

हम लोगों ने पहले ही देखा है कि *संत अगस्टिन* का विश्वास-वचन था कि मानव आद्य पाप (original sin, मूल पाप) से जकड़ा हुआ नियतत्त्ववाद से संचालित होता है और फिर बिना ईश्वर के अनुग्रह (grace) के उसको मोक्ष नहीं प्राप्त हो सकता है और बिना मोक्ष के उसको स्वतंत्र संकल्प भी नहीं प्राप्त हो सकता है।

आद्य पाप के सिद्धान्त के अनुसार केवल प्रथम पुरुष आदम को स्वतंत्रता थी। परन्तु जब उसने ईश्वर की आज्ञा का उल्लंघन किया तब वह पाप में पड़ गया और पापी से उसकी स्वतंत्र इच्छा भी छीन ली गई। तब इस पाप का निराकरण कैसे हो? *संत अगस्टिन* के अनुसार समस्त मानव जाति प्रथम पुरुष आदम के पाप के द्वारा उत्पन्न होकर आद्य पाप से ग्रस्त है। उनमें इच्छा-स्वातंत्र्य नहीं है और अपने प्रयास से कोई भी व्यक्ति अपने पाप से छुटकारा नहीं प्राप्त कर सकता है। पापी व्यक्ति मात्र कठपुतली है और नियतत्त्ववाद (determinism) से ही वह संचालित होता है। तब मानव को ईश्वर-ज्ञान कैसे हो क्योंकि बिना स्वतंत्र संकल्प के ज्ञान नहीं हो सकता है?

इस संदर्भ में *संत अगस्टिन* ने ईश्वरीय अनुग्रह के सिद्धान्त को प्रतिपादित किया है। ईश्वर पूर्णतया शुभ और स्वतंत्र है। इस निर्बाध शुभ स्वतंत्रता के साथ ईश्वर जिसको चाहता है उसको वह अपने अनुग्रह-दान देकर उसका निस्तार करता है। ईश्वर की सृष्टि और काल, दोनों एक साथ उत्पन्न किए गए हैं और ईश्वर के लिए सृष्टि की घटनाएँ सर्वकालीन हैं, अर्थात् भूत, वर्तमान

और भविष्य, सभी एक साथ अविच्छिन्न रूप से विद्यमान रहते हैं। इसलिए ईश्वर का अनुग्रह किसको मिले वह सृष्टि के आदिकाल से ही निश्चित रहता है। इस दृष्टि के अनुसार मानव का आद्य पाप, चुने हुए लोगों को छोड़कर अन्य मानवों में नियतत्त्ववाद में परिणत हो जाता है। अतः, अधिकांश व्यक्ति नारकीय दंड के योग्य ठहर जाते हैं जिनका न कभी उद्धार हो सकता है और न उन्हें ईश्वर-ज्ञान का अधिकारी ही माना जाता है।

जिन लोगों को ईश्वर ने अपना अनुग्रह-दान दिया वे पाप से छूट जाते हैं और उन्हें स्वतंत्र संकल्प भी प्राप्त हो जाता है, ऐसे अनुग्रह-प्राप्त व्यक्तियों को ईश्वर दिव्य दृष्टि देता है कि वे इस जीवन में ईश्वर का दर्शन कर पाएँ। परन्तु ऐहिक जीवन में इन चुने हुए लोगों को (elect) भी पूरा ज्ञान नहीं होता है। केवल मरणोत्तर जीवन में ही ईश्वर का पूर्ण ज्ञान होता है। यह मत भी रामानुजीय है जो जीवन्मुक्ति नहीं स्वीकार करते हैं।

अंतः, *संत अगस्टिन* अपनी ज्ञान-मीमांसा में मानव की इच्छा-स्वतंत्रता को स्वीकार करते हैं और अधिकांश आद्य पाप से ग्रसित व्यक्तियों के स्वतंत्र संकल्प को न स्वीकार कर उनमें नियतत्त्ववाद को ही मानते हैं। अतः, *संत अगस्टिन* की ज्ञान-मीमांसा और ईश्वर-मीमांसा में विरोध पाया जाता है।

ईश्वर का स्वरूप और उसके अस्तित्व का प्रमाण

संत अगस्टिन ने बताया है कि मानव इतना ही जानता है कि *ईश्वर* है, पर वह ईश्वर के गुण के विषय में सर्वथा अभिज्ञ रहता है। इस उक्ति के बावजूद *संत अगस्टिन* ने बताया है कि ईश्वर उपासना और स्तुति के योग्य है और उसमें निरपेक्ष रूप से ऐश्वर्य, शक्ति और अबाध स्वतंत्र क्रियात्मकता पाई जाती है। वह नित्य, अतीत और शुभ है। उसने शून्य से इस विश्व की सृष्टि की है, पर इस विश्व के सभी प्राकृतिक नियम अपरिवर्तनशील है। *प्लेटो* के दर्शन में शून्य (nothing) से मैटर का अर्थ लगाया जाता है, पर *संत अगास्टिन* के अनुसार ईश्वर ने मैटर की रचना की है। इस रूप में संत अगस्टिन का ईश्वर पूर्णतया वास्तविक सृष्टिकर्त्ता है। अतः, संत *अगस्टिन* के ईश्वर-विचार में द्वैतवाद नहीं पाया जाता है।

संत अगस्टिन के अनुसार, विश्व और मानव, सभी वस्तुओं पर ध्यान देने से स्पष्ट हो जाता है कि ये वस्तुएँ ईश्वर की ओर हमें संकेत करती हैं। अंतः, *संत अगस्टिन* भक्त थे और इसी भक्ति से ओत-प्रोत होकर उन्होंने ईश्वर के अस्तित्व को प्रमाणित करने का प्रयास किया है:—

(1) संत अगस्टिन ने इस विश्व को कार्य माना है। इसलिए इस विश्व का कोई कारण भी होगा। किस प्रकार का कारण? जैसा कार्य होगा, वैसा ही उसका कारण भी होगा। इस विश्व में क्रम है, सौन्दर्य है और क्रमबद्ध व्यवस्था है। इसलिए इस विश्व का सृष्टिकर्त्ता परम संकल्पी कहा जा सकता है जिसे ईश्वर की संज्ञा दी जा सकती है। इस प्रमाण को उद्देश्यमूलक कहा जा सकता है कि और प्लेटो ने इस प्रमाण को उपस्थापित किया था।

(2) इसी प्रकार प्लेटोवादी प्रमाण के अनुसार कहा जा सकता है कि मानव के अन्दर नित्य प्रत्ययों का ज्ञान है। इन नित्य और शाश्वत प्रत्ययों का स्रोतस्थान मानव नहीं हो सकता है, क्योंकि मानव सीमित और नश्वर जीव है। इसलिए स्वीकारना चाहिए कि नित्य और शाश्वत प्रत्ययों का स्रोत परमेश्वर ही है।

(3) फिर इस विश्व की सभी गतियाँ पूर्वस्थापित गति से निर्धारित होती हैं। तब इस विश्व की अवस्थिति (जारी रहना, continued existence, वर्तमानता) को स्पष्ट करने के लिए स्वतः चालित परम ईश्वर के अस्तित्व को स्वीकारना चाहिए। इसे प्लेटोवादी प्रमाण को विश्वमूलक कारण प्रमाण कहा जा सकता है।

(4) फिर चौथा प्रमाण भी प्लेटोवादी ही है जिसके अनुसार समस्त मानव जाति ईश्वर के

अस्तित्व को स्वीकारती आई है। इसलिए लोक संप्रतिपत्ति (consensus gentium सर्वलोक सहमति) के आधार पर ईश्वर के अस्तित्व को स्वीकारना चाहिए।

ईश्वर और अशुभ की समस्या

ईश्वरवादी के लिए अशुभ (evil) की समस्या एक टेढ़ी खीर है। *संत अगस्टिन* का ईश्वर निरपेक्षतया शुभ, कल्याणकारी तथा सर्वशक्तिमान है। तब शुद्ध में अशुभ कैसे आ गया?

(1) *प्लेटो* ने भी माना था कि यह विश्व एक कला रूपी रचना के रूप में दिखता है। प्रत्येक कलामय रचना में थोड़े विकार का रहना आवश्यक है कि कला का सौन्दर्य निखर जाय। चाँद में धब्बा अवश्य है। पर इस धब्बे से चाँद की सुन्दरता बढ़ जाती है। इसी प्रकार अशुभ के रहने पर विश्व के सौन्दर्य में वृद्धि चली आती है। बिना भूख के तड़पन के भोजन का आनन्द क्या, और बिना थकावट के सोने का आराम क्या तथा बिना बीमारी के स्वास्थ्य का सुख क्या? अतः, थोड़े अशुभ से विश्व में सौन्दर्य की संपूर्णता आती है। *इसलिए अपने में शुभ अच्छा नहीं, पर अच्छा है कि अशुभ है। Evil is not good, but it is good that evil is.*

(2) फिर *संत अगस्टिन* का कहना है कि अशुभ कोई भावात्मक (positive) सत्ता नहीं है। इसमें वर्तमानकालिक शुभ का अभाव मात्र है। उदाहरण मोतियाबिन्द के कारण अंधा होना। जब तक मोतियाबिन्द रहता है, व्यक्ति अंधा रहता है। पर मोतियाबिन्द के हटा देने से अंधापन दूर हो जाता है। यही बात रतौंधी के संदर्भ में लागू होती है। विश्व का अशुभ भी इसी प्रकार शुभ के वर्तमानकालिक अभाव का नाम है। इसे वैकल्यात्मक (privative) की संज्ञा दी गई है। *संत अगस्टिन* ने अशुभ को निष्क्रिय तथा अभावात्मक माना है, अर्थात् *अशुभ को अभावात्मक समझा है। Evil is not cause efficiens, but causa deficiens.*

(3) पुनः, नैतिक पतन के लिए, *संत अगस्टिन* ने मानव को उत्तरदायी माना है, न कि ईश्वर को। प्रथम आदम ने ईश्वर की आज्ञा का उल्लंघन कर पाप किया, और आद्य पाप का वह स्वयं कारण बना। अशुभ का मूल कारण है स्वतंत्र संकल्प का मानव द्वारा दुरुपयोग।, स्वतंत्र संकल्प ईश्वर का मानव को सबसे बड़ा दान है। 'स्वतंत्रता' से यह ध्वनित होता है कि स्वतंत्र संकल्प का सदुपयोग तथा दुरुपयोग, दोनों संभव है। अतः, मानव, न कि ईश्वर, मानव अनैतिकता अथवा नैतिक अशुभ का कारण है। इसलिए ईश्वर ने अशुभ की सृष्टि नहीं की है, पर *अशुभ की संभावना की अनुमति दी है। (God has not created evil, but has permitted evil.)*

मानव विचार

मानव आत्मा और शरीर का एकीकरण है, पर आत्मा शरीर की अपेक्षा कहीं अधिक उच्चतर सत्ता है। आत्मा शरीर को अपना साधन बनाती है। आत्मा शरीर को गतिशील करती है, पर शरीर आत्मा को गतिशील नहीं करता है। प्रश्न होता है-(1) क्या प्रत्येक मानव के जन्म के समय उसमें ईश्वर आत्मा को सृष्ट करता है? (2) या प्रथम पुरुष आदम में ही आत्मा की सृष्टि की गई थी? उसकी संतान में यह आत्मा संक्रामित होती आई है।

संभवतः *संत अगस्टिन* के अनुसार प्रत्येक मानव के जन्म के समय आत्मा की सृष्टि तर्कसंगत नहीं होगी, क्योंकि *संत अगस्टिन* मानते हैं कि प्रत्येक मानव जन्म से ही आद्य पाप से ग्रस्त होता है। यदि प्रत्येक मानव आत्मा का सृष्टिकर्त्ता ईश्वर हो, तो ईश्वर ही मापी मानव की सृष्टि का उत्तरदायी हो जायगा। परन्तु ईश्वर शुद्ध रूप से शुभ है। इसलिए वह पापी आत्मा का सृष्टिकर्त्ता नहीं माना जा सकता है। फिर यदि ईश्वर ही मानव को पापी बनाकर संसार में भेजता है तो मानव का पाप मोचन कभी भी नहीं हो सकता है। इसलिए मानना होगा कि प्रथम पुरुष को ही ईश्वर ने स्वतंत्र संकल्प देकर शुभ आत्मा की सृष्टि की। स्वयं आदम ने ईश्वर की आज्ञा का उल्लंघन कर पाप किया और अब यह आद्य पाप आदम की संतान में संक्रमित (transmitted) होकर अभी तक जारी है। *अतः, पाप का कारण स्वयं मानव है, न कि ईश्वर।*

फिर यह भी प्रश्न किया जा सकता है कि यदि मानव आत्मा सृष्टि सत्ता है तब यह अमर नहीं हो सकता है क्योंकि सभी सृष्ट सत्तायें नश्वर होती हैं? *संत अगस्टिन* यह नहीं मानते हैं कि सृष्ट सत्ता अवश्यमेव नश्वर होती हैं। इनके अनुसार सृष्ट आत्माएँ अमर हो सकती हैं। पर *संत अगस्टिन* जन्म से पूर्व आत्मा के अस्तित्व को नहीं स्वीकारते हैं। पर आत्माओं को सृष्टि के बाद उनको अमर मानते हैं। आपने आत्मा की अमरता के लिए उन्हीं प्रमाणों को दुहराया है जिसे *प्लेटो* ने फीडो नामक पुस्तक (71-72 पारा) में प्रस्तुत किया है।

(क) सृष्ट वस्तुएँ विरोधद्वय (pairs of opposites) में बनाई गई हैं, उदाहरण गरम-ठंडा। इसी प्रकार जन्म-मरण भी है। इसलिए मरण के बाद जन्म का होना उतना ही निश्चित है जितना जन्म के बाद मरण का होना। ठीक यही बात गीता में बताई गई है।

जातस्य हि ध्रुवो मृत्युर्ध्रुवं जन्म मृतस्य च। (2.29)

(ख) फिर मानव आत्मा के अन्दर नित्य प्रत्ययों का ज्ञान है। ये नित्य प्रत्यय केवल नित्य आत्मा में हो सकते हैं। इसलिए मानव आत्मा अमर है।

अब पहले ही बता दिया गया है कि आत्मा में शुद्ध भाव, बुद्धि और संकल्प का त्रय पाया जाता है।

ईश्वरीय नगर और शैतानी नगर

आद्य पाप के सिद्धान्त के अनुसार आदि पुरुष आदम के पाप के साथ समस्त मानवजाति पाप-ग्रस्त हो गई है और अब बिना ईश्वर के द्वारा निर्धारित उद्धार-मार्ग के व्यक्तियों का मोक्ष नहीं हो सकता है। ईसा मसीह ईश्वर के अवतार के रूप में अवतरित हुए और उन्होंने क्रूश पर पापमोचक बलिदान के रूप में अपने को अर्पित किया है कि जो कोई उस पर विश्वास करे वह नरक में न जाकर अपने पापों से मुक्त हो और स्वर्ग-राज्य का अधिकारी हो। विश्वास करने से अभिप्राय है कि व्यक्ति अपने पापों को मानकर उससे प्रायश्चित करे, अपने को पिता-पुत्र पवित्र आत्मा को अपने को अर्पित कर ईश्वरीय अनुग्रह का प्रार्थी हो। ईश्वर के द्वारा पापों से मुक्त होकर वह व्यक्ति स्वर्गिक राज्य का नागरिक होता है।

उसके विपरीत जिस पर ईश्वर का अनुग्रह नहीं होता है वह यह लौकिक जीव होकर सांसारिक वस्तुओं की लालसा में फँस जाता है। ऐसे व्यक्तियों को शैतानी साम्राज्य का नागरिक कहा जाता है। अब स्वर्गिक नागरिक और ऐहिक, लौकिक नागरिकों के बीच संघर्ष चल रहा है और ईसा के दूसरे आगमन तक यह संघर्ष जारी रहेगा। द्वितीय आगमन के बाद ईसा अपने चुने हुए (elect) लोगों को अपने साथ न्याय दिवस के समय स्वर्ग का अधिकारी बनाएगा और शैतानी राज्य के नागरिकों को नारकीय आवास में डाल दिया जायगा जहाँ उन्हें अनन्त काल तक रोना-पीटना और यातनाएँ सहनी पड़ेंगी।

संत अगस्टिन के इस स्वर्गिक नागरिक और शैतानी नागरिक के विचार में मानीवाद (manichaeism) की झलक मिलती है जिसका भी उल्लेख अति संक्षेप में आवश्यक प्रतीत होता है।

मानीवाद (मैनिकिज्म *Manichaeism*)

मानीवाद फारस देश के पारसी धर्म से प्रभावित हुआ था उसमें भारतीय चिन्तन का भी प्रभाव देखा जाता है। उसके संस्थापक *मेन्स* (*Manes* 240-277) कहे जाते हैं। मानीवाद के ये तत्त्व हैं:—

(1) दो प्रकार के राज्य पाए जाते हैं, अर्थात् पिता का स्वर्गिक राज्य और अन्धकार का शैतानी राज्य।

(2) स्वर्गिक राज्य आध्यात्मिक है और शैतानी राज्य पार्थिव है।

(3) चुने हुए (elect) लोग अपनी देह से मुक्त होकर स्वर्ग को प्राप्त करेंगे और निम्न स्तर के लोग पशु योनियों में आवागमन के चक्कर में पार्थिव बने रहेंगे।

(4) मानीवादियों का यह भी दावा था कि ईयाइयत का शुद्ध रूप मानीवाद ही है। आप लोग निरामिष रहने की सलाह भी देते थे और संन्यास के लिए भी।

(5) मानीवाद के अनुसार मोक्ष-ज्ञान बुद्धि के द्वारा सम्भव होता है, न कि आस्था (फेथ) के द्वारा।

(6) वास्तव में ईसा क्रूश पर नहीं मारे गये, पर उनका केवल *छायाभास (phantasm)* ही क्रूश पर चढ़ाया गया था। इस मत को इस्लाम में स्थान दिया गया है।

संत अगस्टिन ने 1-2 को स्वीकार किया था। आपने आवागमन-सिद्धान्त के स्थान पर न्यायदिवस तथा स्वर्ग-नरक के मत को स्वीकारा था। फिर *अगस्टिन* आस्था के पोषक थे और आपने ईसा के छायाभासात्मक क्रूश की मृत्यु को नहीं स्वीकारा था। पर मानीवाद का प्रभाव संत अगस्टिन पर पड़ा ही है। मानीवाद में द्वैत है और संत अगस्टिन भी चुने संत और नारकीय ईश्वर-विरोधी के संघ के द्वैत को स्वीकारते हैं। फिर आद्य पाप के काण नियतत्त्ववाद से पूर्णतया नियंत्रित मानव को नारकीय दंड का अधिकारी कहकर, *संत अगस्टिन* ने मानीवादीय निराशावाद की भी स्थापना की है।

अंत में *संत अगस्टिन* के द्वारा प्रतिपादित ज्ञान-मीमांसीय स्वतंत्र संकल्प को ही मान्यता दी गई है, न कि आद्य पाप के सिद्धान्त को।

स्वयं *संत अगस्टिन* ने संकल्प की स्वतंत्रता को अपने आद्य पाप के सिद्धान्त को मानकर ठुकरा दिया और फिर आपके अनुसार चुने हुए संतों की परम गति यही है कि वे ईश्वर पर निरन्तर *ध्यान* लगाए रहें। प्लेटोवाद के अनुसार इस प्रकार का ध्यान दार्शनिक को ही प्राप्त हो सकता है। इसलिए ध्यान-सिद्धान्त पर बल देकर बुद्धि (intellect) को संकल्प की अपेक्षा वरिष्ट शुभ माना गया है। यही कारण है कि अंत में *अगस्टिन* के विरोधी, *डंस स्कोटस (Duns Scotus)* तथा *ओक्खम* ने संकल्प की वरीयता प्रदान की है, न कि बुद्धि की।

सृष्टि-सिद्धान्त *(Theory of Creation)*

सृष्टि-सिद्धान्त में निम्नलिखित तत्त्व होते हैं:—

(1) किसी व्यक्तित्वपूर्ण (personal) ईश्वर का होना जिसमें विचार और संकल्प का रहना चाहिए।

(2) बिना किसी पूर्वस्थापित उपादान के केवल स्वतंत्र इच्छा मात्र से विश्व को उत्पन्न करना, जैसे बाइबिल के अनुसार ईश्वर ने कहा 'ज्योति हो जा' और संसार में ज्योति आई।

इसी प्रकार छान्दोग्योपनिषद् के अनुसार 6.2.3 में लिखा है तदैक्षत बहु स्यां प्रजायेयेति (मैं बहुत हो जाऊँ उत्पन्न हो जाऊँ) और ब्रह्म के इस मात्र संकल्प से सृष्टि उत्पन्न हुई।

(3) फिर यह सृष्टि न केवल पूर्वस्थापित उपादान के उत्पन्न होती है, पर केवल सृष्टिकर्त्ता की मात्र इच्छा से उत्पन्न होती है।

संत अगस्टिन का सृष्टि-सिद्धान्त *प्लेटो* के विचार से भिन्न है क्योंकि *प्लेटो* के अनुसार ईश्वर मैटर की मदद से विश्व की रचना करता है। ऐसा प्लेटोवादी ईश्वर विश्व-शिल्पी (architect) कहा जायगा, क्योंकि वह मैटर को रूप देता है, न कि उसकी रचना करता है।

फिर *संत अगस्टिन प्लोटिनस* के मत को भी नहीं स्वीकारते करते हैं क्योंकि *प्लोटिनस* के अनुसार विश्व ईश्वर से *निस्सृत हुआ है न कि सृष्ट*। विश्व और ईश्वर, *प्लोटिनस* के अनुसार दोनों का नित्य सहस्तित्व रहता है।

सृष्टि-सिद्धान्त के अनुसार काल और सृष्टि दोनों एक साथ ईश्वर-द्वारा उत्पन्न हुए हैं। सृष्टि के पूर्व काल था ही नहीं। इसलिए निम्नलिखित प्रश्न करना निरर्थक और निराधार है :—

(1) सृष्टि क्यों नहीं सृष्टिकाल के पूर्व या बाद में रची गई, या

(2) सृष्टि के पूर्व ईश्वर क्या करता था? इत्यादि। फिर एक अन्य प्रश्न भी किया जाता है।

जब ईश्वर को पूर्वज्ञान (fore-knowledge) था कि मानव पाप करेगा और फिर उसको इसके फलस्वरूप नारकीय दंड मिलेगा, तब ईश्वर ने उसकी (मानव की) क्यों रचना की?

संत अगस्टिन के अनुसार काल और नित्यता (कालातीतता अथवा कालविहीनता) में अन्तर है। काल मानव के ही लिए यथार्थ होता है और काल की अवधारणा के अनुसार घटनाओं में पूर्व और अपर, अर्थात् क्रम का अन्तर होता है। *ईश्वर की नित्यता में सभी काल, भूत और भविष्य दोनों एक साथ वर्तमान रहते हैं।* (***The past and future remain in His ever present now.***) इसलिए ईश्वर के पूर्वज्ञान और भविष्य ज्ञान का अन्तर व्यर्थ है और उसके सन्दर्भ में प्रश्न भी अनर्गल है। तब यह प्रश्न अवश्य किया जा सकता है कि जानबूझकर ईश्वर ने पापी व्यक्तियों की क्यों रचना की।

यह भी प्रश्न, *संत अगस्टिन* के लिए व्यर्थ है क्योंकि ईश्वर अपनी स्वतंत्र इच्छा के अनुसार सृष्टि करता है और उसकी इच्छा के सन्दर्भ में मानव को आपत्ति करने का कोई अधिकार नहीं है। क्या मिट्टी का बर्तन कुम्हार से प्रश्न कर सकता है कि उसने क्यों कुछ बर्तनों को टेढ़ा-मेढ़ा बनाया है। उसी प्रकार सृजनहार ईश्वर से यह पूछना भी अनर्गल है कि उसने क्यों पापी होने के लिए मानवों की रचना की है।

जौन स्कोटस एरिजिना (*John Scotus Erigena*, लगभग 810-77)

जौन स्कोटस आयरलैण्ड (अर्थात् आर्यभूमि) के निवासी थे। आप नवप्लेटोवादी, सर्वेश्वरवादी और यूनानी भाषा-विशेषज्ञ थे। सन्त अगस्टिन की तुलना में आप आस्था (फेथ) के स्थान पर तर्कबुद्धि (reason) को धर्मदर्शन के लिए अधिक मान्य समझते थे। इसलिए आपका विचार ईसाइत की परम्परा का विरोधी माना गया है। एरिजिना सृष्टि-सिद्धान्त की अपेक्षा प्लोटिनस के निस्सरण-सिद्धान्त (emanation) को अधिक मान्य मानते थे। फिर प्लोटिनसीय विचार के अनुसार आप सर्वेश्वरवादी भी थे। आपके अनुसार विश्व और मानव, ईश्वर से ही निस्सृत हुआ है। इनके अनुसार जब बाइबिल में कहा गया है कि शून्य से ईश्वर ने सृष्टि की है तो इससे अर्थ होता है कि उसने अपनी ही सत्ता से विश्व की सृष्टि की है, अर्थात् *ईश्वर ही सभी वस्तुओं में है और वही समस्त ब्रह्माण्ड का आधार* है। सभी वस्तुएँ ईश्वर से उसी प्रकार निकलती हैं जिस प्रकार फूल से सुगन्ध। सभी वस्तुएँ ईश्वर को ही प्रकाशित करती हैं; सभी वस्तुएँ उसी एक परम सत् से निकलकर अन्त में उसी में लौट आती हैं।

एरिजिना की कई कृतियाँ और अनुवाद भी हैं, पर उनकी मूल पुस्तक है ***'On the Divison of Nature.'*** इस पुस्तक से *प्लेटो* और *अरस्तू*, दोनों के विचार व्यक्त होते हैं। इन्होंने सम्पूर्ण विश्व को चार वर्गों में बाँटा है, अर्थात :

(1) वह जो सृष्टिकर्त्ता है, पर स्वयं स्रष्ट नहीं है।

(2) वह जो सृष्ट भी है और स्रष्टा भी है।

(3) जो स्रष्ट है, पर सृष्टा नहीं है।

(4) जो न सृष्ट है और न स्रष्टा ही है।

स्पष्ट है कि ईश्वर ही शाश्वत, नित्य और असृष्ट है और वही स्रष्टा भी कहा जा सकता है। द्वितीय श्रेणी में गिने जाते हैं *प्लेटो* के प्रत्यय, विश्व-बुद्धिगम्य व्यवस्था तथा ईसा जिसे लोगोस (logos, विश्व-बुद्धि) भी कहा गया है। ईश्वर ने ही सम्पूर्ण नियमबद्ध व्यवस्था को सृजा है और फिर बाइबिली विचार के अनुसार ईसा विश्व के आदि में थे और उन्होंने ही सम्पूर्ण विश्व की

सृष्टि की है। इसलिए ईसा ही विश्व-बुद्धि और वृद्धि से परिपूर्ण प्रत्यय(ideas) है जिसके अनुसार विश्व की सभी वस्तुएँ नियमबद्ध रूप में सृष्ट हुई हैं। तीसरे वर्ग में सृष्ट विश्व है और उसकी सभी व्यवस्थित वस्तुएँ। वे सभी विश्व और विश्व की वस्तुएँ, सभी सृष्ट हैं और फिर किसी अन्य वस्तुओं की सृष्टि स्वयं विश्व नहीं करता है।

अतः, ईश्वर असृष्ट और सृष्टिकर्त्ता है, ईसा और सभी इनमें निहित प्रत्यय सृष्ट और स्रष्टा है; विश्व जो सृष्ट है, पर स्रष्टा नहीं है। इसलिए मानव ईश्वर से निकला है और अन्त में उसी में विलीन भी हो जाता है। पर यहाँ ईश्वर-द्वारा निर्धारित उद्धार और अवतार की भी कथा चली आती है। ईसा ही वह अवतार है जो दिक् काल में ईश्वर से निकल कर आया है और अपनी आहुति देकर समस्त विश्व का उद्धार करता है, अर्थात् वह सभी विश्वासी मानव और विश्व को ईश्वर की ओर आकृष्ट कर उससे जोड़ देता है। सम्पूर्ण सृष्टि और ईश्वर की एकता हो जाने से अभिप्राय है कि सम्पूर्ण विश्व फिर ईश्वर में ही विलीन हो जाता है। इस अन्तिम स्थिति में अन्त में केवल एक असृष्ट अस्रष्टा के रूप में रह जाता है। यह है अन्तिम चरण और सम्पूर्ण तत्त्व का चौथा वर्ग।

ईश्वर अज्ञात और अज्ञेय है। वह है, पर उसका गुण, सारतत्त्व नहीं है जिसके द्वारा किसी भी वस्तु तथा विषय का ज्ञान होता है। इसलिए वह स्वयं भी अपने को नहीं जान सकता है और इसलिए किसी भी बुद्धि के लिए वह अगम्य है। वस्तुओं की सत्ता में ही उसकी सत्ता आभासित होती है। ईश्वर को विश्व के क्रम (order), उसकी बुद्धि (wisdom) तथा परिगमन (movement) में ही समझा जा सकता है। ईसाई त्र्येक (trinity) सिद्धान्त के अनुसार, ईश्वर की अपने में निहित सत्ता को पिता, उसकी बुद्धि को उसके पुत्र ईसा तथा उसके परिगमन को पवित्र-आत्मा (Holy ghost) कहा जा सकता है।

दूसरे वर्ग के सृष्ट और स्रष्टा के अन्तर्गत सभी प्रत्यय (प्लेटो के), लोगोस और ईसा को रखा गया है। पवित्र आत्मा से प्रभावित होकर प्रत्ययों के आधार पर समस्त विश्व की रचना की गई है। यह सृष्टि ईश्वर का शाश्वत व्यापार है और सृष्टि सत्ताएँ ईश्वर के साथ अभिन्न हैं। जब सभी सृष्ट मानव और जगत् ईश्वर ही है तो इसमें अशुभ कहाँ से आया?

अशुभ मानव के इच्छा-स्वातन्त्र्य का ही परिणाम है। जब मानव, मानवमुखी हो जाता है तभी वह पाप के चंगुल में पड़ जाता है। फिर *स्टोईकी* लोगों के समान *जौन स्कोटस* अशुभ की अपनी कोई स्वतंत्र सत्ता नहीं स्वीकारते हैं। अशुभ वैकल्प पद (privative) है, अर्थात् वर्तमान में *किसी गुण का अभाव मात्र।*

एरिजिना प्लेटोवादी अवश्य हैं क्योंकि आप प्रत्ययों की, वस्तुओं की सृष्टि के पूर्व स्वतंत्र सत्ता को स्वीकारते हैं। पर समस्त तत्त्वों को चार वर्गों में बाँटने में उनका अरस्तूवाद भी व्यक्त होता है। पहले तीन वर्ग हैं, चालक-अचालित, चालित-चालक, चालित पर चालक नहीं। कुछ भी हो *जौन स्कोटस* का सिद्धान्त बहुमान्य ईसाइयत के विरुद्ध दिखावा है।

एरिजिना और ईसाइयत

(1) विस्मरण-सिद्धान्त को मानते हैं, न कि सृष्टि-सिद्धान्त।

(2) *एरिजिना* व्यक्तियों की स्वतंत्र सत्ता को नहीं स्वीकारते हैं, क्योंकि ये अन्त में ईश्वर में विलीन (mergence) हो जाते हैं। पर ईसाई धर्म के अनुसार वे या तो स्वर्ग में या नरक में सर्वदा रहेंगे।

(3) फिर *एरिजिना* त्र्येक ईश्वर अर्थात् पिता, पुत्र और पवित्र आत्मा के नित्य सहास्तित्व को भी नहीं स्वीकारते हैं। वे ईश्वरत्रय (triad) में विश्वास रखते हैं।

(4) *एरिजिना* के अनुसार संसार में लैंगिक, कामक्रिया के साथ पाप का प्रादुर्भाव हुआ और अन्त में शरीर के अध्यात्मीकरण के साथ मानव निष्पाप हो जायेगा और अलैंगिक हो जायेगा।

(5) फिर फारसी धर्म के अनुसार सम्पूर्ण विश्व का पुनरुद्धार (restoration) हो जायेगा, यहाँ तक कि शैतान का भी अन्त में पुनरुद्धार हो जायेगा। इसके विपरीत ईसाइयत के अनुसार पापियों की अनन्त काल तक नारकीय यातना बनी रहेगी।

(6) अन्त में *एरिजिना* सर्वेश्वरवादी हैं, पर अधिकतम ईसाई धर्मविचारक ईश्वर को विश्व से अतीत (transcendent) मानते हैं।

(7) फिर *एरिजिना* मानते हैं कि ईश्वरीय प्रकाशना और तर्कबुद्धि दोनों ही सत्यता-प्राप्ति के स्रोत हैं और दोनों में कोई विरोध नहीं रहना चाहिए। यदि कहीं विरोध हो तो तर्कबुद्धि को ही उच्चतर मानना चाहिए। इसके विपरीत अधिक ईसाई विचारक आस्था (फेथ) को ईश्वरीय ज्ञान के लिए श्रेष्ठ और प्रामाणिक मानते हैं। तर्कबुद्धि का स्थान गौण है,

यही कारण है कि *जौन स्कोटस* की रचनाओं को सन् 855 और 859 में भी नकारा गया और सन् 1225 में इनके मत को ईश्वर-निन्दा समझा गया है।

रोशेलिनस (*Roscellinus* 1050-1122 लगभग)

बिना सामान्य (universals) के सम्बन्ध के विषय में थोड़ी चर्चा किए हुए *अन्सेल्म* के दर्शन को समझने में कठिनाई हो जायेगी। इसलिए अब सामान्य पर विचार करें।

सामान्य के विषय, भावात्मक और नकारात्मक रीति से *सोफिस्ट, सुकरात, प्लेटो, अरस्तू, सिनिक* और *सिरैनिक* विचारकों के दर्शन में सामान्य की प्रमुख चर्चा है और इसका प्रभाव ईसाइयत पर भी पड़ा है। अतः, मध्ययुगी ईसाई धर्म-मीमांसा के सन्दर्भ में सामान्य के प्रति विचार को उपयोगी समझा जायेगा।

सोफिस्टों के अनुसार सर्वव्यापी और निरपेक्ष सत्यता कहीं भी नहीं है। नीति और ज्ञान, देश-काल और व्यक्तियों को विभिन्नता के अनुसार ही पाया जाता है। इसके विपरीत *सुकरात* का कहना था कि न्याय, सद्गुण का सम्प्रत्यय अतिवैयक्तिक और निरपेक्षतया सत्य है। सभी व्यक्तियों में भेद रहते हुए भी वे समझते थे कि व्यक्तियों में नैतिक धर्म के सन्दर्भ में लोगों में *मतैक्यता* है। यह इसी से *स्पष्ट* होता है कि विचारक वस्तुओं के सारतत्त्व (essence) को जानते हैं और फिर वे इस सारतत्त्व को उनकी परिभाषा बनाकर उन्हें सर्वमान्य कर लेते हैं। इस प्रकार गायपन, पशुता, मानवजाति इत्यादि का संप्रत्यय (concepts) संभव होता है।

प्लेटो, सुकराती संप्रत्यय-सिद्धान्त से आगे एक कदम बढ़ गये और बताया कि सामान्य जिन्हें प्रत्यय (ideas) कहा गया है वे सभी वास्तविक वस्तुओं के सारतत्त्व को अपने में निहित रखते हैं और अन्तिम रूप में वस्तुविशेषों (particulars) की तुलना में उन्हें अधिक यथार्थ और सत् समझा जा सकता है। इन प्रत्ययों को, वस्तुविशेषों से अतीत और परे अपनी स्वतंत्र सत्ता है। वस्तुविशेष हो या नहीं, पर इनकी अपनी स्वतंत्र सत्ता अक्षुण्ण बनी रहती है। यही नहीं, मानव हो या नहीं, पर उनके मन में विचार हो या नहीं, पर सब मानसिक विचारों से परे रहकर भी प्रत्ययों की सत्ता ज्यों-की-त्यों बनी रहती है। यहाँ याद रखना चाहिए कि सुकराती संप्रत्ययों (concepts) की सत्ता मानव मन और उसके विचार में ही निहित समझी जाती है। सुकराती संप्रत्यय-मत को संप्रत्ययवाद(conceptualism) कहा जाता है और प्रत्ययों की स्वतंत्र सत्ता स्वीकारने को प्रत्ययवाद (idealism) की संज्ञा दी जाती है या प्रत्ययों का वास्तुवाद।

सामान्य-सिद्धान्त की आलोचना करते हुए *सिनिक* और *सिरैनाइकों* के अनुसार प्रत्ययों की कोई स्वतंत्र सत्ता नहीं है। सम्प्रत्यय भी मानव-मन में ही थोड़ा-बहुत निहित समझे जा सकते हैं। वे वास्तव में किसी एक जाति के विशेषों की *सादृश्यता की गस्तिष्क पर छाप* (impression of similarity) से उत्पन्न होते हैं। *सिरैनाइकों* को इन पर भी सन्देह होता है कि जातिवषियक छाप एक समान सभी व्यक्तियों के मन पर अंकित होती है। कोई दूसरे के मन में घुस नहीं सकता है और इसलिए यह नहीं कहा जा सकता है कि लालपन, गायपन इत्यादि की छाप सब व्यक्तियों

के मन पर एक समान होती है। अतः सम्प्रत्ययों के सर्वव्यापी होने पर भी संशय किया जा सकता है।

इस सन्दर्भ में *अरस्तू* का मत महत्त्वपूर्ण माना गया है। अरस्तू के अनुसार सामान्य फार्म (universal form) को मानव मन पर वस्तुओं की सादृश्यता की छाप मात्र नहीं समझना चाहिए। वे एक जातिविषयक सभी वस्तुओं में पाये जाते हैं। कोई भी वास्तविक वस्तु क्यों न हो, उसमें सर्वव्यापी फार्म अवश्य रहता है, क्योंकि वे वस्तुएँ किसी न किसी जाति के अन्तर्गत पाई जाती हैं। इसलिए *सामान्य मन में ही नहीं, वरन् प्रत्येक जाति के अन्तर्गत सभी विशेषों में (particualrs) पाये जाते हैं।*

रोसेलिनस (रोशलिन, Roscelin) न तो *प्लेटो* के प्रत्ययों के वास्तववाद को स्वीकार करते हैं और न आप अरस्तूवादी संप्रत्ययवाद (conceptualism) को मानते हैं। आपके मत को नामवाद (nominalism) कहा जाता है। नामवाद के अनुसार सामान्य (universal) न तो वस्तुविशेषों से परे और अतीत अपना कोई स्वतंत्र सत्ता रखता है और न यह वस्तुविशेषों में ही निहित रहता है। यह केवल नाम या शब्द है जो सदृश वस्तुविशेषों के लिए प्रयुक्त होता है। अधिक से अधिक किसी जातिविषयक वस्तुविशेषों की सदृश्यता का अनिश्चित बिम्ब मानव मस्तिष्क में रह सकता है। यह बिम्ब भी स्पष्ट नहीं, पर मिश्रित हो सकता है।

प्लेटो तथा *अरस्तू* के सामान्य के प्रति सिद्धान्तों पर ईसाई विश्वास-वचन निर्भर करते हैं। ये विश्वास-वचन हैं त्रियेकत्व का सिद्धान्त, आद्य पाप का सिद्धान्त, ईसा द्वारा क्रूशीय मौत के द्वारा समस्त मानवजाति के उद्धार का सिद्धान्त इत्यादि। इन सभी विश्वास-वचनों पर नामवाद कुठाराघात कर देता है (देखें सारांश संख्या 8)।

रोसेलिनस के अनुसार मानव मन वस्तुविशेषों के सामान्य गुणों को उनसे पृथक् कर (abstract अपकृष्ट कर, अलग से निकाल कर) उन पर अपना ध्यान टिका सकता है, चाहे तदनुरूप किसी प्रकार की स्पष्ट प्रतिमा हो या न हो। जैसे-बिना किसी लाल फूल या किताब की प्रतिमा के 'लालपन' पर विचार किया जा सकता है। इसलिए *रोसेलिनस* के अनुसार सामान्य मानव में रह सकते हैं, पर मन से परे न वे वस्तुविशेषों में और न वे प्लेटोवाद के अनुसार अपनी स्वतंत्र सत्ता में पाये जाते हैं। अब धर्ममीमांसा पर इस नामवाद का क्या प्रभाव पड़ा?

चूँकि *रोसेलिनस* के अनुसार सामान्य केवल मानव में ही निहित होते हैं और उनसे परे कोई अन्य स्वतंत्र स्थान उनका नहीं है, इसलिए त्र्येकत्व (trinity) में भी पिता, पुत्र और पवित्र-आत्मा (father, son and Holy Ghost) में कोई सामान्य ईश्वरतत्त्व के रूप में नहीं है। इसलिए *ये तीन भिन्न और विशिष्ट सत्तायें हैं, न कि एक।* अतः त्र्येकत्व के स्थान पर ईश्वर-त्रय (tritheism, triad) की अवधारणा चली आती है जो ईसाइयत के विश्वास-वचन के सर्वथा विरुद्ध है। यही कारण है कि *अन्सेल्म* ने ईश्वर-त्रय के सिद्धान्त का विरोध किया और नामवाद के स्थान पर प्लेटोवाद का समर्थन किया और इसी प्रकार के प्लेटोवाद के आधार पर ईश्वर के सत्तामूलक प्रमाण की स्थापना की।

अन्सेल्म (Anselm 1035-1109)

नवप्लेटोवाद और अगस्टिनीय परम्परा के अनुसार सर्वव्यापी संप्रत्यय वास्तव में सारभुत सामान्यों को परिलक्षित करते हैं। जैसे-गाय की जातिभावना गायपन के सामान्य का बोध करती है। ये सामान्य, विशेषों और मन से परे अपना अस्तित्व रखते हैं। *रोसेलिनस* का कहना है कि वस्तुविशेषों की सादृश्यता की छाप मन पर पड़ती है और इसी छाप के फलस्वरूप संप्रत्ययों की स्थापना होती है। पर सोचना चाहिए कि किसी एक जाति के वस्तुविशेष *क्यों सदृश दिखते हैं?* वे इसलिए सदृश दिखते हैं कि वे एक ही सामान्य प्रत्यय (universal idea) में सहभागी होते

हैं। सब मानव इसलिए सदृश दिखते हैं कि वे एक ही मानव-प्रत्यय में सहभागी होकर उसे परिलक्षित करते हैं। एक ही प्रत्यय में सहभागी होने के कारण ही वे सदृश हैं। विभिन्न वस्तुविशेष एक समान नहीं दिख सकते हैं यदि वे वास्तव में वस्तुनिष्ठ रूप से सदृश न हों।

प्रत्येक विशिष्ट द्रव्य में एक प्रकार का सर्वव्यापी तत्त्व होता है जिसके कारण वह वस्तु अपनी जाति सम्बनी विशेषों के समान होती है। जैसे-राम सभी मानव के समान है, इसलिए उसे मनुष्य माना जाता है। और फिर राम अन्य मनुष्यों की तुलना में अन्य लोगों से भिन्न होता है। अतः प्रत्येक वस्तुविशेष में सामान्य और विशिष्टता, दोनों एक साथ रहती हैं। अब इन दोनों लक्षणों को ध्यान में रखकर त्र्येकत्व (trinity) की व्याख्या की जा सकती है।

ईसाइयत के त्र्येक ईश्वर की व्याख्या को इस सामान्य और विशेष के आधार पर अन्सेल्म ने स्पष्ट किया है। पिता, पुत्र और पवित्र आत्मा अपने-अपने में विशिष्ट और पृथक-पृथक भी हैं तो भी ये तीन नहीं वरन् एक ही परम ईश्वर हैं। एक ही ईश्वरत्व तीनों में एकरूप से वर्तमान है जिसे वे अपने-अपने पृथक् रूप में एकसमान व्यक्त करते हैं।

सामान्य (universals) मानव मन में सामान्यतः संप्रत्यय रूप में रहते हैं, पर इस मन से बाह्य भी वे होते हैं जिनमें विशिष्ट वस्तुविशेष सहभागी (participate, अंशग्राही होना) भी होते हैं। ये सामान्य नित्य होते हैं और ईश्वर में निहित रहते हैं। सृष्टि के पूर्व में सामान्य (idea) परियोजना के रूप में ईश्वर में रहते हैं जिसके अनुसार ईश्वर सृष्टि की रचना करते हैं।

अन्सेल्म निस्सरण (emanation) को नहीं स्वीकारते हैं क्योंकि इनके अनुसार ईश्वर की ज्योति अन्त में क्षीण हो जाती है। अतः, ऐसी स्थिति में ईश्वर की पूर्णता में ह्रास आ जायगा। पर ईश्वर पूर्ण है और वह अपने में सामान्य रूप से एक-सा रहता है।

अन्सेल्म ईसा के अवतार और पापमोचन (redemption) के विचार को अगस्टिनीय रूप से स्पष्ट करते हैं। इस विचार के अनुसार आदम द्वारा स्वतंत्र संकल्प के दुरुपयोग करने के फलस्वरूप आदम की सम्पूर्ण सन्तानरूप में मानवजाति पाप के दल-दल में फँस गई। यह पाप मामूली नहीं था। यह पाप ईश्वर महान् की आज्ञा को उल्लंघन करने से उत्पन्न हुआ था। इसे दूर करने के लिए समस्त पापी मानवजाति की आज्ञा को उल्लंघन करने से उत्पन्न हुआ था। इसलिए इसे दूर करने के लिए समस्त पापी मानवजाति को विनाश करके ही ईश्वर को सन्तोष हो सकता था। पर ईश्वर ने मानवजाति की सृष्टि इसलिए की, कि मानव ईश्वर की आज्ञाओं का पालन करके ईश्वरीय रूप में पवित्र बने। ईश्वर ने अपने लक्ष्य की प्राप्ति हेतु पापमोचन के लिए अपनी दया के कारण ईसा को अवतरित किया कि वह अपनी बलि देकर इस जघन्य पाप का परिक्षालन कर सके। यह स्वयं ईश्वर की ही (क्योंकि ईसा त्र्येक ईश्वर में ईश्वर है) बलि है जो पिता रूप ईश्वर स्वीकार करता है। जब जो कोई इस ईसा के क्रूशीय पापमोचक (redemption) बलिदान में विश्वास करता है, वह ईश्वरीय कोप का नहीं, वरन् ईश्वर के अनुग्रह का भागी होता है और अन्त में वह स्वर्गिक आनन्द का अधिकारी होता है। क्या अन्सेल्म के इस मत को बुद्धि ग्रहण कर सकती है? इस सन्दर्भ में बुद्धि और आस्था पर विचार करना होगा।

आस्था (फेथ) और तर्कबुद्धि

अन्सेलम के अनुसार फेथ और रीजन (तर्कबुद्धि) में किसी प्रकार का विरोध नहीं है। परन्तु ईसाइयत में निहित सच्चाई को फेथ (आस्था) के द्वारा जाना जाता है और तब बाद में वह सच्चाई बुद्धि के द्वारा स्पष्ट की जा सकती है। फिर आस्था बुद्धि पर निर्भर भी नहीं करती है। प्रकाशना की सत्यता न तो बुद्धि के द्वारा स्थापित की जाती है और न बुद्धि के आधार पर उसे नकारा ही जा सकता है। इससे अभिप्राय यह नहीं है कि बुद्धि के द्वारा फेथ की कथावस्तु (content) को नहीं समझना चाहिए। सच्ची बात तो यही है कि बुद्धि के द्वारा आस्था-विषय को सुबोध करना

चाहिए और आस्था को युक्ति के द्वारा समर्थित कर पुष्ट करना चाहिए। *अन्सेल्म* की प्रसिद्ध युक्ति है कि *वह इसलिए नहीं जानने का प्रयास करते हैं ताकि उन्हें ईसाइयत में विश्वास हो, पर उन्हें ईसाई तत्त्वों में आस्था रहनी चाहिए ताकि वह उन्हें समझ सकें।*

I do not desire to know in order that I may believe.

I believe in order that I may know.

बुद्धि का काम है कि आस्था-विषय को स्पष्ट किया जाय। पर यदि प्रकाशन का कोई ऐसा विषय हो जो बुद्धिगम्य न हो पाए, तो व्यक्ति को मौन धारण कर लेना चाहिए और उस पर मानव को उसमें आस्था रखनी चाहिए। तो भी इस सन्दर्भ में अन्सेल्म का ईश्वर के सन्दर्भ में सत्तामूलक प्रमाण धर्मदर्शन में प्रमुख स्थान रखता है और अब इसकी व्याख्या की जायगी।

ईश्वर के अस्तित्व का सत्तामूलक (*Ontological*) प्रमाण

सत्तामूलक प्रमाण से अर्थ होता है कि ईश्वर-प्रत्यय में ही उसकी सत्ता (अस्तित्व) निहित है। प्रायः लोग समझते हैं कि प्रत्यय और अस्तित्व, अलग-अलग हैं। इसलिए ईश्वर प्रत्यय और ईश्वर की सत्ता भी अलग-अलग है और प्रत्यय से अस्तित्व की स्थापना नहीं होती है। उदाहरण भूखा स्वादिष्ट भोजन की कल्पना कर सकता है, पर स्वादिष्ट भोजन के प्रत्यय से यथार्थ भोजन नहीं प्राप्त हो सकता है। यह स्पष्ट है। तब अन्सेल्म ने क्यों कहा कि ईश्वर-प्रत्यय और ईश्वर का अस्तित्व है, दोनों एक हैं?

मध्ययुगी विचारधारा के अनुसार जितना ही प्रत्यय अधिक *सर्वव्यापाक होगा, उतना ही वह अधिक अस्तित्वपूर्ण भी होगा।* चूँकि ईश्वर सब से अधिक सर्वव्यापक सामान्य है, इसलिए वह सबसे अधिक अस्तित्वपूर्ण भी होगा। *ईश्वर वह प्रत्यय है जिसकी तुलना में कोई अन्य न तो उच्चतर है और न महत्तर है (God is that reality than which greater and higher cannot be thought.)* इस सन्दर्भ में यह भी याद रखना चाहिए कि अन्सेल्म के अनुसार अस्तित्व, लाल, पीला, अच्छा-बुरा, मीठा-खट्टा इत्यादि के समान गुण हैं जिनकी मात्रा हो सकती है। जैसे हम कहते हैं कि अमरूद मीठा होता है, पर आम उससे कहीं अधिक मीठा होता है। इसी प्रकार अन्सेल्म के अनुसार साधारण वस्तुओं में कम सत्ता होती है और अधिक व्यापक प्रत्ययों में अधिक सत्ता होती है।

यदि मान लिया जाय कि अधिक व्यापक सामान्य में अधिक सत्ता होती है और यह कि सत्ता (अस्तित्व) भी गुण है जो कम-अधिक होता है तब *अन्सेल्म* का सत्तामूलक प्रमाण सर्वथा न्यायसंगत होता है। फिर 'महत्तर और उच्चतर' शब्दों के प्रयोग से स्पष्ट हो जाता है कि *अन्सेल्म* ईश्वर-प्रत्यय में मूल्यों को आरोपित करते हैं। इसलिए अन्सेल्म के अनुसार ईश्वर-प्रत्यय केवल सर्वोच्च ही नहीं, वरन् यह पूर्णतम प्रत्यय भी है और जो जितना पूर्ण होगा वह उतना अधिक वास्तविक भी होगा। अब चूँकि ईश्वर-प्रत्यय सबसे अधिक सर्वव्यापक और पूर्ण है इसलिए वह परम सत् (real) भी होगा। क्या गौनिलो की आपत्ति ठीक है जिसके अनुसार यदि हम किसी आदर्श द्वीप की कल्पना करें तो उसके अनुरूप कहना और मानना भी पड़ेगा कि एक आदर्श द्वीप है?

नहीं। क्योंकि द्वीपविशेष के विषय में कल्पना की जा सकती है कि वह हो या न हो। वस्तुविशेषों की सत्ता अपनी नहीं है पर *अन्सेल्म* के अनुसार उसकी सत्ता उसके प्रत्यय पर निर्भर करती है। फिर द्वीप का प्रत्यय उच्चतम और महत्तम नहीं है, अतः आदर्श द्वीप के अस्तित्व अर्थात् उसकी यथार्थता नहीं भी हो सकती है। परन्तु इसकी तुलना में उच्चतम और महत्तम ईश्वर-प्रत्यय में उसकी वास्तविकता अवियोज्य रूप से निहित है। यह बात अन्सेल्म ने दूसरे रूप में व्यक्त की है।

मान लिया जाय कि दो प्रकार के प्रत्यय हों। एक ईश्वर का वह प्रत्यय हो जिसके अनुरूप वास्तविक (actual) न हो, और एक दूसरा प्रत्यय जिसमें ईश्वर-प्रत्यय के अनुरूप वास्तविक हो। तब दोनों में से किस ईश्वर-प्रत्यय को उच्चतर और महत्तर माना जायगा? चूँकि अन्सेल्म

के अनुसार अस्तित्व गुण है, इसलिए वह ईश्वर-प्रत्यय जिसके अनुरूप वह वास्तविक है अधिक पूर्ण कहा जायगा। अतः ईश्वर-प्रत्यय और ईश्वर-वास्तविकता अवियोज्य है और इसलिए कहना पड़ेगा कि सर्वोच्च और महत्तम ईश्वर-प्रत्यय के अनुरूप ईश्वर को वास्तविक मानना चाहिए।

आलोचना

अन्सेल्म की मान्यताओं को आज स्वीकृत नहीं किया जाता है। न तो यह कहा जायगा कि जितना अधिक प्रत्यय सर्वव्यापक होगा उतना अधिक वह (सत् real) समझा जायगा और न यह कि अस्तित्व गुण है जिसकी मात्रा होती है।

पहली मान्यता प्लेटोवादी है जिसके अनुसार सामान्य (universal) ही सत् है और विशेष का सत् उसमें निहित सामान्य पर निर्भर करता है। अब इसे समकालीन विचार स्वीकार नहीं करेगा। दूसरी बात है कि *अस्तित्व को गुण* माना ही नहीं जाता है। इसलिए यह कहना कि साधारण सामान्य में कम अस्तित्व है और अधिक व्यापक सामान्य में अधिक अस्तित्व है, अनर्गल समझा जायगा। काण्ट से लेकर समसामयिक विचार में अस्तित्व को गुण समझा ही नहीं जाता है। इसलिए अन्सेल्म का सत्तामूलक प्रमाण असिद्ध समझा जाता है पर इसका महत्त्व धर्मदर्शन में आज भी है। देकार्त, लाइबनित्स, हेगेल ओर हेगेलवादियों ने इस सत्तामूलक प्रमाण को स्वीकार्य बताया है।

पीटर अबेलार्ड (लगभग 1079-1142)

पीटर अबेलार्ड कुशाग्र बुद्धि, फ्रांस के पादड़ी थे। आपने एक पुस्तक लिखी है 'हाँ और न'। इस पुस्तक में आपने बताया है कि सत्यता को प्राप्त करने के लिए धर्म का स्थान पहला है और उसके बाद द्वन्द्वात्मक युक्तियों का स्थान आता है। दूसरे शब्दों में आप तर्कबुद्धि को एक महत्त्वपूर्ण स्थान देते हैं। पर यह भी निर्विवाद है कि आपके लिए फेथ (विश्वास) के स्थान को तर्कबुद्धि को नहीं दिया जा सकता है क्योंकि धर्म के लिए फेथ ही सर्वोपरि स्रोत है। लेकिन विश्वास को अंधविश्वास नहीं कहना चाहिए। विश्वास के विषय बुद्धि की गम्भीर जाँच होनी चाहिए। यदि हमारा विश्वास तर्कसंगत नहीं किया जा सके तो भी हमें विश्वास को पकड़े रहना चाहिए। *Faith cannot be superseded by reason.*

अबेलार्ड ने *प्लेटो* के प्रत्यय-वास्तववाद की आलोचना की है। वास्तव में *प्लेटो* का प्रत्यय, सामान्य (universal) गुण है जो किसी एक जाति के अंतर्गत अनेक उदाहरणों में उनके विधेय के रूप में काम में लाया जाता है। विधेय वास्तव में वस्तुओं का गुण होता है। अब *वस्तुओं का विधेय गुण* होता है। इसलिए वस्तुओं का विधेय कोई अन्य वस्तु नहीं हो सकती है। इसलिए वस्तुमूलक सामान्य वस्तु नहीं है। अतः, *प्लेटो* के प्रत्ययों को स्वतंत्र सत्ता अथवा द्रव्य या वस्तु नहीं माना जा सकता है। तब क्या सामान्य को नामवाद (nominalism) द्वारा स्पष्ट किया जा सकता है?

नहीं? क्योंकि सामान्य केवल उच्चारित शब्द नहीं है। सामान्य वस्तुओं में पाए गए सदृश गुणों को बुद्धि अपकर्षित कर लेती है। पर ये सदृश गुण वस्तुओं में निहित होते हैं। फिर ये गुण मानव मस्तिष्क में अनिश्चित बिम्ब-समूह के रूप में पाए जाते हैं। यदि अबेलार्ड ने सामान्य के संदर्भ में इतनी ही बात कहते तो आपको अरस्तूवादी संप्रत्ययवादी (conceptualist) कहा जाता। पर आप वस्तु और मानव मन के अतिरिक्त यह भी स्वीकारते हैं कि सामान्य ईश्वर के मन में वस्तुओं के पैटर्न के रूप में पाए जाते हैं जिनका अनुसरण कर ईश्वर इस संसार की वस्तुओं की रचना करता है। यह मत प्लेटोवादी है न कि अरस्तूवादी। सर्वप्रथम, *अरस्तू* ईश्वरीय मन को *व्यक्तित्वपूर्ण ईश्वर के मन* की कल्पना नहीं करते हैं। अब चूँकि *अबेलार्ड* सामान्यों को ईश्वर के मन में वस्तुओं के पैटर्न के रूप में मानते हैं, इसलिए अबेलार्ड को अर्ध-वास्तववादी कहा जायगा।

त्रित्व (trinity) के संदर्भ में *अबेलार्ड* के मत को आपत्तिजनक समझा गया है। पिता-पुत्र, पवित्र आत्मा, *अबेलार्ड* के लिए तीन गुण हैं, न कि तीन व्यक्तित्वपूर्ण सत्ताएँ। पिता एक है अथवा

शुभत्व, पुत्र ईश्वर का लोगोस (logos) या मन और पवित्र आत्मा विश्व-आत्मा है। इसलिए 'त्रित्व' से अभिप्राय होता है कि एक ही ईश्वर के तीन गुण अर्थात् शुभत्व, प्रज्ञा (wisdom) और सर्वशक्तिमता।

अबेलार्ड का नीतिशास्त्र महत्त्वपूर्ण है क्योंकि आप आचार में *निहित आन्तरिकता* (inwardness) पर बल देते हैं। आपके अनुसार व्यवहार में निहित अभिप्राय ही नैतिक निर्णय का विशेष विषय होता है। प्रायः नीतिशास्त्र में अभिप्राय (intention) में प्रेरक और निर्णीत कर्मफल के योग को कहते हैं। पर *अबेलार्ड* के अनुसार संकल्प के निर्णय को अभिप्राय कहा जाता है। अब यदि किसी व्यक्ति को पर स्त्री को देखकर उसके प्रति काम भाव उत्पन्न हो जाए तो वह अमुक व्यक्ति उस स्त्री के साथ व्यभिचार करने के अभियोग का अधिकारी हो जाता है। *अबेलार्ड* के अनुसार शारीरिक व्यापार का होना आवश्यक नहीं है और न कर्मफल। इसलिए वास्तव में *काण्ट* के समान *अबेलार्ड* अभिप्रेरक (motive) को ही नैतिक निर्णय का विषय मानते हैं। इसलिए *अबेलार्ड* के लिए व्यक्ति विशेष का संकल्प और इसका विवेक (conscience) ही उसकी नैतिकता को आँकते हैं। पर विवेक का क्या स्वरूप है?

विवेक एक ऐसी प्राकृतिक शक्ति है जो थोड़ी विभिन्नता के होने पर भी सभी व्यक्तियों में उनका सामान्य गुण कहा जा सकता है। अब ईसाई शिक्षा यही है कि व्यक्तियों को धर्मशिक्षा देकर उनके विवेक को जागृत किया जाय। विवेक को जागरण की इसलिए आवश्यकता पड़ जाती है कि मानव विवेक पाप के कारण धूमिल हो जाता है। फिर मानव विवेक ईश्वरीय संकल्प के अनुरूप ही रचित किया गया है। इसलिए अपने विवेक के अनुसार काम करने पर व्यक्ति ईश्वर की इच्छा पर चलता है और विवेक के विरुद्ध काम करने पर पाप होता है। वास्तव में *अबेलार्ड* का विवेक सिद्धान्त संत अगस्टिन की आन्तरिक अनुभव का स्पष्टीकरण मात्र है। फिर बाद में नीतिशास्त्र में अन्तःप्रज्ञात्मक सिद्धान्त की पूर्व छाया है।

सन्त टामस अक्वीनस (*St. Thomas Aquinas* 1227-74)

अधिकतर ईसाई धर्ममीमांसक प्लोटोवादी ही हुए हैं पर *सन्त टामस* ने *अरस्तू* के दर्शन का अध्ययन करके इसे अपने धर्मदर्शन का मुख्य आधार बनाया है।

प्राकृतिक या प्रकृतिवादी धर्ममीमांसा और श्रुतिपरक धर्ममीमांसा

अक्वीनस के दर्शन और धर्ममीमांसा (theology) के बीच स्पष्ट भेद किया है। यह ठीक है कि परम सत् एक ही है और बुद्धि और श्रुति (revelation) में किसी प्रकार का भेद अथवा अन्तर नहीं हो सकता है। परन्तु श्रुति के अनुसार उन बातों का भी उल्लेख किया गया है जिसे मानव बुद्धि पूर्णतया समझ नहीं सकती है। उदाहरण त्र्येकत्व, अवतार तथा न्यायदिवस के सिद्धान्त श्रुतिपरक धर्ममीमांसा से प्राप्त होते हैं। पर ईश्वर के अस्तित्व के प्रमाण तथा मानव अमरता के विषय मानव बुद्धि जानने के लिए समर्थ है। चूँकि ईश्वर के प्रति मानव ज्ञान मानव के लिए आवश्यक है, इसलिए ईश्वर के अस्तित्व के सम्बन्ध में युक्तियाँ प्रस्तुत करना आवश्यक है। इस सन्दर्भ में कहा जा सकता है कि ईश्वर का अस्तित्व स्वतः प्रकाशित है। इसलिए ईश्वर के अस्तित्व के लिए युक्तियों को प्रस्तुत करना व्यर्थ है।

अक्वीनस का कहना है कि यदि ईश्वर का सारतत्त्व (essence) और अस्तित्व दोनों मानव को ज्ञात होता, तो मानव के लिए ईश्वर का अस्तित्व भी स्पष्ट होता। पर मानव को ईश्वर का सारतत्त्व पूर्णतया ज्ञात नहीं है इसलिए मानव को ईश्वर का अस्तित्व भी स्पष्टतया ज्ञात नहीं है। यहाँ सन्त टामस बाइबिली कथन के अनुरूप ही बताते हैं कि हम जानते हैं कि *ईश्वर* है पर यह नहीं जानते कि वह क्या है अर्थात् उसका गुण और सारतत्त्व मानव को नहीं ज्ञात है। यदि मानव को ईश्वर का सारतत्त्व ही नहीं ज्ञात है तो ईश्वर के सारतत्त्व (essence) से उसके अस्तित्व को कैसे प्रमाणित किया जा सकता है? चूँकि अन्सेल्म का सत्तामूलक प्रमाण ईश्वर के सारतत्त्व-

सम्बन्धी ज्ञान पर निर्भर करता है इसलिए *सन्त टामस* ने *सत्तामूलक* प्रमाण को नहीं स्वीकृत किया है। *सन्त टामस* ईश्वर के अस्तित्त्व को जगत् के अस्तित्त्व के आधार पर ही सिद्ध करने का प्रयास करते हैं।

ईश्वर के अस्तित्व के सम्बन्ध में सन्त टामस के पाँच प्रमाण

प्रथम तीन प्रमाण को विश्वमूलक (cosmological) युक्ति कहते हैं क्योंकि इसका आधार विश्व के लक्षणों पर आधृत है। तीनों में सिद्ध किया गया है कि विश्व के आधार के रूप में अनिवार्य सत्ता (necessary being) समझ कर ईश्वर के अस्तित्व को स्वीकारना चाहिए। पर necessary अथवा अनिवार्यता तार्किक अनिवार्यता नहीं है यह *अरस्तू* के *actus purus* (शुद्ध वास्तविकता) को बताता है। अरस्तू के दर्शन में संपूर्ण विश्व की व्यवस्था संभाव्यता (potentiality) और वास्तवीकरण (actuality) के आधार पर की गई है। विश्व-व्यवस्था को सोपानक्रमिक रूप में व्यक्त किया गया है जिसके आधार में संभाव्यता रहती है और उच्चतम चोटी में actus purus अथवा पूर्ण वास्तविकता है जिसमें सम्पूर्ण संभाव्यता को साकार अपना पूर्णतया वास्तविक कर लिया गया है। इस सम्पूर्ण वास्तविकता को *सन्त टामस* ने ईश्वर की संज्ञा दी है। इस रूप में ईश्वर पूर्णतया अवश्यमेव रूप में यथार्थ कहा गया है। ईश्वर की वास्तविकता सोपानक्रमिक व्यवस्था को अवश्यमेव सत्ता कहा गया है। इसे *तार्किकतया* नहीं, वरन् *तथ्यात्मक* (factual) अनिवार्यता बताया गया है। दूसरे शब्दों में यदि अरस्तूय सोपानक्रमिक व्यवस्था को स्वीकारा जायगा तो ईश्वर के अस्तित्व को भी स्वीकारना आवश्यक होगा। अतः, *सन्त टामस* द्वारा ईश्वर सम्बन्धी ईश्वर की अनिवार्य सत्ता तत्त्वमीमांसात्मक है न कि तार्किक।

सन्त टामस का चौथा प्रमाण अधिक प्लेटोवादी है क्योंकि इस युक्ति का आधार नैतिक शुभत्व है जो प्लेटो के शुभ प्रत्यय का विशेष लक्षण है। इसे नैतिक युक्ति की भी संज्ञा दी जा सकती है। अन्तिम और पाँचवें प्रमाण को उद्देश्यमूलक (teleological) युक्ति की संज्ञा दी जा सकती है।

आद्य अचल चालक (*Prime Unmoved Mover*)

(1) विश्व में गति देखी जाती है। जो कुछ भी चालित किया जाता है वह किसी अन्य चालक के द्वारा गति में आता है। फिर पहला चालक भी किसी अन्य चालक के द्वारा चालित होता है। इसी प्रकार दूसरा चालक भी तीसरे चालक के द्वारा चालित होता है। इसलिए कितनी ही दूर तक हम पीछे क्यों नहीं हटते जायें इस श्रृंखला का अन्त नहीं होता है। इसलिए अनवस्था से बचने के लिए हमें स्वीकारना पड़ेगा कि अन्त में एक ऐसा आदि चालक है जो सब गतियों को उत्पन्न करता है पर जो स्वयं किसी अन्य चालक से चालित न हो। इस प्रारम्भिक अचालित चालक को ईश्वर की संज्ञा दी जा सकती है।

(2) फिर विश्व में निमित्त कारणों की भी श्रृंखला पाई जाती है। क का कारण ख, ख का कारण ग और ग का कारण घ होता रहता है इत्यादि। अतः, अनवस्था से बचने के लिए स्वीकारना चाहिए कि एक आद्य कारण (first cause) है जिसे ईश्वर की संज्ञा दी जा सकती है।

(3) संसार की सभी वस्तुएँ आपातिक (contingent) दिखती हैं, अर्थात् जो वस्तुएँ अभी हैं पर जिनके नहीं होने की संभावना विचारी जा सकती है। उदाहरण यह मेज अभी है पर आँख मूँद कर हम कल्पना कर सकते हैं कि यह न हो। इसी प्रकार सूर्य-चाँद इत्यादि सभी वस्तुओं के न होने की संभावना की जा सकती है। पर आपातिक वस्तुओं का आधार अन्त में ऐसी सत्ता होनी चाहिए जिसके नहीं होने की कल्पना नही की जा सकती है। इस अनिवार्य सत्ता को ईश्वर की संज्ञा दी जा सकती है।

(4) विश्व की सभी वस्तुओं में अच्छाई की दृष्टि से कम-अधिक की मात्रा पाई जाती है। इस अच्छाई के क्रम से स्पष्ट होता है कि अच्छाई का फौर्म है जो वस्तुओं में निहित अच्छाई

की संभाव्यता को वास्तविक करता है। चूँकि सभी अच्छाई की मात्रा अन्त में उस फौर्म आव फौर्म से प्रभावित होती है जिसमें परम सत्, शुभ और पूर्णता है इसलिए इसके अनुरूप अवश्य परम वास्तविकता भी होगी जिसको ईश्वर की संज्ञा दी जा सकती है।

(5) यदि प्रकृति पर दृष्टिपात किया जाय तो ऐसा आभासित होता है कि यह सब अभिकल्पित (designed आयोजित) है। यह आयोजना चेतनविहीन सत्ता से नहीं उत्पन्न की जा सकती है क्योंकि 'आयोजना' में चेतना, सोच विचार कर उद्देयपूर्त्ति की स्थापना करना ध्वनित होता है। इसलिए विश्व की आयोजना से यही निष्कर्ष निकाला जा सकता है कि कोई एक ऐसी परम बुद्धि है जिसने इस विश्व की सृष्टि को उद्देश्य-पूर्ति के लिए रचा है। इस परम बुद्धि को ईश्वर की संज्ञा दी जा सकती है।

सन्त टामस ने ईश्वर के अस्तित्व के पक्ष में युक्तियाँ अवश्य प्रस्तुत की हैं पर इन युक्तियों के आधार पर इतना ही कहा जा सकता है कि ईश्वर है *न कि वह क्या* है। यह भी *अरस्तू* के द्वारा प्रतिपादित संभाव्यता-वास्तवीकरण के सिद्धान्त के आधार पर कहा जा सकता है कि जो कुछ शुभत्व, ज्ञान इत्यादि उसकी सृष्टि में पाये जाते हैं उन सबका अत्यतम परिणाम ईश्वर में पाया जाता है। पर अत्यतम परिमाण को सीमित मानव बुद्धि पूर्णतया नहीं जान सकती है। इसलिए ईश्वर के सम्बन्ध के गुणों को केवल नकारात्मक रीति से ही हम व्यक्त कर सकते हैं अर्थात् हम यही कह सकते हैं कि *ईश्वर क्या नहीं* है। (What he is not and not what he is.) इसी नकारात्मक विधि को *सन्त टामस* ने साम्यानुमानिक सिद्धान्त के द्वारा व्यक्त किया है। इस साम्यानुमानिक सिद्धान्त का निष्कर्ष अज्ञेयवाद अवश्य होता है पर इसके द्वारा ईश्वर को मानवत्वारोप (anthropomorphism) से बचाया जा सकता है। *सन्त टामस* की नकारात्मक विधि उनकी ज्ञानमीमांसा पर आधारित है।

संत टामस की ज्ञानमीमांसा

संत टामस अरस्तूवादी थे और इनकी ज्ञानमीमांसा भी अरस्तूवादी ही है। *अरस्तू* के अनुसार सामान्य (universal) की वस्तुविशेषों में ही निहित सत्ता होती है और वस्तुविशेषों से परे उसकी कोई सत्ता नहीं होती है। उदाहरण लालपन केवल लाल वस्तुविशेषों में ही पाया जाता है और लाल वस्तुओं से अलग उनकी कोई निजी सत्ता नहीं होती है। इसी मत को *संप्रत्ययवाद* भी कहा गया है और *संत टामस* ने अरस्तूवादी सामान्य-सम्बन्धी विचार को अधिक स्पष्टता के साथ प्रस्तुत किया है।

संत टामस की उक्ति है कि *बिना संवेदनों के केवल सामान्य के आधार पर बुद्धि ज्ञान नहीं स्थापित कर सकती है। 'There is nothing in intellect which was not previously given in the senses.'*

बाद में चलकर लौक प्रभृति अनुभववादियों ने और *काण्ट* ने भी इसे अपनाया है। पर *संत टामस* की व्याख्या अरस्तूवादी ही है। *संत टामस* के अनुसार ज्ञान का प्रारंभ-बिन्दु संवेदन है, पर संवेदन का क्या स्वरूप है?

सर्वप्रथम, संवेदन मानव की बाह्य वस्तुओं से उत्पन्न छापों के प्रति प्रतिक्रिया है। फिर स्वयं मानव न शुद्ध देह है और न शुद्ध आत्मा। वह आत्मा-शरीर का अवियोज्य गाँठ है। अब जब कोई बाह्य वस्तु की छाप मानव पर पड़ी है तब दैहिक आत्मा अपनी किसी अनुरूप इन्द्रियों के द्वारा उस छाप को ग्रहण करती है। बिना देहधारी आत्मा के संवेदन संभव नहीं होता है। पर संवेदन ज्ञान-प्रक्रिया का आरंभ बिन्दु है, न कि ज्ञान। ज्ञान तभी होता है जब बुद्धि वस्तुविशेषों में निहित सामान्य को खोज निकाले। इसलिए बुद्धि संवेदन-छाप को प्रकाशित करती है ताकि बुद्धि संवेदन तथा संवेदन से उत्पन्न बिम्ब समूह को प्रकाशित कर उनमें निहित सामान्य को खोज निकाले। उदाहरण लाल, सफेद, काले घोड़े के बिम्ब-समूह को बुद्धि प्रकाशित करती है और इनमें *निहित* घोड़ेपन नामक सामान्य को खोज निकालती है। संवेदन शारीरिक प्रक्रिया है और बुद्धि अशरीरी, तर्कबुद्धिपरक

तथा आध्यात्मिक सत्ता है। इसलिए बिना बौद्धिक ज्योति के संवेदन-बिम्बों में *निहित सामान्य* को बुद्धि नहीं स्थापित कर सकती है। *संत टामस* ने स्पष्ट किया है कि–(क) सामान्य वस्तुविशेषों में ही निहित होते हैं और बिना वस्तुविशेषों के सामान्यों की कहीं भी स्वतंत्र सत्ता नहीं है। (ख) पर सामान्य, *वस्तुविशेषों* वास्तव में रहते हैं अर्थात् सामान्य तभी तक सामान्य पाये जा सकते हैं जब तक उनके उदाहरण विशेष संभव हों। A universal should be instantiated. (ग) अंत में बुद्धि को सक्रिय होकर निष्क्रिय बिम्बों में निहित सामान्य को स्थापित करना चाहिए। इसलिए कहा जाता है कि मानव मन बुद्धि के द्वारा वस्तुविशेषों में निहित सामान्य (जो वस्तुओं का सारगुण होता है) गुण को आकर्षित करता है। अतः, साामन्य मानव में भी वर्तमान कहे जा सकते हैं। इस तीसरे लक्षण पर *संत टामस* ने बल नहीं दिया है पर संप्रत्ययवाद में इसे माना जाता है।

इसलिए बुद्धि का मूल विषय है सामान्य जो वस्तुओं में *निहित* रहता है और जिसे बुद्धि उन वस्तुओं से खोज निकालती है, जिसे अपकर्षण-विधि की संज्ञा दी जाती है। मन बिना संवेदन के कोरे कागज के समान रहता है और जब संवेदन-बिम्ब बुद्धि द्वारा प्रदीप्त होता है तभी बुद्धि वस्तु विशेषों में निहित सामान्य सारगुण को बुद्धि द्वारा अपकर्षित कर तथा अन्य सभी आकस्मिक गुणों को त्याग कर प्राप्त किया जाता है। बुद्धि के लिए सामान्य ही उसका मूल ज्ञान-विषय है पर बुद्धि साक्षात् रूप से वस्तु विशेषों अथवा संवेदनों को नहीं जान सकती है। इसलिए जब तक वस्तु संवेदित न हो तब तक वह ज्ञेय नहीं हो सकती है। पर इस प्रसंग में एक महत्त्वपूर्ण बात उमड़ पड़ती है। 'ईश्वर इन्द्रिय-ग्राह्ये' अस्तित्व नहीं है तो उसे कैसे जाना जाए?'

इस प्रश्न के उत्तर में *अक्वीनस* का कहना है कि मानव बुद्धि इतना ही जानती है कि *ईश्वर है, पर यह नहीं कि वह क्या है* अर्थात् ईश्वर के अस्तित्व मात्र का हमें ज्ञान है, पर ईश्वर के किसी भी गुण का हमें ज्ञान नहीं होता है। दूसरे शब्दों में कहा जाता है कि ईश्वर प्रेमी है, दयालु है, सर्वज्ञ है, सर्वशक्तिमान है इत्यादि। पर मानव को ईश्वरीय प्रेम, दया, सर्वज्ञता इत्यादि का कुछ भी सही-सही ज्ञान नहीं होता है। किसी वस्तु के अस्तित्व मात्र को जानकर उसके अन्य किसी भी गुण न जानने को अज्ञेयवाद कहा जाता है। अतः संत *अगस्टिन* ईश्वर के संदर्भ में अज्ञेयवादी कहे जाते हैं। क्यों?

इसका मुख्य कारण है कि *संत टामस* के अनुसार मानव और ईश्वर में प्राकारिक अन्तर है:—

(1) मानव देहात्मिक जीव है, अर्थात् मानव में देह और उसकी आत्मा के बीच अवियोज्य सम्बन्ध है। इस देह को मैटर (संभाव्यता) भी कहा जा सकता है। इसलिए मानव में संभाव्यता-साकारीकरण (actualization वास्तवीकरण) दोनों पाया जाता है। इसकी तुलना में ईश्वर में सभी संभाव्यताएँ वास्तविक रूप में पाई जाती हैं। अतः मानव में मैटर है, पर ईश्वर शुद्ध आत्मा है।

(2) मानव सीमित प्राणी है, पर ईश्वर अपरिमित है।

(3) मानव सृष्ट जीव है पर ईश्वर सभी प्राणियों का सृष्टिकर्त्ता है।

(4) ईश्वर अपनी सारी सृष्टि और मानव से अतीत और परे है।

तब मानव ईश्वर को कैसे जाने? वस्तुओं के आधार पर। सभी वस्तुएँ वास्तव में ईश्वर को प्रकाशित करती हैं। कैसे? अन्त में ईश्वर पूर्णतया शुद्ध भाव है और वस्तुओं में भी वही (reality) भाव परिलक्षित होता है। फिर, कहा जा सकता है कि सम्पूर्ण विश्व और उसकी वस्तुएँ परम सत्ता का ही कार्य है और ईश्वर उन सभी वस्तुओं का *आदिकारण* है। अब कार्य और कारण में कुछ सादृश्यता पाई जाती है। इसलिए विश्व को कार्य मानकर ईश्वर को उसका कारण माना जा सकता है। अतः, विश्व द्वारा ईश्वर के भाव का प्रकाशन, मानकर, फिर विश्व को कार्य और ईश्वर को इसका कारण मानकर इतना ही कहा जा सकता है कि ईश्वर है न कि वह क्या है। पर व्यक्ति तो कहता है कि ईश्वर प्रेमी है, दयालु है, सर्वज्ञ है तो इस प्रकार के ज्ञान को क्या कहा जा सकता है?

वास्तव में ईश्वर-सम्बन्धी विधेयन या गुणात्मक प्रकथनों को निश्चित ज्ञान नहीं कहा जा सकता है। इस प्रकार के ज्ञान-प्रकथनों को *साम्यानुमानिक ज्ञान* कहा जाता है। ईश्वर-सम्बन्धी विधेयात्मक प्रकथनों को 'सत्य-ज्ञान' नहीं कहा जा सकता है परन्तु इन सामन्यानुमानिक प्रकथनों को नकारात्मक और भावात्मक रीति से परिष्कृत किया जाता है। उदाहरणार्थ, ईश्वर प्रेमी है।

ईश्वर का प्रेम अपरिमित है, पर 'प्रेमी' गुण को सीमित मानव प्रेम में ही उचित रूप से व्यहृत किया जा सकता है। ईश्वर के लिए 'प्रेमी' शब्द को शब्दशः काम में नहीं लाया जा सकता है। इसलिए 'ईश्वर प्रेम है' को नकारात्मक विधि के द्वारा परिष्कृत किया जाता है। कहना पड़ता है कि ईश्वरीय प्रेम, पति-पत्नी का नहीं, पिता-पुत्र का नहीं, माता-बेटे का नहीं है। इस प्रसंग में हम 'नेति, नेति' शब्द को ही काम में ला सकते हैं। पर इस नकारात्मक विधि से लाभ क्या है?

नकारात्मक विधि को अपनाकर ईश्वर-सम्बन्धी विचार सूक्ष्म और गहराई तक पहुँचता है। परम सत् अनिर्वचनीयता शुद्ध चेतना है। अनिर्वचनीयता को प्राप्त कर मानव अपने अहंभाव को खोकर अपनी शुद्ध चेतना को प्राप्त करता है।

फिर नकारात्मक विधि यह भी स्पष्ट करती है कि ईश्वर में प्रेम, दया, ज्ञान है, पर यह इतना अपरिमित है कि हमारे शब्द चिराग के समान सूर्य को दिखाने का प्रयास करते हैं। जहाँ करोड़ों सूर्य प्रकाशित करते रहते हैं, वहाँ एक चिराग की ज्योति को 'नेति, नेति' ही कहा जाता है। यद्यपि ईश्वर का प्रेम और उसकी दया मानव शब्दों के द्वारा व्यक्त नहीं की जा सकती है, तदापि ईश्वर में प्रेम, दया, ज्ञान इत्यादि सभी अपनी असीमित पराकाष्ठा को प्राप्त कर उसमें शाश्वत रीति से पाए जाते हैं।

ईश्वर-सम्बन्धी गुणात्मक प्रकथनों को *संत टामस* ने साम्यानुमान (analogy) कहा है और साम्यानुमान दो प्रकार का कहा जाता है, अर्थात् विशेषणात्मक साम्यानुमान (analogy of attribution) और अनुपात-मूलक(analogy of proportionality)। विशेषणात्मक साम्यानुमान में दो पदों से किसी एक में अमुक विशेषण उचित रीति से प्रयुक्त होता है और दूसरे पद में साम्यानुमानिक रूप से। उदाहरण मानव को शब्दशः कहा जा सकता है कि राम स्वस्थ जीव है। पर साम्यानुमानिक रूप से कहा जा सकता है कि औषध या चेहरा स्वस्थ है। अब औषध शब्दशः स्वस्थ नहीं कहा जा सकता है और न चेहरा। पर साम्यानुमानिक रीति से औषधि को भी स्वस्थ कहा जा सकता है, क्योंकि इसके द्वारा मानव स्वास्थ्य को प्राप्त किया जाता है। फिर चेहरे को भी 'स्वस्थ' इस साम्यानुमानिक रूप में प्रयुक्त किया जा सकता है क्योंकि इसके द्वारा अमुक व्यक्ति विशेष के स्वास्थ्य को जाना जा सकता है।

अनुपातमूलक साम्यानुमान में भी दो पद रहते हैं, पर इन विशेषण-शब्दों को पदों के सारगुणों के अनुपात से उनका साम्यानुमानिक अर्थों को स्पष्ट किया जाता है। जैसे कहा जाता है कि काजल कुतिया बुद्धिमान है और फिर उसका मालिक श्याम बुद्धिमान है। पर क्या 'बुद्धिमान' शब्द को एक ही अर्थ में दोनों के लिए प्रयुक्त किया गया है? कुत्ते की बुद्धि कुत्ते के अपने सारगुण(essence) के अनुसार समझी जायगी और श्याम की बुद्धि मानव के सारगुण के अनुसार समझी जायगी।

अब अनुपातमूलक साम्यानुमान का प्रसंग सारगुण है और ईश्वर का सारगुण अज्ञात है। भला, बिना सारगुण जाने हुए ईश्वरीय प्रेम का अर्थ कुछ भी नहीं हो सकता है। इसलिए विशेषणात्मक साम्यानुमान ही दोनों में अधिक उपादेय है। पर अन्त में आलोचनात्मक रूप से किसी भी प्रकार के साम्यानुमान का परिणाम अज्ञेयवाद ही होता है।

संत टामस का सृष्टि सिद्धान्त

संत टामस इस विश्व को कार्य और ईश्वर को इसका *आदिकरण* मानते हैं। दूसरे शब्दों में, *संत टामस* के अनुसार, ईश्वर ने इस विश्व की सृष्टि की है। *सृष्टिकर्ता* का स्वरूप यही है कि वह *मैटर* और *आकार*, दोनों की रचना करे। *प्लेटो* और *अरस्तू* के विचारों में मैटर और फार्म

का द्वैत रह जाता है। अतः, ऐसी स्थिति में ईश्वर पूर्व-स्थापित मैटर के द्वारा विश्व की रचना करता है। परन्तु यदि ईश्वर मैटर की रचना नहीं करता है और पूर्व स्थित मैटर को रूप-आकार देकर विश्व की सृष्टि करता है तब ऐसे ईश्वर को शिल्पकार (architect) कहा जाता है। पर *संत टामस* ईश्वर को सृष्टिकर्त्ता मानते हैं। इसलिए *संत टामस* का कहना है कि ईश्वर ने विश्व की रचना शून्य (nothing) से की है। 'शून्य' से अर्थ लगाया जाता है कि ईश्वर को छोड़कर अन्य कुछ भी नहीं था, न सत् और न असत्। इसलिए ईश्वर ही विश्व के मैटर और आकार, दोनों का रचयिता है।

फिर शून्यता (nothingness) से अभिप्राय होता है कि विश्व की सभी वस्तुएँ और घटनाएँ *आपातिक* (contingent) हैं। *आपातिक* वह है जो एक समय नहीं था और जो फिर भविष्य में भी नहीं होगा अर्थात् जिसका अपना कोई शाश्वत आधार न हो। इसलिए जब कहा जाता है कि ईश्वर ने शून्य से इस विश्व की सृष्टि की है तो इससे यही अर्थ लगाया जाता है कि ईश्वर ही इस आपातिक विश्व का *अनिवार्य आधार* है। विश्व ईश्वर पर अपने अस्तित्व के लिए निर्भर करता है, पर स्वयं ईश्वर विश्व पर निर्भर नहीं रहता है। ईश्वर अपने स्वरूप में ही पूर्ण है और उसको किसी भी वस्तु की आवश्यकता नहीं होती है।

अब यदि ईश्वर स्वयं पूर्ण, शाश्वत और नित्य है तो उसकी सृष्टि भी शाश्वत होगी। *सन्त टामस* इस बात को भी स्वीकार करते हैं। *संत टामस* के अनुसार ईश्वर ने अनादि काल में ही अपने अबाध स्वतंत्र संकल्प के द्वारा इस अनंत विश्व की रचना की है। क्या शाश्वत ईश्वर सर्वकालीन विश्व को काल के साथ सृष्ट कर सकता है? प्रायः समझा जाता है कि सभी सृष्ट वस्तुएँ विनाशमान होती हैं और स्वयं *संत टामस* ने इस विश्व को आपातिक कहा है, अर्थात् जो शाश्वत न हो। *कोपुल्स्टन* का कहना है कि संगत रूप से कहा जा सकता है कि शाश्वत ईश्वर ने अनादिकाल में ही इस शाश्वत विश्व की रचना की हो।

"... if God is eternal, God could have created from eternity."

कोपुल्स्टन इसलिए ऐसा कहते हैं कि *संत टामस* के अनुसार भूत, वर्तमान और भविष्य, सभी ईश्वर की चेतना में एक साथ पाए जाते हैं। ईश्वर के लिए सभी शाश्वत अभी (या now) हैं। यह एकदम मनगढ़ंत विचार है। 'काल' से अर्थ ही है कि इस में *पूर्व और अपर का, भूत, भविष्य और वर्तमान* का भेद हो। 'संकल्प' से भी यही अर्थ लगाया जाता है कि जिसमें चाहने और कार्यफल का भेद हो। पवित्र बाइबिल के अनुसार भी एक समय विश्व नहीं था और फिर एक समय इसकी रचना की गई। अतः *संत टामस* के दर्शन काल-विचार तथा विश्व का सृष्टि विचार स्पष्ट नहीं हो पाया है।

एक अंतिम प्रश्न है कि ईश्वर ने इस विश्व की रचना क्यों की? *संत टामस* का मत स्पष्ट नहीं है। ईश्वर अपने में सर्वथा पूर्ण है और उसकी स्वतंत्र इच्छा भी निर्बाध है। अतः, अपनी अच्छाई से विह्वल होकर ईश्वर ने विश्व की रचना की है ताकि उसकी अच्छाई सम्पूर्ण ब्रह्मांड में फैल जाय। 'शून्य से सृष्टि' कहने का अर्थ ही है कि ईश्वर का सृष्टिकर्तृव्य ईश्वर की अवाध सर्जनात्मक प्रक्रिया का परिणाम है। पर आप *प्लोटिनस* के निस्सरण-सिद्धान्त (emanation) को नहीं स्वीकारते हैं। पर बाद के विचारकों ने इसमें नये-नये विचारों को जोड़ा है।

अशुभ का विचार

यदि ईश्वर वास्तव में परम शुभ हो और उसने विश्व की रचना इसलिए की है कि उसका शुभत्व इस विश्व में छा जाय, तो विश्व में अशुभ क्यों?

सर्वप्रथम, *संत टामस* इस बात को नहीं स्वीकार करते हैं कि शुभ ईश्वर अशुभ की रचना कर सकता है। तब अशुभ क्यों? *संत टामस* के अनुसार वास्तव में अशुभ कोई भावात्मक सत्ता नहीं है। इसे वैकल्यात्मक (privative) कहा जा सकता है। वैकल्यात्मक सत्ता वह है जिसमें किसी

अमुक काल में किसी गुण विशेष का अभाव हो, पर जिसे समय आने पर दूर किया जा सकता है। उदाहरणार्थ किसी व्यक्ति को रतौंधी हो जाय तो फिर उपचार करने के बाद इस रोग को दूर किया जा सकता है। पर क्या अशुभ को वैकल्यात्मक कहने से उसकी व्याख्या हो सकती है?

जब तक व्यक्ति अन्धा, लंगड़ा, इत्यादि रहता है तब तक तो दुःखभोगी हो ही जाता है। इसलिए अशुभ को वैकल्यात्मक मान लेने से अशुभ की व्याख्या नहीं हो पाती है। शब्द-जाल रचकर मानव अपनी समस्याओं का समाधान नहीं कर सकते हैं।

फिर *संत टामस* का कहना है कि यह विश्व एक अद्‌भुत कला है और प्रत्येक कला में कुछ न कुछ अशुभ का रहना अनिवार्य हो जाता है। पूर्ण चन्द्रमा को सुन्दर कहा जाता है पर बिना धब्बों को चन्द्रमा की पूर्ण सुन्दरता नहीं उभड़ पड़ती है। फिर याद रखना चाहिए कि इस विश्व को सोपानक्रमिक (hierarchical) व्यवस्था में बनाया गया है। इसमें वस्तुओं को निम्नतर-उच्चतर क्रम में रखा गया है। इसलिए उच्चतर वस्तुओं को निम्नतर स्तरीय वस्तुओं की अपेक्षा अधिक शुभ समझा जायगा और निम्नतर को अपेक्षाकृत अशुभ माना जायगा। इसलिए इस क्रमबद्ध व्यवस्थित विश्व में कुछ अशुभ का रहना अनिवार्य है। पर क्या नैतिक पतन अथवा अशुभ की व्याख्या इस प्रकार की जा सकती है?

विश्व-व्यवस्था में ईश्वर साक्षात् रूप से चाहता नहीं है, पर उच्चतर की तुलना में निम्नतर वस्तुओं की रचना करने में वह विवश हो जाता है। *(God does not will, but has to allow evil.)* पर नैतिक पतन तो शुद्ध रूप में अशुभ है। इसे वैकल्यात्मक कहकर इसकी व्याख्या नहीं की जा सकती है। यह बात तो निश्चित ही है कि नैतिक अशुभ संकल्प-स्वतंत्रता के दुरुपयोग से उत्पन्न होता है। ईश्वर ने मानव को स्वतंत्र संकल्पी बनाया है। तब प्रश्न होता है कि ईश्वर सर्वज्ञ हैं। उन्हें मालूम था कि स्वतंत्र संकल्पी व्यक्ति अपनी स्वतंत्रता का दुरुपयोग करेगा। तब उसने क्यों मानव को स्वतंत्र संकल्प का दान देकर सृष्ट किया है?

यह ठीक है कि मानव को ईश्वर-द्वारा स्वतंत्र संकल्प के दान को सर्वोच्च माना जायगा। परन्तु 'स्वतंत्रता' का यही अर्थ होता है कि मानव अच्छे और बुरे दोनों में से किसी भी पक्ष को अपनाने में समर्थ और स्वतंत्र हो। यदि मानव दो या दो से अधिक विकल्पों में से किसी एक को चुनने में स्वतंत्र नहीं रहता है तो उसे स्वतंत्र संकल्पी नहीं कहा जा सकता है। इसलिए *ईश्वर नहीं*, वरन् व्यक्ति ही अशुभ पक्ष को चुनने के लिए उत्तरदायी है। तो भी प्रश्न होता है कि ईश्वर ने क्यों मानव को स्वतंत्र संकल्प का दान दिया कि उसे बुराई करने की छूट मिल जाए?

ईश्वर का उद्देश्य यही है कि मानव ईश्वर-तुल्य जीव बने। ईश्वर को अच्छे-बुरे दोनों का पूर्ण ज्ञान है तो भी वह बुराई को न अपनाकर केवल अच्छाई को चुनता है। ईश्वर चाहता है कि प्रत्येक व्यक्ति इतना पवित्र हो जाय कि वह बुरे पक्ष को छोड़कर केवल शुभ को ही प्राप्त करे। ऐसा पवित्र संकल्पी मानव तभी हो सकता है जब वह अपने स्वतंत्र संकल्प को अपनी इच्छा से ईश्वर के संकल्प में अर्पित कर दे। इस प्रकार स्वतंत्र संकल्पी मानव ईश्वर-तुल्य पवित्र हो जायगा। अब ईश्वर का चरम उद्देश्य है कि मानव अपने स्वतंत्र संकल्प को ईश्वर को अर्पित कर दे। विकास-क्रम में जब ऐसे शुद्ध संकल्पी सन्तों का उन्मज्जन (emergence) होता है तभी इस सृष्टि का उद्देश्य पूरा होता है। तब क्या ईश्वर ऐसे जीवों की सृष्टि नहीं कर सकता कि बिना पतन की संभावना के व्यक्ति जन्म से ही पवित्र संकल्पी हो?

यह नहीं हो सकता कि ईश्वर मानव को स्वतंत्र संकल्प भी दे और उसे बुरे पक्ष को अपनाने की छूट न हो। केवल स्वतंत्र जीवन अपनी इच्छा को स्वतंत्रतापूर्वक ईश्वर की इच्छा के साथ आत्मसात् कर लेने पर ही पवित्र संत होता है। इसलिए इच्छा-स्वातंत्र्य देकर ईश्वर ने नैतिक पतन की संभावना को स्वीकार किया है। *God does not will, but permits moral fall.*

इसलिए मानव ही अपने नैतिक अशुभ का उत्तरदायी होता है, ईश्वर नहीं।

मानव की अन्तिम गति और उसका अन्तिम आनन्द

सन्त टामस की ज्ञानमीमांसा के अनुसार ईश्वर के ज्ञान को प्राप्त करना ही मानव ज्ञान का अन्तिम उद्देश्य है। इसी प्रकार मानव इच्छा और प्रेम के भाव का भी अन्तिम लक्ष्य है कि मानव परम शुभ रूप ईश्वर की ओर इसका संकल्प सञ्चालित हो, वह ईश्वर को अपने पूर्ण तन-मन से प्यार करे। फिर जिस प्रकार से मानव ज्ञान का प्रारम्भिक बिन्दु इन्द्रिय-संवेदन है उसी प्रकार मानव का शुभ और उसका प्रेम-विषय अनेक वस्तुओं और उनकी लालसाओं की ओर रहकर उसका ईश्वर के प्रति प्रेम और उसकी प्राप्ति का संकल्प धूमिल और विपथिक और विकृत हो जाता है। ऐसी स्थिति में मानव को क्या करना चाहिए?

मानव को चाहिए कि वह ईश्वर को अपना चरम शुभ समझ कर उसे खोजे और उसे रिझाने का प्रयास करे। प्रयास करने के फलस्वरूप व्यक्ति को स्पष्ट होगा कि वह आत्मसंयम बरते और अपनी बुद्धि के अनुरूप अपने संवेगों का नियन्त्रण करे, सद्‌गुणों को प्राप्त करने में संलग्न हो और दुराचार का त्याग करे और इस प्रकार ईश्वर के प्रति ध्यान को टिकाए रहना सिखाए। तो भी मानव देहधारी है और पार्थिव जीवन में हम कितना ही अधिक अथक प्रयास क्यों न करें कि पूर्ण शान्ति और पूर्ण आनन्द मिले, पर उन्हें हम स्वर्गिक वास के बिना नहीं प्राप्त कर सकते हैं। यहाँ *रामानुजाचार्य* के मत के अनुसार ही यह विचार है, क्योंकि *रामानुजाचार्य* के अनुसार बिना देहपात के इस जीवन में मुक्ति नहीं प्राप्त हो सकती है। पर *सन्त टामस* के अनुसार इस जीवन में स्वर्गिक आनन्द को प्राप्त करने की तैयारी करना अभीष्ट है क्योंकि इसके द्वारा स्वर्ग का द्वार खुल सकता है। तब क्या मानव स्वतंत्र है कि वह पापमुखी न होकर सद्‌गुण-मार्गी हो?

सन्त टामस के अनुसार स्वतंत्र संकल्प का स्वरूप है आत्म-निर्धारण (self-determination, आत्मनियन्त्रण)। मानव संकल्प शुभ की ओर लगा रहता है ताकि वह परम शुभ को प्राप्त कर ले। यदि किसी व्यक्ति को इस परम शुभ का सही ज्ञान हो जायगा तब वह अवश्यमेव इसे प्राप्त करने के लिए उद्यत हो जायगा।* पर क्या ज्ञान की आवश्यकता के साथ संकल्पात्मक कार्य के होने को *स्वतंत्रता* की संज्ञा दी जा सकती है?

हाँ! ईश्वर के संकल्प में भी यही बात है। ईश्वर ही परम शुभ है और उसमें ही इसका चरम ज्ञान है। ईश्वर परम शुभ के अतिरिक्त अन्य कुछ संकल्पित कर ही नहीं सकता है। उसके लिए अन्य कोई विकल्प नहीं है और न वह किसी भी अशुभ को संकल्पित कर सकता है। सर्वोच्च शुभ होने के कारण वह शुभ ही संकल्पित कर सकता है। ईश्वर का संकल्प *अनिवार्यतः* अपने स्वरूप से ही संचालित होता है। चूँकि ईश्वर ही बिना किसी कारण के अपने संकल्प को *आत्मनिर्धारित* करता है इसलिए ईश्वर को पूर्णतया स्वतंत्र माना जाता है। तार्किकतः ईश्वर का स्वरूप उसके संकल्प से पूर्व होता है। ईश्वर द्वारा संकल्पित शुभ इसलिए शुभ नहीं है कि ईश्वर उसे संकल्पित करता है पर वह इसलिए संकल्पित किया जाता है कि अपने स्वरूप से ही शुभ, शुभ होता है। अतः, *अक्वीनस* बुद्धि को संकल्प की अपेक्षा प्राथमिकता देते हैं।

उपर्युक्त विचार के अनुसार मानव का यदि परम शुभ का सही ज्ञान हो जाय तो वह अवश्यमेव शुभ संकल्पी होगा। पर मानव ज्ञान अधूरा होता है, दैहिक वासनाओं से दूषित हो जाता है और संसारी प्रलोभन में वह पड़ जाता है। यही कारण है कि मानव का संकल्प भी दोषपूर्ण हो जाता है। पर मानव में स्वतंत्र संकल्प है क्योंकि उसका संकल्प आत्मनिर्धारित होता है।

इसी सन्दर्भ में एक-दो बातें स्पष्ट की जा सकती हैं। सर्वप्रथम, अशुभ की समस्या। जहाँ तक नैतिक अशुभ का प्रश्न होता है वहाँ *सन्त अक्वीनस* का कहना है कि मानव का संकल्प स्वतंत्र है और इसी स्वतंत्रता के दुरुपयोग से तथा सच्चे शुभ के सच्चे ज्ञान के अभाव में नैतिक अशुभ की सम्भावना होती है। इसलिए मानव ही स्वयं अपने नैतिक अशुभ के लिए उत्तरदायी होता है।

* यहाँ सुकरात की उक्ति परिलक्षित होती है जिसके अनुसार Virtue is knowledge and nobody does wrong knowingly.

फिर सामान्य रूप से जहाँ मैटर रहेगा वहाँ अशुभ का रहना अनिवार्य है, क्योंकि केवल ईश्वर ही एकमात्र शुभ है और सोपानक्रमिक व्यवस्था में निम्नकोटिक वस्तुओं में अशुभ का रहना अनिवार्य है। इस सोपानक्रम में ईश्वर के बाद स्वर्गदूतों की श्रेणी आती है। *सन्त टामस* के अनुसार स्वर्गदूत हैं जो शुद्ध और पवित्र आत्माएँ हैं। उनमें शरीर का अभाव होता है। पर स्वर्गदूत सृष्ट हैं और इसलिए इनके अस्तित्व और सारतत्त्व में अन्तर है। इसकी तुलना में ईश्वर में उसका सारतत्त्व और उसका अस्तित्व, दोनों अवियोज्य और एक ही हैं।

सामान्य के सन्दर्भ में *सन्त टामस* प्लेटोवाद और सम्प्रत्ययवाद (conceptualism), दोनों का समन्वय करते हैं। फौर्म (अरस्तू मत) बिना वस्तु विशेष के अपनी कोई स्वतंत्र सत्ता नहीं रखते हैं। पर वस्तुविशेषों की सादृश्यता और उनके बीच सामान्य (common) गुणों के आधार पर जाति विषयक सम्प्रत्ययों की रचना हम करते हैं। उदाहरण अनेक गायों के सामान्य गुण तथा उनके बीच सादृश्यता के आधार पर गायपन के सम्प्रत्यय की रचना हम करते हैं। पर ये सम्प्रत्यय मानव मन से परे अपनी कोई स्वतंत्र सत्ता नहीं रखते हैं। फिर कहा जा सकता है कि प्रत्यय ईश्वर में निहित विश्व के आद्य प्रारूप हैं जिनके अनुसार ईश्वर विश्व की रचना करता है और इन प्रत्ययों को मानव अपने विचार में सम्प्रत्ययों के रूप में प्राप्त कर सकते हैं। पर ये प्रत्यय ईश्वर और मानव मन से परे सम्प्रत्यय के रूप में अपनी कोई स्वतंत्र सत्ता नहीं रखते हैं।

सभी *सन्त टामस* के धर्मदर्शन को रोमन कैथलिक प्रामाणिक मानते हैं। फिर *पौल तीलिख* ने *सन्त टामस* के साम्यानुमानिक सिद्धान्त को प्रतीकवाद में परिणत किया है जो ईसाई धर्मदर्शन के लिए महत्त्वपूर्ण स्वीकारा जाता है। वह ठीक है कि *सन्त टामस* में कोई नवीनता नहीं है, पर इसमें अरस्तूवादी दर्शन को ईसाइयत से जोड़कर *सन्त टामस* ने एक सफल दार्शनिक तन्त्र को स्थापित किया है।

आधुनिक दर्शन की ओर (*Transition to Modern Philosophy*)

अरस्तू के दर्शन को *सन्त टामस* ने अवश्य व्यक्त किया, पर *अरस्तू* के उसी अंश को व्यवहृत किया जो *सन्त टामस* के धर्मदर्शन में पचाया जा सकता था। पर आपने *अरस्तू* के शुद्ध दार्शनिक और वैज्ञानिक पक्ष की अवहेलना की थी। पर अरबों ने *अरस्तू* के वैज्ञानिक पक्ष पर बल दिया था और इस समय वे पाश्चात्य विचारकों की तुलना में विज्ञान के स्तर पर बहुत आगे थे। इसलिए पाश्चात्य विचारकों ने *अरस्तू* के दर्शन पर फिर से विचार करना आरम्भ किया और ऐसी स्थिति में उन्होंने क्रान्तिकारी निष्कर्ष स्थापित किया। इस दिशा में दो उल्लेखनीय विचारकों की ओर ध्यान दिलाना आवश्यक है। यहाँ याद रखना चाहिए कि इन विचारकों के कारण पाश्चात्य जगत् में विज्ञान की धारा बह गई जो अभी तक उसमें प्रबल होती ही जाती है और विज्ञान के प्रवाह में लोगों की आस्था बढ़ती जाती है और अपेक्षाकृत धर्म में दिनों दिन कम होती जाती है। इसके दो कारण हैं, अर्थात् पोप के साम्राज्य की दुर्बलता और विज्ञान का उदय।

रौजर बेकन (लगभग 1214-94)

रौजर बेकन के जन्म और मरण की तिथि निश्चित नहीं है। आप ब्रिटिश पादरी थे। आप प्रातिभ स्वतंत्र विचारक थे। इसी विचारों की स्वतंत्रता के कारण आपको आक्सफोर्ड के शिक्षक-पद से हटना पड़ा था और आपको कारागार में रहना पड़ा था। आप का प्रमुख ग्रंथ का नाम है ओपुम मैजस (Opum Majus)। आपकी देनों की चर्चा संक्षेप में इस प्रकार बताई जा सकती है:—

(1) आपने धर्म-मीमांसा को विज्ञान और दर्शन से अलग-अलग करके रखा है। आपने विज्ञान में परीक्षात्मक खोज पर बल दिया है। यह ठीक है कि आपके अनुसार धर्म-मीमांसा का स्थान अपेक्षाकृत विज्ञान से ऊँचा है। तो भी *आपने* विज्ञान की खोज करने में धर्म के द्वारा हस्तक्षेप नहीं करने की सलाह दी है।

रौजर बेकन को दृष्टि-विषयक सिद्धान्तों की जानकारी थी और आप जानते थे कि किन स्थितियों

में अपवर्तन और परावर्तन होता है। आपको यह भी मालूम था कि दर्पण के द्वारा किस प्रकार दूरी जानी जा सकती है, पर समय अनुकूल नहीं था कि टेलीस्कोप (दूरबीन) का आविष्कार उनके समय में हो सकता था।

आपने विज्ञान की व्यावहारिक उपयोगिता पर बल दिया था। आप औषधि को जानने तथा बारूद बनाने के लिए विज्ञान को उपयोगी समझते थे। परन्तु आपने विज्ञान की उपयोगिता पर इतना बल दिया कि आपने विज्ञान के साथ अन्धविश्वास को भी जोड़ दिया था। आप समझते थे कि अल्केमी के द्वारा निम्न कोटियों के धातुओं को सोना बनाया जा सकता था। फिर आप यह भी मानते थे कि नक्षत्रों का प्रभाव मानव जीवन पर पड़ता है। इसलिए आप ज्योतिष शास्त्र को खगोल विद्या के समरूप समझते थे।

(2) *रौजर बेकन, अरस्तू* से प्रभावित होकर कहते हैं कि सामान्य केवल *निरीक्षित वस्तु* विशेषों में ही पाए जाते हैं। इस संदर्भ में *रौजर बेकन* के अनुसार दो प्रकार की अनुभूतियाँ होती हैं। एक प्रकार की अनुभूति विज्ञान में पाई जाती है और दूसरे प्रकार की अनुभूति आध्यात्मिक क्षेत्र में पाई जाती है। विज्ञान में इन्द्रियों के द्वारा अनुभूति काम में लाई जाती है तथा मानव के द्वारा बताई गई विश्वसनीय अनुभूति को भी काम में लाया जाता है। विज्ञान में प्रयोगात्मक अनुभूति को भी विशेष स्थान दिया जाता है।

पर आध्यात्मिक अनुभूति अन्द्रियंजनित अनुभूति से भिन्न है। आध्यात्मिक अनुभूति, धीरे-धीरे अपने विभिन्न चरणों के द्वारा रहस्यवादी उन्माद में दिखाई देती है। इस प्रकार का रहस्यवादी उन्माद बिना ईश्वर के अनुग्रह के द्वारा संभव नहीं होता है। आध्यात्मिक अनुभूति विश्वास (फेथ) पर निर्भर करती है पर आप तर्कबुद्धि की भी अवहेलना नहीं करते हैं क्योंकि आपके अनुसार रीजन (तर्कबुद्धि) ईश्वर की देन है ताकि धर्मशास्त्रों में निहित सच्चाई को आँका जा सके।

(3) यह ठीक है कि धर्म-मीमांसा को विज्ञान और दर्शन से उच्चतर माना गया है, तो भी धर्मशास्त्र (बाइबल) के अध्ययन के लिए आपने बताया है कि यूनानी, हिब्रू (इब्रानी) और अरबी भाषाओं को भी जानना चाहिए। आज भी बाइबल के अध्ययन के लिए इन भाषाओं को जानना अनिवार्य माना जाता है।

(4) गणित के विषय में भी *रौजर बेकन* के विचार ठोस और मार्मिक हैं। आपके अनुसार बिना गणित को जाने हुए खगोलविद्या में प्रगति नहीं हो सकती है। अपने इस गणित-सम्बन्धी विचार में आप अरबी विचारकों से प्रभावित प्रतीत होते हैं। अरबी विचारकों के अनुसार सभी निरीक्षित सामग्रियों को गणितीय रूप में करना चाहिए। इसलिए रौजर बेकन का यह विचार है कि वैज्ञानिक सामग्रियों को गणितीय रूप में रखना चाहिए, आज भी सत्य है, अर्थात् जो कुछ तथ्य है वह गणित के रूप में ही पाया जाता है।

Whatever exists, exists in number.

रौजर बेकन वास्तव में ब्रिटिश अनुभववाद के जन्मदाता माने जा सकते हैं क्योंकि आपने इन्द्रिय-प्रदत्त विशेषों पर बल दिया, प्रयोग और गणित को विज्ञान के लिए आवश्यक माना है। आप चाहते थे कि लोग किताबों को प्रमाण न मानकर निरीक्षण पर भरोसा रखें और यहाँ भी फिर प्रयोग और गणित की मदद लें। यह ठीक है कि ज्योतिष को खगोल विद्या के समान वैज्ञानिक मान लेने पर आप शुद्ध वैज्ञानिक नहीं रह पाए, पर इस भ्रान्ति के रहने पर भी *रौजर बेकन* के विचारों को आधुनिक दर्शन की पूर्वछाया कहा जायगा।

जौन डंस स्कोटस (लगभग 1274-1308)

जौन डंस स्कोटस की जन्म-तिथि और इनके जन्म स्थान का कोई निश्चित ज्ञान नहीं है। दर्शन दृष्टि के अनुसार इनकी तीन देनों का उल्लेख किया जा सकता है:—

(1) धर्म-मीमांसा को दर्शन से अलग कर देना।

(2) संकल्प को बुद्धि की तुलना में प्राथमिकता देना।

(3) व्यष्टिमूलक सिद्धान्त।

धर्म-मीमांसा और दर्शन

धर्म-मीमांसा और दर्शन के बीच के भेद को *संत टामस, रौजर बेकन* और *स्कोटस* ने बताया है। *संत टामस* के अनुसार धर्म-मीमांसा दो प्रकार की पाई जाती है। एक प्राकृतिक (natural) और दूसरे को श्रुतिमूलक (revealed) धर्म-मीमांसा की संज्ञा दी जाती है। प्राकृतिक धर्म-मीमांसा रीजन (तर्कबुद्धि) पर निर्भर करता है और श्रुतिमूलक धर्म-मीमांसा प्रकाशना या श्रुति पर आधारित होती हुई फेथ (विश्वास) पर निर्भर करती है। वास्तव में प्राकृतिक धर्म-मीमांसा दर्शन ही कहा जा सकता है। *रौजर बेकन* ने धर्म-मीमांसा और दर्शन के बीच के भेद को और अधिक स्पष्ट किया है। *संत टामस* ने श्रुतिमूलक को प्राकृतिक धर्म-मीमांसा (दर्शन) की तुलना में अधिक व्यापक और बौद्धिक निष्कर्षों का पूरक माना है। दूसरे शब्दों में *संत टामस* के अनुसार धर्म और दर्शन के बीच समन्वय किया जा सकता है। इसकी तुलना में *स्कोटस* ने धर्म-मीमांसा और दर्शन को परस्पर-विरोधी बताया है। स्कोटस ने धर्म और दर्शन के क्षेत्र को निर्धारित इसलिए किया है कि दर्शन के द्वारा धर्म पर आक्षेप नहीं किया जा सके। यही बात काण्ट और *कार्ल बार्थ* (1886-1968) के विचारों में भी देखी जाती है।

(1) *स्कोटस* के अनुसार दर्शन तर्कबुद्धि के द्वारा धर्म के रहस्यों को स्पष्ट नहीं कर सकता है, अर्थात् ईश्वर का स्वरूप और परम लक्ष्य (उद्देश्य), पूर्व-नियतत्ववाद, ईश्वर का व्यक्तित्व, अमरता, सृष्टि-सिद्धान्त तथा स्वर्गिक आनन्द, इत्यादि धर्म-मीमांसा के विषय हैं और विश्वास के इन विषयों को बुद्धि जानने में असमर्थ होती है। बुद्धि न तो इन्हें सिद्ध कर सकती है और न असिद्ध।

(2) तब क्या ईश्वर के अस्तित्व को तर्कों के द्वारा सिद्ध नहीं किया जा सकता है? *स्कोटस* मानते हैं कि युक्तियों के आधार पर ईश्वर का अस्तित्व सिद्ध किया जा सकता है और *स्कोटस* ने *अन्सेल्म* तथा *संत टामस* के प्रमाणों को स्वीकार किया है। पर अस्तित्व मात्र को सिद्ध करने पर यही कहा जा सकता है कि ईश्वर है, न कि वह क्या है, विशेषकर युक्ति-द्वारा यह सिद्ध नहीं होता है कि ईश्वर व्यक्तित्वपूर्ण है और जीवित परमेश्वर है। यह बात *प्लेटो* और *अरस्तू*, दोनों के दर्शन में देखी जाती है। वे ईश्वर के अस्तित्व को सिद्ध करते हैं, पर वे ईश्वर की व्यक्तिपूर्णता की बात तक नहीं करते हैं।

(3) यहाँ तक कि ईश्वर-द्वारा सृष्टि-सिद्धान्त को (जिसमें मानव की अन्तिम गति और शून्यता-विचार निहित है), फेथ के द्वारा स्वीकार किया जाता है, न कि बुद्धि के द्वारा।

(4) बुद्धि का सीधा और साक्षात् विषय संवेद्य विषय है और वस्तुविशेषों में निहित अपकर्षण के द्वारा प्राप्त संप्रत्यय भी। परन्तु धर्म-मीमांसा का विषय विश्वासवचन और ईश्वरनीय अनुग्रह है जिसे केवल फेथ के द्वारा जाना जाता है।

(5) यह ठीक है कि दर्शन और धर्म-मीमांसा, दोनों में अपने विषय-क्षेत्र में विश्वसनीय और निश्चित ज्ञान प्राप्त किया जा सकता है। पर विज्ञान, दर्शन की निश्चितता सैद्धान्तिक है और धर्म-मीमांसा की निश्चितता व्यावहारिक (practical) है, अर्थात् धर्म-मीमांसा का विषय मानव व्यापार (आचार) है।

सर्वव्यापी सामान्य और व्यष्टिमूलक सिद्धान्त

प्लेटो के अनुसार सामान्यों की वस्तुविशेषों से तथा किसी भी मन से (चाहे ईश्वर या मानव विशेष) परे और अतीत अपनी स्वतंत्र सत्ता है। इसके विपरीत *अरस्तू* के अनुसार सामान्य केवल वस्तुविशेषों में ही पाए जाते हैं। उदाहरण लालपन, लाल किताब, फूल तथा सभी लाल वस्तुओं में। पर सामान्य वस्तुविशेषों से अलग रहकर अन्यत्र नहीं पाए जाते हैं। पर ये वस्तुविशेषों में *वस्तुनिष्ठ* (objective) रहते हैं और ये मानव मन की कोरी कल्पना नहीं है।

स्कोटस के अनुसारः—

(1) सामान्यों की सभी वस्तुविशेषों से परे अपनी निजी सत्ता नहीं है जो अरस्तू भी मानते हैं।

(2) वस्तुविशेषों में ही सामान्य पाए जाते हैं जो शुद्ध रूप से अरस्तू का मत है।

(3) फिर वस्तुविशेषों में से मानव बुद्धि सारगुण को निकाल कर (अपकर्षित कर) अपने मन में विचार के रूप में रखती है। यह संभवतः *अरस्तू* भी स्वीकार करेंगे, पर यह मत संप्रत्ययवाद (conceptualism) का है। फिर सामान्य ईश्वर के मन में वस्तुओं के पैटर्न के रूप में पाए जाते हैं। यह स्कोटस का मत है।

(4) सामान्य अपकर्षित गुण अवश्य हैं, पर ये मानसिक कल्पना नहीं है। सामान्य उसी प्रकार वस्तुनिष्ठ सत्ता है जिस प्रकार व्यष्टिमूलक सत्ताएँ हैं। इसे अरस्तू भी मानेंगे।

अतः, *स्कोटस प्लेटो* के उग्र वास्तववाद को नहीं स्वीकारते हैं, पर संशोधित रूप में मानते हैं। क्योंकि आप के अनुसार सामान्य ईश्वर के मन में सांसारिक सभी वस्तुविशेषों के पैटर्न (नमूने के रूप) के रूप में रहते हैं। इसलिए सामान्यों को ईश्वर के मन में रहने के सिद्धान्त को नरम वास्तववाद कहा जाता है। इस संदर्भ में पूछा जाता है कि व्यष्टि (individual) की व्याख्या कैसे की जाती है।

व्यष्टि-सिद्धान्त

अरस्तू के मत को स्वीकार करते हुए *संत टामस* का कहना है कि मैटर और फौर्म (सामान्य) के योग से व्यष्टि होती है। पर मैटर तो व्यष्टि का भौतिक आधार होता है। मरणोत्तर जीवन में शरीर नहीं रहता। केवल शुद्ध आत्माएँ रहती हैं। यदि सभी मृत आत्माओं का केवल आध्यात्मिक रूप ही रह जाय तो एक आत्मा को अन्य आत्माओं से किस प्रकार पहचाना जायगा? बिना भेद के सभी आत्माओं में तादात्म्य (identity) होकर केवल एक ही आत्मा रह जायगी। इसलिए प्रत्येक व्यक्ति में उसके सारगुण के रूप में कुछ न कुछ ऐसा विभेदक गुण रहना चाहिए जिससे एक व्यक्ति को अन्य व्यक्तियों से विभेदित कर दिया जाय। इसे अविभेदितों का तादात्म्य-सिद्धान्त कहा जाता है (identity of the indisernibles)।

फिर समझा जाता है कि इन्द्रियों के द्वारा व्यष्टि या वस्तुविशेषों का ज्ञान होता है और बुद्धि सामान्य को वस्तुविशेषों से निकाल कर उसे स्पष्ट करती है। पर बुद्धि को भी वस्तुविशेषों का अनिश्चित ज्ञान चाहिए, नहीं तो बुद्धि वस्तुविशेषों को विशेष समझकर किस प्रकार उनमें निहित सामान्य को खोज निकालेगी? इसलिए वस्तुविशेषों में उनके सारगुण के रूप में ही उनके विभेदक गुण को रहना चाहिए।

संकल्प और बुद्धि (*Will and Intellect*)

स्कोटस बुद्धि की तुलना में संकल्प को श्रेष्ठतर समझते हैं और *संत टामस* बुद्धि को संकल्प की अपेक्षा अधिक मान्यता देते हैं। पर ये दोनों मानते हैं कि व्यवहार में बुद्धि और संकल्प, दोनों मिल-जुल कर काम करते हैं।

(1) *संत टामस* के अनुसार मानव विवेकशील प्राणी है और बुद्धि ही उसका श्रेष्ठ गुण है। बुद्धि ही बताती है कि अमुक स्थिति में किसी व्यक्ति विशेष को किस प्रकार का विकल्प चुनना चाहिए। यदि एक न्यायवाक्य प्रस्तुत किया जाय तो इसके निष्कर्ष को मान्यता देने को संकल्प को विवश होना पड़ता है, जैसे :—

सभी मनुष्य मरणशील हैं,
राम एक मनुष्य है,
∴ राम मरणशील है।

यहाँ संकल्प को बाध्य होना पड़ता है कि संकल्प 'राम मरणशीलता' को सहमति प्रदान करे।

इसके विपरीत *स्कोटस* का कहना है कि संकल्प का अपना ऐसा स्वरूप ही है कि वह निरपेक्षतया स्वतंत्र रहे। यह ठीक है कि कुछ विकल्पों में से किसी एक विकल्प को चुन लेने में संकल्प को इन्द्रियों, कल्पना तथा बौद्धिक सूझ की आवश्यकता पड़ती है। पर अन्त में संकल्प को किसी भी एक पक्ष को चुनने में स्वतंत्र माना जाता है। यदि संकल्प स्वतंत्र नहीं रहे तो संकल्प का स्वरूप ही विनष्ट हो जायगा।

अब स्वर्ग में संत तथा स्वर्गदूत रहते हैं। वे कभी भी बुराई नहीं करते और न ईश्वर का विरोध। तो भी उनमें संकल्प-स्वतंत्रता है। लेकिन वे क्यों ईश्वर की आज्ञाओं का उल्लंघन नहीं करते हैं। उनकी ऐसी आदत हो गई है कि वे ईश्वर की आज्ञाओं का पालन करें। उनकी यह विवशता *मनोवैज्ञानिक अपरिहार्यता* है, न कि बौद्धिक आवश्यकता। इसलिए संकल्प में स्वंतत्रता रहने के कारण, संकल्प को बुद्धि की अपेक्षा श्रेष्ठ समझा जायगा।

(2) फिर संकल्प, बुद्धि की अपेक्षा अधिक पूर्ण मानी जाती है। यदि संकल्प में विकृत चली आए तो यह बुद्धि-दोष की अपेक्षा अधिक दुर्भाग्यपूर्ण समझी जायगी। उदाहरण ईश्वर-विरोध को ईश्वर के प्रति अज्ञानी रहने की अपेक्षा अधिक चिन्ता का विषय होता है।

(3) इसी प्रकार पाप करने के विचार को पाप-कर्म की अपेक्षा कम दंडनीय माना जाता है। इसी प्रकार व्यभिचार करने को व्यभिचार-इच्छा की अपेक्षा कहीं अधिक दंडनीय समझा जाता है।

(4) फिर ईश्वर-प्रेम को ईश्वर के प्रति ध्यान की अपेक्षा कहीं अधिक बहुमूल्य समझा जायगा। प्रेम मानव संकल्प से निकलता है और इसी प्रेम के आधार पर भक्त ईश्वर के साथ आत्मसात् कर लेता है। पर ध्यान के द्वारा ईश्वर का ज्ञान और उसके द्वारा ईश्वरानन्द प्राप्त किया जाता है। पर ध्यान की पराकाष्ठा में भी भक्त और भगवान का द्वैत रह ही जाता है।

यहाँ संकल्प और ध्यान के दो साधनों का भेद उसी प्रकार का है जैसा भारतीय धर्मदर्शन में भक्ति और ज्ञान योग का भेद है।

इस संदर्भ में *स्कोटस* के अनुसार ज्ञान और ध्यान को ईश्वर-प्राप्ति का साधन माना जाता है, परन्तु अन्त में ईश्वर-अनुरक्ति को ही ईश्वर की उपासना का चरम उद्देश्य समझा जाता है।

(5) चूँकि ईश्वर पूर्णतया स्वतंत्र है, इसलिए वह प्रकृति के नियमों को अन्यथा भी सृष्ट कर सकता है। पर क्या ईश्वर व्यभिचार और चोरी करने को भी नैतिक अच्छाई के रूप बना सकता है? नहीं, इसका कारण है कि ईश्वर निरपेक्षतया स्वतंत्र है और फिर वह शुभ संकल्प है। इसलिए शुभ संकल्प के द्वारा नैतिक शुभ की ही रचना हो सकती है।

संत टामस और *स्कोटस* के बीच संकल्प और बुद्धि के संदर्भ में भेद कुछ विशेष नहीं कहा जायगा। जब संकल्प और बुद्धि, दोनों का पारस्परिक सहयोग प्रत्येक स्थल पर पाया जाता है, तब संकल्प को श्रेष्ठ मानना, या बुद्धि को श्रेष्ठ मानना, दो प्रकार की मानसिकता को परिलक्षित करता है, न कि कोई दार्शनिक भेद को।

मध्ययुगी दर्शन की क्षीणता और विज्ञानपोषी आधुनिक दर्शन का प्रारंभ

पोप के साम्राज्य का दुर्बल होना

मध्ययुग में पोप का साम्राज्य न केवल आध्यात्मिक राज्य का था, पर इस सांसारिक राज्य का भी था। आध्यात्मिक राज्य के अंतर्गत मानव विचार पर पूर्ण नियंत्रण रखने को कहा जाता है। साथ ही साथ पोप का प्रभुत्व राज्यों (states) पर भी था। इन दोनों क्षेत्रों में धीरे-धीरे पोप की शक्ति क्षीण होती गई।

दार्शनिक क्षीणता

यूनानी विचारक स्वतंत्र विचारक थे और इन लोगों ने विज्ञान की नींव डाली थी। *जेनोफेन्स, हेराल्किटस, डेमोक्रिटस, अनैक्सागोरस, प्रोटागोरस* तथा *एपीक्यूरियन* आदि विचारकों ने धर्म का

विरोध तक किया था। विज्ञान की दृष्टि के क्षेत्र में यूनानियों ने गणित का आविष्कार किया (पाइथागोरस, प्लेटो इत्यादि), गाथा के स्थान पर इतिहास-रचना की, *ल्यूकिपस-डेमोक्रिटस* ने परमाणुवाद की स्थापना की, खगोल विद्या का प्रारंभ किया, इत्यादि। पर ईसाइत ने प्लेटो, *अरस्तू* और *स्टोइकियों* के दार्शनिक विचारों को ही लेकर उनके आधार पर ईसाई धर्म-मीमांसा की रचना की थी। ईसाइयत ने विज्ञान को आगे नहीं बढ़ाया। पर कालगति में दार्शनिक विचारों में खाई आ गई और तब फिर *अरस्तू* की वैज्ञानिक परम्परा का भी पुर्नसुधार हुआ। इसी वैज्ञानिक परम्परा के ही कारण आधुनिक दर्शन का प्रारंभ पाश्चात्य जगत में हुआ। अब हमें अति संक्षेप में इस दार्शनिक खाई और विज्ञान के उदय की चर्चा करनी है।

(क) *संत अगस्टिन, अन्सेल्म* तथा *संत टामस* ने सर्वव्यापक सामान्यों की प्रभुता के आधार पर आदि पाप, त्र्येक ईश्वर इत्यादि के ईसाई विश्वासवचन को स्पष्ट किया था। पर कालगति में नामवादियों ने सामान्यों के विषय अनेक आपत्तियाँ उठाईं और उस विचार को क्षीण कर दिया (देखें, सारांश संख्या 8)।

(ख) दूसरी बात है कि *संत टामस* ने श्रुतिपरक धर्म-मीमांसा और प्राकृतिक धर्म-मीमांसा के बीच भेद किया था। प्राकृतिक धर्म-मीमांसा से अर्थ है कि दार्शनिक आधार पर धर्म का समर्थन करना चाहिए। दूसरे शब्दों में *संत टामस* के अनुसार दर्शन का काम है कि वह धर्म के मार्ग को प्रशस्त करे। फिर फेथ (विश्वास) के द्वारा आदि पाप, त्र्येकत्व, पापमोचन इत्यादि के विचार को पुष्ट किया जाना चाहिए। इस रूप में दर्शन धर्म के चेरी बनी रही। उसका काम धर्म को छोड़ अन्य कोई विषय नहीं है और धर्म की आलोचना करनी ही नहीं है। इस रूप में धर्म और दर्शन का समन्वय रह सका। पर बाद में क्या हुआ?

रौजर बेकन तथा *स्कोटस* में धर्म और दर्शन में विरोध बताया गया। इन लोगों ने बताया कि धर्म-तत्त्व को स्पष्ट करने में दर्शन सर्वथा असमर्थ है। यह भी बताया कि संकल्प की तुलना में बुद्धि (intellect) हीन और असमर्थ है। विश्वास के संदर्भ में किसी प्रकार की बौद्धिक *आवश्यकता* (necessity) नहीं है। महत्त्वपूर्ण बात यह है कि संकल्प में परिवर्तन हो (change of will), संकल्प पवित्र बनें। इसलिए मानव बुद्धि का विषय न धर्म और न विश्वास-वचन रहा। बुद्धि एकदम धर्म से स्वतंत्र होकर विज्ञान की खोज और उसके विस्तार-प्रचार में काम में आने लग गई और जिसकी बात अभी आगे चलकर बताई जायगी।

पोप के विरुद्ध राज्यों का विरोध

पोप का अधिकार इतना अधिक था कि वह राज्यों के शासन में भी हस्तक्षेप करता था। यह बात राज्यों को अच्छी नहीं लगती थी। पर कालगति में राज्य पोप के विरुद्ध आवाज उठाने लगे। जब स्वयं ख्रीष्टीय राज्य में ही आपस में विचारों की भिन्नता आ गई तब उसमें दुर्बलता का आ जाना आवश्यक था, पर राज्यों के विरोध करने पर पोप के अधिकार पर भी कड़ा आक्षेप हुआ। *फिलिप IV* ने पोप के अधिकार पर ऐसा प्रहार किया कि रोम के स्थान पर अविगौन में (1309-76) पोपों को रहना पड़ा, जहाँ उनमें और भी अधिक मतभेद और कमजोरियाँ आ गईं। राज्यों का नारा था कि रोम (पोप) का अधिकार आध्यात्मिक क्षेत्र में ही उचित है और राज्यों के पार्थिव शासन में पोप के अधिकार को नहीं मानना चाहिए। यही पाश्चात्य जगत में सेक्यूलियरिज्म (धर्म-निरपेक्षता) का नारा आज भी है। बाद में जर्मन-राज्यों ने लूथर की सहायता करके प्रोटस्टेंट-धारा को प्रवाहित किया था। पोप-साम्राज्य में आपस की लड़ाई, विचारों के टकराव तथा राज्यों के विरोध से पोप का अधिकार शिथिल हो गया। पर आधुनिक दर्शन के स्थापित करने में सबसे प्रमुख विज्ञान के उदय होने को कहा जायगा।

विज्ञान का उदय

विज्ञान पाश्चात्य सभ्यता का अति महत्त्वपूर्ण अंग है और इसके इतिहास को समझना आधुनिक

पाश्चात्य सभ्यता को जानना है। विज्ञान के उदय होने में मध्ययुगी ईसाइयत का विरोध रहा है। इस्लाम के विस्तार के कारण भी विज्ञान के उदय होने में सहायता मिली है। किस प्रकार की सहायता?

इस्लाम ने अपने दर्शन को *अरस्तू* के विचारों पर आधारित किया था। पर *अरस्तू* के दर्शन में तत्त्वमीमांसा भी है और विज्ञान भी। ईसाइयों ने (विशेषकर *संत टामस* ने) तत्त्वमीमांसा पर बल दिया था। पर *अरस्तू* ने अपने दर्शन में और अपने जीव विज्ञान में, *निरीक्षण पर बल दिया* था। अरब वैज्ञानिकों ने निरीक्षित सामग्रियों को गणितीय रूप में रखने पर बहुत बल दिया था और यही कारण था कि वे अपने युग में अन्य सभी जातियों से आगे बढ़ गये थे।* अन्त में पाश्चात्य जगत को यूनानियों की विचार-स्वतंत्रता की शपथ लेकर आगे बढ़ना पड़ा था। पर विचार-स्वतंत्रता को विज्ञान के क्षेत्र में काम में लाकर पाश्चात्य लोगों ने प्रारंभ से अभी तक अपना बड़ा विकास किया है।

यह ठीक है कि केवल निरीक्षण के ही आधार पर विज्ञान को स्थापित नहीं किया जा सकता है। एक व्यापक सिद्धान्त (Theory, सिद्धान्त) के अंतर्गत निरीक्षण, निरीक्षण पर आधारित तथा थीअरी से प्रभावित प्राक्कल्पना, प्राक्कल्पना का निरीक्षण (प्रयोग experiment) के द्वारा परीक्षण, इत्यादि के आधार पर विज्ञान की इमारत खड़ी की जाती है। पर अन्त में निरीक्षण प्रारंभ से लेकर अंतिम चरण तक विज्ञान को संचालित करता है। प्रारंभ में निरीक्षण स्थूल रूप से और प्रगति होने पर सूक्ष्म यंत्रों के द्वारा निरीक्षण विज्ञान में काम में लाया जाता है।

प्रारम्भ में *कोपर्निकस, गैलेलियो* और *केपलर* ने खगोल-विद्या की नींव डाली और इसका बहुत बड़ा प्रभाव दार्शनिकों पर पड़ा। *कोपर्निकस* (1473-1543) पोलिश पुजारी था। उसने अपने निरीक्षण के आधार पर स्थापित किया कि सूर्य ही केन्द्र है जिसके चारों ओर पृथ्वी घूमती है। फिर पृथ्वी सूर्य के चारों ओर *दीर्घवृत्ताकार* में, न कि वृत्ताकार में घूमती है। इसका सीधा प्रभाव ईसाई धर्म पर उस समय नहीं हुआ। पर जब *गैलेलियो* ने (1504-1642) प्रयोग के द्वारा सिद्ध कर दिया कि वास्तव में पृथ्वी सूर्य के चारों ओर दीर्घवृत्ताकार (elliptical) में, न कि वृत्ताकार (circular) में, घूमती है तो धर्मपोषकों ने गैलेलियो को अपने मत को छोड़ने के लिए विवश किया। पर इसी मत को *केपलर* ने (1571-1630) और भी अधिक पुष्ट किया जिसे *न्यूटन* ने (1642-1727) सर्वदा के लिए स्थापित कर दिया।

अब खगोल-विद्या के अतिरिक्त अन्य क्षेत्रों में भी विज्ञान में विकास की गति बढ़ती गई। हार्वे ने (1578-1657) दिखा दिया कि मानव शरीर में रुधिर का संचालन यान्त्रिक रूप में होता है *राबर्ट बोयल* (1627-91) ने रसायन शास्त्र में यान्त्रिक नियमों की स्थापना की। बाद में टेलीस्कोप (दूरबीन) थर्मामीटर (ताप मापक यंत्र) तथा बैरोमीटर (वायु के दबाव को नापने का यंत्र) का आविष्कार किया गया। इन सब आविष्कारों के द्वारा विज्ञान की यान्त्रिकता (mechanism) की विचारधारा जम गई। पर इन सब बातों का प्रभाव धर्म पर क्या हुआ?

विज्ञान और ईसाइयत के बीच विरोध

मध्ययुगी धर्मदर्शन मानव-केन्द्रित था। इसमें बताया जाता था कि पृथ्वी ही सम्पूर्ण विश्व का केन्द्र है और यह पृथ्वी मानव का आवास-स्थान है। ईश्वर ने इस विश्व की रचना मानव के ही हित में की है। फिर पृथ्वी विश्व का केन्द्र है, अर्थात् यह विश्व का सर्वश्रेष्ठ नक्षत्र है। पुनः, चूँकि वृत्ताकारिक गति सर्वश्रेष्ठ है, इसलिए सूर्यमंडल भी पृथ्वी के चारों ओर वृत्ताकार में भ्रमण करता है। खगोल-विद्या-सम्बन्धी ईसाइयत की ये अवधारणायें थीं:—

(क) पृथ्वी सम्पूर्ण विश्व का केन्द्र और महत्त्वपूर्ण नक्षत्र है।
(ख) मानव हित में विश्व की सभी प्रक्रियायें होती हैं, अर्थात् विश्व की गति *उद्देश्यमूलक* होती है।

---

* हमें भूल नहीं जाना चाहिए कि भारत अनुशासन और वैज्ञानिक खोज की कमी के ही कारण विदेशी ताकतों से हार खाता रहा है।

(ग) फिर सभी नक्षत्र वृत्ताकार में भ्रमण करते हैं।

खगोल विज्ञान के विकास में विज्ञान ने ईसाइयत की तीनों अवधारणाओं का खंडन कर दिया। इसने प्रमाणित कर दिया कि पृथ्वी सूर्य के चारों ओर घूमती है, न कि सूर्य पृथ्वी के चारों ओर। इसका निष्कर्ष निकला कि पृथ्वी विश्व का केन्द्र नहीं है। इसलिए *मानव भी विश्व का केन्द्र* नहीं है। फिर यह भी कि पृथ्वी सभी नक्षत्रों की तुलना में *छोटी* है। अपितु, पृथ्वी को पूर्ण भी नहीं समझा जा सकता है क्योंकि आकाश में इसकी गति दीर्घवृत्ताकार (ellipitcal) है, न कि वृत्ताकार (circular)। अंत में जहाँ तक विज्ञान का विकास हुआ है, वहाँ तक स्पष्ट है कि सभी गतियाँ यांत्रिक हैं, न कि उद्देश्यमूलक। तब इन सब बातों का निष्कर्ष ईसाइयत के लिए क्या हुआ?

तत्काल तो नहीं, पर धीरे-धीरे कालगति में आधुनिक दर्शन की विचारधारा में स्पष्ट होने लगा है कि संभवतः सृष्टि की रचना किसी व्यक्तिपूर्ण ईश्वर ने नहीं की है। प्रकृति की गतियों के फलस्वरूप ही सभी नक्षत्रों, पशुओं और मानवों का भी विकास हुआ है। आधुनिक दर्शन की विचारधारा वैज्ञानिक निष्कर्षों, विधि और भाषा पर निर्धारित है। धर्म समाप्त नहीं हुआ है पर इसकी विचारधारा प्रतिरक्षात्मक है।

यूनानी तथा मध्ययुगी कुछ दर्शन-विषयों का सारांश

(1) विकासवाद

यह ठीक है कि यूनानी विचारधारा में *डार्विन* का विकासवाद नहीं हो सकता है। *डार्विन* का जैविक विकास उसी समय हुआ जब अन्य विज्ञानों में प्रगति हो चुकी थी। इसलिए यूनानी विचारधारा में डार्विनी विकासवाद को खोजना कालदोष कहा जायगा। हाँ, यह निश्चित रूप से कहा जा सकता है कि कुछ यूनानी दार्शनिकों के विचार में विकासवाद का पूर्वभास अवश्य देखा जाता है।

अनैक्सीमैण्डर (*Anaximander*, 611-547 ई॰ पू॰) के चिन्तन के अनुसार सब स्थलों पर जल ही जल था। तब कालक्रम में जल सूख गया और उसके स्थान पर सूखी भूमि निकल आई। प्रारंभ में केवल जल-प्राणी ही थे। पर जल के सूख जाने पर सूखे स्थल पर वे ही प्राणी अतिजीवित रह पाए जो सूखी भूमि की स्थितियों के प्रति अनुकूलित हो सके।

डार्विन ने भी अपने विकास-क्रम में अनुकूलन-सिद्धान्त (**theory of adaptation**) को स्वीकारा है। यही कारण है कि *अनैक्सीमैण्डर* के चिन्तन में विकासवाद का पूर्वभास माना जाता है।

इसी प्रकार *एम्पीडोकुल्स* (लगभग 490-430 ई॰ पू॰) ने भी अपने चिन्तन में विकासवाद की पूर्वछाया दिखाई है। *एम्पीडोकुल्स* के अनुसार अनेक प्राणी प्रारंभ में विकृत रूप में उत्पन्न होते थे। कुछ में पैर-हाथ नहीं, किसी में सिर-धड़ नहीं, किसी में मानव धड़ और पशुओं के सिर पाए जाते थे। अन्त में केवल वे ही प्राणी अतिजीवित रह पाए जिनके सभी अंग समन्वित (**co-ordinated**) पाए गए। *डार्विन* भी अंगों के आपसी समन्वयन के आधार पर प्राणियों के विकास की बात बताते हैं और इस संदर्भ में आप योग्यतम की अतिजीविता (**survival of the fittest**) की बात बताते हैं। इसलिए *एम्पीडोकुल्स* के सिद्धान्त को भी विकासवाद का पूर्वभास कहा जाता है।

परन्तु सबसे अधिक *अरस्तू* के विचार में विकासवाद का स्पर्श होता है। इसका पहला कारण तो यह भी है कि *अरस्तू* स्वयं जीववैज्ञानिक थे और इसलिए उन्होंने निरीक्षण के आधार पर प्राणियों को सोपाना क्रमिक व्यवस्था में चित्रित किया है। इस सोपानक्रमिक चित्र को देखकर जैविक विकास दृष्टिपात हो जाता है। पर *अरस्तू* का युग (384-322 ई॰ पू॰) भिन्न था। विकासवाद के अनुसार सभी जातियों का विकास क्रम में हुआ है। जो अब जातियाँ हैं वे आदिकाल में नहीं थीं। मानव भी प्रारंभ में नहीं था। उसका भी कालक्रम में ही विकास हुआ है।

अरस्तू ने यह बात नहीं कही है। इनके अनुसार सभी जातियाँ *नित्य* और *अनादि* हैं। जैसी ये जातियाँ अब हैं वैसी ही आदिकाल से लेकर अनंत काल तक बनी रहेंगी। तब *अरस्तू* के मत को क्यों विकासवाद की पूर्वछाया कहा जाय?

इसके दो कारण हैं। प्रथम, जीवों के सोपानक्रमिक चित्र से प्राणियों का विकास झलक जाता है, यद्यपि *अरस्तू* ने स्वयं प्राणियों के विकास की बात नहीं कही है। द्वितीय, *अरस्तू* ने भ्रूण-विकास में एन्टेलेकी (entelechy) की बात कही है जिसके द्वारा भ्रूण अपनी जाति के समान पूर्ण प्रभावी हो जाता है। अतः, *अरस्तू* ने प्रत्येक जाति की शक्यता (potentiality) को भ्रूण से लेकर पूर्ण जीव तक के साकारीकरण पर बल दिया है। यह आगे चलकर जैविक विकास में बड़ा महत्त्वपूर्ण सिद्ध हुआ है। अतः, *अरस्तू* ने किसी एक ही जाति के अंतर्गत विकासक्रम को प्रदर्शित किया है, तथा भ्रूण अवस्था से लेकर प्रौढ़ावस्था तक विकासक्रम की गतिशीलता को स्पष्ट किया है। जीवों के प्रति इसे गतिशीलता को आधुनिक विकासवाद में एक महत्त्वपूर्ण कड़ी कही जायगी। यही कारण है कि अरस्तू-दर्शन को विकासवाद की पूर्वछाया कहा जा सकता है। तो भी प्रश्न उठता है कि क्यों अरस्तू स्वयं विकासवाद को नहीं अपना सके।

प्रत्येक विचारक अपने युग के विचारधारा से एकदम ऊपर नहीं उठ सकता है। स्वयं *अरस्तू* *प्लेटो* के सथैतिक दर्शन में पले थे। *प्लेटो* के अनुसार काल, नित्यता का चलायमान बिम्ब है, अर्थात् नित्यता (eternity) ही परम सत् है और काल उसका आभासमत्र (appearance) है। *प्लेटो* के अनुसार प्रत्यय ही शाश्वत परम सत् है जिनकी नकल कालगति में परिवर्तनशील वस्तुएँ किया करती हैं। इसलिए अरस्तू भी काल-प्रवाह को अनित्य और परम सत् नहीं मानते थे। *अरस्तू* के लिए भी केवल जाति ही शाश्वत सत्य है और इनके अंतर्गत व्यक्ति अनित्य और असत्य है। पर विकासवाद काल-प्रवाह को वास्तविक और सत् समझता है और जातियों को नित्य और शाश्वत नहीं मानता है। इसलिए अरस्तू कालप्रवाह को सत्य न मानने के कारण वैज्ञानिक विकासवाद की झलक नहीं पा सके।

(2) संकल्प-स्वातन्त्र्य (*Freedom of Will*)

संकल्प-स्वातन्त्र्य के संदर्भ में तीन मुँख्य पद हैं, नियतत्त्ववाद (determinism), अनियतत्त्ववाद (indeterminism) और आत्मनियतत्त्ववाद (self-determinism)। संकल्प-स्वातन्त्र्य का संदर्भ नैतिक निर्णय है। नैतिक निर्णय की अवधारणा है कि प्रत्येक व्यक्ति अपने कर्मों के लिए उत्तरदायी है। वह अपने कर्म को करने में किसी भी विकल्प को स्वतंत्र रूप से चुन ले सकता है। उदाहरण, यदि हम किसी से कर्ज लें तो हम उस कर्ज को लौटा भी सकते हैं और उसे पचा भी सकते हैं। कर्ज लौटा देना अच्छा और पचा जाना बुरा कहा जाता है। यदि व्यक्ति किसी काम को करने में बाध्य हो जाय तो व्यक्ति को उस कर्म के लिए दंडित करना या पुरस्कृत करना, दोनों ही नैतिक निर्णयों से बाहर कहे जायेंगे।

यह ठीक है कि संकल्प-स्वातन्त्र्य का संदर्भ नैतिक निर्णय ही है, पर सामान्य रूप से भी व्यक्तियों को पूर्णतया नियंत्रित कठपुतली भी समझा जा सकता है, या उसे पूर्णतया स्वतंत्र भी माना जा सकता है। वर्तमानकालिक अस्तित्ववादी *सार्त्र* व्यक्ति को पूर्णतया स्वतंत्र मानते हैं और इसके विपरीत *फ्रायड* मानव को पूर्णतया नियंत्रित समझते हैं। पर इस विषय का संदर्भ नैतिक विचार में ही प्रमुख है और इसी संदर्भ में यूनानी तथा मध्ययुगी दर्शन में इसकी चर्चा की जायगी।

संकल्प-स्वातन्त्र्य के विषय यूनानी दर्शन में अरस्तू का विचार प्रमुख है। अरस्तू के अनुसार केवल संकल्पात्मक कर्म ही नैतिक निर्णय का विषय हो सकता है। असंकल्पात्मक तथा न-संकल्पात्मक कर्म को नैतिक आचरण(कम) नहीं कहा जा सकता है। इस संदर्भ में असंकल्पात्मक तथा न-संकल्पात्मक (non-voluntary) कर्मों को एक ही समझा जा सकता है। उस कर्म को असंकल्पात्मक (involuntary) कहा जाता है जिसका कारण व्यक्ति से बाहर होता है। व्यक्ति

का सारतत्त्व उसका रीजन (तर्कबुद्धि, reason) होता है। भावावेश (passion) तथा क्षुधा (appetite) मानव की आत्मा से बाह्य समझा जाता है। अतः वे कर्म जो भावावेश तथा क्षुधा द्वारा संचालित हों उन्हें असंकल्पात्मक माना जायगा। इसके विपरीत जो कर्म मानव के रीजन से संचालित हो उसे संकल्पात्मक गिना जा सकता है। यहाँ *अरस्तू* के मत को ध्यान से समझना चाहिए।

अरस्तू के अनुसार मानव व्यवहार केवल बुद्धि या प्रज्ञा (intellect) से संचालित नहीं होता है। भावावेश तथा क्षुधा से संचालित कर्म को प्रज्ञा द्वारा नियंत्रित करने पर ही कर्म को संकल्पात्मक कहा जाता है। संकल्पात्मक कर्म (voluntary) वह है जिसका कारण कर्ता के अंदर ही हो और रीजन को मानव का आन्तरिक तथा सारगर्भित कारण कहा जाता है। अब प्रज्ञा का काम है कि वह बताए कि अमुक परिस्थिति में कौन-कौन विकल्प उचित हैं और अन्य कौन विकल्प अनुचित हैं। इन विकल्पों में से किसी एक को चुनने का अधिकार संकल्प को है। पर क्या किसी एक विकल्प को अच्छा जान लेने पर, व्यक्ति इस ज्ञान से उस विकल्प को अपनाने में बाध्य होता है ? *अरस्तू* के अनुसार प्रज्ञात्मक बाध्यता संभव नहीं है। अरस्तू के अनुसार सुकरात का यह कहना है कि कोई व्यक्ति जानबूझकर बुराई नहीं करता है, सही नहीं है। देखा जाता है कि शराबी जानता है कि मदिरा-पान अच्छा नहीं है। तो भी अपनी आदत से विवश होकर वह प्रज्ञा के सलाह के विरुद्ध शराब पीता है। इसका कारण है कि मानव कोरी प्रज्ञा नहीं है। उसमें भावावेश तथा क्षुधा भी है। भावावेश से वशीभूत होकर व्यक्ति अनुचित विकल्प को भी चुन लेता है। तब व्यक्ति किस प्रकार नीतिवान् हो सकता है?

नैतिक आचरण यही है कि व्यक्ति को प्रज्ञा के द्वारा बताए गये विकल्प को स्वतंत्र रीति से चुनना चाहिए। उचित विकल्प को प्रज्ञा-द्वारा-निर्धारित मार्ग को *स्वतंत्र रूप से चुन लेने की आदत डालना चाहिए। (Settled habit of the choice of the good as decided by the intellect.)* उचित विकल्प के चयन को प्रज्ञा द्वारा निर्धारित करने को आन्तरिक कारण कहा जायगा क्योंकि प्रज्ञा मानव का अपना सारतत्त्व है। यहाँ दो तत्त्वों का उल्लेख किया गया है, अर्थात् प्रज्ञा(intellect, बुद्धि) और स्वतंत्रता की शक्ति। *अरस्तू* प्रज्ञात्मक थे और उन्होंने स्वतंत्रता-शक्ति को गौण और प्रज्ञा को प्रधान माना है। इसका कारण है कि सर्वप्रथम, विकल्पों को उचित-अनुचित निर्धारित करने का काम प्रज्ञा का है। जब यह निश्चित हो जाता है, तब स्वतंत्र वरण की प्रक्रिया होती है। आगे चलकर संकल्प और प्रज्ञा की प्रधानता के संदर्भ में मतभेद उठा है।

संकल्प में वरण करने को उसका मुख्य लक्षण कहा जायगा। पर वरण करने में दो अंग आते हैं, अर्थात् साधन (means) और लक्ष्य (end)। *अरस्तू* के अनुसार सभी मानवों का परम लक्ष्य एक ही है कि वे ईश्वर की अच्छाई पर ध्यान लगाकर ईश्वरीय आनन्द को प्राप्त करें। इसलिए स्वतंत्र वरण (चुनना) उन साधनों का ही उचित कहा जा सकता है जिन साधनों के द्वारा ईश्वरीय आनन्द को प्राप्त किया जा सके।

आज भी *अरस्तू* का मत अधिकांश पाश्चात्य विचारक स्वीकारते हैं, अर्थात् आत्म-नियतत्त्ववाद जिसमें व्यक्ति अपना नियंत्रण स्वयं करते हैं। पर ईसाई मध्ययुगी धर्मदर्शन में संकल्प-स्वातंत्र्य का अर्थ और महत्त्व कुछ अन्य प्रकार से होने लगा।

संत अगस्टिन (सन् 354-430) प्रथम प्रमुख ईसाई धर्मशास्त्री हैं। आपने प्लेटो के दर्शन को अपनाया थ। संकल्प-स्वातंत्र्य के संदर्भ में आप में दो प्रकार के परस्पर-विरोधी मत देखे जाते हैं। ज्ञानमीमांसा में संत साहेब संकल्प-स्वातंत्र्य के बिना संवेदन तथा अन्य प्रकार के उच्चतम ज्ञान-प्राप्ति का होना सम्भव नहीं मानते हैं। ठीक इसके विपरीत अपने ईसाई धर्मशास्त्र में आप का कहना है कि आदि पाप (original sin) के कारण मानव अपना संकल्प-स्वातंत्र्य खो बैठा है। केवल ईश्वर के अनुग्रह से ही वह आदि पाप से छुटकारा प्राप्त कर अपना संकल्प-स्वातंत्र्य प्राप्त कर सकता है।

संत अगस्टिन के अनुसार बिना संवेदन के व्यावहारिक ज्ञान भी नहीं प्राप्त हो सकता है।

पर बिना संकल्प के संवेदन भी नहीं संभव हो सकता है। संवेदन को प्राप्त करने में ध्यान देना आवश्यक है। उदाहरणार्थ हम सड़क पर जाते-जाते अनेक दुकानों को देख सकते हैं। उनमें रखी अनेक वस्तुएँ हो सकती हैं। पर क्या कोई अमुक वस्तु किसी अमुक दुकान में है या नहीं, या बिना उस अमुक वस्तु को ध्यान में रखे हुए उस वस्तु का ज्ञान नहीं प्राप्त कर सकते हैं। 'ध्यान देना' सक्रिय संकल्प का कार्य है। इसलिए बिना संकल्प के ज्ञान का प्रथम चरण, अर्थात् संवेदन भी नहीं प्राप्त हो सकता है।

फिर यह ठीक है कि ज्ञान संवेदन नहीं है। संवेदन को प्रत्यय से जोड़ देने पर निर्णय प्राप्त होता है। उदाहरणार्थ यह उजली वस्तु सफेद कागज है। 'कागज' प्रत्यय है। साधारण वस्तु-ज्ञान में निर्णय अनायास होता रहता है। पर किसी न्यायवाक्य की जाँच करने के लिए संकल्प का अस्तित्व उग्र रूप में दिखाई देता है। इसी प्रकार गणित के प्रश्नों को हल करने में संकल्प का हाथ स्पष्ट पाया जाता है।

यहाँ *संत अगस्टिन* की ज्ञानमीमांसा में एक मोड़ आ जाता है। सन्त साहेब के अनुसार संवेदन को अमुक प्रत्यय से जोड़ लेने पर ही ज्ञान प्राप्त होता है। पर ये प्रत्यय अन्तिम रूप में ईश्वर में ही निहित रहते हैं। अतः, क्या प्रत्यय को जानने और उसको काम में लाने पर क्या मानव ईश्वर को साक्षात् रीति से जान ले सकता है? इस संदर्भ में *संत अगस्टिन* का कहना है कि *मानव ईश्वर का अवबोध कर सकता है, पर उसका पूर्ण बोध नहीं कर सकता है। (We can apprehend, but not comprehend God.) मानव इतना ही भर जान सकता है कि ईश्वर है, न कि वह क्या है। क्यों?*

यहाँ *संत अगस्टिन* का ईसाई धर्मशास्त्र चला आता है। *संत अगस्टिन* के अनुसार केवल प्रथम मानव आदम को संकल्प-स्वातंत्र्य प्राप्त था। पर ईश्वर की आज्ञा के नहीं पालन करने पर उसका संकल्प-स्वातंत्र्य समाप्त हो गया। इसलिए मानव आदिम पाप में पड़ गया। जब तक आदिम पाप में रहेगा तब तक संकल्प-स्वातंत्र्य नहीं रहेगा, और जब तक संकल्प-स्वातंत्र्य नहीं रहेगा तब तक पूर्ण ज्ञान नहीं हो सकता है।

तब क्या *अगस्टिन* की ज्ञानमीमांसा के संकल्प-स्वातंत्र्य को स्वीकारा जाए या धर्ममीमांसा में मानव के संकल्प-स्वातंत्र्य के लोप होने को उनका मत सही समझा जाए। प्रायः संत अगस्टिन की ज्ञानमीमांसा के संकल्प-स्वातंत्र्य ही को उनका सही मत माना जाता है।

संत अगस्टिन के बाद *संत टामस अवकाइनस* (1227-74) का काल आता है। आप *अरस्तू* के मत के समर्थक थे। आप स्वीकारते हैं कि मानव अच्छे-बुरे कर्मों को करने में संपूर्णतया स्वतंत्र है। मानव प्रज्ञा निर्धारित करती है कि अमुक स्थिति में कौन विकल्प अच्छे हैं, और कौन नहीं। मानव स्वतंत्र है कि वह किसी भी विकल्प को स्वीकार कर ले। यह भी ठीक है कि व्यक्ति जानते हुए भी कि शराब पीना बुरा है, वह आदत से विवश होकर बुरे ही विकल्प को अपना ले। भावावेश तथा क्षुधा से अत्यधिक प्रभावित होने पर व्यक्ति अनुचित कार्य कर लेता है और इसके लिए स्वयं व्यक्ति ही उत्तरदायी है।

अरस्तू और *संत टामस प्रज्ञा* को प्रथम स्थान देते हैं और इनकी तुलना में *स्कोटस* और *ओकम* संकल्प को प्रथम स्थान और बुद्धि को गौण समझते हैं। प्रज्ञा और संकल्प के सम्बन्ध के संदर्भ में देखें स्कोटस का दर्शन। पर प्रज्ञा और संकल्प के सम्बन्ध में भी बात अधिक लिखना विषयान्तर हो जायगा। मुख्य बात है कि वर्तमान युग में *नोवेल स्मिथ, मैकी* तथा *ल्फू* समझते हैं कि स्वतंत्र संकल्प पूर्णतया नियंत्रित हो सकता है। इसके विपरीत *ए॰ ल्याण्टिगा* के अनुसार संकल्प-स्वातंत्र्य में वरण स्वतंत्र गिना जायगा और इस स्वतंत्र वरण को नियंत्रित नहीं किया जा सकता है।

अतः, संकल्प-स्वातंत्र्य का विषय अभी तक विवाद का विषय बना हुआ है।

(3) प्रारम्भिक यूनानी विचारकों में धर्म की आलोचना

प्रारम्भिक यूनानी दार्शनिक अपने विचारों में स्वतंत्र थे। यही नहीं उनमें से अधिकांश विचारक या तो धर्मतटस्थ थे या विरोधी। साथ ही साथ ये विचारक प्राकृतिक घटनाओं की व्याख्या प्राकृतिक तथा भौतिक आधार पर करते हुए दिखाई पड़ते हैं। चूँकि प्राकृतिक घटनाओं की व्याख्या वे प्राकृतिक आधार पर करते हैं, इसलिए यूनानी विचारकों को वैज्ञानिक चिन्तक कहा जाता है। यह ठीक है कि यूनानी विचार के प्रारम्भ में विज्ञान का बचपन था तो भी इससे विज्ञान की नींव तो जमी। तथा मध्ययुगी दर्शन के समाप्त होते-होते इसी वैज्ञानिक परम्परा से प्रभावित होकर अरबों और पाश्चात्य लोगों में विज्ञान की ज्योति जगी।

ये वैज्ञानिक चिंतक धर्म-विरोधी कहे गए क्योंकि धर्म का संदर्भ इन्द्रियातीत सत्ता के साथ जुटा रहता है और विज्ञान का सम्बन्ध इन्द्रिय संवेदन के साथ होता है। प्रारम्भिक यूनानी दार्शनिकों ने इन्द्रियानुभूत पदार्थों के आधार पर ही प्राकृतिक घटनाओं को स्पष्ट करने का प्रयास किया है। निम्नलिखित तीन बातों को लेकर प्रारम्भिक यूनानी विचारकों ने धर्म का विरोध किया है :—

(1) देवी-देवताओं को मानवत्वारोपी सत्ता माना गया है।

(2) फिर देवी-देवताओं को नैतिक भ्रष्टाचारी समझकर उनका विरोध किया गया है।

(3) फिर बहुदेवतावाद भी इन्हें नहीं भाया क्योंकि दार्शनिक संतुष्टि एकत्ववाद से पूरी होती है।

जेनोफेन्स (570-480 ई॰ पू॰) ने बहुदेवतावाद को और और्फिक धर्म के आवागमन को नहीं स्वीकारा है। *हेराल्किटसन* ने (525-475 ई॰ पू॰) *होमर* और *हेसियोड* के द्वारा बताए देवी-देवताओं की भर्त्सना की है। डेमोक्रिटस (460-360 ई॰ पू॰) ने कहा है कि प्रकृति-भय से आक्रान्त होकर मानव ईश्वर की कल्पना करता है, अर्थात् देवी-देवता काल्पनिक रचनाएँ हैं। *अनैक्सागोरस*, *प्रोटागोरस*, *सुकरात* और *अरस्तू* को धर्म-विरोधी बताया गया है। बाद में चलकर एपिक्यूरियनों ने देवी-देवताओं तथा मरणोत्तर जीवन में विश्वास का खंडन किया है। इन्हीं यूनानी दार्शनिक धर्म-विरोधी विचारकों को थोड़ी से विस्तार के साथ निम्नलिखित रूप से बताया जा सकता है।

जेनोफेन्स ने बताया कि *होमर* और *हैसियोड* ने जिन देवी-देवताओं का उल्लेख किया है उनमें नैतिक आचरण का सर्वथा अभाव है। फिर आपने बहुदेवतावाद को भी अस्वीकृत कर दिया है। संभवतः आप एकेश्वरवादी थे और उनका एकेश्वरवाद सर्वेश्वरवादी भी हो सकता है। पर धर्म-विरोध का आधार मानवत्वारोप के दोष का होना है। अर्थात् ईश्वरवादी ईश्वर को मानव ही समझते हैं। काले मनुष्य ईश्वर को काला और गोरे लोग अपने ईश्वर को श्वेतवर्णी समझते हैं। इनके अनुसार यदि बैल को बुद्धि हो जाए तो बैल अपने ईश्वर की कल्पना बैल के ही रूप में करेगा। अतः इनके अनुसार देवतावाद काल्पनिक सत्ताएँ हैं।

आपने आवागमन के विचार को भी नहीं स्वीकारा है।

हेराल्किटस के अनुसार देवी-देवताओं की रचना अज्ञानवश की जाती है। आप होमर और हेसियोड पर भी बहुत नाराज थे क्योंकि इन महाकवियों ने देवी-देवताओं का वर्णन किया है।

यूनानी सूर्य, चाँद तथा नक्षत्रों को भी देवता समझते थे। *प्लेटो-अरस्तू* भी यही समझते थे। परन्तु *अनैक्सागोरस* ने बताया है कि सूर्य-चाँद देवता नहीं है। सूर्य गर्म पत्थर से और चाँद मिट्टी से बने हुए हैं।

प्रोटागोरस वास्तव में संशयवादी थे और उनको ईश्वर में विश्वास नहीं था। उन्होंने बताया कि देवी-देवता का विषय दुर्बोध्य और अस्पष्ट है। कोई भी निश्चित रूप से देवता-विषयक ज्ञान नहीं प्राप्त कर सकता है। पर समझदारी इसी में है कि व्यक्ति प्रचलित देवी-देवताओं के प्रति आस्था दिखाए।

एपिक्यूरनों के अनुसार देवी-देवता हैं। वे मानव के समान स्त्री-पुरुषों में बँटे हुए हैं और मानव के समान सुख भाग में लगे होते हैं। वे मानव की ओर से अनन्यमनस्क रहते हैं। फिर स्वर्ग-नरक

की चिन्ता वृथा है। अणुओं के योग से मानव की रचना होती है और उनके विघटन से व्यक्ति की मृत्यु होती है।

जब तक मानव जीवित है, तब तक उससे मृत्यु दूर रहती है: जब मृत्यु हो जाती है तव फिर व्यक्ति विशेष का होना कहाँ।

चार्वाक की भी यही उक्ति थी भस्मीभूतस्य देहस्य पुनरागमनः कुतः।

अतः, धर्म-विरोध यूनानी विचारकों में पाया जाता है।

(4) ज्ञान प्रत्यक्ष है (*Knowledge is Preception*)

इससे अभिप्राय होता है कि 'ज्ञान' और 'प्रत्यक्ष' समानार्थक हैं। ज्ञान का साररूप प्रत्यक्ष ही है। सर्वप्रथम, यूनानी विचारकों में 'ज्ञान प्रत्यक्ष है' का सिद्धान्त सोफिस्टों तथा परमाणुवादियों में देखा जाता है। इस ज्ञान-सिद्धान्त को *सुकरात, प्लेटो* और *अरस्तू* ने खण्डित किया है।

परमाणुवादी *डेमोक्रिटस* के अनुसार परमाणुओं के टकराव से ही ज्ञान उत्पन्न होता है। यह ठीक है कि लोग प्रत्यक्ष और विचारने के बीच भेद करते हैं। पर वास्तव में इनके बीच कोई प्राकारिक अन्तर नहीं है। दोनों में परमाणुओं का टकराव पाया जाता है। 'प्रत्यक्ष' में यह टकराव उग्र और तीक्ष्ण होता है, और विचारने में यह टकराव मन्द, कोमल और सूक्ष्म होता है। अतः प्रत्यक्ष और विचारने में कोई प्राकारिक अन्तर नहीं है। इसलिए कहा जा सकता है कि 'ज्ञान प्रत्यक्ष है'। अब हमें जानना चाहिए कि प्रत्यक्ष में किस प्रकार की गति होती है।

प्रत्यक्ष में बाह्य वस्तुओं से गति उत्पन्न होकर ज्ञानेद्रियों से टकरा जाती है और इस टकराव के फलस्वरूप प्रत्यक्षकर्ता को वस्तु-ज्ञान होता है। पर क्या यह वस्तु-ज्ञान बाह्य वस्तु का वास्तविक ज्ञान है? नहीं। वस्तु का हमें साक्षात् ज्ञान नहीं होता है। यह ज्ञान मानव ज्ञानेन्द्रिय के द्वारा प्रवर्तित हो जाता है। इसलिए प्रत्यक्ष न तो वस्तु की और न प्रत्यक्षकर्ता में उत्पन्न ज्ञान होता है। यह प्रत्यक्ष ज्ञान दोनों के सम्मिप्राण से होता है। यहाँ इतना ही भर कहा जा सकता है कि व्यक्ति को वस्तु का मात्र आभास प्राप्त होता है। यह आभास भी केवल उसी एक व्यक्ति का होता है जो प्रत्यक्ष करता है, फिर उसी क्षण यह सत्य होता है जिस क्षण में यह प्रत्यक्ष प्रतीत होता है। फिर उस व्यक्ति को भी दूसरे क्षण में फिर वही प्रत्यक्ष नहीं प्राप्त होता है। इसलिए प्रत्यक्ष क्षणभंगुर होता है सापेक्ष होता है। न तो किन्हीं दो या दो से अधिक व्यक्तियों को और किसी एक व्यक्ति को भी एक समान प्रत्यक्ष होता है और न किसी दो क्षणों में प्रत्यक्ष स्थिर रहता है। इसलिए जिस व्यक्ति को जो वस्तु जैसी दिखे वह वस्तु उसके लिए सत्य आभास है। इस सिद्धान्त को मनुष्य एवं प्रमाणम् (homo mensura) का सूत्र कहा जाता है, अर्थात् प्रत्येक व्यक्ति अपने प्रत्यक्ष को सत्य मानने के लिए वही अपना मापदंड होता है। अतः,

'प्रत्येक मानव सभी प्रत्यक्ष-वस्तु का स्वयं मानदंड होता है, जो है उसका कि वह है, जो नहीं है, उसका कि वह नहीं है।'

केवल अमुक व्यक्ति ही उसके द्वारा की गई सभी वस्तुओं के अस्तित्व-अनस्तित्व का स्वयं मानदंड होता है। यदि ऐसी बात हो तो सभी प्रकार के ज्ञान क्षणभंगुर कहे जाएँगे और सभी ज्ञान किन्हीं दो व्यक्तियों को एकसमान नहीं होगा। ज्ञान की इस स्थिति को संशयवाद कहा जाता है। फिर यह संशयवाद अंत में शून्यवाद में भी परिणत हो जाता है, और यही बात *गौर्जियास* के विचार में देखी जाती है।

गौर्जियास ने अपने मत को तीन सूक्तियों में व्यक्त किया है:—

(1) कुछ भी नहीं है, अर्थात् शून्यता।

(2) यदि कुछ हो भी, तो उसका ज्ञान नहीं हो सकता है।

(3) यदि किसी एक व्यक्ति विशेष को ज्ञान हो भी तो उसका संज्ञापन (Communication) नहीं हो सकता है।

पहली सूक्ति को *गौर्जियास* ने *जेनो (Zeno)* की युक्तियों के द्वारा स्पष्ट किया है। यदि कुछ हो जो इससे अभिप्राय होता है कि वस्तुएँ अनेक हैं और उनमें गति देखी जाती है। परन्तु *जेनो (Zeno)* ने स्पष्ट कर दिया है कि वस्तुएँ न तो अनेक हो सकती हैं और न वे गतिशील होती हैं। अतः अंत में कुछ भी नहीं है जिसे संगत रूप में जाना जाय।

फिर यदि कुछ हो भी तो उसे हम केवल प्रत्यक्ष के द्वारा ही जान सकते हैं। पर हमें वस्तु का साक्षात् ज्ञान नहीं होता है। जो भी प्रत्यक्ष हो वह वस्तु से उत्पन्न गति है जिसे प्रत्येक व्यक्ति की ज्ञानेन्द्रिय परिवर्तित कर देती है। इसलिए व्यक्ति को वस्तुओं का आभास होता है, न यथार्थ वस्तु का वस्तुज्ञान और वह भी सापेक्ष और क्षणभंगुर।

यदि आभास का ज्ञान भी हो तो उसका संज्ञापन नहीं हो सकता है, क्योंकि प्रत्येक संज्ञापन में उद्देश्य-विधेय के द्वारा ज्ञान व्यक्त किया जाता है। उदाहरण यह पुस्तक लाल है।

पर 'पुस्तक' और 'लाल' दोनों समानार्थक नहीं हैं। इसलिए (जैसे भारत में नागार्जुन ने और इंग्लैंड में ब्रेडले ने बताया है कि) विचार आत्म विरोधी होता है और इसके द्वारा सत् (reality) पकड़ में नहीं आता है। इसलिए किसी प्रकार का अन्य व्यक्तियों को ज्ञान संज्ञापित नहीं किया जा सकता है।

इसलिए हम देखते हैं कि यदि मान लिया जाय कि ज्ञान प्रत्यक्ष है, तो इसका निष्कर्ष शून्यतावाद (नास्तिवाद, nihilism) में परिणत हो जाता है। पर इस संशयवाद और शून्यतावाद को कौन दार्शनिक स्वीकार कर सकता है। इसलिए दार्शनिक संगोष्ठियों के संरक्षक *सुकरात, प्लेटो* तथा *अरस्तू* ने 'ज्ञान प्रत्यक्ष है' इस सूत्र की कड़ी आलोचना की है।

आलोचना

सुकरात और *प्लेटो* के अनुसार ज्ञान का ऐसा स्वरूप है कि वह सर्वव्यापक, सर्वस्वीकृत, सामञ्जस्यपूर्ण, संज्ञापनीय हो। पर गोर्जियास के अनुसार तथा अन्य सोफिस्टों के अनुसार भी प्रत्यक्ष क्षणभंगुर, सापेक्ष है और संज्ञापनीय नहीं होता है। यदि मान लिया जाय कि 'ज्ञान प्रत्यक्ष है', तो इस सिद्धान्त का अन्तिम निष्कर्ष संशयवाद तथा अवस्तुवाद (शून्यतावाद) ही हो सकता है। परन्तु संशयवाद तथा अवस्तुवाद (कोई भी वस्तु नहीं) ज्ञान की व्याख्या नहीं, पर ज्ञान के नहीं होने को स्वीकारता है। इसलिए प्रत्यक्ष ज्ञान-केवलम् 'ज्ञान' की संभवाना ही को नकारता है। यह ज्ञान की व्याख्या नहीं, वरन् ज्ञान को अस्वीकारना ही कहा जायगा।

'ज्ञान प्रत्यक्ष है' ऐसा सूत्र है जिसके अनुसार सत्यतामिथ्यता का भेद ही मिट जाता है। इस सूत्र के अनुसार पागलों को आलाप, पशुओं का संवेदन और स्वस्थ मानवों के प्रत्यक्षों के बीच किसी प्रकार का भेद नहीं किया जा सकता है क्योंकि सभी प्रत्यक्ष एक बराबर समझे जाते हैं। ज्ञान की यह व्याख्या हुई जिसमें सत्यता-मिथ्यात्व के बीच कोई भेद न हो।

'ज्ञान प्रत्यक्ष है' को स्वीकार कर लेने पर व्याघात उत्पन्न हो जाता है। मान लिया जाय कि कोई एक अमुक व्यक्ति एक आँख से किसी वस्तु विशेष को देखे और दूसरी आँख को बन्द कर ले, तो इस सूत्र के अनुसार उस व्यक्ति को उस वस्तु विशेष का प्रत्यक्ष (एक आँख से) और अप्रत्यक्ष (बंद आँख से) दोनों एक साथ, एक ही क्षण और एक ही व्यक्ति का होगा, अर्थात् एक ही वस्तु का ज्ञान और अज्ञान दोनों एक साथ होगा जिसे आत्मव्याघाती कहा जायेगा और तब इसे ज्ञान की संज्ञा नहीं दी जा सकती है।

फिर मनुष्य एवं प्रमाणम् के अनुसार यदि जो 'क' को दिखे वह 'क' के लिए सत्यता होता है और 'ख' को जो आभास हो वह 'ख' के लिए सत्य होता है। अतः हमें आभासित होता है कि 'मनुष्य एवं प्रमाण' असत्य है। इसलिए यह सूत्र अथवा 'ज्ञान ही प्रत्यक्ष' असत्य ठहरता है। इस सूत्र के खंडन करने में 'मिथ्यावादी का विरोधाभास' स्पष्ट दिखता है जो *रसेल* के दर्शन के प्रमुख स्थान रखता है।

अरस्तू भी बताते हैं कि यदि प्रत्येक वस्तु क्षणिक हो तो इससे यही ध्वनित हो जायगा कि प्रत्येक वस्तु है और नहीं भी है। प्रत्येक यदि कोई वस्तु प्रतिक्षण परिवर्तनशील हो, तो कुछ तो है जिसका परितर्वन हो रहा है। सोफिस्टों के विरोध में *अरस्तू* का कहना है कि प्रत्येक संवेदन जिस क्षण में और जिस व्यक्ति को होता है वह संवेदन उस क्षण और उस व्यक्ति के लिए अशोध्य और शंकातीत (incorrigible) होता है। प्रत्यक्ष से यही अभिप्राय होता है कि किसी एक अमुक वस्तु हो जिसका प्रत्यक्ष किसी एक प्रत्यक्षकर्ता को किन्हीं एक प्रकार की स्थिति में होता है।

(5) अशुभ की समस्या *(The Problem of Evil)*

अशुभ की समस्या ईश्वरवाद में एक कठिन बुझौब्वल का रूप धारण किए हुए है। ईश्वरवाद के अनुसार :—

(1) ईश्वर सर्वशक्तिमान है।

(2) ईश्वर परम कल्याणकारी है (परहितेच्छुक)

तब अशुभ क्यों ? यदि ईश्वर अशुभ को दूर नहीं कर सकते तो वे सर्वशक्तिसंपन्न नहीं और यदि वे सर्वशक्तिमान हैं वे अशुभ को क्यों दूर नहीं करते। यदि वे अशुभ को दूर कर सकते हैं और फिर भी दूर नहीं कर सकते तो वे परम कल्याणकारी (परहितेच्छुक, benevolent) नहीं। विचारकों के अनुसार अभी भी ईश्वरवादी इस कठिन पहेली का सन्तोषजरक समाधान नहीं कर पाए हैं।

अब *प्लेटो* और *अरस्तू* ईश्वरवादी नहीं थे और *अरस्तू* तो सृष्टि को शाश्वत और नित्य समझते थे, इसलिए उनके लिए अशुभ की समस्या विशेष नहीं थी। व्यक्तिपूर्ण सृष्टिकर्त्ता ईश्वर को स्वीकार करने पर ही अशुभ की समस्या कठिन पहले हो जाती है। *प्लेटो* के अनुसार प्रत्ययों के अतिरिक्त मैटर भी है और मैटर अशुभ है। इसलिए सृष्टि के साथ मैटर रूपी अशुभ का निराकरण नहीं किया जा सकता है। *अरस्तू* के अनुसार नैतिक अशुभ के लिए स्वयं व्यक्ति ही उत्तरदायी है। नैतिक पतन इसलिए होता है कि भावावेश और क्षुधा मानव को अपने वश में कर लेता है और प्रज्ञा(रीजन) प्रभावहीन हो जाता है। यदि मानव भावावेश की अपनी प्रज्ञा(बुद्धि) के अनुरूप नियंत्रित करने की आदत बना ले तब वह नैतिक पतन से बच सकता है।

अशुभ की समस्या गहन रूप में स्टोइकवाद में आती है क्योंकि स्टोइकों के लिए विश्व प्रज्ञा में बुद्धि और संकल्प, दोनों हैं और यही विश्वप्रज्ञा इस सृष्टि की रचना करती है। इसलिए प्रश्न उठता है : ईश्वर ने क्यों विश्व में अशुभ की रचना की है क्योंकि वह विश्व का हेतु है? साथ ही साथ इस विश्वतर्कबुद्धि (world-reason) को शुभ और परहितेच्छुक (benevolent) भी समझा जाता है। अपने रूप से स्टोइकों ने प्राकृतिक और नैतिक, दोनों प्रकार के अशुभ की व्याख्या की है।

सर्वप्रथम स्टोइकों का कहना है कि विश्व में अशुभ नहीं है। आंशिक दृष्टि के कारण शुभ भी अशुभ ही दिखता है। उदाहरणार्थ रात को फूल काले दिखें और उन्हें सुन्दर न प्रतीत किया जा सकता है पर दिन के उजाले में उनकी सुन्दरता निखर जाती है। इसी प्रकार पैर में गोबर लग जाने पर गोबर खराब लग सकता है, पर बाद में इसे खाद समझ लेने पर यह फिर बुरा नहीं लगता है।

फिर प्राकृतिक प्रकोप अशुभ लग सकता है, जैसे-बाढ़-सूखा, संक्रामक रोग इत्यादि। पर यदि यह अशुभ नहीं होते तो मानव को चुनौती के रूप में मानव बुद्धि को कौन ललकारता। इसलिए प्राकृतिक प्रकोप भी वास्तव में अशुभ नहीं, वरन् मानव के ज्ञान के विकास में वे अनुपम अवसर-प्रदान करते हैं। ये मानव के लिए चुनौतियाँ हैं। अपितु, विश्व-रचना कला का एक रूप है। बिना कुछ बुराई के विश्व-सौन्दर्य निखरता कैसे ? क्या बिना भूख के भोजन का स्वाद लग सकता है?

क्या बिना बीमारी के स्वास्थ्य का आनन्द लिया जा सकता है? क्या बिना धब्बे के चाँद का सौन्दर्य इतना अधिक मनमोहक हो सकता है? नैतिक उत्कर्ष भी बिना परीक्षणों और संकटों के नहीं उभर सकता है।

सामान्य रूप से स्टोइकों के द्वारा शुभ-सम्बन्धी सुझाव स्वस्थ प्रतीत होता है, पर अशुभ-समस्या की गहराई ईसाई ईश्वरवादियों में झलक जाती है।

संत अगस्टिन स्वीकारते हैं कि ईश्वर सर्वशक्तिमान और सर्वहितेच्छुक है। तब अशुभ क्यों?

संत अगस्टिन का मत पूर्णतया ईसाई धर्मशास्त्री का है। इसके अनुसार आदम को ही आदिकाल में संकल्प-स्वातंत्र्य था। पर ईश्वर की आज्ञा का उल्लंघन करने के फलस्वरूप उसमें पाप आ गया। अब यह पाप आदम की समस्त संतान में अनुक्रमित हो गया है। एक आदम के पाप करने से समस्त मानवजाति पापग्रस्त हो गई है जिसके फलस्वरूप मानव का संकल्प-स्वातंत्र्य खो गया है। बिना संकल्प-स्वातंत्र्य केवल ईश्वर के अनुग्रह से व्यक्तिविशेषों को प्राप्त होती है। अनुग्रह प्राप्तकर पापी व्यक्ति चर्च का द्वार खटखटाता है और पापों की क्षमता ईश्वरीय आनन्द को प्राप्त करता है।

प्रश्न होता है कि *संत अगस्टिन* प्लेटोवादी थे तब आपने *प्लेटो* के मत का क्यों अनुसरण नहीं किया? इसका कारण है कि *प्लेटो* के अनुसार मैटर ही अशुभ का कारण है। पर संत साहेब स्वीकारते हैं कि ईश्वर ने असत् (शून्यता) से सृष्टि की। इसलिए मैटर की भी सृष्टि की। अब यदि मैटर अशुभ का कारण है तो मैटर का सृष्टिकर्ता ईश्वर ही अशुभ का कारण हो जाता है। इसलिए ईश्वर को नहीं, वरन् मानव को ही अशुभ का कारण सिद्ध करने के लिए आदि पाप इत्यादि का आश्रय लिया गया है।

संत अगस्टिन का मत ईसाई परम्परा के अनुरूप हो सकता है, पर सभी अन्य विचारकों को संत का मत संकीर्ण और एकांशी प्रतीत होगा। एक आदम के पाप करने से संपूर्ण मानवजाति में पाप के संक्रमण को बुद्धिगत नहीं कहा जायगा। फिर संत साहेब का मत धर्मशास्त्री का है, न कि स्वतंत्र दार्शनिक का। इसलिए दार्शनिक क्षेत्र में इसको पूर्ण मान्यता नहीं दी जा सकती है। हाँ, दार्शनिक के स्तर पर *संत अगस्टिन* ने बताया है कि अशुभ भावात्मक नहीं, पर वैकल्यात्मक है। वैकल्यात्मक वह है जिसमें किसी वस्तु या गुण का वर्तमान काल में अभाव हो, पर बाद में इसके अभाव को दूर किया जा सकता है। अब *संत अगस्टिन* स्वीकारते हैं कि मानव का मूल अशुभ उसका आदि पाप है और ईश्वर के अनुग्रह से यह पाप दूर हो सकता है। इसलिए *संत अगस्टिन* मानव अशुभ को स्थायी नहीं मानकर इसे ईश्वर की कृपा पर आधृत कर देते हैं। *संत अगस्टिन* के इस सुझाव को *एरिजिना* और *टामस*, दोनों स्वीकार कर लेते हैं।

जौन स्कोटस एरिजिना (लगभग 810-77) ने अपने में ईसाई धर्मशास्त्र में *प्लोटिनस* के सर्वेश्वरवाद को स्वीकारा है। इस सर्वेश्वरवाद के अनुसार 'सब ईश्वरमय है' और 'ईश्वर ही सब है'। इसलिए अशुभ भी ईश्वर की ओर से है। *एरिजिना* यही कहकर संतोष कर लेते हैं कि अशुभ वैकल्यात्मक है, न कि भावात्मक। पर यह केवल शब्दों का खेल है। कष्ट को ईश्वर की मौज कह देने पर कष्ट कम कष्टप्रद नहीं हो जाता है। हाँ, *स्पिनोजा* भी सर्वेश्वरवादी कहे जाते हैं और उन्होंने सभी घटनाओं को ईश्वर की मौज कहकर प्रकृति-विधान के प्रति आत्म-समर्पण के भाव को अपनाया था। *फ्रायड* ने भी प्रकृति-विधान के सामने नतमस्तक हो अवश्यंभावी के प्रति समर्पण भाव को अपनाया था।

अब *संत अगस्टिन* और *एरिजिना* की तुलना में *संत टामस* का विचार अशुभ के संदर्भ में अधिक महत्त्वपूर्ण माना जाता है। इसलिए अब उनके मत का उल्लेख किया जायगा।

संत टामस के अनुसार ईश्वर सर्वज्ञ, सर्वशक्तिमान् तथा सर्वहितेच्छुक है। फिर ईश्वर स्वयं शुभ है और उन्होंने इस सृष्टि की रचना इसलिए की है कि इसमें उनका शुभत्व व्याप्त हो जाए। जब ऐसी बात है तब प्रश्न उठता है। इस परिप्रेक्ष्य में विश्व में अशुभ क्यों?

संत अगस्टिन के समान संत टामस भी कहते हैं कि अशुभ भावात्मक नहीं है। यह वैकल्यात्मक

है जो कालगति में विलीन हो जायगा। इसके प्रति आपत्ति यही की जाती है कि जब तक विश्व में प्राकृतिक तथा नैतिक अशुभ रहता है तब तक यह व्यक्तियों के लिए दुःखद तथा अन्य प्रकार के अशुभों को उत्पन्न करता रहता है। शब्द जाल रचनाकर अशुभ की समस्या का समाधान नहीं हो सकता है।

द्वितीय, *संत टामस* का कहना है कि इस विश्व की व्यवस्था सोपानक्रमिक है जिसे अरस्तू ने बताया था। इसलिए अरस्तूवादी संत टामस का कहना है कि निम्नतम और निम्नतर को उच्चतम की तुलना में अशुभ कहा ही जायगा क्योंकि निम्नतरों को उच्चतरों के अधीन रहना ही पड़ता है।

तीसरी बात है कि विश्व कलामय रचना है और इस रूप में जैसा स्टोइकों ने भी कहा है कि कुछ दोषों और धब्बों का रहना भी अपरिहार्य ही है। इसलिए ईश्वर अशुभ की रचना करना नहीं चाहता है, पर उसे अशुभ को स्थान देने की अनुमति देनी पड़ती है। ***(God does not will, but He has to permit evil.)***

अन्त में, *संत टामस* का कहना है कि नैतिक अशुभ संकल्प-स्वातंत्र्य के अनुचित प्रयोग के कारण से ही उत्पन्न होता है। पर संकल्प-स्वातंत्र्य मानव को अति बहुमूल्य दान है और संकल्प-स्वातंत्र्य से अभिप्राय यही होता है कि इसका सदुपयोग और दुरुपयोग, दोनों हो सकता है। इस सृष्टि का सर्वोच्च उद्देश्य है कि कुछ ही व्यक्ति अपनी इच्छा को ईश्वर को समर्पित कर सत्संकल्पी (सदिच्छाचारी) हो जाये। कुछ ही व्यक्ति के सदिच्छाचारी रूप में उन्मज्जित(आविर्भूत) हो जाना इतना उच्चतम उद्देश्य है कि नैतिक अशुभ की संभावना को अनुमत करना पड़ता है। ईश्वर नैतिक अशुभ के रहने को नहीं चाहता है, पर उसे इसे अनुमत करना पड़ता है।

(6) ईश्वर-मीमांसा और दर्शन *(Theology and Philosophy)*

ईश्वरमीमांसा और दर्शन के बीच के भेद को ईसाई चिन्तन में सर्वप्रथम देखा जाता है। हम जानते हैं कि *संत अगस्टिन* ईसाई चिन्तन के सर्वप्रथम महत्त्वपूर्ण विचारक हुए हैं। उन्होंने विचारने और विश्वास करने के बीच अन्तर किया है। आपने विचार और विश्वास (thought, understanding and belief) के विषयों के बीच भी अन्तर किया है। इनके अनुसार त्रैकत्व (trinity), आत्मा, ईश्वर इत्यादि विश्वास का विषय है, पर ज्ञान, प्रकृति इत्यादि समझ का विषय है। पर व्यक्ति न तो अपने विश्वास के विषय को ठीक से जान सकता है और न ज्ञान की गहरी बातों पर ही आसानी से विश्वास कर सकता है। आपने विचार और विश्वास, रीजन और फेथ दोनों को एक-दूसरे का पूरक समझा है। आपके अनुसार हमें इसलिए विश्वास करना चाहिए ताकि गहरी बातें समझ में आ जायं, और इसलिए समझने का प्रयास करना चाहिए ताकि उनमें विश्वास पक्का हो जाय। पर बिना विश्वास के गहरी बातें समझना कठिन है। ***(I belive that I may understand, credo ut intelligam.)***

'कुछ ऐसी बातें हैं जिन पर हम तब तक विश्वास नहीं कर पाते जब तक उन्हें हम समझ न लें। फिर कुछ ऐसी भी बातें हैं जिन्हें हम तब तक नहीं समझ पाते जब तक हम उन पर पहले विश्वास नहीं करें।'

अतः *संत अगस्टिन* ने विश्वास और दार्शनिक चिन्तन को एक-दूसरे का पूरक माना है। यह बात *संत अगस्टिन* के चिन्तन में एक दम स्पष्ट हो जाती है।

धर्म-मीमांसा का विषय किसी एक धर्म विशेष के विश्वास वचन के साथ होता है। इसकी तुलना में दर्शन का विषय प्रकृति, नीति, परम सत् इत्यादि का बताया जाता है जिसे स्वतंत्र रूप से विचारा जाता है। अतः, धर्म-मीमांसा की तुलना में दर्शन का क्षेत्र अति व्यापक समझा जाता है। फिर धर्ममीमांसा में विश्वास (आस्था, फेथ) प्रधान होता है। पर दर्शन में पूर्ण तटस्थता के साथ स्वतंत्र चिन्तन होता है।

सन्त टामस दर्शन और धर्म-मीमांसा को एक-दूसरे का पूरक मानते हैं। इनके अनुसार धर्म और दर्शन में किसी प्रकार का विरोध नहीं है। इसका कारण है कि संत टामस ने अरस्तू के दर्शन को अपनाया था और इसी अरस्तूवाद के अनुसार आपने धर्ममीमांसा को सर्वथा तर्कबुद्धिगम्य सिद्ध किया था। इसलिए इनके लिए धर्ममीमांसा और दर्शन में किसी प्रकार का विरोध नहीं पाया जाता

है। हाँ, इनके बीच अन्तर अवश्य है:—

(i) दर्शन में ज्ञान तर्कबुद्धि की प्राकृतिक ज्योति से प्राप्त होता है। इसकी तुलना में धर्ममीमांसा का विषय श्रुति (रेविलेशन, प्रकाशना) से प्राप्त होता है।

(ii) दर्शन का प्रारंभ-बिन्दु सांसारिक वस्तुएँ हुआ करती हैं और विश्व-चिन्तन करने के फलस्वरूप दार्शनिक इस निष्कर्ष पर आता है कि सभी वस्तुएँ कार्य हैं और ईश्वर ही इनका आदि कारण है। इसके विपरीत, धर्ममीमांसा का आरम्भ बिन्दु श्रुति द्वारा प्रकाशित सत्यताएँ हैं और वह संसार की घटनाओं की व्याख्या इन्हीं प्रकाशित ज्ञान के आधार पर करती है।

(iii) फिर दर्शन और धर्म-मीमांसा के बीच कोई टकराव नहीं है। धर्म-मीमांसा के प्रति उठाई गई आपत्तियों का निराकरण दर्शन के द्वारा किया जाता है और फिर धार्मिक विषयों का स्पष्टीकरण भी दार्शनिक युक्तियों के द्वारा सम्पन्न होता है। फिर धर्म-मीमांसा भी दर्शन की पार्थिव खोज का विस्तारण आध्यात्मिक गहराई तक ले जाता है। मानव अपनी बुद्धि के द्वारा सांसारिक आनन्द (happiness) प्राप्त कर सकता है, पर धर्म-मीमांसा के द्वारा स्वर्गिक आनन्द (bliss) को प्राप्त किया जा सकता है। दार्शनिक आनन्द प्रज्ञावान (wise man) प्राप्त कर सकते हैं, पर केवल संत ही ईश्वर का दीदार प्राप्त कर सकते हैं। दूसरे शब्दों में दर्शन का आलोच्य विषय दृष्टिगोचर वस्तुएँ हैं, पर धर्ममीमांसा का विषय इन्द्रियातीत (transcendental) है। इस रूप में दर्शन और धर्म-मीमांसा का विषय भी अलग-अलग है।

(iv) *संत टामस* के अनुसार ईश्वर-द्वारा सृष्टिकर्तृव्य, त्र्येकवाद, ईसा का अवतारवाद, आदि पाप का सिद्धान्त, अन्तिम न्याय-दिवस इत्यादि विश्वास-वचन धर्ममीमांसा के विषय हैं जिन्हें आस्था (फेथ) पर आधृत समझा जा सकता है। इनका परिज्ञान केवल ईश्वर के अनुग्रह से ही प्राप्त हो सकता है। इन विषयों को तर्कबुद्धि से विरुद्ध नहीं समझा जा सकता है। फिर श्रुति को तर्कबुद्धि की तुलना में अधिक प्रामाणिक समझना चाहिए। इस बात को रौजर बेकन, स्कोटस तथा ओकम भी कहते हैं कि तर्कबुद्धि की तुलना में फेथ को अधिक मान्यता देनी चाहिए।

जो संतुलन *संत अगस्टिन* और *संत टामस* की धर्म-मीमांसा और दर्शन में पाया जाता है वह समन्वय बाद के ईसाई विचारकों में नहीं देखा जाता है।

रौजर बेकन (लगभग 1214-94) ने दर्शन और विज्ञान को धर्म-मीमांसा से पृथक् बताया है। इनके अनुसार दर्शन-विज्ञान की अपेक्षा धर्ममीमांसा अधिक मान्य है। तो भी इनके अनुसार धर्म-मीमांसा को प्रकृति की वैज्ञानिक खोज में हस्तक्षेप नहीं करना चाहिए।

फिर स्कोटस(1274-1308) ने दर्शन को धर्म-मीमांसा से अलग कर दिया है। इनके अनुसार, तर्कबुद्धि (रीजन) पर आधारित दर्शन विश्वास-वचनों को समझने में असमर्थ देखा जाता है। तो भी इनके अनुसार भी दर्शन की अपेक्षा धर्म-मीमांसा को अधिक प्रामाणिक अथवा उच्चतर समझना चाहिए। *स्कोटस* के अनुसार दर्शन इतना ही सिद्ध कर सकता है कि ईश्वर है, पर यह नहीं स्पष्ट कर सकता है कि ईश्वर जीवित ईश्वर है जिसने विश्व की रचना की है। आप मानते हैं कि दर्शन और धर्म-मीमांसा, दोनों अपने-अपने क्षेत्र में निश्चित ज्ञान प्राप्त करते हैं। पर इनके अनुसार दर्शन की निश्चितता सैद्धान्तिक है जिसकी तुलना में धर्ममीमांसा कर निश्चितता व्यावहारिक है। अतः, स्कोटस ने धर्म-मीमांसा और दर्शन के बीच विरोध दिखाया है, न कि इनके बीच समन्वय।

स्कोटस की तुलना में *ओकम* एक कदम आगे बढ़ गये हैं और इनके अनुसार दर्शन ईश्वर के अस्तित्व को स्थापित करने में भी असमर्थ है। अतः, मध्ययुग के अन्त होते-होते, दर्शन और धर्म में विरोध चला आया न कि संत टामस का संतुलन।

(7) यूनानी और भारतीय विचारधारा

यूनानी दार्शनिक चिन्तन का प्रारंभ थेलस (ई॰ पू॰ 620-550) की विचारधारा से जोड़ा जाता है। प्रारंभ में यूनानी दार्शनिक स्वतंत्र विचारक प्रतीत होते हैं। बिना पारलौकिक शक्तियों की मदद लेकर, वरन् इनकी ओर तटस्थ रहकर यूनानी दार्शनिकों ने प्राकृतिक घटनाओं की व्याख्या प्राकृतिक तत्त्वों के आधार पर की है। कालक्रम में इन यूनानियों ने गणित का अन्वेषण किया और कथा न रचकर इन लोगों ने इतिहास लिखने की परिपाटी स्थापित की है। *अरस्तू* ने तो जीव विज्ञान की

स्थापना की थी और परमाणुवादियों की देन को भी ठुकराया नहीं जा सकता है। यही कारण है कि यूनानी विचारधारा को विज्ञान का प्रारम्भ माना जाता है। पर क्या धर्म से कोई भी महत्त्वपूर्ण विचारधारा सर्वथा विमुख हो सकती है। यूनानी दर्शन में भी धर्मदर्शन की अन्तर्धारा दिखाई देती है।

लगभग दो प्रकार की धर्म परम्परा यूनान में 6वीं शताब्दी में दृष्टिगोचर होती हैं। सर्वप्रथम, ओलिम्पियन देवी-देवता की पूजा होती थी। इन देवताओं में मानवत्वारोपण दिखाई देता है क्योंकि इन देवताओं में वे भावावेश और क्षुधाएँ पाई जाती थीं जो मानव में हुआ करती हैं। *हेसियोड* ने इन देवताओं के आधार पर सृष्टिमीमांसा और देवोत्पत्ति की चर्चा भी की है। पर इन देवताओं में नैतिक आचरण का अभाव था। इसलिए यूनानी विचारकों ने इन देवताओं के प्रति आपत्तियाँ भी उठाई हैं। इन देवताओं की तुलना भारत के पौराणिक देवताओं के साथ की जा सकती है। पर इन ओलिम्पियन देवताओं के अतिरिक्त एक दूसरे प्रकार का भी धर्म यूनानियों में देखा जाता है। इस धर्म को डाईनीसियस का पंथ कहा जाता है। इस पंथ में कर्मकाण्डों के आधार पर दीक्षित व्यक्ति अपने इष्टदेवता के साथ एकाकार हो जाने का विश्वास करता है। यही कर्मकाण्ड आगे चलकर ईसाइयों के परम संस्कार में परिवर्तित हो गया। फिर डाईनीसियस का यह पंथ औरफीज्म में परिणत हो गया, अर्थात् औरफीज्म को डाइनीसियसी पंथ का संशोधित रूप समझा जाता है। औरफीज्म (orphism) का प्रभाव पाइथागोरस पर पड़ा और पाइथोगोरस का प्रभाव सुकरात और प्लेटो पर हुआ और जिस प्रभाव को प्लेटिनस ने अपने रूप में बदल दिया। इस औरफीवाद के कुछ ऐसे तत्त्व हैं जो भारतीय विचारधारा में भी पाए जाते हैं :—

(1) औरफीवाद अपने धर्म को श्रुति पर आधृत मानता है और जिस श्रुति को वह किसी धर्मग्रंथ में लिखा मानता है। पर इस प्रकार का कोई धर्मग्रंथ नहीं पाया जाता है।

यहाँ वेद-विहित हिन्दू धर्म के साथ औरफीवाद पंथ की तुलना की जा सकती है।

(2) फिर औरफीवाद यह भी स्वीकारता है कि मानव अपनी आदिकालीन अवस्था में महिमामय था, पर इस संसार में वह पतन की दशा में देखा जाता है।

यह बात भी भारतीय चिंतन में देखी जाती है। जैन, न्याय और वेदान्त में कहा जाता है कि मानव अपनी पूर्वकालीन अवस्था में महिमामय था, पर इस संसार में वह अज्ञान या अज्ञानमय कर्मों के कारण दुःख झेलता हुआ दिखता है।

(3) औरफीवाद यह भी मानता है कि कर्मकाण्डों के द्वारा परिशोधन कर व्यक्ति पुनर्जन्म के चक्कर से अपना छुटकारा कर सकता है। इससे यह भी अभिलक्षित होता है कि औरफीवाद संसारिक जीवन को दुःखपूर्ण स्वीकारता है।

भारतीय विचार में भी तप के आधार पर व्यक्ति जन्म-जन्मान्तरों के चक्कर से मुक्त हो सकता है। कम से कम यह बात जैन-बौद्ध मतों में विशेषकर पाई जाती है और वेदान्त में भी उसके उपक्रमिक रूप में तप की बात चली आती है।

(4) सबसे मुख्य बात तो यह है कि औरफीवाद में आवागमन का सिद्धान्त माना गया है जो भारतीय धर्म-विचारों का मूल स्तंभ है। *पाइथोगोरस प्लेटो* तथा *प्लोटिनस* ने भी आवागमन को स्वीकारा है।

(5) फिर *प्लेटो* और *प्लोटिनस* ने ध्यान-प्रक्रिया पर बड़ा बल दिया है और *प्लेटो* के अनुसार ईश्वर के शुभत्व पर ध्यान लगाते-लगाते मानव स्वयं शुभ हो जाता है। यही बात भारतीय ध्यान, समाधि और निदिध्यासन के सिद्धान्त में निहित है।

6. *प्लोटिनस* फारस देश गये थे जहाँ भारतीय ऋषि-मुनि रहते थे। इनके विचारों से आप बहुत प्रभावित हुए थे। *प्लोटिनस* बहुत दूर तक अद्वैतवादी थे।

तब अन्तर यही है कि पाश्चात्य दर्शन में विज्ञान का विचार अधिक है और रहस्यवादी धर्म का स्थान गौण है। इसके विपरीत भारतीय चिन्तन में धर्म का स्थान मुख्य और विज्ञान का स्थान कम है। परन्तु न्याय और नव्यन्याय के स्थान को वैज्ञानिक दृष्टि से बहुत प्रभावकारी और आधुनिक पाया गया है। पर यूनानी और भारतीय विचार की प्रगति एक-दूसरे से स्वतंत्र और समानान्तर बताई गई है। ई॰ पू॰ 300 के बाद दोनों सभ्यताओं पर परस्पर विचारों का आदान-प्रदान स्वीकारा जाता है।

(8) सामान्य और ईसाई धर्ममीमांसा (*Universal and Christian Theology*)

यूनानी और मध्ययुगी दर्शन में सामान्यों के संदर्भ में विविध विचार व्यक्त किए गए हैं। सर्वप्रथम, और विशेष रूप में *प्लेटो* के विचार उल्लेखनीय है। *प्लेटो* के अनुसार सामान्य (प्रत्यय) स्वतंत्र रूप से शाश्वत और परम सत् हैं। ये वस्तु विशेषों से भी परे और अतीत कहे जा सकते हैं। *प्लेटो* ने बताया है कि वस्तु विशेष सामान्यों की नकल करते हैं। फिर यह भी एक सामान्य बिना किसी भी मन के, चाहे ईश्वरीय या मानव, अपनी सत्ता रखते हैं और इन्हें मन के आश्रय की आवश्यकता नहीं होती है। इसे *प्लेटोवादी वास्तववाद* (Platonic realism) कहा जाता है।

प्लेटो के विपरीत *अरस्तू* का कहना है कि सामान्य केवल अपने अनुरूप व्यक्ति विशेषों में ही रह सकते हैं और उनसे अलग उनकी कोई स्वतंत्र सत्ता नहीं है। उदाहरण गुलाबीपन गुलाब के फूलों में ही पाया जाता है और इन फूलों से परे और अतीत इनकी कोई अपनी निजी सत्ता नहीं है। *अरस्तू* ने न तो ईश्वरीय और न मानव मन की सत्ता को स्वीकारा है। कम से कम *अरस्तू* के लिए ईश्वर व्यक्तित्वपूर्ण नहीं है। फिर मानव मन को आत्मा की संज्ञा नहीं दी जा सकती है क्योंकि देहपात के बाद मानव मन अथवा आत्मा के अस्तित्व को अरस्तू नहीं स्वीकारते हैं। परन्तु मानव की सभी शक्तियों के साथ रीजन द्वारा संगठन को मन कहा जा सकता है। इस पार्थिव मन को सामान्यों का आश्रय माना जा सकता है। तृतीय, सामान्यों को अन्य वस्तुओं के गुणों के साथ, बाह्यनिष्ठ(वस्तुनिष्ठ,objective) समझा जा सकता है। दूसरे शब्दों में सामान्य विषयीनिष्ठ अर्थात् मन-निर्भर नहीं बताए जा सकते हैं।

संत टामस अरस्तूवादी थे और संत साहेब ने *अरस्तू* के मत को अधिकांशतः स्वीकारा है। *संत टामस* ने बताया है कि प्रारूप (पैटर्न) के रूप में ईश्वर के मन में सामान्य पाए जाते हैं जिनके अनुसार ईश्वर ने सृष्टि की रचना की है। अन्तर इतना ही है कि *अरस्तू* न तो ईश्वर को व्यक्तिपूर्ण समझते हैं और न वस्तु विशेषों को छोड़कर सामान्यों की स्वतंत्र सत्ता को स्वीकारते हैं। अरस्तू के विपरीत संत टामस मानते हैं कि शाश्वत ईश्वर के मन में सामान्य पाए जाते हैं। परन्तु इस अन्तर को छोड़कर संत साहेब, *अरस्तू* के मत का अनुसरण करके कहते हैं कि :—

(1) सामान्य वस्तुनिष्ठ रूप वस्तु विशेषों में पाए जाते हैं।

(2) फिर किसी एक जाति के वस्तु विशेषों के बीच के सारभूत सामान्य गुणों के रूप में सामान्य मानव मन में भी पाए जाते हैं। *अरस्तू* के साथ यहाँ भी अन्तर है कि *अरस्तू* मन को 'नित्य आत्मा' के रूप में नहीं मानते हैं, पर *संत टामस* इतना ही नहीं कहते हैं कि संसार में 'मन' का अस्तित्व रहता है, पर यह भी कि मरणोत्तर जीवन में भी मन आत्मा के रूप में अस्तित्ववान रहता है।

तीसरा महत्त्वपूर्ण संप्रत्यात्मक (conceptualism) सिद्धान्त कहा जाता है। इसके अनुसार वस्तु विशेषों में निहित सारगर्भित सामान्य गुणों के रूप में प्रत्यय पाए जाते हैं।

(3) यह सामान्य गुण मन के द्वारा वस्तु विशेषों से अपकर्षित कर (खींचे जाकर) प्राप्त किए जाते हैं।

(3) परन्तु प्रत्यय(अथवा सामान्य) मन की अपनी उपज नहीं है। ये सामान्य(universals) वस्तुओं में वस्तुनिष्ठ रूप में पाये जाते हैं और इन्हें आत्मनिष्ठ नहीं कहा जा सकता है। अतः संप्रत्याक मत *अरस्तू* के मत से मिलता-जुलता हुआ दिखाई देता है। *संत टामस* सामान्यों को ईश्वर के मन में निहित बताते हैं जिसे संप्रत्ययवादी नहीं स्वीकारते हैं। संप्रत्ययवाद के समर्थक *अबेलार्ड* (1079-1142) बताए जाते हैं।

चौथा महत्त्वपूर्ण मत नाममात्रवाद कहा जाता है। इसे *रौश्लिन* ने (1050-1120) और बाद में चलकर *ओक्हम* ने (1280-1347) पुष्ट किया है। इसके अनुसार, सामान्य :—

(1) न तो वस्तु विशेषों में वस्तुनिष्ठ होते हैं, और न मन में ही पाए जाते हैं। तब?

(2) सामान्य केवल शब्दघोष हैं और किसी एक ही जाति के एक नाम से पुकारे जाने वाले वस्तुविशेषों को इंगित करने के लिए नाममात्र हैं जिन्हें आपसी विचार-संज्ञापन में काम में लाया जाता है।

नाममात्रवाद *अरस्तू, संत टामसी* तथा संप्रत्ययवाद के मतों का विरोध करता है। इस मत का महत्त्व समकालीन विज्ञानपोषी विचार में पाया जाता है।

(9) ईसाई धर्म और सामान्य

ईसाई धर्म-मीमांसा में सर्वप्रथम प्लेटोवाद को अपनाया गया था जिसके अनुसार सामान्य (प्रत्यय) ही परम सत् हैं। इसलिए ईश्वर-प्रत्यय भी परम सत् है। यही कारण है कि *संत अन्सेल्म* ने अपना सत्तामूलक प्रमाण स्थापित किया है। *अन्सेल्म* के अनुसार पूर्ण ईश्वर की भावना मानव में है और इसलिए इस परम सामान्य के अनुरूप ईश्वर को भी अस्तित्ववान मानना पड़ेगा।

फिर त्र्येकत्व (trinity) भी एक सामान्य है। इसलिए ईश्वर, ईश्वर-पुत्र ईसा और पवित्र आत्मा भी तीन व्यक्ति वास्तव में एकत्व रूप में पाये जाते हैं। ईश्वर, पुत्र और पवित्र आत्मा तीन नहीं, वरन् एक ही हैं।

फिर *प्लेटो* के अनुसार सामान्य तर्कबुद्धिपरक (रीजन) हैं, इसलिए विश्व तथा ईश्वर की भी थोड़ी-बहुत तर्कबुद्धि व्याख्या की जा सकती है।

इसी सामान्य के आधार पर कहा गया है कि सभी मानवों में एक ही सामान्य का सारतत्त्व है। इसलिए यदि आदम व्यक्ति ने पाप किया तो उसके द्वारा सभी मानवों ने पाप किया। इसलिए सभी मानव आदिम पाप से ग्रस्त हैं। इसी प्रकार ईसा-द्वारा क्रूशीय मौत से, ईश्वर के अनुग्रह के द्वारा, सभी ईसाई विश्वासियों को मुक्ति भी प्राप्त हो सकती है।

अंत में यह भी बतलाया गया है कि केवल एक विश्वव्यापी सामान्य चर्च है जिसे रोमन कैथलिक चर्च की संज्ञा दी जा सकती है। इसकी तुलना में अन्य सभी ईसाई चर्च चर्चविशेष हैं जिनको अधिकारी चर्च नहीं माना जा सकता है। इसलिए सामान्य पर आधृत रोमन कैथलिक चर्च ने सभी चर्चों पर अपना पूर्ण अधिकार स्थापित किया था। पर यदि सामान्य को परम सत् नहीं माना जाय तो ईसाई धर्ममीमांसा में किस प्रकार की क्रान्ति आएगी?

नाममात्रवाद ने ईसाई धर्म-मीमांसा की जड़ ही उखाड़ दी। नाममात्रवाद प्रत्यय को सत् नहीं मानता है। इसलिए ईश्वर के प्रत्यय के आधार पर ईश्वर के अस्तित्व को नहीं स्वीकारा जा सकता है। इसलिए *संत टामस* ने जो स्वयं अरस्तूवादी थे, न कि नाममात्रवादी, उन्होंने *अन्सेल्म* के सत्तामूलक युक्ति को नकार दिया। पर नाममात्रवादी तो *संत टामस* से अधिक दूर चले गये। इनके अनुसार त्र्येकत्व विचार भी सम्भव नहीं है क्योंकि त्र्येकत्व प्रत्यय के अनुरूप कोई एक सत्ता नहीं है। ईश्वर, ईश्वर का पुत्र ईसा तथा पवित्र आत्मा, अलग तीन सत्ताएँ हैं। इसलिए त्र्येकत्व नहीं, पर त्रिमूर्ति अथवा त्रिदेववाद को ही तर्कसंगत माना जा सकता है।

अपितु, मनुष्यत्व के सामान्य को सत् नहीं स्वीकारा जा सकता है। केवल मानव विशेष ही सत्य हो सकते हैं। इसलिए यदि आदम ने पाप तो उसी एक व्यक्ति विशेष आदम को ही पापी माना जा सकता है और एक आदम के कारण समस्त मानव जाति को आदिम पाप से ग्रस्त नहीं माना जा सकता है। इसलिए नाममात्रवाद ने *आदिम पाप* के सिद्धान्त को भी नहीं स्वीकारा है। फिर इसी प्रकार केवल व्यक्ति विशेष का ही उद्धार हो सकता है, न कि समस्त ईसाई विश्वासियों का।

केवल व्यक्ति विशेष तथा चर्च विशेष के अस्तित्व को ही स्वीकारा जा सकता है। इसलिए एक सर्वव्यापी रोमन कैथलिक को परम सत् नहीं कहा जा सकता और न इसे सब चर्चों के ऊपर अधिकारी ही स्वीकारा जा सकता है।

ओक्हम ने तो ईसाई धर्मवचन की तर्कबुद्धिपरक भी नहीं स्वीकारा है। इनके अनुसार ईश्वर-सम्बन्धी युक्तियाँ भी तर्कपूर्ण नहीं कही जा सकती हैं। *संत टामस* से सत्तामूलक प्रमाण को नहीं स्वीकारा है, पर आपने विश्वमूलक प्रमाण को अनवस्था-दोष से बचने के लिए अनिवार्य सत्ता को स्वीकारा है। पर *अनवस्था-दोष* तर्क का सिद्धान्त नहीं हैं। *ओक्हम* के अनुसार, ईसाई विश्वास-वचन श्रुति पर आधारित है और उनका यही आधार है।

❑

भाग 3

आधुनिक दर्शन
(MODERN PHILOSOPHY)

फ्रांसिस बेकन (1561-1626) से लेकर *हेगेल* तक के दर्शन को आधुनिक दर्शन कहा जाता है। इनमें भी केवल प्रमुख विचारकों को ही पुस्तक में समीक्षात्मक रीति से स्थान दिया गया है। यहाँ निम्नलिखित बातों पर ही ध्यान रखा गया है:—

(क) प्रत्येक विचारक की उनकी अपनी निजी समस्याओं को स्पष्ट करने का प्रयास किया गया है।

(ख) फिर सभी आधुनिक दार्शनिकों के दर्शन को विकासक्रम की दृष्टि से प्रस्तुत किया गया है। हम देखेंगे कि *बेकन* के सुधार-नारे का प्रभाव *देकार्त* और *लॉक* पर पड़ा है। फिर *लॉक* की गवेषणाओं को *बर्कले* ने एक पग बढ़ा दिया और ह्यूम ने उन्हें एक दिशा में चरम-सीमा तक पहुँचा दिया है। इस प्रकार का क्रमबद्ध सम्बन्ध *देकार्त, स्पिनोजा* और *लाइबनित्स* में भी पाया जाता है। अन्त में, हम देखेंगे कि *काण्ट* में *लॉक, बर्कले* और *ह्यूम* के अनुभववाद (Empiricism) तथा *देकार्त, स्पिनोजा* और *लाइबनित्स* के बुद्धिवाद (Rationalism) का अपूर्व सम्मिश्रण और रूपांतरण है।

(ग) फिर हम देखेंगे कि इन आठ पाश्चात्य दार्शनिकों का प्रभाव समसामयिक पाश्चात्य दर्शन में भी बहुत अधिक है। परन्तु इस पुस्तक में केवल उनका संकेत-मात्र कर दिया जायेगा।

(घ) अन्त में, हम पायेंगे कि इन आठ दार्शनिकों के अध्ययन से हमारे समसामयिक जीवन पर भी प्रभाव पड़ सकता है और इसलिए इनका दर्शन अन्तरराष्ट्रीय तथा सामयिक महत्त्व रखता है।

आधुनिक दर्शन की विशेषताएँ (*Characteristics of Modern Philosophy*)

आधुनिक दर्शन भूतपूर्व दर्शन के निष्कर्ष और विधि का विरोधी है। हम देखेंगे कि *बेकन* ने पुरानी पद्धति को, जो विशेषतया निगमनात्मक (deductive) थी, त्यागने का नारा लगाया; साथ ही आगमन के प्रति विचारकों का ध्यान खींचा है। यही बात *देकार्त* में पाई जाती है और उन्होंने नये सिरे से दर्शन की नींव डालने की घोषणा की है। फिर *लॉक* ने ज्ञान-मीमांसा के लिए रास्ता साफ किया और *काण्ट* ने लॉक की इस समस्या को पूरा किया है।

मध्ययुगीन दर्शन की परम्परा के प्रति आधुनिक दार्शनिकों के विद्रोह को देखकर लोग समझे हैं कि मध्ययुगीन दर्शन वास्तव में जर्जर हो चुका था। यह बात ठीक नहीं है। यदि मध्ययुगीन दर्शन बिल्कुल क्षीण और निर्बल रहता, तो आज नवटामसवाद के प्रति लोगों को इतना ध्यान नहीं जाता। फिर मध्ययुगीन दर्शन में इतनी सूक्ष्म बातें छिपी हुई हैं कि हम कह सकते हैं कि मध्ययुगीन दार्शनिक अपने समय से आगे थे और इसीलिए उनकी खोजों की पूछ नहीं हुई थी। फिर मध्ययुगीन दर्शन में सूक्ष्म विश्लेषण के आधार से बुद्धि को काफी तेज कर दिया गया था, ताकि भविष्य में इससे अच्छा काम किया जा सके। मध्ययुगीन दर्शन की विशेष त्रुटि इसी में थी कि वह धर्म-केन्द्रित था और उस धर्म में इतनी शिथिलता आ गयी थी कि वह लोगों को अनुप्राणित करने में असमर्थ हो गया था। इसीलिए जब *केप्लर, गैलीलियो, न्यूटन* इत्यादि वैज्ञानिकों ने दर्शन के लिए नया मसाला

तैयार कर दिया तब दार्शनिकों को मध्ययुगीन दर्शन फीका मालूम देने लगा। विज्ञान ने मानव को नया रास्ता दिखाया, उसे नयी आशा दिखायी और उसके मानव-क्षितिज का विस्तार किया। *अतः आधुनिक दर्शन विज्ञान-पोषित होने के कारण मध्ययुगीन दर्शन के निष्कर्षों और विधि का तिरस्कार करना हुआ प्रतीत होता है।*

विज्ञान पोषित होने के कारण दर्शन में नवीन जागृति और अनुपम प्रगति आने लगी। विज्ञान में व्यक्ति अपनी बुद्धि के आधार पर अनेक प्रयोग कर सकता है, अनेक नये-नये आविष्कार कर सकता है। परन्तु यह बात धर्म के लिए और विशेषकर संगठित धर्म के लिए लागू नहीं हो सकती है। धर्म-पद्धति में रूढ़िवाद का रहना अनिवार्य है। यही कारण है कि आधुनिक दर्शन विज्ञान-पोषित होने के कारण बुद्धि की स्वाधीनता को स्वीकार करता हुआ रूढ़िवाद और सब प्रकार के आप्त वचन (authority) का विरोध करता है। पाश्चात्य परम्परा में सर्वप्रथम यूनान में ही बुद्धि को जीवन की एकमात्र अधिष्ठात्री बनाकर एक सन्तोषजनक सभ्यता को कायम किया गया था। इसी से आधुनिक दर्शन को इसी यूनानी परम्परा की पुनर्जागृति (renaissance) कहा जाता है। अब जिस भी नाम से हम आधुनिक दर्शन को पुकारें, इसमें मानव-बुद्धि को, न कि किसी भी प्रकार के आप्त वचन को, स्थान दिया गया है। अतः आधुनिक दर्शन व्यापक अर्थ में बुद्धिवादी है। इस अर्थ में अनुभववादी भी बुद्धिवादी कहे जा सकते हैं।

चूँकि सर्वप्रथम, बुद्धि नवीन आविष्कार करने में समर्थ होती है, इसीलिए बुद्धि पर आश्रित होने के कारण इस युग को आशावादी भी कहा जा सकता है। परन्तु यह आशावादी स्थायी नहीं रह पाया; क्योंकि यदि व्यक्ति अपनी ही बुद्धि पर भरोसा रखे और व्यक्तिगत बुद्धि सत्यता की कसौटी हो तो व्यक्ति जितने प्रकार के होंगे उतने ही प्रकार का दर्शन होगा और तब फिर उनकी सत्यता का कौन निर्णय करेगा? निरी बुद्धि ही के आधार पर दर्शन की रचना करने पर पहले अनुभववाद (empiricism) और बुद्धिवाद का भेद हुआ। फिर स्वयं अनुभववादियों और बुद्धिवादियों के बीच मत-मतान्तर खड़ा हो गया। *लॉक* के अनुसार भौतिक और आध्यात्मिक दोनों प्रकार के पदार्थ हैं, परन्तु उनका स्वरूप नहीं जाना जा सकता है। इसी परम्परा के *बर्कले* के अनुसार आध्यात्मिक पदार्थ यथार्थ है, परन्तु भौतिक पदार्थ अयथार्थ। अन्त में, अनुभववादी *ह्यूम* के अनुसार किसी भी प्रकार का पदार्थ यथार्थ नहीं है। इसी प्रकार बुद्धिवादी *देकार्त* का कहना है कि परम पदार्थ द्वैत है, *स्पिनोजा* के अनुसार अद्वैत है और *लाइबनित्स* के अनुसार विशिष्टद्वैत है। अब ये जितने मत-मतान्तर हैं, सब बुद्धि पर अवलम्बित हैं और बुद्धि को छोड़कर आधुनिक दर्शन के लिए कोई दूसरी कसौटी नहीं है, जिससे इन सब मतों की सत्यता जाँची जाय। अतः बुद्धि पर भरोसा रखने पर आधुनिक दर्शन में निराशावाद की परिछाया देखने में आती है। इस निराशावाद से आधुनिक दर्शन यूनानी-रूमी दर्शन के समान पंगु इसलिए नहीं बना कि विज्ञान की निरन्तर प्रगति मानव की आशा को नित्य हरी किये हुए रही। इसलिए निराशावाद का एकमात्र यही परिणाम हुआ कि दार्शनिकों ने अपनी समस्याओं को तत्त्व-मीमांसा और ज्ञान-मीमांसा (epistemology) में बाँट दिया। उन्होंने देखा कि हम 'क्या' जानते हैं, यह बहुत अंशों में इसी बात पर निर्भर करता है कि हम किस प्रकार से सही जान सकते हैं। अब क्या हम जानते हैं, यह प्रश्न तत्त्व-मीमांसा (metaphysics or ontology) के अन्तर्गत आता है। पर कैसे और क्या हम सही जान सकते हैं, ये प्रश्न ज्ञान-विवेचन के अन्तर्गत आते हैं। पाश्चात्य दर्शन के इतिहास में पहली बार ज्ञान-समीक्षा की बात आधुनिक दर्शन ने उठायी है और इसलिए ज्ञान-समीक्षा आधुनिक दर्शन की भी विशेषता कही जायगी। अब यह बुद्धि-स्वातंत्र्य ने निराशावाद की नींव डाली तो आधुनिक दार्शनिक इसके झोंके से परास्त नहीं हुआ। उसने आशा को छोड़कर नये सिरे से सोचना शुरू किया। विज्ञानों में प्रगति जारी रहने के कारण आधुनिक दार्शनिकों का बुद्धि में विश्वास जमा रहा। अतः, यदि मत-मतान्तर हो और उसके बीच किसी प्रकार का निर्णय नहीं किया जा सके तो हमें ज्ञान के स्वरूप

की ही विवेचना कर देखना चाहिए कि किस प्रकार से और किन मन्तव्यों पर ज्ञान सम्भव होता है। अतः, आधुनिक दर्शन में *ज्ञान-समीक्षा* विशेष रूप में देखने में आती है।

ज्ञान-समीक्षा के आधार पर दार्शनिकों ने इस बात का निर्णय किया कि यदि दर्शन की रचना बुद्धि करे तो यह वैयक्तिक बुद्धि नहीं हो सकती है। *काण्ट* ने अपनी ज्ञान-मीमांसा में दिखाया है कि सभी ज्ञान में कुछ पूर्वानुभविक (a priori) तथा सर्वव्यापी (universal) अंश है, जिनके आधार पर ज्ञान की रचना होती है। और इसलिए वैयक्तिक बुद्धि से ज्ञान की व्याख्या नहीं हो सकती है। फिर, अनुकाण्टीय (Post-Kantian) धाराओं में दिखाया गया है कि वह बुद्धि, जिससे मानव-ज्ञान की रचना होती है, वही बुद्धि विश्व की भी रचना करती है। इस विचारधारा को अध्यात्म (spiritualism) तथा प्रत्ययवाद (idealism) भी कहा जाता है। अतः आधुनिक दर्शन प्रगाढ़ अर्थ में बुद्धिवाद कहा जा सकता है और हम पाते हैं कि समसामयिक दर्शन उग्र रूप में इसी बुद्धिवाद का प्रतिवाद करता हुआ दिखाई देता है। आधुनिक दर्शन के आठ मुख्य दार्शनिकों को प्रायः दो सम्प्रदायों में बाँटा जाता है। एक को अनुभववादी और दूसरे को बुद्धिवादी कहते हैं। शायद *बेकन* और *काण्ट* को इस विभाजन में नहीं गिनना चाहिए। *बेकन* को अनुभववादी कहा जाता है, *बेकन* ने वास्तविक अर्थ में किसी दर्शन की रचना नहीं की है। उन्होंने केवल अपनी लेखनी में भावी दर्शन के होने की घोषणा मात्र की है। फिर *काण्ट* ने अनुभववाद और बुद्धिवाद के झगड़े को मिटाने में का प्रयास किया है और इसलिए उनके मत को समीक्षावाद (criticism) कहना अधिक उपयुक्त होगा। अतः, छः ही दार्शनिक बच जाते हैं। इनमें तीन ब्रिटिश हैं और तीन यूरोपीय। *लॉक, बर्कले* और *ह्यूम* तीनों ब्रिटिश अनुभववादी हैं और *देकार्त, स्पिनोजा* तथा *लाइबनित्स* बुद्धिवादी हैं। पाश्चात्य दर्शन में अनुभववाद और बुद्धिवाद का झगड़ा पुराना और महत्त्वपूर्ण है, इसलिए इन पारिभाषिक शब्दों की सही व्याख्या कर देनी चाहिए।

बुद्धिवाद (*Rationalism*)

अंग्रेजी भाषा में व्यवहृत शब्द Rationalism जिसका अनुवाद बुद्धिवाद किया गया है, अनिश्चित शब्द है। प्रायः इस शब्द को तीन विभिन्न अर्थों में काम में लाया गया है।

बुद्धिवाद

प्लेटोवादी बुद्धिवाद	दार्शनिक बुद्धिवाद	ज्ञान-मीमांसीय बुद्धिवाद
(जिसमें ऐन्द्रिय अनुभूति की अवहेलना की गई है)	(जिसमें आप्तवचन तथा शास्त्र की मान्यता को हीन कहा जाता है ड्यूवी तथा मानवतावाद में इस अर्थ में 'बुद्धिवाद' को प्रयुक्त किया गया है)	(जिसमें ऐन्द्रिय अनुभूति को गौण समझा जाता है। इस रूप में *देकार्त, स्पिनोजा* तथा *लाइबनित्स* के मत को बुद्धिवादी कहा जाता है)

प्लेटो ने गणितीय ज्ञान को ज्ञान का उग्र उदाहरण अथवा आदर्श स्वीकार किया है। *प्लेटो* के अनुसार गणितीय ज्ञान को प्राप्त करने के लिए इन्द्रियानुभव की आवश्यकता नहीं होती। उसके अनुसार सभी प्रकार का शुद्ध ज्ञान मानव के अन्दर है जिसकी उसे विस्मृति रहती है। साधारण वस्तुओं के प्रत्यक्ष से मानव का विस्तृत ज्ञान ताजा हो जाता है। सही ज्ञान अन्तर्ज्योति अथवा अन्तःप्रज्ञा (intuition) के द्वारा प्राप्त होता है। पाश्चात्य दर्शन के इतिहास में परिशुद्ध बुद्धिवाद का उग्र रूप *प्लेटो* के दर्शन में पाया जाता है। परन्तु प्लेटो के दर्शन में भी अनुभव की पूर्ण अवज्ञा नहीं हो पाई है। *प्लेटो* को भी स्वीकार करना पड़ा था कि साधारण वस्तुयें प्रत्यय (ideas) की प्रतिलिपि अथवा नकल हैं और ये वस्तुयें प्रत्ययों को जागृत करने के लिए अनुस्मारक (reminder) का काम करती हैं। *अरस्तू* के दर्शन में प्लेटोवादी बुद्धिवाद में अनुभव को गौण

ही स्थान प्रदान किया गया है। *अरस्तू* भी प्रत्यय ज्ञान को ही सच्चा ज्ञान मानते हैं और यह भी स्वीकार करते हैं कि प्रत्ययों (फौरम) का ज्ञान अन्तर्ज्योति (बोधि illumination) से ही प्राप्त होता है। परन्तु *अरस्तू* यह भी स्वीकारते हैं कि प्रत्ययों को बोधि बिना वस्तुओं में अन्तर्निहित प्रत्ययों के अनुभव के सम्भव नहीं होती है। अतः, *अरस्तू* के अनुसार वस्तु-प्रत्यक्षों के आधार पर प्रत्ययों का अन्तःज्ञान (intuition) होता है। इसलिए *प्लेटो* की अपेक्षा *अरस्तू* अनुभव को भी अपने बुद्धिवाद में स्थान देते हैं। इस प्रकार का बुद्धिवाद *स्पिनोजा* तथा *हेगेल* में विशेष रूप से पाया जाता है।

दार्शनिक बुद्धिवाद (Philosophical Rationalism) का सन्दर्भ इन्द्रियानुभव न होकर आप्तवचन (authority) तथा शास्त्र-ज्ञान के प्रति विरोधाभाव में प्रदर्शित होता है। मध्ययुग तथा धर्मदर्शन में श्रुति-प्रकाशना (revelation) आप्तवचन तथा शास्त्रों को विशेष स्थान दिया गया है और माना जाता है कि इन मार्गों के द्वारा तत्त्वसम्बन्धी अशोध्य तथा असन्दिग्ध ज्ञान प्राप्त किया जाता है। दार्शनिक बुद्धिवाद के अनुसार बिना तर्कबुद्धि के किसी भी विषय का ज्ञान नहीं प्राप्त किया जा सकता है। आधुनिक दर्शन के प्रारम्भ में *बेकन* और *देकार्त* दोनों ने आप्तवचन तथा शास्त्रों को ज्ञान-प्राप्ति का साधन नहीं स्वीकार किया है। दार्शनिक बुद्धिवाद के अनुसार मानव अपनी तर्कशक्ति (faculty of reason) के द्वारा ज्ञान प्राप्त कर सकता है। चूँकि 19वीं तथा 20वीं शताब्दी में विज्ञान को ज्ञान का आदर्श समझा जाता है, इसलिए *ड्यूवी* तथा प्रत्यक्षवादियों ने (positivists) वैज्ञानिक विधि को तर्कनापूर्ण स्वीकार कर प्रकाशना-श्रुति तथा शास्त्र को ज्ञानप्राप्ति का साधन नहीं स्वीकार किया है। यद्यपि मानवतावाद तथा विज्ञानपोष में दार्शनिक बुद्धिवाद को प्रमुखवाद स्वीकार किया जायगा, तो भी आधुनिक दर्शन में ज्ञान मीमांसीय बुद्धिवाद को विशेष स्थान प्रदान किया जायगा।

ज्ञान-मीमांसीय बुद्धिवाद (Epistemological Rationalism) में तर्कना बुद्धि को ज्ञानप्राप्ति का एकमात्र साधन स्वीकार किया जाता है और इसके साथ-साथ इन्द्रियानुभव को हीन बताया जाता है। चूँकि तर्कनाबुद्धि के द्वारा सम्प्रत्यय (concept) प्राप्त किया जाता है, इसलिए ज्ञानमीमांसीय बुद्धिवाद के अनुसार सही ज्ञान सम्प्रत्यात्मक होता है, न कि प्रत्यक्षमूलक (perceptual)।

(1) ज्ञानमीमांसीय बुद्धिवाद में गणितीय ज्ञान को आदर्श माना जाता है। इसलिए इस प्रकार के बुद्धिवाद के अनुसार ज्ञान का लक्षण है कि ज्ञान अनिवार्य, असन्दिग्ध तथा सर्वव्यापक हो। चूँकि इन्द्रियानुभव के द्वारा प्रत्यक्ष विशिष्ट वस्तुओं का सन्दिग्ध ज्ञान प्राप्त किया जा सकता है, इसलिए इन्द्रियानुभव को ज्ञानप्राप्ति का साधन नहीं स्वीकार किया जा सकता है, क्योंकि बुद्धिवादियों के अनुसार ज्ञान को सामान्यों का सर्वव्यापक और असंदिग्ध ज्ञान होना चाहिए।

(2) ज्ञानमीमांसीय बुद्धिवाद के अनुसार न तो ज्ञान के उदय (उत्स—origin) को और न इसे सत्यापित करने के लिए अनुभवाश्रित प्रत्यक्षों की आवश्यता होती है। अधिक-से-अधिक बुद्धिवाद के अनुसार अनुभव द्वारा केवल ऐसा अवसर मिलता है जिसमें बौद्धिक शक्तियों का जागरण अथवा स्फुरण होता है:—

उपर्युक्त बातों को ध्यान में रखकर ज्ञानमीमांसात्मक बुद्धिवाद की परिभाषा निम्नलिखित रीति से की जा सकती है।

ज्ञानमीमांसात्मक बुद्धिवाद आधुनिक दर्शन का वह वाद है जिसके अनुसार बुद्धिशक्ति के सहज प्रत्ययों (innate ideas) के आधार पर सर्वव्यापी (universal), असंदिग्ध (Indubitable) तथा अनिवार्य ज्ञान प्राप्त किया जाता है जिसका उग्र उदाहरण (paradigm case) गणित तथा तर्कशास्त्र में पाया जाता है।

पारिभाषित अर्थ में बुद्धिवाद के अनुसार बुद्धि ही एकमात्र तर्कशक्ति है, जिसके द्वारा सर्वव्यापी (universal) तथा असंदिग्ध (certain) या अनिवार्य (necessary) ज्ञान प्राप्त किया जा सकता है। इस प्रकार का ज्ञान आत्मजात (innate) प्रत्ययों (ideas) पर आधारित रहता है। उदाहरणार्थ

हम कहते हैं कि वे वस्तुएँ, जो किसी एक ही वस्तु के बराबर हों, तो वे आपस में भी बराबर होंगी। जैसे A और B में से यदि प्रत्येक C के बराबर हो तो AB भी एक-दूसरे के बराबर होंगे। पर क्या कोई भी स्वयं-सिद्ध (axiom) अनुभव के द्वारा प्राप्त अथवा प्रमाणित किया जा सकता है? यदि वह स्वयंसिद्ध वाक्य मानव-अनुभव पर आधारित होता तो सार्वभौम या सर्वव्यापी नहीं हो सकता, क्योंकि इसके अन्तर्गत असंख्य उदाहरण आते हैं और असंख्य उदाहरणों को किस प्रकार से अनुभव के द्वारा जाँचा जा सकता है? फिर हम यही कह सकते हैं कि अमुक घटना इस प्रकार घटती है, जैसे-सूर्य पूरब में निकलता है, पर हम यह नहीं कह सकते हैं कि *सूर्य अवश्य ही पूरब में निकलेगा।* अतः, अनुभव के आधार पर सर्वव्यापी तथा अनिवार्य ज्ञान की स्थापना नहीं हो सकती है। इसका यह अर्थ नहीं है कि बुद्धिवाद में अनुभव का कोई स्थान नहीं है। उसके अनुसार अनुभव से हमारे अन्दर ऐसी स्थिति उत्पन्न हो जाती है, जिससे हम आत्मजात प्रत्ययों को अपने में जान लें। जैसे-बच्चे की प्रतिभा आत्मजात है, पर जब तक उपयुक्त परिस्थिति उसे नहीं मिले, उसकी प्रतिभा न तो निखरेगी और न किसी को इसका ज्ञान तक भी होगा। लेकिन अच्छा स्कूल हो, अनुकूल घर, साथी और अन्य व्यवस्थाएँ हों तो बच्चे की आत्मजात प्रतिभा भी निखरेगी। इसी प्रकार बुद्धिवादियों का कहना है कि आत्मजात प्रत्यय सभी व्यक्तियों में पाया जाता है। जब अनुभव के द्वारा व्यक्ति उधेड़ बुन में पड़ जाता है और जब वह चिन्तन करने लगता है तब उसे उस समय ये आत्मजात प्रत्यय स्पष्ट होने लगते हैं। परन्तु बुद्धिवादी का कहना है कि आत्मजात प्रत्ययों के आधार पर जो सार्वभौम तथा अनिवार्य ज्ञान प्राप्त होता है, उसे अनुभव के द्वारा न तो प्राप्त किया जाता है और अनुभव के द्वारा न तो सार्वभौम तथा अनिवार्य ज्ञान की सामग्री (material) मिलती है और न उनसे इस प्रकार के ज्ञान की कसौटी ही प्राप्त की जा सकती है।*

आधुनिक दर्शन में बुद्धिवाद के ये अंग विशेष स्थान रखते हैं।

(क) ज्ञान-प्राप्ति में मन निष्क्रिय नहीं, परन्तु सक्रिय (active) रहता है। इसलिए ज्ञान में बाहर से कुछ नहीं मिलता है, परन्तु मन स्वयं अपनी रचनात्मक प्रक्रिया से ज्ञान की रचना करता है। यह मत बड़ी स्पष्टता तथा उग्रता के साथ *लाइबनित्स* के दर्शन में पाया जाता है।

(ख) मानव-मन में कुछ आत्मजात प्रत्यय हैं जिनकी पहचान यही है कि वे स्पष्ट (clear) और परिस्पष्ट (distinct) होते हैं। प्रायः ऐसे स्पष्ट तथा परिस्पष्ट आत्मजात प्रत्यय गणितशास्त्र में पाये जाते हैं। इसलिए ज्ञान का आदर्श गणितशास्त्र में पाया जाता है। बुद्धिवाद का यह लक्षण देकार्त, स्पिनोजा तथा काण्ट में पाया जाता है।

(ग) फिर बुद्धिवाद के अनुसार अनुभव से सर्वव्यापी तथा अनिवार्य ज्ञान की स्थापना नहीं होती। यही नहीं, अनुभव की सम्भावना भी इन्हीं आत्मजात प्रत्ययों के आधार पर होती है। इसलिए बुद्धिवादियों के अनुसार आत्मजात प्रत्ययों की व्याख्या अनुभव के आधार पर न होकर, स्वयं अनुभव की ही व्याख्या इन प्रत्ययों के आधार पर की जा सकती है।

(घ) बुद्धिवाद की सबसे बड़ी कठिनाई ज्ञान-कसौटी के सम्बन्ध में देखी जाती है। किसी भी तथ्यात्मक विज्ञान में सत्यता-असत्यता की जाँच यथार्थ घटनाओं के आधार पर की जाती है और यथार्थ घटनाओं को इन्द्रियों के द्वारा प्राप्त किया जाता है। चूँकि सार्वभौम तथा अनिवार्य ज्ञान में अनुभव की कोई रचनात्मक देन नहीं होती, इसलिए बुद्धिवादी ज्ञान व्याख्या में यथार्थ घटनाओं की चर्चा ही नहीं की जाती। हम लोगों ने पहले कहा है कि बुद्धिवादी ज्ञान-मीमांसा में गणितीय

---

* Experience does not constitute knowledge but serves only an occasion for the exercise of reason as the faculty of innate ideas.

इन सब बातों की व्याख्या *देकार्त* और *काण्ट* के दर्शन में विशेष रूप से की जायगी। इनका तो यह भी कहना है कि, Instead of 'experience' validating innate ideas, it is the innate ideas which explain the possibility of experience.

प्रकथनों को ही अपनी मूल उपमा मानते हैं और चूँकि गणितीय प्रकथन वास्तविकता से परे होते हैं इसलिए बुद्धिवादी ज्ञान की कसौटी यथार्थ वस्तुएँ नहीं कही जा सकती हैं। प्रायः, अनुभववादी कहते हैं कि सत्य प्रकथन वे हैं, जो यथार्थ वस्तुओं के अनुरूप (corresponding) हों। अब चूँकि बुद्धिवादी ज्ञान का आदर्श रूप गणितिक प्रकथन है, जिनमें वास्तविक घटनाओं का निर्वाह नहीं किया जाता है, इसलिए अनुरूपता-सिद्धान्त को न मानकर तर्क-संगत रीति से आत्मसंगति (harmony or self-consistency) की ही कसौटी को बुद्धिवादी अपनाते हैं। इसे हम तर्कशास्त्र और गणित में देख सकते हैं। इसलिए बुद्धिवाद के अनुसार वास्तव में सत्यता का प्रश्न ही नहीं उठता। यहाँ केवल वैध-अवैध (valid-invalid) का प्रश्न उठ सकता है। इसलिए बुद्धिवादियों के अनुसार सार्वभौम तथा अनिवार्य ज्ञान वह है, जिसमें प्रत्ययों की व्याघात-रहित आत्मसंगत, सर्वग्राही, व्यवस्था तथा सम्बद्धता (system) हो। यह बात उग्र रूप में *स्पिनोजा* और *लाइबनित्स* के दर्शन में पाई जाती है। आगे चलकर बुद्धिवाद की परिणति प्रत्ययवाद (idealism) में पाई जाती है और इस रूप में *हेगेल, ब्रैडले, बोसन्केट* इत्यादि के दर्शन में प्रत्ययों के व्याघात-रहित आपसी मेल या संगति को ही सत्यता की कसौटी समझा गया है।

अनुभववाद *(Empiricism)*

अनुभववाद के अनुसार ज्ञान मानव-अनुभूति पर ही निर्भर होता है। इस 'अनुभूति' शब्द का एक ही अर्थ नहीं होता है। वास्तव में कोई दार्शनिक ऐसा नहीं कह सकता है कि उसके ज्ञान का विषय ऐसा है, जिसका किसी को अनुभव नहीं हो। अतः सभी दार्शनिकों को अनुभव पर ही अपने ज्ञान की रचना करनी पड़ती है। प्रश्न सिर्फ यह उठता है कि किस प्रकार की अनुभूति के द्वारा ज्ञान की रचना होती है? जिसे हम अनुभववाद कहते हैं, उसके अनुसार *ऐन्द्रिय ज्ञान* ही मौलिक ज्ञान है।

हम आधुनिक अनुभववाद के सम्बन्ध में निम्नलिखित बातें बता सकते हैं :—

अनुवाद के अन्तर्गत ये मुँख्य अंग हैं :—

(क) जन्म के समय मन एक कोरे कागज या साफ प्लेट के समान रहता है और जो कुछ भी ज्ञान बाद में प्राप्त किया जाता है, वह अनुभव के द्वारा ही इस पर अंकित होता है। हम आगे चलकर देखेंगे कि *लाइबनित्स* और *काण्ट* ने दिखा दिया है कि यदि हम मान भी लें कि जन्म के समय मन कोरा रहता है, तो भी अनुभववादियों का मत इससे स्पष्ट नहीं होता है। शायद स्वयं *लॉक* भी, जिसने इस कथन की नींव डाली थी, इस बात को पूर्णतया स्वीकार नहीं करते हैं कि मन पूर्णतया कोरा सफेद कागज के समान रहता है। फिर भी अनुभववादी आत्मजात प्रत्ययों को नहीं मानने के कारण मन के कोरेपन की कल्पना करते दिखाई देते हैं।

(ख) फिर हम लोगों ने देखा है कि अनुभववादियों के अनुसार ऐन्द्रिय अनुभव ही यथार्थ अनुभव है। इसमें आत्म-निरीक्षण(reflection) या अन्तनिरीक्षण को भी जोड़ लिया जाता है। अतः, अनुभववादियों के अनुसार संवेदन (sensation) और आत्म-निरीक्षण दो प्रकार की खिड़कियाँ हैं, जिनसे मन-कूप में ज्ञान-रश्मियाँ पहुँचती है।

(ग) अपितु संवेदन और आत्म-निरीक्षण से जो ज्ञान के अंश मिलते हैं, वे अति सरल (simple) होते हैं और उनका आपसी सम्बन्ध आन्तरिक रीति से नहीं पाया जाता है। यदि उन्हें किसी प्रकार सम्बद्ध किया जाय तो सम्बद्धता बाह्य ही हो सकती है। अतः हम अनुभव के ही आधार पर यह नहीं कह सकते कि सूर्य और ताप में अनिवार्य सम्बन्ध है। यह सम्बन्ध अनुभववाद के अनुसार बाह्य सम्बन्ध है और इसके अनुसार ऐसी कल्पना की जा सकती है कि सूर्य से ताप न मिलकर ठंडक मिले।

(घ) ज्ञान में कोई भी आत्मजात अंग नहीं है। यदि कोई सर्वव्यापी अंग है, तो यह अनुभव का केवल विस्तार-मात्र है।

(ङ) चूँकि बाह्य परिस्थिति का ज्ञान अनुभववादियों के लिए विशेष स्थान रखता है, इसलिए इनके लिए सत्यता की कसौटी वस्तु-अनुरूपता (correspondence) में पाई जाती है।

'बुद्धिवाद' तथा 'अनुभववाद' इत्यादि के अतिरिक्त भी अनेक पारिभाषित शब्द हैं, पर उनकी व्याख्या यथास्थान की जायगी। हम लोग अब बेकन का उल्लेख करेंगे; और तब बुद्धिवादियों की चर्चा करके अनुभववादियों की व्याख्या की जायगी और अन्त में काण्ट का दर्शन इन सब मतों के समन्वय के रूप में लिया जायगा।

फ्रांसिस बेकन (1561-1626)

बेकन अपने पेशे से वकील थे, परन्तु उनकी रुचि विज्ञानों में थी। वे अंग्रेजी भाषा के आदर्श गद्य लेखक थे और आज भी लोग 'Bacon's Essays' बड़े चाव से पढ़ते हैं। उनका गद्य और उनकी शैली इतनी प्रतिभापूर्ण है कि कभी-कभी लोग समझते हैं कि वह वास्तव में शेक्सपियर थे। परन्तु जितनी उनकी प्रतिभा थी, उतना उनका चरित्र उज्ज्वल नहीं था। जब वे न्यायाधीश के पद पर अधिष्ठित हुए थे तो घूस भी लिया करते थे। अन्त में घूस लेने के अपराध में पकड़े गये और उच्च पद से हटा दिये गये। उन्होंने अपनी सफाई में बताया था कि "मैं घूस अवश्य लेता हूँ, परन्तु घूस लेकर मैंने न्याय को नहीं छोड़ा है।" इन सब विरोधी गुणों के रहने पर 'पोप' नामक कवि ने उन्हें *'The greatest, brightest, meanest of mankind'* का खिताब दिया है।

बेकन का युग आशावाद का युग था। उसी समय चुम्बक लोहे और कम्पास का पता लगा था, जिसके सहारे नाविकों को आशा हो गई थी कि वे संसार-भर का भ्रमण आसानी से कर लेंगे। बारूद बनाने तथा छापाखाने का भी आविष्कार हो गया था जिससे लोग समझते थे कि ज्ञान का प्रसार कुछ ही दिनों का खेल है। हार्वी ने रुधिर संचालन के नियमों को सिद्ध कर दिया था और लोग समझने लग गये थे कि मानव अब दीर्घायु हो जायगा। ये सब बातें विज्ञानों के ही द्वारा प्राप्त की गयी थीं। यही कारण है कि बेकन को विज्ञानों पर पूरी आस्था हो गयी थी। अतः बेकन के दर्शन में दो बातें अवश्य मुँख्य हैं अर्थात् (1) प्रकृति को समझने के लिए हमें इसके नियमों को जानना चाहिए और (2) प्रकृति तथा मानव के प्रति वैज्ञानिक ज्ञान का एकमात्र उद्देश्य है कि उससे मानव-कल्याण हो। चूँकि दूसरी बात पहली बात पर निर्भर करती है, इसलिए इसे पहले समझना चाहिए।

बेकन की आगमन-विधि *(Inductive Method)*

बेकन का नाम अगर किसी देन के लिए विख्यात है तो यह देन आगम-विधि है। यह वह आगमन विधि है, जिसके द्वारा प्रकृति-सम्बन्धी अज्ञात नियमों को ढूँढ़ निकालने की बात बेकन ने बताई थी। *बेकन* की आगमन-विधि दोषयुक्त अवश्य है परन्तु ध्यान रखना चाहिए कि दर्शन के इतिहास में अग्रगण्य उन्हें कहा जाता है जिन्होंने कोई नया रास्ता दिखाया है। *बेकन* की प्रतिष्ठा इसी तथ्य में है। यह बात दूसरी है कि कोई पथप्रदर्शक स्वयं निर्विघ्न रूप से पूरी मंजिल तय करता है या नहीं। शायद पूरी मंजिल तय करने में पथ-प्रदर्शक अपने को सफल नहीं पाता है। *बेकन* के बारे में भी यही बात सच है। समसामयिक मापदण्ड के आधार पर *बेकन* की विधि अधूरी जँचती है, पर ऐतिहासिक दृष्टिकोण से उनकी विधि अपना विशेष महत्त्व रखती है।

बेकन के समय में अनुमान की मुख्य विधि निगमनात्मक (duductive) थी, जिसका आदर्श रूप *अरस्तू* के न्यायवाक्य (syllogism) में पाया जाता है, परन्तु हम जानते हैं कि न्यायवाक्य के निष्कर्षों की वास्तविक सत्यता उसके आधार-वाक्यों (premises) पर निर्भर करती है, जैसे :—

सभी मनुष्य मरणशील हैं,
राम एक मनुष्य है,
∴ राम मरणशील है।

यदि 'सभी मनुष्य मरणशील हों' और राम वास्तव में 'मनुष्य' हो, तो 'राम मरणशील है' अवश्य ही सत्य होगा। परन्तु निष्कर्ष की वास्तविक सत्यता के लिए दोनों आधार वाक्यों को भी वास्तविक होना चाहिए। इसलिए प्रश्न यह उठता है कि हम किस प्रकार से आधार-वाक्यों की वास्तविक सत्यता को प्रमाणित कर सकते हैं? *बेकन* के समय में तार्किक तथा दार्शनिक किसी भी आधार-वाक्य को वास्तविक रूप से समझने के लिए लोग धर्मग्रन्थों, अरस्तू की पुस्तकों या अन्य अधिकारी लेखकों की पुस्तकों का अध्ययन करते थे। यदि आधार वाक्य उन लेखों में सही पाये जाते थे तो ये लोग उन्हें वास्तविक समझते थे, अन्यथा नहीं। जैसे-उस समय के दार्शनिक समझते थे कि सभी नक्षत्रों का परिक्रमा-पथ गोल है; क्योंकि *अरस्तू* तथा *प्लेटो* ने यही लिखा था। परन्तु आधार-वाक्यों की वास्तविकता को सिद्ध करने की यह प्रणाली सर्वथा निन्दनीय है। प्रकृति-सम्बन्धी वास्तविकता को सिद्ध करने के लिए प्रकृति का निरीक्षण करना चाहिए और बेकन ने जब निगमन की आलोचना कर आगमन के महत्त्व को दिखाना चाहा तो इस प्रसंग में उनके कथन में विशेष बल दीखता है। *बेकन* ने तत्कालीन दर्शन की अप्रगतिशीलता के निम्नलिखित कारणों को बताया है :—

(क) यथार्थ घटनाओं के निरीक्षण तथा प्रयोग के प्रति दुराग्रह तथा उदासीनता;

(ख) धर्म के प्रति अति झुकाव के कारण तथा धर्म कठोरता से यथार्थ निर्णय तक पहुँचने में अड़चन का होना;

(ग) आचार, देशनीति तथा ईश्वरवाद में ही सारे श्रम को लगा देना और प्रकृति की ओर से मुँह मोड़ना;

(घ) आप्त वचन या शास्त्रों के प्रति अतिशय आस्था रखना;

(ङ) प्रकृति-गवेषणा के प्रति कठिनाइयों को दूर न कर सकना।

यदि *अरस्तू* की विधि को पुराना नियम कहा जाय तो *बेकन* ने अपनी विधि को नया नियम (novum organum) कहा है।* इस विधि के अनुसार हमें अधिकारियों से आधार वाक्य नहीं प्राप्त करना चाहिए। परन्तु मन-मुकुर को सुधारकर पक्षपातरहित रूप से प्रकृति के सम्बन्ध में प्रश्न करना चाहिए। बिना किसी कल्पना की सहायता से हमें इस प्रकार का प्रश्न रखना चाहिए कि जिसका समाधान होने से प्रकृति के रहस्यों का पता मिल जाय।** *बेकन* का मत था कि यदि हम पूर्वकल्पना (hypothesis) बनाकर प्रकृति का अध्ययन करेंगे तो हमारा मन पहले से दुराग्रह (prejudice) से भर जाएगा और हमें प्रकृति सम्बन्धी पक्षपात-रहित ज्ञान प्राप्त नहीं हो सकेगा। इसलिए *बेकन* ने दुराग्रहों से बचने के लिए हमें सावधान कर दिया है। उनके अनुसार निम्नलिखित दुराग्रहों से बचने पर ही हमें प्रकृति का निष्पक्ष ज्ञान प्राप्त हो सकता है :—

जाति-दोष या भ्रम (*Idola Tribus*)

यह वह दोष है, जो मानव-जाति में प्रायः व्यापक रूप में पाया जाता है। प्रायः लोग समझते हैं कि प्रकृति में उसी प्रकार का उद्देश्य पाया जाता है जैसा मानव-प्रक्रियाओं में रहता है। फिर लोग प्रकृति में मानव-लक्ष्यों को देखने की कोशिश करते हैं। इसलिए वे समझते हैं कि चाँद, सूर्य, पेड़ पौधे इत्यादि सभी मानव के लिए ही बनाये गये हैं। इसलिए जब *बेकन* ने कहा कि बिना भाँपे हुए ही प्रकृति को समझने की कोशिश करनी चाहिए तो बेकन चाहते थे कि प्रकृति को निष्पक्ष रूप से जानने के लिए मानव-लक्ष्य का आरोप प्रकृति में नहीं होना चाहिए। हम आगे चलकर देखेंगे कि स्पिनोजा ने भी प्रकृति के मानवीकरण की कड़ी आलोचना की है। अतः *स्पिनोजा* की पूर्वछाया *बेकन* के कथन में भी पाई जाती है।

---

* अरस्तू ने भी आगमन विधि की व्याख्या की है, परन्तु बेकन के समय यह लुप्तप्राय ही हो गयी थी।

** अंग्रेजी में बेकन का महत्त्वपूर्ण कथन है : 'We must not anticipate but interrogate nature'.

शिषा-दोष ***(Idola Specus)***

यह दोष जाति-दोष से कम व्यापक है, परन्तु दार्शनिकों के लिए उपादेय है। यह व्यक्तिगत (personal) दोष है, जो उनके अपने विशेष संस्कार से उत्पन्न होता है।* प्रत्येक दार्शनिक की शिक्षा-दीक्षा किसी विचार-सम्प्रदाय में हुआ करती है और इस कारण से दार्शनिक कूप-मण्डूक के समान सोचता है कि जो कुछ उसकी विचार-शैली से ही मेल नहीं खाता है, वह असत्य है। कहा भी गया है कि 'सावन के अन्धे को सभी कुछ हरा दीखता है'। प्रायः विज्ञान की सफलता से चकाचौंध होकर दार्शनिक समझते हैं कि जो कुछ वैज्ञानिक परम्परा के अनुकूल न हो वह असत्य और भ्रमात्मक है। अतः दर्शन में संकीर्णता के आने का विशेष कारण इसी कोठरी दोष (Idola of the cave) से स्पष्ट हो जाता है।

चलती भाषा से उत्पन्न दोष ***(Idola Fori)*****

अपने व्यावहारिक जीवन में हम अनेक शब्दों और मुहावरों को काम में लाते हैं। यदि हम सतर्क न रहें तो इन चलते मुहावरों से भी हमारे विचार में दोष आ जाते हैं।*** प्रायः हम समझते हैं कि विचार से भाषा नियन्त्रित होती है, परन्तु वास्तव में भाषा से ही विचार नियन्त्रित हो सकता है। जैसे-हम जानते हैं कि सूर्य उदय-अस्त नहीं होता, पर फिर भी व्यवहार में उदय-अस्त होने की बात कहते हैं। आगे चलकर हम देखेंगे कि *लॉक* और *बर्कले* ने भी शब्द जाल से बचने के लिए हमें चेतनावी दी है। वर्तमानकाल में तार्किक भाववादी (logical positivist) हमें बताते हैं कि दर्शन में भाषा ही सब कुछ है। जिस जाति में जैसे शब्द होंगे, उस जाति में उसी प्रकार की विचार-परम्परा पाई जायगी। तार्किक भाववादियों के कथन में अतिशयोक्ति हो, पर फिर भी दर्शन के इतिहास से स्पष्ट हो जाता है कि भाषा को सही रीति से काम में न लाने पर अनेक प्रकार की गड़बड़ियाँ आ गयी हैं। अतः बेकन ने जो कुछ भाषा-दोष के सम्बन्ध में कहा है वह सामाजिक चेतावनी है।

दार्शनिकों की परिकल्पना का दोष ***(Idola Theatri)***

यह दोष शिक्षा-दोष के समान ही है, पर इसका प्रकोप दार्शनिकों में विशेष रूप से बताया गया है। इसका संकेत बेकन के समकालीन दार्शनिकों की ओर है, जो कोरी युक्तियों को मानव अनुभूतियों से श्रेष्ठ समझते थे। फिर बिना परीक्षा किये गये अनुभवजन्य (empirical) नियमों को सत्य मान लेने से इस प्रकार का दोष हो जाता है। जैसे-खुरवाले पशु पागुर करते हैं। इस नियम को कामचलाऊ समझा जाएगा न कि असंदिग्ध। अपितु, अन्धविश्वास पर आधारित ज्ञान को अपनाने से भी यह दोष हो जाता है, जैसे-'सभी नक्षत्रों का परिक्रमा-पथ गोलाकार ही है'। परन्तु इसे अन्धविश्वास तथा मनगढ़न्त ही समझना चाहिए।

आगमन-विधि का लक्ष्य

जब हम सभी प्रकार की भ्रान्तियों और दोषों से अपने मन को शुद्ध कर लेते हैं तब हम इस योग्य हो जाते हैं कि प्रकृति का पक्षपात-रहित अन्वेषण कर लें। प्रकृति-अन्वेषण की मुख्य विधि निरीक्षण (observation) है। प्रायः आगमन में घटनाओं का कारण खोज निकाला जाता है, परन्तु *बेकन अरस्तू* के कारण-सम्बन्धी सिद्धान्त से प्रभावित थे। *अरस्तू* के अनुसार कारण चार

---

* The Idolas of the cave take their rise in the peculiar consititution, mental or bodily, of each individual, and also in education, habit and accident.

** इसे The Idola of the market place भी कहते हैं।'Fori' शब्द Forum से निकलता है, जिसका अर्थ है 'बाजार'।

*** बेकन ने लिखा है कि 'The ills and unfit choice of words wonderfully obstructs the understanding.'

भागों में बाँटा जा सकता है, अर्थात—(1) रूप-विषयक(Formal), (2) द्रव्यवाची(Material), (3) निमित्त कारण (Efficient) और (4) परिणामवाची (Final cause)। बेकन ने अरस्तू के केवल रूप-विषयक कारण ही को अपनी विधि में स्थान दिया है। अतः निरीक्षण के द्वारा आगमन विधि का उद्देश्य है कि वस्तुओं के रूपों को जान लिया जाय। परन्तु, प्रश्न उठता है कि वस्तुओं को रूप किसे कहते हैं, जिन्हें *बेकन* खोज निकालना चाहते हैं? यहाँ *बेकन* का मत स्पष्ट नहीं है और इसके सम्बन्ध में कई अटकलें लगाई गयी हैं। सर्वप्रथम, रूप से समझा जाता है वस्तुओं का वह गुह्य(hidden) या छिपा हुआ आधार, जिससे इनका प्रतिभास(appearance) या लक्षण उत्पन्न होता है। द्वितीय, वस्तुओं के उत्पादक स्वरूप को रूप कहा जाता है और तृतीय घटनाओं के नियम को उनका रूप समझा जा सकता है, क्योंकि *बेकन* के अनुसार जो कोई वस्तुओं का रूप जान लेता है वह वस्तुओं के गौण (secondary) गुणों* को भी समझ लेता है कि वे किस प्रकार उत्पन्न होते हैं।** फिर रूप से अर्थ निकाला जाता है कि यह वस्तुओं का वह गुण है, जिसके रहने से उनके अन्य सभी गुणों के भाव (presence) या मौजूदगी का बोध कराया जा सके। पुनः 'रूप' से वह सारतत्त्व (essence) समझ जाता है, जिस अणु (atoms) भी कहा जा सकता है।*** अब जो कुछ भी *बेकन* के 'रूप' की व्याख्या हो, कम-से-कम उससे हम निम्नलिखित ये बातें नहीं समझ सकते हैं:—

(1) वस्तुओं का बाहरी दिखलाव या प्रतिभास।

(2) फिर 'रूप' प्लेटो के 'प्रत्ययों' से भिन्न है।

(3) यद्यपि 'रूप' का अर्थ 'नियम' किया गया है तो भी 'रूप' का अर्थ कम-से-कम 'वैज्ञानिक नियम' नहीं समझा जा सकता है।

शायद *बेकन* के 'रूप' का अर्थ है वस्तुओं का छिपा हुआ वह अणुसम तत्त्व, जिसके परिवर्तन से वस्तुओं में भी सभी प्रकार के परिवर्तन होते हैं। हम कह सकते हैं कि *Bacon's forms are not abstract ideas, but are highly general physical properties which cause actions in simple bodies by knowing them, he believed, the control of nature will be greatly increased.* अतः 'रूप' से *अरस्तू* के 'सर्वव्यापी प्रत्यय' तथा वैज्ञानिक नियम के बीच की धारणा की अर्थ-व्यंजना होती है, जिसे निश्चित रीति से बताना कठिन है। इसका मुँख्य कारण है कि स्वयं *बेकन* की धारणा वैज्ञानिक आगमन के सम्बन्ध में वर्तमानकालिक दृष्टिकोण से पिछड़ी हुई है और यही कारण है कि बेकनीय 'रूप' के सही अर्थ का बोध नहीं होता है। खैर, जो कुछ भी अर्थ बेकन के रूप का लगाया जाय, बेकन ने इसे जानने की उन विधियों का उल्लेख किया है, जिन्हें मिल की प्रयोगात्मक विधियों की पूर्वछाया कहा जा सकता है। सबसे पहले, बेकन के अनुसार हमें उन उदाहरणों को इकट्ठा कर लेना चाहिए, जिनमें खोज के विषय की घटनाएँ पायी जायँ। जैसे—यदि हमें ताप का रूप जानना हो तो हमें उन सब वस्तुओं की तालिका (table) बनानी चाहिए जिनमें ताप पाया जाए। उदाहरणार्थ, अग्नि, सूर्य, मोमबत्ती, दहकता हुआ शीशा इत्यादि। इस विधि को उन्होंने tabula presentiae या भावात्मक तालिका कहा है। यह विधि *मिल* की 'अन्वय-विधि' (Method of agreement) से मिलती है। परन्तु *बेकन* के अनुसार केवल भावात्मक उदाहरणों के संकलन से 'रूप' का निर्णय नहीं किया जा सकता है। भावात्मक उदाहरणों के आधार पर निर्णीत किये गये नियम की पुष्टि अभावात्मक (negative) उदाहरणों से होनी चाहिए। जैसे- ताप के अभावात्मक उदाहरण हैं-मिट्टी, पत्थर, पृथ्वी इत्यादि

---

* वस्तुओं के लक्षणों को प्राथमिक (primary) और गौण, दो भागों में *देकार्त, लॉक* इत्यादि के अनुसार बाँटा गया है। इनकी विस्तारपूर्वक व्याख्या यथास्थान होगी। ठंडा, गरम, लाल-पीला इत्यादि गुण गौण कहलाते हैं। देश, काल, आकार, संख्या इत्यादि प्राथमिक गुण कहलाते हैं।

** Erdmann, *History of Philosophy*. p. 680

*** Hoffding, *History of Modern Philosophy*, p. 202

जिनमें ताप नहीं पाया जाता है। इसे *बेकन* ने अभावात्मक तालिका या **tabula absentiae** कहा है, जो *मिल* की 'व्यतिरेक विधि' (**Method of difference**) से मिलती-जुलती मालूम देती है। उन दोनों विधियों में बेकन ने **tabula graduum** या अनुक्रम-तालिका की विधि भी जोड़ दी है, जिसके अनुसार घटनाओं को उनकी तीव्रता या मात्रा (**intensities**) (अर्थात् कम-अधिक अंश) के अनुसार व्यवस्थित किया जाता है। यह विधि *मिल* की सहचारी वैभिद्य विधि (**The method of concomitant variation**) से मिलती है। इन तीन विधियों के अतिरिक्त *बेकन* ने ग्यारह सहायक विधियों का उल्लेख किया है, परन्तु उनमें से केवल तीन ही की व्याख्या की है, अर्थात् बहिष्करण (**exclusion**), निर्णायक उदाहरण (**crucial instance**) और **first vintage**।

बेकन ने बताया है कि हमें पूर्वकल्पना को छोड़कर धीरे-धीरे आगे बढ़ना चाहिए। पहले विशेष (**particulars**) से कुछ ही व्यापक नियम (**lesser axioms**) स्थापना चाहिए। अन्त में, क्रमशः आगे बढ़ते-बढ़ते अति सामान्य तथा व्यापक नियमों की स्थापना करनी चाहिए। इस प्रकार की प्रगति में, *बेकन* के अनुसार पूर्वकल्पना (**anticipations**) की आवश्यकता दूर हो जायेगी।

उपर्युक्त तीन विशेष विधियों और सहायक प्रणालियों को, *बेकन* ने बहिष्करण की मुख्य विधि के अन्तर्गत माना है। अतः बेकन के अनुसार निरीक्षण तथा सावधानीपूर्वक विश्लेषण (**analysis**) के आधार पर हमें सभी उदाहरणों को सर्वग्राही (**exhaustive**) तालिका बना लेनी चाहिए। फिर हमें उन सब विशिष्ट गुणों को देखना चाहिए, जो अन्वेषण की रूपवाली घटनाओं में नहीं पाये जाते हैं। जैसे-ताप के रूप के साथ ठण्डक, रंग, घ्राण इत्यादि के गुण सभी स्थलों पर नहीं देखे जाते हैं। इस प्रकार के अनावश्यक गुणों का परित्याग या बहिष्करण कर देना चाहिए। अतः बेकन की आगमन-विधि वैकल्पिक (**disjunctive**) न्यायवाक्य का रूप लेती हुई दिखाई देती है, जिसे निम्नलिखित रीति से साफ कर दिया जा सकता है:—

ताप का रूप है क या ख या ग या घ इत्यादि;
परन्तु क या ख या ग ताप के साथ नहीं पाया जाता है;
∴ 'घ' ही ताप का रूप है।

यहाँ लघु आधारवाक्य (**minor premise**) पर सभी कुछ निर्भर करता है। 'क' या 'ख' इत्यादि का इसलिए बहिष्करण कर दिया जाता है कि ये **tabula Absentiae** में है फिर भी ताप नहीं पाया जाता है। यदि सभी सम्भव आवश्यक लक्षणों का बहिष्करण कर लें, तो निष्कर्ष अवश्य ही अनिवार्य होगा। पर सभी सम्भव अनावश्यक लक्षणों को जमा करना और उनका बहिष्करण करना असम्भव है। *बेकन* इसलिए इसे सम्भव सोचते थे कि उनके अनुसार सरल रूप (**simple forms**), जिनसे सभी घटनाओं की व्याख्या हो सकती है, सीमित संख्या में पाये जाते हैं। अतः उनके अनुसार इनका संकलन तथा आवश्यकतानुसार बहिष्करण हो सकता है।

फिर यदि हम *बेकन* की बहिष्करणात्मक विधि पर ध्यान दें तो हम पायेंगे कि वह वास्तव में निगमनात्मक (**deductive**) मिश्र न्यायवाक्य है। *बेकन* निगमन से अपना पिंड छुड़ाना चाहते थे और अन्त में उसके ही जाल में फँसकर रह गये हैं। इसका कारण है कि *बेकन* समझते थे कि आगमन का निष्कर्ष (**conclusion**), असन्दिग्ध (**certain**) होना चाहिए। यही कारण है कि उन्होंने अपनी विधि में **Exhaustive analysis** तथा सभी आवश्यक बातों के बहिष्करण (**exclusion**) की बात कही है। फिर अपनी विधि को असाक्षात् रीति से निगमनात्मक बनाया है, क्योंकि निगमन का ही निष्कर्ष निश्चित तथा अनिवार्य होता है। परन्तु वास्तव में निरीक्षण पर आधारित आगमन का निष्कर्ष केवल प्रायिक (**probable**) ही हो सकता है और आगमन के इस लक्षण को बेकन ने न तो समझा और न इसके अनुसार अपनी विधि को स्पष्ट किया है। यही कारण है कि निगमन को छोड़ते हुए भी निगमन के आदर्श के जाल में पड़कर उन्होंने आगमन की सही व्याख्या नहीं की है।

बेकन का मत था कि आगमन-विधि के आधार पर सभी प्रकार के ज्ञान प्राप्त हो सकते हैं।

इसलिए उन्होंने इस विधि को समाज-विज्ञान, मनोविज्ञान अथवा आचार-शास्त्र (ethics) इत्यादि के लिए भी उपयुक्त समझा था। अतः, *बेकन*में विज्ञानवाद की पूर्व छाया देखने में आती है जिसके अनुसार जो भी विषय विज्ञान विधि से नहीं जाना जा सकता वह मनोविज्ञान के अन्दर नहीं गिना जा सकता है। अन्त में *बेकन का मत था कि सभी प्रकार के ज्ञान का केवल एक ही लक्ष्य है, अर्थात् मानव-समाज की रक्षा और उसका सम्बर्द्धन हो।*

यह ठीक है कि बेकन की विधि सरल गणनात्मक (induction by simple enumeration) नहीं है। स्वयं उन्होंने कहा है कि गणनात्मक निगमन कच्चे धागे के समान कमजोर है तथा वह बच्चों का खेल है। पर हम निम्नलिखित युक्तियों के आधार पर उसे वैज्ञानिक विधि नहीं समझ सकते हैं।

आगमन-विधि की आलोचना

बेकन ने अपनी आगमन-विधि को अपने समय की और विशेषकर न्यायवाक्य-विधि की तुलना में तीन बातों में श्रेष्ठ बतलाया है अर्थातः—

(क) इसके द्वारा ज्ञान-वर्द्धन होता है; क्योंकि यहाँ वस्तुओं के रूप की जानकारी प्राप्त की जाती है;

(ख) इसके आधार पर न्यायवाक्य और जल्दीबाजी के साथ किये गये निरीक्षण का परित्याग किया जाता है;

(ग) फिर इस विधि में मन को शुद्ध कर प्रकृति की पक्षपात-रहित खोज की जाती है।

संक्षेप में *बेकन की 'आगमन-विधि' घटनाओं के पूर्ण निरीक्षण, उनके सर्वग्राही विश्लेषण तथा अनावश्यक लक्षणों के अनुक्रमिक बहिष्करण पर निर्भर करती है।* परन्तु अनावश्यक लक्षणों का सर्वग्राही बहिष्करण करना असम्भव है। फिर, *बेकन* पूर्वकल्पना (hypothesis) बनाने का आदेश नहीं देते हैं; क्योंकि उनका कहना है कि **'I do not anticipate nature'**। पुनः उन्होंने बताया है कि गणितशास्त्र महत्त्वपूर्ण है, पर फिर भी उन्होंने गणित को अपनी आगमन-विधि में कोई स्थान नहीं दिया है।

परन्तु यदि हम *बेकन* की 'आगमन-विधि' पर ध्यान दें तो हम पायेंगे कि यह 'वैज्ञानिक विधि' नहीं है। इसका सबसे पहला कारण यह है कि *बेकन* की 'आगमन-विधि' का लक्ष्य है कि इसके द्वारा वस्तुओं का 'रूप' खोजा जाय। परन्तु विज्ञान में वस्तुओं का रहस्यमय रूप नहीं खोजा जाता है, बल्कि विज्ञान में सांख्यिकीय नियमों की ही स्थापना की जाती है। *अतः, रूप-विषयक होने के कारण बेकनीय-विधि वैज्ञानिक न होकर मध्ययुगीन परम्परा से लिपटी रह गयी।**

फिर *बेकन* के अनुसार हमें घटनाओं की सर्वग्राही तालिका बनानी चाहिए। परन्तु किसी भी विषय की घटनाओं की सर्वग्राही तालिका बनाना असंभव है। भला कौन व्यक्ति सभी मनुष्यों की मरणशीलता की तालिका बना सकता है? कौन भविष्य के मनुष्यों की संख्या निर्धारित कर सकता है कि वे मरणशील हैं? फिर यदि कोई जान भी ले कि सभी मरणशील मनुष्यों की संख्या X है तो कोई यह कैसे कह सकता है कि यही संख्या X मरणशील व्यक्तियों की हो सकती है? इसलिए वास्तविकता तथा तार्किक दृष्टिकोण, दोनों ही के आधार पर सर्वग्राही तालिका बनाने की बात असंभव और अवैज्ञानिक है। हमें तो निरीक्षण ही में चुन-चुनकर कुछ ही उदाहरणों का लेखा लेना पड़ता है। यदि डाक्टर किसी रोग की जाँच करते हैं तो वे रोगी के प्रत्येक अंग की जाँच नहीं करते हैं। वे केवल रोगी के कुछ ही अंगों को रोग के अनुसार महत्त्वपूर्ण समझकर जाँचते हैं। यही बात विज्ञान के नियम की स्थापना में पाई जाती है। *अतः, बेकनीय-विधि सर्वग्राही निरीक्षण के आदेश पर अवलम्बित हो जाने के निकम्मी हो जाती है।*

---

* Windelband : *History of Philosophy.* p. 385

पुनः बिना पूर्वकल्पना को बनाये हुए वैज्ञानिक नियम की स्थापना करना असम्भव है। जब वैज्ञानिक कोई प्रयोग करता है तो वह किसी मत को सिद्ध या असिद्ध ठहराने के लिए ही करता है। यह मत पूर्वकल्पना का काम करता है। उसी प्रकार निरीक्षण भी बिना किसी पूर्वकल्पना के सम्भव नहीं है। इसका कारण है कि वैज्ञानिक निरीक्षण इसलिए उद्देश्यपूर्ण और सम्बद्ध रहा करता है और निरीक्षण इसलिए उद्देश्यपूर्ण होता है कि इसमें पहले से ही किसी मत को पुष्ट या निराधार करने की बात रहती है। जब दरोगा चोरी के सम्बन्ध में किसी मुहल्ले की छानबीन करता है तो वह सब घरों की तलाशी नहीं लेता है। उनके मन में चोर के सम्बन्ध में धारणा रहती है और उसी धारणा के अनुसार वह कुछ ही घरों की छानबीन करता है। इसलिए, दरोगा का निरीक्षण भी एक प्रकार की पूर्वकल्पना से नियन्त्रित होता है। अतः, बेकनीय विधि पूर्वकल्पना की अवहेलना करने के कारण अवैज्ञानिक और निकम्मी है।*

बात यह है कि *बेकन* ने वैज्ञानिक विधि को जानने की कोशिश नहीं की। यह बात इसी से स्पष्ट हो जाती है कि अपनी विधियों को स्पष्ट करने के लिए उन्होंने विज्ञान के उदाहरणों की मदद नहीं ली है, परन्तु अपने समय की लिखी हुई पुस्तकों में दिये गये उदाहरणों की मदद ली है। फिर यदि वे विज्ञान की विधियों पर ध्यान देते तो उन्हें गणित को भी अपनी विधि में स्थान देना होता, और गणित वास्तव में शुद्ध निगमन (deduction) है। अतः आगमन में भी निगमन की आवश्यकता पड़ जाती है। परन्तु चूँकि *बेकन* न्यायवाक्य के विरोधी थे, इसलिए उन्होंने निगमन के किसी अंश को आगमन में स्थान नहीं दिया है। इसलिए भी बेकनीय आगमन अधूरा है।

बेकन का प्रयोजनवाद

हम लोगों ने पहले ही देखा है कि ज्ञान को *बेकन* ने मानव-कल्याण के लिए परम शक्ति माना है। उनका कथन है कि *'Knowledge is power and the only lasting power'* *अर्थात् ज्ञान की सत्यता इसी पर आधारित है कि उसके द्वारा मानव-उद्देश्य की पूर्ति हो। बेकन* ने ठीक ही प्रकृति के मानवीकरण के विरोध में आवाज उठाई थी, परन्तु ज्ञान को मानव-प्रयोजन (human utility) में मढ़कर उन्होंने विज्ञान का गला घोंटने की बात कही है। विज्ञान में अनेक आविष्कार इसलिए होते आये हैं कि वैज्ञानिक अपनी धुन में लगा रहता है कि ज्ञान का प्रसार ज्ञान के लिए हो। ज्ञान स्वलक्ष्य है और व्यवहार की कसौटी से जाँचने पर इसकी प्रगति मन्द हो जाती है। यह बात दूसरी है कि वैज्ञानिक अनुसन्धान के आधार पर मानव-व्यवहार में मदद मिले। परन्तु वैज्ञानिक का अपना धर्म है कि बिना व्यावहारिक फल की आकांक्षा किये हुए वह अपने प्रयोग में लीन रहे। उदाहरणार्थ अणुवाद का सिद्धान्त अति प्राचीन है और इसकी प्रयोगात्मक सत्यता लगभग 70 वर्ष पहले सिद्ध हो चुकी है और अब इसे व्यावहारिक रूप में लाया जा रहा है। यदि व्यावहारिक फल की आकांक्षा रहती तो 70 वर्ष तक अणु-सम्बन्धी अनुसंधान को छोड़ दिया जाता है। उसी प्रकार कई प्रकार की ज्यामितिक धारणाएँ 19वीं शताब्दी में स्थापित हो चुकी थीं। पर उन्हें उस समय से लेकर सन् 1917 ई॰ तक व्यवहार में नहीं लाया जा सका और तब सन् 1917 ई॰ में सापेक्षता नियम (Theory of relativity) में इनमें से कुछ को काम में लाया गया है। यदि वैज्ञानिक केवल व्यवहार-लाभ की बात सोचते, तो ये सब धारणाएँ लुप्त हो गयी होंती। व्यवहार की बात छोड़कर केवल ज्ञान-लाभ के लिए ही वैज्ञानिक प्रयत्नशील रहते हैं। अतः ज्ञान को प्रयोजनात्मक कहकर बेकन ने विज्ञान-प्रसार की कोई मदद नहीं ली है।

वर्तमान में *पर्स, जेम्स* इत्यादि दार्शनिकों ने प्रयोजनवाद को प्रचलित करने की कोशिश की थी। इसलिए, समसामयिक, प्रयोजनवाद को दृष्टिकोण में रखकर कहा जाता है कि ज्ञान में व्यवाहारिकता पर जो जोर बेकन ने दिया है, उससे वह प्रयोजनवाद (pragmatism) या कार्यसाधनतावाद का आदि पथ-प्रदर्शक कहा जा सकता है। परन्तु, वास्तव में यह ठीक नहीं है;

---

* Schiller, F.C.S. : *Formal Logic*, p. 258

क्योंकि समसामयिक प्रयोजनवाद ज्ञान-मीमांसा पर अवलम्बित है और ज्ञान-मीमांसा *बेकन* के दर्शन में नहीं आती है। अतः, *बेकन* का प्रयोजनवाद मध्ययुगीन कल्पना की उपज है। यही कारण है कि प्रकृति को पक्षपातरहित समझने को आदेश न देकर उन्होंने प्रकृति को मानव-हित के अधीन करने की बात कही है और इस कल्पना से प्रेरित होकर novum atlantis में दिवास्वप्न (day-dreaming) के शिकार बन गये हैं। बेकनीय प्रयोजनवाद मनगढ़न्त तथा काल्पनिक प्रेरणाओं से रचा गया है, न कि वह विज्ञानतत्त्व तथा ज्ञान-समीक्षा पर आधारित हुआ है। अतः, *बेकन* समसामयिक प्रयोजनवाद के आदि कर्णधार नहीं है। इस स्थल पर अब यह मौलिक प्रश्न उठता है कि क्या बेकन आधुनिक युग के आदि पिता कहे जा सकते हैं, क्योंकि इनके बाद आधुनिक विचारधारा अति प्रबल हो उठती है? क्या बेकन आधुनिक दर्शन के प्रवर्त्तक या आदिपिता थे?

मेकॉले ने *बेकन* को आधुनिक दर्शन में उच्च स्थान दिया है; इसलिए नहीं कि उन्होंने आगमन-विधि की नींव डाली, पर इसलिए कि उन्होंने विज्ञान की ओर लोगों का ध्यान मोड़ा है। वास्तव में यदि *बेकन* के लेख से कोई नयी लीक निकलती या नयी दिशा में दार्शनिकों की विचारधारा ढुलक जाती तो अवश्य ही वे आधुनिक युग के प्रवर्त्तक या कर्णधार कहलाते। परन्तु वास्तव में ऐसी बात नहीं है। विज्ञान का पोषण केवल *बेकन* के लेख से ही नहीं बढ़ा है। *बेकन* के समय से लगभग 50 वर्ष पहले ही से विचारकों का ध्यान विज्ञान की ओर आकृष्ट हो रहा था और बहुत दिनों तक *बेकन* के बाद भी विज्ञान की यह प्रगति बिना *बेकन* के लेख से प्रभावित हुए जारी रही। इसलिए विज्ञान की प्रगति का सम्बन्ध *बेकन* से नहीं दीखता है। द्वितीय, यदि बेकनीय आगमन-विधि वैज्ञानिक विधि होती तो हम कह सकते कि कम-से-कम आधुनिक युग में *बेकन* ने एक नयी विधि की देन दी है। परन्तु हम लोगों ने देखा है कि *बेकन* की विधि न पुरानी है और न आधुनिक है। यह आधा तीतर आधा बटेर है। फिर, यदि वैज्ञानिक *बेकन* की व्यवहार-पक्षीय बातों पर ध्यान देते तो विज्ञान बढ़ने के बदले आज लुप्तप्राय हो जाता। अतः दर्शन में कोई नयी गति दिशा न दिखाने के कारण बेकन को आधुनिक युग का कर्णधार मान लेना आपत्तिजनक है।

फिर दर्शन के इतिहासकारों ने *बेकन* के बताये भ्रम-सिद्धान्त (Doctrine of idolas) में काण्टीय सिद्धान्त की पूर्वछाया कही है। हम आगे चलकर देखेंगे कि *काण्ट* का मुँख्य कथन है कि प्रकृति-ज्ञान की स्थापना में मन की प्रक्रिया रचनात्मक होती है। *बेकन* ने अपने भ्रम-सिद्धान्त में कहा है कि हमारा मन-मुकुर अनेक दोषों से धुंधला हो जायगा तो इसके द्वारा जो कुछ जाना जाय, वह भी धुंधला ही दीखेगा। इसलिए लोगों ने इससे यह निष्कर्ष निकाला है कि *बेकन* भी मन की प्रक्रिया को ज्ञान की स्थापना में रचनात्मक समझते थे। परन्तु *बेकन* में काण्टीय ज्ञान-समीक्षा की प्रतिच्छाया नहीं देखने में आती है। *बेकन* के भ्रम सिद्धान्त से स्पष्ट हो जाता है कि वे मन को निष्क्रिय समझते थे, न कि रचनात्मक। उनके अनुसार वस्तु-विज्ञान में मन की कोई देन नहीं होना चाहिए। फिर *बेकन* के भ्रम-सिद्धान्त में लोग काण्ट के Transcendental illusion की झलक देखते हैं। यह भी ठीक नहीं है; क्योंकि बेकनीय भ्रम विषयीगत (subjective) तथा व्यक्तिगत है। परन्तु काण्टीय transendental illusion (अनुभवातीत भ्रम) सभी मानवों में अनिवार्य रूप से पाया जाता है। यह बात बेकनीय भ्रम के सम्बन्ध में नहीं कही जा सकती है; क्योंकि व्यक्तिगत होने के कारण वे अनिवार्य नहीं हैं।

कुछ हद तक यह ठीक है कि *बेकन* को आदि-अनुभववादी कहा जा सकता है, क्योंकि ज्ञान की स्थापना में उन्होंने 'अनुभव' पर जोर दिया है,* पर यहाँ भी *बेकन* के प्रभाव को बढ़ा-चढ़ा

---

* यह बेकन की निम्नलिखित उक्ति से झलक जाता है :

"Man being the servant and interpreter of nature, can do and understand so much only as he has observed in fact or in thought of the course of nature; beyond this he never knows anything nor can do anything." बेकन की यह उक्ति *लॉक* तथा *ह्यूम* के अनुभववाद से बहुत मिलती-जुलती है।

नहीं देना चाहिए। पहली बात यह है कि *लॉक* प्रकृति अनुभववादी *बेकन* का उल्लेख नहीं करते हैं और वे देकर्तावादियों से *बेकन*की अपेक्षा अधिक प्रभावित हुए थे। फिर *बेकन* अवश्य 'अनुभव' पर जोर देते हैं, पर वे हमें बताते नहीं हैं कि किस प्रकार अनुभव के आधार पर ज्ञान प्राप्त किया जाता है।

अतः, *बेकन* को आधुनिक दर्शन का जन्मदाता मानना निराधार है। उन्होंने अपने समय की चलती हुई धाराओं को सुसम्बद्ध रूप दिया है। उन्होंने किसी नये दर्शन की रूपरेखा नहीं दी है, परन्तु नये दर्शन की स्थापना के लिए हमारे सामने प्रस्ताव मात्र रखा है। ऐसे व्यक्तियों को, जो आनेवाली घटनाओं की घोषणा किया करते हैं, भारतीय नाटक में सूत्रधार कहते हैं। अतः, *बेकन* अपने युग के सूत्रधार थे और उन्होंने आधुनिक दर्शन के सूर्य-पराक्रम को बोध प्राच्य उषा-लालिमा के रूप में किया है। उन्होंने अपने समय का अपने को **trumpeter** अर्थात् दुन्दुभी फूँकने वाला कहा है और वास्तव में बात भी वही थी। *बेकन* के विचार मध्य और आधुनिक युग के बीच के हैं और अन्तर्कालीन होने के कारण आप उभयकालीन थे। आधुनिक दृष्टिकोण से आप आधुनिक थे। ऐसी दशा में आधुनिक युग का जन्मदाता न समझकर उन्हें मध्ययुगीन आलाप का अन्तिम स्वर समझना चाहिए।

बेकन ने बताया है कि आधुनिक दर्शन का स्वरूप क्या होना चाहिए और फिर उसकी विधि किसी प्रकार नयी होनी चाहिए। परन्तु जो कुछ उन्होंने कहा है, वह आधुनिक दर्शन की भूमिका ही है, न कि कोई दर्शन। अतः, बेकन को आधुनिक दर्शन का जन्मदाता नहीं कहा जा सकता है।

उपसंहार

हम लोगों ने प्रारम्भ में कहा है कि दर्शन वैचारिक कला है और कला का जन्म परमसत्ता की पैठ पर निर्भर करता है। पैठ सृजनात्मक धारणा में अभिव्यक्त होकर दर्शन की सृष्टि करती है, परन्तु बेकन की पैठ उतनी गहरी नहीं है। उनका दर्शन गहराई तक पहुँचने में असमर्थ है। उनका दर्शन जीवन के अन्तराल का दार्शनिक चित्रण न होकर जीवन के कुछ बाह्य पक्षों की झाँकी-मात्र है। कल्पना के कगारों पर बैठकर दर्शन की सृष्टि का प्रयास दर्शन की केवल भूमिका होकर रह गया। *बेकन* संतोषप्रद दर्शन की सृष्टि में असफल रहे। जहाँ तक देकार्तीय दर्शन का सवाल है, दे*कार्त*की पैठ *बेकन*की अपेक्षा बहुत ही गहरी और संतोषप्रद है। दे*कार्त*आधुनिक दर्शन के प्रवर्त्तक और प्रतिभा-सम्पन्न दार्शनिक थे, जो अपेक्षाकृत *बेकन* से बहुत ही श्रेष्ठ प्रतीत होते हैं।

सारांश

(1) बेकन की मुँख्य देन आगमन-विधि है। इसके सम्बन्ध में ये बातें ज्ञातव्य हैं:—

(क) सबसे पहले मानस-मुकुर को दुराग्रहों (idolas) से मुक्त कर लेना चाहिए।

(ख) हमें घटनाओं का 'रूप' खोजना चाहिए। 'रूप' का अर्थ है जिस पर अधिकार कर लेने से सभी घटनाओं पर अधिकार हो जाता है।

(ग) 'रूप' को भावात्मक, अभावात्मक तथा अनुक्रमिक सहचार-विधि से जानना चाहिए।

(घ) विधि का सार इसी में है कि सभी अनावश्यक लक्षणों को जानकर हम उनका बहिष्कार करें। जो लक्षण नहीं हटाया जा सकेगा, वही 'रूप' होगा। परन्तु बेकनीय विधि सभी अनावश्यक लक्षणों के बहिष्कार पर आधारित होने के कारण व्यर्थ है। फिर इसमें पूर्व कल्पना (hypothesis) का भी स्थान नहीं है।

(2) फिर बेकन में प्रयोजनवाद पाया जाता है, जो ज्ञान-मीमांसा पर आधारित न रहने के कारण आधुनिक प्रयोजनवाद से भिन्न है। बेकनीय प्रयोजनवाद कल्पना की उपज है।

(3) बेकन को आधुनिक दर्शन का आदिपिता नहीं कहा जा सकता है, पर यह उसके 'सूत्रधर' अवश्य थे।

रेने देकार्त
(सन् 1596-1650)

रेने देकार्त का जन्म फ्रांस के तुरेन नामक स्थान में सन् 1986 ई० में हुआ। शिक्षा-दीक्षा ईसाई-धर्म के द्वारा हुई। प्रचुर पैतृक सम्पत्ति प्राप्त होने की वजह से बिना किसी नौकरी या पेशे के ही देकार्त ने स्वतंत्र जीवन-निर्वाह किया। ख्याति प्राप्त गणितज्ञ और दार्शनिक होने के कारण स्वीडन की महारानी खिष्टियाना ने इनसे शिक्षा ग्रहण करने के लिए इन्हें आमन्त्रित किया। ये सन् 1649 ई० में वहाँ गये और उसी साल बीमार हो गये। दूसरें ही वर्ष सन् 1650 ई० की फरवरी में इनका देहान्त हो गया।

देकार्त की दर्शन-विधि (*Method*)

देकार्त अपने समय के सुविख्यात गणितज्ञ थे और यही कारण है कि रचना करने में वे गणितीय विधि से बहुत प्रभावित हुए। गणित में सबसे पहले स्वयंसिद्धों की स्थापना की जाती है और तब उसके आधार पर निगमनात्मक रीति से अन्य निष्कर्ष स्थापित किये जाते हैं। *देकार्त* ने दर्शन में भी असाक्षात् रूप से इसी प्रणाली का अनुकरण किया है। अतः हमें जानना चाहिए कि उन्होंने अपनी विधि को किस प्रकार स्पष्ट किया है।

बेकन के समान *देकार्त* ने भी अनुभव किया कि पुरानी ग्रन्थियों को हटाकर नये सिरे से दर्शन की नींव डालनी चाहिए। उन्होंने नयी विधि तथा प्रणाली की आवश्यकता इसलिए महसूस की कि उनके अनुसार दर्शन केवल मतभेदों का अखाड़ा हो गया था।* कोई भी ऐसी बात नहीं थी, जो विवादग्रस्त न थी। इसलिए देकार्त ने ऐसी विधि स्थापित करनी चाही, जिसके आधार पर असंदिग्ध ज्ञान प्राप्त किया जा सके।

आज *देकार्त* को मरे हुए तीन सौ पचास वर्ष से अधिक हो गये, परन्तु *देकार्त* की बातों की मान्यता आज भी है। साम्प्रतिक विचारधारा और *देकार्त* के मत में एक बात की समानता है। सम्प्रति भाषा-सुधार और शब्दार्थ-विश्लेषण द्वारा वैज्ञानिक कोटि की ज्ञानप्राप्ति की बात चलाई जा रही है। वैज्ञानिक मापदण्ड को दर्शन का मापदण्ड बनाकर बहुत अंशों में दर्शन-विधि को बदलने का प्रयास किया जा रहा है। *देकार्त* के दर्शन में भी इन बातों को हम देख सकते हैं। हम देखेंगे कि देकार्त का प्रयास प्रभावशील होने पर भी असफल ही हुआ और समसामयिक भाषा-सुधारक भी दर्शन को खोखला करके ही अपने प्रयास में सफल हो सकते हैं। अतः, हमें पाठ सीख लेना चाहिए कि दर्शन-विधि वैज्ञानिक नहीं हो सकती है। दर्शन में विज्ञान के समान असंदिग्ध ज्ञान नहीं मिल सकता है। दर्शन वैचारिक कला और दर्शन की सत्यता जीवन की गहराई तथा व्यापकता-सम्बन्धी सूझ से ही आँकी जा सकती है।

देकार्त ने अपनी विधि को अन्वेषण की विधि कहा है, परन्तु इसे इन्द्रियों पर आधारित आगमन-विधि नहीं कहा जा सकता, क्योंकि इसमें इन्द्रियजन्म ज्ञान की अपेक्षा सहज ज्ञान (intuition) या अन्तर्सूझ को अधिक स्थान दिया गया है। अन्तर्सूझ को आधारभूति में रखते हुए *देकार्त* ने अपनी सुविधा के लिए चार सीढ़ियों का उल्लेख किया है:—

(1) जब तक किसी बात को हम स्पष्ट न जान लें तब तक हमें उसे सत्य नहीं स्वीकार करना चाहिए।

यहाँ जानने का अर्थ है अन्तर्सूझ के द्वारा किसी बात को ग्रहण करना। यदि कोई पूछे कि यह किस तरह से जाना जाता है कि दो या दो से अधिक चीजें किसी एक ही चीज के बराबर हों तो वे एक-दूसरे के बराबर होंगी, तो हमें कहना पड़ेगा कि यह हमें स्पष्ट मालूम देता है। इसे हम आँख, कान इत्यादि से नहीं जानते हैं, परन्तु हमारी 'बुद्धि' इसे तुरन्त ही जान लेती है। परन्तु 'बुद्धि' शब्द का प्रयोग ठीक नहीं है, क्योंकि बुद्धि किसी प्रकार के ज्ञान को प्रत्यय (concept) या भावना के आधार पर जानती है। पर 'स्वयंसिद्ध' आदि बातों का ज्ञान हमें साक्षात् रूप से बिना किसी

प्रत्यय के आधार पर होता है। इस प्रकार के साक्षात् ज्ञान को अन्तर्सूझ के द्वारा प्राप्त किया जाता है। इन्द्रिय-ज्ञान भी साक्षात् होता है, परन्तु इन्द्रिय-ज्ञान मूर्त्त (concrete) वस्तुओं का होता है, पर सहज ज्ञान (intuitive knowledge) अमूर्त्त द्रव्य (abstract entity) का भी हो सकता है।*

दे*कार्त* ने सावधानी ही के लिए पहली सीढ़ी रखी है। हम देखते हैं कि दे*कार्त* के अनुसार जल्दीबाजी ही के कारण गलती हो जाती है। इसलिए जल्दबाजी को दूर करने का यही उपाय है कि हम ठान लें कि जब तक कोई चीज एकदम साफ न मालूम पड़े तब तक हम उसे ग्रहण न करें।

(2) हमें अपनी कठिनाइयों को यथासम्भव सरल से सरलतम टुकड़ों में बाँट लेना चाहिए।

(3) सरलतम बातों से शुरू करके जटिल(complex) बातों की ओर क्रमशः बढ़ना चाहिए।

यहाँ भी हम देखते हैं कि दे*कार्त* ने गणित के आदर्श को अपने सामने रखा है। गणित में हम सरल (simple) से प्रारम्भ करके अन्त में अति जटिल की ओर बढ़ते हैं। फिर यह प्रगति निगमनात्मक होती है और इस प्रक्रिया में प्रत्येक प्रगति पग उसी प्रकार से स्पष्ट होना चाहिए जैसा कि पहला पग रहता है।

(4) हमेशा हमें अपनी परिगणना (enumeration) को इनता पूर्ण कर लेना चाहिए कि किसी भी हिस्से के छूट जाने की गुंजाइश न रहे।

द्वितीय नियम के अनुसार हमें अपनी समस्याओं को टुकड़ों में बाँट लेना पड़ता है और इसलिए यदि हमें अपनी समस्या को समझना है तो किसी भी टुकड़े को नहीं छोड़ना चाहिए। अतः दे*कार्त* के अनुसार हमें इस प्रकार के नियम-क्रम (order) तथा सम्बद्धता को जान लेना चाहिए, जिससे हमारी समस्याओं की सभी बातें अँट जायें। हम देखते हैं कि देकार्त की विचार-भूमि पर गणित की गहरी छाप थी और वे दर्शन के आधार को गणित-ज्ञान के मापदण्ड से स्थिर करना चाहते थे।**

सन्देह-विधि (*Method of Doubt*)

दे*कार्त* ने अपनी सुविधा के लिए चार नियम इसलिए बनाये थे कि इनके आधार पर ऐसी सत्यता मिले, जो अति सरल तथा असन्दिग्ध हो। तो किसी प्रकार से असन्दिग्ध सत्यता को खोज

---

* इस विषय में देकार्त ने *'Discourse on Method'* में इस प्रकार लिखा है : "Of philosophy I will say nothing, except that when I saw that it had been cultivated of many years by the most distinguished men and that yet there is not a single matter within its sphere which is not still in dispute, and nothing, therefore, which is above doubt..."

** Intuition-(Latin 'intuere' to look at) "the direct and immediate apprehension by knowing a subject of itself, of its conscious states, or other minds, of an external world, of universals, of values or of rational truths." Runes, D. D. : *The Dictionary of Philosophy.*

स्वयं देकार्त ने *Discourse on Method* **में लिखा है** : "I was especially delighted with the mathematics, on account of the certitude and evidence of their reasoning; but I had not as yet a precise knowledge of their true use and thinking that they but contributed to the advancement of the mechanical arts. I was astonished that foundations, so strong and solid have had no loftier super-structure reared on them." **फिर चारों विधियों को ध्यान में रखते हुए देकार्त ने लिखा है** : "I had little difficulty in determining the objects with which it was necessary to commence, for I was already persuaded that it must be with the simplest and easiest to know and considering that of all those who have hitherto sought truth in the sciences, the mathematicians alone have been able to find any demonstration, that is, any certain and evident reasons, I did not doubt but that such must have been the rule of their investigations."

निकाला जाय? सबसे साफ बात तो यही मालूम देती है कि हम एक तरफ से सभी बातों पर, जिन पर सन्देह किया जा सकता है; सन्देह करते जायें। अन्त में यदि कुछ ऐसी बात मिल जाए, जिस पर सन्देह करने की गुंजाइश न हो तो वह हमारे लिए असन्दिग्ध सत्यता हो जायगी। अब *देकार्त* ने अपनी सन्देह विधि को सम्बद्ध रीति से काम में लिया है, जिसे हम निम्नलिखित रूप से व्यक्त कर सकते हैं:—

(क) इन्द्रिय-ज्ञान सन्देहात्मक है—वास्तविक जीवन में हम अपनी इन्द्रियों से काम लेते हैं और इसी के आधार पर हम जानते हैं कि अमुक वस्तु टेबुल, कुर्सी या मेज है। यद्यपि व्यावहारिक जीवन बिना इन्द्रिय-ज्ञान के सम्भव नहीं है, फिर भी इसे हम असन्दिग्ध नहीं समझ सकते हैं। यह बात अपबोध (illusion) तथा भ्रम (hallucination) से स्पष्ट हो जाती है। जब तक रस्सी को हम साँप समझते हैं तब तक रस्सी हमें साँप उसी प्रकार मालूम होती है जिस प्रकार असलियत में साँप, साँप दीखता है। अतः इन्द्रियों से हमें धोखा होता है और इसीलिए हमें चाहिए कि उस प्रकार के ज्ञान पर पूरा भरोसा न रखें, जहाँ धोखे की गुजांइश हो।

परन्तु यहाँ आपत्ति की जा सकती है कि वह वस्तु, जो दूर हो या अति सूक्ष्म हो या जहाँ किसी प्रकार का व्यवधान हो, वहाँ इन्द्रिय-ज्ञान में धोखा हो सकता है, पर हमें इस पर तो पूरा भरोसा रखना चाहिए कि वह टेबुल जिस पर हम लिख रहे हैं, वह वास्तव में है। यह ठीक है कि चेतना के दृष्टिकोण से वह टेबुल जिस पर हम लिख रहे हैं, टेबुल ही दीखता है और यहाँ दूरी, सूक्ष्मता तथा व्यवधान इत्यादि से दोष नहीं उत्पन्न होता है। परन्तु स्वप्नों की दशा में भी जो कुछ प्रतीत होता है वह समय अकाय्य मालूम देता है, पर वास्तव में स्वप्न-ज्ञान भ्रममय होता है। कौन जानता है कि हमारा यह ज्ञान कि टेबुल जिस पर हम लिख रहे हैं, टेबुल है, स्वप्नवत् भ्रम हो? अतः, यह ठीक है कि कुछ इन्द्रिय-ज्ञान अन्य इन्द्रिय-ज्ञान से अधिक निश्चित हो, पर अन्त में किसी भी इन्द्रिय-ज्ञान पर तार्किकतः पूरा भरोसा नहीं हो सकता।

(ख) वैज्ञानिक ज्ञान भी संशय से खाली नहीं है—शायद कुछ लोग सोच सकते हैं कि इन्द्रिय-ज्ञान शंकाओं से घिरा हो सकता है, परन्तु वैज्ञानिक ज्ञान को स्पष्ट तथा असंदिग्ध मानना चाहिए। बहुत कुछ अंशों में यह मत सही है और जब हम गणित की यह बात सोचते हैं कि 2 और 2 या $2 + 2 = 4$, तो हमें मालूम होता है कि इससे बढ़कर कुछ भी असन्दिग्ध ज्ञान नहीं हो सकता है। इसके पहले कि इस प्रकार की गणितीय सत्यता को हम स्वीकार कर लें, हमें इस बात का निर्णय कर लेना चाहिए कि मानव असन्दिग्ध ज्ञान प्राप्त करने के योग्य हैं या नहीं। हो सकता है कि ईश्वर ने मानव को असन्दिग्ध ज्ञान के लिए बनाया ही न हो। फिर यह कौन कह सकता है कि ईश्वर है या नहीं। हो सकता है कि मानव किसी अति धूर्त के अधिकार में हो, जो मानव को असत्यता को सत्य समझाकर ग्रहण करने में प्रेरित करता हो। अतः, वैज्ञानिक ज्ञान को भी ऐसी दशा में सिद्धान्तः असन्दिग्ध नहीं समझा जा सकता है।

तो क्या ऐसी कोई चीज नहीं जो असन्दिग्ध हो? यदि वास्तव में ऐसी बात है तो क्यों नहीं मान लिया जाय कि संसार में सभी ज्ञान सन्देहात्मक हैं? पर यहाँ पर तो एक पते ही बात आ जाती है। मैं सब प्रकार के ज्ञान पर सन्देह प्रकट कर रहा हूँ, पर अब इस पर सन्देह नहीं किया जा सकता है कि मैं सन्देह कर रहा हूँ।* ईश्वर या दैत्य ही हमें धोखा देने के लिए क्यों न हो और हम इस समय स्वप्न ही क्यों न देखते हों, परन्तु सन्देह करने के लिए सन्देह-प्रक्रिया का रहना अनिवार्य है और सन्देह-प्रक्रिया बिना सन्देही के हो नहीं सकती है। अतः, सन्देह-प्रक्रिया से स्पष्ट हो जाता है कि सन्देही का अस्तित्व असन्दिग्ध है। इसलि मैं सन्देह करता या सोचता हूँ (cogito ergo sum)** असंन्दिग्ध ठहरता है। सन्देह कितने ही प्रकार के ज्ञान पर क्यों नहीं

---

* That I doubt cannot be doubted.

** I think, therefore, I am.

किया जाय, पर सन्देह सन्देही का अस्तित्व है निर्विवाद रूप से सिद्ध करता है, पर एक ऐसी सत्यता है जो असन्दिग्ध है और इसी असन्दिग्ध ज्ञान से हमें आगे बढ़ना है। परन्तु इसके पहले कि हम जानें कि किस रीति से दे*कार्त* से इस 'cogito ergo sum' से अपने दर्शन की मुख्य बातें स्थापित की हैं।

दर्शन के इतिहास में 'सन्देह' सम्बन्धी चर्चा कोई नई चर्चा नहीं है। कई दार्शनिकों ने इन्द्रिय-ज्ञान और स्मृति को निर्बलता सिद्ध करते हुए बतलाया है कि हम असन्दिग्ध ज्ञान प्राप्त नहीं कर सकते। परन्तु दे*कार्त* की सन्देह-विधि उपर्युक्त सन्देहवाद से भिन्न है। सन्देहवाद देकार्तीय दर्शन का अन्तिम परिणाम नहीं है। असन्दिग्ध ज्ञान प्राप्त करने के लिए सन्देह का व्यवहार दे*कार्ता* ने विधि-मात्र के रूप में किया है। सन्देह देकार्तीय दर्शन का आरम्भ-बिन्दु है, अन्तिम परिणाम नहीं। अगर सन्देहवाद की स्थापना उनका उद्देश्य होता तो अन्य सन्देहवादियों की तरह उन्होंने भी इन्द्रिय और स्मृति की निर्बलता सिद्ध की होती। परन्तु बात ऐसी नहीं है। सच तो यह है कि असन्दिग्ध ज्ञान प्राप्त करने के लिए उन्होंने सन्देह की मदद ली है। सन्देह के माध्यम से जब उन्होंने असन्दिग्ध ज्ञान की प्राप्ति की तो उनके दर्शन को सन्देहवादी मानना समीचीन नहीं है। उनका लक्ष्य तो सन्देहवाद के ठीक विपरीत असन्दिग्ध ज्ञान प्राप्त करना है।

यदि हम देकार्तीय सन्देह को विधि-मात्र मान लें, तो यह मनोवैज्ञानिक तथा दार्शनिक दोनों हो सकता है। परन्तु देकार्त की सन्देह-विधि मनोवैज्ञानिक न होकर दार्शनिक है।

चिन्तये अतोऽस्मि (*Cogito Ergo Sum*)

चूँकि cogito ergo sum पर देकार्तीय दर्शन आधारित है, इसलिए हमें इसे अच्छी तरह से समझने की कोशिश करनी चाहिए। cagito (मैं सोचता हूँ) ergo (इसलिए) sum (मैं हूँ) के प्रायः दो खण्ड किये जाते हैं, अर्थात् (क) मैं सोचता हूँ (ख) मैं हूँ, और इन दोनों को जोड़ने के लिए 'इसलिए' का प्रयोग किया गया है। परन्तु 'मैं सोचता हूँ, इसलिए 'मैं हूँ'—इस अवस्था में गलती होने की गुञ्जाइश हो जाती है। प्रायः लोग समझते हैं कि खण्ड (क) आधार वाक्य है और (ख) इसका निष्कर्ष (conclusion), इस प्रकार से cogito ergo sum अनुमति निष्कर्ष हो जाता है। परन्तु वास्तव में 'मैं सोचता हूँ, इसलिए मैं हूँ' यदि अनुमित (inferred) सत्यता होती तो यह असंदिग्ध नहीं होती, क्योंकि कोई भी अनुमति सत्यता अपने आधार वाक्य से सिद्ध किया जाता है। इस प्रकार हमें बराबर पीछे की ओर हटना पड़ता है और इसे अनवस्था (regressus infinitum) का दोष कहते हैं। इसलिए cogito ergo sum की सत्यता अनुमति नहीं है। फिर हम जानते हैं कि दे*कार्त* वास्तव में इस प्रकार की सरल सत्यता की खोज में थे, जिसे सभी व्यक्ति अपनी सहजबुद्धि (intuition) से तुरन्त ग्रहण कर लें। इसलिए cogito ergo sum अन्तर्सूझ ज्ञान है। यह ठीक है कि 'ergo' या 'इसलिए' शब्द इसे अनुमान समझ लेने में गड़बड़ी डाल देता है। परन्तु 'इसलिए' के दो अर्थ हैं, अर्थात् (i) वह चिन्ह जो बताता है कि अनुमान की यह सीढ़ी है और (ii) इसका दूसरा अर्थ होता है कि वाक्य के दो अवियोज्य खण्डों में अनिवार्य सम्बन्ध है। दे*कार्त* का 'ergo' बताता है कि सोचने और सोचनवाले में अनिवार्य सम्बन्ध है। अतः 'इसलिए' अनुमान का नहीं, वरन् अनिवार्य सम्बन्ध का चिन्ह है।

फिर 'cogito' का अर्थ लगाया गया है- 'सोचना या विचारना', परन्तु यहाँ इसका व्यापक अर्थ लेना चाहिए, अर्थात् संवेगात्मक (emotional) तथा इच्छात्मक (volitional) प्रक्रिया से भी चिन्तनशील पदार्थ का अस्तित्व सिद्ध होता है। अतः दे*कार्त* का अर्थ *चेतनामय प्रक्रिया से है और इसलिए व्यापक अर्थ में cogito ergo sum से बोध होता है कि चेतन (conscious) प्रक्रिया से चेतनामय 'मैं' का अस्तित्व अवियोज्य रीति से लिपटा हुआ है।*

दे*कार्त* की धारणा थी कि स्थायी आत्मा का अनुभव हो सकता है। इसलिए वे सोचते थे कि विचारने या अपनी चेतना या आत्म-निरीक्षण से अपनी स्थायी आत्मा को हम जान सकते हैं और

हम ज्ञान को वे स्पष्ट और परिस्पष्ट समझते थे। अनुभववादी *लॉक* भी समझते थे कि अहम् का प्रदर्शनात्मक या निश्चयात्मक (demonstrative) ज्ञान सम्भव है। प्रथम बार *ह्यूम* ने ही इस भ्रम का पर्दाफाश किया था और समसामयिक विचारधारा के अनुसार इस बात को मान लिया जाता है कि हम अपनी स्थायी आत्मा को अन्तर्निरीक्षण के आधार पर नहीं जान सकते हैं। हमें बस इतना ही ज्ञान किसी भी समय होता है कि भूखे हैं या प्यासे, थके हैं या ताजे, सुखी हैं या दुःखी इत्यादि। परन्तु भूख-प्यास, सुख-दुःख इत्यादि की परिवर्तनशील मानसिक प्रक्रियाओं के अतिरिक्त हमें किसी स्थायी आत्मा की चेतना नहीं होती है। इसलिए *देकार्त* का यह कहना कि 'मैं विचारता हूँ इसलिए मैं हूँ'' सही अन्तर्निरीक्षण के प्रतिवेदन पर आधारित नहीं मालूम देता है।

फिर 'मेरे विचार' और 'मेरे अस्तित्व' के बीच अवियोज्य सम्बन्ध भी नहीं दीखता है। 'विचारना' एक प्रकार का प्रत्यय है। हम एक प्रत्यय (idea) से दूसरे प्रत्यय की ओर प्रगति करते हैं। यह युक्तिसंगत बात है। परन्तु प्रत्यय-मात्र से हम किसी वास्तविकता को नहीं प्राप्त कर सकते हैं। विचारक या 'स्थायी मैं' एक वास्तविकता है और विचारना एक प्रत्यय है। इसलिए विचारने की प्रक्रिया से केवल यही स्थापित हो सकता है कि विचारना एक चेतना-प्रक्रिया है। पर विचारने-मात्र से स्थायी विचारक के सम्बन्ध में कुछ नहीं कहा जा सकता है। इसलिए (cogito ergo sum) को निर्विवाद तथा असंदिग्ध प्राथमिक सत्यता नहीं माना जाएगा।

अपितु, sum जिसका अनुवाद हैं 'मै हूँ' में एक दोष चला आता है। प्रायः *देकार्त* और उसके बाद अनेक विचारकों ने समझा है कि 'हूँ' या 'अस्तित्व' कोई विधेय है। यह *देकार्त* के सत्तामूलक प्रमाण में फिर देखी जायगी। लेकिन 'होना' धातु वास्तव में केवल संयोग (copula) का काम करता है और यह कोई स्वतंत्र विधेय नहीं है। जैसे-हम कहते हैं कि सभी मानव मरणशील हैं। यहाँ 'है' मानव और मरणशीलता के बीच के रहने के सम्बन्ध का बोधक मात्र है और इससे न तो मानव न मरणशीलता की वास्तविकता सिद्ध होती है। ऐसा रहता तो 'परियाँ सुन्दर नारियाँ हैं' कहने से 'परियों' का अस्तित्व झलक जाता।

वास्तव में देखा जाय तो ऐसा आभासित होता है कि *देकार्त* समझते थे कि सभी वाक्यों को उद्देश्य-विधेय के ही रूप में लिखा जा सकता है और साथ-ही-साथ यह कि उद्देश्य कोई स्थायी द्रव्य होता और विधेय उसका गुण होता है। जैसे हम कहते हैं कि 'आम पीला है'। यहाँ हम समझते हैं कि आम एक द्रव्य है, जिसका गुण पीला होता है। इसलिए *देकार्त* के अनुसार बिना द्रव्य के गुण नहीं हो सकता है। इसलिए यदि विचारने की प्रक्रिया को गुण मान लिया जाय तो हमें विचारक को इसका अनिवार्य द्रव्य मानना पड़ेगा। परन्तु यहाँ यह *देकार्त* की भूल है। पहली बात तो यह है कि सभी वाक्यों को द्रव्य गुण के पदार्थ के अन्तर्गत नहीं लाया जा सकता है। अनेक ऐसे वाक्य हैं, जिन्हें सम्बन्धात्मक कहा जाता है। जैसे-'सीता हरि की बहन है' या 'तीन दो से अधिक संख्या है'-भाई-बहन या कम-अधिक सम्बन्धों का नाम है, न कि गुण का। फिर यदि कोई वाक्य हो जिसमें 'है' या 'होना' धातु पाई जाय तो वहाँ उद्देश्य या द्रव्य का अस्तित्व शायद ही अभियञ्जित होता है। वहाँ वास्तव में विधेय का ही अस्तित्व अधिक अभिव्यञ्जित होता है। जैसे-यदि हम कहें कि 'यह आम मीठा है'। अब जो वस्तु हमारे सामने है, वह आम है या नहीं-यह जटिल प्रत्यक्ष है। पर इसकी तुलना में 'मीठा' एक सरल संवेदना है, जिसमें संदेह करना कठिन है। फिर यदि हम कहते हैं कि 'आम मीठा है' तो हम आम के अस्तित्व के विषय में किसी को नहीं बताना चाहते हैं, पर मीठेपन की ही ओर लोगों का ध्यान खींचना चाहते हैं। इसलिए यदि 'मैं हूँ' को पूर्ण वाक्य मान भी लिया जाय तो इससे इतना ही भर सिद्ध होता है कि 'हूँ' है, अर्थात् 'अस्तित्व है या अनिअस्तित्व'। इससे 'मैं' या स्थायी आत्मा की वास्तविकता कहाँ सिद्ध होती है?

आगे चलकर रसेल ने *'Theory of Descripiton'* नामक प्रसिद्ध लेख में स्पष्ट किया है कि केवल व्यक्तिवाचक संज्ञा (proper noun) के सम्बन्ध में ही वास्तविकता सम्भव है और शेष सभी पद वास्तव में सामान्य पद होते हैं, जो केवल प्रत्यय मात्र हैं। इसलिए 'I' या 'मैं' से इसकी वास्तविकता नहीं सिद्ध होती है, क्योंकि यह व्यक्तिवाचक संज्ञा नहीं है।

अब *देकार्त* के cogito egro sum से स्पष्ट हो जाता है ज्ञेय (known or object) के पहले 'ज्ञाता' है और ज्ञाता के स्वरूप को समझने से ही 'ज्ञेय' के स्वरूप पर प्रकाश पड़ सकता है। आगे चलकर *काण्ट* ने भी बताया है कि मानस से प्रकृत-नियम संचालित होता है, अर्थात् Mind is the law-giver to things। इसी सत्यता को प्रत्ययवादियों (idealists) ने अपने 'वाद' का मुँख्य स्तम्भ बनाया है। अन्त में उनके अनुसार मानव-मन के स्वरूप से ही समस्त वस्तुओं का स्वरूप जाना जा सकता है।

अतः, *देकार्त* का cogito ergo sum *ह्यूम, काण्ट, हेगेल* इत्यादि आधुनिक दार्शनिक में ही स्थान नहीं रखता है, पर इसका महत्त्व समसामयिक भी है।*

सत्यता की कसौटी (*Criterion*)

हमें अब संदेह-विधि के आधार पर एक असंदिग्ध सत्यता मिल गई है, अर्थात् 'मैं सोचता हूँ'। हम इस सरल सत्यता से धीरे-धीरे अन्य जटिल बातों की सत्यता प्राप्त कर सकते हैं। परन्तु सबसे पहले हमें जानना चाहिए कि वह रचना, जो हम सरल सत्यता के आधार पर करेंगे, सही है या गलत, इसे जानने के लिए हमें सत्यता की कसौटी जान लेनी चाहिए। यह हम cogito ergo sum से ही प्राप्त कर सकते हैं। हमें ध्यानपूर्वक देखना चाहिए कि यह cogito क्यों असंदिग्ध है। यह cogito इत्यादि इसलिए सत्य हैं कि स्पष्ट और परिस्पष्ट या परिस्फुट (distinct) है। Clear या स्पष्ट वह है, जिसका अर्थ या बोध हमें साफ-साफ दीख पड़े और परिस्पष्ट वह है, जिसका बोध इतना निश्चित हो कि उसे किसी अन्य बातों से मिल जाने का धोख न हो। इसलिए सभी बातें जो cogito ergo sum के समान स्पष्ट और परिस्पष्ट हों उन्हें भी सत्यता की कसौटी के आधार पर हम फिर से जानने की कोशिश करेंगे कि हमारा किस प्रकार का ज्ञान सत्य माना जा सकता है। परन्तु इसके पहले कि हम इस सत्यता की कसौटी को काम में लायें, हमें इसके स्वरूप को समझना चाहिए।

अब कोई बात स्पष्ट 'मनोवैज्ञानिक' रूप से भी हो सकती है और तार्किक रूप से भी हो सकती है जैसे हम कह सकते हैं कि पागल को स्पष्ट मालूम देता है कि कोई नाम लेकर उसे पुकार रहा है या हमें स्पष्ट भ्रम होता है कि बालू का ढेर जलाशय है। इस प्रकार की स्पष्टता को मनोवैज्ञानिक स्पष्टता कहते हैं। तार्किक स्पष्टता वह है, जिसके व्याघातक (contradictory) के सत्य होने की कल्पना तक हम न कर सकें। जैसे-यदि हम दो और दो का अर्थ समझें तो हमें मानना पड़ेगा कि $2 + 2 = 4$ और इसके व्याघातक के सत्य होने की कल्पना हम नहीं कर सकते हैं। *देकार्त* ने दोनों प्रकार की स्पष्टता की व्याख्या नहीं की है और इसलिए, *लाइबनित्स* तथा *हेफडिंग* ने *देकार्त* की स्पष्टता तथा परिस्पष्टता की कसौटी को सापेक्ष (relative) तथा आत्मगत (subjective) रूप में लिया है। उनके अनुसार देकार्तीय स्पष्टता से बोध होता है कि वह बात, जो किसी को स्पष्ट दीखे सत्य होगी। परन्तु कोई ऐसी बात नहीं है, जो सबको स्पष्ट दीखती है। इसलिए उन विचारकों के अनुसार *देकार्त* की कसौटी सही नहीं है। पर बात यह है कि यद्यपि *देकार्त* ने स्पष्टता की कसौटी की व्याख्या नहीं की है, तो भी जो कुछ उन्होंने इसके विषय में कहा है उससे बोध होता है कि स्पष्टता को उन्होंने तार्किक रूप में ही लिया है।

उन्होंने स्पष्टता के साथ परिस्पष्टता को भी जोड़ दिया है और व्याख्या से साफ मालूम हो जाता है कि *देकार्त* का मत तार्किक स्पष्टता से था और उनके निम्नलिखित उद्धरण से साफ है:—

"A clear perception I call that which is present and open to the attending mind; just as we say that those things are clearly seen by us, which being present to the regarding eye, move it sufficiently, strongly and openly. But that perception is distinct

---

* देखें Heinemman, F.H. *Existentialism and its Modern Predicament,* अन्तिम अध्याय।

which is not only clear but is so precise and so separated from all others that it plainly contains in itself nothing other than which is clear."

यह ठीक है कि *देकार्त* की व्याख्या पूर्णतया तार्किक नहीं है और 'स्पष्टता' को उन्होंने मनोवैज्ञानिक माध्यम से व्यक्त किया है। परन्तु चूँकि वे सत्यता की कसौटी को भी उसी अन्तर्सूझ के आधार पर स्थापित करना चाहते थे, जिसके द्वारा उन्होंने cogito ergo sum की स्थापना की थी, इसलिए उनकी व्याख्या पूर्णतया तार्किक नहीं हो पाई है। पर उनका उद्देश्य साफ है कि वे सत्यता की कसौटी को सापेक्ष तथा विषयीनिष्ठ नहीं बनाना चाहते थे। वे इसे गणितीय सूझ पर आधारित रखना चाहते थे, जिसे तार्किक, न कि मनोवैज्ञानिक, प्रयास समझा जायगा।

हम आगे चलकर देखेंगे कि *देकार्त* ने स्पष्टता तथा परिस्पष्टता की कसौटी से ईश्वर के अस्तित्व और उसकी सत्यनिष्ठा का निष्कर्ष निकाला है और ईश्वर की सत्यनिष्ठा से बाह्य जगत् की वास्तविकता सिद्ध की है। अतः, *देकार्त* की दार्शनिक विधि से हमें स्पष्ट हो जाता है। यह विधि आगमनात्मक तथा निगमनात्मक दोनों है। आगमन-विधि वह है जिसें नयी बात की खोज और उसकी स्थापना की जाय और निगमन (deduction) में किसी स्थापित सत्यता की गर्भित तथ्यता को निकालकर परिस्फुटित किया जाय। चूँकि अन्तःप्रज्ञा (intuition) के आधार पर *देकार्त* ने Cogito ergo sum की नयी सत्यता स्थापित की, इसलिए उनकी विधि आगमनात्मक हुई और चूँकि क्रमशः इसी Cogito ergo sum से उसके अन्तर्गत छिपी हुई सत्यता की कसौटी निकाली और उस कसौटी के आधार पर अन्य बातों की स्थापना की, इसलिए उनकी विधि निगमनात्मक भी कही जाती है। फिर भी *देकार्त* की आगमन-विधि पूर्णतया वैज्ञानिक नहीं है; क्योंकि देकार्तीय-विधि में इन्द्रिय-ज्ञान से सम्बद्ध किए हुए विज्ञान संभव होता है। अतः, *देकार्त* की विधि दार्शनिक है, न कि वैज्ञानिक। परन्तु यह वह दार्शनिक विधि है, जो विज्ञान के गणितीय अंग से प्रभावित कही जा सकती है।

ईश्वर का अस्तित्व (*Existence*)

हमें सत्यता की कसौटी मिल गई है और इसलिए हम सब प्रकार के प्रत्ययों (ideas*) की जाँच कर सकते हैं। भावनाएँ तीन प्रकार की होती हैं, अर्थात् आत्मजात(innate), स्वरचित अथवा कल्पना-रचित और बाह्य जगत् से उत्पन्न। परन्तु इन सब प्रकार की भावनाओं में आत्मजात भावनाएँ प्रमुख हैं और सभी आत्मजात भावनाओं में एक ऐसी भावना होती है, जो अति महत्त्वपूर्ण मालूम होती है। इसी अति महत्त्वपूर्ण आत्मजात भावना का सम्बन्ध एक ऐसी सत्ता से है, जो शाश्वत, पूर्ण, सर्वज्ञानी, सर्वव्यापक है, सभी सत्यता और अच्छाई का धाम है। इस भावना की व्याख्या किस प्रकार की जाय? यदि पूर्ण सत्ता की भावना हमारे अन्दर हो तो इस भावना को किस शक्ति ने हमारे अन्दर उत्पन्न किया है? कम-से-कम कार्य के बराबर ही कारण को भी सबल होना चाहिए। मैं इस भावना को अपने से नहीं रख सकता हूँ; क्योंकि मैं अपूर्ण हूँ। अतः इस पूर्ण सत्ता को भावना को पूर्ण तथा परम सत्ता ही ने मुझ में उत्पन्न किया है और इसलिए अवश्य ही पूर्ण और परम सत्ता, जिसे हम ईश्वर कहते हैं वास्तविक सत्ता है।

ईश्वर के अस्तित्व के उपर्युक्त प्रमाण को कारणिक या कारण-सम्बन्धी (casual) प्रमाण कहते हैं; क्योंकि यह परम सत्ता की भावना के कारण कार्य-सिद्धान्त पर आधारित है। इस कारणिक प्रमाण के अतिरिक्त *देकार्त* ने विश्व-सम्बन्धी (cosmological) प्रमाण भी दिया है। इस प्रमाण के अनुसार हमें जानना है कि किसने मेरी, मेरे माता-पिता तथा अन्य वस्तुओं की रचना की है।

---

* Idea और concept के बीच प्रायः अन्तर किया जाता है। Concept विशेषतया जाति के प्रति भावना को कहते हैं। अतः भावना प्रत्यय (concept) से अधिक व्यापक है। यथासंभव 'भावना' को idea के लिए और 'प्रत्यय' को 'concept' के लिए काम में लाया गया है। परन्तु इस भेद को ध्यान में रखना कठिन है।

स्वयं मैं अपना सृष्टिकर्ता नहीं हो सकता हूँ। यदि मैं अपनी सृष्टि स्वयं करता तो मैं अपने को पूर्ण बनाता; क्योंकि मुझमें पूर्णता (perfection) की भावना है। फिर यदि मैं अपनी सृष्टि स्वयं करता तो इससे स्पष्ट होता है कि मैं अपनी सृष्टि से पूर्व होता, तभी तो मैं अपने को रचता? अतः, यह अमान्य है कि मैंने अपनी सृष्टि की है। तो क्या मेरे माता-पिता ने मेरी सृष्टि की है? यह भी ठीक नहीं है, क्योंकि वे मेरे जीवन की पूरी संरचना नहीं कर सकते, और फिर तो यह प्रश्न उठता है कि उन्हें किसने पैदा किया है? अतः माता-पिता को अपना सृजनहार मान लेने से सृष्टि-सम्बन्धी समस्या एक पग पीछे अवश्य टल जाती है, पर इससे इसका समाधान नहीं होता है। अतः, मेरी, मेरे माता-पिता तथा अन्य वस्तुओं की सृष्टि सम्बन्धी समस्या का समाधान हम यदि अनवस्था-दोष से बचकर करना चाहें तो मानना पड़ेगा कि एक स्वयम्भू, पूर्ण ईश्वर है, जिसने विश्व की सभी वस्तुओं की सृष्टि की है।

परन्तु दे*कार्त* के 'कारणिक' तथा विश्व-सम्बन्धी प्रमाण में कोई विशेषता नहीं है। यदि इनके द्वारा दिये गये प्रमाण में कोई विशेषता है तो तात्त्विक या तत्त्वसम्बन्धी (ontological) प्रमाण है। इस तात्त्विक प्रमाण के अनुसार भावना और तदनुरूप अस्तित्व (existence) में अवियोज्य सम्बन्ध है। इस प्रमाण के सार को इस प्रकार दिखाया जा सकता है:—

हमारे अन्दर पूर्ण सत्ता की भावना है और फिर तो अनुरूप पूर्ण सत्ता का अस्तित्व भी अवश्य होना चाहिए। यदि पूर्ण सत्ता की भावना काल्पनिक रचना-मात्र हो, अर्थात् उसके अनुरूप कोई वास्तविक सत्ता न हो तो उस काल्पनिक भावना को पूर्ण सत्ता की भावना नहीं कहा जा सकता। अनुरूप वास्तविक सत्ता के अभाव का मतलब ही हो जाता है पूर्णता की कमी। पूर्णता और अभाव दोनों एक साथ नहीं हो सकते। इस प्रकार पूर्ण सत्ता की भावना दो तरह की हो सकती है—(1) उस पूर्ण सत्ता की भावना जिसके अनुरूप वास्तव में पूर्ण सत्ता है, और (2) उस पूर्ण सत्ता की भावना, जिसके अनुरूप वास्तव में कोई सत्ता है नहीं। दे*कार्त* का कहना है कि वही पूर्ण सत्ता की भावना, वस्तुतः 'पूर्ण सत्ता की भावना' है, जिसके अनुरूप सत्ता का भाव भी है, अथात् जिसका अस्तित्व है। जिसके अनुरूप सत्ता का भाव नहीं है, या अस्तित्व नहीं है, अर्थात् जो काल्पनिक रचना-मात्र है, 'वह पूर्ण सत्ता की भावना' नहीं है, क्योंकि अवास्तविक सत्ता अपूर्ण होती है। पूर्ण सत्ता को अवास्तविक समझना, उसे अस्तित्वहीन मानना आत्मविरोध के सिवा और कुछ नहीं है। दे*कार्त* ने ज्यामिति से उदाहरण देते हुए इसकी पुष्टि की है। यदि कोई त्रिभुज है तो मानना ही पड़ेगा कि उसके तीनों कोणों का योग दो समकोण के बराबर होगा। ऐसा होना अनिवार्य है। इसमें कोई आनाकानी नहीं हो सकती। किसी आधार को सत्य मानकर नियमानुकूल उसके व्युत्पन्न निष्कर्ष को असत्य करार नहीं दिया जा सकता। दूसरे शब्दों में, यदि हम कोण, त्रिभुज और ज्यामिति की परिभाषा को स्वीकार कर लें तो हमें यह भी स्वीकार करना पड़ेगा कि त्रिभुज के तीनों कोणों का योग दो समकोण के बराबर होगा। ठीक उसी प्रकार 'पूर्ण सत्ता की भावना' अगर हम स्वीकार कर लेते हैं तो हमें अवश्य ही स्वीकार करना पड़ेगा कि पूर्ण सत्ता वास्तविक है, उसका अस्तित्व है। इसलिए पूर्ण सत्ता का अस्तित्व इसकी भावना से अनिवार्य रूप से सिद्ध होता है।

दे*कार्त* का तात्त्विक प्रमाण मध्ययुगीन *अन्सेल्म* की युक्ति से बहुत मिलता है। इसलिए आलोचकों ने दे*कार्त* के तात्त्विक प्रमाण को *अन्सेल्म* की नकल कहा है। अतः, हमें इन दोनों की युक्तियों को संक्षेप में दिखला देना चाहिए। अन्सेल्म का प्रमाण इस प्रकार है, ''*यह सर्वमान्य है कि ईश्वर-भावना सभी प्रत्ययों में सर्वोच्च है। अब वह जो केवल विचार में ही सत्य हो उससे उच्चतर वह है, जो विचार और यथार्थ दोनों में सत्य हो। अतः, ईश्वर सर्वोच्च होने के कारण विचार और यथार्थ दोनों में है। इसलिए ईश्वर यथार्थ में परम सत्ता है।* अब दे*कार्त* के अनुसार *अन्सेल्म* की युक्ति ईश्वर की वास्तविकता को सर्वोच्च प्रत्यय पर आधारित कर देती है, अर्थात् ईश्वर का अस्तित्व मानव-भावना पर निर्भर हो जाता है। परन्तु दे*कार्त* का कहना है कि इनकी युक्ति

के अनुसार ईश्वर के भाव या अस्तित्व पर ईश्वर-भावना निर्भर करती है, अर्थात् ईश्वर इसलिए नहीं है कि उसकी भावना है, पर हममें उसकी भावना इसलिए है कि वह वास्तविक सत्ता है। *देकार्त* की ईश्वर-सम्बन्धी युक्ति इस प्रकार है, *'जिस किसी वस्तु के तत्त्व या सार (essence) तथा रूप (form) को हम स्पष्टतया तथा परिस्पष्टतया देखते हैं कि वह उस वस्तु में है तो हम उस वस्तु के प्रति उस तत्त्व तथा परिस्पष्ट रूप का विधान कर सकते हैं।'* अब हम स्पष्ट तथा परिस्पष्ट रूप से देखते हैं कि वास्तविकता ईश्वर के रूप में ही निहित है। इसलिए उचित रीति से हम ईश्वर के अस्तित्व को मान ले सकते हैं।''*

तत्त्व (*Essence*) और वास्तविकता (*Existence*)

देकार्त की तात्त्विक युक्ति को स्पष्ट करने के लिए तत्त्व (essence) और वास्तविकता के अरस्तूय, भेद का उल्लेख करना अनिवार्य मालूम देता है। *सुकरात* ने ही कहा था कि किसी पद को समझने के लिए उसकी परिभाषा जाननी चाहिए। किसी भी पद की परिभाषा तभी जानी जा सकती है जब हम उस पद के सन्दर्भ में उसके सभी सारगुणों को स्पष्ट करें। उदाहरणार्थ न्याय को जानने के लिए न्याय पद के सारगुणों का उल्लेख करना आवश्यक समझना चाहिए। इसी प्रकार मनुष्य के विषय में ज्ञान प्राप्त करने के लिए हमें मनुष्य के सारगुण को जानना चाहिए। मनुष्य का परम्परागत सारगुण विवेकशीलता तथा पशुता समझा जाता है। परन्तु क्या किसी पद को परिभाषित करने पर आवश्यक है कि उस पद के अनुरूप वास्तविक वस्तु भी हों? हम परिभाषित कर सकते हैं कि एक शृगडी वह साँढ़ है जिसके केवल एक ही सींग हो। क्या इसके अनुरूप एक शृगडी पशु वास्तविक माना जायगा? यहाँ स्पष्ट हो जाता है कि सारगुण और वास्तविकता दो भिन्न और पृथक् बातें हैं। यही नहीं वास्तविकता को गुण अथवा विधेय (quality of predicate) नहीं ही कहा जा सकता है। यदि हम कहें कि त्रिभुज वह समान धरातल का आकार है जो तीन सरल रेखाओं से घिरा हो, तो सम्भव है कि इसके अनुरूप कोई भी त्रिभुज न हो। अतः, वास्तविक होना किसी भी परिभाषा के अन्तर्गत नहीं आता है। यही कारण है कि वास्तविकता (existence) को किसी भी पथ का सारगुण नहीं समझा जाता है। चूँकि साधारणतया विधेय अभिकथन के उद्देश्य के गुण का बोध कराता है, इसलिए विधेय का 'गुण' कहा जाता है। चूँकि वास्तविकता को सारगुण(तत्त्व) नहीं कहा जाता है, यही कारण है कि वास्तविकता को सार्थक अभिकथन का विधेय नहीं कहा जाता है। इसलिए यदि ईश्वर के तत्त्व को जान भी लें, अर्थात् ईश्वर पूर्ण सत्ता है, तो इस तत्त्व से ईश्वर की वास्तविकता सिद्ध नहीं मानी जाएगी।

देकार्त की ईश्वर-सम्बन्धी तात्त्विक युक्ति की प्रारम्भ से ही आलोचना होती आई है। *काण्ट* ने इस युक्ति की आलोचना करते समय बताया है कि प्रत्यय और अस्तित्व में बड़ा भेद है और केवल प्रत्यय के आधार पर किसी वस्तु की वास्तविकता सिद्ध नहीं की जा सकती है। मैं सोच सकता हूँ कि इस समय मेरी जेब में 100 रु॰ के विचार कर सकने की क्षमता से सिद्ध नहीं होता है कि वास्तव में मेरी जेब में 100 रु॰ हैं। यदि विचार-मात्र से वास्तविकता हो जाती तो भिखारी महलों में रहते और लँगड़े हिमालय की चोटी पर पहुँच जाते। हमारा विचार कितना ही संगत और उच्च क्यों न हो, इसके अनुरूप वास्तविकता का रहना सिद्ध नहीं होता है। अतः पूर्ण सत्ता की वास्तविकता सिद्ध नहीं होती। *काण्ट* की यह आलोचना यथास्थान विस्तारपूर्वक देखी जायगी। काण्टीय आलोचना के विरुद्ध कुछ लोगों ने *देकार्त* के मत की पुष्टि की है। उनका कहना है कि *काण्ट* की यह आलोचना विचार मात्र से वास्तविकता सिद्ध नहीं होती, साधारण वस्तुओं में लागू होती है। यदि कोई कुर्सी, मेज, किताब इत्यादि के अस्तित्व को उनकी भावना से प्राप्त करना चाहे

---

* "Whatever we clearly and distinctly perceive to belong to the true and the unaltcrable nature of anything, to its essence, its form, that may be predicated of it. Now we find on investigation. God, that existence belongs to his true and unalterable nature and therefore, we may legitimately predicate existence of God."

तो इन प्रत्यालोचकों का कहना है कि इन वस्तुओं के प्रसंग में *काण्ट* की आपत्ति सही है। परन्तु *काण्ट* की आपत्ति *पूर्ण सत्ता* के सम्बन्ध में ठीक नहीं है, क्योंकि यदि पूर्ण सत्ता की भावना केवल कल्पना-मात्र हो जाय तो विचार और परम सत्ता के बीच ऐसी खाई हो जाती है कि विचार के द्वारा सत्ता का जानना असम्भव हो जाएगा। अतः, आलोचकों का कहना है कि पूर्ण सत्ता की भावना और उसकी वास्तविकता अवियोज्य रीति से लिपटी है और यहाँ भावना से वास्तविकता सिद्ध मानी जा सकती है।

दे*कार्त* के अनुसार यदि ईश्वर है तो धोखा नहीं दे सकता है। ऐसा नहीं हो सकता है कि मानव जिस बात को स्पष्ट तथा परिस्पष्ट जानें वह मिथ्या हो। यदि ऐसी बात हो तो मानव का सृजनहार ईश्वर धोखेबाज ठहरेगा, परन्तु ईश्वर पूर्ण होने के कारण सत्यनिष्ठ (veracious) है। अतः, हम पाते हैं कि ईश्वर की सत्यनिष्ठा पर स्पष्टता तथा परिस्पष्टता की ज्ञान-कसौटी आधारित है और इस ज्ञान-कसौटी से ही सब प्रकार के ज्ञान की स्थापना होती है। इसलिए दे*कार्त* का दर्शन ईश्वर की सत्यनिष्ठा पर आधारित है।

इसलिए कहा गया है कि देकार्तीय दर्शन ईश्वर-केन्द्रित (theocentric) है। परन्तु फिर भी दे*कार्त* का ईश्वर-केन्द्रित दर्शन, मध्ययुगीन दर्शन से भिन्न है, जो यथार्थ में ईश्वर केन्द्रित था। मध्ययुग में ईश्वर-धर्म-विश्वास का पात्र था, परन्तु दे*कार्त* का ईश्वर तत्त्वमीमांसा की सत्ता है। देकार्तीय ईश्वर की न पूजा होती है और न इसका कोई पुजारी है। दे*कार्त* की विचार-परम्परा के अनुसार विश्व बौद्धिक रचना है, जिसे मानव अपनी बुद्धि से जान सकता है। अतः, दे*कार्त* ने ईश्वर की सत्यनिष्ठता से मानव-ज्ञान क्षमता का बोध कराया है।*

यहाँ पर आलोचकों का कहना है कि दे*कार्त* की युक्ति में चक्रानुमान (arguing in a circle) पाया जाता है; क्योंकि ज्ञान कसौटी के आधार पर पूर्ण ईश्वर का अस्तित्व सिद्ध किया गया है और फिर पूर्ण ईश्वर के आधार पर ज्ञान-कसौटी की सत्यता सिद्ध की गई है। परन्तु इस आलोचना का प्रत्युत्तर करते हुए दे*कार्त* ने बताया है कि यहाँ कोई चक्रानुमान नहीं है। ईश्वर का अस्तित्व तत्त्वमीमांसा की भेंट है और ज्ञान-कसौटी ज्ञान-मीमांसा की वस्तु है। हमारे ज्ञान की वस्तु हमारे ज्ञान से पहले पाई जाती है और ज्ञान-वस्तु मानव-ज्ञान से उत्पन्न नहीं होती है। परन्तु किसी भी वस्तु को जानने के लिए मानव को अपने ज्ञान को सहारा लेना पड़ता है। अतः, ज्ञान-प्राप्ति के दृष्टिकोण से ज्ञान-कसौटी पहले आती है और जब ज्ञान-कसौटी सिद्ध हो जाती है तब ज्ञान-वस्तु को स्थिर किया जाता है। इसी तर्क के अनुसार ज्ञान-कसौटी पहले आई है और तब इसके द्वारा पूर्ण ईश्वर के अस्तित्व को सिद्ध किया गया है। ज्ञान से विश्व-तत्त्व सिद्ध नहीं होता है, पर परम तत्त्व से ही मानव-ज्ञान और सभी वस्तुओं की सत्यता सिद्ध होती है। अतः, ज्ञान-कसौटी का भी आधार तात्त्विक सत्ता है। इस प्रकार पूर्ण ईश्वर की सत्ता ही अन्तिम ज्ञान-कसौटी का आधार है। इसलिए ईश्वर सत्ता-सम्बन्धी ज्ञान की प्राप्ति में ज्ञान-कसौटी पहले आती है और तब इस ज्ञान-कसौटी की तात्त्विक सत्ता सिद्ध करने के लिए पूर्ण ईश्वर की मदद ली जाती है। अतः, यहाँ किसी प्रकार का चक्रानुमान नहीं है।

दे*कार्त* की उपर्युक्त युक्ति से स्पष्ट हो जाता है कि आप बुद्धिवादी अवश्य थे, पर आप प्रत्ययवादी नहीं थे। आपके अनुसार वस्तु का अस्तित्व मानव-ज्ञान से स्वतंत्र है। ईश्वर और अन्य तात्त्विक सत्ताएँ मानव-ज्ञान से परे तथा स्वतंत्र हैं। इसलिए ज्ञान-मीमांसा तत्त्व-मीमांसा पर निर्भर करती है और यह वस्तुवाद (realism) का एक मौलिक सिद्धान्त है, परन्तु प्रत्ययवाद के अनुसार तत्त्व-मीमांसा ज्ञान-मीमांसा पर आधारित होती है।

यद्यपि देकार्तीय ईश्वर मध्ययुगीन धर्म-विश्वास का ईश्वर है, फिर भी इसका प्रत्यय स्पष्ट

---

* Ultimately the veracity of God means that the world is rational which the human intellect can penetrate.

नहीं है। जब *देकार्त* कहते हैं कि सभी वस्तुएँ ईश्वर पर निर्भर करती हैं तो यहाँ ईश्वर परम सत्ता (absolute) के रूप में आता है। फिर जब *देकार्त* बताते हैं कि ईश्वर पूर्ण तथा सत्यनिष्ठ है तो इसमें ईसाई धर्म के देवता की झलक आ जाती है। अतः, ईश्वर-सम्बन्धी अनिश्चित तथा अनेकार्थ शब्दों के प्रयोग से देकार्त के दर्शन में गड़बड़ी आ गयी है।

बाह्य जगत् सम्बन्धी विचार

अभी तक हम लोगों ने देखा है कि हमें केवल अपनी आत्मा और ईश्वर ही का निश्चित ज्ञान हो सकता है। पर इनके अतिरिक्त हम कुर्सी, मेज, पेड़-पौधे इत्यादि वस्तुओं को भी जानते हैं। इन वस्तुओं को हम बाह्य जगत् की वस्तुएँ समझते हैं। तो क्या देश-काल, रूप-रंग, गरम-ठंडा इत्यादि बाह्य वस्तुओं का यथार्थ गुण है? फिर इनकी वास्तविकता का क्या प्रमाण है? गरम-ठंडा, रूप-रंग इत्यादि इन्द्रियजन्य संवेदनाएँ (sensations) हैं और हम लोगों ने *देकार्त* की सन्देह-विधि के प्रसंग में देखा है कि इन्दियाँ हमें बंचना में डाल देती हैं और इसलिए इन्द्रियों पर भरोसा रखकर हम उन्हें वास्तविक नहीं समझ सकते हैं, तो क्या बाह्य जगत् सम्बन्धी सभी वस्तुएँ भ्रमात्मक हैं? नहीं, हमें केवल जानना है कि जगत् की कौन-कौन बातें स्पष्ट तथा परिस्पष्ट हैं और कौन बातें अस्पष्ट हैं। जो बातें स्पष्ट तथा परिस्पष्ट होंगी, वे ही बातें बाह्य जगत् के सम्बन्ध में सत्य समझी जा सकती हैं। जगत् के सम्बन्ध में हमें केवल एक बात सामान्य रूप से (in general) स्पष्ट तथा परिस्पष्ट मालूम देती है और वह यह है कि एक बाह्य जगत् है, जिसमें अनेक वस्तुएँ पाई जाती हैं और जिनमें हमारे रंग-रूप, सर्दी-गर्मी इत्यादि की संवेदनाएँ उत्पन्न होती हैं। अतः, बाह्य जगत की अपनी स्वतंत्र सत्ता है। मान लिया जाय कि बाह्य जगत् की स्वतंत्र सत्ता न हो तो हमें मानना पड़ेगा कि बाह्य जगत् में पाई जानेवाली सभी वस्तुएँ और उनके गुण या तो मानव-आत्मा से या ईश्वर से ही उत्पन्न होते हैं। परन्तु यदि वस्तुएँ और उनके गुण मानव आत्मा में या ईश्वर में हो और हमें स्पष्ट तथा परिस्पष्ट मालूम दे कि ये बाह्य जगत् में हैं तो यह बंचना हो जाएगी और तब हमारा सृजनहार ईश्वर, जिसने हमारा स्वरूप ऐसा बना दिया है कि स्पष्ट तथा परिस्पष्ट ज्ञान में भी धोखा हो जाए बंचक या धोखेबाज हो जाएगा। परन्तु हम लोगों ने देखा है कि पूर्ण ईश्वर सत्यनिष्ठ है और इसलिए उसकी सृष्टि में धोखे की गुंजाइश नहीं है। इसलिए ईश्वर की सत्यनिष्ठा पर भरोसा रखते हुए हम कह सकते हैं कि हमारे स्पष्ट तथा परिस्पष्ट ज्ञान के अनुरूप बाह्य जगत् स्वतंत्र रूप में सत्य है।

यहाँ हम देखते हैं कि देकार्त ने केवल यही सिद्ध किया है कि बाह्य जगत् की अपनी स्वतंत्र तथा वास्तविक सत्ता है, परन्तु इतने से ही बाह्य जगत् का ज्ञान पूरा नहीं होता है; क्योंकि वैज्ञानिक ज्ञान में हमें यह भी जानना चाहिए कि अमुक वस्तु और उसका गुण हम वास्तविक रीति से जानते हैं या नहीं। इस सम्बन्ध में देकार्त का विचार साफ नहीं है, परन्तु इसकी आलोचना बाद में की जायगी। दूसरी बात यह है कि बाह्य जगत् को स्वतंत्र सत्ता का प्रमाण बनावटी दीखता है। यदि साक्षात् रीति से बाह्य जगत् की सत्ता प्रमाणित नहीं हो सकती, तो 'ईश्वर' भी इसे हमारे लिए सिद्ध नहीं कर सकता है। देकार्तीय दर्शन के अनुसार *'ईश्वर' और 'जगत्' में किसी प्रकार का आन्तरिक सम्बन्ध नहीं है और इसलिए ईश्वर की सत्यनिष्ठा पर आधारित बाह्य जगत् की स्वतंत्र सत्ता का प्रमाण भी बाह्य है और इसलिए इस प्रमाण में deus ex mechina* को दोष कहा गया है।*

हम लोगों ने पहले ही देखा है कि देकार्त वस्तुवादी (realist) थे और वे मानते थे कि कुर्सी, मेज इत्यादि वस्तुओं की स्वतंत्र सत्ता है और वे इन्हें पदार्थ (substance) मानते थे। उनके अनुसार

---

* यह वह दोष है, जिसमें दो वस्तुओं में बाह्य लगाव के आधार पर सम्बन्ध स्थापित कर दिया जाय। Dues का अर्थ 'दो', ex का अर्थ है 'बाह्य' या 'बाहर से' और machina का अर्थ हैं, 'साधन' या machinery। अतः यह हुआ द्विमध्य बाह्य कारण दोष।

*पदार्थ वह है, जिसकी अपनी निजी सत्ता हो और जो अपनी सत्ता के लिए किन्हीं अन्य वस्तुओं पर निर्भर न हो।** इस अर्थ में सांसारिक वस्तुओं को वास्तव में 'पदार्थ' नहीं कहा जा सकता है; क्योंकि ये वस्तुएँ एक-दूसरे पर निर्भर करती हैं। अतः, केवल ईश्वर ही एकमात्र पदार्थ (absolute substance) है, परन्तु साथ-ही-साथ दे*कार्त* ने आत्मा तथा जगत्, मन तथा शरीर को भी गौण अर्थ में दो स्वतंत्र पदार्थ माना है। आत्मिक तथा भौतिक पदार्थ परम नहीं हैं; क्योंकि दोनों को ईश्वर पर निर्भर रहना पड़ता है। हम लोगों ने पहले ही देखा है कि आत्मा का सारगुण, जो स्पष्ट तथा परिस्पष्ट रीति से मालूम होता है, 'चेतना' (consciousness) है। पर बाह्य जगत् का सारगुण क्या है? दे*कार्त* के अनुसार भौतिक जगत् का सारगुण, जो स्पष्ट तथा परिस्पष्ट है, 'विस्तार' (extension) कहा जा सकता है। चेतना तथा विस्तार की अनेक उपावस्थाएँ (modifications) पाई जाती हैं। जैसे-रूप या आकार तथा गति-विस्तार के उपगुण या प्रकार (modes) हैं। उपगुण या प्रकार बिना पदार्थ तथा सारगुण (attributes) के संभव नहीं हो सकता है, पर पदार्थ तथा सारगुण बिना उपगुण के संभव हो सकते हैं। दे*कार्त* के इस मत की गहरी छाप *स्पिनोजा* पर पड़ी है, जहाँ इन सब परिभाषाओं को उग्र रूप में लिया गया है।

प्राथमिक और गौण गुण

परन्तु भौतिक जगत् के विस्तार के अतिरिक्त हम इसमें रंग, घ्राण, ताप इत्यादि अन्य गुण भी पाते हैं, तो हम इन्हें किसी श्रेणी में रख सकते हैं? यहाँ पर दे*कार्त* ने गुणों को प्राथमिक (primary) तथा अप्राथमिक या गौण (secondary) दो विभागों में बाँटा है। प्राथमिक गुण वह है जिसे हम स्पष्ट तथा परिस्पष्ट रूप से देखते हैं, अर्थात् जिसे हम गणितीय रूप दे सकते हैं, इस अर्थ में विस्तार, आकार, गति, काल तथा संख्या (number) प्राथमिक गुण हैं। गौण गुण अस्पष्ट हैं और रंग, घ्राण, ताप, ठण्ड इत्यादि को इनके अन्तर्गत गिना जाता है। प्राथमिक गुण ही वस्तुओं में पाये जाते हैं, पर गौण गुण आत्मनिष्ठ या विषयीनिष्ठ (subjective) होते हैं।

विस्तार को ही भौतिक पदार्थ का एक मात्र सारगुण मान लेने से दे*कार्त* के प्रकृति-दर्शन में कई विशेषताएँ आ जाती हैं। जहाँ दिक् (space) होगा वहाँ विस्तार का होना भी अनिवार्य माना जाएगा; क्योंकि विस्तार सारगुण है। अतः, दे*कार्त* के अनुसार कहीं भी शून्यता (vacuum) नहीं हो सकता है। चूँकि भौतिक पदार्थ का सारगुण विस्तार है और विस्तार का असंख्य विभाजन हो सकता है, इसलिए, दे*कार्त* के अनुसार अछेद्य तथा अभेद्य अणु की सम्भावना नहीं हो सकती है। फिर चूँकि विस्तार निष्क्रिय (Passive) गुण है, इसलिए इसमें अपनी गति नहीं उत्पन्न हो सकती है। यदि इसमें गति होगी भी तो वह यान्त्रिक धक्के से ही उत्पन्न हो सकती है। परन्तु निष्क्रिय विस्तारमय भौतिक जगत् में यान्त्रिक धक्का उत्पन्न कैसे हुआ? यहाँ भी दे*कार्त* ने बनावटी व्याख्या की मदद ली है। उनके अनुसार ईश्वर ने सृष्टि के समय ही विश्व में यान्त्रिक गति उत्पन्न की है और तब से विश्व में गति जारी है।

देकार्तीय भौतिकशास्त्र-विचार अधिकांशतः अब अमान्य है, पर गति के सम्बन्ध में दे*कार्त* का विचार वर्तमानकालिक सापेक्षता सिद्धान्त (Theory of relativity) की पूर्वछाया मालूम देता है। देकार्त के अनुसार गति सापेक्ष है। चलते हुए जहाज पर स्थिर यात्री के लिए जहाज स्थावर है, पर नदी के तट पर बैठे हुए व्यक्ति के दृष्टिकोण से यह गतिशील है।

दे*कार्त* के अनुसार जगत् भौतिक है, जिसमें केवल यान्त्रिक गति ही हो सकती है। इसलिए बाह्य जगत् की सभी वस्तुएँ यान्त्रिकीय नियमों से ही स्पष्ट की जा सकती हैं। पशुओं को भी जटिल यन्त्र समझना चाहिए और उनकी प्रक्रियाएँ यन्त्रवाद (automation theory) के आधार पर स्पष्ट की जा सकती है। दे*कार्त* के इस मत के प्रभाव में आकार पशु-विच्छेदन (animal vivisection)

---

* **A substance is that which exists by itself and the existence of which does not need the existence of anything else.**

में विशेष प्रगति हुई और प्रतिक्षेप-प्रक्रिया (reflex acts) की अच्छी जानकारी हुई। पशुओं के प्रति यन्त्रवाद के सिद्धान्त को मानने के कारण इसमें व्यवहारवाद की पूर्वछाया देखी जाती है।

मन तथा शरीर, आत्मा तथा भौतिक पदार्थ का द्वैतवाद

देकार्त ने सन्देह-विधि के आधार पर पाया कि आत्मा का मुँख्य गुण चेतना है और चेतना के स्वरूप को जानने के लिए किसी अन्य प्रकार के पदार्थ-ज्ञान की आवश्यकता नहीं पड़ती है। उसी प्रकार से भौतिक पदार्थ का सारगुण विस्तार है और विस्तार की सत्ता चेतना की सत्ता से परे तथा स्वतंत्र है। अतः, मन तथा शरीर, आत्मा तथा भौतिक पदार्थ दो प्रकार की, एक-दूसरे से परे तथा स्वतंत्र सत्ताएँ हैं। *इसलिए देकार्त के दर्शन को 'द्वैतवाद' (dualism) कहा जाता है।*

इस द्वैतवाद के अनुसार मानव-शरीर भौतिक पदार्थ है जिसकी व्याख्या यान्त्रिकीय(mechanical) नियमों के आधार पर की जा सकती है। परन्तु मानव में आत्मा भी है, जो शरीर के यान्त्रिकीय नियमों से सञ्चालित नहीं होती है। अब यदि शरीर तथा आत्मा का स्वरूप एक-दूसरे के विपरीत हो तो मानव प्रक्रियाओं की व्याख्या किस प्रकार से की जा सकती है? मानव, शरीरधारी आत्मा है या आत्मामय शरीर है। मन तथा शरीर के सम्बन्ध में क्रिया-प्रतिक्रियावाद अथवा अन्योन्य-क्रियावाद (inter-actionism) या उनके बीच समनान्तरवाद (parallelism) का सिद्धान्त लागू हो सकता है। मन तथा शरीर के आपसी सम्बन्ध में इनके अतिरिक्त अन्य सिद्धान्त भी हो सकते हैं, परन्तु *देकार्त*मन तथा शरीर के आपसी सम्बन्ध के प्रति कभी अन्योन्य-क्रियावाद और कभी समानान्तरवाद की ओर झुके हुए दीखते हैं। जब वे शारीरिक प्रक्रियाओं की व्याख्या यान्त्रिकीय नियमों के आधार पर करते हैं और चेतन की व्याख्या आत्मा के स्वरूप पर ही आधारित करतें हैं तब इसमें समानान्तरवाद दिखता है। समानान्तरवाद के अनुसार मन तथा शरीर दोनों की अपनी प्रक्रियाएँ एक-दूसरे से स्वतंत्र हैं और शरीर की व्याख्या शारीरिक नियमों से और मानसिक प्रक्रियाओं की व्याख्या बिना चेतना की मदद से की जा सकती है। जैसे-नाक में नस के पड़ने पर हम चाहें या न चाहें, छींक आयेगी ही। छींकने के प्रतिक्षेप में चेतना का कोई हाथ नहीं दीखता है। उसी प्रकार स्पष्ट तथा परिस्पष्ट चेतना की व्याख्या के लिए शारीरिक प्रक्रियाओं की अवहेलना की जा सकती है। समसामयिक मनोविज्ञान तथा दर्शन में भी कुछ ऐसे विचारक हैं, जो कहते हैं कि शुद्ध विचार में भाषा तक का कोई स्थान नहीं है। परन्तु मानव में प्रतिक्षेप तथा शुद्ध विचार सीमान्त उदाहरण (extreme case) हैं और वास्तव में इन सीमान्तों के बीच अनेक ऐसी घटनाएँ हैं, जिन्हें हम मन तथा शरीर के समानान्तरवाद के आधार पर स्पष्ट नहीं कर सकते हैं; क्योंकि इन घटनाओं के होने में मन तथा शरीर दोनों का सहयोग मालूम देता है। स्वयं *देकार्त*ने बताया है कि गौण या अप्राथमिक गुण, जिनमें ठण्डा, गरम, रंग इत्यादि गिने जाते हैं, मन तथा शरीर के सहयोग से ही स्पष्ट किये जा सकते हैं। अतः गौण की व्याख्या में *देकार्त* ने अन्योन्य-क्रियावाद अथवा क्रिया-प्रतिक्रियावाद की मदद ली है। चूँकि गौण गुण की व्याख्या से मन तथा शरीर के सम्बन्ध और *देकार्त* की ज्ञान-मीमांसा पर अच्छा प्रकाश पड़ता है इसलिए इसकी भी चर्चा कर देनी चाहिए।

(1) सर्वप्रथम उद्दीपक (exciting) वस्तु का प्रभाव निरीक्षक की इन्द्रियों पर पड़ता है।

(2) इन प्रभावों के फलस्वरूप इन्द्रियों की नस-तन्तु की प्राणशक्तियाँ* (animal spirits) उद्दीप्त होकर पिनियल ग्रन्थि** (pineal gland) में पहुँचती हैं और वहाँ अपनी छाप (seal) छोड़ देती हैं।

---

* यहाँ animal spirits का अनुवाद करना कठिन है, क्योंकि यह वह शारीरिक शक्ति है, जो न तो पूरी भौतिक है और न जीव शक्ति (vital impulse)। परन्तु इन दोनों के बीच की शक्ति है। अतः यह अर्द्धभौतिक तथा अर्द्धजीवित शक्ति है। यहाँ भी *देकार्त* की विडंबना व्यंजित होती है।

** मस्तिष्क के सभी बायें-दाहिने वर्ग में बाँटे जा सकते हैं, परन्तु पिनियल ग्रंथि मस्तिष्क के बीच ऐसा भाग है, जिसमें विभाजन नहीं है। अतः *देकार्त* ने इसे अविभाजित तथा अभेदित आत्मा का वास-स्थान माना था। परन्तु *देकार्त* की यह कल्पना केवल मनगढ़ंत है।

(3) इसी पिनियल ग्रन्थि की छाप आत्मिक चेतना का संयोग (occasion) या उद्भावक कारण (stimulating cause) होती है।

इसी प्रकार से जब आत्मा को शारीरिक व्यापार पैदा करना होता है तब पिनियल ग्रन्थि में स्थित प्राणशक्तियों को यह उद्भावित करती है और वहाँ से उद्दीप्त होकर प्राणशक्तियों स्नायु (muscle) और पिण्डों (glands) में पहुँचकर शारीरिक व्यापार उत्पन्न करती हैं।

आत्मा तथा शरीर के आपसी सम्बन्ध की व्याख्या पूर्णतया असन्तोषजनक है। यदि आत्मा प्राणशक्तियों को, जो सूक्ष्म होते हुए भी शारीरिक ही हैं, उद्दीप्त कर सकती हैं तो शरीर को ही प्रभावित करने में इसकी क्षमता को क्यों नहीं मान लिया जाय? उसी प्रकार यदि पिनियल ग्रन्थि पर प्राणशक्तियों की छाप से आत्मा प्रभावित हो सकती है तो अन्य शारीरिक प्रक्रियाओं से भी यह प्रभावित हो सकती है। यहाँ पर कहना कि पिनियल ग्रन्थि अविभाजित है और इसलिए यह आत्मा का वास-स्थान है और इसलिए आत्मा, शरीर के अन्य भागों में व्याप्त नहीं हो सकती है, केवल मनगढ़न्त है। आत्मा अशारीरिक सत्ता है और इसे किसी भी प्रकार के भौतिक स्थान की आवश्यकता नहीं है। अतः आत्मा तथा शरीर का आपसी सम्बन्ध दे*कार्त* के द्वारा स्पष्ट नहीं हो सका है। दे*कार्त* ने आत्मा तथा शरीर के घनिष्ठ सम्बन्ध में अन्योन्य-क्रियावाद से बचने के लिए घुड़सवार और घोड़े की उपमा दी है। घुड़सवार के एँड़ मारने से घोड़ा दौड़ा है। परन्तु घोड़े की दौड़ की व्याख्या घोड़े की शारीरिक शक्ति से की जायगी, क्योंकि घोड़ा अपनी शक्ति से, न कि घुड़सवार की शक्ति से दौड़ता है। यहाँ पर घोड़े की दौड़ का प्रारम्भिक कारण घुड़सवार की एँड़ है, पर एँड़ घोड़े की दौड़ को प्रारम्भ करती है, न कि दौड़-शक्ति का यह कोई भाग बनती है। उसी प्रकार से आत्मा तथा शरीर की प्रक्रियाएँ एक-दूसरे में प्रक्रिया उत्पन्न करने का अवसर मात्र (occasion) है न कि उनका कोई वास्तविक कारण है।

परन्तु घुड़सवार और घोड़े के बीच की उपमा सही नहीं है; क्योंकि इन दोनों के स्वरूप में आत्मा तथा शरीर के बीचवाला भेद नहीं है। घुड़सवार तथा घोड़े दोनों पशु और शरीरधारी जीवन हैं, परन्तु आत्मा तथा शरीर में विपरीत को छोड़कर कोई भी बात सामान्य नहीं है। यदि प्राणशक्तियों का संचालन आत्मिक चेतना का संयोगात्मक (occasional) कारण हो तो शरीर तथा मन के बीच अन्योन्य-क्रिया का होना, असाक्षात् रूप से ही, मान लिया जाता है और उनके बीच अन्योन्य-क्रिया है तो उन्हें दो सर्वथा विपरीत पदार्थ मानना युक्तिहीन हो जाता है।

हमने देखा है दे*कार्त* को रंग, ताप इत्यादि गौण गुणों को स्पष्ट करने के लिए प्राणशक्तियों की कार्यवाही के प्रसंग में आत्मा पर शरीर के प्रभाव को मानना पड़ा है। परन्तु आत्मा पर शरीर के प्रभाव को और भी अधिक स्पष्टता के साथ, उन्हें रागात्मक वृत्तियों (passions) की व्याख्या में मानना पड़ा है। भय, क्रोधादि को चेतन प्रक्रिया मानना ही पड़ता है और फिर देकार्त ने बताया है कि ये प्रक्रियाएँ मन के ऊपर प्रभाव डालने से उत्पन्न होती हैं। देकार्त के अनुसार प्राणशक्तियों के संचालन से रागात्मक वृत्तियाँ उत्पन्न होती हैं। यह सिद्धान्त समसामयिक जेम्सलैंगा के सिद्धान्त की पूर्वछाया है। अतः रागात्मक, वृत्तियों की देकार्तीय व्याख्या मनोविज्ञान में महत्त्व रख सकती है, पर इसके आधार पर मन तथा शरीर को दो स्वतंत्र सत्ता मान लेने में भारी आपत्ति उठ खड़ी होती है।

दे*कार्त* वस्तुवादी (realist) अवश्य थे, पर आप ज्ञान में अनुकृति-सिद्धान्त अनुकृति (copy theory) के समर्थक थे। इनके अनुसार हमारे मन में वस्तुओं की जो भावनाएँ होती हैं, वे इन्द्रिय, प्राणशक्ति तथा मस्तिष्क के माध्यम से उत्पन्न होती हैं और वस्तुओं का ज्ञान असाक्षत् रूप से (indirectly) ही उत्पन्न होता है। अतः, ये भावनाएँ वस्तुओं की नकल हैं। पर प्रश्न उठता है कि जब भावनाएँ कई प्रकार के माध्यम से छनकर आती हैं तो हम इन्हें किस प्रकार वस्तुओं की विश्वसनीय नकल या बिम्ब समझ सकते हैं? फिर यदि हमारी सारी भावनाएँ नकल मात्र हैं तो हम कैसे समझें कि ये नकल सही या गलत हैं; क्योंकि यहाँ वास्तविक वस्तुओं का ज्ञान, जिसके

आधार पर नकल की सही पहचान हो सकती है, हमें प्राप्त ही नहीं होता है। इन सब बातों की व्याख्या लॉक के प्रसंग में की जायगी, पर देकार्त का यह कहना कि ईश्वर की सत्यनिष्ठा हमें आश्वासन देती है कि हमारी भावनाओं के अनुकूल वास्तव में वस्तुएँ हैं, ठीक नहीं है। जो बात युक्तिसंगत नहीं है, उसे ईश्वर की सत्यनिष्ठा के बाह्य अधिकरण से सिद्ध नहीं किया जा सकता है।

आधुनिक दर्शन में देकार्त का महत्त्व

कुछ विद्वान *बेकन* को और कुछ विद्वान *देकार्त* को आधुनिक दर्शन का जन्मदाता समझते हैं। परन्तु हम लोगों ने देखा है कि बेकन ने आधुनिक दर्शन की भूमिका लिखी है और इसलिए उन्हें इसका जन्मदाता मानना उचित न होगा। पर *देकार्त* ने स्वतंत्र खोज की है और उन्होंने जो समस्याएँ उठाई हैं, वे आधुनिक तथा वर्तमानकालिक विचारधारा में अति महत्त्वपूर्ण सिद्ध हुई हैं। कई स्थलों पर हम लोगों ने *देकार्त* की देन और उसके महत्त्व का उल्लेख किया है, परन्तु बुद्धिवाद, द्वैतवाद, विज्ञानवाद इत्यादि *देकार्त* की मुख्य देनें हैं और यही कारण है कि *अरस्तू* और *काण्ट* के बीच के युग में देकार्तीय दर्शन को क्रान्तिकारी कहा गया है। आधुनिक दर्शन में जितनी मुख्य समस्याएँ हैं, प्रायः वे सब *देकार्त* की परम्परा का अनुसरण करती हैं और इसलिए *देकार्त* को आधुनिक दर्शन का विधानकर्त्ता (legislator) भी समझा गया है। अब हम *देकार्त* की उन देनों का संक्षिप्त उल्लेख करेंगे जिनके कारण वास्तव में आप विख्यात हैं:—

विधि—देकार्त उस युग में हुए थे जिसमें धार्मिक संस्था की प्रभुता विशेष थी और उसे छोड़कर बुद्धि ही के आधार पर सत्यता की स्थापना करने का प्रयास तो उनकी निर्भीकता तथा स्वतंत्रता का ठोस प्रमाण है। इसका परिणाम यह हुआ कि धीरे-धीरे विचारक स्वतंत्र होने लगे और अन्धविश्वास तथा निरर्थक पुरानी लीकों को छोड़कर नयी दिशा में प्रगति करने लग गये। विचार-स्वातन्त्र्य के पक्ष को स्वीकार करने के कारण *देकार्त* की विधि ने दार्शनिकों के लिए मैगनाकार्टा का अधिकार सुलभ कर दिया है।

परन्तु यथार्थ में *देकार्त* का महत्त्व विज्ञानवाद (scientism)* को अपनाने में है। विज्ञानवाद वह सिद्धान्त है, जिसके अनुसार विज्ञानों को पद्धति तथा गवेषणाएँ किसी भी ज्ञान की एकमात्र पद्धति तथा सत्यता की कसौटी है। चूँकि *देकार्त* के समय में, और खासकर उनके लिए, गणित ही विज्ञान का विशेष अंग था; इसलिए उन्होंने दर्शन में गणित की परम्परा को चलाने की कोशिश की है और इस परम्परा को प्रायः सभी आधुनिक दार्शनिकों ने अपनाया है। अब गणित की अपनी कुछ विशेषताएँ हैं, जिनका स्थान *स्पिनोजा, काण्ट* इत्यादि के दर्शन में मिलेगा। गणित विज्ञानों में महत्त्वपूर्ण स्थान रखता है और इसलिए आगे चलकर गणितवाद वैज्ञानिकवाद में परिणत हो गया। *लॉक, ह्यूम, लाइबनित्स* तथा *काण्ट* में वैज्ञानिकवाद की अच्छी झलक मिलती है। विज्ञानवाद की विशेषता और इसकी कमी अब समसामयिक विचारों में स्पष्ट होने लगी है। परन्तु, जो कुछ भी विज्ञानवाद के विषय में कहा जाय, इसकी परम्परा देकार्त से ही प्रारंभ होती है और वे इस परम्परा के जन्मदाता समझे जा सकते हैं।

बुद्धिवाद—हम लोगों ने पहले ही देखा है कि बुद्धिवाद को सामान्य तथा विशेष अर्थ में काम में लाया जाता है और इन दोनों अर्थों में देकार्त आधुनिक दर्शन बुद्धिवाद के जन्मदाता कहे जा सकते हैं। बुद्धिवाद विशेष अर्थ में बताता है कि सर्वव्यापक तथा अनिवार्य ज्ञान आत्मजात प्रत्ययों के आधार पर प्राप्त होता है, जिसका आदर्श गणितशास्त्र में मिलता है। इस आत्मजात प्रत्यय की समस्या को महत्त्वपूर्ण समझकर *लॉक* ने इस मत का खण्डन किया और *लाइबनित्स*

---

* **बौद्ध दर्शन का 'विज्ञानवाद' विषयनिष्ठ (subjective) प्रत्ययवाद के लिए काम में लाया गया है, परन्तु इस प्रसंग में इस पद की अपनी दूसरी व्याख्या है, जिसे बता दिया गया है। इसलिए 'वैज्ञानिकवाद' सही शब्द मालूम देता है।**

ने इसका खण्डन किया है। फिर गणितशास्त्र के विचार आत्मजात भावनाओं पर आधारित हैं—यह *काण्ट* ने भी स्वीकार किया है और इसके आधार पर उन्होंने अतिदर्शनवाद (transcendentalism) की स्थापना की है। परन्तु गणितीय युक्ति को अनिवार्य मानना एक बात है और आत्मजात प्रत्ययों पर आधारित समझना दूसरी बात है। समसामयिक तार्किक अनुभवादों *रसेल* आदि गणितिक तर्कशास्त्र के आधार पर गणित की अनिवार्यता को मानते हैं, परन्तु इसे आत्मजात प्रत्ययों पर आधारित नहीं मानते हैं। अब इस प्रंसग में जो भी सत्यता हो, कम-से-कम मानना पड़ेगा कि दे*कार्त* ने विचार में एक ऐसा मोड़ ला दिया है जिस ओर दार्शनिक गवेषणाएँ अब भी झुकी हुई हैं।

दे*कार्त* ने स्पष्ट रूप में कुछ ही प्रत्ययों को आत्मजात माना था और शेष को या तो स्वरचित या बाह्यरचित (adventitious) कहा था। फिर बाह्यरचित भावना वह थी, जो बाह्य वस्तु के द्वारा उत्पन्न हो। पर इन सब बातों को स्वीकार करने पर भी उन्हें मानना पड़ा कि गौण गुण (secondary qualities) निरीक्षक के मन में है, न कि वस्तुओं में। बाहर के उद्दीपक का काम यही है कि वे शारीरिक प्राणशक्तियों को उद्धावित करें। परन्तु प्राणशक्तियों के द्वारा पिनियल ग्रन्थि की छाप केवल प्रसंग-मात्र या संयोगात्मक (occasional) है, जिसके रहने से चेतना में गौण गुण का प्रादुर्भाव होता है। इस रीति से देखने पर मालूम होता है कि अन्त में सभी भावनाएँ आत्मजात हैं। इस बात को *लाइबनित्स* ने अपने दर्शन में विशेष स्थान दिया है और बताया है कि सभी प्रत्यय आत्मजात हैं। इस प्रसंग में कहा जा सकता है कि दे*कार्त* के इस सिद्धान्त के दूसरे पक्ष को *बर्कले* ने अपनाया है अर्थात् उन्होंने बतलाया है कि वस्तुओं का ज्ञान हमें नहीं हो सकता है और यह भी बताना कठिन है कि वस्तुओं की अपनी स्वतंत्र सत्ता है या नहीं। पर यह ठीक है कि जिसे हम वस्तु कहते हैं, वास्तव में वे प्रत्यय-मात्र हैं। अतः, दे*कार्त* के 'आत्मजात प्रत्ययों के सिद्धान्त' (Theory of innate ideas) में *बर्कले* के विषयीनिष्ठ प्रत्ययवाद की पुष्टि हुई है। प्रत्ययवाद के विकास में *रसेल* ने भी *देकार्त* के इस महत्त्व को माना है।*

द्वैतवाद—दे*कार्त* को उग्र द्वैतवादी कहा गया है; क्योंकि वास्तव में उन्होंने सब जगह द्वैतवाद को ग्रहण किया है और जहाँ-जहाँ उन्होंने द्वैतवाद को आश्रय दिया है, वहाँ-वहाँ वह महत्त्वपूर्ण समझा गया है।

(क) पहली बात यह है कि उन्होंने मन और शरीर, आत्मा तथा भौतिक पदार्थ को द्वैतवाद माना है। इनके आपसी सम्बन्ध के समाधान में अन्योन्य-क्रियावाद, समानान्तरवाद तथा संयोग या प्रसंगवाद (occasionalism) की झलक पाई जाती है। दे*कार्त* का मत यहाँ पर अनिश्चित है, पर इनके द्वारा किये गये संकेतों को इनके बाद के विचारकों ने पल्लवित तथा पुष्टिपत किया है। संयोगवाद को *आर्नल्ड ज्यूलिंक्स* (Arnold Geulincx) ने, समानान्तरवाद को *स्पिनोजा* ने तथा समानान्तर के संशोधित रूप, जिसे पूर्वस्थापित सामंजस्यवाद(Pre-established harmony) कहते हैं, *लाइबनित्स* ने अपनाया है। इसके बाद भी अब तक मन तथा शरीर के द्वैतवाद की समस्या को सुलझाने के लिए सत्रह सिद्धान्त बताये गये हैं और फिर भी इसका कोई समाधान नहीं दीखता है। पर कम-से-कम मानना पड़ेगा कि दे*कार्त* ने दार्शनिकों के लिए ऐसी समस्या रख दी है, जो उनकी बुद्धि और चातुर्य को पैनी किये रहती है। यही कारण है कि दे*कार्त* का प्रभाव अब भी जीता-जागता है।

(ख) हम लोगों ने देखा है कि दे*कार्त* स्वतंत्र बुद्धिवादी थे और इसके आधार पर उन्होंने वैज्ञानिकवाद को अपनाया था। उन्हें आभास भी हुआ होगा कि विज्ञान और धर्म में संघर्ष हो सकता है। दस संघर्ष के समाधान के लिए उन्होंने असाक्षात् रूप से एक सूझ बतायी है। उनके विचार के संकतों से स्पष्ट बाह्य भौतिक जगत् एक-दूसरे से स्वतंत्र हैं, इसलिए इनसे सम्बन्ध रखने वाले धर्म और विज्ञान भी एक-दूसरे से स्वतंत्र हैं और दोनों में किसी भी प्रकार का झगड़ा नहीं हो सकता

* *History of Western Philosophy*, p. 586

है; क्योंकि धर्म का विषय दैवी या अतिप्राकृतिक (supernatural) क्षेत्र है और विज्ञान का क्षेत्र प्राकृतिक (natural) घटना है। अब देकार्त की यह विचारधारा मान्य है या नहीं, यह कहना कठिन है; परन्तु इसका तात्कालिक, परिणाम अच्छा हुआ क्योंकि विज्ञान-विस्तार के लिए सम्पूर्ण भौतिक विश्व वैज्ञानिकों के हाथ में आ गया। फिर पशुओं को यंत्र मान लेने से कुछ पशुओं के प्रति क्रूरता अवश्य बढ़ी, पर पशु-विच्छेदन के आधार पर दैहिकशास्त्र की अच्छी उन्नति हुई साम्प्रतिक व्यवहारवाद (behaviourism) की पुष्टि में देकार्तीय विचार का पूरा हाथ माना जाता है।

फिर यदि चेतना और उसके प्रत्ययों को आत्मजात मानने पर प्रत्ययवाद की प्रगति हुई, तो दूसरी ओर बाह्य जगत् को यंत्रवत् मान लेने पर यान्त्रिकीय भौतिकवाद में अच्छी प्रगति आ गयी। अतः, अनुदेकार्तीय प्रत्ययवाद तथा भौतिकवाद की प्रगतिशीलता तथा विकास का क्षेत्र देकार्तीय क्रान्ति को दिया जायगा।

(ग) देकार्त की ज्ञान-मीमांसा में भी द्वैतवाद है; क्योंकि ज्ञान में एक ओर बाह्य वस्तुएँ हैं और दूसरी ओर मानसिक प्रत्यय हैं। प्रत्यय वस्तु नहीं है, पर वे वस्तुओं की नकल या उनका प्रतिनिधित्व करते हैं। प्रत्ययों के अनुकृतिवाद(copy theory) या प्रतिनिधानवाद(representational theory) लॉक ने भी स्वीकृत किया था और इनकी गहरी आलोचना *बर्कले*ने की थी। समसामयिक वस्तुवाद (realism) में भी अनुकरणवाद तथा प्रतिनिधिवाद की आलोचना पाई जाती है। पर यदि इन विचारधाराओं का महत्त्व है तो समस्या को प्रकाश में लाने का श्रेय देकार्त को मिलना चाहिए।

(घ) फिर वस्तुओं के गुणों को प्राथमिक (primary) तथा अप्राथमिक या गौण (secondary) विभागों में बाँटने में भी *देकार्त* का द्वैतवाद व्यंजित होता है। गुणों का द्वैतवाद *लॉक* ने स्वीकार किया है और इसके खण्डन करने पर *बर्कले* ने आत्मनिष्ठ या विषयनिष्ठ (subjective) प्रत्ययवाद की नींव डाली है। उसी प्रकार देकार्त ने मानसिक शक्तियों में समझ तथा संकल्प (will) का द्वैतवाद रखा है, जिसे *काण्ट* ने बदलकर ज्ञानात्मक, इच्छात्मक तथा भावात्मक (affective) प्रक्रियाओं में बाँटा है। अतः, *देकार्त का द्वैतवाद बहुत स्थानों में प्रभावशाली रहा है, इसलिए उन्हें आधुनिक दर्शन का जन्मदाता समझा जा सकता है।*

क्रमबद्धता या सम्बद्धता (*system*) का महत्त्व—इसमें सन्देह नहीं कि *देकार्त* का दर्शन क्रमबद्ध है। सबसे पहले संशय-विधि के आधार पर उन्होंने आत्मा के अस्तित्व को सिद्ध कर इससे ज्ञान-कसौटी निकाली। फिर ज्ञान-कसौटी के आधार पर ईश्वर और उसकी सत्यनिष्ठा का सिद्धान्त स्थापित किया, और अन्त में बाह्य जगत् की सत्ता को ईश्वर की सत्यनिष्ठा से स्पष्ट किया है। अब दर्शन को ईश्वर-केन्द्रित बनाने की परिपाटी में *स्पिनोजा, लाइबनित्स* तथा *बर्कले* ने देकार्त का अनुसरण किया है। कुछ वर्तमानकालिक विचारकों में, जिनमें *ह्वाइटहेड, बर्गसाँ* तथा *अलेक्जेण्डर* का नाम लिया जा सकता है, यह परिपाटी लुप्त नहीं हुई हैं।

पर समसामयिक दृष्टिकोण से *रसेल* प्रभृति तार्किक, अनुभववादी तथा विश्लेषणवादी का कहना है कि दर्शन में क्रमबद्धता आनी ही नहीं चाहिए। इनके अनुसार दर्शन का काम ज्ञान-प्रसार या ज्ञानप्राप्ति का प्रयत्न करना नहीं है, क्योंकि ज्ञान-वृद्धि केवल विज्ञानों ही के द्वारा हो सकती है। दर्शन का इतना ही काम है कि यह ज्ञान की परिशुद्धता (clarification) में योगदान दे। चूँकि ज्ञान-परिशुद्धता तर्कशास्त्र के नियमों से ही प्राप्त होती है, इसलिए वे विचारक तत्त्व-मीमांसा की अवहेलना कर दर्शन को तर्कशास्त्र तक सीमित कर देते हैं। परन्तु दर्शन से तत्त्व-मीमांसा को हटाकर दर्शन को अन्दर से खोखला नहीं किया जा सकता है। अब तार्किक अनुभववाद तथा विश्लेषणवाद में जो भी सत्यता हो, कम-से-कम देकार्त क्रमबद्ध विचारक थे और इस क्षेत्र में भी देकार्त ने इन लोगों का मार्गदर्शन किया है।

अतः, देकार्त ने अपने विचारों से आधुनिक दर्शन में तथा सामान्य रूप से पाश्चात्य दर्शन

में नई रोशनी ला दी है। उनके सभी सभी विचार किसी भी समय में सर्वमान्य नहीं हुए और न कभी किसी के हो सकते हैं, पर यह निर्विवाद है कि आधुनिक दर्शन तथा पाश्चात्य दर्शन में उनकी क्रान्ति मानव के विचार-इतिहास में एक विशेष स्थान रखती है।

बेनेडिक्ट स्पिनोजा (1632-77 ई०)

स्पिनोजा यहूदी थे और यहूदियों को पूर्वीय जाति का माना जाता है। अतः, *स्पिनोजा* के दर्शन में सर्वेश्वरवाद (pantheism)* पाया जाता है, जिसे *स्पिनोजा* ने अपने दर्शन में पूर्णतया अपनाया है। इसलिए *स्वेग्लर* ने कहा है कि स्पिनोजीय दर्शन उसकी जातीयता का परिणाम है अर्थात् उसमें प्राच्य विचारों की प्रतिध्वनि गूँजती है।

बारूख स्पिनोजा का जन्म ऐम्स्टर्डाम में सन् 1632 ई० की 24 नवम्बर को हुआ था। आपकी शिक्षा-दीक्षा ऊँचे ढंग से हुई थी। सर्वेश्वरवाद का पालन करने से, जो ईसाई धर्म-दर्शन के विरुद्ध था, आप यहूदी धर्म-संघ से भी सन् 1656 ई० में निकाल दिये गये थे। इसका कारण यह था कि यहूदियों की आजादी ईसाई-धर्मियों की इच्छा पर निर्भर करती थी और उन लोगों को खुश रखने के लिए ही यहूदियों ने अपने महान् विचारक *स्पिनोजा* का बहिष्कार किया था। *स्पिनोजा* ने अपने बहिष्कार को ठण्डे दिल से स्वीकार कर लिया और मरणपर्यन्त दार्शनिक ध्यान में निमग्न रहे। इस श्मशानी, वानप्रस्थी के दर्शन-तप की ख्याति धीरे-धीरे बढ़ गयी और अनेक तात्कालिक दार्शनिक इनके दर्शन ध्यान के लिए आते थे, जिनमें *लाइबनित्स* का भी नाम आता है। इन दोनों के पत्र-विनिमय से दोनों के दर्शन का अच्छा पता लगता है, पर *लाइबनित्स* ने इसकी सब बातों को एकदम छिपा दिया। आपकी ख्याति इतनी फ़ैल गयी कि सन् 1673 ई० में हाइडेल्बर्ग के विश्वविद्यालय ने इन्हें विचारों की पूर्ण स्वतंत्रता का आश्वासन देकर दर्शन के अध्यापक के पद पर नियुक्त किया। परन्तु दर्शन के कठोर तपस्वी तथा विचार के स्वतंत्र पक्षी को नौकरी तथा सामाजिक मान-मार्यादा के लुभाने वाले पिंजड़े में रहना स्वीकार न हुआ। ये क्षयरोगी थे और 1677 ई० की 21 फरवरी को इन्होंने अपने शरीर का त्याग किया ताकि इनकी अमर आत्मा उस परम सत्ता में मिल जाय, जिसकी इन्होंने जीवन भरी सेवा की थी। ये वैज्ञानिक काँच बनाकर अपनी जीविका चलाते थे, इसलिए चतुर आलोचकों ने कहा है कि तब से अब तक विचारक स्पिनोजा के दार्शनिक काँच (lens) से ही दुनिया को देखते हैं।**

स्पिनोजा और देकार्त***—प्रायः *स्पिनोजा* को संगत देकार्ती कहते हैं। इसका पहला कारण यह है कि उन्होंने *देकार्त* के दर्शन का अच्छा अध्ययन किया था और 1662 ई० में *देकार्त* के दर्शन की टीका लिखी थी। फिर *स्पिनोजा* ने *देकार्त* के लिखित प्रश्नों के आधार पर अपने दर्शन की स्थापना की है और इसमें सन्देह नहीं कि *देकार्त* के मौलिक सिद्धान्तों के दोषों तथा त्रुटियों को हटाकर इन्होंने सर्वेश्वरवाद की रचना की है। यही कारण है कि *लाइबनित्स* ने कहा है कि *स्पिनोजा* ने देकार्त के रोपे हुए बीज को अंकुरित किया है। परन्तु इस मत का खण्डन करते हुए *पोलॉक* ने बताया है कि *स्पिनोजा* का दर्शन नवप्लेटोवाद तथा मैमानाइड्स के दर्शन से ओत-

---

* 'Pantheism' दो शब्दों के योग से बना है, अर्थात् Pan + theos. Pan का अर्थ 'सब' और theos का अर्थ है 'ईश्वर'। इसलिए Pantheism वह वाद है जिसके अनुसार सभी वास्तविकता ईश्वरमय है।

** Spinoza lived by grinding lenses and ever since philosophers see the world through the lenses which he has manufactured.

*** उच्च कक्षा के लिए।

प्रोत है न कि *देकार्त* के दर्शन से। पर केयर्ड ने स्पिोजा को देकार्ती ही माना है।* परन्तु वास्तव में स्पिनोजा देकार्ती नहीं थे क्योंकि उन्होंने देकार्त के सभी मौलिक सिद्धान्तों की आलोचना कर एक स्वतंत्र दर्शन की रचना की है।** इसे इस प्रकार स्पष्ट किया जा सकता है:—

लियोन रोथ, जिन्होंने स्पिनोजा का विशेष अध्ययन किया है, अपने विद्वत्तापूर्ण लेख*** में बताया है कि *देकार्त* की तीन मौलिक आधारशिलाएँ हैं, अर्थात् (1) स्पष्ट तथा परिस्पष्ट पर पृथक-पृथक (discrete) भावनाओं का सिद्धान्त, (2) सृष्टिकर्त्ता देवता का सिद्धान्त, क्योंकि ईश्वर अपने संकल्प के ही आधार पर विश्व की रचना तथा इसका पालन करते हैं, और (3) संकल्पात्मक (voluntaristic) तत्त्व-मीमांसा का सिद्धान्त, क्योंकि *देकार्त* के अनुसार मानव और ईश्वर दोनों में बुद्धि की अपेक्षा संकल्प की ही प्रधानता दिखाई देती है। *स्पिनोजा ने देकार्त* के इन तीनों मौलिक सिद्धान्तों के विपरीत युक्ति पेश कर एक दूसरी ही विपक्षी दर्शन-परिपाटी की नींव डाली है।

देकार्त ने बताया है कि प्रत्येक व्यक्ति में प्राकृतिक ज्योति है, जिसके द्वारा हमें स्पष्ट तथा परिस्पष्ट भावनाओं की अन्तर्सूझ या सहजज्ञान (intuition) होता है; परन्तु ये भावनाएँ असम्बद्ध तथा पृथक् रहती हैं। पर यदि भावनाओं में किसी प्रकार की आन्तरिक व्यवस्था न हो तो इन्हें किस प्रकार से क्रमबद्ध ज्ञान में सम्बद्ध किया जा सकता है? फिर बिना भावनाओं की सम्बद्धता से हम कैसे कह सकते हैं कि विश्व युक्तिपूर्ण सत्ता है, और यदि विश्व युक्तिपूर्ण न हो तो इसे कैसे बुद्धिगम्य कहा जाय? *देकार्त* ने इस कमी को पूरा करने के लिए ईश्वर की सत्यनिष्ठा की मदद ली है। परन्तु ईश्वर विश्व से परे सत्ता है और इसलिए ईश्वर विश्व की युक्तिपूर्णता को सिद्ध नहीं ठहरा सकता है। अतः, *देकार्त* के दर्शन में वस्तुओं और भावनाओं की अनेकता रह जाती है और एकता का लक्ष्य तिरस्कृत हो जाता है। परन्तु हम देखेंगे कि स्पिनोजा के दर्शन में एकता या अद्वैतवाद का मुख्य और प्रथम स्थान है। अतः, देकार्त और स्पिनोजा के मौलिक सिद्धान्त एक-दूसरे के विपरीत हैं।

फिर *देकार्त* के दर्शन में समझ या बुद्धि को द्वितीय स्थान है और संकल्प (will) को प्रथम स्थान। विज्ञान तथा दर्शन की सत्यता इसलिए स्पष्ट तथा परिस्पष्ट है कि ईश्वर ने अपनी इच्छानुसार इस प्रकार की व्यवस्था की है।**** इसलिए यदि ईश्वर चाहे तो पूरी ज्ञान कसौटी ही बदली जा सकती है। परन्तु *स्पिनोजा* के अनुसार सत्यता किसी भी मनमानी इच्छा पर निर्भर नहीं रह सकती है। *स्पिनोजा* के अनुसार ईश्वर से सभी सत्यता इसलिए निकलती है कि सत्यता शाश्वत है, ईश्वर सत्यता की रचना इसलिए करता है कि वह शाश्वत है, न कि सत्यता इसलिए शाश्वत है कि वह ईश्वर की असीम इच्छा से उत्पन्न होती है। अतः *स्पिनोजा* में बुद्धि का पहला स्थान है और संकल्प का स्थान गौण है। यहाँ भी *देकार्त* और *स्पिनोजा* के सिद्धान्तों में मौलिक मतभेद हैं।

---

* Caird ने स्पिनोजा के दर्शन के प्रति लिखा है : 'In the Spinozistic philosophy there are few differences from Descrates whch cannot be traced to the necessary development of Cartesian principles.' फिर इसी लीक को अपनाते हुए रसेल ने 1964 ई॰ में *History of Western Philosophy* में लिखा है कि स्पिनोजा दर्शन देकार्त के दर्शन का संशोधित रूप है।

** देखें Stuart Hampshire, *Spinoza*—Pelican Book, p. 21-23.

*** + Mind, 1923

**** इस प्रसंग में देकार्त की निम्नलिखित उक्ति है : 'To one who pays attention to God's immensity, it is clear that nothing at all can exist which does not depend on him. This is true, not only of everything, that subsists, but of all order, of every low, and of every reason of truth and goodness.'

अन्त में देकार्त के अनुसार विश्व-सृष्टि ईश्वर की मनमानी इच्छा से उत्पन्न होती है, पर स्पिनोजा के अनुसार ईश्वर स्वयं बुद्धिमय है और इसलिए सम्पूर्ण विश्व की रचना बौद्धिक अनिवार्यता (intellectual necessity) के साथ होती हुई दिखाई देती है। अतः, स्पिनोजा की प्रसिद्ध उपमा है कि सभी वस्तुएँ ईश्वर से उसी अनिवार्यता से होती हुई दिखाई देती हैं, जिस अनिवार्यता के साथ किसी त्रिभुज के तीन कोणों को मिलाकर दो समकोण के बराबर होना सिद्ध होता है। अतः, *स्पिनोजा* के दर्शन में संकल्प का स्थान नहीं है और दे*कार्त* का बुद्धिवाद यहाँ विश्व की शुद्ध बुद्धिगम्यता (rationality) में परिणत हो जाता है।

स्पिनोजा के दर्शन की विचित्रता

भिन्न-भिन्न आलोचकों ने *स्पिनोजा* के दर्शन का भिन्न-भिन्न मूल्यांकन किया है। *पोलॉक* ने *स्पिनोजा* को पूर्वीय परम्परा का प्रतीक माना है पर लाइबनित्स, केयर्ड तथा रसेल इन्हें पाश्चात्य विचारक ही मानते हैं। पुनः, धर्म-मीमांसा के दृष्टिकोण से बहुधा इन्हें लोग अनीश्वरवादी कहते और फिर कोई इन्हें ईश्वर-मदान्ध (God-intoxicated) रहस्यवादी पुकारते हैं। *स्पिनोजा* के दर्शन के मूल्यांकन की विभिन्नता इसलिए देखी जाती है कि वास्तव में इसमें पूर्वीय तथा पाश्चातय विचारधाराओं का बेजोड़ सम्मिश्रण है और चूँकि आलोचकों में विश्व-दर्शन की सम्पूर्णता की दृष्टि न रही, इसलिए उन्होंने इसके दर्शन की आँशिक विशेषता पर ही ध्यान दिया है। पूर्वीय परम्परा के समान आप दर्शन को केवल बौद्धिक व्यायाम ही नहीं समझते थे, पर इसे जीवन की साधना मानते थे। फिर स्पिनोजा के दर्शन का उद्देश्य था कि इसके आधार पर वे नैतिक तथा धार्मिक निःश्रेयय की प्राप्ति कर लें। परन्तु स्पिनोजा ने पूर्वीय परम्परा की उद्देश्य-पूर्ति देकार्तीय युक्तियों के आधार पर की है। इसलिए इनकी विचारधारा पर पाश्चात्य विचारकों का भी पूरा प्रभाव है। अतः, कहा जा सकता है कि पाश्चात्य तथा पूर्वीय परम्परा पर आधारित भावी विश्व-दर्शन की पूर्वछाया स्पिनोजा के दर्शन में पाई जाती है।

अपितु, धर्म-मीमांसा में पाश्चात्य विचारक ईश्वरवाद (theism) को अपनाते आये हैं; और पूर्वीय और विशेषकर भारतीय परम्परा में सर्वेश्वरवाद (pantheism) को प्रधानाता दी गई है। अतः, पूर्वीय नवप्लेटोवाद तथा मैमोनाइड्स की विचारधारा से प्रभावित रहने के कारण स्पिनोजीय दर्शन सर्वेश्वरवादी था, जिसे पाश्चात्य ईश्वरवाद से मेल न खाने पर अनीश्वरवाद समझा गया था। पर सर्वेश्वरवादी भक्त, भगवान् के साथ अनन्य सम्बन्ध रखता है—सभी वस्तुओं को ईश्वरमय समझता है-पतंगे के समान ईश्वर रूपी दीपशिखा पर ईश्वरीय प्रेम से व्याकुल होकर अपनी आहुति चढ़ा देता है। ऐसे ईश्वरोन्मत्त व्यक्ति को अनीश्वरवादी कहना असंगत मालूम देता है। यही कारण है कि बाद में लोगों में स्पिनोजा को ईश्वरमदान्ध भी कहा है।

स्पिनोजा की दर्शन-विधि

हम लोगों ने देखा है कि देकार्त ने गणित की परम्परा को अपने विचारों की पार्श्वभूमि या अंचल में रखा है, पर साक्षात् रूप से इसे काम में नहीं लाया है। परन्तु इसे साक्षात् रूप में लाने का संकेत उनके पत्र विनिमय में मिलता है।* दे*कार्त* ने स्वयं ज्यामितिक विधि को अच्छा समझा था, परन्तु अपने दर्शन को उन्होंने ज्यामिति रूप कभी नहीं दिया। परन्तु *स्पिनोजा* ने

* 'In order that it may be profitable for each and all to read your meditations, containing as they do so much subtlety and in our opinion, so much truth–it would be well worth the doing if, hard upon your solution of the difficulties, you advanced as premises contain definitions, postulates and axioms, and thence drew conclusions, conducting the whole proof by the geometrical method in the use of which you are so highly expert. Thus would you cause reader to have-everything in his mind, as it were, at a single glance, and to be penetrated throughout with a sense of the Divine being.'

सत्यता को प्राप्त करने तथा सत्यता को समझाने के लिए ज्यामितिक युक्तियों को पूर्णतया पर्य्याप्त समझा है।

प्रश्न उठता है कि स्पिनोजा ने क्यों ज्यामितिक क्रम को सन्तोषजनक समझा है? पहली बात यह है कि किसी बात को ज्यामितिक क्रम में समझा दिया जाय तो इसे स्पष्ट होना समझा जाता है। यही कारण है कि ईब्रानी भाषा की व्याकरण सम्बन्धी गुत्थियों को सुलझाने के लिए भी स्पिनोजा ने ज्यामितिक रीति ही को अपनाया था। पर शायद दूसरा मुख्य कारण यह है ज्यामितिक युक्तियों में पक्षपात-रहित ज्ञान सम्भव हो सकता है। यदि हम चाहें भी कि समानान्तर रेखाएँ मिल जायें या कर्क रेखा त्रिभुज की अन्य दो भुजाओं के योगफल से बड़ी हो जाय तो यह सम्भव नहीं हो सकता है। अब मानव में प्रबल प्रवृत्ति रहती है, जिसके अनुसार वह चाहता है कि विश्व की सभी बातें उसके मनचाहे ही कल्याण के लिए सिद्ध हो जायें और वह अपनी इच्छाओं को विश्व में आरोपित कर देता है जिससे अनेक दोष चले आते हैं। इसलिए दार्शनिक सुलझाव तथा सुझाव के लिए पक्षपात रहित होना अत्यावश्यक है। यही कारण है कि गणितीय तथा ज्यामितिक युक्तियों की मदद *स्पिनोजा* ने सत्यता प्राप्ति के लिए ली है ताकि इस पुनीत कार्य में दार्शनिक मानव दुर्बलताओं से मदान्ध न हो जाय। अतः, *स्पिनोजा* की लेखनी में कहीं भी पक्षपात तथा व्यक्तिगत बातों की बू नहीं फटकने पाई है।

चूँकि *स्पिनोजा* ने ज्यामितिक युक्तियों को दार्शनिक विधि माना है, इसलिए अपनी प्रसिद्ध रचना 'Ethica' (अर्थात् नीति शास्त्र) में ज्यामिति के समान परिभाषा (definition), स्वयंसिद्धियाँ (axioms) तथा प्रस्तावना (proposition), उपसिद्धियाँ (corollaries) तथा टिप्पणियाँ (scholia) दी हैं। इस पुस्तक में 27 परिभाषाओं, 20 स्वयंसिद्धियों तथा 8 मन्तव्यों (postulates) का उल्लेख है* दर्शन की सभी बातें ज्यामितिक स्वयं-सिद्धियों, प्रस्तावनाओं इत्यादि से व्यक्त नहीं हो सकती है। इसलिए स्पिनोजा ने परिशिष्टों (appendices) तथा टिप्पणियों में विस्तारपूर्वक उनका स्पष्टीकरण किया है।

ज्यामितिक विधियों की त्रुटियाँ

ज्यामितिक विधि किसी भी विषय का पूर्ण अध्ययन नहीं करती है। यदि हम किसी एक त्रिभुज को लें तो इसमें रंग, घ्राण इत्यादि रहते हैं, पर ज्यामितिक विधि के अनुसार त्रिभुज की ये सब बातें बेकार हैं। इसके लिए रूप, आकार तथा त्रिभुज का क्षेत्रफल ही विशेष स्थान रखता है। अतः ज्यामितिक विधि में वस्तुओं के कुछ अंश का अध्ययन किया जाता है और इसके अन्य गुणों को छोड़ दिया जाता है। अतः ज्यामितिक विधि किसी भी वस्तु का अध्ययन आंशिक ही रूप में कर सकती है। परन्तु दार्शनिक अध्ययन में सभी वस्तुओं का उनके सम्पूर्णत्व में ध्यान रखा जाता है। इसलिए ज्यामितिक विधि के अपनाने से *स्पिनोजा* के दर्शन में आंशिकता आ गयी है।

फिर सभी प्रकार की वस्तुओं का अध्ययन भी ज्यामितिक विधि से सम्भव नहीं है। मानव-व्यवहार की व्याख्या में हमें उसकी आयोजनात्मक (teleological) तथा स्वतंत्र प्रक्रियाओं की अवहेलना करना अनुचित है। पर ज्यामितिक जगत् में गति, लक्ष्य तथा स्वतंत्रता का नाम-निशान

---

* अब स्पिनोजा की ज्यामितिक विधि को दिखाने के लिए यहाँ एक छोटा-सा उदाहरण देना अभीष्ट मालूम देता है : Prop. IV. : The idea of God, from which an infinite number of things follow in infinite ways can only be one.

Proof : Infinite intellect comprehends nothing save the attributes of God and his modifications (Part I, Prop. XXX). Now God is one (Part I, Prop. XIV, coroll.). Therefore, the idea of God whereform an infinite number of things follow in infinite ways, can only be one. Q.E.D. (*The Ethics*, Part II, Prop. IV)

नहीं आता है। भला त्रिभुज का अपना क्या लक्ष्य है? फिर कौन ऐसा त्रिभुज है, जो दिनों-दिन पेड़-पौधों की भाँति बढ़ता-घटता है? जब स्पिनोजा ने ज्यामितिक विधि के आधार पर मानव-व्यवहार, रागात्मक वृत्तियों इत्यादि का अध्ययन प्रारंभ किया तो उन्होंने इन सबको रेखा, धरातल तथा त्रिभुज के समान स्थूल तथा स्थावर रूप दे दिया है। अतः उन्होंने मानव-व्यवहार की व्याख्या में कहा है कि मानव में इच्छा-स्वातंत्र्य भ्रम है और उनके सभी व्यवहार यान्त्रिकीय रूप से नियन्त्रित होते हैं। इसलिए जयामितिक विधि से मानव व्यवहार की व्याख्या की नहीं हो सकती है।

बात यह है कि दर्शन सभी विज्ञानों की विधि उनके महत्त्वपूर्ण निष्कर्षों का अध्ययन तथा मूल्यांकन करता है। इसलिए किसी एक ही विज्ञान की विधि को काम में लाने से दर्शन संर्कीणता का आ जाना अनिवार्य हो जाता है। दर्शन का काम है कि वैज्ञानिक विधियों का स्पष्टीकरण तथा मूल्यांकन करे और जब यह स्वयं किसी विज्ञान की विधि को अपना लेता है तो वह किसी प्रकार से वैज्ञानिक विधियों का मूल्यांकन कर सकता है? किसी भी विज्ञान को अपना लेने पर दर्शन में हठवाद (dogmatism) चला आता है। यहाँ *स्पिनोजा* से पूछा जा सकता है कि दर्शन में क्यों 27 ही परिभाषाएँ तथा 2 स्वयंसिद्धियाँ होंगी? क्यों नहीं 30 परिभाषायें तथा 25 स्वयंसिद्धियाँ होंगी? तो इन प्रश्नों का उत्तर देना स्पिनोजा के लिए कठिन बात होगी।

स्पिनोजा के दर्शन पर ज्यामितिक विधि का प्रभाव

ज्यामितिक विधि तथा ज्यामितिक उपमा को काम में लाने पर स्पिनोजा का दर्शन सर्वेश्वरवाद हो गया है। ज्यामितिक में केवल एक ही सत्ता देश (space) की है और यूक्लिडी ज्यामिति (Euclidean geometry) की सभी वस्तुयें इसी देश के खंडित रूप हैं। जैसे—वर्ग या त्रिभुज वह देश का हिस्सा है, जिसे सीधी रेखाओं से घेर लिया गया है। ठीक इसी प्रकार से *स्पिनोजा* के लिए परम पदार्थ एक सत्ता है, जिसके विशिष्ट तथा रूपान्तरिक रूप में सभी वस्तुएँ हैं। यह परम पदार्थ ईश्वर है। इसलिए सभी वस्तुओं का मूल तत्त्व ईश्वर ही है।

फिर यदि वर्ग या त्रिभुज को घेरनेवाली सीधी रेखाओं को हटा दिया जाय, तो त्रिभुज या वर्ग का तो लोप हो जाएगा, परन्तु उनका मूल तत्त्व जो देश है, वह सर्वथा अक्षुण्ण रह जाएगा। अतः, यदि कोई ज्यामिति के मूल तत्त्व देश को प्राप्त करना चाहे तो उसे सभी रूपों तथा आकारों को मिटाना होगा। इसी प्रकार यदि परम पदार्थ ईश्वर सभी वस्तुओं का मूल तत्त्व हो तो सभी वस्तुओं के तिरोहित होने पर ही शुद्ध परम पदार्थ ईश्वर की सत्ता प्राप्त हो सकती है। रूप, आकार इत्यादि को मूल तत्त्व का विशेषीकरण या गुणीकरण(specialisation or qualification of determination) कहते हैं। इसलिए मूल तत्त्व को शुद्ध रूप में समझने के लिए सभी गुणों को हटाना होगा। यही कारण है कि स्पिनोजा ने परम पदार्थ ईश्वर को निर्गुणी, निराकार तथा शुद्ध सत् कहा है और बताया है कि ईश्वर में श्रेष्ठतम गुणों को भी आरोपित करने से उसे सीमित बना देना होता है। यदि हम कहें कि ईश्वर परम दयालु है तो यह भी कहना पड़ेगा कि वह पापियों का नाश नहीं कर सकता; क्योंकि ऐसा करने से उसकी दयालुता में धब्बा आ जाता है।* इसलिए *स्पिनोजा* की विख्यात उक्ति है कि Every determination is negation. 'Determination' का अर्थ है कि किसी रूप या आकार को निश्चित कर देना। हम किसी भूमि को निश्चित करने के लिए चौहदी बना देते हैं तथा त्रिभुज या वर्ग को निश्चित रूप देने के लिए उसे सीधी रेखाओं से घेर देते हैं।

---

* श्री गुलाबराय ने इस प्रसंग में कबीर की कुछ पक्तियाँ उद्धत की हैं, जिन्हें यहाँ दे देना समीचीन मालूम होता हैः—

एक कहौं तो है नहीं, दोय कहौं तो गारि।
है जैसा तैसा रहे, कहैं कबीर विचारि।।
भारी कहूँ तो बहु डरूँ हलका कहूँ तो झीठ।
मैं क्या जानूँ पीव को नैना कछु न दीठ।

-(पाश्चात्य दर्शनों का इतिहास), पृ० 129

पर यदि कोई निश्चित वर्ग की चौड़ाई-लम्बाई 2 फूट हो तो यह स्पष्ट है कि इसकी लम्बाई 3 फूट नहीं हो सकती है। उसी प्रकार से किसी भी वस्तु को निश्चित रूप से बताने के लिए उसके गुणों को बताना पड़ता है। जैसे राम 6 फुट लम्बा, गोरा, घुंघराले बाल वाला लड़का है, जिसके पिता का नाम.... इत्यादि। अब निश्चयीकरण के लिए विशेषीकरण किया जाता है। पर जितना ही विशेषीकरण होगा उतना ही किसी एक व्यक्ति तथा वस्तु का बोध होगा और उससे अन्य वस्तुओं के समझने की सम्भावना कम होती जायगी। पर ऐसा करने से वस्तु अति सीमित हो जाता है क्योंकि उसमें अन्य वस्तुओं के होने की सम्भावना का अभाव हो जाता है। इसी से *स्पिनोजा* के अनुसार विशेषों अथवा गुणों के द्वारा निश्चयीकरण या सरूपीकरण में अभाव आ जाता है। यही कारण है कि *स्पिनोजा* और *शंकर* ने अद्वैतवाद में सरूपी, साकारी ईश्वर को न मानकर निराकार तथा निर्गुण ईश्वर को परम सत्ता माना गया है। सब इस निर्विकार ईश्वर को परम सत्ता मान लेने में ज्यामितिक उपमा का विशेष स्थान है।

पुनः हम लोगों ने देखा है कि ज्यामिति में गति तथा लक्ष्य नहीं दीखता है और इसलिए *स्पिनोजा* के दर्शन में किसी भी वस्तु में स्वतंत्रता नहीं है और मानव में भी इच्छा-स्वातन्त्र्य को नहीं स्वीकार किया गया है। यही नहीं, स्पिनोजीय परम सत्ता में गति तथा काल (time) का अभाव है और इसी से *अलेक्जेण्डर* ने *स्पिनोजा* की आलोचना की है कि इसमें (Time has not been taken seriously) *स्पिनोजीय*सत्ता स्थावर है और इससे इसकी अपनी एक और विशेषता झलकती है। ज्यामिति में कारण-कार्य का सम्बन्ध नहीं पाया जाता, क्योंकि कारण-कार्य का सम्बन्ध वहीं पाया जाता है जहाँ कालान्तर हो अर्थात् पूर्वातर (successive) सम्बन्ध हो। परन्तु ज्यामिति में त्रिभुज के होने और उसके कोणों को मिलाकर दो समकोण के बराबर होने में कोई कालान्तर नहीं देखने में आता है। फिर कारण का, कार्य के होते ही, लोप हो जाता है या यों कहिये कि कारण कार्य-रूप में परिणत हो जाता है। जैसे-जब वर्षा अच्छी होती है तो फसल अच्छी होती है। पर फसल और वर्षा दोनों एक साथ नहीं होती हुई कही जा सकती है। एक के बाद दूसरा आता है। परन्तु ज्यामिति में त्रिभुज और उसकी दो भुजाओं के होने में सहभाव (co-exitence) का सम्बन्ध देखा जाता है और त्रिभुज तथा उसके स्वरूप से खींचे गये निष्कर्ष तथा उप-सिद्धियों में पूर्व और अपर का भेद नहीं देखने में आता है। ऐसी अवस्था में त्रिभुज को अपनी उपसिद्धियों तथा निष्कर्षों का मूल हेतु या आधार (ground या reason) कहते हैं। आधार और उसकी उपसिद्धियों के बीच तार्किक अनिवार्यता का सम्बन्ध पाया जाता है। यदि हम त्रिभुज के स्वरूप को समझ लें तो हमें मानना ही पड़ेगा कि इसके तीनों कोण मिलकर दो समकोण के बराबर होते हैं। फिर कारण-कार्य के होने में काल को स्थान देना होता है, परन्तु आधार तथा उसके फल (consequence) में कालिक सम्बन्ध है ही नहीं। इसलिए इस प्रकार के सम्बन्ध को अकालिक (a-temporal) या शाश्वत (eternal) कहा जाता है। इसलिए *स्पिनोजा* के दर्शन में परम सत्ता और उससे सम्बद्ध सभी वस्तुओं में शाश्वत सम्बन्ध के होने की बात बताई जाती है। इसलिए *स्पिनोजा* का कहना है कि परम सत्ता और सभी वस्तुओं को शाश्वत रूप (sub specie aeternitatis) में देखना चाहिए। अतः ईश्वर और विश्व दोनों अनादि हैं और उनके बीच का सम्बन्ध उसी प्रकार है जिस प्रकार का सम्बन्ध दूध और उसकी सफेदी में, चीनी और उसकी मिठास में पाया जाता है।

यदि ईश्वर और विश्व में अनादि सम्बन्ध है तो यह कहना कि ईश्वर ने विश्व की सृष्टि किसी समय में की है, असत्य हो जायगा। ईश्वर विश्व का मूल हेतु या आधार उसी प्रकार से है जिस रीति से मिट्टी सभी मृत्तिकामय वस्तुओं का आधार है। *स्पिनोजा* के दर्शन में ईश्वर का न होना लक्ष्य है और न उसकी किसी प्रकार की इच्छा है। अतः ईश्वर व्यक्तित्व-रहित (impersonal) सत्ता है।

अतः ज्यामितिक विधि के अनुसरण करने से काल की अवहेलना तथा सभी प्रकार के उद्देश्यों का तिरस्कार सिद्ध हो जाता है। फिर मानव और ईश्वर में इच्छा-स्वातन्त्र्य भी स्पिनोजीय विचार में लुप्त हो जाता है और अन्त में सर्वेश्वरवाद स्थापित हो जाता है।

द्रव्य, गुण तथा आकार का सिद्धान्त (*Doctrine of Substance, Attributes and Modes*)

इस प्रसंग में *'एथिका'* नामक पुस्तक की 27 परिभाषाओं में 5 का उल्लेख किया जा सकता है:—

द्रव्य—वह है जो अपने में ही निहित है और जिसकी भावना अपने से ही हो सकती है, अर्थात् जिसकी भावना करने में अन्य किसी भावना की आवश्यकता नहीं होती है। (iii)

गुण—Attribute वह है जिसे बुद्धि द्रव्य का सारगुण समझती है। (iv)

ईश्वर—निरपेक्ष (absolute) अनन्त सत्ता है, अर्थात् द्रव्य में असंख्य गुण हैं और प्रत्येक गुण शाश्वत तथा असीम या अनन्त सारतत्त्व की अभिव्यक्ति करता है। (iv)

शाश्वत—स्वयं सत्ता है, अर्थात् किसी शाश्वत सत्ता के स्वरूप से ही इसकी कल्पना की जाती है। (viii)

स्वयम्भू—आत्म-रचित(self-caused) वह है, जिसका सारगुण ही सत्ता है या जिसका स्वरूप बिना उसके अस्तित्व को स्वीकार किये नहीं विचारा जा सकता है।

द्रव्य (*Substance*)—अब द्रव्य वह है, जो आत्मनिहित हो और जिसकी भावना करने में भी किसी अन्य भावना की आवश्यकता न हो, अर्थात् जो आत्मनिर्भर हो और जिसे किसी अन्य वस्तु पर निर्भर न रहना पड़े।* *देकार्त* ने भी द्रव्य की परिभाषा इसी प्रकार की थी। पर यदि द्रव्य वह है जिसे किन्हीं अन्य वस्तुओं पर निर्भर न रहना पड़े, तो द्रव्य एक ही हो सकता है, क्योंकि यदि एक से अधिक द्रव्य होंगे तो वे एक-दूसरे को सीमित कर देंगे और उनमें पारस्परिक निर्भरता आ जायगी। यदि यह युक्ति सत्य हो तो ईश्वर को छोड़कर आत्मा तथा भौतिक पदार्थ को द्रव्य नहीं कहा जा सकता है। इसलिए *स्पिनोजा* ने चेतना तथा विस्तार को द्रव्य का गुण माना है, न कि इन्हें स्वयं द्रव्य माना है। अब द्रव्य आत्म-निहित है और इसकी भावना भी अन्य सभी भावनाओं से परे तथा स्वतंत्र है। द्रव्य को इस प्रकार से मान लेने पर सिद्ध हो जाता है कि यह अनुपम तथा बेजोड़ है, क्योंकि किसी भी अन्य वस्तु के विषय में सोंचने पर हमें उन प्रत्ययों तथा भावनाओं की आवश्यकता पड़ जाती है, जो एक को छोड़कर अनेक वस्तुओं में लागू होती है। जैसे यदि हम कहें कि पुस्तक 'लाल' है, तो यह 'लाल' गुण इस पुस्तक को छोड़कर अन्य वस्तुओं में भी लागू होता है। जैसे हम फूल, कपड़े तथा कमल को लाल पाते हैं। स्पिनोजीय द्रव्य में हमें, ऐसी भावना को काम में लाना है जो इसी में लागू हो और अन्य किसी भी वस्तु में लागू न हो। पर मानव-विचार इस प्रकार के किसी गुण की भावना नहीं कर सकता है।** अतः, *स्पिनोजा* इस निष्कर्ष पर आते हैं कि द्रव्य में कोई ऐसा गुण या धर्म नहीं हो सकता है, जो इसे सरूपी या सगुणी बना सकता है; क्योंकि प्रत्येक सुगणीकरण में द्रव्य सीमित तथा अभावात्मक (negative) हो जाता है। यदि हम कहें कि ईश्वर पूर्ण है तो यह अपूर्ण नहीं हो सकता है। अतः, *स्पिनोजा* की उक्ति कि 'Every determination is negation', द्रव्य को निर्गुण तथा निराकार समझने में सहायक होती है।

---

* A substance is that which is in itself and concieved through itself, that is, the existence of which does not involve the existence of anything else.

** प्रायः लोग समझते हैं कि this table इसी टेबुल का बोध कराता है, परन्तु यह भी प्रत्यय है जो टेबुल को छोड़कर अन्य वस्तुओं में लागू हो सकता है। 'The' तथा 'this' की व्याख्या के लिए देखें : F. H. Bradley, Principles of Logic, Vol. 1, p. 63-69 (Impression of 1928).

द्रव्य को शुद्ध अभावात्मक प्रत्यय अर्थात् शून्य से बचाने की कोशिश *स्पिनोजा* ने की है। उन्होंने द्रव्य को ईश्वर कहा है और बताया है कि ईश्वर में असीम तथा असंख्य गुण है और प्रत्येक गुण उसकी असीमता को बतलाता है। यहाँ द्रव्य तथा ईश्वर को निगुर्ण न कहकर सगुणी कहा है, पर बताया है कि ईश्वर का गुण उसे सीमित (determined) न करके उसकी असीमता का बोध कराता है। वास्तव में इस कथन से समस्या का केवल शाब्दिक समाधान हो पाता है; क्योंकि मानव किसी ऐसे गुण की कल्पना नहीं कर सकता, जो किसी वस्तु को सीमित न करके उसे असीमित ठहराये। अतः मानव-दृष्टिकोण से *स्पिनोजा* का ईश्वर या द्रव्य गुणातीत ही हो सकता है।

ईश्वर एक, असीम, शाश्वत तथा स्वयंभू सत्ता है। अत 'एक' का गुण संख्यात्मक नहीं है, क्योंकि 'एक कहौं तो है नहीं, दोय कहौं तो गरि'। 'एक' का अर्थ है एकत्व (unity), न कि इकाई की भावना है। असीम का अर्थ है कि ईश्वर में गुण है और प्रत्येक उसकी असीमता का प्रदर्शन करता है। अब स्वयंभू का अर्थ है कि जो अपने से ही उत्पन्न हुआ है अर्थात् जिसकी सत्ता को बिना माने हुए सोचा ही नहीं जा सके।* फिर चूँकि ईश्वर अनादि, अजन्मा तथा स्वयंभू 'न भूतः न भवितः न भूयः' है और इसलिए सभी कालों से परे, शाश्वत हैं।**

चूँकि ईश्वर अनादि, अनन्त, शाश्वत तथा अद्वैत सत्ता है, इसलिए सभी वस्तुएँ ईश्वर पर आधारित हैं। वास्तव में देखा जाय तो ईश्वर ही एक निरपेक्ष, परम द्रव्य है और उसको छोड़कर कोई दूसरी सत्ता नहीं है। अतः सभी वस्तुएँ ईश्वर ही हैं। इसलिए प्रकृति की भी कोई स्वतंत्र सत्ता नहीं है। जिस प्रकार से वर्ग, त्रिभुज का तत्त्व दिक् है उसी प्रकार से सभी वस्तुओं का आधार या मूल हेतु ईश्वर है। अतः, स्पिनोजा ईश्वर में प्रकृति को नहीं, वरन् प्रकृति में ईश्वर ही को पाते हैं। इसलिए स्पिनोजा को ईश्वर-मदमस्त कहा जा सकता है। चूँकि उन्होंने प्रकृति को ईश्वरमय समझा तथा *प्रकृति की स्वतंत्र सत्ता स्वीकार नहीं की, इसलिए उनके इस सिद्धान्त को अविश्ववाद (acosmism)* कहा जाता है।

चूँकि ईश्वर ही प्रकृति है, इसलिए प्रकृति के सम्बन्ध में ईश्वर को दो प्रकार से पुकारा जा सकता है। हम आगे चलकर देखेंगे कि *स्पिनोजा* के अनुसार विशिष्ट वस्तु का अपना कोई अस्तित्व नहीं है, परन्तु सभी वस्तुओं का योगफल ईश्वर ही है। जैसे यदि हम आलेख पत्र (graph) को लें तो इसमें असंख्य छोटे-छोटे वर्ग रहते हैं, परन्तु इन सब वर्गों की सत्ता तो वही देश है, जो आलेख-पत्र में है; उसी प्रकार से वस्तुओं की अपनी सत्ता नहीं और यदि इनकी कोई सत्ता है तो वह एकमात्र द्रव्य है, जो इनका मूल हेतु है। इस दृष्टिकोण से ईश्वर को Natura Naturata या कार्य-प्रकृति कहा जा सकता है। फिर यदि हम ईश्वर को सक्रिय अन्तर्यामी, अन्तर्यापी (immanent) कारण समझें, जिससे कि विश्व का प्रतिक्षण पालन होता है तो इस रूप में *स्पिनोजा* ने ईश्वर को 'Natura Naturans' या प्रकृति-रचयिता कहा है। अतः, विश्व का या तो निष्क्रिय या स्थावर रूप में देखा जा सकता है या सक्रिय विकासात्मक रूप में देखा जा सकता है। दोनों ही दशाओं में विश्व है नहीं, और इसके स्थान पर ईश्वर ही की अक्षुण्ण सत्ता रह जाती है। अतः, 'लाली मेरे लाल की, जित देखौं तित लाल'। जिस प्रकार से गोस्वामी तुलसीदासजी ने जगत् को सियाराममय माना है उसी रीति से *स्पिनोजा* ने विश्व को ईश्वरीय माना है। परन्तु गोस्वामी के 'राम' साकार ईश्वर हैं और *स्पिनोजा* के ईश्वर निराकार हैं। यदि *स्पिनोजा* के ईश्वर निर्गुण, निराकार हैं तो इनका कहना है कि ईश्वर में असंख्य गुण हैं, किस प्रकार युक्तिसंगत हो सकता है? अतः, हमें अब स्पिनोजा के गुण-सिद्धान्त की व्याख्या करनी चाहिए।

---

* By the cause of itself I means something of which the essence involves existence, of which the nature is conceivable only as being in existence.

** 'By Eternity, I mean existence itself, so for as it is conceived necessarily and follows solely from the definition of that which is eternal.' इन दोनों परिभाषाओं में देकार्त के ईश्वर-सम्बन्धी तात्त्विक प्रमाण की झलक मिलती है। यहाँ भी सत्ता को विचार के द्वारा स्थापित करने की चेष्टा की गई है।

गुण (*Attributes*)

जिस प्रकार से *देकार्त* के दिये गये द्रव्य-विचार से *स्पिनोजा* ने शुद्ध अद्वैतवाद की स्थापना की उसी रीति से देकार्तीय जड़ तथा चेतना, आत्मा तथा भौतिक पदार्थ, चेतना तथा विस्तार के द्वैतवाद की आलोचना कर *स्पिनोजा* ने गुण-सिद्धान्त की स्थापना की है। *देकार्त* ने मन तथा शरीर की ऐसी समस्या खड़ी की थी, जिसका समाधान वे स्वयं नहीं कर सके और *स्पिनोजा* ने स्पष्टतया देखा कि यदि मन तथा शरीर दो स्वतंत्र द्रव्य हों तो उनके बीच किसी प्रकार का सन्तोषजनक सम्बन्ध नहीं स्थापित किया जा सकता है। परन्तु मन तथा शरीर मानव में घनिष्ठ रूप से देखे जाते हैं और इसलिए उन्हें द्रव्य न समझकर गुण समझना चाहिए। अब आम या टेबुल में अनेक गुण बिना परस्पर-विरोधी होते हुए पाये जाते हैं। किसी भी आम में रंग, आकार, गन्ध, स्पर्श इत्यादि पाये जाते हैं, परन्तु ये सब गुण एक साथ ही पाये जाते हैं। अतः *स्पिनोजा* के अनुसार द्रव्य में अनेक गुणों का सहभाव (co-existence) है और यदि चेतना तथा विस्तार द्रव्य के गुण हैं तो इनमें भी सहभाव ही होगा। अतः, *स्पिनोजा* के दर्शन में मन तथा शरीर, चेतना तथा विस्तार द्रव्य से गुण में परिणत हो गये हैं और अन्योन्य-क्रियावाद के स्थान पर उनमें सहचारवाद या समानान्तरवाद (parallelism) हो गया है।

पर यहाँ पर प्रश्न उठता है कि स्पिनोजा ने कहा कि सगुणीकरण से द्रव्य की कमी या उसकी परिमितता टपकती हैं तो द्रव्य में गुण कहाँ से सम्भव है? इस आपत्ति को दूर करने के लिए *स्पिनोजा* ने गुण की परिभाषा इस प्रकार की है—*गुण वह है, जिसे बुद्धि द्रव्य का सारगुण ग्रहण करती है।** फिर उन्होंने यह भी बताया है कि द्रव्य में अनन्त गुण हैं और प्रत्येक गुण द्रव्य की असीमितता की अभिव्यक्ति करता है, परन्तु मानवबुद्धि असंख्य गुणों में केवल दो, अर्थात् विस्तार तथा विचार, को ही समझ सकती है। इस गुण-सम्बन्धी उक्ति में अनेक प्रश्न छिपे हुए हैं और यहाँ पर दो-चार ही की व्याख्या की जायगी।

हम लोगों ने देखा है कि *स्पिनोजा* के अनुसार निश्चयीकरण निषेधीकरण के सिद्धान्त (Every determination is negation) और इस उक्ति की संरक्षा करते हुए उन्होंने द्रव्य में अनन्त गुणों का होना बताया है। इन दो विरोधी मतों के बीच मेल रखते हुए हम *स्पिनोजा* के गुण-सिद्धान्त की व्याख्या इस प्रकार कर सकते हैं:—

यह ठीक है कि सगुणीकरण से परिच्छेदन या सीमायन (limitation) होता है। जब हम कहते हैं कि अमुक व्यक्ति धनवान् हैं तो वे दरिद्र नहीं कहे जा सकते हैं। परन्तु यदि द्रव्य में अनन्त गुण हों तो उसमें सभी प्रकार के गुण आ जाते हैं। अतः, द्रव्य अनन्तगुणी होने के कारण धनवान् भी और दरिद्र भी, सुखी तथा दुखी भी इत्यादि हो जाता है और उनमें से परिच्छेदन नहीं आने पाता है यहाँ पर आपत्ति यही की जा सकती है कि यदि द्रव्य में अनन्त गुण हैं तो व्याघातक गुण के साथ होने की सम्भावना रह जाती है। *स्पिनोजा* ने इस विषय पर अपने मत को स्पष्ट नहीं किया है, पर वर्तमानकालिक *ब्रैडले* तथा *बोर्सकेट* प्रत्ययवादियों ने बताया है कि परम सत्ता सभी गुणों की सामंजस्यपूर्ण समष्टि है और उसकी उन्होंने व्याख्या भी की है। अब वास्तव में किसी द्रव्य में सभी गुण आश्रित हो सकते हैं या नहीं, विवादग्रस्त है। पर स्पष्ट हो जाता है कि यदि हम कहें कि द्रव्य सभी गुणों का धाम है तो किसी भी गुण का यहीं अभाव नहीं हो सकता। अतः, यदि द्रव्य में कुछ ही गुणों का होना माना जाय तो सगुणीकरण से द्रव्य सीमायित (limited) हो सकता है, पर यदि इसमें अनन्त गुण का होना मान लिया जाय तो यहाँ सीमायन अथवा परिच्छेदन की अपूर्णता नहीं हो पाती है। अतः *स्पिनोजा* ने द्रव्य को अनन्त गुणाश्रयी बताकर ***Every determination is negation*** की त्रुटियों से बचाने की चेष्टा की है।

---

* 'By attribute I mean that which the intellect apprehends as constituting the essence of substance.'

फिर *स्पिनोजा* ने बताया है कि प्रत्येक गुण द्रव्य की असीमतता का प्रदर्शन करता है। अब अन्य साधारण गुण किसी वस्तु को सीमित कर देता है, पर यहाँ कहा गया है कि गुण द्रव्य को असीमित कर देता है। हम लोगों ने पहले ही देखा है कि यह शाब्दिक समाधान है; क्योंकि गुण का अपना धर्म ही है कि वह वस्तुओं को परिच्छेदित करके उसे सीमित कर दे। पर यहाँ भी गुणों के असीमायन कार्य के सिद्धान्त से स्पिनोजा ने *Every determination is negation* की कठिनाई से बचने की कोशिश की है।

फिर उपर्युक्त साधनों के अतिरिक्त *स्पिनोजा* ने एक तीसरी कड़ी भी लगाई है। उन्होंने बताया है कि ईश्वर के अनन्त गुण में से मानव-बुद्धि केवल विस्तार तथा विचार के दो ही गुणों को ग्रहण कर सकती है और इन दो गुणों में सहचार या समानान्तर सम्बन्ध दिखाई देता है। गुणों के बीच यदि सहचार हो तो उनमें न अन्तर्द्वन्द्व होगा और न एक-दूसरे का खण्डन करेगा। अतः, ईश्वर के अनन्त गुण में सहचार रहने पर उनमें किसी प्रकार की विरोधिता नहीं देखने में आयेगी। अपितु, गुणों के सहचार-सम्बन्ध में एक और विशेषता है, जिसका उल्लेख *स्पिनोजा* के समानान्तरवाद के सम्बन्ध में किया जायेगा। यहाँ अब *स्पिनोजा* के गुण सिद्धान्त की दो चार बातों का समालोचनात्मक अध्ययन भी कर लेना चाहिए।

स्पिनोजा ने जो गुण की परिभाषा दी है वह अनेकार्थक है। प्रश्न उठता है कि ये गुण वास्तव में द्रव्य के गुण हैं या जिसे मानव-बुद्धि समझती है, कि ये द्रव्य के सारगुण हैं। यदि हम 'बुद्धि' पर जोर दें तो हमें कहना पड़ेगा कि वास्तव में द्रव्य में क्या सारगुण है, यह हम नहीं जानते हैं। पर जो बुद्धि को आभासित होता है वही हम सारगुण समझते हैं। इस अर्थ में गुण मानवाश्रयी हो जाते हैं और उनकी स्वतंत्र सत्ता में संशय चला आता है। परन्तु *स्पिनोजा* के दर्शन में आत्मनिष्ठता (subjectivism) का कोई स्थान नहीं है और इसलिए हमें समझना चाहिए कि *स्पिनोजा* के अनुसार गुण वास्तव में द्रव्यनिष्ठ है।

फिर *स्पिनोजा* के अनुसार द्रव्य में अनन्त गुण हैं और मानव-बुद्धि उनमें से केवल दो ही के जानने में समर्थ होती है। अब यदि बुद्धि दो ही को जान सकती है तो यह कैसे मालूम हुआ कि ईश्वर में अनन्त गुण हैं? फिर यदि बुद्धि जो विचार (thought) है, विस्तार (extension) को जो विचार नहीं है, कैसे जान सकती है? और यदि विचार के द्वारा विस्तार को जाना जा सकता है तो ईश्वर के अन्य गुणों को क्यों नहीं जाना जा सकता है? ये सब प्रश्न ऐसे हैं कि उनका उत्तर देना कठिन है। वास्तव में ईश्वर के 'अनन्त गुण' का सिद्धान्त किसी युक्ति पर आधारित नहीं है, परन्तु वह सगुणीकरण से अभावीकरण के दोष से बचने के लिए हमारे सामने रखा गया है और इसलिए उपर्युक्त आपत्तियों का वास्तविक समाधान नहीं हो सकता है। अतः, हमें अब देखना है कि *स्पिनोजा* के समानान्तरवाद की असली व्याख्या क्या है और इससे किस प्रकार से सगुणीकरण से उत्पन्न अभावीकरण (negation) की समस्या हल हो सकती है।

स्पिनोजा का सहचार या समानान्तरवाद *(Parallelism)*

स्पिनोजा के अनुसार विस्तार तथा विचार का सहचार पाया जाता है, अर्थात् जहाँ विस्तार किसी एक रूप में पाया जाएगा तो विचार भी तदनुरूप पाया जायगा, जैसे वृत्त विस्तार का उदाहरण और इसके अनुरूप वृत्त-प्रत्यय देखने में आता है। फिर यदि 'शरीर' विस्तार का उदाहरण हो तो उसका प्रत्यय अर्थात् 'मन' विचार के अनुरूप सत्ता होगा। अतः विस्तार के प्रत्येक रूप के अनुकूल विचार का भी रूप पाया जायगा।

उपर्युक्त कथन से आभासित होता है कि विचार तथा विस्तार की दो स्वतंत्र पटरियाँ हैं। परन्तु वास्तव में *स्पिनोजा* विस्तार तथा विचार को एक ही वास्तविकता के दो अवियोज्य पट (aspects) पक्ष मानते हैं। जिस प्रकार से किसी चश्मे के एक ही काँच के बहिर्गोल (convex) तथा अन्तर्गोल (concave) दो पक्ष हैं और जिस प्रकार से एक ही व्यक्ति को रावण तथा दशानन के दो नामों से पुकारा जाता है, उसी प्रकार से विस्तार तथा विचार एक ही सत्ता को

व्यक्त करते हैं। फिर विस्तार ईश्वर की असीमता को उसी खूबी से व्यक्त करता है जिस खूबी से विचार व्यक्त करता है। अतः एक ही सत्ता ईश्वर को हम महाविस्तार समझते और फिर उसे महाबुद्धि कहते हैं। अतः, भौतिक विश्व तथा बुद्धिगम्य विश्व में किसी प्रकार का अन्तर नहीं है। अब यदि ईश्वर में अनन्त गुण हों तो वे भी इसी एक सत्ता की पूर्णता को व्यक्त करते हैं और इस प्रकार से ईश्वर अपने अनन्त गुण के कारण सीमित नहीं होता है।

स्पिनोजा के समानान्तरवाद से मन तथा शरीर के सम्बन्ध पर नया प्रकाश पड़ता है। शरीर और मन में सहचार है और मन को शरीर का प्रत्यय कहा जा सकता है। परन्तु मन में केवल चेतना ही नहीं है, बल्कि आत्मचेतना भी है और इसे *स्पिनोजा* के शरीर के प्रत्यय का प्रत्यय (Idea os the idea of body) कहा है। परन्तु यदि चेतना शरीर के अनुरूप हो तो वास्तव में शरीर में आत्मचेतना के अनुरूप कुछ भी नहीं दीखता है। यहाँ पर *बोर्सकिट* ने बताया है कि मन मस्तिष्क की सामूहिक तथा सम्बद्ध कार्यवाही का ही दूसरा नाम है। इसे *अलेक्जैण्डर* ने प्रकृतिवाद (naturalism) में परिणत कर दिया है। उन्होंने कहा है कि मन मस्तिष्क ही है। अतः, मन तथा शरीर को एक ही मान लेने से इसमें प्रकृतिवाद तथा प्रत्ययवाद दोनों चले आते हैं। जो मस्तिष्क को मन की अभिव्यक्ति समझते हैं वे बोर्सकिट के समान इससे प्रत्ययवाद का निष्कर्ष निकालते हैं, और जो मन को मस्तिष्क ही मानते हैं, वे *स्पिनोजा* के सहचारवाद से भौतिकवाद तथा प्राकृतिवाद का निष्कर्ष स्थापित कर लेते हैं।

प्रकार (*Modes*) का सिद्धान्त

विश्व की विशिष्ट वस्तुओं को प्रकार कहा जा सकता है। परन्तु विशिष्ट वस्तुएँ सीमित हैं और ईश्वर अथवा परम द्रव्य असीमित है। अतः, प्रश्न उठता है कि असीमित ईश्वर से सीमित विशिष्ट वस्तुओं की व्याख्या किस प्रकार हो सकती है? अतः हमें स्पिनोजा के प्रकार-सिद्धान्त की व्याख्या करनी चाहिए।

*द्रव्य या ईश्वर के रूपान्तर (affections or modifications) को प्रकार कहा जा सकता है, या प्रकार वह है जो अन्य वस्तुओं में हो अथवा अन्य वस्तुओं के द्वारा सोचा जा सके।** अब प्रकार की अपनी कोई स्वतंत्र सत्ता नहीं है। इसका सम्बन्ध द्रव्य से उसी रीति से है जिस रीति से तरंगों का सम्बन्ध समुद्र से है। बिना तरंगों के समुद्र हो सकता है, परन्तु बिना समुद्र के तरंगें सम्भव नहीं हो सकती हैं। यदि तरंगों की क्षणभंगुरता पर हम ध्यान दें तो वे सभी 'प्रकार' क्षणिक हैं और उनका अस्तित्व कोई स्थान नहीं रखता है। परन्तु तरंगें भी समुद्र का अंग हैं और इसलिए उनमें भी वास्तविकता है, चाहे उनकी वास्तविकता कुछ ही क्षणों की क्यों न हों। प्रकार के प्रति ये दोनों मत हो सकते हैं। हम यदि विश्व की सभी विशिष्ट वस्तुओं को क्षणिक 'प्रकार' मान लें तो विश्व भ्रम हो जाता है और यदि प्रकारों को द्रव्य का ही अंश मान लें तो विश्व को अपनी वास्तविकता संरक्षित रह जाती है। हमें प्रकार के प्रसंग में विश्व के प्रति किसी निर्णय को अपनाना है और इसलिए इसकी अन्य बातों पर भी हमें ध्यान देना है।

प्रकार दो तरह के हैं अर्थात् सीमित (finite) और असीमित (infinite) प्रकार। ऐसा मालूम देता है कि *स्पिनोजा* की तत्त्वमीमांसा में सोपान-क्रम (hierarchy) है। सबसे पहले द्रव्य और उसके बाद गुण का स्थान आता है। तब असीमित प्रकार का और अन्त में सीमित प्रकार का स्थान आता है। असीमित प्रकार वह है, जो द्रव्य के गुणों का अनिवार्य रूपान्तर हो या गुण के अनिवार्य रूपान्तर का रूपान्तरित रूप हो।** अतः, विचार का असीमित प्रकार असीमित बुद्धि

* 'By mode, I understand affections of substance, or that which is in another, through which is also conceived.'

** 'Every mode which exists both necessarily and as infinite, must necessarily follow, either from the absolute nature of some attributes of God or from an attribute modified by a modification which exists necessarily and as infinite.'

(intellect) है तथा विस्तार का असीमित प्रकार गति-विश्राम (motion and rest) है। इसलिए असीमित प्रकार से शायद *स्पिनोजा* का अर्थ है कि सभी विशिष्ट तथा सीमित प्रकारों का सामान्य धर्म है। जैसे हम कहते हैं कि विशिष्ट मानव आज है और कल नहीं, परन्तु मानव शाश्वत है, ठीक उसी रीति से विश्व की विशिष्ट वस्तुएँ क्षणिक हैं, परन्तु विश्व स्वयं शाश्वत है। इस अर्थ में असीमित बुद्धि वह शुद्ध चेतना है, जिसमें सभी विशिष्ट मानव-विचार पाये जाते हैं। अब मानव-विचार में विकार या परिवर्तन रहता है, परन्तु असीमित रूप में शुद्ध चेतना में कोई विकार नहीं आता है। इस अर्थ में स्पिनोजीय शुद्ध चेतना वेदान्त के ब्रह्म-चित्, *काण्ट* की 'संप्रत्यक्ष की संश्लिष्ट एकता' (Synthetic unity of apperception) तथा *अलेक्जैण्डर* के असीमित ईश्वर के प्रत्यय में प्रतिध्वनित हो सकती है।* फिर विस्तार के असीम प्रकार को गति-विश्राम कहा गया है, अर्थात् बाह्य भौतिक जगत् यद्यपि क्षणिक वस्तुओं का धाम है, तथापि यह सभी वस्तुओं के सामान्य धर्म के रूप में या उसके योगफल के रूप में शाश्वत है। यदि हम विशिष्ट वस्तुओं को लें तो इसकी तह में अणु हैं और अणुओं की तह में केवल वह असीम विस्तार का रूप है, जिसे गति-विश्रमा कहा जा सकता है। अतः विस्तार को *स्पिनोजा* ने वैसा निष्क्रिय नहीं समझा है जैसा दे*कार्त* ने समझा था; क्योंकि दे*कार्त* के अनुसार भौतिक जगत् में गति ईश्वर की बाह्य देन है। अब *स्पिनोजा* के 'गति-विश्राम' का अर्थ यान्त्रिक नियमों से लगाया गया है। अतः, स्पिनोजा के अनुसार भौतिक जगत् का शाश्वत रूप इसके यान्त्रिक नियम हैं, परन्तु ये वस्तुएँ जिनमें यह लागू होता है वे केवल सीमित प्रकार हैं जिनकी अपनी कोई सत्ता नहीं है। फिर चूँकि गति-विश्राम या यान्त्रिक नियमों की सत्ता असीम प्रकार की सत्ता है, बल्कि असीम द्रव्य की, इसलिए यान्त्रिक नियम बिना काल को सत्य माने सम्भव नहीं हो सकते हैं। अतः *स्पिनोजा* के अनुसार काल की सत्यता इसी भौतिक जगह के लिए है परन्तु परम द्रव्य में उसकी सत्यता सम्भव नहीं है। इसलिए विस्तार के असीम प्रकार के सिद्धान्त में यान्त्रिक भौतिकवाद तथा वेदान्त की व्यावहारिक सत्ता की झलक आ जाती है, क्योंकि वेदान्तीय व्यावहारिक जगत् में भी काल को सत्य माना जाता है।

स्पिनोजा का शून्यवाद**

हम लोगों ने देखा है कि *स्पिनोजा* के अनुसार असीमित तथा सीमित प्रकारों के दो वर्ग हैं। सीमित प्रकार के अन्तर्गत विश्व की विशिष्ट वस्तुएँ आती हैं। इनके विषय में *स्पिनोजा* का कहना है कि इनकी अपनी सत्ता नहीं है। पर फिर कहा है कि यदि इन्हें शाश्वत दृष्टिकोण से देखा जाय तो इनके अन्दर भी सत् है। अतः, यदि वस्तुओं को कालिक या सामयिक (temporal) समझा जाय तो ये केवल सीमित प्रकार हैं और इनकी अपनी कोई सत्ता नहीं है और यदि कोई अकालिक तथा शाश्वत रूप में देखा जायगा तो इनमें सत् है। यदि हम इस मत को लें तो वास्तव में वस्तुओं की यथार्थता इनकी कालिकता पर निर्भर करती है और इसलिए जब विशिष्ट वस्तुओं के कालिक रूप को असत्य ठहराया जाता है तो वास्तव में वस्तुओं का तिरोभाव होता है और स्पिनोजा का दर्शन शून्यवाद हो जाता है। पर हमें देखना है कि सीमित प्रकार कैसे शाश्वत रूप में होकर समझा जा सकता है।

स्पिनोजा बराबर ज्यामितिक उपमा को काम में लाते हैं। जैसे-यदि हम एक आलेख-पत्र (graph) ले लें, तो इसके अन्दर के छोटे-छोटे वर्ग सीमित प्रकार कहे जा सकते हैं। परन्तु प्रत्येक छोटा वर्ग, जैसे-'क' इसलिए 'क' अपने चारों ओर के आठ अन्य वर्गों से घिरा है, फिर इन आठ वर्गों में से सबको लिया जाय तो वे भी इसीलिए वर्ग हैं कि अन्य वर्गों से घिरे हैं और

* समसामयिक शामुएल अलेक्जैण्डर स्पिनोजा से बहुत प्रभावित हुए थे और स्पिनोजा के सम्बन्ध में कई लेख लिखे हैं। उन्होंने अपने मित्रों से कहा था कि मैं समसामयिक स्पिनोजा हूँ और ह्वाइटहेड लाइबनित्स हैं।

** उच्च कक्षा के लिए

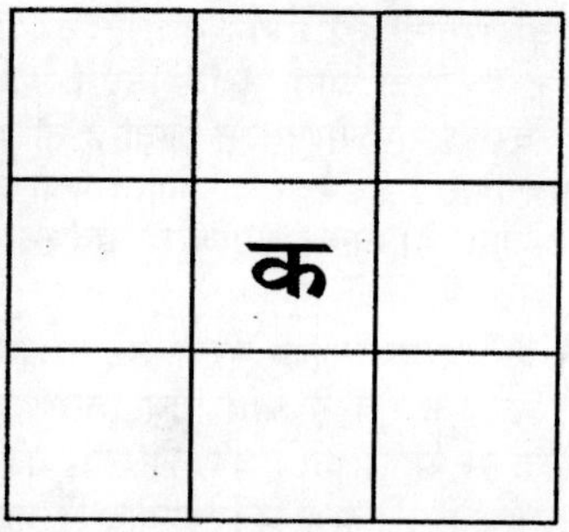

इस रीति से वर्गों का वर्गपन शृंखलाओं में आबद्ध है। इसलिए स्पिनोजा का कहना है कि विशिष्ट वस्तुपन ईश्वर से नहीं, परन्तु वस्तुओं की शृंखला से आबद्ध है और वस्तुओं की इस दृष्टिकोण से उनमें सत्ता नहीं है। परन्तु फिर भी उन वर्गों की आधारभूति में आलेख का दिक् है और जितने भर उनमें दिक् है उतने भर उनमें वह सत् का रूप है, जो दिक् में है। यदि सभी वर्गों के घेरे को हटा दिया जाय तो वर्ग विलीन हो जायेंगे और उनकी शुद्ध सत्ता 'देश' शेष रह जायगी। अतः, यदि वस्तुओं का नामरूप तथा अन्य धर्म हटा दिये जायें तो उनका शुद्ध सत् (being or existence) रह जायगा। चूँकि शुद्ध सत् अनादि है, इसलिए यदि वस्तुओं को सत् रूप में देखा जाय तो वे शाश्वत् सत् में विलीन हो जाती हैं। अतः सीमित प्रकार या विशिष्ट वस्तुओं को हम जिस रीति से समझें उनकी वास्तविकता नष्ट हो जाती है। यदि विशिष्ट वस्तुएँ विशिष्ट रूप में हों तो *स्पिनोजा* के अनुसार द्रव्य या ईश्वर से सिद्ध नहीं होती हैं और यदि उन्हें शाश्वत रूप में लें तो उनकी विशिष्टता या सभी धर्म लुप्त हो जाते हैं और वस्तुओं का वस्तुपन ही नष्ट हो जाता है। अतः पारमार्थिक दृष्टिकोण में वस्तुएँ तिरोहित हो जाती हैं और उनकी जगह पर शुद्ध सत् रह जाता, जो शून्य के बराबर ही समझा जा सकता है। यदि हम कोई चीज लें और कहें कि इसमें न कोई रंग, रूप, नाम, आकार इत्यादि हैं तो यह नहीं के बराबर कही जायगी।

पर यहाँ पर आपत्ति की जा सकती है कि असीमित प्रकार की वास्तविकता मानी गई है और इसलिए *स्पिनोजा* का दर्शन शून्यवादी नहीं है। पर असीमित प्रकार, चाहे वह शुद्ध चेतना की हो या गति-विश्राम की हो, अवास्तविक है। ऐसी शुद्ध चेतना, जिसमें सभी विचारों, कल्पनाओं तथा भावनाओं का सामान्य धर्म ही तात्त्विक सत्यता हो सकती है, पर मनोवैज्ञानिक सत्यता नहीं। मनोवैज्ञानिक दृष्टिकोण से किसी भी चेतना में विशिष्ट विचार, चाहे वह टेबुल का हो या घर का हो या शरीर का हो इत्यादि, अवश्य होगा। शुद्ध चेतना को तात्त्विक सत्ता के अतिरिक्त वास्तविक मानने का दोष हेगेल तथा हेगेलवादियों का है। उस रीति से गतिविश्राम को विश्व का आधार यान्त्रिक नियम समझा गया है। परन्तु यदि वस्तुएँ या घटनाएँ जिनमें यह लागू हो सकता है सत्य नहीं है, तो ये नियम भी असत्य हो जाते हैं। फिर ये यान्त्रिक नियम तभी सत्य हैं जब काल की सत्यता मान ली जाय। परन्तु स्पिनोजा के अनुसार परम द्रव्य या ईश्वर अकालिक तथा अनादि है और इसलिए ये नियम भी पारमार्थिक दृष्टिकोण से असत्य हैं। अतः असीम प्रकार भी अन्त में तिरोहित हो जाता है। परन्तु जिसे हम जगत् कहते हैं, वह या तो असीम या असीमित प्रकार है। और, यदि यह सत् नहीं हो तो सम्पूर्ण जगत् मिथ्या हो जाता है। इसलिए स्पिनोजावाद को शून्यवाद कहा गया है।

स्पिनोजा का सर्वेश्वरवाद (*Pantheism*)

अब देखा जाय तो सीमित प्रकार या विशिष्ट वस्तुएँ असीमित प्रकार में विलीन हो जाती हैं और अन्त में असीमित प्रकार द्रव्य या ईश्वर की सत्ता में अन्तर्निहित हो जाते हैं। इसलिए ईश्वर की ही शुद्ध सत्ता रह जाती है। अतः, *स्पिनोजा* के दर्शन में ईश्वर को छोड़कर सभी मिथ्या हो जाता है। इसी से *हेगेल* ने *स्पिनोजा* की आलोचना करते हुए कहा था कि *स्पिनोजीय* ईश्वर सिंह की वह माँद है जिसमें सभी वस्तुएँ तिरोहित हो जाती हैं और उससे कोई भी वस्तु यथार्थ रूप में होकर नहीं निकलती नजर आती हैं।* चूँकि *स्पिनोजा* के अनुसार सभी वस्तुओं में केवल एक ईश्वर ही की सत्ता सत्य है इसलिए उन्हें सर्वेश्वरवादी कहा गया है। अब

* 'Spinoza's absolute is a lion's den to which all footprints point, but from which none returns.'

सर्वेश्वरवादी को दर्शन तथा ईश्वर-मीमांसा (theology) को दो दृष्टिकोण से देखा जाता है। जब यह कहा जाता है कि विश्व और मानव की सभी अनुभूतियों का एक मूल तत्त्व है, जिसे ईश्वर के नाम से पुकारा जाता है तो इस सर्वेश्वरवाद को अद्वैतवाद (monism) कहा जाता है। अब फिर इस ईश्वर को मानव-पूजा का एकमात्र लक्ष्य समझा जाता है तो यह धार्मिक सिद्धान्त हो जाता है। अब *स्पिनोजा* के सर्वेश्वरवाद को हम जिस दृष्टिकोण से समझें, यह असन्तोषजनक ठहरता है।

अब दर्शन का मुँख्य उद्देश्य है कि सभी मानव-अनुभूतियों को शृंखलाबद्ध तथा क्रमबद्ध करके एक सूत्र में बाँध दिया जाय। चूँकि *स्पिनोजा* ने सभी अनुभूतियों को एक ही ईश्वर की सत्ता से स्पष्ट करने की कोशिश की है, इसलिए कहा जा सकता है कि एकता का दार्शनिक उद्देश्य स्पिनोजीय सर्वेश्वरवाद में प्राप्त हो जाता है। परन्तु एकता शून्यवाद की भी हो सकती है और एकता अनेक वस्तुओं की सामंजस्यपूर्ण क्रमबद्धता से भी हो सकती है। शून्यात्मक एकता वह है, जिसमें विशिष्ट वस्तुओं का लोप या तिरोभाव हो जाता है। इसलिए इसे झूठी या मिथ्यापूर्ण एकता कहा जाता है। चूंकि स्पिनोजीय सर्वेश्वरवाद में उस एकात्मक सत्ता की स्थापना की गई है, जिसे विशिष्ट वस्तुओं की सत्यता तिरोहत हो जाती है, इसलिए इसे असन्तोषजनक शून्यात्मक एकता कहा जा सकता है। इसी बात को दूसरे शब्द में कहा गया है कि स्पिनोजा में सम्पूर्ण एकता न होकर केवल मिथ्या एकता है। इसमें लम्बरूपी (vertical) एकता है, पर क्षैतिज (horizontal) एकता नहीं है।* हम लोगों ने देखा है कि *स्पिनोजा* के दर्शन में सीमित एवं असीमित प्रकार के पश्चात् द्रव्य की सत्ता है और इसे हम सूचीस्तंभीय या पिरैमिडी (pyramid) रूप में दिखा सकते हैं। अब व्यावहारिक जीवन की वस्तुएँ आधार में या क्षितिज की दिशा में हैं और जैसे-जैसे हम ऊर्ध्वगामी होते हैं वैसे-वैसे व्यावहारिक वस्तुओं की क्षीणता हो जाती है और द्रव्य तक पहुँचकर ये तिरोहित हो जाती हैं, इसलिए इसमें क्षैतिज या व्यावहारिक विशिष्ट वस्तुओं की अवहेलना की गई है। अतः, *स्पिनोजा* का विचार-पक्षी धरती की गन्दगी तथा हवा के झोंकों से बचने के लिए सुदूर व्योम में विचरना चाहता है जहाँ की हवा क्षीण तथा निर्मल है, पर जहाँ उसका दम भी घुटने लगता है। इस उत्तुङ्ग व्योम की निर्मलता से क्या लाभ जब दम ही घुटने लगे?

फिर *स्पिनोजा* के सर्वेश्वरवाद को धर्म-विज्ञान के दृष्टिकोण से भी सन्तोषजनक नहीं कहा जा सकता है। यह ठीक है कि ईश्वर और मानव पुजारी में आंशिक तादात्म्य (identity) रहना चाहिए; क्योंकि यदि ईश्वर, पुजारी के सोच-विचार तथा आकांक्षाओं से एकदम परे हो तो पुजारी के क्रन्दन को ईश्वर समझ न पायेगा और ईश्वर-वन्दना निरर्थक हो जायगी। इसलिए ईश्वर को विश्वातीत तथा मानवातीत (transcendent) पूर्णतया नहीं होना चाहिए। परन्तु यदि ईश्वर पूर्णतया विश्वव्यापी (immanent) हो जाय तो भी वन्दना का स्थान नहीं रह जाता है, क्योंकि यहाँ मानव ईश्वर की सत्ता में वैसे ही विलीन हो जाता है जैसे पानी की बूँदे सागर में विलीन हो जाती हैं। इस हालत में पुजारी का ईश्वर से पूर्णतया आत्मसात् (identification) हो जाता है। वह वेदी जिस पर फूल चढ़ाया जाय, वह फूल जो देवता की सेवा में अर्पित किया जाय, वह भक्त जो हाथ जोड़कर खड़ा होता है और वह देवता जिसकी पूजा होती है सब एक ही हो जाते हैं। तब कौन किसकी पूजा करे? या तो सभी पूज्य हो जाते हैं या सभी पुजारी हो जाते हैं, परन्तु पूज्य और पुजारी की दो स्वतंत्र सत्ता नहीं रह पाती है। अब *स्पिनोजा* के सर्वेश्वरवाद में जहाँ तक विश्व, मानव तथा विशिष्ट वस्तुओं की सत्यता है, वह एकमात्र द्रव्य या ईश्वर की सत्ता है और सभी ईश्वर में लय हो जाते हैं इस हालत में ईश्वर तथा मानव में इतनी भी दूरी नहीं

---

* 'Hence the abstract monism reaches vertical consistency at the cost of horizontal reality.'

रहती कि पूजा की संभावना हो। अतः, *स्पिनोजा* के सर्वेश्वरवाद में धर्म तथा पूजा का स्थान नहीं रहता है। यही कारण है कि *ब्रेडले* तथा वेदान्त में सगुण ब्रह्म की सत्यता व्यावहारिक जगत् तक ही सीमित मानी गई है पर *स्पिनोजा* के दर्शन में पारमार्थिक सत्ताओं का भेद नहीं है। इसलिए व्यावहारिक और पारमार्थिक दृष्टिकोण से स्पिनोजीय में धर्म को प्रश्रय न दे सकने के कारण इसे असन्तोषजनक समझा गया है।

यदि सब कुछ ईश्वर ही है जो कुछ होता है उसे 'ईश की मौज' कहा जा सकता है। स्वयं *स्पिनोजा* का कहना है कि विश्व की तथा मानव की सभी क्रियाएँ उसी रीति से ईश्वर से निकलती हैं जिस रीति से त्रिभुज के सभी कोणों को मिलाकर दो समकोण के बराबर होना त्रिभुज की परिभाषा से संभव होता है। ऐसी दशा में मानव अपनी प्रतिक्रियाओं के लिए उत्तरदायी नहीं कहा जा सकता है। वह ईश्वर के हाथ में 'नट की कठपुतली' हो जाता है। *स्पिनोजा* ने बार-बार बतलाया है मानव में अपनी इच्छा की स्वतंत्रता भ्रम है। जिस प्रकार से मदिरा से मत्त होकर व्यक्ति आयँ-बाँय करता है और उसे आभासित होता है कि वह स्वतंत्र इच्छा से बकवास करता है, ठीक उसी रीति से मानव को मालूम देता है कि वह अपनी क्रियाओं को अपनी स्वतंत्र इच्छानुसार सम्पादित करता है। पर मानव को अपनी इच्छा की स्वतंत्रता कितनी ही सत्य क्यों न मालूम पड़े, उसकी क्रियाएँ नियतिवाद (determinism) की उसी कठोरता से संचालित होती है जिस कठोरा से पत्थर तथा यन्त्र की क्रियाएँ संचालित होती है। अब यदि हम मान लें कि मानव में इच्छा स्वतंत्र नहीं है, तो वह अपने काम की अच्छाई या बुराई के लिए उत्तरदायी न होगा और जब व्यक्ति अपने काम की अच्छाई-बुराई की उत्तरदायी न हो तो उसमें नैतिक निर्णय की गुंजाइश नहीं रह पाती है। अतः, *स्पिनोजा* के सर्वेश्वरवाद में नैतिकता (morality) का स्थान नहीं रहता है। इसलिए भी स्पिनोजीय सर्वेश्वरवाद को असन्तोषजनक समझा जाता है। परन्तु *स्पिनोजा* का परम उद्देश्य यही था कि उसके चिन्तन से मानव-चरित्र सुधारा जाय और मानव को चिरशान्ति मिल जाय। अतः, हमें देखना है कि जब *स्पिनोजा* इच्छा-स्वातन्त्र्य को अस्वीकार करते हैं तो वे किस प्रकार अपने आचार-प्रदर्शन की व्याख्या करते हैं।

स्पिनोजा का आचार-दर्शन (*Ethics*)

स्पिनोजा के अनुसार व्यक्तियों को जीवन में अशान्ति इसलिए रहती है कि उन्हें अस्थायी वस्तुओं पर ममता हो जाती है। जब वे वस्तुएँ जिनमें मन लगा रहता है, नष्ट हो जाती हैं तो मानव शोकातुर हो जाता है। यदि हमारा मन शाश्वत तथा स्थायी वस्तुओं पर टिका रहेगा तो न हम उन्हें कभी खोएगें और न हमें शोक-विह्लता होगी। अतः, हमारा उद्देश्य होना चाहिए कि हम शाश्वत सत्ता की खोज करें और उसे प्राप्त करें। इसलिए हमें चाहिए कि सच्चे ज्ञान-मार्ग को जानें, जिसके आधार पर शाश्वत सत्ता पर हमारा मन टिक जाय। अतः, स्पिनोजा, सुकरात तथा भारतीय परमपरा की उस परिपाटी की पुष्टि करते हैं जिसके अनुसार सच्चे ज्ञान से ही सत्य नैतिकता प्राप्त हो सकती है। अब अपनी तत्त्व-मीमांसा के आधार पर वे नैतिकता को कोई स्थान नहीं देते हैं, पर जब वे व्यावहारिक क्षेत्र में उतर आते हैं तो वे अपनी तत्त्व-मीमांसा की कठोरता को ढीला कर देते हैं। हम आगे चलकर देखेंगे कि यही बात *काण्ट* में भी पाई जाती है। उन्होंने भी शुद्ध बुद्धि (pure reason) के कठोर निष्कर्षों को व्यावहारिक बुद्धि (practical reason) की व्याख्या में शिथिल कर दिया है। आचार-दर्शन में स्पिनोजा ने स्वीकार किया है कि मानव को कोरा सीमित प्रकार नहीं समझा जा सकता और उसमें भी ईश्वरीय अंश है, जिससे वह परम लक्ष्य को प्राप्त कर सकता है। फिर उन्होंने मानव में इतनी स्वतंत्रता भी स्वीकार की है, जिससे वह अपनी गिरी हुई दशा से ऊपर उठ सकता है। अतः हमें जानना चाहिए कि स्पिनोजा के अनुसार वह कौन सच्चा ज्ञान-मार्ग है, जिसके आधार पर मानव ऊपर उठ सकता है।

ज्ञान-मार्ग की सीढ़ियाँ

मानव मन का तत्त्व है कि उसमें अन्तःप्रज्ञात्मक प्रत्यय हों। इसलिए *स्पिनोजा* बुद्धि को मुँख्य स्थान देकर संकल्प (will) की अपेक्षा करते हैं। परन्तु मानव में सभी प्रकार के ज्ञान पर्याप्त नहीं कहे जा सकते हैं। ज्ञान की भी सीढ़ियाँ हैं। सबसे निम्नकोटि का ज्ञान कल्पना (imagination), मध्यकोटि का ज्ञान युक्तिपूर्ण विचार तथा उत्तम कोटि का ज्ञान सहजबुद्धि अथवा प्रतिभावान (intuition) कहा जा सकता है। कल्पना वह ज्ञान-मार्ग है जिसके अनुसार सभी वस्तुएँ अपनी विशिष्टता तथा पृथकता में दिखाई देती हैं। यदि हम आलेख के वर्ग की उमपा फिर से याद करें तो हम कह सकते हैं कि प्रत्येक वस्तु को अपनी विशिष्टता में देखने पर काल्पनिक ज्ञान होता है। परन्तु वस्तुएँ वास्तव में एक-दूसरे से अलग तो हैं नहीं। जिस प्रकार से प्रत्येक वर्ग का वर्गपन अन्य वर्गों से निर्धारित होता है, उसी रीति से प्रत्येक वस्तु का अपना वस्तुपन अन्य वस्तुओं के शृंङ्खलाक्रम से निर्धारित होता है। अब युक्तिपूर्ण अथवा अनुमान सम्बन्धी ज्ञान के आधार पर हम कारण-कार्य की शृंङ्खला को जानने की कोशिश करते हैं। इस यौक्तिक ज्ञान (rational knowledge) में कुछ हद तक वस्तुओं की पृथकता दूर हो जाती है क्योंकि बुद्धि उन नियमों की स्थापना करती है, जिनमें अनेक घटनाएँ सूत्रबद्ध हो जाती हैं। तर्कबुद्धि वस्तुओं की एकता को सामान्य प्रत्ययों (common notions) के आधार पर प्राप्त करती है। सामान्य प्रत्यय वे हैं जो एक प्रकार की वस्तुओं के सामान्य धर्म को बताते हैं, जैसे-मानव की विवेकशीलता को व्यक्तियों का सामान्य धर्म कहा ज़ा सकता है।

परन्तु, बुद्धि से भी सच्चा ज्ञान नहीं मिलता है; क्योंकि यौक्तिक ज्ञान वस्तुओं की एकता को सम्पूर्णतया स्थापित नहीं कर पाता है। उदाहरणार्थ, विज्ञानों में अनेक नियमों की स्थापना की जाती है, जिनके आधार पर हमारी अनुभूतियों में अच्छी सुव्यवस्था आ जाती है। अब यद्यपि इन नियमों के आधार पर हमारी अनुभूतियाँ सुसङ्गठित हो जाती हैं, तथापि स्वयं इन नियमों को सुव्यवस्थित होने की आवश्यकता पड़ जाती है। अतः, वैज्ञानिक नियमों के बीच एकत्व स्थापित करने के लिए यौक्तिक ज्ञान के उच्चतर स्तर की आवश्यकता हो जाती है, जिसके आधार पर पूर्ण एकता प्राप्त की जा सके। यही बात काण्ट में भी देखी जाती है जिन्होंने वैज्ञानिक ज्ञान से भी ऊपर आदर्श एकता को प्राप्त करने के लिए प्रज्ञा के तीन प्रत्ययों की बात कही है। फिर युक्तिपूर्ण ज्ञान असाक्षात् (indirect or discursive) हुआ करता है, जैसे हम कहते हैं कि 'अ' बराबर है 'स' के; क्योंकि 'अ' तथा 'स' दोनों में से प्रत्येक बराबर है 'ब' के। 'ब' के माध्यम से 'अ' बराबर है 'स' की बराबरी सिद्ध होती है। परन्तु सच्चा ज्ञान अमाध्यमिक तथा साक्षात् होना चाहिए। इस प्रकार का ज्ञान सहजबुद्धि द्वारा प्राप्त होता है।

*अन्तःप्रज्ञात्मक ज्ञान वह है, जिसमें ईश्वर के सार गुण और वस्तुओं के तत्त्व के बीच सम्बन्ध स्थापित किया जाता है।** यह वस्तुओं का साक्षात् ज्ञान है जिसके अनुसार एक ही क्षण में सब वस्तुएँ ईश्वर की सत्ता से सम्बद्ध दीखती हैं। यौक्तिक ज्ञान में हम आंशिकता से पूर्णता (wholeness) की ओर प्रगति करते हैं। पर सहज बौद्धिक में पूर्णता से अंश की ओर प्रस्थान किया जाता है। जो बातें वर्षों के परिश्रम के बाद बुद्धि परिश्रम के बाद बुद्धिग्राह्य होती हैं, उन्हें सहजबुद्धि एक क्षण में जान लेती है, उदाहरणार्थ कहा जाता है कि अद्भुत अंजन लगाने पर योगी दूर-देशान्तरों की बात झट जान लेते हैं, जिन्हें साधारण व्यक्ति तार या बेतार द्वारा जानते हैं। सहजबुद्धि सभी वस्तुओं को ईश्वर से होती हुई देखती है और चूँकि ईश्वर सर्वकालीन सत्ता है, इसलिए इसमें भूत, वर्तमान तथा भविष्य सभी काल तिरोहित हो जाते हैं। इसलिए अन्तःप्रज्ञा

---

* **'Intuitive knowledge is that kind of knowing which proceeds from an adequate idea of the formal essence of attributes of God to the adequate knowledge of the essence of things.'**

सभी वस्तुओं को शाश्वत रूप में पाती है (sub specie aeternitatis) अन्तःप्रज्ञात्मक तथा यौक्तिक ज्ञान में निम्नलिखित अन्तर हैं:—

(क) यौक्तिक (intellectual) ज्ञान सामान्य धर्मों में निहित होता है। परन्तु सामान्य धर्म विशिष्ट धर्मों की अवहेलना से सम्भव होता है और इससे वस्तुओं की वास्तविकता, जो इसकी विशिष्टता पर निर्भर करती, युक्तियों के आधार पर नहीं जानी जाती है। परन्तु सहजबुद्धि किसी भी वस्तु को उसकी सम्पूर्ण विशिष्टता के साथ जानती है। जैसे-यदि हम किसी गुलाब के सम्पूर्ण सौन्दर्य को एक ही क्षण में ले आना चाहें तो उस फूल की सम्पूर्ण विशिष्टता को सामंजस्यपूर्ण रूप से देखना होगा। अब सहजबुद्धि वस्तुओं को सत्ता की सम्पूर्णता में देखती है और इसलिए इस प्रकार का ज्ञान वास्तविक वस्तुओं का होता है।

(ख) फिर यौक्तिक ज्ञान असाक्षात् होता है, जिसका उदाहरण ज्यामितिक सिद्धियों में देखा जाता है। परन्तु सहजबुद्धि सभी वस्तुओं को तत्क्षण, साक्षात् रीति से ग्रहण कर लेती है।

(ग) यौक्तिक ज्ञान वस्तुओं की पृथकता को दूर कर उन्हें नियमबद्ध कर लेता है। पर इसका सूत्रीकरण अधूरा होता है। सभी वस्तुओं का पारमार्थिक सूत्रीकरण सहजबुद्धि के ही आधार पर सम्भव होता है।

स्पिनोजा के अनुसार अन्तःप्रज्ञा के ही आधार पर व्यक्तियों को परमानन्द प्राप्त हो सकता है। यह बात स्पिनोजा के 'बन्धन' तथा मुक्ति' (bondage and freedom) के प्रसङ्ग में स्पष्ट होती है और अब हम इस प्रसंग की व्याख्या करेंगे।

मानव-बन्धन

स्पिनोजा के अनुसार सभी वस्तुओं में अपनी स्वरक्षण प्रवृत्ति (conatus) है, जिसके अनुसार वे अपनी स्थिति में जारी रहती हैं। इस प्रेरणाशक्ति को विस्तार तथा चेतना—दोनों दृष्टिकोणों से स्पष्ट किया जा सकता है। जीवों के अन्दर की इस स्वरक्ष प्रवृत्ति को प्राणशक्ति (vitality) कहा जा सकता है। अतः, मानव में भी प्राणशक्ति है, जिसके कारण मानव अपनी जीवित स्थिति में कायम रहता है। यह प्राणशक्ति या तो बाह्य कारणों से या आन्तरिक गतियों से नियन्त्रित हो सकती है।* यदि प्राणशक्ति बाह्य कारणों से नियन्त्रित हो तो इसे निष्क्रिय भाव** (affection or passion) कहते हैं। इसी निष्क्रिय भाव के अन्तर्गत सुख, असुख तथा कामना आती है। परन्तु यदि प्राणशक्ति आन्तरिक कारणों से ही नियन्त्रित हो तो इसे स्वतंत्र क्रिया कहा जा सकता है। यदि भाव से स्वरक्षण प्रवृत्ति (self-preservation) में बल मिल जाय तो इसे सुख-भाव (pleasure) कहते हैं, और यदि इस आत्म-रक्षण-शक्ति में भाव से क्षीणता आ जाय तो इसे दुःख या असुख भाव कहते हैं। चूँकि भाव बाह्य कारणों से होता है, जिन पर जीवों का

---

* 'By pleasure I mean a passive state by which the mind passes to a greater, by pain a passive state by which it passes to lesser perfection.' By 'prefection' is meant the enhancement of bodily or mental power in the struggle of self-preservation.

** चूँकि स्पिनोजा तो देकार्तीय मन के द्विविभाजन को ही मानते हैं, इसलिए निष्क्रिय भाव तथा गत्यात्मक संवेग (Emotions) को एक ही शब्द 'Passion' में व्यक्त करते हैं। 'Passion' का शाब्दिक अर्थ है उस स्थिति से, जिसमें व्यक्ति निष्क्रिय हो और अन्य वस्तुएँ उन पर अपना प्रभाव डालें। परन्तु यद्यपि भाव (Feeling or Affection) के लिए यह व्याख्या लागू हो सकती है, पर Desire, लालसा या चाहना के लिए यह व्याख्या ठीक नहीं बैठती है। पर अंग्रेजी के इस शब्द का अब अर्थ होता है रागात्मक वृत्तियाँ।
यहाँ देकार्तीय व्याख्या अभिलक्षित होती है, क्योंकि देकार्त के अनुसार passion वह confused idea, है, जो animal spirits से उत्पन्न होकर चेतना में विडंबना या धक्का पहुँचायें।
फिर चूँकि सुख या अमुख-प्रेरणाशक्ति conatus की सन्तुष्टि—असंतुष्टि से उत्पन्न होती कही जाती है, इसलिए स्पिनोजा का यह मत वर्तमानकालिक मनोवैज्ञानिक सिद्धान्त से भी पुष्ट होता है।

कोई अधिकार नहीं रहता है, इसलिए इसे हम उनका बन्धन या दासता कह सकते हैं। भावों की मेखला से मुक्त होने का दूसरा नाम है छुटकारा तथा मुक्ति।*

मानव-मुक्ति तथा स्वतन्त्रता

स्पिनोजा इच्छा स्वातन्त्र्य को न तो ईश्वर में और न मानव में स्वीकार करते हैं। इसलिए उनके अनुसार सभी घटनाएँ नियति-नियमों में जकड़ी हुई हैं। इस दशा में उसी क्रिया को स्वतंत्र कहा जाता है जो किसी वस्तु के अपने स्वरूप से ही संचालित हों। यदि मानव-व्यवहार आत्मस्फुरित भावना से ही संचालित हो तो इसे स्वतंत्र व्यवहार कहा जाता है। अतः, आत्मनियन्त्रित (self-determined) व्यवहार को ही स्वतंत्र व्यवहार कहा जा सकता है। आत्मस्फुरित भावना वह है, जो मानव से आत्मसत्ता के तत्त्व से निर्देशित हो** और इसका अर्थ है कि उसी भावना को आत्मसत्ता के तत्त्व से निर्धारित होना समझा जाएगा जो स्पष्ट तथा परिस्पष्ट हो। चूँकि स्पष्ट तथा परिस्पष्ट भावना बुद्धि से ही प्राप्त हो सकती है, इसलिए बौद्धिक जीवन ही स्वतंत्र जीवन है। इसी बौद्धिक जीवन को ईश्वरीय बौद्धिक प्रेम (intellectual love of God) कहा जाता है। 'बौद्धिक प्रेम' बतलाता है कि सभी घटनाएँ एकात्मक सत्ता ईश्वर से ही संचालित होती हैं इसलिए जो व्यक्ति वस्तुओं या घटनाओं को ईश्वरीय समझकर उनके अनुसार स्पष्ट तथा परिस्पष्ट भावना से काम करता है, वही स्वतंत्र तथा मुक्त व्यक्ति है।

यदि व्यक्ति रागात्मक वृत्तियों तथा भाव के वश में होकर कोई काम करता है तो वह वाह्य वस्तुओं के प्रभाव में होकर काम करता है। और यदि कोई बाह्य कारणों से नियन्त्रित हो तो वह अपनी सत्ता के अनुसार काम नहीं करता है। ऐसे व्यक्तियों की गति उस तिनके के समान है, जो नदी की लहरों में वायु-विताडित होकर इधर-उधर बहता रहता है। ऐसे व्यक्ति अपने भावों के दास हैं। अतः, स्वतंत्र होने के लिए व्यक्ति को बाह्य-संचालित न होकर आत्मनियन्त्रित होना चाहिए। मानव का सारगुण उसकी बुद्धि में है। अतः, उसे अपने तत्त्व से संचालित होने के लिए बुद्धिगम्य स्पष्ट तथा परिस्पष्ट भावनाओं के अनुसार काम करना चाहिए। इसलिए यदि कोई भाव हो और हम उसे समझा लें तो वह भाव नहीं रह पाता है; क्योंकि समझ लेने पर भाव बौद्धिक भावना बन जाता है।*** पर भाव शरीर के अन्दर की उन प्रक्रियाओं से उत्पन्न होता है जो शरीर के बाहर की वस्तुओं से उत्पन्न होती है और इसलिए किसी भी भाव को समझने के लिए कारण-कार्य की सम्पूर्ण शृंखला को जानना पड़ता है। पर कोरी युक्ति से यह संभव नहीं हो सकता है। इसलिए हमें अपनी सहजबुद्धि के आधार पर किसी भी घटना को सम्पूर्ण विश्व के दृष्टिकोण से देखना पड़ता है। सार्वभौमिक दृष्टिकोण से (sub-specie aeternitatis) देखने पर ज्ञान होता है कि सभी घटनाएँ ईश्वर से नियन्त्रित होती हैं। ऐसा समझकर कि सभी घटनाएँ ईश्वर-लीला या 'मालिक की मौज है', बुद्धिमान व्यक्ति न किसी से ईर्ष्या रखता है और न द्वेष, क्योंकि दुर्जन और सज्जन, सभी व्यक्तियों के व्यवहार ईश्वर से ही संचालित होते हैं। तो क्या बुरे-भले का कोई भेद नहीं है? नहीं, बुरे भले का भेद है। अच्छा व्यक्ति वह है, जो ईश्वर की पूर्णता में भागी होता है, ईश्वरीय बातों को जानकर ईश्वर की सेवा में जीवनयापन करता है। पर मूर्ख व्यक्ति वह है, जो ईश्वरीय कार्य में अनजाने ही साधन होता है और इसी साधन-रूप में ईश्वरीय प्रेम से वंचित होकर नष्ट हो जाता है।

ज्ञान-मार्ग के दृष्टिकोण से हम कह सकते हैं कि कल्पना के पीछे दौड़ने वाला व्यक्ति वस्तुओं की पृथक्ता से आकृष्ट होकर उन पर अपने मन को टिकाये रहता है और उसे क्षण-भंगुर

* यहाँ पाठक देखेंगे कि स्पनोजा के passion में जिस प्रकार से passion में गतिशील 'चाहना' चला आता है, उसी रीति से freedom का अर्थ छुटकारा भी हो सकता है और स्वतंत्रता भी।

** 'A free action is nothing but the essence of a thing itself...its power of doing those things which follow necessarily from its nature. But the essence of reason is nothing but our mind in so far as it clearly and distinctly understands.'

*** We stifle passions by understanding them.' फिर कहा है : 'Error is extinguished, and its power over the mind ceases when we know it as error.'

वस्तुओं से अमर शान्ति नहीं मिल सकती है। परन्तु यौक्तिक ज्ञान को पार कर जो व्यक्ति सहजबौद्धिक ज्ञान की अमरज्योति में प्रवेश करता है, वह सभी घटनाओं को ईश्वर से होते हुए देखता है। वह स्वयं किसी भाव का दास नहीं बनता; क्योंकि उसका व्यवहार बुद्धि से नियन्त्रित होता है। भावों से ऐसा मुक्त व्यक्ति सभी घटनाओं की ईश्वरीय लीला समझकर ईश्वर के प्रति प्रेम से विह्वल हो उठता है। सभी घटनाओं को ईश्वरमय समझकर वह उनका सहर्ष स्वागत करता है। जीवन की कटु, अनुभूति उसे त्रस्त नहीं करते और सुखद अनुभूतियाँ उसे अपने भुलावे में नहीं डाल सकती हैं। 'हर्ष-विषाद बिखेरे' ऐसे व्यक्ति न किसी की झूठी प्रशंसा के मुहताज रहते हैं, न उन्हें किसी का भय होता है। जीवन के सभी प्रलोभनों से निर्लिप्त होकर मानव के उच्चतम ज्ञान से ही उत्प्रेरित होकर वे सभी कामों को तटस्थ रूप से सम्पादित करते हैं।* इस प्रकार के जीवन के attitude को *स्पिनोजा* ने ईश्वर का बौद्धिक प्रेम (amor intellectualis dei) कहा है। यह मानव में वह ईश्वरीय प्रेम है जिसमें स्वयं ईश्वर अपने को प्रेम करता है। इस प्रकार के प्रेम से आत्मा की सम्पूर्ण सन्तुष्टि होती और यह सभी अधम भावों को कुचलने में अमोघ अस्त्र का काम करता है।

चूँकि ईश्वर और प्रकृति एक ही हैं, इसलिए ईश्वर को बौद्धिक प्रेम का अर्थ है कि ईश्वर तथा प्रकृति की नियतिवादी सत्ता में अपने को लीन कर दिया जाय। अतः, मनोवैज्ञानिक नैतिक (psychological ethical) दृष्टिकोण से ईश्वर के प्रति बौद्धिक प्रेम का अर्थ है कि भावों को बुद्धि से जीतकर तटस्ट हो जाना चाहिए। तात्त्विक दृष्टिकोण से इसका अर्थ है कि भावों को बुद्धि से जीतकर तटस्थ हो जाना चाहिए। तात्त्विक दृष्टिकोण से इसका अर्थ है कि जहाँ तक सम्भव हो व्यक्ति को ईश्वरीय सत्ता से आत्मसात् कर लेना चाहिए। चूँकि स्पिनोजीय ईश्वर धार्मिक सत्ता नहीं है, इसलिए स्पिनोजीय ईश्वरीय प्रेम अलौकिक अवश्य है, पर यह भक्तों की भक्ति नहीं है। इसलिए *स्पिनोजा* के ईश्वरीय प्रेम को धार्मिक रहस्यवाद तथा भक्तों की स्वानुभूति के रूप में नहीं समझना चाहिए। यह वास्तव में निर्मम बौद्धिक जीवन की अपूर्व तपस्या का चरम विकास है। यह प्रेम निःस्वार्थ ही नहीं वरन् वह प्रेम है, जिसमें अपनापन या स्वत्व ही मिट गया है। यह दीया के प्रति पतङ्गा का वह प्रेम है जिसकी पराकाष्ठा में पहुँचकर वह अपनी बलि चढ़ा देता है। यह वह प्रेम है, जो प्रेमी-प्रेमिका के प्रति बिना प्रीति पाने की अभिलाषा से करता है। स्पिनोजीय प्रेमी को बस इतना ही चाहिए कि वह ईश्वर से प्रेम करे। उस दीवाने को इसकी क्या चिन्ता है कि ईश्वर उससे प्रेम करता है या नहीं।** वास्तव में स्पिनोजीय ईश्वर में मानव-भक्तों के प्रति प्रेम की सम्भावना नहीं देखी जाती है। यह वह तालाब है, जिसमें 'पंछी प्यासो जाय'। ऐसे ईश्वर को प्रेम करना अत्यन्त कठिन है, पर स्पिनोजा का कहना है कि सभी उत्तम चीजें जितना अधिक कठिन हैं, उतनी ही अधिक दुर्लभ भी है।***

---

* "The man who lives according to reason will, therefore, strive and rise above pity and vain regrets... He will consider nothing worthy of hatred, mockery of contempt. He will look at life dispassionately and fearlessly obeying no one but himself, doing that only which he knows to be best, conquered neither by human miseries nor his own mistakes."

** This love is not selfish not unselfish, put selfless. It was this aspect of Spinozism which had appealed to the mind of Goethe.

*** Ethica के अंतिम भाग में स्पिनोजा की उक्ति उल्लेखनीय है, जिसमें काण्ट के निरपेक्ष आदेश (Categorical imperative) तथा सुकरात के अंतिम आदेश की अभिव्यंजना देखने में आती है : "If the way which I have pointed out as leading to this result seems very hard, it can nevertheless be found. Need must it be hard since it is so seldom discovered. If salvation were ready to our hand, and could without great labour be discovered, how could it be by almost all men neglected ? But all things excellent are as difficult as they are rare."

स्पिनोजा के दर्शन की आलोचना और उसका मूल्यांकन

स्पिनोजा का दर्शन धर्मप्रधान कहा जायगा और *देकार्त* से लेकर सामयिक विचारधारा में दर्शन को धर्म से स्वतंत्र बनाने का प्रयास किया गया है। यही कारण है कि *स्पिनोजा* का दर्शन उस रूप में नहीं लिया गया है, जिस रूप में स्पिनोजा ने इसे समझा और इसका प्रतिपादन किया था। इसलिए *कहा जाता है कि स्पिनोजीय दर्शन को समझने का कम और इसकी आलोचना करने का प्रयास अधिक हुआ है। कुछ दूर तक यह बात सच्ची है।*

स्पिनोजा के दर्शन के तीन मुख्य भाग हैं अर्थात् तत्त्व-मीमांसा, नीति और धर्म। हम इन तीनों के प्रति आलोचकों के मत को देकर उनका मूल्यांकन करेंगे।

तत्त्व-मीमांसा के प्रति आपत्तियाँ—*स्पिनोजा* के दर्शन के सम्बन्ध में कुछ परम्परागत और कुछ सामयिक आपत्तियाँ उठायी गई हैं। परम्परागत आपत्तियाँ यह की जाती हैं कि स्पिनोजावाद शून्यवाद में परिणत हो जाता है और इसकी व्याख्या हम पहले ही कर चुके हैं। समसामयिक तर्कनिष्ठ अनुभववादी दृष्टिकोण से किसी भी तत्त्व-मीमांसा को अर्थपूर्ण नहीं माना जायगा क्योंकि परम तत्त्व को वैज्ञानिक विधि के द्वारा स्थापित और प्रमाणित नहीं किया जा सकता है। वैज्ञानिक विधि के अनुसार जिस वस्तु या सत्ता का ज्ञान हम प्राप्त करना चाहते हैं उसे किसी रूप में अनुभूति का विषय रहना चाहिए। स्पिनोजा के अनुसार एक द्रव्य अथवा ईश्वर एकमात्र सत्ता है। तो भी हमें इसकी अनुभूति हो सकती है? हाँ, स्पिनोजा के अनुसार हमें परम सत्ता की अन्तःप्रज्ञा (intuition) हो सकता है। पर यह अन्तःप्रज्ञा है क्या? वास्तव में यह रहस्यमय अनुभूति है, जिसे गूढ़ या गहन ज्ञान की संज्ञा दी गई है। परन्तु वैज्ञानिक अनुभूति वह अनुभूति है जो सर्वसुलभ हो और जिसे सिद्धान्त रूप में सभी अपने में दुहरा सकें। स्पिनोजा के द्वारा बताये गये ईश्वर के गहन ज्ञान को सभी व्यक्ति नहीं प्राप्त कर सकते हैं और न इसे सार्वजनिक रीति से सबके सामने रखा जा सकता है। यदि कोई इन्द्रिय अनुभूति के विषय में पूछे तो सभी को बताया जा सकता है कि अमुक घास हरी है या अमुक गुलाब-लाल है। पर ईश्वर के विषय में किसी वस्तु को या मूर्ति को या आकाश दिखाकर नहीं कहा जा सकता है कि वह ईश्वर है। वह गूँगे के गुड़ के समान ऐसी अनुभूति है, जो किन्हीं अन्य व्यक्तियों पर व्यक्त नहीं की जा सकती है। यह स्वानुभूति की बात है, कहा-कही की है वहीं, देखा-देखी की बात। इसलिए स्पिनोजा की ईश्वर-सम्बन्धी अन्तःप्रज्ञा अति व्यक्तिगत तथा आत्मगत ज्ञान है और इसे वैज्ञानिक ज्ञान से एकदम भिन्न समझना चाहिए। इसलिए अब चूँकि तर्कनिष्ठ अनुभववादी केवल वैज्ञानिक ज्ञान को ही ज्ञान की संज्ञा देते हैं, इसलिए वे स्पिनोजा द्वारा बताये गये परमसत्ता के गहन ज्ञान को ज्ञान नहीं मानते हैं।

अब परम्परागत तथा तर्कनिष्ठवादियों की आपत्तियाँ उनकी अपनी दृष्टि से की गई हैं और चूँकि ये दोनों प्रकार की दृष्टियाँ निर्मूल नहीं हैं, इसलिए *स्पिनोजा* को तत्त्व-मीमांसा की आलोचनाएँ भी निराधार नहीं हैं। इन दोनों दृष्टियों के अनुसार तत्त्व-मीमांसा ज्ञानात्मक प्रक्रिया है, जिसमें वैज्ञानिक ज्ञान की स्थापना होती है। हम लोगों ने प्रथम अध्याय में ही दिखाने की कोशिश की है कि तत्त्व-मीमांसा विज्ञान नहीं है। यह उपमामूलक शास्त्र है और इसका उद्देश्य है कि विचारकों में समस्त ब्रह्मण्ड के प्रति ऐसी अभिवृत्ति हो जाय जिससे उनमें और समस्त प्राणियों में आत्मविकास और सर्वोदय संभव हो सके। इसलिए तर्क अथवा युक्तियाँ दर्शन के तत्त्व नहीं, वरन् विश्वचित्रण अथवा विश्व के प्रति दिव्य दृष्टि ही दर्शन का निचोड़ है। यह ठीक है कि अनुभूतियों की अवहेलना नहीं करनी चाहिए, क्योंकि इन्हीं अनुभूतियों की व्याख्या करने, इनके वर्गीकरण तथा परिशोधन के लिए तो दिव्यदृष्टि की आवश्यकता होती है। इसलिए यदि स्पिनोजा का दर्शन शून्यवाद ठहरा तो यह इसकी कमी सिद्ध होगी। हम अपनी आँख बन्द कर लेने पर यथार्थ जगत् को देखने से इन्कार कर सकते हैं, पर इससे जगत् काफूर नहीं हो जाता। 'मूँदे आँखि कतहु कोउ नाही' उसी के लिए है जिसने आँखें मूँदी हैं' पर विश्व की अपनी वास्तविकता ज्यों-की-त्यों बनी रहती है।

परन्तु इस सम्बन्ध में भी सर्वप्रथम यह निर्विवाद रूप से नहीं कहा जा सकता कि स्पिनोजा का दर्शन शून्यवादी है।* और, यदि हुआ भी तो इसमें वास्तविक सामग्रियों और तर्क की कमी तो अवश्य कही जायगी, परन्तु इसमें विश्वदृष्टि का लक्ष्य बड़ी प्रज्वलता के साथ निखरता है। स्पिनोजा का उद्देश्य था कि मानवों को क्षणिक सुख में भुलाने वाले संसार से विमुख किया जाय, आपस के स्वार्थ-भाव को दूर किया जाय, विश्व प्रेम बढ़ाया जाय और स्थितप्रज्ञ बनाया जाय। एकत्ववाद की रचना कर *स्पिनोजा* ने अपनी दार्शनिक दिव्यदृष्टि का भूरि-भूरि परिचय दिया है। हाँ यदि *स्पिनोजा* के दर्शन में कमी हुई है तो यह उनके तर्क और उपमा की। *स्पिनोजा* ने ज्यामिति-विधि और तर्क को अपने दर्शन का रचनात्मक प्रत्यय या मूल उपमा माना है और यही कारण है कि उनके दर्शन में दैनिक जीवन की कालविधि, इच्छास्वातन्त्र्य, उद्देश्यपूरकता इत्यादि की अवहेलना हुई है। किसी भी दर्शन में विश्वचित्रण के लिए वास्तविक घटनाओं के साथ-साथ तर्क-युक्तियाँ सामञ्जस्यपूर्ण होनी चाहिए और *स्पिनोजा* के दर्शन में विश्व की सामग्रियों और युक्तियों की परिपूर्णता नहीं पाई जाती है। जितनी *स्पिनोजा* की दिव्यदृष्टि गहरी है उतनी उनकी युक्तियाँ नहीं। परन्तु किसी भी दर्शन के मूल्यांकन में दिव्यदृष्टि की गहराई पर ही ध्यान जाना चाहिए। अब स्पिनोजीय सर्वेश्वरवाद मानव-बुद्धि का दिव्य आदर्श है। यदि इसकी त्रुटियाँ स्पष्ट हो जाती हैं तो सिद्ध हो जाता है कि दार्शनिक समस्याओं का समाधान कोरी बुद्धि के आधार पर नहीं हो सकता है, अतः, हम यह पाठ *स्पिनोजा* के अध्ययन से सीखते हैं। हम लोगों ने *स्पिनोजा* की आलोचना अवश्य की है, पर इससे उनके महत्त्वपूर्ण विचारों का अनादर नहीं होता है। महान् विचारक इसलिए नहीं पैदा होते हैं कि लोग उनकी पूजा करें। उनके विचारों का समादर उनके श्रवण-मनन, खण्डन-मण्डन से होता है। यदि पक्षपातरहित अध्ययन के बाद भी उनके विचारों से मतभेद रह जाता तो इस मतभेद को श्रद्धांजलि के रूप में अर्पित करने से ही उनके विचारों से सच्ची सेवा होती है।

अब अन्त में हमें मानना ही पड़ेगा कि कोई पूर्वानुभविक (a priori) प्रत्ययों के आधार पर वास्तविक विश्वचित्रण करना चाहे तो उसे भ्रमपूर्ण कहा जायगा। *स्पिनोजा* ने पूर्वानुभविक परिभाषाओं के आधार पर तत्त्व-मीमांसा की रचना की है और इसलिए इसमें वास्तविक घटनाओं का स्थान नहीं है। इसलिए स्पिनोजीय विश्वचित्रण परिपूर्ण नहीं माना जायगा।

आचार-दर्शन के प्रति आपत्तियाँ—सर्वप्रथम कहा जाता है, कि स्पिनोजा के दर्शन में सभी घटनाएँ नियतिवादी नियमों से जकड़ी हुई हैं। इसलिए मानव-व्यवहार और उसका ज्ञान भी इसी नियतिवादी व्यवस्था से संचालित होता है। यदि ऐसी बात है तो वह किसी व्यक्ति विशेष पर निर्भर नहीं करता है कि उसे ईश्वर का बौद्धिक प्रेम प्राप्त हो या नहीं। यदि ईश्वरनीय सत्ता के आधार पर किसी व्यक्ति विशेष में ईश्वरीय प्रेम हो जाय तो यह उसकी चेष्टा पर निर्भर नहीं करता है। अतः, मानव स्पिनोजीय शिक्षा से अपने आचार को ऊँचा-नीचा नहीं कर सकता है और इसलिए यह निरर्थक शिक्षा है। और यदि मानव में इतनी स्वतंत्रता है कि अपने इच्छानुसार ऊँचा उठा सकता है तो स्पिनोजा के दर्शन का नियतत्ववाद (determinism) मिथ्या हो जाता है। अतः, स्पिनोजा की आचार-शिक्षा और उसकी तत्त्व-मीमांसा में ऐसा विरोध है, जिसे युक्तिसंगत नहीं ठहराया जा सकता है।

फिर बौद्धिक प्रेम आत्मसंगत प्रत्यय नहीं है। 'प्रेम' भाव तथा रागात्मक वृत्तियों का संकेत करता है और 'बुद्धि' ठीक इसके प्रभाव में काम में लाई जा सकती है। स्वयं स्पिनोजा ने बताया है कि भाव बौद्धिक हो जाने पर भाव नहीं रह पाता है।** अतः, यदि प्रेम हो तो वह वह बौद्धिक नहीं हो सकता है और यदि वह बौद्धिक हो तो प्रेम नहीं हो सकता है।

---

* देखें, स्पिनोजा का गुण-सम्बन्धी या अपरिमित प्रकार का सिद्धांत।

** स्पिनोजा की उक्ति है कि 'An emotion ceases to be passion as soon as we form a clear and distinct idea of it.

धर्म-दर्शन के प्रति आपत्तियाँ--फिर *स्पिनोजा* के सर्वेश्वरवाद के प्रसंग में कहा गया है* कि स्पिनोजीय दर्शन में धर्म का स्थान नहीं है। इसका कारण है कि इसमें उपासना का स्थान नहीं है। उपासना वहीं पर हो सकती है, जहाँ पुजारी और आराध्य देवता एक-दूसरे से भिन्न हों और उनमें पारस्परिक दूरी और पृथकता हो। अब यह ठीक है कि स्पिनोजा के ईश्वर-विचार में मानव और ईश्वर में तरंग और समुद्र का सम्बन्ध है। तरंगों को समुद्र से भिन्न नहीं समझा जा सकता है और इसीलिए स्पिनोजीय धर्म-दर्शन में उपासना का स्थान देखने में नहीं आता है। पर क्या इसमें धर्म की सम्भावना नहीं पाई जाती है?

पाश्चात्य विचारकों में उपासनामूलक धर्म को ही धर्म की संज्ञा दी जाती है और समाधिमूलक धर्म को धर्म के नाम से नहीं पुकारा जाता है। इसलिए पाश्चात्य विचारक जैन, बौद्ध तथा निगुर्णवादी वेदान्त को धर्म के अन्तर्गत नहीं गिनते हैं। परन्तु भारतीयों के लिए समाधिमूलक धर्म को धर्म की संज्ञा न देना भारी भूल है। अब *स्पिनोजा* के दर्शन में उपासना का स्थान नहीं है, पर समाधि का स्थान अवश्य है। स्पिनोजीय बौद्धिक प्रेम-प्राप्ति उनके धर्म-दर्शन का मुख्य उद्देश्य है और बौद्धिक प्रेम वह है, जो स्वयं ईश्वर का ही गुण है। जब हम ईश्वर से बौद्धिक प्रेम करने लगते हैं और तब यह वह प्रेम है, जिससे ईश्वर स्वयं ओत-प्रोत है। इसलिए बौद्धिक प्रेमी होना वास्तव में ईश्वर को प्राप्त करने का ही दूसरा नाम है। यहाँ ईश्वर को दार्शनिक रीति से जानने का अभिप्राय है-स्वयं ईश्वर बनना। यह बात बर्ग्सो और वेदान्त में बड़ी स्पष्टता से कही गयी है। इसलिए स्पिनोजावाद में भी धर्म-दर्शन है, पर इसमें सगुणोपासना नहीं, लेकिन निर्गुण ब्रह्म प्राप्ति का संदेश है और वास्तव में बह्म प्राप्ति ही धर्म की चरम अनुभूति है। इसलिए धर्म-उन्मत्त स्पिनोजा को धर्मविमुखी पुकारना अज्ञानता का प्रदर्शन करना है।

गेटफ्रिड विल्हेल्म लाइबनित्स
(1646-1716 ई०)

यूरोपीय दर्शन में *अरस्तू* के बाद एक *लाइबनित्स* ही ऐसे विचारक हैं, जिन्हें सर्वज्ञान-सम्पन्न की संज्ञा दी जा सकती है। आज भी इतिहासकार इनके ज्ञान-भण्डार तथा मौलिक सिद्धान्तों की पैठ से चकित हो जाते हैं। ये *स्पिनोजा* के समान आरण्यवासी दार्शनिक नहीं थे, पर आप राजनीति में व्यस्त रहने पर भी गणितज्ञ, वैज्ञानिक, इतिहासकार तथा दार्शनिक थे। अतः, इन्होंने ज्ञानार्जन के लिए सम्पूर्ण विश्व को अपनी प्रयोगशाला समझा था और सभी क्षेत्रों में इन्होंने अपनी प्रतिभा की छाप छोड़ रखी है। इसलिए इन्हें बहुमुखी प्रतिभावान् कहा गया है। *लाइबनित्स* का जन्म 1646 ई० में हुआ था। आप के पिता लाइप्तसिग में अध्यापक थे। इनके पिता की मृत्यु सन् 1652 में हो गई थी जब गेटफ्रिड लाइबनित्स 6 वर्ष के बच्चे थे। अपने ही परिश्रम से इन्होंने अपने पिता के पुस्तकालय की पुस्तकों से पूरा लाभ उठाया और सन् 1666 में आपको 'डॉक्टर ऑफ लॉ' की उपाधि दी गयी और साथ-ही-साथ अध्यापक के पद पर नियुक्त किया गया, जिसे इन्होंने स्वीकार नहीं किया। 1660 ई० से मरणपर्यन्त तक ये राजनीति के क्षेत्र में व्यस्त रहे। अनेक अवसरों पर राजदूतीय कार्य के लिए इन्हें यूरोपीय देशों की राजधानियों में जाना पड़ा था, जहाँ इन्होंने तत्कालीन विद्वानों से मिलकर अपने ज्ञान-भण्डार को भरा था। पत्र-विनिमय के बाद 1676 ई० में ये *स्पिनोजा* से भी मिले थे, पर इस मिलन को आप यथाशक्ति छिपाये रहे। हम आगे चलकर देखेंगे कि लाइबनित्स बहुत अंशों में तत्त्व-मीमांसा के निष्कर्षों में स्पिनोजीय थे। शायद इसी से अपने विचारों की नवीनता को संरक्षित रखने के लिए स्पिनोजा के साथ किये गये वार्तालाप पर पर्दा डाल दिया है।

लाइबनित्स बड़े भारी गणितज्ञ थे और न्यूटन के विचारों को बिना जाने ही इन्होंने अपरिमित

---

* देखें, 'स्पिनोजा का सर्वेश्वरवाद'।

कलन (infinitesimal calculus) का स्वतंत्र रूप से आविष्कार किया था। कहा जाता है कि न्यूटन इनसे इतने डरे रहते थे कि इनके कारण 20 वर्ष तक गुरुत्वाकर्षण सिद्धान्त को नहीं छपवाया था। हम देखेंगे कि *लाइबनित्स* के दर्शन पर गणित की पूरी छाप पड़ी है। *लाइबनित्स* को इतना भी अवसर नहीं मिला कि वे शान्तिपूर्वक अपनी विचारधारा को क्रमबद्ध रूप दे देते। आपने अपने विचारों को तत्कालीन प्रसिद्ध पत्र-पत्रिकाओं में व्यक्त किया है और केवल तीन ही ऐसे लेख हैं, जिनमें आपके विचार क्रमबद्ध रूप में पाये जाते हैं; अर्थात् Nouveaux Essai (1703), Theodicee (1710) तथा La Monadologic (1714)। आपके जीवन की अन्तिम घड़ियाँ कटु वाद-विवादों से दुःखित हो गयी थीं। आपका देहान्त सन् 1716 में हो गया।

लाइबनित्स के दर्शन के मौलिक सिद्धान्त

लाइबनित्स ने अपने दर्शन में प्रसंग में कहा है कि इन्होंने *डिमोक्रिटस* को *प्लेटो* से, *अरस्तू* को दे*कार्त* से, शास्त्रियों (scholastics) को आधुनिक दार्शनिकों से तथा धर्म-विज्ञान को नीति-शास्त्र से युक्तियों के आधार पर मिलाने की कोशिश की है। यह उनके सामने समालोचनात्मक काम था। इसे सम्पादित करने के लिए उन्होंने गणित के अपने प्रगाढ़ ज्ञान का आश्रय लिया है। अतः वे *देकार्त* तथा *स्पिनोजा* के समान गणित-शास्त्र से पूर्णतया प्रभावित थे और गणित-सम्बन्धी खोजों के आधार पर उन्होंने मौलिक नियमों की स्थापना की है, जिनसे उनके आलोचनात्मक दर्शन का कुञ्जीपद प्राप्त हुआ है।

तारतम्य (*Continuity*) का नियम

'It was originally a generalisation on the property of numbers...viz. that they can be continued without end, and divided without limit...and referred, in this respect to the infinitely large in which everything is contained and to the infinitely small of which everything is made up.' अतः, संख्या का लगातार क्रम असीमित रूप से देखा जाता है। फिर अपरिमित कलन (infinitesimal calculus) के आधार पर देखा जाता है कि एक संख्या का सम्बन्ध दूसरी संख्या के साथ एकाएक नहीं होता, पर उनके बीच असंख्य सूक्ष्म सांख्यिक परिवर्तन पाये जाते हैं। अतः लाइबनित्स के अनुसार विश्व की उच्चतम तथा निम्नतम वस्तुओं के बीच असंख्य वस्तुएँ हैं, जो क्रमशः तलों (levels) में व्यवस्थित पाई जाती हैं। अब यदि उच्चतम और निम्नतम के बीच असंख्य तल तथा स्तर हों तो किसी भी ऐसी श्रेणी की वस्तुएँ नहीं हैं जिनमें प्राकारिक अन्तर में (difference in kind) हो। इसी नियम के आधार पर *लाइबनित्स* ने जीव निर्जीव, मन तथा शरीर, अनुभववाद तथा बुद्धिवाद, *डिमोक्रिटस* तथा *प्लेटो* के बीच मेल स्थापित किया है।

व्यक्तित्व (*Individuality*) का नियम

प्रायः गणित में देखा जाता है कि गणित के अनेक पगों (steps) को एक छोटे-से सूत्र (formula) में आबद्ध कर दिया जाता है। यही बात भारतीय दर्शन के सूत्रों में पाई जाती है। अब *लाइबनित्स* के अनुसार विश्व सत्ता द्रव्यों में पाई जाती है। पर द्रव्य एक नहीं, अनेक हैं। परन्तु प्रत्येक द्रव्य ऐसा है कि समस्त सत्ता इसमें अन्तर्भूत है। प्रायः *स्पिनोजा* के द्रव्य की उपमा समुद्र से की जाती है, जिसमें संसार की समस्त वस्तुएँ लहरों के समान विलीन हो जाती हैं। तो हम कह सकते हैं कि *लाइबनित्स के द्रव्य उन बूँदों के समान है, जिनमें प्रत्येक बूँद में सागर समाया हुआ है, 'In the smallest particle of matter there is a world of creatures, living being, animals, entelechies, souls.'* *लाइबनित्स* ने अपने द्रव्य को चेतन परमाणु (monads) चिदणु कहा है, जिनमें से प्रत्येक मोनड जड़ तथा चेतन के सभी गुणों से विभूषित है। अब *डिमोक्रिटस* ने बताया था कि विश्व अनेक जड़ परमाणुओं से बना है और *प्लेटो* ने बताया है कि परम (ultimate) सत्ता प्रत्ययों (ideas) की व्यवस्था है। चूँकि *लाइबनित्स* का द्रव्य मोनड दोनों गुणों को धारण करता है, इसलिए उन्होंने मोनडवाद के आधार पर *डिमोक्रिटस* तथा *प्लेटो* के बीच समन्वय किया है।

मेल (*Harmony*) का सिद्धान्त

लाइबनित्स ने तारतम्य तथा व्यक्तित्व के सिद्धान्त से इस बात को स्पष्ट किया है कि व्यष्टि तथा विशिष्टता ही सत्य है और समष्टि, जिसमें व्यक्ति विशेषों की अवहेलना हो, सत्य नहीं है। अतः, *लाइबनित्स* के अनुसार विश्व की रचना अनेक मोनडों से की जा सकती है, जो असंख्य स्तरों के क्रम में आबद्ध हैं और फिर प्रत्येक मोनड उसी प्रकार से अनन्त, शाश्वत, स्वाधीनता तथा सर्वगुणों से सम्पन्न है जिस प्रकार से *स्पिनोजा* का द्रव्य परम सत्ता है। अन्तर इतना ही है कि स्पिनोजीय दर्शन की सत्ता एक है और लाइबनित्स में अनेक। यदि सत्ताएँ अनेक हों तो इनके बीच एकता कैसे स्थापित की जाए? अब दर्शन में वस्तुओं के बीच एकता स्थापित करना अनिवार्य है। इसे स्थापित करने के लिए *लाइबनित्स* ने पूर्वस्थापित (pre-established) सामंजस्य या मेल (harmony) के सिद्धान्त का आश्रय लिया है।

हम अब इन मौलिक सिद्धान्तों की पुष्टि लाइबनित्स के दर्शन की विविध समस्याओं में पायेंगे। पर, यहाँ हमें ध्यान रखना चाहिए कि लाइबनित्स भी अपने गणित से उसी प्रकार प्रभावित रहे जिस प्रकार *देकार्त* और *स्पिनोजा* प्रभावित थे।

पदार्थ-विवेचन

स्पिनोजा ने पदार्थ-विवेचन के आधार पर दर्शन की आदर्श एकता प्राप्त की थी, जो *लाइबनित्स* को बहुत भायी थी। परन्तु यह शून्यात्मक एकता थी जिसमें संसार की वास्तविकता की अवहेलना की गयी थी। अतः लाइबनित्स इस निष्कर्ष पर आये कि विश्व की व्याख्या पदार्थ (substance) के आधार पर तो होनी चाहिए, पर इस पदार्थ-विवेचन में विशिष्टता अथवा व्यक्ति विशेषों का संरक्षण होना चाहिए। पदार्थ की आत्मश्रयी, शाश्वत, अनन्त तथा सर्वगुणसम्पन्न रहना चाहिए, पर इसे अनेक मानना चाहिए ताकि व्यक्ति विशेषों की व्याख्या हो सके। यह ठीक है कि *देकार्त* ने अद्वैत की जगह पर द्वैतवाद की मदद ली थी, पर उनके विचारों में मन तथा शरीर, जड़ तथा चेतन के बीच सही सम्बन्ध का समाधान नहीं हो पाया था। फिर उन्होंने विस्तार को पदार्थ माना था, पर विस्तार आत्माश्रयी नहीं हो सकता है, क्योंकि यह असंख्य अंशों में विभाज्य (divisible) हो सकता है और पदार्थ को अविभाज्य तथा पूर्णतया आत्माश्रयी रहना चाहिए। अपितु, विस्तार से वस्तुओं की निष्क्रियता झलकती है, परन्तु वास्तविक वस्तुएँ अति गतिशील (dynamic) हैं और इसलिए निष्क्रिय विस्तार प्रत्यय के आधार पर क्रियाशील वास्तविकता की व्याख्या नहीं हो पाती है। यह ठीक है कि *देकार्त* ने गति की व्याख्या के लिए माना था कि ईश्वर ने प्रारम्भ में विस्तार में गति उत्पन्न कर दी, इसलिए भौतिक वस्तुएँ गतिशील हैं। पर यदि सभी वस्तुएँ गतिशील होती रहें तो इसके विश्राम (rest or inertia) की व्याख्या कर दे।

फिर पुराने समय में *डिमोक्रिटस* ने अणु को पदार्थ माना था, जिसे अविभाज्य तथा शाश्वत पदार्थ कहा गया है। कई कारणों से अणुवाद लाइबनित्स को आकर्षक मालूम दिया, परन्तु निम्नलिखित बातों के कारण वे इसे स्वीकार न कर पाये:—

(क) वास्तव में अणु अविभाजय नहीं हो सकता है; क्योंकि विस्तारयुक्त समझा जाता है और विस्तार विभाज्य हुआ करता है।

(ख) फिर अणु को वज्र के समान अछेद्य तथा अभेद्य समझा जाता है। परन्तु कठोरत्व को सापेक्ष प्रत्यय समझना चाहिए, क्योंकि जो वस्तु एक दृष्टि से कठोर होगी वह अन्य दृष्टिकोण से मुलायम समझी जा सकती है।

(ग) पुनः अणुओं में गुण का भेद नहीं है और यदि उनमें भेद है तो केवल परिमाण (quantity) का। अब यदि हम विश्व की व्याख्या अणुओं के आधार पर करें, तो इसकी सभी विविधता (vareity) को हमें परिमाण के आधार पर प्रमाणित करना

होगा। पर सभी प्रकार के गुणों (qualities) की व्याख्या हम परिमाण (quantity) ही के आधार पर नहीं कर सकते हैं। अतः, यदि हम अणुसम पदार्थों की मदद लें, तो हमें इनमें गुण का भेद भी रखना होगा।

तो अब प्रश्न उठता है कि पदार्थ का क्या स्वरूप होना चाहिए, जिसके आधार पर विश्व की ऐसी व्याख्या हो सके, जिसमें स्पिनोजीय विचार तथा अणुवाद के दोनों उत्कर्ष (advantages) हों, पर इनके अपकर्ष (disadvantages) न हों। ऐसी दशा में *देकार्त* के अनुसन्धान में एक पते की बात दीखती है। उन्होंने बताया था कि आत्मज्ञान ही सभी ज्ञानों की तुलना में श्रेष्ठ है; क्योंकि इसे हम साक्षात् रूप से अनुभव करते हैं। अतः, पदार्थ को आत्मातुल्य होना चाहिए। इसलिए पदार्थ को आत्मातुल्य आध्यात्मिक (spiritual) इकाई मानना चाहिए; क्योंकि इसी प्रकार के प्रत्यय से पदार्थ की सक्रियता, अविभाज्यता तथा आत्माश्रयत्व सिद्ध हो सकता है। अतः, इस प्रकार की आत्मातुल्य आध्यात्मिक इकाई (unit) को लाइबनित्स ने मोनड चिदणु कहा, जिसकी व्याख्या इस प्रकार की जा सकती है:—

मोनडवाद (*Monadology*) चिद्णुवाद

लाइबनित्स के अनुसार असंख्य मोनड या चिद्‌बिन्दु हैं, और प्रत्येक में वे ही गुण हैं, जो स्पिनोजीय द्रव्य में बताये गये हैं। प्रत्येक शाश्वत और अपने में पूर्ण है, क्योंकि प्रत्येक में सम्पूर्ण ब्रह्माण्ड निहित है और इसमें भूत, वर्तमान तथा भविष्य की सभी घटनाएँ अन्तर्भूत हैं। इसलिए यह ऐसा अणु है, जिसमें विराट विश्व है (A macrocosm in microcosm)। चूँकि इसके आदि-अन्त सभी हैं, इसलिए इसे हम भूतभारी और भविष्य-गर्भी कह सकते हैं अर्थात् इसमें बीती हुई सभी दशाएँ संरक्षित हैं और भविष्य में होने वाली सभी बातें बीजरूप में मौजूद हैं। चूँकि प्रत्येक मोनड स्वतंत्र तथा स्वावलम्बी सत्ता है, इसलिए किसी मोनड को दूसरे की आवश्यकता नहीं होती है, न एक-दूसरे पर निर्भर होता है और न उनमें किसी प्रकार का साक्षात् आदान-प्रदान सम्भव है। इस बात को स्पष्ट करने के लिए उन्होंने बताया है कि मोनड गवाक्षहीन (windowless) या बिना खिड़की का है।

परन्तु प्रश्न उठता है कि यदि मोनड गवाक्षहीन हैं तो उनके बीच के परस्पर सम्बन्ध को हम कैसे व्यक्त कर सकते हैं; क्योंकि वास्तविक चीजों में पारस्परिक आदान-प्रदान देखने में आता है, जिसे मोनडवाद को स्पष्ट करना चाहिए। *लाइबनित्स* के अनुसार प्रत्येक मोनड आत्माश्रयी तथा आत्मनिर्भर है और ऐसा न मानने से उसकी स्वतंत्र तथा स्वावलम्बी सत्ता में बट्टा लग जाएगा, पर गवाक्षहीन रहने पर भी इनमें से प्रत्येक में दो समान लक्षण हैं जिनके कारण हमें आभासित होता है कि उनमें साक्षात् सम्बन्ध हैं। प्रत्येक मोनड में ईक्षण (perception) और प्रयासन (appetition) शक्तियाँ हैं और इन दो सामान्य लक्षणों के आधार पर विश्व की सभी वस्तुओं के आपसी सम्बन्ध को स्पष्ट किया जा सकता है।

ईक्षण-शक्ति के प्रत्येक मोनड सभी असंख्य मोनड की दशाओं को अपने में प्रतिबिंबित (reflects or mirrors) करता है, और प्रयासन-शक्ति के कारण प्रत्येक मोनड की अपनी दशाओं में क्रमबद्ध विकास हो रहा है। चूँकि असंख्य मोनड हैं और वे अविच्छिन्न शृंखला में क्रमबद्ध हैं, इसलिए निम्नतम से उच्चतम के बीच में सोपान-क्रम (hierarchy) है, अर्थात् क्रमशः निम्नतम के बाद निम्न तथा मध्यवर्गी और अन्त में उच्चवर्गी मोनड शृंखलाबद्ध हैं। यह शृंखला, तारतम्य अथवा अविच्छिन्ता (continuity) के सिद्धान्त पर आधारित है। अब प्रत्येक मोनड में ईक्षण तथा प्रयासन है, पर जो मोनड जितनी निम्नकोटि के हैं, उनमें ये उतने अस्पष्ट रूप में पाये जाते हैं और जितने मोनड उच्चकोटि के हैं उनमें ईक्षण और प्रयासन स्पष्ट रूप में देखे जाते हैं। अतः, निम्नकोटि के मोनडों में ईक्षण धुँधला होता है और उनका प्रयासन आवेशमय (impulsive) तथा उद्देश्यहीन (blind) मालूम देता है। परन्तु उच्चकोटिक मोनडों का ईक्षण

स्पष्ट होता है और उनका प्रयासन भी स्पष्ट इच्छा (desire) के रूप में देखता है। परन्तु चूँकि अस्पष्ट तथा स्पष्ट ईक्षण केवल क्रमिक अवस्ताएँ हैं, इसलिए इन दोनों में कोई प्राकारिक (difference in kind) अन्तर नहीं है। अब अस्पष्ट ईक्षण को हम प्रायः संवेदना (sensation) और स्पष्ट ईक्षण पर विचार (thought) कहते हैं, इसलिए *लाइबनित्स* के अनुसार इनमें आंशिक ही अन्तर (difference of degree) है अर्थात् एक अधिक और दूसरा कम स्पष्ट है। इसी मतानुसार इन्होंने अनुभववाद तथा बुद्धिवाद के बीच समन्वय किया है।

प्रयासन (*Appetition*)—शक्ति के कारण प्रत्येक मोनड में क्रमबद्ध विकास होता रहता है, जिसके कारण यह गतिशील मालूम देता है और इसलिए वास्तविक गतिशील विश्व की, मोनड के आधार पर, गत्यात्मक व्याख्या की जाती है। पर ध्यान में रखने की बात है कि प्रत्येक मोनड का अपना आत्मनिहित (self-imposed) लक्ष्य है, जिस दिशा में इसकी प्रयासन प्रक्रिया होती जाती है। आगे चलकर हम देखेंगे कि मोनड का आत्मनिहित लक्ष्य सम्पूर्ण विश्व अर्थात् सभी मोनड के विकास से मेल खाता हुआ बताया गया है। यह मत *अरस्तू* का भी था कि प्रत्येक वस्तु का अपना विशेष लक्ष्य है, जिससे उस वस्तु की सभी प्रक्रियाएँ संचालित होती हैं। इस मत को होर्मीवाद (hormic theory) कहते हैं और *लाइबनित्स* का मोनडवाद होर्मीवाद से प्रभावित दीखता है। चूँकि प्रत्येक मोनड-प्रक्रिया लक्ष्यबद्ध (teleological) तथा उद्देश्यपूर्ण होती हैं, अर्थात् किसी-न-किसी लक्ष्य प्राप्ति के ही लिए होती है। इसलिए मोनड अपने सोपानक्रम अथवा स्तर की दशा से इसे अस्पष्ट या स्पष्ट रूप से व्यक्त करता है। पेड़-पौधों की क्रियाओं में भी लक्ष्य है, पर चूँकि वे निम्नकोटि के मोनड हैं, इसलिए उनकी प्रक्रियाएँ लक्ष्य-शून्य या यान्त्रिक तथा अचेतन मालूम देती हैं। पर यन्त्रवाद (mechanism) छिछला मत है और उद्देश्य या प्रयोजनवाद (teleology) ही सही सिद्धान्त है। उच्चकोटि के मोनडों में लक्ष्य का स्पष्ट ज्ञान होता है। इसलिए उनकी प्रयासन-प्रक्रिया को इच्छात्मक क्रिया (voluntary action) कहा जाता है। परन्तु चूँकि पेड़-पौधों के यन्त्रवत् और मानव के स्पष्टतया उद्देश्यपूर्ण व्यवहार एक ही सोपान के अन्तर्गत हैं, इसलिए इनके बीच भी केवल मात्रा का ही अन्तर है।

हम लोगों ने देखा है कि मोनड अवर-उच्चतर के सोपान-क्रम में शृंखलाबद्ध हैं। इनके बीच सोपानक्रमिक सम्बन्ध है और अदृश्य रीति से एक मोनड के बीच दूसरे मोनड का स्थान आता है। फिर भी हम मोनडों को तीन मुख्य वर्गों में विभाजित कर सकते हैं। प्रथम श्रेणी में वे मोनड हैं, जिनके समूह को हम निर्जीव या जड़ वस्तु समझते हैं। परन्तु ये भी विकासात्मक हैं, यद्यपि हम इनमें विकास स्पष्टतया नहीं देख पाते हैं* और न हम इनकी ईक्षण-प्रक्रिया ही समझ सकते हैं। इनकी प्रयासन प्रक्रिया उद्देश्यपूर्ण नहीं मालूम देती है और हम समझते हैं कि इनमें केवल यान्त्रिक (mechanical) व्यापार पाया जाता है। इनमें भी चेतना है, पर यह इतनी कम है कि हम कह सकते हैं कि ये निद्रित अवस्था (stupor or sleep) में हैं। द्वितीय वर्ग में वे मोनड हैं जिनमें चेतना और स्मृति पाई जाती है। इन्हें हम चेतन मोनड कह सकते हैं। इस श्रेणी में पेड़-पौधे तथा पशु गिने जा सकते हैं। परन्तु उच्चतर वर्ग के मोनड को आत्मचेतन (self-conscious) मोनड कहा जा सकता है। इस श्रेणी में मानव गिने जा सकते हैं। इनमें इच्छात्मक उद्देश्यपूर्ण व्यापार देखा जाता है और इनका ईक्षण स्पष्ट होकर विचार तथा अनिवार्य ज्ञान के रूप में पाया जाता है। यहाँ पर *लाइबनित्स* का कहना है कि *देकार्त* के अनुसार केवल आत्म-चेतन को ही आत्मा (spirit) माना गया है। यही कारण है कि *देकार्त* के अनुसार पशुओं तथा अन्य वस्तुओं को निर्जीव जड़ मान लिया गया है। पर ऐसा समझ लेने पर द्वैत सिद्धान्त चला आता है, जिसमें मन-शरीर, जड़-चेतन इत्यादि के सम्बन्ध की समस्याओं पर पूरा प्रकाश नहीं पड़ पाया

---

* समसामयिक दार्शनिक ह्वाइटहेड का कहना है कि परमाणु में भी जीवद्रव्य (organism) का गुण है और इसे जैविक नियमों (Orgnic laws) से, न यांत्रिक रूप से स्पष्ट करना चाहिए।

है। पर जड़, चेतन तथा आत्म-चेतन के बीच केवल मात्रा का अन्तर स्वीकार कर लेने से लाइबनित्स के अनुसार जड़-चेतन, मन-शरीर, यन्त्रवाद, उद्देश्यवाद इत्यादि के बीच समुचित सम्बन्ध स्थापित किया जा सकता है।

पूर्वस्थापित मेल या छन्द (*Harmony*)

हम लोगों ने देखा है कि *स्पिनोजा* ने अपने दर्शन में एकत्व स्थापित किया है, पर यह एकत्व (unity) ऐसी है कि इसमें व्यक्ति विशेषों का लोप हो गया है और इसे दर्शन का दोष समझना चाहिए। सचमुच दार्शनिक विवेचन में एकत्व और विशिष्टता (particularity) दोनों की एक रूप से संरक्षा होनी चाहिए। अब लाइबनित्स विशिष्टता के पक्षपाती हैं और इनके अनुसार असंख्य मोनड एक-दूसरे से स्वतंत्र सत्ताएँ हैं और ये गवाक्षहीन हैं। ***'Each spirit being like a world apart, sufficient to itself, independent of every other created thik involving the infinite, expressing the universe, is as lasting, as continuous in its existence, and as absolute as the very universe of created being.'*** परन्तु इस अनेकवाद (pluralism) में तथ्यों के बीच पारस्परिक निर्भरता, मेल और सम्बद्धता (system or order) के सम्बन्ध में प्रश्न उठते हैं। हम इसे मोनड के अनेकवाद के अनुसार कैसे स्पष्ट कर सकते हैं? *लाइबनित्स* स्वीकार कर लेते हैं कि मोनडों के बीच छन्द या सामंजस्य है, पर यह छन्द उनकी आपसी लेन-देन पर नहीं, वरन् ईश्वर की रचना पर आधारित है। ईश्वर ने सभी मोनडों को इस प्रकार सोपान-क्रम में व्यवस्थित किया है कि जैसे एक मोनड में कुछ परिवर्तन होता है तो तदनुरूप अन्य मोनडों में भी यथोचित परिवर्तन अपने-आप होता रहता है। जो इस प्रकार की शाश्वत व्यवस्था को नहीं जानते हैं, उन्हें मालूम होगा कि इस प्रकार के परिवर्तन में कारण-कार्य का सम्बन्ध है। परन्तु सभी मोनड एक-दूसरे से स्वतंत्र हैं और उनमें कारण-कार्य का सम्बन्ध नहीं हो सकता है। वास्तव में सभी परिवर्तन आन्तरिक प्रयासन के कारण हुआ करते हैं। परन्तु ये परिवर्तन इस प्रकार से व्यवस्थित हैं कि बाह्य दृष्टिकोण से ये सम्बद्ध मालूम देते हैं। यथार्थ में परिवर्तन सहचारी (concomitant) हुआ करते हैं। हमारे शरीर के मोनड अपने उद्देश्य से ही संचालित होते हैं, और हमारे मन के मोनड भी अपनी लक्ष्य-पूर्ति के लिए प्रेरित होते हैं। परन्तु ईश्वर के पूर्वस्थापित छन्द के द्वारा ऐसा मालूम होता है कि मन की इच्छा के अनुसार शरीर के हाथ-पैर व्यापार करते हैं।* इस पूर्वस्थापित छन्द को समझने के लिए लाइबनित्स एकतानवाद्य (orchestra) के बजवैयों की उपमा दी है। इस एकतानवाद्य में अनेक बाजा बजाने वाले रहते हैं। जब वे संगीत के लिए एकत्र होते हैं, तब प्रत्येक बजवैया अपने राग की पुस्तिका को खोलकर उसके अनुसार तान-आलाप में मस्त हो जाता है। एक बजवैया दूसरे के क्रिया-कलाप पर ध्यान नहीं देता है। वह केवल अपनी पुस्तिका की रागिनी के अनुसार बाजे का स्वर निकालता जाता है। ठीक इसी प्रकार प्रत्येक मोनड अपनी आन्तरिक प्रयासन-वृत्ति के अनुसार क्रियाशील होता है। परन्तु सभी मोनडों की क्रियाशीलता ईश्वर के चरम लक्ष्य से संचालित होती हैं। ***'The monads, no doubts, work independently of all other monads according to their own inner urge, but their inner plan coincides with the realisation of the one master plan in the mind of the creator.'***

वास्तव में देखा जाय तो *लाइबनित्स* का पूर्वस्थापित छन्द *स्पिनोजा* के समानान्तरवाद (parallelism) का सामान्यीकरण मात्र है। *स्पिनोजा* के अनुसार चेतन और विस्तार अथवा मन

---

* यहाँ लाइबनित्स के अनुसार घटनाओं में कारण-कार्य का सम्बन्ध नहीं पाया जाता है। वर्तमानकालिक तर्कशास्त्र में भी अब यही समझा जाता है कि जिसे हम कारण-कार्य का सम्बन्ध कहते हैं वह वास्तव में दो घटनाओं के बीच समरूपी सहचारी (uniform concomitant) सम्बन्ध है, जिसे गणितीय नियमों के द्वारा स्पष्ट किया जाता है। लाइबनित्स का स्थान वर्तमानकालिक तर्कशास्त्र में विशेष समझा जाता है।

और शरीर के बीच समानान्तरवाद का सम्बन्ध है, परन्तु लाइबनित्स के अनुसार मन-शरीर दोनों का अस्तित्व अनेक मोनडों के सोपानक्रम में आबद्ध होने के कारण हैं, और इसलिए मन-शरीर नहीं, वरन् समस्त मोनडों की कार्यवाही समानान्तर रीति से संचालित होती है। परन्तु लाइबनित्स के सिद्धान्त के अनुसार इस समानान्तरवाद को गतिशील समझा गया है; क्योंकि मोनडों के बीच की कार्यवाही विकासात्मक तथा गत्यात्मक है।

आलोचना—अब पूर्वस्थापित छन्द का सिद्धान्त *लाइबनित्स* के दर्शन में महत्त्वपूर्ण है; क्योंकि इसी के आधार पर वे अनेक विरोधी मतों और वादों का समाधान करते हैं। परन्तु पूर्वस्थापित छन्द का सिद्धान्त कई आपत्तियों से घिरा है और *लाइबनित्स* का दर्शन इस सिद्धान्त पर टिके रहने के कारण कमजोर मालूम देता है।

(1) वास्तव में देखा जाय तो पूर्वस्थापित छन्द का सिद्धान्त केवल अभिग्रह (assumption) है, जिसे कभी सिद्ध या असिद्ध नहीं किया जा सकता और ऐसा सिद्धान्त, जिसके विषय में कुछ भी निश्चित रूप से निश्चित नहीं कहा जा सके उचित (legitimate) सिद्धान्त नहीं कहा जा सकता। ऐसा सिद्धान्त जिसका सत्यापन-मिथ्यापन न हो सके उसे अर्थहीन और खोखला कहा जाता है। अब इस सिद्धान्त को इसलिए मनगढ़न्त कहा जा सकता है कि मोनड अपने से बाह्य गुण का अन्दाजा नहीं लगा सकता है। अतः, दार्शनिक भी एक मोनड है और वह उस सम्बन्ध को नहीं जान सकता है, जो सम्पूर्ण मोनडों को बाह्य रूप से जकड़े हुए है। अगर देखा जाय तो मोनडवादी एकात्मसत्तावादी (solipsist) ही हो सकता है, क्योंकि वह उसी बात को जान सकता है, तो उसकी गवाक्षहीन दुनिया के अन्दर है। यह ठीक है कि *लाइबनित्स* ईक्षण शक्ति को मानकर बताते हैं कि प्रत्येक मोनड समस्त ब्रह्माण्ड को प्रतिबिम्बित करता है। पर, जो मोनड आत्मनिहित अनुभूति को ही जान सकता है वह किस प्रकार निर्धारित कर सकता है कि उसका ईक्षण अन्य मोनडों को प्रतिबिम्बित करता है? उसी समय हम कह सकते हैं कि हमारा ईक्षण अन्य मोनडों का प्रतिबिम्ब है जब हम मोनडों को साक्षात् रूप से जानें और इस साक्षात् ज्ञान से प्रतिबिम्बित ईक्षण का मिलन करें। परन्तु गवाक्षहीन मोनडों के लिए यह सम्भव नहीं है। अतः, वास्तव में लाइबनित्स को मोनडवाद एकात्मसत्तावाद में परिणत हो जाता है, जिसे दर्शन में सन्तोषजनक नहीं समझा जाएगा।

(2) फिर जिस छन्द का *लाइबनित्स* ने उल्लेख किया है, वह मोनडों के अपने स्वरूप से नहीं सिद्ध होता है। यहाँ Deus ex machina का व्यवहार किया गया है। यद्यपि छन्द मोनडों के बीच समझा जाता है, तथापि इसे इन ईश्वर के द्वारा आरोपित किया गया है। अतः, इस आरोपित छन्द को सही नहीं समझा जाएगा। इसे बनावटी और मनगढ़न्त कहा जायगा।

(3) वास्तव में हम आगे चलकर देखेंगे कि ईश्वर को मोनडवाद में लाकर लाइबनित्स ने अपने दर्शन को असंगत बना दिया है। यदि मोनड शाश्वत है तो न इन्हें और इनके बीच के सम्बन्ध को रचा जा सकता है और इसलिए छन्द की भी रचना किसी से नहीं की जा सकती है। पर यदि ईश्वर ने मोनडों की रचना की है तो इन्हें आत्माश्रयी तथा अनादि मानना गलत है। हम इस सम्बन्ध के अन्य लाइबनित्स के ईश्वर-चिन्तन के सम्बन्ध में देखेंगे, पर अब हम इस बात पर ध्यान देंगे कि इस पूर्वस्थापित छन्द के आधार पर लाइबनित्स ने किस प्रकार से अनेक समस्याओं का समाधान किया है।

जड़ और चेतन : मन और शरीर

देकार्त ने जड़ और चेतन को दो स्वतंत्र सत्ताएँ माना है, परन्तु उन्होंने संतोषजनक रीति से इनके बीच के पारस्परिक सम्बन्ध पर प्रकाश नहीं डाला है। *लाइबनित्स* अपने मोनडवाद के पूर्वस्थापित छन्द के आधार पर इस द्वैतवाद की समस्या का समाधान करना चाहते हैं।

लाइबनित्स के अनुसार सभी मोनड जीवित हैं और उनमें अनेक मात्राओं में चेतना भी पाई

जाती है। अतः, यथार्थ में *लाइबनित्स* के अनुसार जड़ (matter) है ही नहीं। परन्तु अपनी सुविधा के अनुसार अति निम्नतम वर्ग के मोनड के समूह को हम जड़ समझ सकते हैं, क्योंकि न तो हम उनकी प्रयासन-प्रक्रिया (appetitive activity) का उद्देश्य ही समझ पाते हैं और न उनकी ईक्षण-शक्ति की चेतना भाँप सकते हैं। इस अर्थ में मानव-शरीर भी निम्नकोटिक मोनडों का संग्रह है और तब इसकी भी क्रिया यान्त्रिक समझी जा सकती है। पर मानव-शरीर एक ऐसा यंत्र है, जिसका प्रत्येक भाग स्वयं सम्पूर्ण यंत्र है, क्योंकि प्रत्येक भाग स्वयं मोनड है और प्रत्येक स्वयं स्वतंत्र, सर्वसत्तात्मक पदार्थ है।* तो शरीर के मोनाड-समूह में सबसे अधिक विकसित मोनड को आत्मा (soul) कहा जा सकता है। चूँकि उच्चतर मोनड का ईक्षण स्पष्ट होता है, इसलिए आत्मा, शरीर की कार्यवाही को स्पष्ट रूप से प्रतिबिम्बित करती है, अर्थात् जान लेती है। फिर चूँकि शरीर के अन्दर भी अन्य सभी मोनड की झलक मिलती है, इसलिए विश्व की सभी दशाओं की वह झलक जो शरीर में प्रतिबिम्बित होती है, उसे भी आत्मा अच्छी तरह से जान लेती है। इसलिए हमारी आत्मा शरीर-विषयक ज्ञान और शरीर से सम्बन्ध रखनेवाली सभी घटनाओं का स्पष्ट ज्ञान प्राप्त करती है।** सरल शब्दों में आत्मा-शरीर-विषयक ज्ञान और शरीर के द्वारा बाह्य जगत् का इन्द्रिय ज्ञान प्राप्त करती है। इसलिए मन और शरीर, जड़ और चेतन का सम्बन्ध आसानी से स्पष्ट हो जाता है।

फिर पूर्वस्थापित छन्द के अनुसार भगवान् ने ऐसी व्यवस्था की है, कि निम्नतर मोनड की कार्यवाही उच्चतर मोनड की उद्देश्यपूर्ण कार्यवाही से मेल खा जाय। इसलिए जब आत्मा या मन में किसी उद्देश्य की इच्छा होती है तो पूर्व छन्द के अनुसार तदनुरूप हाथ-पैर वाले मोनडों में गति होने लगती है। इससे आभासित होता है कि आत्मा की इच्छा से हाथ-पैर चल रहा है। परन्तु वास्तव में इनमें एक का दूसरे पर कोई प्रभाव नहीं हो सकता है। *'... the laws by which the motions of the body follow each other are likewise so coincident with the thoughts of the soul as to give our volitions and actions the very same appearance as if the latter were really the natural and the necessary consequence of the former.'* अतः, *लाइबनित्स* क्रिया-प्रतिक्रियावाद या अन्योन्यक्रियावाद (interactionsim) को, जिसे दे*कार्त* ने माना था, स्वीकार नहीं करते हैं। अपने मत को स्पष्ट करने के लिए मन-शरीर को दो घड़ियाँ मानकर उनके पारस्परिक सम्बन्ध को इन्होंने इस प्रकार बताया है:—

(1) प्रसंगवादियों (occasionalist) के अनुसार, जो देकार्तीय मत के अनुयायी थे, मन और शरीर में किसी प्रकार का अन्योन्यक्रियावाद नहीं है। परन्तु जैसे ही मन में इच्छा होती है, वैसे ही ईश्वर शरीर में तदनुरूप परिवर्तन ला देता है। अतः, यदि मन और शरीर दो घड़ियाँ हों, तो संयोगवादियों के अनुसार जैसे ही एक घड़ी में ग्यारह बजता है, वैसे ही ईश्वर दूसरी घड़ी में ग्यारह बजा देता है। परन्तु *लाइबनित्स* के अनुसार ईश्वर ऐसा पटु (expert) रचयिता है कि बार-बार घड़ियों को मिलाने की उसे आवश्यकता होती ही नहीं।

---

* मानव-निर्मित यन्त्र, जैसे घड़ी इत्यादि में सम्पूर्ण वस्तु अपने पुर्जे पर निर्भर करती है। परन्तु कोई भी पुर्जा सम्पूर्ण वस्तु नहीं समझा जायेगा। अतः लाइबनित्स बतलाना चाहते हैं कि शरीर ऐसा यंत्र है, जिसमें प्रत्येक अंश सम्पूर्ण शरीर पर निर्भर करता है और शरीर अपने अंगों पर निर्भर करता है। इस मत को organism (अंगिवाद) कहा जा सकता है, जो हेगेल और ह्वाइटहेड के दर्शन में विशेष दिखता है।

** इस मत को आगे चलकर बर्गसाँ ने इस प्रकार अपनाया है : 'Here is a system of images which I term my perception of the universe, and which may be entirely altered by a very slight change in a certain privileged image–my body. This image occupies the centre; by it all the others are conditioned, at each of its movements everything changes, as though by a turn of a kaleidoscope.' (*Matter and Memory,* p. 12. English Translation).

(2) इसलिए बार-बार की आश्चर्यजनक ईश्वरीय लीला (perpetual miracle) के स्थान पर हमें समझना चाहिए कि ईश्वर ने दोनों घड़ियों को ऐसी उत्तम रीति से रचा है कि वे बराबर एक-दूसरे से मिली रहती हैं। अतः, *लाइबनित्स* बार-बार के ईश्वरी हस्तक्षेप की जगह पर एक बार में ही सम्पादित लीला को ईश्वरीय रचना के योग्य समझते हैं।

(3) घड़ियों की उपमा को ध्यान में रखते हुए हम कह सकते हैं कि *स्पिनोजा* के अनुसार वास्तव में मन तथा शरीर दो डायल (dials) हैं, परन्तु उनका एक ही पुर्जा है। चूँकि कल-पुर्जा एक ही है, इसलिए दोनों डायलों में एक ही समय मालूम देगा।

मन और शरीर से मिलता हुआ प्रश्न उद्देश्वाद (teleology) और यन्त्रवाद (mechanism) का है, जिसका समाधान, लाइबनित्स ने निम्नलिखित रूप से किया है:—

यन्त्रवाद और उद्देश्यवाद

यान्त्रिक सम्बन्ध देश, काल तथा क्रिया-प्रतिक्रिया से उत्पन्न होता है। जैसे पहले (काल-सम्बन्ध) हम घड़ी की चाभी (देश-सम्बन्ध) घुमाते हैं तब (काल-सम्बन्ध) घड़ी चलती है। यहाँ चाभी, स्प्रिग इत्यादि घड़ियों के पुर्जों में क्रिया-प्रतिक्रिया का सम्बन्ध है। अब यान्त्रिक व्यापार में उपर्युक्त लक्षणों के रहने से, *लाइबनित्स* को इसे अस्वीकार करना पड़ा। पहली बात यह है कि मोनड गवाक्षहीन हैं और उनमें क्रिया-प्रतिक्रिया नहीं हो सकती है। फिर *लाइबनित्स* के अनुसार देश-काल की स्वतंत्र सत्ता है ही नहीं। इसके अनुसार मोनडो के बीच के बाह्य सम्बन्ध के अमूर्त्तकरण (abstraction) या अमूर्त्त-बोधन के आधार पर इनकी रचना की गयी है।* अब यदि देश काल और क्रिया-प्रतिक्रिया असत्य हों तो इन पर आधारित यन्त्रवाद भी असत्य ठहरेगा। यद्यपि यन्त्रवाद वास्तव में असत्य है, तो भी अपनी सुविधा के अनुसार *लाइबनित्स* उस व्यापार को यान्त्रिक कहते हैं, जिसे वस्तुओं के परिमाण, आकार तथा गति (motion) के आधार पर स्पष्ट किया जा सकता है। इस अर्थ में *लाइबनित्स* का मत था कि *देकार्त* और *न्यूटन* के यन्त्रवाद को अधिक-से-अधिक स्थलों पर काम में लाया जाय। उनके इस मत के कई कारण थे। पहली बात है कि निम्नकोटिक मोनडों की चेतना और उनकी प्रयासन-प्रक्रिया का उद्देश्य इतना क्षीण मालूम होता है कि उनकी क्रियाओं को यान्त्रिक समझा जा सकता है। फिर उच्चतर मोनडों की क्रियाएँ भी ऐसी हैं कि वे पूर्ववर्ती क्रियाओं का फल या परिणाम समझी जा सकती हैं और यान्त्रिक क्रिया में भी पूर्ववर्त्ती के आधार पर बाद में होने वाली घटनाओं की व्याख्या की जाती है। अतः, उच्चतर मोनडों की क्रियाओं को इस अर्थ में यान्त्रिक समझा जा सकता है। अपितु, पूर्वस्थापित छन्द के अनुसार मोनडों की कार्यवाही ऐसी व्यवस्थित की गयी है कि एक मोनड के परिवर्तन से अन्य मोनडों के परिवर्तन में मेल खा जाता है और इसलिए ऐसा प्रतीत होता है कि पूर्व परिवर्तन उसके बाद के परिवर्तन का कारण है। अतः, यन्त्रवाद कुछ दूर तक मान्य है।

यदि यन्त्रवाद को हम कुछ दूर तक मान्य भी स्वीकार कर लें तो इसे सत्य नहीं समझा जायगा। यथार्थ में यन्त्रवाद उद्देश्वाद के अन्तर्गत है; क्योंकि निम्नतम मोनडों में भी कुछ चेतना अवश्य है और वह अपनी आन्तरिक उद्देश्यपूर्ति से ही प्रेरित होता है। फिर सभी मोनडों की कार्यवाही का कोई अन्तिम (ultimate) उद्देश्य है, जिसे ईश्वर पूर्वस्थापित छन्द के द्वारा प्राप्त करना चाहते हैं। अतः, सभी मोनडों की कार्यवाही अन्ततः उद्देश्यपूर्ण ही है।

लाइबनित्स के अनुसार उद्देश्यवाद का अर्थ यही है कि क्रिया का कोई उद्देश्य हो, चाहे वह ज्ञात हो या अज्ञात। इस उद्देश्यपूर्णता को समसामयिक दार्शनिक *बर्गसाँ* सत्य नहीं समझते हैं। उनके अनुसार यदि उद्देश्य पहले से निर्धारित हो, तो इसे आन्तरिक यन्त्रवाद कहा जायगा।

---

1. देश-काल के प्रति लाइबनित्स के मत की आलोचना काण्ट ने की है, जिसका उल्लेख यथोचित प्रसंग में किया जायेगा।

वास्तविक उद्देश्यवाद वह है, जिसमें नित्य-नवीन उद्देश्यों को गढ़कर उसकी पूर्ति की जाय। चूँकि *लाइबनित्स* के अनुसार सभी मोनडों के छन्द का पूर्वस्थापित उद्देश्य ईश्वर के मन में है, इसलिए *बर्गसाँ* के मतानुसार लाइबनित्स के सिद्धान्त को शुद्ध उद्देश्यवाद नहीं, वरन् यन्त्रवाद ही कहा जायगा।

ज्ञान-मीमांसा (*Epistemology*)

शायद *लाइबनित्स* की देन दार्शनिक विचारधारा में ज्ञान-मीमांसा के सम्बन्ध में सबसे अधिक महत्त्वपूर्ण समझी जायगी, क्योंकि इसमें *काण्ट* और समसामयिक तर्कीय प्रत्यक्षवाद की बहुत बातों का पूर्वभास देखने में आता है। अब *लाइबनित्स* की ज्ञान-मीमांसा को स्पष्ट करने के लिए *देकार्त* और *लॉक* के मत का भी यहाँ संकेत करना अनिवार्य है।

देकार्त के मत के अनुसार हमारे प्रत्ययों (ideas) में कुछ आत्मजात (innate) हैं। ये आत्मजात प्रत्यय स्पष्ट तथा परिस्पष्ट हो सकते हैं और जब ये स्पष्ट तथा परिस्पष्ट हो जाते हैं तब सत्य ज्ञान हमें प्राप्त होता है। ठीक इसके विपक्ष में लॉक का मत है। लॉक के अनुसार कोई भी प्रत्यय आत्मजात नहीं है और वे सब-के-सब जन्म के बाद इन्द्रियानुभव से ही प्राप्त होते हैं। अतः, ज्ञान अनुभव तक ही सीमित रहता है। अनुभव केवल हमें यही बता सकता है कि घटनाएँ अमुक रीति से होती आयी हैं, और अनुभव के आधार पर नहीं कहा जा कता है कि घटनाएँ अवश्यमेव इसी रीति से होती जायेंगी। उदाहरणार्थ, अनुभव के आधार पर हम नहीं कह सकते हैं कि सभी मनुष्य अवश्य ही मरणशील हैं, क्योंकि कम-से-कम हम सोच सकते हैं कि मनुष्य अमर हो सकते हैं। अतः, युक्तिसंगत रूप में अनुभव पर आधारित ज्ञान आपातिक (contingent)* ही हो सकता है। परन्तु *देकार्त* के बुद्धिवाद के अनुसार सत्य-ज्ञान अनिवार्य होता है।

फिर *लॉक* के अनुसार सभी प्रत्यय अनुभव से ही प्राप्त होते हैं; क्योंकि आत्मजात या सहजात प्रत्यय नहीं हो सकते हैं। आत्मजात प्रत्यय की आलोचना में *लॉक* ने बताया है कि बच्चे, मूर्ख अज्ञ इत्यादि में आत्मजात ज्ञान नहीं पाया जाता है। और यदि कहा जाय कि शिशु, मूर्ख अज्ञ में आत्मजात प्रत्यय हैं, परन्तु वे इनसे अनभिज्ञ हैं, तो *लॉक* का कहना है कि प्रत्यय मन में हो और फिर भी व्यक्ति उनसे अनभिज्ञ हो यह व्याघातक (contradictory) या असंगत बात है। *'There is nothing in the intellect which was not previously given in the senses.'*

लाइबनित्स ने *देकार्त* और लॉक के बीच ऐसे मध्यमार्ग का अनुसरण किया है कि उनकी समस्याओं का समाधान हो जाय। चूँकि *लाइबनित्स* के बाद *काण्ट* ने इसी समीक्षावाद (criticism) को विस्तारपूर्वक स्पष्ट किया है, इसलिए *लाइबनित्सी* मत को *काण्ट* के समीक्षावाद का पूर्वभास कहा जा सकता है। *देकार्त* और *लॉक* के मत को समन्वित करने के लिए *लाइबनित्स* ने सूझ रखी है कि न यह कहना ठीक है कुछ ही प्रत्यय आत्मजात हैं और न यह मानना ठीक है कि कोई भी प्रत्यय सहजात नहीं है। वास्तव में सभी प्रत्यय सहजात है; क्योंकि सभी प्रत्यय गवाक्षहीन चिद्बिन्दु या मोनड के अन्दर हैं और कोई भी प्रत्यय बाहर से अन्दर नहीं आ सकता है। परन्तु यद्यपि सभी प्रत्यय सहजात हैं तो भी वे सब एक ही अवस्था में नहीं रहते हैं। इन प्रत्ययों की स्पष्टता में प्रयासन (appetition) के कारण विकार होता रहता है। प्रारंभ में सभी प्रत्यय अनिश्चित तथा धुँधले रहते हैं और अनुभव-वृद्धि के साथ धीरे-धीरे कुछ प्रत्यय अन्त में स्पष्ट तथा परिस्पष्ट हो जाते हैं। अनिश्चित तथा धुँधले प्रत्यय को इन्द्रियज्ञान या संवेदना कहते हैं और परिस्पष्ट तथा स्पष्ट प्रत्यय को विचार कह सकते हैं। अतः हम कह सकते हैं कि ज्ञान संवेदनाओं से प्रारंभ होता है और स्पष्ट विचारों के चरम सीमा को प्राप्त करता है। (Knowledge begins

---

* आपातिक ज्ञान वह है कि जिसका विपक्ष सोचा जा सकता है। जैसे, हम अपनी आँखों से देख रहे हैं कि यह मेज भूरी है। यह आपातिक ज्ञान है; क्योंकि हम इसके विपक्ष में सोच सकते हैं कि मेज काली या सफेद हो सकती है, इसकी व्याख्या कुछ पृष्ठों के बाद विस्तारपूर्वक की जायेगी।

with senses and ends in reason.) *देकार्त* की गलती यह थी कि वे स्पष्ट प्रत्ययों को ही ज्ञान के अन्तर्गत गिनते थे और लॉक की गलती यह थी कि वे संवेदनाओं के ही आधार पर ज्ञान की ईमारत खड़ी करना चाहते थे। ज्ञान के अन्तर्गत दोनों रहते हैं। दोनों की गलती है कि वे संवेदनाओं और परिस्पष्ट प्रत्ययों के बीच अनेक अति क्षीण तथा निर्विकल्पक (indistinct) प्रत्ययों को, जिन्हें अति क्षुद्रतर संवेदना (petites perception) कहते हैं,* तिरस्कृत कर देते हैं। सत्य ज्ञान परिस्पष्ट प्रत्ययों से बनता है, परन्तु इसकी बुनियाद संवेदनाओं में ही देखी जाती है।

इसी प्रकार हम कह सकते हैं कि देकार्त के अनुसार ज्ञान अनिवार्य (necessary) होता है और लॉक संगत रूप** से केवल आपातिक ज्ञान को ही स्वीकार कर सकते हैं। परन्तु वास्तव में हमें समझना चाहिए कि प्रारम्भ में ज्ञान आकस्मिक अथवा आपातिक होता है और अनुभव-बुद्धि के साथ यह अनिवार्य हो जाता है।

लाइबनित्स के मतानुसार *देकार्त* और *लॉक* दोनों की ज्ञान-मीमांसा इसीलिए संकुचित हो जाती है कि दोनों 'मन' को केवल चेतन मानते हैं। परन्तु ऐसा समझना सर्वथा गलत है। यदि मन के अस्तित्व को स्वीकार करने के लिए चेतन का रहना अनिवार्य माना जाय तो हमें कहना पड़ेगा कि निद्रावस्था, बेहोशी इत्यादि में मन लोप हो जाता है, क्योंकि इन दशाओं में चेतना नहीं पाई जाती है। परन्तु सोकर उठने के बाद भी हमें मालूम देता है कि हमारे मन की अवस्थाओं में तारतम्य (continuity) है। अतः, निद्रावस्था तथा बेहोशी में भी चेतना रहती है, परन्तु इसकी मात्रा कम हो जाती है। इसलिए हमें स्वीकार करना चाहिए कि मन अर्द्धचेतन तथा चेतन (unconscious) रूप में भी रहता है। यदि यह बात सत्य हो तो लॉक का कहना है कि 'मन में प्रत्यय रहें और फिर इससे कोई अनभिज्ञ रहे, असंगत है', ठीक नहीं है; क्योंकि प्रत्यय अचेतन रूप में भी रह सकता है। अतः, सहजात प्रत्ययों के खण्डन के सम्बन्ध में लॉक की दी हुई युक्ति अमान्य ठहरती है।

फिर *लॉक* ने अनुभववाद के प्रसंग में कहा है कि *There is nothing in the intellect which was not previously given in the senses.* कुछ दूर तक *लाइबनित्स* भी इस बात को स्वीकार करते हैं; क्योंकि उनके अनुसार सभी ज्ञान संवेदनाओं से प्रारंभ होते हैं। परन्तु संवेदनाएँ बाह्य जगत् से मोनड के अन्दर नहीं जाती हैं। सब इन्द्रियानुभूति मोनड के अन्दर ही पैदा होती हैं और इसलिए यदि हम मान भी लें कि ज्ञान संवेदनाओं से आरम्भ होता है तो भी *लाइबनित्स* के सहजात प्रत्ययों के मत का खण्डन नहीं होता है। फिर *लाइबनित्स* ने *लॉक* की इस युक्ति में एक महत्त्वपूर्ण संशोधन जोड़ दिया है। nisi ipse intellectus अर्थात् बुद्धि स्वयं किसी संवेदना से उत्पन्न नहीं होती है। *लाइबनित्स* के इस संशोधन का अभिप्राय है कि संवेदनाओं से सभी ज्ञान प्रारंभ हो सकते हैं, परन्तु संवेदन अर्थात् सम्वेदन-शक्ति स्वयं जन्मजात है और यह शक्ति स्वयं संवेदनाओं की देन नहीं है। यदि संवेदनाओं को ग्रहण करने की क्षमता प्रागनुभव न होती तो संवेदनाएँ भी सम्भव नहीं हो सकतीं। अतः, अनुभव की सम्भावना मात्र के लिए प्रागनुभव (a priori) बुद्धि का होना अनिवार्य है। अब आगे चलकर हम देखेंगे कि इसी सिलसिले में *काण्ट* ने *लाइबनित्स* के इस मत को विस्तारपूर्वक समझाया है और इसी से लाइबनित्सी मत को काण्टीय ज्ञान-मीमांसा का पूर्वभास कहा जाता है।

ज्ञान में दो प्रकार के अर्थपूर्ण वाक्य (proposition) पाये जाते हैं। एक को हम अनिवार्य (necessary) और दूसरे को आपातिक अथवा संयोगात्मक (accidental) वाक्य कहते हैं। अनिवार्य सत्यता वह है जिनमें (mathematical) अनिवार्यता तथा बाध्यता हो, अर्थात् ऐसी

---

* Petites perception अति क्षीण तथा दुर्बल संवेदना को कहते हैं। जैसे समुद्र की लहरों की आवाज अनेक क्षीण तथा दुर्बल लहरियों के समूह से उत्पन्न होती हुई कही जाती है।

** वास्तव में लॉक ने असंगत रूप से माना था कि ज्ञान अनुभव के आधार पर अनिवार्य हो सकता है।

सत्यता हो जिसका विपक्ष हम सोच भी नहीं सकें। इस प्रकार की सत्यता ज्यामितिक युक्तियों में देखी जाती है। यदि हम 2 'और', 4 तथा 'योगफल' का अर्थ समझते हों, तो हमें स्वीकार करना ही पड़ेगा कि 2 + 2 = 4। इस प्रकार की सत्यता आत्मसिद्ध और आत्मसंगत (self-consistent) होती है जो अन्त में अव्याघात (non-contradiction) नियम पर आधारित होती है। इस प्रकार की सत्यता जटिल वाक्यों में भी देखी जा सकती है, पर अन्त में ऐसे वाक्यों के विश्लेषण करने में सरल तादात्म्यीय (identical) वाक्य हमें स्पष्ट मिल जाते हैं। फिर *लाइबनित्स* का मत था कि अनिवार्य सत्यता वह है, जो किसी भी उद्देश्य से रहित हो। इसी अर्थ में स्पिनोजीय सत्यता को *लाइबनित्स* ने अनिवार्य सत्यता कहा है; क्योंकि स्पिनोजा के अनुसार ईश्वर में इच्छा है ही नहीं, और इसलिए उसमें किसी प्रकार का उद्देश्य नहीं है।*

अनिवार्य सत्यता के अतिरिक्त आपातिक सत्यता वह है जो नैतिक (moral) तथा वास्तविक स्थितियों में सञ्चालित हो। इन दोनों सत्यताओं के बीच अन्तर करते हुए *लाइबनित्स* ने 'Theodicee' में इस प्रकार लिखा है : '*It would be impossible to choose a more suitable method to show the difference there is between the moral necessity which rules the choice of wise and the brute necessity of Strabo and Spinozists, who allow God neither understanding nor will than to consider the difference between the reason for the laws of motion and reason for the ternary member of dimensions the former consisting in the choice of what is best, and the latter in a geometrical and blind necessity.*' अतः प्रकृति के नियम आपातिक हैं; क्योंकि ईश्वर ने इसे सर्वश्रेष्ठ बनाने के उद्देश्य से ही रचा है। यदि ईश्वर के अन्दर दूसरा उद्देश्य होता तो वे इन नियमों को बदलकर अन्य नियमों की स्थापना करते। इसलिए आपातिक सत्य वह है, जिसके विपक्ष की कल्पना हम कर सकते हैं। इस अर्थ में वास्तविक जगत् के सम्बन्ध की सभी बातों को हम आपातिक सत्य ही कह सकते हैं। निस्सन्देह वह मेज जिस पर हम लिख रहे हैं, काली है। पर हम सोच सकते हैं कि वह मेज काली न होकर भूरी या हरी हो। अब जिस रीति से अनिवार्य सत्य अव्याघात के नियम पर आधारित है, उसी प्रकार आपातिक सत्य पर्याप्तता (sufficiency) या पर्याप्त हेतु (sufficient reason) पर आधारित है। इस विषय में *लाइबनित्स* ने 'Monadology' में लिखा है कि '*Sufficient reason is that by which we believe that no fact can be true or real no statements trustworthy, unless there is sufficient reason, why it should be so and not otherwise, although in the greater number of cases we cannot know these reasons.*' यह ठीक है कि कुछ दूर तक हम कह सकते हैं कि क्यों यह मेज काली है और क्यों यह कमरे के पूरब में रखी है, इत्यादि। यह सब हेतु मेज के रखने वाले की इच्छाओं पर तथा कमरे की स्थिति पर तथा धूप-पानी के विचार इत्यादि पर निर्भर करता है। अतः सभी वस्तुओं की संयोगी सत्यता को दिखाने के लिए हम प्रकृति-विधान तथा वास्तविकता की बात के आधार पर अपने हेतु (reason) को रख सकते हैं, तो भी हमारे हेतु कभी भी इतने सम्पूर्ण नहीं हो सकते हैं कि हम सिद्ध कर लें कि यह मेज काली छोड़कर हरी या भूरि हो ही नहीं सकती थी। अतः *लाइबनित्स* ने Monadology में बताया है कि अनिवार्य सत्यता बौद्धिक है और इसे स्पष्ट करने के लिए या इसके हेतु को दिखाने के लिए हमें विश्लेषण (analysis) की आवश्यकता पड़ती है। परन्तु वास्तविक वस्तुओं या घटनाओं के हेतु पर्याप्त हेतु पर ही निर्भर करते हैं। इसका विपक्ष सोचा जा सकता है और इसलिए वास्तविक घटनायें कभी भी अनिवार्य रीति से सत्य नहीं हो सकती हैं।

---

* देखें Joseph, H.W.B. *Lecture on the philosophy of Leibnitz*, pp. 89-92, फिर देखें Russell, B. : *A Critical Exposition of the Philosophy of Leibnitz*, p. 34, 1951.

सत्यता को necessary और contingent, दो भागों में बाँट देने से तर्कीय प्रत्यक्षवादियों के कथन की पुष्टि होती है और अनिवार्य वाक्य की अनिवार्य सत्यता उसके पारिभाषित शब्द-विश्लेषण पर निर्भर करती है। परन्तु वास्तविक घटनाओं की सत्यता आनुभविक (empirical) वाक्यों द्वारा ही व्यक्त की जा सकती है और इस प्रकार की सत्यता केवल आपातिक ही हो सकती है।

ज्ञान के सम्बन्ध में *लाइबनित्स* ने सम्भाव्य (possible) और पूर्ण सम्भाव्य (compossible) का भेद बताया है। वह जो आत्म-व्याघात से रहित हो, सम्भाव्य है। जैसे-'सोने का पहाड़' सम्भाव्य है। परन्तु वास्तविक घटनाएँ पूर्ण सम्भाव्य हैं; क्योंकि वे यथार्थ घटनाओं से सम्बद्ध रखती हैं। अब पेड़-पौधे, कुर्सी-मेज इत्यादि पूर्ण सम्भाव्य हैं; क्योंकि ये वास्तविक घटनाओं से मेल खाकर यथार्थ होती हैं। अतः, किसी घटना की पूर्णसम्भाव्यता (compossibility) यथार्थ वास्तविक विधान पर निर्भर करती है और यही यथार्थ वास्तविक विधान किसी घटना का पर्याप्त हेतु होता है।

यह ठीक है कि कोई भी मानव वास्तविक घटनाओं की व्याख्या पूरी नहीं कर सकता है; क्योंकि वह उन सभी कारणों को नहीं बता सकता है, जिनकी वजह से यह मेज किसी अमुक रंग की या जगह पर है। सभी यथार्थ घटनाएँ मानव के लिए संयोगी ही मालूम देती हैं। पर क्या यही बात ईश्वर के लिए भी लागू है? *लाइबनित्स* के अनुसार ईश्वर ने मोनडों की रचना की है और प्रत्येक मोनड में विराट् ब्रह्माण्ड छिपा है और उसकी सभी भूत, वर्तमान तथा भविष्य की घटनाएँ प्रत्येक मोनड में सन्निहित हैं। इसलिए ईश्वर जो मोनड या चिद्बिन्दु की सम्पूर्ण सम्भावना को जानता है, वह जानता है कि उसके अन्दर सभी घटनाएँ उसके स्वरूप से अनिवार्य रीति से सम्पादित होती जाती हैं ओर इस प्रसंग में *लाइबनित्स* ने यों लिखा है, *'From the moment when my existence began it could be said me (i.e. truly) that this or that would happen to me; we must grant that these attributes were involved in my nature in its completeness which is the basis of the connexion of all my varying inner states and which God has known pefectly from all eternity.'* अब यदि प्रत्येक मोनड की प्रतिक्रियाएँ उसके निहित स्वरूप से सम्पादित होती हैं और ईश्वर उन्हें पूर्णतया जानता है, तो कम-से-कम ईश्वर के लिए कोई भी घटना संयोगी (contingent) न हुई और इसलिए ईश्वर के लिए contingent और necessary का भेद नहीं होना चाहिए।

परन्तु *लाइबनित्स* इस मत का समर्थन नहीं करते हैं। उनके लिए contingent और necessary का भेद प्राकारिक है और यह भेद ईश्वर के लिए भी रह जाता है। *लाइबनित्स* स्वीकार करते हैं कि मोनडों की सारी कार्यवाही उनके स्वरूप से सम्पादित होती है और ईश्वर उसे पूर्णतया जानते हैं। परन्तु मोनडों की सम्पूर्ण सम्भावना ईश्वर की इच्छा के अन्तर्गत है। चूँकि ईश्वर मोनडों द्वारा अपने परम उद्देश्य की पूर्ति करना चाहते हैं, इसलिए उन्होंने उस उद्देश्य के उपयुक्त मोनडों का स्वरूप बनाया है। अतः, मोनडों का स्वरूप ही ईश्वर की इच्छा पर निर्भर रहने के कारण आपातिक है। अतः, प्रकृति और सभी वस्तुओं की घटनाएँ मोनडों के स्वरूप पर निर्भर करती हैं और मोनडों का स्वरूप ईश्वर की इच्छा पर निर्भर करता है, जिससे इस विश्व का कल्याण हो। इस सम्बन्ध में *लाइबनित्स* ने Theodicee में लिखा है : *"This fitness too has its rules and reasons; but it is the free choice of God, and not a geometrical necessity, which makes him prefer what is fit and bring it into being. Thus we may say that 'physical necessity' is based on moral necessity, i.e. on the choice of the wise, which is worthy of his wisdom, and that they ought both to be distinguished from geometrical necessity."*

अतः, *लाइबनित्स* द्वारा contingent और necessary का भेद, समसामयिक तर्कीय प्रत्यक्षवादियों के कथन की पुष्टि करता है।

लाइबनित्स की ज्ञान-मीमांसा की समालोचना

लाइबनित्स की ज्ञान-मीमांसा अपने समय से बहुत आगे थी। इस परम्परा में पलकर काण्ट ने अपनी गम्भीर देन दर्शन को दी है। इसमें समसामयिक गणितीय न्याय (mathematical logic) का पूर्वाभास प्रचुर मात्रा में पाया जाता है। परन्तु फिर भी हम नहीं कह सकते हैं कि लाइबनित्सी ज्ञान-मीमांसा पूर्ण है। उन्होंने *देकार्त* और *लॉक* की ओर उँगली उठाई है और उनके अधूरेपन को स्पष्ट कर दिया है पर स्वयं उन्होंने ज्ञान-मीमांसा को पूरा नहीं किया है। *लॉक* का समाधान निस्सन्देह छिछला है, पर उनकी समस्या गहरी है। *लाइबनित्स* ने *लॉक* के छिछलेपन को स्पष्ट कर दिया है। पर समस्या की गहराई का समाधान नहीं किया है। यदि हम मान लें कि संवेदनाओं से धीरे-धीरे स्पष्ट तथा परिस्पष्ट ज्ञान होता है, तो हमारी समस्या है कि किस प्रकार से यह विकसित होता है। जब तक हम उन सब पगों और सीढ़ियों को न जान लें जिनसे अनिश्चित संवेदनाओं से असंदिग्ध ज्ञान होता है, तब तक ज्ञान-मीमांसा के प्रश्न हल नहीं होते हैं और यह काम *लाइबनित्स* ने नहीं किया है।

फिर यदि हम *लाइबनित्स* के मोनड की ईक्षण-शक्ति पर, जिससे ज्ञान प्रारंभ होता है, ध्यान दें तो इसके आधार पर ज्ञान सापेक्ष (relative) ही हो सकता है। 'क' मोनड 'ख' को प्रतिबिम्बित करता, पर 'ख' स्वयं 'ग' को प्रतिबिम्बित करता है, और 'ग' अपने बारी में 'घ' के ईक्षण को प्रतिबिम्बित करता है। अतः किसी भी मोनड के किसी भी ईक्षण को निरपेक्ष (absolute) नहीं कहा जा सकता। अत:, लाइबनित्सी समाधान सापेक्षता के गहरे पंक में धँस जाता है, जहाँ से भाग निकलना दुष्कर है।

अपितु, *लाइबनित्स* देश-काल तथा मोनडों के बीच के सम्बन्ध को अवास्तविक मानते हैं, क्योंकि वास्तविकता मोनड और उनकी समाविष्ट स्थितियों की हो सकती और देश, काल इत्यादि मोनडों की बाह्य स्थितियाँ ही बताई गयी हैं। ऐसी अवस्था में ईक्षण क्या प्रतिबिम्बित करता है? क्या एक मोनड अन्य मोनडों के ईक्षण को ही प्रतिबिम्बित करता है? परन्तु ईक्षण केवल प्रतिबिम्ब है और अनेक प्रतिबिम्ब मिलकर कोई सत्ता नहीं बना सकते हैं। ***'Even an infinity of little mirrors with nothing but each other to reflect must at once collapse into absolute vacuity.'*** यहाँ हम *प्लेटो* के गघ्वर में रहकर छाया को ही सत्य मान सकते हैं। अतः लाइबनित्स की ज्ञान-मीमांसा में वास्तविकता की अवहेलना की गयी है।

फिर यहाँ लिखने की आवश्यकता नहीं है कि ईक्षण आत्मनिष्ठ (subjective) रहने के कारण *लाइबनित्स* की ज्ञान-मीमांसा एकात्मसत्तावाद (solipsism) में परिणत हो जाती है।

ईश्वर सम्बन्धी विचार

लाइबनित्स, *देकार्त* तथा *स्पिनोजा* की धर्म परम्परा से प्रभावित हुए थे और इसी परम्परा के अनुसार उन्होंने अपने दर्शन को ईश्वर-केन्द्रित किया है। परन्तु ईश्वर-विचार के सम्बन्ध में आप *प्लेटो* और *अरस्तू* के मत से भी प्रभावित हुए थे। *प्लेटो* के शुभ सम्बन्धी प्रत्यय (The idea of good) से आपका ईश्वर-प्रत्यय बहुत मिलता-जुलता है। फिर ईश्वर की शुद्ध वास्तविकता (Actus purus) का विचार *अरस्तू* के विचार से बहुत मेल खाता है।

अब यह निश्चित है कि *लाइबनित्स* ईश्वरवादी (theist) थे, परन्तु मोनडवाद और ईश्वरवाद दोनों में पूरी संगति नहीं दिखाई देती है। कभी तो ईश्वर को मोनडों का रचयिता माना जाता है तो कभी ईश्वर को मोनडों के छन्द (harmony) का अन्तिम उच्चतम शिखर कहा जाता है, और कभी मोनडों के छन्द को ही ईश्वर मान लिया गया है। परन्तु जैसा हम देख चुके हैं, यदि ईश्वर मोनडों का रचयिता हो तो मोनडों को अनादि तथा शाश्वत नहीं कहा जा सकता है, और यदि मोनड शाश्वत हो तो ईश्वर को उनका रचयिता नहीं कहा जा सकता है। अब यदि ईश्वर पूर्वस्थापित छन्द ही अन्तिम लड़ी हो तो सभी मोनड इसी ईश्वर-मोनड से उसी प्रकार

निसृत (enmanated) होते हैं जिस रीति से सुगन्ध फूल से निकलती है, अथवा सभी मोनड इसी पूर्ण मोनड की नकल तथा प्रतिच्छाया कहे जा सकते हैं। परन्तु इस हालत में ईश्वर ही एकमात्र निरपेक्ष (absolute) सत्ता हो जाता है और अन्य सभी मोनड छायातुल्य सारहीन हो जाते हैं। उनकी स्थिति *स्पिनोजीय* पदार्थ के प्रकार (modes) के समान हो जाती है। इस दृष्टिकोण से *लाइबनित्स* का अनेकवाद दिखलौआ हो जाता है और स्पिनोजीय एकसत्तावाद यथार्थ सिद्धान्त बन जाता है। फिर यदि हम मोनडों के सामंजस्य (harmony) को ही ईश्वर मान लें, तो जगत् ही (क्योंकि मोनडों का समूह ही विश्व है) ईश्वर और ईश्वर विश्व हो जाता है। तो ऐसी हालत में भी स्पिनोजा का वह सिद्धान्त, जिसके अनुसार विश्व ही ईश्वर और ईश्वर ही विश्व है (Natura Naturata and Natura Naturans), *लाइबनित्स* के दर्शन में भी सत्य हो जाता है। अतः, ऐसा मालूम होता है कि जितनी *लाइबनित्स* ने *स्पिनोजीय* दर्शन से पिण्ड छुड़ाने की चेष्टा की है उतना ही अधिक *स्पिनोजा* के भूत ने उन्हें दबोच डाला है। अतः, जिस रीति से भी हम मोनडवाद को मानकर ईश्वर-विवेचन करें, उसमें ईश्वरवाद की रक्षा नहीं होती है।

अब जो भी *लाइबनित्स* का मत ईश्वर के सम्बन्ध में हो, उन्होंने ईश्वर के अस्तित्व को सिद्ध करने के लिए कई प्रमाण दिये हैं, जिनमें तात्त्विक या सत्तामूलक (ontological) प्रमाण विशेष हैं। इसे इस प्रकार स्पष्ट किया जा सकता है : प्रत्येक मोनड में दो पक्ष हैं, अर्थात् वास्तविक (actual), और सम्भावित (possible), सक्रियता (activity) और निष्क्रियता (possivity)। जो मोनड जितने ही उच्चतर होंगे उनमें उतनी ही अधिक सक्रियता तथा वास्तविकता होगी, और मोनड जितने निम्नतर होंगे उनमें उसी मात्रा में निष्क्रियता होगी। अब सोपानक्रम (hierarchy) में ईश्वर सर्वोच्च मोनड है और उसके अन्तर्गत अभी निष्क्रियता और सम्भावना वास्तविक हो चुकी है। अतः, ईश्वर ही पूर्णतया वास्तविक है (actus purus)। इस प्रसंग में ईश्वर का अस्तित्व इस प्रकार प्रमाणित किया जा सकता है, 'यदि ईश्वर सम्भव है तो वह है, क्योंकि उसका अस्तित्व उसकी संभावना का अनिवार्य परिणाम है।' दूसरे शब्दों में अन्य मोनडों से सम्भावना यथार्थ नहीं हो पाई है, परन्तु ईश्वर की सभी सम्भावनाएँ वास्तविक हैं। अब यदि ईश्वर सम्भव है, तो वह अवश्य ही वास्तविक भी है, और ईश्वर अवश्य ही सम्भव है, क्योंकि ईश्वर के विषय में संगतरूप से सोचा जा सकता है और जो संगत रीति से सोचा जा सकता है वह सम्भव होता है। परन्तु यह उक्ति देकार्त के प्रत्यय-सत्तामूलक (ontological) प्रमाण के समान दोषपूर्ण हैं। यदि ईश्वर सम्भव है, तो वह वास्तविक नहीं और वास्तविक है तो संभव नहीं कहा जा सकता है। अतः, सम्भव (अथवा वह जिसके विषय में सोचा जा सके) के आधार पर वास्तविकता सिद्ध नहीं की जा सकती है।

उपर्युक्त तात्त्विक प्रमाण में *लाइबनित्स* ने विश्वकारण प्रमाण (cosmological) जोड़ दिया है। यथार्थ में *लाइबनित्स* को दिखाना है कि ईश्वर सम्भव है और उसे स्पष्ट करने के लिए उन्होंने विश्वसम्बन्धी प्रमाण दिया है। अब विश्व की प्रत्येक वस्तु संयोगात्मक (contingent) है, क्योंकि हम उनका अनस्तित्व (non-existence) सोच सकते हैं। उसी प्रकार हम सम्पूर्ण विश्व का अनस्तित्व सोच सकते हैं और इसलिए विश्व भी संयोगात्मक है। परन्तु सभी संयोगात्मक सत्य के आधार में पर्याप्त हेतु रहना चाहिए। समस्त विश्व का पर्याप्त हेतु ईश्वर है। परन्तु इस प्रमाण को भी दोषपूर्ण समझना चाहिए, क्योंकि आपातिक कार्य का कारण भी आपातिक, न कि अनिवार्य (necessary) हो सकता है।

इन दो प्रमाणों के अतिरिक्त *लाइबनित्स* ने तीसरा भी प्रमाण दिया है। यह शाश्वत सत्ताओं (eternal truths) पर आधारित है। कुछ सत्य है-जैसे $2+2=4$। इस प्रकार की अनादि सत्यता का आधार आपातिक नहीं हो सकता है। ये ईश्वर के मन में रहते हैं और इसलिए ईश्वर अवश्य है। परन्तु *लाइबनित्स* ने इस बात पर ध्यान नहीं दिया है कि वास्तविक घटनाएँ आपातिक ही हो सकती हैं। यह ठीक है कि *लाइबनित्स* ने ईश्वर के अस्तित्व को भी अनिवार्य सत्यता के अन्तर्गत माना है, पर यह उनकी ही तार्किक खोज से मेल नहीं खाता है।

ईश्वर, *लाइबनित्स* के अनुसार, मंगलकारी तथा प्रेममय है। उसने समस्त विश्व की रचना ऐसी की है कि सभी का अन्त में कल्याण हो। यहाँ *लाइबनित्स* का प्रबल आशावाद झलक उठता है। *'The world is the result to the wisest and best choice and so it must be the possible world'*. पर यदि यह विश्व सम्भवतः सर्वश्रेष्ठ विश्व है। तो इसमें दुःख और बुराई कैसे हुई? लाइबनित्स के अनुसार, बुराई के रहने से अच्छाई की सुन्दरता और उसका मूल्य बढ़ता है (Evil is fail to the good)। जिस प्रकार भूख की प्रबलता से भोजन का स्वाद बढ़ता है, उसी प्रकार दुःख के भाव से सुख का अनुभव अधिक आनन्ददायी होता है। लाइबनित्स बुराइयों को तीन वर्गों में बाँट देते हैं और प्रत्येक की व्याख्या इस प्रकार देते हैं। सर्वप्रथम, तात्त्विक (metaphysical) बुराई है। प्रत्येक मोनड सीमित है और इसमें सीमित ज्ञान और देह रहने के कारण विकार का रहना अनिवार्य है। जैसे-हम न तो विश्व की सभी बातों को और न अपने भविष्य को ही जान सकते हैं। और इस प्रकार के अज्ञान से दुःख भोगना आवश्यक हो जाता है। पर, सीमित मोनडों में इन सब दोषों का रहना उनके स्वरूप पर निर्भर करता है और इसे हटाया नहीं जा सकता है। तो भी *लाइबनित्स* के अनुसार यदि हम प्रत्येक मोनड् को सम्पूर्णतया लें या विश्वकल्याण पर ध्यान दें, तो दुःख की अपेक्षा सुख की मात्रा अधिक दिखाई देगी या किसी के थोड़े से दुःख से अन्य मोनडों का सुख बहुत अधिक मात्रा में बढ़ता मालूम देगा। इसलिए दुःख तथा बुराई के सम्बन्ध में व्यापक दृष्टि के आधार पर निर्णय करना चाहिए और तब ये शुभ कल्याणकारी ही दीखेंगे।

द्वितीय, शारीरिक विकार है, जैसे-शारीरिक दुःख, बीमारी इत्यादि। लाइबनित्स के अनुसार, इस प्रकार के विचार से मोनडों की शिक्षा और उनका बचाव होता है। यदि आग से हाथ न जले, तो बच्चा अपने को मृत्यु के गाल में अकाल ही डाल देगा। यदि बाघ न होता तो हिरण की चौकड़ी का विकास न होता। अतः शारीरिक विकार सम्पूर्णतया मोनडों के कल्याण के लिए ही होते हैं। अन्त में, नैतिक (moral) विकार की बारी आती है। लाइबनित्स के अनुसार, ईश्वर ने मोनडों को स्वतंत्र बनाने की चेष्टा की है और जब उन्हें स्वतंत्र इच्छा दी, तो उनके साथ बुरी बातों को अपनाने की भी क्षमता दी है। अतः, ईश्वर चाहता तो नहीं है कि मोनड नैतिक पतन में पड़े, पर स्वतंत्र इच्छा द्वारा ही मोनड नैतिक आदर्श की चरम सीमा तक पहुँच सकते हैं और आदर्श नैतिकता बिना स्वतंत्र इच्छा के सम्भव नहीं हो सकती है और जहाँ स्वतंत्र इच्छा होगी वहाँ पतन की सम्भावना भी रह जाती है। अतः, *ईश्वर नैतिक विकार नहीं चाहता है, पर इसकी सम्भावना उसे स्वीकार करनी पड़ती है। God does not will, but allows moral evil.*

लाइबनित्स का विकार सम्बन्धी विचार गवेषणापूर्ण है, पर इसे पूर्णतया सन्तोषजनक समझना कठिन है। जिस मोनड को दुःख का शिकार होना पड़ता है, वह लाइबनित्स के दर्शन को जानकर उस दुःख से कम पीड़ित नहीं होता है। पर शायद ही कोई ईश्वरवाद है, जिसमें दुःख की समस्या का पूर्ण समाधान हो सकता है। परन्तु हमें अब देखना है कि वास्तव में मोनड अपने काम के उत्तरदायी (responsible) हैं या वे अपने स्वरूप से विवश होकर सभी काम करते हैं, अर्थात् हमें स्वतंत्रवाद और नियतत्त्ववाद (determinism) का निपटारा करना है।

स्वतंत्रता तथा अनिवार्यता *(Necessity)*

लाइबनित्स के अनुसार, मानव अपने श्रेय (the good) को प्राप्त करने के लिए स्वतंत्र है और उसका निःश्रेयस इसी में है कि वह लोकहित में लगा रहे। परन्तु स्वतंत्र व्यवहार का अर्थ यह नहीं है कि उसमें नियंत्रण न हो। कुछ हद तक सभी मानव-क्रियाओं में नियंत्रण रहता है, क्योंकि सभी क्रियाएँ भूत कारणों से नियन्त्रित होती हैं। अब यदि प्रक्रियाएँ भूत आधार से नियन्त्रित न हों तो इससे यह मानना पड़ेगा कि प्रक्रियाएँ एकाएक हो जाती हैं। परन्तु ऐसा स्वीकार करने से तारतम्य के नियम का उल्लंघन होता है। अतः, हमें यह मानना पड़ेगा कि सभी प्रक्रियाएँ भूत कारणों से नियन्त्रित होती हैं।

परन्तु यद्यपि मानव-प्रक्रियाएँ भूत कारणों से नियन्त्रित होती हैं तथापि उन्हें अनिवार्य (necessary) नहीं कहा जा सकता है, क्योंकि किसी भी वास्तविक घटना का अनस्तित्व सोचा जा सकता है। इस दृष्टिकोण से सभी मोनडों की प्रक्रियाओं को आपातिक समझा जा सकता है। पर उन्हें स्वतंत्र नहीं कहा जा सकता है। किसी प्रक्रिया को स्वतंत्र कहने के लिए उसमें तीन लक्षणों का होना आवश्यक है–(1) सूझ या बुद्धि, जिसकें कारण प्रक्रियाओं को उनके स्पष्ट लक्ष्य को जानकर सम्पादित किया जाय। इसके अनुसार जिस काम को जितना अधिक हम अनजाने में करेंगे वह उतना ही अधिक वह काम नियतत्त्ववाद से संचालित होगा, और जिस काम को हम जितना अधिक समझबूझकर करेंगे वह उतना ही अधिक स्वतंत्र समझा जाएगा। लाइबनित्स के इस मत में स्पिनोजा की झलक मिलती है। (2) दूसरी बात है कि स्वतंत्र प्रक्रियाओं से आत्मप्रेरणा (spontaneity) होनी चाहिए, अर्थात् जिस काम को स्वयं हम करें, और (3) तीसरी बात है कि इसमें आपातिकता हो अर्थात् जिसमें तार्किक अनिवार्यता न हो। अतः, *A free action is a contingent activity having spontaneous unfolding to the action guided by clear perception.* इस अर्थ में ईश्वर अति स्वतंत्र है, क्योंकि उनकी प्रक्रियाएँ अति स्पष्ट ईक्षण से आत्मप्रेरित होती हैं। फिर उनकी प्रक्रियाओं को संयोगात्मक कहा जायगा, क्योंकि ये ईश्वर के परम कल्याणकारी उद्देश्य से संचालित होती हैं। अब यदि *लाइबनित्स* ईश्वर की प्रक्रियाओं को संयोगात्मक नहीं मानते, तो *स्पिनोजा* के समान उन्हें स्वीकार करना पड़ता कि सभी घटनाएँ ईश्वर से अनिवार्य रीति से संचालित होती हैं। पर, फिर भी प्रश्न उठता है कि क्या *लाइबनित्स* अपने को स्पिनोजा के निष्कर्षों से मुक्त कर सकें हैं? हम लोगों की समझ में *लाइबनित्स* गुप्त रूप से स्पिनोजावादी ही रहे हैं।

लाइबनित्स और स्पिनोजा

लाइबनित्स के जीवनकाल में ही लोग कहा करते थे कि वे स्पिनोजावादी थे और लाइबनित्स इस मत का खण्डन किया करते थे। वे बताते थे कि उनका दर्शन स्पिनोजीय दर्शन के विपक्ष में है; क्योंकि स्पिनोजा एकसत्तावादी (monistic) थे और आप अनेकवादी थे। परन्तु वास्तव में पूर्वस्थापित छन्द के सिद्धान्त के प्रति कहा जा सकता है कि मोनडों का अनेकवाद परिभासमात्र (mere appearance) है और इसलिए वास्तव में आप एक सत्तावादी थे। मोनडवाद तथा लाइबनित्स के ईश्वर विवेचन से स्पष्ट हो जाता है कि *स्पिनोजा* के समान आप की शून्यवादी, नितत्त्ववाद (determinist) तथा सर्वेश्वरवादी (panthestic) थे, और हम इन सब बातों को निम्नलिखित रूप से स्पष्ट कर सकते हैं:—

लाइबनित्स का शून्यवाद (*Nihilism*)—*लाइबनित्स* के लिए देश, काल तथा भौतिक पदार्थ की सत्ता है ही नहीं। अब यदि कुछ बचता है तो वह है मोनडों का पारस्परिक प्रतिबिम्बित ईक्षण। परन्तु हम लोग पहले ही देख चुके हैं कि यह केवल छायामात्र है और इसमें कोई ठोस वास्तविकता नहीं है। यदि कहीं वास्तविकता न हो तो उसे शून्यवाद ही कहा जायगा।

नियतत्त्ववाद—फिर *लाइबनित्स* के अनुसार मोनडों की प्रक्रियाएँ भूत प्रक्रियाओं से नियन्त्रित होती हैं और आत्मप्रेरित होने के कारण *लाइबनित्स* ने इच्छात्मक प्रक्रियाओं को स्वतंत्र प्रक्रिया कहा है। परन्तु स्पष्ट-से-स्पष्ट ईक्षण से नियन्त्रित होने पर भी इसे स्वतंत्र नहीं कहा जा सकता है; क्योंकि अति स्पष्ट ईक्षण का उद्देश्य भी मोनडों में वहीं है; जिसे ईश्वर ने उनके स्वरूप में स्थापित कर दिया है। अतः मोनडों की प्रक्रियाएँ ईश्वरीय उद्देश्य से संचालित होती हैं। मानव को इतनी ही स्वतंत्रता है कि वह जानबूझकर उस उद्देश्य की पूर्ति करे। अब यही बात तो स्पिनोजा ने भी स्वतंत्र प्रक्रियाओं के विषय में कही है, जिसे हमने नियतत्त्ववाद* कहा है।

---

* नियतत्त्ववाद से अर्थ है नियन्त्रणवाद। नियतिवाद से अर्थ है भाग्यभरोसावाद (fatalism)।

सर्वेश्वरवाद—पूर्वस्थापित छन्द के अनुसार, प्रत्येक मोनड प्रयासन-वृत्ति के कारण ईश्वर के स्वरूप की नकल करता है। अतः वास्तविकता केवल एक ईश्वर की है और सभी मोनड उसकी प्रतिकृतियाँ (copies) हैं। कई स्थलों पर *लाइबनित्स* ने यह भी कहा है कि मोनड ईश्वर से उसी तरह निकलते हैं जिस तरह से विचार मानव-मन से सम्भव होते हैं। अतः, मोनड भी *स्पिनोजा* के प्रकार (modes) का रूप धारण कर लेते हैं।

उपसंहार

यद्यपि *लाइबनित्स* बहुत दूर तक स्पिनोजावादी थे तथापि उनका दर्शन स्पिनोजा के विचारों की पुनरावृत्ति नहीं करता है। *लाइबनित्स* बहुमुखी और सर्वपटु थे। उन्होंने अपने युग की अनेक धाराओं को एकत्र कर सम्बद्ध रूप से उनकी व्याख्या करनी चाही और यही कारण है कि उनके दर्शन को समझौता (compromise) या समन्वय का दर्शन कहा जाता है। इस प्रयास में उन्होंने सूझ हमारे समाने रखी है, जो आज तक हमारे विचारों का मार्ग-दर्शन कराती हैं। परन्तु फिर भी हम *लाइबनित्स* के सुझाव को सन्तोषजनक नहीं समझ सकते हैं। उनकी कमी यह थी कि उन्होंने अपनी युक्तियों को पदार्थ-गुण (substance-attribute) की मूल धारणाओं (categories) से सम्पादित किया था और आपने यहाँ भी स्पिनोजा के बताये हुए पदार्थ गुण को अपनाया था और यही कारण है कि वे स्पिनोजा के निष्कर्षों से छुटकारा न पा सके। आगे चलकर हम पाते हैं कि ब्रैडले ने भी परम सत्ता को उद्देश्य (subject) और अन्य सभी वस्तुओं को विधेय या उसका गुण माना है और इसी पदार्थगुण की धारणा में पड़कर एकसत्तावाद की स्थापना की है। अतः, पदार्थ-गुण की धारणा पर आधारित रहने पर अनिवार्य रूप से एकसत्तावाद स्थापित हो ही जाता है।

हम लोगों ने पहले ही कहा है कि दर्शन वैचारिक कला है और दार्शनिक अपनी सूझ के अनुसार सब अनुभूतियों को सम्बद्ध करता है। लाइबनित्स भी गणितीय अपरिमित कलन (infinitesimal calculus) से प्रभावित हुए थे। आप यदि मोनडवाद को ही अपनाते और ईश्वर-विवेचन को स्थान नहीं देते तो आपका दर्शन अधिक संगत होता। पर आपने धर्म और विज्ञान की दो विरोधी सूझों को मिलाने की कोशिश की है और यही कारण है कि यह न तीतर हुआ न रहा बटेर।

जौन लॉक
(1632-1704 ई॰)

जौन लॉक जन्म 29 अगस्त, सन् 1632 ई॰ में इग्लैंड के समरसेट नामक नगर में हुआ था और आपकी शिक्षा-दीक्षा ऑक्सफोर्ड में हुई थी। आप डॉक्टर थे पर राजनीतिक कार्यों में बहुत भाग लिया करते थे। आपने जो कुछ लिखा वह आपकी प्रौढ़ावस्था का परिपक्व परिणाम था। आपकी मुख्य रचना *Essay Concerning Human Understaning* शायद 1679 ई॰ में पूरी हो गयी थी, पर इसका मुद्रण 1690 ई॰ में किया गया था। आपकी मृत्यु 28 अक्टूबर 1704 ई॰ की को हो गयी।

लॉक की समस्या

हम देखते हैं कि मेज हमारे सामने है और हम कहते हैं कि हम मेज को जानते हैं। अब यहाँ दो प्रकार के प्रश्न हैं, अर्थात् (1) मेज का तत्त्व क्या है, जिसे जानने से हम समझते हैं कि हम 'मेज' को जानते हैं। इस प्रकार के प्रश्न ज्ञेय अथवा ज्ञान की वस्तु के तत्त्व से सम्बन्ध रखते हैं और इस प्रकार की गवेषणा को तत्त्व-मीमांसा (ontology) कहा जाता है। *देकार्त*, *स्पिनोजा* तथा *लाइबनित्स* अधिकतर तत्त्व-मीमांसक थे। (2) परन्तु हमारी गवेषणा स्वयं ज्ञान के सम्बन्ध में भी हो सकती है। उदाहरणार्थ, हम इस बात को भी निर्धारित करना चाह सकते हैं कि किस प्रकार के 'जानने' को जानना या ज्ञान कहा जा सकता है। इस प्रकार की गवेषणा ज्ञान

मीमांसा कहलाती है। अब ज्ञान के प्रति चिन्तन बिना ज्ञेय को पार्श्वभूमि (background) में रखे हुए नहीं हो सकता है, पर फिर भी हम ज्ञान की समस्याओं पर, ज्ञेय की अपेक्षा अधिक ध्यान दे सकते हैं। यही बात *लॉक, बर्कले* तथा *ह्यूम* में पायी जाती है। वे विशेषताएँ ज्ञान-मीमांसक कहे जा सकते हैं।

'ज्ञान' किसे कहा जाय? *लॉक* के अनुसार *उसे जानने को ज्ञान कहा जायगा, जो असंदिग्ध (certain) हो।** हम जानते हैं कि इस प्रकार का ज्ञान गणित-शास्त्र में पाया जाता है। अतः, *लॉक* भी गणितीय परम्परा से प्रभावित थे। पर उन्होंने आचरण-विज्ञान तथा धर्म-विज्ञान (theology) का भी ज्ञान प्राप्त करना चाहा है। परन्तु *लॉक* को असंदिग्ध ज्ञान सभी विषयों के प्रति सम्भव नहीं मालूम दिया और इसलिए उन्होंने असंदिग्ध ज्ञान को सीमाबद्ध बताया है। अतः, *लॉक की समस्या है कि वे असंदिग्ध ज्ञान के उद्भव (origin), स्वरूप, सीमा तक महत्त्व की जाँच करें।* परन्तु, इस विषय में भी उन्होंने बताया है कि उन्होंने एक मजदूर की भाँति केवल जमीन की सफाई की है ताकि इसके बाद ज्ञानसम्बन्धी इमारत खड़ी की जा सके।**

लॉक जानते थे कि ज्ञान वाक्यों के आधार पर व्यक्त किया जाता है, पर अन्त में ये वाक्य भावनाओं (ideas) पर आधारित हैं। इसलिए प्रश्न उठता है कि ये प्रत्यय किस प्रकार से प्राप्त किए जाते हैं। परन्तु लॉक को चाहिए था कि प्रत्यय (idea) का अर्थ स्पष्टतया निर्धारित करते और इनके विषय*** में भी लॉक ने निश्चित तथा असंदिग्ध काम नहीं किया है। 'प्रत्यय' का विश्लेषण करने पर इनमें दो बातें मालूम देती हैं कि:—

(1) यह किसी एक व्यक्ति विशेष की चेतना का एक अंश है, जिसे जानने के लिए किसी वस्तु को ध्यान में रखने की आवश्यकता नहीं है।

(2) फिर भावना किसी वस्तु का प्रतीक या प्रतिनिधि (representative) भी हो सकती है।

लॉक ने दोनों अर्थों में 'प्रत्यय' शब्द का प्रयोग किया है, जिससे उनकी गवेषणा में काफी गड़बड़ी आ गयी है। पुनः, भावनाओं का अध्ययन हम दो रूप से कर सकते हैं, अर्थात् (क) हम किसी भावना का विश्लेषण सम्वेदनाओं, प्रतिमाओं (images) तथा भावों (feelings) के आधार पर कर सकते हैं, या (ख) हम भावना के अन्तर्गत शाश्वत्, कालातीत तथा तार्किक विषय (content) का अध्ययन कर सकते हैं। इस तार्किक विषय को जो भावनाओं में सामान्य रूप से रहता है, हम शुद्ध कोटि या पदार्थ (categories) कहते हैं। प्रथम अध्ययन-विधि को मनोवैज्ञानिक और दूसरी को तार्किक गवेषणा कहा जाता है। अब लॉक ने यहाँ भावनाओं का सूक्ष्म विश्लेषण नहीं किया है, और इसलिए अपनी ज्ञान-मीमांसा में मनोवैज्ञानिक अध्ययन को घुसेड़ दिया है। फिर भी *लॉक* की समस्या थी कि वे भावनाओं की उत्पत्ति और उनके स्वरूप का अध्ययन करें और वे चाहते थे कि इस सम्बन्ध में पूरी सफाई रहे और इसीलिए उन्होंने सहजात प्रत्ययों के सिद्धान्त का खण्डन किया है, जिसे हम निम्नलिखित रूप से स्पष्ट कर सकते हैं :—

सहजात प्रत्ययों का खण्डन (*Refutation*)

देकार्त के सहजात प्रत्यय (innate ideas) का सिद्धान्त अवश्य ही बताया था, परन्तु

* 'With me', says Lock, 'to know and to be certain is the same thing, what I know that I am certain of ... and what comes short of certainty, I think cannot be called knowledge.' (Essays BK IV 16.3)

** उन्होंने अपने विषय में कहा है कि 'It is ambition enough to be employed as an underlabourer in clearing the ground a little, and removing some of the rubbish that lies in the way to knowledge.'

*** लॉक का कहना है, 'Morality is the proper business and science of mankind in general.' फिर कहा है : 'Morality and divinity are those parts of knowledge that men are most concerned to be clear in.'

उनका सहजात प्रत्यय ऐसा था, जो शिशु तथा अनपढ़ों में केवल *स्वाभाविक प्रवृत्ति* के रूप में पाया जाता है और *लॉक* भी इस मत को अस्वीकार नहीं करते हैं। अतः, लॉक ने देकार्त के मत का खण्डन नहीं किया है और न किसी अन्य दार्शनिक के मत का खण्डन किया है। उन्होंने केवल अपनी भावनाओं के सिद्धान्त को उग्र रीति से स्पष्ट करने के लिए खण्डन की मदद ली है।*

लॉक ने सहजात प्रत्यय से उन प्रत्ययों (ideas) का अर्थ लिया है, जिनके विषय में यह मत था कि वे ईश्वरप्रदत्त हैं और जो बिना किसी अनुभूति के आधार पर सभी व्यक्तियों में स्पष्टतया पाये जाते हैं। परन्तु लॉक की यही धारणा है कि सभी प्रत्यय वस्तुओं की जानकारी के प्रयास से मानव अनुभूति के आधार पर उत्पन्न होते हैं। सहजात प्रत्ययों के मानने वालों ने सभी सहज प्रत्ययों की तालिका तो दी नहीं है, पर उन्होंने बताया है कि सहज प्रत्यय वे हैं जो सार्वभौमिक (universal) हैं। अतः इस प्रसंग में *लॉक* ने यह बताया है कि कोई भी प्रत्यय शायद ही सार्वभौमिक सिद्ध किया जा सकता है और यदि किसी प्रत्यय को सार्वभौमिक मान लिया जाय तो सार्वभौमिकता (universality) की व्याख्या सहजात के आधार पर नहीं होकर अनुभव से ही स्पष्ट की जा सकती है।

यदि सहजात प्रत्यय से समझा जाय कि कुछ भावनाएँ मानव में जन्म से ही पाई जाती हैं तो ऐसी कोई भावना देखने में नहीं आती है। प्रायः 'सहज' प्रत्यय के समर्थक अव्याघात (contradiction) तथा तादात्म्य (identity) सिद्धान्तों को सहज मानते हैं। परन्तु वास्तव में ये सिद्धान्त इतने जटिल हैं कि मानव में जीवन के प्रारंभ में न होकर वे प्रौढ़ावस्था में अति कठिन चिन्तन के फलस्वरूप प्राप्त होते हैं। परन्तु यहाँ पर 'सहज प्रत्यय' के समर्थक कह सकते हैं कि ये प्रत्यय शिशु, अनपढ़ तथा पागल इत्यादि में रहते हैं, पर ये इनसे अनभिज्ञ रहते हैं। परन्तु *लॉक* देकार्तीय परम्परा को मानते हुए मन को केवल चेतन समझते थे और इसलिए उन्होंने बताया है कि कोई प्रत्यय मन में रहे और फिर भी लोग उससे अवगत न हों, ये दोनों परस्पर विरोधी बाते हैं।** अतः लॉक का कहना है कि कोई भी प्रत्यय सहजात नहीं है; क्योंकि कोई भी प्रत्यय सार्वभौमिक नहीं पाया जाता है।

जो बात बौद्धिक प्रत्ययों के विषय में कही जा सकती है वही नैतिक तथा धार्मिक प्रत्ययों के विषय में भी कही जा सकती है। शायद ही कोई ऐसा आचार-सिद्धान्त है जिसे दुनिया भर में सभी लोग एक रूप से सत्य मानते हैं। चोरी तथा हत्या को ठग तथा स्पार्टा निवासी धर्म समझते थे और सभ्य व्यक्तियों में भी युद्धधर्म में सभी दुराचार को मान्य समझा जाता है। अतः, नैतिक धर्मों को भी सार्वभौमिक न रहने के कारण, सहज नहीं माना जा सकता है।

फिर ईश्वर के प्रति प्रत्ययों को सहज समझा गया है। परन्तु यहाँ भी सार्वभौमिकता का अभाव दीखता है। नाना धर्मों में ईश्वर सम्बन्धी प्रत्यय भी विभिन्न माने गये हैं। फिर कुछ व्यक्तियों को कौन कहे, कितनी समस्त जातियाँ बिना ईश्वर के ज्ञान के पाई जाती हैं। अतः, ईश्वर सम्बन्धी प्रत्यय भी सार्वभौमिक नहीं समझा जा सकता, और इसलिए इसे भी सहजात नहीं गिना जा सकता है।

अतः, वे सब प्रत्यय, जिन्हें सहज समझा जाता था सार्वभौमिक नहीं सिद्ध पाये जाते हैं और फिर कितने प्रत्यय वास्तव में सार्वभौमिक हैं, पर उन्हें सहज नहीं समझा जाता है। उदाहरणार्थ सूर्य, अग्नि, ताप इत्यादि का प्रत्यय सभी लोगों में है और फिर भी उन्हें सहज नहीं माना जाता है।

अन्त में, यदि सहजात प्रत्ययों के समर्थक कहें कि सहज प्रत्यय अस्फुट (implicit) रूप

---

* D.J.O Connor : *Join Locke,* p. 39 (A Pelican Book).

** It seems 'To me near a contradiction to say, a notion is imprinted on the mind, and yet at the same time to say that the mind is ignorant of it.'

में रहते हैं और कालान्तर में ये स्पष्ट हो जाते हैं तो सहज प्रत्ययों की विशेषता जाती रहती है, क्योंकि यही बात तो सभी प्रत्ययों में लागू होती है कि कालान्तर में वे सभी स्पष्ट हो जाते हैं। *लॉक* का कहना है कि *उन्होंने सहज प्रत्यय का खण्डन किया है, पर ज्ञान प्राप्त करने की सहज शक्ति (innate powers) का खण्डन कहीं नहीं किया है।** अतः मेण्डक या उभयतोपाश (dilemma) के रूप में लॉक ने अपने मत को इस प्रकार रखा है—*Either the theory signifies that certain ideas and principles are explicitly present from the earliest period of consciousness, or it nearly asserts the existence of a generally capacity for knowledge. In the former case it is admittedly false. In the latter case it is totally unable to support the theory of certainty which has been reared upon it.*

प्रत्ययों का उद्भव और रचना *(Formation)*

यदि प्रत्यय सहजात नहीं है तो हमें देखना है कि हम उन्हें किसी प्रकार प्राप्त करते हैं। अब 'अर्जन-विधि' (method of acquiring) अर्थात् किसी प्रकार से प्रत्यय हमारे अन्दर उत्पन्न होते हैं, कई प्रकार से वे समझे जा सकते हैं। प्रत्यय के उद्भव (origin) के ये अर्थ लगाये जा सकते हैं:—

(क) प्रत्ययों का विकासात्मक इतिहास और वास्तव में *लॉक* ने अपनी विधि को 'सरल ऐतिहासिक विधि' (plan historical method) कहा है।

(ख) प्रत्ययों के उद्भव का अर्थ यह हो सकता है कि उन कारणों को हम खोज निकालें, जिनसे प्रत्यय उत्पन्न होते हैं, अर्थात् कुर्सी, मेज, नदी-पहाड़ आदि जो स्वयं प्रत्यय नहीं हैं, पर जो प्रत्ययों को हमारे अन्दर उत्पन्न करते हैं।

(ग) फिर 'प्रत्ययों' से अर्थ मूल धारणाओं से भी लिया जा सकता है, जिनसे सभी ज्ञान निर्मित होते हैं। इन्हें पदार्थ (categories) कहा गया है।

हम देखते हैं कि ज्ञान-मीमांसा का सम्बन्ध विशेषतया मूल धारणाओं से रहता है, जो अनुभूति के साथ सक्रिय (active) हुआ करती हैं। चूँकि ये अनुभूति के साथ ही सक्रिय होती हैं, इसलिए इन्हें अनुभवजन्य अर्थात् इन्द्रियजन्म नहीं कहा जा सकता है। अनुभव केवल अवसरमात्र प्रदान करता है, जिसमें वे सक्रिय हो सकें। कमल पंकज अवश्य है, पर पंकिल नहीं है। उसी प्रकार मूल धारणाएँ (categories) अनुभव के होने के साथ जाग्रत होकर ही अनुभव को सम्बद्ध करती हैं, पर वे स्वयं अनुभवजन्य नहीं हैं। यहाँ जैसा कि हम पहले ही कह चुके हैं, अनुभव का अर्थ है 'इन्द्रिय-अनुभव'। चूँकि लॉक ने मनोवैज्ञानिक तथा तार्किक गवेषणा को एक साथ मिला दिया है, इसलिए यह दोषपूर्ण हो गयी है, परन्तु इनका अभिप्राय अवश्य था कि वे उन आधारों को स्पष्ट न कर दें, जिनसे निश्चित ज्ञान उत्पन्न होता है।

अब तक हम लोगों ने देखा है कि कोई भी प्रत्यय सहजात नहीं है। सभी प्रत्यय अनुभव के द्वारा हमारे अन्दर उत्पन्न होते हैं। जन्म के समय मानव-मन सफेद कागज या कोरी पट्टी के समान साफ रहता है और सभी ज्ञान के अक्षर धीरे-धीरे अनुभव के द्वारा उस पर अंकित हो जाते हैं।** अनुभव के दो रूप हैं अर्थात् संवेदन (sensation) और अनुचिन्तन (reflection)। संवेदना और अनुचिन्तन दो ही खिड़कियाँ है, जिनसे मन-कूप में ज्ञान-रश्मियाँ आती हैं और अन्त में जो कुछ भी ज्ञान के अन्तर्गत हो उसे अनुभव के इन्हीं दो रूपों के द्वारा किये गये प्रत्यय से स्पष्ट करना चाहिए।*** '*All those sublime thoughts which tower above the clouds and*

---

* इस सम्बन्ध में लॉक की उक्ति है : 'I think nobody who reads my book can doubt that I spoke only of innate ideas and not of innate powers.'

** D.J.O Connor, *John Locke,* p. 31.

*** Mind at birth is a clean slate or tabula rasa and all the characters of knowledge are acquired through experience. BK, II. 1.24.

reach as high as heaven itself, take their rise and footing here in all that great extent wherein the mind wanders, in those remote speculations it may seems to be elevated with, it stirs not one jot beyond those ideas which sense or reflection has referred for its contemplation.'

इसलिए हमें संवेदना और अनुचिन्तन के स्वरूप को स्पष्ट करना चाहिए।

संवेदना—शारीरिक इन्द्रियों के भौतिक पदार्थ से प्रवाहित होने पर संवेदना उत्पन्न होती है। भौतिक पदार्थ शारीरिक इन्द्रियों को उद्दीप्त करना है और यह प्रक्षोभन (excretation) मस्तिष्क (brain) में पहुँचकर संवेदन उत्पन्न करता है। शारीरिक प्रक्षोभन किसी प्रकार से चेतना उत्पन्न करता है यह *लॉक* के अनुसार बुद्धिगम्य (intelligible) नहीं मालूम देता है, पर ऐसा होना निर्विवाद है। फिर *लॉक* वस्तुवादी थे और उनके अनुसार लाल, पीली वस्तु की अवश्य स्वतंत्र सत्ता है और हमारी संवेदनाएँ इनकी नकल हैं या इनकी प्रतिनिधित्व करती है।

अनुचिन्तन (*Reflection*)—जिस प्रकार से बाह्य वस्तुओं का ज्ञान संवेदनाओं से उत्पन्न होता है उसी तरह आभ्यन्तरिक (internal) दशाओं का ज्ञान अनुचिन्तन के आधार पर होता है। इसे आधुनिक मनोवैज्ञानिक भाषा में अनुनिरीक्षण (introspection) कहा जा सकता है और इसके आधार पर हमें अपने अन्दर भय, क्रोध, सुख-दुःख इत्यादि अवस्थाओं का ज्ञान होता है। संवेदनाओं से मिलान करने पर अनुचिन्तन की दो विशेषताएँ स्पष्ट मालूम देती हैं:—

(क) संवेदनाएँ बाह्य वस्तुओं के प्रतिरूप हैं, परन्तु बिना किसी प्रतिरूप से अनुचिन्तन के द्वारा सुख-दुःख या भय-क्रोध का हमें साक्षात् (direct) ज्ञान प्राप्त होता है।

(ख) साधारण संवेदनाओं को भी सम्भव बनाने में अवधान (attention) की आवश्यकता पड़ जाती है। पर अनुचिन्तन में अवधान की अपेक्षाकृत अधिक आवश्यकता पड़ जाती है।

सरल-प्रत्यय

जो भावनाएँ संवेदनाओं तथा अनुचिन्तन से मिलती हैं उन्हें सरल प्रत्यय कहा जाता है। लॉक के समय की विज्ञानधारा यन्त्रवादी थी और यन्त्रवाद का सिद्धान्त है कि 'सम्पूर्ण' की व्याख्या उसके अवयव या अंश के आधार पर की जा सकती है। यही कारण है कि मानसिक प्रक्रियाओं को स्पष्ट करने के लिए *लॉक* ने सरल प्रत्ययों को खोज निकाला है। सरल प्रत्ययों को *लॉक* ने निश्चय निरवयव अथवा अविश्लिष्टय (unanalysable) बताया है। वही आगे चलकर अनुभववाद में sense datum के रूप में *रसेल, मूर* इत्यादि विचारकों में देखा जाता है। परन्तु *लॉक* ने विस्तार (Extension) तथा काल-अवधि (duration) को भी प्रत्यय कहा है, जो वास्तव में निरवयव (partless) नहीं कहे जा सकते हैं।

निरवयव के अतिरिक्त लॉक ने सरल प्रत्यय के दो लक्षण बताये हैं:—

(क) जब मन निष्क्रिय-रूप से प्रत्ययों को ग्रहण करता है तब वे 'सरल' कहे जाते हैं, जब मन सक्रिय हो जाता है तब जटिल (complex) प्रत्यय उत्पन्न होते हैं।

(ख) सरल प्रत्यय साक्षात् रूप से हम जानते हैं, जैसे—लाल, पीला, गरम-ठंडा आदि का ज्ञान हमें साक्षात् होता है। यह ठीक है कि वस्तु जिससे सरल प्रत्यय उत्पन्न होते हैं अनेक संवेदित (sensed) गुणों से युक्त हो सकती है पर एक-एक करके ही हमें सरल प्रत्यय प्राप्त होते हैं।

काण्ट तथा अनुकाण्टीय विचारकों ने स्पष्ट कर दिखाया है कि बिना मन के योगदान के सरल प्रत्यय या sense-datum सफल नहीं होता है। मन रचनात्मक है और वह संवेदित प्रदत्त (sense-datum) को सरल ज्ञान में परिणत कर देता है। *लॉक* ने भी मन की रचनात्मक शक्ति का उल्लेख किया है पर सरल प्रत्ययों के सम्बन्ध में मन को निष्क्रिय (passive) माना है। शायद

उनका मत था कि यदि हम मन को रचनात्मक मान लें तो ज्ञान को विश्वसनीय समझने में आपत्ति हो जायगी; क्योंकि तब ज्ञान काल्पनिक रचना के समान हो जाएगा।

जटिल (*Complex*) प्रत्यय

लॉक के अनुसार *जब हमें सरल प्रत्यय प्राप्त हो जाते हैं तब मन सक्रिय होकर उन्हें असंख्य विधेयों से जोड़कर जटिल प्रत्यय बना सकता है।* जोड़ना या मिश्रण करना (compounding) वह मानसिक प्रक्रिया है, जिसके द्वारा संवेदना तथा अनुचिन्तन से प्राप्त सरल प्रत्ययों को एक साथ सजाकर जटिल प्रत्यय बनाया जाता है। परन्तु मिश्रण में हम केवल सरल प्रत्ययों को एकत्र ही नहीं करते, बल्कि उनमें एकत्व (unity) भी पैदा करते हैं। उदाहरणार्थ-पीला, सुगन्ध, चिकना इत्यादि के सरल प्रत्ययों को जोड़कर हमें आम का जटिल प्रत्यय मिलता है और यहाँ आम में एकत्व है। यौगिक (compound) जटिल प्रत्यय में 'एकत्व' वह धारणा आ गयी है जो न तो सरल प्रत्यय में थी और न मिश्रण प्रक्रिया में थी। वह वास्तव में जटिल प्रत्ययों की रचना में मन की अपनी विशेष देन है। फिर मिश्रण में अतिरिक्त *लॉक* को तुलन (comparing) और अमूर्त्तबोधन (abstraction) नामक दो मानसिक प्रक्रियाओं को भी स्वीकार करना पड़ा। तुलना करना या तुलन वह मानसिक प्रक्रिया है, जिससे हम दो प्रत्ययों को (चाहे वे सरल हों या जटिल) एक साथ ऐसा अपने सामने रखते हैं कि बिना मिलाये हुए हम उन्हें एक साथ देख सकें। प्रत्ययों को एक-दूसरे से मिलान करने पर हम उनके बीच के सम्बन्ध को जान लेते हैं जैसे—एक प्रत्यय दूसरे के पहले या बाद आता है या एक प्रत्यय दूसरे के समान या भिन्न है, इत्यादि। अब न तो एकत्व और न प्रत्ययों के बीच समानता (similarity) तथा विभिन्नता (difference) संवेदित धर्म हैं। यदि यह सत्य हो तो *लॉक* का कहना कि ज्ञान में ऐसी कोई बात नहीं जो संवेदित नहीं है, सत्य नहीं ठहरती है। अतः, *लॉक* ने एकत्व, समानता, विभिन्नता इत्यादि को स्वीकार कर अपने अनुभववाद के सिद्धान्त को स्वयं अधूरा सिद्ध कर दिया है। क्योंकि ये प्रक्रियाएँ अनुभवजन्य नहीं हैं।

फिर मिश्रण, तुलना के अतिरिक्त अमूर्त्तबोधन की भी प्रक्रिया है और *लॉक* ने ठीक ही कहा है कि वैज्ञानिक ज्ञान में अमूर्त्तबोधन विशेष रूप से पाया जाता है। पर यह भी स्पष्ट है कि अनुभव से हमें केवल मूर्त्त (concrete) और विशेष वस्तुओं ही का ज्ञान मिल सकता है और अमूर्त्तबोधन से प्राप्त सामान्य प्रत्ययों को ज्ञान में विशेष स्थान देकर *लॉक* ने अपने को असंगत (inconsistent) अनुभववादी बना दिया है। *लॉक* के अनुसार अमूर्त्तबोधन में दो प्रक्रियाएँ पाई जाती हैं :—

(क) पहली बात है कि वह लक्षण, जिसे हमें सामान्य बनाना है, हमें अकेले ही अन्य धर्मों से अलग कर देखना चाहिए, और

(ख) फिर इस पृथक्कृत (isolated) लक्षण में उस प्रकार के सभी गुणों का प्रतिनिधित्व करने की क्षमता होनी चाहिए।

उदाहरणार्थ, यदि हमें त्रिभुज का सामान्य प्रत्यय बनाना हो तो हमें किसी भी त्रिभुज-विशेष के आकार, रंग, क्षेत्र इत्यादि की अवहेलना कर केवल उसके त्रिभुजाकार पर ध्यान देना चाहिए। इस त्रिभुजाकार को सभी त्रिभुजों का प्रतिनिधित्व करना चाहिए। सामान्य प्रत्यय की विशेषता किसी गुण के पृथक्करण में नहीं, पर इसके प्रतिनिधित्व करने की क्षमता में पाई जाती है। *बर्कले* ने गलत समझा था कि *लॉक* का सामान्य प्रत्यय से अर्थ किसी प्रतिमा-विशेष (image) से था। वास्तव में *लॉक* सामान्य प्रत्यय को न तो कोई प्रतिमा ही समझते थे और न प्रतिमाओं का योग ही मानते थे। *बर्कले* की इस गलती को हम उनके प्रतिमा-बोध तथा सामान्य प्रत्यय के खण्डन के सम्बन्ध में देखेंगे।

जटिल प्रत्ययों का विभाजन—संयोजन (compounding), वियोजन (decompounding),

तुलन तथा अमूर्त्तबोधन के आधार पर जो जटिल प्रत्यय प्राप्त होते हैं, उन्हें हम तीन वर्गों में बाँट सकते हैं अर्थात् (1) प्रकार (modes), (2) द्रव्य (substance) और (3) सम्बन्ध (relations)। हम इनकी अब अलग-अलग संक्षिप्त व्याख्या करेंगे।

प्रकार—ये वे यौगिक (compound) प्रत्यय हैं जो सरल प्रत्ययों के जोड़ने से बनते हैं, परन्तु सरल प्रत्ययों को हम कितना ही अधिक संघटित कर क्यों न जोड़ें, उनमें यौगिक प्रत्ययों की स्वतंत्र सत्ता नहीं देखने में आती है। इसलिए प्रकार वे हैं जो द्रव्य पर निर्भर रहे और जो द्रव्य से स्वतंत्र रहकर वास्तविक न हों। *लॉक* के प्रकार के सम्बन्ध का मत बहुत कुछ *स्पिनोजा* के मत की छाया है। *लॉक* के अनुसार संख्या (number), काल प्रक्रिया (duration), कृतज्ञता (gratitude) इत्यादि प्रकार के उदाहरण हैं। *लॉक* के अनुसार प्रकार की रचना में मन अनेक सरल प्रत्ययों को जोड़कर एक जटिल प्रत्यय बनाकर उससे कोई नाम देकर स्थिर या स्थायी कर लेता है।

प्रकार भी दो तरह के हैं, अर्थात् (क) सरल और (ख) मिश्रित (mixed)। अब *यदि एक ही तरह के सरल प्रत्ययों से प्रकार बने हों तो उन्हें सरल कहते हैं और यदि प्रकार भिन्न तरह के सरल प्रत्ययों से बने, तो हम उसे मिश्रित कहते हैं।* 'सुन्दरता' मिश्रित प्रकार का उदाहरण है; क्योंकि इसमें रूप, आकार, रंग, मोहकता इत्यादि सरल प्रत्ययों का योग है। मिश्रित प्रकार की रचना में हमें ध्यान रखना चाहिए कि असंगत प्रत्यय एक साथ न जुटे जायें।

*एक ही सरल प्रत्ययों के विभिन्न योग को सरल प्रकार कहते हैं।** इसे संख्याओं के उदाहरण से स्पष्ट किया जा सकता है। यदि हम संख्या की इकाइयों को जोड़े जायें तो बड़ी संख्या बन जायगी। परन्तु इस रीति से हम कितनी ही बड़ी संख्या क्यों न बनायें, हम जानते हैं कि इकाइयों को यदि हम जोड़ते जायें तो बड़ी से बड़ी संख्या बनती जायगी और इस तरह से किसी भी संख्या को परिमित (limited) नहीं समझा जा सकता है। अतः, हम समझते हैं कि संख्याएँ अपरिमित (infinite) हैं। इसलिए अपरिमित प्रत्यय (infinite idea) की धारणा अभावात्मक (negative) है, न कि भावात्मक। यहाँ पर देकार्त और लॉक एक-दूसरे के विरोधी मत रखते हुए दिखाई देते हैं।

द्रव्य (*Substance*)—प्रकार-सिद्धान्त की अपेक्षा द्रव्य तथा सम्बन्ध के प्रति *लॉक* का सिद्धान्त अधिक महत्त्वपूर्ण है; क्योंकि इन सिद्धान्तों में अनुभववाद का संशय (scepticism) अस्फुट रूप में पाया जाता है, जिसे आगे चलकर बर्कले तथा ह्यूम ने चरम सीमा तक पहुँचाया है।

द्रव्य के सम्बन्ध में *लॉक* का विचार स्पष्ट नहीं दीखता है, क्योंकि उन्होंने इस प्रसंग में मनोवैज्ञानिक, तार्किक (logical) तथा तात्त्विक (metaphysical) भेदों के बीच अन्तर नहीं किया है। सामान्य रूप से बोध होता है कि द्रव्य आलम्बन या सहारा (support) है, जो अनेक सरल प्रत्ययों को आश्रय देता है। उदाहरणार्थ मीठे सुगन्ध गोलाकार, रंग इत्यादि प्रत्ययों का एक आलम्बन है, जिसे हम सेब के नाम से पुकारते हैं। यहाँ *लॉक* का कहना है कि मीठा, सुगन्धित, गोलाकार इत्यादि गुण अपने से ही नहीं रह सकते हैं। उन्हें आलम्बन की आवश्यकता हो जाती है ताकि वे उसमें निहित हों। यहाँ पर दो प्रश्न उठते हैं। पहली बात यह है कि स्वयं सरल प्रत्ययों में द्रव्य प्रत्यय नहीं पाया जाता है, पर इसके आधार पर सरल प्रत्ययों को व्यवस्थित किया जाता है। अतः, द्रव्य प्रत्यय मन की अपनी देन है; जिसे संवेदना तथा अनुचिन्तन के आधार पर स्पष्ट नहीं किया जा सकता है। इसलिए *लॉक* का वह अनुभववाद, जिसके अनुसार ज्ञान में सरल प्रत्ययों के अतिरिक्त कुछ है ही नहीं, असंगत ठहरता है। दूसरी बात है कि *लॉक* के अनुसार

---

* Simple modes are 'Variations or different combinations of the same simple idea' without the mixture of any other.

द्रव्य-धारणा विचारों की बाध्यता पर निर्भर करती है। हम सोच ही नहीं सकते हैं कि बिना द्रव्य नामक आलम्बन के गुण स्वतंत्र रीति से वास्तवकि हो सकते हैं।* इसलिए हम बाध्य हो जाते हैं कि हम गुणों को द्रव्य-धारणा के आधार पर व्यवस्थित कर दें। पर यह बाध्यता (necessity) दो प्रकार की हो सकती है-मनोवैज्ञानिक और तार्किक। मनोवैज्ञानिक बाध्यता मानसिक आदत पर निर्भर करती है। बहुत कुछ *ह्यूम* के समान *लॉक* कहते हैं कि जब हम बहुत से सरल प्रत्ययों को बहुत बार एक साथ पाते हैं तो हमारे अन्दर आदतें सी हो जाती हैं कि हम उन्हें किसी आलम्बन या आश्रय में सूत्रबद्ध समझें। परन्तु 'आदत या टेव' किसी प्रतिक्रिया को पुष्ट कर सकती है, न कि किसी नयी प्रतिक्रिया की रचना कर सकती है। यदि सरल प्रत्ययों में द्रव्य-धारणा हो ही नहीं, जो पचासों बार साल प्रत्ययों को एक साथ देखकर भी हममें इस नयी धारणा की रना नहीं हो सकती हैं।

परन्तु, शायद *लॉक* बताना चाहते थे कि सभी प्रकार के पदार्थों के सम्बन्ध में विचारने में कुछ ऐसी मूल धारणाएँ (categories) हैं, जिनकी मदद लेना अनिवार्य हो जाता है। इस दृष्टिकोण से द्रव्य-धारणा तार्किक प्रत्यय हो जाती है। परन्तु मूल धारणा तो संवेदना तथा आत्मचिन्तन से प्राप्त नहीं हो सकती है, पर उससे प्राप्त सरल प्रत्ययों को सूत्रबद्ध तथा व्यवस्थित करने के लिए मन अपनी रचनात्मक शक्ति के कारण मूल धारणा को काम में लाता है। अतः, मूलधारणा सरल प्रत्यय नहीं है, पर सरल प्रत्यय को अनुभव में सम्भव होने के लिए ही मूल धारणाओं की मदद लेनी पड़ती है। इसलिए यदि हम मूल धारणा को सरल प्रत्यय समझकर संवेदना तथा अनुचिन्तन के आधार पर स्पष्ट करना चाहें तो यह सम्भव नहीं हो पाता है। यही बात लॉक की द्रव्य-धारणा के सम्बन्ध में हम पाते हैं। लॉक की द्रव्य-धारणा न तो संवेदना और न अनुचिन्तन से ही प्राप्त मालूम देती है और इसलिए तार्किक दृष्टिकोण से लॉक की द्रव्य-धारणा अज्ञात मालूम देती है। *(It is an unknown substratum or I-know-not-what.)* परन्तु यदि द्रव्य अज्ञात प्रत्यय हो और अनुभवातीत हो, तो किस प्रकार अनुभववादी इसे स्वीकार कर सकता है? अतः, *द्रव्य-धारणा को अज्ञात मानकर असंगत अनुभववादी हो गये हैं।* फिर यदि द्रव्य का स्वरूप अज्ञात हो तो न हम भौतिक पदार्थ को और न आत्मिक पदार्थ को जान सकते हैं; और इसलिए लॉक के दर्शन में संशयवाद अस्फुट (implicit) या गुप्त रीति से पाया जाता है। परन्तु वास्तव में लॉक संशयवादी नहीं थे और इसलिए द्रव्य-विवेचन में उन्होंने तात्त्विक दृष्टिकोण की भी मदद ली है।

लॉक के द्रव्य को तात्त्विक सत् इसलिए मानना पड़ा कि यदि द्रव्य अज्ञात हो तो ईश्वर भी अज्ञात और अज्ञेय हो जाता है। *लॉक* ईश्वरवादी थे और ईश्वर को वे अज्ञात नहीं मान सकते हैं। इसलिए धर्म-चर्चा के सम्बन्ध में उन्होंने बताया है कि द्रव्य-विवेचन में प्रत्यय (idea) और सत् (being) दोनों आते हैं। द्रव्य की अज्ञानता इसके प्रत्यय से सम्बन्ध रखती है, पर द्रव्यात्मक सत्ता का अनस्तित्व नहीं माना जा सकता है। इस अर्थ में *लॉक* पुद्गल या भौतिक पदार्थ (matter), मन तथा ईश्वर का अस्तित्व स्वीकार करते हैं और साथ ही साथ इनके सम्बन्ध का ज्ञान भी सम्भव समझते हैं। तत्त्व-मीमांसा दृष्टिकोण से द्रव्य वह है, जो सभी परिवर्तनों के रहने पर भी स्थायी रहे। इसी अर्थ में *देकार्त, स्पिनोजा* तथा *लाइबनित्स* ने 'द्रव्य'को समझा था और वैज्ञानिक भी पुद्गल के सम्बन्ध में इसी अर्थ को काम में लाते हैं। वैज्ञानिक के अनुसार भी भौतिक जगत् की सभी वस्तुओं का नाश हो जाने पर भी इसका अणु (atom) स्थायी तथा अक्षुण्ण रहता है। फिर वे मानते हैं कि पदार्थ ज्ञेय होता है। अतः *लॉक* इस वैज्ञानिक दृष्टिकोण को स्वीकार करते हुए समझते हैं कि द्रव्य है और बहुत यह कुछ ज्ञात भी है। यह बात लॉक के भौतिक पदार्थ के

* लॉक की युक्ति है कि **Idea of substance is 'obscure and relative, being nothing but the supposed but unknown support of those qualities we find existing, which we imagine cannot subsist sincere substances without something to support them.'**

सम्बन्ध में स्पष्ट हो जाती है। अतः, लॉक के अनुभववादी विचारों में द्रव्य-धारणा तार्किक और तात्त्विक दृष्टिकोण से आत्म-विरोधी दिखाई देती हैं।

पुद्गल अथवा भौतिक पदार्थ

भौतिक पदार्थ का सारगुण *देकार्त* के अनुसार विस्तार (extension) है, परन्तु *लॉक* इस मत का खण्डन करते हैं उनके अनुसार भौतिक पदार्थ का सारगुण ठोसपन (solidity) है और इसलिए है कि भौतिक पदार्थ अभेद्य अणुओं के योग से बना है। इस अणुओं को *लॉक* ने अतीन्द्रिय (insensible) कहा है और यद्यपि *लॉक* के वैज्ञानिक युग के अनुसार यह सही कहा जा सकता है तो भी इससे *लॉक* का अनुभववाद असंगत हो जाता है। इन्द्रियानुभव से अतीत अणु को अनुभववाद संगत रीति से नहीं स्वीकार कर सकता है।

फिर *लॉक* के अनुसार पुद्गल में दो प्रकार के गुण हैं, अर्थात् प्राथमिक (primary) और गौड़ (secondary) गुण। छः प्राथमिक गुण हैं, अर्थातद्व ठोसपन, विस्तार, आकार, गति, विश्राम या स्थित (rest) और संख्या (number)। प्राथमिक गुण वास्तव में भौतिक पदार्थ में हैं और इन्हीं प्राथमिक गुणों के कारण गौण गुण हममें उत्पन्न होते हैं। फिर चूँकि *लॉक* अनुकृति सिद्धान्त (Copy theory) को असाक्षात् रीति से मानते हैं, इसलिए इनके अनुसार प्राथमिक गुणों की सही-सही नकल हमारे ज्ञान में पाई जाती है। इन दोनों में गौण गुण प्राथमिक गुण से भिन्न हैं। रंग, स्वाद, ध्वनि इत्यादि गौण गुण हैं। ये वास्तव में भौतिक वस्तुओं में नहीं पाये जाते हैं, परन्तु ये पूर्णतया विषयी (subjects) पर निर्भर करते हैं। यदि मानव में आँख न हो तो रंग का गुण न होगा और यदि कान न हो तो ध्वनि न होगी। इस रीति से सभी गौण गुण मानवों की इन्द्रियों पर निर्भर करते हैं। फिर गौण गुण सापेक्ष (relative) है, क्योंकि एक ही प्रकार का गौण गुण व्यक्तियों को भिन्न-भिन्न मालूम देता है। यहाँ पर लॉक ने उदाहरण दिया है कि यदि किसी बर्तन में हम गरम पानी रख दें और फिर दाहिने हाथ को उसमें थोड़ी देर तक डाले रहें तो दाहिने हाथ के लिए पानी सुसुम मालूम देगा। पर यदि हम एकाएक बायाँ हाथ इसमें डालें तो यह गरम प्रतीत होगा। अब यदि जल का ताप वास्तव में जल में रहता तो यह दोनों हाथों के लिए एक समान होता। पर ऐसी बात देखने में नहीं आती है। इससे स्पष्ट हो जाता है कि गौण गुण इन्द्रियों पर निर्भर करते हैं तो भी उनका कोई वास्तविक आधार है और यह है प्राथमिक गुण। ठोसपन, विस्तार इत्यादि का प्रभाव जब हमारी इन्द्रियों पर पड़ता है तब हमारे अन्दर गौण गुण उत्पन्न होते हैं।

अतः, भौतिक पदार्थों के गुण विवेचन से स्पष्ट हो जाता है कि पदार्थ को अज्ञात नहीं समझा जा सकता है।

मन-विवेचन—जिस प्रकार बाह्य भौतिक पदार्थों को हम संवेदनाओं के आधार पर जानते हैं, उसी प्रकार से अनुचिन्तन (reflection) के द्वारा हम मन के विषय में ज्ञान प्राप्त करते हैं। अनुचिन्तन के आधार पर हम जानते हैं कि वस्तुसंवेदन (perceiving), स्मरण-प्रक्रिया, विचारना, संकल्प करना इत्यादि मन के गुण हैं। *लॉक* के अनुसार मन के दो प्राथमिक गुण हैं, अर्थात् (क) विचार और (ख) संकल्प के द्वारा शारीरिक व्यापार को उत्पन्न करने की क्षमता। इन दोनों गुणों में अज्ञात आलम्बन (unknown substratum) के प्रत्यय को जोड़कर हम मन की धारणा स्थापित करते हैं।* अतः *लॉक* के अनुसार पदार्थों के गुणों को तो जानते हैं, परन्तु

---

* भौतिक तथा आत्मिज द्रव्यों के बीच अन्तर को स्थापित करते हुए लॉक ने इस प्रकार लिखा है :
'The one is as clear and distinct an idea as the other, the idea of thinking and moving a body being are as clear and distinct ideas as the ideas of extension, solidity and being moved. For our idea of substance is equally obscure, or none all, in both, it is but a supposed I-know-not, what to support those ideas we call accidents.

(*Essays* B.K. II, 23-15.)

उनके द्रव्य-सम्बन्धी (concerning substantial nature) स्वरूप को नहीं जानते हैं। पर क्या गुण और द्रव्य के बीच ऐसे भेद का सम्बन्ध स्थपित किया जा सकता है कि हम गुण को जानें, और इसके आलम्बन द्रव्य को न जानें? द्रव्य और गुण के बीच अवियोज्य (inseparable) सम्बन्ध है और वास्तव में द्रव्य बिना गुण के सम्भव नहीं होता है। अतः, जब हम गुण को जानते हैं तब उसी परिणाम में हम द्रव्य को भी जानते हैं। अतः, द्रव्य और गुण को एकदम एक-दूसरे से अलग करके लॉक ने गलत समस्या हमारे सामने रख दी है।

फिर *लॉक* ने असंगत रूप से यह भी बताया है कि हम अपने मन या आत्मा को साक्षात् रीति से सहज ज्ञान या प्रतिमान (intuition) के द्वारा जानते हैं और इस प्रकार के ज्ञान को स्पष्ट तथा परिस्पष्ट* कहा है। अतः यहाँ भी हम देखते हैं कि लॉक ने द्रव्य-प्रत्यय को दो भिन्न-भिन्न रूपों में काम में लिया है अर्थात् तार्किक और तात्त्विक (metaphysical)। अब तार्किक द्रव्य-विचार के दृष्टिकोण से द्रव्य अज्ञात है, पर तात्त्विक दृष्टिकोण से यह ज्ञात रहता है। चूँकि लॉक ने अपने इन दो मतों को स्पष्ट नहीं किया है, इसलिए वे द्रव्य-सम्बन्धी मीमांसा में असंगत हो गये हैं और यह बात उनके ईश्वर-विवेचन में भी स्पष्ट रीति से पाई जाती है।

ईश्वर-विचार—ईश्वर के सम्बन्ध में *लॉक* इस बात को स्वीकार नहीं करते हैं कि ईश्वर अज्ञात या अज्ञेय हैं। ईश्वर के प्रति *लॉक* का मत है कि *ईश्वर ज्ञात है और इस प्रकार के ज्ञान को असन्दिग्ध समझना चाहिए।*** ईश्वर-सम्बन्धी ज्ञान को *लॉक* ने (demonstrative) निर्देशात्मक कहा है। ईश्वर के गुण के विषय में लॉक ने बताया है कि ईश्वर में वे सब गुण पाये जाते हैं, जो हम अनुचिन्तन के आधार पर अभीष्ट समझते हैं। परन्तु ये सब गुण ईश्वर में अपरिमित रीति से पाये जाते हैं।

कारण-कार्य का सम्बन्ध

लॉक ने बताया है कि सभी सरल प्रत्ययों में, चाहे वे सम्वेदन के द्वारा या अनुचिन्तन के आधार पर प्राप्त हों, परिवर्तनशीलता देखने में आती है। इन सभी घटनाओं को हम बिना कारण-कार्य के सम्बन्ध को काम में लाये हुए नहीं समझ सकते हैं। इसलिए *लॉक* के अनुसार *जहाँ किसी घटना का आरम्भ हो, वहीं उसका कारण भी अवश्य होगा; Everything that has a beginning must have a cause.* अब उत्पादक (producer) को कारण और उत्पादित (produced) को कार्य कहा जा सकता है। परन्तु, जहाँ हम उत्पादक-उत्पादित के सम्बन्ध पर ध्यान देते हैं, वहाँ यह स्पष्ट हो जाता है कि हम ऐसा किसी शक्ति की अनुभूति से करते हैं, जिसमें हम कह सकें कि अमुक कारण (क) से अमुक कार्य (ख) में परिवर्तन होता है? अब *लॉक* का कहना है कि बाह्य वस्तुओं के परिवर्तन से हम उत्पादक और उत्पादित के बीच किसी शक्ति को नहीं देखते हैं। हम केवल उनके बीच के पूर्वापर (successive) सम्बन्ध मात्र को ही देखते हैं।*** यदि

---

* 'As for our own existence; we perceive it so plainly and so certainly that it neither needs nor is capable of any proof. For nothing can be more evident to us than our own existence. Experience then convinces us that we have an 'infinite knowledge' of our own existence and an internal infallible perception that we are. In our act of sensation, reasoning, our thinking we are conscious to oursleves of our being and in this matter come not short of the highest degree of certainty.' (*Essays,* B.K. IV. 9.3)

** 'Thus from the consideration of ourselves and what we infallibly find our constitutions our reason leads us to the knowledge of this certain and evident truth, that there is an eternal, most powerful and most knowing. Being, which whether any one pleases to call God, it matters not.' (*Essays,* Part IV, 10-6)

*** यहाँ लॉक बिलिअर्ड के बॉल की उपमा देते हैं। यदि बिलियर्ड के एक बॉल में धक्का दिया जाय तो पहला बॉल दूसरे बॉल को टक्कर मारकर उसमें गति उत्पन्न कर देता है, पर क्या उसमें हम उत्पादक-शक्ति को पाते हैं?

ऐसी बात हो तो *लॉक* को स्वीकार नहीं करना चाहिए कि कारण में उत्पादक शक्ति (producing power) है, जिससे कार्य उत्पन्न होता है। परन्तु *लॉक* यहाँ भी असंगत अनुभववादी सिद्ध होते हैं।

अब *लॉक* का कहना है कि बाह्य वस्तुओं में तो हम उत्पादक शक्ति नहीं देखते हैं, परन्तु इसे हम अपनी इच्छात्मक या संकल्पात्मक प्रक्रियाओं (voluntary actions) में अवश्य देखते हैं* और इसी अनुभूति के आधार पर हम कह सकते हैं कि सभी घटनायें किसी-न-किसी उत्पादक शक्ति के आधार पर सम्भव होती हैं। परन्तु यहाँ लॉक की युक्ति (argument) ठीक नहीं है। प्रक्रिया में शरीर-मन का (psychophysical) सम्बन्ध है और जो बात यहाँ सत्य होगी उसे कैसे कहा जाय कि वह शुद्ध भौतिक वस्तुओं में भी सही होगी?

अतः, *लॉक* का *कारण-कार्य के प्रति विचार स्पष्ट नहीं था और उनका यह कहना है कि Everything which has a beginning must have a cause. पूर्वानुभवजन्य (a priori) बात* है, जिसे उनके ऐसे अनुभववादियों को स्वीकार नहीं करना चाहिए। द्रव्य और कारण-कार्य सम्बन्धी संशय को अनुभववादी ह्यूम ने स्पष्टतः ग्रहण किया है।

ज्ञान-मीमांसा (*Theory of knowledge*)

लॉक का उद्देश्य था कि वे ज्ञान के आदि या पूर्वरूप (original archetype) तथा उसकी असन्दिग्धता और सीमा का अध्ययन करें। साथ-ही-साथ इस बात का भी निर्णय करें कि ज्ञान का क्या आधार है और फिर किन-किन मात्राओं (degrees) में किन-किन वस्तुओं या विषयों का ज्ञान हमें प्राप्त होता है।** फिर हम लोगों ने देखा है कि लॉक के अनुसार ज्ञान मतों (opinions) से भिन्न है और इसे निश्चित तथा शिक्षाप्रद (instructive) होना चाहिए और वास्तविकता के साथ इसका मेल रहना चाहिए।*** अतः लॉक की ज्ञान-मीमांसा में तीन मुख्य प्रश्न देखने में आते हैं :—

(1) ज्ञान की निश्चितता (certainty) और प्रायिकता (probability) कैसे स्थापित की जाती है?

(2) ज्ञान की वास्तविकता (reality) कैसे निर्धारित की जाय?

(3) ज्ञान में किस प्रकार की नवीनता रहने पर इसे शिक्षाप्रद समझा जाय?

परन्तु इसके पहले कि हम तीनों प्रश्नों पर प्रकाश डालें; हमें जानना चाहिए कि *लॉक* के अनुसार ज्ञान का स्वरूप क्या था। उन्होंने ज्ञन की परिभाषा इस रीति से की है : प्रत्ययों के बीच संगति (agreement) या असंगति (disagreement) या विरोधिता (repugnance) के सम्बन्ध के प्रत्यक्ष को ज्ञान कहते हैं।**** इस परिभाषा पर ध्यान देने से पहली बात तो यह

---

* Also when by impulse it sets another ball in motion it had received from another, and loses in itself so much as the other received, which gives us but a very obscure idea of an 'active' power moving in a body. Whilst we observe it only to 'transfer' but not 'prodcue' any motion. (BK, II 21.4) यहाँ इसी बात को ह्यूम ने और अधिक स्पष्ट किया है जिसे आगे चलकर हम देखेंगे।

** "The idea of the 'beginning' of motion we have only from reflection on what passes in ourselves when we find by experience that barely by wishing it, barely by a thought of the mind, we can move the parts of our bodies, which, were before, at rest.' (BK. II. 21.4)

*** लॉक ने ज्ञानमीमांसा के प्रति अपने उद्देश्य को इस प्रकार व्यक्त किया है : His purpose is to enquire into the origin, certainty and extent of 'human-knowledge' together with the ground and degrees of belief, opinion and assent.

**** "Locke defines knowledge as nothing but the 'perception of the connection of agreement or disagreement and repugnancy of any of our ideas.' In this alone it consists." (BK. IV. 1.2)

मालूम देती है कि ज्ञान-प्राप्ति में मन निष्क्रिय न रहकर सक्रिय रहता है; क्योंकि स्वयं मन को देखना पड़ता है कि प्रत्ययों के बीच संगति है या नहीं। दूसरी बात है कि ज्ञान को सम्बन्धात्मक (relation) कहा गया है; क्योंकि प्रत्ययों के बीच की संगति या असंगति के सम्बन्ध पर ज्ञान निर्भर करता है। फिर लॉक ने ज्ञान की परिभाषा में केवल प्रत्ययों का ही उल्लेख किया है और वस्तुओं तथा *प्रत्ययों* के बीच प्रतिरूपता या अनुरूपता इत्यादि के सम्बन्ध की अवहेलना की है। हम आगे चलकर देखेंगे कि वास्तव में *लॉक* प्रत्ययवादी (idealist) नहीं थे; क्योंकि ये प्रत्ययों को वस्तुओं का चिह्न (signs) समझते थे और इसलिए इनके ज्ञान में वास्तववाद है। हाँ, यह ठीक है कि इस बात को इन्होंने अपने ज्ञान की परिभाषा में स्पष्ट नहीं किया है। परन्तु यदि हम मान भी लें कि लॉक वास्तववादी थे तो भी इन्होंने प्रत्ययों के बीच ज्ञान को सीमित बनाकर अपने अनुभववाद को एकांगी बना लिया है। अब लॉक के ज्ञान स्वरूप के प्रति मत को जानकर हम इसके सम्बन्ध में उसकी मात्र, वास्तविकता और शिक्षाप्रदत्त के प्रश्न पर विचार करेंगे।

1. ज्ञान की निश्चितता की मात्रा *(Degrees)*—अन्तःप्रज्ञात्मक ज्ञान (intuitive knowledge) सबसे अधिक असंदिग्ध है। *जहाँ हम दो प्रत्ययों के बीच संगति या असंगति साक्षात् रीति से देखते हैं, उसे हम अन्तःप्रज्ञा कहते हैं।* जैसे-सफेद काला नहीं है या तीन दो से अधिक है। ऐसा मालूम होता है कि *लॉक* भी *देकार्त, स्पिनोजा* इत्यादि की भाँति गणित से प्रभावित हुए थे और चूँकि इसमें अनिवार्य तथा असंदिग्ध ज्ञान पाया जाता है, इसलिए समस्त ज्ञान को इसी आदर्श से प्रभावित होकर असंदिग्ध माना है। आगे चलकर हम देखेंगे कि ज्ञान को इस प्रकार मान लेने में कठिनाई पड़ जाती है।

अन्तःप्रज्ञा के बाद निर्देशात्मक (demonstrative) या प्रदर्शनात्मक ज्ञान की बारी आती है। जब हम दो प्रत्ययों के बीच साक्षात् तुलना से सम्बन्ध नहीं देख पाते हैं, तब हम अन्य प्रत्ययों के माध्यम से उनकी तुलना की संगति या असंगति को खोज निकालते हैं, जैसे-$A > B; B > C; \therefore A > C$। यहाँ हमें कई पग देखने में आते हैं, परन्तु प्रदर्शनात्मक ज्ञान को असंदिग्ध बनाये रखने के लिए प्रत्येक पग में निश्चितता रहना चाहिए। प्रदर्शनात्मक ज्ञान असंदिग्ध अवश्य है पर इनमें गलती की गुंजाइश है। पहली बात यह है कि ध्यान बंटने पर गलती हो सकती है। फिर जब तक हमें संदेह न हो तब तक हम नाना पगों के आधार पर प्रदर्शनात्मक प्रक्रिया नहीं दुहराते हैं। अतः, इसमें संदेह छिपे रूप में रह सकता है। अन्त में प्रायः प्रदर्शनात्मक ज्ञान में अनेग पग रहते हैं और इसलिए पिछले पगों में अगले पगों की स्मृति रखनी पड़ती है और हम जानते हैं कि स्मृति से धोखा हो जाता है। इसलिए स्मृति पर आधारित रहने के कारण प्रदर्शनात्मक ज्ञान उतना असंदिग्ध नहीं समझा जा सकता है, जितना अन्तःप्रज्ञा होती है।

अब *लॉक* की विशेषता है कि वे समझते थे कि गणितशास्त्र को छोड़कर आचारशास्त्र तथा ईश्वर-विज्ञान (theology) में भी प्रदर्शनात्मक ज्ञान संभव है। परन्तु लोगों के अनुरोध करने पर भी आपने इस प्रकार की युक्तियों का उदाहरण हमारे सामने नहीं रखा है।

इन्द्रिय-ज्ञान *(Sensitive knowledge)*—*लॉक* ने ज्ञान को प्रत्ययों के बीच ही सीमित रखा है और प्रत्यय तो सार्वभौम (universal) ही हो सकते हैं। अतः, *लॉक* की परिभाषा के अनुसार *ज्ञान केवल सार्वभौम ही हो सकता है।* अतः, *लॉक* के विचारों में प्लेटोवाद की झलक मालूम देती है, परन्तु आप वास्तव में प्लेटोवादी न होकर अनुभववादी थे। परन्तु अनुभव के आधार पर केवल वस्तु विशेषों (particulars) का ज्ञान संभव हो सकता है। इसलिए अनुभववादी लॉक ने इन्द्रिजन्य ज्ञान को भी एक प्रकार का ज्ञान कहा है ताकि इसके आधार पर वस्तु विशेषों का ज्ञान प्राप्त हो सके।* परन्तु इन्द्रियजन्य ज्ञान में न तो अनिवार्यता है और न निश्चितता। अतः, सचमुच

1. इन्द्रियजन्य ज्ञान के सम्बन्ध में लॉक ने इस प्रकार लिखा है : "There is indeed, another perception of the mind, employed about 'the particular existence of finite beings without us' : which going-beyond bare probability and yet not reaching perfectly to either of the foregoing degrees of certainty, passes under the name of knowledge."
(BK. IV. 2.14)

लॉक की परिभाषा के अनुसार इन्द्रियजन्य ज्ञान का ज्ञान समझना ही नहीं चाहिए, परन्तु फिर भी लॉक इसे 'ज्ञान' की संज्ञा दिये बिना नहीं रह सके।

तो वास्तव में क्या *लॉक* इतने अधिक आत्मविरोधी थे कि आँख मूँदकर प्रत्ययसम्बन्धी प्रत्यक्ष ज्ञान तथा प्रदर्शनात्मक ज्ञान और इन्द्रियजन्य ज्ञान के बीच अन्तर समझकर भी सबको 'ज्ञान' पुकारने लगे? बात यह नहीं थी। *लॉक* अनेक स्थलों पर असंगत अनुभववादी अवश्य थे, पर यहाँ पर वे असंगत नहीं हैं। वे बतलाना चाहते थे कि वास्तव में ज्ञान दो प्रकार के हैं—एक है सार्वभौम और यह प्रत्ययों में सीमित है, और दूसरा है वस्तु विशेषों का ज्ञान, पर यह संभव मात्र है। अब जहाँ अनिवार्य असंदिग्ध तथा सार्वभौम ज्ञान है वहाँ वस्तु विशेषों की वास्तविकता (existence) का ज्ञान नहीं मिल सकता है, और जहाँ वस्तु विशेषों की वास्तविकता मिलती है वहाँ असंदिग्धता तथा सार्वभौमिकता नहीं मिल सकती है।* *लॉक* की इस युक्ति में ह्यूम का प्रसिद्ध निष्कर्ष झलकता है, जिसके अनुसार केवल दो ही प्रकार के अर्थपूर्ण वाक्य संभव है अर्थात् वे जिनका सम्बन्ध संख्या की अमूर्त्तबोधित युक्तियों (abstract reasoning) से है और वे जिनका सम्बन्ध वास्तविक वस्तुओं से है। हम पाते हैं कि इन उक्तियों का प्रभाव वर्तमानकालिक तर्कीय प्रत्यक्षवादियों (positivists) पर बहुत है। इसलिए लॉक की देन यहाँ महत्त्वपूर्ण समझी जायगी।

2. ज्ञान की वास्तविकता—अब जो बात इन्द्रियजन्य ज्ञान को भी ज्ञान पुकारने में पाई जाती है वह बात ज्ञान की वास्तविकता के सम्बन्ध में स्पष्ट हो जाती है। यदि हम ज्ञान को प्रत्ययों के बीच ही सीमित करें, तो हमारा ज्ञान वास्तविक वस्तुओं के प्रति किस प्रकार से सत्य होगा और विज्ञान तथा जीवन में हमें तो यथार्थ वस्तुओं से ही काम लेना है। स्वयं लॉक ने इस प्रसंग में लिखा है :—

"But of what use is all this fine knowledge of 'men's own imagination's to a man that inquires after the reality of things ? It matters not what man's fancies are, it is the knowledge of things that is only to be prized; it is this alone (which) gives a value to our reasonings, and preference to one man's knowledge over another's that it is of things as they really are and not of dreams and fancies." (BK. IV. 1.4)
अत:, यद्यपि *लॉक* ने ज्ञान को प्रत्ययों के बीच ही सीमित रखा है तो भी उनका उद्देश्य यही था कि ज्ञान वास्तविक भी हो। ज्ञान को वे इसलिए वास्तविक समझते थे कि उनके अनुसार प्रत्यय वास्तविक वस्तुओं का चिह्न और उनका प्रतीक है और इसलिए यदि ज्ञान प्रत्ययों में संगत रूप से प्राप्त हो जाय तो असाक्षात् रीति से इस ज्ञान को वास्तविक भी समझा जा सकता है। परन्तु यहाँ प्रश्न उठता है कि यदि हम प्रत्ययों को ही साक्षात् रीति से जानें और उनके आदि रूप (original) को इस रीति से न जानें तो हम किसी प्रकार से आदि रूप और प्रत्ययों के बीच की अनुरूपता (correspondence) या प्रतिरूपता (representation) को सही या गलत बता सकते हैं? स्वयं लॉक ने इस कठिनाई को हमारे सामने इस प्रकार रखा है : *'It is evident that the mind knows not things immediately but only by the intervention of the ideas it has of them. Our knowledge, therefore, is real only so far as there is a 'Conformity' between our ideas and the reality of things. But what shall be here the criterion ?*

---

* सार्वभौमिक तथा अंशव्यापी ज्ञान के बीच अन्तर करते हुए लॉक ने लिखा है : "Where, by the way, we may take notice, that universal propositions of whose truth-falsehood we can have certain knowledge, concern not existence : and further that all particular affirmations...are only concerning existence; they declaring only the accidental union or separation of ideas in things existing." (BK, IV. 9.1)

How shall the mind, when it perceives nothing but its own ideas, know that they agree with things themselves ?' (BK. IV. 4.3) परन्तु *लॉक* ने स्वयं इस आपत्ति का कोई समांधान नहीं किया है। उन्होंने केवल बताया है कि प्रत्ययों और वास्तविक वस्तुओं के बीच अनुरूपता अवश्य होनी चाहिए चाहे उनके बीच सादृश्य (resemblance) हो या न हो।

अब सरल प्रत्ययों की वास्तविकता में तो कोई आपत्ति नहीं हो सकती है, क्योंकि लॉक का कहना है कि इस पर हमारी इच्छा का कोई अधिकार नहीं रहता है। हम अपने मन से सफेदी, कालापन, ताप या ठंडा पैदा नहीं कर सकते हैं और जब हम ध्यानस्थ हों तो यदि हमारे सामने लाल या हरा रंग हो तो हम उन्हें अवश्य ही देख लेते हैं। अतः, सरल प्रत्ययों में अपनी बाध्यता होती है, जिससे हम उन्हें जान लेते हैं। इसलिए उनकी वास्तविकता इसी में है कि बाह्य वस्तुओं से उत्पन्न हों। इसलिए सरल प्रत्ययों तथा बाह्य वस्तुओं के बीच अनुरूपता रहती है और इसलिए वे वास्तविक कहे जा सकते हैं।

अब मिश्रित तथा जटिल (complex) प्रत्ययों की वास्तविकता का प्रश्न उठता ही नहीं है; क्योंकि ये मानसिक रचनाएँ हैं और मन इनकी रचना में किसी आदि रूप (original archetypes) से प्रभावित नहीं होता है। यहाँ केवल इसी बात का ध्यान रखना चाहिए कि मिश्रित तथा जटिल प्रत्यय ऐसे हों कि इनके वास्तविक हो जाने की सम्भावना बनी रहे। यहाँ *लॉक* ज्यामितिक रचना को अपने ध्यान में रखे हुए थे। वे जानते थे कि बिन्दु, रेखा, धरातल इत्यादि वास्तविक नहीं होते हैं और फिर भी उनके आधार पर सत्य रचनाएँ की जा सकती हैं।* अपितु, इस प्रकार की गणितीय रचना को वास्तविक समझा जा सकता है, क्योंकि आदर्श वृत्त तथा त्रिभुज के वास्तविक होने की सम्भावना रहती है। यही बात *लॉक* ने नीतिशास्त्र के सम्बन्ध में कही है। हो सकता है कि नीतिशास्त्रज्ञ को 'हत्या-सम्बन्धी' वास्तविक ज्ञान न हो, तो भी उनके नैतिक विचारों को वास्तविक कहा जा सकता है, क्योंकि हत्या इत्यादि घटनाएँ वास्तविक हो सकती हैं।

लॉक का मत गणितीय सत्यता के सम्बन्ध में पर्याप्त नहीं था। वास्तव में गणितीय विचारों को इसलिए नहीं सत्य माना जाता है कि वे स्पष्ट तथा परिस्पष्ट प्रत्ययों पर आधारित होते हैं या उनके वास्तविक हो जाने की कोई सम्भावना होती है। गणितीय युक्तियाँ इसलिए असन्दिग्ध मालूम देती है कि वे मनरचित परिभाषाओं तथा मन्तव्यों (assumptions) पर आधारित रहती हैं। जब तक हम बिन्दु, रेखा, समानान्तर रेखा इत्यादि की परिभाषाओं को स्वीकार करेंगे तब तक युक्लिड की ज्यामितिक युक्तियाँ मानवरचित मन्तव्यों की स्वीकृति पर आधारित होती हैं और इसलिए इनमें वास्तविकता का प्रश्न उठता ही नहीं है।

फिर *लॉक* समझते थे कि किसी वस्तु की सम्भावना मात्र से उनकी वास्तविकता का प्रश्न हल नहीं हो सकता है। *'For the having of the idea of anything in our mind, no more proves the existence of that thing than the picture of a man evidences his being in the world or the visions of a dream make thereby a true history.'* (BK. IV. 1.11) यह बात द्रव्य के सम्बन्ध में विशेषतया सत्य ही कही जा सकती है। यदि हम सरल प्रत्ययों को जोड़कर समझ लें कि उड़नखटोला या उड़ाऊ घोड़ा है तो इससे इन द्रव्यों की वास्तबिकता सत्य नहीं हो सकती है। द्रव्यों के सत्य होने के लिए हमें जानना चाहिए कि वास्तव में प्रत्ययों का जटिल प्रत्यय यथार्थ है और फिर हमें उनका वास्तविक अनुभव करना चाहिए।** लॉक ने द्रव्य

* Thus according to Locke the knowledge of the mathematician is real, for 'he is sure what he knows concerning those figures when they have barely an ideal existence in his mind, will hold true of them also when they have a real existence in matter.'

** Our ideas of substances 'must not consist of ideas put together at the pleasure of thoughts, without any real pattern they were taken from, though we can perceive no inconsistency in such a combination.' (BK. IV. 41.12)

के सम्बन्ध में इन शर्तों को इसलिए रखा है कि वे द्रव्य तो तात्त्विक सत्ता समझते थे और चाहते थे कि उनके सम्बन्ध में हमारा ज्ञान भी वास्तविक रीति से सत्य हो।

3. ज्ञान में शिक्षाप्रदत्त्व *(Instructiveness)*—*लॉक* ने ज्ञान के अन्दर सभी वाक्यों को महत्त्वपूर्ण नहीं समझा है। उन्होंने वाक्यों को तुच्छ (trifling) और शिक्षाप्रद (instructive) दो वर्गों में बाँट दिया है। तुच्छ वाक्य वे हैं, जिनसे ज्ञान वृद्धि नहीं होती है। या तो वे तादात्म्य वाक्य (tautologous) होते हैं या विश्लेषात्मक (analytic) होते हैं। तादात्म्य वाक्य का उदाहरण है कि 'राम' राम है; या 'क' क है। उसी प्रकार से विश्लेषात्मक वाक्य वे हैं, जिनमें हम उद्देश्य के पूरे या कुछ ही गुणों को विधेय में व्यक्त करते हैं, जैसे—सभी मानव पशु हैं, या मानव विवेकशील प्राणी है। अब तादात्म्य तथा विश्लेषात्मक वाक्य अनिवार्य रूप से सत्य हैं, पर *लॉक* ने इन्हें तुच्छ इसलिए कहा है कि इनमें ज्ञानवृद्धि अथवा नूतन ज्ञान नहीं मिलता है। इनके विपरीत शिक्षाप्रद वाक्य वे हैं, जिनसे ज्ञानवृद्धि होती है और इसलिए इन वाक्यों के विधेय में उन गुणों को व्यक्त किया जाता है जो उद्देश्य की गुणवाचकता में नहीं पाये जाते हैं। *लॉक* का उदाहरण इस प्रसंग में है कि किसी को त्रिभुज का बहिष्कोण उसके सामने के अन्तःकोण से बड़ा होता है।

हम देखेंगे कि आगे चलकर इन वाक्यों को काण्ट ने विश्लेषात्मक तथा संश्लेषात्मक (synthetic) वाक्यों में बाँटा है और जो वर्तमानकालिक तर्कीय अनुभववाद में परिशुद्ध होकर विशेष स्थान रखता है।

ज्ञान की सीमा *(Limits)*

इतनी बात निश्चित है कि ज्ञान प्रत्ययों में ही सीमित है। जिन पदार्थों का हमें प्रत्यय नहीं हो सकता, उनका हमें ज्ञान भी सम्भव नहीं है। पर जहाँ प्रत्यय भी हों वहाँ भी हो सकता है कि हमारा ज्ञान सम्भव न हो; क्योंकि अति दूर तथा अति सूक्ष्म वस्तुओं का प्रत्यय भी स्पष्ट नहीं होता है। यही कारण है कि लॉक परमाणुओं के अस्तित्व को स्वीकार करते हुए भी उनके सम्बन्ध के ज्ञान को सार्वभौम तथा अनिवार्य नहीं मानते हैं। फिर ज्ञान सम्बन्धात्मक (relational) होता है और अनेक स्थलों पर हम प्रत्ययों के बीच अनिवार्य सम्बन्ध नहीं पाते हैं, जैसे-प्राथमिक तथा गौण गुणों के बीच हम अनिवार्य सम्बन्ध नहीं देखते हैं। अतः, यहाँ भी हमारा ज्ञान सीमित रह जाता है। यह ठीक है कि गणित तथा आचारशास्त्र (ethics) में हमारा ज्ञान अनिवार्य तथा असन्दिग्ध रहता है, पर यहाँ अमूर्त्तबोधित (abstract) प्रत्यय रहते हैं, जिनकी अपनी वास्तविकता नहीं पाई जाती है। अतः एक तो ज्ञान जो अनिवार्य तथा असन्दिग्ध हो अति सीमित ही पाया जाता है और फिर इसकी वास्तविकता सम्भव नहीं होती है। इसलिए प्रत्ययों के बीच ही ज्ञान को सीमित रखकर लॉक ने ऐसे ज्ञान को, जो असन्दिग्ध तथा वास्तविक दोनों ही असम्भव बना दिया है। ऐसी अवस्था में उन्हें सन्देहवादी तथा अज्ञेयवादी ही रहना चाहिए था, पर लॉक अज्ञेयवादी नहीं थे, क्योंकि उन्होंने सामान्यतया ऐसे ज्ञान को स्वीकार किया है, जो वास्तविक भी हो और असन्दिग्ध भी हो।

पहली बात है कि वे मानते हैं कि हमें अपनी आत्म (self) के सम्बन्ध में अन्तःप्रज्ञात्मक ज्ञान (intuitive knowledge) होता है, जो निश्चित और वास्तविक दोनों हैं। फिर उन्होंने स्वीकार किया है कि ईश्वर वास्तविक है और इसके सम्बन्ध में हमें असंदिग्ध प्रकार का प्रदर्शनात्मक ज्ञान प्राप्त होता है। अपितु, जगत् के सम्बन्ध में भी वे संशयवादी नहीं थे। इस प्रसंग में वे मानते थे कि :—

(क) वस्तु विशेष वास्तव में वे हैं, जिनकी और प्रत्ययों का सतत् संकेत रहा करता है। इस अर्थ में प्रत्यय सही चिह्न हैं, जिनसे वस्तुओं की जानकारी हो सकती है।

(ख) फिर यथार्थ वस्तुओं का प्राथमिक गुण हम जान सकते हैं।

(ग) सम्पूर्ण जगत् की सत्ता भी सत्य माननी चाहिए, क्योंकि

(1) यह बात इसी से स्पष्ट हो जाती है कि यदि जगत् सत्य न होता तो सम्वेदना और प्रतिमा (image) के बीच कोई भेद न रहता। पर हम जानते हैं कि सम्वेदनाओं की सजीवता इसलिए होती है कि वे वास्तविक जगत् के प्रभाव से उत्पन्न होती हैं।

(2) फिर सम्वेदनाओं में अपनी बाध्यता होती है, जिसके कारण हमें उनकी ओर ध्यान देना होता है।* ये सम्वेदनाएँ इसलिए हमारी इच्छाओं से स्वतंत्र रहती हैं कि वास्तविक जगत् से उत्पन्न होती हैं।

(3) अन्त में इन्द्रियों से गुण उत्पन्न नहीं होते हैं, पर इनसे ये ग्रहण किये जाते हैं। यदि इन्द्रियों से गुण भी उत्पन्न होते तो बिना वास्तविक पदार्थ के हमें गुणों का ज्ञान हो जाता।

अतः, *लॉक* आत्मा, ईश्वर तथा जगत् की वास्तविकता ग्रहण करते हैं, पर प्रश्न उठता है कि क्या वे सहज प्रत्यक्ष तथा इन्द्रियजन्य-ज्ञान शिक्षाप्रद तथा तुच्छ ज्ञान के बीच के अन्तर को निभाते हुए वास्तविक ज्ञान को असन्दिग्ध या असन्दिग्ध ज्ञान को वास्तविक स्वीकार कर सकते हैं? लॉक ने ज्ञान के दो प्रकार के वाक्यों को उचित ही दो भागों में बाँटा है अर्थात् एक को प्रत्ययों के फलस्वरूप माना है और दूसरे को वस्तु विशेषों के सम्बन्ध में ही सत्य समझा है।** पर संगत रीति से उन्हें मानना चाहिए था कि अनिवार्य ज्ञान केवल परिभाषित प्रत्ययों में ही संभव होता है और वस्तु विशेषों का ज्ञान प्रायिक (probable) ही हो सकता है। पर उन्होंने असंगत रूप से आत्मा तथा ईश्वर के ज्ञान को वास्तविक और असन्दिग्ध दोनों माना है। आगे चलकर हम देखेंगे कि ह्यूम ने और फिर काण्ट ने स्पष्ट कर दिया है कि हमें किसी स्थायी आत्मा का ज्ञान अन्तर्निरीक्षण के आधार पर संभव नहीं हो सकता। फिर हमें ईश्वर ज्ञान न तो संवेदना से और न अनुचिन्तन से हो सकता है।

फिर जगत् के सम्बन्ध में *लॉक* की देन स्पष्ट नहीं है। अब वस्तु और प्रत्यय के बीच तीन प्रकार के सिद्धान्त प्रमुख हैं; अर्थात् (क) प्रत्ययों के द्वारा हम वस्तुओं को साक्षात् रीति से जानते हैं, (ख) वस्तुओं से हमारे मन में प्रत्यय उत्पन्न होते हैं, परन्तु हम प्रत्ययों को ही साक्षात् रीति से जानते हैं और वस्तुओं को असाक्षात् रीति से ही जानते हैं। (ग) प्रत्ययों को छोड़कर वस्तुओं की अपनी और कोई स्वतंत्र सत्ता नहीं है। लॉक ने अपने मन को (ख) के समान ही हमारे सामने रखा है, परन्तु वे (क) के समान अपने को वास्तववादी मानते थे। इन सब कारणों से *लॉक* का मत अस्पष्ट तथा असंगत-सा मालूम होता है।

अतः ज्ञान को अनिवार्य तथा असन्दिग्ध मानकर लॉक ने बुद्धिवादियों का साथ दिया है और फिर इन्द्रियजन्य ज्ञान को हीन बताकर अपने अनुभववाद को पुष्ट नहीं किया है। इसलिए आपको बेकनीय अनुभववादी न कहकर देकार्तवादी कहना चाहिए।*** आप ज्ञान की इमारत अनुभववाद की नींव पर रख करके बुद्धिवादी नमूने को अपनाना चाहते थे और इसलिए इस इमारत के ठोसपन में कमी रह गई हैं।

लॉक के दर्शन का मूल्यांकन

आधुनिक दर्शन में *बेकन* और *देकार्त* ने नई विधि खोज निकाली, जिसके आधार पर वे ज्ञान की ठोस इमारत खड़ी करना चाहते थे। पर इसके पहले कि ज्ञान की इमारत खड़ी करें, हमें

* 'If turn my eyes at noon towards the sun, I cannot avoid the ideas which the light or sun then produces in me.'

** लॉक ने इस प्रकार के वाक्यों के सम्बन्ध में लिखा है : 'In the former case; our knowledge is the consequence of the existence of things... in the latter, knowledge is the consequence of the ideas...' (BK. IV. 11.14 फिर देखें BK, IV. 9.1)

*** 'Instead of being a Baconian empiricist, he was really a Cartesian with Baconian touch. Then, the rationalistic edifice contradicts his empirical foundation.'

जानना चाहिए कि ज्ञान का स्वरूप क्या है और इसी प्रश्न को *लॉक* ने हमारे सामने रखकर इसका समाधान करना चाहा है। आप दर्शन में सर्वप्रथम ऐसे विचारक थे, जिन्होंने ज्ञानमीमांसा के ऊपर इतना अधिक जोर दिया है और इसमें सन्देह नहीं कि ब्रिटिश विचार को इस ओर मोड़ने का श्रेय *लॉक* को देना चाहिए। यदि *लॉक* ज्ञान मीमांसा के सम्बन्ध में इन सब प्रश्नों को न उठाते, तो *बर्कले* तथा *ह्यूम* की विचारधारा शायद ही तीव्र गति से बढ़ती और तब *काण्ट* की गहरी गवेषणा भी शायद ही संभव होती। यह ठीक है कि *लॉक* छिछले विचारक थे, परन्तु इन्होंने ज्ञानसम्बन्धी सभी प्रश्नों को हमारे सामने रखा है। इसका समाधान दोषपूर्ण अवश्य है, पर इन्हीं दोषों को हटाकर समसामयिक विचारक आज सही स्थान पर पहुँचे हैं। *लॉक* इसलिए महान् विचारकों में गिने जाते हैं कि उन्होंने मानव-विचार के सम्बन्ध में महत्त्वपूर्ण प्रश्नों को उठाकर दर्शन को नूतन दिशा में मोड़ दिया है।

चूँकि *लॉक* ने नये सिरे से नवीन प्रश्नों को हमारे सामने रखा है। इसलिए उनकी खोजों में कमियों का रहना अनिवार्य है। पर उनकी भूलों से भी विचारकों को लाभ ही पहुँचा है। *लॉक* ने ज्ञान सम्बन्धी समस्या में तार्किक तथा मनोवैज्ञानिक खोजों को मिला दिया है। यद्यपि यह दर्शन में गलत बात थी, तथापि इस गलती से मनोविज्ञान की उत्पत्ति हुई है और लॉक को प्रायः आधुनिक मनोविज्ञान का जन्मदाता समझा जाता है।

लॉक ज्ञान-मीमांसा में ठीक ही अनुभववादी के रूप में विख्यात हैं, यद्यपि आप अनेक स्थलों पर असंगत रहे हैं, तथापि आपने अनुभववाद को हमारे सामने रखकर रहस्यवाद तथा अंधविश्वास के चंगुल से विचारकों को बचाया है।

अतः, *सन्तायना* ने ठीक *लॉक* के विषय में कहा है, *'had Locke's mind been more profound, it might have been less influential...Locke played in the eighteenth century very much the part that fell to Kant in the nineteenth...his opinions became a point of departure for universal developments.'* (George Santayana : *Five Essays*, p.3)

जार्ज बर्कले (1685-1753 ई॰)

जार्ज बर्कले आयरलैण्ड के निवासी थे। आपका जन्म 1685 ई॰ में हुआ था। किल्केनी में जब आपकी स्कूली शिक्षा समाप्त हो चुकी तो आपने डब्लिन में ट्रिनिटी कॉलेज में 1700 ई॰ में प्रवेश किया। वहीं से डिग्री लेकर आप वहीं 13 वर्षों तक उपाध्यापक के पद पर अधिष्ठित रहे। आप अन्त में क्लोय्न के बिशप नियुक्त किये गये। 1752 ई॰ में आक्सफोर्ड में आये और यहीं 1753 ई॰ में आपका देहान्त हो गया। आप प्रकांड पण्डित होते हुए भी बहुत ही सरल जीवन व्यतीत करते थे। *अटबरी* ने आप का चरित्र तथा विद्वता देखकर कहा है, *'So much understanding, so much knowledge, so much innocence, and such humility, I did not think had been the portion of any but angels till I saw this gentleman.'*

बर्कले ने अनेक रचनाएँ की हैं परन्तु 29 वर्ष की अवस्था में ही आपकी प्रमुख रचनाएँ लिखी जा चुकी थीं। आपकी रचनाओं में ये उल्लेखनीय हैं : *Commonplace Book* (1706-8); *New Theory of Vision* (1709), *Principles of Human Knowledge* (1710), *Three Dialogues* (1713), *Alcipheron* (1732) और *Siris* (1744)।

बर्कले अध्यात्मवादी (spiritualist) थे और इसलिए विज्ञान के प्रभाव से उत्पन्न भौतिकवाद तथा नास्तिकवाद (atheism) आपको पसन्द नहीं आया था और आजन्म इनके खण्डन के लिए आप प्रयत्नशील रहे। Siris में आपने बताया है कि विश्व की समस्त वस्तुएँ एक सर्वोच्च निःश्रेयस् (Supreme god) से संचालित होती हैं और हमें इसी के आधार पर सभी वस्तुओं की व्याख्या करनी चाहिए। आपका मत था कि यदि भौतिकवाद (materialism) का खण्डन कर दिया जाय तो अध्यात्मवाद की जड़ आप-ही-आप जम जायगी। भौतिकवाद तथा नास्तिकवाद को

निराधार सिद्ध करने के लिए आपने *लॉक* की ज्ञानमीमांसा को अपनाया था। परन्तु आपने लॉक की ज्ञानमीमांसा में कमी देखी, इसलिए उसे सरल तथा संगत बनाने के लिए निम्नलिखित धारणाओं पर जोर दिया है:—

(1) ताप, घ्राण तथा रंग इत्यादि के केवल विशेष, सरल तथा पृथक् गुणों से ही हमारे ज्ञान का प्रारम्भ होता है।

(क) ये गुण तो साक्षात् रीति से संवेदन के द्वारा प्राप्त होते हैं, या

(ख) इनकी प्रतिमाओं (images) को ही हम जानते हैं।

(2) इन सरल प्रत्ययों को छोड़कर ज्ञान के अन्दर और कोई प्रत्यय नहीं होता है।

(3) परन्तु ये सब प्रत्यय मन के ऊपर निर्भर रहते हैं। अतः, जो कुछ भी हमारे अनुभव में अँटता है वह मनआश्रित या मानसिक है। इसलिए सभी ज्ञात सत्ता मानसिक हैं। इसे *बर्कले* ने अपनी प्रसिद्ध उक्ति के रूप में कहा है कि esse (सार) est percipi, दृश्यते इति वर्तते अर्थात् किसी भी वस्तु का सार या उसकी वास्तविकता मन के प्रत्यय (प्रतीति) पर निर्भर करती है। इसी बात को परोक्ष रीति से कहा जा सकता है कि अदृष्ट रंग, जिसे किसी ने कभी नहीं देखा है तथा अश्रुत स्वर, जिसे किसी ने कभी नहीं सुना है, हम सबके लिए आँय-बाँय के समान निरर्थक हैं। इसलिए बर्कले का दावा है कि हमें किसी भी वस्तु का बोध करा दो, जो वस्तु अज्ञात या अप्रत्यय के रूप में संभव हो सकती है। यदि कोई कहे कि जमीन में गड़ा हुआ धन अज्ञात रहता है, तो यहाँ बर्कले का कहना है कि यदि यह अज्ञात है तो आलोचक को इसका कैसे पता मिला ? अतः, कोई भी वस्तु अज्ञात या प्रत्यय के रूप में संभव नहीं हो सकती। यहाँ एक और आपत्ति की जा सकती है कि चाँद का दूसरा हिस्सा, जो हमारे सामने नहीं आता है; हमारे लिए अदृष्ट है तो क्या इसकी सत्ता भी स्वीकार नहीं की जा सकती है? यहाँ बर्कले का कहना है कि चाँद का ओझल भाग भी प्रत्यय है, परन्तु यह साक्षात् प्रत्यय न होकर अनुमित (inferred) है। अतः, उन सबको भी प्रत्यय के अन्दर गिनना चाहिए, जो साक्षात् प्रत्यय के द्वारा प्रयोगात्मक रीति से अनुमित हो। यदि हम ठीक समय पर किसी रीति से ऐसे स्थान पर पहुँच जायँ, जहाँ से चाँद का ओझल भाग दीख सकेगा तो निःसन्देह यह प्रत्यय हो जायगा। इसलिए बर्कले का कहना है कि विश्व की समस्त वस्तुएँ प्रत्यय होने के कारण मानसिक हैं और प्रत्यय को छोड़कर इनकी सत्ता संभव नहीं है। यहाँ इनकी उक्ति है, *'Some truths there are so near and obvious to the mind that a man need only open his eyes to see them. Such I take this important one to be viz. that all the chair of heaven and furniture of the earth, in a word all those bodies which compose the mighty frame of the world, have not any subsistence without a mind that their being is to be perceived of known.'**

(4) परन्तु प्रत्यय निष्क्रिय हैं और इसलिए संवेदित प्रत्ययों को छोड़कर कुछ और सत्ता है, जो प्रत्यय प्राप्त करती है, पर जो स्वयं प्रत्यय नहीं है, यह आत्मा है। वस्तुओं की सत्ता उनके सम्बन्ध में प्रत्ययों में निहित है, पर आत्मा की सत्ता 'percipi' में न होकर 'perceiving' क्रिया या 'percipere' में है, अर्थात् आत्मा की सत्ता इसकी सक्रियता में है। *बर्कले* ने आत्माओं के ज्ञान के सम्बन्ध में लिखा है, *"But besides all that endless variety of ideas or objects of knowledge there is likewise 'something which knows or perceives them and exercises diverse operation', as willing,*

* *Principles*, 11.6; फिर देखें 22-23.

*imagining, remembering about them. This perceiving, active beings is that I call Mind, Soul or Myself."**

अतः, बर्कले के अनुसार केवल आत्मा ही एक पदार्थ है और प्रत्यय उस पर निर्भर करते हैं। इसलिए आत्मा और आत्मिक प्रत्यय के अतिरिक्त किसी अन्य चीज की सत्ता नहीं है। इसलिए बर्कले के दर्शन को अध्यात्मवाद (spiritualism) कहते हैं। चूँकि जनसाधारण तथा दार्शनिक भी भौतिक पदार्थ की सत्ता को मानते हैं, इसलिए बर्कले ने जड़वाद (materialism) की अति तीक्ष्ण आलोचना की है और जब तक हम जड़वाद को उखाड़कर न फेंक दें तब तक हम अध्यात्मवाद की नींव पक्की नहीं कर सकते हैं इसलिए अब हम बर्कले के द्वारा जड़वाद की आलोचना का अध्ययन करेंगे।

भौतिकवाद अथवा जड़वाद की आलोचना

बर्कले के अनुसार जड़ पदार्थ की वास्तविकता तीन प्रमुख बातों पर निर्भर करती है, अर्थात् (क) अमूर्त्तबोधित प्रत्यय; (ख) प्राथमिक तथा गौण गुण के भेदों और (ग) प्रत्ययों के स्पष्टीकरण पर। बर्कले इन तीन बातों की आलोचना निम्नलिखित रूप से करते हैं :—

(1) जड़ पदार्थ की वास्तविकता अमूर्त्तकरण (abstraction) पर निर्भर करती है। परन्तु अमूर्त्तबोधन अनाधिकार प्रक्रिया है और इसलिए जड़ पदार्थ की वास्तविकता भी अप्रमाणित है। अमूर्त्तबोधन की त्रुटियों को हम तभी जान सकते हैं जब हम इसकी प्रक्रिया को जानें और इस प्रक्रिया का उल्लेख इस प्रकार से किया जा सकता है :—

(क) हम अनेक सरल गुणों के सम्मिश्रण से बनी हुई वस्तुओं को देखते हैं।

(ख) उनके किसी एक गुण को वस्तुओं से पृथक् करके अमूर्त्तबोधित प्रत्यय की रचना करते हैं; जैसे—घास के हरेपन को हम उसके रूप, आकार, चिकनाहट इत्यादि से अलग कर लेते हैं और हरेपन के अमूर्त्त-बोधित प्रत्यय की रचना करते हैं।

(ग) फिर हम इसे और भी अधिक सामान्य बना सकते हैं। हम हरेपन, लालपन, नीलेपन इत्यादि के सामान्य धर्म रंगपन को इन अमूर्त्तबोधित प्रत्ययों से पृथक् करके अति सामान्य प्रत्यय बना सकते हैं।

(घ) जिस प्रकार से गुणों का अमूर्त्तबोधन होता है उसी प्रकार से सहभागी (co-existent) गुणों के सम्मिश्रण से बनी वस्तुओं का अमूर्त्तबोधन किया जा सकता है। हम राम, श्याम, यदु इत्यादि के सामान्य गुणों को उनके अन्य गुणों से पृथक् कर लेते हैं और 'मानवता' के अमूर्त्तबोधित सामान्य प्रत्यय की रचना करते हैं। *'...Wherein it is true there is included colour, because there is no man but has some colour, but then it can be neither white, nor black, no any particular colour, because there is no one particular colour wherein all men partake.'*** फिर भी मानव में सभी वर्णों के व्यक्तियों का बोध होना चाहिए।

उपर्युक्त अमूर्त्तबोधित प्रत्यय (abstract idea) की आलोचना *बर्कले* ने विस्तारपूर्वक की है।*** *बर्कले* की पहली आलोचना को समसामयिक शब्दों में अनाधिकार या दोषपूर्ण अमूर्त्तबोधन (vicious abstraction) कहा जा सकता है। इसे reification का भी दोष कहा जाता है, अर्थात्

---

* *Principles,* 11.2
अतः, बर्कले यहाँ पर वर्तमानकालिक प्रमाणयोग्यता या प्रमाण क्षमता (verifiability) के सिद्धान्त की पूर्वच्छाया को हमारे सामने रख रहे हैं, जिसके आधार पर वस्तुओं की वास्तविकता जाँची जा सकती है।

** *Introduction to the Principles,* sec. 9

*** *Ibid,* sec. 9.24.

किसी गुण को हम वास्तविक सत्ता से निकाल लेने के बाद भी सोचते हैं कि यह उसी प्रकार से सत्तात्मक (existent) है जिस प्रकार से वह वास्तविक वस्तु सत्तात्मक है, जिससे इस गुण को पृथक् किया गया है। यह ठीक है कि लाल गुलाब वास्तविक पदार्थ है, परन्तु यह समझना कि इसका लालपन भी वास्तविक है, दोषपूर्ण अमूर्त्तबोधन होगा। यहाँ वास्तविकता से अर्थ है वह जो संवेद्य (sensible) हो, अर्थात् देश-काल में रहकर इन्द्रिया ग्राह्य हो। बर्कले का कहना है कि अमूर्त्तबोधित गुण, अवियोज्य (inseparable) रीति से अन्य गुणों से लिपटा हुआ रहता है जैसे घास का हरापन उसके अन्य गुणों के साथ रहता है। अब इस बात की क्या गारण्टी है कि अमूर्त्तबोधित गुण अन्य गुणों से अलग रहकर भी वास्तविक हो सकता है? परन्तु अमूर्त्तबोधक हमें इस आपत्ति का कोई सन्तोषजनक उत्तर नहीं देते हैं। इसलिए अमूर्त्तबोधन का सिद्धान्त अनाधिकार तथा मनगढ़न्त है इसलिए यह अमान्य सिद्धान्त है।

पुनः *लॉक* के अनुसार त्रिभुज का सामान्य प्रत्यय यह है जो न तो समद्विवाहु, न तो समत्रिबाहु और न असमबाहु ही के लिए सत्य हो, फिर इन सभी में लागू हो। अब यह कहना है कि त्रिभुज का सामान्य प्रत्यय *किसी भी प्रकार के त्रिभुज* में लागू न हो और फिर सभी में लागू हो, असंगत बात है। अतः, अमूर्त्तबोधित प्रत्यय को मान लेने से आत्म-विरोधी बातों को मानना पड़ता है, जिसे कोई स्वीकार नहीं कर सकता है।

अपितु, बर्कले ने इसे मनोवैज्ञानिक ढंग से भी असद्धि ठहराया है। उन्होंने कहा है कि यदि हम 'मानव' के विषय में सोचते हैं तो हमारे सामने कोई एक प्रतिमा चली आती है और यह प्रतिमा काले की होगी या गोरे की, लम्बे की या नाटे इत्यादि की होगी। परन्तु कोई भी प्रतिमा ऐसी नहीं हो सकती है, जो काले-गोरे, नाटे-लम्बे, मोटे-दुबले इत्यादि सबको अपने में समेट ले। परन्तु अमूर्त्तबोधित प्रत्यय वह है, जो सभी प्रकार के व्यक्तियों का बोध कराये, जो किसी भी प्रतिमा के आधार पर सम्भव नहीं हो सकता है। *"For myself, I find I have indeed a faculty of imagining, or representing to myself, the idea of those 'particular' things I have perceived,...Likewise the idea of man that I frame to myself must be either of a white, or a black, or a tawny, a straight, or a crooked, a tall, or a low, or a middle sized man. I cannot by any effort of thought conceive (imagine) the 'abstract' idea above described."* (*Introduction to the Principles,* sec. 10)

जड़ पदार्थ का प्रत्यय भी इसे अमूर्त्तबोधन से बना है। जड़ पदार्थ वह है, जो स्थावर भी हो और गतिशील भी, कड़ा भी हो और मुलायम भी इत्यादि। इन सबका बोध भी कराये और फिर इनमें से किसी एक प्रकार के पदार्थ विशेष में निहित भी न हो। फिर जड़ पदार्थ बिना किसी आत्मा के चिन्तन या प्रत्यय के सम्भव नहीं है। परन्तु अमूर्त्तबोधक जड़ पदार्थ को हम आत्मा के चिन्तन से अलग कर समझते हैं कि इसकी वास्तविकता बिना किसी चिन्तन के सम्भव है अर्थात् जड़ पदार्थ की वास्तविकता मानव मन से परे स्वतंत्र सत्ता है। अतः, जड़ पदार्थ अनाधिकार अमूर्त्तबोधन का उदाहरण है और इसलिए यह असिद्ध धारण है।

पाठक यहाँ स्वयं देख सकते हैं कि अमूर्त्तबोधित प्रत्यय की आलोचना जो *बर्कले* ने की है वह सही नहीं है। अब जो दोषपूर्ण अमूर्त्तबोधन के विषय में *बर्कले* ने बताया है कि वह बहुत अंशों में ठीक है और इसका प्रभाव आगे चलकर काफी हुआ है। परन्तु *बर्कले* का यह कहना है कि अमूर्त्तबोधित प्रत्यय इसलिए सम्भव नहीं है कि इसकी प्रतिमा नहीं हो सकती है, ठीक नहीं है। उनकी युक्ति तभी ठीक जँचती, जब सामान्य प्रत्यय और प्रतिमा दोनों एक ही प्रक्रिया होती है। परन्तु सामान्य प्रत्यय के होने में प्रतिमा केवल आलम्बन मात्र है। सामान्य प्रत्यय की विशेषता है कि इसमें अर्थ (meaning) होता है जिसके कारण यह अनेक वस्तुविशिष्टों में लागू होता है। यह ठीक है कि मानव के सामान्य प्रत्यय में किसी व्यक्ति विशेष की प्रतिमा हो, पर यह प्रतिमा अर्थ का वाहन या यान (vehicle) है, जिससे प्रतिमा अनेक व्यक्तियों का प्रतिनिधित्व कर

सकती है। अतः सामान्य प्रत्यय कोरी प्रतिमा नहीं वरन् यह प्रतिनिधि प्रतिमा होती है। बर्कले ने अमूर्त्तबोधित प्रत्यय की आलोचना करने में सामान्य प्रत्यय की केवल प्रतिमा मान लिया है जो इनकी गलती है।

यह ठीक है कि यदि हम लॉकीय ज्ञानमीमांसा को मान लें तो सामान्य प्रत्यय की रचना कठिन हो जाती है। सामान्य प्रत्यक्ष से यह साफ ध्वनित होता है कि अनेक गुणों में कुछ धर्म 'सामान्य' (common) हों। पर यदि हम मान लें कि सरल गुण पृथक् और असामान्य होते हैं तो उनके बीच सामान्य गुण किसी प्रकार सम्भव हो सकते हैं?

फिर *लॉक* ने बताया है कि सरल प्रत्ययों की तुलना से उनके बीच के भेद तथा सादृश्य को हम प्राप्त करते हैं। परन्तु लाल-पीले तथा गरम-ठंडे के बीच का भेद तथा साम्य स्वयं सरल संवेदित (sensed) धर्म तो नहीं है तो इन्हें किस प्रकार से संवेदना तथा अनुचिन्तन (reflection) से प्राप्त किया जाय और बिना भेद तथा साम्य के सामान्य प्रत्यय संभव नहीं हो सकते हैं। अतः, लॉक के संवेदवाद (sensationism) के आधार पर सामान्य प्रत्यय की व्याख्या करनी कठिन है। इसलिए सामान्य प्रत्ययों के सम्बन्ध में स्वयं लॉक की व्याख्या दोषपूर्ण नहीं थी परन्तु संगत रीति से यह व्याख्या उसकी ज्ञानमीमांसा से नहीं सिद्ध की जा सकती है।

बर्कले ने भी सरल प्रत्ययों की पृथक्ता को स्वीकार किया है और इसलिए वे सामान्य प्रत्यय की लॉकीय व्याख्या को स्वीकार नहीं करते हैं। परन्तु सामान्य प्रत्ययों के बिना ज्ञान प्राप्त करना असंभव है और बर्कले ने लिखा है कि उन्होंने *अमूर्त्तबोधित प्रत्यय* की, न कि *सामान्य प्रत्यय* की आलोचना की है। *'And here it is to be noted that I do not deny absolutely that there are general ideas, but only that there are any asbtract general ideas.'** फिर उन्होंने इसी प्रकरण में लिखा है, *'It is, I know a point much insisted on that all knowledge and demonstration are about universal notions to which I fully agree.'*** यदि मान लिया जाय कि सामान्य प्रत्यय है तो इनकी व्याख्या किस प्रकार से की जाय ?*** बर्कले ने Principles में नामवाद nominalism की मदद ली और इसके अनुसार नाम दे देने से कोई एक विशेष प्रत्यय या प्रतिमा अनेक वस्तुओं का प्रतिनिधित्व करने लगती है। परन्तु आय वृद्धि के साथ बर्कले को नामवाद संतोषजनक प्रतीत नहीं हुआ और अन्त में उन्होंने प्लेटोवाद को ही अपनाया था अर्थात्, बर्कले के लिए सामान्य प्रत्यय की समस्या, बनी ही रह गयी है।

(2) देकार्तीय तथा लॉकीय ज्ञानमीमांसा पर आधारित जड़-पदार्थ की आलोचना—*बर्कले* का कहना है कि यदि जनसाधारण जड़ पदार्थ की सत्ता स्वीकार करें, तो क्षम्य है, पर दार्शनिकों को इस भ्रम से मुक्त होना चाहिए। परन्तु देकार्त तथा लॉक दोनों अपनी ज्ञानमीमांसा में स्वीकार करते हैं कि मानव-ज्ञान से परे जड़-पदार्थ की स्वतंत्र सत्ता है। उनके अनुसार मानव-ज्ञान के अन्दर जो प्रत्यय हैं वे इस जड़-पदार्थ की नकलें या प्रतिलिपियाँ (copies) हैं। परन्तु प्रतिलिपि-सिद्धान्त सर्वथा दोषपूर्ण है। यदि हम केवल साक्षात् रीति से ही प्रत्यय को जानें और कभी भी साक्षात् रीति से जड़-पदार्थ का प्रत्यय न करें तो हम कैसे कह सकते हैं कि हमारे प्रत्यय सही या गलत नकलें या अनुलिपियाँ हैं? हम उसी समय में किसी भी नकल को सही या गलत ठहरा सकते हैं जब हम मूल (original) और नकल दोनों को साक्षात् रीति से एकसाथ जानकर मिलान कर सकते हैं। अब चूँकि लॉक तथा देकार्त की उपकल्पना के अनुसार हम जड़-पदार्थ का साक्षात् नहीं कर सकते हैं, इसलिए नकल के साथ इसका मिलान नहीं किया जा सकता है। अतः अनुलिपि-सिद्धान्त पर आधारित जड़-पदार्थ की धारणा सर्वथा दोषपूर्ण ठहरती है।

* *Introduction to the Principles,* sec. 12.

** *Ibid,* sec. 15.

*** इस सम्बन्ध में अध्ययन के लिए देखें Johnston, G.B., *Development of Berkeley's Philosophy*, pp. 124-41. फिर देखें Morris, C.S., *Locke, Berkeley, Hume*, pp. 86-96.

फिर देकार्त और लॉक ने माना है कि प्राथमिक (primary) गुण जड़-पदार्थ में यथार्थ में पाये जाते हैं, परन्तु गौण (secondary) गुण द्रष्टा पर ही निर्भर या आश्रित देखे जाते हैं। परन्तु प्राथमिक और गौण गुणों का भेद युक्तिसंगत नहीं मालूम होता है। वास्तव में देखा जाय तो प्राथमिक गुण उतना ही अधिक मनाश्रित रहता है जितना गौण गुण। इसलिए प्राथमिक गुण, गौण गुण के समान ही मनाश्रित होने के कारण मानसिक है। इसे निम्नलिखित ढंग से स्पष्ट किया जा सकता है:—

(क) विस्तार, ठोसपन तथा आकार इत्यादि को प्राथमिक गुण माना जाता है। पर ये प्राथमिक गुण, गौण गुणों के साथ अवियोज्य रीति से लिपटे हुए रहते हैं। जैसे-रंगपन के साथ विस्तार देखा जाता है। बिना रंग का कोई भी त्रिभुज, चतुर्भुज या कोई भी आकार नहीं देखने में आता है। अब यदि प्राथमिक गुण इस प्रकार से गौण गुणों से लिपटे हुए दिखाई पड़ें, तो हम कैसे कह सकते हैं कि गौण गुणों से परे प्राथमिक गुण संभव हो सकते हैं। वास्तविकता तो यही है कि प्राथमिक और गौण गुण दोनों अवियोज्य (inseparable) हैं और दोनों समजातीय हैं। यदि गौण-गुण मनाश्रित हैं तो उसी प्रकार प्राथमिक गुण भी मनाश्रित तथा मानसिक माने जायेंगे।

(ख) फिर गौण गुणों में सापेक्षता (relativity) होने के कारण, *लॉक* इन्हें आश्रित समझते हैं। उदाहरणार्थ एक ही ताप का पानी बायें तथा दाहिने हाथ को कम या अधिक गरम मालू दे सकता है। पर यही सापेक्षता तो आकार तथा गति में देखने में आती है। रेलगाड़ी की गति मुसाफिरों के लिए सामने से आती हुई गाड़ी की आधार-भूमि में अधिक और एक ही दिशा में चलती हुई गाड़ी के प्रसंग में कम मालूम देती है। फिर गोल पैसा, ठीक इसके ऊपर नजर गड़ाने से गोल और समकक्ष धरातल से देखने पर अण्डवृत (elliptical) दिखाई देता है। अतः, प्राथमिक गुणों को भी सापेक्ष रहने पर मनाश्रित समझना चाहिए और इन्हें गौण गुणों से भिन्न नहीं समझना चाहिए।

(ग) पुनः, प्राथमिक गुण भी उसी प्रकार इन्द्रियों पर निर्भर रहते हैं जिस प्रकार गौण गुण इन्द्रियों पर आश्रित रहते हैं। यदि बिना आँखों के हम रंग की संवेदना नहीं प्राप्त कर सकते हैं, तो ठीक इसी प्रकार बिना स्पर्श तथा बिना दृष्टि-संवेदना के हम विस्तार, दूरी इत्यादि को नहीं जान सकते हैं। इस सम्बन्ध में बर्कले की विशेष देन 'The New Theory of Vision' में दी गयी है। अतः, प्राथमिक गुण, गौण गुणों के समान इन्द्रियों पर निर्भर रहने के कारण द्रष्टा पर आश्रित रहते हैं।

(3) जड़-पदार्थ की धारणा का अतिसामान्य खण्डन—यदि जड़-पदार्थ की धारणा सत्य हो तो वह निम्नलिखित युक्तियों पर आधारित हो सकती है :—

(1) जड़-पदार्थ प्रत्यक्ष हैं।

(2) यदि जड़-पदार्थ साक्षात् प्रत्यक्ष पर आधारित न हो, तो वह अनुमति (inferred) होगा और यदि अनुमित हो तो वह इन युक्तियों पर आश्रित होगा :

(क) जड़-पदार्थ हमारे प्रत्यय के सदृश हैं।

(ख) यदि जड़-पदार्थ प्रत्ययों के समान सिद्ध न हो, तो यह प्रत्यय का कारण होगा।

(ग) यदि (क) और (ख) प्रमाणित न हो, तो शायद यह प्रत्ययों का निमित्त हेतु (Instrumental cause) होगा, या

(घ) यह प्रत्ययों का प्रसंगात्मक (occasional) हेतु होगा।

(3) यदि जड़-पदार्थ की धारण प्रत्यक्ष और अनुमित न हो, तो धार्मिक, नैतिक तथा दार्शनिक दृष्टिकोण से इसकी उपयोगिता होगी।

बर्कले ने इन सब पक्षों का खण्डन कर दिखलाया है कि जड़-पदार्थ की धारणा किसी भी प्रकार से युक्तिसंगत नहीं है। हम अब प्रत्येक पक्ष की छानबीन करेंगे।

(4) जड़-पदार्थ का प्रत्यक्ष-ज्ञान—यदि जड़-पदार्थ संवेदना तथा आत्मनिरीक्षण के आधार पर प्रत्यक्ष हो, तो यह रंग, स्पर्श, भाव, उद्वेग इत्यादि हो सकता है। यदि यह आँखों के द्वारा जाना जाता हो तो लाल-पीले इत्यादि रंग में रंगा हुआ होगा। यदि यह कान से जाना जाता हो,

तो वह कर्कश, मधुर इत्यादि आवाज होगी। परन्तु स्वयं लॉक ने स्वीकार किया है कि जड़-पदार्थ इन्द्रियों से नहीं जाना जा सकता है; क्योंकि यह अज्ञात रहता है। फिर यदि जड़-पदार्थ इन्द्रियों के द्वारा ज्ञात भी हो तो संवेदनाओं के समान परिवर्तनशील तथा क्षणभंगुर होगा। परन्तु जड़-पदार्थ को अपरिवर्तनशील, स्थायी तथा शाश्वत समझा जाता है। अतः, जड़-पदार्थ प्रत्यक्ष नहीं हो सकता है। फिर यदि जड़-पदार्थ प्रत्यक्ष हो तो यह प्रत्यय होगा और प्रत्यय मानसिक है इसलिए जड़-पदार्थ मन से परे स्वतंत्र सत्ता न होकर वास्तव में मानसिक ही है।

यदि जड़-पदार्थ प्रत्यक्ष न हो तो यह *अनुमित* सत्ता होगी। अब यदि जड़-पदार्थ अनुमित हो तो यहाँ तक तर्क दिया जा सकता है कि यह प्रत्यक्षों के समान (like) है। परन्तु यह तर्क निराधार होगा; क्योंकि जड़-पदार्थ और प्रत्यक्ष में कोई समानता नहीं है। प्रत्यक्ष परिवर्तनशील है, पर जड़-पदार्थ अपरिवतर्नशील समझा जाता है। फिर प्रत्यक्ष अनुभूत विषय है पर जैसा लॉक ने कहा है, जड़-पदार्थ अनुभूत विषय नहीं है। अतः, यदि जड़-पदार्थ प्रत्यक्षों की समानता पर अनुमित हो, तो यह युक्तिसंगत न होगा।

फिर यदि जड़-पदार्थ अनुमित हो तो कहा जाता है कि यह प्रत्यक्ष के समान तो नहीं है पर यह प्रत्यक्षों का उत्पादक है। पर इस तर्क को भी हम स्वीकार नहीं कर सकते हैं। पहली बात है कि प्रत्यक्ष मानसिक है और जड़-पदार्थ को ठीक इसका विपरीत माना जाता है। ऐसी दशा में मन और जड़ के पारस्परिक सम्बन्ध को कैसे स्पष्ट किया जा सकता है? स्वयं लॉक ने माना है कि मन और जड़ का सम्बन्ध बुद्धिगम्य (intelligible) नहीं है। इसलिए जड़-पदार्थ को मानसिक प्रत्यक्ष का कारण या उत्पादक नहीं समझा जा सकता है; क्योंकि कारण-कार्य में समानता होनी चाहिए और इनके पारस्परिक सम्बन्ध को बुद्धिगम्य होना चाहिए। अपितु बर्कले अपने युग की विचारधारा के अनुसार जड़-पदार्थ को निष्क्रिय समझते थे। इसलिए उन्होंने जड़-पदार्थ को उत्पादक कारण नहीं माना है; क्योंकि केवल सक्रिय (active) सत्ता ही उत्पादक हो सकती है। अतः, जड़-पदार्थ प्रत्यक्षों का अनुमित उत्पादक नहीं समझा जा सकता है।

यदि जड़-पदार्थ को उत्पादक नहीं समझा जा सकता है तो क्यों नहीं इसे प्रत्यक्षों का निमित्त कारण (instrumental cause) ही मान लिया जाय ? *'Though matter may not be a cause ?' Says Hylas, 'Yet what hinders its being an instrument subservient to the Supreme Agent in the production of our ideas ?'* परन्तु ईश्वर के लिए निमित्त कारण की क्या आवश्यकता है? वहीं पर निमित्त कारण की जरूरत पड़ती है जहाँ पर संकल्प मात्र से कार्य उत्पन्न न हो। परन्तु ईश्वर का संकल्प मात्र (mere will) किसी भी कार्य को उत्पन्न करने के लिए पर्याप्त है और इसलिए जड़-पदार्थ को प्रत्यक्ष के उत्पादन में निमित्त आधार मानना बेकार है।

परन्तु, यदि जड़-पदार्थ न तो प्रत्यक्ष का उत्पादक हो और न यह उसका निमित्त कारण हो, तो क्यों नहीं इसे प्रत्यक्ष-उत्पादन में प्रसंग मात्र (occasion) मान लिया जाय? अब तक हम लोगों ने देखा है कि जड़-पदार्थ न तो संवेदित गुण है, न यह प्रत्यक्षों का कारण है और न प्रत्यक्षों के समान ही है। अतः, यह प्रत्यक्षों के उत्पादन में प्रसंग या अवसर-मात्र हो तो यह अज्ञात, निष्क्रिय, निर्गुण द्रव्य हो सकता है। परन्तु ऐसी दशा में बिना किसी गुण के द्रव्य को मानना उसी प्रकार दोषपूर्ण है, जिस प्रकार से बिना द्रव्य के गुण की सत्ता को मानना अमान्य है। फिर, इस प्रकार के अज्ञात, निर्गुण और निष्क्रिय द्रव्य को शून्य के सिवा और क्या समझा जा सकता है? पुनः, जड़-पदार्थ का प्रत्यक्ष-उत्पादन में प्रसंग मात्र से क्या अर्थ लगाया जा सकता है? शून्यसम निष्क्रिय जड़-पदार्थ न तो निमित्त आधार ही हो सकता है और न किसी भी कार्य के उत्पादन में इसके पहले या बाद या साथ-ही-साथ पाया जा सकता है। इसलिए जड़-पदार्थ को प्रत्यक्ष-उत्पादन में प्रसंग भी नहीं माना जा सकता है।

अतः, हम इस निष्कर्ष पर आते हैं कि जड़-पदार्थ को किसी भी प्रकार से अनुमित नहीं समझा जा सकता है। तो क्या इसे किसी भी प्रकार से उपयोगी धारणा समझा जा सकता है? अब अज्ञात, निर्गुण एवं निष्क्रिय पदार्थ की धारणा से किसी प्रकार का सैद्धान्तिक (theoretical),

बौद्धिक तथा व्यावहारिक लाभ सम्भव है? यह शून्यवत् धारणा है, जिसमें अमूर्त्तबोधित प्रत्यय का दोष चरम सीमा में देखा जाता है। फिर यदि मान लें कि गुणों को आलम्बन (support) चाहिए और इसलिए अज्ञात जड़-पदार्थ को गुणों का आश्रय माना जाय तो इसमें (regressus ad infinitum) अनवस्था का दोष आ जाता है। यदि गुणों को आश्रय चाहिए और यह आश्रय जड़-पदार्थ हो, तो फिर इस जड़-पदार्थ को भी आश्रय चाहिए और इसके आश्रय को भी आश्रय चाहिए, इत्यादि। अतः, जड़-पदार्थ की धारणा से किसी भी प्रकार का युक्तिसंगत सैद्धान्तिक लाभ नहीं मिलता है।

फिर जड़-पदार्थ की धारणा से व्यावहारिक लाभ न होकर केवल हानि की सम्भावना होती है। जड़-पदार्थ को शाश्वत समझ लेने पर ईश्वरीय सत्ता की अक्षुण्णता में कमी आ जाती है। साथ ही यह भी धारणा होने लगती है कि विश्व की समस्त घटनाएँ जड़-पदार्थ से ही सञ्चालित होती हैं। इस प्रकार के जड़वाद को स्वीकार कर लेने से नास्तिकवाद फैलता है और व्यक्तियों की ईश्वर में आस्था शिथिल पड़ जाती है। परन्तु ईश्वर सभी प्रकाश और कल्याण का स्रोत है और ईश्वर से विमुख होकर मानव अन्धकारमय पाप में फँस जायगा। अतः, जड़-पदार्थ को मान लेने पर धार्मिक तथा नैतिक पतन की पूरी सम्भावना रहती है। फिर यदि जड़ हो तो इसका सम्बन्ध मन या आत्मा से किस प्रकार का हो सकता है? *देकार्त*, *स्पिनोजा*, *लाइबनित्स* तथा *लॉक* के विचारों से स्पष्ट हो जाता है कि इस प्रकार की पेचीदी समस्या का समाधान होना कठिन हो जाता है। तो क्यों नहीं जड़-पदार्थ को धारणा से ही छोड़ दिया जाय, जिससे इस प्रकार की समस्या ही हमारे सामने न आए? अन्त में, यदि जड़-पदार्थ हो भी तो यह अज्ञात रहता और इसलिए जड़-पदार्थ की धारणा स्वीकार कर लेने से अज्ञेयवाद तथा संशयवाद (scepticism) को अपनाना पड़ता है, जिसे दर्शन में सन्तोषजनक नहीं माना जा सकता है। इसलिए हमें जड़-पदार्थ की धारणा को छोड़कर अनुभूति विषय को अपनाना चाहिए और अनुभूति विषय आत्मा और उसके प्रत्यय हैं। पर आत्मा और उसके प्रत्यय आध्यात्मिक सत्ताएँ हैं। अतः, अध्यात्मवाद एकमात्र युक्तिसंगत सिद्धान्त है।

बर्कले की ज्ञानमीमांसा

बर्कले की ज्ञानमीमांसा, *लॉक* के अनुभववाद पर आधारित है। इस ज्ञान-मीमांसा की मुख्य बातों को निम्नलिखित रीति से स्पष्ट किया जा सकता है :—

ज्ञान
↓
- प्रत्यय (Idea)
  - सम्वेदना तथा अनुचिन्तन
    - विशिष्ट गुणों की सम्वेदना
    - गुणों का संग्रह, जिसे वस्तु कहा जा सकता है
  - स्मृति के आधार पर प्रतिमा
- धारणा (Notion) जिससे आत्मा का ज्ञान होता है

यहाँ *बर्कले* ने प्रतिमा और प्रत्यय के बीच भेद किया है। प्रतिमाएँ सम्वेदनाओं की अपेक्षा क्षीण हुआ करती हैं। फिर सम्वेदनाओं में सामंजस्य, व्यवस्था तथा स्थिरता पाई जाती है, परन्तु प्रतिमा अव्यवस्थित तथा क्षणभङ्गुर होती है। अपितु, संवेदनाओं में बाध्यता होती है जिसके कारण हम चाहें या न चाहें हमें उस ओर ध्यानस्थ रहना पड़ता है। परन्तु प्रतिमाएँ हमारी इच्छाओं के अनुसार आती-जाती रहती हैं। *बर्कले* के द्वारा किया गया भेद आधुनिक मनोविज्ञान में सही नहीं उतरता है, क्योंकि प्रतिमादर्शन (eidetic imagery) में इतनी सज़ीवता (liveliness) पाई

जाती है कि इसे सम्वेदनाओं के समान ही प्रबल समझना चाहिए। फिर भ्रम (delusion) में जो प्रतिमायें देखने में आती हैं वे हमारी इच्छाओं पर निर्भर नहीं रहती हैं। फिर भी बर्कले का किया गया भेद साधारणतया सही ही समझा जायगा।

बर्कले के अनुसार प्रत्यय हमें साक्षात् रूप से प्राप्त होते हैं और उनको प्राप्त करने से हमारा मन निष्क्रिय माना गया है। लॉक तो मानते थे कि सरल प्रत्ययों के प्राप्त करने में हमारा मन निष्क्रिय रहता है, पर यौगिक तथा मिश्रित प्रत्ययों की रचना में मन सक्रिय होता है। परन्तु *बर्कले* के अनुसार, वस्तु को जिसे सरल प्रत्ययों का संग्रह समझा जाता है हम साक्षात रीति से निष्क्रिय भाँति से प्राप्त करते हैं। लेकिन आयु वृद्धि के साथ *बर्कले* को मन की रचनात्मक प्रक्रिया को स्वीकार करना ही पड़ा। बात यह है कि वस्तुओं की सम्वेदनाएँ भिन्न-भिन्न हुआ करती हैं, पर वस्तुओं को हम स्थाई तथा बहुत अंशों में एक रूप में स्वीकार करते हैं। यह एकरूपता (sameness) मन की रचनात्मक प्रक्रिया से सम्भव होती है। यही कारण है कि *बर्कले* ने 'Dialogues' में लिखा है, *'Strictly speaking, Hylas, we do not see the same object that we feel, therefore, men combine together several ideas apprehended by diverse sense or by the same sense at different times.'**

परन्तु *बर्कले* की ज्ञानमीमांसा की सबसे अधिक विशेषता प्रत्यय-सिद्धान्त में है। साधारणतया प्रत्यक्ष (perception), के विश्लेषण में तीन अंग माने जाते हैं, अर्थात् (क) द्रष्टा (Perceiver or Perceipient), (ख) बाह्य वस्तु और (ग) प्रत्यक्ष या इन्द्रिय-सम्वेदना। परन्तु बर्कले के अनुसार जड़-पदार्थ वस्तु है ही नहीं, इसलिए इनके 'प्रत्यक्ष' में (क) और (ग) के ही दो अंग सम्भव हो सकते हैं। पर क्या (ख) अंग की अवहेलना की जा सकती है ?

बर्कले अपने मत को पुष्ट करने के लिए जनसाधारण-बुद्धि (common-sense) की दुहाई दिया करते थे। परन्तु जनसाधारण प्रत्यक्ष को वस्तु नहीं मानता है। उसके अनुसार सम्वेदित गुण बराबर वस्तु की ओर संकेत करते हैं, पर वे स्वयं वस्तु नहीं होते हैं। जैसे-यदि हम मोटर के भोंपू की आवाज सुनें तो इसको ही हम न तो भोंपू समझते हैं और इसे मोटर समझते हैं। आवाज केवल भोंपू, मोटर इत्यादि वस्तुओं का संकेत करती है। अतः, प्रत्यक्ष स्वयं वस्तु नहीं है, परन्तु *बर्कले* ने बाह्य वस्तु की अवहेलना करके प्रत्यक्ष को वस्तु मान लिया है। आगे चलकर हम देखेंगे कि *बर्कले* ने अपने प्रत्यक्ष-सिद्धान्त को थोड़ा सुधारा है। उन्होंने अपनी प्रौढ़ावस्था में स्वीकार किया है कि प्रत्यक्ष स्वयं वस्तु नहीं है। जिसका हमें प्रत्यक्ष होता है, वह ईश्वर के मन में *आदिरूपीय प्रत्यय (archetypal idea) है। पर यह मत प्लेटोवाद हो जायगा न कि लॉकीय अनुभववाद।* आदिरूपीय प्रत्यय के मान लेने पर बर्कले की ज्ञानमीमांसा में बहुत बड़ा अन्तर चला आता है, पर बर्कले ने अपनी पुरानी ज्ञानमीमांसा को ज्यों-का-त्यों रख छोड़ा है और इस पुराने रूप में बर्कले की ज्ञानमीमांसा सर्वथा दोषपूर्ण है; क्योंकि इसके अनुसार प्रत्यक्ष ही वस्तु है।

आत्म-ज्ञान

बार-बार *बर्कले* ने बताया है कि आत्मा स्वयं प्रत्यक्ष नहीं है, पर हमें आत्मा के सम्बन्ध में धारणा (notion) ही सम्भव हो सकती है, *'...so far I can see, the words will, soul, spirit, do not stand for different ideas or in truth, for any idea at all; but for something which is very different from ideas, and which, being an agent, cannot be like unto or represented by, and idea whatsoever.'*** बर्कले को यहाँ 'notion' शब्द को इसलिए काम में लाना पड़ा कि यदि आत्मा भी प्रत्यक्ष हो तो यह क्षणभंगुर, परिवर्तनशील प्रत्यक्ष के समान क्षणिक सत्ता हो जायगी। बर्कले ने इस बात पर ध्यान दिया है कि आत्मा को क्षणिक प्रत्यक्षों का

---

* *Dialogues* I, pp. 463-64 देखें, p.469

** *Principle* II, Sec. 27; फिर देखें Sec. 140, 142.

नूतन तथा क्षणभंगुर प्रत्यक्षों का अविच्छिन्न प्रवाह समझा है। परन्तु आत्मा को प्रत्यक्षों का प्रवाह मात्र समझ लेनें से कोई स्थायी तत्त्व नहीं बचता है। और, बिना किसी स्थायी ज्ञान को स्वीकार किये ज्ञानमीमांसा की व्याख्या नहीं हो सकती है। अतः ह्यूम के भावी संशयवाद से बचने के लिए, बर्कले ने आत्मा को प्रत्यक्ष नहीं माना है।

अब यदि आत्मा का हमें प्रत्यक्ष नहीं होता है तो हम इसे किस प्रकार से जानते हैं ? *बर्कले* ने बताया है कि हम आत्मा को 'नोशन' के आधार पर जानते हैं। अब प्रश्न उठता है कि नोशन* क्या है और यह प्रत्यक्ष से किस भाँति भिन्न है? यहाँ *बर्कले* को चाहिए था कि वे 'नोशन' पद की व्याख्या करते। उन्होंने ऐसा नहीं किया है। सिर्फ उन्होंने बताया है कि नोशन का विषय है, (क) आत्मा, (.ख) मानसिक प्रक्रियाएँ और (ग) उनके बीच या प्रत्ययों के बीच का सम्बन्ध (relation)।

सरजेण्ट (Sergeant) के अनुसार, *बर्कले* ने प्रत्यय और नोशन के बीच इस प्रकार भेद किया है—(1) प्रत्यक्ष संवेद्य (sensible) है, पर नोशन बौद्धिक प्रक्रिया का परिणाम है। (2) फिर प्रत्यक्षों से विशिष्टों (particulars) का ज्ञान मिलता है, पर नोशन से सार्वभौमिकता (universality) का ज्ञान मिलता है। (3) पुनः प्रत्यक्ष, मानव और पशु में एक समान होता है, परन्तु नोशन केवल मानवों में ही सम्भव होता है।

बात यह है कि *बर्कले* के युग का जड़वाद विज्ञानों पर आधारित था और विज्ञानों में सामान्य प्रत्ययों (concepts) की प्रधानता पाई जाती है। अतः, जड़वाद के जड़ विज्ञान के विरुद्ध आवाज उठाकर बर्कले ने सामान्य प्रत्ययों का खण्डन करके माना है कि ज्ञान संवेदनात्मक (sensationistic) ही हो सकता है। परन्तु संवेदनात्मकता को स्वीकार करने पर आत्मा प्रत्यक्षों का प्रवाह मात्र हो जाती है और इस पक्ष को बचाने के लिए उन्होंने इसे प्रत्यक्षों से एकदम भिन्न माना है। *"Spirits and ideas are things so wholly different, that when we say 'they exist', 'they are known' or the life, these words must not be thought to signify anything common to both natures."*** जितना ही अधिक विचार उन्होंने आत्मा के प्रति किया है उतना ही अधिक उन्होंने प्रत्यक्षों और नोशन में भेद मालूम किया है। आगे चलकर उन्होंने प्लेटो की रचनाओं का अच्छा अध्ययन किया और *प्लेटो* तथा वैज्ञानिक परम्परा के प्रभाव में आकर उन्हें बुद्धि और संवेदना के बीच प्राकारिक अन्तर मालूम पड़ा। अन्त में अपने पहले के संवेदनावाद के विपरीत उन्होंने सामान्य प्रत्ययों को ही प्रधानता दी है। अपने अन्तिम काल में उनकी उक्तियों में प्लेटोवाद के साथ काण्टीय विचारों की पूर्वच्छाया दिखलाई देती है। *'Strictly the sense knows nothing...As understanding perceiveth not, that is, doth not hear, see, or feel, so sense knoweth not, and although the mind may use both sense and fancy, as means whereby to arrive at knowledge, yet sense or soul, so far forth as sensitive, knoweth nothing.'* (*Siris* III, 271)। इससे पता चलता है कि *बर्कले* को ही अपना संवेदनावाद पसन्द नहीं हुआ था और यदि वे अपने विचारों का नये सिरे से निर्माण करते तो वे लॉकीय अनुभववाद को न अपनाकर प्लेटोवाद को ही अपनाते। बात यह है कि *बर्कले* प्रत्ययवादी तथा अध्यात्मवादी थे और अध्यात्मवाद, संवेदनावाद (sensationalism) पर आधारित नहीं हो सकता है। यही कारण है कि प्रौढ़ावस्था के साथ उन्हें संवेदनावाद फीका मालूम देने लगा। पर चूँकि उनका लक्ष्य अपने विचारों के निष्कर्ष से था, अर्थात् अध्यात्मवाद से, न कि युक्तियों के माध्यम से; इसलिए उन्होंने संवेदनावाद पर आधारित युक्तियों के माध्यम को बदलना न चाहा।

* अँगरेजी में idea और notion में कोई भेद नहीं है। इसलिए हिन्दी में 'नोशन' शब्द का अनुवाद 'सामान्य प्रत्यय' किया जा सकता है। पर भाषा को सुबोध बनाने के लिए नोशन शब्द को ही काम में लाया गया है।

** *Principles* II, 142.

बर्कले के अनुसार तीन प्रकार की आत्माएँ (spirits) हैं, अर्थात् (क) मैं, (ख) मुझे छोड़कर अन्य आत्माएँ जो मेरे समान ही सीमित या परिमित हैं और (ग) अपरिमित ईश्वर। आत्माओं का सार उनकी सक्रियता (activity) में देखा जाता है। मैं अपनी सत्ता को सहज प्रत्यक्ष (intuition) के आधार पर जानता हूँ। मैं सक्रियता को दो बातों में देखता हूँ। पहली बात यह है कि मैं जब चाहूँ, किसी प्रतिमा को अपने मनपटल पर ला सकता हूँ, और दूसरी बात है कि मैं अपने संकल्प (will) के अनुसार अपने शरीर के अंगों को हिला-डुला सकता हूँ।

अपने को छोड़कर अन्य सीमित आत्माओं को मैं साक्षव्त् रीति से न जानकर, साम्यानुमान (analogy) ही के आधार पर जान सकता हूँ। मैं देखता हूँ कि अन्य आत्माएँ भी मेरे ही समान क्रियाओं का सम्पादन करती हैं तो मैं अनुमान लगाता हूँ कि वे भी मरे ही समान आध्यात्मिक हैं। जैसे-मैं अपने संकल्प के अनुसार शारीरिक अंगों के द्वारा मेज बनाता हूँ और अब मैं पाता हूँ कि मेरी मेज के समान दूसरी भी मेज बनी हुई है तब मैं अनुमान करता हूँ कि वह दूसरी मेज भी मेरे समान संकल्प रखनेवाली आत्मा से बनायी गयी होगी।

पाश्चात्य दर्शन में अधिकांश विचारकों ने अन्य आत्माओं की सत्ता को साम्यानुमान पर आधारित समझा है। परन्तु समसामयिक शामुएल अलेक्जैण्डर* और *काफका* ऐसे गेस्टाल्टवादियों** का कहना है कि अन्य आत्माओं को हम साक्षात् प्रत्यक्ष के आधार पर जानते हैं। आगे चलकर हम देखेंगे कि अन्य आत्माओं को अनुमित मान लेने में कठिनाई आ जाती है।

असीम ईश्वर को हम निम्नलिखित रीति से जानते हैं। (1) मेरे अन्दर अनेक प्रत्यक्ष उत्पन्न होते हैं, जिन पर मेरा कोई अधिकार नहीं है। तो ये प्रत्यक्ष किस प्रकार से उत्पन्न होते हैं, अर्थात् इनका क्या उत्पादक हो सकता है? चाहे यह उत्पादक (अ) जड़-पदार्थ होगा या (ब) अन्य प्रत्यक्ष ही होंगे, या (स) सीमित या असीमित आत्मा होगी। अब जड़-पदार्थ और अन्य प्रत्यक्ष निष्क्रिय ही हैं और ये मेरे अन्दर के प्रत्यक्ष-प्रवाह के सक्रिय उत्पादक नहीं हो सकते हैं। तब आत्माओं से ही ये प्रत्यक्ष उत्पन्न किये जा सकते हैं। परन्तु सीमित आत्माओं की रचनाओं में इतनी स्थिरता और व्यापकता नहीं आ सकती है। फिर नदी, पहाड़, भूकम्प इत्यादि ऐसे प्रत्यक्ष हैं, जो सभी सीमित आत्माओं की इच्छाओं से परे और स्वतंत्र दीखते हैं। इसलिए ईश्वर ही वास्तव में सभी प्रत्यक्षों की उत्पादक शक्ति है। हमारा यह विश्वास सृष्टि के सौन्दर्य, उसकी विशालाता, पूर्णता तथा आश्चर्यजनक सामंजस्य को देखकर और भी अधिक जम जाता है। यदि हम अन्य सीमित आत्माओं की सत्ता को उनके क्षीण तथा क्षणभंगुर प्रत्यक्षों के आधार पर अनुमित करते हैं, तो ईश्वर की सत्ता को तो हमें बड़ी आसानी से जानना चाहिए; क्योंकि वह प्रबल, स्थायी, व्यवस्थित प्रत्यक्षों को हमारे अन्दर हर समय उत्पन्न करता रहता है। *'And after the same manner we see God; all the difference is that, whereas someone finite and narrow assemblage of ideas denotes a particular human mind whithersoever we direct our view, we do at all time and in all places perceive manifest tokens of the Divinity—we see everything hear, feel, or anywise perceive by sense, being a sign or effect of the power of God...'*

(*Principles* II, 148)

चूँकि *बर्कले* केवल ईश्वर ही को सभी प्रत्यक्षों का उत्पादक मानते हैं, इसलिए वे बाह्य जगत् में किसी भी वस्तु का कारण नहीं मानते हैं। उनके अनुसार एक प्रत्यक्ष दूसरे प्रत्यक्ष का उत्पादक नहीं है, पर एक प्रत्यक्ष दूसरे के रहने का चिह्नमात्र हैं। *'The fire which I see is not the cause of the pains I suffer upon approaching it, but the mark that forewarns me of it.'* (*Principles*, II. 65) अतः *ह्यूम* की भाँति, *बर्कले* भी जगत् में कारण-कार्य के सम्बन्ध

* Space, Time and Diety, vol. II p. 31

** Koffka, *Principles of Gestalt Psychology*, chap. VIII

को वस्तुगत नहीं पाते हैं। ईश्वर ही ने प्रत्यक्षों के बीच स्थाई तथा समरूप व्यवस्था उत्पन्न की है। इसलिए प्राकृतिक नियम ईश्वर की स्वतंत्र्य इच्छा पर निर्भर करते हैं, पर इसमें मनमानी नहीं है। ईश्वर का विधान स्थाई है ताकि हम प्रत्यक्षों की भाष सीखकर इनके अनुसार कार्य करें। फिर प्राकृतिक नियमों को खोजकर उनकी नकल करें और यंत्रों की रचना कर अपने जीवन को सुखी कर सकें।*

बर्कले आत्मवादी थे और इसमें उनका विश्वास इतना दृढ़ था कि उन्होंने आत्माओं के अस्तित्व को सिद्ध करने के लिए विशेष चेष्टा नहीं की है। पर यदि हम उनकी बताई उक्तियों पर ध्यान दें तो वे हमें सही जँचेंगी। *बर्कले* के अनुसार आत्मज्ञान सहज प्रत्यक्ष (intuition) के आधार पर होता है। परन्तु आगे चलकर *ह्यूम* तथा *काण्ट* की गम्भीर खोजों के अनुसार स्थायी अहमात्मा को हम अनुभव के आधार पर नहीं प्राप्त करते हैं। फिर अन्य आत्माओं को हम किस प्रकार से जान सकते हैं? *बर्कले* का कहना है कि हम अन्य सीमित आत्माओं को उनके द्वारा उत्पादित प्रत्यक्षों के आधार पर जानते हैं। परन्तु ये उत्पादित प्रत्यक्ष, अन्य प्रत्यक्षों के समान निष्क्रिय हैं। तो निष्क्रिय उत्पादित प्रत्यक्षों के आधार पर हम सक्रिय आत्माओं की सत्ता को कैसे प्रमाणित कर सकते हैं? अब यदि प्रत्यक्षों के आधार पर अनुभूत जड़पदार्थ की सत्ता प्रमाणित नहीं हो सकती है, तो इसी युक्ति के आधार पर अन्य सीमित आत्माओं की सत्ता, साक्षात् प्रत्यक्ष पर न आधारित रहने के कारण, सिद्ध नहीं की जा सकती है। यही तर्क ईश्वर की सत्ता में भी लागू होता है। ईश्वर का अस्तित्व भी उत्पादित प्रत्यक्षों पर आधारित है; और चूँकि ये उत्पादित प्रत्यक्ष निष्क्रिय है; इसलिए ठीक इसके विपरीत सारगुण वाले सक्रिय ईश्वर की सत्ता प्रमाणित नहीं हो पाती है। स्वयं *बर्कले* ने बताया है कि ईश्वर की सत्ता और उसका ज्ञान मानवसत्ता और ज्ञान से भिन्न है।** इस दशा में ईश्वर की सत्ता मानव-प्रत्यक्ष के आधार पर और भी कम युक्ति-संगत हो जाती है। यहाँ पर ईश्वर की आत्मा अपरिमित, और अनूठी है और इस प्रकार की आत्मा हमें कभी भी प्रत्यक्ष नहीं होती है। अतः इस प्रकार की आत्मा की सत्ता अनुमेय भी नहीं हो सकती है।

बर्कले का अध्यात्मवाद तथा प्रत्ययवाद

अध्यात्मवाद के अनुसार आत्मा ही परम सत्ता है। चूँकि *बर्कले* के अनुसार आत्मा और उसके प्रत्यक्ष ही एकमात्र सत्ताएँ हैं, इसलिए *बर्कले* के दर्शन को अध्यात्मवाद कहा जा सकता है। परन्तु, इस अध्यात्मवाद की जड़ esse est percipi के सिद्धान्त पर आधारित है। इसलिए इसे प्रत्ययवाद (idealism) भी कहा जा सकता है। *प्रत्ययवाद के अनुसार परम सत्ता वह है, जिसे युक्तिसंगत मानसिक विचारों की राशि कहा जा सकता है।* अब *बर्कले* का कहना है कि समस्त विश्व प्रत्यय है और इस दृष्टिकोण से इसे प्रत्ययवाद कहा जा सकता है।

यदि सभी कुछ प्रत्यय हो और प्रत्यय से *बर्कले* का अर्थ प्रत्यक्ष (perception) हो तो यहाँ आपत्ति की जा सकती है कि सभी वस्तुओं को प्रत्यय मानकर *बर्कले* ने जगत् को काल्पनिक बना दिया है। परन्तु इस आपत्ति का समाधान करते हुए *बर्कले* ने बताया है कि सभी वस्तुओं को प्रत्यक्ष मान लेने पर भी वास्तविकता (reality) और कल्पना (imaginary) का भेद रह जाता है। वास्तविक जगत् वह है, जिसमें स्थायी, व्यवस्थित तथा नियमानुकूल प्रत्यक्ष हों, और कल्पना वह है जिसमें अनिश्चित, क्षणिक तथा असम्बद्ध प्रत्यक्ष हों। जब कहा जाता है कि सभी वस्तुएँ प्रत्यक्ष हैं, तब इससे इसी बात पर जोर दिया जाता है कि वही वास्तविकता है जो हमें पूर्णतया अनुभूत हो। यदि हम अनुभूत को वास्तविक मान लें, तो यहीं पर कल्पना का पूरा स्थान नहीं देखने में आयगा। अतः, सभी वस्तुओं को प्रत्यक्ष मानने से वास्तविकता की पूरी संरक्षा होती है।

लेकिन दूसरी विशेष आपत्ति की जा सकती है कि प्रत्यक्ष मन में रहते हैं और यदि सभी

---

* *Principles,* section II, pp. 60-64.

** Fraser, A.C., *Selection from Berkeley*, pp. 258-61.

वस्तुएँ प्रत्यक्ष हों तो सभी वस्तुएँ मन की आन्तरिक दशाएँ हो जायेंगी। पर यथार्थ में हमें वस्तुएँ मन के परे और बाहर दीखती है, तो क्या वास्तव में वस्तुएँ मन के बाहर नहीं हैं? इस आपत्ति का समाधान करते हुए बर्कले बताते हैं कि प्रत्यक्ष मन में अवश्य है, पर ये काल्पनिक न होकर वास्तविक हैं और इस अर्थ में वस्तुएँ मानव-मन से परे, स्वतंत्र और बाहर हैं। जब हम वस्तुओं को मन के प्रत्यक्ष बताते हैं तब यहाँ इससे इतना ही बोध होता है कि कोई भी प्रत्यक्ष मन के चिन्तन का विषय (object) है, न कि यह मन का गुण (attribute) या धर्म है, और न यह कि प्रत्यक्ष होने के नाते वस्तुएँ मन में उसी प्रकार रहती हैं जिस प्रकार वस्त्र बक्से के अन्दर होते हैं, प्रत्यक्ष और मन में ज्ञेय, ज्ञाता का सम्बन्ध है। अब यह स्पष्ट है कि ज्ञेय, ज्ञाता से परे हैं और इस तरह वस्तुएँ भी मन से परे, स्वतंत्र और बाहर हैं। अब निम्नलिखित रूप में हम वस्तुओं के बाहरीपन (externality) को समझ सकते हैं।

प्रत्यक्षों का बाह्यीकरण *(Externality)*

(1) पहली बात है कि वस्तुएँ मन के इस अर्थ में बाहर या परे है कि ये मन के विषय या ज्ञेय पदार्थ हैं, जिन्हें मानव ज्ञाता जानने की कोशिश करता हे। इस दृष्टिकोण से *बर्कले* वस्तुओं को आन्तरीकृत (internalised) न करके वास्तव में प्रत्यक्षों का बाह्यीकरण (externalisation) करते हैं। *'I am not for changing things into ideas but rather ideas into things'* (Dialogues I, p. 463)

(2) फिर वस्तुएँ इस मानी में बाहर हैं कि वे व्यक्तियों की इच्छा पर निर्भर नहीं रहती हैं। यदि हम प्रकाश में अपनी आँखों को खोलें तो हम चाहें या न चाहें, जिस वस्तु का जो भी रंग होता वह हमें संवेदित होगा। उसी प्रकार से ताप, ठंड, आवाज इत्यादि इच्छाओं पर निर्भर न रहने के कारण प्रत्यक्ष स्वतंत्र तथा बाहर कहे जाते हैं।

(3) फिर वस्तु को इसलिए भी बाहर कहा जाता है कि वह किसी एक व्यक्ति के ही प्रत्यक्ष पर निर्भर नहीं रहती है। हो सकता है कि कोई एक वस्तु किसी एक व्यक्ति विशिष्ट के मन में न हो, पर वह अन्य व्यक्तियों के मन में हो सकती है।

(4) पर विशेषतया वस्तुओं को व्यक्तियों के मन के बाहर इसलिए कहा जाता है कि वे ईश्वर के द्वारा उत्पादित की जाती हैं और प्रत्ययों का उत्पादक ईश्वर सभी सीमित आत्माओं और उनके मन से परे हैं, और इसलिए सभी वस्तुएँ मानव-मन से परे, स्वतंत्र और बाहर हैं।

(5) शायद जिन वस्तुओं को मानव, प्रत्यक्ष के रूप में ग्रहण करता है वे गौण हैं, क्योंकि उनका आद्यरूप (archetypes) ईश्वर के मन में रहता है। अब चूँकि वस्तुओं का आदिरूप मानवों से बाहर और स्वतंत्र है, इसलिए यथार्थ में वस्तुएँ हमारे मन से बाहर हैं।

यदि प्रत्यय ही वस्तु है तो क्या हम प्रत्यय ही पीते और खाते हैं? वास्तव में बात यही है, पर कहने की शैली मुहावरेदार होनी चाहिए। इसलिए हमें आम जनता की भाषा में बोलना चाहिए; पर हमारे विचारने की शैली पण्डिताऊ की होनी चाहिए। पर यदि प्रत्यक्ष क्षणभंगुर, परिवर्तनशील तथा अस्थायी हो, तो वस्तुएँ भी क्षणिक और अस्थायी ठहरेंगी। इस आपत्ति का समाधान करते हुए *बर्कले* बताते हैं, कि प्रत्यक्ष वस्तु है पर प्रश्न उठता है कि किसका प्रत्यक्ष? एक ही समय और एक ही व्यक्ति के प्रत्यक्ष को वस्तु नहीं कहा जा सकता है। *ऐसा प्रत्यक्ष, जिसके हर समय होने की सम्भावना हो वही वस्तु होगा, अर्थात् जिस प्रत्यक्ष के होने की स्थायी सम्भावना (permanent possibility) हो, वही वस्तु होगा।* फिर हो सकता है कि यदि एक ही व्यक्ति में कोई अमुक प्रत्यक्ष न हो तो यह अन्य व्यक्तियों के मन में हो सकता है। जैसे—इस समय मैं घर से बाहर चला जाऊँ, तो अपने घर की मेज मैं देख पाऊँगा। फिर भी यह मेज अन्य व्यक्तियों की प्रतीति में हो सकती है। इसलिए अन्य व्यक्तियों के मन में रहने वाले प्रत्यक्ष को वस्तु कहा जा सकता है और इस प्रकार से प्रत्यक्ष क्षणभंगुर और इतना अस्थायी नहीं दीख पड़ेगा। परन्तु सीमित आत्माओं की चेतना सभी वस्तुओं को जारी रखने में असमर्थ हो सकती है और

इसलिए वास्तव में प्रत्यक्ष, जिसे हम *वस्तु समझते हैं वे ईश्वर के स्थायी, शाश्वत् तथा सर्वकालीन मन में विराजते हैं* और इस दृष्टिकोण से प्रत्यक्ष स्थायी, शाश्वत और व्यवस्थित रहते हैं और इसी प्रकार से प्रत्यक्ष को हम वस्तु कह सकते हैं। अन्त में बर्कले के अनुसार प्रत्यक्ष ईश्वर के मन में आदिरूप (archetypes) की दशा में रहते हैं जिनकी मानव-मन नकल करता है। अतः बर्कले का संवेदनावाद प्लेटो के प्रत्ययवाद में परिणत हो जाता है।

यदि हम *बर्कले* की युक्तियों पर ध्यान दें तो स्पष्ट हो जाता है कि प्रत्यक्ष वस्तु है पर ईश्वर के मन के आदिरूपात्मक प्रत्यय हैं। इस तरह ईश्वर की शरण लेने पर ही बर्कले सिद्ध कर पाए हैं कि वस्तु का सार या तत्त्व उसके प्रत्यक्ष पर निर्भर करता है। पर बर्कले ने मानव-प्रत्यक्ष अथवा सम्वेदनावाद से ही अपने प्रत्ययवाद को प्रारम्भ किया था और अब हम इस निष्कर्ष पर आये हैं कि मानव-प्रत्यक्ष नहीं, पर ईश्वरीय प्रत्यय ही वस्तुओं का सार या तत्त्व है। पर क्या मानव और ईश्वरीय प्रत्यय एक समान हैं? ईश्वर के प्रत्यक्ष सर्जनात्मक (creative) तथा स्थायी हैं, पर मानव-प्रत्यक्ष उनकी गौण प्रतिलिपि या नकल हैं, जो क्षीण, अस्थायी, अक्रमबद्ध तथा क्षणिक हैं। फिर ईश्वर को मानव के समान इन्द्रिय नहीं हैं, और मानव-प्रत्यक्ष इन्द्रियों पर आधारित रहते हैं। *'God perceives nothing by sense as we do...God knows or hath ideas but his ideas are not conveyed to him by senses as ours are.'* (*Dialogues* I. 459)। ऐसी दशा में यदि हम मानव-सम्वेदना को प्रत्यक्ष कहें तो ईश्वरीय ज्ञान को प्रत्यक्ष के नाम से नहीं पुकारा जा सकता है। *अतः ईश्वरीय और मानव-प्रत्यक्ष में जातीय अथवा प्राकारिक अन्तर है।* इस अवस्था में यदि ईश्वरीय वस्तु हों तो मानव-प्रत्यक्षों को हम वस्तु नहीं कह सकते हैं। *बर्कले* ने ईश्वरीय प्रत्यक्षों को ही वस्तु कहा है क्योंकि मानव प्रत्यक्षों के आधार पर वस्तुओं का बाहरपन तथा स्थायित्व नहीं स्पष्ट किया जा सकता है। पर क्या ईश्वरीय प्रत्यक्ष को वस्तु मान लेने से *बर्कले* के प्रत्ययवाद की रक्षा होती है?

ईश्वरीय प्रत्यक्ष शाश्वत, कालातीत तथा शुद्ध आदिरूप में पाए जाते हैं पर प्रश्न उठता है कि मानव इस प्रकार के इन्द्रियातीत (non-sensible) प्रत्यक्षों को अपनी इन्द्रियों से कैसे जान सकते हैं? जब भी कोई व्यक्ति ईश्वरीय प्रत्यक्षों को जानेगा तो वह मानवीय प्रत्यक्ष होगा, न कि ईश्वरीय; क्योंकि मानव, मानव-तल और मानव-मार्ग का ही अनुसरण कर सकता है। अतः, यदि ईश्वरीय प्रत्यक्ष हों भी तो मानव ईश्वरीय प्रत्यक्ष को उनके आदिरूप में नहीं जान सकते हैं। इस रीति से यदि हम मान भी लें कि (Esse) या वस्तु-सार उसके ईश्वरीय प्रत्यक्ष पर निर्भर करता है तो *यह ऐसा प्रत्यक्ष है जो मानव अनुभूति से परे है*, और इसलिए बर्कले का प्रत्ययवाद संशयवाद में परिणत हो जाता है। अतः बर्कले के esse est percipi (दृश्यते इति वर्तते) की आधारशिला अधूरी और संशययुक्त हो जाती है।

क्या बर्कले विषयीनिष्ठ (*subjective*) प्रत्ययादी थे?

विषयीनिष्ठ (subjective) और वस्तुनिष्ठ (objective) दो प्रकार के प्रत्ययवाद माने जाते हैं। विषयी और विषय, ज्ञान-प्रसंग में आते हैं। ज्ञान ज्ञेय और ज्ञाता के परस्पर संयोग से उत्पन्न होता है। वह ज्ञान जो ज्ञाता या विषयी पर ही आधारित हो, उसे विषयीनिष्ठ ज्ञान कहा जाता है। जैसे-*लॉक* के अनुसार गौण गुण ज्ञाता के मन पर आधारित रहता है। परन्तु वह ज्ञान जो ज्ञेय या विषय पर ही अवलम्बित हो विषयगत कहा जाता है। यहाँ ज्ञेय या विषय की सत्ता को ज्ञान की सत्ता से परे तथा स्वतंत्र माना जाता है। लॉक के प्रसंग में हमने देखा है कि प्राथमिक गुण को विषयनिष्ठ कहा गया है।

उस प्रत्ययवाद को विषयीनिष्ठ कहा जायगा, जिसके अनुसार प्रत्यय, ज्ञाता अथवा विषयी (subject, knower or perceiver) पर ही आधारित रहता है। संगतरूप से यदि कोई माने कि प्रत्यक्ष वस्तु है और प्रत्यक्ष विषयीनिष्ठ है तो अन्य ज्ञाता भी किसी एक ही विषयी के प्रत्यक्ष हो जाते हैं और वह सिद्धान्त जिसके अनुसार सभी वस्तुएँ केवल एक व्यक्ति या ज्ञाता के प्रत्यक्ष

माना जाता है अहमात्रवाद (solipsism) कहा जाता है। दर्शन के इतिहास में किसी विचारक ने खुलकर एकात्मसत्तावाद को नहीं अपनाया है और निस्सन्देह बर्कले को एकात्मसत्तावादी नहीं कहा जा सकता है। पर क्या उन्हें विषयीनिष्ठ प्रत्ययवादी कहा जा सकता है? इस प्रश्न का उत्तर *बर्कले* के प्रत्यक्ष-सिद्धान्त पर निर्भर करता है। यदि वे प्रत्यक्ष को आत्मनिष्ठ या आत्मसंगत मानते हैं तो वे विषयीनिष्ठ होंगे और यदि वे विषयी से परे प्रत्यक्षों की स्वतंत्र सत्ता मानते हैं तो साधारणतया उन्हें वस्तुनिष्ठ प्रत्ययवादी कहना चाहिए।

हम लोगों ने पहले ही देखा है कि *बर्कले* के अनुसार प्रत्यक्ष आत्मनिष्ठ नहीं है। उन्होंने प्रत्यक्षों का बाह्यीकरण किया है अर्थात् माना है कि व्यक्तियों से परे प्रत्यक्षों की सत्ता है। प्रत्यक्ष मन का विषय है न कि मन का धर्म है। कल्पना से भिन्न वास्तविक प्रत्यक्ष व्यक्तियों अथवा ज्ञाताओं से परे है और वे स्थायी, शाश्वत तथा सुदृढ़ नियमों से जकड़े हुए हैं। फिर वे व्यक्तियों की इच्छाओं पर निर्भर नहीं रहते हैं। साथ-ही-साथ बर्कले यह भी मानते हैं कि उन्हें छोड़कर अन्य विषयी या ज्ञाता भी है। अन्त में उनका कहना है कि वास्तव में सभी प्रत्यक्ष ईश्वर के शाश्वत तथा कालातीत मन में है और इसलिए मानवों के लिए सभी प्रत्यक्ष स्वतंत्र, विषयीनिष्ठ तथा अतिव्यक्तिक (trans-subjective) हैं। अतः साधारण अर्थ में *बर्कले* को वस्तुनिष्ठ (objective) प्रत्ययवादी कहना चाहिए। परन्तु साधारण अर्थ से भिन्न विषयीगत (subjective) प्रत्ययवाद का पारिभाषितक या विशेष है और इस विशेष अर्थ में बर्कले को वस्तुनिष्ठ प्रत्ययवादी नहीं कहा जा सकता है। *हेगेल* के प्रत्ययवाद को विषयगत प्रत्ययवाद का नमूना माना जाता है और विषयगत प्रत्ययवाद के तीन मुख्य लक्षण हैं, अर्थात् (1) इसमें ईश्वर और विश्व का अवियोज्य सम्बन्ध कहा जाता है, (2) वस्तुओं की सत्ता प्रत्यक्ष न होकर सामान्य प्रत्यय या धारणा (concepts or categories) मानी जाती है और (3) मानव तथा ईश्वरीय विचार में प्राकारिक अन्तर न मानकर केवल परिमाणगत ही अन्तर को स्वीकार किया जाता है और इन तीनों लक्षणों में बर्कलीय प्रत्ययवाद हेगेलीय प्रत्ययवाद से भिन्न होने के कारण विषयगत न कहलाकर विषयीनिष्ठ समझा जाता है। हम इन तीनों लक्षणों की व्याख्या करके दिखलायेंगे कि *बर्कले* का प्रत्ययवाद विषयीनिष्ठ कहलायेगा।

वास्तव में वस्तुनिष्ठता (objectivity) वह है, जिसमें सभी ज्ञाता को एक ही विषय मालूम दे। इसलिए हेगेल के अनुसार सामान्य प्रत्यय अथवा मूल धारणाएँ (categories) ही वस्तु हैं। देश, काल, कारण-कार्य इत्यादि मूल धारणाएँ हैं जो सभी व्यक्तियों में एक रूप में पाई जाती हैं और इन्हीं मूल धारणाओं से वस्तुओं का वास्तविक ज्ञान बनता है। इसलिए *हेगेल* के अनुसार *वही वास्तविक है, जो तर्कबुद्धिपरक हो और जो तर्कबुद्धिपरक है जो वास्तविक भी है। (Real is rational, and the rational is real.)* अतः, *बर्कले* के प्रत्यय मनोवैज्ञानिक संवेदनाएँ हैं, परन्तु हेगेल के प्रत्यय विचारनिष्ठ मूल धारणाएँ हैं जिन्हें हम तार्किक सत्ताएँ कह सकते हैं। अतः, *बर्कले* के प्रत्ययवाद में सापेक्षता तथा विषयीनिष्ठता आ जाती है। विषयीनिष्ठता उसे कहा जाता है जो कुछ ही ज्ञाताओं को सत्य मालूम दे, पर जो सार्वभौमिक रूप से सभी ज्ञाताओं को सत्य मालूम न दे। परन्तु *हेगेल* के प्रत्यय सभी व्यक्तियों में समान होने के कारण सार्वभौमिक माने जाते हैं इस दृष्टिकोण से भी बर्कले का प्रत्ययवाद विषयीनिष्ठ समझा जाएगा।

फिर *बर्कले* के अनुसार ईश्वरीय प्रत्यय वस्तुएँ हैं और उसके अनुसार ये मानव-प्रत्ययों से एकदम भिन्न हैं। परन्तु ऐसा मान लेने से अज्ञेयवाद तथा संशयवाद का स्थान रह जाता है। परन्तु हेगेल के अनुसार ईश्वरीय विचार और मानव विचार में केवल परिणाम का ही अन्तर है। मानव ईश्वर ही की सीमित अभिव्यक्ति है और इसलिए मानव-विचार भी ईश्वरीय विचार की सीमित अभिव्यक्ति है। यह ठीक है कि ईश्वरीय विचार पूर्ण हैं और साकार अवस्था में पाये जाते हैं परन्तु मानव-विचार, ईश्वर की तुलना में अधिक अमूर्त्त तथा अधूरे हैं। जितना ही अधिक मानव-विचारों में विकास आता जायगा और वे उन्नत तथा युक्तिपूर्ण होते जायेंगे उतने ही अधिक परिणाम में ईश्वरीय विचार के समीप पहुँचते जायेंगे।

अतः, बर्कले के प्रत्ययवाद को साधारणतया वस्तुनिष्ठ कहा जा सकता है, परन्तु दर्शन के इतिहास में 'वस्तुनिष्ठ प्रत्ययवाद' का विशेष अर्थ है और इस अर्थ में बर्कलीय प्रत्ययवाद को विषयीनिष्ठ मानना अधिक संगत होगा।

डेविड ह्यूम
(1711-76 ई०)

डेविड ह्यूम का जन्म स्कॉटलैण्ड में 26 अप्रैल, 1711 ई० में हुआ था और आपका देहान्त 25 अगस्त, 1776 ई० को हो गया। आप ब्रिटिश समसामयिक विचारकों में अति प्रखर आलोचक माने जाते हैं और तर्कीय अनुभववाद में आपका नाम बड़ी श्रद्धा से लिया जाता है। परन्तु यद्यपि ह्यूम को प्रत्यक्षवादी (positivist) कहा जा सकता है, तथापि आधुनिक दर्शन के इतिहास में आपके विचार को संशयवाद (scepticism) माना गया है और इसी रूप में *ह्यूम* ने *काण्ट* को दार्शनिक निद्रा से जगाया था। हम आगे चलकर निर्णय करेंगे कि वास्तव में *ह्यूम* के दर्शन को क्या कहा जा सकता है पर अब हम इनकी मुख्य कृतियों के आधार पर इनके मौलिक सिद्धान्तों की व्याख्या करेंगे।

डेविड ह्यूम दर्शन और इतिहास के विद्वान् थे और फ्रांस में *ह्यूम* का आदर इतिहास के रूप में हुआ था। बाद में चलकर जब *काण्ट* ने लिखा कि ह्यूम की दार्शनिक रचनाओं ने उन्हें (*काण्ट* को) चिन्तन-निद्रा से जगाया तब लोगों का ध्यान *ह्यूम* की ओर मुड़ा। आज के दार्शनिक चिन्तन में *ह्यूम* को क्रान्तिकारी दार्शनिक माना जाता है। आपकी निम्नलिखित रचनाएँ मुँख्य हैं :—

(1) A *Treatise of Human Nature* (1739)

(2) *Essays Moral and Political* (1741-42)

(3) *An Enquiry Concerning the Human Understanding* (1748)

(4) *Three Essays Moral and Political* (1748)

(5) *An Enquiry Concerning the Principles of Morals* (1751)

(6) *Political Discourses* (1752)

(7) *Four Dissertations* (1757)

(8) *Dialogues Concerning Natural Religion* (लगभग 1750 में लिखा गया, पर इसका प्रकाशन ह्यूम की मृत्यु के बाद 1779 में सम्पन्न किया गया)

(9) *History of England*, 6 जिल्दों में 1754-62

ह्यूम वास्तव में नीति और राजनीतिक में ही विशेष रुचि रखते थे और इन्हें ठोस आधार पर स्थापित करने के लिए आने ज्ञानमीमांसा की रचना की थी। *बेसन* ने *ह्यूम* की रचनाओं को पाँच दार्शनिक शीर्षकों में बाँटा है:—

(1) ज्ञानमीमांसा (Epistemology) : Treatise, Book I और An Enquiry Concerning Human Understanding.

(2) मनोविज्ञान : Treatise Book II, A Dissertation on the Passions.

(3) नीति : Treatise Book III, An Enquiry Concerning the Principles of Morals, A Dialogue.

(4) राजनीति और अर्थशास्त्र : Treatise, Book III (Part 2)

(5) धर्म : Essays, An Enquiry Concerning Human Understanding, The natural history of religions, Dialogues concerning natural religion of the immortality of the soul.

Hume, Modern Studies in Philosophy, ed. V.C. Chappell (Macmillan, 1966) में : ह्यूम-सम्बन्धी रचनाओं की सूची दी गयी है जिसके आधार पर *ह्यूम* के दर्शन पर शोध-कार्य किया जा सकता है। दर्शन के पाठकों के लिए :—

(1) *Hume's Enquiries*, L.A. Selby-Bigge, Oxford, 1963

(2) *A Treatise of Human Nature*, L.A. Selby-Bigge, Oxford, 1968;

(3) *The PhilosophicalWorks of David Hume*, ed. T.H. Green and T.H. Gross. 4 जिल्दों में, प्रमुख ग्रन्थ हैं। ये London से पुनः मुद्रित हुई हैं। इसके अतिरिक्त कुछ रचनाएँ साधारण पाठकों के लिए भी लाभप्रद कही जाएँगी।

Basson, *A. H., David Hume*, Penguin Book, 1958

Passmore, *J.A., Hume's Intentions*, Cambridge, 1952

David Hume : A Symposium, ed. D.F. Pears (Macmillan, 1963)

Human Understanding : Studies in the Philosophy of David Hume, ed. A. Sesonske and Noel Fleming, Belmont, Calif, 1965

Smith Norman Kemp, *The Philosophy of David Hume* (London, 1941)

इधर 30-35 वर्षों में *ह्यूम* के दर्शन का इतना अध्ययन किया गया है कि *ह्यूम* के विचारों को नवीन रूप से प्रस्तुत करना अनिवार्य हो गया है। इस सन्दर्भ में चैपल के सम्पादन में *ह्यूम* के विषय समालोचनात्मक लेखों का संग्रह उल्लेखनीय प्रयास है। *ह्यूम* की रचना के अध्ययन के लिए स्वीकारना होगा कि :—

(1) ह्यूम का मुँख्य विषय नीतिदर्शन था जिसे प्रस्थापित करने के लिए ह्यूम ने ज्ञानमीमांसा का अध्ययन किया।

(2) द्वितीय, Treatise ह्यूम की प्रथम रचना है और इसमें ह्यूम के विचार उग्र रूप में प्रस्तुत किये गये हैं।

(3) परन्तु स्वयं ह्यूम ने दो Enquiries को अपनी प्रामाणिक रचना कहा है।

ह्यूम के दर्शन की आधारशिला या नींव

लॉक और *बर्कले* ने ज्ञानमीमांसा के बीजतत्त्व (elements) को जानने के लिए मनोवैज्ञानिक विधि की मदद ली थी। *ह्यूम* भी उसी परम्परा को अपनाते हैं, परन्तु ये यथासम्भव *लॉक, बर्कले* के मूल को सरल और संगत बनाने की कोशिश करते हैं। *ह्यूम* के अनुसार ज्ञान की रचना में दो ही प्रकार के बीजतत्त्व पाये जाते हैं, अर्थात् प्रत्यक्ष (impression) और उसका प्रत्यय। प्रत्यय (idea) से अर्थ है प्रत्यक्ष की प्रतिमा (images) या उसकी नकल। सम्वेदनाओं को ह्यूम ने मुख्य माना है। अनुचिन्तन, सम्वेदनाओं की नकल नहीं है, पर सम्वेदनाओं की तुलना में उसे गौण कहा जायगा।

प्रत्यक्ष को मूल तथा प्राथमिक तत्त्व कहा गया है और प्रत्यय (idea) को उसकी नकल बताया गया है। बिना अनुरूप प्रत्यक्ष के प्रत्यय सम्भव नहीं हो सकते हैं। अतः, प्रत्यक्ष पहले होता है, तब उसका प्रत्यय हो सकता है। जहाँ भी सरल प्रत्यय होगा वहाँ उसके अनुरूप अवश्य ही प्रत्यक्ष को भी रहना चाहिए। परन्तु हम सरल प्रत्ययों को जोड़कर यौगिक तथा मिश्रित प्रत्यय बना सकते हैं; जैसे-उड़नखटोला का प्रत्यय। अब मिश्रित प्रत्यय के लिए जरूरी नहीं है कि यह वास्तव में प्रत्यक्षों की नकल हो। फिर प्रत्यक्ष, प्रत्ययों की अपेक्षा सतेज, सजीव तथा प्रबल होते हैं और उनकी अपेक्षा प्रत्यय निस्तेज तथा क्षीण होते हैं।

लॉक ने माना था कि सम्वेदनाओं का उत्पादन कारण, जड़-जगत् को समझना चाहिए। बर्कले ने जड़-पदार्थ को अस्वीकार किया है, पर प्रत्ययों या संवेदनाओं को मानसिक माना है। *ह्यूम*

ने बताया है कि संवेदनाएँ जिन्हें हम निश्चित रीति से जानते हैं, न तो भौतिक ही समझी जा सकती हैं और न मानसिक ही।* रसेल, मूर इत्यादि वर्तमानकालिक विचारकों के अनुसार, हम निश्चित तथा अनुभूत बीजतत्त्व को संवेदित वस्तु (sense datum) कह सकते हैं। रसेल के अनुसार इन्हें हम तटस्थ वस्तु कह सकते हैं, जिनसे हम जड़ तथा मन, दोनों प्रकार के द्रव्यों की रचना कर सकते हैं।

ह्यूम का प्रसिद्ध सिद्धान्त है कि जहाँ भेद (difference) किया जा सकता है, वहाँ पार्थक्य (separation) भी अवश्य होता है। (What is distinguishable is separable.) इस सिद्धान्त के अनुसार सभी प्रत्यक्ष एक-दूसरे से अलग और पृथक सरल अवयव के रूप में पाये जाते हैं। चूँकि सरल अवयव की अपनी स्वतंत्र सत्ता है, और अणुओं को सरल, शाश्वत द्रव्य माना जाता है, इसलिए *ह्यूम* के संवेदनावाद को संवेदन अणुवाद भी कहा जाता है। चूँकि प्रत्यक्ष निरवयव सरल बीजतत्त्व (elements) है, इसलिए किन्हीं भी दो सरल प्रत्ययों में आन्तरिक अथवा अनिवार्य सम्बन्ध नहीं हो सकता है। परन्तु बिना प्रत्ययों तथा प्रत्यक्षों के बीच सम्बन्ध स्थापित किये हुए ज्ञान सम्भव नहीं है। इसलिए *ह्यूम* ने माना है कि प्रत्यक्षों तथा प्रत्ययों के आन्तरिक सम्बन्ध न होकर बाह्य सम्बन्ध सम्भव है। इस प्रकार के सम्बन्ध को, *ह्यूम* ने साहचर्य-सम्बन्ध (Relation of Association) कहा है। अतः, आगे चलकर हम देखेंगे कि *ह्यूम* के अनुसार प्रत्ययों में तार्किक या आन्तरिक सम्बन्ध न होकर केवल बाह्य सम्बन्ध पाया जाता है। यह बाह्य साहचर्य-सम्बन्ध हमारी आदत और कल्पना पर निर्भर करता है। परन्तु जब तक हम प्रत्ययों के बीच आन्तरिक सम्बन्ध न मानें, तब तक किसी भी ज्ञान को, जो इनके सम्बन्ध पर आधारित रहता है अनिवार्य तथा असन्दिग्ध नहीं कहा जाता है। यही कारण है कि ज्ञान को बाहरी सम्बन्ध पर आधारित मान लेने पर ह्यूम के विचार में संशयवाद (scepticism) आ जाता है।

ह्यूम के अनुसार, *ज्ञान की इमारत प्रत्यक्ष और उनके अनुरूप प्रत्यय पर खड़ी हुई है। हम अपनी कल्पना को आकाश और पाताल तक क्यों नहीं दौड़ा दें, परन्तु उनकी रास इन प्रत्यक्ष और प्रत्यय की सीमा से बाहर नहीं जा सकती है। 'Let us chase our imagination to the heavens, or to the utmost limits of the universe; we never really advance or step beyond ourselves nor can conceive any kind of existence, but these perceptions, which have appeared in the narrow compass.'* (Selby-Bigge : *Hume's Treatise*, p. 67) *ह्यूम* के अनुसार मानव कितनी ही ऊँचाई तथा गहराई तक क्यों न विचार करे, परन्तु वह अन्त में उन्हीं तत्त्वों से अपने विचारों की रचना करता है जो संवेदन छाप (impression) से प्राप्त किये जाते हैं। इसलिए संवेदन ही ज्ञान की अन्तिम इकाई है। यह बात रसेल के परमाणुवाद में तथा *विटगिन्स्टाईन* के पूर्वार्द्ध दर्शन में भी पाई जाती है।

ह्यूम ने बड़े परिश्रम और सावधानी से सिद्ध करने की कोशिश की है कि कोई भी सरल प्रत्यय बिना उसके अनुरूप प्रत्यक्ष के सम्भव नहीं है। परन्तु इस अपवादरहित सिद्धान्त में उन्होंने स्वयं एक अपवाद की सम्भावना दिखाई है। यदि नीले रंग की दस मात्राएँ या उपरंग (shades) हों और किसी एक उपरंग को छोड़कर अन्य सभी उपरंगों को दिखाया जाय, तो उस उपरंग का, जो नहीं दिखाया गया है, उसका कोई भी प्रत्यय कर ले सकता है। अतः, यहाँ बिना प्रत्यक्ष के भी सरल प्रत्यय सम्भव हो सकता है, परन्तु ह्यूम ने इसे ऐसा अनूठा उदाहरण माना है कि *'This scarce worth our observing, and does not merit that, for it alone, we should alter our general maxim.'* परन्तु यहाँ स्पष्ट हो जाता है कि अवसर पड़ने पर मन ही के आधार पर नवीन प्रत्यय की रचना की जा सकती है, जो हमें प्रत्यक्ष से ही प्राप्त नहीं होता है।

* यहाँ ह्यूम का कहना है कि हम नहीं कह सकते हैं कि : 'Whether impression arises immediately from the object, or are produced by the creative power of the mind, or are derived from the author of our being.' (Selby-Bigge : *Hume's Treatise*, p. 84)

फिर यदि हमें किसी रंग विशेष का प्रत्यय हो तो क्या इससे किसी एक विशेष उपरंग ही का बोध होता है, या उस रंग के अनेक उपरंगों का बोध होता है? *लॉक* के अनुसार किसी एक रंग विशेष का प्रत्यय अनेक रंगों और उपरंगों का प्रतिनिधित्व करता है। जनसाधारण के लिए भी यह स्पष्ट है कि हमारा प्रत्यय कितना ही विशिष्ट (particularised) क्यों न हो, यह एक से अधिक रंगों का बोध कराता है। यह ठीक है कि *ह्यूम* ने प्रत्ययों को प्रत्यक्षों की नकल माना है, पर क्या वास्तव में *ह्यूम* ने दिखला दिया है कि इन दोनों में मूल और प्रतिलिपि का सम्बन्ध है? उनकी पहली कसौटी है कि प्रत्यक्ष सजीव और सतेज है, और प्रत्यय निस्तेज तथा क्षीण है। पर स्वयं *ह्यूम* ने बताया है कि ज्वर, पागलपन तथा भ्रांति में प्रत्यक्ष की अपेक्षा प्रत्यय ही अधिक सजीव और सतेज दीखता है।* फिर प्रत्ययों को प्रत्यक्षें की प्रतिलिपियाँ हम केवल स्मृति ही के आधार पर दिखा सकते हैं, परन्तु क्या स्मृति के आधार पर हम प्रत्यक्ष का साक्षत्कार कर सकते हैं? स्मृति के द्वारा प्रत्यय ही मिल सकता है, न कि प्रत्यक्ष, *'It being impossible to recall the past impression in order to compare them with our present ideas, and see whether their arrangemnet to exactly similar.*** ऐसी अवस्था में हम कैसे कह सकते हैं कि प्रत्यय, प्रत्यक्ष की नकल है। अतः, हमें मानना पड़ता है कि प्रत्ययों में मन की रचना पाई जाती है और यह कहना है कि ये केवल क्षीण तथा पूर्वप्रत्यक्षों की ही ध्वनिमात्र है, ठीक नहीं जँचता है। पर यदि हम मान लें कि प्रत्ययों में, प्रत्यक्षों के अतिरिक्त कुछ और अंश हो सकते हैं, तो प्रत्यक्षों पर आधारित अनुभववाद का खण्डन हो जाता है।

फिर *ह्यूम* ने माना है कि प्रत्यक्ष सरल तथा स्वाधीन है। ऐसी अवस्था में प्रत्यक्षों तथा उनकी क्षीण प्रतिलिपि प्रत्ययों के बीच कोई आन्तरिक सम्बन्ध नहीं हो सकता है। पर क्या प्रत्यक्ष और उनके प्रत्यय में सम्बन्ध है? *ह्यूम* ने उनके बीच सही नकलपन या अनुकृति का सम्बन्ध माना है। पर क्या यह सम्बन्ध आन्तरिक है या बाहरी? जहाँ तक हम अटकल लगा सकते हैं ह्यूम इनके सम्बन्ध को आन्तरिक ही मानेंगे। परन्तु हम कैसे जानें कि इनके बीच का सम्बन्ध आन्तरिक है? प्रत्यक्ष से ही यह सम्बन्ध नहीं स्थापित हो सकता है; क्योंकि भेद तथा सादृश्य स्वयं किसी प्रत्यक्ष से जाने नहीं जा सकते हैं। प्रत्यक्ष से हमें केवल रंग, ताप या भाव, संवेग आदि का ही ज्ञान हो सकता है। *न कि इनके बीच भेद तथा सदृश्य का*। इस प्रकार के ज्ञान को हम बौद्धिक कहते हैं, जिसे मन की देन कहना चाहिए। इस प्रकार का ज्ञान संवेदनाओं से सम्बद्ध अवश्य रहता है, पर इसे संवेदना तथा प्रत्यक्ष (impression) नहीं कहा जा सकता है।

पुनः *ह्यूम* का कहना है कि हम प्रत्यक्ष को अलग-अलग करके जानते हैं और वे एक-दूसरे से पृथक् रहते हैं। यदि उनके बीच सम्बन्ध स्थापित कर हम ज्ञान की रचना करते हैं तो यह सम्बन्ध बाहरी तथा आकस्मिक सहचार पर निर्भर करता है। सहचार के तीन नियमों का *ह्यूम* ने माना है, अर्थात् सामीप्य (contiguity), सादृश्य (similarity) तथा कारण-कार्य के नियम। *सामीप्य-नियम* के अनुसार यदि दो या दो से अधिक प्रत्यक्ष एक साथ या एक के बाद दूसरा आये तो इस प्रकार की परिस्थिति के बार-बार दुहराये जाने पर उनमें ऐसा सम्बन्ध हो जाता है कि एक हमारे सामने प्रस्तुत हो तो दूसरा भी उभड़ पड़ता है। जैसे सूर्य और ताप, बार-बार एक साथ पाया जाता है और उनके बीच हम सहचार का सम्बन्ध देखते हैं। पर इससे तो स्पष्ट हो जाता है कि सूर्य और ताप अलग-अलग नहीं, पर एक साथ अनुभूत होते हैं। जब तक प्रत्यक्ष एक साथ अनुभूत न हो, तब तक उनके बीच सहचार नहीं हो सकता है और इसे मान लेने से ह्यूम के प्रत्यक्षों के पृथकृत्व (separateness) का सिद्धान्त टूट जाता है। *ह्यूम* ने *सादृश्य-नियम* पर अधिक ध्यान नहीं दिया है। यदि वे ध्यान देते तो उन्हें स्पष्ट हो जाता कि दो सदृश प्रत्ययों के बीच जरूरी नहीं है कि वे एक साथ अनुभूत हों और ऐसी दशा में यदि बुद्ध, ईसा और गाँधी

* Selby-Bigge : *Hume's Treatise*, pp. 5-6

** Selby-Bigge : *Ibid*, pp. 935

में सम्बन्ध हो तो इसे आन्तरिक सम्बन्ध कहा जाएगा। ऐसी अवस्था में *लेयर्ड* का कहना ठीक ही जँचता है कि *"Perception must be 'similar' in order to be associated by similarity and, they must 'have been contiguous' in order to be associated by contiguity."* अतः ह्यूम के प्रत्यक्षों के सम्बन्ध में पृथक्त्व का सिद्धान्त युक्तिसंगत नहीं है। पर हमें देखना है कि जब ह्यूम प्रत्यक्षों को पृथक्-पृथक् मानते हैं तो वे इनके बीच किस प्रकार का सम्बन्ध स्थापित कर ज्ञान की व्याख्या करते हैं।

ज्ञान में पाई जानेवाली मुख्य कोटियों (*Categories*) की समीक्षा

बिना प्रत्ययों और प्रत्यक्षों को सम्बद्ध किये हुए ज्ञान सम्भव नहीं हैं और इसलिए ह्यूम ने भी इनके बीच के सम्बन्ध की व्याख्या की है। इन्होंने सामान्य रीति से प्रत्यक्षों के बीच सम्बन्ध को दो वर्गों में बाँट दिया है। पहले वर्ग में वे सब सम्बन्ध आते हैं, जिनका सम्बन्ध केवल प्रत्ययों (ideas) से ही है, और दूसरे वर्ग में वे सब सम्बन्ध आते हैं, जिनका सम्बन्ध यथार्थ वस्तुओं से है। सुबोध करने के लिए ह्यूम के सम्बन्धों को इस प्रकार दिखाया जा सकता है।

सम्बन्ध
↓

- केवल प्रत्ययों पर आधारित सम्बन्ध (Relations of ideas)
  - सादृश्य (Resemblance)
  - विरोधिता (Contrariety)
  - गुण की मात्रा (Degrees in quality)
  - परिमाण की मात्रा (Degrees in quantity)
- यथार्थ वस्तुओं के बीच सम्बन्ध (Relations between matters of fact)
  - तादात्म्य (Identity)
  - देशकाल (Space and time)
  - कारण-कार्य (Cause and effect)

प्रत्ययों के बीच आधारित सम्बन्ध ज्यामिति, बीगगणित और अंकगणित में पाये जाते हैं। ये सम्बन्ध सहज प्रत्यक्ष (intuition) तथा प्रदर्शनात्मक (demonstration) युक्तियों के द्वारा स्थापित किये जाते हैं। *ह्यूम* के अनुसार ज्यामिति में हमारे निष्कर्ष पूर्णतया असंदिग्ध नहीं हो पाते हैं। केवल बीजगणित और अंकगणित में ही निष्कर्ष असंदिग्ध तथा अनिवार्य देखने में आते हैं। इसमें असंदिग्ध ज्ञान इसलिए पाया जाता है कि इनमें अति स्पष्ट प्रत्यय काम में लाये जाते हैं। *'We are possessed of a precise standard (here) by which we can judge the equality and proportion of numbers.'** परन्तु ह्यूम के अनुसार, बिना प्रत्यक्ष के प्रत्यय सम्भव नहीं है, तो गणितशास्त्र के परिस्पष्ट और एकदम सही-सही प्रत्यय आये कहाँ से? यहाँ ह्यूम चुप्पी लगा जाते हैं। परन्तु वे साफ-साफ लिखते हैं कि प्रत्ययों के बीच के सम्बन्ध में अनिवार्य तथा असंदिग्ध ज्ञान अवश्य मिलता है, पर उनका सम्पर्क यथार्थ वस्तुओं से नहीं रहता है। *'Propositions of this kind are discoverable by mere operation of thought without dependence on whatever is any where existent in the universe. Though there never were a circle or a triangle in nature the truths demonstrated by Euclid would for ever retain their certainty and evidence.'*** अब चूँकि *ह्यूम* का उद्देश्य यथार्थ वस्तुओं से अधिक था, इसलिए

---

* Selby-Bigge : *Ibid.*, p. 17. HUxley, T. : *Hume*, p. 117 जिनमें ह्यूम की उक्ति का उद्धरण है।

** 'देखें' *David Hume on Human Nature and the Understanding* : edited by A. Flew, Collier Classics, 1962; p.47.

हम उनके बीच के सम्बन्ध को स्पष्ट करेंगे। यहाँ उल्लेखनीय है कि ह्यूम के द्वारा सम्बन्धों का वर्गीकरण समसामयिक तर्कीय प्रत्यक्षवादियों के लिए महत्त्वपूर्ण सिद्ध हुआ है।

यथार्थ वस्तुओं के बीच तादात्म्य, देश-काल तथा कारण-कार्य का सम्बन्ध पाया जाता है। शायद ह्यूम की विशेष प्रसिद्धि कारण-कार्य की धारणा के विश्लेषण से विशेष सम्बन्ध रखती है और इसी की व्याख्या हम भी विस्तारपूर्वक करेंगे। देश-काल का हम उल्लेख नहीं करेंगे और तादात्म्य का उल्लेख हम द्रव्य-विचार ही के रूप में करेंगे। फिर यह भी ठीक मालूम देता है कि कारण-कार्य की व्याख्या के पहले हम द्रव्य के सम्बन्ध में ह्यूम के विचारों की व्याख्या करें।

द्रव्य-विचार

कोई भी प्रत्यय, जिसका सम्बन्ध वास्तविक पदार्थों से है, अपने अनुरूप प्रत्यक्ष पर आधारित रहना चाहिए। यदि द्रव्य (substance) का प्रत्यय हो तो इसे भी किसी निश्चित प्रत्यक्ष पर आधारित होना चाहिए, नहीं तो इसे सही प्रत्यय नहीं समझा जाएगा। द्रव्य वह है, जो गुणों का आश्रय (support) हो। हमें देखना यह है कि यह आश्रय किस संवेदना या अनुचिन्तन पर आधारित है। यदि द्रव्य संवेदना पर आधारित हो तो यह रंग, ताप, घ्राण इत्यादि होगा। परन्तु कोई भी द्रव्य को रंग, ताप इत्यादि नहीं गिनता है। फिर यदि द्रव्य का प्रत्यय अनुचिन्तन पर आधारित हो तो यह कोई भाव, संवेग इत्यादि भी नहीं मानता है। अतः, द्रव्य-प्रत्यय किसी भी प्रत्यक्ष से सिद्ध नहीं होता है। इसलिए यह मानव की कल्पना पर टिका है। तब इस प्रत्यय की वास्तविकता क्या है? वास्तव में द्रव्य सरल प्रत्ययों का संग्रह मात्र है, जिसे हम अपनी कल्पना के द्वारा इकट्ठा करके कोई एक नाम देकर काम में लाते हैं।

यदि द्रव्य काल्पनिक वस्तु हो, तो न जड़ और न आध्यात्मिक द्रव्य सत्य कहा जा सकता है। ह्यूम बर्कले के जड़-द्रव्य की आलोचना स्वीकार कर लेते हैं पर वे *बर्कले* के द्रव्य खण्डन को उसकी चरम सीमा तक पहुँचा देते हैं। *ह्यूम* का कहना है कि जिस युक्ति के आधार पर जड़-द्रव्य को अस्वीकार किया जाता है, उसी उक्ति के आधार पर स्वात्मा का भी खण्डन किया जा सकता है। हम अपनी स्थायी आत्मा को अनुचिन्तन के आधार पर नहीं पाते हैं। हम अपनी सत्ता को कितनी अधिक खोज क्यों न करें, यह कभी भी हमारी अनुभूति में प्रतीत नहीं होती है। यदि अन्तर्निरीक्षण के आधार पर हम अपनी आत्मा को जानने की कोशिश करें, तो हम स्थायी स्वात्मा की सत्ता न पाकर सुख-दुःख, संवेगभाव इत्यादि ही को अनुभूति कर पाते हैं। पर ये तो क्षणिक, परिवर्तनशील ही आत्म-प्रत्यक्ष हैं और स्थायी आत्मा कहाँ देखने में आती है? *'For my part, when I enter most intimately into what I call myself, I always stumble on some particular perception or other, of heat or cold, light or shade, love or hatred, pain or pleasure. I never can catch myself at any time without a perception...If any one upon serious and unprejudiced reflection, thinks he has a different notion of himself. I must confess I can reason no longer with him.'* अतः, जिसे हम आत्मा कहते हैं अन्तर्निरीक्षण (introspection) प्रत्ययों की राशि ही है और स्थायी आत्मद्रव्य अनुभूत नहीं है। *रसेल* ने *ह्यूम* के आत्म-द्रव्य के खण्डन को महत्त्वपूर्ण माना है; क्योंकि इससे द्रव्य-सिद्धान्त का पूर्णतया खण्डन हो जाता है, और मानव-अमरता की बुनियाद समाप्त हो जाती है। ज्ञानमीमांसा के दृष्टिकोण से इस निष्कर्ष से सिद्ध हो जाता है कि उद्देश्य-विधेय (subject-predicate) की अब धारणा मौलिक नहीं है। अब जो भी द्रव्य-खण्डन का महत्व समझा जाय, कम-से-कम इस खण्डन से ह्यूमी संदेहवाद पुष्ट हो जाता है, जिसको दूर करने के लिए काण्टीय तथा प्रत्ययवादियों का प्रयास दर्शन के इतिहास में देखने को मिलता है। इसलिए दार्शनिक विचार-विकास में *ह्यूम* का किया हुआ द्रव्य-खण्डन विशेष स्थान रखता है।

ह्यूम के द्वारा की गयी कारण-कार्य की समीक्षा

ह्यूम के लिए कारण-कार्य का सम्बन्ध विशेष स्थान रखता है, क्योंकि इसका सम्बन्ध यथार्थ

पदार्थों से रहता है। फिर इसी के आधार पर साक्षात् प्रत्यक्षों से परोक्ष के संभाव्य प्रत्यक्षों की ओर हम प्रगति करते हैं और प्रत्यक्ष-सम्बन्धी सर्वव्यापक नियमों की स्थापना करते हैं। जैसे-हम नियम बनाते हैं कि सभी वस्तुओं में गुरुत्वाकर्षण की शक्ति है या मलेरिया कुनैन से अच्छा होता है। यदि वस्तुओं और गुरुत्वाकर्षण में वास्तव में सम्बन्ध हो, तो हमारा नियम सत्य ठहरता है, अन्यथा नहीं। विज्ञानों में नियमों की स्थापना की जाती है और नियम का सम्बन्ध, कारण-कार्य पर आधृत रहता है। यदि कारण-कार्य की अवधारणा सिद्ध ठहरती है तो वैज्ञानिक नियम भी सत्य ठहरते हैं, नहीं तो वे भी सन्देहात्मक ही ठहरेंगे।

कारण-कार्य के सन्दर्भ में ह्यूम तीन लक्षणों का उल्लेख करते हैं:—

(क) कारण-कार्य के बीच संनिधि (contiguity) का सम्बन्ध पाया जाता है।

(ख) कार्य की अपेक्षा कारण पूर्व होता है।

(ग) कारण-कार्य के बीच नित्य संयोग (constant conjunction) के अतिरिक्त अनिवार्यता (necessity) का सम्बन्ध पाया जाता है। *ह्यूम* ने *A Treatise of Human Nature* में अनिवार्यता की व्याख्या की है और *Enquiry Concerning Human Understanding* में अनिवार्यता से सम्बद्ध उत्पादक शक्ति की अवधारणा पर अधिक बल दिया है। दूसरे शब्दों में ह्यूम के अनुसार कारण-कार्य के बीच अनिवार्य सम्बन्ध रहता है अथवा कार्य में ऐसी उत्पादक शक्ति रहती है कि कारण के रहने पर अवश्यमेव कार्य उत्पन्न होगा। *ह्यूम* ने कारण-कार्य की अवधारणा का निम्नलिखित रूप से विश्लेषण किया है।

यदि कारण-कार्य का सम्बन्ध सही हो तो इसे प्रत्यक्ष पर आधारित होना चाहिए। अतः, हमें देखना है कि यह किस यथार्थ प्रत्यक्ष पर आधारित है। क्या कोई ऐसा गुण वस्तुओं में है, जिसकी वजह से हम कहते हैं कि वे 'कारण' हैं? पर ऐसा गुण हमें नहीं दीख पड़ता है, क्योंकि हम अनेक विभिन्न वस्तुओं को कारण समझते हैं जिनमें कोई भी गुण सामान्य रीति से नहीं पाया जाता है। अब यदि वस्तुओं में कोई ऐसा गुण नहीं है जिसकी वजह से हम उन्हें कारण समझते हैं तो शायद वस्तुओं के बीच ऐसा सम्बन्ध होगा, जिसकी वजह से हम एक वस्तु को दूसरी वस्तु का कारण समझते हैं। पहली बात है कि जिन वस्तुओं को हम कारण-कार्य समझते हैं, उनमें सामीप्य का सम्बन्ध पाया जाता है। जैसे-सूर्य और ताप, ज्वाला और दाहकता इत्यादि। फिर कारण-कार्यवाली वस्तुओं में पूर्वापर या अनुक्रमण (succession) सम्बन्ध पाया जाता है। कारण पूर्व होता है और तब उसके बाद कार्य आता है। अतः, सामीप्य और पूर्ववर्तिता (priority) दो घटनाओं के बीच ऐसे सम्बन्ध हैं, जो कारण-कार्य की धारणा में मौजूद कहे जा सकते हैं। इन दो सम्बन्धों को छोड़कर तीसरा महत्त्वपूर्ण सम्बन्ध भी इसमें मौजूद समझा जाता है और वह है शक्ति या अनिवार्य लगाव (Power of necessary connection)। कारण में समझा जाता है कि कोई एक शक्ति है, जिससे यह कार्य उत्पन्न करता है। हमें देखना है कि वास्तव में क्या कोई ऐसा प्रत्यक्ष है जिस पर 'उत्पादक शक्ति का अनिवार्य लगाव' को आधारित रखा जा सकता है? यदि हम कैरम या बिलिअर्ड की गोटियों में कारणात्मक लगाव को देखें तो पाते हैं कि एक गोटी में दूसरी गोटी के धक्के से गति उत्पन्न होती है। परन्तु हम धक्का देने वाली और धक्का खाने वाली गोटी के बीच नहीं पाते हैं कि धक्का देने वाली गोटी से कोई शक्ति निकलकर धक्का खानेवाली गोटी में घुस जाय। कारण-कार्य की धारणा में उत्पादक शक्ति तथा अनिवार्य लगाव को ही मुख्य लक्षण माना जाता है। परन्तु इन्हें हम किसी भी प्रत्यक्ष पर आधारित नहीं पाते हैं।*

* यही बात लॉक ने भी बतायी थी, पर उन्होंने कहा था कि हम अपनी संकल्पात्मक (voluntary) प्रक्रिया में उत्पादक शक्ति का अनुभव करते हैं। ह्यूम ने इस प्रसंग को नहीं उठाया क्योंकि वे स्थायी आत्मा के अस्तित्व ही को स्वीकार नहीं करते हैं और इसलिए उनके लिए संकल्पकर्त्ता ही नहीं है।

अब शायद कारण-कार्य की समस्या का समाधान हो जाय यदि हम इन दो निम्नलिखित प्रश्नों के उत्तर दे सकें :—

(1) हमारे लिए यह कहना क्यों जरूरी हो जाता है कि बिना कारण के कोई भी घटना नहीं हो सकती है?

(2) क्यों हम कहते हैं कि अमुक घटना अवश्यमेव दूसरी घटना का कारण होगी ?

ऐसा हम क्यों कहते हैं कि बिना किसी कारण के घटना नहीं हो सकती है? *लॉक* के अनुसार या प्रागनुभव (a priori) सिद्धान्त है। परन्तु *ह्यूम* प्रागनुभव तथा सहज प्रत्ययों की संभावना स्वीकार नहीं करते हैं, और इसलिए उनके लिए उपर्युक्त सिद्धान्त का कोई आधार नहीं मालूम देता है। उनका कहना है कि इस सिद्धान्त को सिद्ध करने के लिए जितने भी प्रमाण दिये गये हैं, वे दोषपूर्ण हैं।* वास्तव में यह जरूरी नहीं है कि जहाँ भी कार्य या घटना हो उसका कोई अमुक कारण अवश्य हो। *कारण-कार्य दो भिन्न और परिस्पष्ट प्रत्यय हैं और इसलिए वे पृथक् भी हैं।* (*The distinguishable is also separable.*) हमारे लिए यह सोचना जरूरी नहीं है कि आग से ताप हो; क्योंकि हम कल्पना कर सकते हैं कि आग से ताप न मिलकर हमें ठंडक मिले अर्थात् आग और ताप, ये दोनों परिस्पष्ट और भिन्न-भिन्न प्रत्यय हैं और इसलिए एक की कल्पना बिना दूसरे प्रत्यय के की जा सकती है।

यदि कारण और कार्य पृथक् प्रत्यय हों तो क्यों हम समझते हैं कि बिना कारण के कार्य नहीं, और बिना कार्य के कारण संभव हो ही नहीं सकते हैं? यदि हम सम्बन्ध अनुभव-सिद्ध न हों, तो क्या यह सम्बन्ध अनुमान पर आधारित हो सकती है? यह ठीक है कि सूर्य और प्रकाश बार-बार नित्य संयोग में देखा जाता है। पर इसकी क्या गारंटी है कि भविष्य में भी ऐसा ही होगा? यदि इस प्रकार का सूर्य-प्रकाश के बीच अनिवार्य (अवश्यमेव सम्बन्ध अनुमान पर आधारित हो सकता है, तो इसे प्राकृतिक एकरूपता (uniformity of nature) के व्यापक नियम पर ही आश्रित किया जा सकता है, अर्थात् भविष्य में सभी घटनाएँ भूत तथा वर्तमान घटनाओं के अनुरूप ही घटती जायँगी। अब यदि प्राकृतिक एकरूपता का यह व्यापक नियम अनुभव पर आश्रित हो तो किस प्रकार अनुभूत, अनदेखे भविष्य को अनुभवाश्रित कहा जायगा? अतः न तो प्राकृतिक एकरूपता को अनुभवाश्रित कहा जा सकता है और न अनदेखे भविष्य पर आधारित अनुमान को तर्कसंगत कहा जा सकता है।

'अनिवार्यता' की भावना उत्पादक शक्ति की तुलना में अधिक तकर्निष्ठ मानी जायगी। परन्तु देखा जाय कि क्या कहा जा सकता है कि कारण में उत्पादक शक्ति है जिसके रहने से कार्य उत्पन्न होता है? *An Enquiry* के 49-57 खण्ड में *ह्यूम* ने इसकी विस्तारपूर्वक व्याख्या की है। सर्वप्रथम, *ह्यूम* के अनुसार हम देखते हैं कि कैरम बोर्ड में स्ट्राइगर और गोट की चाल में केवल पूर्वापर सम्बन्ध दिखता है। स्ट्राइगर से धक्का खाने पर गोटी भी चलती है। पर स्ट्राइगर से निकलर गोटी में घुसती हुई कोई शक्ति नहीं दिखाई पड़ती है। यही बात किसी भी उत्पादक कारण और उत्पादित कार्य के बीच देखी जाती है। पर संभव है कि बाह्य वस्तुओं (घटनाओं) के बीच यह उत्पादक शक्ति न दिखाई दे, पर *लॉक* के अनुसार इच्छात्मक कार्यों में इच्छाशक्ति को उत्पादक के रूप में आत्मनिरीक्षित किया जाता है। पर क्या इच्छाशक्ति और इच्छात्मक व्यापार के बीच किसी उत्पादक-शक्ति की अनुभूति होती है?

सर्वप्रथम, मन और देह का सम्बन्ध इतना रहस्यमय है कि इसे अनुभूति का विषय नहीं कहा जा सकता। चाहते हुए भी हम पर्वत को राई भर ही इतनी इच्छा से नहीं हिला सकते। यही बात शारीरिक अंगों के साथ भी कही जा सकती है। शरीर में अनेक अंग ऐसे हैं जिन्हें हम अपनी इच्छा से नहीं चला सकते हैं, जैसे—हृदय तथा यकृत। फिर किसी भी शारीरिक गति में वास्तव

---

* Selby-Bigge : *Hume's Treatise*, pp. 80-81.

में उंगली तथा पैर ही नहीं चलते, वरन् अनेक मासंपेशियाँ तथा अन्य सूक्ष्य रसायन होते हैं जिनकी गति से शारीरिक व्यापार सम्पन्न होता है। पर इन माँसपेशियों तथा रसायन का हमें ज्ञान तक नहीं होता है, तो इन्हें अपनी इच्छा से चलाने का प्रश्न ही कहाँ उठता है। वास्तव में इच्छाशक्ति की अनुभूति नहीं होती। अतः उत्पादक इच्छाशक्ति साक्षात् अनुभव का विषय नहीं है।

जहाँ तक हम लोगों ने अनुभव के आधार पर कारण की उत्पादक शक्ति तथा अनिवार्य लगाव को जानना चाहा, वहाँ तक हम इन्हें प्रत्यक्ष के द्वारा प्राप्त नहीं कर पाये हैं, तो हमें जानना चाहिए कि क्यों हम एक वस्तु को दूसरी वस्तु का कारण समझते हैं। जहाँ तक हमारा अनुभव होता है, वहाँ तक हम देखते हैं कि जब हम एक प्रकार की वस्तु को पहले देखते हैं और एक प्रकार की वस्तु को बाद में देखते हैं, तो बार-बार इन्हें पूर्वापर सम्बन्ध में देखकर पूर्ववर्ती वस्तु का कारण और अनुवर्त्ती (posterior) वस्तु को कार्य कहते हैं। उदाहरणार्थ, हम आग को जब-जब देखते हैं तब-तब हम ताप का भी अनुभव करते हैं। इसलिए हम आग को कारण और ताप को कार्य समझते हैं। अतः, हम लोगों को पता लग गया है कि नित्य संयोग (constant conjunction) के आधार पर हम एक वस्तु को कारण और दूसरी वस्तु के कार्य कहते हैं।* तो क्या यह निष्कर्ष युक्तिसंगत (rational) है या कल्पना मात्र है? यदि यह निष्कर्ष युक्तिसंगत होगा तो इसी आधार पर हो सकता है कि प्राकृतिक घटनाएँ समरूप (uniform) होती हैं और अनदेखी घटनाएँ, देखी हुई घटनाओं के समान होती हैं। इसलिए आग और ताप की देखी हुई घटनाओं के आधार पर हम कह सकते हैं कि भावी, अनदेखी 'आग-ताप' की घटनाओं के बीच भी अवश्यमेव यही कारण कार्य का सम्बन्ध होगा। पर क्या यह तर्क ठीक है? नहीं, क्योंकि हम कैसे कह सकते हैं कि अनदेखी घटनाएँ देखी हुई घटनाओं के समान होंगी? इसलिए नित्य-संयोग के आधार पर कारण-कार्य का सम्बन्ध युक्तिसंगत नहीं हो सकता है। इसलिए इसकी रचना हमारी कल्पना से ही संभव हो सकती है।

पहले तो हमें कल्पना के आधार पर अनिवार्य लगाव होने में सन्देह होने लगता है। यदि एक बार के प्रत्यक्ष से हमें अनिवार्य लगाव का सम्बन्ध न मालूम दे तो बार-बार उसी प्रकार की घटनाओं की अनुभूति से कैसे एक नवीन गुण की रचना हो सकती है? बार-बार के दोहराये जाने पर यदि किसी वस्तु में गुण वर्तमान हो तो उसे भाँप लेने की क्षमता अवश्य दृढ़ हो सकती है, पर पुनरावृत्ति (repetitions) से किसी नये गुण की उत्पत्ति नहीं हो सकती है। अनिवार्य लगाव का गुण वस्तुनिष्ठ नहीं है, इसलिए कितनी ही बार हम वस्तुओं का अनुभव क्यों न करें, इसे हम उनमें नहीं देख सकते हैं। परन्तु एक बात ध्यान देने योग्य है। यद्यपि पुनरावृत्ति से वस्तुगत गुणों का निर्माण नहीं हो सकता तो भी इसका विशेष प्रभाव हमारे मन पर पड़ सकता है। *(A constant conjunction can never produce a 'new quality in the object', but it produces an effect on the mind.)* इसका प्रभाव यह है कि वस्तुओं के नित्य-संयोग से हमारे अन्दर मानसिक आदत हो जाती है, जिसकी वजह से यदि एक वस्तु हमारे सामने आये तो हम दूसरी वस्तु की प्रतीक्षा करने लगते हैं। यदि आग और ताप को बार-बार हम अनुभूत करते हों, तो हमारे अन्दर मानसिक प्रतीक्षा की ऐसी आदत हो जाती है कि आग को देखते ही हम ताप की कल्पना करने लगते हैं। अतः कारण-कार्य के अनिवार्य लगाव का सम्बन्ध वस्तुनिष्ठ नहीं परन्तु *आत्मनिष्ठ (subjective)* है। हमारे अन्दर ऐसी बाध्यता आ जाती है कि एक वस्तु को देखकर हम अवश्य ही दूसरी वस्तु की प्रतीक्षा करने लगते हैं।

यदि हम कारण-कार्य के सम्बन्ध की उत्पादन-प्रक्रिया पर ध्यान दें तो इसमें दो अंग देखे जाते हैं, अर्थात् घटनाओं के बीच नित्य-संयोग का होना और फिर सहचार नियमों से संचालित

---

* Selby-Bigge : *Hume's Treatise*, p. 87.

मानसिक *कल्पना में अनिवार्य प्रतीक्षा का होना*। परन्तु यदि ह्यूम की व्याख्या को हम मान लें, तो वास्तव में घटनाओं के बीच वस्तुगत अनिवार्यता का सम्बन्ध देखने में नआीं आयगा। तो क्या *ह्यूम* को संदेहवादी कहा जाय? संभव है और यह वह प्रश्न है जिसकी व्याख्या की जायेगी। परन्तु कारण-कार्य के संदर्भ में *ह्यूम* का प्रमुख लक्ष्य था कि 'कारण' का विश्लेषण किया जाय। *ह्यूम* के अनुसार विश्लेषण चाहे दार्शनिक हो सकता है, या प्राकृतिक (natural)। दार्शनिक विश्लेषण का संदर्भ वस्तु तथा प्रत्ययों के बीच वस्तुगत सम्बन्ध का है, और प्राकृतिक विश्लेषण का सन्दर्भ मनोवैज्ञानिक तथा आत्मगत सम्बन्ध का है। *ह्यूम* ने बताया है कि दार्शनिक विश्लेषण के आधार पर कारण-कार्य के बीच अनिवार्यता के सम्बन्ध को तर्कपूर्ण नहीं सिद्ध किया जा सकता है। परन्तु जीवन तर्क से नहीं, वरन् प्राकृतिक बुद्धि से संचालित होता है और इसमें कल्पना शक्ति (imagination) का बहुत बड़ा हाथ है। सामान्य रूप से *ह्यूम* के लिए तर्कबुद्धि (reason) से अभिप्राय प्रागनुभव अन्तर्ज्ञान (a priori intution) तथा गणितीय निदर्शात्मक ज्ञान (demonstrative knowledge) से है। प्राकृतिक सम्बन्ध वह है जो सहचार द्वारा उत्पन्न हो। ऐसी स्थिति में ह्यूम के अनुसार कारण-कार्य का सम्बन्ध दार्शनिक तथा प्राकृतिक दोनों है। यह कारण कार्य के विशिष्ट लक्षणों से ही स्पष्ट हो जाता है।

(1) कारण वह है जो कार्य से पूर्व हो।

(2) कारण क और कार्य ख को संलग्न होना चाहिए।

(3) क और ख के बीच अनिवार्य सम्बन्ध हो। यह अनिवार्य तभी संभव हो सकता है जब सादृश्य (resembalance) तथा सामीप्य (contiguity) के आधार पर क और ख के बीच ऐसा सहचार हो जाय कि क के प्रस्तुत होते ही मानव-मन ख की *प्रतीक्षा करने में बाध्य हो जाय*। प्रतीक्षा करने की विवशता मानसिक लक्षण है, परन्तु बिना इसका सहारा लिए हुए कारण-कार्य में निहित अनिवार्यता की व्याख्या सम्भव नहीं हो सकती है।

लक्षण (1) और (2) को वस्तुगत और दार्शनिक कहा जायगा। परन्तु पूर्ववर्तिता तथा सामीप्य के ही आधार पर अनिवार्यता की व्याख्या नहीं हो सकती है। इसलिए *ह्यूम* के अनुसार शुद्ध तर्कबुद्धि के आधार पर कारण-कार्य की व्याख्या नहीं हो सकती है। परन्तु मानव में कल्पना शक्ति (imagination) भी है और कल्पना शक्ति के आधार पर क और ख के बीच सहचार होने पर मानसिक विवशता ऐसी हो जाती है कि क को देखते ही ख की प्रतीक्षा होने लगती है। मन की अपनी विवशता अथवा आत्मगत बाध्यता घटनाओं में भी आरोपित हो जाती है और यही कारण है कि सूर्य के प्रस्तुत होने पर समझा जाता है कि अवश्यमेव प्रकाश भी होगा। इसी प्रतीक्षा करने की विवशता को घटनाओं में आरोपित कर कहा जाता है कि आज और ताप के बीच अनिवार्य सम्बन्ध है। *ह्यूम* न तो कारण-कार्य की अनिवार्यता को तर्कसंगत समझते हैं और न इसका समर्थन करते हैं। परन्तु आप इस अनिवार्यता का सही-सही वर्णन प्रस्तुत करते हैं। इस वर्णन को मनौवैज्ञानिक विश्लेषण कहा जा सकता है। ह्यूम दार्शनिक विश्लेषण को मनोवैज्ञानिक विश्लेषण के साथ नहीं मिला देते हैं। पर इन दोनों के आपसी विरोध को अन्त तक स्पष्ट कर देते हैं जिससे ह्यूम के दर्शन में सन्देहवाद चला आता है। ह्यूम ने कारण की परिभाषा को दार्शनिक और मनोवैज्ञानिक, दोनों को एक साथ ही प्रस्तुत किया है।*

दार्शनिक विश्लेषण के अनुसार, क और ख दो घटनाओं में से 'क' को कारण और 'ख' को कार्य तभी कहा जाता है जब ख के सन्दर्भ में क उसके पूर्व (precedent) तथा उससे (ख) से संलग्न (contiguous) हो, और जब क के सदृश अन्य घटनाएँ, ख के सदृश अन्य घटनाओं के पूर्व और संलग्न हों।

* देखें *Treatise of Human Nature*, ed. Selby-Bigge, 1968 (B.K. I, Part III, Sec. 14)—p. 170 इसके सन्दर्भ में चैपल सम्पादित लेखों में जेसप, रोबिन्सन तथा रिचड्र के लेख उल्लेखनीय हैं।

प्राकृतिक सम्बन्ध (natural relation) के अनुसार, ख के पूर्व तथा उससे संलग्न क वह कारण है जो ख के साथ ऐसा सम्बद्ध हो जाय कि मन में क के रहने पर ख का प्रत्यय (idea) बलपूर्वक उभर पड़े।

बिना मानसिक अनिवार्यता को घटनाओं में आरोपित किये हुए, *ह्यूम* के अनुसार, कारण की अनिवार्यता स्पष्ट नहीं की जा सकती है। इस मानसिक अनिवार्यता के आरोपन को *ह्यूम* ने 'काल्पनिक रचना' कहा है और इसे अतर्कबुद्धिपरक कहा है। *ह्यूम* के अनुसार मानव को ऐसी प्राकृतिक रचना की है कि वह बिना प्राकृतिक कल्पना के रह नहीं सकता है। यदि प्राकृतिक कल्पना का आश्रय नहीं लिया जाय तो कारण में निहित अनिवार्यता की व्याख्या नहीं हो सकती और यदि अनिवार्यता को कारण का सारभूत लक्षण न माना जाय तो कारण को 'कारण' नहीं कहा जा सकता है, क्योंकि ह्यूम के अनुसार केवल पूर्ववर्तिता, सामीप्य अथवा नित्य संयोग के आधार पर किसी अमुक घटना 'क' को अन्य अमुक घटना 'ख' का कारण नहीं स्वीकार किया जा सकता है।

जिस प्रकार प्राकृतिक कल्पना के आधार पर (अर्थात् सहचार के तीन नियम सादृश्य, सामीप्य और मानसिक अनिवार्यता का आरोपन) कारण-कार्य की व्याख्या की गई है, उसी कल्पना के आधार पर ह्यूम बाह्य जगत् की धारणा को भी स्पष्ट करते हैं।

बाह्य जगत् के अस्तित्व में विश्वास की व्याख्या

व्यक्तियों का सामान्य विश्वास है कि मानव से परे स्थाई जगत् है जो किसी मानव के नहीं रहने पर भी जारी रहेगा। इस स्वतंत्र तथा स्थाई जगत् में विश्वास को किस प्रकार स्पष्ट किया जा सकता है? क्या बाह्य जगत् का अस्तित्व तर्कसंगत स्वीकारा जा सकता है? किसी भी धारणा को प्रत्यय (idea) होना चाहिए और अन्त में कोई भी प्रत्यय क्यों न हो उसे संवेदन छाप (impression) से प्राप्त होना चाहिए क्योंकि ह्यूम के अनुसार प्रत्यय सबसे अधिक (ज्येष्ठ) अनुभूति है जो हमारी चेतना में साक्षात् रूप से प्रतीत होता है और जिसे स्वीकारने के लिए सभी बाध्य होते हैं।* अब यदि प्रत्यक्ष ही सभी अवधारणाओं की अन्तिम कसौटी हो तो बाह्य जगत् की धारणा को किस प्रकार प्रत्यक्षसिद्ध कहा जा सकता है? प्रत्यक्ष क्षणभंगुर होता और तभी तक रहता है जब तक यह चेतना के केन्द्र में पाया जाता है। बाह्य जगत् का स्थायित्व (permanence) क्षणभंगुर प्रत्यक्ष से नहीं प्राप्त किया जा सकता है। फिर बाह्य जगत् की स्वतंत्रता से अभिप्राय होता है कि बाह्य जगत् का वह प्रत्यक्ष जो अप्रत्यक्ष होने पर भी सम्भव हो पर स्थायी जगत् और क्षणभंगुर प्रत्यक्ष तथा अ-प्रत्यक्ष रूपी प्रत्यक्ष परस्पर विरोधी बाते हैं। अतः, बाह्य जगत्-सम्बन्धी मानव-विचार असंगत है। कल्पना की चपेट में आकर एक ओर लोग बाह्य वस्तुओं के प्रत्यक्ष के विषय में सोचते हैं कि ये बाह्य वस्तुएँ प्रत्यक्ष में नहीं रहने पर भी जारी रहती हैं और किस प्रकार के विचार में कोई तर्कसंगति नहीं है। दूसरी ओर लोग समझते हैं कि कुछ अन्य प्रत्यक्ष चेतना से ओझल होते ही विलीन हो जाते हैं, जैसे-विभिन्न प्रकार के भ्रम, सिरदर्द इत्यादि। यह असंगत बात है कि सोचा जाय कि कुछ वस्तुएँ चेतना में न रहने पर भी (बाह्य वस्तुओं का प्रत्यक्ष) जारी रहती है। पर मानव बाह्य जगत् की अवधारणा में अपनी तर्कबुद्धि का आश्रय न लेकर अपनी कल्पना शक्ति की सहायता लेता है और इसी कल्पना के आधार प्रत्यक्ष-सिद्धान्त की अवहेलना करके मानव स्वतंत्र तथा स्थाई बाह्य वस्तुओं में विश्वास रखता है। इसलिए जगत् की अपनी स्वतंत्र सत्ता स्वीकार नहीं की जा सकती है। यदि इसकी कोई वास्तविकता है तो यह हमारी कल्पना पर आधारित है। पर इस निष्कर्ष को न अपनाकर कुछ विचारक समझते हैं कि संवेदनाओं की सजीवता तथा हमारी इच्छाओं से स्वतंत्रता के आधार पर उनके कारण के रूप में, बाह्य जगत् को स्वीकार किया जा सकता है। परन्तु ह्यूम के अनुसार इसे स्वीकार नहीं किया जा सकता है।

* *A Treatise*, Selby-Bigge, pp. 2.2, 2.3.

पहली बात है कि कारण-कार्य की अवधारणा काल्पनिक सिद्ध हो चुकी है और इसके आधार पर हम नहीं कह सकते हैं कि हमारी सजीव संवेदनाओं का कारण के रूप में बाह्य जगत् है। फिर संवेदना की सजीवता से या उन्हें हमारी इच्छाओं से परे मान लेने पर भी किसी स्वतंत्र जगत् की सत्ता स्वीकार नहीं की जा सकती है। इसकी वजह है कि हमारे भाव, संवेग, सुख-दुःख इत्यादि अति तीक्ष्ण हो सकते हैं और फिर वे हमारी इच्छाओं से परे भी रहते हैं, तो भी उन्हें कोई बाह्य जगत् का कार्य नहीं मानता है। इसलिए जो भी प्रमाण देकार्त तथा लॉक ने बाह्य जगत् की स्वतंत्र सत्ता के पक्ष में दिया है वह निराधार है। इसलिए *ह्यूम* का कहना है कि हमें मान लेना चाहिए कि बाह्य जगत् हमारी कल्पना की रचना है। इस रचना का क्या आधार है?

संवेदनाओं की नित्यता (constancy) तथा उनकी क्रमबद्ध सम्बद्धता (coherence) से ही हमारे मन में स्थायी, स्वतंत्र जगत् की सत्ता स्वीकार करने की प्रवृत्ति (propensity) उत्पन्न हो जाती है। हम नदी, पहाड़ या घर की ओर दृष्टि डालते हैं और फिर जब आँखें मूँदने के बाद हम उन्हें फिर देखते हैं तो हम उन्हें उसी दशा में पाते हैं जिस दशा में उन्हें पहले देखा था। अतः, इन वस्तुओं की हमें नित्य सदृश्य संवेदना होती रहती है, इसी से हम इन्हें स्थाई और स्वतंत्र मानते हैं। फिर जलती हुई लकड़ी को छोड़कर जब हम दूर चले जाते हैं और फिर लौटकर उसे राख के रूप में पाते हैं, जो उसकी क्रमबद्ध अन्तिम अवस्था होती है। अतः एक समान संवेदनाओं की नित्यता तथा क्रमबद्ध सम्बद्धता से हमारे मन में झुकाव हो जाता है, जिसके अनुसार हम जगत् की स्थाई सत्ता स्वीकार कर लेते हैं। प्रारंभ में यह कल्पना केवल काम चलाऊ हुआ करती है पर जब बार-बार इस पूर्वकल्पना की पुष्टि होती जाती है तब स्थाई तथा स्वतंत्र जगत् की कल्पना दृढ़ बन जाती है। अतः, हम संवेदनाओं की नवीनता, परिवर्तनशीलता और क्षणभंगुरता की अवहेलना करके सदृश संवेदनाओं को एक ही तरह की संवेदना समझकर स्थाई जगत् की धारणा कल्पित कर लेते हैं। परन्तु यदि हम अपनी बुद्धि दौड़ाएँ तो स्पष्ट हो जायगा कि स्थाई जगत् का अस्तित्व भ्रम है, क्योंकि संवेदनाएँ एकमात्र सत्य हैं। वे क्षणभंगुर तथा अस्थायी हैं। परन्तु मानसिक झुकाव जो संवेदनाओं की नित्यता तथा क्रमबद्धता से उत्पन्न होता है, हमें स्थाई जगत् के भ्रम में डाले रहता है। *'This propension to bestow an identity on our resembling perceptions produces the fiction of a continued existence; since that fiction, as well as the identity, is really false as is acknowledged by all philosophers and has no other effect than to remedy the interruption of our perceptions, which is the only circumstance that is contrary to their identity.'** अतः, जब दार्शनिक अपनी बुद्धि की मदद लेता है तो उसे स्पष्ट हो जाता है कि अनित्य संवेदना ही सत्य है और जब वह अपनी कल्पना की आदत में पड़कर काम करता है तो वह स्थाई जगत् की सत्ता को मान लेता है। अतः, मानव इन दोनों विरोधी बातों को स्वीकार किये रहते हैं। ह्यूम के लिए यह बात केवल बाह्य जगत् के लिए सत्य नहीं है, पर वे समझते हैं कि व्यावहारिक जीवन के लिए परम्परा और कल्पना ही ठीक है, क्योंकि दार्शनिक विचार युक्तिसंगत अवश्य है, पर यह फीका और असत्य-सा मालूम देता है। अब ह्यूम के विचार के प्रति इस युक्ति से स्पष्ट हो जाता है कि ह्यूम के अन्दर सन्देहवाद भी था और साथ-ही-साथ कल्पना पर आधारित व्यावहारिक जीवन की वास्तविकता को भी वे स्वीकार करते थे। इसलिए हमें जानना है कि क्या वे वास्तव में सन्देहवादी (sceptic) थे?

ह्यूम का संशयवाद (*Scepticism*)

ह्यूम के अनुसार मानव में दो शक्तियाँ हैं, अर्थात् तर्कशक्ति (reason) और सहजबुद्धि (nature) अथवा मानव स्वभाव। दर्शन का सन्दर्भ तर्कबुद्धि रहता है। अब ह्यूम का कहना है कि मानव अपनी तर्कबुद्धि के द्वारा संशयहीन ज्ञान नहीं प्राप्त कर सकता है। यह संशयहीन ज्ञान प्रायः

---

* Selby-Bigge : *Hume's Treatise*, p. 211.

गणितीय ज्ञान में देखा जाता है। गणितीय ज्ञान को अन्तःप्रज्ञा तथा निगमन के नियमों के द्वारा प्राप्त किया जाता है। इस सन्दर्भ में ह्यूम ने सभी संज्ञानात्मक (अर्थात् जिसमें ज्ञान प्राप्त हो) अभिकथनों (assertions) को दो भागों में बाँटा है–(1) परिमाण अथवा संख्यावाची गणितीय अभिकथन, और (2) तथ्यात्मक अभिकथन। गणितीय अभिकथन विचार से उत्पन्न प्रत्ययों के आपसी सम्बन्ध पर निर्भर करते हैं और ये प्रत्यय (अथवा धारणाएँ) यथार्थ वस्तुओं से परे रहते, अथवा उनकी अपेक्षा नहीं रखते हैं। जैसे—त्रिभुज की अवधारणा विचार द्वारा निर्धारित की जाती है और सम्भवतः त्रिभुज की परिभाषा के अनुरूप कोई भी यथार्थ वस्तु न हो।* गणितीय अभिकथनों की सत्यता बिना आत्म-विरोध के अस्वीकार नहीं की जा सकती है। इस प्रकार के अभिकथन को समकालीन भाषा में विश्लेषात्मक (analytic) कहा जा सकता है। गणितीय अभिकथन से भिन्न, *ह्यूम* के अनुसार तथ्यात्मक अभिकथन (assertions concerning matters of fact) होते हैं, जिनकी अर्थपूर्णता संवेदन छापों पर निर्भर करती है। तथ्यात्मक अभिकथन बाह्य वस्तुओं तथा आत्मा के सम्बन्ध में देखे जाते हैं *ह्यूम* ने अपने विश्लेषण के आधार पर स्पष्ट किया है कि तथ्यात्मक अभिकथन कभी भी गणितीय अभिकथन के समान अन्तःप्रज्ञा (intuition) तथा निदर्शन (demonstration) पर निर्भर नहीं हो सकते हैं। इसलिए *ह्यूम* के अनुसार तथ्यात्मक अभिकथन गणितीय प्रमाण (proof) के विषय (subject-matter) नहीं हो सकते हैं फिर गणितीय से भिन्न तथ्यात्मक अभिकथनों की वास्तविकता कल्पित की जा सकती है। जैसे-'यह मेज भूरी है'। यह *अभिकथन संवेदन छापों द्वारा सत्यापित अवश्य है।* पर कोई भी इस अभिकथन के विपक्ष में कल्पना कर सकता है, अर्थात् विचार कर सकता है कि यह मेज भूरी न होकर उजली या काली है। अतः ह्यूम के अनुसार तथ्यात्मक अभिकथनों की सत्यता गणितीय अभिकथनों के समान कभी भी तर्कबुद्धि के द्वारा सत्य-सिद्ध नहीं की जा सकती है। परन्तु क्या ह्यूम संदेहवादी होकर कहते हैं कि मानव किसी भी वस्तु का ज्ञान प्राप्त करने में असमर्थ होता है? हाँ, जहाँ तक तर्कबुद्धि तथा दार्शनिक चिन्तन का प्रश्न है, वहाँ तक कहा जा सकता है कि दार्शनिक चिन्तन के द्वारा असंदिग्ध तथा अनिवार्य ज्ञान तथ्यों से नहीं प्राप्त किया जा सकता है। पर ह्यूम का इस सन्दर्भ तथा अनिवार्य ज्ञान तथ्यों से नहीं मानव जीवनयापन के लिए सहज बुद्धि का आश्रय ले सकता है। ह्यूम का रचनात्मक पक्ष प्राचीन पाइरोवाद से बहुत मिलता है।

*पाइरो (Pyrrho)*** के अनुसार इन्द्रिय-संवेदन तथा तर्कबुद्धि के द्वारा असंदिग्ध ज्ञान नहीं प्राप्त हो सकता है। क्यों? क्योंकि संवेदनाओं में अनेक भ्रम देखे जाते हैं। एक ही वस्तु दूर से छोटी दीखती है और नजदीक से दूसरे आकार में दीखती है। फिर सीप-चाँदी, रज्जु-सर्प भ्रम इत्यादि अनेक प्रकार के उदाहरण पाये जाते हैं। जिनमें इन्द्रियों से हमें धोखा होता रहता है। तर्कबुद्धि के द्वारा भी ज्ञान नहीं प्राप्त हो सकता है, क्योंकि बाह्य वस्तुओं (अथवा घटनाओं) का ज्ञान कारण-कार्य के सिद्धान्त पर आधारित होता है और कारण-कार्य की अनिवार्यता न तो संवेदन, और न अनुमान के द्वारा सिद्ध हो सकती है। कारण-कार्य का सिद्धान्त तर्कबुद्धि से नहीं, वरन् सहचार पर आधारित कल्पना से प्राप्त किया जाता है। फिर बाह्य जगत् का ज्ञान भी तर्क-सिद्ध नहीं होता है; क्योंकि संवेदन एकमात्र विश्वसनीय ज्ञान का साधन है और इसमें मन-निर्भर साधन के आधार पर अनदेखी तथा स्वतंत्र बाह्य वस्तु के अस्तित्व की स्थापना नहीं हो सकती है। यह ठीक है कि ह्यूम ने गणितीय अभिकथनों को असंदिग्ध ज्ञान स्वीकार किया है।

निस्संदेह गणित के तार्किक नियम तथा तर्क के पग संदिग्ध नहीं कहे जा सकते हैं। पर गणितीय प्रमाण पगों की शृंखला पर निर्भर रहता है और मानवशक्ति इतनी पूर्ण नहीं है कि वह संपूर्ण शृंखला की परिशुद्धता को प्राप्त कर ले। अब यदि संवेदन तथा तर्कबुद्धि (reason) के

---

* *Enquiry Concerning Human Understanding*, section IV, Part-20.

** उच्च कक्षा के लिए।

द्वारा निदर्शनात्मक ज्ञान नहीं प्राप्त हो सकता है तो क्या मानव सोचना-विचारना छोड़ दे? यहाँ पाइरो का मत उल्लेखनीय है। पाइरो का कहना है कि मानव को चाहिए कि अपने निर्णय (judgement) को स्थगित करके, वह संवेदन-छाप की अगुवाई स्वीकार करके सहजबुद्धि द्वारा अपना जीवन-यापन करे। सहजबुद्धि के अन्तर्गत पाइरो निम्नलिखित बातों का उल्लेख करते हैं:—

(1) संवेदन-छापों की बातों को अनायास रूप में स्वीकारना।

(2) भाव संवेग द्वारा भूख-प्यास इत्यादि को मिटाना, अर्थात् समकालीन परिभाषा में उत्प्रेरकों द्वारा संचालित होना।

(3) आदत तथा सामाजिक परम्परा को अपनाना।

(4) परम्परागत कला-कौशल से परिचालित होना।

इसलिए ध्यान देने पर ह्यूम के दर्शन में सहजबुद्धि से संचालित दार्शनिक संदेहवाद का अभावात्मक (negative) पक्ष है एक; और, सहजबुद्धि तथा कल्पना पर आधारित ह्यूम का दूसरा पक्ष रचनात्मक (constructive) कहा जा सकता है।

अतः, हम इस निष्कर्ष पर आते हैं *ह्यूम* के विचार में भावात्मक या रचनात्मक (positive or constructive) तथा नकारात्मक या खण्डनकारी (negative or destructive) दो पक्ष देखने में आते हैं। उसका खण्डनकारी पक्ष परिपूर्ण है और रचनात्मक पक्ष क्षीण है। इसलिए उन्हें सन्देहवादी नहीं कहकर दर्शन का आलोचक पुकारना चाहिए। उनका निष्कर्ष सन्देहात्मक है, पर सन्देहवाद नहीं। *ह्यूम* के विचार और ideas की कसौटी पर किसी प्रकार के ज्ञान की सत्यता आँकी जा सकती है। चूँकि प्रत्यक्ष क्षण-प्रतिक्षण बदलते रहते हैं, इसलिए स्थाई द्रव्य का प्रत्यक्ष नहीं किया जा सकता है। अतः, हमें जड़ और आत्मिक द्रव्य की सत्ता को स्वीकार नहीं करना चाहिए। चूँकि आत्मिक द्रव्य सत्य नहीं है, इसलिए हमें स्थाई ज्ञाता को भी नहीं ग्रहण करना चाहिए। परन्तु यदि क्षण-प्रतिक्षण ज्ञाता बदलता जाय तो ज्ञाता के द्वारा किस प्रकार से स्थाई, सर्वकालिक तथा सार्वभौमिक ज्ञान प्राप्त किया जा सकता है? यदि हम मान लेते कि घटनाओं या प्रत्यक्षों (impressions) के बीच अनिवार्य सम्बन्ध है, तो शायद इसी सार्वभौमिक तथा अनिवार्य सम्बन्ध के आधार पर स्थाई ज्ञान की इमारत उठाई जा सकती। पर इसकी भी संभावना ह्यूमी विचार में छोड़नी पड़ेगी, क्योंकि *ह्यूम* के अनुसार कारण-कार्य का अनिवार्य सम्बन्ध वस्तुगत नहीं है। अतः *ह्यूम* के दर्शन का निष्कर्ष है 'सर्घम् क्षणिकम्'। इसलिए इसे शून्यवाद भी कहा गया है। *देकार्त, लॉक* और *बर्कले* ने दर्शन की विशाल आधुनिक इमारत खड़ी की थी, पर ह्यूम ने उसकी नींव को कच्ची ठहरा दी है। उनके हथौड़ों के आघात से वह इमारत ध्वस्त होकर श्मशान बन गई है। पर यहाँ आपत्ति की जा सकती है ह्यूम गणितीय ज्ञान को असंदिग्ध मानते थे और इसलिए दर्शन की इमारत के खण्डहर में अब भी कुछ संरक्षित भाग खड़ा है।

ज्यामितिक *ज्ञान* को ह्यूम ने असंदिग्ध नहीं माना है; क्योंकि वे समझते थे कि यह वास्तविक या काल्पनिक आकारों के प्रत्यक्ष पर आधारित रहता है और प्रत्यक्ष के द्वारा कोई भी असंदिग्ध ज्ञान प्राप्त नहीं किया जा सकता है। हाँ, आप बीजगणित और अंकगणित के निष्कर्षों को अनिवार्य और असंदिग्ध मानते थे, परन्तु यहाँ भी ह्यूम ने कहा है कि हमारी शक्ति इतनी क्षीण है कि यहाँ भी गलती हो जाने की पूरी गुंजाइश है। इसलिए *'Having thus found in every probability, beside the original uncertainty inherent in the subject, a new uncertainty derived from the weakness of the faculty, which judges and having adjusted these two together, we are obliged by our reason to add a new doubt derived from the possibility of error in the estimation, we make of truth and fidelity of our faculties.'**

---

* Selby-Bigge : *Hume's Treatise*, p. 182.

तो क्या यह कहना ठीक है कि *ह्यूम* के दर्शन में *'Nothing remains ? The vast structure of philosophy crumbles to dust. In him philosophy finds itself in the midst of ruins of its own making.'* सन्देहवाद युक्तिसंगत नहीं हो सकता, क्योंकि सन्देही अपने ही संदेह करने लगता है और इस प्रकार से उसका सन्देह छूट जाता है। यही कारण है कि ह्यूम ने लिखा है कि सन्देहवाद के विरुद्ध में तर्क करना व्यर्थ है; क्योंकि वास्तव में कोई शुद्ध सन्देही नहीं हो सकता है और इसलिए उन्होंने अपने को भी सन्देहवादी नहीं माना है। *'Should it here be asked...whether I be really one of those sceptics, who hold that all is uncertain, and that our judgement is not in anything possessed of any measures of truth and falsehoold; I should reply that this question is entirely superfluous, and the neither I nor any other person was ever sincerely and consistently of that opinion.**

ह्यूम का कहना है कि यदि हम अपनी बुद्धि या समझ (reason) पर भरोसा रखें, तो सन्देहवाद अनिवार्य रीति से हमें ग्रहण करना पड़ेगा। इसलिए सन्देहवाद से बचने के लिए हमें बुद्धि के जालों से बचना चाहिए। कभी-कभी तो ह्यूम अतिरूप में अबौद्धिक हो जाते हैं, जैसे—इस युक्ति से झलकता है, *'Carelessness and inattention alone can afford us any remedy.'* सन्देहवाद से बचने की विधि है कि हम प्रकृति के दिये हुए ज्ञान को ग्रहण करें। प्रकृति ने केवल हमें साँस लेने की शक्ति या संवेदनाओं को प्राप्त करने की ही क्षमता नहीं दी है, पर सहज कल्पना की भी शक्ति दी है** और हमें चाहिए कि हम प्रकृति के इशारे पर चलें। उनकी यह प्रसिद्ध उक्ति है : *'Most fortunately it happens, that since reason in incapable of dispelling these clouds, nature herself suffices to that purpose; and cures one of this philosophical melancholy and delirium...I dine. I play a game of backgammon, I converse and am merry with my friends, and when after three or four hours' amusement, I return to these speculations, they appear so cold and strained and ridiculous that I cannot find in my heart to enter in them any further.'****

परन्तु केवल इतना ही कहने से काम नहीं चल सकता है कि हमें प्रकृति द्वारा दिये गये प्रकाश से ज्ञान प्राप्त करना चाहिए। हमें जानना चाहिए कि उस प्रकाश का क्या स्वरूप है, जिससे व्यावहारिक ज्ञान प्राप्त किया जा सकता है। इस विषय पर *ह्यूम* ने अपने विचारों को हमारे सामने स्पष्ट नहीं किया है। पर जब हम कारण-कार्य तथा द्रव्य के खण्डन पर ध्यान देते हैं जिसे *ह्यूम* ने हमारे सामने रखा है तो बार-बार सन्देहवाद से बचने के लिए उन्होंने कहा है कि reason (बुद्धि, समझ) से नहीं, पर custom और imagination से ही ज्ञान सम्भव हो सकता है। अब ह्यूम जिसे custom और imagination कहते हैं वह मनोवैज्ञानिक सत्यता है। अतः ह्यूम के अनुसार, तर्कशास्त्र से नहीं पर मनोवैज्ञानिक नियमों के अनुसार से ही व्यावहारिक ज्ञान प्राप्त किया जा सकता है। *ह्यूम* के अनुसार सहचार (association) मनोवैज्ञानिक नियमों में मुख्य है और यदि सहचार पर ज्ञान आधारित हो तो किसी दो व्यक्तियों में एक ही प्रकार सहचार नहीं हो सकता है और इसलिए सहचार पर आधारित ज्ञान भी सार्वभौमिक नहीं हो सकता है। हाँ, कामचलाऊ ज्ञान मिल सकता है और *ह्यूम* का कहना है कि हमें इसी प्रकार के ज्ञान से सन्तोष कर लेना चाहिए : *'...we might hope to establish a system or set of opinions which if not true (for that perhaps is too much to be hoped for), might at least be satisfactory to the human mind, and might stand the test of the most critical examination.'*****

* Selby-Bigge : *Hume's Treatise*, p. 183.

** *Ibid.*, p. 183.

*** Selby-Bigge : *Ibid*, p. 269

**** इस विषय में देखें, Selby-Bigge, Ibid, pp. 270-272

अतः, उपर्युक्त कथन से हमें मानना पड़ता है कि *ह्यूम* संदेहवादी नहीं थे, पर सन्देहवाद से बचने का जो उपाय उन्होंने बताया है उस पर उन्होंने पूरा प्रकाश नहीं डाला है। यही कारण है कि समालोचक *ह्यूम* के रचनात्मक विचारों को उस अंश में नहीं पाते हैं, जिस अंश में वे उनकी खण्डनात्मक युक्तियों की भरमार को देखते हैं। पर वास्तव में ह्यूम सन्देहवादी नहीं थे।

यहाँ यक प्रश्न उठाया जा सकता है कि क्या आवश्यक अनुभववाद सन्देहवाद में परिणत हो जाय?* यह ठीक है कि अनुभववाद का यथार्थ प्रारम्भ लॉक की गवेषणाओं से हुआ और उन्हीं की विचारधारा में सन्देहवाद अस्फुट रूप में था। इसका कुछ और अधिक विकास बर्कले के चिन्तन में देखने में आता है और सन्देहवाद की चरम सीमा ह्यूम के विचारों में देखने में आती है। इसी से ह्यूम के सन्देहात्मक निष्कर्षों को अनुभववाद का अन्तिम परिणाम कहा गया है।** पर हमें देखना है कि लॉकीय अनुभववाद क्यों संदेहवाद में परिणत हो गया है। इसका विशेष कारण है कि लॉकीय अनुभववाद की नींव अनुभववादी थी और इसका आदर्श बुद्धिवादी था। लॉक के अनुसार ज्ञान को अनिवार्य, असंदिग्ध तथा सार्वभौमिक होना चाहिए। परन्तु ह्यूम ने स्पष्ट कर दिया है कि प्रत्यक्ष पर आधारित ज्ञान अनिवार्य, असंदिग्ध तथा सार्वभौमिक नहीं हो सकता है। पर क्या यह आवश्यक है कि वही ज्ञान के नाम से पुकारा जाय जो अनिवार्य और असंदिग्ध हो? कम-से-कम समसामयिक (contemporary) अनुभववाद की दो मुख्य धाराएँ हैं। एक प्रयोजनवाद (pragmatism) और दूसरे को तार्किक अनुभववाद (logical empiricism) कहा जाता है। और, इन दोनों में से कोई भी धारा इसे स्वीकार नहीं करती है कि तथ्यात्मक ज्ञान को अनिवार्य तथा असंदिग्ध समझा जाय। इनके अनुसार हम किसी भी वास्तविक ज्ञान को तभी ज्ञान कह सकते हैं जब उसके सत्य होने की सम्भावना विशेष रूप से हो। स्वयं ह्यूम ने स्पष्ट कर दिखाया है कि केवल प्रत्ययों ही के बीच रहने वाले ज्ञान में अनिवार्यता और असंदिग्धता पाई जाती है, जैसा कि गणितीय युक्तियों में देखने में आता है। पर उन्होंने स्पष्टतया लिखा है कि किस प्रकार का असंदिग्ध ज्ञान यथार्थ वस्तुओं के सम्बन्ध में प्राप्त नहीं किया जा सकता है, और वह ज्ञान जो यथार्थ वस्तुओं से सम्बन्ध रखता है कभी भी अनिवार्य नहीं हो सकता ह्यूम के इस निर्णय को तर्कीय अनुभववादी पूर्णतया अपनाते हैं।*** इसलिए यदि हम मान लें कि सम्भाव्य ज्ञान भी ज्ञान है तो अनुभववाद को सन्देहवाद में परिणत होने की सम्भावना नहीं रहती है। अतः, यह आवश्यक नहीं है कि अनुभववाद का अन्तिम परिणाम संदेहवाद हो।

ह्यूम के दर्शन का मूल्यांकन

ह्यूम के सन्देहवाद की समीक्षा करते हुए हम लोगों ने देखा है कि ह्यूम की विचारधारा में भावात्मक और अभावात्मक दो पक्ष पाये जाते हैं और ये दोनों पक्ष दर्शन के विकास में महत्त्वपूर्ण सिद्ध हुए हैं। *ह्यूम* के सन्देहवादी निष्कर्ष को दूर करने के लिए रीड और काण्ट ने अपने भिन्न-भिन्न विचार प्रकट किये हैं और *काण्ट* ने स्वयं ह्यूम की इस देन को स्वीकार किया है। फिर *ह्यूम* के भावात्मक पक्ष में अनेक धाराएँ अस्फुट रूप से पाई जाती हैं, जिनका विकास पाश्चात्य दर्शन के भावी विचारों में देखने में आता है। हम लोगों ने देखा है कि ह्यूम के अनुसार तर्कशास्त्र से नहीं, वरन् मनोविज्ञान से ही जीवन संचालित होता है। इस रूप में समसामयिक फ्रायड, फ्रेंकत्सी इत्यादि मनोविश्लेषक (analysts) का कहना है कि दर्शन की अपनी स्वतंत्र सत्ता नहीं है; क्योंकि यह दार्शनिकों की दमित वृत्तियों की प्रतीकमय अभव्यक्ति मात्र है। परन्तु इस अर्थ में शायद ही ह्यूम ने कहा होगा कि मनोविज्ञान से ही जीवन संचालित होता है। शायद उनके कथन

---

* इसे प्रायः पूछा जाता है, Must empricism end in scepticism ?

** इसे विषय में लोकोक्ति है : Hume's scepiticism is the logical outcome to the empiricism of Locke.

*** देखें Ayer, A. J. : *Logic, Truth and Language, 'Introduction'*.

का अर्थ है कि मानव-ज्ञान बुद्धि या समझ से नहीं, पर मूल प्रवृत्ति, भाव तथा संवेग इत्यादि से नियन्त्रित होता है। यह बात समसामयिक प्रयोजनवाद में देखी जाती है और प्रयोजनवादी अपने मत के समर्थन में प्रायः ह्यूम की उक्तियों का उद्धरण प्रस्तुत करते हैं। फिर जब ह्यूम बताते हैं कि मनोविज्ञान ही ज्ञान का आधार है तो उनके कथन का अभिप्राय है कि हमें प्रकृति के इशारे पर चलना चाहिए। प्रिंगल पैटिसन ने लिखा है कि प्रकृतिवाद निम्न श्रेणी का भी हो सकता है और उच्च श्रेणी का भी। जब ह्यूम बताते हैं कि हमें प्रकृति के इशारे पर चलना चाहिए तो वे मानव-बुद्धि को प्राकृतिक नहीं मानते हैं। ऐसी दशा में वे निम्न प्रकृतिवाद को सही मानते हैं। निम्न प्रकृतिवाद वैज्ञानिकता पर आधारित है। अतः ह्यूम के विचारों में वैज्ञानिक प्रकृतिवाद अस्फुट रूप से मौजूद है।

परन्तु समसामयिक विचार में ह्यूम का महत्त्व तार्किक प्रत्यक्षवाद में विशेष समझा जाता है; क्योंकि तर्कीय प्रत्यक्षवाद के समान ह्यूम असंदिग्ध ज्ञान को गणित तक ही सीमित रखते हैं और वास्तविक पदार्थ के ज्ञान को संभाव्य ही मानते हैं। फिर तार्किक प्रत्यक्षवाद के समान आप पदार्थ को सत्ता नहीं मानते हैं और अतीन्द्रिय (supersensuous) ईश्वर तथा आत्मा की सत्ता को अस्वीकार करते हैं। *अतः, ह्यूम को संशयवादी न मानकर, प्रत्यक्षवादी ही समझना उचित होगा।*

अतः, ह्यूम ने भावात्मक और अभावात्मक दोनों पक्षों से दार्शनिक विचार में अच्छा विकास आया है और यही कारण है कि आधुनिक दर्शन में ब्रिटिश विचारकों में ह्यूम को विशेष स्थान दिया जाता है।

इमानुएल काण्ट*
(1724-1804 ई०)

आधुनिक दर्शन के उच्चतम कोटि के विचारक *इमानुएल काण्ट* का जन्म 22 अप्रैल, 1724 ई० को जर्मनी के कोनित्सबर्ग नगर में हुआ था। आपका परिवार धार्मिक परम्परा से प्रभावित था और उसकी स्थाई छाप आपकी रचनाओं पर पड़ी है। आप शिक्षक की हैसियत से 1755 ई० में कोनित्सबर्ग विश्वविद्यालय में नियुक्त हुए और 1770 ई० में दर्शन के अध्यापक के पद पर सम्मानित किये गये। दर्शन के अतिरिक्त गणित, पदार्थ-विज्ञान, भूगोल इत्यादि का भी आप अध्यापन करते थे और इन विषयों की आपको अच्छी जानकारी थी। आप आजन्म ब्रह्मचारी रहे। आपका देहान्त 12 फरवरी, 1804 ई० को हो गया।

आपके सरल तथा शुद्ध जीवन और आपके क्रान्तिकारी विचार में कभी मुठभेड़ नहीं हुई। आजीवन आपका समय अध्ययन, अध्यापन तथा दार्शनिक रचनाओं में बीता। आपकी मुख्य रचनाएँ ये हैं:—

(1) *Critique of Pure Reason* (1781),
(2) *Prolegomena to Any Future Metaphysics* (1793),
(3) *Fundamental Principles of the Metaphysics of Morals* (1785),
(4) *Critique of Practical Reason* (1788),
(5) *Critique of Judgement* (1790),
(6) *Religion within the Limits of Reason Alone* (1793),
(7) *Metaphysics of Morals* (1796-97).

(1) काण्ट की समस्या

पूर्वकाण्टीय दर्शन में बुद्धिवाद (rationalism) और अनुभववाद की विरोधी धाराएँ थीं। काण्ट की शिक्षा-दीक्षा के समय वोल्फ ने लाइबनित्स के बुद्धिवाद की टीका की थी और स्वयं

* वास्तव में 'काण्ट' न लिखकर 'कान्त' ही लिखना चाहिए। पर परम्परा बलीयसी होती है।

काण्ट की दार्शनिक शिक्षा इसी लाइबनित्स-वोल्फीय बुद्धिवाद के आधार पर हुई थी। पर जब काण्ट ने अपनी आलोचनात्मक दृष्टि फेरी तब उन्होंने पाया कि लाइबनित्सी बुद्धिवाद पूर्वस्थापित छन्द पर स्तम्भित है। पर पूर्वस्थापित छन्द केवल एक दार्शनिक प्राक्कल्पना है, जिसे सिद्ध-असिद्ध नहीं ठहराया जा सकता है। परन्तु दार्शनिक सिद्धान्त को ऐसा होना चाहिए, जिसे किसी रीति से प्रमाणित किया जा सके। इसलिए काण्ट ने मनगढ़न्त पूर्वस्थापित छन्द पर अवलम्बित लाइबिनत्सी बुद्धिवाद को त्याग दिया फिर यदि हम बुद्धिवाद को अपना भी लें, तो इसका कोई सर्वमान्य निष्कर्ष नहीं देखने में आता है। देकार्त के दिये हुए बुद्धिवाद का विकास स्पिनोजा के दर्शन में हुआ और फिर इसका लाइबनित्स के मोनडवाद में भी हुआ। लाइबनित्स इस निष्कर्ष पर आये कि परम द्रव्य या सत्ताएँ अनेक हैं। स्पिनोजा का एकत्ववाद (monism) जीवन को अनेकता तथा विविधता का स्पष्टीकरण नहीं कर पाता है, और लाइबनित्सी अनेकवाद विश्व की एकता तथा व्यवस्था का स्पष्टीकरण नहीं कर पाता है। अतः, यदि स्पिनोजा और लाइबनित्स के बुद्धिवादी विचारों को हम अलग-अलग लें तो वे आंशिक ठहरते हैं, और यदि उन्हें एक साथ लें तो वे परस्पर विरोधी देखने में आते हैं। इसलिए बुद्धिवाद या तो आंशिक होगा या आत्म-विरोधी। फिर बुद्धिवाद के अनुसार असंदिग्ध तथा अनिवार्य ज्ञान सहजात प्रत्ययों (innate ideas) पर आधारित रहता है। परन्तु यहाँ प्रश्न उठता है कि जब प्रत्यय आत्मजात होते हैं तब इनकी सत्यता किस प्रकार वस्तुगत तथा वास्तविक हो सकती है? दूसरे शब्दों में मानसिक रचना किस प्रकार से बाह्य वास्तविकता के अनुकूल मानी जा सकती हैं? अतः बुद्धिवादी आत्मजात प्रत्ययों के आधार पर बड़ी-बड़ी इमारतों का निर्माण करते हैं, पर ये काल्पनिक, हवाई तथा अवास्तविक हुआ करती हैं। *(The rationalists are the architect of many a world of thought without any guaranteed correspondence with reality.)* यदि बुद्धिवाद के आधार पर ज्ञान की विवेचना नहीं हो सकती, तो क्या अनुभववाद से गणित तथा विज्ञान का स्पष्टीकरण हो सकता है?

कुछ समय के लिए बुद्धिवाद से असन्तुष्ट होकर *काण्ट* ने वैज्ञानिक अनुभववाद की शरण ली थी। पर उन्होंने ह्यूम की रचनाओं को पढ़ा और देखा कि इस अनुभववाद का अन्तिम परिणाम सन्देहवाद ही हो सकता है। तो क्या ज्ञान की कोई युक्तिसंगत व्याख्या नहीं हो सकती है? *काण्ट* इस निराशावाद की शरण नहीं ले सकते थे; क्योंकि वे गणितज्ञ और वैज्ञानिक की हैसियत से जानते थे कि इन शास्त्रों में सर्वव्यापी तथा निश्चित ज्ञान पाया जाता है। अतः, *काण्ट* की समस्या थी कि वे ज्ञान के उन तत्त्वों को खोज निकालें, जिनके आधार पर गणित तथा विज्ञानों के निश्चित तथा असंदिग्ध नियमों की व्याख्या हो सके। दूसरे शब्दों में *काण्ट ने विज्ञान को ज्ञान का मानदण्ड* माना था। चूँकि विज्ञान सम्भव ही नहीं, वरन् प्रगतिशील भी देखा जाता है। इसलिए यह स्वीकार नहीं किया जा सकता है कि मानव ज्ञान नहीं प्राप्त कर सकता है। परन्तु यदि बुद्धिवाद और ह्यूम के अनुभववाद को पूर्णतया सत्य नहीं माना जाय तो वैज्ञानिक ज्ञान को कैसे स्पष्ट किया जाय? यही काण्ट की मुख्य समस्या कही जायगी।

(2) ज्ञान की काण्टीय व्याख्या की रूपरेखा

यह तो हो नहीं सकता है कि बुद्धिवाद और अनुभववाद पूर्णतया असत्य हों। *काण्ट* के अनुसार इन दोनों सिद्धान्तों में आंशिक सत्यता है। जिन बातों को बुद्धिवाद और अनुभववाद स्वीकार (affirm) करते हैं, वे सत्य हैं, और जिन बातों का वे खण्डन करते हैं वे गलत हैं। *(They are justified in what they affirm, but wrong in what they deny.)* अनुभववाद के अनुसार संवेदनाओं के बिना ज्ञान में वास्तविकता नहीं आ सकती है और बुद्धिवाद के अनुसार सहजात प्रत्ययों के बिना ज्ञान में अनिवार्यता तथा असंदिग्धता नहीं आ सकती है। ज्ञान के सही समीक्षावाद (criticism) में हमें इन दोनों सिद्धान्तों के उपयुक्त, पक्षों को स्वीकार कर लेनी

चाहिए। फिर अनुभववाद के अनुसार ज्ञान को अनिवार्यता तथा सर्वव्यापकता को अस्वीकार किया जाता है, और बुद्धिवाद के अनुसार संवेदनाओं का ज्ञान का रचनात्मक अंग नहीं माना जाता है। पर हमें दोनों सिद्धान्तों के इस अभावात्मक (negative) पक्ष को अस्वीकार करना चाहिए। इसलिए, सही ज्ञान-मीमांसा में हमें बुद्धिवाद तथा अनुभववाद के दोनों भावात्मक अंशों को मिलाकर समीक्षावाद को ग्रहण करना चाहिए।

काण्ट के अनुसार, यदि हम ज्ञान का सही विश्लेषण करें तो इसमें दो अंग हम पायेंगे, अर्थात् उपादान या सामग्री (matter), जो संवेदनाओं के द्वारा प्राप्त की जाती है और दूसरा अंग-रूप या आकार (form) का है, जो मन द्वारा प्राप्त किया जाता है। इन दोनों भिन्न-भिन्न अंगों के सम्मिश्रण के फलस्वरूप ज्ञान की रचना होती है। दूसरे शब्दों में ज्ञान की समग्री मिट्टी के लोंदे के समान है और ज्ञान का रूप या आकार साँचे (mould) के समान है। जब तक लोंदे को साँचे में न ढाला जाय तब तक सुराही, खपड़ा, खिलौना इत्यादि नहीं बन सकते हैं। अतः, बुद्धिवादियों का कहना ठीक है कि बिना आत्मजात कार्य-कारण, द्रव्य इत्यादि धारणाओं के ज्ञान सम्भव नहीं होता है। उसी प्रकार अनुभववादियों का कहना ठीक है कि बिना संवेदनाओं की सामग्रियों से ज्ञान नहीं रचा जा सकता है। दोनों सिद्धान्तों को अलग-अलग लिया जाय तो उनमें से किसी एक से भी ज्ञान की रचना सही नहीं समझायी जा सकती है। परन्तु यदि हम दोनों के कथनों को मिला दें तो क्या ज्ञान की व्याख्या हो सकती है? अनुभववादियों का कहना ठीक है कि संवेदनाओं से ही ज्ञान का प्रारम्भ होता है। फिर भी, वे ठीक ही कहते हैं कि संवेदनाएँ एक-दूसरे से पृथक् हैं। परन्तु ज्ञान बिना संवेदनाओं को स्थाई रीति से सम्बद्ध किये सम्भव नहीं होता है। यहाँ बुद्धिवादियों की देन को काम में लाना चाहिए। यहाँ कहना चाहिए कि क्षणभंगुर तथा पृथक् संवेदनाओं को आत्मजात प्रत्यय या धारणाओं (categories) ही के द्वारा सूत्रबद्ध किया जा सकता है। इसलिए ज्ञान-निर्माण में साँचा मन से मिलता है और इसकी सामग्री संवेदनाओं से मिलती है। बिना संवेदनाओं की सामग्री के मन के द्वारा दी गयी मूल धारणाएँ रिक्त साँचों के समान हैं, और बिना मूल धारणाओं के संवेदन-सामग्रियाँ मिट्टी के लोंदे के समान हैं। इन दोनों के योगफल से ही ज्ञान की व्याख्या हो सकती है।

उपर्युक्त कथनानुसार हम कह सकते हैं कि *Though all our knowledge 'beigns with' experience, it does not follow that it 'originates from' experience.* जैसे ही हमें संवेदना होने लगती है, वैसे ही अन्य मानसिक शक्तियाँ भी सक्रिय होने लगती हैं, और जो ज्ञान हमें मिलता है, वह मानसिक शक्तियों के द्वारा व्यवस्थित तथा साँचे में ढाली हुई संवेदना होती है। इन मानसिक शक्तियों की देन को प्रागनुभव (a priori) समझना चाहिए, जो संवेदना के साथ अवश्य उभड़ पड़ता है। पर इन्हें संवेदनाओं के आधार पर स्पष्ट नहीं किया जा सकता है। यदि प्रागनुभव अंग संवेदनाओं में न हों तो स्वयं संवेदना ही सम्भव न हो। बिना प्रागनुभव अंगों के संवेदना निर्विकल्पक, अनिश्चित तथा अन्ध अनुभूति होगी, जिसके विषय में हमारे लिए कुछ कहना कठिन हो जाएगा। स्वयं *ह्यूम* ने स्पष्ट कर दिया है कि कार्य-कारण, द्रव्य इत्यादि की मूल धारणाएँ संवेदनाओं में नहीं देखी जाती हैं, और हम जानते हैं कि इन्हें बिना स्वीकार किये हुए वैज्ञानिक ज्ञान सम्भव नहीं है। इस व्यवस्था में काण्ट के अनुसार *ह्यूम* के अनुसार ह्यूम को सर्तक हो जाना चाहिए था और उनको समझ लेना चाहिए था कि इनका स्रोत-स्थल अनुभव से परे प्रागनुभव है। काण्ट का कहना है कि ह्यूम ने गणितशास्त्र के अनिवार्य तथा असंदिग्ध ज्ञान का विश्लेषण नहीं किया है।* यदि वे गणित-ज्ञान का विश्लेषण करते तो उन्हें प्रागनुभव अंग का पता चला जाता। प्रागनुभव-अंग मन की अपनी देन है और अति सामान्य रूप में इसका काम है कि पृथक्-पृथक् अनुभूतिजन्य संवेदनाओं को सम्बद्ध तथा व्यवस्थित करके अनिवार्य तथा असंदिग्ध ज्ञान उत्पन्न करें। अगर हम मान लें कि सामान्य रीति से बुद्धि का काम है कि यह मूल धारणा

* N.K. Smith : *Critique of Pure Reason*, abridged edition, p. 53.

रूपी साँचों के द्वारा संवेदनाओं को सर्वव्यापी ज्ञान में ढाल दें, तो ज्ञान-मीमांसा का सबसे मुख्य उद्देश्य होना चाहिए कि वह बुद्धि के संश्लेषणात्मक (synthetic) रूपों (forms) का अध्ययन करे। ज्ञान-मीमांसा के इन नवीन दृष्टिकोण को काण्ट ने कोपर्निकसीय आन्दोलन (Copernican revolution) के नाम से पुकारा है, जिस पर हमें कुछ और प्रकाश डालना चाहिए।

काण्ट के अनुसार बुद्धिवाद तथा अनुभववाद, दोनों ने स्वीकार किया है कि मन से बाहर वास्तविक पदार्थ है, जिन्हें मन जानना चाहता है। परन्तु यदि हम मान लें कि वास्तव में वस्तुएँ मन के बाहर हैं तो हम किस प्रकार से उन्हें जान सकते हैं? दे*कार्त* का प्रतिलिपि-सिद्धान्त, *लॉक* का अनुरूपवाद (correspondence theory) और *लाइबनित्स* का पूर्वस्थापित छन्द इस बात को स्पष्ट कर देते हैं कि मन से परे बाह्य वस्तुओं की सत्ता मान लेने से ज्ञान की व्याख्या नहीं हो सकती है। फिर यदि वस्तुएँ मन से बाहर हों तो हमारा ज्ञान उतनी ही दूर तक सत्य होगा जिनती दूरी हमारी अनुभूति होगी। इस दशा में हम किसी भी सार्वभौम नियमों को स्थापित नहीं कर पायेंगे। उदाहरणार्थ, हम नियम बनाते हैं कि सभी मनुष्य मरणशील हैं, पर क्या कोई भूत, भविष्य और वर्तमान के सभी मनुष्यों को मरते देख सकता है? और क्या भावी मनुष्यों के मरने का भी हमें ज्ञान हो सकता है? ऐसी दशा में यदि वस्तुएँ मन के बाहर हों, तो हम उन्हें केवल अपनी अनुभूति ही से जान सकते हैं, अनुभूति से हमें कभी भी अनिवार्य, असंदिग्ध तथा सार्वभौमिक ज्ञान नहीं मिल सकता है। पर गणित और पदार्थ-विज्ञान में अनिवार्य, असंदिग्ध तथा सर्वव्यापी ज्ञान मिलता है। इसलिए हमें अपने विचार को उसी प्रकार से नयी दिशा में मोड़ लेना चाहिए, जिस प्रकार से टोल्मी के सिद्धान्त के द्वारा नक्षत्र विज्ञानों में प्रगति न देखकर कोपर्निकस ने अपनी विचारधारा को नयी दिशा में मोड़ लिया था। कोपर्निकस ने देखा कि जब पृथ्वी-केन्द्रित (geocentric) सिद्धान्त पर नक्षत्रों की पूरी व्याख्या नहीं हो सकती है तब उन्होंने अपनी विचारधारा को सूर्य-केन्द्रित मानकर क्रान्ति ला दी और इससे नक्षत्र-विज्ञान में काफी लाभ पहुँचा। क्यों नहीं हम भी अपने दृष्टिकोण को एकदम बदल दें?

अब तक हम सोचते हैं कि बाह्य वस्तुओं को हमें जानना है। क्यों नहीं हम सोंचे कि वस्तुएँ हमारे लिए ज्ञेय वस्तुएँ हैं, जो हमारे विचारों के साँचों में ढलकर हमारे सामने आयें? जब वस्तुएँ अपने निजी रंग को छोड़कर मन की दी हुई शर्तों से रंगी हुई आती हैं तभी हम उन्हें जान सकते हैं। अतः, मन वस्तुओं के ज्ञेय होने की शर्त पहले से प्रतिपादित करता है और जो वस्तुएँ इन शर्तों से ढल जाती हैं, वे हमारे लिए ज्ञेय होती हैं, अन्यथा नहीं। यह बात गणित में हम पाते हैं। पहले हम त्रिभुज का प्रत्यय बनाते हैं और जब त्रिभुज के विषय में सभी बातें हमारे ही दिये हुए त्रिभुज के स्वरूप से सिद्ध हो जाती हैं। चूँकि हमारे मन के मूल प्रत्यय सबमें एक समान हैं, इसलिए जो भी नियम इन मूल प्रत्ययों के अनुसार होंगे वे सभी व्यक्तियों के लिए समान होंगे। अतः, हम त्रिभुज के विषय में कह सकते हैं कि सभी त्रिभुजों के तीनों कोण मिलकर दो समकोण के बराबर होंगे। ***'The mind's own rule holds good in all cases, because the mind has itself determined the nature of the cases.'*** उसी तरह से पदार्थ-विज्ञान में सर्वव्यापी नियम पाये जाते हैं, क्योंकि ये नियम प्रयोगों पर आधारित होते हैं, और प्रयोग में हमें पहले पूर्वकल्पना बना लेनी होती है। इसलिए, जहाँ भी हमारी बुद्धि पहले शर्तों को रख देती है और तब ये वस्तुएँ ज्ञेय होती हैं, जो इन शर्तों को बदलकर हमारी चेतना में आती है। ***Reason must approach nature not as a pupil but as a judge; who compels the witnesses to answer the quesitons which he himself proposes.***

अगर हम मान लें कि हमारी बुद्धि की यही शर्त है कि वे ही वस्तुएँ हमारे ज्ञान का विषय हो सकती हैं, जो हमारे मन के साँचे में ढलकर आयें, तो ज्ञान की अनिवार्यता, असंदिग्धता तथा सर्वव्यापकता सम्भव हो सकती हैं। चूँकि मन की शर्त वस्तुओं को ढालने के काम में लाई जाती हैं, इसलिए मन उन्हें अनिवार्य रीति से ग्रहण करेगा। फिर चूँकि बुद्धि के साँचे सभी व्यक्तियों में एक समान है, इसलिए वास्तविक ज्ञान सर्वव्यापी होगा।

कोपर्निकसीय क्रान्ति के मानने से एक बात स्पष्ट हो जाती है कि ज्ञान-निर्माण में मन की देन, जिसे हम प्रागनुभव (a priori) कह सकते हैं, अति महत्त्वपूर्ण है। इसका यह अर्थ नहीं है कि मन के साँचों से ही ज्ञान सम्भव हो सकता है। बिना संवेदनाओं की सामग्रियों के मन के प्रागनुभव-साँचें निकम्मे हैं। परन्तु बात यह है कि हम अनुभवजन्य संवेदित सामग्रियों को उनके निजी स्वरूप में नहीं जान सकते हैं। जिसे हम अनुभवजनित संवेदना कहते हैं वह भी बुद्धि की प्रागनुभविक धारणाओं या साँचों से रूपान्तरित अवस्था में पाई जाती है। यह ठीक है कि सभी वैज्ञानिक ज्ञान में आनुभविक (empirical) अंग का रहना आवश्यक है, पर *काण्ट* के मत के अनुसार बिना बुद्धि की धारणों से रूपान्तरित हुए हम उन्हें नहीं जान सकते हैं। इसलिए हमें ज्ञान की प्रागनुभविक धारणाओं या रूपों (forms) को जानना परम आवश्यक है। चूँकि *काण्ट* ने इन्हीं रूपों को खोज निकालने की कोशिश की है, इसलिए उन्होंने अपनी ज्ञान-मीमांसा को transcendental अनुभव-निरपेक्ष या अनुभवातीत कहा है। *'I call all knowledge transcendental which is not directly concerned with objects but with the way in which we cognise them, so far as it is possible to do so a prior.'** अतः, *काण्ट* की समीक्षा का विषय किसी वस्तु विशेष का नहीं है। इनका विषय मन के जानने की वह विधि है, जो किसी भी वस्तु के जानने में अनिवार्यतः सर्वव्यापक रूप से किसी भी ज्ञाता के द्वारा काम में लाई जाती है।

अत्यानुभविक (transcendental) दर्शन का काम है कि बुद्धि के प्रागनुभव अंगों की जानकारी करें। इन अंगों का मुँख्य काम है कि ये दिये गये उपादान या सामग्री (matter) को व्यवस्थित तथा सम्बद्ध करें। संवेदना-सामग्रियों का प्रागनुभव-रूपों के द्वारा कई क्रमों में संश्लेषण (synthesis) होता है। सबसे पहले संवेदनाएँ देश और काल (space and time) के रूपों में व्यवस्थित होकर प्रत्यक्ष वस्तु (percepts) बनती हैं, अर्थात् सभी वस्तुओं में देश और काल का धर्म रहना अनिवार्य है। परन्तु देशीकरण (spatialisation) और कालरुपीकरण (temporalisation) से केवल अलग-अलग वस्तुओं का ही ज्ञान होता है; जैसे-टेबुल, गाय इत्यादि। इसलिए इन भिन्न-भिन्न वस्तुओं को मिलाकर निर्णय (judgement) का निर्माण करना चाहिए। निर्णय की संयोजना में समझ या बुद्धि (understanding) प्रत्यक्ष वस्तु (percepts) को अपनी 12 मूल धारणाओं (categories or concepts) के आधार पर सम्बद्ध करती है। इसी understanding के 12 concepts या categories के आधार पर percepts को निर्णय के रूप में करके वैज्ञानिक ज्ञान उत्पन्न होता है। यदि concepts हों और percepts (प्रत्यक्ष वस्तु) न हों, तो इससे ज्ञान का केवल खोखला ढाँचा ही मिल सकता है। उसी तरह से यदि percepts हों और concepts न हों, तो किसी व्यवस्था के न होने के कारण ज्ञान सामग्रियाँ मिट्टी के लोंदे के समान थोआ-सी रह जायेंगी। अतः, वैज्ञानिक ज्ञान संवेदना और बुद्धि (sense and understanding) के योग का परिणाम कहा जा सकता है।

Understanding के categories के आधार पर संवेद्य प्रत्यक्षों को निर्णय के रूप में परिणत करके हमें ज्ञान मिल जाता है, पर क्या अतिसंवेद्य अथवा संवेदनातीत (suprasensible) ईश्वर, अमर आत्मा इत्यादि का ज्ञान सम्भव है? यहाँ काण्ट का कहना है कि जहाँ तक वैज्ञानिक ज्ञान का सम्बन्ध है, वहाँ तक ज्ञान इन्द्रिय-जन्य होता है और जो कुछ इन्द्रिय-जन्य हो, वह वैज्ञानिक ज्ञान में परिणत हो सकता है। पर इन्द्रियातीत वस्तुओं का ज्ञान सम्भव नहीं है। यदि बिना percepts (प्रत्यक्ष-वस्तु) के हम concepts के ही आधार पर ज्ञान प्राप्त करना चाहे तो यह उसी तरह सम्भव नहीं हो सकता है जिस तरह से बिना किसी प्रकार के अनाज को डाले हुए आटे की

---

* Transcendental (अत्यानुभविक) शब्द से काण्ट बताना चाहते हैं कि ज्ञान का वह अंग, जो प्रागनुभव होने के कारण अनुभवातीत है और फिर जिसका सम्बन्ध वस्तु से न होकर वस्तुओं के जानने की अति सामान्य विधि से हो।

चक्की के घुमाने से आटा नहीं मिल सकता है। परन्तु दार्शनिक समझते हैं कि इन्द्रियातीत वस्तुओं का ज्ञान सम्भव है और ऐसा मान लेने से transcendental भ्रम उत्पन्न हो जाता है। चूंकि विज्ञानों का प्रतीक पदार्थ-विज्ञान है, इसलिए काण्ट का कहना है कि पदार्थ विज्ञान (physics) इन्द्रिय-जन्य संवेदनाओं पर आधारित रहने के कारण सम्भव है, पर तत्त्वमीमांसा (metaphysics) इन्द्रियातीत वस्तुओं से सम्बन्ध रखने के हेतु काल्पनिक शास्त्र है। *(Physics is, but metaphysics is not possible.)*

काण्ट ने transcendental रूपों के अध्ययन के कारण अपनी ज्ञानमीमांसा को समीक्षावाद (criticism) कहा है। उनके अनुसार उनके पहले के दर्शन को हठवाद या रूढ़िवाद (dogmatism) कहा जा सकता है : *'Dogmatism is the positive or dogmatic procedure of reason without previous criticism of its own faculty.'* *काण्ट* के अनुसार संवेदनाओं को ज्ञान के रूप में ढालने की शक्ति (faculty) साधारणतया बुद्धि (reason)* कहलाती है और ज्ञानमीमांसा का काम है कि वह उन रूपों (forms) को स्थापित करे, जिनसे संवेदनाओं के बीच व्यवस्था उत्पन्न करके ज्ञान की अनिवार्यता तथा असंदिग्धता प्राप्त होती है। चूंकि काण्ट के पहले मीमांसकों को इसका कोई आलोचनात्मक ज्ञान नहीं था कि संवेदन के अतिरिक्त प्रागनुभव तत्त्व हैं जिनके द्वारा व्यवस्था लाई जाती है, इसलिये इन्हें अन्धविश्वासी तथा रूढ़िवादी कहा जा सकता है। चूँकि काण्ट ने ज्ञान-रचना के असली रूपों या तत्त्वों की खोज की है, इसलिए वे अनुभववाद तथा बुद्धिवाद दोनों की आंशिक देन को मिलाकर भावी ज्ञानमीमांसा के विकास की नयी नींव भी डाल सके हैं। इसलिए वे वास्तव में अनुभववाद और बुद्धिवाद, दोनों सिद्धान्तों से बहुत आगे चले गये हैं। *'A critical philosophy, in the sense of Kant, goes beyond this only in so far as it is an attempt to reach principles, which are prior not only to a particular controversy, but to all controversy.'***

काण्ट का समीक्षावाद वैज्ञानिक ज्ञान की सम्भावना स्वीकार कर लेता है, पर इसे सीमित दो अर्थों में मानता है। पहली बात है कि वैज्ञानिक ज्ञान संवेद्य (sensible) वस्तुओं ही का हो सकता है और इन्द्रियातीत वस्तुओं का नहीं हो सकता है। फिर जो भी वैज्ञानिक ज्ञान सम्भव होता है वह वस्तुओं का प्रतिभास (appearance or phenomenon)*** ही कहा जा सकता है, क्योंकि बिना मन के रूपों में रूपान्तरित किये हुए हम वस्तुओं को नहीं जान सकते हैं। परन्तु वस्तुओं का अपना निजी स्वरूप भी अवश्य है जिसे हम नहीं जान सकते हैं। अतः, वस्तुओं का वह रूप, जो मानव-ज्ञान की शर्तों से रंगकर हमारी चेतना में आता है, उसे हम जानते हैं, और उनका निजी रूप, न हमारी चेतना में आता है और न हमारे ज्ञान में ही अँट सकता है। जो मानव-ज्ञान की शर्तों से परे और स्वतंत्र वस्तुओं का अपना रूप है, उसे ही उनका तात्त्विक रूप कहना चाहिए और काण्ट के अनुसार इसे मानव बुद्धि ग्रहण नहीं कर सकती है। अतः, वस्तुओं का प्रतिभासिक ज्ञान सम्भव है, पर उनका पारमार्थिक ज्ञान सम्भव नहीं है। मानव-ज्ञान से परे वस्तुओं को काण्ट ने things-in-themselves (वस्तुओं की अपनी निजी अवस्था) कहा है और चूँकि इंसे उनका असली या तात्त्विक रूप कहा जा सकता है, इसलिए things-in-themselves को काण्ट ने परम पदार्थ (nonumena) भी कहा है। इसलिए *काण्ट* के अनुसार परम पदार्थ का ज्ञान सम्भव नहीं

---

* Reason शब्द को कई अर्थों में काम में लाया गया है, पर हिन्दी का शब्द 'बुद्धि' और भी अधिक अर्थों में काम में लाया जाता है। इसलिए काण्ट के विचार को स्पष्ट करने के लिए हमunderstanding और reason शब्द को बिना अनुवाद किये हुए काम में लायेंगे।

** Card, E. : 'A Critical Philosopy of Kant', Vol. I p. 7-8.

*** वेदान्त में प्रतिभास और प्रातिभासिक जगत् का अर्थ है स्वप्नवत् जगत्, पर यहाँ प्रतिभास का अर्थ है वस्तुओं के उस रूप से, जो किसी को प्रत्यक्ष हो या दिखाई दे।

है। इसलिए काण्ट के दर्शन को अज्ञेयवाद (agnosticism)* भी कहा जाता है। आगे चलकर काण्ट ने अपने अज्ञेयवाद की शर्तों को विनम्र कर दिया है; क्योंकि उन्होंने बताया है यद्यपि परम पदार्थ, ईश्वर तथा अमर आत्मा को हम वैज्ञानिक रीति से जान नहीं सकते हैं, तथापि ये सत्ताएँ आस्था का उचित विषय मानी जा सकती है। अब काण्ट के समीक्षावाद को स्पष्ट करने के लिए हम अनुभववाद और बुद्धिवाद से इसकी तुलना निम्नलिखित ढंग से करेंगे।**

अनुभववाद	बुद्धिवाद	समीक्षावाद
1. जन्म के समय मन साफ पट्टी के समान है और जो कुछ ज्ञान होता है उसके सभी अंग अनुभव से ही प्राप्त होते हैं। इसमें मन को निष्क्रिय माना जाता है।	मन सक्रिय समझा जाता है। आनुभविक अंग ज्ञान में नहीं पाये जाते हैं, पर अनुभव से मन में सहजात प्रत्यय उमड़ पड़ते हैं और इन्हीं सहजात प्रत्ययों (innate ideas) से ज्ञान का निर्माण होता है।	जैसे ही अनुभव से संवेदना होती है वैसे ही मन की अन्य शक्तियों से आत्मजात या प्रागनुभविक रूप उत्पन होते हैं, जो आनुभविक संवेदना राशि को व्यवस्थित कर ज्ञान की रचना करते हैं।
2. इसके अनुसार संवेदनाओं को विशेष स्थान दिया जाता है और under-standing के concept को गौण स्थान दिया जाता है।	यहाँ understanding के प्रागनुभविक concepts को विशेष स्थान दिया जाता है। संवेदनाओं की अवहेलना की जाती है। ज्ञान-निर्माण में संवेदित अंगों को स्थान नहीं दिया जाता है।	इसमें Sense और understanding दोनों को स्थान दिया जाता। बिना संवेदनाओं के ज्ञान का विषय या मसाला या उपादान (matter) नहीं मिल सकता है, और बिना understan-ding के concept की संवेदनाओं को व्यवस्थित कर ज्ञान नहीं हो सकता है। संवेदना बिना concepts के अन्धी है और बिना संवेदना के concepts खाली साँचे हैं।
3. Sense और under-standing में केवल आंशिक अन्तर है; क्योंकि concept भी आनुभविक अंगों से ही प्राप्त किये जाते हैं। केवल यहाँ sense या संवेदनाओं को मूल समझा जाता है।	यहाँ भी sense और understanding के बीच आंशिक अन्तर समझा जाता है और विशेषता लाइबनित्सी बुद्धिवाद में संवेदनाओं को अविकसित, अस्फुट, concepts ही समझा जाता है।	यहाँ sense और under-standing में जातिभेद या प्राकारिक अन्तर माना जाता है। संवेदन-शक्ति को निष्क्रिय माना गया है और 'समझ' को सक्रिय कहा गया है। संवेदनाओं को हम निष्क्रिय रहकर ग्रहण करते हैं, पर सक्रिय होकर ही हम उन्हें समझ सकते हैं। Understanding को काण्ट ने आत्मस्फूर्त (spont-aneous) शक्ति माना है।

* Agnosticism दो शब्दों के योग से बना है, A-Gnosticism, Gnosticism भी gnostikos, यूनानी शब्द से निकला है जिसका अर्थ होता है, वह जो भली-भाँति जाना जाय।

** प्रारम्भिक अध्ययन के समय इसे छोड़कर संश्लेषात्मक निर्णयों की समस्या (3) पढ़ें।

4. इसके अनुसार आनुभविक अंग पृथक्-पृथक् संवेदनाओं के रूप में पाये जाते हैं। यदि इनके बीच कोई सम्बन्ध स्थापित किया जाय तो सहचर के नियमों पर आधारित यह सम्बन्ध बाहरी ही हो सकता है।	इसके अनुसार मन की सक्रियता केवल आत्मजात प्रत्ययों की जानकारी में ही सीमित है। पर यहाँ इस बात की अवहेलना की जाती है कि प्रागनुभविक concepts से संवेदनाओं को कैसे सक्रिय होकर सम्बद्ध किया जाता है।	इसके अनुसार understanding के concepts वस्तुगत नहीं है, पर concepts के साँचों में ढालकर वस्तुओं को बुद्धिगम्य बनाया जाता है। अतः, प्रागनुभविक concepts विषयीगत हैं। पर चूँकि ये concepts सभी ज्ञाताओं में एक समान होते हैं, इसलिए इन्हें ज्ञान का सार्वभौम विषय कहा जा सकता है।
5. Understanding के संयोजक (unifying concepts) अनुभूतिजन्य नहीं हैं, और इसलिए जब अनुभूति से उन्हें प्रमाणित किया जा सकता है, तो अनुभववाद उन्हें भ्रम कहकर ठुकरा देता हैं।	यह समझा जाता है कि ज्ञान-विषय (concepts) या उपादान (matter) भी under-standing के concepts से मिल सकता है। पर बिना दूध के मक्खन की मशीन के घुमाते रहने पर मक्खन नहीं निकल सकता है।	अनुभववाद और बुद्धिवाद के अभाव को दूर करते हुए समीक्षावाद का कहना है कि ज्ञान की सामग्री अनुभव से मिलती है, परन्तु इन्हें व्यवस्थित करने के लिए प्रागनुभविक concepts को आवश्यकता होती है।
6. पूरी गवेषणा न करने के कारण इसमें यही हठ बना रहता है कि ज्ञान के सभी अंग आनुभविक हैं। जब यह बात सिद्ध नहीं हो पाती, तब संदेहवाद इसका अन्तिम परिणाम हो जाता है।	बुद्धिवादी भी इसी हठ पर डटे रहते हैं कि केवल प्रागनुभविक अंगों से ही ज्ञान की व्यवस्था और सामग्री दोनों मिल सकती है। इस हठवाद के कारण उनके अन्दर परस्पर विरोधी स्पिनोजीय और लाइबनित्सी सिद्धान्त देखने में आते हैं, जिससे स्पष्ट हो जाता है कि बुद्धिवाद आंशिक ही रूप से सत्य है।	ज्ञान के सभी अंगों को समान स्थान देकर समीक्षावाद इस निष्कर्ष पर आता है कि केवल संवेद वस्तुओं का ज्ञान हो सकता है। परन्तु ईश्वर, अमर आत्मा, तथा अनन्त विश्व का हमें ज्ञान नहीं हो सकता है। हमारा ज्ञान प्रतिभासिक वस्तुओं का है पर यह ज्ञान अनिवार्य, असंदिग्ध तथा सार्वभौम है। चूँकि यहाँ संवेदना और प्रागनुभविक अंगों को सही-सही जान लिया गया है, इसलिए, यहाँ ज्ञानमीमांसा रूढ़िवादी न होकर समीक्षात्मक दिखाई पड़ती है।

पूर्वानुभविक संश्लेषात्मक निर्णय की समस्या

ह्यूम के अनुसार केवल दो ही प्रकार के अभिकथन हैं, अर्थात् (1) गणित-सम्बन्धी अनिवार्य तथा सर्वव्यापी कथन और (2) यथार्थ वस्तु के सम्बन्ध के सम्भाव्य (probable) अभिकथन। अभिकथनों के इस वर्गीकरण के आधार पर पदार्थ-विज्ञान के नियम भी असंदिग्ध न होकर केवल संभावित ही हो सकते हैं। परन्तु पदार्थ-विज्ञान के सम्बन्ध में *ह्यूम* का यह विचार *काण्ट* को मान्य

न था। *काण्ट* के अनुसार तीसरे प्रकार के अभिकथन भी हैं, जिनमें यथार्थ वस्तुओं का ज्ञान अनिवार्य तथा सार्वभौम रहता है। उनके अनुसार इस प्रकार के वाक्य गणितशास्त्र में, पदार्थ-विज्ञान में और तत्त्व-मीमांसा (metaphysics) में पाये जाते हैं। यह सम्भव है कि हम तत्त्व-मीमांसा की बातों को ठुकरा दें, परन्तु गणित और पदार्थ-विज्ञान को ठुकराया नहीं जा सकता है और काण्ट के अनुसार विज्ञानों में पूर्वानूभविक संश्लेषात्मक अभिकथन पाये जाते हैं। इस प्रकार के ज्ञान को स्पष्ट रूप से रखने के लिए काण्ट ने इसे synthetic judgement a priori (पूर्वानुभविक संश्लेषात्मक निर्णय) से रचित कहा है। चूँकि समसामयिक अनुभववाद में पूर्नानुभविक संश्लेषात्मक निर्णय की सम्भावना के सम्बन्ध में अनेक लेख लिखे गये हैं, इसलिए इसका यहाँ स्पष्टीकरण अभीष्ट मालूम देता है।

(3) (क) आधुनिक दर्शन में विश्लेषात्मक और संश्लेषात्मक अभिकथनों की समस्या

वास्तव में देखा जाय तो आधुनिक दर्शन में विश्लेषात्मक और संश्लेषात्मक प्रतिज्ञप्तियों का भेद बहुत पुराना मालूम देता है। केवल यह वह भेद है, जिसे आधुनिक दार्शनिक पूर्णतया स्पष्ट नहीं कर पाये थे, या जिस भेद के अनुसार उन्होंने तर्कपूर्ण तथा संगत निष्कर्ष नहीं स्थापित किया था। उदाहरणार्थ देकार्त समझते थे कि बाह्य जगत् तथा आत्मा अथवा ईश्वर के सम्बन्ध में गणित के समान असंदिग्ध ज्ञान प्राप्त किया जा सकता है। उनको इस बात का ज्ञान नहीं था कि गणित केवल भाषा का खेल है। गणित में हम पदों को उनकी परिभाषा के अनुसार अपने बनाये हुए तार्किक नियमों की मदद से अनेक रूपों में रखते हैं। जहाँ केवल शब्दों ही का खेल हो वहाँ उसके अनुरूप वास्तविकता का प्रश्न ही कहाँ उठता है? इसलिए गणितीय विश्लेषात्मक अभिकथनों का सम्बन्ध वास्तविकता से कतई नहीं रहता है। इसलिए देकार्त को समझना चाहिए था कि गणितीय अनिवार्यता शब्दों की परिभाषाओं तथा कुछ तार्किक नियमों के योग से उत्पन्न होती है। जैसे-'बरसाती दिन' की परिभाषा है कि वह दिन जिसमें वर्षा हो और वर्षा से उत्पन्न आर्द्रता हो। इसलिए यदि हम 'बरसाती दिन' की परिभाषा अपने ध्यान में रखें तो हम संगत रीति से कह सकते हैं कि 'बरसाती दिन आर्द्र होते हैं।' लेकिन इसमें तथ्यात्मकता की कहाँ गुंजाइश होती है? यहाँ यह प्रश्न उठता है कि वास्तव में 'बरसाती दिन'कहीं होते हैं या नहीं। यहाँ हमारा इतना ही उद्देश्य रहता है कि हम स्पष्ट कर दें कि 'बरसाती दिन' को हम संगत रीति से काम में ला रहे हैं या नहीं। उसी प्रकार से जयामिति में हम सरल रेखा, बिन्दु, त्रिभुज तथा स्वयं-सिद्ध इत्यादि की परिभाषा स्पष्ट करते हैं। और प्रमेयों में इन्हीं परिभाषित पदों को तार्किक नियमों के अनुसार संगत रीति से स्पष्ट करते हैं। ज्यामितिज्ञों को इसकी चिन्ता नहीं होती कि उनकी परिभाषा के अनुरूप बिना चौड़ाई की कोई रेखा पाई जाती है या नहीं, या बिना स्थान ग्रहण किये हुए बिना वास्तव में देखा जाता है या नहीं। उन्हें केवल यही धुन सवार रहती है कि यदि रेखा वह हो, जिसमें चौड़ाई न हो और त्रिभुज वह हो, जो तीन सरल रेखाओं से घिरा हो, तो अन्य स्वयंसिद्धों को ध्यान में रखकर तथा निगमन-सम्बन्धी नियमों के अनुसार संगत रीति से हम यह कह सकते हैं कि किसी भी त्रिभुज के सभी तीनों कोण मिलकर दो समकोण के बराबर होंगे। अब यदि हम 'बरसाती दिन' की परिभाषा अपने ध्यान में रखें तो हम कह सकते हैं कि बरसाती दिन अवश्य आर्द्र होंगे। उसी प्रकार यदि हम 'रेखा' तथा 'त्रिभुज' की परिभाषा पर ध्यान देते रहें तो संगत रीति से हम कह सकते हैं कि किसी भी त्रिभुज के तीनों कोण मिलकर अवश्य दो समकोण के बराबर होंगे। इसलिए गणितीय अथवा विश्लेषात्मक अभिकथनों की अनिवार्यता परिभाषित शब्दों के संगत-व्यवहार से प्राप्त होती है और इसमें वास्तविकता का प्रश्न उठता ही नहीं है।

दे*कार्त* का यह विचार है कि ईश्वर, आत्मा, बाह्य जगत् इत्यादि की वास्तविकता गणितीय ज्ञान के समान जानी जा सकती है, असंगत है, अर्थात् देकार्त की आत्मा, ईश्वर तथा बाह्य जगत्

के सम्बन्ध में अनिवार्य ज्ञान की स्थापना करने का प्रयास ही युक्तिसंगत नहीं है। यही कारण है कि देकार्त का 'मैं सोचता हूँ, इसलिए मैं हूँ' को साक्षात् प्रत्यक्ष नहीं माना जा सकता है। किसी की भी स्थायी, अमर तथा शाश्वत आत्मा निश्चित रूप से आत्मनिरीक्षण के आधार पर नहीं जानी जा सकती है। यह बात ईश्वर की वास्तविकता के सम्बन्ध में कही जा सकती है। ईश्वर वास्तविकता को किसी परिभाषित शब्द जैसे-'पूर्ण सत्ता' के आधार पर सिद्ध नहीं किया जा सकता है। 'शब्द' के आधार पर शाब्दिक ज्ञान ही प्राप्त किया जा सकता है। यही कारण है कि देकार्त का ईश्वर-सम्बन्धी प्रमाण युक्तिपूर्ण नहीं हो पाया है। फिर यथार्थ जगत् की वास्तविकता भी देकार्त ने मनगढ़ंत रीति से सिद्ध करने की कोशिश की है। यहाँ किसी तार्किक मापदण्ड की मदद न लेकर आपने धार्मिक ईश्वर की सत्यवादिता की मदद ली है। परन्तु धार्मिक ईश्वर वैज्ञानिक ज्ञान का नहीं; श्रद्धा, भक्ति तथा उपासना का विषय है। तार्किक ही कसौटी, न कि उपास्य ईश्वर, किसी भी वैज्ञानिक ज्ञान का मापदण्ड हो सकता है।

अब यदि *स्पिनोजा देकार्त* के उपर्युक्त दोषों पर ध्यान देते और ज्यामितिक तर्कों के स्वरूप को समझते, तो वे भी इसी निष्कर्ष पर आते कि उनका परम द्रव्य एक परिभाषा का विषय है या एक ऐसा पद है, जिसकी परिभाषा हम अपनी सुविधा के अनुसार कर सकते हैं। हम कह सकते हैं कि 'द्रव्य' शब्द को लें और इसकी परिभाषा करें कि यह वह आत्माश्रित तथा स्वचिन्त्य सत्ता है जिसे किसी भी अन्य सत्ताओं की अपेक्षा नहीं होती है। पर इससे यह कहाँ झलकता है कि इसके अनुरूप कोई वास्तविक पदार्थ है या नहीं? यह भी ठीक है कि द्रव्य की इस परिभाषा पर यदि हम ध्यान दें तो इससे यही निष्कर्ष निकलेगा कि अन्त में केवल एक ही द्रव्य हो सकता है; क्योंकि यदि एक से अधिक द्रव्य हों तो वे एक-दूसरे को सीमित करेंगे तथा एक के प्रत्यय के रचने में अन्य द्रव्यों की भी भावना करनी पड़ेगी। परन्तु इस निष्कर्ष के स्थापित हो जाने पर भी यह सिद्ध नहीं होता कि परम द्रव्य किसी भी प्रकार की वास्तविकता है। यही कारण है कि स्पिनोजा ने साफ कह दिया है कि उनका परम द्रव्य प्रत्यक्ष, कल्पना तथा वैज्ञानिक ज्ञान का विषय नहीं है। उसे केवल अन्तःप्रज्ञा से ही जाना जा सकता है और यह अन्तःप्रज्ञा भी साधना से प्राप्त होता है। परन्तु क्या हम 'वास्तविकता' शब्द को अन्तःप्रज्ञात्मक अनुभूति के लिए प्रयुक्त करते हैं? स्पिनोजा को साफ कहना चाहिए था कि वे 'वास्तवकिता' शब्द को अन्तःप्रज्ञात्मक अनुभूति के लिए प्रयुक्त करते हैं? स्पिनोजा को साफ कहना चाहिए था कि वे 'वास्तविकता' पद को विलक्षण अर्थ में व्यवहार कर रहे हैं। उनके अर्थ में स्वानुभूति-विषयक ही परम सत्ता है, जो चलती भाषा में वास्तविक नहीं गिनी जाती है। प्रचलित भाषा में जो वस्तु देश-काल में इन्द्रियों से जानी जाय, वही वास्तविक है।

अब इसका क्या कारण है कि *देकार्त* और *स्पिनोजा* दोनों ने तत्त्वमीमांसात्मक सत्ता को ज्यामितिक प्रकथन के रूप में डालने की कोशिश की है? यह भी स्पष्ट है। स्वयं *देकार्त* ने कहा है कि ऐन्द्रिय ज्ञान संदेहात्मक होता है। फिर *स्पिनोजा* ने भी कहा है कि प्रत्यक्ष और कल्पना के आधार पर संशयहीन तथा शाश्वत ज्ञान नहीं प्राप्त किया जा सकता है। अब हम किसी भी यथार्थ वस्तु या धारणा के विषय में वास्तविक ज्ञान केवल अनुभूति के आधार पर प्राप्त कर सकते हैं और अनुभूति के द्वारा हमारा कोई भी ज्ञान तार्किक रीति से अनिवार्य नहीं कहा जा सकता है। अपनी आँखों से देखकर हम कह सकते हैं कि यह कागज उजला है या अमुक गुलाब लाल है। व्यावहारिक जीवन में इस प्रकार के ज्ञान को हम पूरी मान्यता देते हैं और विज्ञान में भी इसकी पूरी मर्यादा है। आँख-देखे और कान-सुनें ज्ञान को वास्तविक हम अवश्य कह सकते हैं पर इसे अनिवार्य नहीं पुकार सकते। इसका कारण है कि (तार्किक रीति से) इसके विपक्ष होने की सम्भावना रह जाता है। मेरे सामने रखा हुआ कागज उजला है परन्तु हम सोच तो सकते हैं कि यह कागज काला या पीला हो। उसी प्रकार जिस पर मैं लिख रहा हूँ, वह मेज है, पर मैं सोच तो सकता हूँ कि यह डेक्स हो या यहाँ मेज न होकर केवल भूमि हो। इसलिए मनोवैज्ञानिक रीति

से हम क्यों नहीं किसी भी प्रकथन को असंदिग्ध समझें लेकिन तार्किक दृष्टिकोण से कोई भी अनुभूतिजन्य तथ्यात्मक प्रतिज्ञप्ति को अनिवार्य नहीं माना जाएगा। चूँकि *देकार्त* और *स्पिनोज़ा* दोनों अनिवार्य तथा असंदिग्ध ज्ञान की खोज में थे, इसलिए उन्होंने गणितिक ज्ञान को अपनाया है। उनकी भूल इसी में थी कि उन्हें इसका पूरा ज्ञान नहीं मिला कि गणितिक प्रकथन अनिवार्य हो सकते हैं, पर वे वास्तविक और तथ्यात्मक नहीं माने जा सकते हैं।

अब विश्लेषात्मक अभिकथन अनिवार्य होते हैं, पर तथ्यात्मक नहीं, और संश्लेषात्मक अभिकथन तथ्यात्मक होते हैं, पर अनिवार्य नहीं-यह ज्ञान *लॉक* और *ह्यूम* में स्पष्ट दीखता है। *लॉक* ने बताया है कि अन्तःप्रज्ञात्मक (intuitive) और प्रदर्शनात्मक (demonstrative) ज्ञान अनिवार्य है, और संवेदनात्मक (sensitive) ज्ञान केवल संभाव्य है। अब प्रदर्शनात्मक ज्ञान तो गणितिक है ही और अन्तःप्रज्ञात्मक ज्ञान के सम्बन्ध में *लॉक* ने कहा है कि यह वह ज्ञान है, जिसमें केवल प्रत्ययों के प्रत्यक्ष मात्र से हम तत्क्षण समझ लेते हैं कि इनमें विरोध है या मेल। इसलिए स्पष्ट नहीं होते हुए भी वास्तव में *लॉक* उसे परिभाषित शब्दों के संगत प्रयोग से उत्पन्न प्रकथनों को ही अन्तःप्रज्ञात्मक ज्ञान की संज्ञा देते हुए दीखते हैं। उसकी प्रकथनों की शिक्षाप्रदता (instructiveness) के सम्बन्ध में *लॉक* ने सभी प्रकथनों को तुच्छ और शिक्षाप्रद के दो वर्गों में बाँटा था। तुच्छ में या तो तादात्म्यात्मक या विश्लेषात्मक प्रकथन होते हैं। इनमें अनिवार्यता पाई जाती है, परन्तु वास्तविकता तथ्यों की ज्ञानवृद्धि नहीं। उसी प्रकार शिक्षाप्रद प्रकथनों में वास्तविकता का ज्ञान मिलता है, पर इसमें अनिवार्यता नहीं पाई जाती है।

यह ठीक है कि लॉक को गणितिक प्रकथनों में स्वरूप के सम्बन्ध में सही ज्ञान नहीं था। परन्तु, प्रकथनों के किये गये विभिन्न वर्गीकरण के अध्ययन से आभासित होता है कि *लॉक* को भी प्रकथनों के बीच प्रकारित अन्तर का आभास हो रहा था। कम-से-कम यह बात कि प्रकथनों के बीच प्रकारित अन्तर है; लाइबनित्स की ज्ञान-मीमांसा में स्पष्ट हो जाता है। *लाइबनित्स* के अनुसार प्रकथनों को अनिवार्य (necessary) और संयोगात्मक अथवा आपातिक (contingent) इन दो वर्गों में बाँटा जा सकता है। आपातिक प्रकथन वह है, जो वास्तविक स्थिति पर आधारित हो और अनिवार्य प्रकथन वे हैं, जिनके विधेय को बिना आत्मविरोध के नकारा नहीं जा सकता है। फिर *लाइबनित्स* ने सही बताया था कि इस प्रकार के प्रकथन गणित में पाये जाते हैं। प्रकथनों के बीच प्रकाारित अन्तर का सही ज्ञान शायद *लाइबनित्स* को ही था। जिसको *लाइबनित्स* ने अनिवार्य और आपातिक प्रकथन कहा है, उसे ही *काण्ट* के दर्शन और समसामयिक अनुभववाद में विश्लेषात्मक और संश्लेषात्मक प्रकथन कहा जाता है और *काण्ट* ने *लाइबनित्स* के वर्गीकरण को ही ध्यान में रखकर अपनी समस्या को पूर्वानुभविक संश्लेषात्मक प्रकथन के रूप में रखा था।

(3) (ख) काण्ट के अनुसार विश्लेषात्मक और संश्लेषात्मक अभिकथनों की व्याख्या

काण्ट के अनुसार गणित तथा भौतिक विज्ञान (physics) से ही सही ज्ञान पाया जाता है। फिर जैसा हम आगे चलकर स्पष्ट करेंगे कि काण्ट के अनुसार गणित और भौतिक-विज्ञान में पूर्वानुभविक संश्लेषात्मक प्रकथन होते हैं, इसलिए समस्या यह थी कि किस प्रकार से पूर्वानुभविक संश्लेषात्मक प्रकथन की सम्भावना सिद्ध की जा सकती है। इसलिए हमें काण्ट के अनुसार विश्लेषात्मक और संश्लेषात्मक वाक्यों की व्याख्या करनी चाहिए।

स्वयं *काण्ट* ने निर्णय (judgement)* शब्द का व्यवहार किया है। 'निर्णय' शब्द को

* वाक्य (sentence), प्रकथन (statement), प्रतिज्ञप्ति (proposition), तथा निर्णय (judgement) में अन्तर किया जाता है। प्रायः निर्णय को विचार की सरलतम इकाई अथवा यूनिट कहा जाता है। यदि कोई वस्तु मेरे सामने हो और मैं इसके सम्बन्ध में अपने मन में विचार करूँ तो यह निर्णय कहा जायगा। जब मैं इसे भाषाबद्ध कर बोलूँ या लिखूँ कि यह कलम काली

वाक्य, प्रवचन तथा प्रतिज्ञप्ति से भिन्न समझना चाहिए। निर्णय वह विचार है जिसे मन में भाषा के माध्यम से सोचा जा सकता है। अतः प्रतिज्ञप्ति तथा प्रकथनों की तुलना में 'निर्णय' में मानसिक प्रतिक्रियाओं की ध्वनि पाई जाती है। इसलिए कहा जा सकता है कि काण्ट ने निर्णयों को विश्लेषात्मक तथा संश्लेषात्मक के दो वर्गों में बाँटकर अपने मत को मनोवैज्ञानिक दृष्टि से अभिरंजित कर दिया है। यही कारण है कि समसामयिक अनुभववादी काण्ट की देन को सम्पूर्णतया तकर्निष्ठ नहीं मानते हैं।

फिर *काण्ट* निर्णयों के वर्गीकरण में दो भिन्न सिद्धान्तों को काम में लाते हैं। पहला सिद्धान्त उद्भव का है और दूसरा सिद्धान्त निर्णय की विषयवस्तु (content) का है। उद्भव-दृष्टि के अनुसार काण्ट ने निर्णयों को पूर्वानुभविक (a priori) और उत्तरानुभविक (a posteriori) दो वर्गों में बाँटा है।* इसी प्रकार निर्णयों की कथावस्तु को ध्यान में रखकर काण्ट के निर्णयों को विश्लेषात्मक और संश्लेषात्मक के दो वर्गों में बाँटा है।* *काण्ट* के अनुसार विश्लेषात्मक निर्णय वह है जिसमें उसका विधेय उद्देश्य ही में पहले ही से स्फुट या गुप्त रूप से निहित रहता है। जैसे-समझा जाता है कि 'मानव' पद से उसके अन्दर पशुता और विवेकशीलता ध्वनित होती है। अब यदि हम कहें कि 'मानव पशु है' तो इसका विधेय 'पशु' पहले ही से इस प्रतिज्ञप्ति के उद्देश्य 'मानव' मानव में निहित है। अब यदि हम 'मानव' से पशुता और विवेकशीलता का अर्थ लगाते हैं तो 'मानव' पशु है, इसे भी हम अवश्य स्वीकार कर लेंगे। इसलिए वास्तव में विश्लेषात्मक वाक्यों में हम केवल उद्देश्य पद को अपने निर्धारित अर्थ में संगत रीति से काम में लाते हैं। इसलिए यहाँ केवल शब्द-ज्ञान, अर्थात् शब्दों को सही रीति से काम में लाने का ज्ञान चाहिए और यहाँ यह प्रश्न ही नहीं उठता है कि शब्दों के अनुरूप कोई वास्तविकता है या नहीं। इसलिए काण्ट के अनुसार विश्लेषात्मक निर्णय अनिवार्यतः सत्य होता है। विश्लेषात्मक निर्णयों की सत्यता उद्देश्य-पद की गुणवत्तकता के विश्लेषण मात्र से निर्धारित की जाती है। इसलिए यहाँ वास्तविक जगत् के अनुभव की आवश्यकता ही नहीं होती है। अब यहाँ अनुभव की गुंजाइश नहीं होगी वहाँ ज्ञान-बुद्धि का प्रश्न ही नहीं उठता है। विश्लेषात्मक निर्णयों के विपरीत संश्लेषात्मक निर्णय वे होते हैं, जिनमें विधेय पहले ही से उद्देश्य पद में निहित या अन्तर्भावित नहीं रहता है। जैसे-'कुछ मानव निरक्षर होते हैं'। अब 'मानव' पद में साक्षारता या निरक्षरता को सार-गुण वाचकता नहीं माना जा सकता है। यदि कोई व्यक्ति नहीं पढ़े तो उसे 'मानव' पुकारने में कोई दोष नहीं माना जायगा। इसलिएं कोई अमुक व्यक्ति वास्तव में निरक्षर है या साक्षर है, यह केवल उस व्यक्ति की पूछ-ताछ अर्थात् अनुभूति से ही जाना जा सकता है। इसलिए संश्लेषात्मक निर्णयों की सत्यता अनुभूति-विषयक होती है, न कि केवल शब्दों के ही अर्थ विश्लेषण पर

है, तब इसे प्रतिज्ञप्ति कहा जायगा। वाक्य में किसी मानसिक प्रक्रिया को अभिव्यक्त किया जा सकता है, चाहे वह भाव संवेग हो, इच्छा-संकल्प हो या शुद्ध ज्ञान, परन्तु प्रतिज्ञप्ति वह वर्तमानकालिक प्रतीकात्मक अभिकथन (assertion) है, जिसमें किसी वस्तु या घटना के सम्बन्ध में ऐसी सूचना(information) दी जाती है जो सत्य-असत्य हो सकती है। 'प्रकथन' अधिक व्यापक है और इसमें वाक्य और प्रतिज्ञप्ति दोनों चले आते हैं। समसामयिक विचार में प्रकथन और प्रतिज्ञप्ति में भी अन्तर किया जाता है। प्रायः बताया जाता है कि प्रकथन किसी भी वाक्य के लिए प्रयुक्त किया जा सकता है और उसके अर्थ को ही प्रज्ञप्ति कहा जाता है। इसी पुस्तक में प्रतिज्ञप्ति और प्रकथन के बीच के सूक्ष्म अन्तर को ध्यान में नहीं रखा गया है।

* 'विश्लेषात्मक' शब्द 'विश्लेषण' से निकला है, जिसका अर्थ है कि किसी जटिल वस्तु या भावना को उसके सरल टुकड़ों या यूनिटों में अलग-अलग विभक्त कर दिया जाय। यही बात अंग्रेजी में 'analytic' शब्द से अभिव्यक्त होती है। उसी प्रकार, synthetic को 'संश्लेषात्मक' कहा गया है, जिसका अर्थ है कि पृथक् टुकड़ों को जोड़कर या संश्लेषकर एक सम्पूर्ण वस्तु या भावना को रचा जाय।

आधारित। इसलिए संश्लेषात्मक निर्णय अनुभूति से प्राप्त किये जाते हैं और चूँकि अनुभूति के द्वारा वास्तविक तथ्यों का ज्ञान प्राप्त किया जा सकता है, इसलिए संश्लेषात्मक निर्णयों में ज्ञान-वृद्धि हो सकती है। परन्तु अनुभूति के आधार पर कोई इतना ही भर कह सकता है कि 'यह कलम काली है', पर संगत रीति से यह नहीं कह सकता है कि 'यह कलम अवश्य काली होगी।' यह ठीक है कि अनुभूति के आधार पर हम कह सकते हैं कि सूर्य पूरब में उगता है; पर हम यह नहीं कह सकते हैं कि सूर्य पूरब में अवश्य ही उगेगा। इसलिए संश्लेषात्मक निर्णयों में अनिवार्यता नहीं, लेकिन केवल सम्भाव्यता (probability) ही प्राप्त हो सकती है। इसलिए *काण्ट* के अनुसार विश्लेषात्मक और संश्लेषात्मक निर्णयों में अन्तर है।

विश्लेषात्मक निर्णय	संश्लेषात्मक निर्णय
1. इसकी सत्यता (वैधता)* शब्दों के ही विश्लेषण पर निर्भर करती है। यदि शब्द संगत रीति से व्यवहृत हुआ तो इसे सही स्वीकार कर लिया जाता है। इसमें वास्तविकता का प्रश्न नहीं उठता।	इसकी सत्यता वास्तविकता को सही अभिव्यंजित करने से उत्पन्न होती है। इसलिए यह अनुभूति पर आधारित होती है।
2. इसमें अनिवार्यता पाई जाती है।	इसमें अनिवार्यता नहीं, लेकिन सम्भाव्यता पाई जाती है।
3. इसमें चूँकि वास्तविकता का प्रश्न ही नहीं।	चूँकि इसका सम्बन्ध वास्तविक अनुभूति से होता है, इसलिए इसके द्वारा ज्ञान वृद्धि सम्भव है।

(3) (ग) पूर्वानुभविक तथा उत्तरानुभविक निर्णय**

काण्ट के अनुसार पूर्वानुभविक वे हैं, जो अनुभूति से परे तथा पूर्व हों। यहाँ 'अनुभूति से पूर्व' से तात्पर्य है कि जो इस अमुक अनुभूति तथा दूसरे प्रकार की अनुभूति से नहीं, वरन् जो किसी भी प्रकार की अनुभूति से परे एवं पूर्व हो। मान लिया जाय कि गर्म दूध से एक बार जल जाने के बाद बच्च दूसरी बार दूध को फूँककर पीता है। और, तीसरी बार बच्चा बिना अनुभव किये हुए जान सकता है कि इस बार भी दूध गर्म है। इस तीसरी बार के इस निर्णय को 'दूध गर्म है' पूर्वानुभविक नहीं कहा जायगा क्योंकि यहाँ यह निर्णय भूत अनुभूति पर आधारित है। फिर बिना डाली पर बैठे या उस पर से गिरे हुए कोई जान सकता है कि किसी डाली पर बैठकर यदि वह उसी डाली को काटे, जिस पर वह बैठा हुआ है, तो वह डाली के साथ भूमि पर गिर जायगा। परन्तु, इस ज्ञान को भी पूर्वानुभविक नहीं कहा जायगा, क्योंकि ऐसा व्यक्ति अन्य वस्तुओं के गिरने को भूत अनुभव के आधार पर जानता है। इसके विपरीत प्रागनुभविक निर्णय वह है, जो किसी भी सम्भव अनुभव से परे एवं पूर्व हो। *काण्ट* के अनुसार 'प्रत्येक घटना किसी-न-किसी कारण से अवश्य उत्पन्न होती है'-यह पूर्वानुभविक निर्णय का उदाहरण है। इसी प्रकार 'कोई भी गुण बिना द्रव्य के सम्भव नहीं होता है', पूर्वानुभविक निर्णय का उदाहरण माना जा सकता है। काण्ट के अनुसार ज्ञान का आदर्श विज्ञानों में पाया जाता है और विज्ञान बिना कारण-कार्य के सिद्धान्त स्वीकारे हुए एक पग भी आगे नहीं चल सकता है। पर क्या कारण-कार्य का प्रनियम अनुभव पर आधारित है? इस बात का निर्णय *ह्यूम* ने कर दिया था और उसने स्पष्ट कर दिया है कि कारण-कार्य के प्रनियम को किसी भी प्रकार के अनुभव से नहीं प्राप्त किया जा सकता है।

* 'सत्यता' शब्द का वहीं व्यवहार किया जाता है, जहाँ वास्तविकता के अनुसार प्रतिज्ञप्ति का प्रमाणीकरण या सत्यापन होता है। इसके विपरीत, जहाँ केवल शब्दों के ही संगत व्यवहार की बात कही जाती है, वहाँ वैध-अवैध की संज्ञा दी जाती है। इसलिए तर्कशास्त्र में वैधता-अवैधता और विज्ञानों में सत्यता-असत्यता पाया जाता है।

** उच्च कक्षा के पाठकों के लिए। पृष्ठों को उलटकर अब पढ़ें 4।

तो क्या कारण-कार्य का प्रनियम जिसके बिना विज्ञान सम्भव नहीं हो सकता है, काल्पनिक रचना कहकर निराधार मान लिया जाय? इस स्थिति में काण्ड का कहना है कि विज्ञान को कसौटी मानकार विज्ञान में सन्निहित नियमों को भी उचित एवं बुद्धिपरक समझना चाहिए। अतः विज्ञान में अन्तर्निहित कारण-कार्य को भी उचित और बुद्धिपरक स्वीकारना चाहिए। अब यदि कारण-कार्य की व्याख्या अनुभव के आधार पर नहीं हो सकती है तो इसे अनुभव से परे एवं स्वतंत्र समझना चाहिए और इसलिए कारण-कार्य के प्रतिनयम को पूर्वानुभविक कहना चाहिए।

काण्ट ने पूर्वानुभविक अभिकथनों के दो लक्षणों का बोध कराया है, अर्थात् शुद्ध अनिवार्यता और सर्वव्यापकता। चूँकि काण्ट अपने युग के विज्ञान को ध्यान में रखकर किसी भी तथ्यात्मक विज्ञान में कारण-कार्य के प्रनियम को अपरिहार्य मानते थे, इसलिए उन्होंने कारण-कार्य जैसे प्रनियमों को 'अनिवार्य' कहा है। फिर चूँकि *काण्ट* पूर्वानुभविक तत्त्वों को मानव-मन की देन समझते थे और चूँकि मानव-मन का स्वरूप सभी व्यक्तियों में एक समान माना जाता है, इसलिए पूर्वानुभविक तत्त्व को सभी मानव-ज्ञान में सर्वव्यापक रूप से होना चाहिए।

यहाँ *काण्ट* के समीक्षावाद का गहन विषय हो जाता है अनिवार्यता और सर्वव्यापकता, ये दोनों लक्षण विश्लेषात्मक अभिकथनों में भी पाये जाते हैं। तो क्या पूर्वानुभविक और विश्लेषात्मक अभिकथनों को एक ही प्रकार का अभिकथन मान लिया जाय? काण्ट के अनुसार ये दो प्रकार के भिन्न-भिन्न वर्ग के अभिकथन हैं। इनके विपरीत तर्कनिष्ठ अनुभववादी विश्लेषात्मक और पूर्वानुभविक अभिकथनों को एक ही प्रकार का अभिकथन मानते हैं। इस समस्या की चर्चा बाद में की जायगी। इस प्रसंग में अभी उत्तरानुभविक अभिकथनों की व्याख्या करनी चाहिए।

उत्तरानुभविक अभिकथन वे हैं, जिन्हें अनुभूति से ही प्राप्त किया जाता है। उदाहरणार्थ, 'सफेद फूलों में सुगन्ध होती है'। यहाँ 'सफेद फूल' के विश्लेषण-मात्र से यह नहीं निर्धारित किया जा सकता है कि इसमें सुगन्ध है या नहीं। इस बात को निश्चित करने के लिए कि सफेद फूलों में सुगन्ध होती है, सफेद फूलों का अनुभव करना पड़ता है। अतः, उत्तरानुभविक अभिकथनों को संश्लेषात्मक अभिकथन कहा जा सकता है।

पर क्या सभी संश्लेषात्मक निर्णय उत्तरानुभविक कहे जा सकते हैं? *काण्ट* के अनुसार यह ठीक नहीं होगा, क्योंकि इनके अनुसार संश्लेषात्मक निर्णय पूर्वानुभविक भी होते हैं। अब यह मत सही है या नहीं, यह अनिवार्यता की व्याख्या पर निर्भर करता है। काण्ट के अनुसार विश्लेषात्मक और पूर्वानुभविक, दोनों प्रकार के निर्णय अनिवार्य रीति से सत्य कहे जाते हैं, तो क्या विश्लेषात्मक अनिवार्यता और पूर्वानुभविक अनिवार्यता में कोई अन्तर नहीं?

प्रायः, तर्कनिष्ठ अनुभववादियों का कहना है कि विश्लेषात्मक और पूर्वानुभविक अनिवार्यता में कोई अन्तर नहीं। इसलिए उनके अनुसार किसी भी निर्णय को संश्लेषात्मक के साथ पूर्वानुभविक भी कहने का अर्थ होता है कि एक ही निर्णय संश्लेषात्मक और विश्लेषात्मक दोनों हैं, और ऐसा कहना आत्मविरोधात्मक है। इसलिए, अनुभववादियों का कहना है कि काण्ट ने गणित और पदार्थ विज्ञान के प्रकथनों को संश्लेषात्मक पूर्वानुभविक मानकर एक मिथ्या समस्या अपने सामने रख ली है। अतः, ज्ञान के संश्लेषात्मक पूर्वानुभविक निर्णयों का किस प्रकार स्पष्टीकरण हो सकता है? अब यदि समस्या ही भ्रमात्मक हो तो इसका समाधान भी वैसा ही होगा। इसलिए प्रायः अनुभववादी कहते हैं कि काण्ट ने ज्ञानमीमांसा को आगे बढ़ाकर इसमें भ्रम, शब्दजाल, जल्प इत्यादि के बढ़ जाने का पूरा मसाला तैयार कर दिया है।

यह ठीक है कि यदि हम गाणितिक निर्णय और भौतिक विज्ञान के प्रकथनों की उस व्याख्या को लें, जिसे काण्ट ने हमारे सामने रखा है तो हमें कहना पड़ेगा कि काण्ट ने मनोवैज्ञानिक बातों को जोड़-तोड़कर पूर्वानुभविक संश्लेषात्मक निर्णयों की ऐसी व्याख्या की है, जिसे हम शुद्ध तार्किक नहीं कह सकते हैं। उन्होंने गाणितिक प्रकथनों को भी संश्लेषात्मक रूप में और पदार्थ-वैज्ञानिक प्रकथनों को गोल रीति से पूर्वानुभविक रूप में स्पष्ट करने की कोशिश की है। परन्तु

क्या पूर्वानुभविक और विश्लेषात्मक अनिवार्यता काण्ट ने कहीं भी एक कही है? नहीं। इनका भेद ही काण्ट की मुख्य समस्या थी।

इस बात में *काण्ट* अनुभववादियों से सहमत थे कि वास्तविक जगत् का तथ्यात्मक ज्ञान केवल संवेदन और आत्म-निरीक्षण से ही सम्भव हो सकता है। फिर वे अनुभवादियों की दूसरी मान्यता को भी स्वीकार करते थे कि अनुभूति से प्राप्त संवेदन छाप पृथक्-पृथक् ही हो सकती है। परन्तु ज्ञान प्रत्यक्षों की या संवेदन इत्यादि से प्राप्त प्रत्यक्ष की छापों की क्रमबद्ध व्यवस्था है। इसलिए समस्या यह है कि कैसे पृथक्-पृथक् रहने वाले प्रत्यक्षों को व्यवस्थित किया जाय और वे आधार जिनसे व्यवस्था उत्पन्न होती है, उन्हें कैसे स्पष्ट कर दिया जाय? यहाँ काण्ट ने अपने दर्शन में बतलाया है कि क्रमबद्ध व्यवस्था की प्राप्ति में कई सीढ़ियाँ पाई जाती हैं और प्रत्येक पग पर व्यवस्था के उत्पन्न करने में पूर्वानुभविक अंग पाये जाते हैं। सर्वप्रथम संवेदन तथा आत्म-निरीक्षण से प्राप्त छाप अपने-आप प्रागनुभविक देश-काल के रूपों से व्यवस्थित होकर प्रत्यक्ष का आकार धारण कर लेती है। परन्तु प्रत्यक्षों से ज्ञान नहीं होता। वास्तव में काण्ट के अनुसार निर्णय ही ज्ञान के यूनिट हैं और प्रत्यक्षों से निर्णय की रचना में समझ के प्रागनुभविक पदार्थ (categories) पाये जाते हैं। इन पदार्थों में काण्ट के कारण-कार्य और द्रव्य पर अधिक जोर दिया है। काण्ट के अनुसार बिना कारण-कार्य के पदार्थ के कोई भी वैज्ञानिक निर्णय सम्भव नहीं होता है। अब काण्ट का कहना है कि बिना देश-काल के प्रागनुभविक रूप तथा कारण-कार्य, द्रव्य इत्यादि के पदार्थ की ज्ञान-व्यवस्था सम्भव नहीं होती है। अब क्या देश-काल के रूपों तथा कारण-कार्य, द्रव्य इत्यादि पदार्थों की अनिवार्यता को विश्लेषात्मक अनिवार्यता कहा जा सकता है? अब कम-से-कम तीन प्रकार की अनिवार्यता हो सकती है, अर्थात्

(1) मनोवैज्ञानिक अनिवार्यता जो बहुत कुछ तथ्यात्मक अनिवार्यता से मिलती-जुलती है। जैसे-हम कहते हैं कि 'मुलायम घास अवश्य ही मनुष्य के पैर के भार से दब जायगी।' यह तथ्यात्मक अनिवार्यता की बात है। पर, इसे तार्किक अनिवार्यता नहीं कहा जा सकता, क्योंकि इसके विपक्ष में हम कल्पना कर सकते हैं कि मुलायम घास पैर से दबने पर भी खड़ी रह जाय। उसी प्रकार मनोवैज्ञानिक अनिवार्यता हो सकती है। अब ह्यूम के अनुसार कारण-कार्य तथा द्रव्य पदार्थ के अनुसार विचारने की प्रणाली मानव-मन के सहचार-नियम से बँध जाने की अनिवार्यता के आधार पर पाई जाती है। मानव-मन बाध्य हो जाता है कि अनेक बार सूर्य और प्रकाश का योग पाकर यह सूर्य को कारण और प्रकाश को उसका कार्य समझे। स्वयं सूर्य और प्रकाश में कोई कारण-कार्य का सम्बन्ध नहीं है, पर मानव-मन अपने स्वरूप से बाध्य होकर सहचार के आधार पर सूर्य को 'कारण' समझता है। अब क्या काण्ट भी यही मानते हैं कि मानव अपने स्वभाव से लाचार होकर कारण-कार्य, द्रव्य इत्यादि के पदार्थों (categories) के अनुसार विचार करते हैं।

थोड़ा बहुत *काण्ट* भी समझते थे कि मानव ऐसे ही रचे गये हैं कि वे कारण-कार्य द्रव्य, इत्यादि पदार्थों के बिना विचार ही नहीं सकते हैं। इनका मतभेद *ह्यूम* से इतना ही भर था कि कारण-कार्य, द्रव्य इत्यादि के पदार्थ अनुभूति के द्वारा प्राप्त नहीं किये गये हैं। वे सभी मानव के विचार करने के सर्वव्यापक विधान हैं। यह विधान मानव के स्वभाव से ही सिद्ध होता है। तो क्या इसे भी मनोवैज्ञानिक माना जाय और कहा जाय कि यह मनोवैज्ञानिक सत्यता है कि मानव बिना कारण-कार्य, द्रव्य इत्यादि पदार्थों के नहीं सोच सकता है? नहीं। इसका कारण है कि *काण्ट* के अनुसार कारण-कार्य, द्रव्य इत्यादि अनुभूति से नहीं प्राप्त किये गये हैं, क्योंकि मानव-स्वभाव-सिद्ध होने के कारण ये प्रथम अनुभूति के पूर्व कहे जायेंगे। फिर यह सही नहीं कहा जायगा कि वास्तव में सभी व्यक्ति कारण-कार्य इत्यादि के अनुसार सभी स्थलों पर सोचते हैं। बहुत-से ऐसे पागल हैं जो, समझ सकते हैं कि सूर्य से नहीं, लेकिन उनकी श्वास-निःश्वास से ही ताप मिलता है और वे यह भी सोच सकते हैं कि कभी सूर्य से ठण्डा और कभी ताप मिलता है। परन्तु *काण्ट*

का कहना है कि यदि आप सर्वव्यापक, सर्वमान्य तथा वैज्ञानिक ज्ञान प्राप्त करना चाहते हैं तो आप बिना कारण-कार्य इत्यादि पदार्थों को कम में लाये हुए इस प्रकार के ज्ञान को नहीं प्राप्त कर सकते हैं। इसलिए यद्यपि कारण-कार्य इत्यादि के पदार्थ-मानव-स्वभाव सिद्ध हैं तथापि इन्हें मनोवैज्ञानिक नहीं कहा जायेगा। काण्ट ने कभी कल्पना भी नहीं की थी कि इसे बाल निरीक्षण तथा मनोवैज्ञानिक प्रयोग से सिद्ध किया जा सकता है। उसके अनुसार प्रागनुभविक प्रकथन वैज्ञानिक प्रकथनों के तर्कनिष्ठ विश्लेषण से ही प्राप्त किये जा सकते हैं। इसलिए काण्ट का सिद्धान्त देखने में मनोवैज्ञानिक क्यों न लगे, परन्तु यह तकर्निष्ठ सिद्धान्त कहा जायगा और इसे भाषा-विश्लेषण माना जायगा। तो क्या इस प्रकार की अनिवार्यता को विश्लेषात्मक अनिवार्यता कहा जाय।

(2) हम लोगों ने पहले ही बताया है कि विश्लेषात्मक प्रकथनों की अनिवार्यता शब्दार्थक हुआ करती है और इसमें वास्तविकता का प्रश्न ही नहीं उठता है। परन्तु काण्ट के अनुसार प्रागनुभविक कारण-कार्य, द्रव्य इत्यादि पदार्थों का काम है कि वे प्रत्यक्षों को व्यवस्थित कर वैज्ञानिक निर्णयों की स्थापना करें।

(3) इसलिए *काण्ट* पूर्वानुभविक पदार्थों की अनिवार्यता को तार्किक कहेंगे, न कि विश्लेषात्मक या मनोवैज्ञानिक। अब काण्ट की विचार-शैली के अपनाने पर कहा जा सकता है कि तार्किक अनिवार्यता प्रागनुभविक और विश्लेषात्मक दो प्रकार की होती हैं। विश्लेषात्मक अनिवार्यता शब्दार्थक या शब्द-विश्लेषात्मक होती है और इसका सम्बन्ध वास्तविकता से नहीं होता है। पूर्वानुभविक अनिवार्यता वह है, जो वास्तविक प्रत्यक्षों की साक्षात् प्राप्ति से नहीं, पर उनकी क्रमबद्ध व्यवस्था से सम्बन्ध रखती है। चूँकि बिना क्रमबद्ध व्यवस्था के वैज्ञानिक ज्ञान सम्भव नहीं होता और चूँकि प्रागनुभविक पदार्थ क्रमबद्ध व्यवस्था में अनिवार्य होते हैं, इसलिए *काण्ट* के अनुसार प्रागनुभविक पदार्थों की अनिवार्यता ज्ञानवृद्धि के लिए भी पूर्णतया आवश्यक है।

(क) इसलिए प्रागनुभविक और विश्लेषात्मक अनिवार्यताओं में पहला अन्तर यह है कि प्रागनुभविक अनिवार्यता का सम्बन्ध वास्तविकता से रहता है और विश्लेषात्मक अनिवार्यता से वास्तविकता का प्रश्न नहीं उठता।

(ख) फिर विश्लेषात्मक अनिवार्यता अनायास ही स्पष्ट हो जाती है, जो बात प्रागनुभविक अनिवार्यता में नहीं पाई जाती है। यदि हम कहें कि 'बरसाती दिन आर्द्र होते हैं' तो इसे स्वीकार करने में किसी विचार-विमर्श की आवश्यकता नहीं होती है। परन्तु यह कहना कि बिना कारण-कार्य के प्रागनुभविक नियम के वैज्ञानिक ज्ञान सम्भव नहीं है, आसानी से नहीं स्वीकार किया जा सकता है। इसे स्पष्ट करने के लिए काण्ट को कठिन प्रयास करना पड़ा था।

(3) (घ) काण्ट के प्रागनुभविक अनिवार्यता के सम्बन्ध में समसामयिक मत

पहले ही हम देख चुके हैं कि समसामयिक अनुभववादी मत के अनुसार प्रागनुभविक और विश्लेषात्मक अनिवार्यता को ही समझा जाता है और इसलिए प्रागनुभविक संश्लेषात्मक निर्णय की संभावना को आत्मविरोधी कहा जाता है। अब ऐसा मानने के सम्बन्ध में क्या तर्क दिये जाते हैं?

(1) *काण्ट* ने कारण-कार्य, द्रव्य, भाव-अभाव सीमा, एकत्व-अनेकत्व, सम्पूर्णत्व इत्यादि के पदार्थों को वैज्ञानिक ज्ञान के लिए आवश्यक और सर्वव्यापक माना है। काण्ट के समय में किसी भी तथ्यात्मक (factual) विज्ञान में बिना कारण-कार्य के पदार्थ की दुहाई दिये किसी भी नियम की स्थापना नहीं की जाती थी। इसलिए काण्ट ने कारण-कार्य को अपने युग और उसी वैज्ञानिक परम्परा की अनूठी विशेषता नहीं माना, इसे स्थाई, आवश्यक और अपवाद-रहित पदार्थ माना है। इसलिए काण्ट ने यह निष्कर्ष निकाला था कि बिना कारण-कार्य तथा अन्य पदार्थों के

वैज्ञानिक विचार सम्भव है ही नहीं। अतः, काण्ट ने वैज्ञानिक विचार के लिए इन्हें मानव-स्वभाव सिद्ध अनिवार्य पदार्थ-विज्ञान माना है। पर क्या इसे आज अनिवार्य विचार-विधान (legislation) माना जा सकता है?

आज की दुनिया में भौतिकी मुख्य विज्ञान माना जाता है। इस विज्ञान से परमाणु-सम्बन्धी नियमों में कारण-कार्य की आवश्यकता नहीं पड़ती है। स्थूल वस्तुओं के सम्बन्ध में ही नियतिवाद तथा कारण-कार्य के अनुसार नियमों की स्थापना की जा सकती है, परन्तु सूक्ष्म परमाणुओं के अन्दर की कार्यवाही में कारण-कार्य का सम्बन्ध नहीं दिखाई देता है। इसलिए इस युग में न्यूक्लियर भौतिकी में कारण-कार्य को अनिवार्य नहीं समझा जाता है। यही कारण है कि समसामयिक अनुभववादी काण्ट के इस कथन को कि कारण-कार्य का पदार्थ (category) अनिवार्य है, सही नहीं मानते हैं।

(2) अब चूँकि कारण-कार्य, द्रव्य इत्यादि के पदार्थ वैज्ञानिक ज्ञान में अनिवार्य नहीं समझे जा सकते हैं, तो यह कहना कि वैज्ञानिक विचार के विधान हैं, सही नहीं ठहरता है, अर्थात् यह कहना कि ये पदार्थ मानव-स्वभाव सिद्ध हैं, सही नहीं माना जा सकता है। इसलिए अनुभववादियों का कहना है कि ये पदार्थ वास्तव में परिपाटी या रूढ़ि (convention) से उत्पन्न हुए हैं। अभी तक इन रूढ़िगत पदार्थों के मानने से विचारों के संचालन में सफलता मिली है, इसलिए इनकी मान्यता अभी भी बनी हुई है। परन्तु जैसा-'रूढ़ि' या 'परिपाटी' शब्द से ही अभिव्यन्जित हो जाता है, इन्हें मानव-विचारों के लिए अनिवार्य नहीं समझा जा सकता है।

पदार्थों के सम्बन्ध में अनिवार्यता न मानकर रूढ़िवाद के सिद्धान्त को इस समय अधिक मान्यता प्राप्त है, पर क्या इससे काण्ट के मत का सम्पूर्णतया खंडन हो जाता है? नहीं, इसका कारण है कि जो कुछ *काण्ट* ने पदार्थों के सम्बन्ध में कहा था उसके मूल में क्या था, इसे ही हमें इस प्रश्न का उत्तर देने में आधार मानना चाहिए। उनका कहना था कि गणित और पदार्थ विज्ञान के प्रकथनों को ही मानदण्ड स्वीकार कर उनका विश्लेषण करना चाहिए और उनके भाषा-विश्लेषण के आधार पर ज्ञानमीमांसा रचनी चाहिए। अब चूँकि काण्ट के युग के वैज्ञानिक प्रकथनों भाषा-विश्लेषण के अनुसार कारण-कार्य तथा अन्य पदार्थों को अनिवार्य कहा जा सकता था और आज के वैज्ञानिक प्रकथनों के विश्लेषण से उन्हें केवल रूढ़िगत (conventional) ही कहा जा सकता है, तो आज यदि काण्ट जीवित होते तो वे भी पदार्थों को रूढ़िगत की ही संज्ञा देते। वे भी कहते कि वैज्ञानिक प्रकथनों के लिए कारण-कार्य का पदार्थ उतना अनिवार्य नहीं माना जायगा जितना गणितिक समरूपता (mathematical uniformities) पर वे अन्त में पूछते; पदार्थ को हम रूढ़िगत मान ले सकते हैं, पर क्या बिना पदार्थ के हम वैज्ञानिक प्रकथनों की स्थापना कर सकते हैं? हो सकता है कि कारण-कार्य का पदार्थ अब न मानकर गणितिक सूत्रों की समरूपता को ही हम अभी अधिक उपयोगी समझें, पर क्या हम किसी भी प्रकार के पदार्थों को एक युग में बिना अधिक उपयोगी और आवश्यक समझकर वैज्ञानिक प्रकथनों की स्थापना कर सकते हैं? इसलिए सम्भव है कि किसी एक पदार्थ को उदाहरणार्थ कारण-कार्य को अनिवार्य हम न समझें, किन्तु सामान्य रीति से पदार्थों को, चाहे हम अब उन्हें रूढ़िगत कहें या मानव-स्वभाव सिद्ध कहें हमें उन्हें अनिवार्य समझना ही पड़ेगा। फिर यदि हम उन्हें अनिवार्य समझें तो कम-से-कम यह भी मानना पड़ेगा कि तार्किक रूप से सोचना भी मानव-स्वभाव सिद्ध है। इसलिए अन्त में तार्किक नियमों के मूल में मानव-मनोवैज्ञानिकता की वास्तविकता को स्वीकार करना होगा। यही ठीक है कि अनुभववादी विचारक पदार्थ-सम्बन्धी सामान्य समस्या को समस्या ही नहीं मानेंगे उनके अनुसार उचित प्रश्न केवल किसी पदार्थ विशेष के सम्बन्ध में पूछा जा सकता है, परन्तु यह पूछना कि क्या बिना पदार्थ के सोचा जा सकता है, केवल समस्याभास है।

इसलिए काण्ट की पूर्वानुभविक अनिवार्यता को विश्लेषात्मक अनिवार्यता नहीं कहा जा सकता है, परन्तु इसके पदार्थ-सम्बन्धी अनिवार्यता का सिद्धान्त अभी भी विचारकों के लिए विचाराधीन है।

(4) गणित में पूर्वानुभविक संश्लेषात्मक निर्णयों का प्रश्न*

अब जो कुछ भी समसामयिक निष्कर्ष *काण्ट* की प्रागनुभविक अनिवार्यता के सम्बन्ध में हो, कम-से-कम यह स्पष्ट है कि *काण्ट* के अनुसार पूर्वानुभविक अनिवार्यता से ज्ञान-वृद्धि में योगदान मिलता है। इसलिए यह तो सभी कहेंगे कि विश्लेषात्मक निर्णय अनिवार्य होते हैं, और यह भी कि संश्लेषात्मक निर्णय ज्ञान-वृद्धि करते हैं। पर क्या ऐसे निर्णय भी हो सकते हैं, जो ज्ञान-वृद्धि करते हुए अनिवार्य हों और अनिवार्य रहते हुए भी विश्लेषात्मक न होकर संश्लेषात्मक हों? काण्ट का कहना है कि जिन्हें हम विज्ञान कहते हैं, अर्थात् उनके समय गणित और पदार्थ विज्ञान, दोनों में पूर्वानुभविक संश्लेषात्मक निर्णय पाये जाते हैं और काण्ट ने इसे निम्नलिखित रीति से स्पष्ट करने की कोशिश की है:—

अंकगणित के एक उदाहरण को लें। '5 और 7 का योगफल 12 होता है।' यहाँ उद्देश्य है '5 और 7 मिलकर' और विधेय 'योगफल 12'। इसे इसलिए पूर्वानुभविक कहा जा सकता है कि इसमें सर्वव्यापकता और अनिवार्यता पाई जाती है। इस प्रकथन को सभी निश्चित रूप से सत्य मानेंगे। चूँकि सर्वव्यापकता और अनिवार्यता पूर्वानुभविक निर्णयों का चिन्ह है, इसलिए अंकगणित का यह प्रकथन प्रागनुभविक कहा जायगा। पर इसे क्यों संश्लेषात्मक कहा जाय। इसे स्पष्ट करने में काण्ट को कठिनाई का सामना करना पड़ा। इनका कहना है कि विधेय-पद 'योगफल 12' उद्देश्य-पद '5 और 7 मिलकर' में पहले से निहित नहीं है। काण्ट की इस बात को शायद ही लोग स्वीकार कर सकते हैं, क्योंकि लोगों के अनुसार '12' पहले से ही '5 + 7' में निहित है और इसलिए वे इस प्रकथन को विश्लेषात्मक मानेंगे न कि संश्लेषात्मक। परन्तु काण्ट के अनुसार उद्देश्य-पद '5 और 7 मिलकर' केवल दो संख्याओं के एक साथ मेल का ही बोध करता है और इस योगक्रिया से क्या योगफल निकलेगा, इसका बोध नहीं होता है। काण्ट के अनुसार 'योगक्रिया' में ही 'योगफल' निहित नहीं है। तो प्रश्न हो सकता है कि हम क्यों समझते हैं कि 'योगफल' पहले से ही 'योगक्रिया' में निहित है? *काण्ट* का कहना है कि यह भ्रम इसलिए हो जाता है कि हम बहुत छोटे-छोटे अंकों की योगक्रिया अपने उदाहरण में लिये हुए हैं और इसलिए उन्हें देखने के साथ उनके योगफल 12 को जान लेते हैं। परन्तु यदि हम दो बड़े अंकों को लें; जैसे-9765329 + 37456 तो इनका योगफल X उद्देश्य-पद में निहित नहीं मालूम होगा। इसलिए काण्ट के अनुसार अंकगणित के निर्णय प्रागनुभविक होने के साथ संश्लेषात्मक भी हैं।

*That 5 should be added to 7, I have indeed already thought in the concept of a sum = 7 + 5, but not that this sum is equivalent to the number 12. Arithmetical propositions are therefore always synthetic. This is still more evident if we take large number.***

पर क्या *काण्ट* का यह कहना है कि 5 और 7 की योगक्रिया 12 योफल निहित नहीं है, सही माना जायगा? *काण्ट* ने मनोवैज्ञानिक व्याख्या करके अपने पक्ष की निर्बलता को ही स्पष्ट किया है। यदि अंक बड़े-बड़े हों, तो हमारी मनोवैज्ञानिक क्षमता ऐसी न हो कि देखने के साथ उसके योगफल को बता दें। पर प्रश्न यह है कि क्या अंकों की योगक्रिया में ही योगफल निहित है या नहीं? काण्ट ने गलत कहा है कि योगफल योगक्रिया में अन्तर्निहित नहीं है। कोई आसानी से या कठिनाई से योगक्रिया के द्वारा योगफल को जाने या न जान सके, यह मनोवैज्ञानिक बात है। तार्किक दृष्टिकोण से हमें इतना ही भर देखना है कि योगक्रिया में योगफल अन्तर्निहित है या नहीं और हमें मानना पड़ेगा कि '7 + 5' का योगफल अवश्य इसमें है, चाहे हम इसे आसानी से या कठिनाई से जानें कि वह योगफल का अंक 12 है। काण्ट भी इस बात को जानते थे;

---

* पाठ्यक्रम की दृष्टि से यह विचारणीय प्रश्न है।

** N.K. Smith, *Immanuel Kant's Critique of Pure Reason*—Abridged Edition, p. 33.

क्योंकि उन्होंने स्पष्ट कहा है कि ऊपर से देखने में अंकगणित के प्रकथन विश्लेषात्मक ही लगते हैं।

यदि *काण्ट* इस प्रसंग में प्रागनुभविक अनिवार्यता पर ध्यान देते तो उन्हें स्पष्ट हो जाता कि उन्होंने यहाँ 'अनिवार्यता की व्याख्या नहीं की है और वे बताना चाहते थे कि सब प्रकार की अनिवार्यता प्रागनुभविक है। यह गलत है। गणितिक प्रकथनों की अनिवार्यता विश्लेषात्मक अनिवार्यता है, न कि प्रागनुभविक। काण्ट का सबसे बड़ा दोष यह है कि उन्होंने अनिवार्यता को स्पष्ट नहीं किया है और यहाँ पर प्रागनुभविक अनिवार्यता को विश्लेषात्मक अनिवार्यता मान लिया है। यदि बात ऐसी हो तो प्रागनुभविक संश्लेषात्मक और विश्लेषात्मक संश्लेषात्मक में कोई अन्तर नहीं होता और प्रागनुभविक संश्लेषात्मक निर्णय आत्मविरोधी हो जाता है। अब चूँकि गणितिक प्रकथनों की अनिवार्यता विश्लेषात्मक अनिवार्यता है, इसलिए इन्हें फिर संश्लेषात्मक मानने में आत्मविरोध उत्पन्न हो जाता है और यही कारण है कि काण्ट वास्तव में गणितिक प्रकथनों को संश्लेषात्मक नहीं सिद्ध कर पाये हैं; क्योंकि वे संश्लेषात्मक हैं भी नहीं। *काण्ट* की यह भी गलती थी कि वे गणित को तथ्यात्मक विज्ञान मानते थे। गणित में वास्तविकता से सम्बन्ध नहीं रहता है और इसलिए इसमें केवल विश्लेषात्मक वाक्य ही रह सकते हैं, इसलिए इन्हें संश्लेषात्मक सिद्ध करने में उन्हें कठिनाई का सामना करना पड़ा। भला बालू से तेल कैसे निकलेगा।

(5) भौतिकी में पूर्वानुभविक संश्लेषात्मक निर्णय की समस्या

गणित की प्रतिज्ञप्ति अनिवार्य होती है। इसे ऐसा मानने में कठिनाई नहीं होती है, परन्तु इन्हें संश्लेषात्मक सिद्ध करने में कठिनाई अवश्य मालूम होती है। ठीक इसके विपरीत भौतिकीय प्रकथनों की बात है। उन्हें संश्लेषात्मक मानने में कठिनाई नहीं होती है; क्यों सभी स्वीकार करेंगे कि भौतिकीय प्रकथन अनुभूति पर आधारित होते हैं। परन्तु उन्हें अनिवार्य मान लेने में कठिनाई अवश्य होती है और इसे हम काण्ट की व्याख्या में पायेंगे।

काण्ट ने अपने मत को स्पष्ट करने के लिए भौतिकीय प्रकथनों के दो उदाहरणों को हमारे सामने रखा है। 'भौतिक पदार्थों के सभी परिवर्तनों में भौतिक पदार्थ का परिणाम (quantity) ज्यों-का-त्यों (या स्थायी) रहता है,' और किसी भी गति के संचार में क्रिया-प्रक्रिया (action-creation) बराबर होती है। काण्ट के अनुसार दोनों प्रतिज्ञप्तियाँ पूर्वानुभविक संश्लेषात्मक होती हैं। ये इसलिए पूर्वानुभविक हैं कि ये अनिवार्य हैं और इसलिए संश्लेषात्मक हैं कि 'भौतिक पदार्थ' में 'स्थायित्व' (Permanence) पहले से ही अन्तर्निहित नहीं कहा जा सकता है। इसलिए यहाँ स्थायित्त्व को भौतिक पदार्थ से जोड़ दिया गया है। परन्तु प्रश्न होता है कि स्थायित्व को 'भौतिक पदार्थ' से जोड़ा कैसे गया है? काण्ट ने एक पहले के उदाहरण में कि 'सभी भौतिक पदार्थों में भार होता है, कहा था कि इस संश्लेषात्मक प्रतिज्ञप्ति में विधेय (भार होना) का उद्देश्यपद 'भौतिक पदार्थ' के साथ योग अनुभूति के आधार पर ही होता है'।* तो क्या स्थायित्व का भी 'भौतिक पदार्थ' के साथ योग अनुभूति पर आधारित होता है? काण्ट का कहना है कि नहीं यहाँ काण्ट के अनुसार स्थायित्व (विधेय) का भौतिक पदार्थ (उद्देश्य) के साथ योग पूर्वानुभविक है।

*"I go outside and beyond the concept of matter joining to it 'a priori' in thought something (permanence) which I have not thought 'in' it. The proposition is not, therefore, analytic, but synthetic, and yet is thought 'a priori'..."***

---

* The possibility of the synthesis of the predicate 'weight' with the concept of 'body' thus rests upon experience. N.K. Smith, *Ibid*, p. 31.

** वही पृष्ठ 34.

अब यदि स्थायित्व की भावना 'भौतिक पदार्थ' में अन्तर्निहित नहीं हो तो हम कैसे कह सकते हैं कि भौतिक पदार्थ अवश्य ही परिणाम के दृष्टिकोण से स्थाई रहते हैं? *काण्ट* को चाहिए था कि वे इस बात पर प्रकाश डालते। परन्तु जो कुछ आगे चलकर उन्होंने कारण-कार्य के सम्बन्ध में कहा है, उससे स्पष्ट होता है कि काण्ट पूर्वानुभविक अनिवार्यता और विश्लेषात्मक अनिवार्यता में अन्तर समझते थे। भौतिकीय प्रकथनों की अनिवार्यता को वे पूर्वानुभविक अनिवार्यता समझते थे। परन्तु इसे यहाँ इस प्रसंग में उन्होंने अनिश्चित रूप से रख छोड़ा है।

अब हम पूर्वानुभविक संश्लेषात्मक प्रतिज्ञप्तियों की सम्भावना मानें या न मानें, परन्तु काण्ट के लिए गणित और सभी तथ्यात्मक विज्ञानों में ऐसी प्रतिज्ञप्तियाँ पाई जाती हैं और इसीलिए उनकी समस्या थी कि कैसे पूर्वानुभविक संश्लेषात्मक प्रतिज्ञप्ति की सम्भावना सिद्ध हो सकती है। इसी समस्या का समाधान करने के लिए उन्होंने वर्षों के परिश्रम और चिन्तन के बाद *'Critique of Pure Reason'* नामक पुस्तक लिखी है और हम इसी पुस्तक के विषय को अब स्पष्ट करने की कोशिश करेंगे।

(6) शुद्ध बुद्धि-समीक्षा का प्रारूप

काण्ट की मुख्य रचनाएँ *Critique of Pure Reason* (शुद्ध बुद्धि की समीक्षा), *Critique of Practical Reason* (कृति-बुद्धि की समीक्षा), *Critique of Judgement* (भाव-बुद्धि की समीक्षा) के नाम से विख्यात हैं। Critique of Pure Reason अन्य पुस्तकों से अधिक प्रमुख स्थान रखती है, पर अन्य दो पुस्तकों की भी अवहेलना नहीं करनी चाहिए। 'शुद्ध बुद्धि की समीक्षा' नामक पुस्तक में काण्ट ने दिखलाया है कि प्रातिभासिक ज्ञान ही संभव है और परम पदार्थों का ज्ञान सम्भव नहीं है। कृति-बुद्धि-विषयक रचना नैतिक विचारों से सम्बन्ध रखती है। इस रचना में काण्ट ने नैतिकता (morality) के प्रागनुभविक अंगों को स्पष्ट किया है। शुद्ध और कृति-बुद्धि की समीक्षाओं में मुख्य अन्तर विषय ही का नहीं है, वरन् निष्कर्षों के फलस्वरूप का भी है। *'Pure Reason'* में काण्ट ने दिखलाया है कि प्रातिभासिक ज्ञान निश्चित एवं सर्वमान्य है, पर इसमें संवेद्य (sensible) उपादान और संयोजन करने वाले प्रागनुभविक मानसिक रूपों (forms) के साथ मेल होना आवश्यक है। पर *'Practical Reason'* की समीक्षा में काण्ट ने दिखाया है कि कर्त्तव्य (duty) प्रागनुभविक रूपों से ही नियन्त्रित होता है। 'Critique of Judgement में काण्ट ने दो विशेष बातों पर ध्यान दिया है। *Pure Reason* की समीक्षा में माना है कि वैज्ञानिक नियम यान्त्रिकीय ही स्वीकार किये जा सकते हैं परन्तु 'Critique of Judgement' में उनका ध्यान जीवों की उद्देश्यात्मक (teleological) क्रियाओं पर पड़ता है और काण्ट उद्देश्यात्मक नियमों की सम्भावना भाँपते हैं। यदि वे इस पर अधिक ध्यान देते तो उन्हें अपनी पूरी देन को संशोशित करना पड़ता। फिर *'Critique of Judgement'* में काण्ट बताते हैं कि अपार्थिव महान् हमारी अनुभूति में व्यंजित हो पड़ता है, जिससे पारमार्थिक सत्ता का आभास मिलता है। अतः, पारमार्थिक सत्ता अज्ञेय होते हुए भी भ्रम नहीं है : क्योंकि यह हमें अपनी उद्देश्य-पूर्ति के लिए आलोड़ित करती है। अतः, Critique of Pure Reason का अज्ञेयवाद Practical Reason की समीक्षा में संशोधित हो जाता है क्योंकि इसमें दिखलाया जाता है कि ईश्वर, आत्मा और विश्व अज्ञेय होते हुए भी विश्वास के योग्य विषय हैं। फिर *'Critique of Judgement'* में पारमार्थिक सत्ता को अकाल्पनिक मानकर अनुभूति में इसके व्यञ्जित आभास को स्वीकार किया जाता है। अतः, *Practical Reason* और *Critique of Judgement* के आधार पर अनुकाण्टीय अबौद्धिकता (anti-intellectualism) का पूरा मसला देखने में आता है।

परन्तु *काण्ट* के दर्शन में 'Critique of Pure Reason' का विशेष स्थान है। इसकी ही यहाँ विशेष व्याख्या की जायगी। पहले ही कहा जा चुका है कि *काण्ट* अपनी समस्याओं को छोटे-छोटे टुकड़ों में बाँट देते हैं और प्रत्येक टुकड़े का सूक्ष्म विश्लेषण करते हैं। यदि हम समस्याओं

के विशिट अंगों के विस्तार पर अधिक ध्यान दें, तो हो सकता है कि काण्ट की मौलिक देन हमारी पकड़ से छूट जाय। इसलिए हम मुख्य-मुख्य अंगों पर ही ध्यान देंगे।

सभी विषयों से सम्बन्ध रखनेवाले ज्ञान की प्राप्ति की शक्ति को सामान्य रीति से *काण्ट* शुद्ध बुद्धि (Pure Reason) कहा है। इस Pure Reason को उन्होंने sense, understanding और reason–इन तीन भागों में बाँटा है। Sense अर्थात् संवेदना शक्ति (Faculty of intuition) निष्क्रिय कही गयी है। इसके आधार पर संवेदना राशि (Manifold of sensations) को ग्रहण किया जाता है। परन्तु जैसे ही संवेदना होने लगती है, हमारी मानसिक शक्ति भी सक्रिय होकर संवेदनाओं की संवेद्यता के रूप (forms) में ढालने लगती है। जिस रूप में संवेदना छनकर आती है, उसे काण्ट ने देश और काल का रूप कहा। संवेदनग्राहिता के देश और काल के प्रागनुभविक रूपों से ढलकर हमें percepts या वस्तु मिलती है। परन्तु अलग-अलग वस्तुओं के रहने से ज्ञान उत्पन्न नहीं हो सकता है। Percepts विशिष्ट होते हैं और Percepts को निर्णय के रूप में लाकर सामान्य ज्ञान बनाया जाता है। जैसे—हम कहते हैं कि 'यह किताब लाल है'। यहाँ हमने किसी पुस्तक को 'लाल' गुण से विभूषित किया है। परन्तु 'लाल' इस पुस्तक को छोड़कर अन्य पुस्तकों या वस्तुओं में भी लागू होता है। अतः इस पुस्तक को 'लाल' कहकर हमने इसे अन्य सभी वस्तुओं (जहाँ तक उनका सम्बन्ध 'लाल' से है) सम्बद्ध कर दिया है। अतः, निर्णय (judgement) में हम अलग-अलग वस्तुओं को व्यवस्थित कर सामान्य ज्ञान के रूप में लाते हैं। निर्णय बनाने की शक्ति को काण्ट ने समझा या understanding कहा है। जिस तरह से संवेदन-शक्ति में देश और काल दो रूप हैं, जिनमें ढलकर वे आती हैं, उसी प्रकार understanding की 12 मौलिक धाराएँ (categories) हैं जिनके द्वारा percepts निर्णय में सम्बद्ध किये जाते हैं। दूसरे शब्दों में हम कहते हैं कि संवेदनाएँ क्षणभंगुर, अनित्य तथा नश्वर हैं। पर सत्य ज्ञान वह है जो अभी भी सत्य है और बाद में भी सत्य होगा। मेरे लिए भी सत्य है और अन्य व्यक्तियों के लिए भी सत्य। इसलिए ज्ञान क्षणभंगुर न होकर स्थायी और सामान्य होना चाहिए। इसलिए काण्ट का कहना है कि बिना मानसिक प्रागनुभविक रूपों की संवेदनाएँ क्षणिक और अनित्य हुआ करती हैं। इसलिए इन्हें ज्ञान में परिणत करने के लिए रूपान्तरित किया जाता है। सर्वप्रथम, मानव के लिए संवेदनाएँ अपने निजी रूप में सम्भव नहीं हो सकती हैं। मानव यदि अति निष्क्रिय भी रहे तो भी उन्हें वह बिना देश और काल के रूप में बदले हुए ग्रहण ही नहीं कर सकता है। पर देश और काल के रूप में व्यवस्थित होकर संवेदनाएँ, वस्तु-प्रत्यक्ष (percepts) बनती हैं, जैसे अनेक संवेदनाओं के योगफल को हम टेबुल, गाय इत्यादि कहते हैं। पर गाय, टेबुल इत्यादि पदों के कहने से ज्ञान नहीं होता है। इन्हें वाक्य के रूप में हमें लाना चाहिए; जैसे टेबुल काली है या गाय सफेद। इन निर्णयों में संवेदनाएँ स्थायी और सम्बद्ध हो गयी हैं। फिर यदि हम निर्णयों पर ध्यान दें तो इनमें कई प्रकार के सामान्य प्रत्यय हैं। जैसे-'काली', 'सफेद' गुण है, जो किसी-न-किसी द्रव्य में रहते हैं। अतः 'टेबुल काली है', यह द्रव्य-गुण (substance attribute) के मूल प्रत्यय के अन्दर आता है। उसी प्रकार से 'सूर्य से बर्फ पिघलती है' दूसरा निर्णय है और इसमें कारण-कार्य की कोटि देखने में आती है। इसी प्रकार से यदि हम सभी सम्भव निर्णयों पर ध्यान दें तो काण्ट के अनुसार 12 मूल प्रत्यय (concepts) या मूल धारणाएँ (categories) पाई जाती है। अतः हम कह सकते हैं कि निर्णय के निर्माण की शक्ति understanding हैं और 12 concepts के आधार पर understanding (समक्ष), percepts को सामान्य तथा स्थायी ज्ञान से सम्बद्ध कर लेती है। फिर संवेदना, हमारे निष्क्रिय रहने पर भी शायद सम्भव हो सकती है, परन्तु निर्णय बनाने में 'समझ' को सक्रिय होना पड़ता है। जब हम कहते हैं कि 'टेबुल काली है', तो कालेपन को हमने अनेक वस्तुओं में देखा होगा और इस गुण को अन्य गुणों से पृथक् कर ही

हमने कालेपन का प्रत्यय बनाया होगा। अतः, निर्णय करने में प्रत्यय बनाना पड़ता है और प्रत्यय बनाने में अनेक गुणों पर ध्यान देना पड़ता है। तब किसी एक ही गुण को अन्य सभी गुणों से पृथक् करना पड़ता है, इत्यादि। अतः, निर्णय-शक्ति में सक्रियता देखने में आती है। इसलिए काण्ट के अनुसार 'समझ' सक्रिय शक्ति है और संवेदनशीलता निष्क्रिय शक्ति है।

मानसिक रूपों का यही काम है कि वह क्षणिक संवेदनाओं को सम्बद्ध कर स्थायी बना दें। Understanding तक संवेदनाओं का रूपीकरण प्रतिभासिक ज्ञान के निर्माण के लिए पर्याप्त समझा जाता है। पर हमारी रूपीकरण की अन्य शक्तियाँ इतनी सीमित सम्बद्धता तथा स्थायित्व से सन्तुष्ट नहीं रहती हैं। मन में आदर्श सम्बद्धता और स्थायित्व की प्रवृत्ति बनी रहती है और इस आदर्श सम्बद्धता को प्राप्त करने का reason* (प्रज्ञा) का है। प्रज्ञा में तीन अति मूल प्रत्यय हैं, जिनके आधार पर हम आदर्श ज्ञान की स्थापना करना चाहते हैं। ईश्वर, आत्मा और विश्व के तीन ideas के आधार पर हम आदर्श ज्ञान की स्थापना करना चाहते हैं। परन्तु इस ज्ञान के आदर्श को आदर्श ही समझना चाहिए, जिसे हम कभी भी प्राप्त नहीं कर सकते हैं। यदि हम समझें कि हमने अमर आत्मा, ईश्वर तथा विश्व की पूर्ण सत्ता को समझ लिया है तो इसे transcendental भ्रम ही समझना चाहिए। इसका क्या कारण है? इसका विशेष कारण है कि बिना आनुभविक (empirical) अंगों के वास्तविक पदार्थों का ज्ञान नहीं हो सकता है। समझ प्रत्यय (concepts) के प्रत्यक्षों में लागू होते हैं, पर ideas of reason प्रत्यक्षों से सम्बन्ध नहीं रखते हैं। उदाहरणार्थ, substance-attribute (द्रव्य-गुण) की मूल धारणा percepts में लागू होती है; क्योंकि प्रत्यक्षों पर आधारित गुणों को हम प्रत्यय के रूप में काम में लाते हैं। जब हम कहते हैं कि किताब लाल है, तो इस 'लाल' प्रत्यय को हमने किसी-न-किसी प्रत्यक्ष से ही प्राप्त किया है। उसी तरह से जब हम कहते हैं कि सूर्य से बर्फ पिघलती है तो हमने कभी-न-कभी इस प्रकार का अनुभव अवश्य किया होगा। अतः, द्रव्य-गुण तथा कार्य-कारण के सामान्य प्रत्यय (concepts) प्रागनुभविक हैं, पर percepts में ये लागू होते हैं और इसी से इनके आधार पर वास्तविक पदार्थों का ज्ञान सम्भव हो सकता है। पर ईश्वर, आत्मा तथा विश्व की परम सत्ता अनुभवातीत है और यहाँ यदि हम कार्य-कारण, द्रव्य-गुण के categories को काम में लायें तो इनसे ज्ञान सम्भव नहीं होगा। ये खाली-के-खाली साँचे ही रह जाते हैं बिना matter (उपादान या सामग्री) के केवल साँचों से कुछ भी नहीं बन सकता है। अतः, Ideas of reason से हमें ज्ञान का आदर्श अवश्य मिलता है, पर यह आदर्श ही के रूप में पाया जाता है। चूँकि ईश्वर, अमर आत्मा तथा विश्व का परम तत्त्व, तत्त्व-मीमांसा (metaphysics) का मुख्य विषय है, इसलिए काण्ट ने दिखाया है कि तत्त्व-मीमांसा का ज्ञान सम्भव नहीं है। अतः, विज्ञान सम्भव है, पर अति-विज्ञान (तत्त्व-मीमांसा) सम्भव नहीं है।

चूँकि काण्ट ने Pure Reason को sense, understanding और reason को तीन भागों में बाँटा है, इसलिए इस विभाजन के अनुसार Critique of Pure Reason के मुँख्य भागों को पृष्ठ संख्या 320 के तालिका में स्पष्ट किया जा सकता है :—

---

* यहाँ 'Reason' शब्द अति संकुचित अर्थ में लिया गया है। यह शक्ति संवेदन और समझ के बाद की है और इसके रूपों को काण्ट ने Ideas के नाम से पुकारा है।

काण्ट का दर्शन

Critique of Pure reasons

Critique of Practial Reason

Critique of Judgement

Transcendental Aesthetic में काण्ट ने दिखाया है कि संवेदना-ग्राहिता की शर्त ही यह है कि यह देश और काल के साँचे में ढलकर हमारी चेतना में आये। फिर सामान्य रीति से इसमें काण्ट ने दिखाया है कि गणितशास्त्रीय ज्ञान की सम्भावना इसी शर्त पर सिद्ध होती कि देश, काल संवेदनग्राहिता के रूप प्रागनुभविक माने जायँ।

Transcendental Logic

Transcendental Analytic में काण्ट ने सिद्ध करने की कोशि की है कि भौतिक सम्भव है। इसे दिखाने के लिए काण्ट ने understanding के 12 categories को खोज निकालने और उन्हें सिद्ध करने की कोशिश की है।

Transcendental dialectic में काण्ट ने दिखाया है कि reason तीन प्रत्ययों के आधार पर आदर्श ज्ञान की स्थापना करना चाहता है, पर इस ज्ञान को परम पदार्थ का वास्तविक ज्ञान (अर्थात् वैज्ञानिक) मान लेने से transcendental भ्रम हो जाता है।

(7) संवेदन-शक्ति (Aesthetics) के प्रागनुभविक रूपों की विवेचना

अनुभववादियों के अनुसार ज्ञान के सभी अंग संवेदनाओं से प्रारंभ होते हैं और संवेदनाओं में समाप्त भी हो जाते हैं। इसलिए ज्ञान-निर्माण में संवेदनाएँ ही आदि अन्त, अलफा और ओमेगा हैं। फिर उनके अनुसार सभी संवेदनाएँ एक-दूसरे से पृथक हैं। काण्ट का कहना है कि संवेदनाओं के होते ही मन सक्रिय होकर प्रागनुभविक रूपों के द्वारा उन्हें रूपान्तरित करता है। काण्ट की उक्ति है कि यदि मन अपने प्रागनुभविक रूपों से संवेदनाओं को सम्बद्ध न करे तो उन पृथक् संवेदनाओं से अपने से ही सम्बद्धता आ नहीं सकती है। *ह्यूम* के कथनानुसार सहचार नियम के आधार पर संवेदनाएँ अपने-आप सम्बद्ध हो जाती हैं। परन्तु अपने-आप पृथक्-पृथक् संवेदनाएँ कैसे सम्बद्ध हो सकती हैं? यदि किसी बन्दर को टाइप-राइटर पर छापने दिया जाय तो वर्षों तक उसके छापते रहने पर भी कोई कविता या कहानी अपने-आप छप नहीं सकती है। परन्तु मानव, अक्षरों को अपनी समझ के द्वारा व्यवस्थित कर शब्द, वाक्य तथा कहानी रच सकता है। ठीक इसी प्रकार से, मन अपने प्रागनुभविक रूपों के द्वारा संवेदनाओं को व्यवस्थित कर ज्ञान की रचना करता है।

यदि हम मान लें कि संवेदनाओं को मन व्यवस्थित करता है, तो हमें जानना चाहिए कि मन के क्या सार्वभौम रूप हैं, जिनके अनुसार मन क्रमिक रीति से संवेदनाओं को व्यवस्थित करता है। सामान्य रीति से मन संवेदनाओं को ग्रहण करने में ही उन्हें अपने रूपों में डाल देता है और तब फिर उन्हें understanding की categories में बदलकर वैज्ञानिक ज्ञान प्राप्त करता है। अतः, हमें जानना चाहिए कि संवेदनग्राहिता के कौन साँचें हैं, जिनमें ढलकर संवेदनाएँ आती हैं। काण्ट के अनुसार देश और काल दो संवेदनग्राहिता के रूप हैं, जिनसे छनकर संवेदन-रश्मियाँ हमारे मन-कूप में आती हैं। अतः, *काण्ट* देश-काल के सम्बन्ध में दो प्रकार की व्याख्या करते हैं-अर्थात् तत्त्व-मीमांसात्मक (metaphysical) और transcendental तत्त्व-मीमांसात्मक। व्याख्या में *काण्ट* दिखलाते हैं कि (1) देश और काल का सम्बन्ध हमारी संवेदन-शक्ति (perception faculty)

से है, न कि understanding से है। समझ सामान्य प्रत्यय की रचना करने की शक्ति है। (2) यद्यपि देश और काल percepts तथापि ये प्रागनुभविक प्रत्यक्ष हैं, न कि इन्द्रियजन्य प्रत्यक्ष। (3) फिर देश-काल को छोड़कर संवेदन-शक्ति का कोई तीसरा प्रागनुभविक रूप नहीं है। Transcendental व्याख्या में *काण्ट* दिखाते हैं कि जब तक हम गणित-शास्त्र को संवेदन-शक्ति के देश और काल की प्रागनुभविकता पर आधारित न करें तब तक हम इसकी सर्वव्यापकता और अनिवार्यता को स्पष्ट नहीं कर सकते हैं।

(8) देश और काल की तत्त्व-मीमांसात्मक व्याख्या

तत्त्व-मीमांसात्मक व्याख्या का मुँख्य उद्देश्य है कि यह दिखा दे कि देश और काल संवेदनग्राहिता के प्रागनुभविक रूप हैं। साथ-ही-साथ *काण्ट* इसमें यह भी सिद्ध करना चाहते हैं कि देश और काल concepts नहीं, बल्कि percepts हैं। देश और काल की प्रागनुभविकता सिद्ध करने के लिए काण्ट निम्नलिखित दो प्रमाण देते हैं:—

(1) *लाइबनित्स* के अनुसार देश और काल की अपनी स्वतंत्र सत्ता नहीं है, परन्तु वे मोनडों के बीच के सम्बन्ध के आधार पर अवास्तविक रचनाएँ हैं। हम देखते हैं कि वस्तुएँ नीचे-ऊपर, देर-नजदीक, दाहिने-बायें इत्यादि हैं और हम इन्हीं सम्बन्धों के आधार पर देश की कल्पना करते हैं। इसी तरह से घटनाओं के बीच पूर्वापर (succession) सम्बन्धों के आधार पर हम काल की भावना बनाते हैं। परन्तु काण्ड, इस मत की आलोचना करते हुए कहते हैं कि लाइबनित्स के मत के अनुसार पहले देश या काल की भावना नहीं होती है पर हम 'ऊपर-नीचे', 'बगल में' इत्यादि के सम्बन्ध को देखकर देश प्रत्यय की रचना करते हैं। परन्तु प्रश्न उठता है, कि ऊपर-नीचे बगल में, दूर-नजदीक इत्यादि ऐसे गुण हैं, जो उन व्यक्तियों की समझ में आ ही नहीं सकते हैं, जिन्हें देश-ज्ञान नहीं है। इसलिए यदि हम मान लें कि बिना देश-ज्ञान के ऊपर-नीचे, बगल में इत्यादि का ज्ञान हो सकता है तो यह हमारी भूल है। अतः, ऊपर-नीचे, दूर-नजदीक के सम्बन्ध से देश-ज्ञान नहीं होता है, परन्तु देश-ज्ञान मानव-मन में प्रारंभ से ही होता है, जिसके आधार पर हम देर-नजदीक, ऊपर-नीचे सम्बन्ध को समझ सकते हैं। चूँकि लाइबनित्स मानते हैं कि प्रारम्भ से ही दूर-नजदीक इत्यादि का ज्ञान होता है, इसलिए हमें स्वीकार कर लेना चाहिए कि हमें देश और काल का ज्ञान प्रारम्भ से ही होता है। अतः, देश और काल, दूर-नजदीक, दाहिने-बायें इत्यादि किसी अनुभव पर आश्रित नहीं हैं, पर सभी अनुभव के पूर्व ही ये हैं, जिनके अनुसार हम सब संवेदनाओं को ग्रहण करते हैं।

(2) फिर यदि देश और काल संवेदित अनुभव से प्राप्त होते तो हम उन्हें उसी प्रकार से कल्पना के आधार पर त्याग कर सकते हैं, जिस प्रकार से वे हममें उत्पन्न होते हैं। परन्तु यदि हम सभी वस्तुओं के अभाव की कल्पना कर भी लें तो हम देश और काल के अभाव की कल्पना नहीं कर सकते हैं। अतः, इससे स्पष्ट हो जाता है कि विशिष्ट वस्तुओं को तो हम अनुभव से अवश्य प्राप्त करते हैं, परन्तु देश और काल को अनुभव से प्राप्त नहीं कर पाते हैं; क्योंकि यदि ये अनुभव से प्राप्त होते तो अनुभव से प्राप्त की गई सभी वस्तुओं के समान हम इनके भी अभाव की कल्पना कर सकते थे। परन्तु किसी भी वस्तु को हम बिना उसे दैशिक अथवा कालिक माने हुए नहीं जान सकते हैं। फिर चूँकि देश और काल की हम बिना वस्तुओं के कल्पना कर सकते हैं; पर किसी भी वस्तु को हम बिना देश और काल के रूप में किये हुए कल्पना नहीं कर सकते हैं। इसलिए हम देश और काल को सभी प्रत्यक्ष वस्तुओं का प्रागनुभविक रूप समझ सकते हैं।

पुनः, देश और काल को शुद्ध प्रत्यक्ष सिद्ध करने के लिए काण्ट ने दो प्रमाण दिये हैं:—

(i) प्रत्यक्ष का सम्बन्ध किसी एक वस्तु विशेष से रहता है, पर प्रत्यय (concept) का सम्बन्ध अनेक वस्तु विशेषों (particulars) से रहता है। उदाहरणार्थ, मेरी मेज पर रखी लाल विशिष्ट पुस्तक हमारे प्रत्यक्ष में हैं। परन्तु पुस्तक-प्रत्यय वह है, जो अनेक पुस्तकों में लागू होता

है। यदि देश या काल प्रत्यय होता है, तो यह भी अनेक दिक् एवं काल के उदाहरण-विषयों के सामान्य गुणों पर आधृत रहता। प्रायः एक मील, एक इंच इत्यादि को देश का उदाहरण कहा जाता है। परन्तु वास्तव में ये देश के उदाहरण नहीं हैं, पर देश के ही भाग या खण्ड हैं। उसी प्रकार से काल एक ही है और क्षण, घण्टा या युग उसके उदाहरण नहीं, पर एक ही काल के भिन्न-भिन्न खण्ड हैं। अतः, चूँकि देश या काल एक ही विशिष्ट वस्तु है, इसलिए यह percepts (प्रत्यक्ष) है, न कि प्रत्यय (concept)।

(ii) दूसरा प्रमाण पहले से बहुत-कुछ मिलता है। *काण्ट* के अनुसार देश या काल "infinite 'given' magnitude" है, अर्थात् जो भी देश या काल या खण्ड दिखाया जाय, यह उसका सीमित खण्ड समझा जाता है, क्योंकि देश या काल अपरिमित रीति से व्याप्त है। करोड़ मील की भी हम कल्पना करें तो भी हम जानते हैं कि देश इससे भी अधिक व्यापक है। उसी प्रकार से लाखों वर्ष के पहले या बाद की हम कल्पना करें तो भी हम जानते हैं कि काल इससे अधिक व्यापक है। अतः, देश या काल के अन्तर्भावित ही देश या काल के उदाहरण सोचे जा सकते हैं। परन्तु यदि देश concept होता है, तो यह अपने सभी उदाहरणों में लागू होता है, पर यह इन सबके योग से निर्मित नहीं होता। उदाहरणार्थ, घोड़े का प्रत्यय अनेक घोड़ों में लागू होता है, पर अनेक घोड़ों को जोड़कर एक विशाल घोड़े की प्रतिमा को प्रत्यय नहीं कहा जाता है। यहाँ एक प्रत्यय अनेक उदाहरणों में इसलिए लागू होता है कि घोड़े का प्रत्यय अनेक घोड़ों का प्रतिनिधित्व करता है। परन्तु देश का कोई खण्ड देश का प्रतिनिधित्व न करके स्वयं उसका एक अंश होता है। *Particulars are mere 'instances' coming 'under a concept'; but space is 'constituted' by a number of representations or instances coming 'within' it.* अर्थात् अनेक उदाहरणों के आधार से प्रत्यय का अर्थ स्पष्ट होता है; पर देश के अनेक उदाहरणों से स्वयं देश का निर्माण होता है। अतः, देश या काल अपरिमित प्रत्यक्ष हैं, न कि ये देश या काल के असंख्य उदाहरणों से प्राप्त अमूर्त्तबोधित प्रत्यय हैं।

अतः, हम इस निष्कर्ष पर आते हैं कि देश और काल संवेदन-ग्राहिता के प्रागनुभविक रूप हैं। सभी बाह्य संवेदनाएँ देश के रूप में ही पाई जा सकती हैं और काल के रूप सभी संवेदनाओं में देखे जाते हैं; क्योंकि बाह्य वस्तु की संवेदना मानसिक प्रक्रिया ही होती है और मानसिक प्रक्रियाएँ पूर्वापर (successive) होने के कारण 'काल' के रूप के अन्तर्गत आती हैं।

(9) देश और काल की Transcendental व्याख्या

अनुभवातीत व्याख्या वह है, जिससे किसी एक प्रत्यय की ऐसी व्याख्या की जाय कि उससे ऐसा सिद्धान्त निकले, जिसके द्वारा ज्ञान में अन्तर्निहित अन्य प्रागनुभविक संश्लेषात्मक अभिकथनों की संभावना स्पष्ट की जा सके। अतः *दिक् और काल की अनुभवातीत व्याख्या वह है, जिसके द्वारा गणितशास्त्र के सर्वव्यपक एवं अनिवार्य अभिकथनों की व्याख्या हो सके।*

Transcendental का अर्थ है कि वस्तुओं के प्रत्यक्ष करने के लिए पूर्वानुभविक रूपों का अध्ययन किया जाय। अतः, देश और काल की transcendental व्याख्या से समझा जा सकता है कि समस्त वस्तुओं की नहीं पर उनके प्रत्यक्ष करने की प्रागनुभविक विधियों को स्पष्ट किया जाय। सर्वप्रथम, हम जानते हैं कि गणितशास्त्र का सम्बन्ध देश और काल से है, और यह भी जानते हैं कि गणितशास्त्र में सार्वभौम तथा अनिवार्य ज्ञान पाया जाता है, जिसे हम केवल analytic ही नहीं समझ सकते हैं अर्थात् गणितशास्त्र में Synthetic Judgment 'a priori' पाया जाता है। अतः, देश और काल की ऐसी transcendental व्याख्या करनी चाहिए कि उसके आधार पर गणितशास्त्र के Synthetic Judgement 'a priori' की व्याख्या हो जाय।

पूर्वकाण्टीय आधुनिक दर्शन में *देकार्त, स्पिनोजा, लॉक* आदि ने गणितशास्त्र में सार्वभौम तथा अनिवार्य ज्ञान स्वीकार किया था। यहाँ तक कि *ह्यूम* ने सभी प्रकार के ज्ञान को संभाव्य

(probable) दिखलाकर सिद्ध किया था कि गणित में सार्वभौम तथा अनिवार्य ज्ञान सम्भव है। परन्तु *ह्यूम* ने यह भी माना था कि गणितशास्त्रीय युक्तियाँ इसलिए अनिवार्य होती हैं कि उनका सम्बन्ध वास्तविकता से नहीं रहता है, अर्थात् गणित में clear, distinct और abstract ideas ही पाये जाते हैं। पर यदि हम *ह्यूम* के समाधान को मान लें तो इसके अनुसार गणितिक युक्तियाँ केवल analytic ही सिद्ध मानी जायेगी। पर *काण्ट* ने पहले ही दिखाया है कि गणित में 'synthetic judgment a priori' पाये जाते हैं, इसलिए यहाँ ह्यूम के समाधान की चर्चा नहीं की जायगी।

हम लोग पहले ही देश और काल के प्रति *लाइबनित्स* के सिद्धान्त को दोषपूर्ण दिखला चुके हैं। *लाइबनित्स* के प्रतिपक्ष में न्यूटन का सिद्धान्त था, जिसके अनुसार देश और काल की अपनी स्वतंत्र और वास्तविक सत्ता है। न्यूटन के प्रशंसक होते हुए भी काण्ट ने न्यूटन के सिद्धान्त को सही नहीं माना है। यदि देश और काल की स्वतंत्र, वास्तविक सत्ता होती, जो विषयी से बाहर हो तो हम उन्हें केवल अनुभूति ही के आधार पर जान सकते। पर जो भी बात हम अनुभूति के द्वारा जानेंगे वह सार्वभौम तथा अनिवार्य नहीं हो सकती है। अतः देश और काल की स्वतंत्र, वास्तविक सत्ता मान लेने से गणितशास्त्र के synthetic judgment 'a priori' की व्याख्या नहीं हो पाती है।

देश और काल के उपर्युक्त सिद्धान्तों के खण्डन से *काण्ट* के मत का रास्ता साफ हो जाता है। *काण्ट* के अनुसार देश और काल न तो वास्तविक पदार्थ हैं,* न वस्तुओं के गुण हैं** और न ये केवल प्रत्ययमात्र हैं।*** देश और काल सभी संवेदनाओं को ग्रहण करने के प्रागनुभविक रूप हैं अर्थात् सभी प्रत्ययों को प्रत्यक्ष करने के लिए देश और काल अनिवार्य आधार हैं। यह देश एवं काल का आधार ज्ञाता के अन्दर है, न कि द्रव्य या गुण में। विषयीनिष्ठ हैं, विषयनिष्ठ नहीं हैं। मान लिया जाय कि किसी व्यक्ति को बिना ऐनक के कुछ भी दिखाई न दे और ऐनक के दोनों ग्लास रँगे हुए हों तो ऐसी हालत में जो कुछ भी दिखाई देगा वह ऐनक के रंगों से रंगा हुआ दिखेगा और बिना ऐनक तथा उसके रंग से रंगे हुए कुछ भी नहीं दिखाई देगा। अतः, देश और काल हमारे मन में हैं ताकि इनके रंगों से रंगकर हम संवेदनाओं को ग्रहण करें। इसलिए हम देश और काल में नहीं हैं, वरन् देश और काल हमारे अन्दर हैं। यदि हम देश और काल की संवेदनग्राहिता के प्रागनुभविक रूप मान लें तो इससे गणितशास्त्र के synthetic judgement a priori की व्याख्या हो जायगी।

चूँकि देश और काल सभी मानव के अनिवार्य रूप हैं जिनके द्वारा सभी संवेदनाएँ ग्रहण की जा सकती हैं, इसलिए उनके द्वारा जो ज्ञान होगा वह सर्वव्यापक होगा। फिर चूँकि ये रूप संवेदनाओं के ग्रहण करने में परिहार्य नहीं हैं, पर मन की अपनी आवश्यक शर्तें हैं, जिनके द्वारा संवेदनाएँ ग्रहण की जाती हैं, इसलिए इन पर आधारित ज्ञान भी अनिवार्य होगा।**** फिर गणितशास्त्र का ज्ञान analytic नहीं है, इसलिए इसे प्रत्यक्ष पर आधारित होना चाहिए। परन्तु इस प्रत्यक्ष को इन्द्रियाश्रित न रहना चाहिए, क्योंकि किसी भी इन्द्रियजन्य प्रत्यक्ष से सार्वभौम तथा अनिवार्य ज्ञान सम्भव नहीं हो सकता है। अतः, देश और काल को प्रागनुभविक तथा शुद्ध कहा जा सकता है, क्योंकि न तो यह प्रत्यक्ष इन्द्रियाश्रित है और न इसे प्रत्यक्ष करने के लिए किसी विशिष्ट वस्तु की आवश्यकता होती है। फिर भी देश और काल को शुद्ध प्रत्यक्ष कहा जा सकता है; क्योंकि किसी भी प्रत्यक्ष की सम्भावना के लिए देश और काल के प्रागनुभविक रूपों को काम

---

* यह न्यूटन का मत था कि देश और काल वास्तविक द्रव्य पदार्थ हैं।

** यह लाइबनित्स का मत था।

*** यह ह्यूम और सामयिक तार्किक अनुभववादियों का मत है।

**** यहाँ 'अनिवार्यता' से तात्पर्य है वह, जो मानव-मन के स्वरूप से ही सिद्ध हो। अतः, यह अनिवार्यता मनोवैज्ञानिक कही जायगी, न कि तर्कनिष्ठ

में लाना ही पड़ता है। अब यदि देश और काल शुद्ध प्रत्यक्ष हों तो उनके आधार पर synthetic judgement 'a priori' सिद्ध माने जायेंगे।

चूँकि देश और काल संवेदनाओं को ग्रहण करने के अनिवार्य रूप हैं, इसलिए इन्हें पारमार्थिक सत्ता नहीं समझना चाहिए। ऐसा सम्भव है कि देवता लोग या मानवेतर विवेकशील प्राणियों के लिए संवेदनग्रहिता के ये रूप अनिवार्य न हों। फिर वस्तुएँ हमें लम्बी, चौड़ी, छोटी, बड़ी इत्यादि अवश्य दिखेंगी। परन्तु वस्तुएँ इसलिए हमें ऐसी दिखती हैं कि हम उन्हें देश के अनिवार्य साँचें में ढालकर ग्रहण करते हैं। वस्तुओं का वास्तव में अपना शुद्ध रूप क्या है, यह हम नहीं जान सकते हैं; क्योंकि जब ही हम वस्तुओं का प्रत्यक्ष करते हैं तभी हम उन्हें देश के रूप में ढालकर ही ग्रहण कर सकते हैं। इसलिए वस्तुओं के अपने शुद्ध स्वरूप को न जान सकने के कारण हमारा ज्ञान प्रातिभासिक ही हो सकता और पारामार्थिक नहीं हो सकता है।

फिर देश और काल, चूँकि संवेदनाओं के ग्रहण करने के प्रागनुभविक रूप हैं, इसलिए इन्हें विषयीगत कहा जा सकता है। पर इसकी आत्मनिष्ठता या विषयीगत (subjectivity) ऐसी है कि यह समरूप से सभी ज्ञाताओं में पाई जाती है। इसलिए वही स्वप्न जो सभी अनिवार्य रूप से देखते हैं, स्वप्न नहीं, पर वास्तविकता है।* अतः, वह स्वप्न जो सभी मानव देखते हैं और जिसे बिना देखे वे रह नहीं सकते, वह स्वप्न नहीं : वह ठोस वास्तविकता है। अतः, देश और काल अतिवैयक्तिक तथा सर्वव्यापक रीति से विषयीगत रहने पर भी वास्तव में विषयगत (objective) प्रतीत होते हैं। काण्ट और अनुकाण्टीय प्रत्ययवाद के अनुसार वही विषयगत है जो सभी ज्ञाताओं के लिए समरूप तथा सार्वभौम हो। यही कारण है कि देश और काल के सम्बन्ध में काण्ट ने कहा है कि यद्यपि यह transcendentally विषयीगत ही हैं** तो भी ये व्यावहारिक रूप से सत्य हैं। देश और काल परम पदार्थों के गुण नहीं हैं और न इनकी अपनी स्वतंत्र सत्ता है। इसलिए काण्ट के लिए प्रत्यक्ष प्राप्त करने के ऐनक के दो अनिवार्य शीशे हैं और इसलिए ये विषयीगत हैं। पर ये ऐसे शीशे के रंग हैं, जो सभी ज्ञाताओं को एक समान दीखेगा और इसलिए व्यावहारिक दृष्टिकोण से सभी को सभी प्रत्यक्ष देश और काल में दीखेंगे। अतः, व्यावहारिक जीवन में हमें यह वस्तुनिष्ठ प्रतीत होते हैं।

काण्ट मानते हैं कि गणितीय कथन सम्भव हैं, परन्तु उनका सम्बन्ध उन प्रत्यक्षों से है जिन्हें मानव संवेदनशीलता दिक् और काल के प्रागनुभव रूपों से अभिरञ्जित करती है। अतः, मानव को अभिरञ्जित वस्तुओं का ही ज्ञान होता है, न कि स्वतंत्र, स्वलक्षणसहित वस्तु का ज्ञान होता है। इसलिए काण्ट के अनुसार वैज्ञानिक ज्ञान का विषय प्रातिभासिक जगत् है, न कि पारमार्थिक जगत्। काण्ट के अनुसार परम सत् तथा मानव से परे वस्तुओं का निजी स्वरूप अज्ञात और अज्ञेय होता है।

अतः, देश और काल की transcendental व्याख्या से स्पष्ट हो जाता है कि देश और काल को संवेदनग्राहिता के प्रागनुभविक रूप मान लेने से गणितशास्त्र के Synthetic judgment 'a priori' की व्याख्या हो जाती है, अर्थात् निर्णयों की सर्वव्यापकता एवं अनिवार्यता की व्याख्या हो जाती है।

आलोचना

काण्ट ने सिद्ध करने की कोशिश की है यदि हम देश और काल को a priori forms of perception प्रमाणित कर दें, तो हम सिद्ध कर पायेंगे कि Synthetic judgement 'a priori' गणितशास्त्र में कैसे सम्भव हो सकते हैं। परन्तु जिस उदाहरण से *काण्ट* ने यह दिखाने की कोशिश की है गणितशास्त्र में Synthetic judgment 'a priori' है, वही स्पष्ट नहीं है। *काण्ट* का उदाहरण है कि 7 और 5 मिलकर 12 होते हैं। परन्तु यदि हम 7 और 5 का अर्थ समझें और

---

* A dream which all men dream and must for ever dream is not a dream but a reality.

** 'Space and time are 'empirically' real, but transcendentally ideal. N.K. Smith; Ibid.p.47

उनके मिलाने या जोड़ने को जानें तो 12 अवश्य ही होगा। अतः, 7 और 5 मिलकर 12 होते हैं, वास्तव में analytic वाक्य हैं। काण्ट ने मनगढ़न्त रीति से बताया है कि 7 और 5 = 12 में जोड़ने की प्रक्रिया को विधेय बनाते हैं, न कि इसके योगफल को। इसलिए Transcendental Aesthetic की समस्या ही स्पष्ट नहीं है; तो इनका समाधान ही कहाँ तक संतोषजनक समझा जा सकता है?

फिर *काण्ट* ने कहा है कि देश और काल a priori percepts हैं। पर यदि देश और इन्द्रियातीत हों तो उन्हें जाना कैसे जाता है? यदि हमारी बुद्धि उन्हें जानती है तो वे प्रत्यक्ष, वरन् प्रत्यय हैं। प्रागनुभविक प्रत्यक्ष कहकर काण्ट ने 'देश और काल' का कोई स्पष्टीकरण नहीं किया है। आगे चलकर हम पाते हैं कि शामुएल अलेक्जैंडर ने देश-काल को सहज-प्रत्यक्ष (intuition) के द्वारा प्राप्त करने की बात कही है। पर आलोचकों का मत है कि *अलेक्जैंडर* इसे स्पष्ट नहीं कर पाये हैं। प्रागनुभविक Intuition (सहज प्रत्यक्ष) वास्तव में रहस्यमय प्रक्रिया है।

पर *काण्ट* का मुँख्य उद्देश्य था कि वे *ह्यूम* के मत को दोषपूर्ण ठहरा दें। *ह्यूम* ने कहा था कि गणितिक ज्ञान अनिवार्य अवश्य है, पर यह वास्तविकता निरपेक्ष है। *काण्ट* ने दिखलाया है कि यह वास्तविक है, पर शुद्ध प्रत्यक्ष की दुनिया में ही यह वास्तविक है। इससे *ह्यूम* के मत का खंडन नहीं होता है। *ह्यूम* ने भी स्वीकार किया था कि मानसिक कल्पना-संसार में गणित अनिवार्य है।

परन्तु यद्यपि *काण्ट* का समाधान विशेष रूप से स्पष्ट नहीं है, तो भी उनकी एक देन विशेष है। उन्होंने सामान्य रीति से स्पष्ट कर दिया है कि बिना मानसिक सक्रियाता के योगदान के, ज्ञान की सम्बद्धता सम्भव नहीं है। यदि हम बिना मानसिक योगदान के कोरी ज्ञान-सामग्री खोजना चाहें तो हमारा यह प्रयास विफल होगा। निम्न से निम्नतम ज्ञान की सीढ़ियों में भी मानसिक योगदान स्पष्ट रहता है। फिर काण्ट ने विषयगत (objective) ज्ञान की व्याख्या ही ऐसी ह्यूम कर दी है, जिससे ह्यूम की वास्तविकता का प्रश्न फीका पड़ जाता है। काण्ट ने बताया है कि वास्तव में वही विषयगत सत्यता है जो तार्किक नियमों के आधार पर सार्वभौमिक रीति से निर्मित हो। संवेदनाओं के आधार पर वास्तविकता की खोज करना व्यर्थ है, क्योंकि कोरी संवेदना होना ही असम्भव है। अतः, संवेदनाओं को सम्बद्ध बनाने के लिए देश और काल को मानसिक देन मानना चाहिए।

Tanscendental Aesthetic में ऐसा मालूम होता है कि देश और काल को प्रागनुभविक प्रत्यक्ष या इन्हें सभी प्रत्यक्षों को ग्रहण करने के अनिवार्य रूप सिद्ध करने से गणितिक सार्वभौमिकता तथा अनिवार्यता सिद्ध हो जाती है। पर बात ऐसी नहीं है। काण्ट के अनुसार बिना understanding की मूल धारणाओं के द्वारा प्रत्यक्षों को सम्बद्ध किये हुए किसी भी प्रकार का ज्ञान सम्भव नहीं है। परन्तु काण्ट दिखाना चाहते थे कि ज्ञान में आनुभविक अंगों का रहना अनिवार्य है। इसलिए काण्ट ने दिखाया है कि गणितिक ज्ञान वास्तविक है; क्योंकि वह शुद्ध आनुभविक अंगों पर आधारित है। परन्तु हमें अब देखना है कि किस प्रकार से प्रत्यक्षों की सम्बद्धता concepts के द्वारा होती है, जिससे वैज्ञानिक ज्ञान सम्भव होता है। इस प्रकार की गवेषणा, *काण्ट* ने Transcendental Analytic में किया है। इसलिए इसकी व्याख्या होनी चाहिए।

(10) *Transcendental Analytic*

Transcendental Aesthetic में काण्ट ने बताया कि किस प्रकार से रूपान्तरित करके हम संवेदनाओं को ग्रहण करते हैं। परन्तु संवेदनाओं पर विचार (thinking) करने पर ही हमें ज्ञान मिल सकता है। हम 12 categories के आधार पर विचारते हैं। हो सकता है कि मूल धारणाओं या categories को हम उचित रीति से काम में लायें या उन्हें उचित विषय में काम में न लायें। concepts या categories को उचित विषय में हम तभी काम में ला सकते हैं जब ये विषय

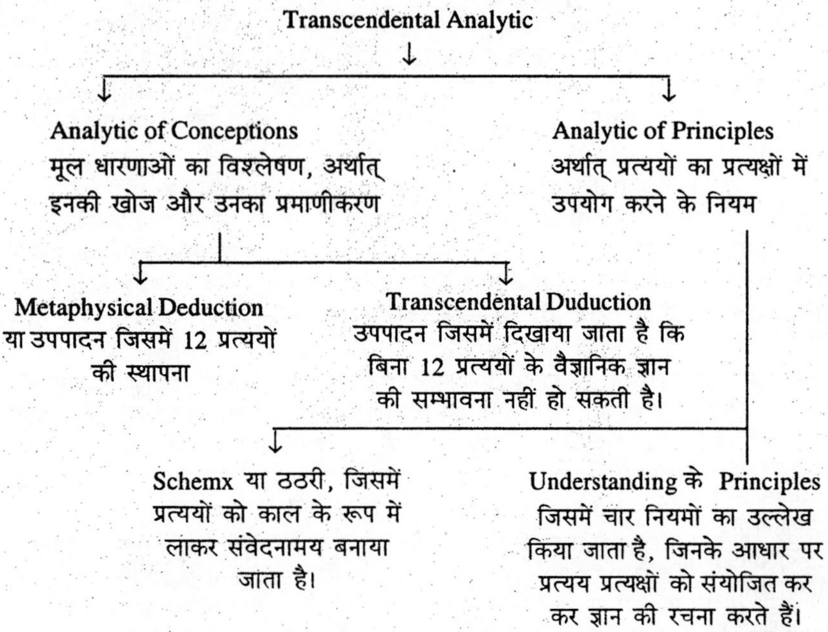

प्रत्यक्ष के आधार प्राप्त किये जाते हैं। परन्तु यदि हम मूल प्रत्ययों (concepts) को प्रत्यक्षातीत विषयों में लागू करें तो हमारा विचारना अनुचित होगा। अतः, काण्ट के अनुसार उचित विचारना ही ज्ञान है, पर अनुचित विचारना ज्ञान नहीं है। इसलिए विचारने के अध्ययन के दो भाग किये गये हैं, अर्थात्

(1) Transcendental Analytic जिसमें उचित विचारने (valid thinking) की शर्तों को जानने की कोशिश की गयी है; और

(2) Transcendental Dialectic, जिसमें प्रत्यक्षातीत (supersensible) विषयों पर विचारने के प्रत्ययों का अनुचित प्रयोग किया जाता है। Transcendental Analytic के अध्ययन में उपर्युक्त विभागों को हमें ध्यान में रखना चाहिए।

Transcendental Analytic की सामान्य व्याख्या

Transcendental Aesthetic में *काण्ट* ने दिखाया है कि *गाणितिक अनिवार्यता तथा सार्वभौमिकता इसलिए होती है कि इसका सम्बन्ध प्रागनुभविक; अनुभवातीत शुद्ध प्रत्यक्षों से रहता है।* Transcendental Analytic में *काण्ट* की समस्या है कि किस प्रकार से पदार्थ-विज्ञान के Synthetic Judgment 'a priori' की व्याख्या की जाय। यह ठीक है कि गुरुत्वाकर्षण तथा पदार्थ और शक्ति की नित्यता आदि के सम्बन्ध में पदार्थ-विज्ञान में अनिवार्य तथा सार्वभौम नियम या वाक्य पाये जाते हैं। इनके इन नियमों की व्याख्या किस आधार पर की जा सकती है? क्या हम इन नियमों को वास्तविक, वस्तुगत तथा मानव-निरपेक्ष प्रकृति के नियम समझ सकते हैं? यदि पदार्थ-विज्ञान के नियम परम पदार्थों में वस्तुगत समझे जायँ, तो हम इन नियमों को केवल अनुभव से ही जान सकते हैं, और अनुभव के आधार पर हम यही कह सकते हैं कि कोई भी नियम उन्हीं वस्तुओं में सत्य है जिनका हमें अनुभव हुआ है, और वे तभी तक सत्य हैं जब तक हमें उनका अनुभव हुआ है। परन्तु पदार्थ-विज्ञान के नियम सभी देश, काल और पात्र के लिए सत्य हैं और

इसलिए हम उन्हें अत्यनुभव* कह सकते हैं। फिर पदार्थ-विज्ञान के नियमों में अनिवार्यता है। परन्तु यदि ये नियम अनुभव पर ही आधारित होते, तो हम कह सकते हैं कि ये नियम सत्य है, पर हम नहीं कह सकते हैं कि ये नियम अवश्यमेव सत्य होंगे। अतः, पदार्थ-विज्ञान के नियम परम पदार्थों में वस्तुगत नहीं माने जा सकते हैं। इसलिए हमें स्वीकार कर लेना चाहिए कि ये नियम हमारी (understanding) की देन है जो प्रातिभासिक जगत् में आरोपित किये गये हैं। इसलिये Transcendental Analytic में दिखाया जाता है कि वे कौन प्रागनुभविक प्रत्यक्ष (concepts) हैं, जिनके आधार पर पदार्थ-विज्ञान के अनिवार्यता तथा सार्वभौम नियमों की स्थापना की जा सकती है।

परन्तु समझ का काम है विचारना और विचारना कारण-कार्य, एकता-अनेकता, द्रव्य-गुण इत्यादि प्रत्ययों (concepts) के आधार पर होता है। विचार की अपनी सक्रियता है और इसलिए हम अपने विचारों को सभी प्रकार की वस्तुओं के सम्बन्ध में काम में लोते हैं। जैसे—हम कह सकते हैं कि प्रेतात्मा एक है या प्रेतात्माएँ अनेक हैं। परन्तु यदि प्रेतात्मा हो ही नहीं तो हमारे लिए उन्हें एक या अनेक कहना व्यर्थ है। इसलिए चूँकि विचारना सक्रिय मानसिक प्रक्रिया है और चूँकि स्वयं प्रत्ययों से ही इसके विषय की सत्यता नहीं निर्धारित की जा सकती है, इसलिए विचारना वहीं पर उचित समझा जायगा जहाँ इसका विषय प्रत्यक्ष पर आधारित हो। यदि वास्तव में विश्वसनीय व्यक्तियों ने repeatable and shareable अपनी इन्द्रियों से प्रेतात्मा को जाना है तो हमारा कहना है कि प्रेतात्मा एक है या अनेक, वास्तविक अवास्तविक हो सकता है, अर्थात् हमारा विचार उचितविषयक होता है अन्यथा नहीं। अतः, *काण्ट* के अनुसार विचारने के प्रत्यय खाली साँचों के समान हैं। उनके उलट-फेर करने से ही हमें किसी भी विषय का ज्ञान नहीं हो सकता है। हाँ, यदि उनमें हम उचित उपादान (matter) या उनका मसाला डाल दें तो साँचों से खाली हुई अनेक वस्तुएँ प्राप्त हो सकती हैं। इसलिए *काण्ट* की प्रसिद्ध उक्ति है कि *'Concepts without precepts are empty, and percepts without concepts are blind'*. आगे चलकर हम देखेंगे कि प्रत्यक्षातीत वस्तुओं के विषय में दार्शनिक ने शुद्ध विचार के आधार पर ज्ञान प्राप्त करना चाहा है। प्रायः, ईश्वर को पूर्ण, शाश्वत, नित्य, अद्वैत, परम पदार्थ कहकर, दार्शनिकों ने उसकी वास्तविकता सिद्ध करने की कोशिश की है। पर हम प्रत्ययों का कितना ही बड़ा ढेर क्यों न लगा दें, बिना प्रत्यक्षों (percepts) के, वास्तविकता हो ही नहीं सकती है।

यह ठीक है कि बिना प्रत्ययों के प्रत्यक्ष केवल रूप या आकार के मिट्टी के लोंदे के समान है। परन्तु फिर भी किसी भी ज्ञान के विषय के वास्तविक होने की पहली सीढ़ी यही है कि वह प्रत्यक्ष के द्वारा प्राप्त हो। पर यहाँ प्रश्न उठता है कि प्रत्यक्ष में अनिवार्य तथा सार्वभौम कारण-कार्य, द्रव्य गुण इत्यादि पाये नहीं जाते हैं। इस बात को ह्यूम ने सदा के लिए स्पष्ट कर दिया है कि द्रव्य का अस्तित्व अनुभव में नहीं देखा जाता है। पर, अनुभव के आधार पर हम यही कह सकते हैं कि दो घटनाओं के बीच पूर्वापर (succession) अर्थात् पहले और बाद का सम्बन्ध देखने में आता है। परन्तु उनके बीच किसी अनिवार्य लगाव का सम्बन्ध देखने में नहीं आता है, अतः, किसी भी ज्ञान के विषय को कम-से-कम प्रत्यक्षाश्रित होना चाहिए, परन्तु प्रत्यक्षों में विचार के प्रत्यय नहीं मिलते हैं। परन्तु बिना विचार या प्रत्ययों (concepts या categories) के प्रत्यक्षों को सम्बद्ध या समायोजित (connected or ordered) नहीं किया जा सकता है और बिना क्रमबद्धता तथा व्यवस्था के ज्ञान संभव नहीं है। यदि प्रत्यय, प्रत्यक्ष से नहीं प्राप्त किये जा सकते हैं तो ये कहाँ से प्राप्त होते हैं? काण्ट का कहना है कि ये प्रत्यय प्रागनुभविक (a priori) तथा अनुभवातीत (transcendental) हैं। स्वयं हमारे मन की समझ (understanding) से ये फूटते हैं और हमारा मन इन्हें प्रत्यक्षों में आरोपित कर उन्हें ज्ञान के रूप में बदलता है। इसलिए प्रत्यक्षों

* अत्यनुभव से अर्थ (अति + अनुभव), जो अनुभव की सीमा को पार कर जाय।

को प्रत्ययों के आधार पर सम्बद्ध कर जो पदार्थ-विज्ञान (physics) में नियम बनाये जाते हैं, वे मानसिक आरोपण के ही परिणाम हैं। परन्तु जब तक इन प्रत्ययों को प्रत्यक्षों में आरोपित न किया जाय तब तक ये प्रत्यय खाली साँचों के समान समझे जा सकते हैं। अतः, प्रत्यक्ष हमारी संवेदनग्राह्यता से प्राप्त होता है और प्रत्यय हमारी समझ की सक्रियता की उपज से मिलता है। इसलिए प्रत्यक्षों* के सम्बन्ध में हम निष्क्रिय कहे जा सकते हैं और इसलिए सक्रिय समझ को निष्क्रिय संवेदनग्राह्यता से भिन्न समझना चाहिए। इसलिए प्रत्यक्ष की आवश्यकता पर जोर देते हुए *काण्ट* ने कहा है कि *'Understanding makes nature out of the materials it does not make'* समझ प्रत्यक्षों के उपादान में प्रकृतिसम्बन्धी नियमों की स्थापना करती है। परन्तु ये उपादान (materials) स्वयं समझ से ही उत्पन्न नहीं हो सकते हैं। इन्हें हमारी इन्द्रियों को प्राप्त करना चाहिए। इसलिए *Understanding does not make, but receives the materials.* फिर समझ प्रत्यक्षों में प्रत्ययों को आरोपित कर पदार्थ-विज्ञान के अनिवार्य तथा सार्वभौम नियमों की स्थापना करती है। यदि समझ के प्रागनुभविक तथा अनुभवातीत प्रत्ययों को प्रत्यक्षों पर आरोपित न किया जाय तो अनिवार्य तथा सार्वभौम नियम विज्ञानों में प्राप्त हो ही नहीं सकते हैं।

पर प्रश्न उठता है कि प्रत्यय(concepts) यदि मानसिक या विषयीगत हों, तो प्रकृति-सम्बन्धी नियमों के निर्माण में हम इन्हें कैसे सत्य मानें? इस सम्बन्ध में *काण्ट* बताते हैं कि प्रत्ययों को हम प्राकृतिक नियमों की स्थापना में प्रागनुभविक शर्त मानते हैं। जब तक प्रागनुभविक न हों और जब तक ये प्रत्यक्षों को सूत्रबद्ध न करें तब तक प्रकृति का हमें ज्ञान हो नहीं सकता है। इसलिए मानव-ज्ञान के दृष्टिकोण से ये प्रत्यय अनिवार्य हैं। मानव-ज्ञान बिना मानव-शर्तों के संभव नहीं है। फिर वास्तव में nature (प्रकृति) को अपनी निजी अथवा मानव-निरपेक्ष अवस्था में हम नहीं जान सकते हैं। जिसे हम प्रकृति कहते हैं वह प्रकृति है जो हमारे ज्ञान के साँचों में ढलकर हमारी चेतना में सत्य मानी जाती है। अतः, जिसे हम विज्ञान में nature या प्रकृति कहते हैं, वह हमारी समझ से रूपान्तरित होती है। इसलिए विज्ञानों के जो भी नियम हैं, वे मानवीकृत तथा प्रातिभासिक प्रकृति के मानव नियम हैं। इस अर्थ में हम कह सकते हैं कि Understanding makes Nature. अर्थात् समझ प्रत्ययों के आधार पर प्रातिभासिक (phenomenal) प्रकृति के नियमों की स्थापना करती है। परन्तु यद्यपि हमारा ज्ञान प्रातिभासिक जगत् का ही हो सकता है और पारमार्थिक जगत् हमारे लिए अज्ञात और अज्ञेय है, और फिर यद्यपि प्रातिभासिक जगत् के सम्बन्ध में प्राकृतिक नियम विषयीगत हो सकते हैं, तथापि मानव स्तर से विज्ञानों का यह ज्ञान सार्वभौमिक, अवैयक्तिक अथवा व्यक्तिविशेष-निरपेक्ष है। प्रत्यय समझ की देन अवश्य है, परन्तु सभी व्यक्तियों की समझ में एक ही प्रकार के प्रत्यय पाये जाते हैं और इसलिए सभी व्यक्ति इन प्रत्ययों के आधार पर समान रूप से वैज्ञानिक नियमों की स्थापना कर सकते हैं। अतः, वैज्ञानिक नियम विषयीगत होते हुए भी व्यक्तिविशेषातीत है। इसलिए मानव-दृष्टिकोण से जो भी नियम व्यक्तिविशेषातीत होकर सार्वभौम तथा अनिवार्य हों, उन्हें हम पूर्णतया विषयगत (objective) मान सकते हैं। यद्यपि ये नियम मानसिक हैं और हम इन्हें प्रत्यक्षों पर आरोपित करते हैं, पर सभी व्यक्ति इन सब प्रत्यक्षों को एक ही रीति से आरोपित करते हैं और इसलिए जो भी ज्ञान का विषय प्रत्यक्ष में आकर प्रत्ययारोपित होकर हमारे विचार में आयेगा वह सबको एक समान विषयगत मालूम देगा। चूँकि मानव के लिए परम पदार्थ ज्ञान का विषय तो हो नहीं सकता है, इसलिए जो मानव के लिए ज्ञान का विषय होगा,

---

* वास्तव में हमारा मन perception और conception दोनों में सक्रिय रहता है। परन्तु काण्ट के समय में संवेदनाओं के ग्रहण करने में मन को सक्रिय समझा जाता था। परन्तु बिना space और time की मानसिक देन के, काण्ट के अनुसार, प्रत्यक्षों की सम्भावना सिद्ध नहीं हो पाती है। अतः, प्रत्यक्षों में भी मानसिक देन है।

वह इसीलिए विषय होता है कि वह A priori transcendental समझ के प्रत्ययों से एक ही रूप में बनता है। *Therefore, a dream which all men dream and must dream, is not a dream but a reality, at least on the empirical level.*

कहीं एक भूल न हो जाय, इसलिए एक बात और बता देनी चाहिए। जब *काण्ट* कहते हैं कि Understanding makes Nature, तब उनके कहने का अर्थ है कि समझ के द्वारा हम प्रातिभासिक जगत् के नियमों की स्थापना करते हैं। परन्तु यहाँ पर विज्ञानों के नियमों की स्थापना सामान्य रीति और संकीर्ण रीति—दोनों अर्थों में काम में लाई जा सकती है। पर *काण्ट* का मत किसी एक विज्ञान से नहीं, सभी विज्ञानों से है, और फिर काण्ट के प्राकृतिक नियम 'प्रागनुभविक हैं, न कि अनुभवाश्रित'। इसलिए *काण्ट* का कहना है कि किसी एक विज्ञान के आनुभविक नियम (*Empirical laws*) उसके आनुभविक नियमों पर आधारित होते हैं और उन्हें खोज निकालने और प्रमाणित करने का भार वैज्ञानिकों के कन्धों पर रहता है। परन्तु ये विशिष्ट नियम (Particular laws) समझ के प्रागनुभविक प्रत्ययों पर आधारित होते हैं और इसलिए सामान्य अर्थ में ही कहा जाता है कि Understanding gives laws to Nature। समझ के द्वारा केवल प्रागनुभविक (a priori) नियम ही स्थापित हो सकते हैं और इन नियमों से ही हम विज्ञानों के विशिष्ट नियमों को निगमनात्मक (deductive) रीति से नहीं निकाल सकते हैं। हाँ, परन्तु विज्ञानों के सभी विशिष्ट नियम, अन्त में, काण्ट के अनुसार इन्हीं प्रागनुभविक प्रत्ययों पर आधारित कहे जा सकते हैं।*

Transcendental analytic की उपर्युक्त व्याख्या में हम लोगों ने केवल 'Analytic of conceptions' की ही व्याख्या की है और 'Analytic of principles' की व्याख्या नहीं की है। Analytic of principles की संक्षिप्त व्याख्या यथास्थान होगी, यहाँ हमें अब 'Analytic of conceptions' की संक्षिप्त व्याख्या करनी है। Analytic of conceptions के दो भाग हैं, अर्थात् Metaphysical deduction of categories और Transcendental deduction of categories. Metaphysical deduction में उन प्रत्ययों को खोज निकाला जाता है, जिनके आधार पर हम किसी भी विषय पर सोच या विचार सकते हैं और Transcendental Deduction में सिद्ध किया जा सकता है कि यदि हम प्रागनुभविक संयोजन (a priori synthesis) को स्वीकार न करें तो हम पदार्थ-विज्ञान के अनिवार्य तथा सार्वभौम नियमों की स्थापना नहीं कर सकते हैं।

(11) तत्त्वमीमांसात्मक उपपादन (*Metaphysical Deduction*)

जिस प्रकार संवेदनग्राह्यता से हमें प्रत्यक्ष (percepts) प्राप्त होते हैं उसी प्रकार understanding से हमें concepts या categories (मूल धारणाएँ) प्राप्त होते हैं। ये concepts निर्णय (judgment) में अन्तर्निहित होते हैं। इसलिए यदि हम सभी सम्भव निर्णय को जान लें तो हम उन निर्णयों के आधार पर सभी सम्भव प्रत्ययों को जान सकते हैं। *काण्ट* के अनुसार, *अरस्तू* ने सभी सम्भव निर्णयों का सर्वग्राही (exhaustice) वर्गीकरण किया है। इसलिए यदि हम अरस्तू के निर्णयों के वर्गीकरण को ध्यान में रखें तो उनके अन्तर्निहित सभी सम्भव प्रत्ययों को खोज निकालने में समर्थ हो सकेंगे। अरस्तू ने वाक्यों (या निर्णयों) को परिमाण (quantity), गुण (quality), सम्बन्ध (relation) और प्रकार (modality) के आधार पर 12 वर्गों में बाँटा है।

---

* देखें N.K. Smith, *Ibid,*. pp. 102-03. Sec. 26.

इनके अनुरूप काण्ट ने 12 प्रत्ययों (concepts) को खोज निकाला है। इन्हें स्पष्ट करने के लिए निम्नलिखित तालिका दी जा सकती है:—

निर्णय-भेद के आधार (Principles of classification)	निर्णय-भेद (Kind of Judgments)	निर्णय-वर्गों या भेदों पर आधारित प्रत्यक्ष (Categories deduced from the kinds of judgment)
परिमाण	1. पूर्णव्यापी (Universal) उ॰ सब मनुष्य मरणशील हैं।	1. एकत्व (unity)
	2. अंशव्यापी (particular) उ॰ कुछ मनुष्य कवि हैं।	2. अनेकत्व (plurality)
	3. एकवाची (singular) उ॰ कालिदास कवि हैं।	3. सम्पूर्णत्व (Totality)
	1. भावात्मक (Affirmative) उ॰ मनुष्य मरणशील है।	1. सत्ता या वास्तविकता (Reality)
	2. अभावात्मक (Negative) उ॰ देवता मरणशील नहीं हैं।	2. अभाव या निषेध (Negation)
	3. अपरिमितात्मक (Infinite) उ॰ ईश्वर अगुणी है।	3. सीमित भाव या सीमा (limitation)
गुण	1. निरपेक्ष वाक्य (Categorical) उ॰ मनुष्य विवेकशील होते हैं।	1. द्रव्य-गुण (Substance-Accident)
	2. हेत्वाश्रित वाक्य (Hypothetical) उ॰ यदि सूर्य उगे, तो प्रकाश होगा।	2. कारण-कार्य प्रत्यय
सम्बन्ध Relation	3. वैकल्पिक वाक्य (Disjunctives) उ॰ वह चाहे दुष्ट है या मूर्ख।	3. पारस्परिक क्रिया-प्रतिक्रिया भाव Action and reaction or reciprocity between agent and patient
	1. संदेहात्मक (Problematic) उ॰ संभव है कि राम अभी आवे।	1. संभावना-असंभावना
विधि या प्रकार Modality	2. विधानात्मक या साधारण या प्रतिज्ञात (Assertory) उ॰ भारत प्राचीन है।	2. वास्तविकता अवास्तविकता (Existence-Non-existence)
	3. अनिवार्य (Necessary) उ॰ दो और दो मिलकर अवश्य ही चार होगा।	3. अनिवार्यता-आकस्मिकता (Necessity-Contingency)

इन बारह Concepts में से पहली 6 मूल धारणाओं को *काण्ट* ने गणितीय (mathematical) कहा है; और पिछली 6 मूल धारणाओं को गत्यात्मक (dynamical) कहा है। गणितीय मूल धारणाओं का सम्बन्ध वस्तुओं से है, चाहे वे शुद्ध प्रत्यक्ष हों या अनुभवाश्रित। परन्तु गत्यात्मक मूल धारणाओं का प्रसंग या तो प्रत्ययों के पारस्परिक सम्बन्धों से है, या वस्तुओं के साथ समझ (understanding) के सम्बन्ध से है। सम्बन्ध (relation) के ऊपर आधारित निर्णयों के अन्तर्निहित प्रत्ययों का प्रसंग वस्तुओं के पारस्परिक सम्बन्ध से है और विधि (modality) पर

आधारित निर्णयों के अन्तर्निहित प्रत्ययों का लगाव वस्तुओं के साथ समझ या बोध के सम्बन्ध से है। फिर गाणितिक प्रत्ययों में सापेक्ष पद (correlates) देखने में नहीं आते हैं, परन्तु गत्यात्मक प्रत्ययों में सह-सम्बन्धी युग्म पाये जाते हैं, जैसे—कारण-कार्य, देखने में आते हैं, अपितु, चारों आधारों पर निर्णयों के वर्गीकरण पर ध्यान देने से स्पष्ट हो जाता है कि प्रत्येक वर्ग में तीन मूल प्रत्यय (categories) देखने में आते हैं और प्रत्येक वर्गीकरण में तीसरा प्रत्यय, दो प्रत्ययों के योग से प्राप्त होता है। अतः, सम्पूर्णत्व अनेकत्व को एकत्व में लाने से प्राप्त होता है, वास्तविकता में अभाव होने से सीमित भाव (limitation) होता है और द्रव्यों के बीच कारण-कार्य के रहने पर पारस्परिक क्रिया-प्रतिक्रिया होती है। अन्त में, सम्भावना के भाव पर अनिवार्यता उत्पन्न होती है। यद्यपि तीसरा प्रत्यय, पहले दो के योग से उत्पन्न होता है, तथापि इसे स्वतंत्र मूल धारणा समझना चाहिए। काण्ट के द्वारा प्रत्ययों को इस प्रकार बाँटने से हेगेल को द्वन्द्वात्मक विधि का संकेत मिला था और उन्होंने पक्ष, प्रतिपक्ष (antithesis) तथा सम्पक्ष (synthesis) के, द्वारा अपनी प्रसिद्ध विधि को स्पष्ट किया है।

Metaphysical deduction से इतना ही स्पष्ट होता है कि सभी सम्भव निर्णयों में 12 प्रत्यय देखने में आते हैं। परन्तु अब सिद्ध करना है कि बिना इन प्रत्ययों के वास्तविक ज्ञान सम्भव नहीं हो सकता है। इस उद्देश्य की पूर्ति Transcendental deduction में की गयी है।

(12) अत्यानुभाविक उपपादन (*Transcendental Deduction*) की संक्षिप्त व्याख्या

ज्ञान का प्रारम्भ संवेदन-राशियों (Manifold of sensations) से होता है। संवेदनाएँ एक-दूसरे से अलग और क्षणिक हुआ करती हैं। इन्हें व्यवस्थित करने पर ही स्थायी ज्ञान सम्भव होता है। सर्वप्रथम, संवेदन-राशि देश और काल के मानसिक प्रागनुभविक रूपों से व्यवस्थित होती है। यदि देश और काल को प्रागनुभविक रूप न माना जाय, जिनसे छनकर, ढलकर संवेदन-राशि प्रत्यक्ष वस्तु (percept) का आकार धारण करती है, तो गणितीय ज्ञान की अनिवार्यता तथा असंदिग्धता सिद्ध नहीं की जा सकती है। परन्तु संवेदनग्राह्यता के देश और काल के प्रागनुभविक रूपों से केवल प्रत्यक्ष वस्तुएँ ही मिलती हैं। हमें इन प्रत्ययों को दुबारा और उच्चतर तल से व्यवस्थित करना पड़ता है ताकि इनसे ज्ञान प्राप्त हो जाय। वास्तव में वैज्ञानिक नियमों में प्रत्यक्षों को समझ के 12 प्रत्ययों के द्वारा व्यवस्थित कर निर्णय बनाया जाता है। यहाँ हम भी पाते हैं कि ये 12 प्रत्यय अनुभव से प्राप्त नहीं हो सकते हैं; क्योंकि इनमें सार्वभौमिकता और अनिवार्यता पाई जाती हैं जिन्हें हम अनुभव से प्राप्त नहीं कर सकते हैं। इसलिए प्रश्न उठता है कि प्रागनुभविक प्रत्ययों से, जो विषयीगत हैं, कैसे प्राकृतिक विषयगत (objective) नियमों की स्थापना की जाय।

काण्ट की समस्या के समाधान में हमें ध्यान रखना चाहिए कि विषयगत से काण्ट का अर्थ यह नहीं है कि वास्तव में मानव-मन से परे पदार्थों की निजी व्यवस्था है, जिसे हम जान सकते हैं। उसकी सत्ता अवश्य मानव-मन से परे है, पर उनके स्वरूप को हम बिना मानव-रंग में रंगे हुए नहीं जान सकते हैं। इसलिए यदि स्वलक्षणात्मक पदार्थ (Things-in-themselves) हमारे ज्ञान के विषय न हों, तो 'विषयगत ज्ञान' का अर्थ क्या हो सकता है? विषयीनिष्ठता दो प्रकार की होती है। एक वह आत्मनिष्ठता जो केवल ज्ञाता पर ही निर्भर करती है, जैसे—स्वप्न, भ्रम इत्यादि। दूसरी विषयीनिष्ठता वह है जो मानव-मन के स्वरूप पर ही निर्भर होती है और इस रूप में सभी मानवों में एक रूप तथा अनिवार्यतः दिखता है। काण्ट के अनुसार विषयीनिष्ठता व्यापक और अनिवार्य मानव के रूपों में व्यवहृत की जाती है। आनुभविक विषयीनिष्ठता को 'ज्ञान' की संज्ञा नहीं दी जा सकती है। विषयगत ज्ञान भी विषयीगत है। परन्तु विषयीगतता (subjectivity) के दो अर्थ हो सकते हैं। जब अन्धेरे में एक छोटी चीज दाहिने से बायीं ओर चलती है, तब एक व्यक्ति को वह चीज चूहा मालूम दे सकती है, दूसरे को छुछुन्दर और तीसरे को बेंग इत्यादि।

इस प्रकार के जो भिन्न-भिन्न ज्ञाताओं को भिन्न जान पड़े, सापेक्ष (relative) कहते हैं और इसे कोरा विषयीगत ज्ञान कहते हैं। जब *ह्यूम* ने कहा है कि कारण-कार्य या द्रव्य-गुण प्रत्यय सहचार से उत्पन्न होते हैं, तो किन्हीं दो व्यक्तियों को एक प्रकार का सहचार नहीं हो सकता है और इसलिए कारण-कार्य, द्रव्य, गुण इत्यादि के प्रत्यय, ह्यूमी व्याख्या के अनुसार केवल आत्मनिष्ठ तथा सापेक्ष ही हो सकते हैं। जब काण्ट मूल धारणाओं को विषयीगत कहते हैं तब *काण्ट* Transcendental deduction में दिखाना चाहते हैं कि विषयीगत होते हुए भी इनसे, सापेक्ष नहीं पर निरपेक्ष तथा सार्वभौम ज्ञान प्राप्त हो सकते हैं। अतः, Transcendental deduction का उद्देश्य है कि वह मानसिक और प्रागनुभविक प्रत्ययों के आधार पर सर्वव्यापक ज्ञान की सम्भावना सिद्ध कर दे। वह ज्ञान जो सभी व्यक्तियों में सर्वव्यापक और अनिवार्य हो, वास्तव में विषयगत कहा जा सकता है। इसलिए *काण्ट* ने इस पक्ष में अपने उद्देश्य को इस प्रकार व्यक्त किया है। *The concepts which thus contain a priori the pure thought involved in every experience, we find in the categories. If we can prove that by their means alone an object can be thought this will be a sufficient deduction of them and will justify their objective validity.* हम इसलिए कह सकते हैं कि Transcendental deduction का उद्देश्य है कि वह उन अनिवार्य प्रागनुभविक समझ के रूपों को स्पष्ट कर दे जो सभी ज्ञातव्यों में एक समान पाये जाते हैं। इन प्रागनुभविक अंगों की व्याख्या *काण्ट* ने निम्नलिखित रीति से की है:—

(1) The Synthesis of Apprehension in Intuition

(सहज प्रत्यक्ष में संवित्ति* का संश्लेषण)

संवेदनाएँ पृथक्-पृथक् रूप में आती हैं और वे इसी क्षणिक रूप में छोड़ दी जायें तो वे विलीन हो जायेंगी। उन्हें स्थायी ज्ञान में मढ़ देने के लिए पहली शर्त यही है कि हम संवेदन-राशि को अपने अवधान में एक साथ रखे रहें। अवधान में संवेदनाओं को एक साथ रखने की शर्त प्रागनुभविक हैं; क्योंकि वह बात संवेदनाओं के होते ही होनी चाहिए। फिर यह शर्त दिक् और काल-सम्बन्धी शुद्ध संवेदनाओं में भी लागू है।

(2) The Synthesis of Reproduction in Imagination

(कल्पना में पुनर्स्मृत संवेदनाओं का संश्लेषण)

मान लिया जाय कि एक लम्बी रेखा दी हुई है, जिनका हमें ज्ञान प्राप्त करना है। हम एक समय में इसके एक ही भाग को अपने अवधान में रख सकते हैं। इसलिए यदि हम इस रेखा के अन्तिम भाग का प्रत्यक्ष करें, तो पूर्ण रेखा को समझने के लिए पूर्व भाग के प्रत्यक्ष को हमें अपनी कल्पना से सही-सही स्मृत करना चाहिए। यदि अपनी भाग के प्रत्यक्ष करते पूर्व भाग की स्मृति का लोप हो जाय तो पूरी रेखा का ज्ञान हमें प्राप्त नहीं हो पायगा। अतः, सहज-प्रत्यक्ष (Intuition) में संवेदनाओं के संश्लेषण में पुनर्स्मृत संवेदनाओं का संश्लेषण अन्तर्निहित है।

(3) The Synthesis of Recognition in a Concept

(प्रत्यय में प्रत्यभिज्ञान का संश्लेषण)

फिर मान लिया जाय कि दी हुई रेखा के दो भाग 'क' और 'ख' हैं। यदि हम 'ख' के विषय में विचारते हुए सोचें कि 'क', जिसको हम एक क्षण पूर्व सोच रहे थे, वह पुनर्स्मृत होते हुए समय बदल गया है तो ऐसी अवस्था में हमें पूरी रेखा का पूर्ण ज्ञान नहीं होगा। अतः, पूर्ण ज्ञान के लिए आवश्यक है कि जब 'क' पुनर्स्मृत होता है तब हम पहचानें कि यह पुनर्स्मृत 'क' वही है, जिसे हमने कुछ पहले देखा था। इसलिए पुनर्स्मृत संवेदनाओं का संश्लेषण हमारी प्रत्यभिज्ञा

---

* संवित्ति वह है जिसमें वस्तु का बोधन अथवा चेतन हो।

(recognition) में होना चाहिए। इसलिए वह प्रत्यय, जिसे हम किसी एक समय में काम में लाते हैं, उसे दूसरे समयों में भी एक समान रहना चाहिए। अतः, एक समान मूल धारणाओं के रहने से ही ज्ञान संभव है। इसलिए बिना समझ के 12 प्रत्ययों का ज्ञान सम्भव नहीं हो सकेगा।

काण्ट apprehension, reproduction तथा recognition के अंगों को प्रागनुभविक मानते हैं और इस बात पर जोर देकर बताना चाहते हैं कि जिसे हम ज्ञान का विषय कहते हैं, वह इन्हीं अनिवार्य रीति से सम्बद्ध अंगों का समूह है। इसलिए जिस भी विषय को हम ज्ञान का रूप देते हैं, उसमें सभी ज्ञाताओं के लिए संवेदन-संग्रह, पुनर्स्मृति और प्रत्यभिज्ञा एक समान हुआ करती है। परन्तु ज्ञान-निर्माण में सभी प्रागनुभविक अंगों के एक समान रहने की मुख्य शर्त है कि सभी अंगों को 'अत्यानुभविक समाकल्पन का ऐक्य' (Transcendental unity of apperception) में रहना चाहिए, अर्थात् सभी अंगों को एक ही चेतना में रहना चाहिए।

हम लोगों ने देखा है कि एक ही अवधान में संवेदन-संग्रह होना चाहिए। इनकी स्मृति भी अनेक समयों में एक ही होनी चाहिए। फिर इस स्मृति की प्रत्यभिज्ञा भी एक समान रहनी चाहिए। अतः, वे प्रत्यय जिनके आधार पर अनेक प्रत्यक्ष संयोजित होते हैं विविध समय पर एक ही समान चाहिए। यदि ऐसा न हो तो मेज का मेरा ज्ञान जो कल हुआ था, आज नहीं रह पायगा और इसलिए ज्ञान क्षण-क्षण पर एक ही व्यक्ति के लिए बदलता जायगा और इसे ज्ञान के नाम से पुकारा नहीं जा सकता है। इसलिए संवेदनग्राह्यता के दिक् और काल के रूप को तथा उन प्रत्ययों को, जिनके आधार पर प्रत्यक्षों को व्यवस्थित कर ज्ञान बनाया जाता है, मेरी चेतना में एक समान रहना चाहिए। परन्तु ये दिक् और काल तथा 12 प्रत्यय उसी समय एक स्थायी रूप में माने जा सकते हैं, जब वह चेतना, जिसके ये विषय हैं, एक रूपी बनी रहे। जब तक चेतना एक न हो, तब तक हम कैसे कह सकते हैं कि जिस प्रत्यय को मैं काम में लाया था वह आज इस समय भी वही है? *'There must, therefore, be a transcendental ground of the unity of consciousness in the synthesis of the manifold of all our intuitions, and consequently also of the concepts of objects in general and so of all objects of experience, a ground without which it would be impossible to think any object for our intuitions.'*

परन्तु समाकल्पन* का संश्लेषात्मक ऐक्य (Synthetic unity of apperception) जो सभी विचारों में स्थायी रूप में रहना चाहिए, हमारे विचारों की प्रागनुभविक शर्त है। इसे हम अपनी अनुभूति से प्राप्त नहीं कर सकते हैं। ह्यूम ने ठीक ही कहा है कि यदि मैं अपने को सहज प्रत्यक्ष के आधार पर जानना चाहूँ, तो मैं अपने स्थायी अहंभाव को कभी भी नहीं जान सकता हूँ। इसलिए समाकल्पन का ऐक्य अनुभूत और प्रागनुभविक है, यह स्वयं सभी अनुभूतियों के सम्भाव होने का तार्किक आधार है। चूँकि Synthetic unity of apperception किसी भी अनुभव का आधार है, इसलिए यह मुझमें प्रागनुभविक तथा transcendental है। फिर transcendental तथा प्रागनुभविक होने के कारण व्यक्तियों में एक समान है। इसलिए दिक् और काल तथा 12 प्रत्यय सभी व्यक्तियों में एक समान रहना चाहिए और इन्हें एक स्थायी रूप में रहने के लिए सभी व्यक्तियों में समाकल्पन के ऐक्य को एक ही रूप में रहना चाहिए। यदि हम मान लें कि एक ही परम स्थायी चेतना है, जिसके रहने से ही ज्ञान सम्भव है, तभी ज्ञान की सार्वभौमिकता असंदिग्धता तथा अनिवार्यता सिद्ध हो सकती है। इस प्रकार की चेतना अनुभवातीत तथा प्रागनुभविक हैं। अतः, जो भी प्राकृतिक नियम हम खोज निकालें वह इसी स्थायी परम चेतना का विषय होगा; और चूँकि यह प्रागनुभविक चेतना है, इसलिए इस प्रकार का नियम विषयगत कहा जायगा; क्योंकि प्रागनुभविक चेतना सबमें एक ही है। अब यदि पूछा जाय कि वैज्ञानिकों में

---

* 'समाकल्पन' से अर्थ होता है प्रत्यक्षों का परद या संस्कार। अब भूत प्रत्यक्षों को बीता हुआ समझने के लिए 'आत्मचेतना' होनी चाहिए। अतः, समाकल्पन में आत्मचेतना परिलक्षित होती है।

प्राकृतिक नियमों के स्वीकार करने में क्यों मतैक्य है तो हम कह सकते हैं कि उनके अन्दर एक ही स्थायी परम चेतना है और उसी बात को नियम कहा जाता है, जो इस प्रकार की चेतना का विषय हो। अतः, 'विषय' मानसिक शक्तियों से परे और स्वतंत्र नहीं है, परन्तु स्वयं यह उस स्थायी चेतना की देन है, जो सभी विचारकों में सामान्य रीति से पाई जाती है। *Accordingly, the order and conformity to law in the phenomena which we call nature, we ourselves introduce and we could never find it there if we, or the nature of our mind had not originally placed it there'.* यहाँ 'we' का अर्थ स्थायी परम चेतना से है जो सभी ज्ञाताओं में स्थायी, प्रागनुभविक तथा सामान्य है।

काण्ट Synthetic unity of apperception को ज्ञान का प्रागनुभविक आधार मानते हैं; पर इसकी वास्तविकता को स्वीकार नहीं करते हैं, क्योंकि वास्तविक वही है, जो अनुभवाश्रित हो और *काण्ट* ने बार-बार हमें चेतावनी दी है कि समाकल्पना का ऐक्य अथवा स्थायी अहंभाव अनुभवातीत है, परन्तु अनुकाण्टीय विचारधारा में इसी Synthetic unity of apperception को प्रत्ययवादियों ने (निरपेक्ष सत्ता) absolute माना है और निरपेक्ष सत्ता से सभी प्रत्ययों का होना दिखलाया है।

यद्यपि *काण्ट* ने बताया है कि संप्रत्यक्षण अथवा समाकल्पन के ऐक्य से सभी विषयगत ज्ञान प्राप्त होते हैं, तथापि इसे प्रत्ययवाद (idealism) नहीं कहा जा सकता है; क्योंकि उन्होंने बार-बार कहा है कि बिना प्रत्यक्षों के प्रत्यय से ज्ञान नहीं हो सकता है। अतः, हमें अब जानना चाहिए कि किस प्रकार से संप्रत्यक्ष के ऐक्य के प्रत्यय (concepts) प्रत्यक्ष में लागू होते हैं। इस विषय पर काण्ट ने 'Analytic of Principles' में प्रकाश डाला है और इसकी हम अति संक्षिप्त व्याख्या करेंगे क्योंकि वास्तव में Transcendental deduction of categories में ही काण्ट के विचारों का सार पाया जाता है, जिसकी व्याख्या हो चुकी है।

(13) Analytic of Principles

प्रश्न यह उठता है कि Understanding सक्रिय शक्ति है और संवेदन-शक्ति निष्क्रिय है और ज्ञान बिना इनके योग से सम्भव नहीं है। तो इनके योग को किस प्रकार समझा जा सकता है? काण्ट के अनुसार अनुभववादियों की गलती यही थी कि उन्होंने प्रत्यक्ष और प्रत्यय के बीच के अन्तर को प्रकारिक न मानकर आंशिक समझा था। परन्तु, यदि विचारना प्रत्यक्ष ही हो, तो ह्यूम ने ठीक ही दिखा दिया है कि मूल प्रत्यय, प्रत्यक्ष से नहीं प्राप्त हो सकते हैं और इसलिए संगत सिद्धान्त तो यही होगा कि प्रत्यय भ्रान्तिपूर्ण रचना है। पर वास्तव में वैज्ञानिक नियमों को सत्य स्वीकार कर लेने पर हमें प्रत्ययों को उचित मान लेने में आपत्ति नहीं होनी चाहिए।

यदि प्रत्ययों और प्रत्यक्षों में विषम जाति का अथवा प्रकारिक भेद हो और फिर उनके योग को समझना हो तो हमें मानना पड़ेगा कि उनके बीच में एक तीसरा माध्यम है, जिसे संवेदनामय प्रत्यय या प्रत्ययात्मक संवेदना कहा जा सकता है। इस माध्यम को schematism या सामान्य प्रतिमावाद कहा जा सकता है। हमारे मन में कल्पना-शक्ति है, तो अज्ञात रीति से ही प्रत्ययों को सामान्य प्रतिमा के रूप में परिणत कर देती है। इसी गुप्त कला के आधार पर हमारे प्रत्यय संवेदनामय (sensuous) हो जाते हैं या संवेदना प्रत्ययात्मक (conceptualised) हो जाती है। इसलिए हमें जानना चाहिए कि किस प्रकार से schematism सम्भव है।

काण्ट के अनुसार 'काल' ही ऐसा माध्यम है, जिसके आधार पर संवेदन और विचार-शक्तियाँ एक दूसरे का आलिंगन कर सकती हैं। पहली बात तो यह है कि 'काल' सामान्य प्रकार से सभी प्रत्यक्षों का प्रागनुभविक रूप है। फिर concepts और इसमें यह सामान्य बात है कि दोनों शुद्ध या प्रागनुभविक रूप हैं। फिर मूल धारणाओं में भी कुछ संवेदनाओं का आभास मिलना चाहिए ताकि इन्हें प्रत्यक्षों में लागू किया जा सके और संवेदनाओं का आभास जो प्रत्ययों में है

वह यह है कि इसमें भी अर्थात् काल में पूर्वापरपन है। *'...pure a priori concepts, in addition to function of understanding expressed in the category, must contain a priori certain formal conditions of sensibility, namely, those of inner sense.'* इसलिए प्रत्ययों को 'काल' के आधार पर ही संवेदनामय बनाया जाता है या संवेदनाओं को प्रत्ययात्मक (conceptualised) किया जाता है।

संवेदनामय प्रत्यय (sensualised concepts) को schema या सामान्य प्रतिमा (image) कहा जाता है। जब हम किसी वस्तु के विषय में विचारने लगते हैं तो प्रायः हमारे विचार में कोई-न-कोई प्रतिमा भी पायी जाती है। जैसे जब हम मनुष्य के सम्बन्ध में विचारने लगते हैं, तब कोई एक लम्बे या नाटे, गोरे या काले व्यक्ति की प्रतिमा हमारे विचार से आलम्बन के रूप में दिखायी देती है। परन्तु Schema वह प्रतिमा है, जो विशेष न होकर सामान्य हो। इसका कारण यह है कि concept अनेक वस्तुओं में लागू होता है और कितनी ही विशेष प्रतिमाएँ हमारी कल्पना में आयें वे concept के सभी उदाहरणों के लिए सर्वाग्राही (exhaustive) नहीं कही जा सकती हैं। इसलिए सभी उदाहरणों के लिए सर्वग्राही रीति से लागू होने के लिए हमारे विचार को सामान्य प्रतिमा की आवश्यकता पड़ जाती है। *'...the Schema has to be distinguished from the image. (It is) rather the representation of a method whereby a multiplicity, for instance a thousand, may be represented in image in conformity with a certain concept than the image itself. This representation of a universal procedure of imagination in providing an image for a concept, I entitle the Schema of this concept.'* अर्थात् काण्ट के अनुसार सभी विचारों में प्रतिमा का रहना आवश्यक है। यद्यपि प्रतिमा विचार नहीं है, पर विचार का यह अनिवार्य आलम्बन या आश्रय है। अतः, काल के विभिन्न रूपों में प्रत्ययों की सामान्य प्रतिमा को Schema कहा जा सकता है।

चूँकि 12 प्रत्यय गुण, परिमाण, सम्बन्ध और विधि के आधार पर विभाजित किये गये हैं, इसलिए काल भी इन चारों रूपों में प्रत्ययों को संवेदनामय करता है। इसकी संक्षिप्त व्याख्या निम्नलिखित रीति से हो सकती है:—

1. परिमाण—काल-शृंखला (series) के द्वारा परिमाण-सम्बन्धी प्रत्ययों का सामान्य प्रतिमाकरण होता है एक क्षण में निहित रहने पर एकत्व, सभी क्षणों में निहित रहने पर सम्पूर्णत्व तथा साधारणतया अनेक क्षणों में रहने पर अनेकत्व, का काल-रूप में प्रतिमाकरण होता है।

2. गुण—काल-व्याप्ति। 'विधायन' अथवा प्रतिज्ञापन वह है, जो किसी निर्दिष्ट काल में समरूप संवेदनाओं से व्याप्त हो, जो काल किसी भी संवेदना से रिक्त हो उसे 'निषेध' (negation) कहा जा सकता है, और जो काल संवेदनशून्यता के बाद कुछ समय तक किसी संवेदना से व्याप्त हो, उसे 'सीमित भाव' की व्यवस्था से व्यक्त होना कहा जाता है।

3. सम्बन्ध—काल-क्रम (order) द्रव्य की काल-व्यवस्था वह है, जिसमें परिवर्तन होने के बावजूद किसी वस्तु को स्थायी समझा जाय, कारण-कार्य की काल-व्यवस्था वह है, जिसमें एक घटना का दूसरी घटना के साथ अनिवार्य सम्बन्ध हो। पारस्परिक क्रिया-प्रतिक्रिया की काल-व्यवस्था वह है, जिसमें द्रव्य अपने आकस्मिक धर्मों अथवा गुणों के कारण एक-दूसरे पर प्रभाव डालते हैं।

4. विधि—काल-सम्पूर्णता (Time-comprehension) 'सम्भावना' वह है, जो किसी भी समय हो सकती है; 'वास्तविकता' वह है, जो किसी भी निश्चित काल में हो और अनिवार्य वह है, जो सभी कालों में हो।

काल-व्यवस्था के सिद्धान्त से काण्ट यह स्पष्ट करना चाहते हैं कि बिना किसी प्रकार की प्रतिमा के विचार सम्भव नहीं होता है। टेबुल, कुर्सी, ताप, रंग इत्यादि साधारण प्रत्यय हैं और

इनमें भी कोई-न-कोई प्रतिमाविशेष पायी जाती है। चूँकि मूल धारणाएँ (categories) सामान्य प्रत्यय हैं, इसलिए यह सामान्य प्रतिमाओं के माध्यम से सम्भव होते हैं और ये सामान्य प्रतिमाएँ 'काल' के रूप में पायी जाती हैं। समसामयिक मनोवैज्ञानिक प्रयोगों से यह सिद्ध-असिद्ध नहीं हो पाई है कि विचारों में प्रतिमाओं का होना अनिवार्य है। अब जो भी मनोवैज्ञानिक निष्कर्ष स्थापित हो, पर उससे क्राण्ट की गवेषणा का महत्त्व कम नहीं हो सकता है। काण्ट की धारणा तार्किक है। यदि विचार और संवेदन में प्रकारिक या जाति-भेद हो और फिर यदि बिना उनके घनिष्ठ आलिंगन से वैज्ञानिक ज्ञान सम्भव न हों तो उन्हें किसी-न-किसी सामान्य माध्यम की आवश्यकता पड़ जाती है।

शामुएल अलेक्जैण्डर ने *काण्ट* की काल-व्यवस्था के सिद्धान्त से काफी लाभ उठाने की कोशिश की है। वे ब्रिटिश अनुभववाद कीं परम्परा में आते हैं और इसलिए वे मूल प्रत्ययों को अनुभव के ही आधार पर स्पष्ट करना चाहते थे। उनके अनुसार दिक्-काल (space-time) परम सत्ता है ओर इसी से हमारे सारे प्रत्यय भी सिद्ध होते हैं। परन्तु आलोचकों का कहना है कि *अलेक्जैण्डर* प्रत्ययों की व्याख्या नहीं कर पाये हैं, क्योंकि वास्तव में उनके प्रत्यय, प्रत्यय नहीं है, पर वे प्रत्ययों के समान अतीन्द्रिय हैं, और न ऐन्द्रिय अनुभूतियों के समान क्षणिक तथा रूपरहित हैं। इनमें विचार और संवेदन ये दोनों धर्म पाये जाते हैं।

(14) प्रातिभासिक तथा पारमार्थिक सत्ताओं का भेद तथा अज्ञेयवाद
(Phenomena-Nonmena and Agnosticism)

काण्ट के सिद्धान्त को अज्ञेयवाद कहते हैं। इस वाद के अनुसार स्वीकारा जाता है कि परम सत्ता है, परन्तु इसका ज्ञान (Gnosis) मानव को नहीं हो सकता है। *काण्ट* का हय अज्ञेयवाद (agnosticism) उनके समीक्षावाद से निगमित होता है। काण्ट के अनुसार वैज्ञानिक ज्ञान सम्भव है, परन्तु यह वैज्ञानिक ज्ञान मानव-मन के स्वरूप से ही नियन्त्रित होता है। मानव-मन किसी भी ज्ञान वस्तु को तभी जान सकता है जब वह इस ज्ञेय को अपने पूर्वानुभविक रूपों के द्वारा अभिरंजित कर देता है। इस स्थिति में जो भी मानव-ज्ञान का विषय होगा वह अपनी असली रूप में नहीं जाना जा सकता है जब तक वस्तु ज्ञेय मानव-मन के पूर्वानुभविक ढाँचों से रूपान्तरित न हो जाय तब तक वह ज्ञेय वस्तु और ज्ञात हो ही नहीं सकती है। परन्तु काण्ट स्वीकार करते हैं कि सम्भव है कि जिस ढले और रूपान्तरित आकार में वस्तुएँ हमें ज्ञात होती है, वह वस्तुओं का अपना निजी स्वरूप न हो। इसलिए काण्ट के अनुसार हम केवल वस्तुओं के प्रातिभासिक रूप को जान सकते हैं, न कि उनके असली स्वरूप को। इसलिए *काण्ट* के अनुसार परम सत्ताएँ अज्ञात और अज्ञेय है, *Things-in-them-selves are unknown and unknoable*। परन्तु इसका क्या साक्ष्य है कि परम सत्ताएँ वास्तव में हैं?

साक्ष्य केवल संवेदनों के द्वारा प्रस्तुत किया जा सकता है। परन्तु परम सत्ताओं का हमें प्रत्यक्ष नहीं हो सकता है। इसलिए काण्ट के अनुसार परम सत्ताओं की वास्तविकता का हमें ज्ञान नहीं हो सकता है। शायद हम यह भी नहीं कह सकते हैं कि निश्चित रूप में वे वास्तव में हैं या नहीं हैं। काण्ट ने परमसत्ता सम्बन्धी भावनाओं को सीमान्तिक प्रत्यय (limiting concept) कहा है, अर्थात् इन सत्ताओं की भावना से हमारे ज्ञान की सीमा निर्धारित की जाती है। यह ज्ञान की लक्ष्मण-रेखा है। हम प्रातिभासिक सत्ताओं को पार करके परमार्थ सत्ता को नहीं जान सकते हैं। इस सन्दर्भ में इतना ही भर कहा जा सकता है कि जो कुछ भी वैज्ञानिक ज्ञान का विषय होगा वह अवश्य ही मानव-मन के स्वरूप से अभिरंजित होकर प्राप्त होगा। इस दृष्टि से हम वस्तुओं का केवल आभास ही प्राप्त कर सकते हैं। वस्तुओं का अपनी असली स्वरूप किसी भी वस्तु को ज्ञात करने में मानव-मन उसे निम्नलिखित रूप में परिवर्तित कर ज्ञेय बनाता है।

(1) सर्वप्रथम, कोरी संवेदनायें होती हैं। परन्तु मानव-मन कोरे संवेदन को भी उनके कोरेपन

में नहीं ग्रहण कर सकता है। उन्हें भी संवेदनशीलता-शक्ति के काल और दिक् के दो रूपों से छनकर, ढलकर तथा परिवर्तित होकर प्रत्यक्ष का रूप धारण करना चाहिए ताकि उन संवेदनाओं के आधार पर वस्तु ज्ञेय हो सके।

(2) फिर प्रत्यक्षों (अर्थात् यपरन्तरित संवेदन) से ही ज्ञान निर्मित हो सकता है। इन प्रत्यक्षों की बुद्धिशक्ति (समझ-understanding) के 12 मूल प्रत्ययों (categories) के द्वारा रूपान्तरित होकर निर्णयों में सम्बद्ध होने पर ही ज्ञान सम्भव हो सकता है। काण्ट के अनुसार न तो संवेदन और न प्रत्यक्ष ही आपस में सम्बद्ध हैं। किसी भी प्रकार की सम्बद्धता विशेष कर प्राकृतिक नियमों की सम्बद्धता, काण्ट के अनुसार बुद्धिशक्ति के द्वारा आरोपित की जाती है।

अतः वस्तुओं का दैशिक तथा कालिक रूप मन की देन है और फिर उनके बीच नियमों की व्यवस्था भी मन की अपनी देन है। इसलिए प्रातिभासिक जगत् की व्याख्या आरोपित होती है और प्रकृति जिसका हमें वैज्ञानिक ज्ञान प्राप्त होता है वह भी मानव के लिए केवल प्रतिभास मात्र है। प्रकृति का असली स्वरूप अज्ञान और अज्ञेय है।

काण्ट का अज्ञेयवाद *(Agnosticism)*

हमें स्मरण रखना चाहिए कि *काण्ट* के अनुसार विचारने (thinking) और जानने (knowing) में अन्तर है। प्रत्यक्ष पर आधारित विचार करने पर ज्ञान सम्भव हो सकता है इसके विपरीत कोरे विचार (प्रत्यय मात्र) के आधार पर ज्ञान सम्भव नहीं होता है। इस सन्दर्भ में *काण्ट* के अनुसार परम पदार्थों के विषय मानव विचार पाये जाते हैं, पर इन परम तत्त्वों का ज्ञान सम्भव नहीं होता है। इस विचारधारा को अज्ञेयवाद कहा जाता है, अर्थात् मानव जानता है कि परम तत्त्व हैं, पर वह नहीं जानता है कि वे क्या (what) हैं। दूसरे शब्दों में मानव को परम तत्त्वों के अस्तित्व का भान होता है, पर उसे उनका ज्ञान (वैज्ञानिक जानकारी) नहीं होता है।

परन्तु प्रश्न उठता है कि यदि परम पदार्थ का स्वरूप अज्ञात और अज्ञेय हैं तो इसके अस्तित्व को स्वीकार करने की आवश्यकता ही क्या है? फिर यदि हम मानें की परम पदार्थ अज्ञेय है, तो इससे स्पष्ट होता है कि हम यह कह सकते हैं कि यह है या नहीं। किसी वस्तु को 'है या नहीं' कहने का अर्थ है कि हम इसका विधान या निषेध कर रहे हैं, अर्थात् उसमें वास्तविकता (reality) अथवा अभाव (negation) का प्रत्यय काम में ला रहें हैं। परन्तु हम लोगों ने देखा है कि प्रत्यय, बिना प्रत्यक्ष के खाली साँचा है और खाली साँचे से किसी भी ज्ञान की वस्तु का निर्माण नहीं हो सकता है। इसलिए यदि पारमार्थिक सत्ता अज्ञेय हो तो हम भी नहीं कह सकते हैं, कि यह है या नहीं है। जब काण्ट कहते हैं कि परम सत्ता है, पर यह अज्ञेय है, तो आलोचकों का कहना है कि काण्ट को कोई अधिकार नहीं है कि वे कहें कि पारमार्थिक सत्ता है या नहीं है।

काण्ट उपर्युक्त आलोचना का प्रत्युत्तर करते हुए बताते हैं कि जब वे कहते हैं कि पारमार्थिक सत्त है, तो 'है' उसी समय ज्ञानात्मक कहलाएगा जब इसमें कुछ प्रत्यक्ष भी हों; अर्थात् किसी ज्ञान को भावात्मक मानने में दो अंग होते हैं। (क) यह है और (ख) यह क्या है। 'क्या' संवेदन-वस्तु से प्राप्त होता है। जब तक संवेदन-वस्तु न हो तब तक ज्ञान नहीं कहा जा सकता है। अतः हम यही कह सकते हैं कि परम सत्ता है, पर हम नहीं बता सकते हैं कि यह क्या है (We know that it is but we do not know what it is) ऐसी अवस्था में, काण्ट के अनुसार जब परम सत्ता का ज्ञान है नहीं, तो इसे न्यायसंगत या असंगत कहना ही कठिन है। पारमार्थिक सत्ता हमारे ज्ञान की सीमा को परिलक्षित करती है और यह स्वयं ज्ञान की वस्तु नहीं है।

फिर भी प्रश्न उठता है कि यदि पारमार्थिक सत्ता सज्ञात और अज्ञेय हो तो हमें इसका बोध ही नहीं हो सकता है और इसलिए इसका उल्लेख भी करना सम्भव नहीं है। आगे चलकर हम

देखेंगे कि काण्ट वास्तव में पारमार्थिक सत्ता को शून्य नहीं समझते थे। पर वे इसे ज्ञान की परिधि से हटाकर विश्वास के क्षेत्र में ले जाना चाहते थे, जहाँ इस पर सन्देह ही नहीं किया जा सके। अतः, काण्ट अपने अज्ञेयवाद के आधार पर धर्म और आचार की संरक्षा करना चाहते थे। परन्तु शुद्ध ज्ञान-मीमांसा में भी काण्ट अपने अज्ञेयवाद के आधार पर बतलाना चाहते थे कि ज्ञान में मानसिक रूपों के अतिरिक्त आनुभविक (empirical) अंग भी हैं। अतः, काण्ट ने शुद्ध प्रत्ययसपद का खंडन किया है और वस्तुवाद की क्षीण रेखा दिखलाकर मानव-ज्ञान को प्रातिभासिक परिधि में ही सीमित रखा है। इसलिए अनुकाण्टीय विचारों में काण्ट के अज्ञेयवाद की कड़ी आलोचना करने पर भी, उसे काण्ट के दर्शन से हटाया नहीं जा सकता है।

15. अत्यानुभविक द्वन्द्वशास्त्र (*Transcendental Dialectic*)

काण्ट की ज्ञान-मीमांसा का विशेष विषय था कि Synthetic judgment a priori की व्याख्या की जाय। इस प्रकार के निर्णय गणितशास्त्र, पदार्थ विज्ञान और तत्त्व-मीमांसा में पाये जाते हैं। गणितशास्त्र के Synthetic judgment a priori की व्याख्या संवेदन-शक्ति-विज्ञान (aesthetic) में की गई है और पदार्थ-विज्ञान के Synthetic judgment a priori की व्याख्या Transcendental analytic में की गई है। *काण्ट* के अनुसार गणितीय तथा वैज्ञानिक ज्ञान सम्भव है, पर काण्ट अब बताना चाहते हैं कि तत्त्व-मीमांसा के विषय ईश्वर, आत्मा और विश्व ज्ञानातीत है। ज्ञान के सम्बन्ध में काण्ट का मत सीधा और साफ है। हम काण्ट के अनुसार, प्रत्यय के आधार पर ही जान सकते हैं, पर इन प्रत्ययों का उचित प्रत्यक्षों (percepts) में ही लागू होता है। जो कुछ प्रत्यक्षातीत हो या अतिसंवेद्य (suprasensible) हो, वह वास्तविक ज्ञान का विषय नहीं हो सकता है। पर मानव इस ज्ञान की इस सीमा को ग्रहण नहीं करना चाहते हैं। उनके अन्दर ऐसी व्याकुलता तथा ज्ञान-पांसा पाई जाती है, जिसके कारण वे इस ज्ञान की मर्यादा का उल्लंघन करने का प्रयास करते हैं। यह व्याकुलता मन के स्वयं सम्बद्धता-प्रयास या प्रवृत्ति (impulse) से निकलती है। सामान्य रीति से मन अपने प्रागनुभविक रूपों के आधार पर परिवर्तनशील तथा क्षणभंगुर संवेदनाओं को ज्ञान में परिणत कर देता है। पर यह ज्ञान केवल प्रातिभासिक जगत् का ही सम्भव हो सकता है। परन्तु मन की प्रागनुभविक प्रवृत्ति रहती है कि वह प्रातिभासिक जगत् की सीमाओं को पार करते हुए प्रातिभासिक तथा पारमार्थिक सत्ताओं को समेट कर पूर्ण ज्ञान प्राप्त कर ले। जिस प्रकार से विचार, प्रत्ययों के आधार पर प्रत्यक्षों को समेट कर वैज्ञानिक ज्ञान का निर्माण करता है, उसी प्रकार प्रज्ञा (reason) ईश्वर, आत्मा और विश्व के प्रति सामान्य प्रत्ययों के आधार पर पूर्ण ज्ञान प्राप्त करना चाहती है। यदि हमें पूर्ण ज्ञान को, जो मन, प्रज्ञा के तीन प्रत्ययों के आधार पर प्राप्त करना चाहता है, केवल आदर्श रूप में समझें, तो प्रज्ञा की इस प्रवृत्ति का सदुपयोग करते हैं। पर यदि हम समझें कि ईश्वर इत्यादि का प्रत्यय मति के आधार पर हमको पूर्ण ज्ञान वास्तव में प्राप्त हो सकता है, हममें छाया को ठोस मान लेने का दोष आ जाता है, प्रज्ञा के तीन प्रत्यय ज्ञान के नियामक (regulative) अंग हैं, न कि संघटक (constitutive) अंग है। *'The ideas of reason do regulate, but do not constitute knowledge'.*

प्रायः मन की ज्ञानात्मक (cognitive) प्रतिक्रियाओं को वस्तुबोधन, निर्णय (judgment) और अनुमान (inference) की प्रक्रियाओं में बाँट दिया जाता है। इस विभाजन के अनुसार, संवेदन-शक्ति का सम्बन्ध वस्तुबोधन से, विचार-शक्ति का सम्बन्ध मूल प्रत्ययों से और प्रज्ञा का सम्बन्ध अनुमान से है। ज्ञान की सम्बद्धता, जो मन की अपनी प्रागनुभविक देन है, प्रत्यक्ष से प्रारम्भ होकर, प्रत्ययों से होती हुई प्रज्ञा की तीन सामान्य धारणाओं (ideas) में समाप्त हो जाती है। *All our knowledge beings with the senses proceeds thence to the understanding and ends with reason.'* जिस प्रकार से विचार की मूल धारणाएँ, प्रत्यक्षों की सम्बद्धता को पूरी

करती हैं, उसी रीति से प्रज्ञा की तीन धारणाएँ, विचार के प्रत्ययों के आधार पर ज्ञान की सम्बद्धता को पूर्ण करने की कोशिश करती हैं। परन्तु प्रज्ञा के द्वारा पूर्ण ज्ञान का आभास आदर्श मात्र है। पर मानव प्रागनुभविक प्रेरणा से विवश होकर transcendental भ्रम में पड़ जाते हैं। चूँकि प्रज्ञा का सम्बन्ध अनुमान से है और अनुमान निरपेक्ष (categorical), हेतुफलाश्रित (hypothetical) तथा वैकल्पिक (disjunctive)-तीन प्रकार के होते हैं। केवल चेतन मन के द्वारा ज्ञान संभव होता है। इसलिए नित्य, ज्ञाता रूप आत्मा को कोरा विचार आत्माभास (paralogism) के अन्तर्गत आता है। फिर चूँकि सम्पूर्ण विश्व किसी भी प्रत्यक्ष का विषय नहीं हो सकता, इस सम्पूर्ण विश्व के विषय ज्ञान सम्भव नहीं हैं। पर मानव विश्व के सम्बन्ध में विचार कर सकता है। वह सोचता है कि विश्व को किसी न किसी काल विशेष में रचा है, तथा इसके विपरीत कुछ विचारक विश्व को अनादि मानते हैं, इत्यादि। प्रत्यक्ष के अभाव में विश्व-सम्बन्धी कोरे विचार को विश्वाभास (antinomies) कहा जा सकता है। फिर बिना इन्द्रिय-प्रत्यक्ष के मानव ईश्वर के अस्तित्व का कोरा विचार करता है। ईश्वर-भावना को प्रज्ञा का सर्वोच्च विचार कहा जाता है क्योंकि नित्य आत्मा, तथा सम्पूर्ण ब्रह्मांड इसी ईश्वर पर आश्रित समझा जाता है। (उदाहरण देकार्त)। ईश्वर सम्बन्धी कोरे विचार को ईश्वराभास (Ideal of reason) कहा जा सकता है। अतः, नित्य आत्मा, सम्पूर्ण ब्रह्मांड तथा ईश्वर ज्ञान का चरम आदर्श स्वीकारा जा सकता है। आत्मा के प्रत्यय के आधार पर प्रज्ञा आत्मा की अमरता, स्वतंत्रता इत्यादि सिद्ध कर करना चाहती है। पर वे केवल प्रत्यय मात्र हैं और स्थायी, अमर तथा शुद्ध आत्मा ज्ञान का विषय नहीं हो सकती है। यदि हम समझ लें कि हम अमर, स्थायी तथा शाश्वत आत्मा को वैज्ञानिक रीति से जानते हैं तो इस प्रकार के ज्ञानाभास में paralogism का दोष आ जाता है। इसी प्रकार विश्व की सम्पूर्णता किसी भी प्रत्यक्ष में नहीं अँट सकती, क्योंकि संवेदनाएँ विश्व के किसी अंग की हो सकती हैं, न कि सम्पूर्ण विश्व की। यदि विश्व की सम्पूर्णता प्रत्यक्ष का विषय न हो, तो यह ज्ञान का विषय हो नहीं सकता है। हम विश्व की सम्पूर्णता के विषय में विचार सकते हैं, पर जान नहीं सकते। *We can think, but cannot know the totality of the universe.* इसलिए ज्ञान की सीमा, विचार की सीमा नहीं है। पर चूँकि understanding के द्वारा बिना प्रत्यक्ष के, प्रत्यय-मात्र के आधार पर विचार करने से ही ज्ञान नहीं होता है, इसलिए यदि हम समझ लें कि हम विश्व सम्पूर्णता को समझते हैं तो हममें antinomies (विरोधाभास) का दोष आ जाता है। फिर यदि हम आत्मा और विश्व के रचयिता ईश्वर को जानने का प्रयास करें तो हममें Ideal of reason का दोष आ जायगा।

Paralogism, antinomies और Ideal of reason को काण्ट ने transcendental भ्रम कहा है, क्योंकि ये मन के प्रागनुभविक रूपीकरण की प्रवृत्ति से उत्पन्न होते हैं। चूँकि ये transcendental भ्रम हैं, इसलिए सभी व्यक्तियों में इनके पाये जाने की सम्भावना रहती है। फिर, यदि प्रज्ञा के तीनों प्रत्यय ज्ञानातीत स्पष्ट भी कर दिये जायँ, तो भी इनकी चपेटों से बचना कठिन है। यही कारण है कि काण्ट के अनुसार शायद ही कोई विचारक इन्हें सत्य न मानकर इनकी चपेटों से अपने को मुक्त कर सका है। अपितु, यद्यपि से भ्रम ही हैं, तथापि ये ऊँची कल्पनाएँ नहीं हैं। न हम कह सकते हैं ये असत् हैं और न हम कह सकते हैं कि ये सत् हैं। इनके विषय में संशय उतना ही दोषपूर्ण है, जितना इन्हें ज्ञान समझ लेने में दोष है। साथ ही काण्ट ने अपनी अन्य समीक्षाओं (critique) में दिखाया है कि ये ज्ञान के नहीं, पर विश्वास (faith) के उचित विषय हैं। अतः, काण्ट ने प्रज्ञा के विषय को ज्ञानातीत ठहराकर, उन्हें विश्वास का विषय बना लिया है। *Kant, therefore, has demolished knowledge in order to make room for faith.*

हम प्रज्ञा के तीनों प्रत्ययों की अलग-अलग व्याख्या करेंगे और काण्ट के अनुसार दिखलायेंगे कि ये सभी ज्ञानातीत हैं।

(16) आत्मा के सम्बन्ध में भ्रम (*Paralogisms of Reason*)

हम लोगों ने Transcendental deduction of the categories में देखा है कि बिना अत्यानुभविक सम्प्रत्यक्ष के ऐक्य के ज्ञान की सम्बद्धता, अनिवार्यता तथा सार्वभौमिकता प्राप्त नहीं की जा सकती है। परन्तु Synthetic unity of apperception ज्ञान का तार्किक आधार है और इसलिए इसे वास्तविक सत्ता नहीं माना जा सकता है। अधिक-से-अधिक हम यही कह सकते हैं कि ऐसा मालूम देता है कि एक ही चेतना है, जिसमें सभी प्रत्यय पाये जाते हैं। पर इस पराप्रत्यक्ष की एकता वास्तविक नहीं है, क्योंकि इसे हम किसी भी अन्तर्निरीक्षण से प्राप्त नहीं कर पाते हैं। यह ठीक है कि अन्तर्निरीक्षण के आधार पर जो कुछ हम अपनी आत्मा के विषय में अनुभूत करते हैं, उसे हम स्थायी, शाश्वत आत्मा नहीं कर सकते हैं। अनुभूत आत्मा के ज्ञान को आनुभाविक (empirical) मनोविज्ञान कहते हैं और इस मनोविज्ञान में बताया जाता है कि परिवर्तनशील और क्षणभंगुर मानसिक प्रक्रियाओं के समूह को आत्मा कहा जा सकता है अतः, अनुभव के आधार पर स्थायी मनस् का कोई पता नहीं लगता है। पर प्रज्ञा के आधार पर हम स्थायी एवं शाश्वत द्रव्य के रूप में आत्मा को जानने की कोशिश करते हैं। आनुभविक मनोविज्ञान से अलग कर हम इसे प्रज्ञात्मक मनोविज्ञान (Rational psychology) कह सकते हैं और *काण्ट* के अनुसार यह युक्तिसंगत मनोविज्ञान नहीं कहा जा सकता है।

हम लोगों ने पहले ही देखा है कि प्रत्यक्षों को समझ (understanding) प्रत्ययों के आधार पर सम्बद्ध कर ज्ञान उत्पन्न करती है। प्रत्यक्ष ज्ञान की पहली सीढ़ी है और बिना इस पहली सीढ़ी को पार किये हुए हम उचित रीति से प्रत्ययों की दूसरी सीढ़ी पर नहीं चढ़ सकते हैं। पर यदि अनुचित रीति से भी हम ज्ञान प्राप्त करना चाहें, तो हम प्रत्ययों की ही मदद लेंगे। इसलिए, यदि हम स्थायी आत्मा के विषय प्रज्ञात्मक मनोविज्ञान की रचना करना चाहें तो यहाँ भी हम इन 12 प्रत्ययों की मदद लेंगे। ये 12 प्रत्यय गुण, परिमाण, सम्बन्ध और विधि के अनुसार विभाजित किये गये हैं। इसलिए प्रज्ञात्मक आत्मा की रचना में भी ये चारों विभाजन के सिद्धान्त पाये जाते हैं। अतः, प्रज्ञात्मक आत्मा के सम्बन्ध में निम्नांकित चार प्रकार की बातें कही गयी हैं:—

(1) आत्मा द्रव्य है;

(2) गुण के दृष्टिकोण से आत्मा को सरल कहा जा सकता है;

(3) अनेक कालों में एक ही रूप में रहने के कारण, इसमें एकत्व (unity) का भाव है, न कि अनेकत्व का,

(4) दिक् की सभी सम्भाव्य वस्तुओं से इसका सम्बन्ध है।

चूँकि मैं सभी विषयों पर विचार करता हूँ, इसलिए मैं ज्ञाता हूँ और इसलिए मैं ज्ञाता के रूप में सभी ज्ञेय वस्तुओं से परे और स्वतंत्र हूँ। अतः, प्रज्ञात्मक शुद्ध द्रव्य है, जिसमें किसी प्रकार की ज्ञेय वस्तुओं की जड़ता नहीं है। इसलिए इसे जड़हीन चेतना कहा जा सकता है। फिर, चूँकि यह सरल एवं निरवयव है, इसलिए यह अविनाशी (immortal) है। अपितु, चूँकि इसका सम्बन्ध सम्भाव्य वस्तुओं से है, इसलिए उसे प्राणियों का प्राण और देहधारियों की आत्मा कहा जा सकता है।

परन्तु प्रज्ञात्मक आत्मा के विषय में कहना कि यह अमर है, या स्वतंत्र है, इत्यादि वृथा है। प्रत्ययों के आधार पर कोई सिद्ध नहीं कर सकता है कि आत्मा अमर है। यदि मर जाने के बाद भी आत्मा का किसी प्रकार अनुभव किया जा सके, तो हो सकता है कि हम इसे अमर सिद्ध कर पायें। पर इस प्रकार का प्रयोग अभी तक सम्भव हो नहीं पाया है। इसलिए, आत्मा को अमर कहना अयुक्तिसंगत भ्रम है। उसी प्रकार ज्ञान की अनिवार्यता और सार्वभौमिकता दिखाने के लिए हमें मानना पड़ता है कि कोई स्थायी, ज्ञाता रूप में चेतना है। पर हम यह नहीं कह सकते हैं कि वास्तव में कोई परम ज्ञाता है, क्योंकि ऐसा मान लेने से ज्ञाता वास्तव में 'ज्ञेय' हो जाता है।

इसलिए देकार्त का कहना कि cogito ergo sum से ज्ञाता-रूप में हम अपनी आत्मा को जानते हैं, सही नहीं है। यह ठीक है कि ज्ञान की व्याख्या करने में Synthetic unity of apperception को स्वीकार करना पड़ता है। पर इस रूप में यह केवल परम प्रत्यय है, जिसके आधार पर ज्ञान की व्याख्या की जाती है। पर प्रत्यय को वास्तविक नहीं समझा जा सकता है।

अतः, *काण्ट* के अनुसार हम इस निष्कर्ष पर आते हैं कि *हम प्रज्ञात्मक आत्मा को जान नहीं सकते हैं।* यदि हम इसे जानने का दम्भ करें तो इसमें transcendental भ्रम हो जाता है। यद्यपि यह भ्रम है तो भी यह कोरी कल्पना नहीं है, क्योंकि इससे अपने को मुक्त रखना किसी भी विचारक के लिए आसान नहीं है। फिर हम पाते हैं कि आचार विवेचना बिना स्वतंत्र आत्मा को माने हुए नहीं की जा सकती है। अतः, यह विश्वास का विषय है, यद्यपि प्रज्ञात्मक आत्मा ज्ञानातीत है।

(17) प्रज्ञा का विप्रतिषेध *(Antonomies)*

जिस प्रकार से आनुभविक मनोविज्ञान के पूर्ण ज्ञान के आदर्श को प्रज्ञात्मक मनोविज्ञान के रूप में हम प्राप्त करना चाहते हैं, उसी प्रकार बाह्य वस्तुओं के पूर्ण ज्ञान को ब्रह्माण्ड-ज्ञान के रूप में हम प्राप्त करना चाहते हैं। इसे हम विश्व-विज्ञान कह सकते हैं। यह वह विज्ञान है, जिसमें हम विश्व की सम्पूर्णता के विषय में ही जानने की कोशिश करते हैं। परन्तु विश्व की सम्पूर्णता को हम प्रत्यक्ष नहीं कर सकते हैं और इसलिए यहाँ हमारा ज्ञान दोषपूर्ण होता है। हम सोचते हैं कि हम विश्व की सम्पूर्णता के विषय में कह सकते हैं कि यह शाश्वत अणुओं से बना है, या इसकी सृष्टि अपने-आप हुई है, इत्यादि। पर वास्तव में हम विश्व की सम्पूर्णता के विषय में कुछ भी नहीं कह सकते हैं। यह इसी से सिद्ध हो जाता है कि ब्रह्माण्ड के विषय में हमारा ज्ञान विरोधी पक्षों में पाया जाता है और दोनों पक्ष और प्रतिपक्ष इसके विषय प्रमाणित किये जा सकते हैं। अतः, इससे स्पष्ट हो जाता है कि हमारे ज्ञान की सीमा पहुँच गयी है, जहाँ निश्चित तथा अनिवार्य ज्ञान सम्भव नहीं हो सकता है।

ब्रह्माण्ड के प्रति भी परिमाण, गुण, सम्बन्ध तथा विधि के अनुसार, वाद (thesis) और प्रतिवाद (anti-thesis) के रूप में चार विरोधाभास (antinomies) देखने में आते हैं। प्रत्येक विरोधाभास में वाद और प्रतिवाद दोनों युक्तिसंगत दिखाई देते हैं।

परिमाण-सम्बन्धी विप्रतिषेध

पक्ष या वाद-ब्रह्माण्ड दिक् और काल में सीमित है, अर्थात् इसकी सृष्टि की गयी है और फिर किसी एक समय में इसका अन्त हो गया।

यदि ब्रह्माण्ड की सृष्टि किसी निश्चित काल में नहीं हुई है, तो यह अनादि और शाश्वत है। यदि यह अनादि हो, तो इससे सिद्ध होता है कि अनन्त काल बीत चुका है। पर 'अनन्त' का अर्थ ही है कि जिसका अन्त न हो और यह कहना कि अनन्त काल 'बीत' चुका है, बोध करता है कि 'अनन्त' का अन्त हो गया है। अतः ब्रह्माण्ड अनन्त नहीं है। इसलिए इसका अवश्य कभी आदि और अन्त

प्रतिपक्ष या प्रतिवाद-ब्रह्माण्ड का आदि और अन्त नहीं है, इसलिए यह दिक् और काल में अपरिमित है।

यदि ब्रह्माण्ड की सृष्टि किसी एक काल में हुई हो, तो इससे स्पष्ट है कि सृष्टि से पूर्व अनन्त काल बीत चुका है। पर वह काल, जिसमें कोई घटना न हो, शून्य काल कहा जा सकता है। पर शून्य काल में कोई घटना नहीं हो सकती है। इसलिए ब्रह्माण्ड की सृष्टि शून्य काल में कही जाय तो अयुक्ति संगत होगा। अतः ब्रह्माण्ड की सृष्टि कभी नहीं हुई है। इसलिए इसका न कोई आदि है और न अन्त।

माननां पड़ेगा। अतः ब्रह्माण्ड की कभी-न-कभी अवश्य ही सृष्टि की गयी होगी।

फिर यदि ब्रह्माण्ड दिक् में परिमित न हो, तो यह अपरिमित होगा। परन्तु दिक् में अपरिमित वही है, जिसमें असंख्य वस्तुएँ एक साथ पाई जायँ। परन्तु असंख्य वस्तुओं के प्रत्यक्ष के लिए अनन्त काल की आवश्यकता पड़ जाती है। पर हम देख चुके है कि 'अनन्त काल' किसी भी प्रकार प्राप्त नहीं हो सकता है। अतः ब्रह्माण्ड दिक् में परिमित है।

फिर यदि हम मान लें कि ब्रह्माण्ड दिक् में परिमित है, तो इससे बोध होता है कि यह घिरा हुआ है। पर ब्रह्माण्ड के अतिरिक्त तो दिक् है नहीं, इसलिए यदि हम कहें कि ब्रह्माण्ड घिर हुआ है, तो इससे बोध होता है ब्रह्माण्ड शून्य (vacuum) से घिरा हुआ है। पर शून्य से कुछ भी घिर नहीं सकता है। अतः ब्रह्माण्ड दिक् में अपरिमित है।

परिमाण-सम्बन्धी विप्रतिषेध में हमें ध्यान रखना चाहिए कि काण्ट विश्व की सम्पूर्णता (totality) के विषय की चर्चा कर रहे हैं, जो किसी के प्रत्यक्ष में एक साथ नहीं अँट सकती है। इसलिए प्रत्यक्ष पर आधारित न रहने के कारण हमारा ज्ञान खोखला ही रह जाता है।

फिर प्रतिपक्ष में *काण्ट* बतला रहे हैं कि बिना घटनाओं के काल और दिक् शून्य हैं। इसी आधार पर *अलेक्जैण्डर शामुएल* ने कहा है कि देश और काल एक-दूसरे से अलग नहीं किये जा सकते हैं। इसलिए इनके अनुसार मूल सत्ता दिक्-काल है, न कि देश और काल। दिक् और काल को अवियोज्य रीतिस से मान लेने पर एक-दूसरे को शून्य रहने से बचाते हैं।

गुण-सम्बन्धी विप्रतिषेध

पक्ष—सरल द्रव्य, अर्थात् परमाणुओं के अतिरक्ति अन्य कुछ भी सत्य नहीं है।

यदि यौगिक द्रव्य का निर्माण सरल परमाणुओं के योग से न हो, तो यौगिक द्रव्य के विनष्ट होने पर उनका लोप हो जायगा और अन्त में कुछ भी शेष न रह पायगा। परन्तु यौदिक द्रव्य आकस्मिक है, और सरल द्रव्य ही स्थायी तथा शाश्वत है।

प्रतिपक्ष—परमाणुओं की सत्ता स्वीकार नहीं की जा सकती है।

यदि परमाणु सत् हों, तो ये दिक् में ही सत् होंगे। पर जो कुछ दिक् में हो उसमें ऊपरी, निचला, दाहिना, बायाँ इत्यादि अंश रहते हैं। अतः अखण्ड्य, शाश्वत अणुओं की सरलता स्वीकार नहीं की जा सकती; क्योंकि सरल का अर्थ है कि वह, जो अंश रहित तथा अखण्डित हो।

सम्बन्ध पर आधारित विप्रतिषेध

पक्ष—स्वतंत्र कारण हो सकता है और सभी कुछ कारण-कार्य से नियन्त्रित नहीं है।

यदि सभी घटनाओं की व्याख्या कारण-कार्य के आधार पर की जाय, तो वर्तमान घटनाओं का कारण भूत कारण होंगे और इन भूत घटनाओं के भी अन्य भूत कारण होंगे, इस रीति अनवस्था का दोष (Regressus and infinitum) हो जायगा। इसलिए इस दोष से बचने के लिए हमें स्वीकार करना चाहिए कि कोई ऐसा स्वतंत्र कारण है, जिसने सांसारिक घटनाओं का प्रारम्भ किया है।

प्रतिपक्ष—स्वतंत्र कारण सम्भव नहीं है और सभी कुछ नियतिवाद से जकड़ा हुआ है।

यदि हम मान लें कि बिना किसी कारणवश घटनाएँ हुआ करती हैं तो किसी घटना की व्याख्या न हो पायगी। अतः हमें स्वीकार करना चाहिए कि कोई भी घटना बिना कारण के नहीं हो सकती, और इसलिए स्वतंत्र कारण सम्भव नहीं हो सकता है।

विधि-सम्बन्धी विप्रतिषेध

पक्ष—विश्व में या इसके किसी भाग में विश्व का निरपेक्ष तथा अनिवार्य आधार है।

विश्व में अनेक घटनाएँ हुआ करती हैं। ये अनिवार्य नहीं लगती हैं। इसलिए हमें इनका कारण खोजना पड़ता है पर यह कारण भी आपतिक या आकस्मिक मालूम देते हैं। जैसे—धान के अच्छे होने का कारण अच्छी वर्षा कही जाती है, पर क्यों जल से धान अच्छा होता है, यह आकस्मिक मालूम देता है। पर घटनाओं की व्याख्या आकस्मिक कारण या कारणों की शृंखला नहीं कही जा सकती है। अतः, विश्व की सारी घटनाओं की व्याख्या अन्त में अनिवार्य तथा निरपेक्ष सत्ता के आधार पर की जा सकती है।

फिर, यह निरपेक्ष तथा अनिवार्य सत्ता विश्व में ही होगी; क्योंकि घटनाओं का प्रारम्भ काल में ही हो सकता है, जो विश्व का गुण है। अतः विश्व का अनिवार्य कारण विश्व-निहित हो सकता है।

प्रतिपक्ष—न तो विश्व में और न इसके बाहर विश्व का कोई निरपेक्ष तथा अनिवार्य आधार है।

विश्व की सारी घटनाएँ दिक् और काल में देखी जाती हैं, जिन्हें हम प्रातिभासिक सत्ता मानते हैं। पर सभी प्रातिभासिक सत्ताएँ नियतिवाद से जकड़ी हुई हैं और कोई भी घटना निरपेक्ष नहीं दीखती है। इसलिए प्रातिभासिक दृष्टिकोण से कोई भी निरपेक्ष तथा अनिवार्य सत्ता नहीं दिखाई देती है। यदि कोई सत्ता विश्व में हो तो वह दिक् और काल में रहने के कारण प्रातिभासिक न कि पारमार्थिक, और इसलिए नियतिवाद से जकड़ी हुई होगी। पर यदि यह सत्ता दिक् और काल से शून्य में हो, तो शून्य में न कोई घटना रह सकती और न प्रारम्भ हो सकती है।

अतः न विश्व में और न विश्व से परे कोई निरपेक्ष तथा अनिवार्य सत्ता हो सकती है।

विप्रतिषेध विचार मानसिक रूपीकरण-प्रवृत्ति का चरम विकास है, जो हमारी ज्ञेय वस्तुओं के सम्बन्ध में पाया जाता है। जब हमारे प्रागनुभविक रूपों से प्रत्यक्षों के सम्बद्ध करने पर ज्ञान प्राप्त हो जाता है, तब रूपीकरण की प्रवृत्ति प्रतयक्षातीत विषयों के प्रति भी सम्बद्धता प्रदान करके ज्ञान-उत्पन्न करना चाहती है। इस प्रकार की चरम सम्बद्धता में मानव के चरम लक्ष्य छिपे हुए हैं। हम जानना चाहते हैं कि वास्तव में हम स्वतंत्र है या नियतिवाद से जकड़े हुए हैं-क्या इस विश्व का कोई सृजनहार है या सृष्टि स्वयंभू तथा शाश्वत है। इन प्रश्नों का कोई संतोषजनक उत्तर नहीं हो सकता है और इसलिए दर्शन के इतिहास में कोई एक पक्ष को और कोई विरोधाभास के दूसरे प्रतिपक्ष को अपनाता हुआ दिखाई देता है। व्यावहारिक, नैतिक तथा धार्मिक दृष्टिकोण से विचारक प्रतिषेध के पक्षों को अपनाकर कहते हैं कि इस विश्व की सृष्टिकत्त्म है, जिसने विश्व की सृष्टि की है; और प्रत्येक व्यक्ति नैतिक निर्णयों में स्वतंत्र है तथा सरल आत्मा को धारण करके वह अमर है। परन्तु अनुभव पर आश्रित रहकर वैज्ञानिक विचारक प्रतिपक्षों को ही अपनाता है और वह सृष्टि को स्वयंभू, शाश्वत तथा स्वसंचालित मानता है और कहीं भी वह स्वतंत्र कारण को स्वीकार नहीं करता है। यदि दोनों प्रकार के विचारक अपने पक्षों के केवल आदर्श रूप में रखकर हठवादी न हो जायँ, तो इससे लाभ अवश्य हो सकता है। अनुभववादी प्रतिपक्षों के आधार पर स्वतंत्र कारण इत्यादि को अस्वीकार करता हुआ वैज्ञानिक ज्ञान का परिवर्द्धन करेगा, तथा पक्षों को ग्रहण करनेवाला विचारक धर्म तथा नीति की संरक्षा कर सकेगा।

'Without unbroken causal connection, there is no nature without freedom, no morality : without a deity, no religion.'

(18) प्रज्ञा का परम आदर्श (*Ideal of Reason*)

विश्व-सम्बन्धी प्रज्ञात्मक प्रत्यय से इसलिए ज्ञान असिद्ध ठहरता है कि विश्व के प्रति हमें पक्ष और प्रतिपक्ष दोनों सही मालूम देते हैं और फिर वे परस्पर-विरोधी हैं। अतः, यहाँ स्पष्ट हो जाता है कि मानव अपने ज्ञान के सीमान्त पर पहुँच गये हैं। पर, रूपीकरण की प्रवृत्ति ज्ञान की पूर्णता प्राप्त करने के निमित्त हमारे मन को व्याकुल करती है और हम बराबर ज्ञान-सीमा को पार करने के लिए उतावले हो जाते हैं। प्रज्ञात्मक मनोविज्ञान प्रज्ञात्मक विश्व-विज्ञान के अतिरिक्त प्रज्ञा, ज्ञाता और ज्ञेय, दोनों की विशाल तथा पूर्ण समष्टि को किसी एक व्यक्ति की कल्पना कर प्राप्त करना चाहती है। प्रज्ञा इस ज्ञान के महान् आदर्श से प्रेरित होकर विचार करती है कि एक ईश्वर है, जिसमें सम्पूर्ण ब्रह्माण्ड और पूर्ण ज्ञान निहित है। अतः, ईश्वर सम्बन्धी प्रज्ञात्मक प्रत्यय में शाश्वत, ज्ञाता-रूप और विश्व की सम्पूर्णता, दोनों का सम्मिश्रण है। अतः, ईश्वर सम्बन्धी प्रज्ञात्मक प्रत्यय में शाश्वत, ज्ञाता-रूप और विश्व की सम्पूर्णता, दोनों का सम्मिश्रण है। चूँकि प्रज्ञात्मक आत्मा और विश्व की सम्पूर्णता-सम्बन्धी ज्ञान दोनों आदर्श ज्ञान के रूप हैं, इसलिए ईश्वर-सम्बन्धी ज्ञान को मानव-ज्ञान का परम आदर्श कहा जा सकता है।

यदि मानव अपने ज्ञान की पूर्णता को ईश्वर-ज्ञान के आधार पर प्राप्त करना चाहता है, तो भी इससे वास्तविक ज्ञान नहीं समझा जा सकता है। वास्तविक ज्ञान वही है जिसकी आधारशिला प्रत्यक्ष पर जमी हो। पर ईश्वर को कोई भी न देख सकता और न किसी इन्द्रिय से अनुभव कर सकता है। अतः, केवल प्रत्ययों के आधार पर ईश्वर-विज्ञान केवल खोखला ज्ञान है। यह इसी से स्पष्ट हो जाता है कि सभी प्रमाण, जो ईश्वर के अस्तित्व के सम्बन्ध में बताये गये हैं, अयुक्तिसंगत ठहरते हैं। इसलिए हम ईश्वर के अस्तित्व के प्रमाण के खोखलेपन को काण्ट की युक्तियों के अनुसार इस रीति से स्पष्ट कर सकते हैं।

तत्त्व या सत्ता-सम्बन्धी प्रमाण (*Ontological Proof*)

अन्सेल्म, देकार्त और *लाइबनित्स* ने ईश्वर की सत्ता को वास्तविक प्रमाणित करने के लिए सत्ता-सम्बन्धी प्रमाण दिया है। इस प्रमाण के अनुसार, हमारे मन में पूर्ण सत्ता की धारणा है और इसलिए यह धारणा केवल कोरी कल्पना न होकर अवश्य ही वास्तविक सत्ता के सम्बन्ध में होगी। ईश्वर की वास्तविकता (actuality or existence) उस पूर्ण द्रव्य के प्रत्यय से उसी प्रकार टपकती है जिस प्रकार से त्रिभुज का त्रिकोणाकार उसके प्रत्यय से ही ध्वनित होता है। संक्षेप में, प्रत्ययों के आधार पर ही वास्तविकता सिद्ध की जा सकती है।

यहाँ *काण्ट* का कहना है कि वास्तविकता केवल इन्द्रिय-ज्ञान से प्राप्त की जा सकती है। प्रत्ययों से वास्तविकता नहीं प्राप्त की जा सकती है। प्रत्यय चाहे साधारण वस्तुओं के विषय में हो या पूर्ण द्रव्य के विषय में, वे वास्तविकता नहीं प्राप्त कर सकते हैं। हम आसानी से प्रत्यय बना सकते हैं कि हमारे पॉकेट में 100 रुपये हैं, पर इससे यह सिद्ध नहीं होता है कि हमारे पास 100 रुपये हैं! यदि केवल प्रत्ययों की रचना से ही वास्तविकता प्राप्त हो जाती तो कोई भूखा, नंगा और दरिद्र न होता। भूखा व्यक्ति मालपुआ तथा रसगुल्ला का प्रत्यय बनाकर अपनी भूख शान्त कर लेता। जिस साम्यानुमान (analogy) के आधार पर सत्तात्मक प्रमाण दिया गया है, वह दोषपूर्ण अनुमान है। त्रिभुज की परिभाषा से त्रिकोणाकारपन का निष्कर्ष सिद्ध होता है। पर त्रिकोणाकारपन केवल एक प्रत्यय है। एक प्रत्यय से अन्य अन्तर्ध्वनित प्रत्ययों की स्थापना की जा सकती है। पर सत्तात्मक प्रमाण में प्रत्यय के आधार पर वास्तविकता की स्थापना की जाती है, जो किसी भी प्रत्यय का धर्म नहीं है।

ह्यूम और *काण्ट* दोनों ने सत्तामूलक प्रमाण की आलोचना की है और इस आलोचना का मुख्य सिद्धान्त है कि अस्तित्व (वास्तविकता-existence) वस्तुओं का कोई गुण नहीं है।

अस्तित्व और गुण के अन्तर को देकार्त के दर्शन ने ईश्वर के अस्तित्व के सन्दर्भ में स्पष्ट कर दिया है। जब कहा जाता है कि अस्तित्व वस्तुओं का कोई गुण नहीं है तो इससे अभिव्यंजित होता है कि अस्तित्व वस्तुओं का ठोसपन, भारीपन, कालेपन इत्यादि के समान गुणवाची पद नहीं है। उदाहरणार्थ, जब कहा जाता है कि कलम काली है तो कलम का यह कालापन अन्य सभी उजले कलम से किसी अमुक कलम को भिन्न करता है। इस सन्दर्भ में तीन निम्नलिखित उदाहरणों को लें:—

(1) यह कलम भारी और काली है।

(2) यह कलम हल्की और उजली है।

(3) यह कलम अवास्तविक है।

अब 1 और 2 में भारी-हल्का तथा काला-उजला वस्तुओं का गुण है। इस रूप में वास्तविक तथा अवास्तविक कोई गुण नहीं है। 'कलम' शब्द के उच्चारण करने पर कलम की भावना किसी के मन में ज्यों-की-त्यों बनी रहती है चाहे हम कलम को वास्तविक कहें या अवास्तविक। इसी प्रकार यदि हम 'ईश्वर' पद का अर्थ समझते हैं तो अवास्तविक ईश्वर भी उसी प्रकार की भावना रहेगा जिस प्रकार का वास्तविक ईश्वर एक भावना होती है। जब अस्तित्व किसी प्रकार का गुण है ही नहीं, जो इस अस्तित्व को अनिवार्य कहना अयुक्तिपूर्ण हो जाता है। हाँ, कलम के सन्दर्भ में हम कह सकते हैं कि अमुक कलम लाल है, या लाल नहीं है, क्योंकि लाली वस्तुओं का गुण है, जो अस्तित्व नहीं है। पर यदि मान लिया जाय कि ईश्वर हमारे प्रत्यक्ष का विषय है, तो ईश्वर-सम्बन्ध अभिकथन तथ्यात्मक हो जाता है, और तथ्यात्मक अभिकथन कभी भी अनिवार्य नहीं हो सकते क्योंकि हम इसके विपक्ष में सोच सकते हैं।

आगे चलकर *केअर्ड* ने जो प्रत्यय को ही परम सत्ता मानते हैं, सत्तामूलक प्रमाण को सही सिद्ध करने का विफल प्रयास किया है। *केअर्ड* के अनुसार ईश्वर-प्रत्यय निरपेक्ष सत्ता है। चूँकि परम प्रत्यय निरपेक्ष सत्ता है, इसलिए ईश्वर की प्रत्यय के अनुरूप अवश्य ही वास्तविकता भी होगी। *केअर्ड* के अनुसार ईश्वर-प्रत्यय, अन्य सभी साधारण प्रत्ययों से भिन्न, एक और केवल एक ही ऐसा प्रत्यय है जिसके अनुरूप वास्तविकता न स्वीकारने पर विचारों में आत्मव्याघात (self-contradiction) चला आता है। अतः इन आलोचकों के अनुसार, ईश्वर के प्रत्यय से अनिवार्य रूप से ईश्वर का अस्तित्व प्रमाणित होता है। काण्ट इस आलोचना का प्रत्युत्तर प्रस्तुत करते हुए बताते हैं कि प्रत्ययों के आधार पर किसी वस्तु के वास्तविक होने की सम्भावना की कल्पना की जा सकती है, पर अस्तित्व के प्रत्यय से किसी भी वस्तु की (चाहे वह साधारण हो या असाधारण) वास्तविकता सिद्ध नहीं की जा सकती है। यदि हम संश्लेषात्मक (Synthetic) तथा विश्लेषात्मक (analytic) वाक्यों का भेद करें, तो देखेंगे कि analytic वाक्यों में अनिवार्यता पायी जाती है, पर वह प्रत्ययात्मक (conceptual) अनिवार्यता ही है। Synthetic वाक्यों के विधेय का निषेध हम बिना किसी अयुक्ति के कर सकते हैं। यदि ईश्वर का अस्तित्व विश्लेषात्मक वाक्य का विधेय है, तो हम कह सकते हैं कि 'ईश्वर' से उसके अन्तर्निहित अस्तित्व-प्रत्यय अनिवार्य रीति से सिद्ध होता है। पर यहाँ ईश्वर का अस्तित्व केवल प्रत्यय है, न कि वास्तविक सत्ता। परन्तु यदि हम कहें कि ईश्वर का अस्तित्व, संश्लेषात्मक वाक्य का विधेय है तो हम बिना किसी अयुक्ति के इसका निषेध कर सकते हैं। अतः, ईश्वर की वास्तविक सत्ता, ईश्वर-सम्बन्धी प्रत्यय से सिद्ध नहीं हो पाती है।

विश्व-सम्बन्धी कारण-कार्यमूलक प्रमाण

हम लोगों ने पाया कि सत्तामूलक ईश्वर के अस्तित्व का पूर्वानुभविक प्रमाण इसलिए दोषपूर्ण सिद्ध हो गया है कि हम अनुभूत वस्तुओं से अपनी युक्तियों को प्रारम्भ नहीं करते हैं। इस कमी को पूरा करने के लिए विश्वाश्रित (cosmological) प्रमाण दिया जाता है।

हमारा विश्व के प्रति जो कुछ अनुभव होता है, उससे बोध होता है कि सभी वस्तुएँ आपातिक (contingent) हैं। अतः, सभी आपातिक वस्तुओं की व्याख्या के लिए हमें इनके अनिवार्य आधार-कारण ईश्वर के अस्तित्व को स्वीकार कर लेना चाहिए। इस तरह का प्रमाण *देकार्त* और *लाइबनित्स* ने भी दिया था। इनके अनुसार सभी घटनाओं की व्याख्या कारण-कार्य के सिद्धान्त के द्वारा की जाती है। पर 'क' का कारण 'ख' और 'ख' का कारण 'ग' है, इत्यादि। इस प्रकार के कारण कार्य के सिद्धान्त के द्वारा की जाती है। पर 'क' का कारण 'ख' और 'ख' का कारण 'ग' है इत्यादि। इस प्रकार के कारण-कार्य को व्याख्या में अपरिमित प्रतीपगमन करना पड़ता है। अतः, हमें इसे अपरिमित प्रतीपगमन के दोष से बचने के लिए स्वीकार करना चाहिए कि सभी कारण-कार्य की शृंखला का भी कोई ऐसा कारण होना चाहिए, जिससे और कोई प्रतीपगमन न हो पाये। अतः, इस आधार-कारण की अनिवार्य, निरपेक्ष सत्ता होना चाहिए।

पहली बात है कि आपातिक सत्ता का आधार-कारण अनिवार्य रूप आपातिक ही हो सकता है। आपातिक (contingent) से हम अनिवार्य सत्ता नहीं प्राप्त कर सकते हैं, क्योंकि इन दोनों के बीच किसी प्रकार का लगाव है ही नहीं। फिर, यदि हम मान भी लें कि आपातिक घटनाओं से अनिवार्य सत्ता (necessary being) ध्वनित होती है तो इससे यह सिद्ध नहीं होता है कि इस अनिवार्य सत्ता की वास्तविकता है। अनिवार्य सत्ता केवल प्रत्यय-मात्र है और प्रत्यय से वास्तविकता स्थापित नहीं की जा सकती है। अतः, विश्व सम्बन्धी प्रमाण भी वास्तव में, सत्तामूलक प्रमाण पर आश्रित है। चूँकि, सत्तामूलक प्रमाण अयुक्तिसंगत ठहरता है, इसलिए कारण-कार्यमूलक प्रमाण से भी अनिवार्य सत्ता, अर्थात् ईश्वर की वास्तविकता सिद्ध नहीं होती है।

विश्व सम्बन्धी प्रमाण *(Cosmological Proof)*

सत्तामूलक प्रमाण को *काण्ट* ने पूर्णतया प्रागनुभव (a priori) कहा है जिसमें ईश्वर के प्रत्यय मात्र से ईश्वर के अस्तित्व का प्रत्यय सिद्ध हो सकता है। पर प्रत्यय या विचार को स्थूल वास्तविकता नहीं माना जा सकता है। पुलाव की कल्पना करने पर पुलाव क्या जूठा भात भी नसीब नहीं हो सकता है। वास्तविकता देश-काल में केवल इन्द्रियानुभव से प्राप्त होती है। इसलिए ईश्वर की वास्तविकता को सिद्ध करने के लिए अनुभूत आधार का सहारा लेना चाहिए। अतः, विश्व विषयक प्रमाण में अनुभूत विश्व को आधार मानकर ईश्वर की वास्तविकता को सिद्ध करने का प्रयास किया गया है।

समकालीन युग में वैश्विक प्रमाण के दो रूप बताये जाते हैं, अर्थात् विश्व की आपातिकता (contingency) से अनिवार्य सत्ता (necessary being) सिद्ध की जाती है और फिर विश्व की अनन्त कारणिक शृंखला के आधार पर आदि कारण (first cause) की कल्पना की जाती है। काण्ट ने वैश्विक प्रमाण के दोनों रूपों को मिला-जुलाकर वैश्विक प्रमाण की व्याख्या की है।

विश्व पर दृष्टिपात करने से मालूम देता है कि विश्व अनन्त घटनाओं की शृंखला है। इसलिए क-घटना की व्याख्या, ख—द्वारा और ख की व्याख्या, ग—द्वारा और ग ही व्याख्या इसी क्रम में करनी पड़ती है। परन्तु कारणिक व्याख्या करने में हम कितना ही प्रतीपगमन क्यों न करें कोई भी ऐसा कारण नहीं स्वीकारा जा सकता है, जिसे अन्तिम कारण कहा जाय अतः, व्याख्या को पूरी करने के लिए तथा अनवस्था-दोष Regressus ad infinitum से बचने के लिए आदि कारण (first cause) को मान लिया जाता है और इसी आदिकारण को 'ईश्वर' की संज्ञा दी जाती है (PR. 290)।

इसी वैश्विक प्रमाण को *काण्ट* ने आपातिकता के आधार पर भी स्पष्ट किया है। आपातिक वह है जो अन्य किसी घटना पर निर्भर रहता है; जो अभी है, पर जिसके दूसरे क्षण में नहीं होने की सम्भावना बनी रहती है और जिसे आत्मनिर्भर अथवा आत्माश्रयी नहीं कहा जा सकता है। अब विश्व की कोई ऐसी वस्तु नहीं है जिसके किसी दूसरे क्षण में नहीं रहने की कल्पना नहीं की जा

सकती है। यदि ऐसी बात हो तो अनन्त काल में सभी वस्तुओं को एक-एक करके विलीन हो जाना चाहिए था और इस समय शून्य (void) रहना चाहिए था। परन्तु वस्तुएँ हैं; कम-से-कम दार्शनिक चिन्तक अवश्य है। इसलिए केवल आपातिक ही वस्तुएँ नहीं हो सकती हैं। आपातिक के अतिरिक्त अवश्य ही कोई अनिवार्य सत्ता होगी जो आत्माश्रयी है और जो अन्य सभी आपातिक वस्तुओं को आश्रय देकर उन्हें अपनी वास्तविकता में धारण किये हुए हैं। अतः घटनाओं की आपातिकता से अनिवार्य सत्ता का होना सिद्ध होता है। इसी अनिवार्य सत्ता को 'ईश्वर' की संज्ञा दी जाती है।

सन्त टामस द्वारा प्रस्तुत वैश्विक प्रमाण के दोनों रूपों की *काण्ट* ने बड़ी आलोचना की है। वैश्विक प्रमाण के कारणिक रूप के सन्दर्भ में काण्ट ने कहा है कि कारण-कार्य की कैटिगरी (मूल प्रत्यय) आभासिक जगत् की घटनाओं की व्याख्या करने के हेतु उचित और न्यायसंगत स्वीकारी जाती है। पर इस कारण-कार्य के आधार पर परम तत्त्व को आदि-कारण नहीं कहा जा सकता है। जब तक प्रत्यक्ष न प्राप्त हो तब तक कारण-कार्य को उचित रूप से काम में नहीं लाया जा सकता है। इन्द्रियातीत ईश्वर को कारण नहीं कहा जा सकता है। दूसरी बात है कि वैश्विक घटनाओं की शृंखला की व्याख्या करने के लिए हम प्रतीपगमन करते हैं पर परम तत्वों की दुनिया में यह शृंखला नहीं पाई जाती हैं, और जब यह शृंखला नहीं पाई जाती है तो तत्सम्बन्धी कारण-कार्य का सिद्धान्त भी सम्भव नहीं हो पाता है। फिर हम ईश्वर को आदिकारण कहकर कारण-काय्र की खोज को समाप्त करने की व्यवस्था करते हैं। पर यह एक मनमानी चाल है। हम क्यों नहीं इस आदिकारण का भी कारण खोजें? यदि आदिकारण बिना किसी कारण के सम्भव हो सकता है तो क्यों नहीं किसी अन्य घटना को भी अकारण स्वीकारा जाय? ऐसा मान लेने से तो स्वयं कारण-कार्य सिद्धान्त को छोड़ने के बराबर कहा जायगा। अतः, आदिकारण के परम प्रत्यय को न्यायसंगत नहीं माना जा सकता है।

वैश्विक प्रमाण के दूसरे रूप की भी काण्ट ने कड़ी आलोचना की है। काण्ट का कहना है कि ऊपर ऐसा प्रतीत होता है कि यहाँ विश्व के अनुभूत लक्षण की सहायता ली जा रही है। एक-एक करके विश्व की घटनाओं का निरीक्षण करके देखा जाता है कि ये सभी अनुभूत घटनाएँ आपातिक हैं और आपातिकता के आधार पर अनुमानित किया जाता है कि सभी आपातिक वस्तुओं का आधार अनिवार्य सत्ता है और चूँकि 'अनिवार्य सत्ता' का अर्थ ही है कि वह सत्ता जिसके नहीं होने की कल्पना भी नहीं की जा सकती है, इसलिए निष्कर्ष स्थापित किया जाता है कि अनिवार्य सत्ता के रूप में ईश्वर भी है। पर क्या यह प्रमाण आनुभविक तथा सत्तामूलक प्रमाण से भिन्न है?

सर्वप्रथम *काण्ट* का कहना है कि इस वैश्विक प्रमाण को आनुभविक नहीं समझना चाहिए क्योंकि आपातिकता वस्तुओं का कोई इन्द्रियानुभविक लक्षण नहीं है। यह अनुभूत वस्तुओं का अतिसामान्य अमूर्त्त (abstract) लक्षण है, जिसे अनुभवाश्रित कठिनाई से कहा जा सकता है। फिर आपातिकता के द्वारा निष्कर्ष स्थापित किया जाता है कि आपातिक वस्तुओं का आधार अनिवार्य सत्ता ऐसा प्रत्यय है इसके अनुरूप वास्तविकता (Existence) अवश्य होगी। इसलिए ईश्वर भी वास्तविक हैं। अतः वैश्विक प्रमाण का मुख्य उद्देश्य यही है कि यह अनिवार्य सत्ता के प्रत्यय को स्थापित करे और इस अनिवार्य सत्ता से ईश्वर की वास्तविकता सिद्ध करे। परन्तु ऐसा करने पर तो यह सत्तामूलक प्रमाण का रूप धारण कर लेता है। जिस प्रकार पूर्ण (perfect) ईश्वर की भावना से ईश्वर का अस्तित्व सिद्ध किया जाता है, उसी प्रकार 'यहाँ अनिवार्य सत्ता' की भावना से ईश्वर का अस्तित्व सिद्ध किया जा रहा है। अतः वैश्विक प्रमाण वास्तव में सत्तामूलक का ही छद्म (disguided) रूप है। अब यदि सत्तामूलक प्रमाण ईश्वर के अस्तित्व को सिद्ध करने में असमर्थ होता है तो वैश्विक प्रमाण भी भावनाओं के चक्कर में रहकर 'अनिवार्य सत्ता' के प्रत्यय से बाहर नहीं निकलने के कारण ईश्वर के अस्तित्व को नहीं सिद्ध कर सकता है।

उद्देश्यमूलक प्रमाण (*Teleological Proof*)

इस प्रमाण के अनुसार जहाँ तक मानव अनुभव-प्राप्त होता है, वहाँ तक सम्पूर्ण विश्व में क्रम, व्यवस्था, साधन-साध्य की सम्बद्धता दिखाई देती है। पर क्या साधनों की ऐसी व्यवस्था, जिससे निश्चित लक्ष्य की पूर्ति होती हो, बिना किसी उद्देश्य के हो सकती है? क्या इससे महती बुद्धि का उद्देश्य परिलक्षित नहीं होता है? अतः, प्राकृतिक समरूपता, व्यवस्था, सौन्दर्य आदि से स्पष्ट होता है कि कोई परम सत्ता है, जिसने इस विश्व की रचना अपने उद्देश्य की पूर्ति के लिए की है।

काण्ट ने उद्देश्यमूलक प्रमाण को श्रद्धा की निगाह से देखा है और इसके सम्बन्ध में लिखा है, *'This proof always deserves to be mentioned with respect. It is the oldest, the clearest, and the most accordant with the common reason of mankind.'* फिर भी काण्ट के अनुसार इस प्रमाण को युक्तिसंगत नहीं माना जा सकता है। पहली बात यह है कि यह युक्ति केवल साम्यानुमान का उदाहरण है और इसलिए इसका निष्कर्ष असंदिग्ध नहीं हो सकता है। फिर इस उद्देश्यमूलक प्रमाण से इतना ही सिद्ध हो सकता है कि विश्व का कोई शिल्पकार (architect) है, न कि इस विश्व का कोई सृष्टिकर्ता (creator) है। सृष्टिकर्ता वह है, जो विश्व के उपादान और उसके रूप—दोनों का रचयिता हो। पर शिल्पकार वह है, जो किसी दी गयी सामग्री या उपादान में बाहर से रूप आरोपित करता है। उद्देश्यमूलक प्रमाण के अनुसार विश्व की व्यवस्था तथा सम्बद्धता स्वयं विश्व से ही अपने-आप नहीं हो सकती है, इसलिए किसी सृजनहार परम सत्ता ने बाहर से इसमें व्यवस्था आरोपित की है। अतः, इससे स्पष्ट हो जाता है कि भौतिक पदार्थ पहले से मौजूद थे और इसे ईश्वर ने नहीं रचा है। इसलिए ईश्वर पूर्वस्थित भौतिक पदार्थ से परिमित हो जाता है। अतः, उद्देश्यमूलक प्रमाण से अपरिमित, निरपेक्ष, परम सत्ता का अस्तित्व सिद्ध नहीं होता है।

निष्कर्ष—यदि तीनों प्रमाणों को एक साथ देखा जाय तो हम पाते हैं कि मानव की दृष्टि घटनाओं के बीच की व्यवस्था पर जाती है, और इन विशिष्ट व्यवस्थाओं को ध्यान में रखकर मानव विश्व की आपातिक घटनाओं की ओर अग्रसर होता है और अन्त में आपातिकता के द्वारा वह अनिवार्य सत्ता की भावना प्राप्त कर सत्तामूलक प्रमाण को ग्रहण कर लेता है। अतः, मानव चिन्तन का क्रम विशिष्ट लक्षणों से प्रारम्भित होकर आपातिकता के सामान्य एवं अमूर्त्त भावना (abstract) से होकर प्रागनुभविक प्रत्यय में लय हो जाता है। इसलिए काण्ट के अनुसार सत्तामूलक एकमात्र प्रमाण है जो अन्य सभी प्रमाणों की जड़ में पाया जाता है। काण्ट के अनुसार तीनों प्रमाण सत्तामूलक प्रमाण के विभिन्न चरण हैं। विश्व की विशालता, क्रमबद्धता तथा व्यवस्था देखकर चिन्तक इस विश्व के स्रष्टा का विचार करने लगता है। जब वह विश्व के स्रष्टा के स्थान पर केवल शिल्पकार (architect) ईश्वर ही को स्थापित कर पाता है, तब वह अपने लक्ष्य की सिद्धि करने के लिए वैश्विक प्रमाण की सहायता लेता है। पर वैश्विक प्रमाण तो अन्त में सत्तामूलक प्रमाण का ही छद्म रूप है। अतः, सभी प्रमाण अन्त में सत्तामूलक प्रमाण के ही विभिन्न चरण हैं। (PR.—pp. 277, 294, 297-98)

प्रज्ञात्मक प्रत्ययों की उपयोगिता

प्रज्ञात्मक प्रत्ययों के द्वारा वास्तविक ज्ञान नहीं हो सकता है और यदि इसे हम ज्ञान मान लें तो हममें transcendental भ्रम उत्पन्न हो जाता है। पर प्रज्ञात्मक प्रत्यय प्रयोजनहीन नहीं है; क्योंकि इनकी भी मानव-ज्ञान में अपनी उपयोगिता है।

(1) प्रज्ञात्मक प्रत्ययों के द्वारा प्रज्ञात्मक मनोविज्ञान, विश्व-विज्ञान तथा ईश्वर-विज्ञान मानव के ज्ञान के चरम उद्देश्य की ओर संकेत करते हैं, ताकि उन्हें हम अपने दृष्टिकोण में रखकर अपने

प्रातिभासिक जगत् के ज्ञान को यथासम्भव सम्बद्ध बनायें। अतः, प्रज्ञा के प्रत्यय ज्ञान के नियामक अंग नहीं, पर वे इसके नियामक संघटक (regulative) पदार्थ हैं।

(2) प्रज्ञा के प्रत्यय हमारे ज्ञान के सीमान्त (limiting) उदाहरण हैं, जो बोध कराते हैं कि ज्ञान-मीमांसा पार कर हम किसी प्रकार का वास्तविक ज्ञान प्राप्त नहीं कर सकते हैं।

(3) जिस प्रकार से संवेदन-शक्ति के रूप समझ की मूलधारणाओं के द्वारा सम्बद्ध होते हैं, उसी प्रकार समझ की मूल धारणाएँ प्रज्ञा के तीन प्रत्ययों के द्वारा सम्बद्धता को प्राप्त करती हैं। संवेदन तथा विचार-शक्ति पदार्थों या वस्तुओं का वास्तविक ज्ञान प्रदान करती है, पर प्रज्ञा के प्रत्यय आदर्श प्रदान करते हैं। इसी को दूसरे शब्दों में हम कह सकते हैं कि संवेदन और विचार-शक्ति का सम्बन्ध उन विषयों से है जो तथ्य है; पर प्रज्ञा का सम्बन्ध उन आदर्शों से है, जिन्हें होना चाहिए (Ought to be)।

(4) यह ठीक है कि ईश्वर की वास्तविकता, आत्मा की अमरता तथा इच्छा की स्वतंत्रता ज्ञानातीत हैं। पर ज्ञानातीत रहने के कारण उनके प्रति सन्देह भी नहीं किया जा सकता है। इनके विषय में सन्देह करना उतना ही मूर्खतापूर्ण है, जितना उनके विषय में ज्ञान का हठ करना अयुक्तिसंगत है। दोनों के तर्क हवा से बातें करते हैं और छाया को सत्य मानकर उससे टक्कर लेते हैं। *'Both parties to the dispute beat the air, they worry their own shadow for they pass beyond nature to a region where their dogmatic grips find nothing to lay hold of.' Therefore, 'the sword of the sceptic and battering ram of the materialists fall harmless on vacuity.'*

(5) जब प्रज्ञा के प्रत्यय ज्ञानातीत सिद्ध हो जाते तो वे कोरी कल्पना नहीं कहे जा सकते हैं; क्योंकि उन्हें नैतिक या धार्मिक विश्वास का योग्य विषय माना जा सकता है। यद्यपि हम नहीं कह सकते हैं कि ईश्वर तथा इच्छा की स्वतंत्रता असंदिग्ध रीति से जानी जा सकती है, तथापि हम कह सकते हैं कि हमें निष्काम भाव से अपने कर्त्तव्यों का पालन करना चाहिए, मानों हम स्वतंत्र हैं और मानों न्यायाधीश ईश्वर पुण्यात्माओं को उनके किये का यथोचित फल देगा, इत्यादि।

(19) क्या काण्ट ने ह्यूम की समस्या का समाधान किया है?

ह्यूम की समस्या अनुभवजन्य नियमों (empirical laws) के सम्बन्ध में थी। हम रोटी खाते आये हैं और भूत अनुभूति के आधार पर नियम बताते हैं कि रोटी से शरीर की रक्षा होती है या पानी से प्यास बुझती है। यह नियम भविष्य में और सभी मानव के लिए सत्य माने जाते हैं। पर प्रश्न है कि इनका क्या आधार है, जिस पर से नियम टिके हुए हैं? प्रायः *ह्यूम* के समय में दार्शनिक कहते थे कि यह नियम कारण-कार्य के सिद्धान्त पर टिके हुए हैं। यही कारण है कि *ह्यूम* ने कारण-कार्य के सिद्धान्त के सम्बन्ध में अपनी गम्भीर गवेषणा प्रारंभ की थी।

ह्यूम अनुभववादी थे और इसलिए उनके अनुसार सभी भावनाएँ केवल अनुभव से ही सिद्ध की जा सकती हैं। यदि अग्नि और ताप के बीच कारण-कार्य का सम्बन्ध है तो इसे भी अनुभूति पर आधारित होना चाहिए। परन्तु *ह्यूम* ने तीक्ष्ण विश्लेषण के आधार पर स्पष्ट कर दिया है कि कहीं भी ऐसी घटनाएँ नहीं हैं, जिसके बीच कारण-कार्य का सम्बन्ध स्थापित किया जा सकता है। पर प्रश्न है कि यदि अग्नि और ताप के बीच किसी प्रकार का सार्वभौम तथा अनिवार्य कारण-कार्य का सम्बन्ध न हो तो हम क्यों समझते हैं कि अग्नि से ताप अवश्य ही होगा? यहाँ ह्यूम का कहना है कि अग्नि और ताप को इतनी अधिक बार हम लोगों ने एक साथ अनुभव किया है कि इनके बीच साहचर्य सम्बन्ध (relation of association) स्थापित हो गया है, और जब दो भावनाओं के बीच साहचर्य हो जाता है तब एक भावना के प्रस्तुत होने पर हम अनिवार्य रूप से दूसरी भावना की प्रतीक्षा करने लगते हैं। अतः, दो वस्तुओं के बीच अनिवार्यता (necessity)

का सम्बन्ध कहीं नहीं है पर अनिवार्यता मानसिक है और विषयीगत है, जिससे विवश होकर प्रत्येक व्यक्ति उन वस्तुओं के बीच अनिवार्य सम्बन्ध देखता है, जिनमें साहचर्य पाया जाता है। फिर, व्यक्तियों में अनिवार्यता के सम्बन्ध की प्रतीक्षा करने की आदत तथा परम्परा (custom) बन जाती है और जब कभी कोई घटना होती है, तब व्यक्ति उसका कारण खोज निकालना चाहता है। अतः, कारण-कार्य का सिद्धान्त वस्तुनिष्ठ नहीं पर आत्मनिष्ठ तथा काल्पनिक परम्परा है।

इसलिए यदि कहा जाय कि अनुभवजन्य नियमों का आधार-कार्य का सिद्धान्त है, तो *ह्यूम* का कहना है कि चूँकि कारण-कार्य का सिद्धान्त मनगढ़न्त तथा काल्पनिक परम्परा है, इसलिए वैज्ञानिक नियमों का कोई ठोस युक्तिसंगत आधार नहीं माना जा सकता है। अतः, वैज्ञानिक ज्ञान का भी कोई आधार नहीं है। इसी निष्कर्ष को ह्यूम का संशयवाद कहा जाता है।

काण्ट को विज्ञान में पूरी आस्था थी और साथ-ही-साथ उनके अनुसार वैज्ञानिक नियमों का आधार कारण-कार्य का सिद्धान्त था। इसलिए सर्वप्रथम, ह्यूम के संशयवाद की आलोचना करते हुए उन्होंने बताया कि यह कहना कि 'विज्ञानों में ज्ञान है ही नहीं', गलत है। वैज्ञानिक ज्ञान अनिवार्य तथा सर्वव्यापक रूप से सत्य होता है। कम-से-कम यह बात गणितशास्त्र में स्पष्ट है। अतः, काण्ट ने ह्यूम की आलोचना करके लिखा है कि ह्यूम ने अपनी समस्या तथा निष्कर्ष को संकीर्ण क्षेत्र ही में सीमित रखा है। यदि *ह्यूम* अपनी समस्या को व्यापक रूप में विज्ञान के क्षेत्र में देखते तो उन्हें उनकी कमी खटकने लगती।

'Among philosophers, David Hume...occupied himself exclusively with the synthetic proposition regarding the connection of an effect with its cause...and he believed himself to have shown that such as a 'priori' proposition is entirely impossible.'

...If he had envisaged out problem in all its universality, he would never have been guilty of this statement, so destructive of all pure philosophy. For he would then have recognised that, according to his own argument, pure mathematics as containing 'a priori' synthetic propositions would also not be possible; and from such an assortion his good sense would have saved him.' (Critique of Pure Reason, Introduction, p. 20) यहाँ ह्यूम ही आलोचना काण्ट ने ठीक नहीं की है; क्योंकि ह्यूम गणितीय निष्कर्ष को अनिवार्य तथा सार्वभौम मानते थे पर इनके अनुसार गणित का सम्बन्ध वास्तविक अनुभूतिजन्य नियमों से नहीं रहता है। ह्यूम की विशेष समस्या वास्तविक घटनाओं के बीच के अनुभूतिजन्य नियमों की सत्यता से सम्बन्ध रखती है। इस सम्बन्ध में ह्यूम के अनुसार वैज्ञानिक नियमों की सत्यता निराधार है।

काण्ट ने *ह्यूम* का प्रत्युत्तर देते हुए बतलाया है कि पदार्थ-विज्ञान में भी Synthetic Judgment 'a priori' है, अर्थात् अनिवार्य तथा सार्वभौम नियम हैं और ये नियम विशेष रीति से कारण-कार्य के सिद्धान्त पर आधारित हैं। परन्तु कारण-कार्य का सिद्धान्त प्रागनुभविक है और इसलिए इसे अनुभूति से सिद्ध ही नहीं किया जा सकता है। यदि ह्यूम ने कारण-कार्य के सिद्धान्त को अनुभवातीत पाया, तो इससे उन्हें सतर्क हो जाना चाहिए था। उन्हें समझना चाहिए था कि कारण-कार्य का सिद्धान्त प्रागनुभविक है और इसलिए उन्हें अपने अनुभववाद में संशोधन लाना चाहिए था। पर ह्यूम ने अनुभववाद की लीक को पकड़े रहकर कारण-कार्य के सिद्धान्त को साहचर्य के आधार पर स्पष्ट किया है। परन्तु साहचर्य-नियम भी मन के स्वरूप पर अनिवार्य रीति से निर्भर रहता है। इसके अनुसार भी कहना पड़ता है कि मन का ऐसा स्वरूप है कि साहचर्य के हो जाने पर एक वस्तु के प्रस्तुत रहने पर दूसरी वस्तु की प्रतीक्षा अनिवार्य रीति से होने लगती है। यहाँ काण्ट का कहना है कि ह्यूम ने कम-से-कम मन के स्वरूप के सम्बन्ध में अनिवार्यता ग्रहण

की है, अर्थात् मन का स्वरूप ऐसा है कि (क) इसकी प्रक्रियाओं के बीच साहचर्य हो जाता है; और (ख) सहचारी प्रक्रियाएँ ऐसी हैं कि एक के प्रस्तुत होने पर दूसरी प्रक्रिया अनिवार्य रीति से उभरने लगती है। मन के सम्बन्ध में मानव-मन के इस स्वरूप तथा विषयनिष्ठ अनिवार्यता को मानते हुए किसी भी प्रकार की व्याख्या नहीं हो सकती है। *'Experience does indeed show that one appearance customarily follows upon another, but not that this sequence is necessary...But as regards the empirical rule of 'assocation' which we must postulate throughout...upon what. I ask, does this rule, as a law of nature rest ? How is this association itself possible?'* (Pure Reason, p. 88)

संक्षेप में *काण्ट, ह्यूम* के अनुभववाद की आलोचना करते हुए बताते हैं कि गणित तथा पदार्थ-विज्ञान (physics) में Synthetic judgment a priori हैं। यदि विज्ञानों में नियम अनिवार्य तथा सार्वभौम हों, तो ये अनुभव से प्राप्त नहीं किये जा सकते हैं। अनुभव के आधार पर हम इतना ही कह सकते हैं कि अग्नि और ताप के बीच सम्बन्ध पाया जाता है, पर हम यह नहीं कह सकते कि अग्नि और ताप के बीच सम्बन्ध अवश्यमेव होगा। *'Appearances do indeed present cases from which a rule can be obtained according to which something usually happens, but they never prove the sequence to be 'necessary'. To the synthesis of cause and effect there belongs a dignity which cannot be empirically expressed, namely, that the effect not only succeeds upon the cause, but that it is posted through it and raises 'out of' it. This strict universality of the rule is never a characteristic of empirical rule...'* (N.K. Smith, *Pure Reason*, p. 78 फिर देखें पृ० 80) चूँकि सार्वभौम तथा अनिवार्य नियम अनुभव से प्राप्त नहीं हो सकते हैं, इसलिए काण्ट के अनुसार वैज्ञानिक नियमों की अनिवार्यता तथा सार्वभौमिकता प्रागनुभविक मानसिक देन है।

ह्यूम गणितिक नियमों को अनिवार्य इसलिए समझते थे कि ये प्रत्ययों के स्पष्टीकरण (explication) से प्राप्त किये जाते हैं और इसलिए ह्यूम की विशेष समस्या थी कि पदार्थ-विज्ञान के वस्तुनिष्ठ नियमों को कैसे अनिवार्य रूप से सिद्ध माना जाय। यहाँ ह्यूम ही समस्या का समाधान करते हुए काण्ट ने बताया है कि पदार्थ-विज्ञान के दो पक्ष हैं, अर्थात् शुद्ध (pure) पदार्थ-विज्ञान और यथार्थ (proper) पदार्थ-विज्ञान। Proper physics का सम्बन्ध वास्तविक विशेष नियमों से है और वास्तव में ह्यूम की समस्या अनुभवजन्य इन्हीं विशेष नियमों से सम्बन्ध रखती है। इस प्रसंग में काण्ट ने Pure physics के सम्बन्ध में दिखाया है कि बिना प्रागनुभविक समझ के प्रत्ययों के इसकी सम्भावना नहीं हो सकती है। अब Physics Proper के जितने विशेष (particualrs) नियम हैं, वे Pure physics के प्रागनुभविक नियमों पर आधारित माने जा सकते हैं।

परन्तु *काण्ट* के उपर्युक्त समाधान को अब सर्वमान्य नहीं समझा जा सकता है। Pure physics को वास्तव में पदार्थ-विज्ञान माना ही नहीं जाता है। अधिक-से-अधिक यही कहा जा सकता है कि विज्ञान-दर्शन के अनुसार सभी विज्ञानों में कुछ प्रारम्भिक (initial) मन्तव्य (postulates) होते हैं और जिन्हें काण्ट ने 'समझ के प्रत्यय' कहा है वे केवल विज्ञानों के प्रारम्भिक मन्तव्य हैं। इन मन्तव्यों के अनुसार विज्ञान-विचार संचालित होता है, पर इनसे विज्ञानों के विशेष नियम निर्मित नहीं होते हैं। स्वयं काण्ट ने लिखा है कि प्रत्ययों में वैज्ञानिक नियम सिद्ध नही किये जा सकते हैं। *'Special laws, as concerning those appearance which are empirically determined cannot in their specific character be 'derived' from the categories although they are one and all subjct to them. To obtain any knowledge whatsoever of these special laws we must resort to experience...'* (वही p.103) अतः, वास्तव में काण्ट ने ह्यूम के physics proper से सम्बन्ध रखनेवाली समस्या का समाधान

नहीं किया है। केवल इतना कहने से काम नहीं चल सकता है कि Physics Proper के नियम Pure physics पर आधारित हैं। यदि काण्ट वास्तव में दिखा देते कि Pure Physics से Physics proper के सभी नियम निकलते हैं तो वे ह्यूम की समस्या का समाधान कर देते और काण्ट ने यह काम नहीं किया है। काण्ट तो इतना ही समझते थे कि बिना कारण-कार्य के नियम को माने हुए वैज्ञानिक किसी नियम को स्थापित नहीं कर सकते हैं और यह कारण-कार्य का सिद्धान्त प्रागनुभविक हो सकता है। पर आज वैज्ञानिकों के लिए कारण-कार्य का सिद्धान्त आवश्यक नहीं समझा जा सकता है। अतः अधिक-से-अधिक हम यही कह सकते हैं कि ह्यूमी समस्या का काण्टीय समाधान अपने युग के लिए समीचीन था, पर समसामयिक दृष्टिकोण के अनुसार काण्टीय समाधान को सन्तोषजनक नहीं कहा जा सकता है।

परन्तु काण्टीय समाधान का मूल आधार है कि विज्ञानों में अनिवार्य तथा संश्लेषात्मक (synthetic) नियम पाये जाते हैं। इसके विपक्ष में *ह्यूम* का कथन था कि वैज्ञानिक नियम केवल संभाव्य (probably) हैं। यदि सभी वैज्ञानिक नियम केवल संभाव्य हों, तो काण्टीय प्रागनुभविक प्रत्ययों की आवश्यकता ही नहीं पड़ती है। समसामयिक विचारधारा में स्पष्ट कर दिया गया है कि यदि नियम अनिवार्य हो तो ये केवल विश्लेषात्मक (analytic) ही हो सकते हैं; और यदि यह नियम संश्लेषात्मक हों, तो यह अनिवार्य नहीं हो सकते हैं। इसलिए Synthetic judgments a priori को ही न्यायसंगत नहीं समझा गया है। अतः, काण्टीय समस्या ही दोषपूर्ण कही गयी है और इसके आधार पर जो कुछ काण्ट ने ह्यूम का समाधान किया है, उसे प्रसंगहीन समझा गया है। इसलिए हम कह सकते हैं कि *काण्ट* ने ह्यूमी समस्या का समाधान नहीं किया है।

(20) व्यावहारिक या नैतिक बुद्धि की समीक्षा (*Critique of Practical Reason*)

छिछली दृष्टि से ऐसा आभासित होता है कि *काण्ट* अज्ञेयवादीय और तत्त्व-मीमांसा के प्रति आपका निष्कर्ष नकारात्मक था। बात ऐसी नहीं है। *काण्ट* के चिन्त का मुख्य उद्देश्य था कि वे परम्परागत नीति (morality) और धर्म के दार्शनिक आधार पुष्ट करें। उन्होंने विज्ञान को आभासित जगत् में ही सीमित रखा है और तात्विक मत को दृढ़ भक्ति (faith) का विषय स्वीकार किया है। यह ठीक है कि काण्ट ने बताया है कि तात्विक विषय को विज्ञान वस्तु स्वीकारने से भ्रम के अतिरिक्त अन्य कुछ निष्कर्ष नहीं निकल सकता है। परन्तु यदि तात्विक विषयों को (ईश्वर, अमर आत्मा तथा सम्पूर्ण ब्रह्माण्ड) यथोचित रूप में समझा जाय, तो मानव की उच्चतर गति (सत्संकल्पी अमरजीव–eternal holy will) सम्भव हो सकती है। काण्ट की चेतावनी आज भी दर्शन का स्मरणीय पाठ कहा जा सकता है।

काण्ट ने स्पष्ट कहा है कि मानव अपने को आभासिक (phenomenal) जगत में सीमित नहीं रख सकता है। उसके अन्दर एक गहरी मनोवृत्ति (inclination) जो विचारकों को विज्ञान की लक्ष्मण-रेखा को पार करने के लिए उद्वेलित करती रहती है। ज्ञान की सीमा को पार करने पर अनुभवातीत भ्रम (transcendental ellusion) की सम्भावना आवश्यक-सी मालूम देती है। पर ज्ञानपिपासु मानव जिज्ञासा-प्रवृत्ति से उद्वेलित होकर सम्पूर्ण ब्रह्माण्ड, अमर आत्मा तथा ईश्वर को भी अपनी ज्ञानमुड़ी में ले आना चाहता है। निश्चय ही ऐसा दुःसाहस करना भ्रम को उत्पन्न करना एवं ज्ञान का अट्टहास करना होगा। पर मानव मानव है और मानव होने के नाते उसका दुःसाहस धृष्टतापूर्ण रहने पर भी क्षम्य है। यहाँ काण्ट ने दुःसाहसी मानव की उमपा उस नाविक से दी है जो समुद्रों के हिलकोरों की ललकार से उन्मत्त हो जाता है। नाविक जानता है कि समुद्र तट पर शान्ति और विश्राम का धाम बना रहता है। पर वह तो नाविक है। उसने समुद्र के गन्ध का अनुभव किया है। उसने समुद्र की ललकार को चुनौती माना है। भला ! वह नाविक अपने को कैसे समुद्र के आह्वान को सुनकर अनसुनी कर सकता है। वह अपनी छोटी नौका को समुद्र में डाल देता है। नाविक जानता है समुद्र की उत्ताल तरंगों से विताड़ित होकर समुद्री तूफानों के थपेड़ों से

झकझोरित होकर तथा बर्फीली चट्टानों से टक्कर खाकर उसकी नौका गहरे समुद्र में जलमग्न हो जायगी। पर नाविक नाविक है और समुद्र की ललकार को वह अनसुनी नहीं कर सकता है। तट की संरक्षा को त्याग कर वह जलमग्न होने के आह्वान को स्वीकार कर लेता है। पर क्या इस भयावह अन्तिम गति से बचने का कोई उपाय नहीं है?

मैं समझता हूँ कि *काण्ट* के अनुसार यदि तात्विक ज्ञान को वैज्ञानिक न मानकर, मानव परम तत्त्वों में अन्तर्निहित संकेतों को समझें तो मानव अपनी असली अन्तिम गति को प्राप्त कर सकता है। परम तत्त्व मानव से परे और अतीत आत्मनिहित विषय नहीं है। मानव को परम तत्त्वों से मिलकर अपने स्वरूप को प्राप्त करना होता है; और सर्वप्रथम काण्ट के अनुसार मानव को अमर तथा स्वतंत्र आत्मा और ईश्वर को नैतिकता का अभ्युपगम (postulate) के रूप में स्वीकारना होता है और तब नैतिक आदेशों का अनुसरण कर मानव पवित्र सत्संकल्पी जीव बन सकता है। काण्ट के अनुसार सत्संकल्प से बढ़कर न तो इस जीवन में और न इस जीवन से बाहर अन्य कोई श्रेष्ठतर गति हो सकती है। अतः काण्ट के अनुसार दार्शनिक चिन्तन का परम उद्देश्य सही है कि मानव को सत्संकल्पी जीव बनने के लिए उत्प्रेरित किया जाय। *काण्ट* की उक्ति उल्लेखनीय है:—

'The duty of deciding world thus, by a Pracitcal addition, incline the balance so delivately preserved by their desisiveness of Speculation. Reason would indeed stand condemned by its own Judgment and there is more circumspect if, when impelled by such urgent motives it should fail, however incomplete its insight, to confirm its Judgment to those pleas which are at least of greater weight than any others known to us.' (PR. p. 277 Italics mine)

अतः *काण्ट* नैतिक तर्कबुद्धि (practical reason) को सर्वोपरि समझते हैं। फिर *काण्ट* सहज प्रवृत्ति को धर्म की जड़ मानकर कहते हैं :—

'And thus, in all peoples, there shine amidst the most benefited polytheism some gleams of monotheism, to which they have been led, not by reflection and profound speculation, but simply by the natural bent of the common understanding, as step by step it has come to apprehend its own requirements.' (वही पृ॰ 277, Italics mine)

इस स्थल पर *ब्रेडले* की वह युक्ति याद आती है जहाँ उन्होंने कहा *We give bad reasons what we believe on instincts.* यही बात *काण्ट* ने कही है कि ईश्वर में मानव दृढ़भक्ति सहज रूप में पायी जाती है, पर ईश्वर के अस्तित्व के लिए दिये गये सभी प्रमाण दोषपूर्ण हैं।

शुद्ध बुद्धि की गवेषणा करके *काण्ट* ने स्पष्ट कर दिया है कि विज्ञानात्मक तत्त्व-मीमांसा सम्भव नहीं है।* तत्त्व-मीमांसा में ईश्वर, अमर तथा स्वतंत्र इत्यादि का अध्ययन किया जाता है। अतः, यदि तत्त्व-मीमांसा सम्भव न हो तो ईश्वर तथा आत्मा के विषय में भी नहीं जाना जा सकता है। परन्तु यह निष्कर्ष निषेधात्मक (negative) है और काण्ट का उद्देश्य था कि वे भावात्मक रूप से इन विषयों के विषय में कुछ बता सके। स्वयं काण्ट नीति और धर्म में आस्था रखते थे और इसलिए वह ईश्वर तथा आत्मा के सम्बन्ध में अज्ञयेवादी नहीं रहना चाहते थे।

* इस महत्त्वपूर्ण समसामयिक प्रश्न के सम्बन्ध में देखें C. L. Lewis, *An Analysis of Knowledge and Valuation* p. 158-63 (Open Court Publishing Co.) *The Journal of Philosophy.* Vols. XLVI. XLVII. 1950 फिर सामान्य रूप से इस प्रश्न पर प्रकाश के लिए देखें B.M. Laing : *'Kant and Natural Science...Philosophy.* Vol. XIX 144 pp. 216-23..., A.J. Ayer, *Ibid,*, pp. 11-78,85.

उनके अनुसार यदि ईश्वर तथा आत्मा ज्ञान के विषय न हों तो हम इनके सम्बन्ध में, इनकी वास्तविकता अवास्तविकता के विषय में भी कुछ नहीं कह सकते हैं, अर्थात् यदि ईश्वर की वास्तविकता ज्ञान सिद्ध नहीं हो सकती है तो अनीश्वरवाद भी सिद्ध नहीं किया जा सकता है; और यदि ज्ञान इनके सम्बन्ध में कुछ नहीं हो सकता है तो विश्वास के लिए रास्त खुल जाता है कि ईश्वर और आत्मा को अपना विषय बनायें। अतः, काण्ट की उक्ति है : *I was obliged to destroy knowledge in order to make room for faith.* विश्वास प्रज्ञा के विरुद्ध नहीं, पर स्वयं प्रज्ञात्मक है; क्योंकि यह व्यावहारिक बुद्धि से निकलता है। इसलिए काण्ट व्यावहारिक बुद्धि की समीक्षा के आधार पर ईश्वर और आत्मा को विश्वास का विषय सिद्ध करते हैं।

वैज्ञानिक ज्ञान की समीक्षा करने के लिए *काण्ट* ने तत्कालीन गणित तथा पदार्थ-विज्ञान की गवेषणा की है। ठीक उसी रीति से नैतिक सिद्धान्तों की खोज निकालने के लिए काण्ट नैतिक निर्णयों का विश्लेषण करते हैं। इसलिए काण्ट नैतिक निर्णयों के उदाहरण का संकलन करते हैं। उनके नियमों (laws) की ओर हमारे ध्यान को खींचते हैं और अन्त में उन नैतिक सिद्धान्तों (principles) को प्रमाणित कर दिखाते हैं, जो इन नैतिक निर्णयों और उनके नियमों के बीच देखे जाते हैं।

काण्ट की नैतिक समीक्षा में हमें ध्यान रखना चाहिए कि काण्ट का विषय शुद्ध नीति-विज्ञान है, जिस प्रकार से Critique of Pure Reason में उनका विषय शुद्ध पदार्थ-विज्ञान था और काण्ट का कहना था कि Physics proper की आधारभूमि में Pure physics है, ठीक उसी प्रकार हम कह सकते हैं कि empirical या applied ethics शुद्धनीति विज्ञान पर निर्भर करता है ओर इसलिए हमें शुद्ध नीतिशास्त्र का ही यहाँ अध्ययन करना है। शुद्ध पदार्थ-विज्ञान का निष्कर्ष है कि Understanding gives laws to nature. उसी प्रकार शुद्ध नीति-शास्त्र से स्पष्ट होता है कि Reason alone determines moral principles.

यदि हम नैतिक निर्णय के किसी एक उदाहरण को लें तो इससे काण्टीय गवेषणा स्पष्ट हो जायगी। प्रायः, हम कहते हैं कि हमें झूठ बोलना नहीं चाहिए या किसी का उधार नहीं रखना चाहिए। यहाँ *काण्ट* का कहना है कि नैतिक निर्णय का सम्बन्ध उन घटनाओं से नहीं है, जो होती रहती हैं। अर्थात् नीति का सम्बन्ध वास्तविकता (facts) से नहीं, पर आदर्श (ideal) या 'चाहिए' (ought) से है। अतः, Critique of Pure Reason का सम्बन्ध वास्तविकता से था, पर नीति-विज्ञान का सम्बन्ध आदर्श या 'चाहिए' या पर मूल्यों (values) से है और इसलिए इसके सिद्धान्त भी शुद्ध प्रज्ञा के सिद्धान्तों से भिन्न होंगे।* दूसरी बात है कि जब हम नैतिक निर्णय करते हैं कि 'झूठ नहीं बोलना चाहिए' तो इसे हम सार्वभौमिक रीति से सत्य समझते हैं। फिर, जैसे हमें ज्ञात होता है कि हमें झूठ नहीं बोलना चाहिए, वैसे ही हमारे लिए अनिवार्य हो जाता है कि हम ऐसा ही करें। काण्ट की यह उक्ति है कि Du Kannst, denn du sollst अर्थात् तु कर सकता है, तो तुझे करना ही चाहिए। अब हम जानते हैं कि सार्वभौमिक तथा अनिवार्य वाक्य केवल प्रागनुभविक होते हैं। अतः, नैतिक निर्णय आनुभविक (empirical) न होकर केवल 'a priori' ही हो सकते हैं। पर तीसरी बात नैतिक निर्णय के विश्लेषण से स्पष्ट होती है कि इच्छा-स्वातंत्र्य का रहना आवश्यक है। जब हम कहते हैं कि हमें झूठ नहीं बोलना चाहिए, तो स्पष्ट हो जाता है कि यहाँ कम-से-कम अन्य पक्ष भी हो सकते हैं, अर्थात् हम मौन भी हो सकते हैं तथा 'झूठ भी बोल सकते हैं।' अतः, इस प्रसंग में कई पक्ष हैं, जिनमें से किसी एक पक्ष को हम अपना सकते हैं। इसलिए हमें चुनने की आवश्यकता पड़ जाती है; और चुनने का कोई अर्थ नहीं हो सकता, यदि हममें चुनने की पूरी स्वतंत्रता न हो। अतः नैतिक व्यापार वह है, जिसमें हम स्वतंत्र रीति से कई पक्षों में से किसी एक ही पक्ष को अपनाते हैं। इसलिए नैतिक

* क्योंकि शुद्ध प्रज्ञा का सम्बन्ध वास्तविक घटनाओं के आधार से है।

व्यापार को हम स्वतंत्र व्यापार कह सकते हैं। अब यदि नैतिक कार्य स्वतंत्र हो तो इसे हम प्रातिभासिक (phenomenal) स्तर से स्पष्ट नहीं कर सकते हैं, क्योंकि प्रातिभासिक घटनाओं की व्याख्या केवल कारण-कार्य नियतिवाद के आधार पर ही की जा सकती है* और स्वतंत्र व्यापार का उसमें स्थान ही नहीं है। अतः नैतिक व्यापार की व्याख्या पारमार्थिक (noumenal) सिद्ध ही के आधार पर की जा सकती है।

उपर्युक्त कथन से स्पष्ट हो जाता है कि नैतिक निर्णयों की व्याख्या Noumenal Self के a priori laws के ही आधार पर हो सकती है, अर्थात् नैतिक सिद्धान्त व्यावहारिक प्रज्ञा की देन से सम्भव हो सकते हैं और इसके लिए नैतिक नियम, जो नैतिक सिद्धान्त (principles) से निकलते हैं, सार्वभौमिक ही हो सकते हैं। फिर प्रातिभासिक आत्मा तो पारमार्थिक आत्मा का केवल माध्यम है, इसलिए आनुभविक नियम सापेक्ष होता है (क्योंकि यह तो अपना हेतु नहीं, पर पारमार्थिक (noumenal) सत्ता ही इसका मूल हेतु होता है)। अतः, नैतिक निर्णय निरपेक्ष (categorical) ही हो सकता है। इसलिए *काण्ट* के अनुसार नैतिक सिद्धान्त की माँग है कि *There is nothing in the world nay, even beyond the world, nothing conceivable which can be regarded as good without qualification saving alone a good will.* सत्संकल्प को इसलिए निरपेक्ष रीति से अच्छा कहा गया है; क्योंकि अन्य शुभ चीजें सभी दशाओं में शुभ नहीं रह पाती हैं। धन, स्वास्थ्य, विद्या इत्यादि शुभ अवश्य हैं पर यदि सत्संकल्प न हो तो इनका दुरुपयोग हो सकता है। धन से तथा विद्या से भी दुराचार हो सकता है। उदाहरणार्थ, वकील लोग विद्याबल से सच को झूठ और झूठ को सच कर देते हैं। पर सत्संकल्प ही ऐसा है, जिससे कभी भी दुराचार का भय नहीं हो सकता है। अतः, नैतिक शुभ अथवा औचित्य इसी सत्संकल्प (goodwill) पर निर्भर करता है।

संकल्प (will) का स्वरूप ही ऐसा है कि इससे किसी-न-किसी उद्देश्य की पूर्ति होती है। तो यहाँ प्रश्न उठता है कि क्या सत्संकल्प का अच्छापन इसके उद्देश्य-विषय से निर्धारित होता है? यहाँ काण्ट के अनुसार सत्संकल्प का अच्छापन स्वयं सत्संकल्प की श्रेष्ठता पर निर्भर करता है, न कि परिणाम पर। हो सकता है कि सत्संकल्प का परिणाम बिगड़ जाय, तो भी सत्संकल्प की श्रेष्ठता अक्षुण्ण रह जाती है। *A goodwill is good, not because of the consequences which may be frustrated by a niggardly provision of a stepmotherly nature. A good will is good in itself and like a jewl shites by its own light.* चूँकि काण्ट परिणाम की भावना को नैतिकता का लक्षण नहीं मानते हैं, इसलिए इनके अनुसार निष्काम कर्म को ही कर्त्तव्य समझा जाता है। इसलिए काण्ट की उक्तियों में भगवद्गीता के आचार दर्शन की पुनरावृत्ति पाई जाती है। चूँकि सत्संकल्प प्रज्ञात्मक है; क्योंकि इसकी शुरुआत व्यावहारिक बुद्धि से होती है, इसलिए सत्संकल्प का शुभत्व (goodness) केवल इसकी प्रज्ञात्मकता पर निर्भर करता है। जो काम केवल सत्संकल्प के ही हेतु हो, वह हमें कर्त्तव्य (duty) मालूम देता है। इसलिए व्यापारों की नैतिकता कर्त्तव्य की कर्त्तव्यता पर निर्भर करती है और इसलिए नैतिक आधार को नैतिक नियम के प्रति श्रद्धा के वश होकर होना चाहिए *(A moral act is performed out of the pure regard for the moral law)*।

काण्ट के आचार-दर्शन का निष्कर्ष है कि व्यापारों की नैतिकता उसके सत्संकल्प पर निर्भर करती है और सत्संकल्प पारमार्थिक सत्ता तथा आत्मा से निकलता है। पर मानव आनुभविक जीव भी है अर्थात् वह आवेश (impulses) तथा मूल प्रवृत्तियों की तुष्टि चाहता है, जिससे उसे सुख (pleasure) मिले। अतः आनुभविक जीव होने के कारण मानव मूल प्रवृत्तियों की तुष्टि से सुख-प्राप्ति की इच्छा रखता है और केवल प्रज्ञा के अनुसार संचालित होने पर सुखेच्छा के कारण

* क्योंकि काण्ट के अनुसार वास्तविक घटनाओं की व्याख्या Causal principle से ही हो सकती है।

नैतिकता के मार्ग से विचलित हो जाने की उसमें आशंका हो जाती है, अर्थात् सुखेच्छा के प्रबल हो जाने पर मानव शुद्ध प्रज्ञात्मक नहीं रह पाता और वह नीतिच्युत हो जाता है। यही कारण है कि मानव में सुख-भाव और नैतिकता के बीच द्वन्द्व मालूम देता है। इसी द्वन्द्व के रहने पर सत्संकल्प की माँग हमें निरपेक्ष आज्ञा के समान प्रतीत होती है और इसके अनुसार की कार्यवाही हमें कर्त्तव्य के रूप में दीखंती है। नैतिक विकास का आदर्श है कि हमारा चरित्र इतना निर्मल हो जाय कि हम केवल सत्संकल्प के चलाये ही ऐसा चलें कि हममें सुख की कामना प्रबल न हो पाये।

चूँकि व्यापारों की नैतिकता सत्संकल्प पर निर्भर करती है, न कि सुखप्राप्ति पर और चूँकि सुख-भाव की प्रेरणा से नैतिकता के शुभत्व पर धब्बा लग सकता है, इसलिए समालोचकों ने काण्ट के मत को तोड़-मरोड़ दिया है। इन समालोचकों के अनुसार काण्टीय नैतिकता में कर्त्तव्य और सुखभाव के बीच विरोध का रहना अनिवार्य है, और इसलिए वे समझते हैं कि काण्ट ने दिखाया है कि कर्त्तव्यों को नीरस तथा सुखविहीन होना चाहिए। परन्तु पैटन ने* इस मत का खंडन किया है। काण्ट इस बात को मानते थे कि मानव अपने नैतिक व्यापार में noumenal self होता है और सुखभाव से प्रेरित होने पर वह phenomenal या empirical self होता है। चूँकि वह phenomenal सत्ता भी है, इसलिए वह मूल प्रवृत्तियों से संचालित होकर काम करेगा ही और फिर इनकी तुष्टि से उसे सुख होगा ही, और फिर सुख-प्राप्ति को काण्ट ने सर्वोच्च शुभ तो नहीं, पर शुभ अवश्य माना है। पर, काण्ट का कहना है कि व्यापारों की नैतिकता सुख-प्राप्ति की मात्राओं से नहीं मूल्यांकित हो सकती है। हो सकता है कि किसी नैतिक व्यापार से सुख-प्राप्ति भी हो और सत्संकल्प की रक्षा से आँकी जा सकती है। इस बात को स्पष्ट करने के लिए काण्ट ने उनसे उदाहरणों को लिया है, जिनमें दिखाया है कि कामों की नैतिकता उनके सत्संकल्प पर निर्भर करती है। जैसे-मान लिया जाय किसी व्यक्ति का जीवन निराशा से जर्जर हो जाय और जीने से मरना उसे अधिक शांतिदायक मालूम दे और तो भी जीवन की रक्षा को वह अपना कर्त्तव्य समझकर अपने भारमय जीवन को ढोये फिरे, तो काण्ट के अनुसार वह नैतिक कर्त्तव्य करता है। यहाँ हम देखते हैं कि प्राणों की रक्षा करना जीवों का स्वाभाविक गुण है। पर यदि कोई स्वाभाविक प्रेरणा से ही काम करे तो वहाँ प्रतिभासित कार्य करता है, पर इसे नैतिक नहीं समझा जायगा। परन्तु यह आवश्यक नहीं है कि कर्त्तव्य सुख-विहीन हो। पर इतना स्पष्ट अवश्य है कि सुखमय कर्त्तव्य की कर्त्तव्यता सुख-भाव से नहीं, पर सत्संकल्प से ही नियन्त्रित होती है। यहाँ काण्ट के सिद्धान्त में कोई दोष देखने में नहीं आता है। यदि हम किसी काम को स्वाभाविक प्रवृत्ति से ही संचालित होकर करें, तो यहाँ 'चाहिए' का कोई अर्थ ही नहीं होता है। खाना-पीना या साँस लेना 'चाहिए' तो उसके लिए 'चाहिए' का कोई अर्थ ही नहीं होता है; क्योंकि वह तो ऐसा करता ही है। यहाँ खाने-पीने इत्यादि के अनुसार काम करने के अलावा कोई दूसरा पक्ष नहीं है। पर नैतिक व्यापार में कम-से-कम दो पक्षों को रहना चाहिए जिनमें से किसी एक पक्ष को व्यक्ति स्वतंत्र रीति से चुनता है। पर चूँकि व्यापारों की नैतिकता मूल प्रवृत्तियों से नियन्त्रित नहीं होती है, इसलिए यह नहीं कहा जा सकता है कि नैतिक कार्यों को अमूल प्रवृत्तिमय रहना चाहिए। केवल इतना ही काण्ट बोध कराना चाहते थे कि मूल प्रवृत्तियों की प्रियता से नैतिकता नहीं आँकी जा सकती है। वास्तव में उन्होंने 'सुख' को अपनाया है और इसी से कहा कि यद्यपि सत्संकल्प काम की निःश्रेयस (complete good) में सुख को भी रहना चाहिए। अतः, हम इस निष्कर्ष पर आते हैं कि काण्ट का यह मत नहीं है कि कर्त्तव्यों को सुख-विहीन होना चाहिए। फिर काण्ट का यह मत नहीं है कि कर्त्तव्य को भाव-विहीन होना चाहिए, क्योंकि उनका कहना है कि सत्संकल्पमय नैतिक नियमों की श्रद्धा से कर्त्तव्यनिष्ठता होनी चाहिए। पर 'श्रद्धा' में भाव का अंश रहता ही है। अतः, कर्त्तव्य को प्रज्ञात्मक भाव, अर्थात् श्रद्धा से नियन्त्रित होना चाहिए।

* *The Categorical Imperative* (Hutchinson's University Library) H.J. Paton.

काण्ट के उपर्युक्त कथन से इतना ही स्पष्ट है कि नैतिक कार्य सत्संकल्प ही के आधार पर होना चाहिए, जो मानव के लिए* कर्त्तव्य मालूम देता है। अतः, नैतिक व्यापार वह है, जिसमें हम कर्त्तव्य कर्त्तव्य के ही हेतु करते हैं। परन्तु Duty for the sake of duty शुद्ध नीति-विज्ञान का सिद्धान्त है। इसलिए इस रूप में साक्षात् रूप से इसे दैनिक जीवन के आचार में काम में लाया जा सकता है। यही कारण है कि काण्ट के आचार-दर्शन को रूपात्मक (formal) कहा गया है। परन्तु रूप के अतिरिक्त आचार में विषय-विशिष्टता (matters) भी पाई जाती है जिसका सम्बन्ध मानव-मूलवृत्तियों, वास्तविक घटनाओं तथा कार्यों के परिणाम (consequences) से रहता है। काण्ट ने दैनिक जीवन के आचार-व्यवहार का उल्लेख नहीं किया है। परन्तु इससे यह नहीं समझना चाहिए कि उनका आचार-दर्शन शून्यवत् है। प्रायः, आलोचकों ने कहा है कि Goodwill is a will which wills nothing. काण्ट ने व्यावहारिक आचार-दर्शन के नियमों की समालोचना नहीं की है; क्योंकि उनका उद्देश्य था कि आचार-दर्शन के सामान्य सिद्धान्तों (principles) की व्याख्या की जाय। इस रूप में उन्होंने सामान्य रीति से बताया है कि किस प्रकार से व्यावहारिक जीवन में सत्संकल्पात्मक आचार को प्राप्त किया जा सकता है। नैतिक आदेश a priori अर्थात् प्रागनुभविक ही हो सकता है और इसलिए यह सार्वभौमिक होगा। अतः, जिस भी परिस्थिति में हम किसी व्यापार को करें उसे नैतिक बनाने में हमें ध्यान रखना चाहिए कि अन्य सभी प्राणी भी उसी व्यापार को अपनायेंगे। इसलिए काण्ट की उक्ति है : *'Act always as though the maxim of your action should become through by your will into universal law.'* यहाँ 'maxim' से अर्थ है वह सिद्धान्त, जिसके अनुसार काम किया जाय। यदि कोई ऐसा सिद्धान्त हो, जिसे सार्वभौम बनाने पर आत्मविरोध हो जाय तो उसे नैतिक नहीं समझा जायगा। काण्ट की इस उक्ति से दो बातें झलकती हैं। प्रथम, किसी भी सिद्धान्त को स्वीकार करने में स्वार्थ को रखकर अपवाद (exception) को नहीं स्थान देना चाहिए, क्योंकि सिद्धान्त को सर्वव्यापी रहना चाहिए। फिर उनके अनुसार अनैतिक काम, जैसे झूठ बोलना, धोखा देना इत्यादि सार्वभौम नहीं हो सकते हैं। यदि सब कोई झूठ बोलने लगे तो झूठ को कोई महत्त्व ही नहीं होगा, और यदि सब एक-दूसरे को धोखा देने लगें तो धोखा भी नहीं खायगा। इसलिए अनाचार सार्वभौमिक हो जाने पर आत्मविरोधी हो जाता है। व्यावहारिक जीवन में झूठ और धोखे से इसलिए लाभ हो जाता है कि प्रायः लोग सच्चाई और ईमानदारी को अपनाये रहते हैं। इसलिए काण्ट ने कहा है कि *Evil is a parasite on the good.***

फिर *काण्ट* ने अपने सामान्य सिद्धान्त को इस रीति से भी व्यक्त किया है कि इससे समाज-आचार स्पष्ट हो जाता है। उनकी प्रसिद्ध उक्ति है : *'Act in such fashion that you always treat manking, as much in your own person as in that of another as an end, never as a means.'*. चूँकि नैतिक जीव होने के कारण मानव noumenal या पारमार्थिक सत्ता होता है और पारमार्थिक सत्ता वह है, जिसके लिए प्रातिभासिक सत्ता साधन हो सकती है, पर जो स्वयं किसी अन्य प्रकार की प्रातिभासिक सत्ता का साधन न हो। अतः, नैतिक मानव पारमार्थिक सत्ता होने के हेतु स्वलक्ष्य है और इसलिए उसे किन्हीं अन्य व्यक्तियों की इच्छापूर्ति का साधन नहीं समझा जा सकता है। इसलिए किसी नैतिक मानव को साम्राज्य विस्तार के लिए या निरंकुश शासन के लिए

---

* मानव empirical और noumenal दोनों है और उसकी कार्यवाही पूर्णतया noumenal self से ही संचालित नहीं होती है। इससे empirical जीवों को noumenal self की माँग कर्त्तव्य मालूम देती है। परन्तु ईश्वर की कार्यवाही पूर्णतया noumenal self से होती है और ईश्वरीय इच्छा को पवित्र संकल्प (holy will) माना गया है। नैतिकता केवल पवित्र संकल्प से मूल्यांकित होती है।

** यह ठीक है कि शुद्ध रूपात्मक सत्यता हो नहीं सकता है। यही कारण है कि अनात्म-विरोधीपन की कसौटी से नैतिक निर्णय का औचित्य नहीं जाना जा सकता है। इस प्रसंग में देखें, J.S. Mackenzie : *Manual of Ethics.*

साधन नहीं बनाया जा सकता है। अतः, काण्ट के अनुसार totalitarianism, जिसमें व्यक्ति-विशेषों की स्वतंत्रता का हनन होता है, अनुचित समाज दर्शन है। किसी भी प्रकार की दासता अनैतिक है।

काण्ट को 'प्रज्ञा' पर घमंड था, पर जब उन्होंने रूसो की पुस्तकों का अध्ययन किया तो उन्हें स्पष्ट हो गया कि मानव की मानवता उसकी बुद्धि पर नहीं, किन्तु सत्संकल्प पर ही आधारित रहती है। इसलिए उन्होंने ज़ब यह कहा कि प्रत्येक नैतिक जीव स्वलक्ष्यवान् है, तो इससे उन्होंने प्रजातंत्र (democracy) का सिद्धान्त स्थापित किया है। चूँकि मानव समाज में रहता है और उपर्युक्त कथनानुसार वह एक-दूसरे को साधन नहीं बना सकता है, तो इससे स्पष्ट हो जाता है कि मानव समानाधिकारी होकर एक-दूसरे से मिलकर ही काम कर सकते हैं। अतः उनके अनुसार सत्संकल्पियों का ही प्रजातंत्र हो सकता है। इसलिए सभी मानव kingdom of ends अर्थात् noumenal सत्ता के समान भागी होने के कारण भाई-भाई है। अतः, काण्ट की उक्तियों से विश्व प्रजातंत्र की सम्भावना टपकती है।

(21) नैतिक जीवन की मान्यता *(Postulates)*

मान्यता को सिद्धान्त से भिन्न समझना चाहिए। मान्यता वह धारणा है, जो किसी अमुक प्रसंग में घटनाओं की व्याख्या के लिए आवश्यक समझी जाय। अतः, नैतिक जीवन की व्याख्या के लिए कुछ धारणाएँ, जिन्हें काण्ट आवश्यक मानते हैं-स्वतंत्र संकल्प, ईश्वर तथा आत्मा की अमरता काण्ट के लिए नैतिक जीवन की व्याख्या के लिए तीन मान्यताएँ हैं। इन तीनों को काण्ट ने शुद्ध प्रज्ञा की भावनाएँ (ideas) भी कहा है, जिनका उल्लेख Transcendental Dialectic में हो चुका है। अतः, सैद्धान्तिक बुद्धि का निष्कर्ष तो यही है कि इन धारणाओं को ज्ञान का विषय नहीं माना जा सकता है। यह केवल कोरी भावनाएँ हैं और उनके अनुरूप कोई प्रत्यक्ष है नहीं, जिससे इन्हें ज्ञातव्य माना जाय। परन्तु ज्ञान की सीमा, विचार (thought) की सीमा नहीं है। बहुत कुछ जो जाना नहीं जा सकता, वह सोचा जा सकता है। अतः, स्वतंत्र तथा अमर आत्मा तथा परमात्मा भी विचार के विषय में हो सकते हैं, यद्यपि इनके विषय 'ज्ञान' सम्भव नहीं हैं। परन्तु यदि नैतिक जीवन की व्याख्या के लिए इसका होना या रहना हमारे लिए आवश्यक मालूम दे तो इन्हें आवश्यक मान्यताएँ समझकर ग्रहण कर लेना चाहिए। अतः, यद्यपि हम वैज्ञानिक दृष्टिकोण से कह नहीं सकते हैं कि हम जानते हैं कि आत्मा अमर तथा स्वतंत्र है तो भी हमें अपने नैतिक जीवन को वास्तविक मान लेने पर इस विश्वास के साथ काम करना पड़ेगा कि जिसमें यह वास्तविक मालूम दे। इसलिए नैतिक जीवन में हमें सोचे रहना चाहिए कि मानों आत्मा स्वतंत्र और अमर है, और ईश्वर वास्तविक सत्ता है। अतः, आत्मा की स्वतंत्रता, अमरता तथा ईश्वर की वास्तविकता विश्वास का विषय है, पर ज्ञान का नहीं। परन्तु इन्हें विश्वास का विषय पुकारने पर हम इन्हें मनगढ़न्त कल्पना नहीं समझ सकते हैं।

आत्मा की स्वतंत्रता—यद्यपि काण्ट ने आत्मा की स्वतंत्रता, अमरता तथा ईश्वर की वास्तविकता को मान्यताएँ कहा है तथापि इनका स्थान समान नहीं है। आत्मा की स्वतंत्रता प्रमुख मान्यता समझी गई है और इसकी तुलना में आत्मा की अमरता तथा ईश्वर की वास्तविकता को गौण ही समझा जायगा। सैद्धान्ति प्रज्ञा की समीक्षा में काण्ट ने दिखाया है कि बिना नियतिंवादी कारण-कार्य की मूल धारणा को काम में लाये हुए वैज्ञानिक ज्ञान सम्भव नहीं है। इसलिए यदि कोई भी मनोवैज्ञानिक ज्ञान आत्मा का विषय सम्भव हो तो उसे भी कारण-कार्य की श्रृंखला में आबद्ध होना चाहिए। अतः, वैज्ञानिक दृष्टिकोण से मानव की भी प्रक्रिया स्वतंत्र नहीं समझी जा सकती है। परन्तु काण्ट ने यह भी इस प्रसंग में बताया है कि मानव phenomenal या प्रातिभासिक तथा पारमार्थिक (noumenal) दोनों सत्ताओं का समभावी जीव हो सकता है।

इसलिए आत्मा की प्रक्रियाएँ phenomenal दृष्टिकोण से नियतिवादी तथा noumenal दृष्टिकोण से स्वतंत्र मानी जा सकती हैं अर्थात् आत्मा की स्वतंत्रता बिना वैज्ञानिक आदर्श से मेल खाये मान्य समझी जा सकती है। ऐसी दशा में इसे इसलिए और भी स्वीकार कर लेना चाहिए; क्योंकि बिना आत्मा की स्वतंत्रता माने हुए नैतिक जीवन की व्याख्या नहीं हो सकती है। परन्तु नैतिक जीवन भी अपनी वास्तविकता रखता है। अतः आत्मा की स्वतंत्रता हमारी आवश्यक मान्यता है यद्यपि इसे ज्ञान का विषय नहीं पुकारा जा सकता है।

यदि मानव की स्वतंत्रता हम स्वीकार न करें तो इसका अर्थ होता है कि उनके सभी कार्य नियतिवाद से जकड़े हुए रहते हैं। यदि सभी प्रक्रियाएँ पूर्व कारणों से ही बाध्य हों तो झूठ बोलने या चोरी करने की प्रक्रिया भी अपने पूर्व कारणों से बाध्य होंगी। अतः झूठे तथा चोर को हम यह नहीं कह सकते हैं कि उसे सच्चाई तथा ईमानदारी का व्यापार करना चाहिए था; क्योंकि नियतिवाद के अनुसार उसके लिए झूठ तथा चोरी के अतिरिक्त कुछ दूसरा पक्ष है ही नहीं। जैसे—नियतिवाद को अपनाते हुए स्पिनोजा ने कहा है कि मानव-व्यापार अपने पूर्व कारणों से वैसे ही नियन्त्रित होते हैं जैसे पत्थर की परिक्रमा-गति उनके पूर्व कारणों से नियन्त्रित होती है। परन्तु यदि मानवों की सभी प्रक्रियाएँ नियतिवाद से बँधी हुई हों, तो उनके व्यापारों को हम उसी प्रकार अच्छा-बुरा नहीं कह सकते हैं जिस प्रकार निर्जीव पत्थर इत्यादि की प्रक्रिया को हम भला-बुरा नहीं कह सकते हैं। यदि किसी छुरे से किसी की मृत्यु हो जाती है तो हम छुरे को जेल या फाँसी नहीं देते हैं, क्योंकि हम समझते हैं कि छुरे की प्रक्रिया नियतिवाद से संचालित होती है। अतः, यदि मानव-प्रक्रियाएँ भी छुरे या पत्थर के समान हों तो उन्हें भी हम अच्छा-बुरा नहीं कह सकते हैं। यद्यपि स्पिनोजा ने वास्तव में बहुत कुछ अंशों में मानव-व्यवाहर को बुरे-भले के भाव से परे कहा है तथापि अनेक अन्य विचारक स्पिनोजा की बात को नहीं स्वीकार करेंगे। इसलिए यदि मानव-व्यापार अच्छे-बुरे कहे जा सकते हैं तो हमें स्वीकार करना पड़ेगा कि ये नियतिवाद से नहीं पर वे मानव-स्वतंत्रता से संचालित होते हैं। इस अर्थ में आत्मा की स्वतंत्रता नैतिक जीवन की आवश्यक मान्यता है।

आत्मा की अमरता—*काण्ट* के अनुसार शुद्ध नैतिक कार्य की नैतिकता सत्संकल्प से ही सही रीति से मूल्यांकित हो सकती है। पर मानव phenomenal जीव भी है, अर्थात् उसके अन्दर पाशविक वृत्तियाँ भी हैं, जिनकी सन्तुष्टि से वह सुख-प्राप्ति की भी इच्छा रखता है। अब किसी भी देहधारी के लिए अत्यन्त कठिन हो जाता है कि वह शुद्ध सत्संकल्प से ही संचालित हो। Phenomenal आत्मा की सुख-प्राप्ति की इच्छा उसे सत्संकल्पी रहने से बराबर खींचती रहती है। यह phenomneal self की खींचतान ऐसी नहीं है, जो इस जीवन में ही दूर की जा सकती है। अनेक जीवनों के कठिन तप से यह सम्भव हो सकता है कि मानव अपनी पाशविक वृत्तियों तक सुख-इच्छा की प्रवृत्ति पर विजयी होकर ऐसा उज्ज्वल जीव हो जाय कि उसके आचरण से केवल सत्संकल्प की ही बू टपके। नैतिक जीवन की ऐसी समस्या है जिसका इस जीवन के बाद अवसर मिलने पर ही मानव पूर्णतया समाधान कर सकता है। अतः नैतिक जीवन की माँग है कि मानव अपने को अमर समझकर अपने नैतिक कर्त्तव्य का पालन करता जाय।

यहाँ *काण्ट* की युक्ति न तो सन्तोषजनक मालूम देती और न पर्याप्त ही है। यह आवश्यक नहीं है कि जीवन की नैतिकता की माँग व्यक्ति-विशेषों में पूरी होती जाय। इतना ही भर कहा जा सकता है कि मानव निष्काम भाव से अपना कर्त्तव्य-पालन करे। यदि कोई व्यक्ति विशेष इस जीवन में पूर्णतया कर्त्तव्यनिष्ठ नहीं हो सकता है तो कम-से-कम वह इस समस्या को अपने बाद के आने वाले व्यक्तियों के लिए छोड़ देता है कि वे उसकी बताई हुई लीक को आगे बढ़ाये। अतः, यह आवश्यक नहीं है कि व्यक्ति-विशेष जन्म-जन्मान्तरों के बाद ईश्वर के समान पूर्ण हो जाय। फिर काण्ट ने इतना ही भर सिद्ध किया है कि मानव को एक नहीं, पर अनेक जीवनों की आवश्यकता है। पर इससे यह सिद्ध नहीं होता है कि मानव अमर है। परन्तु शायद काण्ट इस

बात को सिद्ध करना चाहते थे कि वह अमर है, जिसने पूर्ण नैतिकता प्राप्त कर ली है, क्योंकि मोक्ष प्राप्त, निर्वाणी वास्तव में अमरता का पान करता है।

ईश्वर का अस्तित्व—*काण्ट* के अनुसार मानव लक्ष्यबेधी जीवि-पदार्थ (organism) है और इसके प्रत्येक अंग की कार्यवाही ऐसी है कि इससे जीव-पदार्थ की सम्पूर्णता में लाभ पहुँचता है। मानव में उसकी प्रज्ञा भी एक आवश्यक अंग है और सभी अंगों के समान यह भी अपने विशेष कार्य के लिए पूर्णतया उपयुक्त है। अब नैतिक जीवन की माँग है कि उसकी प्रज्ञा (reason) केवल सत्संकल्प की संरक्षा करे। परन्तु सत्संकल्प की संरक्षा करने से कर्त्तव्य का पालन तो होता है, पर इससे प्रेम या सुख-प्राप्ति नहीं होती है। अब यह हो ही नहीं सकता है कि मानव के किसी अंग की प्रक्रिया अपने लक्ष्य की प्राप्ति में अनुपयुक्त हो। अतः, प्रज्ञा का उद्देश्य सुख नहीं हो सकता है; क्योंकि प्रज्ञात्मक नैतिक जीवन में पुण्य-धर्म (virtue) संभव है, कर्त्तव्य-परायणता में सुख विशेष रीति से नहीं पाया जाता है। प्रायः देखा जाता है कि अधर्मी तथा नीतिच्युत व्यक्ति भोग करते हैं और आचारवान् व्यक्तियों को कष्ट भोगना पड़ता है। पर सुख भी मानवों का उद्देश्य है। अतः, यद्यपि कर्त्तव्य और सुख में किसी प्रकार का अनिवार्य सम्बन्ध नहीं है, तथापि कर्त्तव्यपरायण व्यक्ति ही सुख-भोग का सुयोग्य पात्र समझा जा सकता है। अतः, सुख और कर्त्तव्य को समन्वित करने के लिए अवश्य ही किसी परम न्यायाधीश की आवश्यकता प्रतीत होती है, जो पुण्यात्माओं को उनके पुण्य के अनुसार और दुरात्माओं को उनके दुराचार के अनुसार फल दे। इसलिए काण्ट के अनुसार ऐसी परम सत्ता जो प्रत्येक व्यक्ति के किये अनुसार फल दे, नैतिक जीवन की आवश्यक मान्यता होनी चाहिए।

काण्ट की उपर्युक्त युक्ति से स्पष्ट हो जाता है कि वे प्रेय को अभीष्ट समझते थे, पर वे इसे नैतिकता का मापदण्ड नहीं समझते थे। परन्तु नैतिक न्यायाधीश के रूप में ईश्वर के अस्तित्व का प्रमाण दुर्बल मालूम देता है। यदि कर्त्तव्य और सुख के बीच अनिवार्य सम्बन्ध न हो, तो इन्हें मिलाने के लिए ईश्वर की पूर्वकल्पना या पूर्वस्थापना (hypothesis) को Deus ex machina का दोष कहा जायगा।

काण्ट ने Critique of Pure Reason के निष्कर्ष को Practical Reason में खंडित नहीं किया है, पर इसकी कठोरता और एकांगीपन को दूर करने की कोशिश की है। उन्होंने विज्ञान को आचरण से कम महत्त्व का समझा है। मानव की मानवता उसकी विद्या पर नहीं, बल्कि उनकी सत्संकल्पात्मक प्रक्रियाओं पर आधारित होती है। इसी से रूसो के प्रभाव में आकर काण्ट ने Democracy of goodwill को बड़ा स्थान दिया है।

अतः, नैतिक जीवन की माँगों को ठुकराया नहीं जा सकता है। इसलिए यद्यपि ईश्वर अमर तथा स्वतंत्र आत्मा का ज्ञान नहीं हो सकता है तथापि इन्हें कोरी कल्पना नहीं माना जा सकता है। इसी से कहा गया है कि In his Critique of Practical Reason, Kant has modified the conclusions of his Transcendental Dialectic.

काण्ट की बुद्धि परीक्षा का मूल्यांकन

काण्ट की मुख्य देन इसी में है कि उन्होंने दर्शन को एक नवीन मोड़ प्रदान किया है। *काण्ट* के अनुसार मानव ज्ञान का विषय अनेक और विविध होता है, परन्तु सभी प्रकार के ज्ञान में एक समान आधारभूमि रहती है। वह है मानव और मानव में भी उसके विचार (thinking) की शक्ति अति महत्त्वपूर्ण गिनी जायगी। इसी से काण्ट ने कहा था:—

Understanding maketh nature out of the materials it does not make.

अतः बिना बुद्धि शक्ति (समझ) के ज्ञान सम्भव नहीं है। यद्यपि काण्ट के अनुसार बिना विचार (प्रत्यय) के ज्ञान सम्भव नहीं है, तो भी उन्होंने यह भी बताया है कि विचार स्वयं अपने औचित्य के लिए शर्त निर्धारित करता है। वह शर्त यह है कि जब तक विचार को प्रत्यक्ष-सामग्री

नहीं प्रदान की जाय तब तक विचार की ज्ञान प्राप्ति विषयक प्रक्रिया सम्भव नहीं हो सकती है। उपर्युक्त सिद्धान्त के आधार पर दो महत्त्वपूर्ण निष्कर्ष स्थापित किये जा सकते हैं:—

(1) ज्ञान-मीमांसा वास्तव में विचार-मीमांसा है। विचार पर विचार करने अथवा इसे सूक्ष्म विश्लेषण करने पर ही सही ज्ञान-मीमांसा का स्वरूप निर्धारित किया जा सकता है। अतः, ज्ञान-मीमांसा अन्त में मानवशास्त्रीय (anthropological) गवेषणा है।

(2) परन्तु विचार स्वयं अपनी सीमा निर्धारित करता है। बिना प्रत्यक्ष-सामग्री के न्यायसंगत रीति से विचार द्वारा ज्ञान सम्भव नहीं हो सकता है। अतः औचित्यपूर्ण विचार की सीमा ही ज्ञान की सीमा है। परन्तु इन दो निष्कर्षों के साथ काण्ट ने एक तीसरा निष्कर्ष भी स्थापित किया है।

(3) मानव मन में ही निहित ऐसी प्रवृत्ति देखी जाती है कि वह विचारक को विचार की लक्ष्मण-रेखा को पार करने के लिए बाध्य करती है। इसी अतिक्रमणकारी प्रवृत्ति के फलस्वरूप तत्त्व-मीमांसा की रचना होती है। परन्तु औचित्यपूर्ण विचार की सीमा को उल्लंघन करने पर वैज्ञानिक ज्ञान नहीं, वरन् केवल ज्ञानाभास ही प्राप्त हो सकता है।

उपर्युक्त तीन निष्कर्ष ऐसे हैं, जिन्हें थोड़े से संशोधन के साथ दार्शनिक विश्लेषण में अभी स्थान दिया जा सकता है। समकालीन दार्शनिक विश्लेषण में बताया जाता है कि दर्शन में उसी विषय को स्थान दिया जा सकता है, जिसके विषय अर्थपूर्णता तथा निरर्थकता का निष्कर्ष स्थापित किया जा सकता है। परन्तु कोई भी कथन तभी अर्थपूर्ण तथा अर्थहीन सिद्ध हो सकता है, जब यह कथन सम्भाष्य हो, संज्ञाप्य (communicable) तथा आवृत्तीय हो। ऐसी स्थिति में 'विचारने' को दर्शन का विषय नहीं माना जायगा क्योंकि विचारना एक मनोवैज्ञनिक अथवा मानसिक प्रक्रिया है। इस विचार को भाषाबद्ध करना चाहिए। जब कोई विचार भाषा में व्यक्त किया जाता है, तभी यह अर्थपूर्ण अर्थहीन हो सकता है। इसलिए समकालीन विश्लेषणवादियों ने 'विचार' के स्थान पर 'भाषा' को ही दार्शनिक विषय माना है। इसलिए *काण्ट* के औचित्यपूर्ण विचार के स्थान पर संभाष्य को ही दार्शनिक गवेषणा का विषय स्वीकार किया जाता है। अब जो संभाष्य नहीं, वह दार्शनिक विश्लेषण का विषय नहीं माना जाता है। समकालीन विश्लेषणवाद के अनुसार तत्त्व-मीमांसा में असंभाष्य विषय को स्वीकार कर केवल भाषा-दोष तथा शब्द-जाल उत्पन्न होता है। *अतः काण्ट की गवेषणा और उनकी समस्या आज भी विचारकों का पथदर्शन कर रही है।*

जॉर्ज विल्हेल्म फ्रिद्रिख हेगेल
(1770-1831)

विषय-प्रवेश

हेगेल के दर्शन को सर्वसंग्राही तथा वैश्विक अनुभूतियों का अनुतंत्र (system) कहा जायगा और हेगेल ने अपने सर्वसंग्राही, अथवा सर्वसमावेशी दर्शन में यूनानी तथा यूरोपीय विचारों की सामंजस्यपूर्ण व्यवस्था बनाई है। इस विशाल विचार-अनुतंत्र में अनेक स्थलों पर घटनाओं की खींचातानी की गयी है, पर इसके बावजूद विश्व-दर्शन के द्वारा नूतन आयाम की प्राप्ति तथा दिव्यदृष्टि होना इस दर्शन के अध्ययन का सहज परिणाम देखा गया है। हेगेल के चिन्तन से सम्पूर्ण विश्व-दर्शन तथा विचारधारा ओत-प्रोत पाई जाती है। मार्क्सवाद, अस्तित्ववाद, उपयोगितावाद, नववास्तववाद (new realism) आदि बिना हेगेल के दर्शन को आधारभूमि में रखे हुए स्पष्ट नहीं किया जा सकता है।

हेगेल ने अपने दर्शन को अपने से पूर्व सभी चिन्तनों का निचोड़ बताया है। इसलिए हेगेल के दर्शन में थेलेस से लेकर उनके समकालीन फिख्ते तथा शेलिंश तक के विचार निहित हैं। विशेष रूप से हेगेल के दर्शन में प्लेटो-अरस्तू की प्रत्ययवादी परम्परा के साथ का काण्ट दर्शन

घुला-मिला देखने में आता है। स्वयं हेगेल ने बताया है कि काण्ट का दर्शन उनके युग का आधार और आरम्भ-बिन्दु माना जायगा।* इसलिए हेगेल के दर्शन को उतना ही यूनानी माना जायगा जितना इसे जर्मन समझा जायगा।

हेगेल के दर्शन की अनुतान्त्रिक व्यवस्था आकस्मिक नहीं है। हेगेल का चिन्तन-बिन्दु *काण्ट* था और *काण्ट* ने अपनी विचारधारा में अनेक रिक्त स्थानों को छोड़ दिया था। सर्वप्रथम, *काण्ट* ने दर्शन में वैज्ञानिक ज्ञान और दृढ़-विश्वास (आस्थाफेथ) के क्षेत्रों को पृथक्-पृथक् रख दिया गया था। फिर काण्ट ने परम तत्त्वों और वास्तविक घटनाओं के बीच की खाई को नहीं पाटा था। *काण्ट* के दर्शन में परम तत्त्वों के विषय को अज्ञेय (unknowable) कहा गया है। तृतीय, *काण्ट* ने यह अवश्य बताया था कि बिना प्रत्यक्षों के वास्तविक घटनाओं का ज्ञान सम्भव नहीं है, पर स्वयं काण्ट ने प्रत्यक्षों का विश्लेषण नहीं किया था। चतुर्थ, *काण्ट* ने अवश्य यह बताया था कि बिना पराप्रत्यक्ष का संश्लेषात्मक ऐक्य (synthetic unity I appreception) के किसी भी वस्तु का प्रत्यक्ष-ज्ञान संभव नहीं हो सकता है, पर काण्ट ने परम आत्मचेतना को तात्विक न मानकर केवल तार्किक माना था, और तात्विक रूप में आत्मा को अज्ञेय कहा था। इसी प्रकार *हेगेल* के अनुसार *काण्ट* का नीति-शास्त्र केवल आकारिक (formal) ही था। पर बिना विषय-वस्तु (मैटर) के आकारिक आदेश (imperative) छूछा है। इन सभी समस्याओं के समाधान के लिए *हेगेल* ने ऐसी दिव्य-दृष्टि की स्थापना की है जिससे इन सभी समस्याओं का समाधान हो जाता है।

दिव्यदृष्टि न तो विज्ञान है और न कोरा तर्क। यह है आत्म-प्रबोध (enlightenment, awareness)। *हेगेल* के अनुसार दर्शन का सार-तत्त्व बोधि में है जिसकी प्राप्ति हो जाने पर सभी घटनायें एक अनुतंत्र में आकर अपने स्थानों को ग्रहण कर अपने आप काफूर हो जाती हैं। इसलिए *हेगेल* के अनुसार मुख्य बात है कि ऐसी व्यवस्था को प्राप्त कर लिया जाय जिसमें प्रकृति, विज्ञान, मानव इतिहास, कला, धर्म तथा पूर्व दर्शनों का संगत समोवश किया जा सके। अतः, *हेगेल* के अनुसार *समस्त अनुभूतियों के संगत सर्वसमावेशी बोधि को ही दर्शन की संज्ञा दी जा सकती है।*

हेगेल का काल और उनकी मुँख्य रचनाएँ

हेगेल का जन्म अगस्त 27, 1770 में हुआ और उनका देहान्त हैजे से नवम्बर 15, 1831 में हो गया था। आप नेपोलियन के समकालीन थे और कहावत है कि नेपोलियन जर्मन राज्य के जेना में पहुँचकर घोड़े पर सड़क पर घूम रहे थे तो नेपोलियन को देखकर हेगेल के मुख से निकल पड़ा।

'जेना के सड़क पर विश्व-आत्मा विचरन कर रही है'।

जिस समय नेपोलियन जर्मन राज्य में घुस गये थे उस समय जेना में हेगेल दर्शन का अध्यापन कार्य करते थे और इसी काल में आपने बृहद पुस्तक *'The Phenomenolsy of Mind'* की रचना की थी। इसमें संदेह नहीं कि *हेगेल* के दर्शन ने जर्मन-जाति के विश्व-विजय की आकांक्षा को प्रोत्साहित किया था। *हेगेल काण्ट* की अपेक्षाकृत राष्ट्र दार्शनिक थे। पर यह कहना भूल होगी कि *हेगेल* ने राज्य-पूजा की स्थापना की है। *हेगेल* राज्य-शासन को नौकरशाही-शासन नहीं मानते थे। *हेगेल* के लिए राज्य (state) व्यक्ति के शिक्षण और उसके अभ्युदय का विशेष साधन होता है। इसी रूप में *हेगेल* ने जर्मनप्रशिया को आदर्श-राज्य में रखकर उसे जर्मन-जाति के विकास के लिए साधन माना है।

हेगेल के दर्शन की प्रतिक्रिया (reaction) में *नीत्शे* और *कीर्केगोर्द* की रचनायें पायी जाती हैं। परन्तु यदि *नीत्शे* को *हेगेल* की प्रारम्भिक रचनाओं की जानकारी होती तो *नीत्शे हेगेल* की आलोचना बहुत कम करते। वास्तव में *हेगेल* अपने प्रारम्भिक काल में ईसा-विरोधी थे। और हेगेल के लिए इस प्रारम्भिक रचना-काल में सुकरात को ईसा से श्रेष्ठतर मानते थे। आगे चलकर

* C.J. Friedrich, Hegel. p. 200n.

हम देखेंगे कि *नीत्शे* भी ईसा-विरोधी तथा सुकरात-प्रशंसक थे। बहुत जगहों पर हेगेल के दर्शन में नीत्शे तथा कीर्केगोर्द की देनों की पूर्वछाया देखी जाती है। हेगेल की प्रारम्भिक काल की चार हस्तलिपियों का उल्लेख किया जाता है:—

(1) *Folk Religion and Christianity* (1793)

(2) *The Life of Jesus* (1795)

(3) *The Positivity of Christian Religion* (1795)

(4) *The Spirit of Christianity and its Fate* (1799)

हेगेल ईसाई धर्म में कथित अतीत ईश्वर (transcendent God) की भावना के कट्टर विरोधी थे और इस भावना के विपक्ष में हेगेल ने बाद में चलकर अन्तर्व्याप्त (immanent) परम सत्ता (ईश्वर) के सिद्धान्त को स्थापित किया है। बाद में चलकर अपनी प्रकाशित रचनाओं में *हेगेल* ने ईसाई धर्म को सर्वश्रेष्ठ बताया है। पर ध्यानपूर्वक पढ़ने से मालूम देता है कि *हेगेल* वास्तव में ईसाई धर्म के व्यक्तिपूर्ण ईश्वर की भावना को विशेष नहीं मानते थे। यथार्थ में *हेगेल* ने धर्म की अपेक्षा दर्शन को उच्चतम स्थान प्रदान किया है और इस रूप में ईसाई धर्म के विरुद्ध में व्यक्तिपूर्ण ईश्वर की तुलना में निरपेक्ष सत्ता को परम सत् कहा है।

हेगेल की निम्नलिखित रचनायें प्रमुख मानी जाती हैं:—

(1) *The History of Philosophy* (1805)

(2) *The Phenomenology of the Spirit* (1807)

(3) *The Science of Logic* (1812-16)

(4) *Encyclopaedia of the Philosophical Sciences* (1817)

(5) *Lectures on Aesthetics* (1818) (छात्रों के क्लास-नोट्स पर आधृत)

(6) *The Philosophy of History* (1822)

(7) *The Philosophy of Right and Low*

(8) *Lectures on the Philosophy of Religion* (यह भी छात्रों द्वारा क्लास-नोट्स पर आधारित पुस्तक है, जो हेगेल के मरणोत्तर काल में प्रकाशित की गयी)।

हेगेल का प्रत्ययवाद ऐतिहासिक परिप्रेक्ष्य में

प्रत्ययवाद एक तत्त्वमीमांसात्मक दर्शन है जिसके अनुसार सम्पूर्ण विश्व और इसकी सभी वस्तुएँ और उनका विकासात्मक इतिहास प्रत्ययों और मूल्यों का बुद्धिपरक एवं सामंजस्यपूर्ण अंगिरूप साकल्य (जैविक अनुतंत्र, Organic whole) है।

प्रत्ययवाद अंग्रेजी शब्द idealism का अनुवाद है और idealism को भी अंग्रेजी में दो अर्थों में काम में लाया जाता है। Idealism से एक अर्थ होता है idea-ism (अर्थात् विश्व प्रत्ययों की), ideas का अनुतंत्र है और फिर विश्व का मुख्य आधार ideal अथवा आदर्श एवं मूल्य है। दोनों ही अर्थ प्रत्ययवाद में चले आते हैं।

हेगेल ने अपने दर्शन को अपने पूर्वकालीन सभी विचारों का परिपक्व निचोड़ कहा है और इसमें सन्देह नहीं कि *हेगेल* के दर्शन में यूनानी, यूरोपीय और जर्मन प्रत्ययवादी विचारधाराओं का संगम स्थल है जहाँ से अभी भी *हेगेल* का विचार एक सशक्त धारा के रूप में समकालीन युग में भी वर्तमान है। *हेगेल* की पृष्ठभूमि है *प्लेटो-अरस्तू* का प्रत्ययवाद, *स्पिनोजा* का एकवाद, *लाइबनीज* का चिद्बिन्दु, *बर्कले* का विषयीनिष्ठ प्रतययवाद तथा *काण्ट* का महत्त्वपूर्ण दर्शन।

प्लेटो और अरस्तू के दर्शन के महत्त्वपूर्ण निम्नलिखित अंश हैं :—

(1) प्रत्यय ही परम सत् (real) है।

(2) सभी वस्तुविशेष अपने अनुरूप प्रत्यय अथवा सामान्य में अंश ग्रहण कर अपना अस्तित्व रखते हैं।

(3) सभी प्रत्यय एक पिरैमिडी (सूचीस्तम्भीय, Pyramidal) अनुतंत्र में व्यवस्थित पाए जाते हैं।

इस व्यवस्था के अनुसार शुभ का प्रत्यय (The Idea of the Good, Plato) तथा फौर्म आव फौर्म (अरस्तू) सभी वस्तुओं और उनमें निहित प्रत्ययों को अपनी ओर आकृष्ट करते हैं। इसलिए शुभ का प्रत्यय आदर्श अथवा मूल्य है।

(4) *प्लेटो* ने प्रत्ययों की पिरैमिडी व्यवस्था की ओर ध्यान दिया है, पर आपने प्रत्ययों के आपसी सम्बन्ध के विषय अपने विचार को नहीं अभिव्यक्त किया है, अरस्तू ने बताया है जिन वस्तुओं में अधिक वास्तवीकरणहोगा और अनुपाततः कम संभाव्यता होगी वह वस्तु ऊँची कही जायगी और जिसमें इसके विपरीत अधिक संभाव्यता होगी और कम वास्तविकता होगी उस वस्तु को निम्नतर समझा जायगा परन्तु इन विचारों को हेगेल ने अपने दर्शन में अधिक व्यापक और तर्कीय सम्बन्ध का उल्लेख कर प्रत्ययों को जैविक अनुतंत्र में व्यवस्थित किया है। फिर हेगेल ने पिरैमिडी अनुतंत्र को मूर्त्त सामान्य (concrete universal) बताकर प्रत्ययों की बीच की व्यवस्था को अंगिरूप साकल्य (organic whole) अथवा जैविक बताया है।

(5) यह ठीक है कि *प्लेटो* ने प्रत्यक्ष वस्तुओं की अवहेलना नहीं की है और अरस्तू ने अपेक्षाकृत प्रत्यक्षों को अधिक महत्ता दी है, पर इसमें सन्देह नहीं कि इन दोनों विचारों में प्रत्यक्षों का आभास और प्रत्ययों को सत् समझा जायगा। आभास और सत् का भेद न केवल प्लेटो में, पर हेराक्लिटस और इलियाई दर्शनों में भी पाया जाता है। हेगेल ने भी आभास-सत् के भेद पर अच्छा प्रकाश डाला है।

(6) चूँकि उच्चतर ही निम्नतर वस्तुओं को अनुप्राणित करता है, इसलिए प्रत्ययवाद को आध्यात्मिकवाद भी कहा जाता है, अर्थात् *Idealism teaches the Supremacy of the spirit over matter.*

अब *प्लेटो-अरस्तू* के अतिरिक्त अन्य यूरोपीय विचारकों की भी देनों को *हेगेल* ने अपने प्रत्ययवाद में समाविष्ट किया है, इसलिए उनका भी संक्षेप में उल्लेख करना चाहिए।

हेगेल और स्पिनोजा

स्पिनोजा के अनुसार केवल एक ही द्रव्य की परम सत्ता है। इस प्रकार स्पिनोजा का दर्शन एकवादी है। पर एकवादी प्रत्ययवाद मूर्त (concrete) भी हो सकता है और अमूर्त्त (abstract) भी। *मूर्त्त व्यवस्था वह है जिसमें वस्तुएँ और अनेकता समाहित और संरक्षित रहती हैं।* पर *स्पिनोजा* का एकवाद अमूर्त कहा जाता है क्योंकि वस्तुओं की अनेकता को स्पिनोजा ने प्रकार (modes) कहा है जिनका अस्तित्व क्षणभंगुर होता है। *'They are like the very-vanishing wanes the never are.'*

पर एक और अनेक सापेक्ष हैं। बिना एक के अनेक नहीं, और बिना अनेक के एक नहीं। पूर्ण सत् में एक-में अनेक और अनेक-में-एक होता है। इस दृष्टि से *स्पिनोजा* का दर्शन शुद्ध एकवाद है जिसमें अनेकत्व का तिरोधान हो जाता है। इसलिए *हेगेल* ने कहा है कि *स्पिनोजा* का वह सत् है जिसमें गायें अमावस्या के घोर अन्धकार में सभी की सभी काली दिखती हैं। फिर यह भी कहा है कि *स्पिनोजा* का एकवादी सत् वह सिंह की माँद के समान है जिसमें पशुओं के पद चिन्ह माँद की ओर संकेत करते हैं। पर कोई भी उस माँद से लौटता हुआ नहीं दिखाई पड़ता है। *It is the lion's den which all foot-print, bit from which none returns.*

हेगेल ने *स्पिनोजा* के एकवाद को अपनाया अवश्य, पर इस एकवादी प्रत्ययवाद को मूर्त्त सामान्य तथा सर्वसमावेशी अनुतंत्र में बदल दिया। पर प्रश्न हो सकता है कि स्पिनोजा का एकवाद क्यों अमूर्त्त हो गया?

इसका कारण था कि *स्पिनोजा* ने एक सिद्धान्त को अपनाया जो अपने में सत्य है। इनका कहना था कि निश्चयीकरण (गुणीकरण) निषेधात्मक होता है, *Every determination is negation.*

किसी भी वस्तु को निश्चित रूप से बोध कराने के लिए उसके गुण का उल्लेख किया जाता है। उदाहरण राम की ओर निश्चित संकेत करने के लिए कहा जाता है वह लड़का राम है जो गोरा, लम्बा और कोट पहने है। पर जैसे ही कहा जाता है कि राम गोरा है तो इससे ध्वनित होता है कि वह काला नहीं है, वह नाटा नही है तथा बिना कोट के नहीं है। इसलिए जहाँ गुणीकरण (निश्चयकरण, determination) होगा वहाँ निषेधीकरण (negation, नकारीकरण) होगा।

अब *स्पिनोजा* के लिए परम द्रव्य असीमित सत्ता है। उसे किसी भी गुण के द्वारा सीमित नहीं किया जा सकता है। उदाहरण यदि कहा जाय कि परम द्रव्य (substance) दयालु है, तो इससे ध्वनित होता है कि वह क्रूर नहीं हो सकता है। फिर यदि कहा जाय कि परम द्रव्य एक है, तो इससे ध्वनित होता है कि वह अनेक नहीं हो सकता है। इसलिए स्पिनोजा का परम द्रव्य निर्गुण, गुणविहीन तथा वर्णनातीत माना गया है। इसके विषय में यही कहा जा सकता है कि परम द्रव्य यह नहीं है, यह नहीं है, इत्यादि (नेति, नेति)। इसलिए स्पिनोजावाद शून्यवाद तथा अमूर्त्त सामान्य (abstract universal) में परिणत हो गया। हेगेल ने इस अमूर्त्त को मूर्त्त सामान्य (concrete universal) में तथा सर्वसमावेशी, पूर्ण सत् में परिणत कर दिया। कैसे?

हेगेल ने *स्पिनोजा* के इस सिद्धान्त को स्वीकार कर लिया है निश्चयीकरण निषेधात्मक होता है। पर उन्होंने बताया कि इसका प्रतिलोम भी सत्य है, अर्थात् *प्रत्येक निषेधीकरण विधेयात्मक (गुणीकरण, निश्चयीकरण) भी होता है, Every negation is affirmation.*

जैसे ही कहा जाता है कि अमुक वस्तु किताब नहीं है, तो इससे ध्वनित होता है कि अमुक वस्तु किताब को छोड़कर कोई अन्य वस्तु है, सम्भवत., लकड़ी या कुट अथवा इसी प्रकार की कोई अन्य वस्तु है। *हेगेल* ने 'नकारात्मक स्वीकारात्मक है' के सिद्धान्त को अपनाकर द्वन्द्वात्मक विधि की स्थापना की और इसके द्वारा *हेगेल* ने मूर्त्त सामान्य की स्थापना की है।

स्पिनोजा के समकालीन *लाइबनित्स* भी थे। आप भी प्रत्ययवादी परम्परा में गिने जायँगे। इनके अनुसार जड़ पदार्थ (अथवा भौतिक द्रव्य, मैटर) है ही नहीं। सभी कुछ चिदणु है। जड़ भी वास्तव में अविकसित चिदणु ही है। अब प्रत्ययवाद का भी सिद्धान्त है कि चित् ही परम सत् है। इसलिए लाइबनित्स के दर्शन को प्रत्ययवाद के अनतर्गत गिना जायगा। लाइबनित्स ने चिदणुओं की असंख्य अनेकता को स्वीकार किया है। पर लाइबनित्स अनेकता के साथ एकता का प्रश्न खट्टे में पड़ गया है। एकता को स्पष्ट करने के लिए लाइबनित्स ने पूर्वस्थापित छन्द (pre-established harmony) के सिद्धान्त की सहायता ली है। पर पूर्वस्थापित छन्द का सिद्धान्त मनगढ़न्त और कल्पित स्वीकारा गया है। पर *हेगेल* ने इसकी अनेकता को स्वीकारा है क्योंकि परम सत् को सर्वग्राही, सर्वसमावेशी, सामंजस्यपूर्ण जैविक अनुतंत्र के रूप में उन्होंने स्वीकारा है। परन्तु सम्भवतः *बर्कले* को विषयीनिष्ठ (subjective) प्रत्ययवाद *हेगेल* के प्रत्ययवाद के लिए अधिक महत्त्वपूर्ण माना जायगा। कम-से-कम *मूर* ने *बर्कले* के *दृश्यते इति वर्तते (essest percipi)* के सूत्र को प्रत्ययवाद का मूल सूत्र समझा है।

बर्कले और हेगेल

बर्कले के अनुसार सभी वस्तुएँ प्रत्यक्ष मात्र हैं। उदाहरण टेबुल वह है जो भारी हो, ठोस हो, कड़ा हो, किसी रंग का हो, इत्यादि। पर भारी होना, ठोस होना, कड़ा होना, इत्यादि सभी इन्द्रियों से प्राप्त प्रत्यक्षों का समूह है। इसलिये जो इन्द्रिय प्रत्यक्ष है वही वस्तु है (दृश्यते इति वस्तु वर्तते)। *बर्कले* ने अपने मत को स्थापित करने के लिए इसे एक चुनौती के रूप में प्रस्तुत किया है।

'दिखाओ कोई भी ऐसी वस्तु जो प्रत्यक्ष न हो'।

पर ऐसा दिखाया नहीं जा सकता, क्योंकि ऐसी कोई भी वस्तु हो ही नहीं सकती है। जैसे ही किसी वस्तु के विषय में कहा जायगा वह बोलनेवाले के मन का विचार अवश्य हो जायगा, जैसे-किसी अमुक का जमीन में गड़ा हुआ धन। पर *बर्कले* तुरन्त पूछेंगे, 'आपको कैसे मालूम?' यदि आपको मालूम है तो बस यह आपका प्रत्यक्ष हो गया। इसलिए जो भी वस्तु हो, वह अन्त में प्रत्यक्षों की पुंज होगी। यह प्रत्यक्ष मन पर निर्भर करता है। इसलिएं सम्पूर्ण विश्व वास्तव में मानसिक अथवा आध्यात्मिक ही है।

बाद में चलकर *बर्कले* ने स्वीकारा था कि वास्तव में मानव प्रत्यक्ष तो ईश्वर में निहित आद्यरूप (archetypes) की नकल मात्र हैं। आद्यरूप प्लेटो का ही प्रत्यय है। इसलिए अन्त में *बर्कले* के लिए वस्तुएँ ईश्वर के मन के प्रत्यय हैं जो शाश्वत और सर्जनात्मक हैं। इसलिए *बर्कले* का दर्शन वास्तव में प्रत्ययवाद ही है। तो भी यह *हेगेल* के प्रत्ययवाद की तुलना में सर्वग्राह्य नहीं माना जायगा।

(1) पहली बात है कि *बर्कले* ने प्रत्यक्ष और प्रत्यय के बीच अन्तर नहीं किया है। पर प्रत्यक्ष सापेक्ष, क्षणभंगुर और ज्ञाता पर निर्भर करता है। इसलिए वस्तुओं की सर्वग्राह्यता, वस्तुनिष्ठता तथा स्थायित्व प्रत्यक्षों के द्वारा स्पष्ट नहीं किए जा सकते हैं।

(2) यह ठीक है कि बाद में चलकर *बर्कले* ने प्रत्यक्ष के स्थान पर ईश्वर के मन में निहित आद्यरूपों अथवा प्रत्ययों की चर्चा की है। पर ये प्रत्यय अन्त में ईश्वर के मन पर निर्भर करते हैं। जो भी प्रत्यय किसी भी मन पर निर्भर रहे उसे विषयीनिष्ठ (subjective) कहा जाता है और हेगेल के प्रत्ययवाद को वस्तुनिष्ठ कहा जाता है।

(3) फिर *बर्कले* ने आत्मा और वस्तुओं के बीच अन्तर किया है। पर आपके लिए आत्मा प्रत्यक्ष नहीं है। पर आत्मा (spirit आत्मचेतना) हेगेल के प्रत्ययवाद की कुंजीपद है।

(4) *बर्कले* के लिए ईश्वर ही परम तत्त्व है और विश्व उसकी इच्छा पर निर्भर करता है। पर *हेगेल* के अनुसार विश्व की सत्ता प्रत्ययों की सामंजस्यपूर्ण अनुतान्त्रिक व्यवस्था है जिसमें कम से अधिक परिपूर्णता की ओर प्रत्यय तर्कीय रीति से विकसित होते रहते हैं। इस रूप में परम सत् बिना विश्व-विकास के नहीं हो सकता, और विश्व भी बिना परम सत् के सम्भव नहीं हो सकता है। परम सत् और विश्व के बीच अवियोज्य सम्बन्ध है। जिस प्रकार बिना कविता के कवि नहीं और कवि के बिना कविता नहीं; जिस प्रकार बिना चित्र के चित्रकार नहीं और बिना विश्व के परम सत् नहीं सम्भव हो सकता है। इस वस्तुनिष्ठ प्रत्ययवाद की तुलना में बर्कले के अनुसार विश्व बिना चित्रकार के चित्र नहीं; उसी प्रकार बिना परम् सत् के विश्व नहीं और बिना विश्व के परम सत् नहीं सम्भव हो सकता है। इस वस्तुनिष्ठ प्रत्ययवाद की तुलना में बर्कले के अनुसार विश्व बिना ईश्वर के सम्भव नहीं है; पर ईश्वर बिना विश्व के रह सकता है।

(5) फिर *हेगेल* के अनुसार परम सत् प्रत्यय है, पर ये प्रत्यय किसी मन पर निर्भर नहीं करते हैं। ये प्रत्यय ईश्वर के मन पर भी निर्भर नहीं करते हैं। ये प्रत्यय न तो मानव मन और न ही ईश्वरीय मन पर निर्भर करते हैं।

इसके विपरीत *बर्कले* के अनुसार अन्तिम रूप में आद्यरूप अथवा प्रत्यय ईश्वर के मन पर निर्भर करते हैं। फिर *बर्कले* ने परम सत् को व्यक्तिपूर्ण ईश्वर कहा है। इसके विपरीत हेगेल के अनुसार परम सत् व्यक्तित्वपूर्ण नहीं है, पर अतिवैयक्तिक (super-personal) है।

इन सब कारणों से हेगेल के प्रत्ययवाद को वस्तुनिष्ठ और बर्कले के प्रत्ययवाद को अपूर्ण और विषयीनिष्ठ कहा जाता है। परन्तु हेगेल के प्रत्ययवाद का प्रारम्भ-बिन्दु काण्ट का दर्शन था जिसे भी स्पष्ट करना चाहिए।

काण्ट और हेगेल

काण्ट की प्रसिद्ध उक्ति है कि ज्ञान संवेदन से प्रारम्भ होता और तब यह बोधशक्ति

(समझ, understanding) की ओर प्रगति करता है और तर्कबुद्धि (reason) में समाप्त हो जाता है। ज्ञान के इन तीनों चरणों में मानव मन और परे *पराप्रत्यक्ष की अनुभवातीत एकता* के आधार पर ही ज्ञान की व्याख्या की जा सकती है। अन्त में *काण्ट* ने यह भी कहा था कि संवेदनाओं का और बोध शक्ति का मूल स्रोत एक ही है, अर्थात् समाकल्पन (apperception) की अत्यानुभविक एकता*, अर्थात् अहंकर्तृत्व-भाव की अत्यानुभविक (transcendental) एकता (unity)। दूसरे शब्दों में सभी मानवों में अत्यानुभविक अंह-चेतना का भाव।

(1) सर्वप्रथम, सभी संवेदनाएँ दिक् और काल में व्यवस्थित हो जाती हैं। ये दिक् और काल सभी मानव के मन में उनकी जन्मजात देन है जिनके द्वारा संवेदन एक व्यवस्था में अनुक्रमिक होते हैं।

(2) द्वितीय, संवेदन दिक्-काल में व्यवस्थित होकर प्रत्यक्ष का रूप धारण कर लेते हैं। पर प्रत्यक्ष को और अधिक व्यवस्थित करने की आवश्यकता होती है जिसे बोधशक्ति (understanding) के 12 कोटियों के द्वारा व्यवस्थित किया जाता है। ये बोध की कोटियाँ हैं द्रव्य-गुण, कारण-कार्य इत्यादि। बोधशक्ति की ये देन भी मानव मन की देन है जिसके द्वारा प्रत्यक्ष व्यवस्थित किये जाते हैं।

(3) पर जिन भी कोटियों (categories) के द्वारा व्यवस्थित ज्ञान हो उसमें अवबोध (ज्ञान का प्रारम्भिक चरण अवबोध, apprehension), इसकी स्मृति और फिर उसे पहचानना कि वास्तव में यह अवबोध पहले भी हुआ है। इन तीनों तत्वों को एक ही आत्मचेतना में होना चाहिए। दूसरे शब्दों में किसी भी अवबोध का होना, उसके बाद में स्मृति होना और फिर उसे याद कर पहचानना एक ही अहंकर्तृत्व भाव अथवा अंह-चेतना में रहना चाहिए।

यह ठीक है कि संवेदन को दिक्-काल के प्रागनुभविक संश्लेष के आधार पर प्रत्यक्ष प्राप्त किया जाता है। फिर प्रत्यक्षों को भी प्रागनुभविक बोधशक्ति की बारह कोटियों के द्वारा निर्णय प्राप्त किया जाता है और निर्णयों में ही वैज्ञानिक ज्ञान प्राप्त होता है। पर दिक्-काल तथा बोध शक्तियों के बारह कोटियों के द्वारा प्रागनुभविक संश्लेष में (a priori synthesis) भी अंह-चेतना (I-consciousness) के सर्वोपरि संश्लेषण की आवश्यकता पड़ती है। दूसरे शब्दों में अनुभव के द्वारा पृथक-पृथक सामग्रियाँ ही प्राप्त हो सकती हैं, पर बिना उन्हें संगठित (संश्लेष, synthesis, combination) किए हुए ज्ञान संभव नहीं है। पर यह संश्लेष (व्यवस्था) मानव मन की अपनी पूर्वानुभविक देन है। पर दिक्-काल तथा बोध-शक्ति की कोटियों के द्वारा संश्लेषण भी बिना अंह-चेतना के उच्चतर पूर्वानुभविक संश्लेष के कोई भी वैज्ञानिक ज्ञान संभव नहीं होता है।

*"We must, therefore, look yet higher for this unity, namely in that which itself contains the ground of the unity of diverse concepts in judgment, and therefore of the possibility of the understanding, even as regards its logical employment."***

अर्थात्

(1) यह टेबुल अभी (काल में) और यहाँ (दिक् में) है।

(2) यह टेबुल काली है (द्रव्य-गुण जो बोधशक्ति से प्राप्त हुआ)।

---

* समाकल्पना (apperception) कठिन शब्द है। जब कोई इच्छात्मक प्रक्रिया होती है तो उसमें यह भी भाव होता है कि इस काम को 'मैं कर रहा हूँ' अर्थात् अहंकर्तभाव की चेतना को समाकल्पन कहा जा सकता है।

** Kant's *Critique of Pure Reason*, N.K. Smith, pp. 92, फिर देखें पृ० 97-98.

(3) हाँ ! यह वह काली मेज है जिसे मैं अवबोधित कर रहा हूँ और याद कर रहा हूँ कि भूत में भी मेज देखा है और इसे पहचान रहा हूँ। अतः, एक ही चेतना है जो इस टेबुल का अवबोध करती, बीते मेजों के देखने को याद कर रही है और फिर इस मेज को मेज के रूप में याद कर रही है।

पर *काण्ट* के लिए यह अंह-चेतना (I-consciousness) अनुभूत तत्त्व नहीं है। बिना संश्लेषण (combination, संगठन) के केवल आनुभविक पृथक-पृथक सामग्रियों के द्वारा ज्ञान संभव नहीं है। परन्तु पृथक सामग्रियों को एकत्रित कर उन्हें संयोजित (व्यवस्थित, संश्लिष्ट, Synthesis) किए हुए ज्ञान संभव नहीं होता है। सर्वप्रथम, यह संश्लेषण मन की अपनी पूर्वानुभविक (a priori) देन है। यह देन संवेदन के प्रागनुभविक दिक्-काल के साँचे में सर्वप्रथम व्यवस्थित होता, फिर बोधशक्ति की बारह कोटियों के द्वारा निर्णय (judgment) में व्यवस्थित होता है। पर संवेदन के पूर्वानुभविक रूप तथा बोधशक्ति के बारह कोटियों के संश्लेषण से भी ज्ञान की व्याख्या पूरी नहीं होती। अन्त में सभी प्रकार के पूर्वानुभविक संश्लेषण का मुख्य पूर्वानुभविक आधार है पराप्रत्यक्ष (appereception, समाकल्पन) का अत्यानुभविक एकता (transcendental unity) अर्थात् अंह-चेतना। पर काण्ट के अनुसार यह अंह-चेतना अनुभूत नहीं, पर पूर्वानुभविक (a priori) तर्कीय आधार है जो वैज्ञानिक ज्ञान को स्पष्ट करता है। इसी अंह-चेतना (I-consciousness) को हेगेल ने निरपेक्ष सत् (absolute reality) के रूप में बदल दिया है। *हेगेल* के अनुसार एक परम निरपेक्ष सत् है जिसमें अपरिमित संभाव्यताएँ हैं जो क्रमशः कालगति कें द्वन्द्वात्मक तर्कीय रूप में साकार होती जाती हैं। उदाहरण प्रारम्भ में केवल जड़ था, फिर जड़ से जीव और अन्त में जड़-जीव दोनों के योग से चेतन मानव जीव का विकास हुआ। इस विकास का क्रम पक्ष, प्रतिपक्ष तथा संपक्ष (thesis, anti-thesis and synthesis) के त्रयात्मक (triadic) विधि के द्वारा सम्पन्न होता है। अब यह त्रयात्मक विधि जिसे द्वन्द्वात्मक विधि की भी संज्ञा दी जाती है, वह भी काण्ट के दर्शन से प्रभावित दिखती है।

काण्ट ने जानबूझकर या अनजाने ही त्रय पक्षों का उल्लेख किया है। जैसे—ज्ञान, प्रक्रिया में संवेदन, बोधशक्ति (understanding) और तर्कबुद्धि (reason) का उल्लेख किया है। फिर *काण्ट* ने ही मन की तीन शक्तियों का उल्लेख किया था, अर्थात् संज्ञान, प्रेरणा (conation) और संकल्प भाव (appeception)। इनके अनुरूप *काण्ट* ने Critique of Pure Reason, Critique of Practical Reason और Critique of Judgment नामक क्रमशः तीन समीक्षाओं को लिखा है। इसके साथ *काण्ट* ने तर्कबुद्धि के तीन परम तत्त्वों का उल्लेख किया है, अर्थात् विश्व, स्थायी आत्मा और परमात्मा (ईश्वर)। इस सन्दर्भ में महत्त्वपूर्ण बातें विप्रतिषेधों (antinomies) की हैं।

काण्ट के अनुसार किसी प्रकार का वैज्ञानिक ज्ञान केवल गोचर अथवा व्यावहारिक (empirical) जगत् का हो सकता है, पर पारमार्थिक (noumenal) जगत् का नहीं। क्यों? इसका कारण है कि जो कुछ भी गोचर (phenomenal) जगत् का ज्ञान हमें मिलता है वह ज्ञान है जो मन के दिक्-काल तथा बारह कोटियों से अभिरंजित होकर प्राप्त होता है। पर बिना मन की पूर्वानुभविक देन के जगत् का मन से परे इसका अपना क्या निजी स्वरूप है, इसे मानव जान ही नहीं सकता है। मानव जब भी जानेगा तब वह अपनी देनों के साँचे में जगत् को ढाल कर जानेगा। इसलिए मानव का ज्ञान गोचर जगत् का हो सकता है, न कि पारमार्थिक तत्त्व का। इसलिए काण्ट के अनुसार किसी भी वस्तु का अपना निजी स्वरूप (thing-in-itself) अज्ञात और अज्ञेय है। *काण्ट* के इस सिद्धान्त को अज्ञेयवाद (agnosticism) कहा जाता है। काण्ट के इस भ्रम तथा विश्व के सिद्धान्त का परिणाम उसके आत्मा और परमात्मा के विप्रतिषेध (antinomies) में देखा जाता है।

काण्ट के अनुसार किसी भी वैज्ञानिक ज्ञान के लिए दो मुख्य तत्त्व अवश्य रहना चाहिए,

अर्थात्

(1) संवेदनों से प्राप्त सामग्रियों का होना,

(2) जिन्हें सर्वप्रथम दिक्-काल में व्यवस्थित कर प्रत्यक्ष का रूप प्राप्त होता, फिर इन प्रत्यक्षों को बोधशक्ति की बारह कोटियों के द्वारा निर्णयों में परिणाम कर ज्ञान की प्राप्ति की जाती है। यह ठीक है कि अत्यानुभविक पराप्रत्यक्ष की एकता अन्तिम और आवश्यक व्यवस्था है। पर संक्षेप में काण्ट की उक्ति है कि बोधशक्ति संवेदन-द्वारा प्राप्त सामग्रियों के आधार पर जगत् का ज्ञान प्राप्त करती है। *Understanding makes nature (i.e. the knowledge of nature) out of the materials it does not matter.*

जब तक संवेदन के द्वारा सामग्रियाँ न मिलें तब बोधशक्ति केवल अपनी बारहों कोटियों के द्वारा प्रकृति का ज्ञान नहीं प्राप्त कर सकती है। पर मानव का स्वभाव है कि वह उन परम तत्त्वों को भी जानने का प्रयास करता है जो संवेद्य नहीं हो सकते हैं। उदाहरण जगत् की कुछ वस्तुओं और कुछ अंशों का ज्ञान हो सकता है, पर जगत् के साकल्य (wholeness समग्रत्व) को किसी भी संवेदन से नहीं प्राप्त किया जा सकता है। इसी प्रकार ईश्वर को भी मानव अपनी इन्द्रियों से नहीं जान सकता है। इसलिए काण्ट के जगत् का साकल्य, आत्मा का तात्विक स्वरूप और ईश्वर को हम अपनी ज्ञान-परिधि में नहीं ला सकते हैं। पर मानव अपने स्वभाव से विवश होकर संभव ज्ञान परिधि की सीमा को पार कर परम तत्त्वों के अपने निजी स्वरूप में जानने को प्रयास करता है। इसका परिणाम? परिणाम यह होता है कि विचारक अत्यानुभविक भ्रम (transcendental illusion) में पड़ जाता है। इन भ्रमों में पक्ष और प्रतिपक्ष दोनों समरूप से सिद्ध होते दिखाई देते हैं। जैसे-आत्मसम्बन्धी तर्काभास (paralogism) में मानव आत्मा को द्रव्य, सरलतम तत्त्व इत्यादि के रूप में बताकर इसकी स्थापना करता है जो केवल आभास है, न कि ज्ञान। फिर जगत्-सम्बन्धी विप्रतिषेध के अनुसार जगत् अणुओं से बना है और फिर इसके विपरीत यह भी सिद्ध होता है कि जगत् अणुओं से नहीं बना है। यह भी सिद्ध होता है कि विश्व शाश्वत है और इसके विपरीत यह भी कि यह सृष्ट है, इत्यादि। इन विप्रतिषेधों (antinomies) से क्या स्पष्ट होता है। काण्ट के अनुसार यही स्पष्ट होता है कि मानव परम सत् को जानने में असमर्थ है। हम यही जानते हैं कि परम सत् है, पर हम नहीं जानते कि परम सत् क्या है। इसे अज्ञेयवाद (agnosticism) कहा जाता है।

हेगेल के लिए *काण्ट* का अज्ञेयवाद उनके प्रत्ययवादी दर्शन का आरम्भ बिन्दु है। काण्ट के अनुसार विप्रतिषेधों के देखने से स्पष्ट हो जाता है कि यह बताता है कि मानव अपने ज्ञान की सीमा पर पहुँच गया है और उसे अत्यानुभविक भ्रम से शिक्षा प्राप्त कर लेना चाहिए कि उसे संवेदन के बिना परम तत्त्वों को जानने का प्रयास न करे। *हेगेल* के अनुसार विप्रतिषेधों में दो विरोधी पक्ष दिखाई देते हैं। यह ज्ञान की सीमा की ओर नहीं निर्देश करता है, पर हमें बताता है कि यहाँ पक्ष (thesis) और प्रतिपक्ष (anti-thesis) दोनों पर ध्यान देकर इन दोनों के बीच संपक्ष (synthesis) के द्वारा समन्वय स्थापित किया जाय। अतः, हेगेल ने विप्रतिषेधों के द्वारा पक्ष-प्रतिपक्ष-संपक्ष की त्रयात्मक विधि की स्थापना की है जिसे द्वन्द्वात्मक विधि (dialectic method) कहा जाता है। इस द्वन्द्वात्मक विधि प्रगति को दर्शाने के लिए महत्त्वपूर्ण समझा गया है। इसके द्वारा हेगेल और मार्क्स ने इतिहास को स्पष्ट करने के लिए काम में लाया है। इसके अतिरिक्त हेगेल ने काण्ट के अज्ञेयवाद की आलोचना करके प्रत्ययवाद के कुंजी मन्त्र की स्थापना की है कि वस्तु और विचार दोनों एक ही हैं। *Things and thought are identical.*

अज्ञेयवाद की आलोचना

काण्ट ने ज्ञान और विचार में भेद माना है। 'ज्ञान' से अर्थ है वास्तविक वस्तु अथवा पात्र का ज्ञान। इसकी तुलना में 'विचार' से अर्थ है बोधशक्ति की कोटियाँ अथवा प्रत्यय। इसलिए

काण्ट के अनुसार सही ज्ञान वही है जिसमें संवेदन-सामग्रियों को कोटियों के द्वारा व्यवस्थित किया जाय। इसलिए काण्ट की प्रसिद्ध उक्ति है:—

बोधशक्ति प्रकृति का ज्ञान उन सामग्रियों के द्वारा प्राप्त करती है जिन्हें वह स्वयं नहीं उत्पन्न करती है। Understanding makes nature out at the materials is does not make.

काण्ट की उक्ति में बड़ा बल है क्योंकि कोरे विचार के आधार पर कल्पना सम्भव है, पर वास्तविक अथवा यथार्थ वस्तु का ज्ञान सम्भव नहीं हो सकता है। भूखा भोजन का विचार कर सकता है, और प्यासा जल की कल्पना कर सकता है। पर भोजन तथा जल के विचार करने से ये वस्तुएँ नहीं हो पाती हैं।

काण्ट के विपरीत, *हेगेल* ने ज्ञान और विचार में कोई अन्तर नहीं किया है। हेगेल के अनुसार 'ज्ञान' की संज्ञा तभी होगी जब किसी भी एक कोटि को काम में लाया जाय। अपने सिद्धान्त को स्वीकार करते हुए *हेगेल* ने *काण्ट* के द्वारा प्रतिपादित अज्ञेयवाद की निम्नलिखित रीति से खण्डित करने का प्रयास किया है:—

(1) किसी भी परम सत् को 'अज्ञेय' कहना आत्म-विरोधी कथन है। अज्ञेयवाद के अनुसार परम सत्ता है, पर इसके गुण इत्यादि को नहीं कहा जा सकता है। इसलिए परम सत् को 'अज्ञेय' कहा जाता है। पर *हेगेल* के अनुसार 'है' अथवा 'अस्तित्व' की कोटि को परम सत् को विषय व्यवहृत किया जा रहा है, और जहाँ भी किसी कोटि (category) को काम में लाया जाय वहाँ उस विषय को 'ज्ञेय' कहा जायगा। इसलिए परम सत् को अज्ञेय कहने का अर्थ है कि अज्ञेय में अस्तित्व की कोटि को काम में लाया गया है। इसलिए अज्ञेय भी ज्ञेय हो जाता है। इसलिये अज्ञेय को 'है' बताकर अज्ञेय को ज्ञेय में परिणत कर देने पर अज्ञेयवाद आत्मविरोधी अवधारणा हो जाती है।

इस स्थल पर काण्ट के पक्ष में कहा जा सकता है कि 'अज्ञेयवाद' मानव ज्ञान की सीमा की ओर हमारे ध्यान को आकृष्ट करता है। यहाँ ज्ञान का नहीं, वरन् ज्ञान की सीमा का बोध कराया जा रहा है। इसके प्रत्युत्तर में हेगेल का कहना है कि ज्ञान-सीमा भी *सीमा का ज्ञान* है, न कि ज्ञान का पूर्णतया अभाव। ज्ञान की सीमा से अवगत होना भी ज्ञान ही है, क्योंकि ज्ञान की सीमा को वही कह सकता है जो जानता है कि इस सीमा से बाहर भी कुछ है जो सीमा की लकीर को खींच रहा है। यहाँ हेगेल की प्रसिद्ध उक्ति है कि सीमा को जानने से ध्वनित होता है कि सीमा से बाहर भी कोई चीज है। इसलिए सीमा को जानने से अभिप्राय है 'सीमा से पार होना', *अर्थात् सीमा का ज्ञान होना। To know the limit is to know what is beyond the limit.*

इसलिए सीमान्त का ज्ञान भी है, न कि ज्ञान का अभाव।

इस सन्दर्भ में हेगेल बताते हैं कि किसी वस्तु के अज्ञान होने और फिर उसे 'अज्ञेय' कहने में बड़ा अन्तर है। किसी भी युग में अनेक विषय हैं जिनके विषय मानव का ज्ञान समर्थ नहीं हो पाता है। ऐसी वस्तु को *'अज्ञान'* कहा जा सकता है, न कि अज्ञेय। जैसे-कुछ की वर्षों से पूर्व, चाँद का ओझल भाग अज्ञात था, पर चन्द्रयान के द्वारा इस भाग को जान लिया गया है। इसलिए अज्ञात वह है जो किसी युग में ज्ञान-परिधि के अन्तर्गत नहीं लाया गया है। पर जो सिद्धान्ततः ज्ञेय कहा जायगा, न कि अज्ञेय। जैसे-कैन्सर के रोग का उपचार। यह अज्ञात है, पर अज्ञेय नहीं। सिद्धान्ततः कोई भी ऐसा विषय नहीं है जो हो और उसे अज्ञेय कहा जाय। कोई भी ऐसा विषय हो जिसे है कहा जाय, या सीमान्त-ज्ञान कहा जाय उसे अज्ञेय नहीं कहा जायगा। उसका ज्ञान बहुत कम हो सकता है, पर उसे अज्ञेय नहीं कहा जा सकता है। जिसके विषय में कोई भी कोटि अथवा अवधारणा नहीं काम में लाई जा सकती है, उसके विषय में मानव मौन रहेगा, न कि उसको अपने ज्ञान की सीमा बताएगा।

अतः, सिद्धान्ततः ऐसी कोई भी वस्तु नहीं, कोई भी विषय नहीं, जो विचार से परे और स्वतंत्र हो, और जहाँ भी विचार सम्भव है, वहाँ ज्ञान की भी सम्भावना बताई जायगी।

अब *हेगेल* की आपत्तियों से बचने के लिए कहा जा सकता है कि 'अज्ञेय' के विषय में यह नहीं कहा जा रहा है कि वह है, पर यह कि उसके विषय में यह कहा जा रहा है कि हम नहीं जानते कि वह है या नहीं है। इसी स्थिति को अज्ञेयवाद कहा जाता है।

हेगेल का प्रत्युत्तर है कि जो भी वस्तु हो जिसमें किसी भी प्रत्यय अथवा अवधारणा को व्यवहृत करने की सम्भावना हो उसे ज्ञेय ही कहा जायगा। यहाँ कहा जा रहा है कि परम सत् के विषय में यह नहीं कहा जा रहा है कि वह है या नहीं है। पर इससे यह अवश्य ध्वनित होता है कि परम सत् के प्रति अस्तित्व-अनस्तित्व की कोटि काम में लाई जा रही है। इसलिए परम सत् को प्रत्यय, विचार तथा कोटि से परे और स्वतंत्र नहीं कहा जा रहा है, इसलिए परम सत् 'ज्ञेय' कहा जायगा। फिर परम सत् के होने और न होने की सम्भावना भी मानी जा रही है। अतः इसके विषय में सम्भावना-असम्भावना का प्रत्यय भी काम में लाया जा सकता है। इसलिए पारमार्थिक सत् भी अज्ञेय नहीं है, पर वह भी विचार योग्य विषय है और जो भी विचार योग्य होगा वह ज्ञेय कहलाएगा। इसलिए हेगेल की प्रसिद्ध उक्ति है:—

Thought and thing, knowing and being are identical.

अर्थात् विचार और वस्तु दोनों एक हैं। इसलिए हेगेल स्थापित करते हैं कि सभी वास्तविक वस्तुएँ विचार हैं, अथवा वस्तुएँ विचारों का समूह हैं।

हेगेल का प्रत्ययवाद

हेगेल के अनुसार परम सत् नित्य, अपरिवर्तनशील तर्कबुद्धिपरम जैविक साकल्य (whole) है इस परिभाषा में एक-एक शब्द महत्त्वपूर्ण है। जैविक साकल्य के स्थान पर *सामंजस्यपूर्ण अनुतंत्र* शब्द को भी काम में लाया जा सकता है। यहाँ 'जैविक' शब्द से अर्थ है 'जीवों में पाई जाने वाली व्यवस्था', अर्थात् ऐसी व्यवस्था जिसमें अंगों के द्वारा पूर्ण जीव प्राणी बना रहता है और जीव के स्वस्थ रहने पर ही प्रत्येक अंग भी स्वस्थ रहता है। जैसे-आँख, नाक-मुँह इत्यादि अंगों के सामंजस्यपूर्ण काम करने से मानव प्राणी जीवित रहता है, और फिर सम्पूर्ण स्वस्थ शरीर में रहने पर ही हाथ, हाथ कहा जा सकता है, और पैर, पैर। यदि हाथ को शरीर से अलग कर दिया जाय, तो हाथ, हाथ नहीं रहता। अब इस शब्द जैविक साकल्य (पूर्णत्व, सम्पूर्णत्व) में अन्य बातें भी हैं जिनकी व्याख्या बाद में की जायगी। पर इस बात को ध्यान में रखना चाहिए कि हेगेल के प्रत्ययवाद के अनुसार परम सत् एक *परिपूर्ण तर्कसंगत व्यवस्था* है जो शाश्वत है जिसमें विश्व की सभी वस्तुएँ संगत रूप में पाई जाती हैं। अब सत् की यही कसौटी है कि वह सम्पूर्ण हो और जिसमें जीवन की अनेकता संगत रूप में व्यवस्थित हो। पर क्या इस विश्व की वस्तुओं को सम्पूर्ण कहा जा सकता है, या क्या इन्हें संग रूप से अन्य वस्तुओं के साथ व्यवस्थित कहा जा सकता है? क्या मेज, जूते तथा वृक्षों के बीच कोई तर्कपूर्ण व्यवस्था दिखाई देती है? यदि नहीं, तब व्यावहारिक जीवन की वस्तुओं को आभास कहा जायगा, न कि सत्

फिर वास्तविक वस्तुओं में अनेकता है और वे सब एक नहीं हैं। वे नश्वर हैं और शाश्वत नहीं हैं। इसलिए वास्तविक वस्तुएँ हैं, अभी हैं, यहाँ हैं, पर ये आभास हैं। यह सत् (real) नहीं। तब क्या इसके अस्तित्व को अस्वीकार किया जा सकता है? क्या यह वस्तुएँ आकाशपुष्प के समान अवास्तविक हैं, या 'बन्ध्या माता' के समान बदतो व्याघात हैं? ये वस्तुएँ उतनी अवास्तविक नहीं है। साधारणतया आग हाथ जलाती है और पानी प्यास बुझाता है। इनके अस्तित्व को कौन ठुकरा सकता है। साधारणतया प्रत्यक्ष को यथार्थ कहना पड़ता है, पर निम्नलिखित कारणों से सत् नहीं कहा जा सकता है:—

(1) प्रत्यक्षों में अनेक प्रभ्रम पाए जाते हैं, उदाहरण संध्याकाल में रस्सी साँप दिखती है और फिर कभी सीप, चाँदी दिखाई देता है।

(2) फिर व्यावहारिक अनुभूतियों में भ्रांति (delusion) भी पाई जाती है, जैसे—कभी ऐसी भ्रांति होती है कि मानों हमें कोई पुकार रहा है, या कभी भूत-प्रेम भी दिखाई देता है।

(3) अपितु, वस्तुओं के दूर रहने पर, या अतिसूक्ष्म रहने पर हमें यह वस्तुएँ ठीक-ठीक नहीं अनुभूत होती हैं।

(4) यह भी स्पष्ट है कि वस्तुएँ परिवर्तनशील और अस्थायी रहती हैं।

तब वस्तुएँ न तो पूर्णतया सत् हैं और न पूर्णतया असत् हैं। ये दोनों बातें बताई जा सकती हैं। यह सदगत् हैं। यह व्यावहारिक रूप से सत् और पारमार्थिक स्तर पर असत् कही जा सकती हैं। यह अभिकथन प्लेटो के दर्शन में ही पाया जाता है। जितनी भर वस्तुएँ प्रत्यय की नकल होती, जितनी दूरी तक ये वस्तुएँ प्रत्यय (सामान्य) में अंशग्रहण (participate हिस्सेदार) करतीं, उतनी दूर तक वस्तुएँ सत् हैं। पर न वस्तुएँ परिपूर्ण हैं और न शाश्वत हैं। इसलिए वस्तुओं की सत्यता केवल आंशिक ही कही जा सकती है। वस्तुओं की सत्यता उनमें निहित सामान्यों (universal) पर निर्भर करती है। इसलिए हेगेल का कहना है कि वस्तुएँ सामान्यों का संग्रह है, जैसे-टेबुल क्या है? इसमें भारीपन है, भूरापन है, इसमें कड़ापन है इत्यादि। पर भारीपन, भूरापन इत्यादि सामान्य हैं। पर क्या कहीं भूरापन दिखाई देता है? हाँ भूरी किताब दिखती है, भूरा पत्ता दिखाई देता, भूरी लकड़ी दिखाई देती है। पर भूरापन इन्द्रियों से नहीं प्राप्त किया जाता है। यह बुद्धि के द्वारा, मानव विचार के द्वारा ही प्राप्त होता है। भूरी वस्तु यथार्थ होती है-इन्द्रियग्राह्य होती है, पर सत् नहीं होती, क्योंकि यह नश्वर है तथा भ्रम-भ्रांति से भरी होती है। इसकी तुलना में सामान्य अथवा प्रत्यय सत् है, पर यह वास्तविक नहीं है, क्योंकि उसी को वास्तविक कहा जाता है जो देश-काल में रहकर इन्द्रिय ग्राह्य होता है। अतः, *हेगेल* की उक्ति है:—

जो वास्तविक है जो सत् नहीं है और,

जो सत् (अर्थात् सामान्य) है, वह वास्तविक नहीं।

That which exists is not real.

And the real (idea) does not exist.

पर वास्तविकता में भी सत् है, क्योंकि वास्तविकता और सत्, दोनों में एक बात की समानता है कि दोनों में *भाव* (being) है। परियाँ हो या नहीं, रस्सी और साँप हों या नहीं। पर सत् के समान सभी में हैपन (isness) या भाव हैं। सत् इन्द्रियग्राह्य नहीं है, पर प्रत्यक्षों के द्वारा, विश्व की वस्तुओं के द्वारा यह सत् अभिव्यक्त होता है और बुद्धि के द्वारा वह मानव विचार का विषय होता है। इसलिए परम सत् और वस्तु, दोनों में भाव है, दोनों मानव बुद्धि के द्वारा जाने जाते हैं। दोनों में अन्तर यही है कि वास्तविक वस्तुओं का भाव (उनका हैपन) परम सत् पर निर्भर करता है। वे उतनी ही दूर तक सत्य हैं, जिनती दूर तक वे परम सत् को अभिव्यक्त कर पाती हैं। पर परम सत् भी अपनी अभिव्यक्तियों के द्वारा परिपूर्णतया व्यक्त होता जाता है। अन्त में देखा जाय तो वास्तविक वस्तुओं और परम सत् का सम्बन्ध *अंश और पूर्ण*, अवश्य और अवयवी का कहा जा सकता है। फिर यह भी ठीक है कि यथार्थ वस्तुओं की तुलना में परम सत् सर्वसमावेशी तर्कबुद्धिपरक जैविक पूर्णता है। अतः, सर्वसमावेशीपन, तर्कबुद्धिपरकता और जैविक पूर्णता पर भी प्रकाश डालना चाहिए।

परम चित् (Supreme Spirit) अथवा निरपेक्ष सत् अनन्त संभाव्यताओं का कोषागार है जो संभाव्यताएँ कालगति में अभिव्यक्त अथवा साकार होती रहती हैं। इस बात की ओर अरस्तू ने फौर्म-मैटर के सिद्धान्त में अभिव्यक्त किया है। अरस्तू के अनुसार मैटर संभाव्यता (potentiality, संभावनाएँ, क्षमताएँ) हैं तो फौर्म अथवा सामान्य के द्वारा साकार किया जाता है। हेगेल के समय में जैविक विकास का सिद्धान्त वैज्ञानिक रीति से स्पष्ट नहीं किया गया था। पर विकास की बात हवा में थी। इस विकास की दृष्टि से विश्व में जड़ जीव-प्राणी-आत्मचेतना मानव का कालगति

में प्रादुर्भाव हुआ। हेगेल ने तर्कबुद्धिपरक (rational) अथवा द्वन्द्वात्मक विधि (dialectical method) कहा है। इस द्वन्द्वात्मक रीति की व्याख्या बाद में की जायगी। यहाँ इतना ही भर कहा जा सकता है कि परम चित् अथवा निरपेक्ष सत् (The Absolute) कम परिपूर्णता से अधिक परिपूर्णता की ओर पक्ष-प्रतिपक्ष-संपक्ष (thesis-antithesis-synthesis) के मार्ग से परिस्फुटित होता रहता है। जड़ से जीव, और जीव से मानव का विकास हुआ। जीव में भी जड़ है और मानव में जड़ और जीव दोनों का तत्त्व पाया जाता है। यह ठीक है कि जड़-तत्त्व रूपान्तरित होकर जीव में संरक्षित रहता है और जड़-जीव, दोनों और अधिक रूपान्तरित होकर मानव में संरक्षित रहता है। यदि किसी मानव को कोठे से नीचे गिरा दिया जाय तो किसी भी अपने बराबर जड़-वस्तु के समान वह मानव गिरेगा। फिर मानव में भी पशु के समान निद्रा, भय, मैथुन इत्यादि क्रियाएँ पाई जाती हैं। पर जो प्रत्यय जड़ में और प्राणी-जगत् में पाए जाते हैं वे वैज्ञानिक मानव के द्वारा विज्ञान के नियमों में स्पष्ट हो जाते हैं। अतः, ये वैज्ञानिक नियम ही हैं जिनके द्वारा समस्त जड़ रूप में, प्राणी रूप में, मानव के मनोवैज्ञानिक रूप में प्रत्यय हैं जो मानव में चेतना हो वाचाल हो जाते हैं। अतः, निरपेक्ष परम सत् जड़-जीव की अपेक्षा मानव में अधिक अभिव्यक्त हो जाता है। मानव-इतिहास में यह चेतना क्रमशः दिनोंदिन अधिक परिपूर्ण होती जाती है।

दूसरी बात है कि परिपूर्णता का विकास पक्ष-प्रतिपक्ष-संपक्ष की त्रयात्मक विधि के द्वारा सम्पन्न होता है। जड़ में भी चेतना है, क्योंकि इसमें भी अपने नियम हैं। पर यह भौतिकी, रासायनिकी के नियम जड़ के ही तल पर चेतन नहीं रहते हैं। जड़ की अपेक्षा जीव में चेतना की फड़फड़ाहट देखने में आती है। पर यह चेतना आत्मचेतना में विकसित होती है। ऊपर से देखने में जड़ और जीव परस्पर-विरोधी दिखता है। जड़ अपने से प्रजनित नहीं होता है, पर जीवन में प्रजनन, आत्मसंचालन आदि देखा जाता है। अतः, जड़ पक्ष हुआ और जीव इसका प्रतिपक्ष हुआ। दोनों के बीच द्वन्द्व (विरोध) मानव की आत्मचेतना में समन्वित हो जाते हैं। हेगेल ने सम्पूर्ण विश्व की व्याख्या इसी त्रयात्मक विधि के द्वारा स्पष्ट की है। इस त्रयात्मक विधि की विशेषता है कि पक्ष की अपने में ही ऐसी गति है जिसके कारण इसके प्रतिपक्ष की सम्भावना उत्पन्न होती है। फिर पक्ष-प्रतिपक्ष का परस्पर-विरोध बिना संपक्ष के मिट नहीं सकता है। पक्ष-प्रतिपक्ष-संपक्ष के इस प्रकार के सम्बन्ध को द्वन्द्वात्मक अनिवार्यता (dialectical necessity) की संज्ञा दी गई है। इस अनिवार्यता को तर्कनिष्ठ आपादन (implication) नहीं कहा जा सकता है, पर तर्कबुद्धिपरक (rational) अवश्य माना जा सकता है। इसलिए हेगेल ने निरपेक्ष सत् को तर्कबुद्धिपरक अथवा युक्तिपूर्ण कहा है। चूँकि विश्व इस द्वन्द्वात्मक रीति की अभिव्यक्ति है, इसलिए *हेगेल* के अनुसारः—

जो युक्तिपूर्ण है वही सत् है और जो सत् है वह युक्तिपूर्ण है।

(The rational is real, and the real is rational.)

हेगेल का निरपेक्ष सत् परिपूर्ण एकता है, न कि शून्यता की एकता। शून्य एकता वह है जिसमें यथार्थ वस्तुओं और जीव-जगत सभी का संहार हो जाता है। यह वह काली अमावस्या की रात है जिसमें सभी वस्तुएँ तिमिर में विलीन हो जाती हैं। दर्शन में इसे अमूर्त्त एकता कहते हैं। इसकी तुलना में परिपूर्ण एकता में सभी विशिष्ट वस्तुएँ और विषमताएँ रूपान्तरित होकर समन्वित रहती हैं। दर्शन में इसे मूर्त्त (concrete) एकता, जैविक एकता, परिपूर्ण तर्कनिष्ठ अनुतंत्र इत्यादि नामों से कहा जाता है। *प्लेटो-अरस्तू*, दोनों ने अपने दर्शन को इसी परिपूर्ण एकता के रूप को देने का प्रयास किया है और उनकी तत्त्व-मीमांसा में पिरैमिडी अथवा सूचीस्तम्भीय व्यवस्था कहा गया है, अर्थात् हाथी के सूँढ़ के समान जड़ चौड़ी और चोटी (नोक) पतली हो जाती है। इस पिरैमिडी व्यवस्था में प्रत्यक्ष वस्तुएँ आधार में और उच्चतम फौर्म अथवा प्रत्यय चोटी पर दिखाई देता है। इस चोटी-प्रत्यय को प्लेटो ने शुभ का प्रत्यय और अरस्तू ने फौर्म आव फौर्म कहा है। अब *हेगेल* के जैविक अनुतंत्र के साथ *प्लेटो-अरस्तू* की पिरैमिडी व्यवस्था का मिलान किया जा सकता है।

प्लेटो-अरस्तू, दोनों के अनुसार परम सत् एक ही सोपानक्रमिक पिरैमिडी व्यवस्था है जिसमें एक अनेक है और अनेक-में एक है। यह भी उन्होंने स्पष्ट किया है कि वस्तुविशेष पिरैमिडी व्यवस्था के आधार में चित्रित किए जा सकते हैं। और अतिसामान्य का चोटी पर रखा जा सकता है। उदाहरणार्थ,

तालिका (1)

शुभ का प्रत्य

↓

गुणयत

↓

↓ ↓ ↓

मीठा-खट्टापन रंगपन चिकना-रूखड़ापन

↓ ↓ ↓

सफेदीपन लालपन नीलापन इत्यादि

↓ ↓ ↓

↓ ↓ ↓ ↓

सफेद फूल सफेद कागज सफेद दूध सफेद चूना, इत्यादि।

(1) इस तालिका से स्पष्ट हो जाता है कि इस पिरैमिडी व्यवस्था का सिद्धान्त है सामान्यता का क्रम। जितनी वस्तुएँ कम व्यापक हैं और विशिष्ट हैं उन्हें आधार पर चित्रित किया गया है और जैसे प्रत्यय सामान्यता के क्रम में बढ़ता जाता है, उतना वह चोटी की ओर रखा गया है। हेगेल भी इस पिरैमिडी अनुतंत्र (सिस्टम) को स्वीकारते हैं। पर उनका कहना है कि प्लेटो ने नहीं बताया है कि शुभ का प्रत्यय क्यों चोटी प्रत्यय है। इसके विपरीत *हेगेल* ने बताया है कि चोटी प्रत्यय भाव (being) है और बताया है कि क्यों शुद्ध भाव को चोटी-प्रत्यय कहा जायगा। अतः, हेगेल का एकवाद तर्कबुद्धिपरक (rational) हैं जो *प्लेटो* के सन्दर्भ में नहीं कहा जा सकता है।

(2) फिर *प्लेटो* ने अवश्य बताया है कि वस्तुविशेषों का सत् का अंश उनके अनुरूप सामान्य (प्रत्यय idea) पर निर्भर करता है, पर उन्होंने यह नहीं बताया है कि सामान्य से क्यों और कैसे वस्तुविशेष प्राप्त किए जाते हैं। यह बात *हेगेल* बताते हैं कि द्वन्द्वात्मक रीति से प्रत्ययों में सम्बद्धता आती है और उच्चतर से निम्नतर प्रत्यय और निम्नतर से उच्चतर प्रत्यय इसी द्वन्द्वात्मक रीति से सम्बन्ध दिखाए जाते हैं।

(3) फिर *प्लेटो-अरस्तू* के पिरैमिडी अनुतंत्र में प्रत्यय के साथ मैटर को भी सत् समझा गया है। इसके विपरीत हेगेल के एकवाद में प्रत्यय-मैटर का द्वैतवाद नहीं है। मैटर, हेगेल के अनुसार है ही नहीं। केवल प्रत्यय ही है। जिसे मैटर कहा जाता है वह भी प्रत्यय तथा विचार ही है। सभी प्रकार के जड़ नियमों में जकड़े हुए हैं। यह वैज्ञानिक नियम वैज्ञानिकों के विचार ही हैं। इसलिए अन्त में विश्व की सभी वस्तुएँ विचार तथा विचार समूह हैं।

पर ये विचार किसी *मन के विचार* नहीं कहे जा सकते हैं। वैज्ञानिकों ने प्रकृति और प्राणी जगत् के नियमों को अर्थात् उनमें निहित विचारों को खोज निकाला है, पर यह नियम (विचार) स्वयं वस्तुओं में हैं, न कि वैज्ञानिक मन की उपज है। गुरुत्वाकर्षण का नियम न्यूटन से पूर्व भी विश्व में था और सभी मानवों के विनाश के बाद भी रहेगा। इसलिए हेगेल, बर्कले के इस मत को नहीं स्वीकारते हैं कि विश्व में निहित विचार (प्रत्यय) ईश्वर के मन में आद्य विचार (archetypes) कहे जा सकते हैं।

फिर हम देखेंगे कि *हेगेल* के अनुसार सभी प्रत्यय तर्कसंगत रीति से सम्बद्ध रहते हैं और हेगेल के एकवाद में सभी वस्तुएँ, मानव उनका इतिहास पूर्णतया संरक्षित तथा समाविष्ट रहता

है। यही कारण है कि हेगेल के प्रत्ययवाद को मूर्त्त एकवाद (concrete monism) की संज्ञा दी जाती है। यही कारण है कि हेगेल का एकवाद *सर्वसमावेशी तर्कबुद्धिपरक जैविक अनुतंत्र है।* इसकी तुलना में स्पिनोजा का प्रत्ययवाद अमूर्त्त है और शून्यवाद के समान है। फिर लाइबनित्स के अनुतंत्र में अनेकता है, पर उनमें एकत्व का अभाव है। हेगेल के प्रत्ययवादी अनुतंत्र में एक-में-अनेक और अनेक-में-एक है। फिर इस प्रत्ययवाद को तर्कबुद्धिपरक कहा गया है क्योंकि इस प्रत्ययवाद में प्रत्ययों के बीच द्वन्द्वात्मक सम्बन्ध है। अतः, इस द्वन्द्वात्मक विधि को स्पष्ट करना चाहिए।

द्वन्द्वात्मक विधि *(Dialectical Method)*

पाश्चात्य दर्शन के इतिहास में *हेगेल* के द्वारा प्रतिपादित द्वन्द्वात्मक विधि एक प्रमुख स्थान रखती है। इसे मार्क्स ने अपनाया और मार्क्सवाद के द्वारा साम्यवाद की चर्चा हुई और इस साम्यवाद ने विश्व क्रान्ति उत्पन्न की है। समसामयिक विचारधारा में इस विधि का वह स्थान नहीं प्राप्त है जो इसे आज से 70-80 वर्ष पूर्व था।

प्लेटो अरस्तू ने अपनी तत्त्व-मीमांसा की सोपानक्रमिक व्यवस्था में प्रस्तुत किया है और बताया है कि उनकी पिरैमिडी व्यवस्था में आधार में कम व्यापक और चोटी में सबसे अधिक सर्वव्यापक सामान्य पाया जाता है। दूसरे शब्दों में इस पिरैमिडी व्यवस्था की कसौटी है *प्रत्ययों की सर्वसामान्यता* (generality)। यह उचित और तर्कसंगत कसौटी है। क्यों? इसे स्पष्ट करने के लिए जाति-उपजाति की एक तालिका प्रस्तुत की जा सकती है, जिस पर ध्यान देने से स्पष्ट हो जाता है कि क्यों सामान्यता को पिरैमिडी व्याख्या की कसौटी स्वीकारी जा सकती है।

तालिका 2

जीव (प्राणी जगत्)

↓

पशु

↓

मनुष्य

↓

भारतीय

कम सामान्य (व्यापक) के विषय उसकी आसन्न जाति के बिना विचार नहीं किया जा सकता है। जैसे ही भारतीयों की बात कही जायगी, वैसे ही 'मनुष्य' को ध्यान में रखना पड़ेगा क्योंकि भारतीय भी मनुष्य हैं और बिना मनुष्य हुए किसी भी प्राणी को भारतीय नहीं कहा जा सकता है। पर मनुष्य के विषय में सोचने के लिए 'भारतीयों', के विषय में सोचने की आवश्यकता नहीं होती है। यही बात 'मनुष्य-पशु' के सम्बन्ध में स्पष्ट होती है। कोई भी मनुष्य के विषय में बिना उससे अधिक सामान्य पद पशु को ध्यान में रखे हुए नहीं सोच सकता है। पर पशु के सम्बन्ध में विचारने के लिए मानव-पद की अपेक्षा नहीं होती है। अतः, कम व्यापक सामान्य में अधिक व्यापक सामान्य पूर्वपिक्षित (presupposed पूर्वमान्य) होता है, पर इसका उलटा (विपरीत, reverse) सम्भव नहीं है पर यदि यह बात सत्य हो तो स्वीकारना होगा कि अति सामान्य वह है जो सभी वस्तुओं में पूर्वपिक्षित (presupposed) होता है और जिसके बिना किसी भी वस्तु के विषय में सोचा ही नहीं जा सकता है। इसलिए तर्कसंगत रीति से खोज निकालना चाहिए वह प्रत्यय जो सबसे अधिक सामान्य होता है।

वह प्रत्यय जिसके बिना किसी भी विषय में नहीं विचारा जा सकता है उसे भाव (being) कहा जा सकता है। हम उड़न-खटोले की कल्पना कर सकते हैं, पहाड़ों की कल्पना कर सकते

हैं। पर जो भी वस्तु हो, यथार्थ अथवा काल्पनिक, बिना भाव के हम उनके विषय में नहीं विचार सकते हैं।* भाव अतिव्यापक है और यथार्थता अथवा वास्तविकता उसकी उपजाति है।

पर भाव अतिसामान्य प्रत्यय है जिसके अनुरूप कुछ भी वास्तविक पदार्थ नहीं है। इसे न हाथी-घोड़ा कहा जा सकता है, न लोहा-पत्थर कहा जा सकता है, न इसे गोरा-काला कहा जा सकता है और न हल्का-भारी। इसके विषय में यही कहा जा सकता है कि यह भाव न यह है और न वह। इसे नेति, नेति कहकर ही नकारात्मक रूप से बताया जा सकता है। यह है, पर यह क्या कुछ है, यह नहीं बताया जा सकता है। इसे इन्द्रियों के द्वारा नहीं जाना जा सकता है :

न देखा, न सुना ने कान

अब वह जिसके विषय में स्वीकारात्मक रीति से कुछ न कहा जा सके, वह शून्यवत् है; वह नहीं के बराबर है। इसलिये भाव, नहीं के बराबर है, शून्यवत् है, इसे शुद्ध अभाव कहा जा सकता है। अतः, शुद्ध भाव, शुद्ध अभाव ही है। पर चूँकि अभाव भाव से ही निकला है, इसलिए इस विचार की गति को सम्भवन कहा जा सकता है। अतः, भाव-अभाव-सम्भवन (being-non-being becoming) हेगेल का प्रथम त्रय है। भाव को पक्ष, अभाव को इसका प्रतिपक्ष और संभवन को संपक्ष, अर्थात् संपक्ष वह है जिसमें पक्ष और प्रतिपक्ष का समन्वय हो जाता है। इस प्रथम त्रय पर विचार करने पर द्वन्द्वात्मक विधि के कुछ सिद्धान्त और लक्षण स्पष्ट हो जाते हैं।

भाव और अभाव, दोनों में विरोध भी है और फिर दोनों एक भी हैं। ये दोनों एक हैं क्योंकि अभाव को भाव पर विचार करने के फलस्वरूप ही इसे प्राप्त किया गया है। फिर ये दोनों एक ही हैं। क्योंकि ये दोनों एक-बराबर छूछे, खोखले, खाली और शून्य हैं। फिर भाव और अभाव में विरोध भी है, अर्थात् दोनों में भेद भी है और फिर अभेद भी। इसलिए द्वन्द्वात्मक विधि का सिद्धान्त है भेदाभेद, अर्थात् भेद में अभेद (दोनों का एक होना) और फिर दोनों में भेद (विरोध व्याघात) का भी रहना। इसे अंग्रेजी में कहा जाता है Identity-in-difference या difference-in-identity.

फिर सम्भवन (becoming) वह है जिसमें भाव और अभाव का विरोध दूर हो जाता है। संभवन में भेद और अभेद दोनों रूपान्तरित होकर अपना एक नया पक्ष बना लेते हैं। जैसे आम की गुठली को लें। क्या यह आम का पेड़ है? हाँ भी और नहीं भी। गुठली जब जमीन में डाली जाती है तो इसे पेड़ नहीं कहा जा सकता है, पर जब यह अंकुरित होने लगता है तब इसे पेड़ की बीजावस्था कहा जा सकता है। अतः यह पेड़ नहीं है और यह है भी, क्योंकि यह पेड़ होने जा रहा है। अतः, यह गुठली है, और नहीं भी है। गुठली, गुठली नहीं रही क्योंकि यह अंकुरित हो गई है। का होना भाव हुआ, फिर इसी स्थिति में नहीं रहना अभाव हुआ और गुठली में अंकुरन का हो जाना संभव हुआ। इसलिए संपक्ष में भाव (पक्ष) और अभाव (प्रतिपक्ष) दोनों का समन्वय हो जाता है।

'समन्वय' से यही अर्थ निकलता है कि पक्ष और प्रतिपक्ष दोनों संपक्ष में रूपान्तरित होकर रहते हैं। अतः, संपक्ष उतना व्यापक सामान्य नहीं है जितना भाव या अभाव। संभवन से अर्थ है, परिवर्तन, चाल तथा गति। हाँ, यह ठीक है कि यह अति सामान्य परिवर्तन है। यह पत्थर की गति नहीं, मोटर की गति नहीं और न किसी अन्य वस्तु की गति है। यह न पेड़-पौधे का परिवर्तन है

---

* 'भाव' भू-होना से निकला है। पर सुख-दुःख को भी भाव कहा जाता है जिसे इस अर्थ में प्रयुक्त नहीं किया गया है। फिर भाव और अस्तित्व में अन्तर है। उस वस्तु को अस्तित्वपूर्ण (वास्तविक है, यथार्थ) कहा जाता है जो देशकाल में हो और जिसे इन्द्रियों के द्वारा जाना जाय। पर भाव और वास्तविकता में अन्तर है। उड़नखटोला काल्पनिक है तो भी इसमें भाव है, क्योंकि हम इसके विषय में सोच सकते हैं। भाव को अंग्रेजी मुहावरे के अनुसार 'हैपन' isness कहा जा सकता है। जो यथार्थ है। उसका भाव है, पर जिसका भाव हो वह सम्भवतः यथार्थ न भी हो, जैसे—उड़नखटोला।

और न किसी देश-प्रदेश का राजनैतिक परिवर्तन है। तो भी यह भाव से कम व्यापक है, क्योंकि उसमें भाव है, अर्थात् परिवर्तनशील भाव। संभवन में अपनी विशिष्टता है, इसका अपना लक्षण है, जबकि शुद्ध भाव या अभाव में अपना कोई लक्षण नहीं है। पर संभवन में भाव और अभाव दोनों हैं क्योंकि भाव से अभाव के प्रति, नेति-नेति के द्वारा विचार में गति और विकास हुआ है। यह भाव से तर्कसंगत रीति से सभव के प्रति विकास हुआ है। यहाँ भाव-अभाव में भी संभवन है। यदि संभवन भाव में निहित नहीं रहता तो हम संभवन को भाव से निकाल (निगमित करना, deduce) नहीं सकते। अतः, पक्ष में भी संपक्ष है और संपक्ष में स्पष्ट रूप से भाव है, क्योंकि अति सामान्य परिवर्तन भी परिवर्तन है (भाव-पक्ष)। पर अन्तर क्या है। भाव में संभव गौण रूप से अथवा अप्रत्यक्ष रूप में था, और संभवन में भाव (पक्ष thesis) स्पष्ट (अथवा व्यक्त) रूप में देखा जाता है। अब इस पक्ष-प्रतिपक्ष-संपक्ष के त्रय को प्लेटो की सोपान-क्रमिक व्यवस्था को ध्यान में रखकर इसके अन्य लक्षणों को स्पष्ट किया जा सकता है।

प्लेटो की सोपानक्रमिक व्यवस्था को स्पष्ट करने के लिए एक छोटी निम्नलिखित तालिका जाति-उपजाति के आधार पर बताई जा सकती है:—

तालिका–3

प्राणी (जीव)

↓

पशु

↓

मनुष्य

मनुष्य में पशुता और विवेकशीलता पाई जाती है। इससे अधिक सामान्य प्रत्यय है 'पशु'। इस पशु-प्रत्यय को प्राप्त करने के मनुष्य के सारतत्त्व 'विवेकशीलता' को हटा देने पर केवल पशुता बच जाती है। अब यह ठीक है कि मनुष्य की तुलना में 'पशु' अधिक सामान्य है और अधिक व्यापक पद है। पर पशु की तुलना में जीव (प्राणी मात्र) अधिक व्यापक है क्योंकि इसमें पशुओं के साथ कीड़े-पौधे भी चले आते हैं।

प्लेटो की सोपानक्रमिक व्यवस्था भी लगभग ऐसी ही है जिसमें सामान्यता के क्रम में उच्चतम प्रत्यय सर्वाधिक व्यापक हैं और निचले प्रत्यय अपेक्षाकृत कम व्यापक हैं। पर भाव-अभाव-संभवन के त्रय में भाव में संभवन में भाव-अभाव स्पष्ट रूप में पाए जाते हैं। इस दृष्टि के आधार पर कहा जा सकता है कि उच्चतर सामान्य में निम्नतर सामान्य स्पष्ट रूप में, और निम्नतर सामान्य में उच्चतर सामान्य अप्रत्यक्ष रूप में पाए जाते हैं।

The higher categories contain the lower explicitly, and the lower categories contain higher implicitly.

चूँकि उच्चतर सामान्य संभवन में भाव-अभाव स्पष्ट रूप से पाए जाते हैं, इसलिए इसे निम्नतर सामान्यों का आधार कहा जा सकता है। पर भाव-अभाव में भी उच्चतर संभवन अप्रत्यक्ष रूप से था, इसलिए निम्नतर साामन्य को भी उच्चतर सामान्य का अप्रत्यक्ष आधार कहा जा सकता है। भाव-अभाव संभवन का प्रथम त्रय अतिसामान्य है, पर कालक्रम में यह स्वयं अधिक परिपूर्ण त्रयों का अप्रत्यक्ष आधार हो जाता है और अपेक्षाकृत अन्य परिपूर्ण त्रय इस अतिसामान्य प्रथम त्रय का स्पष्ट आधार हो जाता है। हेगेल के दर्शन को स्पष्ट करने के लिए त्रयों की एक संक्षिप्त तालिका को निम्नलिखित रूप में व्यक्त किया जा सकता है।

तालिका–4

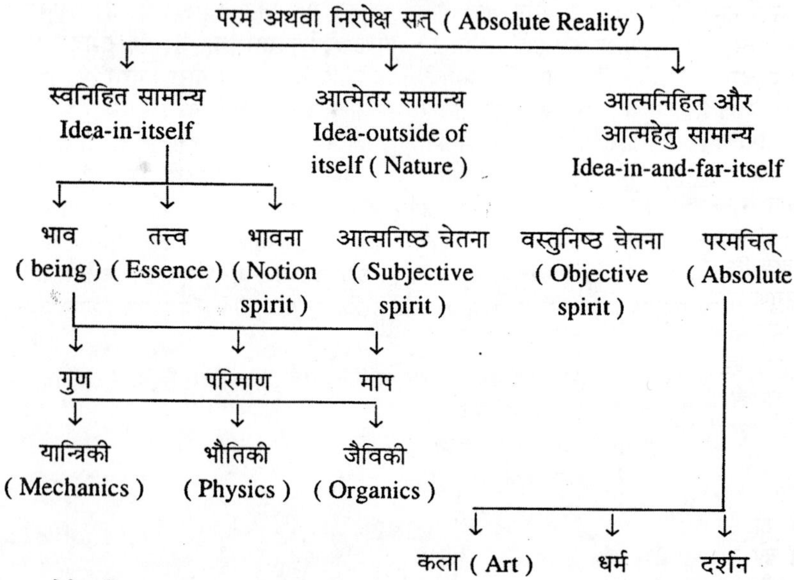

हेगेल के अनुसार परम चित् एक सर्वसमावेशी सामजंस्यपूर्ण जैविक व्यवस्था है जो अमूर्त्त से मूर्त्त, अथवा अमूर्त्त से परिपूर्ण व्यवस्था की ओर कालक्रम में व्यक्त होती जाती है। तर्कीय दृष्टि के अनुसार मानव प्रकृति से अपने को भिन्न समझता है। पर कालक्रम में मानव प्रकृति समझने लगता है, उसके नियमों से अवगत होने लगता है और नियमों की जानकारी करके प्रकृति पर आधिपत्य जमाने लगता और प्रकृति को अपना लेता है। अब प्रकृति, मानव की आवश्यकताओं का साधन और साध्य हो जाती है।

फिर आदिकाल में एक मानव, दूसरे मानवों को अपना शत्रु समझता और एक मानव अन्य मानवों को अपना भोजन समझता है। धीरे-धीरे एक मानव, अन्य मानवों को अपने समान, अपने से परे स्वतंत्र सत्ता स्वीकारने लगता है। अन्त में, एक मानव, अन्य मानवों को अपने से परे स्वतंत्र सत्ता मानता है और अपने समान उन्हें समझने लगता है।

सर्वप्रथम मानव की चेतना अपने में निहित रह जाती, तब वह प्रकृति के साथ संघर्ष करता, तब अन्त में प्रकृति पर विजय प्राप्त करता। इसी प्रकार मानव, अन्य मानव को शत्रु और बाद में अपना सहयोगी और अपने तुल्य समझने लगता है। अन्त में मानव में आत्मचेतना का प्रादुर्भाव होता और वह अपने आदर्शरूप चेतना को कला, धर्म और दर्शन में व्यक्त करता है।

प्रथम त्रय भाव-अभाव-संभवन का होता है। जो वास्तव में अति अमूर्त्त (abstract), अति सामान्य अवधारण मात्र) है। इसी प्रकार और इसी त्रय से अन्य त्रय और त्रयों की शृंखला निकलती है। अनेक त्रयों के आधार पर विभिन्न कलाओं, धर्मों और दर्शनों की अभिव्यक्ति होती है। इसी प्रगति को परम चित् की क्रमशः त्रयात्मक अभिव्यक्ति कहा जाता है। इस प्रगति को अमूर्त्त से मूर्त्त की ओर, अपकर्षित सामान्य से परिपूर्ण (concrete) सत् की ओर प्रगति बताई जाती है। क्यों हेगेल के प्रत्ययवाद को मूर्त्त अथवा परिपूर्ण (concrete) कहा गया और प्लेटो की सोपानक्रमिक व्यवस्था को अपकर्षित (abstract, अमूर्त्त) कहा गया है? *प्लेटो* शुभ-प्रत्यय से निम्नतर प्रत्ययों की व्याख्या नहीं कर पाए हैं?

इसका कारण है कि *प्लेटो* निम्नतर वस्तुओं के गुणों में कुछ को अन्य गुणों से अलग कर उनको संरक्षित कर लेते हैं। जैसे—सफेद दूध की मिठास, उसके तरलत्व, तथा अन्य गुणों पर ध्यान न देकर, केवल उसकी सफेदी को अन्य गुणों से अलग कर अपने ध्यान का विषय किया है। इसी प्रकार स्वाद, स्पर्श इत्यादि की अवहेलना कर केवल वस्तुओं के गुणीपन पर ध्यान दिया है। (देखें तालिका-1)। इसे अमूर्तकरण कहा जाता है क्योंकि कम सामान्य की तुलना में अधिक व्यापक सामान्य निर्गुणी होता जाता है। इसी प्रकार तालिका 2 और 3 पर ध्यान देने से स्पष्ट हो जाता है कि प्राणी जीव, पशु और मानव की तुलना में अधिक व्यापक है, पर मानव और पशु की तुलना में इसमें कम गुण हैं, क्योंकि इसमें न तो मनुष्यों की विवेकशीलता है और न इसमें पशुता है। तब प्रश्न होता है कि अधिक सामान्य से कम सामान्य की ओर कैसे आया जाय? मान लिया जाय कि तालिका 1 के अनुसार शुभ का प्रत्यय अति सामान्य है और चोरी प्रत्यय है, पर इससे सगुण प्रत्ययों की कैसे व्याख्या होती है, तथा 'सफेदी-प्रत्यय' से सफेद कागज, दूध, चूना इत्यादि की कैसे व्याख्या होती है? व्याख्या नहीं हो सकती है और क्यों?

इसका कारण है कि अमूर्त्तकरण (abstraction) के आधार पर नीचे से ऊपर सोपान क्रमिक व्याख्या में प्रगति की जाती है। तालिका 2 और 3 के अनुसार विवेकशीलता को हटाकर मानव से पशुता की ओर प्रगति कर अधिक सामान्य पद 'पशु' की स्थापना की गई। फिर 'पशुता' गुण को हटाकर 'प्राणी' पद की स्थापना की गई है। इस विधि को अपकर्षण अथवा अमूर्त्तकरण कहा जाता है जिसके द्वारा गुणों की क्रमशः अवहेलना कर कम से अधिक व्यापक सामान्यों की रचना की जाती है। पर तब अधिक व्यापक सामान्य से प्रारम्भ करके कम व्यापक सामान्यों को नहीं प्राप्त किया जा सकता है, क्योंकि अधिक व्यापक सामान्य गुणरहित होकर खोखले और छूंछे हो जाते हैं। फिर उनसे परिपूर्ण, पर कम व्यापक सामान्य नहीं स्थापित हो पाते हैं। 'प्राणी' से पशु, और 'पशु' से 'मनुष्य-पद' नहीं स्थापित होते हैं। पर यदि भाव-अभाव-संभवन पर ध्यान दिया जाय तो अधिक सामान्य में कम व्यापक पद भी अप्रत्यक्ष रूप से निहित हैं। 'भाव' में 'संभवन' अप्रत्यक्ष रूप से है और 'संभवन' में 'भाव' भी स्पष्ट रूप से पाया जाता है। पर संभवन को भाव से कैसे प्राप्त किया गया है?

यदि हम 'प्राणी-पशु-मनुष्य' पर ध्यान दें तो हम पाएँगे कि इनके बीच जाति-उपजाति का सम्बन्ध है। 'पशु' जाति है और इसकी तुलना में 'मनुष्य' पशु की एक उपजाति है जिसकी 'विवेकशीलता' उसका विशेष गुण है जो मनुष्य को अन्य पशुओं से विभिन्न करता है। इस 'विवेकशीलता' को उपजाति का अवच्छेदक (differentium, विभेदक) गुण कहा जाता है। जब तक इस अवच्छेदक* को नहीं प्राप्त किया जाय तब तक जाति से उपजाति को नहीं स्थापित किया जा सकता है। प्रश्न है कि इस अवच्छेदक गुण को कैसे प्राप्त किया जाय?

हेगेल के अनुसार अवच्छेदक गुण स्वयं 'जाति' अथवा अधिक सामान्य पद में गर्भित रहता है और चिंतन के द्वारा इसे व्यक्त किया जाता है। अब 'भाव' में ही 'अभाव' था जिसे चिन्तन के द्वारा व्यक्त किया गया है और यही नकारते, नकाने (नेति नेति कहकर) प्राप्त किया गया है। अब,

'भाव' + 'अभाव' = हुआ संभवन

भाव जाति, अभाव अवच्छेदक और संभवन भाव की ही उपजाति है, अर्थात् संभवन भी है, पर यह अति सामान्य 'परिवर्तनशीलता' है। पर इस अभाव को कैसे प्राप्त किया गया? *नकारात्मक रीति* से। परम भाव न वस्तु है, न कुर्सी-मेज है, न कोई विशेष पदार्थ ही है। यह सभी

---

* अवच्छेन करने का अर्थ है कि किसी वस्तु को घेर लेना ताकि यह वस्तु अन्य वस्तुओं में मिल न जाय। इसलिए 'अवच्छेदक' को 'विभेदक' भी कहा गया है क्योंकि इसके द्वारा एक उपजाति को अन्य उपजातियों और अपनी आसान्न जाति से पृथक् अथवा विभिन्न किया जाता है।

वस्तुओं का अभाव है। इससे हेगेल का एक प्रसिद्ध नियम स्थापित होता है, *अर्थात् निषेधीकरण सगुणीकरण है,*

Negation is affirmation

जब हम कहते हैं कि यह पुस्तक नहीं है तो इससे यह भी ध्वनि निकलती है कि यह कुछ अन्य वस्तु है जिसे पुस्तक की संज्ञा नहीं दी जा सकती है। इस *ब्रैडले* ने विस्तारपूर्वक स्पष्ट किया है। हेगेल का यह नियम स्पिनोजा के नियम का ठीक उलटा है, *स्पिनोजा* के अनुसार *सगुणीकरण निषेधीकरण* है।

Affirmation is negation

जैसे ही कहा जाता है कि यह पुस्तक लाल है तो इससे यह भी ध्वनित होता है कि यह पुस्तक नीली-पीली-काली, इत्यादि नहीं है।

अब यदि *हेगेल* के त्रयात्मक अथवा द्वन्द्वात्मक विधि पर ध्यान दिया जाय तो इसके अनुसार परम चित् (absolute spirit) अथवा परम सत् अमूर्त्त सामान्य से मूर्त्त अथवा परिपूर्ण सामान्य की ओर कालक्रम में उद्घाटित होता जाता है। सृष्टि-विकास में मैटर हुआ, फिर प्राणयुक्त मैटर जीव हुआ, फिर प्रणयुक्त जीव चेतन हुआ, यह चेतन बाद में मानव में आत्मचेतन हुआ। अब भी मानव की आत्मचेतना (self-consciousness) क्रमशः अधिक गहराई तक पहुँचती जाती है। विकास की दृष्टि के अनुसार सृष्टि किसी व्यक्तित्वपूर्ण परम सत् (साधारणतया ईश्वर) ने बनाया है, पर इसकी प्रगति इस दिशा में मानव के विकास में देखी जाती है।

द्वन्द्वात्मक विधि की आलोचनात्मक व्याख्या

गणितीय विधि और द्वन्द्वात्मक विधि

देकार्त और *लाइबनित्स* दोनों गणितज्ञ थे और दोनों अपने दार्शनिक चिन्तन में गणित से प्रभावित थे। पर स्पिनोजा ने अपने दर्शन को ज्यामिति विधि के द्वारा सम्पन्न किया था। यही कारण है कि हेगेल की विधि को गणितीय कसौटी से जाँचा जा सकता है।

(1) हेगेल के अनुसार विश्व गतिशील है और विश्व की सभी वस्तुएँ परिवर्तनशील हैं। परवर्तन का मुख्य कारण है कि सभी वस्तुओं में उन्हीं के अन्दर अन्तर्द्वन्द्व अथवा संघर्ष है जिसकी ओर हेराक्लिट्स ने सभी का ध्यान खींचा था। पर स्पिनोजा की तत्त्व-मीमांसा स्थैतिक है। त्रिभुज अपने आप कभी भी वर्ग अथवा आयत नहीं होता है और यह त्रिभुज, अपने आप में त्रिभुज बना रहता है। परन्तु द्वन्द्वात्मक विधि कस सन्दर्भ गतिशील विश्व है और इसे समझने के लिए त्रयात्मक द्वन्द्वात्मक विधि की आवश्यकता पड़ जाती है।

(2) दूसरी बात है कि गणितीय विधि का आधार तादात्मयता (identity) का नियम है। इस नियम के अनुसार प्रत्येक वस्तु ज्यों-का-त्यों अपने अस्तित्व में बनी रहती है। दूसरे रूप में प्रत्येक पद (शब्द) जिस अर्थ में काम में लाए जाते हैं वे उसी अर्थ में प्रयुक्त होते रहते हैं। यह ठीक है कि प्रत्येक वस्तु व्यावहारिक रूप से ज्यों-की-त्यों अपने अस्तित्व में बनी रहती है उदाहरण टेबुल, वर्षों तक टेबुल, ही के रूप में बना रहता है। पर सूक्ष्म दृष्टि से देखने पर स्पष्ट हो जाता है कि वास्तव में इस टेबुल में नित्य परिवर्तनशीलता पाई जाती है। यही मेज पुरानी होती है। तो एक दिन जलावन बन जाती है। यही बात आम की गुठली, पेड़ इत्यादि सभी वस्तुओं में लागू होती है। अतः, क, केवल क ही के रूप में नहीं होता है। क एक दिन 'ख' हो जाता है। अतः, वस्तुओं को समझने के लिए तादात्मयता नियम के साथ विरोधिता और व्याघात के नियमों को भी ध्यान में रखना चाहिए। अब द्वन्द्वात्मक विधि विरोधिता और व्याघात के नियमों को भी ध्यान में रखती है। यही कारण है कि भाव में भी अभाव देखा जाता है जो अभाव, वास्तव में भाव का व्याघात है। अतः, गणितीय विधि आंशिक रूप से सत्य है, पर द्वन्द्वात्मक विधि अपेक्षाकृत परिपूर्ण विधि है।

(3) फिर गणितीय विधि में, उदाहरणार्थ *स्पिनोजा* की ज्यामितिक विधि में 27 परिभाषाओं, 20 स्वयंसिद्धों तथा 8 मन्तव्यों (postulates अभ्युपगमों) का उल्लेख किया गया है। पर प्रश्न किया जा सकता है कि केवल 27 ही परिभाषाएँ हैं, क्यों नहीं इससे कम या अधिक? उसी प्रकार पूछा जा सकता है क्यों नहीं 20 स्वयंसिद्धों से कम या अधिक स्वयंसिद्ध हो सकते हैं? इसलिए गणितीय विधि को *आत्मव्याख्येय* (self-explanatory) नहीं कहा जा सकता है। इसकी तुलना में द्वन्द्वात्मक विधि को आत्मव्याख्येय कहा जायगा, क्योंकि इस विधि के अनुसार विश्व वास्तव में तर्कबुद्धिपरक है और जो तर्कबुद्धिपरक है वह अपने में स्पष्ट है क्योंकि तर्कबुद्धिपरक के विषय में यह नहीं कहा जा सकता है कि यह क्यों तर्कबुद्धिगम्य है। जो बुद्धिगम्य है वही स्पष्ट कहा जा सकता है, और जो स्पष्ट है वही बुद्धिगम्य कहा जाता है। अतः, *तर्कबुद्धिपरकता स्वयं स्पष्ट और आत्मव्याख्येय है।*

निगमन विधि और द्वन्द्वात्मक विधि

गणितीय विधि वास्तव में निगमन विधि का उग्र अथवा सबसे अच्छा उदाहरण माना जाता है। यदि द्वन्द्वात्मक विधि गणितीय विधि नहीं हो सकती है, तब यह निगमनात्मक विधि भी नहीं हो सकती है। अब यदि द्वन्द्वात्मक विधि निगमनात्मक न हो, तब *हेगेल* ने इसके सन्दर्भ में आपादन (implication) और निगमनात्मक अनिवार्यता (necessity) क्यों कहा है? क्या 'अभाव', भाव से अनिवार्य रूप से सिद्ध होता है?

वास्तव में द्वन्द्वात्मक विधि निगमनात्मक नहीं है इसका कारण है कि यह सर्जनात्मक (creative) विधि है। घटनाचक्र पर अनुचिंतन (reflection) करने के फलस्वरूप ही पक्ष से प्रतिपक्ष और बाद में संपक्ष की स्थापना होती है और फिर त्रयात्मक विधि का व्यापक प्रभाव सम्पूर्ण विश्व के विकास को ध्यान में रखकर प्रयोग किया गया है। इसलिए द्वन्द्वात्मक विधि में पक्ष से प्रतिपक्ष, और फिर दोनों से संपक्ष की *अनिवार्यता निगमनात्मक आपादन अथवा अनिवार्यता* नहीं है। यह कला अथवा चिंतन में प्राप्त बोधि में निहित अनिवार्यता है। उदाहरण एक बुझौव्वल चित्र दिखाया जाता है और कहा जाता है कि इसमें गाय है। जैसे ही गाय दिखने लगती है, वैसे ही आह्लाद हो जाता है। यह आविष्कार में निहित बोधि (ज्ञान-प्रकाश) है। अतः त्रयात्मक अंशों में कभी व्याघात का सम्बन्ध होता, कभी अंश पूर्णता का सम्बन्ध होता, कभी पूरकता का सम्बन्ध होता, इत्यादि। अतः, द्वन्द्वात्मक विधि निगमनात्मक नहीं, वरन् यह सर्जनात्मक दिव्यदृष्टि अथवा रचनात्मक बोधि है, जिसमें शोध-विषय का समाधान एकाएक दृष्टि में चला आता है।

ऐतिहासिक विधि और द्वन्द्वात्मक विधि

द्वन्द्वात्मक विधि को ऐतिहासिक विधि इसलिए कहा जा सकता है कि *हेगेल* ने सम्पूर्ण मानव इतिहास का स्पष्टीकरण इसी त्रयात्मक विधि के द्वारा स्पष्ट किया है। पर यह विधि अनुचिंतन (reflection चिंतन) की विधि है। बीती घटनाओं के बिहंगम अवलोकन मात्र से उन घटनाओं को समझने के लिए एक प्रयास है। यह इतिहास के सन्दर्भ में कोई वैज्ञानिक विधि नहीं है जिसके आधार पर विश्व की भावी प्रगति अथवा घटनाओं का पूर्वकथन किया जा सकता है। यह मार्क्सवादियों की भूल है क्योंकि उन्होंने त्रयात्मक विधि के आधार पर विश्व की गतिविधियों के पूर्वकथन करने का प्रयास किया है।

द्वन्द्वात्मक विधि और व्याघात-नियम

यदि *हेगेल* के प्रथम भाव-अभाव-संभवन पर दृष्टि डाली जाय तो ऐसा लगेगा कि हेगेल ने व्याघात-नियम का उल्लंघन किया है। उन्होंने भाव और अभाव को एक समान भी कहा है। उनका कहना है कि भाव और अभाव, में भेद भी है और अभेद भी है। चूँकि भाव और अभाव, एक-दूसरे का व्याघात है, इसलिए उन्हें कैसे एक ही कहा जा सकता है?

व्याघात के नियम का कोई भी विचारक उल्लंघन नहीं कर सकता है और हेगेल ने भी ऐसा माना है। यदि हेगेल ऐसा नहीं मानते तो वे क्यों काण्टीय विप्रतिषेधों (विरोधाभासों से, antitheses) से इतने प्रभावित होते। उनके लिए आवश्यक हो गया था कि वे विरोधाभासों में अन्तर्निहित विरोध की व्याख्या करें। हेगेल के लिए विश्व परिवर्तनशील और विकासात्मक था और बिना क्रमिक परिवर्तन के 'विकास' शब्द को अर्थपूर्ण रीति से व्यवहृत नहीं किया जा सकता है। पर विकास-क्रम को समझने और स्पष्ट करने के लिए अनुचिंतन की आवश्यकता पड़ती है। त्रयात्मक विधि का तीसरा पद (अंश) बोधि से प्राप्त होता है और इसको प्राप्त करने के लिए अत्यधिक चिंतन की आवश्यकता होती है।

भाव और अभाव के बीच विरोध को ब्रैडले ने भी देखा और नागार्जुन ने भी। दोनों की सर्जनात्मक दृष्टियों का निष्कर्ष भिन्न-भिन्न था। ब्रैडले के अनुसार वस्तुओं में और विशेषकर विचार के अन्तर्गत कैटिगरियों (Categories, कोटियाँ) में व्याघात देखा जाता है। प्रायः दिक्, काल, पदार्थ-गुण इत्यादि कोटियाँ व्याघातात्मक देखी जाती हैं। तब विचारक व्याघात की अवहेलना तो नहीं कर सकता है, तब इनका क्या समाधान होगा?

ब्रैडले के अनुसार विचार-परिधि को जितना अधिक हम व्यापक बनायेंगे उतना ही अधिक व्याघात आंशिक प्रतीत होगा और यदि हमारी दृष्टि पूर्ण हो जाय तब विश्व और परम सत् सामंजस्यपूर्ण दिखेगा। नागार्जुन दिखलाना चाहते हैं कि विचार आत्मव्याघातक होता है और अन्त में 'शून्यता' की प्राप्ति करनी चाहिए। समसामयिक विचारधारा के अनुसार भाषा-दोष के कारण व्याघात होता है। इसलिए भाषा-विश्लेषण के आधार पर विचार में उत्पन्न गड्डमड्ड से मानव निकल सकता है।

अतः, हेगेल व्याघात के नियम को स्वीकार करते हैं। उनके अनुसार घटनाचक्र पर अवलोकन के फलस्वरूप अन्तर्सूझ तथा सर्जनात्मक दृष्टि से प्राप्त त्रयों के आधार पर गतिविधियों के अन्तर्निहित विरोधों को स्पष्ट किया जा सकता है। इसलिए हेगेल व्याघात के नियम को अस्वीकार नहीं करते हैं, पर विरोधात्मक पक्षों को स्पष्ट करने के लिए द्वन्द्वात्मक विधि के त्रयों की स्थापना करते हैं।

❑

अभ्यास के लिए प्रश्न

1. *Explain the nature of Philosophy.*
   इसके उत्तर के लिए देखें 'विश्व-दर्शन का स्वरूप'।
2. *Is philosophy science or art or both or none ?*
   दर्शन को विज्ञान नहीं कहा जा सकता है, यद्यपि बिना विज्ञान के इसका पूर्ण विकास भी नहीं हो सकता है। इसे साधारण अर्थ में कला भी नहीं कहा जा सकता है। दर्शन intellectual art है, जिसमें विज्ञान और कला दोनों को स्थान दिया जा सकता है।
3. *Point out the uses of studying 'The history of philosophy'.*
4. *What are the characteristics of 'Modern Philosophy' ?*
5. *What do you mean by the term 'rationalism' ? Why are Descartes, Spinoza and Leibnitz called rationalist ?*
   देकार्त को बुद्धिवादी पुकारने के कारण के लिए। चूँकि स्पिनोजा भी गणितीय ज्ञान को सभी ज्ञान की कसौटी समझते थे, इसलिए उन्हें बुद्धिवादी कहा गया है। यही कारण है कि स्पिनोजा की विधि ज्यामितिक है और उनके दर्शन में बौद्धिक निगमनात्मक निष्कर्षों का विशेष स्थान है देकार्त और स्पिनोजा के समान लाइबनित्स भी गणित से प्रभावित थे और ज्ञान के प्रत्ययों को आत्मजात मानते थे। इन सब बातों की वजह से उन्हें बुद्धिवादी कहा जाता है।
6. *What are the main tenets of Empiricism ? Explain them with reference to Locke, Berkeley and Hume.*
   यहाँ उद्धृत लॉक की उक्ति, बर्कले का कथन तथा ह्यूम की उक्ति (29) के देने से उत्तर में बल चला आयेगा।
7. *Explain Bacon's Inductive Method. Is it really scientific induction ?*
8. *To what extent did Bacon's doctrine of 'Idola's anticipate the critical philosophy of Kant ?*
   यहाँ 'Idolas' के संक्षिप्त विवरण के लिए। फिर अन्तिम भाग के लिए देखें।
9. *Why is Bacon regarded as 'the father of Modern philosophy ' ?*
   बेकन को आधुनिक दर्शन का आदि-पिता इसलिए कहा जाता है कि समझा जाता है कि उन्होंने दर्शन में नयी विधि दी, अनुभववाद की नींव डाली और उपयोगितावाद (Utilitarianism) की झलक दिखायी है।
10. *Explain the Cartesian method of Philosophy ? Is it deductive or inductive or both ?*
11. *Critically examine Descartes' Cogito ergo sum and indicate its bearing on Huma and Kant's transcendental philosophy.*
    ह्यूम ने दिखाया है कि हम किसी भी स्थायी द्रव्य को नहीं जान सकते हैं और इसलिए हम अपनी स्थायी द्रव्य-रूप आत्मा को भी नहीं जान सकते हैं। इसलिए उन्होंने स्थायी द्रव्य-रूप आत्मा की आलोचना की है।
    देकार्त और ह्यूम से प्रभावित होकर काण्ट ने दिखाया है कि हम अपनी स्थायी द्रव्यात्मक आत्मा को नहीं जान सकते हैं। परन्तु यद्यपि द्रव्यात्मक स्थायी आत्मा प्रत्यक्ष का विषय नहीं हो सकता है? तथापि ज्ञान-अर्जन में इसे मुख्य प्रत्यय समझना चाहिए 'Synthetic unity of apperception' को काण्ट ने understanding (समझ) का सर्वोच्च प्रत्यय माना है।

12. *Explain the proof offered by Descartes for establishing the existence of God.*
13. *What is Descartes' criterion of Truth ? How does he derive it from Cagito ergo sum ?*
14. *Explain Cartesian dualism. How does he explain the relation between Mind and Body ?*
    अति संक्षेप में ही द्वैतवाद की व्याख्या करनी चाहिए, अर्थात् प्रत्येक बात को केवल छू देना चाहिए।
15. *Explain the doctrine of error according to Descartes.*
16. *Can we say that Descartes is the legislator of Modern philosophy ?*
    इस प्रश्न का वही अर्थ होता है, जो देकार्त को 'आदिपिता' पुकारने से समझा जाता है।
17. *Describe the Geometrical Method of Spinoza and trace its effects upon his philosophy.*
18. *Characterise the monism of Spinoza and give a critical estimate of it.*
19. *Explain Spinoza's theory of attributes. If 'every determination, is negation' how can substance have attributes ?*
20. *Explain fully Spinoza's conception of substance. How are attributes related to substance in Spinozism ?*
    फिर गुण की परिभाषा देकर विषय को संक्षेप में आलोचनात्मक रीति से लिखें।
21. *Explain Spinoza's doctrine of Bondage and Freedom. Is it consistent with his pantheism ?*
22. *What are the stages of knowledge according to Spinoza ? Point out the importance of 'amor intellectualis dei' in his Ethics.*
23. *Can we say that Spinoza is Descartes made consistent ?*
    प्रारम्भ में ही लाइबनित्स ने कहा था कि 'Spinoza cultivated certain seeds of Descartes' Philosophy'—इसी मत को केअर्ड और रसेल ने भी अपनाया है। इसके पूर्ण उत्तर के लिए देखें।
24. *Distinguish between 'finite and infinite modes' of Spinoza. How are they related to Substance ?*
    सीमित और असीमित प्रकार की अपनी सत्ता स्पिनोजा के शून्यवाद में नहीं रहती है। They are the ever-vanishing waves that perpetually die.
25. *Explain Leibnitz's theory of Monads. How does this theory reconcile the claims of Democritus and Plato ?*
    लाइबनित्स के मोनडवाद में अनेकत्व है जो डेमोक्रिटस का सिद्धान्त था फिर मोनड आध्यात्मिक चिद्बिन्दु हैं, जो प्लेटो के प्रत्ययवाद से मेल खा जाते हैं। इसलिए मोनडवाद में डिमोक्रिटस के अनेकत्व तथा प्लेटो प्रत्ययवाद दोनों की संरक्षा होती है।
26. *How far does Leibnitz succeed in combining the mechanical with the teleological view of the world ? Give a critical estimate of the Pre-established Harmony.*
27. *How did Leibnitz explain 'evil' and prove that God created the best possible world ?*
28. *What was Leibnitz's conception of God ? Compare his idea os 'God' with that of Spinoza.*
29. *'Monism must be pantheistic and monadism must be atheistic.' Discuss this statement with reference to the systems of Spinoza and Leibnitz.*

यदि सत्ता या द्रव्य एक ही हो तो स्पिनोजा ने दिखा दिया है कि इसे सर्वेश्वरवाद ही युक्तिसंगत रूप से कहा जायगा। यदि Monads शाश्वत सत्ताएँ हैं तो ईश्वर उनका रचयिता नहीं हो सकता है और अन्त में ईश्वरवाद के ईश्वर का इस मोनडवाद में स्थान सुरिक्षत नहीं रह पाता है।

30. *'Leibnitz abounds in ingenioni distinction, but never succeeds in reconciling them.' Discuss this statement with reference to Mechanism. Teleology, Empiricism-Rationalism and Determinism Freedom.*

31. *Give a clear exposition of Leibnitz's theory of knowledge.*

32. *Explain the relation between Mind and Body, and according to Descartes, Spinoza and Leibntiz. Which one theory do you accept and why ?*

देकार्त parallelism और interactionism के बीच निर्णय नहीं कर पाये हैं और उनका सिद्धान्त occasionalism में परिणत हो जाता है। स्पिनोजा समानान्तरवाद को अपनाते हैं और लाइबनित्स पूर्वस्थापित छन्द का सहारा लेते हैं। किसी भी व्याख्या को सन्तोषवाद नहीं समझा जा सकता है, क्योंकि मन और देह पृथक्-पृथक् सत्ताएँ नहीं हैं वास्तविक सत्ता है मन-देह और इसलिए उन्हें बनावटी दो स्वतंत्र सत्ताओं में विभाजित कर लेने पर कोई भी व्याख्या सन्तोषजनक नहीं हो सकती है।

33. *Is the Ultimate Substance one or many ? Discuss with reference to the philosophy of Spinoza and Leibnitz.*

परम सत्ता न तो एक है और न अनेक। यह है एक में अनेक स्पिनोजा एक सत्तावादी होने के कारण अधिक रूप से एक ही पक्ष का प्रतिवादन करते हैं और लाइबनित्स अनेकत्व को आंशिक रूप में ही अपनाते हैं। स्पिनोजा विशिष्टता की व्याख्या न कर शून्यवादी हो गये हैं और लाइबनित्स दर्शन में एकता न लाकर मनगढ़न्त पूर्वस्थापित छन्द की मदद लेते हैं।

34. *How has Locke refuted the doctine of innate ideas ?*
Has he succeeded in doing so ?

पहली बात यह है कि जिस अर्थ में लॉक ने innate ideas को लिया है, उस अर्थ में किसी ने इस सिद्धान्त को नहीं अपनाया है। आगे चलकर innate ideas की मूल धारणाओं (categories) के अर्थ में काम में लाया गया है और इस अर्थ को लॉक का अनुभववाद उसका खंडन नहीं कर पाया है। देखें categories की आवश्यकता स्वयं लॉक substance, causality को काम में लाये हैं और फिर उनकी अनुभववादी व्याख्या आप नहीं दे पाये हैं। अतः, जिस अर्थ में देकार्त या आगे चलकर लाइबनित्स तथा काण्ट ने innate ideas को समझा है, उस अर्थ में लॉक उनका खंडन नहीं कर पाये हैं। फिर लॉक का 'खंडन' मन को केवल चेतनमय मानकर किया गया है। पर मन अचेतन और अर्धचेतन भी है। इस कारण से भी innate ideas का खंडन संतोषजनक नहीं समझा जायगा।

35. *Explain Locke's tabula rasa theory of mind and show how was attacked by Leibnitz ?*

लाइबनित्स ने मन को सक्रिय तथा प्रवैगिक माना है और इस दृष्टिकोण से लॉक ने मन की आलोचना नहीं की है।

36. *Show how Locke received the problem of knowledge from Descartes and passed it on to Leibnitz ?*

लॉक की ज्ञानमीमांसा के दो मुख्य खण्ड हैं, अर्थात् अभावात्मक और भावात्मक। नकारात्मक रीति से उन्होंने innate ideas के सिद्धान्त का खडन किया है और इस खंडन में उन्होंने देकार्त के 'innate ideas' का तो नहीं, पर उनसे प्रभावित होकर आत्मजात प्रत्ययों का खंडन किया है। अतः, लॉक 'innate ideas' के खंडन में देकार्त की ज्ञानमीमांसा से प्रभावित हुए थे।

लाइबनित्स ने लॉक के खंडन को स्वीकार नहीं किया है और लॉक के ज्ञानमीमांसा की आलोचना की है। अतः, देकार्त और लाइबनित्स की ज्ञानमीमांसा शृंखलाबद्ध है, जिसमें लॉक मध्य कड़ी हैं।

37. *Explain that according to Descartes some, according to Locke none, and, according to Leibnitz, all ideas are innate.*
लॉक ने सभी आत्मजात प्रत्ययों का खंडन करके माना है कि कोई भी प्रत्यय आत्मजात नहीं है, और लाइबनित्स ने माना है कि सभी प्रत्यय आत्मजात हैं।

38. *Explain Locke's theory of ideas. Was he a consistent empiricist ?*
लॉक संगत रीति से अनुभववादी नहीं थे, क्योंकि उन्होंने अनुभवातीत द्रव्य, कारण-कार्य को स्वीकार किया था। फिर संवेदनमय ज्ञान को ज्ञान नहीं माना और ज्ञान के आदर्श को बुद्धिवाद पर आधारित रखा है।

39. *If the 'esse' of a thing consists in its 'percipi', then how does Berkeley explain the externality and permanence of things ?*
यदि वस्तुएँ प्रत्यय मात्र हों और प्रत्यय मानसिक हों, तो वस्तुओं का स्थायित्व किस प्रकार सिद्ध किया जाय?

40. *How does Berkeley refute the notion of matter ?*

41. *Is Berkeley's refutation of matter an enterprise in ontology or epistemology ?*
प्रायः बर्कले के दर्शन को आध्यात्मवाद कहा गया है। इस अर्थ में उन्होंने भौतिकवाद की समालोचना की है। पर समसामयिक आलोचना यह सिद्ध करना चाहती है कि बर्कले ने केवल जड़-सम्बन्धी प्रत्यय का विश्लेषण-मात्र किया है। यदि बर्कले ने केवल जड़ प्रत्यय का विश्लेषण किया है तो उन्होंने यही दिखाया है कि हम किस प्रकार से 'जड़' शब्द को संगत रूप से काम में ला सकते हैं और यह प्रयास ज्ञानमीमांसा कहा जायगा, न कि तत्त्व-मीमांसा। देखें Russell, B. 'A History of Western Philosophy'; फिर देखें British Empirial Thinker,' Ed. Prof. A.J. Ayer.

42. *To arrive at Spiritualism all that Berkeley had to do was to efface the distinction between Primary and Secondary qualities. Has he been successful in doing so ?*
परन्तु अध्यात्मवाद की स्थापना में बर्कले ने कई प्रकार के तर्क की मदद ली है और प्राथमिक-अप्राथमिक गुणों के भेद के खंडन को केवल एक, न कि सम्पूर्ण तर्क जाना जायगा।

43. *Is mind or spirit and idea, according to Berkeley ? How do we know other spirits and God, according to Berkeley.*

44. *Is Berkeley's idealism subjective or objective ? Discuss.*

45. *Is it true to say that the essence of a thing consists in its being perceived ? Does 'esse est percipi' from the foundation of idealism ?*
बर्कले ने 'प्रत्यय-प्रक्रिया' का सही विश्लेषण नहीं किया है। फिर पेरी ने case est percipi को अध्यात्मवाद तथा प्रत्ययवाद की आधारशिला माना है।

(देखें R. B. Perr, Present Philosophical Tendencies. Sections 8 : 10) परन्तु विषयगत प्रत्ययवाद मनोवैज्ञानिक प्रत्ययों पर नहीं, पर तार्किक प्रत्ययों पर आधारित है। फिर बर्कलीय प्रत्ययवाद में धार्मिकता की बू है, जो प्रत्ययवाद में आवश्यक नहीं है।

46. *Explain the sensationistic atomism of Hume. Is it adequate for a sound epistemology ?*

47. *Show how Hume's analysis of experience leaves no ground for belief in any permanent reality, whether physical or psychical.*

यदि हम ह्यूमी आणविक संवेदनाओं को ज्ञान-मीमांसा को मूल आधारशिला मान लें, तो द्रव्य-ज्ञान सम्भव नहीं होता है।

48. *How does Hume criticize the a priori notion of causality ? Explain fully his own theory of casuality.*

49. *The scepticism of Hume was the logical outcome of the empirical trend of thought that began with Locke.' Explain.*
यहाँ पहले द्रव्य, कारण-कार्य तथा ज्ञान के स्वरूप तथा सीमा के सम्बन्ध में लॉक का विचार देना चाहिए। फिर द्रव्य तथा कारण-कार्य के सम्बन्ध में बर्कलीय सन्देह का प्रकाशन। अन्त में, ह्यूम के विचारों को इनके सम्बन्ध में दिखाना चाहिए।

50. *Must empiricism end in scepticism ? Show this with reference to Hume.*
यथार्थ वस्तुओं का ज्ञान अनुभव के द्वारा अनिवार्य रीति से प्राप्त नहीं किया जा सकता है। पर अनिवार्य ज्ञान का आदर्श ही निराधार है। विज्ञान के लिए सम्भाव्य ही ज्ञान पर्याप्त है और इसे अनुभव के आधार पर स्पष्ट किया जा सकता है। Language.

51. *Compare Hume's analysis of causality with that of Kant. Which do you prefer any why ?*
(अति संक्षेप में लिखना चाहिए) फिर ह्यूम के 'विश्लेषण' की समालोचना के लिए देखें। काण्टीय युग के दृष्टिकोण से काण्ट का समाधान समीचीन था, पर आधुनिक काल में ह्यूम के मत को विशेष प्रश्रय दिया जाता है।

52. *Was Hume a sceptic ? If not, then what is his positive contribution to Philosophy ?*
(अन्त में इस विषय पर रसेल और एर के मत को भी जानना आवश्यक है, जिसे इस पुस्तक में केवल छू दिया जाता है।)

53. *Has Kant succeeded in reconciling the claim of Empiricism and Rationalism in his critical philosophy ?*
यहाँ पहले व्याख्या करें। काण्टीय दर्शन को सही मान लेने पर तो काण्टीय सुझाव समीचीन मालूम देता है।

54. *What was the problem of Kant and how has he answered it ?*
यह प्रश्न अति सामान्य है और इसकी व्याख्या भी सामान्य रीति से होनी चाहिए।

55. *How has Kant explained 'synthetic judgment a priori' ? Point out the importance of such judgments for the solution of his problem.*

56. *Explain as to what Kant meant by calling his philosophy 'Copernican revolution.' Has he not been Ptolemaic in as much as he emphasized the legislative function of human mind ?*
कोपर्निकसीय आन्दोलन में काण्ट ने अपनी देन की नवीनता को बताना चाहा है कि उनका अर्थ यह नहीं था कि वे वस्तुवादियों की भाँति वस्तुओं की निजी स्वतंत्रता को स्वीकार करें। ज्ञानमीमांसा के दृष्टिकोण से उन्होंने पृथ्वीकेन्द्रित मानवों की ही महत्ता स्वीकार की है, जो टोल्मी के सिद्धान्त से मेल खाती है।

57. *Why is Kant's philosophy called 'Critical' ? Point out its importance in epistemology.*
इसमें अनुभववाद और बुद्धिवाद का समन्वय होता है और आगे चलकर इसके आधार पर वैज्ञानिक का सही विश्लेषण सम्भव हो पाता है। आज भी काण्ट की categoris विषयक देन महत्त्वपूर्ण है।

58. *Explian Kant's proofs for showing that Space and Time are a priori forms of perception.*

59. *How has Kant shown that 'synthetic judgment' a priori are possible in Mathematics ?*
यहाँ दिखाना है कि Space और Time प्रागनुभविक हैं और फिर उनकी Transcendental व्याख्या करें।

60. *What does Kant understand by Categories ? How does he discover them?*

61. *Give the gist of the central teaching of Kant's Transcendental Analytic.*

62. *Explain Kant's theory of 'Schematism' and 'Analytic of principles.'*

63. *Explain Kant's distinction between 'phenomenon' and 'noumenon'. Is he justified in retaining the notion of 'things-in-themselves' ?*

64. *Explain that, according to Kant, Physics is but Metaphysics is not possible.*

65. *How far does Kant agree with Hume in the criticism of 'Cogito ergo sum' ? Explain Kant's doctrine of 'synthetic unity of apperception.'*

66. *Has Kant succeeded in destroying Descartes' ontological argument for proving God ?*
पहले देकार्त के प्रमाण की संक्षिप्त व्याख्या करें तब काण्ट की समालोचना दें।

67. *Give a gist of Kant's Critique of Practical Reason.*

68. *'Like a juggler out of an empty hat, Kant draws out the concept of duty or God, immortality, and freedom—to the great surprise of his readers.' Explain this remark.*
यहाँ नैतिक जीवन की मान्यताओं की व्याख्या करें।

69. *Show that the sceptical result at which Kant arrives in the Critique of Pure Reason is essentially modified in the Critique of Practical Reason.*
नैतिक जीवन की मान्यताओं को स्वीकार कर लेने पर अतीन्द्रिय सत्ता के मान लिये जाने पर काण्ट का अज्ञेयवाद विनम्र हो गया है। सर्वप्रथम, काण्ट के अज्ञेयवाद की व्याख्या की जाए और तब आत्मा की स्वतंत्रता, उसकी अमरता और ईश्वर के अस्तित्व की सम्भावना के सम्बन्ध में व्याख्या दी जाय।

70. *'Space and time are empirically, real, but transcendentally idea' : Comment.*
काण्ट के अनुसार हम देश और काल में नहीं है, वरन् देश और काल हममें हैं। पर व्यावहारिक रूप से हम अपने को देश और काल में पाते हैं। हम कहते हैं कि हम पटना में हैं, या कलकत्ता से 338 मील की दूरी पर हैं, इत्यादि। इसी प्रकार हम अपने को कालक्रम में पाते हैं और कहते हैं कि हम सन् 1874-75 में हैं और 18-19 वर्ष के हुए हैं, इत्यादि। इसलिए व्यावहारिक दृष्टि के अनुसार, काण्ट ने देश और काल की सत्ता को स्वीकार किया है। पर सही दार्शनिक के अनुसार देश और काल प्रत्यक्ष प्राप्त करने को मानव में व्यापक विधि-मात्र है। देश-काल संवेदन-प्राप्ति के लिए ऐनक के दो लेन्स हैं। चूँकि सभी मानव के प्रत्यक्ष-विधि अथवा लेन्स एकसमान हैं, इसलिए सभी मानव देश और काल के सन्दर्भ में एक ही रूप में वस्तुओं को प्रत्यक्ष करते हैं। इसलिए सभी मानव वस्तुओं को एकरूप दूर-नजदीक, बड़ी-छोटी, अल्प-दीर्घकालीन, इत्यादि समझते हैं। अतः व्यावहारिक रूप में देश और सभी व्यक्तियों को वास्तविक मालूम देता है। यहाँ काण्ट की उक्ति है कि वह स्वप्न जो सब देखते हें और अनिवार्यतः देखते हैं, सो देश-काल का स्वप्न, स्वप्नमात्र नहीं, वरन् पूर्णतया वस्तुगत वास्तविकता कहा जायगा।

'A dream which all men dream and must forever drea, is not a dream, but a reality.'
परन्तु, देश और काल की वास्तविकता को स्वीकार करते हुए काण्ट ने कहा है कि दार्शनिक दृष्टि के अनुसार देश और काल को idea प्रत्यय मात्र कहना चाहिए, अर्थात् देश और काल वह मानसिक रचना है जिसके अनुसार कोई भी प्रत्यक्ष सम्भव होता है। अतः देश और काल

ऐसी मानसिक विधि है जिनके अनुसार प्रत्येक मानव, मानव होने की हैसियत से एक ही मानसिक रचना के अनुसार किसी भी वस्तु का प्रत्यक्ष करता है। इस रूप में काण्ट ने देश और काल को Transcendentally ideal कहा है। विस्तार के लिए देखें।

71. *Give a metaphysical and a transcendental exposition of space and time.*

तत्त्वमीमांसात्मक स्पष्टीकरण के अनुसार काण्ट बताते हैं कि वास्तव में देश और काल सभी मानव में प्रत्यक्षीकरण के प्रागनुभव (a priori) रूप हैं। इस metaphysical व्याख्या में काण्ट ने चार प्रमाण दिया है।

1. देश-काल के पूर्वानुभविक प्रत्यक्ष के बिना देश-काल का प्रत्यक्ष सम्भव नहीं है। (लाइबनित्स के मत का खंडन)
2. देश-काल अन्य आनुभविक गुणों के समान त्याज्य नहीं है। इसलिए यह सर्वव्यापक प्रागनुभव संवेदन का शुद्ध रूप या साँचा है।
3. देश-काल विशिष्ट विषयवस्तु (object) है। इसलिए शुद्ध प्रत्यक्ष, न कि प्रत्यय।
4. देश अथवा काल एक ही वस्तु है और देश अथवा काल के विभिन्न उदाहरण नहीं, प्रत्युत वे एक ही देश या एक ही काल के विभिन्न अंग हैं।

Transcendental व्याख्या का अभिप्राय है कि देश और काल को प्रत्यक्षों का प्रागनुभव रूप नहीं मानने पर गणित के अभिकथनों की सर्वव्यापकता तथा अनिवार्यता सिद्ध नहीं की जा सकती है।

72. *Give a metaphysical and a transcendental exposition of the Categories of the understanding.*

तत्त्वमीमांसात्मक व्याख्या से अर्थ है कि निर्णयों के बारह वर्गीकरण पर 12 प्रत्ययों को स्थापित करना।

अनुभवातीत व्याख्या से अभिप्राय है कि बताया जाय कि किसी भी वस्तु का ज्ञान होने में इसमें 4 अंशों को एक साथ रहना चाहिए, अर्थात् सहज प्रत्यक्ष में संवित्ति (अवबोध-apprehension) का संश्लेष, कल्पना में पुनर्स्मृत संवेदनाओं का संश्लेष, अभिज्ञान (recognition) का संश्लेष। अंत में संवृत्ति स्मृति तथा अभिज्ञान को पराप्रत्यक्ष अथवा अत्यानुभविक चेतना के सश्लेषात्मक ऐक्य (एकता-unity) के अन्तर्गत रहना चाहिए। विस्तार के लिए।

73. *Explain and comment : 'understanding maketh nature out of the materials it does not makes.'*

इस प्रश्न के उत्तर में तीन बातों पर बल देना चाहिए।

1. प्रत्यक्ष और मूल-प्रत्यय (कैटिगरी) के आपसी सहयोग से ही ज्ञान सम्भव होता है। यदि concept (प्रत्यय) और percept (प्रत्यक्ष) को एक-दूसरे से अलग कर दिया जाय तो ज्ञान की सही व्याख्या नहीं हो सकती है।

concepts without percepts are empty and percepts without concepts are blind. प्रत्यक्ष ही ज्ञान-सामग्री (materials) है जो संवेदनशक्ति से बुद्धिशक्ति (understanding) को प्राप्त होता है। अतः understanding सामग्री (प्रत्यक्ष materials) को उत्पन्न नहीं करता (does not make), पर Sensibility से प्राप्त करता है।

2. Maketh nature से अभिप्राय है प्रातिभासिक प्रकृति का आभासिक नियम, न कि तात्विक प्रकृति का मानव मन की देनों तथा प्रागनुभव अंगों से स्वतंत्र नियम। इसलिए Understanding Maketh nature से अर्थ है कि मानव अपनी बुद्धिशक्ति के द्वारा देश और काल से अभिरंजित संवेदन-सामग्री को कैटिगरी के रूप में ढालकर आभासिक जगत् का आभासिक विज्ञान प्राप्त करता है। इसलिए वैज्ञानिक ज्ञान Phenomena का होता है, न कि unhumen का।

3. understanding के प्रागनुभव नियम सर्वव्यापक तार्किक नियम हैं, न कि विशिष्ट तथ्यात्मक नियम। understanding के प्रागनुभव नियमों में कारण-कार्य, द्रव्य-गुण इत्यादि प्रमुख कैटिगरी

हैं। तथ्यात्मक नियम के अन्तर्गत विशिष्ट चले आते हैं, जैसे—गुरुत्वाकर्षण का नियम, अथवा ताप से वित्सारण तथा ठंडक से सिकुड़न होता है। अतः, काण्ट के अनुसार विज्ञान के तथ्यात्मक नियम केवल असाक्षात् रीति से ही understanding के प्रागनुभव नियमों से संचालित होते हैं। विस्तार के लिए Transcendental Analytic की सामान्य व्याख्या देखें।

74. *'Kant read Leibnitzs with the eyes of Hume, and Hume with the eyes of Leibnitz, and in doing so went beyond both of them' : comment.*

काण्ट ने बुद्धिवाद और अनुभववाद, दोनों धाराओं का समन्वय किया है। इसलिए काण्ट ने लाइबनित्स के बुद्धिवाद का अध्ययन ह्यूम की अनुभववादी दृष्टि के आधार पर किया और ह्यूम के अनुभववाद की समालोचना लाइबनित्स के बुद्धिवाद के आधार पर की है।

75. *'Knowledge must begin with experience, but does not necessarily originate from it.' Elucidate.*

76. *'Empiricism and rationalism are right in what they affirm but wrong in what they deny.' Explain and comment.*

74-75 और 76 प्रश्न लगभग एक ही हैं। ज्ञान में सामग्री (matter) और रूप (form) दोनों होता है। संवेदन के रूप में ज्ञान-सामग्री इन्द्रियानुभव से प्राप्त होती है। इस सामग्री को संवेदनशीलता के देश और काल को दो रूपों द्वारा प्रत्यक्ष प्राप्त किया जाता है और फिर प्रत्यक्षों को बोधशक्ति (undestanding) के 12 कैटिगरी से निर्णय के रूप में ज्ञान प्राप्त किया जाता है। इसलिए कहा ज सकता है कि ज्ञान संवेदन (Sense) से प्रारंभ होता तथा मन की दोनों से (प्रागनुभव Space और time तथा बोधशक्ति के 12 Concepts) व्यवस्थित होकर ज्ञान सम्भव होता है। अतः, ज्ञान इन्द्रियानुभव से (begins with experience) प्रारम्भिक होता; परन्तु ज्ञान में कोरी सामग्री ही नहीं होती। प्रत्युत, सामग्रियों की सम्बद्धता तथा व्यवस्था मन की प्रागनुभव देन है। इसलिए ज्ञान में संवेदन-सामग्री और मन की भी प्रागनुभव देन है। इसलिए कहा जा सकता है कि Knowledge does not necessarily originate from sense experience.

प्रश्न 76 में कहा गया है कि Empiricism का कहना है कि ज्ञान इन्द्रियानुभव से विरचित होता है और Rationalism के अनुसार ज्ञान तर्क-बुद्धि के आत्मजात प्रत्ययों से विरचित होता है। ज्ञान की व्याख्या के लिए बुद्धिवाद और अनुभववाद, दोनों का सकारात्मक पक्ष स्वीकारने योग्य है। इसलिए Both are right in what they affirm. फिर अनुभववाद का कहना है कि ज्ञान में मन की प्रागनुभव देन नहीं होती है और इसी प्रकार बुद्धिवाद का कहना है कि ज्ञान में आनुभविक पक्ष विशेष नहीं है चूँकि ज्ञान में percepts और concepts दोनों अनिवार्य हैं, इसलिए अनुभववाद और बुद्धिवाद का नकारात्मक पक्ष गलत है। इसलिए कहा जा सकता है कि Both are wrong in what they deny.

77. *Has Kant succeeded in showing that proofs of God are so many pleas for his existence ?*

काण्ट ने स्पष्ट कर दिया है कि ईश्वर के अस्तित्व को प्रमाणित करने के लिए सत्तामूलक, विश्वमूलक, उद्देश्यमूलक सभी प्रमाण निष्फल ही समझे जा सकते हैं। परन्तु मानव के अन्दर ऐसी प्रवृत्ति छिपी हुई है कि वह बिना ईश्वर के चिंतन के रह ही नहीं सकता है, इसलिए ईश्वर को प्रमाणित करने के लिए दिये गये सभी तर्क अनुनयमात्र (mere Pleas) है। विस्तार के लिए देखें §18

78. *Point out the place and function of the ideas of reason, accordance to Kant.*

प्रज्ञा के तीन प्रत्यय हैं, अर्थात् आत्मा, विश्व और ईश्वर। इन प्रत्ययों के द्वारा ज्ञान संभव नहीं होता है; पर इनके आधार पर आदर्श ज्ञान की धारणा स्थापित की जाती है।

These Ideas of Reason are not constitutive, but regulative of knowledge.

आदर्श रूप में होने के कारण ज्ञान प्राप्ति में अनुप्रेरणा प्राप्त होती है। फिर इन प्रत्ययों के द्वारा

धर्म और नीति की संरक्षा होती है। विस्तार के लिए देखें §18 का अन्तिम भाग जिसमें इन प्रत्ययों की उपयोगिता वर्णित की गयी है।

79. *What are antinomies, according to Kant ? What are the functions of these and anti-theses, according to him ?*

सम्पूर्ण ब्रह्माण्ड को जानने के व्यर्थ प्रयास में विप्रतिषेध (antinomies) उत्पन्न हो जाते हैं। चूँकि सम्पूर्ण ब्रह्माण्ड प्रत्यक्ष का विषय नहीं है इसलिए कोरे प्राज्ञ-प्रत्यय के आधार पर वास्तविक ज्ञान नहीं सम्भव हो सकता है। विप्रतिषेध का विशेष महत्त्व इस बात में है कि काण्ट के अनुसार पक्ष और प्रतिपक्ष दोनों युक्तिसंगत प्रतीत होते हैं। इससे स्पष्ट हो जाता है कि बोधशक्ति के द्वारा ज्ञान अपनी सीमा में बद्ध हो जाता है और बोधशक्ति इस सीमा का उल्लंघन कर सम्पूर्ण ब्रह्माण्ड का ज्ञान नहीं प्राप्त कर सकती है। इससे सिद्ध हो जाता है प्रत्यय ज्ञान की लक्षण-रेखा का आह्वान करते हैं।

देकार्त

देकार्त के दर्शन का सारांश

देकार्त के दर्शन से ही पाश्चात्य दर्शन में विज्ञान का असर स्पष्ट होने लगता है। देकार्त समझते थे कि प्रगतिशील विज्ञान का असली रूप गणित है। यह उनकी भूल थी। गणित विज्ञान नहीं, वरन् विज्ञान की भाषा है जिसके आधार पर वैज्ञानिक प्रगति और संगोष्ठी संभव होती है।

फिर देकार्त को गणितीय अनिवार्यता का भी सही ज्ञान नहीं था। गणित का सम्बन्ध तथ्यों से (facts) नहीं रहता है। यह केवल शब्दों का खेल होता है। शब्दों को परिभाषित एवं निर्धारित अर्थों में सगत रीति से व्यवहृत करने पर गणितीय अनिवार्यता (mathematical necessity) प्राप्त की जाती है।

गणित को ज्ञान का आदर्श मानकर, देकार्त ने ज्ञान की कसौटी बनायी, अर्थात् वही सच्ची कसौटी है जिसमें गणितीय स्पष्टता (clearness) और परिस्पष्टता (distinctness) प्राप्त की जा सकती है! ठीक-ठीक ज्ञान की प्राप्ति हेतु देकर्ता ने संदेह-विधि को अपनाया।

संदेह-विधि वह है जिसको अपनाने पर ऐसे ज्ञान को प्राप्त किया जा सके जिसके विपक्ष में सोचा भी नहीं जा सके। इस संदेह-विधि को अपनाने पर देकार्त ने Cogito ergo sum की स्थापना की है, अर्थात् संदेह करने का अर्थ है कि संदेह करने को 'विचारना-प्रक्रिया' कहा जा सकता है। क्या बिना विचारक के विचार-प्रक्रिया संभव हो सकती है? नहीं। तब सिद्ध हुआ कि संदेही अर्थात् 'विचारक' के अस्तित्व को अवश्य ही स्वीकारना होगा।

विचार-विचारक के सम्बन्ध को देकार्त ने इतना अकाट्य और तार्किक रीति से स्पष्ट एवं अनिवार्य समझा कि इसे उन्होंने ज्ञान का उग्र एवं सर्वोत्कृष्ट रूप (paradigm) या उदाहरण माना। क्यों Cogito को स्वीकारा जाता है? क्योंकि इसमें इतनी अधिक स्पष्टता और परिस्पष्टता (distinctness) है कि इसे कोई नकार ही नहीं सकता है। स्पष्ट वही है जिसका ज्ञान एकदम सही हो और परिस्पष्ट वह है जिसे कुछ और वस्तु समझी ही नहीं जाय। इस स्पष्टता तथा परिस्पष्टता की कसौटी के आधार पर देकार्त ने ईश्वर की वास्तविकता सिद्ध की।

देकार्त ने ईश्वर को पूर्ण (perfect) माना है और पूर्ण वह है जिसके नहीं होने की संभावना हो ही नहीं सकती है। इसलिए 'ईश्वर' शब्द से ही स्पष्ट हो जाता है कि ईश्वर वास्तविक परम सत्ता है।

परन्तु 'ईश्वर' कहने से अर्थ हो जाता है कि ईश्वर जगत् का सृष्टिकर्त्ता है और मानव-विचार का स्रोत। फिर ईश्वर सत्यवादी है और इसलिए मानव में अपनी छाप रखी है जिसके अनुसार जो कुछ स्पष्ट ज्ञान हो उसके अनुसार जो कुछ वास्तविक दिखाई दे वह भी सच्चा ज्ञान होगा। अब सब लोगों को स्पष्ट एवं परिस्पष्ट रूप से दिखाई देता है कि मानव से परे और स्वतंत्र जगत् भी है। अतः, बाह्य जगत् के स्वतंत्र अस्तित्व को भी स्वीकारना होगा।

अतः, देकार्त आत्मा और जड़ पदार्थ (Mind and matter) के द्वैतवाद को स्वीकारते हैं। साथ ही साथ देकार्त के अनुसार भौतिक पदार्थ के वे ही गुण वास्तविक माने जायेंगे जिन्हें स्पष्ट समझा जाय, अर्थात् वे ही गुण वास्तविक होंगे जिन्हें गणितीय रीति से स्पष्ट किया जा सकता है। इसलिए देकार्त ने विस्तार (extension) को ही वास्तविक गुण माना है क्योंकि यह स्पष्टता से जाना जाता है कि यह पुस्तक आठ इंच लम्बी है, या 11½ इंच मोटी है।

अतः, गणित के स्वरूप से संदेह-विधि—संदेह-विधि से Cogito..> आत्मा से ज्ञान से ज्ञान-कसौटी—> ज्ञान-कसौटी के द्वारा ईश्वर-ज्ञान > ईश्वर-ज्ञान से बाह्य जगत् की वास्तविकता...आत्मा और जड़ पदार्थ का द्वैतवाद-प्राथमिक और अप्राथमिक गुणों का भेद।

प्रश्नमाला (उत्तरों की रूप-रेखा मात्र)

प्रश्न 1. देकार्त की संदेह-विधि की व्याख्या करें।

संदेह-विधि का मुख्य लक्ष्य था कि ऐसे ज्ञान को प्राप्त कर लें जो सर्वमान्य एवं अकाट्य तथा निस्संदिग्ध हो। अतः,

1. देकार्त ने सर्वप्रथम इन्द्रिय-ज्ञान को संदिग्ध समझा क्योंकि अवबोध (illusion) और भ्रम (hallucination) से सिद्ध हो जाता है कि इन्द्रिय-ज्ञान में धोखा हो सकता है।

2. वैज्ञानिक ज्ञान भी संशय से खाली नहीं है, क्योंकि कौन जानता है कि मानव किसी भी प्रकार के सच्चे ज्ञान की क्षमता रखता ही नहीं हो। कौन जानता है कि दुर्बुद्धि के कारण मानव $2 + 2 = 4$ को अकाट्य समझता हो।

पर यह तो सर्वमान्य एवं अकाट्य है कि 'मैं संदेह कर रहा हूँ'। संदेह करने के लिए संदेही की आवश्यकता होती है। अतः, संदेह जो एक प्रकार का विचारना है ध्वनित करता है कि संदेही अथवा विचारक निर्बाध एवं अनिवार्यतः सही सत्ता है। इसलिए संदेह हम क्यों न करें, पर संदेही आत्मा एवं Cogito की सत्यता को अवश्य ही स्वीकारना होगा।

आलोचन—अशोध्य (incorrigible) ज्ञान की खोज करना व्यर्थ का प्रयास है। गणित में अशोध्य ज्ञान अवश्य प्राप्त होता है पर वह शब्दों के परिभाषित अर्थ के संगत व्यवहार से प्राप्त होता है। पर मात्र शब्दों के द्वारा वास्तविक वस्तु का ज्ञान नहीं प्राप्त हो सकता है। क्या रसगुल्ले की भावना करने पर रसगुल्ला किसी के मुँह में आ पडता है अतः गणितीय ज्ञान अशोध्य अवश्य है, पर तथ्यहीन।

इसी प्रकार आगे चलकर संवेदित प्रदत्त (Sense data & 'plural' datum एक-वचन) भी अशोध्य नहीं माना गया है। यह ठीक है कि टेबुल भूरी है, पर आँख मूंदकर कल्पना की जा सकती है कि यह टेबुल भूरी न होकर काली या सफेद हो।

फिर 'संदेह' मनोवैज्ञानिक प्रक्रिया है और पागल तो सभी प्रकार के ज्ञान पर संदेह कर ही सकता है। पर दार्शनिक स्तर पर असंदिग्ध एवं अशोध्य ज्ञान संभव है ही नहीं।

फिर विचारना और विचारक के बीच अवियोज्य सम्बन्ध हो सकता है। पर विचारना स्थायी प्रक्रिया नहीं होती है। इसलिए विचारक को भी नित्य और शाश्वत नहीं माना जा सकता है। पर देकार्त ने Cogito के आधार पर स्थायी एवं नित्य आत्मा का अस्तित्व स्वीकारा था जिस निष्कर्ष को स्थापित नहीं समझा जायगा।

प्रश्न 2. ईश्वर के अस्तित्व को देकार्त ने किस प्रकार प्रमाणित किया है?

देकार्त ने दो प्रकार के प्रमाणों को प्रस्तुत किया है : कारण-कार्य पर आधारित प्रमाण और सत्ता-मूलक (Ontological) प्रमाण।

कारण-कार्य-विषयक प्रमाण—मानव कार्य है। उसका कारण भी होगा। इस मानव में पूर्ण, नित्य, शाश्वत ईश्वर की भावना है। अतः, मानव के अन्दर पूर्ण ईश्वर की भावना को अंकित करने वाला कारण भी पूर्ण, नित्य एवं शाश्वत पूर्ण ईश्वर ही हो सकता है।

फिर इस विश्व और समस्त मानव जाति को बनाने वाला अन्त में ईश्वर ही हो सकता है।

सत्तामूलक प्रमाण—अर्थात् ईश्वर-प्रत्यय (idea) में ही ईश्वर का अस्तित्व निहित है। ईश्वर की भावना है कि वह सब प्रकार से पूर्ण (perfect) है। 'पूर्णता' से ध्वनित होता है कि उसकी वास्तविकता (existence) भी अवश्य होगी। ऐसा ईश्वर जो वास्तविक न हो, उसे 'पूर्ण' संज्ञा दी ही नहीं जा सकती है।

आलोचना—कारण-कार्य एक विचार-कोटि (category) है जो मानव विचार के लिए आवश्यक है। पर ईश्वर मानव विचार और जगत् से परे और स्वतंत्र सत्ता है। जिसमें कारण-कार्य की कोटि नहीं लागू होती है। फिर यदि ईश्र विश्व का कारण हो तो उसे आदि-कारण (first cause) कहा जायगा जिसका अन्य कोई सत्ता कारण नहीं बताया जा सकता है। अतः आदि कारण स्वतः कारण बताया जाता है। तब यहाँ कारण-कार्य की शृंखला टूट जाती है जो कारण-कार्य के नियम की व्यापकता के संदर्भ में विरुद्ध बात होगी।

सत्ता-मूलक प्रमाण के विरुद्ध में कहा जाता है कि भावना से वास्तविकता सिद्ध नहीं होती। रसगुल्ले का विचार आने पर रसगुल्ला सामने नहीं चला आता है। अतः, पूर्ण ईश्वर की पूर्ण भावना से भी ईश्वर की वास्तविकता स्थिर नहीं की जा सकती है।

प्रश्न 3. देकार्त ने बाह्य जगत् की वास्तविकता को किस प्रकार स्पष्ट किया है?

देकार्त बाह्य जगत् की वास्तविकता को ईश्वर की सत्यवादिता पर आधारित कर स्थिर करते हैं। ईश्वर सत्यवादी है। अतः, मानव की सत्यवादी ईश्वर ने ऐसे सृष्टि की है कि मानव के स्पष्ट एवं परिस्पष्ट विचार के अनुरूप अवश्य ही वास्तविका भी होगी। मानव स्पष्ट रूप से देखता है कि ठण्ड-गर्मी इत्यादि बाह्य जगत् से उत्पन्न होते हैं। अतः बाह्य जगत् भी अवश्य ही वास्तविक है।

पर बाह्य जगत् के वे ही गुण उसके सच्चे गुण होंगे जो स्पष्ट हों, अर्थात् जिन्हें गणितीय मापदण्ड के द्वारा जाना जा सकता है। इस रूप में विस्तार (extension) ही बाह्य जगत् का प्राथमिक गुण है, और रंग, घ्राण इत्यादि सापेक्ष अप्राथमिक (secondary) गुण हैं।

फिर देकार्त के अनुसार बाह्य जगत् के सभी प्रक्रियायें यान्त्रिक हैं। यहाँ तक कि वे पशु-पक्षियों के व्यापार को चेतना-शून्य यान्त्रिक मानते थे।

आलोचना—ईश्वर को 'पूर्ण' कहकर देकार्त ने ईश्वर को सत्यवादी माना है। इस रूप से असाक्षात् रीति से जगत् की वास्तविकता सिद्ध की है। पर ईश्वर की सत्यवादिता सिद्ध नहीं हो सकती है।

द्वितीय, प्राथमिक और अप्राथमिक गुणों का भेद भी ठीक नहीं है क्योंकि दोनों अवियोज्य हैं। बिना रंग इत्यादि के विस्तार उसी प्रकार नहीं जाना जा सकता है जिस प्रकार बिना विस्तार के रंग नहीं जाना जा सकता है।

देकार्त के द्वारा यांत्रिक व्याख्या को एकमात्र रूप से वैज्ञानिक मान लेने पर विज्ञान में प्रगति आयी और पाश्चात्य विचारकों में वैज्ञानिकता के प्रति प्रचार हुआ।

प्रश्न 4. जड़ और आत्मा को ध्यान में रखकर देकार्त के द्वैतवाद की व्याख्या कीजिए।

देकार्त ने जड़ और आत्मा, चेतन और विस्तार, प्राथमिक और अप्राथमिक गुण का भेद तथा गणितीय और अनुभवाश्रित ज्ञान के द्वैतवाद को स्वीकारा है। यहाँ शरीर और मन के द्वैतवाद की व्याख्या करनी है।

शरीर और मन के बीच समानान्तरवाद (parallelism) और अन्योन्यक्रियावाद (interactionism) के दो सिद्धान्त हैं। देकार्त ने अन्योन्यक्रियावाद को अपनाया है। चूँकि मन और शरीर को देकार्त ने एक-दूसरे से अलग रखा है, इसलिए इन दोनों के आपसी सम्बन्ध को बताने में उन्होंने बनावटी रचना की कल्पना की है। मन और शरीर के बीच-बचाव करने के लिए देकार्त ने माना है कि एक अविभाजित पिनियल ग्रन्थि है जिसमें आत्मा का वास है। इसी पिनियल ग्रन्थि से आत्मा का प्रभाव शरीर पर और शरीर का प्रभाव आत्मा पर पड़ता है।

आलोचना—यदि आत्मा एक शारीरिक अंग में रह सकती है तो क्यों नहीं सम्पूर्ण शरीर में व्याप्त रहे?

देकार्त जानते थे कि शरीर और मन को एकदम पृथक् कर लेने पर उनके आपसी सम्बन्ध को स्पष्ट करने में कठिनाई आ जायगी। अतः, उन्होंने इसे स्पष्ट करने के लिए घुड़सवार और घोड़े की उपमा ली है। पर यह उदाहरण अयुक्तिसंगत है क्योंकि घोड़ा और घुड़सवार दोनों विपरीत सत्तायें नहीं हैं।

देकार्त की व्याख्या मनगढ़न्त और दोषपूर्ण है, पर इसके आधार पर ज्ञानमीमांसा में प्रतिनिधित्ववाद (representational) सिद्धान्त की स्थापना हुई। इस सिद्धान्त के अनुसार बाह्य वस्तुओं को असाक्षात् रीति से उनकी भावना के ही अनुसार जाना जा सकता है। यदि वस्तुओं का प्रत्यय स्पष्ट एवं अस्पष्ट हुआ तो वस्तु-ज्ञान को सच्चा कहा जायगा, नहीं तो भ्रामक। इसका प्रभाव लॉक और बर्कले पर भिन्न-भिन्न रूप से पड़ा है।

प्रश्न 5. देकार्त की मुँख्य देनों का उल्लेख करें।

देकार्त को आधुनिक दर्शन का जन्मदाता एवं पिता कहा जाता है। क्योंकि उन्होंने सर्वप्रथम वैज्ञानिकतावाद का आह्वान कर धर्मान्धता को शिथिल किया। इनकी मुख्य देनों में निम्नलिखित देन प्रमुख कही जा सकती हैं—

विधि—वैज्ञानिकतावाद को अपनाने में मानव-बुद्धि को प्रथम स्थान दिया जाता है। इसी रूप में दर्शन में मानव-बुद्धि और विज्ञान को स्थान देकर देकार्त ने स्पिनोजा, ह्यूम काण्ट को प्रभावित किया और आज भी इसी प्रणाली को दर्शन में अपनाया जाता है।

बुद्धिवाद—दर्शन में पारिभाषिक रूप में बुद्धिवाद वह सिद्धान्त है जिसके अनुसार सर्वव्यापक एवं अनिवार्य ज्ञान आत्मजात प्रत्ययों के आधार पर प्राप्त किया जाता है। इस रूप में लाइबनित्स के दर्शन में भी बुद्धिवाद पाया जाता है। काण्ट ने 'आत्मजात' के स्थान में अधिक सही शब्द 'पूर्वानुभविक' (a priori) का प्रयोग कर देकार्त के बुद्धिवाद को नया रूप दे दिया है।

द्वैतवाद—देकार्त की मुख्य तत्त्वमीमांसीय देन है। इन्होंने मन और शरीर, प्राथमिक और अप्राथमिक गुण का भेद, गणितीय तथा अनुभवाश्रित ज्ञान का भेद रचकर द्वैतवाद को स्पष्ट किया है।

क्रमबद्धता—देकार्त ने अपने दर्शन को क्रमबद्ध बनाकर, स्पिनोजा, लाइबनित्स तथा काण्ट को प्रभावित किया है।

दर्शन में उसी को 'पिता' की संज्ञा दी जाती है जिसकी देनों से अनेक दार्शनिक प्रभावित हों। वास्तव में देकार्त की बहुमुखीय मोड़ दर्शन को प्राप्त हुई है।

बेनेडिक्ट स्पिनोजा (1632-1699 ई०)

स्पिनोजा के दर्शन का सारांश

स्पिनोजा का दर्शन देकार्तीय दर्शन के संशोधित रूप में उभर आता है। देकार्त ने गणितीय ज्ञान को दर्शन का मानदंड माना था। पर स्पिनोजा एक कदम आगे बढ़ गये और ज्यामिति को ही दर्शन-विधि मना ली। इसलिए स्पिनोजा के दर्शन में कठोर बुद्धिवाद देखने में आता है। साथ ही साथ ज्यामितिक विधि के द्वारा अनिवार्यता सब जगत दिखती है, पर इसमें उद्देश्यमूलक प्रक्रियाओं की अवहेलना होती है।

फिर देकार्त ने जड़ और आत्मा का द्वैतवाद स्वीकारा था, पर साथ ही साथ यह भी बताया है कि दो सत्तायें ईश्वर पर निर्भर करती हैं। स्पिनोजा ने देकार्त के इस द्वैतवाद की आलोचना करके बताया है कि द्रव्य (substance) वह है जो आत्मनिर्भर हो और जिसे अन्य किसी सत्ता पर निर्भर रहने की आवश्यकता न हो। इस परिभाषा के अनुसार केवल एक ही द्रव्य हो सकता है, क्योंकि एक से अधिक द्रव्य रहने से वे एक-दूसरे द्रव्य पर अपना प्रभाव डालकर उन्हें आत्माश्रित रहने से वंचित कर देंगे। अब विस्तार और चेतना का क्या होगा, जिन्हें देकार्त ने दो सापेक्ष (relative) 'द्रव्य' की संज्ञा दी थी?

स्पिनोजा के अनुसार विस्तार और चेतना, दोनों द्रव्य के गुण (attributes) हैं। चूँकि ये दोनों एक ही द्रव्य में एक साथ पाये जाते हैं और फिर एक-दूसरे से स्वतंत्र भी हैं, इसलिए इनके बीच अन्योन्यक्रिया नहीं हो सकती है। अतः, स्पिनोजा ने विस्तार और चेतना के बीच समानान्तरवाद की स्थापना की है। पर संसार के नानात्व और विविध वस्तुओं को क्या समझा जा सकता है?

स्पिनोजा के अनुसार दैनिक जीवन की विविध वस्तुएँ निस्सार हैं जिनकी अपनी कोई वास्तविक सत्ता नहीं है। इसलिए स्पिनोजा के दर्शन को शून्यवाद भी कहा जाता है। पर याद रखना चाहिए कि स्पिनोजा के दर्शन में केवल को एकमात्र अद्वैत द्रव्य ही सत् है और इस अद्वैत द्रव्य को उन्होंने 'ईश्वर' की संज्ञा दी है। पर ईश्वर को स्पिनोजा सगुणी, इच्छापूर्ण, सर्वोच्च व्यक्तित्वपूर्ण सत्ता नहीं मानते हैं। पर देकार्त के अनुसार इसी निर्गुण ईश्वर के द्वारा समस्त संसार की संपूर्ण कार्यवाही संचालित होती है। इस सर्वेश्वरवाद के आधार पर स्पिनोजा का बन्धन और मुक्ति का संदेश प्राप्त किया जा सकता है।

स्पिनोजा के अनुसार किसी भी वस्तु पर निर्भर रहने पर मानव अपने को मुक्त नहीं कर सकता है। मानव जब तक अपने भाव और संवेग से संचालित रहेगा तब तक वह उनका गुलाम रहकर जीवन-बन्धन में रहेगा। अतः, मुक्ति की वह स्थिति है जिसमें मानव सभी प्रक्रियाओं को बुद्धि द्वारा संचालित होते हुए समझे। अतः सभी भाव और संवेग से ऊपर उठकर, हर्ष-विषाद दोनों को त्यागकर, निर्लिप्त जीवन-निर्वाह को मुक्ति की स्थिति कही जा सकती है। इस स्थिति में सभी घटनाओं को ईश्वर से संचालित मानकर ईश्वर-प्रेम की दशा को 'मुक्ति' की संज्ञा दी जा सकती है।

प्रश्नमाला (उत्तरों की रूप-रेखा मात्र)

प्रश्न 1. स्पिनोजा की ज्यामितिक विधि का विवरण दें और उसके दर्शन पर इस विधि के प्रभाव को स्पष्ट करें।

ज्यामिति के निष्कर्ष एकदम सीधे सिद्ध किये जाते हैं। इसलिए दर्शन के निष्कर्ष को प्रदर्शित करने के लिए स्पिनोजा ने ज्यामितिक विधि की मदद ली। फिर इस ज्यामिति के स्वरूप के समान आपने दर्शन के मन्तव्यों (अर्थात् आधार भूमि में अपने विषय के जाने माने सिद्धान्त), स्वयंसिद्धियों, परिभाषाओं इत्यादि का उल्लेख कर अपने सारे निष्कर्षों को प्रमाणित करने का प्रयास किया है।

आलोचना—मन्तव्य, परिभाषा इत्यादि में मनमानापन रहता ही है। स्पिनोजा के समय केवल यूक्लिड की ही ज्यामिति थी। अब अनेक हैं। अतः, ज्यामितिक विधि के आधार भी सर्वमान्य और एकदम सही (अर्थात् अशोध-incorrigible) निष्कर्ष नहीं स्थापित किया जा सकता है।

द्वितीय—गणितीय ज्ञान को वास्तविक वस्तु-ज्ञान नहीं कहा जा सकता है। अतः, ज्यामितिक विधि के द्वारा वास्तविक संसार और मानव की व्याख्या नहीं की जा सकती है। यही कारण है कि स्पिनोजा ने मानव व्यवहार में निहित इच्छा-स्वातंत्र्य को भी अस्वीकार कर दिया है जिसके कारण आचार की व्याख्या नहीं हो पाई है।

तृतीय—दर्शन सभी विज्ञानों की विधियों का अध्ययन कर उनका मूल्यांकन करता है। अतः, दर्शन-विधि को किसी एक शास्त्र पर आधारित कर इसे संकीर्ण और एकांगी नहीं करना चाहिए।

पुनः ज्यामितिक के आधार पर स्थैतिक, निश्चल एवं गतिहीन वस्तुओं की ही व्याख्या की जा सकती है। पर उद्देश्मूलक पशुओं और मानवों के व्यवहार की व्याख्या नहीं हो पाती है।

अतः, ज्यामितिक विधि को आंशिक कहा जायगा और इसे संतोषजनक दार्शनिक विधि नहीं स्वीकारा जा सकता है।

प्रश्न 2. स्पिनोजा के द्रव्य, गुण और प्रकार के सिद्धान्त की व्याख्या करें।

स्पिनोजा के अनुसार द्रव्य वह है जो स्वनिर्भर हो और जिसका अस्तित्व किसी अन्य सत्ता पर निर्भर न हो, अर्थात् जिसका प्रत्यय इतना स्पष्ट हो कि उसे स्पष्ट समझने के लिए किसी अन्य भावना की आवश्यकता न हो।

द्रव्य बिना गुण के सम्भव नहीं होता है। पर स्पिनोजा के अनुसार द्रव्य जिसे उन्होंने 'ईश्वर'

संज्ञा भी दी है, असीमित सत्ता है। किसी गुण के रहने से वह द्रव्य को सीमित बना देता है। उदाहरण, यदि कहा जाय कि ईश्वर दयालु है, तो इस गुण से ध्वनित होता है कि वह क्रूर नहीं हो सकता है। अतः सगुणीकरण सीमितकरण होता है, अर्थात् कुछ गुणों के भाव से अन्य गुणों का अभाव टपकता है। इसी को कहा गया है Every determination (affirmation) is negation.

इसके विपरीत यह भी स्पिनोजा ने कहा है कि ईश्वर में असंख्य गुण हैं और प्रत्येक गुण ईश्वर को असीमित रूप से व्यक्त करता है।

यदि सगुणीकरण से सीमितकरण होता है तो ईश्वर निर्गुण होकर शून्यवाद का बोधक हो जाता है और यदि ईश्वर में अनेक, असंख्य गुण उसे असीमित रखते हैं तो ईश्वर सर्वग्राही सत्ता बन जाता है। प्रायः स्पिनोजा ईश्वर को सर्वग्राही और सर्वव्यापी सत्ता मानते हैं।

यदि ईश्वर सर्वव्यापी एवं सर्वग्राही रूप में स्थैतिक समझा जाय तो उसे स्पिनोजा ने Natura Naturata कहा है, और फिर उसे गतिशील रूप में Natura Naturans कहा है।

गुण विचार—जिस प्रकार स्पिनोजा ने 'द्रव्य' को निर्गुण तथा सर्वगुणी, दोनों रूपों में समझा है, उसी प्रकार 'गुण' को भी स्पिनोजा ने इस रूप में परिभाषित किया है कि उसे दो रूप से समझा जा सकता है। अर्थात् गुण वह है जिसे मानव बुद्धि द्रव्य का सारगुण समझती है। यदि इस परिभाषा से द्रव्य के गुण मानव उपज हों तो वास्तव में ईश्वर के गुण पारमार्थिक रूप से या तो अज्ञात या उसमें सभी गुणों का अभाव ही समझा जायगा। पर यदि 'द्रव्य के सारगुण' पर बल दिया जाग तो ये सब गुण वस्तुनिष्ठ माने जायेंगे।

यद्यपि ईश्वर में असंख्य गुण कहे गये हैं, तो भी स्पिनोजा के अनुसार मानव केवल दो ही गुणों को जान सकता है, अर्थात् चेतना और विस्तार। ये दोनों गुण एक साथ ही पाये जाते हैं। इसलिए इनके बीच समानान्तर, न कि अन्योन्यक्रियात्व (interactionism) का सम्बन्ध पाया जाता है, अर्थात् जहाँ विस्तार होगा वहाँ विस्तार-विचार भी अवियोज्य रूप से पाया जाता है। अतः, सभी जड़ पदार्थ चिन्मय भी कहे जा सकते हैं।

प्रकार-विचार—प्रकार की परिभाषा भी द्रव्य और गुण के समान दो रीति से की गई है, अर्थात् वह जो द्रव्य (पदार्थ) से निकला हो, या वह जो अन्य वस्तुओं में हो और जो अन्य वस्तुओं से प्रभावित हो। फिर प्रकार सीमित और असीमित दोनों रूपों में पाया जाता है। चेतना का असीमित प्रकार है असीमित बुद्धि है, और विस्तार का असीमित प्रकार है 'गति-विश्राम' (motion and rest)। विशिष्ट विचार एवं वस्तुओं को सीमित प्रकार (finite modes) कहा जा सकता है।

एक प्रकार से विशिष्ट वस्तुएँ क्षणभंगुर हैं जिनकी अपनी स्वतंत्र सत्ता नहीं है। उदाहरण, समुद्र की लहरें। सीमित वस्तुएँ नश्वर हैं, पर सभी विशिष्ट वस्तुओं के योगफल को असीमित कहा जा सकता है। उदाहरण, समुद्र की लहरें नश्वर हैं, पर उनका सम्पूर्ण योग अर्थात् समुद्र अपेक्षाकृत स्थायी कहा जायगा।

अतः, स्पिनोजा के दर्शन में सोपानक्रम (hierarchy) है, अर्थात् द्रव्य (ईश्वर) गुण, असीमित और सीमित प्रकार जिन्हें संसार की विशिष्ट वस्तुओं के रूप में माना जा सकता है।

प्रश्न 3. स्पिनोजा के मानव-बन्धन तथा मुक्ति-विचार की व्याख्या कीजिये।

प्रत्येक वस्तु के अन्दर ऐसी शक्ति विद्यमान रहती है जिसके द्वारा वह अपनी स्थिति अथवा अस्तित्व में जारी रहती है। जब इस अस्तित्व में रखने वाली शक्ति अन्य शक्तियों एवं सत्ताओं पर निर्भर करती है। तभी उस अमुक वस्तु एवं जीव को पर-निर्भर रहने के कारण बद्ध (in bondage) समझा जायगा और जब वस्तु अपनी ही शक्ति से अपने अस्तित्व को जारी रखे तो उस वस्तु अथवा जीव को स्वतंत्र अथवा मुक्त समझा जायगा।

मानव जब भाव-संवेग से संचालित होता है तो उसे अपने संवेग का दास कहा जाता है। अतः, संवेगों पर विजय प्राप्त करने पर ही मुक्ति हो सकती है। विजय कैसे प्राप्त की जाय?

केवल सच्चा ज्ञान प्राप्त कर ही संवेगों को जीतकर मुक्ति प्राप्त की जा सकती है। सच्चे ज्ञान

को निम्नकोटि के ज्ञान से भिन्न समझना चाहिए। निम्नकोटि का अधम ज्ञान कल्पना है जो वस्तुओं को अलग-अलग समझती है। इससे उच्चकोटि का ज्ञान युक्तिपूर्ण (reasoning) है जो विभिन्न घटनाओं को व्यापक नियमों में सूत्रबद्ध कर देता है। पर सच्चा ज्ञान वह है जिसमें सभी वस्तुएँ ईश्वर से निकलती हुई दिखाई देती हैं। इस ज्ञान के प्राप्त करने में सभी घटनायें अनिवार्य दिखायी देती हैं, तब घटनाओं से प्रभावित होकर रोने-हँसने से क्या होता है। घटना-चक्र के प्रति अपने को सम्पूर्णतया समर्पित करने पर हर्ष-विवाद से परे होकर व्यक्ति उपेक्षा-भाव से सभी घटनाओं को देखकर उनसे विमुक्त हो जाता है। सभी घटनाओं को 'प्रभु की मौज' तथा 'ईश्वर का दान' समझ लेने पर ईश्वर-प्रेम उत्पन्न होता है और इस प्रकार मानव अपनी आत्मा को ईश्वर को अर्पित कर मुक्त हो जाता है।

आलोचना—1. स्पिनोजा नियतिवादी थे जो मानव के इच्छा-स्वातंत्र्य को नहीं स्वीकारते थे। ऐसी स्थिति में बन्धन में पड़ा हुआ व्यक्ति किस प्रकार अपने ही प्रयास से मुक्त हो सकता है?

2. ईश्वर निर्वैयक्तिक सत्ता है उसके प्रति 'प्रेम' सार्थक रूप से नहीं हो सकता है।

3. भारतीय दर्शन के समान स्पिनोजा ने कोई साधना नहीं बतायी है जिसके आधार पर व्यक्ति सभी घटना-चक्र को ईश्वर से निकलते हुए जान सकता है। अतः, मुक्ति-सिद्धान्त वास्तव में स्पिनोजा का रहस्यवाद है जिसमें अनजाने ही अपने यहूदी संस्कार से ओत-प्रोत होकर द्रव्य को 'याहवे' (Yahwe) समझकर ईश्वरोन्मत्त (God intoxicated) हो गये थे। संस्कारो न अन्यथा भवेत्।

प्रश्न 4. स्पिनोजा के एकत्ववाद (Monism) की व्याख्या कीजिये।

दर्शन का उद्देश्य है कि जीवन की सभी अनुभूतियों को एक सूत्र से बाँधकर उन्हें क्रमबद्ध व्यवस्था में ला दे। इस दृष्टि से स्पिनोजा का एकत्ववाद इस दिशा में सही कदम समझा जायगा। पर एकत्ववाद शून्यवाद भी हो सकता है और सम्पूर्णत्ववाद भी हो सकता है। शून्यवाद में अन्त में सभी अनुभूतियाँ विनष्ट हो जाती है और इस रूप में अनुभूतियाँ संरक्षित न रहकर तिरस्कृत हो जाती हैं। सम्पूर्णत्ववाद का उत्कृष्ट उदाहरण जैविक एकत्ववाद में देखा जाता है जिसमें सभी अनुभूतियों को उनकी विशिष्टता के अनुसार एक सर्वग्राही व्यवस्था में समाविष्ट कर लिया जाता है।

स्पिनोजा के एकत्ववाद को शून्यवाद कहा गया है क्योंकि उन्होंने विश्व की सभी विशिष्ट वस्तुओं को क्षणभंगुर कहकर ठुकरा दिया है और केवल एक द्रव्य या ईश्वर की सत्ता को स्वीकारा है।

दार्शनिक दृष्टि से स्पिनोजावाद, असंतोषजनक हो सकता है, पर धार्मिक दृष्टि से इसे उच्चकोटि का धर्म-दर्शन कहा गया है। स्पिनोजा के अनुसार केवल ईश्वर ही सत्य हैं और सभी घटनाओं को, चाहे वे सुखप्रद हों या दुःखप्रद हों, ईश्वर की भेंट समझकर उसे ग्रहण कर लेना चाहिए। ईश्वर पर मन लगाने पर जीवन के अन्दर स्थिरता आ जाती है।

स्पिनोजा के दर्शन को सर्वेश्वरवाद कहा गया है क्योंकि इस दर्शन के अनुसार सभी घटनाएँ ईश्वर से संचालित होती हैं और वही एक सत्ता सम्पूर्ण ब्रह्मांड में व्याप्त करती है। इस सर्वेश्वरवाद (अर्थात् सब ईश्वर ही है) में पूजा-पाठ का स्थान नहीं है क्योंकि भक्त और भगवान् दोनों एक ही तादात्म्य (identity) सत्ता में रहकर उनमें पुजारी और देवता का भेद नहीं किया जा सकता है। पर रहस्यवाद की दृष्टि से इसे धार्मिक अनुभूति की पराकाष्ठा माना गया है।

गेटफ्रिड विल्हेल्म लाइबनित्स (सन् 1646-1716)

लाइबनित्स अथवा लाईबनीज के दर्शन का सारांश

लाइबनित्स भी बड़े भारी गणितज्ञ थे और आप न्यूटन के साथ गणित के क्षेत्र में इनसे लोहा लेते थे। अतः, देकार्त और स्पिनोजा के समान इनके दर्शन में भी गणित की अमिट छाप देखी जाती है। आप अपरिमित कलन (Infinitesimal Calculus) के आविष्कारक थे और इस कैलकुलस के समान आपने दर्शन में अति सूक्ष्म से धीरे-धीरे प्रगति करते हुए स्थूल से स्थूलतम एवं उच्चतम सत्ता तक की व्याख्या की है।

फिर देकार्त द्वैतवादी और स्पिनोजा एकसत्तावादी थे। इनकी तुलना में लाइबनित्स अनेकसत्तावादी थे। आपके दर्शन का कुंजीपद है 'मोनड' अथवा चिद्बिन्दु। लाइबनित्स के बहुत पूर्व यूनानी दार्शनिक अणुवादी थे और वे भी अणुरूप अनेक तत्त्वों को स्वीकारते थे। इनके विरुद्ध लाइबनित्स का कहना था कि अणु को अखंडनीय, निरवयव स्वीकारना भूल है क्योंकि जड़पदार्थ सिद्धान्त खंडनीय होते हैं। अब यदि अणु खंडनीय हों तो उन्हें नित्य एवं शाश्वत इकाई कैसे स्वीकारा जा सकता है। केवल आत्मिक अणु अथवा चिद्बिन्दु ऐसी इकाई है जिसे अखंडनीय नित्य सत्ता स्वीकारा जा सकता है। अतः, लाइबनित्स के अनुसार अनेक चिद्बिन्दु या मोनड हैं और इन्हें नित्य सत्ता स्वीकारना चाहिए।

प्रत्येक मोनड में ईक्षण (perception) और प्रयासन (appetition) की दो शक्तियाँ पायी जाती हैं। ईक्षण के आधार पर ज्ञान और प्रयासन के द्वारा मोनडों में पूर्णत्व की ओर प्रगति होती रहती है। मोनड अनेक अवश्य हैं, पर वे विविध और विभिन्न रहते हैं और वे सोपानक्रम में तारतम्य (continuity) के अनुसार व्यवस्थित पाये जाते हैं। फिर मोनड इसलिए क्रमबद्ध एवं व्यवस्थित होते हैं क्योंकि उनमें ईश्वर द्वारा एक पूर्वस्थापित मेल (pre-established harmony) पाया जाता है जिसके कारण एक मानेड की कार्यवाही अन्य मोनडों की कार्यवाही के साथ मेल खाती रहती है। यहाँ लाइबनित्स ने बैंड (वाद-मण्डली) की उपमा बतायी है।

बैंड में अनेक वादक होते हैं, और वे एक-दूसरे से स्वतंत्र रहकर बाजा बजाते हैं, पर उनकी ऐसी राग-रागिनी बनी रहती है कि अपने-अपने रूप से बाजा बजाने पर तालमेल (स्वर-संगति) उत्पन्न होता है। अतः, इसी प्रकार सभी मोनड अपने में ही निहित शक्तियों के अनुरूप अपने ईक्षण और प्रयासन के अनुसार काम करते रहने पर विश्व में भी सामंजस्यपूर्णता आ जाती है।

मोनडवाद को अपनाकर लाइबनित्स ने जड़-चेतन के सम्बन्ध पर प्रकाश डाला है। सभी मोनड चेतन हैं, पर उनकी चेतना कम-अधिक मात्रा में पाई जाती है। जड़ भी चेतन है, पर उसमें चेतन सुषुप्त अवस्था में रहती है। पेड़-पौधे में चेतन है, पर उनमें चेतन का स्फुरणमात्र पाया जाता है। केवल मानव में ही चेतना जागृत रूप में पाई जाती है। पर जड़ और चेतन प्राणियों में अन्योन्यक्रिया नहीं देखी जाती है। वास्तव में मोटर और मोटर चालक में साक्षात् सम्बन्ध नहीं पाया जाता है, पर केवल देखने में लगता है कि मोटर की चाल और उसके चालक के बीच साक्षात् सम्बन्ध है।

अतः, सभी मोनड गवाक्षहीन (खिड़की नहीं रहने, windowless) रहने पर भी, पूर्वास्थापित मेल के कारण उनकी कार्यवाहियों में तालमेल बना रहता है। यहाँ सभी मोनड एक-दूसरे के प्रति सामानान्तर रूप से कार्यरत रहते हैं। इसी समानान्तर रूप से कार्यरत मान लेने पर यन्त्रवाद और उद्देश्यमूलकता की व्याख्या हो जाती है।

जिसे हम यन्त्र कहते हैं उनमें भी चेतना सुषुप्त दशा में पाई जाती है। पर पूर्वस्थापित मेल के अनुरूप ऐसी व्यवस्था की गयी है कि जैसे ड्राइवर में चलाने की चेतना होती है ठीक उसके अनुरूप मोटर के कल-पुर्जों में भी गति अपने-आप आ जाती है। अतः, यान्त्रिक गतियाँ केवल आभास मात्र हैं वे और चेतन शक्तियों के अन्तर्गत स्पष्ट की जा सकती हैं।

मोनडों के पूर्वस्थापित मेल के आधार पर लाइबनित्स ने ज्ञानमीमांसा की समस्याओं पर अच्छा प्रकाश डाला है। देकार्त के अनुसार ईश्वर आदि के कुछ ही प्रत्यय (idea) जन्मजात है, लॉक के अनुसार कोई भी प्रत्यय जन्मजात (innate) नहीं है। पर लाइबनित्स के अनुसार सभी प्रत्यय जन्मजात हैं, क्योंकि किसी भी मोनड में बाहर से कोई प्रभाव नहीं आ सकता है और न अन्दर से बाहर जा सकता है। पर सभी प्रत्यय धीरे-धीरे विकासशील होते रहते हैं। संवेदन से प्रारम्भित होकर वे बुद्धि के स्पष्ट एवं अनिवार्य प्रत्ययों में प्रस्फुटित हो जाते हैं। अतः, कोई अनुभववादियों के समान संवेदन को प्रमुख स्थान देते हैं, और कोई देकार्त और स्पिनोजा के समान अनिवार्य ज्ञान को ही 'ज्ञान' संज्ञा देते हैं। पर पूर्वस्थापित छन्द को ध्यान में रखने पर ज्ञान संवेदन से प्रारम्भित होकर परिस्पष्ट एवं अनिवार्य ज्ञान में प्रस्फुटित हो जाता है। (Knowledge begins with sensation, but ends in reason.) इसलिए अनुभववाद और बुद्धिवाद, दोनों ही एकांगी मत हैं। सच्चा मत है समीक्षावाद (criticism) जिसमें अनुभववाद और बुद्धिवाद. दोनों के विरोधी मतों का समन्वय हो जाता है।

लाइबनित्स का मोनडवाद समन्वयवाद भी कहा जाता है क्योंकि उन्होंने परस्पर विरोधी यन्त्रवाद-उद्देश्यमूलकता, जड़ और चेतन, अनुभववाद और बुद्धिवाद के बीच समन्वय स्थापित किया है। इसलिए देकार्त और स्पिनोजा के समान लाइबनित्स ने भी अपने दर्शन को ईश्वर-केन्द्रित बनाया है। यदि मोनड अनेक और एक-दूसरे से अप्रभावित रहकर स्वतंत्र इकाई हों, तो उनकी कार्यवाही में तालमेल कैसे हो सकता है? इस समस्या का समाधान करने के लिए, लाइबनित्स ने ईश्वर की आवश्यकता समझी। ईश्वर ने ही सभी मोनडों की विभिन्न एवं स्वतंत्र कार्यवाहियों के बीच मेल-व्यवस्था स्थापित की है। चूँकि मोनड अनेक हैं, इसलिए सभी मोनडों को उनके ईक्षण (ज्ञान-क्षमता) और प्रयासन (विकास-क्षमता) के विकास के अनुरूप समाज में छोटा, बड़ा, सुखी-दुःखी इत्यादि स्थान मिला हुआ है विराट् विश्व की व्यवस्था को ध्यान में रखते हुए कुछ मानेडों को अधिक दुःख और अपेक्षाकृत अन्य मोनडों को अधिक सुख प्राप्त होता है। पर याद रखना चाहिए मोनडों की सभी स्थितियों और उनकी व्यवस्थाओं की अनेक सम्भावनाओं में प्रस्तुत मेल की ही व्यवस्था श्रेष्ठ है। (This is the best possible world.)

प्रश्नमाला (उत्तर की रूपरेखा मात्र)

प्रश्न 1. लाइबनित्स के मोनडवाद की व्याख्या कीजिए।

लाइबनित्स ने डेमोक्रिट्स के अणुवाद (atomism) और प्लेटो के प्रत्ययवाद, दोनों को मिलाकर मोनड (चिद्‌बिन्दु) को वास्तविकता का इकाई माना है। यह मोनड अणु के समान स्वतंत्र सत्ता है, पर यह चेतन-बिन्दु है। चूँकि सत्ता-इकाई (unit) उसी को कहा जाता है जो आत्मनिहित, स्व-निर्भर, शाश्वत एवं नित्य हो। इसलिए लाइबनित्स ने प्रत्येक मोनड को गवाक्षहीन (windowless) कहा है क्योंकि यह अन्य किसी भी सत्ता से न तो प्रभावित और न उसके साथ निर्भरता के सम्बन्धों से क्यों जुटे दिखते हैं?

सभी मोनडों में ईक्षण (perception) की शक्ति रहती है जिसके आधार पर ज्ञान की व्याख्या सम्भव होती है। फिर उनमें प्रयासन (appetition, अर्थात् विकास-प्रक्रिया) पाया जाता है जिसके कारण ऐसा प्रतीत होता है कि एक का प्रभाव दूसरे पर साक्षात् रीति से होता है। पर न तो ज्ञान-प्राप्ति में और न अन्य सन्दर्भ में एक मोनड का सम्बन्ध किसी अन्य मोनड के साथ साक्षात् रहता है। प्रत्येक मोनड की सभी प्रक्रियाएँ उनके भीतर अपने-आप उसी प्रकार होती रहती हैं जिस प्रकार किसी यन्त्र में अपने-आप ही मशीन के चालू करने पर उसकी प्रक्रियाएँ आत्मसंचालित होती रहती हैं। पर मोनड असंख्य हैं और वे अनेक विकास-क्रम में पाये जाते हैं पर उनमें केवल मात्रा (degree) का ही अन्तर रहता है, न कि प्रकार (kind) का।

मोनड सोपान-क्रम में देखे जाते हैं, पर सभी मोनड चेतन हैं। जड़ पदार्थ निम्कोटि के मोनड हैं जिनमें ज्ञान और विकास इतने कम रहते हैं कि हमें वे नहीं प्रतीत होते हैं। उनकी चेतना सुषुप्तावस्था में पाई जाती है। फिर उच्चतर श्रेणी में पेड़-पौधे आते हैं जिनमें चेतन और विकास अंकुरित होता दिखाई देता है। उनकी अपेक्षा पशु-पक्षियों में चेतन और प्रयासन अधिक स्पष्ट दिखाई देते हैं। परन्तु मानव में चेतन और विकास केवल स्पष्ट ही नहीं दिखता, पर वह उनसे अवगत होकर आत्मचेतन (self-consciousness) को प्राप्त करता है।

पर कोई भी व्यक्ति एक मोनड नहीं, पर अनेक मोनडों का झुण्ड होता है और उन मोनडों में भी सोपान-क्रम व्यवस्था है और सबसे अधिक विकसित मोनड को रानी चिद्‌बिन्दु कहा जा सकता है। सभी शरीर में स्थित मोनड अपने-अपने कार्य में लगे रहते हैं, पर उन सब मोनडों की कार्यवाही रानी मोनड में स्पष्टतः प्रतिबिम्बित होती है।

सभी मोनडों की सोपान-क्रमिक व्यवस्था में रहकर प्रत्येक मोनड अन्य सभी मोनडों से स्वतंत्र रूप से अपनी ज्ञान और व्यवहार-प्रक्रिया में रत रहता है, पर ऐसा आभासित होता है कि एक मोनड का प्रभाव दूसरों पर पड़ता है। ऐसा सोचा जाता है कि इच्छा करने पर ही हाथ उठता, उँगलियाा लिखती हैं, इत्यादि। पर लाइबनित्स के अनुसार इनमें कोई साक्षात् सम्बन्ध नहीं रहता है। बात ऐसी है कि रानी मोनड में जिस समय हाथ उठाने तथा लिखने की इच्छा होती है ठीक उस समय तदनुरूप

हाथ और उँगलियों के मोनडों में अपने-आप कार्य होने लगता है। अतः ऐसा प्रतीत होता है कि इच्छा पर ही हाथ का उठना निर्भर करता है। लाइबनित्स ने मोनडों की इस सामंजस्यपूर्ण कार्यवाही को स्पष्ट करने के लिए बैंड के स्वतंत्र वादकों को एक साथ वाद उत्पन्न करने की उपमा को प्रस्तुत किया है। मोनडों के बीच यह छन्द, यह मेल आया कहाँ से?

यह मेल ईश्वर ने इन मोनडों के बीच पहले से अथवा प्रारंभ से ही प्रस्थापित किया है।

आलोचना—यदि मोनड नित्य इकाई हों तो उन्हें ईश्वर-द्वारा पूर्वस्थापित मेल में सृष्ट करना असंगत कहा जायगा क्योंकि किसी भी सृष्ट इकाई को नित्य एवं शाश्वत नहीं माना जा सकता है। पर यदि मोनड नित्य हों तो उनके बीच मेल कैसे स्थापित किया जा सकता है? अतः, मोनडवाद और ईश्वरवाद में पारस्परिक विरोध है।

फिर यह पूर्वस्थापित-छन्द कल्पना मात्र है क्योंकि दार्शनिक भी अपने मोनड के कमरे में बैठ कर इस मेल पर साक्षात् अनुभव नहीं कर सकता है। इस मेल का निर्णय तभी हो सकता है जब कोई द्रष्टा अपने मोनड-कक्ष से बाहर निकल कर इसका सत्यापन कर पाये जो मोनडवाद के सिद्धान्त के विरुद्ध होगा।

वास्तव में देखा जाय तो लाइबनित्स गणितज्ञ थे और गणितीय रचना के समान ही आपने अपने मोनडवाद की रचना की है। अपरिमित कलन के समान अपने दर्शन में तारतम्य के नियम को लागू करके अपने पूर्वस्थापित-मेल-सिद्धान्त की रचना की है। पर गणित परिभाषित शब्दों का खेल है जिसका सन्दर्भ वास्तविक जगत् नहीं होता। इस रूप में लाइबनित्स मोनडवाद के आधार पर जगत् की व्याख्या नहीं हो सकती है।

प्रश्न 2. क्या लाइबनित्स का दर्शन समन्वयवादी है?

लाइबनित्स ने अनेक भेदों के बीच समन्वय करने का प्रयास किया है।

1. डेमोक्रिटस जड़ अणुओं को और प्लेटो प्रत्ययों (ideas) को नित्य समझते थे। पर लाइबनित्स ने मोनडो को इकाई माना है जो अणुओं के समान अनेक हैं, पर प्रत्ययों के समान चेतनबिन्दु हैं। इसलिए मोनडों को चिद्बिन्दु मान लेने से प्लेटो और डेमोक्रिटस, दोनों के बीच समन्वय हो जाता है।

2. देकार्त ने द्वैतवाद और स्पिनोजा ने एकत्ववाद को अपनाया। इसके विपरीत लाइबनित्स ने मोनडों के अनेकत्ववाद को अपनाया है, परन्तु इनके बीच एकत्व लाने के लिए पूर्वस्थापित छन्द के सिद्धान्त को प्रस्तुत किया है। इस प्रकार एकत्ववाद और द्वैतवाद दोनों को मिलाने का प्रयास किया है।

3. जड़ चेतन का भेद दकार्त के दर्शन में उग्ररूप में देखा जाता है। इसे एक ही सूत्र में बाँधने के लिए चिद्बिन्दु के सिद्धान्त को उपस्थापित किया गया है। लाइबनित्स के अनुसार वास्तव में कोई भी वस्तु जड़ नहीं है, परन्तु जिन चिद्बिन्दुओं में ईक्षण और प्रयासन अस्पष्ट रहता है उन्हें जड़ समझा जाता है। फिर भौतिक पदार्थों की यान्त्रिक क्रिया में भी लक्ष्य रहता है जिसे आसानी से नहीं जाना जाता है। अपितु, मोनडों में आपसी ऐसा मेल होता है कि जैसे ही आत्मा, अर्थात् शरीर के रानी मोनड में इच्छा का प्रादुर्भाव होता है, वैसे ही तदनुरूप शरीर-मोनडों में भी व्यवहार होने लगता है। चूँकि मोनडों के सोपानक्रमिक तंत्र में उच्चतर मोनडों में चेतन और उद्देश्य स्पष्ट दिखता है, इसलिए समझा जाता है कि इच्छा ही के कारण शारीरिक प्रतिक्रियाएँ हुआ करती हैं। फिर चूँकि चिद्बिन्दु में चेतना है जो निर्धारित लक्ष्यों से ही अनुप्रेरित होती हैं। इसलिए स्वीकारना चाहिए कि यान्त्रिक-प्रक्रियाएँ उद्देश्यमूलक गतियों के अधीन ही रहती हैं।

अतः लाइबनित्स ने जड़-चेतन, यन्त्रवाद और उद्देश्यमूलकता, दोनों के बीच खाई को पाटने का प्रयास किया है।

लाइबनित्स की ज्ञान-मीमांसा

4. इसी प्रकार लाइबनित्स ने संवेदन (sense) और बुद्धि (reason) के भेद को समन्वित

करने का प्रयास किया है। सभी प्रक्रियायें प्रारम्भ में अस्पष्ट रहती हैं और धीरे-धीरे विकास-क्रम में अन्त में स्पष्ट हो जाती हैं। अतः, सभी प्रकार के ज्ञान प्रारम्भ में संवेदन से शुरू होते हैं और अन्त में बुद्धि के स्तर पर परिस्पष्ट हो जाते हैं। अतः, Knowledge begins with sense and ends in reason। अनुभववादी संवेदन पर आधारित ज्ञान को आपातिक (contingent) में ही सीमित कर देते हैं और बुद्धिवादी संवेदन की अवहेलना कर परिस्पष्ट प्रत्ययों से रचित ज्ञान को अनिवार्य समझते हैं। दोनों ही मत आंशिक हैं, क्योंकि अनुभववाद ज्ञान की उत्पत्ति की प्रारम्भिक अवस्था पर बल देता है। और बुद्धिवाद ज्ञान की उत्पत्ति की अन्तिम अवस्था पर ही बल देता है। वास्तव में ज्ञान-प्राप्ति के ये दोनों अवियोज्य अंग हैं।

फिर अनुभववादी संवेदन को बाह्य और बुद्धिवादी ज्ञान में रचे गये प्रत्ययों को जन्मजात बताते हैं। वास्तव में सभी प्रत्यय और संवेदन आत्मजात शक्तियों पर ही निर्भर करते हैं। यह ठीक है कि बिना संवेदन के यथार्थ तथ्यों का ज्ञान नहीं होता, पर क्या संवेदन-शक्ति किसी संवेदन से प्राप्त की जाती है? यहाँ लाइबनित्स की उक्ति है : There is nothing in the intellect which was not previously given in the senses, except the sense itself.

चूँकि लाइबनित्स सभी प्रत्ययों को आत्मजात समझते थे, इसलिए वे बुद्धिवादी कहे जायेंगे। परन्तु उनका बुद्धिवाद ऐसा था जिसमें देकार्त के कुछ और लॉक के अनुसार कोई प्रत्यय आत्मजात नहीं, इनके भेदों को मिलाने का प्रयास किया गया है।

प्रश्न 3. लाइबनित्स के ईश्वर-प्रत्यय की व्याख्या करें।

लाइबनित्स अपने ईश्वर-विचार के सन्दर्भ में प्लेटो और स्पिनोजा, दोनों से ही प्रभावित थे। प्लेटो के प्रत्यय-तंत्र में शुभ प्रत्यय (Idea of the good) शिखर-प्रत्यय माना गया है, जिस ओर सभी प्रत्यय आकृष्ट होते रहते हैं। फिर स्पिनोजा के अनुसार एक ही परम सत् ईश्वर है और उसकी तुलना में सभी जीव और वस्तुएँ नश्वर और क्षणभंगुर हैं और इसलिए असत् हैं।

अब लाइबनित्स के दर्शन में ईश्वर-विचार दो प्रकार का पाया जाता है। यदि ईश्वर को मोनडों और उनके बीच के पूर्व-स्थापित मेल का रचयिता कहा जाय तो लाइबनित्स के मोनडवाद और ईश्वरवाद, दोनों में सीधा टकराव हो जाता है। यदि ईश्वर को मोनडों का रचयिता माना जाय तो मोनडों को नित्य और शाश्चत इकाई नहीं कहा जा सकता है, क्योंकि कोई भी सृष्टसत्ता नित्य नहीं कही जा सकती है। अतः, ईश्वरवाद स्वीकारा जाय तो मोनडवाद को छोड़ना पड़ता है। पर यदि मोनडवाद को स्वीकारा जाय तब?

ऐसी स्थिति में मोनड के सोपान-क्रम में ईश्वर को ही उच्चतम शिखर मोनड कहा जायगा। इस रूप में अन्य सभी मोनड इसी ईश्वर-मोनड के क्षीण-प्रतिबिम्ब मात्र हो जायँगे और केवल एक ईश्वर की सत्ता को ही पूर्ण एवं वास्तविक समझा जायगा। अतः, सभी जीव और वस्तुओं के आधार पर ईश्वर ही सत्य होगा और नानात्व ईश्वर की परिछाया रह जायगा। इसलिए यहाँ स्पिनोजावाद का शून्यवाद चला आता है।

लाइबनित्स के दर्शन में ईश्वर-विचार में कठिनाइयाँ अवश्य चली आती हैं, पर लाइबनित्स अवश्य ही ईश्वरवादी थे। यदि ईश्वर को सृष्टिकर्ता के रूप में स्वीकारा जाय तो प्रश्न होगा कि सर्वसामर्थी और शुभसंकल्पी ईश्वर ने संसार में अशुभ (evil) की क्यों सृष्टि की। लाइबनित्स के अनुसार सर्वशक्तिमान और शुभ चाहने वाले ईश्वर ने सब कुछ सोच-विचार कर सृष्टि की है और इस रूप में अशुभ को पूर्ण अशुभ न मानकर शुभ ही समझना चाहिए।

(क) Evil is foil to the good. अशुभ की तुलना में ही शुभ का उभार होता है।

(ख) अशुभ के रहने पर मानवों की शक्तियों का विकास होता है। यदि अकाल, बाढ़, सूखा न हो तो मानव उर्वरक, पटसन इत्यादि का ज्ञान कैसे और क्यों प्राप्त करते।

(ग) फिर शारीरिक इत्यादि कष्ट तो सीमित जीव के लिए अनिवार्य ही है। रही बात नैतिक अशुभ की। यह नैतिक अशुभ मानव के इच्छा-स्वातंत्र्य के दुरुपयोग से उत्पन्न होता है। पर बिना इच्छा-स्वातन्त्र्य के मानव पूर्ण नहीं हो सकता है, लेकिन जहाँ इच्छा-स्वातंत्र्य होगा वहाँ

उसके दुरुपयोग की सम्भावना को दूर नहीं किया जा सकता है। इसलिए God does not will, but allows moral evil.

आलोचना—अशुभ को good in disguise मान लेने पर भी अशुभ की तीव्रता कम नहीं होती है : अशुभ अन्त में अशुभ रह ही जाता है।

प्रश्न 4. देकार्त, स्पिनोजा और लाइबनित्स के अनुसार मन और शरीर के बीच के सम्बन्ध की व्याख्या करें और बतायें कि इनमें से किसकी व्याख्या अधिक सन्तोषप्रद है?

शरीर जड़ है क्योंकि लाइबनित्स के अनुसार सभी वस्तुएँ चिद्‌बिन्दु से रची गयी हैं। फिर शरीर में एक नहीं, वरन् असंख्य मोनड है जिनमें भी सोपानक्रमिक व्यवस्था पाई जाती है। शरीर का वह मोनड जिसमें सबसे अधिक स्पष्ट ईक्षण (perception) पाया जाता है, उसे रानी मोनड अथवा मन (आत्मा, soul) की संज्ञा दी जाती है। चूँकि सभी मोनड अन्य सभी मोनड की प्रक्रिया को प्रतिबिम्बित करते हैं, इसलिए मन में भी शारीरिक प्रक्रियाएँ स्पष्ट रूप से प्रतिबिम्बित होती हैं। अतः शारीरिक प्रक्रियाएँ भूख-प्यास इत्याद के रूप में मन में परिलक्षित होती हैं, अर्थात् मानव समझता है कि वह भूखा या प्यासा है। फिर शरीर भी समस्त संसार की प्रक्रियाओं को प्रतिबिम्बित करता है जिन्हें भी मन स्पष्टता प्रतिबिम्बित करता है। अतः मन अन्य सभी मोनडों के समान विश्व की घटनाओं को शारीरिक प्रतिबिम्ब के द्वारा और फिर अपनी शारीरिक प्रक्रियाओं को भी मन स्पष्टता प्रतिबिम्बित करता है। इस प्रकार मन अपने मन-मुकुर में सभी प्रक्रियाओं को जान लेता है, पर मन और शरीर तथा संसार-शरीर के बीच कहीं भी साक्षात् अन्योन्यक्रिया नहीं पाई जाती है। सभी मोनड और उनकी प्रक्रियाएँ भी समानान्तर रहती है।

मोनडों के समानान्तर प्रक्रियाओं में सोपानक्रम हैं जिसके अनुसार शरीर की प्रक्रियाएँ मन की प्रक्रियाओं के अधीन रहती हैं। अतः, आभासित होता है कि शरीर का प्रभाव मन पर, और मन का प्रभाव शरीर पर पड़ता है। लाइबनित्स के अनुसार वास्तव में मन और शरीर की प्रक्रियाएँ समानान्तर होती हैं और एक का प्रभाव दूसरे पर साक्षात् रूप से नहीं रहता है।

लाइबनित्स द्वारा मन और शरीर के सम्बन्ध को देकार्त और स्पिनोजा के सिद्धान्तों के अनुसार आँका जा सकता है। देकार्त मन और शरीर के आपसी सम्बन्ध को अन्योन्यक्रियावाद के अनुसार स्पष्ट करते हैं जो उनके ही दर्शन के अनुसार असंगत प्रतीत होता है। देकार्त के अनुसार मन और शरीर एक-दूसरे से स्वतंत्र सत्तायें हैं तो उनके बीच अन्योन्यक्रिया कैसे सम्भव हो सकती है? इसलिए स्पिनोजा देकार्त के मत को संगत बनाने के लिए मन और शरीर के बीच समानान्तरवाद को स्वीकारते हैं। के अनुसार सभी मोनडों के बीच समानान्तर प्रक्रियाएँ पूर्व-स्थापित छन्द के अनुरूप संचालित होती रहती हैं। इसलिए मन और शरीर के बीच समानान्तरवाद को स्वीकारते हैं। लाइबनित्स के अनुसार सभी मोनडों के बीच समानान्तर प्रक्रियाएँ पूर्व-स्थापित छन्द के अनुरूप संचालित होती रहती हैं। इसलिए मन और शरीर के बीच समानान्तर सम्बन्ध है। इन विभिन्न सिद्धान्तों को स्पष्ट करने के लिए दो घड़ियों की चाल की उपमा ली गयी है जो घड़ियाँ बराबर एक समान समय बताती हैं।

देकार्त को अन्योन्यक्रियावाद का सिद्धान्त ठीक नहीं प्रतीत हुआ और इस वाद को असाक्षात् रूप से पिनियल ग्रन्थि के द्वारा शरीर और मन के बीच सम्बन्ध स्थापित करने का प्रयास किया है। बाद में चलकर देकार्तीय अनुयायियों ने देकार्त के मत को संयोगवाद (occasionalism) में परिणत कर दिया है। संयोगवाद के अनुसार ईश्वर दो घड़ियों को एक ही समय बताने के लिए प्रन्येक अवसर पर उन्हें संचालित करता रहता है। जैसे एक घड़ी में 1 बजा है, वैसे ही ईश्वर दूसरी घड़ी में 1 बजा देता है। अर्थात् मन और शरीर रूपी दो घड़ियों के बीच ईश्वर प्रत्येक अवसर पर हस्तक्षेप करता रहता है।

लाइबनित्स का कहना है कि ईश्वर अति उत्तम यंत्रकार है। उसने मन-शरीर रूपी दो घड़ियों को एक ही बार पूर्व-स्थापित छन्द के द्वारा ऐसा रचा है कि इनके बीच बराबर ताल-मेल बना रहता है। अतः, संयोगवादियों के निरन्तर हस्तक्षेप के स्थान पर, लाइबनित्स के अनुसार, ईश्वर का हस्तक्षेप एक ही बार माना गया है जो ईश्वर की पूर्णता के अनुरूप माना जायगा।

स्पिनोजा के अनुसार मन और शरीर एक ही घड़ी के दो डायल हैं। इसलिए दोनों में एक ही समय का होना संगत प्रतीत होता है। इस सिद्धान्त के अनुसार वास्तव में एक ही पूर्ण सत्ता है और मन और शरीर द्रव्य हैं ही नहीं जिनके बीच सम्बन्ध स्थापित करने की आवश्यकता पड़े।

मन और शरीर का सम्बन्ध जटिल समस्या है। आधुनिक विचारधारा के अनुसार शारीरिक प्रक्रियाओं के अतिरिक्त मन की स्वतंत्र सत्ता को स्वीकार नहीं किया जा सकता है। इस रूप में मन और शरीर के बीच सम्बन्ध स्थापित करने का प्रश्न ही नहीं उठता है। शारीरिक या मानसिक प्रक्रियाओं के तंत्र को ही 'मन' संज्ञा दी जाती है। पर 'मन' को स्वतंत्र मानने को Ghost in the machine के बराबर काल्पनिक सिद्धान्त कहा जाता है। यंत्र अपने आप चलता है, न कि कोई भूत इसे चलाता है।

जॉन लॉक (1632-1704)

जॉन लॉक के अनुभववादी दर्शन का सारांश

जॉन लॉक मन को कोरे कागज या साफ स्लेट के समान मानते थे। इनके अनुसार कोई भी प्रत्यय (idea) जन्मजात नहीं है। जो भी ज्ञान है वह सब अनुभव द्वारा ही प्राप्त होता है।

बाह्य वस्तुओं का ज्ञान इन्द्रियानुभव से प्राप्त होता है और मन का ज्ञान आत्मचिंतन (reflection) से प्राप्त होता है। पहले सरल-प्रत्यय प्राप्त होते हैं जिनकी प्राप्ति में मन निर्वक्रय रहता है। पर सरल प्रत्ययों के प्राप्त कर लेने पर मन सक्रिय होकर उन सरल प्रत्ययों को जोड़कर जटिल प्रत्ययों की रचना करता है।

हम जटिल प्रत्ययों को प्रकार (mode), द्रव्य (substance) तथा सम्बन्ध (relation) में विभाजित कर सकते हैं। प्रकार वे यौगिक (compound) प्रत्यय हैं जिन्हें सरल प्रत्ययों से जोड़ कर रचा जाता है, पर इन यौगिक प्रत्ययों की अपनी स्वतंत्र सत्ता नहीं पाई जाती है। प्रकार की अपेक्षा द्रव्य और सम्बन्ध के जटिल प्रत्यय अधिक महत्त्वपूर्ण हैं।

द्रव्य वह जटिल प्रत्यय है जो सरल प्रत्ययों का आलम्बन या आश्रय होता है। पर लॉक का कहना है कि किस प्रकार द्रव्य सरल प्रत्ययों का सहारा होता है यह अज्ञात प्रतीत होता है। फिर लॉक का कहना है कि सभी सरल प्रत्यय परिवर्तनशील होते हैं और कारण-कार्य के सम्बन्ध में लाकर ज्ञान प्राप्त किया जाता है। पर लॉक के अनुसार कारण में कौन ऐसी उत्पादक शक्ति है जिसके द्वारा कार्य उत्पन्न होता है, कहना कठिन है। अतः, लॉक के द्रव्य और सम्बन्ध-विचार में संदेहवाद का बीज विद्यमान पाया जाता है।

लॉक ने द्रव्य के अन्तर्गत भौतिक पदार्थ, मन और ईश्वर को स्वीकारा है। भौतिक पदार्थ और मन के सन्दर्भ में द्रव्य-सम्बन्धी सन्देह किया जा सकता है, पर लॉक ईश्वर का प्रदर्शनात्मक ज्ञान स्वीकारते हैं। अतः, द्रव्य-सम्बन्धी सन्देह में भी संगति नहीं मालूम देती है, क्योंकि ईश्वर के द्रव्य के विषय में आप सही ज्ञान को स्वीकारते हैं।

लॉक की मुख्य देन ज्ञान-मीमांसा के सन्दर्भ में है। लॉक ने ज्ञान की परिभाषा दी है कि प्रत्ययों के बीच संगति तथा असंगति के देखने से ही ज्ञान का उदय होता है। ज्ञान के स्वरूप के सन्दर्भ में लॉक ने तीन दृष्टियाँ अपनाई हैं, अर्थात् ज्ञान की निश्चितता (certainty), ज्ञान की वास्तविकता (reality) और ज्ञान की नवीनता (novelty)।

ज्ञान की निश्चितता की दृष्टि से सहज (intuitive) ज्ञान सबसे अधिक असंदिग्ध कहा जाता है। यहाँ दो या दो से अधिक प्रत्ययों में बिना किसी अन्य प्रत्ययों की मदद से साक्षात संगति या असंगति देखने से ज्ञान प्राप्त होता है, उदाहरण—सफेद काला नहीं है। इसके बाद गणित का प्रदर्शनात्मक (demonstrative) ज्ञान आता है जहाँ दो प्रत्ययों के बीच संगति-असंगति तीसरे प्रत्यय के आधार पर प्राप्त होती है। इन दोनों के अतिरिक्त इन्द्रियज्ञान होता है जिसमें न तो अनिवार्यता और न असंदिग्धता प्राप्त होती है।

ज्ञान की वास्तविकता, अर्थात् जहाँ प्रत्यय और वस्तु का मेल हो जाय। परन्तु लॉक ने ज्ञान को

प्रत्ययों में ही सीमित रखा है। अतः, लॉक को ज्ञान की वास्तविकता सिद्ध करने में कठिनाई आ जाती है।

शिक्षा की नवीनता की दृष्टि से लॉक ने ज्ञान को तुच्छ और शिक्षाप्रद कहा है। तुच्छ ज्ञान तादात्म्यात्मक प्रकथनों (tautologous) या विश्लेषात्मक प्रकथनों में देखा जाता है। शिक्षाप्रद वे प्रकथन हैं जिसमें विधेय-गुण उद्देश्य में निहित नहीं रहता है। लॉक ने यहाँ पर काण्ट के पूर्वाभास में प्रकथनों को विश्लेषात्मक और संश्लेषात्मक प्रकथनों में बाँटने का प्रयास किया है।

प्रश्नमाला (उत्तर की रूप-रेखा मात्र)

प्रश्न 1. क्या लॉक जन्मजात प्रत्ययों के खण्डन करने में समर्थ हुए हैं?

जन्मजात प्रत्ययों के खण्डन करने में लॉक ने दो अवधारणाओं (assumptions) को मान्यता दी है, अर्थात् मन सफेद कागज के समान निष्क्रिय होता है और फिर जन्मजात प्रत्यय वे हैं जो सभी व्यक्तियों में जन्म के साथ विद्यमान रहते हैं। फिर आप मन को केवल चेतन मानते थे और अचेतन को नहीं मानते थे।

1. यदि जन्मजात प्रत्यय वह है जिन्हें सर्वव्यापक कहा जाय तो इस प्रकार की कहीं कोई भावना नहीं देखी जाती है।

2. यदि जन्मजात भावनायें वे हों जो जन्म से बच्चे-बूढ़े, सभी में पाई जायँ, तो ऐसी कोई भावनायें नहीं हैं।

3. फिर यदि यह कहा जाय कि जन्मजात भावनायें सभी मानव के मन में रहती हैं, पर वे उनसे अवगत नहीं रहते हैं तो यह आत्मविरोधी बात है कि प्रत्यय मन में हो और व्यक्ति उनसे अवगत न हो।

4. अन्य भावनाओं की कौन कहे, यहाँ तक कि आचार-नियम भी सर्वव्यापक नहीं पाये जाते हैं, क्योंकि कितने लोग चोरी करने को भी बुरा नहीं कहते हैं।

5. ईश्वर-प्रत्यय भी सर्वव्यापक नहीं कहे जा सकते हैं क्योंकि जैन और बौद्ध ईश्वर के अस्तित्व को नहीं स्वीकारते हैं।

अतः जिन प्रत्ययों को जन्मजात समझा जाता है वे सर्वव्यापक नहीं पाये जाते हैं और जो भावनायें सर्वव्यापक पाई जाती हैं, उन्हें जन्मजात नहीं समझा जाता है जैसे—सूर्य, ताप, इत्यादि की भावनायें। परन्तु यदि कहा जाय कि प्रारम्भ में जन्मजात प्रत्यय अस्फुट रहते हैं और धीरे-धीरे कालान्तर में स्पष्ट हो जाते हैं तो यह बात सभी प्रत्ययों में लागू होती है। अतः, या तो सभी प्रत्यय जन्मजात होते हैं या कोई भी नहीं।

आलोचना—मन को कोरे कागज के समान निष्क्रिय नहीं माना जा सकता है। स्वयं लॉक ने ज्ञान-प्राप्ति के लिए मन को सक्रिय माना है क्योंकि मन को प्रत्ययों के बीच संगति-असंगति देखनी पड़ती है।

द्वितीय, मन केवल चेतन नहीं, वरन अर्द्धचेतन और अचेतन भी है। मन में अनेक प्रत्यय अचेतन रहते हैं।

तृतीय, देकार्त ने प्रत्ययों को जन्मजात इसलिए नहीं कहा कि वे सर्वव्यापक हैं या सभी में पाये जाते हैं। बल्कि इसलिए कि मानव यदि जन्मजात विचारों पर ध्यान दे तो वे उनसे अवगत हो जाते हैं।

अतः लॉक द्वारा जन्मजात प्रत्ययों का खण्डन सही नहीं कहा जायगा।

प्रश्न 2. लॉक के प्रत्यय-सिद्धान्त की व्याख्या कीजिए।

ज्ञान की इकाई सरल प्रत्यय होते हैं और ये या तो संवेदन या आत्मचिन्तन (reflection) से प्राप्त होते हैं। संवेदन से बाह्य वस्तुओं का प्रत्यय और आत्म-चिन्तन से भय, क्रोध इत्यादि मन की अवस्थाओं का प्रत्यय प्राप्त होता है।

संवेदन से बाह्य वस्तुओं का असाक्षात ज्ञान प्राप्त होता है। पर आत्मचिन्तन से मानसिक

अवस्थाओं का साक्षात् ज्ञान प्राप्त होता है। द्वितीय, आत्मचिन्तन द्वारा मन-सम्बन्धी सरल प्रत्यय, संवेदन द्वारा सरल प्रत्ययों की प्राप्ति में, अपेक्षाकृत अधिक ध्यान-शक्ति की आवश्यकता हो जाती है। अर्थात् आत्मचिन्तन में अधिक और संवेदन में कम ध्यान देना पड़ता है।

सरल प्रत्यय, जैसे—लाल-पीला, गरम-ठंडा साक्षात् रूप से प्राप्त होता है। फिर सरल प्रत्यय के सन्दर्भ में मन निष्क्रिय रहता है और जटिल प्रत्ययों की प्राप्ति में सक्रिय हो जाता है।

जटिल प्रत्यय—सरल प्रत्ययों को प्राप्त कर लेने के बाद, इन्हें मन विभिन्न रीति से मिलान कर, इनके बीच भेद कर तथा जोड़कर इनसे जटिल प्रत्यय रच सकता है। अतः जटिल प्रत्ययों की रचना में मन सक्रिय हो जाता है।

जटिल प्रत्ययों को प्रकार (modes), द्रव्य (substance) और सम्बन्ध (relation) में विभाजित किया जा सकता है। द्रव्य के सम्बन्ध में लॉक की उक्ति है कि यह सरल प्रत्ययों का आश्रय अथवा आलम्बन (support) रहता है, जैसे—रंग, घ्राण, स्वाद इत्यादि के आलम्बन को नारंगी कहा जा सकता है। पर द्रव्य किस प्रकार सरल प्रत्ययों को सहारा देता है यह नहीं जाना जाता है। इसी प्रकार सम्बन्ध के अन्तर्गत कारण-कार्य का जटिल प्रत्यय आता है। लॉक के अनुसार एक प्रत्यय दूसरे प्रत्यय का कारण होता है, पर कारण उसमें निहित किस शक्ति के द्वारा कार्य उत्पन्न करता है, यह नहीं जाना जाता है।

आलोचना—1. जन्मजात प्रत्ययों के खण्डन करने में लॉक ने मन को निष्क्रिय कहा था, पर आप जटिल प्रत्ययों की रचना में मन को सक्रिय मानकर आत्मविरोधी हो गये हैं।

2. द्रव्य और कारण-कार्य, दोनों जटिल प्रत्ययों के सम्बन्ध में बताया है कि वे न तो द्रव्य द्वारा आलम्बन को और न कारण-कार्य के बीच उत्पादक-शक्ति को अनुभव द्वारा जानते हैं। ऐसी स्थिति में अनुभव से परे और स्वतंत्र द्रव्य और कारण-कार्य के जटिल प्रत्यय को स्वीकार कर आप असंगत अनुभववादी हो गये हैं।

प्रश्न 3. लॉक के ज्ञान-मीमांसा की व्याख्या कीजिए।

लॉक ने ज्ञान की परिभाषा की है कि प्रत्ययों के बीच संगति (agreement), असंगति (disagreement) या विरोध के सम्बन्ध से अवगत रहने को 'ज्ञान' की संज्ञा दी जा सकती है।

यदि ज्ञान केवल प्रत्ययों के बीच ही सीमित रखा जाय तो वस्तुओं का यथार्थ ज्ञान कैसे प्राप्त किया जाय। इसमें सन्देह नहीं है कि लॉक वास्तववादी (realist) थे, तब वस्तु ज्ञान कैसे प्राप्त किया जाय? इनके अनुसार प्रत्यय वस्तुओं का प्रतिनिधित्व करते हैं और इसलिए प्रत्यय-ज्ञान को वस्तु-ज्ञान कहा जा सकता है। फिर उन्होंने बताया है कि वास्तविक वस्तु-प्रत्यय में ऐसी तीव्रता एवं तेज रहता है कि इसे काल्पनिक प्रत्यय-रचना से भिन्न समझा जा सकता है। फिर वास्तविक वस्तु-प्रत्यय में बाध्यता होती है जिससे हमें स्वीकारना पड़ता है कि अभी दिन है या रात, सर्दी है कि गर्मी। फिर इन्द्रिय-ज्ञान से मनगढ़न्त नहीं, वरन् निष्क्रिय रहने पर इन्द्रियों द्वारा वास्तविक ज्ञान प्राप्त किया जाता है।

फिर ज्ञान को उन्होंने सम्बन्धात्मक (relational) माना है क्योंकि प्रत्ययों के बीच संगति-असंगति एवं विरोधिता के आधार पर ज्ञान प्राप्त किया जाता है। अतः, ज्ञान-रचना मन की सक्रियता पर निर्भर करती है। यहाँ भी लॉक असंगत हो जाते हैं। जन्मजात प्रत्ययों के खण्डन में आपने मन को निष्क्रिय कहा है, पर ज्ञान-रचना में मन को सक्रिय समझकर आप असंगत बन गये हैं।

निश्चितता की दृष्टि से लॉक ने ज्ञान को सहज ज्ञान (intuitive), निदर्शनात्मक-ज्ञान (demonstrative) और इन्द्रिय-ज्ञान (sensitive knowledge) में विभाजित किया है। सहज ज्ञान में दो प्रत्ययों के बीच, बिना किसी अन्य प्रत्ययों की मदद से, संगति-असंगति साक्षात् रीति से जानी जाती है, जैसे—लाल, सफेद नहीं है। प्रदर्शनात्मक ज्ञान वह है जिसमें दो प्रत्ययों के बीच संगति-असंगति अन्य प्रत्ययों के माध्यम से जानी जाती है, उदाहरण क = ख, ख = ग... क = ग यहाँ 'ख' के माध्यम से क-ग के बीच बराबरी का सम्बन्ध स्थापित किया जाता है।

सहज और प्रदर्शनात्मक ज्ञान, दोनों ही में असंदिग्धता एवं निश्चितता प्राप्त की जाती है, पर

इन्द्रिय-ज्ञान में निश्चितता नहीं पाई जाती है। तो भी लॉक ने इन्द्रिय-ज्ञान को भी 'ज्ञान' कहा है क्योंकि इसके द्वारा वस्तु-विशेषों की जानकारी की जाती है।

यहाँ भी लॉक असंगत हो जाते हैं क्योंकि आप अनुभववादी हैं। पर जो अनुभवजन्य ज्ञान होता है। उसे किसी प्रकार का 'ज्ञान' संज्ञा देते हैं क्योंकि इन्द्रिय-ज्ञान में असंदिग्धता नहीं पाई जाती है। इसके विपरीत आप गणितीय ज्ञान को सच्चा ज्ञान समझते हैं जिसमें वास्तविक तथ्यों की जानकारी नहीं होती है।

जार्ज बर्कले (1685-1753)

जार्ज बर्कले के दर्शन का सारांश

बर्कले ने लॉक की ज्ञान-मीमांसा को अपनाकर उसे यथासम्भव संगत बनाया है।

बर्कले के अनुसार मानव की समस्त अनुभूतियाँ या तो प्रत्यय (idea) हैं या उनका क्षीण बिम्ब (image) है। परन्तु प्रत्यय मन पर निर्भर करते हैं। अतः, सभी वस्तुएँ जो हमारी अनुभूति में पाई जाती हैं, वे सभी मानसिक अथवा मनाश्रित हैं। पर क्या प्रत्यय प्राप्तकर्ता भी प्रत्यय ही है? नहीं। प्रत्यय निष्क्रिय हैं और वह सत्ता जो इन प्रत्ययों को प्राप्त करती और इनके द्वारा अन्य जटिल प्रत्ययों की रचना करती है वह सक्रिय आत्मा है। अतः, आत्मा और उनके प्रत्यय एकमात्र सत्तायें हैं। ये सब आध्यात्मिक हैं। इसलिए अध्यात्मवाद ही सत्य दर्शन है। तब जड़-पदार्थ का क्या स्वरूप है?

जिसे जड़ (matter) कहा जाता है, वास्तव में उसका कोई अस्तित्व नहीं है और इसका निम्नलिखित खण्डन किया जा सकता है—

1. जड़ अमूर्त्त विचार है। पर अमूर्त्तबोधन असत्य होता है। अतः, जड़-पदार्थ भी असत्य है।

2. फिर जड़ की सत्ता प्राथमिक और अप्राथमिक गुणों के भेद पर आधारित है। पर प्राथमिक गुण, जैसे—विस्तार उसी प्रकार सम्भव नहीं होते जैसे अप्राथमिक गुण। प्राथमिक और अप्राथमिक गुण, दोनों सापेक्ष, अवियोज्य और मनाश्रित प्रत्यय हैं। पर प्रत्यय मानसिक होता है। अतः सभी गुण अन्त में मानसिक और मनाश्रित होते हैं।

3. अपितु, जड़-पदार्थ न तो प्रत्यक्ष द्वारा, न अनुमान द्वारा प्राप्त किये जा सकते हैं। अतः, जड़ की अपनी कोई स्वतंत्र सत्ता नहीं है।

4. जड़ के स्वीकारने पर न तो नैतिक और न धार्मिक लाभ हो सकता है, क्योंकि जड़ के मान लेने पर मानव भौतिक प्रलोभनों में पड़ जाता है।

अतः, जड़ की स्वतंत्र सत्ता नहीं स्वीकार की जा सकती है।

तब क्या प्रत्ययों को छोड़कर अन्य कुछ नहीं है?

हाँ, प्रत्ययों को छोड़कर आत्मा की सत्ता है, क्योंकि प्रत्यय निष्क्रिय हैं और इनके अतिरिक्त मन भी है जो सक्रिय होकर सभी प्रत्ययों में मिलान कर, उनके अन्तर एवं विरोध को जानकर उन्हें विभिन्न रचनाओं में रचता है।

आत्मायें तीन प्रकार की हैं। एक मेरी अपनी सत्ता, फिर मेरे समान अन्य व्यक्तियों की सीमित आत्मायें और अन्त में अपरिमित ईश्वर। हम सब सीमित आत्मायें सभी प्रत्ययों का उत्पादन नहीं कर सकती हैं। अतः, वास्तव में अपरिमित ईश्वर ही एकमात्र इस सम्पूर्ण जगत का कारण और उसका सृष्टिकर्ता है।

यदि अन्त में आत्मा और उसके प्रत्यय ही अन्तिम सत् हों तो जड़ वस्तुयें प्रत्ययों के समान परिवर्तशील हो जायँगी। इनकी बाह्यता (Eternality) और स्थायित्व (permanence) कैसे स्पष्ट किया जा सकता है? चूँकि प्रत्ययों का आधार ईश्वर है जो मानवों से बाह्य और परे है, इसलिए वस्तुएँ भी बाह्य दिखाई देती हैं। फिर चूँकि वस्तु प्रत्यय का अन्तिम रचयिता ईश्वर है जो स्थायी है, इसलिए वस्तु प्रत्यय भी स्थायी दिखता है।

अतः, आत्मा और उसके प्रत्यय को छोड़कर कोई अन्य सत्ता नहीं है। इसलिए, अध्यात्मवाद एकमात्र सत्य दर्शन है।

प्रश्नमाला (उत्तर की रूप-रेखा मात्र)

प्रश्न 1. बर्कले ने किस प्रकार जड़-पदार्थ का खण्डन किया है?

बर्कले भौतिकवाद का खण्डन करना चाहते थे। बर्कले के अनुसार जड़ पदार्थ की धारणा तीन बातों पर निर्भर करती है—(1) अमूर्त्तबोधन, (2) प्राथमिक और अप्राथमिक गुणों के भेद पर और (3) प्रत्ययों के बाह्य कारण के आधार पर। अतः बर्कले ने इन तीनों पक्षों का आमूल खण्डन किया है।

अमूर्त्तबोधन वह प्रक्रिया है जिसमें हम वास्तविक वस्तुओं के अनेक गुणों की अवहेलना करके किसी एक गुण को उन सबसे पृथक् कर लेते हैं। जैसे—गुलाब के सुगन्ध, मुलायमपन इत्यादि की अवहेलना करके उसके गुलाबपन को अन्य गुणों से अलग कर लेते हैं। इसी प्रकार सभी वस्तुओं के सभी गुणों की अवहेलना करके उनके आधारभूत सत् अर्थात् जड़त्व (materiality) का अमूर्त्तबोधन करते हैं। पर क्या वह गुण जो अन्य सभी गुणों के साथ पाया जाता है, वह उन सब गुणों से पृथक् रहकर वास्तविक हो सकता है?

फिर लॉक के अनुसार त्रिभुजन वह अमूर्त्तबोधन है जो न समबाहु, न असमबाहु और द्विसमबाहु हो, पर वह यह सब हो और फिर इनके से कोई एक न हो। पर कौन ऐसा त्रिभुज है जो असम और द्विसमबाहु हो? अतः, त्रिभुजपन की कल्पना आत्मविरोधी है।

बात यह है कि बर्कले ने लॉक के संवेदनवाद को अपनाया था। संवेदन का सन्दर्भ विशिष्ट वस्तुओं में ही पाया जाता है और इसके द्वारा सामान्य प्रत्यय (general ideas) की व्याख्या नहीं हो सकती है। यह बर्कले की अपनी कमी थी।

फिर लॉक और देकार्त ने प्राथमिक गुण और अप्राथमिक गुण का भेद किया था। विस्तार, आकार, ठोसपन इत्यादि को प्राथमिक (primary) गुण समझा जाता है जो वास्तविक पदार्थों में पाये जाते हैं। इनकी तुलना में रंग, ताप, मिठास इत्यादि को सापेक्ष, प्राथमिक गुण और मन पर निर्भर समझकर इन्हें विषयीनिष्ठ गुण समझा जाता है। पर बर्कले का कहना है कि प्राथमिक और अप्राथमिक (secondary) गुण अवियोज्य रीति से पाये जाते हैं अब जो अवियोज्य है उसे एक-दूसरे से अलग कर कैसे प्राथमिक गुणों को स्वतंत्र और वस्तुनिष्ठ माना जाय? पुनः, विस्तार, ठोसपन भी सापेक्ष ही हैं क्योंकि जो बड़ों को नजदीक मालूम देता है वह बच्चों को बहुत दूर लगता है। अपितु, बर्कले ने बताया है कि विस्तार भी स्पर्श पर निर्भर करता है। अतः, प्राथमिक गुण भी उसी प्रकार सापेक्ष और विषयिनिष्ठ हैं जिस प्रकार अप्राथमिक गुण हैं। इसलिए सभी प्रकार के गुण विषयीनिष्ठ, मन-निर्भर और मानसिक समझे जा सकते है।

भौतिक पदार्थ का सामान्य खण्डन--यदि जड़ पदार्थ वास्तविक हो तो यह या तो प्रत्यक्ष होगा या अनुमान पर आधारित होगा या अन्य प्रकार से उपयोगी होगा।

जड़ पदार्थ से नहीं जाना जा सकता है, क्योंकि प्रत्यक्ष द्वारा काला-पीला, गरम-ठंडा चिकना-रुखड़ा इत्यादि जाना जा सकता है। पर जड़ द्रव्य, ये संवेदित प्रत्यय नहीं हैं, पर इन सब प्रत्ययों का आश्रय या आलम्बन है जिसे (जैसा लॉक ने माना है) प्रत्यक्ष द्वारा नहीं जाना जा सकता है।

जड़ पदार्थ अनुमान द्वारा भी नहीं स्थापित हो सकता है क्योंकि प्रत्यय मानसिक हैं और द्रव्य इनसे प्राकारिक रूप से भिन्न माने जाते हैं। ऐसी स्थिति में प्रत्ययों के आधार पर उनसे एकदम भिन्न जड़ पदार्थों का अस्तित्व अनुमान द्वारा स्थिर नहीं किया जा सकता है।

अन्त में, जड़ पदार्थ उपयोगी क्या होगा। इसके बदले भौतिक सुख के प्रलोभन में आकर मानव का नैतिक पतन होता है। धार्मिक दृष्टि से भी जड पदार्थ ईश्वर के अस्तित्व को ओझल कर उसे नास्तिक बना देता है।

अतः, जड़ पदार्थ की स्वतंत्र सत्ता को किसी भी युक्ति के आधार पर नहीं स्वीकारा जा सकता है।

प्रश्न 2. बर्कले के अध्यात्मवाद अथवा प्रत्ययवाद की व्याख्या करें। क्या बर्कले का प्रत्ययवाद आत्मनिष्ठ है या वस्तुनिष्ठ?

बर्कले आत्मा और उसके प्रत्यय को ही अन्तिम सत् समझते हैं। इसलिए इनके दर्शन को अध्यात्मवाद (spiritualism) अथवा प्रत्ययवाद (idealism) कहा जाता है। बर्कले के प्रत्ययवाद की आधारशिला है Ese est percipi, अर्थात् वस्तुओं का सार है उनका प्रत्यक्ष। चूंकि प्रत्यक्ष मानसिक हैं, इसलिए अन्ततः वस्तुयें भी मानसिक अथवा मनाश्रित सत्तायें हैं। तब क्या वास्तविक और काल्पनिक अनुभूति में कोई अन्तर नहीं है? अन्तर है।

वास्तविक प्रत्यक्षों में स्थायित्व, क्रमबद्धता तथा नियम-व्यवस्था पाई जाती है जो क्षणिक और क्षीण एवं व्यक्तिनिष्ठ प्रत्ययों में नहीं पाई जाती हैं।

यदि सभी कुछ प्रत्यय हो तो प्रत्यय आत्मनिष्ठ होते हैं और परिवर्तनशील। तब क्या सभी वस्तुयें बाह्यनिष्ठ न होकर आत्मनिष्ठ प्रतीत होंगी और क्षणिक। बर्कले का कहना है कि सभी वस्तुयें प्रत्यय अवश्य है, पर वे आत्मनिष्ठ नहीं। बर्कले का कहना है कि वे प्रत्ययों के अन्तरीकरण की जगह पर उनका बाह्यीकरण करना चाहते हैं।

1. सर्वप्रथम, वस्तुयें मन के गुण नहीं हैं। मन ज्ञाता और वस्तुयें मन से परे ज्ञेय हुआ करती हैं।

2. फिर प्रत्यक्षों में बाध्यता होती है जिससे विवश होकर मन को धूप, ताप, घ्राण इत्यादि का प्रत्यय होता है।

3. फिर प्रत्यय किसी एक व्यक्ति के मन में न होकर अन्य व्यक्तियों के मन में होते हैं जिसके कारण प्रत्यय किसी एक अमुक व्यक्ति से परे और बाह्य कहे जाते हैं।

4. पुनः जब कोई प्रत्यय किसी मानव के मन में न हो तो अन्त में सभी प्रत्यय ईश्वर के मन में रहते हैं। चूँकि ईश्वर सभी मनों से बाह्य रहता है, इसलिए प्रत्ययों को मानव मन से बाह्य समझा जायगा।

5. अपितु बर्कले के अनुसार प्रत्ययों का आदिरूप (archetypes) ईश्वर के मन में रहता है जो सभी मानव मनों से परे और स्वतंत्र मानना चाहिए। यहाँ बर्कले के प्रत्ययवाद में प्लेटो के प्रत्यय-सिद्धान्त की स्पष्ट झलक दिखाई देती है।

अतः, प्रत्ययों को मन से बाह्य और वस्तुनिष्ठ समझना चाहिए। फिर चूँकि अन्त में सभी प्रत्यय ईश्वर में रहते हैं और आदिरूप में, इसलिए प्रत्ययों के बीच स्थायित्व, क्रमबद्धता और व्यवस्था का रहना अनिवार्य है। चूँकि सभी प्रत्यय ईश्वर-द्वारा रचित होते हैं, इसलिए किसी भी प्रत्यय को कारण नहीं कहा जा सकता है। आग ताप का कारण नहीं है, पर चिन्ह मात्र है कि आग के पास पहुँचने पर ताप मिलेगा। कारणकार्य के प्रति ह्यूमी सन्देह का पूर्वाभास लॉक और बर्कले, दोनों के दर्शन में पाया जाता है।

आलोचना—बर्कले ने प्रत्यय का सही विश्लेषण नहीं किया है। लाल सम्वेदन नहीं है, पर 'लाल' का संवेदन होता है और बर्कले ने कहा भी है कि प्रत्यय मन का धर्म और तत्त्व नहीं, वरन् उसकी ज्ञेय वस्तु है। अतः Blue sensed is different from sensing blue. 'Sensing' अवश्य आत्मनिष्ठ है। पर Sensum नहीं।

फिर बर्कले ने ईश्वर की दुहाई देकर तथा ईश्वर के मन में आदिरूप (archetypes) की भावना मानकर प्रत्ययों की बाह्यता तथा स्थिरता की व्याख्या की है। पर क्या कोई ईश्वर के मन और उसके आदिरूप को जाना सकता है? यदि नहीं, जो उन्हें कहना चाहिए था कि अन्त में ईश्वरीय प्रत्यय मानव के प्रत्यय नहीं। अतः, बर्कले के प्रत्ययवाद में असंगति के साथ-साथ उनके अनुभववाद का भी खण्डन होता है, क्योंकि अनुभूत ईश्वरीय आदिरूप को भी आपने मान्यता दी है।

बर्कले के प्रत्ययवाद के सन्दर्भ में आत्मनिष्ठ का प्रश्न

बर्कले का प्रत्ययवाद आत्मनिष्ठ नहीं है। बर्कले ने कभी यह नहीं कहा कि सभी वस्तुएँ किसी एक द्रष्टा के प्रत्यय हैं। उन्होंने अहंमात्रवाद (solipsism) को कभी नहीं अपनाया। इसके विपरीत उन्होंने बराबर स्वीकार किया कि आत्मा प्रत्यय नहीं है, पर प्रत्ययों के द्वारा मन ज्ञान की रचना करता है। फिर अनेक सीमित आत्मायें हैं जो प्रत्ययों का उत्पादन करती हैं, और अन्त में परम आत्म ईश्वर है जो अन्तिम रूप में सभी प्रत्ययों का उत्पादक होता है। अतः, बर्कले के अनुसार वास्तव में प्रत्यय

वस्तुनिष्ठ होते हैं। इसलिए बर्कले के प्रत्ययवाद को वस्तुनिष्ठ (objective) कहा जायगा। तब बर्कले के प्रत्ययवाद को क्यों व्यक्तिनिष्ठ (Subjective) कहा जाता है?

सर्वप्रथम, बर्कले के प्रत्ययवाद का आधार है कि वस्तुओं का सारतत्त्व है उनका प्रत्यक्षीकरण (Esse est percipi)। प्रत्यक्षीकरण वह मानसिक प्रक्रिया है जिसमें विभिन्न व्यक्तियों में विभिन्नता देखी जाती है अतः प्रत्यक्ष पर बल देने पर बर्कले का प्रत्ययवाद विषयपरक (objective) नहीं रह पाता है।

द्वितीय, हेगेल के प्रत्ययवाद को वस्तुनिष्ठ कहा जाता है और इस वस्तुनिष्ठ प्रत्ययवाद के अनुसार सभी विश्व की प्रक्रियायें निरपेक्ष ईश्वर की विकासात्मक शक्ति के कारण वाद (thesis), प्रतिवाद (antithesis) और संवाद (synthesis) के द्वन्द्वात्मक विधि के अनुरूप संचालित होती रहती हैं। इस स्थिति में ईश्वर और विश्व में अवियोज्य और अनिवार्य सम्बन्ध पाया जाता है। बिना विश्व के ईश्वर नहीं, और बिना ईश्वर के विश्व भी नहीं। बर्कले, इसके एक ही पक्ष को मानते हैं, अर्थात् विश्व ईश्वर पर निर्भर करता है, पर आप यह नहीं मानते हैं कि ईश्वर भी विश्व पर निर्भर करता है। चूंकि बर्कले का प्रत्ययवाद हेगेल के वस्तुनिष्ठ प्रत्ययवाद से भिन्न है, इसलिए बर्कले के प्रत्ययवाद को आत्मनिष्ठ कहा जाता है।

फिर सिद्धान्ततः 'प्रत्यक्ष' विशिष्ट होता है और प्रत्यय विशिष्ट और सामान्य दोनों होता है। पर प्लेटो और हेगेल के दर्शन में भी प्रत्यय को सामान्य (universal) के लिए प्रयुक्त किया गया है। अब चूँकि बर्कले का कुंजीपद है कि वस्तुओं का सार प्रत्यक्ष है, इसलिए सामान्य तथा सर्वव्यापी प्रत्ययों पर बल न आने पर बर्कले के प्रत्ययवाद को आत्मनिष्ठ कहा गया है।

डेविड ह्यूम (1711-1776)

ह्यूम के दर्शन का सारांश

ह्यूम ने लॉक और बर्कले, दोनों के अनुभववाद को स्वीकार कर उसे अधिक सरल और संगत रूप में प्रस्तुत किया है। ह्यूम के अनुसार ज्ञान के दो ही बीज-तत्त्व हैं, अर्थात् प्रत्यक्ष (impression-शब्दशः अंकन या छाप) और प्रत्यय (ideas)। प्रत्ययों को इन्होंने प्रत्यक्ष की नकल मानी है। सभी ज्ञान इन्हें प्रत्यक्ष, प्रत्ययों के आधार पर रचे जाते हैं। प्रत्यक्ष दो प्रकार के हैं, अर्थात् संवेदन जो अज्ञात स्रोत से उत्पन्न होते हैं, और आत्मचिंतन जो मन की इच्छा, भाव इत्यादि से प्राप्त होते हैं। ह्यूम ने आत्म-चिंतन की अपेक्षा संवेदन प्रत्यक्ष पर अधिक बल दिया।

ह्यूम का प्रत्यक्ष न तो मानसिक है और न भौतिक। इन्हें आधुनिक भाषा में संवेदित प्रदत्त (Sensum-sing-sensa-plural) कहा जाता है जिनके आधार पर मन तथा भौतिक जगत्, दोनों की रचना की जाती है।

फिर ह्यूम की प्रसिद्ध उक्ति है कि जो विभेदित है वह पृथक भी है (that is distinguishable is also separable) अतः, प्रत्यक्षों में अपना कोई तनाव नहीं है क्योंकि वे एक-दूसरे से भिन्न दिखाई देते हैं। पर ज्ञान में एकबद्धता एवं संबद्धता है, तो यह सम्बद्धता कैसे प्राप्त की जाती है? ह्यूम के अनुसार सहचार-नियम (law of association) के आधार पर प्रत्ययों में सम्बद्धता लायी जाती है। यह सहचार-नियम, सामीप्य (नजदीकी) और सादृश्य (similarity) पर आधारित होता है।

चूँकि सामीप्य (contiguity) और सादृश्य, दोनों ही प्रत्यक्षों के अपने गुण नहीं हैं, इसलिए ह्यूम के अनुसार, प्रत्यक्षों में अनिवार्य (necessary) सम्बन्ध नहीं पाया जाता है। अब ज्ञान का मूल होता है द्रव्य (substance) तथा उनके बीच का सम्बन्ध जिनमें कारण-कार्य प्रमुख है।

ह्यूम ने द्रव्य-विचार में लॉक की परिभाषा को स्वीकार किया है जिसके अनुसार द्रव्य गुणों का या प्रत्यक्षों का अज्ञात आश्रय होता है। ह्यूम का कहना है कि यदि यह आश्रय अज्ञात हो तो इसे कैसे स्वीकारा जा सकता है। यहाँ ह्यूम ने बताया है कि वास्तव में सही-सही बर्कले ने भौतिक पदार्थ (matter) का खण्डन किया है, पर बर्कले ने अंसगत रूप से 'आत्मा' को स्वीकार किया है, यद्यपि

आत्मा का प्रत्यय (प्रत्यक्ष) नहीं प्राप्त होता है। अतः, ह्यूम ने भौतिक और आत्मिक, दोनों प्रकार के द्रव्यों को अस्वीकार किया है।

फिर द्रव्यों के बीच कारण-कार्य के आधार पर सम्बद्ध ज्ञान स्थापित किया जाता है। 'कारण' से समझा जाता है कि इसमें एक उत्पादक शक्ति निहित है जिसके द्वारा कार्य उत्पन्न होता है। पर ह्यूम का कहना है कि हम कारण में कोई उत्पादक-शक्ति नहीं देखते हैं। हम केवल सूर्य देखते और तब गरमी; उँगली हिलते देखते हैं और कैरम की गोटी में गति देखते हैं। न तो सूर्य से कोई निकलती हुई शक्ति देखते और न उँगली से कोई निकलती हुई शक्ति देखते हैं जिससे गोटी में गति आती है। केवल दो घटनाओं में बार-बार एक-दूसरे के बाद घटनाओं को देखते हैं। पूर्व की घटना को कारण और बाद में घटना को कार्य कहते हैं। चूँकि घटनाओं के बीच किसी प्रकार का अनिवार्य सम्बन्ध नहीं देखते हैं, इसलिए हमें कभी भी असंदिग्ध ज्ञान नहीं प्राप्त हो सकते हैं।

इस स्थिति को जिसमें तो स्थायी द्रव्य देखने में आता है और न उनके बीच असंदिग्ध सम्बन्ध देखने में आता है, सन्देहवाद (scepticism) कहा जाता है।

पर ह्यूम ने अपने को सन्देहवादी नहीं कहा है। उन्होंने अपने मनोवैज्ञानिक नियमों के आधार पर कामचलाऊ ज्ञान की सम्भावना स्वीकार की है।

प्रश्नमाला (उत्तर की रूप-रेखा मात्र)

प्रश्न 1. ह्यूम के संवेदन-अणुवाद की व्याख्या कीजिए।

ह्यूम के अनुभववाद के मूल में लॉक और बर्कले का अनुभववाद है, पर ह्यूम ने अपने अनुभववाद को अति सरल रूप में स्पष्ट किया है, ह्यूम ने बताया है कि ज्ञान-इमारत की ईंटें प्रत्यक्ष और प्रत्ययों से रची जाती हैं। प्रत्यय प्रत्यक्षों की मात्र नकल है। इन प्रत्यक्षों (impression) को न तो मानसिक और न भौतिक कहा जा सकता है। इन्हें अनिश्वित अथवा तटस्थ (neutral) सामग्री कहा जा सकता है जिन्हें विभिन्न रूप से व्यवस्थित कर चाहे मानसिक अथवा भौतिक वस्तुओं की रचना की जा सकती है। समकालीन दर्शन में रसेल, एर इत्यादि ने इसे इन्द्रिय-प्रदत्त (sense data) की संज्ञा दी है।

फिर प्रत्ययों को ह्यूम ने संवेदन और आत्मचिंतन में विभाजित किया है। संवेदन के सन्दर्भ में उन्होंने बताया है कि पता नहीं चलता है कि ये कहाँ से उत्पन्न होते हैं, क्या ये वस्तुओं से साक्षात् उत्पन्न होते हैं या मन की रचनात्मक कल्पना से या मानव के रचियता ईश्वर से इन सबकी कोई निश्चित जानकारी नहीं मालूम देती है। हाँ, आत्मचिन्तन (reflection) साक्षात् रूप से सुख-दुःख, भाव इत्यादि से सम्बन्ध रखते हैं। परन्तु ह्यूम आत्मचिन्तन की अपेक्षा संवेदन को ही अधिक महत्वपूर्ण इकाइयाँ समझते हैं।

इस सन्दर्भ में ह्यूम की महत्त्वपूर्ण उक्ति है कि जो भिन्न (विभेदित-distinguishable) है वह पृथक् भी है। चूँकि संवदेन तथा आत्मचिन्तन से प्राप्त प्रत्यक्ष सभी एक-दूसरे से भिन्न-भिन्न होते हैं, उनके बीच, इसलिए किसी प्रकार का निहित सम्बन्ध नहीं है, अर्थात् उनके बीच पार्थक्य है। यदि ऐसी बात हो तो उनके बीच बिलगाव होगा और उन्हें बाह्य अथवा बनावटी रूप से ही सम्बद्ध किया जा सकेगा। चूँकि ह्यूम ने प्रत्यक्षों को पृथक्-पृथक् ज्ञान की स्वतंत्र इकाई माना है। इसलिए इनके दर्शन को संवेदन अणुवाद (sensation-atomism) की संज्ञा दी गई है।

अब चूँकि प्रत्यक्ष पृथक्-पृथक् होते हैं और ज्ञान एक सम्बद्ध व्यवस्था होती है, इसलिए ह्यूम को इन प्रत्यक्षों को आपस में गूंथने के लिए सहचार नियम की शरण लेनी पड़ी है। पर 'सहचार' से अर्थ ध्वनित होता है कि सहचार वहीं होता है जहाँ इक़ाइयाँ एकदम अलग-अलग होती हैं। अतः, सहचार नियम के आधार पर प्रत्यक्षों के बीच सच्चा-सम्बन्ध नहीं हो पायेगा।

सहचार दो नियम से सम्भव होते हैं, अर्थात् सामीप्य (नजदीकी निकटता-contiguity) और सादृश्य (similarity-समानता)। सामीप्य नियम के अनुसार यदि दो या दो से अधिक प्रत्यक्ष एक साथ या एक के बाद दूसरा आये, तो इस प्रकार की घटनायें बार-बार घटित होने पर उनमें सम्बद्धता चली आती है, उदाहरण सूर्य-ताप, दिन-रात इत्यादि। सादृश्य पर ह्यूम ने विशेष ध्यान नहीं दिया है,

क्योंकि दो या दो से अधिक प्रत्यक्षों में समानता उनका आन्तरिक गुण होता है, न कि बाहरी। फिर सादृश्य दो या दो से अधिक ऐसे प्रत्यक्षों के बीच भी हो सकता है, जिनके बीच बहुत कालान्तर हो।

सूक्ष्म रीति से देखा जाय तो समीपता में भी जब तक प्रत्यक्ष सूत्रबद्ध होकर अनुभूत न हों तब तक उनके बीच सहचार नहीं स्थापित होता है। कॉलेज के तीसरे छत पर प्रायः छात्र जाते रहते हैं, पर शायद ही उन्हें सीढ़ियाँ की संख्या का ज्ञान रहता है।

अतः, जब तक प्रत्यक्ष आपस में प्रारम्भ से ही समान न हों तब तक वे समानता-नियम के आधार पर सहचारित नहीं किये जा सकते हैं। पर इस स्थिति में समानता को प्रत्यक्षों का आन्तरिक सम्बन्ध माना जायगा, न कि बाहरी। उसी प्रकार जब तक दो या दो से अधिक प्रत्यय एक की अभिरुचि के अन्तर्गत सूत्रबद्ध न हो जायें तब तक समीपता के आधार पर उन्हें सम्बद्ध नहीं किया जा सकता है। अतः, संवेदन-अणुवाद मनगढ़न्त ज्ञान की इकाई पर टिका हुआ है।

प्रश्न 2. ह्यूम के द्रव्य-विचार की व्याख्या करें।

ह्यूम के लिए ज्ञान-कसौटी इसी बात पर निर्णीत होती है कि वह किसी-न-किसी प्रत्यक्ष पर आधारित हो। यदि द्रव्य वास्तव में हो तो उसे भी किसी-न-किसी प्रत्यक्ष पर आधारित रहना चाहिए।

लॉक के अनुसार द्रव्य वह है जो गुणों का आश्रय हो। अतः, इन गुणों के आश्रय को चाहे संवेदन या आत्मचिन्तन के प्रत्यक्ष के द्वारा ज्ञान रहना चाहिए। परन्तु यदि द्रव्य संवेदन-प्रत्यक्ष हो तो यह तो लाल-पीला, या गरम-ठंडा, या मीठा-खट्टा इत्यादि रहेगा। इसी प्रकार यदि द्रव्य आत्मचिन्तन प्रत्यक्ष पर आधारित हो तो यह या तो सुख-दुःख, क्रोध इत्यादि में से कोई होगा। परन्तु लॉक के अनुसार आम-केला, टेबुल इत्यादि संवेदन-प्रत्यक्ष नहीं, वरन् इन प्रत्यक्षों का आधार अथवा आलम्बन होता है। इसी प्रकार मन सुख-दुःख, क्रोध इत्यादि प्रत्यक्ष नहीं, वरन् वह आलम्बन है जिसमें सुख-दुःख इत्यादि आश्रित रहते हैं।

अतः, द्रव्य किसी-न-किसी प्रत्यक्ष द्वारा नहीं जाना जाता है। इसलिए द्रव्य काल्पनिक रचना है जिसका कोई युक्तिसंगत अथवा ठोस आधार नहीं है। इस सन्दर्भ में ह्यूम, बर्कले के द्वारा भौतिक पदार्थ के खण्डन को स्वीकारते हैं। पर उनका कहना है कि यदि भौतिक द्रव्य के सत्य होने का कोई आधार नहीं है, तो इसी प्रकार मानसिक द्रव्य का भी सही ज्ञान नहीं प्राप्त हो सकता है। यदि कोई व्यक्ति अपनी स्थायी और नित्य आत्मा को आत्मचिन्तन के द्वारा प्राप्त करना चाहेगा तो उसका प्रयास विफल ही होगा, क्योंकि आत्म-निरीक्षण के द्वारा कोई भी व्यक्ति यही जानेगा कि वह भूखा-प्यासा, सुखी-दुःखी इत्यादि है। पर ये तो परिवर्तनशील, क्षण-भंगुर प्रक्रियायें हैं। स्थायी आत्मा किस आत्मचिन्तन द्वारा जानी जाती हैं?

अतः, द्रव्य-विचारक भ्रामक है। जिसे हम स्थायी वस्तु कहते हैं, जैसे—टेबुल-कुर्सी, आम-केला इत्यादि वे सब-के-सब मात्र संवेदन-प्रवाह हैं।

प्रश्न 3. ह्यूम के कारण-कार्य विचार की व्याख्या करें।

कारण-कार्य की विचार-कोटि पर विज्ञान आधृत है। यदि यह विचार-कोटि (thought category) प्रत्यक्ष-द्वारा सिद्ध हो जाय तो कारण-कार्य को मान्यता दी जायगी, अन्यथा नहीं।

ह्यूम ने कार्य-कारण भावना की निम्नलिखित विश्लेषण कर व्याख्या की है।

(क) कारण-कार्य के बीच समीपता का सम्बन्ध रहता है।

(ख) कारण-कार्य की घटनाओं के पूर्व और अपर (बाद का) सम्बन्ध रहता है और इस स्थिति में कारण को पूर्व और कार्य को बाद की घटना कहते हैं।

(ग) कारण-कार्य के बीच नित्य संयोग (conjunction) का सम्बन्ध रहता है।

(घ) कारण-कार्य के बीच आवश्यक अथवा अवश्यमेव (necessary) सम्बन्ध रहता है, अर्थात् कार्य में ऐसी-शक्ति रहती है कि उसके रहने में कार्य अवश्य होगा ही।

परन्तु यदि ध्यान दिया जाय तो न पूर्व-सम्बन्ध और न नित्य संयोग के सम्बन्ध के रहने पर कारण का कहा जाना निर्भर करता है। दिन और रात में पूर्व, नित्य संयोग का सम्बन्ध रहता है, पर कोई दिन को रात के होने का कारण नहीं मानता है। तब अन्त में एक बात शेष रही, अर्थात् कारण

के रहने पर कार्य अवश्य ही उत्पन्न होगा। तब क्यों कहा जाता है कि कारण के रहने पर कार्य अवश्यमेव होगा? क्या अनेक प्रकार के कारणों के बीच ऐसा कोई सामान्य गुण है जिसके रहने से किसी अमुक घटना को 'कारण' संज्ञा दी जाती है? नहीं, क्योंकि कारण इतने विविध और इतने प्रकार के होते है कि उनका कोई सामान्य गुण नहीं होता है। पर सोचा जाता है कि कारण में ऐसी शक्ति छिपी रहती है जिसके द्वारा कार्य उत्पन्न होता है। अब देखा जाय कि सत्यता-कसौटी यही है कि उसे ही सही समझा जायगा जिसके अनुरूप प्रत्यक्ष हो। तब क्या कोई ऐसा प्रत्यक्ष है जिसके आधार पर कारण में छिपी शक्ति का अनुभव किया जाता है? उदाहरणार्थ, कैरम-बोर्ड में देखते हैं कि एक गोटी के टक्कर खाने से दूसरी गोटी में गति हो जाती है, पर कितना ही सूक्ष्म-से-सूक्ष्म छानबीन हम क्यों न करें, तो भी किसी भी शक्ति का कोई भी प्रत्यक्ष नहीं होता है जो एक गोटी से निकलकर दूसरी गोटी को गतिवान् करता है। तब हम क्यों कहते हैं कि कारण के रहने पर अवश्यमेव कार्य भी होगा?

तब क्या काण्ट के समान कहा जाय कि कारण-कार्य प्रागनुभव (a priori) विचार-कोटि है? ह्यूम ऐसा नहीं कह सकते थे क्योंकि अनुभववादी रहने के कारण आप अनुभव-पूर्व अथवा अनुभव से परे किसी भी कोटि को नहीं स्वीकार कर सकते थे तो क्या कारण-कार्य के बीच नित्य संयोग के ही आधार पर कारण के रहने पर कार्य का होना अवश्यमेव समझा जाता है? पर नित्य संयोग (conjunction) के होने पर भी 'कारण' में कोई नया तत्त्व नहीं आ सकता है। हाँ, एक बात ध्यान योग्य है। नित्य संयोग के रहने पर किसी भी कारण में वस्तुगत गुण नहीं चला आता है, पर इसका प्रभाव मन पर पड़ता है। इस नित्य सहचार के रहने पर मन में ऐसी बाध्यता आ जाती है कि कारणरूपी प्रत्यक्ष के प्रस्तुत होने पर मन कार्य के होने की कल्पना करने पर विवश हो जाता है। अतः, कारण में अपनी कोई वस्तुगत बाध्यता नहीं है जिसके आधार पर कार्य होने की अनिवार्यता सोची जा सकती है। पर यह बाध्यता विषयीगत होती है जो कारण-कार्य के नित्य संयोग से मानव मन में ऐसी बाध्यता उत्पन्न कर देता है कि कारण प्रस्तुत रहने पर मन कार्ग के होने के लिए विवश होकर उसकी प्रतीक्षा करने लगता है। अतः, There is no objective, but subjective necessity in thinking about causality. इसलिए कारण-कार्य के बीच वस्तुनिष्ठ नहीं, वरन् आत्मनिष्ठ अनिवार्यता का लगाव है। इसलिए कारण-कार्य का सम्बन्ध काल्पनिक है, न कि यथार्थ।

प्रश्न 4. क्या ह्यूम सन्देहवादी (Sceptic) थे?

संदेहवाद के अनुसार मानव को किसी प्रकार का असंदिग्ध ज्ञान नहीं प्राप्त हो सकता है। कहा जाता है कि ह्यूम का संदेहवाद उनके अनुभववाद का तार्किक परिणाम है। ह्यूम के अनुसार सभी ज्ञान को प्रत्यक्ष और उसकी नकल अर्थात् प्रत्यय (idea) से प्राप्त होना चाहिए। फिर उनकी यह भी मान्यता थी कि प्रत्यक्ष (संवेदन छाप) एक-दूसरे से अलग-अलग होते हैं। परन्तु यदि प्रत्यक्षों के बीच पार्थक्य रहेगा तो उनके बीच सम्बद्धता कैसे आयेगी, और उनमें सम्बद्धता न हो तो ज्ञान कैसे सम्भव होगा क्योंकि प्रत्यक्षों की सम्बद्धता के ही द्वारा ज्ञान सम्भव होता है। अतः, प्रत्यक्षों के पार्थक्य से ही ज्ञान की सम्भावना खतरे में पड़ जाती है।

फिर ज्ञान वस्तुओं के बीच कारण-कार्य की सम्बद्धता के द्वारा प्राप्त होता है। पर न वस्तु-ज्ञान सम्भव है और न कारण-कार्य का आवश्यक सम्बन्ध। ऐसी स्थिति में ज्ञान की सम्भावना बहुत क्षीण हो जाती है।

वस्तु-ज्ञान द्रव्य-कोटि (category) पर निर्भर करता है। पर द्रव्य, लॉक के अनुसार, प्रत्यक्ष अथवा गुणों का अज्ञात आश्रत होता है। अब द्रव्य यदि अज्ञात हो तो अनुभव को एकमात्र ज्ञान का साधन मानकर कैसे द्रव्य को प्रश्रय दिया जा जा सकता है? अतः, ह्यूम ने भौतिक तथा आत्मिक दोनों प्रकार के द्रव्यों का खण्डन किया है (देखें प्रश्न 2)।

पुनः वस्तुओं तथा घटनाओं के बीच कारण-कार्य के आधार पर सम्बन्ध स्थापित किया जाता है। पर ह्यूम ने दिखलाया है कि कारण-कार्य का सम्बन्ध काल्पनिक है (देखें, प्रश्न 3)। अतः, ह्यूम के अनुसार कारण-कार्य के आधार पर वास्तविक सम्बन्ध नहीं स्थापित किया जा सकता है।

अब न यदि स्थायी वस्तुएँ हों और न उनके बीच किसी प्रकार का वास्तविक सम्बन्ध स्थापित किया जा सकता है, तो किसी प्रकार किसी भी वस्तु का ज्ञान सम्भव नहीं हो सकता है। अतः, इस स्थिति को संदेहवाद कहा जाता है। क्या ह्यूम वास्तव में सन्देहवादी थे?

ह्यूम दो ही प्रकार के ज्ञान को मान्यता देते थे, अर्थात् गणितीय ज्ञान और तथ्यात्मक ज्ञान। चूँकि तथ्यों का ज्ञान सम्वेदन-छापों से प्राप्त होता है और इनका ज्ञान न तो द्रव्य और न कारण-कार्य के आधार पर प्राप्त हो सकता है, पर क्या गणितीय ज्ञान में अनिवार्यता नहीं पाई जाती है? ह्यूम ज्यामिति को कल्पना पर आधारित समझकर इसमें अनिवार्य ज्ञान के होने को नहीं स्वीकारते थे। पर क्या बीजगणित और अंकगणित में अनिवार्य ज्ञान सम्भव नहीं है? ह्यूम अंकगणित और बीजगणित में अनिवार्यता को स्वीकारते हैं, पर उन्होंने प्रकाश नहीं डाला है कि यह अनिवार्यता किस प्रकार की जाती है। पर अंकगणित और बीजगणित के सन्दर्भ में यह भी कहा है कि मानव ज्ञानशक्ति ही इतनी क्षीण है कि यहाँ भी गलती होने की गुंजाइश रह जाती है।

अतः, ह्यूम के अनुसार कहीं भी असन्दिग्ध ज्ञान की भावना नहीं प्रतीत होती है। तब क्या आप वास्तव में सन्देहवादी थे?

अब क्या आप वास्तव में सन्देहवादी थे ?

ह्यूम ने कहा है कि न वे और न अन्य कोई पूर्णतः सन्देहवादी रह सकता है। हाँ, यदि दर्शन में कोई तर्कबुद्धि के आधार पर निश्चित और असन्दिग्ध ज्ञान-प्राप्ति का दम्भ भरे तो यह निराधारा ही होगा। पर प्रकृति ने मानव को उनकी तर्कबुद्धि के सहारे निस्सहाय नहीं रख छोड़ा है। यदि वे अपनी सहजबुद्धि का सहारा लें तो उन्हें कठिनाई नहीं आ पड़ेगी। वास्तव में मानव का जीवन-संचालन परम्परा और कल्पना (custom and imagination) के ही द्वारा संचालित होता है। अतः, ह्यूम ने अपने दार्शनिक संदेहवाद से बचने के लिए मनोविज्ञान पर भरोसा रखा है और बताया है कि सहचार-नियमों के ही द्वारा जीवन संचालित होता है इसलिए सहचार-नियमों की अनिवार्यता, सहजबुद्धि, परमपरा तथा कल्पना का सहारा लेकर ह्यूम ने सन्देहवाद से बचने का उपाय बताया है। पर उन्होंने अपने मत का पूर्ण विकास नहीं किया है। इसलिए मनोविज्ञान पर आधृत आपका रचनात्मक पक्ष दुर्बल और क्षीण है और आपका खण्डनात्मक पक्ष सबल और स्पष्ट है। यही कारण है कि ह्यूम को दर्शन के इतिहास में सन्देहवादी समझा जाता है।

प्रश्न 5. ह्यूम के बाह्य जगत् के विचार को स्पष्ट करें?

ह्यूम के अनुसार मात्र सम्वेदन-छाप ही सत्य है। परन्तु सम्वेदन-छाप परिवर्तनशील एवं अस्थायी रहते हैं। तब लोग क्यों जगत् को स्थायी समझते हैं? जगत् की वस्तुओं का स्थायित्व भ्रम है, पर सम्वेदन-छापों की नित्यता और क्रमबद्धता से यह भ्रम उत्पन्न होता है। आग जलकर धीरे-धीरे अपने क्रम में राख हो जाती है और इसी प्रकार से सभी वस्तुओं में नित्य सदृश सम्वेदन-छाप क्रमबद्ध रूप से प्राप्त होते रहते हैं। यह ठीक है कि सम्वेदन नित्य नूतन और परिवर्तनशील होते रहते हैं। परन्तु मानसिक झुकाव के कारण सम्वेदन-छापों की नवीनता और परिवर्तनशीलता की अवहेलना कर मानव जगत् की वस्तुओं को भ्रमवश स्थायी समझते हैं। अतः, सम्वेदन-छापों की नित्यता (constancy) तथा उनकी क्रमबद्धता (orderliness) से मानव मन में स्थायी, स्वतंत्र जगत् की सत्ता का भ्रम उत्पन्न होता है। क्योंकि क्रमबद्ध सम्वेदन-छापों के रहने पर मन वस्तुओं को स्थायी समझने के लिए बाध्य हो जाता है।

एमानुएल काण्ट (1724-1804)

काण्ट के दर्शन का सारांश

काण्ट जर्मनी के सबसे अधिक प्रतिष्ठित दार्शनिक हुए हैं। इनके दर्शन में इनके पूर्व की सभी आधुनिक विचारधाराओं का सम्मिश्रण होता है और फिर भविष्य की नवीन कृतियों के लिए मार्ग भी दिखलायी देता है।

काण्ट के पूर्व बुद्धिवादी (rationalism) और अनुभववादी (empirical) दो प्रमुख धारायें

थीं। काण्ट ने दोनों की सही बातों को अपनाकर उनके एकांगीपन को त्यागकर अपने परिपूर्ण समीक्षावाद (criticism) को प्रस्तुत किया है। काण्ट ने अनुभववाद के उस पक्ष को अपनाया है जिसके अनुसार ज्ञान-इमारत की ईंटें अनुभव से प्राप्त होती हैं। पर अनुभववाद के विपक्ष में, और बुद्धिवाद के पक्ष में बताया है कि इन ईंटों को सम्बद्ध करने के लिए मन की अपनी प्रागनुभव (a priori) शक्तियों की मदद लेनी पड़ती है।

कोपर्निकसीय क्रान्ति—काण्ट की आधारभूमि में उनकी कोपर्निकसीय क्रान्ति विशेष स्थान रखती है। काण्ट के पूर्व तथा अभी भी साधारणतया लोग सोचते हैं कि ज्ञान बाह्य वस्तुओं के सम्वेदन से प्राप्त होता है। अंशतः यह बात सत्य है। पर वे ही सम्वेदन मानव ग्रहण करते हैं जो उनकी सम्वेदन और विचार शक्तियों से मेल खा जाय। मेल खाने से अर्थ होता है कि वे मानव-ग्रहण शक्तियों के द्वारा संशोधित एवं परिवर्तित होकर मानव-मन के उपयुक्त सिद्ध हो जायें। काण्ट ने बताया है कि सर्वप्रथम, सम्वेदन अपने रूप में नहीं, वरन् मन की सम्वेदन-शक्ति के द्वारा रूपान्तरित होकर ज्ञान की प्रथम सामग्री बनता है। तब फिर यह सामग्री विचार-कोटियों (categories) के द्वारा व्यवस्थित होकर वास्तविक ज्ञान का रूप धारण करती है। अतः अनुभव के आधार पर सामग्रियों (matter) को अवश्य प्राप्त कर लेना पड़ता है, पर मन की अपनी शक्तियाँ इन सामग्रियों को रूपान्तरित कर लेती हैं। यहाँ मन की अपनी देन और अपनी रचनात्मक शक्तियाँ उतनी ही महत्त्वपूर्ण हैं जितनी सम्वेदन-छाप। मन की देन और उसमें निहित शक्तियाँ अनुभव से पूर्व और परे होती हैं और इन्हें अनुभव से नहीं प्राप्त किया जा सकता है। काण्ट के मन की इन देनों को प्रागनुभविक (a priori) कहा है। वास्तव में ज्ञान में निहित जो व्यवस्था और सामग्रियों को सम्बद्ध करने के नियम हैं वे सब वे ही नियम हैं जिन्हें मन सामग्रियों में आरोपित कर देता है।

काण्ट ने अपने दर्शन को इसलिए कोपर्निकसीय क्रान्ति (Copernican revolution) कहा है क्योंकि अभी तक मन की बाह्य वस्तुओं पर बल दिया जाता था। पर काण्ट ने मन की प्रागनुभव शक्तियों पर अपेक्षाकृत अधिक बल दिया है। अभी तक समझा जाता था कि मानव मन को बाह्य वस्तुओं को जानने के लिए प्रयत्नशील होना चाहिए। इसके विपरीत काण्ट का कहना है कि वस्तुओं को मानव मन का निहोरा करना है कि वे मन के द्वारा गृहीत होकर मन की शक्तियों के द्वारा व्यवस्थित होकर ज्ञात हो जायँ। Mind has not to go to things, but things have to come to mind in order to be known at all. जिस प्रकार कोपर्निकस ने अपने समय के खगोल-विज्ञान (astronomy) में पृथ्वी-केन्द्रितवाद को बदलकर सूर्य-केन्द्रित सिद्ध कर एक बड़ी क्रान्ति मचा दी, ठीक उसी प्रकार काण्ट ने वस्तु-केन्द्रित ज्ञानमीमांसा में मानव मन-केन्द्रित सिद्धान्त को दिखलाकर दर्शन में एक नवीन क्रान्ति उत्पन्न कर दी है जिसका प्रभाव समकालीन चिन्तन में भी कम नहीं है।

काण्ट की गवेषणा का प्रारूप

काण्ट की मुख्य समस्या थी कि वे विज्ञान की किस प्रकार व्याख्या करें कि उसको स्पष्ट करते हुए धर्म और नीति की भी रक्षा हो। सर्वप्रथम, शुद्ध बुद्धि-परीक्षा में आपने विज्ञान की व्याख्या की है; व्यवहार-बुद्धि अर्थात् आचार समीक्षा आपने Practical Reason में और Critique of Judgment में आपने सत्ता महान् (sublime) की व्याख्या की है। पाठ्यक्रम का सन्दर्भ Critique of Pure Reason है जिसमें काण्ट ने विज्ञान की व्याख्या की है।

काण्ट के अनुसार संवेदन-सामग्रियों की अपेक्षा मन की देन महत्त्वपूर्ण है और मन की तीन स्तर पर अपने में निहीत शक्तियाँ हैं, अर्थात् सम्वेदन-शक्ति जिसके द्वारा सम्वेदन छनकर तथा रूपान्तरित होकर समझ (understanding) को दी जाती है। समझ उन्हें व्यवस्थित अथवा क्रमबद्ध कर वैज्ञानिक ज्ञान का रूप दे देता है। काण्ट ने समझ की देनों को विचार-कोटि (Thought Category) कहा है। वास्तव में विज्ञान सम्वेदन-शक्ति के द्वारा रूपान्तरित और तब समझ की कोटियों के आधार पर क्रमबद्ध होने के बाद सम्भव होता है। पर मन विज्ञान से भी आगे चलकर धर्म और नीति को भी वैज्ञानिक रूप देना चाहता है जो प्रयास सही नहीं है। धर्म और नीति को विज्ञान मान लेने पर मानव अनेक विडम्बनाओं एवं सर्वव्यापक भ्रम में पड़ जाता है। काण्ट के अनुसार केवल विज्ञान में ही निश्चित ज्ञान सम्भव होता है और धर्म नीति में निश्चित ज्ञान नहीं प्राप्त हो सकता है। पर लोग

समझते हैं कि वे सम्पूर्ण विश्व को उसके पूर्णत्व में, तथा स्थायी और इच्छा-स्वातन्त्र्य-सहित आत्मा को जान सकते हैं और ईश्वर के अस्तित्व को प्रमाणित कर सकते हैं। इन सब अनधिकृत्य प्रयासों के फलस्वरूप केवल अनुभवातीत भ्रम (transcendental illusions) ही उत्पन्न होता है। इसलिए काण्ट के अनुसार भौतिक (phycics, जो विज्ञान का आदर्श रूप है) न्यायसंगत है, पर तत्त्वमीमांसा (metaphysics) के ज्ञान की सम्भावना अयुक्तिसंगत है।

प्रश्नमाला (उत्तर की रूप-रेखा मात्र)

प्रश्न 1. काण्ट के समीक्षावाद की व्याख्या करें।

ज्ञान-मीमांसा में ज्ञान-समस्या के समाधान के लिए काण्ट से पूर्व देकार्त, स्पिनोजा और लाइबनित्स का बुद्धिवाद (rationalism) और लॉक, बर्कले और ह्यूम का अनुभववाद, दो परस्पर-विरोधी धाराएँ थीं। ज्ञान के सन्दर्भ में दो प्रमुख तत्त्व हैं, अर्थात् ज्ञान-सामग्री और ज्ञान-व्यवस्था। ज्ञान-सामग्री के अन्तर्गत संवेदन और आत्म-चिंतन गिने जाते हैं, और ज्ञान-व्यवस्था के अन्तर्गत द्रव्य, कार्य-कारण तथा अन्य कोटियाँ (categories) बतायी जाती हैं जिनके द्वारा ज्ञान-सामग्रियाँ व्यवस्थित होकर ज्ञान का रूप धारण करती हैं। जहाँ तक ज्ञान की ईंटों तथा सामग्रियों का पक्ष है उसे अनुभववाद ने संतोषजनक रूप से स्पष्ट किया था, पर इसके द्वारा ज्ञान-व्यवस्था की व्याख्या नहीं हो पाई थी। उदाहरणार्थ, ज्ञान इकाइयाँ द्रव्य, कारण-कार्य इत्यादि कोटियों के द्वारा व्यवस्थित की जाती हैं। पर लॉक ने द्रव्य को गुणों का अज्ञात आश्रय कहा और बर्कले ने भौतिक द्रव्यों को नकार दिया और ह्यूम ने सभी द्रव्यों का चाहे वे भौतिक हों या आत्मिक, दोनों प्रकार के द्रव्यों को अस्वीकार किया है। इसी प्रकार लॉक को कारण-कार्य के बीच कोई शक्ति नहीं दिखाई दी, बर्कले ने दो घटनाओं के बीच कारण-कार्य के सम्बन्ध को नकारकर उनके बीच केवल पूर्व घटना को आनेवाली घटनाओं कामात्र चिन्ह कहा; और ह्यूम ने कारण-कार्य के बीच किसी भी वस्तुगत उत्पादक शक्ति अथवा सम्बन्ध को नकार दिया है। अतः अनुभववाद ज्ञान के अन्तर्गत उपादानों (matter) की तो व्याख्या कर पाया है, पर ज्ञान में निहित उन रचनात्मक कोटियों की अवहेलना की है जिनके आधार पर ज्ञान की सामग्रियाँ व्यवस्थित होती हैं।

इसके विपरीत बुद्धिवाद है जिसके अनुसार ज्ञान की रचना आत्मजात प्रत्ययों के द्वारा की जाती है। चूँकि आत्मजात प्रत्यय (innate ideas) सभी व्यक्तियों में पाये जाते हैं, इसलिए सही ज्ञान वही होगा जो सब व्यक्तियों के लिए सर्वमान्य और सर्वव्यापक हो। बुद्धिवाद का सबसे बड़ा दोष यह था कि इसके द्वारा इस बात की कोई गारन्टी न थी कि आत्मनिष्ठ आत्मजात प्रत्ययों के अनुरूप कोई वास्तविक सत्ता भी होगी। यह दोष लाइबनित्स के मोनडवाद में देखा जाता है जिनके अनुसार पूर्व-स्थापित छन्द के आधार पर स्वीकारा जा सकता है कि एक मोनड के परिवर्तन के अनुरूप अन्य मोनडों में भी स्थिति पायी जाय। पर, इस पूर्वस्थापित छन्द की परीक्षा हो ही नहीं सकती है, क्यों सभी मोनड अपने में ही गवाक्षहीन रहकर सिमटे रहते हैं। अतः, पूर्वस्थापित छन्द केवल एक मनगढ़न्त मात्र कल्पना है। परन्तु बुद्धिवाद की विशेषता यही है कि इसके आधार पर ज्ञान की अनिवार्यता और सर्वव्यापकता की व्याख्या हो सकती है।

काण्ट ने उपर्युक्त दोनों वादों की समीक्षा की और उसके फलस्वरूप इस निष्कर्ष पर आये कि दोनों के दोषों से बचकर दोनों की आंशिक सत्यता को अपनाकर समीक्षावाद की स्थापना की जा सकती है। काण्ट ने अनुभववाद के इस आंशिक पक्ष को अपनाया कि ज्ञान की सामग्रियाँ (matter) केवल अनुभव (संवेदन और आत्म-चिन्तन) से ही प्राप्त हो सकती हैं, पर इनकी व्यवस्था किसी भी अनुभूत तत्त्व से नहीं प्राप्त हो सकती है।

क्यों? क्योंकि ज्ञान के अन्तर्भूत जो व्यवस्था पायी जाती है वह सभी अनुभवों से पूर्व और परे मन के प्रागनुभव तत्त्व से प्राप्त होती है, अर्थात् द्रव्य, कारण-कार्य तथा अन्य कोटियाँ भी मन की अपनी देन हैं।

फिर काण्ट ने बुद्धिवाद के इस पक्ष को अपनाया कि ज्ञान की अन्तर्भूत व्यापकता और सर्वमान्यता मन के आत्मजात प्रत्ययों के आधार पर ही स्पष्ट की जा सकती है, पर इसके द्वारा ज्ञान की सामग्रियों की समस्या का समाधान नहीं हो सकता है। अतः, काण्ट की उक्ति है :

Both empiricism and rationalism are true in what they affirm, but wrong in what they deny.

अनुभववाद के इस भावात्मक पक्ष को अपनाया जा सकता है जिसके अनुसार ज्ञान-रश्मियाँ अथवा सामग्रियाँ संवेदन-आत्मचिंतन से प्राप्त की जाती हैं। पर उनका नकारात्मक पक्ष जिसके अनुसार द्रव्य, कारण-कार्य इत्यादि कल्पना-मात्र है, सही नहीं है। इसी प्रकार से बुद्धिवाद का यह पक्ष कि ज्ञान की अनिवार्यता सर्वव्यापकता को आत्मजात प्रत्ययों के आधार पर स्पष्ट किया जा सकता है, पर ज्ञान की सामग्रियाँ बिना संवेदन-आत्म-चिन्तन के नहीं प्राप्त की जा सकती हैं।

अतः, काण्ट ने दोनों, अनुभववाद और बुद्धिवाद, की समीक्षा कर दोनों के दोषों से बचकर और उनकी अच्छाइयों को अपनाकर समीक्षावाद की रचना की जो अन्त में दोनों वाद से कहीं अधिक श्रेष्ठ सिद्ध हुआ।

प्रश्न 2. काण्ट ने किस प्रकार संश्लेषात्मक पूर्वानुभविक निर्णयों के आधार पर अपनी समस्या का समाधान किया है?

काण्ट की समस्या थी कि वैज्ञानिक ज्ञान की व्याख्या की जाय। काण्ट के अनुसार विज्ञान के सर्वश्रेष्ठ उदाहरण हैं गणित और भौतिकी। इन दोनों विज्ञानों के अध्ययन करने के फलस्वरूप काण्ट को प्रतीत हुआ कि इनके निर्णय संश्लेषात्मक पूर्वानुभविक (Synthetic judgment a priori) हैं। अतः, संश्लेषात्मक पूर्वानुभविक निर्णयों के स्पष्टीकरण कर लेने पर ही स्पष्ट हो जायगा कि वैज्ञानिक के क्या लक्षण हैं जिनके आधार पर विज्ञानों को सही, अनिवार्य और सर्वव्यापक समझा जाता है।

संश्लेषात्मक पूर्वानुभविक की व्याख्या—सर्वप्रथम, निर्णयों को संश्लेषात्मक और विश्लेषात्मक, दो भागों में बाँटा जा सकता है। विश्लेषात्मक निर्णय वह है जिसके विधेयपद की गुणवाचकता उद्देश्यपद में पहले से ही निहित रहती है, जैसे—

'भौतिक द्रव्य विस्तारपूर्ण होता है।'

यहाँ देकार्त आदि सभी भौतिक द्रव्य का सारगुण विस्तार स्वीकारते थे। अतः, भौतिक पदार्थ (उद्देश्य) में विधेयपद में 'विस्तार' पहले से ही अव्यक्त रूप में निहित रहता है। अतः, विश्लेषात्मक निर्णय में विधेयपद का काम है कि वह उद्देश्य-पद का विश्लेषण मात्र करे। फिर यदि कोई 'भौतिक पदार्थ' का अर्थ समझता होगा तो उसे स्वीकारना पड़ेगा कि यह विस्तारपूर्ण है। अतः यहाँ उद्देश्य और विधेय-पदों में अनिवार्य सम्बन्ध पाया जाता है। इसके विपरीत संश्लेषात्मक निर्णय वह है जिसके विधेयपद की गुणवाचकता उद्देश्य-पद में निहित नहीं रहती है। इन दोनों पदों के बीच सम्बन्ध पाया जाता है, जैसे—

'यह भौतिक पदार्थ भारी है।'

किसी भी भौतिक पदार्थ को बिना अनुभव किये हुए नहीं कहा जा सकता है कि अमुक पदार्थ भारी है या हल्का। सम्भव है कि कोई अमुक पदार्थ भारी हो जिसे हम उठाने पर जान सकते हैं। चूँकि अनुभव से नवीनता प्राप्त की जाती है, इसलिए अनुभव पर आधृत रहने से संश्लेषात्मक निर्णयों में नवीनता तथा ज्ञानवृद्धि होती है। पर उद्देश्य और विधेय के बीच अनिवार्य सम्बन्ध नहीं स्थापित किया जा सकता है। संभवतः यह सूटकेस भारी हो, पर यह नहीं कहा जा सकता है कि यह सूटकेस अवश्यमेव भारी होगा क्योंकि इस वास्तविकता के विरुद्ध इसके हल्के होने की कल्पना की जा सकती है।

फिर निर्णयों को पूर्वानुभाविक (a priori) कहा जाता है जब यह किसी भी अनुभव से पूर्व और परे होता है। जैसे—

'सभी घटनायें कारण-द्वारा उत्पन्न होती हैं।'

पूर्वानुभविक निर्णय सर्वव्यापक और अनिवार्य होते हैं। इसके विपरीत उत्तरानुभविक (a posteriori) निर्णय वे हैं जिन्हें अनुभूति के द्वारा प्राप्त किया जाता है, जैसे—

'सफेद फूलों में सुगन्ध होता है।'

यहाँ बिना चमेली, जूही इत्यादि सफेद फूलों को सूँघे हुए नहीं कहा जा सकता है कि सफेद फूल सुगन्धित होते हैं।

ध्यान देने पर देखने में आता है कि विश्लेषात्मक और पूर्वानुभविक एक ही हैं क्योंकि दोनों सर्वव्यापक एवं अनिवार्य होते हैं। फिर संश्लेषात्मक और उत्तरानुभविक निर्णय एक-समान लगते हैं क्योंकि दोनों केवल अनुभव से प्राप्त किये जाते हैं। बात जो भी हो, पर काण्ट इससे सहमत नहीं होंगे क्योंकि इन्होंने दो विभिन्न सिद्धान्तों के आधार पर निर्णयों को दो प्रकार से विभाजित किया है। विश्लेषात्मक और संश्लेषात्मक निर्णयों का वर्गीकरण उद्देश्य और विधेय पदों की विषयवस्तु (content) पर निर्भर करता है।, पर पूर्वानुभविक और उत्तरानुभविक निर्णयों का वर्गीकरण ज्ञान-श्रोत पर निर्भर करता है।

अब काण्ट को दिखाना है कि गणित और भौतिकी दोनों में ऐसे निर्णय पाये जाते हैं जो ज्ञानवृद्धि के साथ अनिवार्य और सर्वव्यापक होते हैं, अर्थात् इनमें संश्लेषात्मक पूर्वानुभविक निर्णय होते हैं। इस बात को अंकगणित के उदाहरण से स्पष्ट किया जा सकता है।

'5 और 7 का योगफल 12 होता है।'

काण्ट के अनुसार चूँकि इस निर्णय को सर्वव्यापक और अनिवार्यतः सत्य समझा जाता है इसलिए इसे प्रागनुभविक कहा जायगा। फिर '12' विधेयपद '7 + 5' में निहित नहीं है क्योंकि यहाँ जोड़ने की प्रक्रिया चली आती है और जोड़ प्रक्रिया विधेयपद में नहीं पाई जाती है। काण्ट का कहना है कि लोग समझते हैं कि विधेयपद '12' पहले से ही उद्देश्यपद 5+7 में निहित है। पर यदि उद्देश्य और विधेयपद बहुत बड़े अंकों का ले लें, तो पेन्सिल कागज लेकर जोड़ने की आवश्यकता जान पड़ेगी। अतः काण्ट के अनुसार गणित में संश्लेषात्मक प्रागनुभविक ज्ञान पाया जाता है। इसी प्रकार भौतिकी का उदाहरण ले लें।

'सभी घटनायें कारण-कार्य से संचालित होती हैं।'

चूँकि इसकी सत्यता सर्वव्यापक और अनिवार्य है। इसलिए इसे पूर्वानुभविक कहा जायगा। फिर चूँकि 'घटनाओं' में 'कारण-कार्य' निहित नहीं है, जैसा ह्यूम ने दिखाया था, इसलिए इसे संश्लेषात्मक निर्णय कहा जायगा।

आलोचना—समसामयिक विचारधारा के अनुसार पूर्वानुभविक और विश्लेषात्मक एक ही प्रकार के प्रकथन हैं और फिर संश्लेषात्मक और उत्तरानुभविक भी एक ही प्रकार के प्रकथन हैं। अतः, संश्लेषात्मक पूर्वानुभविक से अर्थ हुआ संश्लेषात्मक विश्लेषात्मक प्रकथनों का। चूँकि एक ही प्रकार के प्रकथन को संश्लेषात्मक विश्लेषात्मक कहना आत्मविरोधी है। इसलिए संश्लेषात्मक पूर्वानुभविक की संभावना आत्म-विरोधी होने के कारण स्वीकृत नहीं हो सकती है।

फिर काण्ट ने बताया है कि ' 5 + 7 का योगफल 12 होता है' संश्लेषात्मक है, सही नहीं है। यहाँ काण्ट ने जोड़ने की प्रक्रिया को उद्देश्य-पद में कहा है जो विधेयपद में नहीं पाई जाती है। पर यह व्याख्या सही नहीं है। देखना है कि सिद्धान्ततः '5+7' में 12 निहित है या नहीं, चाहे यह योगफल कोई जाने या न जाने। कहना पड़ेगा कि कितनी ही बड़ी संख्या उद्देश्यपद में क्यों नहीं ली जायें, तार्किकतः इसका योगफल जो विधेयपद में दिखाया जाता है अन्तर्निहित रहता है। अतः, गणित में संश्लेषात्मक होते ही नहीं। यही समकानीन विचारधारा में सही समझा जाता है, अर्थात् गणितीय प्रकथन केवल विश्लेषात्मक होते हैं और इसका सम्बन्ध अनुभव के साथ नहीं रहता।

पुनः, काण्ट के समय विज्ञान में कारण-कार्य सभी वैज्ञानिक काम में लाते थे, पर अब न्यूक्लियर भौतिकी में कारण-कार्य को आवश्यक नहीं समझा जाता है। इसलिए' 'सभी घटनाओं में कारण-कार्य छिपा रहता है।'

इस प्रकथन को सर्वव्यापक नहीं समझा जाता है। अतः, भौतिकी के प्रकथन को पूर्वानुभविक नहीं समझा जा सकता है। द्वितीय, काण्ट ने वास्तव में भौतिकी में प्रयुक्त प्रकथन के उदाहरण को न लेकर इसमें काण्ट ने तार्किक सिद्धान्त का उदाहरण लिया है जो वास्तव में भौतिकी का उदाहरण है ही नहीं।

अतः, काण्ट ने अपनी समस्या ही सही नहीं रखी है तब इसका समाधान भी भ्रमपूर्ण हो गया। यही कारण है कि रसेल काण्ट की आलोचना करते हुए कहते हैं कि काण्ट ने कहा था कि ह्यूम के संदेहवाद ने उन्हें नींद से जगाया था। पर अब ऐसा प्रतीत होता है कि जागकर भ्रामक समस्या की अफीम की गोली खाकर फिर वे सो गये।

प्रश्न 3. काण्ट ने किस प्रकार सिद्ध किया है कि प्रत्यक्षों में अन्तर्निहित दिक् और काल के रूप में प्रागनुभविक (a priori) हैं?

काण्ट की समस्या थी कि किस प्रकार से ऐसे ज्ञान की व्याख्या की जाय जो विज्ञान में पाया जाता है, अर्थात् जो सर्वव्यापक रहते हुए ज्ञानवर्द्धन करे। काण्ट के अनुसार इस प्रकार का ज्ञान गणित और भौतिकी में पाया जाता है और उन दोनों को विज्ञान का आदर्श रूप उन्होंने बताया है।

अब यदि वैज्ञानिक ज्ञान पूर्वानुभविक (a priori अर्थात् सर्वव्यापक) रहते हुए भी ज्ञानवर्द्धन (अर्थात् synthetic) करे तो इसकी व्याख्या करने के लिए काण्ट ने बताया है कि बिना प्रत्यक्षों के ज्ञान-सामग्री नहीं प्राप्त हो सकती है। फिर इन प्रत्यक्षों को समझ की विचारकोटि के द्वारा व्यवस्थित किया जाता है कि और तब विज्ञान सम्भव होता है। अतः, काण्ट के अनुसार Percepts and concepts together yield knowledge proper. इस सन्दर्भ में हमें स्पष्ट करना है कि percepts अर्थात् प्रत्यक्षों में भी किस प्रकार संवेदनशीलता में अन्तर्निहित देश, काल के रूप भी प्रागनुभविक हैं।

देश, काल के रूपों में ही छनकर अथवा रूपान्तरित होकर सम्वेदन प्रत्यक्ष का रूा धारण करते हैं, जिनसे ज्ञान-सामग्री प्राप्त की जाती है। देश, काल को पूर्वानुभविक सिद्ध करने के लिए दो भिन्न पक्षों को लिया है—

(1) कोई भी ऐसा प्रत्यक्ष है ही नहीं जो देश, काल से छनकर न आये

(2) देश, काल स्वयं शुद्ध प्रत्यक्ष कहे जा सकते हैं अर्थात् ये सामान्य जातिभावना (concept) नहीं हैं।

देश, काल सभी प्रत्यक्ष के ढाँचे-साँचें हैं

लाइबनित्स ने बताया था कि प्रारम्भ में देश, काल की भावना मानव में नहीं पाई जाती है। बाद में, ऊपर-नीचे, दूर-नजदीक इत्यादि के अनुभव के बाद देश, काल की भावना प्राप्त की जाती है। काण्ट ने बताया है कि यदि देश की भावना प्रारम्भ से ही न हो, तो दूर-नजदीक, ऊपर-नीचे का प्रत्यक्ष कैसे सम्भव हो सकता है? दूर-नजदीक, ऊपर-नीचे तो स्वयं देश-भावना के ही रूप हैं। अतः, देश-भावना किसी अनुभूति से नहीं प्राप्त होते हैं, पर, किसी भी प्रकार की देश-भावना देश के प्रागनुभविक रूप के ही द्वारा सम्भव होती है।

Instead of explaining space or time through experience, it is the prior notion of Space of Time which makes any experience concerning space or time possible.

फिर यदि देश या काल का अपना वस्तुनिष्ठ अस्तित्व होता है तो हम उन्हें केवल अनुभव के द्वारा ही प्राप्त कर सकते हैं। परन्तु जिन विषयों का हमें अनुभव होता है वे केवल आपातिक ही होते हैं और जब हम चाहें उनके विपक्ष में कल्पना कर सकते हैं। परन्तु कोई भी ऐसा प्रत्यक्ष नहीं है जो बिना देश या काल के सम्भव हो सकता है। अतः, देश या काल अनुभूत सत्तायें नहीं हैं, बल्कि प्रागनुभविक हैं।

देश या काल शुद्ध प्रत्यक्ष (Pure percepts)

यदि देश या काल शुद्ध प्रत्यक्ष न हों, तो ये जाति-भावनायें होंगी। अब प्रत्यक्ष एक समय में किसी एक ही वस्तुविशेष में सीमित रहता है। इसके विपरीत जातिभावना अनेक वस्तुविशेषों के निरीक्षण-फलस्वरूप सामान्य गुणों के आधार पर रची जाती हैं। यदि देश या काल जातिभावना (concepts) हों तो यहाँ भी देश या काल के अनेक उदाहरण विशेषों की आवश्यकता पड़ जाती है। पर देश के सम्भव उदाहरण होंगे एक मील, दस फीट इत्यादि। इसी प्रकार काल के उदाहरण होंगे एक दिन, दो घंटे इत्यादि। पर क्या एक मील, दो गज इत्यादि देश के उदाहरण हैं? नहीं। उसी प्रकार क्या दिन, घंटा काल के उदाहरण हैं? नहीं। वास्तव में, देश एक ही है और इस अपरिमित देश-विस्तार के एक मील, दो गज इत्यादि उसके अंग हैं, न कि स्वतंत्र उदाहरण। इसी प्रकार अपरिमित काल के दिन, घंटा, इत्यादि अंश है, न कि उदाहरण। अतः, देश या काल एक ही सत्ता है और इनके कोई उदाहरण नहीं। अतः देश या काल शुद्ध प्रत्यक्ष है, न कि जातिभावना।

दूसरे शब्दों में देश या काल एक अपरिमित सत्ता है और जो भी इसके उदाहरण उपस्थपित किये जाते हैं वे वास्तव में इस अपरिमित देश या काल के खंड के रूप में दिखाये जा सकते हैं।

Hence, the so-called instances of space or time are not the instances which can be subsumed under a concept, but they are parts which constitute space or time.

निष्कर्ष—यदि देश या काल पूर्वानुभविक हों तो प्रत्यक्ष भी उनसे रूपान्तरित होकर सभी को एक ही प्रकार के दिखेंगे। ये किसी भी चश्मे के दो ऐसे शीशे हैं कि हम किसी भी वस्तु को इन्हीं के द्वारा देख पायेंगे। यदि हम देश या काल के चश्मे के दो शीशों (lens) से न देखें तो हमें दिखाई ही नहीं देगा। पर जब हम इन दो रूपों के द्वारा किसी भी वस्तुविशेषों का प्रत्यक्ष करें तो यह प्रत्यक्ष इन दो रूपों से अभिरंजित एवं रूपान्तरित हो जायेगा। पर मानव मन की ऐसी रचना ही है कि वह किसी भी प्रत्यक्ष को देश या काल के रूपों के बिना नहीं अनुभूत कर सकता है। पर यदि यह स्वीकृत हो जाय, जैसा काण्ट ने अपनी रीति से स्पष्ट किया है कि देश या काल दोनों, प्रत्यक्षों की प्राप्ति के लिए प्रागनुभविक रूप हैं तो ऐसा मान लेने पर विज्ञानों के ज्ञान की अनिवार्यता और सर्वव्यापकता सिद्ध हो जायेगी।

चूँकि देश और काल के प्रत्यक्ष के दो रूप सभी मानव में एकरूप-से रहते हैं इसलिए मानव के सभी प्रत्यक्ष एकरूप-से अनुभूत होंगे। चूँकि देश और काल गणित में प्रत्युक्त होते हैं, इसलिए गणितीय ज्ञान सर्वव्यापक सिद्ध होंगे। इसी प्रकार चूँकि देश और काल सभी मानव के मन के स्वरूप पर ही आधृत हैं, इसलिए मानव अपने प्रत्यक्षों को बिना दैशिक तथा कालिक रूप दिए हुए उनका अनुभूत कर ही नहीं सकता है। अतः, मानव अपनी मानसिक रचना के विधान से बाध्य होकर अनिवार्यतः सभी प्रत्यक्षों को देश और काल के दो शीशों के द्वारा देखेगा। अतः, गणितीय ज्ञान, देश और काल के पूवानुभविक दो रूपों पर आधृत रहने के कारण अनिवार्य होगा।

इसलिए देश और काल को प्रत्यक्षों के पूर्वानुभविक रूप मान लेने से गणितीय ज्ञान की सर्वव्यापकता एवं अनिवार्यता सिद्ध हो जायगी। इस प्रकार से काण्ट ने अपनी समस्या का समाधन कर लिया कि किसी प्रकार से विज्ञान के सर्वव्यापक, अनिवार्य तथा संश्लेषात्मक प्रकथनों को स्पष्ट किया जा सकता है।

निष्कर्ष—सर्वप्रथम, काण्ट के अनुसार भी लिया जाय कि वैज्ञानिक ज्ञान तभी सर्वव्यापक और अनिवार्य सिद्ध होंगे जब ज्ञान-सामग्रियाँ देश और काल के प्रागनुभविक रूपों से अभिरंजित होकर प्राप्त हों। तब पहला यही निष्कर्ष होगा कि वास्तव में बाह्य जगत का क्या असली रूप है यह अज्ञात होगा, क्योंकि मानव ज्ञान वस्तुओं को उनके असली स्वरूप में न जानकर उनके रूपान्तरित ढाँचे-साँचे में ढले रूप में ही जानता है। काण्ट इस निष्कर्ष को स्वीकार कर लेते हैं। इनके अनुसार वैज्ञानिक ज्ञान केवल प्रातिभासिक (phenomenal) होता है। वस्तुओं का अपना निजी स्वरूप अज्ञात और अज्ञेय रहता है।

Things is themselves are unknown and unknowable.

द्वितीय, काण्ट का कहना है कि हम, आप देश और काल में नहीं हैं, वरन् देश और काल हमारे अन्दर हैं। यह विरोधाभास (paradox) के रूप में दिखाई देता है। यदि देश और काल विषयीनिष्ठ (subjective) हों तो सभी वस्तुएँ सभी को क्यों विषयनिष्ठ (objective) दिखाई देती हैं? काण्ट की यहाँ प्रसिद्ध युक्ति है : वह जो स्वप्न हो, पर ऐसा स्वप्न हो जो सभी एकरूप से सपनाते हैं और उसी रूप में अपनाने के लिए विवश हो जाते हैं, वह स्वप्न नहीं, वरन् वास्तविकता है।

A dream which all men dream and must for our dream is not a dream but a reality.

अतः, देश और काल विषयीनिष्ठ हैं, पर वे ऐसी सत्तायें हैं जिन्हें सभी मानव स्वरूप अनुभूत करते हैं। इसलिए सभी को वह विषयनिष्ठ न दिखकर वस्तुगत दिखाई देते हैं इसलिए देश और काल मानव के लिए व्यावहारिक रूप में सत्य हैं और वस्तुगत हैं, पर तात्त्विक स्तर पर उन्हें प्रत्यक्षातीत एवं मानव ज्ञान-विधि को ही करामात समझी जायगी।

Space and time are empirically real but transcendentally ideal.

प्रश्न 4. काण्ट की इस उक्ति की व्याख्या करें जिसमें उन्होंने कहा है कि समझ उन सामग्रियों से प्रकृति की रचना करता है जिनका वह स्वयं निर्माण नहीं करता है।

Understanding makes nature out of the materials it does not make.

सामान्यतः मन की देन है कि वह संवेदन-सामग्रियों को व्यवस्थित कर ज्ञान की इमारत खड़ी करे। मन की देन तीन स्तरों पर काम करती हैं।

1. सर्वप्रथम, संवदेन-सामग्रियों को ज्ञान-योग्य बनाने के लिए संवेदनों का मन, देश और काल के प्रागनुभविक रूप में बदल देता है। इस रूप में ये प्रत्यक्ष कहलाते हैं। पर प्रत्यक्ष देश, काल के द्वारा कितना ही अधिक रूपान्तरित क्यों न हों, वे पृथक-पृथक सामग्रियों के रूप में रहते हैं।

2. अतः, संवेदनशीलता के रूपान्तरित प्रत्यक्षों को प्रकथनों में सम्बद्ध करना पड़ता है। यदि संवेदनशीलता मन की निष्क्रिय शक्ति होती है, तो समझ (बुद्धि understanding) सक्रिय होकर अपनी बारह कोटियों (categories) के द्वारा इन प्रत्यक्षों को प्रतिज्ञप्तियों (proposition) में व्यवस्थित कर देती है। बुद्धि मन की सक्रिय शक्ति होती है और इसकी क्रिया तभी सफल होती है, जब इसे प्रत्यक्ष प्राप्त हों। यदि यह बिना प्रत्यक्षों के रहते हुए अपनी क्रिया करती जाये तो इससे कोई ज्ञान नहीं प्राप्त किया जा सकता है। बुद्धि की 12 कोटियाँ होती हैं, अर्थात् द्रव्य-गुण, कारण-कार्य, एक-अनेक इत्यादि। इन कोटियों को categories तथा concept (जाति प्रत्यय) भी कहा जाता है। जिस प्रकार आटा-चक्की में जब गेहूँ (सामग्री) डाल दिया जाय तो गेहूँ पिसकर आटा (ज्ञान) बन जायगा। पर यदि बिना दाना डाले हुए चक्की चलायी जाय तो आटा नहीं प्राप्त हो सकेगा। इसी प्रकार यदि प्रत्यक्ष रहे तो बुद्धि इन्हें अपने जाति-प्रत्यय (concepts) के द्वारा ज्ञान-रचना की जा सकती है। अतः, कहा गया है—

Concepts without percepts are empty, and

percepts without concepts are blind.

(Blind) इसलिए कहा गया है कि बिना कोटियों के द्वारा व्यवस्थित रहने पर प्रत्यक्ष एक लोंदे ढेर के समान रहते हैं।

फिर बुद्धि अपने-आप प्रत्यक्ष नहीं प्राप्त कर सकती है। प्रत्यक्ष-प्राप्ति का काम केवल संवेदनशीलता (sensibility) से हो सकता है। अबः, बुद्धि ज्ञान की ईटों को या प्रत्यक्षों को नहीं उत्पन्न करती है। पर प्रत्यक्षों को संवेदनशक्ति-द्वारा प्राप्त कर लेने के बाद बुद्धि ज्ञान की सही रचना कर सकती है। इसलिए कहा गया है कि बुद्धि उन सामग्रियों के द्वारा ज्ञान प्राप्त करती है जो सामग्रियाँ स्वयं बुद्धि से नहीं वरन् संवेदनशक्ति द्वारा प्राप्त की जाती है।

बुद्धि प्रकृति (nature) की सृष्टि नहीं कर सकती है, पर बुद्धि के द्वारा सम्वेदन-सामग्री देश और काल से रूपान्तरित होकर जब बुद्धि की कोटियों से सम्बन्ध होती है तब प्रकृति का ज्ञान प्राप्त होता है। अतः, बुद्धि के द्वारा प्रकृति का ज्ञान प्राप्त होता है।

तीसरी बात है कि बुद्धि के द्वारा व्यवस्था-प्रक्रिया मात्र संभव होती है। इसके द्वारा विज्ञान का अनुभवजन्य ज्ञान (empirical knowledge) नहीं प्राप्त किया जाता है, पर केवल तार्किक रूपरेखा मात्र बुद्धि-द्वारा प्राप्त की जाती है। असली अनुभवजन्य ज्ञान केवल परीक्षणों तथा अन्य प्रक्रियाओं द्वारा प्राप्त किया जाता है। अतः, प्रकृति का अनुभवजन्य ज्ञान नहीं, पर ज्ञान की तार्किक रूपरेखा मात्र बुद्धि के द्वारा प्राप्त हो सकती है।

प्रश्न 5. काण्टीय दर्शन में बुद्धि की कोटियों (categories) की व्याख्या कीजिए।

काण्ट के अनुसार मन की मुख्य देन है कि सम्वेदन को व्यवस्थित कर उन्हें ज्ञान के रूप में ढाल दे। मन की देन तीन स्तरों पर पाई जाती हैं, अर्थात् सम्वेदन-शक्ति, बुद्धि की कोटियाँ और प्रज्ञा का आदर्श। सम्वेदन-शक्ति सम्वेदनों को प्रागनुभविक देश और काल में ढालकर प्रत्यक्षों में परिवर्तित कर देती है। पर प्रत्यक्ष तो ईंटों की ढेर के समान हैं जिन्हें इमारत नहीं कहा जा सकता है। इन ईंटों को बुद्धि की जातिभावना (concepts) अथवा कोटियों के द्वारा सम्बद्ध कर 'युक्तिसंगत ज्ञान' प्राप्त किया जाता है। परन्तु यदि बिना प्रत्यक्ष के केवल जातिभावना के आधार पर विश्व, आत्मा तथा

ईश्वर की अन्तिम सत्ता को जानने का प्रयास किया जाय तो भ्रम ही होगा, न कि ज्ञान। अतः, बुद्धि की जाति-भावनाओं को जानना चाहिए और फिर इनके आधार पर ज्ञान की सम्बद्धता की अन्तिम शर्तों को स्पष्ट करना चाहिए।

बुद्धि की कोटियों (categories) को स्पष्ट करने के लिए काण्ट ने प्रचलित निर्णयों को संशोधित कर उनसे 12 कोटियों को स्थापित कर लिया है जिन्हें निम्नलिखित रूप से स्पष्ट किया जा सकता है।

परिणाम	**निर्णय**	**कोटि**
	1. पूर्णव्यापी	1. एकत्व
	2. अंशव्यापी	2. अनेकत्व
	3. एकवाची	3. संपूर्णत्व
गुण के आधार पर	1. भावात्मक	1. वास्तविकता
	2. अभावात्मक	2. अभाव
	3. अपरिमितात्मक	3. सीमित-भाव (limitation)
सम्बन्ध के आधार पर	1. निरपेक्ष	1. द्रव्य-गुण
	2. हेत्वाश्रित	2. कारण-कार्य
	3. वैकल्पिक	3: क्रिया-प्रतिक्रियावाद
विधि या प्रकार के आधार पर	1. संदेहात्मक	1. संभावना-असंभावना
	2. विधानात्मक	2. वास्तविकता-अवास्तविकता
	3. अनिवार्य	3. अनिवार्यता-आपातिकता

अब काण्ट के अनुसार सोचने पर केवल उससे 12 ही प्रकार के प्रकथन हो सकते हैं और फिर उनसे 12 ही सामान्य प्रत्यय या कोटियाँ प्राप्त की जा सकती हैं।

काण्ट को बुद्धि की 12 कोटियों को स्थापित कर संतोष नहीं हुआ, पर उन्होंने इन कोटियों के द्वारा अन्तिम सम्बद्धता की शर्त को भी खोज निकालने का प्रयास किया है। यदि अनेक प्रत्यक्ष हों और प्रायः किसी भी वस्तु-प्रत्यक्ष में प्रतिक्षण संवेदन होते रहते हैं। उदाहरणार्थ, किसी इमारत को जानने के लिए इसके भिन्न-भिन्न भागों का प्रत्यक्ष होता है। अतः इन सब भिन्न-भिन्न भागों को ध्यान के एक ही तान में लाने की प्रक्रिया रहनी चाहिए। इसे काण्ट ने Synthesis of apprehension in intuition (सहज प्रत्यक्ष में विभिन्न बोधों का संश्लेष) कहा है। फिर यदि 4-5 विभिन्न बोध हों तो पूर्व के बोधों को कल्पना के स्तर पर वर्तमान बोधों से मिलाकर एक साथ अवधान में लाना चाहिए ताकि इमारत की पूर्णत्व में जाना जाय। इस शर्त को काण्ट ने Synthesis of reproduction in imagination अर्थात् कल्पना के द्वारा स्मृतिबोधों का संश्लेषण। पुनः सिर्फ काल्पनिक संश्लेषण नहीं, वरन् इसका भान होना चाहिए कि स्मृतबोध वे ही हैं जिनका पूर्व (पहले) प्रत्यक्ष हुआ था। इसे काण्ट ने प्रत्यय-द्वारा प्रत्यभिज्ञान का संश्लेषण (Synthesis of recognition in a concept) कहा है। परन्तु अन्तिम संश्लेष (अर्थात् सभी कड़ियों को सम्बद्ध रखने की शर्त) कर शर्त यही है कि एक ही आत्मचेतना हो जो प्रत्यक्षीकरण, स्मरण और चीह्नने (पहचानने) की तीनों प्रक्रियाओं को संपादित करे। यदि भान न हो कि 'मैं' इस इमारत को देख रहा हूँ, और इस इमारत के पूर्व के भागों का स्मरण कर रहा हूँ और मैं ही इस पूर्वस्मृत अंशों को पहचान रहा हूँ। तब तक किसी भी वस्तु का ज्ञान संभव नहीं हो सकता है। इसलिए एक ही आत्म-चेतना (I think) सभी प्रकार के संश्लेषों की अन्तिम शर्त है। इसे काण्ट ने Transcendental unity of apperception कहा है, अर्थात् ज्ञान-प्रक्रिया में एक आत्मचेतना का रहना अन्तिम शर्त है जिसके द्वारा ज्ञान संभव होता है।

प्रश्न 6. काण्ट के Transcendental (अनुभवातीत) दर्शन की व्याख्या करें।

काण्ट ने Transcendental शब्द को अपने दर्शन का पारिभाषिक पद बनाया है। काण्ट के अनुसार 'अनुभवातीत' दर्शन का अर्थ ज्ञान के किसी विषय से नहीं है, पर इसका सम्बन्ध उस विधि (mode or manner) से जिसके द्वारा कोई भी ज्ञान विषय प्राप्त किया जाता है। दूसरे शबें में काण्ट

के अनुभवातीत दर्शन का सन्दर्भ उन पूर्वानुभविक (a priori) तत्त्वों से जिनके द्वारा कोई भी ज्ञान-विषय मन के द्वारा गृहीत होकर 'ज्ञान' का रूप धारण करता है।

काण्ट के अनुसार सर्वप्रथम संवेदन संवेदनशीलता (sensibility) के देश और काल के दो पूर्वानुभविक रूपों में छन कर प्रत्यक्ष का रूप धारण करता है। तब ये प्रत्यक्ष बुद्धि की 12 कोटियाँ (categories) के द्वारा वैज्ञानिक ज्ञान के रूप में व्यवस्थित होते हैं। अतः, वैज्ञानिक ज्ञान percepts और concepts (प्रत्यक्ष और कैटिगरी) के संयोग से उत्पन्न होते हैं।

प्रश्न 7. काण्ट द्वारा प्रातिभासिक और पारमार्थिक सत्ताओं के भेद की व्याख्या करें।

काण्ट के प्रातिभासिक सत्ता का सिद्धान्त उनके अत्यानुभविक (transcendental) दर्शन से निकलता है। काण्ट के अनुसार जो भी संवेदन हों वे तभी जाने जा सकते हैं जब वे देश और काल के प्रागनुभविक रूपों के द्वारा रूपान्तरित होकर प्रत्यक्ष (percepts) का रूप धारण कर लें। फिर ये प्रत्यक्ष बुद्धि (समझ understanding) के 12 सामान्य प्रत्यय (concepts) के द्वारा सम्बद्ध प्रकथनों का रूप धारण कर लें। अन्त में ये सम्बद्ध प्रकथनों का रूप इसीलिए धारण कर लेते हैं कि एक ही रूप से कोटियों के द्वारा एक ही पूर्वानुभविक आत्म-चेतना (transcendental unity of apperception) सभी पूर्वानुभविक मन की अपना देन है। अतः, बिना मन की पूर्वानुभविक देनों के ज्ञान सम्भव नहीं हो सकता है, पर ऐसी दशा में ज्ञान मन की देनों से अभिरंजित होकर प्राप्त किया जाता है। इसलिए ज्ञान-विषय का अपनी असली स्वरूप हम नहीं जान सकते हैं। अतः, काण्ट के अनुसार वस्तुओं के अपने निजी स्वरूप मानव के लिए अज्ञात और अज्ञेय रहते हैं।

Things-in-themselves are unknown and unknowable.

इसे काण्ट का अज्ञेयवाद (agnosticism) भी कहते हैं।

परन्तु काण्ट ने कभी भी परम सत्ता को नहीं नकारा। उन्होंने इतना ही भर कहा कि परम सत्ता है, पर वे क्या हैं और उनका क्या असली स्वरूप है, वह मानव की ज्ञान-परिधि से बाहर है। We know that things-in-themselves are, but we do not know what they are. यह भी कहा कि विश्व, आत्मा और ईश्वर परम सत् हैं। वे अज्ञात अवश्य रहते हैं, पर उनके नहीं होने को भी प्रमाणित नहीं किया जा सकता। If they cannot be proved, they cannot be disproved either. पुनः, काण्ट के लिए उनके अनस्तित्व का प्रश्न ही नहीं उठता है क्योंकि उनका ज्ञान-विषय की रचना नहीं करना है, पर उनका काम है कि

1. ज्ञान के आदर्श को प्रस्तुत कर मानव को ज्ञानबुद्धि के लिए प्रोत्साहित करे।

2. नीति और धर्म को प्रश्रय दे। मानव के इच्छा-स्वातन्त्र्य की मान्यता (postulate) के रूप में ग्रहण करने पर, आचार की सम्भावना अक्षुण्ण रह जाती है।

3. फिर धर्म की रक्षा इसलिए हो सकती है कि ईश्वर को परम मान्यता के रूप में ग्रहण कर लेने पर ईश्वर-आराधना सम्भव हो जाती है। अतः, काण्ट का कहना कि

I was obliged to destroy knowledge to make room for faith.

अतः, परम सत् हैं, पर वे आस्था अथवा फेथ के विषय हैं, पर वे ज्ञान के विषय नहीं है।

प्रश्न 8. क्या काण्ट ने ह्यूम की समस्या का समाधान किया है?

ह्यूम की समस्या थी कि वे किस प्रकार द्रव्य और कारण-कार्य के सिद्धान्त की व्याख्या करें जो उनकी अनुभववादी व्याख्या थी। उसके अनुसार न किसी द्रव्य को और न कारण-कार्य के सिद्धान्त को स्वीकारा जा सकती है। इस स्थिति को ह्यूम का सन्देहवाद कहा जाता है।

काण्ट का प्रश्न है कि ह्यूम का सन्देहवाद क्यों और कैसे सम्भव हुआ जिसमें स्वयं ह्यूम को विश्वास नहीं था। काण्ट के अनुसार ह्यूम का सन्देहवाद उनके एकांगी अनुभववाद का तार्किक परिणाम है।

सर्वप्रथम, ह्यूम का सम्वेदन-सिद्धान्त ही दोषपूर्ण है। ह्यूम की मान्यता थी कि सम्वेदन-छाप (impression) अनेक हैं और उनके बीच किसी प्रकार का लगाव नहीं होता है। अब यदि सम्वेदन-छापों को ज्ञान की इकाइयाँ मान ली जायें और उनके बीच किसी प्रकार का सम्बन्ध न हो तो ज्ञान

की व्याख्या किस प्रकार हो सकती है, क्योंकि बिना सम्बद्धता के ज्ञान सम्भव नहीं होता है। यहाँ काण्ट का ह्यूम को प्रत्युत्तर है कि मानव मन कोरा कागज नहीं है जिस पर सम्वेदन अपनी छापें अंकित कर दें। मन उसी तरह छापों को ग्रहण करता है जब सम्वेदन-छाप सम्वेदनशीलता के देश और काल से रूपान्तरित होकर प्रत्यक्ष (percepts) का रूप धारण कर लेता है। ये प्रत्यक्ष सभी मानवों के लिए एक ही रूप में प्रतीत होते हैं क्योंकि ये प्रत्यक्ष सभी मानव मन के समरूप देश और काल के आकार में ढल जाते हैं।

फिर ह्यूम को द्रव्य और कारण-कार्य किसी भी प्रकार के अनुभव में नहीं मिला, क्योंकि न तो सम्वेदन और न आत्मचिन्तन से ये प्राप्त होते हैं। चूँकि द्रव्य और कारण-कार्य अनुभव-द्वारा सिद्ध नहीं होते हैं, इसलिए ह्यूम ने इन्हें निराधारा कपोल-कल्पना की संज्ञा दी है। इसके विपरीत काण्ट ने बताया है कि द्रव्य और कारण-कार्य को अनुभव के द्वारा सिद्ध ही नहीं किया जा सकता है, क्योंकि ये अनुभव से नहीं प्राप्त होते हैं। ये मन की प्रागनुभविक देन हैं जिनके बिना कोई भी अनुभव प्राप्त हो ही नहीं सकता है।

अतः, ह्यूम की भूल थी कि उन्होंने ज्ञान की प्रागनुभविक देनों को अनुभव के आधार पर स्पष्ट करने का कार्य व्यर्थ प्रयास किया है। अतः, काण्ट और ह्यूम, दोनों स्वीकारते हैं कि द्रव्य और कारण-कार्य मानव मन की उपज हैं। परन्तु दोनों के बीच यह अन्तर है कि ह्यूम द्रव्य और कारण-कार्य को इसलिए मानसिक मानते हैं कि सहचार के आधार पर वे मन की कोरी कल्पनाएँ हैं, इसके विपरीत काण्ट के अनुसार द्रव्य और कारण-कार्य विषयनिष्ठ अवश्य हैं, पर चूँकि सभी मानव ज्ञाताओं में वे एकरूप से पाये जाते हैं, इसलिए वे सभी मानव में एकरूप में दिखेंगे और इसलिए उनपर आधृत ज्ञान भी विष्ज्ञयगत (objective) दिखेगा, क्योंकि काण्ट की प्रसिद्ध उक्ति है—

वह स्वप्न जो सभी देखते हैं और अनिवार्यतः हैं, वह स्वप्न नहीं, वरन् सत् हैं। A dream which all men dream and must forever dream is not a dream but a reality.

इस प्रकार काण्ट ने मन की प्रागनुभविक देनों के आधार पर ह्यूम के सन्देहवाद का निराकरण कर उनकी समस्याओं का समाधान किया है।

❑

अनुक्रमणिका

❑